Joseph
Goebbels

Peter Longerich

Joseph Goebbels
Uma biografia

Tradução
Luiz A. de Araújo

2ª reimpressão

Copyright © 2010 Peter Longerich
Todos os direitos reservados.

Título original
Goebbels

Capa
Adaptação de Barbara Estrada sobre design original de Rothfos & Gabler, Hamburgo

Imagem de capa
Latinstock/Corbis

Preparação de originais
Diogo Henriques

Revisão
Cristiane Pacanowski
Lilia Zanetti
Fatima Fadel
Eduardo Carneiro

CIP-Brasil. Catalogação-na-fonte
Sindicato Nacional dos Editores de Livros, RJ

L841j
    Longerich, Peter
        Joseph Goebbels / Peter Longerich; tradução Luiz A. de Araújo. — 1ª ed. — Rio de Janeiro: Objetiva, 2014.
        804p.

        Tradução de: *Goebbels*.
    ISBN 978-85-390-0559-8

        1. Goebbels, Joseph, 1897-1945. 2. Generais – Alemanha – Biografia.
        3. Nazismo – Alemanha – Biografia. I. Título.

14-08291
                              CDD: 923.5
                              CDU: 929:356.2

[2021]
Todos os direitos desta edição reservados à
EDITORA SCHWARCZ S.A.
Praça Floriano, 19, sala 3001 — Cinelândia
20031-050 — Rio de Janeiro — RJ
Telefone: (21) 3993-7510
www.companhiadasletras.com.br
www.blogdacompanhia.com.br
facebook.com/editoraobjetiva
instagram.com/editora_objetiva
twitter.com/edobjetiva

Sumário

Abreviaturas e siglas   9

Prólogo   13

Primeira Parte
1897-1933
Ascensão a qualquer preço

1. "Da mocidade, da mocidade, sempre soa em mim uma canção"
   Joseph Goebbels sobre sua infância e juventude   23

2. "Sem maus-tratos não há educação"
   A trajetória de Goebbels rumo ao nacional-socialismo   45

3. "O maior sacrifício é trabalhar o espírito"
   Posicionamento nos primórdios do NSDAP   65

4. "A fé move montanhas"
   Primeiras atividades políticas em Berlim   85

5. "A luta é a mãe de todas as coisas"
   O *Gauleiter* e a capital do Reich   109

6. "Uma vida repleta de trabalho e luta.
   É essa na verdade a eterna bênção"
   Política entre Berlim e Munique   121

7. "Tenho a coragem de viver perigosamente!"
   O radicalismo de Goebbels e a via "legal" de Hitler ... 137

8. "Agora é tomar o poder... De um jeito ou de outro!"
   Participação no governo? ... 158

9. "Acredito cegamente na vitória"
   A caminho do poder ... 186

Segunda Parte
1933-1939
Controle da "opinião pública" sob a ditadura

10. "Não vamos mais embora!"
    A tomada do poder ... 203

11. "Só conserva a vitória quem a merece"
    Consolidação do regime ... 228

12. "Em tudo quanto faz, o Führer vai até o fim"
    A edificação do Estado do Führer ... 245

13. "Segurar com firmeza... as rédeas da disciplina interna de um povo"
    Propaganda e opinião pública controlada ... 264

14. "Não se cansar jamais!"
    Sucesso diplomático e política antissemita ... 282

15. "Quanto mais implacável, melhor!"
    O ano olímpico de 1936 ... 297

16. Os "fatores mais importantes da nossa moderna vida cultural"
    Consolidação da política cultural nazista ... 313

17. "Não olhar para os lados, continuar marchando!"
    O agitador como apóstolo da paz ... 346

18. "Só o sofrimento nos amadurece!"
    Preparativos de guerra: do Acordo de Munique ao ataque à Polônia   369

Terceira Parte
1939-1945
Guerra — Guerra Total — Ruína Total

19. "A guerra é a mãe de todas as coisas"
    Os primeiros meses de guerra   403

20. "Só existe um pecado: a covardia!"
    A escalada da guerra   414

21. "A vitória está com as nossas bandeiras!"
    Entre a guerra a oeste e a leste   426

22. "Época grandiosa, maravilhosa, em que nasce um novo império"
    A invasão da União Soviética   447

23. "Educação do povo para a firmeza política"
    A crise do inverno de 1941-42   466

24. "Vemos diante de nossos olhos um povo feliz de espírito"
    Ofensivas e reveses   489

25. "Vocês querem a guerra total?"
    A segunda crise do inverno   500

26. "Certo ceticismo, para não dizer desesperança, se apoderou das amplas massas"
    A crise como situação permanente   530

27. "Ainda não sei o que o Führer haverá de fazer"
    Em busca de uma saída   558

28. "... praticamente uma ditadura de guerra interna"
    Entre a disposição apocalíptica e o esforço de guerra total   580

29. "Mas onde estão as atitudes?"
  A queda   604

Conclusão   631

Agradecimentos   647

Apêndice   649

   Observações sobre as fontes e a bibliografia   651

   Notas   655

   Bibliografia   773

   Índice onomástico   791

   Índice toponomástico   797

   Créditos das citações   801

   Nota sobre o autor   803

Abreviaturas e siglas

A	em jornais: Abendausgabe [edição vespertina]
A	no BAK, ZSg: Abendkonferenz [reunião noturna]
ADAP	Akten zur deutschen Aussenpolitik 1938-1945. Aus dem Archiv des Auswärtigen Amtes, série C: 1933-1937, 6 vols., Göttingen, 1973-1981; série D: 1937-1941, 13 vols., Göttingen, 1950-1961; série E: 1941-1945, 8 vols., Göttingen, 1969-1979
BAB	Bundesarchiv, seção Berlim
BAK	Bundesarchiv, seção Koblenz
BAM	Bundesarchiv/Militärarchiv, Friburgo
BBZ	Berliner Börsenzeitung
BHStA	Bayerisches Hauptstaatsarchiv, Munique
BK	Boelcke, Willi A. (ed.), Kriegspropaganda 1939-1941. Geheime Ministerkonferenzen im Reichspropagandaministerium, Stuttgart, 1966
BLZ	Berliner Lokalanzeiger
BT	Berliner Tageblatt
BW	Boelcke, Willi A. (ed.), Wollt Ihr den totalen Krieg? Die geheimen Goebbels-Konferenzen 1939-1943, Stuttgart, 1967
Domarus I und II	Hitler, Adolf, Reden und Proklamationen 1932-1945. Kommentiert von einem deutschen Zeitgenossen, ed. Max Dornarus, 2 vols., Neustadt a. d. Aisch, 1963
E	no BAK, ZSg: complemento
FZ	Frankfurter Zeitung
GSR	German Studies Review

Gestapa	Geheimes Staatspolizeiamt [departamento da polícia secreta do Estado]
Gestapo	Geheime Staatspolizei [polícia secreta do Estado]
Halder KTB	Halder, Franz, Kriegstagebuch. Tagliche Aufzeichnungen des Chefs des Generalstabes des Heeres, 1939-1942, ed. Hans Adolf Jacobsen, 3 vols., Stuttgart, 1962-1964
IMT	International Military Tribunal: o processo contra os principais criminosos de guerra do Tribunal Militar Internacional, 14 de outubro de 1945 a 1º de outubro de 1946, 42 vols., Nuremberg, 1947-1949
IfZ	Institut für Zeitgeschichte, Munique
M	tratando-se de jornais: Morgenausgabe [edição matutina], também 1. M, 2. M
M	no BAK, ZSg: Mittagskonferenz [conferência do meio-dia]
ms.	manuscrito
MK	Osoby Archiv Moskva/Arquivo Especial de Moscou (OA Moskau), inventário 1363-3: as reuniões secretas de Goebbels 1939-1943.
MNN	Münchner Neueste Nachrichten
NS-Briefe	Nationalsozialistische Briefe
NSDAP	Nationalsozialistische Deutsche Arbeiterpartei [Partido Nacional-Socialista dos Trabalhadores Alemães]
OKH	Oberkommando des Heeres [alto-comando do exército]
OKW	Oberkommando dere Wehrmacht [alto-comando das forças armadas]
OKW KTB	Kriegstagebuch des Oberkommandos der Wehrmacht 1940-1945, dir. Helmuth Greiner e Percy E. Schramm, vol. 1: I. August. 1941-31. Dezember 1941, Frankfurt a. M., 1965; vol. 4: I. Januar 1944-22. Mai 1945, Frankfurt a. M. 1961.
PA	Presseanweisung des Reichsministeriums für Volksaufklarung und Propaganda
PAA	Politisches Archiv des Auswärtigen Amtes
RGBl.	Reichsgesetzblatt
Recht RKK	Das Recht der Reichskulturkammer. Sammlung der für den Kulturstand geltenden Gesetze und Verordnungen, der amtlichen Anordnungen und Bekanntmachungen der Reichskulturkammer und ihrer Einzelkammern. Ed. Karl-

	Dietrich Schrieber, Alfred Metten e Herbert Collatz de acordo com o conselho executivo da Câmara Nacional de Cultura, 2 vols., Berlim, 1943
RFSS	Reichsführer-SS
RKK	Reichskulturkammer [Câmara Nacional de Cultura]
RPL	Reichpropagandaleitung [Direção Nacional de Propaganda]
RSA	Hitler, Adolf, Reden, Schriften, Anordnungen. Februar 1925 bis Januar 1933, ed. Institut für Zeitgeschichte, Munique, 1991-2000
RSHA	Reichsicherheitshauptamt [Agência Central de Segurança do Reich]
SD	Sicherheitsdienst der SS [serviço de segurança da SS]
SOPADE	Deutschland-Berichte der Sozialdemokratischen Partei Deutschlands (SOPADE) 1934-1940, ed. Klaus Behnken, 7 Jahrgangsbände als Nachdruck, Salzhausen/Frankfurt a. M., 1980.
SPD	Sozialdemokratisehe Partei Deutsehlands [Partido Social-Democrata da Alemanha]
SZ	Schlagzeile [manchete]
TP	Tagesparole [mensagem do dia]
UWW	Unser Wille und Weg
VfZ	Vierteljahrshefte für Zeitgeschichte
VI	Vertrauliehe Information [informação confidencial]
VF	Völkische Freiheit
VZ	Vossische Zeitung
WLZ	Westdeutsche Landeszeitung
ZfG	Zeitschrift für Geschichtswissenschaft

Prólogo

No dia 30 de abril de 1945, poucas horas depois de assumir o cargo de chanceler do Reich em decorrência da morte de Hitler, o dr. Joseph Goebbels decidiu adiar seu já tão anunciado suicídio. Em carta endereçada ao "comandante em chefe das forças armadas da União Soviética", comunicou o suicídio de Hitler e a norma de sucessão vigente: juntamente com a promoção de Goebbels, o ditador havia determinado que o almirante Karl Dönitz assumisse o cargo de presidente do Reich. Além disso, a carta apresentava uma oferta de trégua e posteriores negociações de paz.

O chefe do estado-maior Hans Krebs, que servira na missão militar em Moscou e falava russo, empreendeu a travessia da linha de frente, situada a poucas centenas de metros da Chancelaria, e, ao amanhecer, entregou a carta ao coronel-general Vassili Chuikov, o comandante do 8º Exército de Guarda, cujo quartel-general tinha sido montado em Tempelhof. Este entrou em contato com o marechal Gueorgui Jukov, comandante do exército soviético na batalha por Berlim, que, por sua vez, notificou o ditador soviético Josef Stalin. A resposta de Moscou chegou horas depois: não havia a menor possibilidade de trégua, o que se esperava era a capitulação das forças armadas alemãs.[1] No dia 1º de maio, quando Krebs informou Goebbels do resultado, este o responsabilizou pelo fracasso das negociações e decidiu enviar outra delegação a Chuikov. Mas esta recebeu a mesma resposta.[2]

Só então Goebbels se dispôs a inteirar Dönitz da morte de Hitler e da consequente ordem de sucessão; tivera a prudência de tentar obter um cessar-fogo antes que o novo chefe de Estado tomasse posse. A seguir, havendo convocado uma reunião de avaliação, liberou todo o pessoal do bunker para que tentassem fugir por conta e risco próprios.[3] Tinha anunciado várias vezes, publicamente, a intenção de pôr fim à sua vida e à da família em caso de colapso do Terceiro Reich. Em discurso radiofônico no fim de fevereiro, comunicara que "já não considerava a vida digna de ser vivida, nem para mim, nem para meus filhos".[4] No dia 15 de abril, em artigo intitulado "Arriscando a própria vida" na revista semanal *Das Reich*, ele se havia despedido dos leitores com uma pergunta retórica: depois de uma vitória dos aliados, quem "há de querer imaginar a sobrevivência pessoal em semelhante situação?"[5] Duas semanas depois, era chegada a hora da família Goebbels.

As providências para o já decidido assassinato dos filhos, Goebbels as deixou por conta da esposa. Não se esclareceram as circunstâncias exatas do crime (e a questão da responsabilidade pessoal): no pós-guerra, o dentista Helmut Kunz declarou várias vezes ter aplicado uma injeção de morfina nos meninos; depois disso, Magda Goebbels esmagou uma cápsula de cianeto de potássio na boca de cada um. Posteriormente, ele se corrigiu, atribuindo esse ato ao médico pessoal de Hitler, o dr. Ludwig Stumpfegger.[6] Magda e Joseph Goebbels já tinham escrito, em 28 de abril, cartas de despedida a Harald Quandt, o filho do primeiro casamento de Magda, nas quais anunciavam o suicídio e o assassinato dos pequenos; entregaram as missivas à aviadora Hannah Reitsch, que naquele mesmo dia conseguiu sair da cidade de avião. Goebbels escreveu que a Alemanha ia "sobreviver a esta guerra terrível, mas só se o nosso povo tiver diante dos olhos exemplos que o animem a se reerguer. Nós queremos dar um exemplo assim".[7] Na carta a Harald, Magda afirmava que tanto seu marido quanto Hitler haviam tentado convencê-la a fugir de Berlim. Ela rejeitara a sugestão. Não fazia segredo de que era corresponsável pela decisão de matar os meios-irmãos de Harald: "Não vale a pena viver no mundo que há de vir depois do Führer e do nacional-socialismo, por isso eu trouxe os meninos para cá. Eles são bons demais para a vida que virá depois de nós, e um Deus misericordioso há de compreender se eu mesma lhes der a salvação. [...] Só nos resta um objetivo: fidelidade ao Führer até a morte."[8]

Depois da guerra, o ajudante de ordens de Hitler Günter Schwägermann declarou que Goebbels dele se despediu no dia 1º de maio, tendo lhe entregado na ocasião a fotografia do Führer que ficava em sua escrivaninha. Schwägermann observou que Goebbels fez questão de manter as aparências até o último minuto: "Pouco antes, por volta das 20h30, o ministro e a esposa saíram do quarto. Ele foi tranquilamente até o cabide, vestiu o sobretudo, pôs o chapéu e calçou as luvas. Ofereceu o braço à mulher e, sem dizer uma palavra, deixou o bunker pela saída do jardim." Pouco depois, Schwägermann encontrou os dois corpos inertes lá fora — pareciam ter se envenenado:[9] "Como combinado, meu acompanhante disparou uma ou duas vezes no cadáver do dr. Goebbels. Nenhum deles se mexeu. Verteram gasolina nos dois e acenderam as chamas. Os defuntos foram imediatamente devorados pelo fogo."[10]

Quase todo o alto escalão do regime nazista tratou de abandonar a capital, fugindo das tropas soviéticas, e, em face da ruína do Terceiro Reich, até mesmo os membros mais chegados da cúpula dirigente procuraram pelo menos salvar a pele: Himmler tentou se misturar à massa de milhões de combalidos soldados da Wehrmacht,* foi capturado e reconhecido; Bormann, depois da morte do Führer, decidiu romper à força o cerco da Chancelaria e tombou no caminho; Göring e Speer se renderam aos aliados. Goebbels foi o único a permanecer no bunker após a morte de Hitler e, enfim, a acompanhá-lo no suicídio — e foi o único a levar toda a família para a morte.

Esse último passo era uma encenação montada para a posteridade: o mero fato de sair da vida com a mulher daria a impressão de que ele, como muitos outros, apenas estava disposto a ir até as últimas consequências numa situação sem saída. Isso, em sua opinião, seria compreendido como o reconhecimento do fracasso cabal do seu projeto de vida, como uma despedida patética no momento em que seu trabalho político, o trabalho de vinte anos, desembocava numa catástrofe gigantesca. Mas, tal como a esposa, Goebbels queria um ponto final dramático e, com a "fidelidade até a morte" jurada pela mulher, dar um exemplo à posteridade. Já não dispunha dos meios propagandísticos convencionais. O ato radical de exterminar toda a família pareceu-lhe uma possibilidade de provar ao mundo que ele estava de fato inteiramente comprometido com Hitler até as últimas consequências e era o único entre o grupo de dirigentes nazistas que, em nome daquela lealdade incondicional, optava por abrir mão dos deveres humanos mais elementares. Nesse derradeiro gesto, viu uma chance de converter sua vida totalmente malograda numa obra que parecesse marcada por uma probidade e um devotamento incondicionais. Ao mesmo tempo, esse último artifício propagandístico do ministro, no interesse de sua reputação póstuma, revelava a grande dependência psíquica de Goebbels com relação a Hitler: com o suicídio deste, sua vida perdia o sentido. Sim, para ele, a sobrevivência da própria família era inconcebível depois da morte do Führer, pois também a encarava como a família dele. Essa submissão absoluta

---

* Nome das forças armadas unificadas da Alemanha nazista entre 1935 e 1945. Surgida da dissolução da Reichswehr (as forças armadas da República de Weimar), compunha-se do Heer (exército), da Kriegsmarine (marinha de guerra) e da Luftwaffe (força aérea). A Waffen-SS, que chegou a contar com três regimentos e 38 divisões em 1940, passou a ser praticamente a quarta arma da Wehrmacht. Embora autônomas, as suas unidades estavam sob o controle operacional do alto-comando da Wehrmacht (*Oberkommando der Wehrmach* — OKW) e do alto-comando do exército (*Oberkammando des Heeres* — OKH. (N. do T.)

ao ditador devia se transformar em virtude mediante o suicídio e o homicídio: fidelidade até a morte.

Joseph Goebbels foi um homem que sempre viveu impelido pela irresistível necessidade de reconhecimento por parte dos outros, absolutamente ávido pela admiração de seus semelhantes. Essa necessidade era basicamente insaciável. Manifestava-se no fato de o ministro da Propaganda e senhor da opinião pública do Terceiro Reich continuar, depois de anos de atividade, se alegrando e se entusiasmando toda vez que seus discursos eram amplamente divulgados e elogiados pela mídia que ele controlava. Tais "sucessos", Goebbels os registrava com regularidade em seu diário.

Por um lado, a obsessão pelo reconhecimento e a compulsão por grandeza e singularidade já muito desenvolvida na juventude, as fantasias megalomaníacas sobre seu futuro papel no mundo, a arrogância e o orgulho, a falta de empatia e a propensão a se valer com frieza das relações pessoais; por outro, a disposição a se submeter sem restrições a uma personalidade supostamente superior e, enfim, as crises de depressão que o acometiam quando os almejados sucessos extraordinários não chegavam: tudo isso corresponde aos critérios essenciais que, segundo a psicanálise atual, caracterizam a personalidade narcisista perturbada.[11] Para saciar essa obsessão, Goebbels — no íntimo, profundamente inseguro quanto à atração que exercia sobre os demais — precisava do elogio e do reconhecimento constantes de um ídolo, ao qual ele se sujeitava de forma cabal. Desde 1924, esse ídolo era Adolf Hitler. Confirmando de maneira permanente que Goebbels era de uma grandeza excepcional, Hitler lhe conferia a necessária estabilidade para lidar com a vida, estabilidade que lhe faltava em virtude da personalidade desequilibrada.

Sem dúvida, a necessidade narcísica de reconhecimento foi o estímulo essencial à carreira de Goebbels. Suas características principais — excesso de autoconfiança, incansável compulsão pelo trabalho, submissão incondicional a um ídolo, desprezo por outras relações humanas e, em interesse próprio, a disposição de passar por cima das normas morais geralmente aceitas — são detectáveis como consequência dessa obsessão.

Seu objetivo de vida era provar que ele, Joseph Goebbels, podia unir a totalidade do povo alemão atrás de seu ídolo e líder Adolf Hitler. Para enraizar essa lenda nas mentes de todos, produziu e deixou uma quantidade infinita de material: seja o enorme acervo impresso, cinematográfico e de áudio produzido pelo aparato de propaganda por ele dirigido, que sugere o sucesso dessa atividade propagandística, sejam os diários que, na edição de Elke Fröhlich encomendada pelo Institut für Zeitgeschichte de Munique entre 1993 e 2008, abrangem nada menos que 32 volumes. Nesse diário, tratava-se sobretudo de uma coisa: a documentação do seu sucesso.[12]

Ele próprio já havia esboçado amplamente cada capítulo dessa história de sucesso: a ascensão de um homem do povo pouco favorecido pelas circunstâncias externas a um dos porta-vozes do NSDAP "socialista" na Alemanha Ocidental; o conquistador da "Berlim Vermelha" e o criador da "propaganda do Führer" entre 1926 e 1933; o homem que, a partir de 1933, uniu as massas na "comunidade popular" atrás de Hitler; e, enfim, o mais chegado fâmulo de seu Führer, que, na guerra, exortou o povo alemão ao esforço mais extremo. O elemento-chave dessa narrativa autobiográfica conserva-se até hoje em diversas formas, ainda que sob signo negativo. Porque o emprego multimidiático do material criado por Goebbels e seus colaboradores continua surtindo efeito para além da sua morte: sem ele, não é possível nenhum filme, nenhum volume fotográfico, nenhum livro didático, nenhuma descrição popular ou científica do Terceiro Reich. Assim, a "propaganda de Goebbels" tornou-se um conceito geralmente conhecido: quem quiser explicar por que a grande maioria da população alemã se vinculou notória e estreitamente ao sistema nazista não pode prescindir de Joseph Goebbels.

Questionar o autorretrato por ele concebido com tanta eficácia e determinar seu papel histórico a partir do zero é o desafio especial de qualquer biografia do propagandista nazista. O fato de a grande massa de material sobre o ministro da Propaganda e *Gauleiter** de Berlim provir dele mesmo ou de seu aparato de propaganda, de ter sido criada para comprovar a grandiosidade e o sucesso historicamente ímpar de Joseph Goebbels, é, sem dúvida, o problema central do autor de uma biografia sobre esse homem. No entanto, uma análise mais cuidadosa mostra que a grande quantidade de textos que ele compôs sobre si e a abundância de material com que o aparato de propaganda procurou documentar sua obra contêm, surpreendentemente, muitos pontos de partida para a desconstrução do autorretrato concebido por Goebbels.

Para ele, na qualidade de autor e propagandista-chefe do Terceiro Reich, tratava-se de erguer um espelho no qual se enxergar em tamanho sobrenatural. Diante desse espelho, podia se entregar a sua obsessão narcísica. Como carecia de equilíbrio interior e segurança exterior e duvidava profundamente de sua atratividade, precisava da confirmação permanente de que a maravilhosa imagem no espelho de fato correspondia a ele, Joseph Goebbels. Quem lhe dava

---

* *Gauleiter* era o líder do *Gau*, subdivisão territorial da Alemanha nazista, além de responsável regional político do NSDAP. (N. do T.)

essa confirmação era o seu Führer autoescolhido, o enviado de Deus, como ele acreditava, ao qual se submetia. O julgamento desse ídolo pesava tanto mais quanto mais absoluta fosse a submissão.

Claro está que o extraordinário acúmulo de evidências de autoafirmação e autoadulação deixado por Goebbels para a posteridade evidencia insegurança, dependência e uma arrogância monumental. Explorar os aspectos de seu déficit de personalidade permite auxiliar a desenvolver perspectivas mais amplas nesta biografia histórica, pois se trata, acima de tudo, de elucidar o papel desempenhado por Goebbels na condução do Terceiro Reich. Em particular, sua biografia deve possibilitar uma análise da estrutura e do funcionamento do aparato propagandístico nacional-socialista.

Os métodos convencionais da história da organização e das estruturas não permitem compreender senão fragmentariamente a posição construída por Goebbels, no decurso do tempo, mediante o acúmulo e em parte a unificação de diversas funções: ela era historicamente única, feita sob medida para a sua pessoa e desde o começo marcada pela sua personalidade. Por isso, só através de uma biografia é que se revela em toda a sua extensão. Trata-se da unificação dos cargos de *Gauleiter* de Berlim, de chefe de propaganda do partido e de titular de um ministério para ele inventado que ligava o controle dos meios de comunicação de massa à orientação nacional-socialista da vida cultural; a isso se acrescentavam certas missões especiais também feitas sob medida para ele, por exemplo, no âmbito da política externa. Quando, durante a guerra, Goebbels logrou expandir sua competência para além do setor de propaganda a fim de assumir uma posição central na esfera da "missão de guerra" não militar, isso, como veremos, foi uma consequência do seu empenho em controlar a imagem pública no Terceiro Reich — justamente nas condições da "guerra total" por ele mesmo promovida. Os vínculos em parte sutis estabelecidos entre suas áreas de atuação só se deslindam por meio da descrição de sua vida.

A biografia de Joseph Goebbels não só possibilita uma visão dos bastidores à medida que mostra por uma sinopse de diferentes fontes como a propaganda nacional-socialista era concebida e implementada, como também questiona a tão alardeada onipotência da propaganda de Goebbels. Para tanto, tem um papel central a desconstrução da imagem de propagandista genial que ele deixou para a posteridade: ficará claro que o autoengrandecimento narcísico não só representava um traço importante de Goebbels como foi decisivo para a autoimagem que ele construiu no decorrer dos anos, a qual era de tal modo eficaz que nem sua morte a destruiu. Ficará claro que Goebbels não era o senhor absoluto do gigantesco aparato de propaganda, como ele gostava de se imaginar, mas que, pelo menos em parte, tinha de compartir competências com outros funcionários nazistas. Mas, acima de tudo, se constatará que o efeito colossal da propaganda, tão decantado pelos nacional-socialistas e especialmente por Goebbels, era, ele próprio, parte integrante da propaganda do ministro do Reich. A importância da abordagem biográfica é uma vez mais realçada pelo fato de a influência da propaganda ter sido alardeada justamente por um homem que era um caso exemplar de autoestima exacerbada e tinha dificuldade para distinguir ficção de realidade.

Ademais, a biografia pode prestar uma importante contribuição para a história geral do Terceiro Reich. Goebbels, com seus diários, é o mais importante cronista interno do nacional-socialismo e seu Führer desde a refundação do partido, em 1924-25, até o fim do regime. Nenhuma outra fonte propicia uma visão comparável das entranhas da estrutura do poder nazista. É bem verdade que Goebbels nem sempre participava dos processos de tomada de decisão, mas tinha oportunidade de observar de perto a maneira como essas decisões se concretizavam. Sua fixação por Hitler e, logo, sua incapacidade de nele pousar um olhar crítico ensejam, em muitos casos, uma visão singular e especialmente indisfarçável do ditador.

Mas os diários, base desta biografia e uma das principais fontes do Terceiro Reich, já há alguns anos à disposição do público numa transcrição não comentada, só constituem fonte histórica mediante uma análise da personalidade do ministro da Propaganda e de suas ambições. A avaliação dos diários como fonte histórica de uma biografia e sua interpretação à luz da personalidade do autor: esse é o processo duplo que compõe o fundamento do presente livro. Sem dúvida, nos primeiros anos, o diário foi para Goebbels um espaço de autorreflexão e autocrítica, mas não tardou a servir principalmente para corroborar seus êxitos, estabilizar sua história de sucesso, arredar as derrotas e os fracassos e fortalecê-lo e incentivá-lo a persistir no caminho trilhado. Se as passagens autocríticas são a parte mais interessante dos primeiros diários, a ausência quase completa de autocrítica nos últimos volumes talvez seja o que mais chama atenção.

Além disso, para Goebbels, os diários eram o lugar em que podia depositar todo o material que pretendia explorar alhures e com outra forma: o cotejo de textos mostra a coincidência do diário com contribuições jornalísticas e literárias, assim como com sua correspondência particular. No caso, não é possível uma delimitação clara: muitas vezes, o diário é a primeira etapa da elaboração literária que se reflete, por exemplo, em perspicazes caracterizações de pessoas, em certas sequências de atos dramatizados, em descrições de ambientes ou aforismos. Além de cronista, o autor do diário era um jornalista, escritor e poeta que colecionava impressões e experimentava as mais diversas formas. Desde que firmou pé na política no fim da década de 1920, ele concretizou suas intenções referentes à posterior utilização das entradas no diário: serviram sobretudo de base do jornalismo político-cronológico que se exprimiu em livros como *Kampf um Berlim* [Luta por Berlim] (1931) e *Vom Kaiserhof zur Reichskanzlei* [Do Kaiserhof à Chancelaria do Reich] (1934), nos quais a única coisa que importava era a história do sucesso de Joseph Goebbels. Por fim, em 1936, vendeu o direito de publicação dos diários — ainda sujeitos a revisão — ao editor do partido, Max Amann, e, ademais, tinha a intenção de usá-los como base de outras obras que viriam a ser a história oficial do Terceiro Reich.[13] Esses vários propósitos distintos relacionados à reutilização das anotações são perceptíveis na leitura dos diários.

Mas os diários também podem ser lidos como mnemônica e crônica, e essa função aumentou à medida que se dilatava a esfera de atuação do ministro da Propaganda. Um marco importante foi o início da guerra com a União Soviética: então os apontamentos manuscritos se converteram em ditados e, logo, reduziu-se ainda mais o conteúdo íntimo dos textos: o ingresso de outros textos — relatórios da situação, a correspondência oficial do ministro e tudo quanto se espalhava em sua escrivaninha — transformou o diário numa inchada miscelânea.

A comparação com outras fontes mostra que os dados sobre sua agenda e os encontros com outras pessoas são bastante fidedignos; e o cerne dos registros de conversas, geralmente corretos — à parte os exageros, sobretudo no tocante a seu próprio papel, a dramatização de determinadas situações, as omissões e afins. Mas nos diários também se encontram com frequência proposições direcionadas, inventadas, procedentes da oficina do propagandista Goebbels, as quais tudo indica que ele pretendia aproveitar em obras posteriores. Tais falsificações e ficções são muito valiosas no âmbito de uma biografia: colocam à nossa disposição um material que nos permite compreender, por intermédio do autor de diário Goebbels, a percepção e a interpretação de certas situações. No entanto, para penetrar nelas, é preciso compará-las com outras fontes históricas disponíveis — e é isso que se empreende nesta biografia, na medida do possível.

Um problema fundamental de qualquer abordagem de Goebbels é o fato de, no tocante a seus primeiros anos, dispormos praticamente apenas de testemunhos pessoais, o que coloca o desafio de penetrar a autointerpretação narcísica do autor. Quase tudo que ele tem a dizer sobre sua infância e juventude provém de uma fase altamente depressiva dos anos 1923-24, na qual evidentemente foi impelido por uma compulsão maníaca a escrever.

Para ter acesso aos primeiros anos de Goebbels, precisamos nos ocupar mais detidamente desses textos e tentar decifrá-los. Por isso escolhemos como porta de entrada da história de sua vida o outono de 1923, época em que ele iniciou suas notas autobiográficas regulares.

Primeira Parte
1897-1933
Ascensão a qualquer preço

1. "Da mocidade, da mocidade, sempre soa em mim uma canção"
Joseph Goebbels sobre sua infância e juventude

> "Não aguento mais a agonia. Preciso pôr no papel a amargura do coração. Else me dá um caderno comum. Em 17 de outubro, inicio meu diário."[1]

Em 1923, Goebbels toma essa decisão — à qual se manterá fiel até as últimas semanas de vida: o diário seria o seu companheiro permanente.

A agonia e a amargura que o maltratavam no outono de 1923 tinham causas diversas: com efeito, nessa época, o dr. Joseph Goebbels era um escritor fracassado de quase 27 anos, acabara de ser despedido de um emprego que detestava num banco de Colônia e agora, totalmente sem recursos, voltara a morar com os pais em Rheydt, no baixo Reno. Namorava Else, uma jovem professora primária, mas a relação era problemática. Pouco antes, o casal tinha brigado durante uma viagem de férias à ilha de Baltrum, atormentado por problemas financeiros. Goebbels se considerava "um destroço num banco de areia": sentia-se "mortalmente enfermo". Vinha de "dias ferozes de bebedeira e desespero".[2]

A situação política e econômica geral contribuía consideravelmente para a depressão do arruinado escritor. Rheydt, sua terra natal, fazia parte da região da margem esquerda do Reno, ocupada por tropas britânicas, belgas e francesas desde o fim da Primeira Guerra Mundial. A resistência passiva ao exército francês, que no início do ano, além de sua zona de ocupação à margem do Reno, invadira o Ruhr, acabava de fracassar. A inflação chegara a um pico absurdo: o dinheiro ganho de manhã já não valia nada à noite. Agrupamentos extremistas de esquerda e de direita se armavam para a guerra civil; na Renânia, os separatistas preparavam a secessão do Reich. Abalada por uma série de crises internas, a república alemã ameaçava se desintegrar. "A política é de rir e chorar", escreveu Goebbels,[3] que ansiava pela crise como uma febre purificadora. "O dólar sobe como um trapezista. Cá dentro, uma alegria secreta. Sim, o caos tem de chegar se for para melhorar as coisas."[4]

Naquela situação pessoal e política extremamente tensa, o diário deve tê-lo ajudado. Meses depois, ele começou a preparar uma biografia breve intitulada "Erinnerungsblätter" [Reminiscências]. Tratava-se de uma apressada confissão biográfica, em parte abreviada, escrita no verão de 1924. É a fonte mais importante de que dispomos dos anos da sua juventude.[5] A decisão de iniciar um diário e de prestar contas de sua vida numa biografia breve proveio do estado depressivo em que Goebbels se encontrava em 1923-24. No seu desespero, interessava-lhe indagar quem era, como tinha ficado daquele jeito e que metas queria atingir na vida.

Os anos de Rheydt

"Nascido em 29 de outubro de 1897, em Rheydt, na época uma das ambiciosas cidadezinhas industriais no baixo Reno, próxima a Düsseldorf e não muito distante de Colônia", assim começava o relato. Ele nos informa que Fritz Goebbels, o pai nascido em 1862, era um modesto empregado de uma fábrica de velas; em 1892, casou-se com Katharina Odenhausen, sete anos mais nova, empregada numa propriedade rural. Os dois vinham de humildes famílias de trabalhadores braçais.[6] Bons católicos, como se dizia na região do baixo Reno, tiveram seis filhos: Konrad (nascido em 1893), Hans (1895), Maria (falecida em 1896 aos seis meses de idade), Joseph (1897), Elisabeth (1901) e Maria (1910).[7] Em 1900, o pai conseguiu adquirir uma "casinha discreta".[8]

A infância de Joseph foi assolada por doenças. O adulto guardou na memória, entre outras mazelas, uma prolongada enfermidade, pneumonia, com "horríveis delírios febris": "Lembro-me de um domingo em que a família fez um grande passeio a Geistenbeck. No dia seguinte, no sofá, fiquei com minha antiga doença no pé. [...] Uma dor enlouquecedora." Seguiram-se um demorado tratamento e outros exames no hospital da Universidade de Bonn cujo resultado inapelável foi: "Pé definitivamente paralisado." As consequências foram amargas: "Desde então, juventude sem alegria. Um dos acontecimentos decisivos da minha infância. Eu fiquei sozinho. Já não podia participar das brincadeiras dos outros. Tornei-me solitário e excêntrico. Por isso, quem sabe, também o queridinho de todos em casa. Os meus colegas não gostavam de mim." Só um lhe deu apoio, o amigo Richard Flisges.[9]

Quanto à "doença no pé", o relato de Goebbels indica que se tratava de uma deformação de origem neurogênica, uma atrofia que, na criança, resulta principalmente de distúrbios metabólicos. O pé direito ficou voltado para dentro e, em comparação com o esquerdo normal, era mais grosso e mais curto.[10]

Não é menos triste o que ele conta acerca do tempo de escola iniciado em 1904. Lembrou-se do "professor Hennes, um vigarista". Mas também havia o professor Hilgers, "um trapalhão e velhaco que nos maltratava e transformava a vida escolar num inferno [...]. Uma vez, no banho, mamãe achou os vergões de seu bastão nas minhas costas". Goebbels não escondeu que as dificuldades na escola também se deviam a sua atitude: "Na época, eu era bastante voluntarioso e livre-pensador, um garoto precoce de que nenhum professor gostava."[11]

No último ano do curso primário, foi submetido a uma frustrada operação no pé. "Quando mamãe ia voltar para casa, eu me pus a berrar. Sem falar na lembrança terrível da última meia hora antes da anestesia e dos trens que passavam perto do hospital de madrugada, fazendo tudo trepidar." Mas a internação também teve um lado agradável: a sua madrinha, tia Stina, levou-lhe livros de histórias da carochinha, os quais ele "devorou literalmente. Os meus primeiros contos de fada. Em casa, ninguém era de contar histórias. Foram esses livros que despertaram em mim o prazer da leitura. Dali por diante, passei a devorar tudo o que fosse impresso, inclusive jornais e artigos sobre política, mesmo sem entender uma palavra". Assim que teve alta, foi transferido para o ginásio de Rheydt, ocasião em que o pai interferiu para embelezar seu certificado escolar.[12] Embora tivesse sido "muito preguiçoso e indiferente", segundo a sua própria avaliação, pouco a pouco tornou-se um ótimo aluno, extremamente ambicioso, com talento especial para matérias como religião, grego e história.[13]

A explicação de sua ambição parece óbvia: uma compensação para a deformidade física. Ele próprio arriscou essa interpretação num texto autobiográfico de 1919 intitulado *Michael Voormanns Jugendjahre* [A juventude de Michael Voormann], uma dramatização literária da sua infância e juventude que observava conscientemente a tradição do *Entwicklungsroman*.[14] Michael era "um menino estranho. Mesmo sem o conhecer, a gente o via arregalar os olhos grandes, cinzentos, e pousar um olhar interrogativo em quem lhe dirigia a palavra. Havia algo especial naquele olhar, um vasto mundo de perguntas do qual ninguém tinha ideia. Raramente era visto brincando com os outros garotos", e os colegas "não gostavam dele". Então: "Era extremamente duro e grosseiro com eles, e, quando alguém lhe pedia um favor, apenas ria e virava a cara. Só uma pessoa o amava: sua mãe." A seguir, Goebbels descreve a mãe, estilizando-a, a ela e ao pai, como membros do lumpemproletariado: "Não sabia ler nem escrever, pois era uma simples criada até que o pai, um pobre jornaleiro, com ela se casasse. Deu-lhe sete filhos, coisa que a tornou magra e pálida. Michael era o quarto filho. Ninguém sabia a origem de sua mãe, nem mesmo o pai." Quanto a este, era "um homem honesto, sincero, com forte senso do dever", que às vezes se mostrava "duro e rude com a mãe" e do qual Michael herdara certa "característica tirânica".

Aos 10 anos de idade, ele é acometido de uma doença grave. Sua perna direita fica paralisada: "Michael geralmente era triste; foi ficando assim com o tempo. Tornou-se um pouco mais fechado e passou a evitar a companhia dos colegas." Fez-se "aplicado e esforçado na escola, pois tinha a ambição de ainda vir a ser um grande homem". Não era benquisto pelos colegas, e essa exclusão tornou-o "duro e amargo". É evidente que, no romance, Goebbels tentou criar uma variante da sua autobiografia: ao contrário do pequeno-burguês Joseph Goebbels, Michael Voormann era da classe baixa e, mediante um desempenho escolar excepcional, procurava compensar o seu isolamento dos meninos da mesma idade — solidão que, originalmente, tinha raízes na consciência da sua própria esquisitice e que a deficiência física intensificava. Goebbels buscou uma elaboração dramatizada da sua história: alçado de condições modestas, aleijado, desprezado, solitário, porém muito dotado, enérgico e bem-sucedido, mas também ressentido, frio, corroído pela ambição. Depois dessa exposição, não é difícil pressupor uma evolução natural rumo à genialidade.

As diferenças são evidentes com relação às memórias escritas cinco anos depois como trailer do diário: como vimos, aqui ele também descreveu a deficiência física como causa principal da sua infância triste, mas se recusou a encará-la como a verdadeira alavanca da sua compulsão de subir na vida. Em discussões literárias posteriores sobre sua vida, o problema físico teve um papel tão secundário quanto no diário, já que ele raramente o menciona, muito embora dependesse de um aparelho ortopédico para andar e sempre enfrentasse complicações.[15] Acaso isso permite encarar *Michael Voormann* como um relato autêntico da sua vida? Seria um raro e precioso documento autobiográfico, no qual Goebbels, excepcionalmente, se mostra capaz de autorreflexão sincera? Na obra em questão, o autor tentou romper com a grande ilusão da supressão da deficiência e enfrentar com franqueza a deformidade física e suas consequências?

O fato de Joseph Goebbels, ainda adolescente, se sentir destinado a grandes feitos; de procurar fugir, por meio do desempenho escolar, do ambiente acanhado dos anos de sua infância e se isolar das outras crianças, tudo isso pode ter encontrado reforço na sua deficiência física, mas o traço narcísico de sua personalidade, sua forte compulsão por reconhecimento e aprovação por parte dos outros, tinha outras causas.

Atualmente, a psicanálise entende que o distúrbio narcisista de personalidade tem raízes em aberrações ocorridas entre o segundo e o quarto ano de vida. Fala-se em desenvolvimento de autonomia perturbado: a criança não tem condições de se livrar da mãe provedora e dominante, e o desenvolvimento da sua personalidade fica travado. Várias podem ser as causas dessa relação perturbada: a negligência ocasional da mãe, por exemplo, ou uma educação doméstica que oscila entre preceitos diversos e através da qual a criança recebe sinais contraditórios, digamos, cuidado exagerado por um lado e rigor excessivo por outro. Não é preciso muita criatividade para imaginar que uma família numerosa e pouco favorecida pelo bem-estar material como a de Goebbels apresentasse tais condições. Naturalmente, não podemos reconstruir a educação do pequeno Joseph; tampouco é necessário, pois basta que haja explicações plausíveis para seu narcisismo sem dúvida presente.

No caso de Joseph Goebbels, podem-se observar as possíveis consequências do distúrbio de autonomia. Para fortalecer sua identidade percebida como insuficiente, o narcisista busca permanentemente o reconhecimento, procura sobretudo um parceiro na vida que lhe seja totalmente dedicado e do qual — conforme o modelo da mãe provedora — ele espera reconhecimento e aprovação. Para o narcisista, é difícil distanciar-se de quem lhe presta reconhecimento; às vezes, na sua percepção, parece que a sua própria personalidade se funde com a da outra pessoa. Nesse aspecto, a tentativa de Goebbels de oferecer, com *Michael Voormann*, uma variante do seu desenvolvimento é uma expressão típica da insegurança com relação à sua identidade. O romance é, pois, uma experimentação lúdica com a própria biografia, não uma autorrevelação.

Em geral, os narcisistas têm dificuldade em distinguir devaneio de realidade, aparência de verdade, sucesso de fantasia de sucesso, pois sua relação com o ambiente é subdesenvolvida, sua autoconsciência carece de raízes seguras: eles vivem autocentrados e tendem à autossuperestimação e à megalomania. Mas — em razão da fraqueza do ego que os caracteriza — são frequentemente afligidos pela ansiedade de separação e de perda, percebem a ausência de sucesso como fracasso e, por este motivo, tendem à depressão.[16] Portanto, Goebbels não desenvolveu narcisismo para compensar a deficiência física; pelo contrário, por causa da propensão fixada na primeira infância à autossuperestimação e à distorção da realidade, teve condições reais de ignorar amplamente a deformidade que o afetava. Esta, na sua autoavaliação, tinha importância secundária.

A leitura das memórias de Goebbels revela que, no ginásio, ele não se sentia isolado por causa da deficiência física e da ambição dela resultante, pelo contrário: ele recorda a série de colegas que mais tarde voltariam a cruzar o seu caminho.[17] Mas em primeiro plano estava o despertar da libido e da sexualidade que muito ocupou o adolescente e lhe criou não poucos problemas. A madrasta de um amigo provocou nele a primeira "apetência por mulher". Como o próprio Goebbels formula: "Eros desperta. Menino ainda, maliciosamente esclarecido." Segundo as suas memórias, ele se apaixonou pela primeira vez aos 12 anos. "Período sentimental. Cartas bombásticas. Poemas. Ademais, amor por mulheres maduras." Nessa época aconteceu inclusive um episódio desagradável, porque algumas cartas de amor forjadas por ele e endereçadas a uma menina que amava acabaram sendo devolvidas a seu verdadeiro autor, Joseph Goebbels. Esse fato levou seu professor predileto, Voss, a quem ele creditava grande influência sobre o seu desenvolvimento escolar, a não endossar sua candidatura para uma bolsa de estudos oferecida pelo município. Em *Michael Voormann*, ele dá ao incidente as dimensões de um pequeno martírio.[18]

O verão de 1914 — Goebbels tinha 16 anos — proporcionou-lhe uma experiência amarga: "Irrupção da guerra. Mobilização. Tudo pela pátria. Pena que não posso participar. [...] Os primeiros colegas feridos. [...] Pouco a pouco, muitos deles partem. [...] A sala de aula começa a ficar vazia."[19] Pelo serviço postal militar, ele manteve contato com os colegas que estavam combatendo no front.[20] Em dezembro de 1915, sua irmã Elisabeth morreu de tuberculose; alguns anos depois, o pai lembrou-o da família reunida junto ao leito da morta, procurando consolo na oração.[21]

Conservaram-se alguns escritos do tempo de escola, nos quais o jovem recorre ao tom "patriótico" adequado que ele próprio classificou retrospectivamente de "ode".[22] Além do professor de alemão Voss, é evidente que ele tinha admiração pelo professor de história Gerhard Bartels, que lhe deu aulas no primeiro ano do ensino fundamental. Quando da morte prematura deste, publicou-se uma homenagem póstuma com uma colaboração de Goebbels: elogiava principalmente as aulas engajadas de Bartels, em particular as histórias heroicas com que incutia ideais patrióticos nos alunos.[23] O ano de 1917 marcou a conclusão do ensino médio; sendo o melhor aluno da turma, coube a Goebbels fazer o discurso na cerimônia de colação de grau. Como era de se esperar, esse discurso estava totalmente imbuído do credo patriótico: "Agora o povo dos poetas e pensadores precisa provar que é mais do que isso, que está credenciado a ser o líder político e espiritual do mundo."²⁴

Inicialmente, Goebbels queria estudar medicina, mas o professor Voss o dissuadiu. "Que seja alemão e história. Pouco importa." Estudar — qualquer que fosse a faculdade — era importante inclusive porque, na qualidade de estudante universitário, ele ficava dispensado do serviço obrigatório (desde 1916, todos os homens maiores de 17 anos eram obrigados a prestar o "Serviço de Emergência da Pátria").

No último ano do ensino médio, Goebbels começou a namorar Lene Krage, de Rheindahlen: "Primeiro beijo na Gartenstrasse. [...] Maravilhosa felicidade juvenil. Casar, naturalmente. Questão de honra." O diploma trouxe consigo a "despedida de Lene", pelo menos por ora: "Confinados no Kaiserpark de madrugada. Beijo-lhe o seio pela primeira vez. Pela primeira vez, ela se torna mulher amante."²⁵

Em suma, constata-se que, na infância e na juventude, não lhe faltou o reconhecimento a que ele aspirava com tanta avidez: concluiu os estudos com brilho: o primeiro da classe; apesar da situação econômica precária da família, podia escolher a faculdade que quisesse, tinha amigos e até namorada.

Um estudante não muito aplicado

No início de abril de 1917, Goebbels foi estudar em Bonn com dois colegas da escola.²⁶ Sua situação nada tinha de invejável: "Falta de dinheiro. Muita fome. Aulas particulares a garotos insolentes." A universidade o "influenciou pouco", como ele admite. Ao que parece, passava menos tempo na universidade que na fraternidade estudantil católica Unitas Sigfridia, em que ingressou pouco depois de chegar a Bonn. Tornou-se "mentor" do novo amigo Karl Heinz ("Pille") Kölsch, que ele designava como seu "ideal".²⁷ Na Sigfridia, adotou o nome Ulex (personagem de um romance de Wilhelm Raabe, seu autor predileto). Em junho de 1917, brilhou na festa da fraternidade com um discurso sobre o escritor que ele admirava desde os tempos de escola. Recomendou Raabe como modelo dos colegas, pois era alguém que "lutava por seus ideais, lutava por sua *Weltanschauung* (visão de mundo)".²⁸ Os membros da fraternidade gostavam de se entregar a noites de bebedeira: bares, festas, partidas de boliche. Nos fins de semana, organizavam excursões. Mas a vida do grupo sofreu consideravelmente com a guerra: o número de membros ativos caiu para cinco, e nas suas publicações não faltavam queixas sobre a cerveja cada vez pior. O caixa estava vazio, mas Goebbels, agora secretário da Unitas, não tinha o menor escrúpulo em pedir doações aos companheiros recrutados para o serviço militar.[29]

Nas férias semestrais, foi temporariamente convocado para trabalho burocrático no Serviço de Emergência da Pátria, mas não tardou a se livrar da obrigação.[30] Por falta de dinheiro, retornou a Rheydt. Lene estava à sua espera: "Uma noite com ela no sofá, em Rheindahlen. Mantivemos a pureza. Eu me sinto homem." Não conseguia se livrar da penúria: "Contas pendentes em Bonn. Briga em casa. Papai ajuda. Vivência espiritual de Bonn igual a zero."[31] Finalmente logrou arranjar uma fonte de renda: a Associação Albertus Magnus de Colônia, católica, concedeu-lhe uma ajuda de custo estudantil e, aos poucos, acabou lhe emprestando nada menos que 960 marcos.[32]

Durante a estada em Rheydt, escreveu os contos "Bin ein fahrender Schüler, ein wüster Gesel..." [Sou um estudante errante, um companheiro avacalhado...] e "Die die Sonne lieben" [Os que amam o sol], textos que em 1924 ele mesmo julgou "Pomposamente sentimentais. Quase intragáveis". O *Kölnische Zeitung*, a quem ofereceu os trabalhos, recusou-se a publicá-los.[33] Mas "Ein fahrender Schüler" [Um aluno peregrino], assim como o romance *Michael Voormann*, escrito em 1919, desperta interesse para compreender a autoavaliação que Goebbels fazia de si mesmo e a maneira como refletia sobre sua pessoa. O herói é um certo Karl Heinz Ellip (o nome de seu amigo "Pille", a quem dedicou o conto, escrito de trás para a frente), que adotou o nome Ulex, personagem do romance de Raabe; Ellip explica a escolha do nome, dizendo que combina com ele porque Ulex é "um genuíno idealista alemão", "profundo e sonhador como todos nós alemães". Além disso, Ellip/Ulex é um "sujeito grande e forte" e se destaca pelo temperamento alegre e festivo. Filho único de um grande latifundiário no norte, estuda (por puro diletantismo) alemão e história em Bonn e outros lugares. Ellip é chamado à sua "Elpenhof" natal, para junto da mãe moribunda que ele ama acima de tudo; na noite da sua morte, abalado pela agonia da mulher, sofre um ataque cardíaco. É enterrado com ela.

Em outubro de 1917, iniciou-se o segundo semestre em Bonn, onde Goebbels passou a dividir um quarto com Kölsch.[34] O relacionamento com Lene esfriou, pois ele estava interessado na irmã de Kölsch, Agnes. Na casa da família Kölsch, à qual agora era sempre convidado, conheceu a outra irmã, Liesel. Confusão erótica generalizada: "Liesel me ama, eu amo Agnes. Brinca comigo." Durante o semestre, essa patuscada se complicou ainda mais quando o colega Hassan também se apaixonou por Agnes. O alojamento de Hassan era uma verdadeira *garçonnière*: "Agnes em Bonn. Uma noite com ela no quarto de Hassan. Beijei-lhe o peito. Pela primeira vez, ela é totalmente generosa comigo. Tinha deixado a porta aberta e depois disse que não." Não tardou a reprise com Liesel: "Liesel em Bonn. Uma noite com ela no quarto de Hassan. Eu a poupo. Ela é totalmente boa para mim. Estou como que satisfeito com uma boa ação."[35]

"Quase não vou à universidade", anotou a respeito dos seus progressos acadêmicos naquele semestre. "Agonia e inquietude. Tempo de fermentação. Eu procuro e não acho."[36] Entretanto, nos dois semestres em Bonn, inscreveu-se numa série de cursos de história e letras e chegou a assistir a uma aula magna de Heinrich Heine. Ao mesmo tempo, fez cursos de história da arte, psicologia, folclore e assistiu a uma palestra intitulada "Doenças venéreas, causas e prevenção".[37] Concluído o segundo semestre, Goebbels e Kölsch decidiram prosseguir os estudos em outra faculdade; na época, era comum a troca frequente de universidades. Foi com o coração partido que a Unitas se despediu dos dois camaradas que, com sua atividade intensa, tanto haviam estimulado a vida da fraternidade.[38]

Goebbels passou o terceiro semestre em Friburgo, onde foi recebido por "Pille" Kölsch, que se adiantara e queria muito apresentá-lo a uma conhecida, Anka Stalherm. "E como eu te conheci profunda e inteiramente, Anka Stalherm!", registrou Goebbels nas "Erinnerungsblätter".[39] Apaixonou-se por Anka, que era três anos mais velha e de família burguesa,[40] e, nas semanas seguintes, procurou indispô-la com o amigo.

No feriado de Corpus Christi, viajou ao lago de Constança com Kölsch e dois outros amigos; Anka foi para lá pouco depois. Visitaram diversos lugares; Goebbels ficou com ciúmes de Kölsch, sentimento que não fez senão aumentar. De volta a Friburgo, registrou vários sinais favoráveis de parte de Anka: "Ruptura gradual entre Anka e Kölsch. Em compensação, mais ligada a mim." Os dois passaram a se encontrar frequentemente a sós; pouco a pouco, ele se aproximava de seu objetivo: "Eu a beijo [...] uma satisfação desmedida e sem propósito." A afeição por Anka desgastou inevitavelmente sua relação com Kölsch; por fim, só lhe restou sair da morada comum: "Primeiro desentendimento. Diferença social. Sou um pobre-diabo. Sem dinheiro. Grande calamidade. Quase não vou à universidade. [...] Nem lembro que estamos em guerra."

Anka não sabia se lhe convinha separar-se definitivamente de Kölsch. Isso acabou levando-a a uma "cena patética" com Goebbels: "De joelhos, ela suplica o meu amor. Descubro pela primeira vez o quanto uma mulher é capaz de sofrer. Estou abalado." A tragédia prossegue na manhã seguinte e termina de maneira cabal: "Anka é minha."[41] Ele venceu: "Dias abençoados. Só amor. Talvez o período mais feliz da minha vida." Anka pediu para conversar com Kölsch. Como ele não quis, ela lhe escreveu uma carta de despedida.⁴²

Terminado o semestre, Goebbels passou as férias de outono na casa dos pais, em Rheydt.⁴³ Estava "magro e pálido". Dedicou três semanas à elaboração de uma ideia: um drama em cinco atos, "Judas Iscariotes", uma reinterpretação nada original da história de Judas no Novo Testamento: o personagem é apresentado como um patriota que, tendo sido um fervoroso partidário do Messias, opta por traí-lo porque ele se recusa a liderar a libertação revolucionária do povo judeu do domínio romano; com a morte de Cristo, Judas quer se alçar a líder, mas, reconhecendo a grandeza de Jesus, se suicida.⁴⁴ Foi a primeira vez que Goebbels manifestou sérias dúvidas religiosas, mas, aconselhado pelo pároco local, achou melhor deixar a obra na gaveta. Não queria, como escreveu a Anka, romper com "a fé e a religião da infância"; o fato de ele dever a bolsa de estudos a esse mesmo pároco deve tê-lo instigado a tomar tal decisão.⁴⁵

Por uma infeliz coincidência, Anka e a rejeitada Agnes se encontraram; o resultado foi o seguinte: "Anka duvida de mim. Carta fria e tímida." Ela o visitou e com ele teve uma conversa que, no entanto, deixou muita coisa em aberto. Anka queria continuar os estudos em Würzburg, enquanto Goebbels afirmou que preferia ir para Munique. Nos dias subsequentes, ele ficou esperando "desesperado" por notícias.⁴⁶ Em vão. Por fim, foi para Würzburg, procurou por Anka e a encontrou: "Um mero olhar, e nós somos os mesmos de antigamente. Depois de longas lutas por ela, eu fico."⁴⁷

O semestre de inverno de 1918-19 foi o quarto do estudante Joseph Goebbels. Até então, ele não tinha levado os estudos a sério. Não deixa de ser surpreendente o pouco que a Primeira Guerra Mundial e a política afetaram a vida do estudante. Ele se ocupava de suas leituras e ambições literárias, cultivava amizades, aquela errática relação amorosa com Anka, e desfrutava ao máximo a vida de universitário. A julgar por seus próprios depoimentos, não parece que a guerra o tenha marcado decisivamente, nem que a exclusão da "experiência no front", por causa da deficiência física, tenha gerado nele algum complexo de inferioridade ou ressentimento.

Em Würzburg, porém, Goebbels parece ter se dedicado mais aos aspectos acadêmicos do estudo. Seu histórico universitário menciona cursos de história antiga, literatura alemã, linguística, história da arte, arqueologia, letras neolatinas, pedagogia e história da arquitetura.⁴⁸ Ele já não se sentia atraído pelas fraternidades. Desistiu de participar da Unitas.⁴⁹ À noite, leu Dostoiévski pela primeira vez: "Chocado", assim o deixou a leitura de *Crime e castigo*, segundo escreveu em 1924.

Durante o semestre de Würzburg, deram-se acontecimentos políticos essenciais: o cessar-fogo de 11 de novembro de 1918 selou a derrota militar do Reich alemão, irrompeu a revolução, o cáiser abdicou. "A revolução. Asco. Retorno das tropas. Anka chora."[50] Em Würzburg, constata, grassam as "influências democráticas". A sua posição era clara: "No entanto, conservador." Nas eleições, preferiu o Bayerische Volkspartei [Partido Popular da Baviera], a agremiação direitista dos católicos bávaros. No fundo, os desenvolvimentos políticos não o afetavam. Em carta ao colega de escola Fritz Prang, Goebbels se mostrou calmo e sereno em face dos acontecimentos revolucionários: logo há de chegar a hora em que se buscará "espírito e força" na "multidão humilde, calada"; cabe-nos "esperar essa hora e não desistir de nos armar para a luta através de tenaz educação espiritual". Sem dúvida, a Alemanha tinha perdido a guerra, mas, para ele, era como se "a nossa pátria" a tivesse vencido.[51]

Nessa época, seu pai lhe escrevia cartas preocupadas. Preferia que o filho tivesse se matriculado numa cidade universitária da Renânia natal. À parte isso, tentava lhe dar apoio financeiro na medida do possível. Goebbels retornou de Würzburg no fim de janeiro de 1919.[52] Passou as férias semestrais de 1919 em Rheydt, que, nesse meio-tempo, se tornara território ocupado. Os problemas financeiros pressionavam; ele ganhava a vida dando aulas particulares. Nas horas livres, escreveu um segundo drama: "Heinrich Kämpfert". O tema parece batido: o herói, um pobretão, está desgraçadamente apaixonado pela filha de uma família rica.

Além das incursões na dramaturgia, Goebbels se ocupava fervorosamente da poesia lírica. Seu diário e os escritos que deixou contêm vários poemas inéditos da época da guerra e do pós-guerra. O germanista Ralf Georg Czapla, que estudou intensamente essa obra, constata que a maior parte dela consiste em "construtos pouco inspirados cheios de frases entusiasmadas e fórmulas vazias, com considerável deficiência na versificação e formação de rimas". Quanto ao conteúdo, predominam as evocações de idílio doméstico, a descrição de saudáveis cenas de jardim e natureza, assim como serenatas de amor com, nas palavras de Czapla, "clichês de uma visão *biedermeier** do mundo".[53] Também na forma, a poesia de Goebbels era muito convencional e não ultrapassava o estilo da *lied* popular. Mas, paralelamente, ele se aventurava em temas mais ambiciosos: explorou sua busca por Deus[54] e a perda da fé (chegando a execrar o Deus cristão)[55] e

---

* O termo refere-se ao período histórico entre 1815 e 1848. Normalmente é usado para denotar o estilo artístico que floresceu na literatura, música, artes plásticas e design de interiores.

escreveu sobre o medo da morte: "Muitas são as noites em que/ Na cama sentado/ Eu escuto/ Então conto/ As horas que inda/ Da morte me separam."[56]

Em busca de orientação política, Goebbels participou de uma reunião do Deutsche Demokratische Partei [Partido Democrático Alemão] em Rheydt, na qual seu ex-professor de história Bartels discursou. O estilo da exposição lhe agradou, mas o conteúdo reforçou "minha incompatibilidade com os democratas" (referência aos militantes desse partido). "Todos os meus colegas de classe votam no centro ou no Nacional Alemão. Aqui eu também votaria no Nacional Alemão."[57] Em todo caso, ele estava convencido de que grande parte da população alemã era politicamente imatura: em seu distrito eleitoral, aproximadamente 25% dos votos foram anulados porque os eleitores não compreenderam o sistema de votação.[58] Goebbels se sentia politicamente apátrida.[59] No fim das férias semestrais, soube que, nesse meio-tempo, Anka partira para Friburgo, onde já estava instalado seu antigo rival Kölsch. "E, ainda que me custe a vida, para Friburgo eu vou."[60] Lá se encontrou com Anka, que, no entanto, como ele constatou consternado, "já não era a mesma". Por fim, a moça confessou que o havia traído com Kölsch. Seguiram-se cenas de ciúme, tentativas de reconciliação, ciúme outra vez. Em certa ocasião, Goebbels chegou a tomar emprestado o revólver de um amigo. "Perto da morte", escreveu sinistramente. Naquele semestre, os estudos não avançaram muito.[61] Richard Flisges, o ex-colega de escola que, na primavera de 1919, voltou da guerra com patente de tenente e passou a ser um "companheiro inseparável", esteve algum tempo em Friburgo para também estudar literatura alemã. E se tornou seu amigo do peito.[62]

Terminado o semestre, sem ter passaporte válido, Goebbels não conseguiu entrar na zona ocupada. Transferiu-se para Münster, onde alugou um quarto barato. Telefonava diariamente para Anka, agora na casa dos pais em Recklinghausen. Em Münster, ele tornou a se aventurar no ofício de escritor. Ainda em Friburgo, tentou publicar uma coletânea de poemas, mas não pôde pagar o adiantamento substancial exigido pela editora.[63] Dessa vez, decidiu experimentar outro gênero: em Münster, escreveu o já mencionado romance autobiográfico *Michael Voormann*. "É com grande empenho que escrevo a minha história."[64]

Dessa obra dividida em três partes, conservaram-se a primeira e a terceira. Na primeira, o autor se ocupa em estilizar sua infância e o tempo de escola; na terceira, trata do período em Friburgo e da relação com Anka, que aqui aparece como Herta Holk e a ele se entrega depois de prolongada luta: "Tornou-se uma parte dele." Subsequentemente, Michael se recolhe em casa para escrever um drama sobre Cristo. Ao concluir o trabalho, volta a ver Herta, que confessa sua infidelidade. Ele a abandona e queima o drama a ela dedicado.[65] Tudo foi obviamente escrito para impressionar Anka: ela se daria por muito feliz se não estivesse no papel de Herta, que, claro, acaba arcando com a culpa pelo fim do relacionamento com Michael e a interrupção de sua tão promissora carreira de escritor.

Terminado o trabalho com *Michael*, Goebbels decidiu voltar para casa — com ou sem passaporte. Conseguiu subornar um guarda e atravessar a fronteira. Sentindo-se "mortalmente enfermo", procurou se recuperar um pouco em Rheydt até o início do semestre.[66] Estava decidido a seguir Anka, que tinha planos de ir para Munique no semestre seguinte. Para tanto, tomou 1.200 marcos emprestados de conhecidos da família.[67] Os dois foram para o sul de trem. Na escala em Frankfurt, ele presenciou casualmente a inauguração da Feira pelo presidente Friedrich Ebert. "Vergonhosa impressão", escreveu retrospectivamente em 1924.

Goebbels parece ter se impressionado com Munique: "A Stachus. A Marienplatz. A Odeon-Platz. As pinacotecas. A Schackgalerie. Dürer (*Os quatro apóstolos*), Böckling, Spitzweg e Feuerbach."[68] Seis meses antes, a República Soviética de Munique tinha sido sangrentamente derrubada pelos Freikorps.* Desde então, a cidade se tornara o centro da contrarrevolução. As associações paramilitares, as organizações secretas de extrema direita e os agrupamentos nacionalistas lá desenvolviam as mais variadas atividades. Em fevereiro de 1920, um tal Adolf Hitler, ainda soldado a serviço das forças armadas do Reich, chamou atenção ao discursar diante de cerca de 2 mil pessoas no primeiro grande comício da pequena facção chamada Deutsche Arbeiterpartei (DAP). Nos meses seguintes, ele se transformou numa espécie de atração local.[69]

É pouco o que se encontra nas "Erinnerungsblätter" de Goebbels a respeito da agitada situação política; nem uma palavra sobre Hitler ou o DAP. Mas ele menciona a revolta entre os estudantes, em janeiro de 1920, quando Arco-Valley — o assassino de Kurt Eisner, líder da revolução de Munique de novembro de 1918 — foi condenado à morte (já no dia seguinte, o governo preferiu comutar a pena em prisão perpétua). Houve tumultos na Universidade de Munique.[70]

Como a Câmara Municipal de Munique havia proibido a entrada de estudantes não bávaros, Goebbels não se registrou na polícia nem se matriculou na universidade. O amigo Richard encarregou-se de comparecer às aulas em

---

* Milícias formadas por oficiais da reserva e ex-soldados depois da Primeira Guerra Mundial. Inicialmente encarregadas de proteger a fronteira alemã do leste contra uma possível invasão bolchevista, foram depois utilizadas na repressão às revoluções comunistas na Alemanha. Em 1919, tais unidades paramilitares assassinaram os revolucionários Karl Liebknecht e Rosa Luxemburgo. (N. do T.)

Friburgo em seu lugar. Teve uma primeira "briga" com Anka quando ela empreendeu uma excursão de vários dias pelas montanhas, da qual ele, por motivos óbvios, não pôde participar.[71] Nas suas memórias, registrou impressões de visitas ao teatro e à ópera. Entre outros espetáculos, viu *Carmen*, *O holandês voador*, *Siegfried*, *Electra* e *O franco-atirador*, assistiu ao maestro Bruno Walter e à estreia da ópera *A mulher sem sombra*, de Strauss. Nos teatros de Munique, viu, além de clássicos como *Anfitrião*, *Antígona* e *Don Carlos*, principalmente peças modernas como *O filho*, de Hasenclever, obras de Strindberg, Ibsen e Gustav Meyrink, *Das Gelübde* [O juramento], de Heinrich Lautensack, *Der Unmensch* [O monstro], de Hermann Bahr, e *Gas* [Gás] de Georg Kaiser. Tudo isso quase o acachapou: "Caos dentro de mim. Fermentação. Esclarecimento inconsciente." Ele ficou particularmente impressionado com uma apresentação do último drama de Tolstói, *A luz brilha nas trevas*. Em retrospecto, escreveu sobre essa época: "Socialismo. Começa a se dilatar vagarosamente. Compaixão social. Expressionismo. Ainda não puro e esclarecido."[72]

Goebbels discutiu com o crítico literário natural de Munique Artur Kutscher um possível trabalho de doutorado sobre a pantomima, mas não tardou a classificar de "funesta" a perspectiva de sucesso desse projeto, sobre o qual trocou correspondência com Kutscher algumas semanas depois.[73] Voltou a enfrentar dificuldades financeiras. Teve de vender os ternos e o relógio. Anka o ajudou empenhando seu relógio de ouro numa casa de prego. E praticamente passou a sustentá-lo.[74] Novamente cheio de dúvidas quanto à religião católica, pediu ajuda ao pai. Numa longa carta de novembro de 1919, este procurou aconselhar, consolar e tranquilizar o perturbado Joseph. Crises de fé eram normais na juventude, mas nada melhor que a oração e a participação nos sacramentos para superá-las. Lembrou a morte da irmã Elisabeth em 1915, quando a prece da família fortaleceu a todos. Prometeu não o enjeitar mesmo que ele se afastasse da Igreja (coisa que o filho receava), mas queria lhe fazer duas perguntas: acaso ele pretendia compor obras ou ter atividade profissional incompatíveis com a religião católica? Não sendo esse o caso, tudo havia de se arranjar. Goebbels ficou agradecido pela resposta compreensiva que, no entanto, deixa claro o muito que ele se distanciara do universo pequeno-burguês-católico da família.[75]

O relacionamento com Anka continuava passando por crises, mas os dois sempre acabavam se reconciliando e sentindo-se "mais unidos". Chegaram a pensar em casamento, mas, como Goebbels escreveu com desdém, as burguesices levaram tais planos ao fracasso.[76] Em carta a Anka, perguntou num tom acusatório: "Os outros têm o direito de me desprezar, afrontar e infamar porque eu te amo a ponto de perder o juízo?"[77] Agora estava escrevendo um drama social: *Kampf der Arbeiterklasse* [A luta da classe operária]. Mas em Munique lhe faltava sossego para concluir o manuscrito.⁷⁸

No fim do semestre, foi para a casa dos pais; nesse meio-tempo, o seu irmão Hans havia retornado do cativeiro de guerra. Trouxera consigo "Ódio e ideias incendiárias". Ademais: "Ávidas leituras. Tolstói. Dostoiévski. Revolução em mim [...] a Rússia."⁷⁹ Em carta a Anka, comentou as "notícias sensacionais de Berlim": parte da extrema direita, liderada por Wolfgang Kapp, havia arriscado um *Putsch*. A tentativa malogrou poucos dias depois, mas isso estava longe de ser o fim. Cético, ele duvidava de que um "governo de direita seja bom para nós no momento atual". Por ora, preferia esperar o desdobramento das coisas.⁸⁰ Em viagem pelo Ruhr, Anka foi surpreendida pelo golpe de Estado de Kapp e suas consequências, uma rebelião operária: "Revolução vermelha no Ruhr. Lá ela conhece o terror. Eu me entusiasmo à distância." Parece que esse entusiasmo era pelo terror dos revolucionários, não pelas medidas repressivas terroristas tomadas contra eles pelos Freikorps.

Nessa época agitada, Goebbels se candidatou a uma vaga de preceptor numa propriedade rural na Holanda, assim como "na Prússia Oriental", mas sem sucesso.⁸¹ À parte isso, sua produção literária avançava. A nova peça era uma denúncia geral contra o mundo "pútrido" e "quebradiço" em que um levante dos trabalhadores espalharia "a semente", tal era o título da obra, "da linhagem, do amadurecimento, do fortalecimento, da ascensão do homem novo".⁸²

Em abril, anexou em uma carta a Anka uma longa passagem sobre a questão "que ainda paira entre nós dois: a questão do comunismo". Era "esquisito e deprimente que um mundo de tantas centenas de milhões de pessoas seja dominado por uma casta com o poder de levar, arbitrariamente, esses milhões à vida ou à morte [...] O capitalismo não aprendeu nada". Era responsável pelo fato de "gente dotada das mais brilhantes qualidades espirituais soçobrar na miséria e se perder".⁸³

Segundo suas próprias informações, ele passou a devorar a literatura especializada de germanismo, assim como Tolstói, Goethe, Maeterlink, Lessing, George, Kalidasa, Cervantes, Wedekind, Kleist, Hölderlin e Ibsen, mas também Hans Sachs e a *Canção dos nibelungos*, o escritor do alemão moderno nascente Johann Baptist Fischart, autores de língua alemã dos séculos XVII e XVIII, particularmente Spee von Langenfeld, Abraham a Sancta Clara, Kleist, Heinrich Wilhelm von Gerstenber, Martin Opitz, Friedrich von Logau e Paul Fleming, além do romântico Wilhelm Heinrich Wackenroder. Tudo indica que estava decidido a se preparar para o exame.⁸⁴

Reencontrou-se com Anka no Pentecostes. Indignada, ela rejeitou seu último trabalho *Die Saat* [A semente], que o amigo Richard havia acolhido "com entusiasmo".⁸⁵ Por fim, Goebbels soube por uma carta de Anka que Theo Geitmann, um amigo de Rheydt que fazia tempo lhe despertava certa desconfiança,⁸⁶ a cortejara: "Theo me enganou. Ama-a." Os dois se encontraram em Karlsruhe, onde Anka também falou em certo "sr. Mumme". A separação ocorreu depois que ele — longe de ter compreendido a situação — ainda teve a generosidade de lhe propor noivado.⁸⁷ Surpreendentemente, seguiu-se uma nova reconciliação em Heidelberg, que, no entanto, não devolveu a tranquilidade a Goebbels. Anka voltou a lhe prometer fidelidade, e os dois decidiram passar o semestre seguinte juntos.

Goebbels simplesmente se recusava a entender que Anka não levava o relacionamento a sério. Passou as férias em Rheydt; ela, na casa dos pais no Ruhr. Seu rival não abandonou a luta: "O sr. Mumme em Recklinghausen."⁸⁸ Só lhe restou escrever uma carta de despedida à namorada: sem ela, ele pereceria. "O amor me mata. Se agora a tivesse aqui comigo, eu a agarraria e a obrigaria a me amar, ainda que só por um instante, depois a mataria. Sim, ria à vontade, você sabe que eu sou bem capaz disso."⁸⁹

A verdade é que ele andava namorando a ideia de se matar. No dia 1º de outubro, redigiu um testamento. Nomeou o irmão Hans "administrador do seu legado literário", e o pai, testamenteiro. Dispôs que vendessem a sua roupa para pagar as dívidas que deixava; cada irmão podia escolher cinco dos seus livros, o resto seria igualmente vendido: o dinheiro ficaria para a irmã. A ela também se destinavam os seus poucos pertences, como o despertador e os itens de toalete. "Eu me despeço deste mundo e de todos que foram bons e maus para mim. É com alegria que parto desta vida que para mim foi um inferno."⁹⁰ Essas afirmações teatrais serviram de arremate.

No semestre de inverno, ele retornou a Heidelberg. Ao contrário do combinado, não encontrou Anka. Seu amigo Richard achou-a em Munique, onde a viu num café em companhia de Mumme. Goebbels foi para lá. Embora tenha descoberto o endereço da moça, soube que ela viajara a Friburgo — com o "noivo": foi essa a informação que lhe deram. Desesperado, voltou a Heidelberg. Ainda houve uma derradeira correspondência.⁹¹ Mumme, o noivo de Anka, exigia em nome dela a devolução de suas cartas e seus presentes. Goebbels respondeu com uma missiva "categórica".⁹²

Doutorado e fracasso na carreira literária

De volta a Heidelberg, ele começou a se preparar para o doutorado. A leitura de *O declínio do Ocidente* de Spengler em nada contribuiu para alentá-lo, pelo contrário: a tentativa abrangente de situar o declínio da Europa na história universal da ascensão e queda das grandes culturas nele suscitou "pessimismo" e "desespero". Pressionado por essas ideias sinistras, ele se precipitou a trabalhar na tese de doutorado, a qual, terminado o semestre de Heidelberg, pôs no papel em quatro meses em Rheydt.[93]

Inicialmente, tinha esperança de escrever a dissertação sob a orientação de Friedrich Gundolf, o conhecido historiador da literatura de Heidelberg. O corifeu, como ele contara a Anka, o havia recebido no começo de junho "com extraordinária amabilidade" e lhe dera dicas importantíssimas.[94] O fato de Gundolf ser judeu não o incomodou. Na época, o historiador da literatura, que participava do círculo elitista em torno do poeta Stefan George, estava ocupado com a reputação póstuma de um grande vulto histórico: a história da recepção de Júlio César na literatura europeia. Possivelmente, Goebbels, que, como veremos, já andava intimamente em busca de um líder, sentiu-se atraído pelo senso de grandeza histórica de Gundolf.[95] Mas este, que se tinha licenciado dos compromissos acadêmicos, encaminhou-o a um colega, o professor honorário Max von Waldberg. Goebbels não se ofendeu com isso, porque, meses depois, numa palestra pública, se manifestou muito agradecido a Gundolf.[96] Seguindo o conselho deste, participou do seminário de Waldberg, onde apresentou um trabalho oral e entregou um trabalho escrito.[97]

Orientado pelo professor, preparou uma dissertação sobre a obra dramática de Wilhelm von Schütz, um romântico quase desconhecido. O texto manuscrito de mais de duzentas páginas foi concebido como um apanhado geral da obra do escritor.[98] O que mais chama atenção é o prefácio, que, iniciado com uma citação de Dostoiévski — quase em forma de declamação —, estabelece paralelos entre a época do romantismo e a "década que hoje vivemos". Goebbels enxerga paralelos principalmente na vida cultural: "Cá e lá, propaga-se um iluminismo raso que tem por propósito e meta final o ateísmo vulgar e desdourado. Mas contra ele se bate a geração jovem dos buscadores de Deus, dos místicos, dos românticos. Todos esses pequenos e minúsculos clamam por um líder; mas não se apresentará nenhum grande que os tome a todos nos braços."

Tendo entregado o trabalho em Heidelberg, aproveitou o tempo até a prova para se preparar intensamente para o exame oral. Foi aprovado em novembro com *rite superato*, que classificava de medíocre seu desempenho acadêmico. Mesmo assim, agora era o doutor em filosofia Joseph Goebbels.[99] Quanto ao seu orientador Waldberg, nada recebeu em troca do apoio prestado ao aluno depois tão proeminente: em 1933, foi aposentado compulsoriamente por causa da ascendência judaica; em 1935, cassaram-lhe a licenciatura. Em 1942, quando Goebbels festejou com pompa e circunstância o vigésimo aniversário do seu doutorado na Universidade de Heidelberg, não se disse uma palavra sobre Waldberg — que falecera em 1938.[100]

Uma vez mais em Rheydt, Goebbels voltou a ganhar a vida dando aulas particulares. No início de 1922, conseguiu publicar uma série de artigos no jornal local, o *Westdeutsche Landeszeitung*. A série, que, segundo sua própria avaliação, "causou muita sensação" e lhe valeu "inimigos na imprensa de Rheydt",[101] deu-lhe oportunidade de exprimir seu ódio à cultura dominante e se manifestar longamente sobre o espírito da época.

No primeiro artigo, ele deixou sucintamente claro que o "materialismo e o mamonismo alemães com que hoje nos deparamos na cultura pura [...] são os principais culpados pela dissolução da alma alemã".[102] E disparou uma crítica geral da cultura e das correntes artísticas modernas. O grande problema da cultura contemporânea era a "falta de senso de estilo. Falta acima de tudo o grandioso indivíduo artístico que traz esse estilo em si, [...] o jovem exaltado que, a partir da necessidade da época, lança no mundo seu titânico '*in tyrannos*'".*

O segundo artigo, pretensiosamente intitulado "Do sentido do nosso tempo",[103] continha uma passagem que o leitor contemporâneo decifrava facilmente como polêmica antijudaica: "Nós veneramos um internacionalismo contrário à nossa essência nacional, festejamos o elemento estrangeiro como salvação única." Também polemizou contra o entusiasmo pelo "espírito russo" ou pelo "homem indiano". E criticou o efeito do livro de Spengler: *O declínio do Ocidente* teria reforçado ainda mais o tom pessimista dominante quando, segundo Goebbels, o *páthos* juvenil tinha necessidade de "livros de conforto, de encorajamento, livros que apontem para o imperecível". Nesse sentido, no artigo seguinte ("Do verdadeiro espírito nacional"), fez observações acerca da "alma alemã", caracterizando-a como "fáustica".[104] A série de artigos culminou com uma exortação à "educação do novo público", uma espécie de ofensa ao público: "Em certos aspectos, esses asseados amigos da arte têm uma semelhança diabólica com a nossa chusma de traficantes e aproveitadores da guerra."[105]

A série de artigos, com os seus juízos apodícticos, o seu páthos de quem veio corrigir o mundo, revela sobretudo uma coisa: o estado de autossuperestimação em que se achava o dr. Goebbels, autor sem ocupação nem sucesso. Totalmente inebriado com a possibilidade de enfim se apresentar à burguesia

---

* Latim: contra o tirano. (N. do T.)

culta de Rheydt e arredores, chegou a mencionar questões pessoais. No último artigo,[106] com a característica mescla de autocomiseração retrospectiva e narcisismo, descreveu minuciosamente o seu estado de espírito em 1919, quando passou o Natal sozinho em Munique. Também fez várias referências aos seus anos sofridos de estudante: "qualquer um que participou da luta sabe" o que "a juventude acadêmica séria" realizou "na sua luta silenciosa e heroicamente abnegada".[107]

No outono, fez um breve estágio como crítico de arte do *Landeszeitung*, recebendo por hora. O fato de logo haver perdido o emprego — supostamente em consequência de uma reestruturação interna na empresa — talvez também tivesse a ver com o modo um tanto arrogante com que ele comentava os debates intelectuais na cidadezinha provinciana. Por ocasião de uma palestra na Associação de Filosofia Científica, escreveu que a discussão subsequente havia mostrado uma vez mais "como são estéreis esses debates entre um palestrante que não conhece o público e um público que não conhece o palestrante".[108]

Nesse outono, também teve oportunidade de ministrar uma palestra intitulada "Excertos da atual literatura alemã". Foi uma espécie de acerto de contas com a literatura do pós-guerra ("Um bufão querendo superar o outro"); condenou especialmente os excessos do expressionismo, embora não o desaprovasse por inteiro. Tornou a dedicar uma longa passagem a Oswald Spengler: criticou o "pessimismo cultural" predominante na interpretação de Spengler (pela qual, inicialmente, se deixara contagiar); agora, revelou Goebbels aos ouvintes, ele se inclinava a enxergar no estudo de Spengler sobre o surgimento, desenvolvimento e declínio das grandes culturas mundiais uma "fonte de consolo, de força e de estímulo", e a avaliação de Spengler da Rússia como portadora da civilização do século vindouro lhe parecia "a palavra redentora" e corroborava seu próprio juízo positivo dos acontecimentos naquele país.[109]

No fim do ano, Goebbels se empenhou em criar em Rheydt uma associação teatral ligada à Federação Nacional de Teatro, existente em todo o Reich; foi uma tentativa de "renovação do teatro no espírito nacional alemão-cristão", uma alternativa à outra associação existente, a Freie Volksbühne, socialista.[110]

Nesse meio-tempo, conheceu a jovem professora Else Janke.[111] A partir do verão de 1922, o que ele descreveu no início como um "sereno amor platônico" evoluiu progressivamente para uma relação amorosa. As suas memórias de 1924 e a correspondência conservada permitem inferir que esse relacionamento nem sempre foi harmonioso. Por exemplo, houve uma briga porque a moça não "queria ostentar a nossa relação em público"; pouco depois, tiveram um "bate-boca por causa do meu problema no pé". Else lhe contou que era filha de mãe judia, coisa que para Goebbels soou assim: "Ela confessa a sua origem. Com isso, destrói a magia primeira."[112]

A passagem indica o seu crescente antissemitismo. Até esse momento, a "questão judaica" não lhe tinha despertado grande interesse. Em fevereiro de 1919, ele escreveu a Anka — a propósito de uma apreciação crítica de Heinrich Heine numa história da literatura alemã: "Você sabe que não gosto muito desse antissemitismo exacerbado. [...] Longe de mim dizer que eu tenha grande amizade pelos judeus, mas não acho que insultos e polêmicas ou mesmo pogroms sirvam para fazer com que eles sumam do mundo, e, ainda que servissem, seria muito ignóbil e degradante."[113] Naturalmente, a expressão "antissemitismo exacerbado" pressupunha a aceitação de uma atitude antijudaica "normal". Comentários ocasionais sugerem que Goebbels participava daquele antissemitismo comum e corrente, mas a "questão judaica" não tinha papel importante na sua visão de mundo.[114] No início de 1923, porém, à medida que o Reich alemão soçobrava na crise, ele passou a figurar entre os muitos que responsabilizavam "os judeus" pela catástrofe iminente.[115]

O ganha-pão atormentador

Em 2 de janeiro de 1923, Goebbels arranjou emprego num banco de Colônia. Else insistira muito para que o fizesse;[116] nenhuma outra perspectiva profissional se abria para o doutor em filosofia. Mas ele não tardou a sentir uma antipatia cada vez maior pela nova atividade. Enquanto isso, o caos irrompia ao seu redor. Em janeiro, o exército francês invadiu a região do Ruhr porque o governo do Reich havia deixado de cumprir suas obrigações de reparação. O governo alemão conclamou o povo à resistência passiva, coisa que gerou o colapso da vida pública na região e teve por consequência, entre outras coisas, a paralisação do transporte ferroviário, o que impediu Goebbels de voltar a Rheydt. Ele passou algumas "horas doces" com Else, que, com reiteradas cartas encorajadoras, tentava tirá-lo da depressão,[117] mas isso não pôs fim às frequentes e acaloradas discussões.[118]

Desesperado, Goebbels procurava orientação, como tentou explicar nas memórias escritas em 1924: "A minha visão fica mais lúcida nas privações. Aversão ao banco e à minha atividade. [...] O judaísmo. Penso no problema de dinheiro."[119] Assistiu a uma ópera dirigida por Otto Klemperer: "A questão judaica na arte. Gundolf. Esclarecimento espiritual. Baviera. Hitler." Mas tudo indica que o fato de ele, referindo-se ao seu "esclarecimento espiritual", ter chegado a Hitler já em 1923 — considerando que o interesse pelo nacional-socialismo se manifestou pela primeira vez em 1924 — não passa de uma tentativa a posteriori de edulcorar sua biografia. Nessa época, leu Thomas e Heinrich Mann. Dostoiévski voltou a abalar intensamente sua sensibilidade; assim ele descreveu o estado de espírito em que o deixou a leitura de *O idiota*: "Revolução dentro de mim", mas também: "Pessimismo com tudo." A respeito de Richard Wagner, anotou: "Renúncia ao internacionalismo." A leitura de *Os fundamentos do século XIX* de Houston Stewart Chamberlain levou-o uma vez mais à "questão judaica". Por fim, Goebbels registrou o resultado provisório da sua busca de uma posição firme em termos de cosmovisão: "Comunismo. Judaísmo. Eu sou um comunista alemão."[120] Como já se observou, as entradas são de 1924, e é muito provável e condizente com o tratamento um tanto literário-lúdico dado à sua biografia que ele tenha transferido retrospectivamente para o ano crítico de 1923 a sua politização então incipiente.[121]

A crise e o ânimo cada vez mais depressivos não fizeram senão aumentar a sua aversão pelo trabalho no banco.[122] Em junho, conseguiu publicar um longo artigo sobre o "Fiasco da literatura moderna alemã" no *Kölner Tageblatt*, um jornal considerado liberal. Aproveitou a oportunidade para voltar a desancar o impressionismo, o expressionismo e diversas correntes literárias do período da guerra e do pós-guerra: "Os talentos sérios que se batem incansavelmente pelo espírito da nova era são sufocados pelo silêncio ou pela gritaria."[123]

No verão, escreveu uma espécie de confissão. Intitulou-a "Do meu diário" e parece que a endereçou a Else: 32 páginas de uma vasta mescla de considerações sobre a sua vida fracassada, aforismos e poemas. Essa coletânea exprimia sobretudo o seu estado particularmente depressivo. Goebbels se queixava, entre outras coisas, da miséria que a resistência passiva desencadeara no Ruhr, assim como dos malabaristas financeiros (inclusive o seu banco) que lucravam com a crise.[124] Nem a coletânea nem o artigo indicavam que ele havia tirado fortes conclusões políticas da sua avaliação negativa do presente. Muito preocupada com o namorado naquele momento, Else escreveu: "A tua alma é tão meiga, quase meiga demais para estes tempos ríspidos, e se deixa dobrar e desanimar facilmente pela dura aflição."[125]

Goebbels resolveu tirar licença de saúde e, em agosto de 1923, foi com Else para o litoral.[126] Mas os problemas financeiros e a tensão crescente arruinaram o estado de espírito do casal. Na ilha de Baltrum, no mar do Norte, ele recebeu a notícia da morte do seu melhor amigo, Richard Flisges, num acidente de trabalho. Decidiu interromper as férias.[127] No fim do ano, o *Rheydter Zeitung* publicou um obituário que Goebbels havia dedicado ao amigo.[128]

De volta à Renânia, foi demitido pelo banco. Cheio de projetos literários, procurou trabalho inutilmente.[129] Por fim, desistiu do seu quarto em Colônia e, seguindo o conselho dos pais e de Else, retornou a Rheydt.[130] O relacionamento com Else tornou-se menos tenso, mas não se falava em paixão: "Else é minha camarada. Eros, só de vez em quando." Ocasionalmente, ele afogava no álcool o desespero com a sua situação pessoal e a situação econômica e política geral.[131] Nessas circunstâncias, começou a preencher o diário que Else lhe havia dado de presente.

2. "Sem maus-tratos não há educação"
A trajetória de Goebbels rumo ao nacional-socialismo

Os diários de Goebbels do outono e inverno de 1923-24 transmitem a imagem de uma pessoa desorientada, isolada dos seus semelhantes, intimamente dilacerada, desesperada até, empenhada em controlar a crise pessoal. O diário é o seu "melhor amigo", escreve, "tudo eu posso lhe confiar. Mesmo porque não tenho a quem dizer essas coisas".[1]

A primeira entrada no diário, de 17 de outubro de 1923, ele a endereçou diretamente a Else: "Minha querida! Você me alenta e sempre me enche de coragem quando eu me desespero. Não sei dizer o quanto lhe sou grato." Seguia-se uma espécie de instantâneo de Rheydt, situada na Renânia então ocupada: "Como é triste percorrer as ruas da cidade hoje em dia. Em cada esquina, grupos de desempregados discutem e especulam. É um tempo de rir e de chorar." Parece que "o novo rumo é o da direita", mas seria "um grande erro querer enxergar o *non plus ultra* do progresso nessa guinada à direita". Anunciavam-se grandes progressos na história do mundo, os quais, no entanto, nem todos eram capazes de perceber. Solicitado hoje é "o poeta [...] não o sábio; pois aquele olha, este apenas vê. Este conhece todos os pequenos soníferos para a doença da Europa, mas aquele sabe mostrar o caminho do grande desenvolvimento".

Mas onde estavam os poetas capazes dessa missão? "Nossos poetas não passam de intelectuais ineptos, esnobes, esteticistas espirituosos e heróis de botequim. [...] Nenhum deles encontra o grito que vem das profundezas da penúria e enche o peito de todo alemão." Se houvesse apenas um, ele suspirava, "que tornasse a encontrar o '*in tyrannos*'". E confessa que, entre os países da Europa, nutria "a mais profunda veneração" pela "santa Rússia". Essa afetada paixão pela Rússia procedia sobretudo da leitura intensa da literatura russa, especialmente de Dostoiévski, que ele havia retomado na época. A atualidade russa, escreveu, "não passa de uma espuma de sabão, a soda pesada está por baixo".

Ao cabo de outras observações sombrias, enumerou os "dez mandamentos" que deveriam ajudá-lo a sair da depressão:

1. Proteger-me contra todos, especialmente contra mamãe, papai e Else [...].
2. Falar pouco e pensar muito.
3. Ficar sozinho por muitas horas.
4. Procurar fazer as pazes com a vida.
5. Acordar às oito horas e dormir às dez.
6. Ler e escrever a amargura do fundo do coração.
7. Fazer frequentes e longos passeios, principalmente sozinho.
8. Não esquecer o meu corpo.
9. Procurar dar conta de Deus.
10. Não cair em desespero.

Anseio de "redenção"

Poucos dias depois, Rheydt, sua cidade natal, foi palco de um sangrento conflito político. Em 21 de outubro, contando com o apoio das forças de ocupação francesas e belgas, grupos separatistas aventuraram-se a dar um golpe com o objetivo de erigir um Estado renano autônomo.[2] Em Aachen, secessionistas armados conseguiram tomar de assalto a prefeitura e proclamar a república da "Renânia Livre". Também ocuparam a prefeitura de Mönchengladbach durante algumas horas.[3] No dia seguinte, a agitação chegou a Rheydt. Os separatistas convergiram para a cidade, ao passo que os cidadãos se agruparam a fim de opor resistência ao Putsch.[4] Goebbels foi testemunha de um cenário de guerra civil: "A chusma percorre a cidade em carros roubados, anunciando a república renana livre. Houve muitos mortos e feridos em Gladbach. Em Rheydt, formou-se uma 'autodefesa da pequena burguesia' contra os separatistas." A polícia e a milícia de autodefesa se prepararam para defender a prefeitura. Irritado, Goebbels anotou no diário: "As pessoas inspecionam as armas, saem por aí ostentando-as e imaginam heroicas cenas de combate. Falam em mortos como se estivessem discutindo o preço da margarina."[5]

No dia seguinte, tendo repelido o ataque, a multidão se vingou dos sublevados: "Eles agem como vândalos nas casas dos separatistas", observou Goebbels e descreveu a depredação de móveis e objetos: "Ninguém tem escrúpulos. *Vox populi — vox diaboli.*" Ele se considerava um observador neutro, um poeta que, vivendo em tempos agitados, tinha oportunidade de explorar literariamente impressões únicas: "Sou capaz de encarar tudo isso apenas como material a ser elaborado no meu íntimo. Sou o centro e tudo gira ao meu redor."[6]

O relacionamento com Else lhe parecia cada vez mais problemático. Tampouco ela, escreveu Goebbels — que nessa época refletia "com frequência sobre a questão judaica" —, podia negar seu "sangue judeu", em seu ser havia qualquer coisa "muito destrutiva", principalmente "no espiritual", se bem que não muito "visível", pois nela "o espiritual não se eleva até o sangue". Não só nesse aspecto a comparação com Anka era desfavorável a Else; mesmo porque aquela lhe dava presentes com muito mais generosidade que esta, "ao acaso, sem hesitação, pelo mero gosto de dar".[7]

Longe de se resignar a semelhante falta de respeito e consideração, Else lhe escreveu que se sentia negligenciada e que as opiniões dele sobre a "questão racial" chegavam a ser um "empecilho para que continuemos juntos". Aliás, estava "inteiramente convencida de que, nesse aspecto, você pensa de modo decididamente exacerbado e, por consequência, tende a assim se expressar sempre que faz comentários".[8] O fato de os dois terem se separado pouco depois pode ser atribuído em grande parte à falta de confiança *dela* naquela parceria, ainda que Goebbels, nas anotações do diário, dê a impressão de que *ele* em particular se atormentava com a dúvida sobre se ela era a mulher certa. Mas, como costumava acontecer no seu caso, à separação seguiu-se a reconciliação.[9] Afinal, Else era "tão meiga e boa que eu não posso prescindir dela", admitiu.[10] No fim do ano, escreveu: "Eu amo Else e a ela me sinto profundamente ligado desde que se entregou a mim." Mas seus sonhos e pensamentos não tardaram a evocar Anka, que, segundo ele então acreditava, continuaria sendo o único grande amor de sua vida.[11]

Na época, Goebbels estava novamente às voltas com uma grave crise de fé. No diário, queixou-se da perda "de toda a tremenda fé que outrora determinava o meu fazer e pensar"; desde que a perdera, tinha se tornado "sarcástico, irônico, cético e adepto do relativismo", privado de "uma parte enorme da força que me impulsiona e do meu poder de persuasão".

No entanto, continuava acreditando em duas coisas: na "vitória definitiva da Verdade e em mim". E jurou conservar firmemente essa fé a qualquer preço, dela "hei de extrair toda a minha força e toda a minha bondade". Seguiu-se então a frase notável: "Pouco importa no que acreditamos, contanto que acreditemos." E logo encontrou outra formulação para essa percepção: "Todo pensamento é correto, basta saber fundamentá-lo apropriadamente", ou

"Cada época tem a sua ideia, e nessa época a ideia é correta".[12] Sem dúvida, Goebbels buscava com urgência uma *Weltanschauung* obrigatória, mas seria equivocado deduzir, a partir de tais frases mnemônicas, que nessa etapa da vida ele teria adotado *qualquer* ideia; sua afinidade espiritual com o radicalismo de direita já estava muito avançada — possivelmente mais do que ele próprio sabia — para chegar a tanto.

Em todo caso, segundo a sua alegação de outubro de 1923, era mister "tratar de me separar logo do meu Deus".[13] Nesses meses, debateu reiteradamente com a religião e voltou a se convencer de que a fé cristã não lhe negaria a "redenção" a que ele aspirava com tanto desespero.[14]

No início de novembro, durante a separação temporária de Else, Goebbels começou a trabalhar no drama *Prometeu*, tema que o ocupava havia anos e com o qual finalmente queria lidar.[15] Escreveu com tanta avidez[16] que em 12 de novembro havia concluído a peça "até o último ato".[17] No dia 18, deu de presente a Else a obra terminada.[18] Embora só se tenham conservado fragmentos do texto, percebe-se do que se trata: de origem semititânica (isto é, divina) e semi-humana, Prometeu rebela-se contra os deuses do Olimpo.[19]

Totalmente mergulhado no trabalho em *Prometeu*, ele tomou conhecimento do putsch dos nazistas muniquenses apenas marginal e laconicamente, ao que tudo indica, sem grande simpatia: "Putsch nacionalista na Baviera. Por acaso, Ludendorff foi dar mais um passeio."[20] Como sempre, mostrou-se cético com a guinada para a direita na política.[21] Mas, poucos dias depois do putsch, escreveu um áspero comentário antissemita no diário; aliás, a propósito de uma peça em dois atos de Curt Goetz a que tinha assistido no teatro de Rheydt. Referindo-se à apresentação, sentenciou: "Em suma, uma obra judaica que namora a derrocada", e prosseguiu generalizando: "O judaísmo é o presente que o corpo racial europeu oferece à morte." Ninguém lhe havia chamado atenção para o fato de que Curt Goetz, cuja peça tanto o enfurecera, *não era* judeu — e, se fosse, estaria Goebbels disposto a suavizar seu juízo apodíctico a respeito do abastardamento cultural judaico?

Um novo projeto literário também redigido em pouco tempo, entre 14 e 28 de novembro, foi intitulado *O caminhante*.[22] O enredo condizia com o estado de ânimo depressivo de Goebbels e foi mais uma tentativa de obter a "redenção": "O cristianismo retorna à terra na figura de um caminhante e visita com o poeta a humanidade sofredora. Uma espécie de dança macabra."[23] Em *O caminhante*, escreveu ele ao concluir o manuscrito, "tentei dar uma visão de mundo da Europa hoje enferma. Mostrei o único caminho da salvação e sou obrigado a admitir, com dor e amargura, que esse caminho jamais será trilhado".²⁴ Ofereceu *O caminhante* ao teatro de Colônia e *Prometeu* ao teatro municipal de Düsseldorf.²⁵ Nenhum dos dois se interessou pelas obras; igualmente frustrada foi sua tentativa de apresentá-las em Frankfurt e Duisburg.²⁶

Em dezembro, Goebbels assistiu a uma palestra sobre Van Gogh, um "prazer profundo" para ele. Van Gogh, escreveu, foi "um dos homens mais modernos da nova arte, um homem em busca de Deus, um homem de Cristo". E enxergou paralelos com Dostoiévski e com o seu *O Caminhante*: "Todos os artistas modernos — não me refiro aos esnobes tíbios e macaqueadores — são mais ou menos professores, pregadores, fanáticos, profetas, são mais ou menos loucos — pois todos somos loucos quando temos algo na cabeça." Mas: "Nós jovens somos amordaçados. Talvez uma geração posterior venha a capitalizar o nosso coração partido. Como é inominável a agonia do visionário!"²⁷ Essas linhas exprimem a esperança de que a "redenção" por ele almejada com tanto ardor brotasse de uma abrangente reviravolta cultural de base social cristã — e Goebbels estava evidentemente convencido de que era predestinado a ter um destacado papel de "profeta", de "visionário". Aliás, avançou um passo quando anotou por ocasião dos feriados de fim de ano: "Sinto em mim o impulso para o todo, para o homem e para a humanidade. Se o Céu me der vida para tanto, serei um redentor. Seja para mim, seja para um ou dois, seja para todo um povo, é basicamente a mesma coisa. Preciso amadurecer para a missão."²⁸

Assim, tão ansioso pela "redenção", ele se enxergava a si próprio como redentor e, tendo deixado de especular acerca do endeusamento do grande artista,²⁹ até arriscava a formulação: "Se Deus me criou à sua imagem e semelhança, eu sou tão divino quanto ele."³⁰ Evidentemente, acreditava sentir em si uma "centelha divina" e parecia namorar especulações gnósticas (segundo as quais o homem podia se libertar dos grilhões da corporeidade e se acercar da imagem divina); isso não o tornava uma exceção no movimento *völkisch** do qual estava se aproximando pouco a pouco.³¹ Não era à toa que tinha passado anos às voltas com o "problema de Prometeu", como ele o chamava, ou seja, com um personagem que — nas suas palavras, "semideus, semi-homem" — se sublevava contra o panteão.³² Embora adotasse essa corrente de pensamento, ainda não abandonara a esperança na redenção por intermédio da religião: "Quero ficar sereno e aguardar o Redentor", escreveu em 5 de janeiro de 1924.

---

* Termo germanizado surgido na segunda metade do século XIX nos círculos nazistas na Alemanha, na Áustria e na Hungria para designar a ideia de "pertencer a uma nação", principalmente no conceito de povo baseado na raça; no uso atual da língua emprega-se preferencialmente o adjetivo "étnico". (N. do T.)

Inteiramente imerso em especulações metafísicas, Goebbels manifestava desprezo pela política. Em janeiro, anotou no diário: "Fazer política é acorrentar [...] o espírito, é calar adequadamente e adequadamente falar, é mentir em nome de uma causa maior: santo Deus, que coisa asquerosa."[33] Voltou a se acomodar no papel do observador distanciado, enojado dos acontecimentos: "Manifestações de rua. [...] Quem é o culpado de tanta confusão, de tanta barbárie? Por que não nos reconciliamos? Por que não somar forças agora que o país — e toda a Europa — não tem um centavo no bolso?"[34]

Longe de dar importância aos fatos políticos da época, as entradas no diário desse mês refletem principalmente o seu desenvolvimento artístico e emocional. Goebbels trata de profundas questões filosófico-religiosas e estéticas, assim como dos concertos a que assistiu com regularidade durante o inverno de 1923-24.[35] E toma notas pormenorizadas de tudo quanto lê: os grandes escritores russos de que gostava, sobretudo Dostoiévski, "a sublime alma da Rússia",[36] além de Tolstói, cujas obras *Os cossacos* e *Guerra e paz* muito o impressionaram,[37] e Gógol, cujo *Almas mortas* ele, no entanto, considerou influenciado pela Europa ocidental.[38] À parte isso, devorou vários autores escandinavos: em Selma Lagerlöf, salientou o caráter popular da narrativa;[39] o romance *As mulheres da bomba*, de Hamsun, autor que ele tinha lido na década anterior, aparentemente com muito proveito, pareceu-lhe antiquado;[40] e seu juízo de Strindberg resultou contraditório.[41]

Aprovou peças teatrais realistas como *Corrente*, de Halbe, ou *Casaco de pele de castor*, de Hauptmann.[42] Não manifestou o menor entusiasmo pela literatura alemã contemporânea. Thomas Mann, de quem havia admirado *Os Buddenbrooks*, parecia-lhe agora um "poeta da decadência";[43] quanto ao romance *Sua Alteza Real*, ele o classificou de "literatura rasteira".[44] Foi implacável em sua crítica à peça *Lado a lado*, de Georg Kaiser, que marcou a transição do mais importante dramaturgo expressionista para a nova objetividade.[45] Em compensação, gostou de Hermann Hesse. Nos romances *Sob as rodas* e *Peter Camenzind*, que tinham por tema as dificuldades de jovens altamente dotados para achar um lugar na vida, ele descobriu paralelos com sua própria juventude.[46]

Quanto às artes cênicas, os diários mostram que Goebbels era um pouco mais aberto para as obras contemporâneas. Nas exposições de arte, irritava-se com o diletantismo da arte moderna, mas se entusiasmou muito com uma série de expressionistas: continuava admirando Van Gogh e também Emil Nolde e Ernst Barlach.[47]

Na casa dos pais, sentia a atmosfera cada vez mais opressiva. Queria ir embora, confessou no fim de dezembro: "Se eu tivesse para onde ir!" Em casa ele era "o ruim [...], o renegado, o apóstata, o proscrito, o ateu, o revolucionário". E também "o único que não sabe nada, a quem nunca pedem conselho, cuja opinião é por demais insignificante para que mereça ser ouvida. [...] É enlouquecedor!".[48]

Em fevereiro do novo ano, Goebbels pôs no papel um breve retrato dos pais: caracterizou a mãe como "franca e boa. A única coisa que sabe fazer é amar. [...] a minha mãe é divinamente pródiga; em tudo, desde o dinheiro até a simples bondade do coração". O "velho" era um "ranzinza, ainda que bem-intencionado, meticuloso, estreito de espírito e percepção", o "(rançoso) jurista nato". O problema era sempre o maldito dinheiro: "Para ele, o dinheiro é a coisa em si. O dinheiro às vezes o transforma num pequeno tirano doméstico. [...] Não me entende em absolutamente nada. Mamãe é capaz de me intuir. Como poderia ser diferente? Dela eu puxei tudo quanto tenho de bom!"[49]

O acanho doméstico, a falta de reconhecimento, a insatisfação com o relacionamento com Else, a desesperança decorrente de seus fracassos como artista, assim como as condições gerais da vida no pós-guerra, além das dúvidas religiosas e da busca desesperada por "redenção", a depressão, a solidão — tudo isso resultava num quadro deveras sombrio.

No dia 10 de fevereiro, detecta-se em seu diário o indício de um novo projeto: um "romance em folhas de diário", ao qual ele dá o título provisório de *Chamas silenciosas*.[50] Afinal, essa ideia tinha originado o diário-romance *Michael Voormann*, uma reelaboração do material autobiográfico composto ainda em 1919. Goebbels concluiu em uma semana a redação iniciada no fim de fevereiro de 1924. Trabalhou tão intensamente que, contrariando o seu hábito, se limitou a escrever breves apontamentos em seu diário.[51]

Tal como no romance escrito em 1919, a figura de Michael Voormann tem muito de autobiográfico, embora também apresente traços do seu falecido amigo Richard Flisges.[52] Michael volta da guerra, retoma os estudos sem grande entusiasmo, apaixona-se por uma colega — para a qual, sem dúvida alguma, Anka serviu de modelo —, escreve uma peça sobre Jesus Cristo, perde a namorada e encontra a "redenção" no trabalho pesado de uma mina, onde acaba morrendo num acidente. Seu legado, segundo a mensagem, é a síntese exemplarmente vivida do trabalho manual com a atividade intelectual, da burguesia com a classe operária; sua morte sacrificial, sua redenção pessoal são o pré-requisito da redenção coletiva, do advento de um mundo novo e melhor.⁵³ "Quando eu me redimir, redimirei a humanidade" é o enunciado central da peça.⁵⁴ Nessa perspectiva, a tragédia da morte individual do herói parece nula.

Uma vez concluído o manuscrito em 10 de março, Goebbels sentiu-se cansado e apático: "Não tenho vontade de nada."

Atração pela política

Nessa fase de muita exaustão no início de 1924, Goebbels se interessou ainda mais pelos últimos acontecimentos políticos. Em Munique, em 26 de fevereiro, iniciara-se o processo contra os golpistas de 9 de novembro de 1923. Como mostram suas anotações de 13 de março no diário, quem mais lhe chamava atenção era o réu principal: "Estou me ocupando de Hitler e do movimento nacional-socialista e ainda preciso fazê-lo durante um bom tempo. Socialismo e Cristo. Fundamento ético. Livre do materialismo ossificado. De volta à devoção e a Deus!" O fato de lhe haver ocorrido a ideia de que os nazistas estavam principalmente à procura de Deus deixa claro o quanto ele se dedicava a questões religiosas, o quanto essas questões contaminavam a sua compreensão da política.

No entanto, por maior que fosse o seu entusiasmo, ele não deixava de ter objeções: "Mas os muniquenses querem luta, não a derradeira conciliação, talvez por sentirem que, na reconciliação final, vão acabar ficando na mão. Mas eu ainda não cheguei a isso." Nos dias subsequentes, refletiu intensamente sobre Hitler e seu "movimento".⁵⁵ A princípio, prevaleceu a dúvida: "Talvez o objetivo seja certo, mas os caminhos não me convencem. E o cristianismo desses senhores pouco tem a ver com Cristo." Mas ele também escreveu: "Em Hitler, é libertadora a mobilização de toda uma personalidade honesta e verdadeira. Coisa que raramente se vê no nosso mundo dos interesses partidários."⁵⁶

Enfim, o que o levou à decisão de aderir a Hitler foi menos seu conteúdo que o carisma — ao qual Goebbels já sucumbira por enxergar uma grande afinidade entre o líder nazista e o personagem do seu romance autobiográfico: "Hitler é um idealista provido de entusiasmo. Um homem que traz uma nova fé para o povo alemão. Leio o seu discurso e me deixo empolgar e arrebatar. O caminho vai do cérebro ao coração. Eu reencontro repetidamente o motivo básico de Michael Voormann. 'Como cristão, não sou obrigado a me deixar ludibriar.' [...] Consciência nacional e social. Livre do materialismo. Novo ardor, grande devoção à única coisa grandiosa, à pátria, à Alemanha. Nós sempre procuramos o caminho. Mas eis uma vontade. Ela o encontrará."[57]

Em Hitler, Goebbels admirou não só a "vontade", o "fervor", a "dedicação" e a "fé", como também o "elã maravilhoso", a "verve", o "entusiasmo" e o "caráter alemão"; para ele, ali enfim se ouvia "uma vez mais a voz do coração".[58] Embora estivesse seduzido principalmente pela personalidade de Hitler e compreendesse mal ou não desse importância ao conteúdo das ideias do nacional-socialismo, sua adesão ao movimento não foi de modo algum resultado do acaso ou de uma admiração pessoal afetiva pelo agitador de Munique.

Nos últimos anos, o nacionalismo de Goebbels vinha se consolidando cada vez mais, não só em face da política de ocupação belga e francesa. O páthos da humanidade que ele advogara com tanto ardor no manuscrito de *Michael* vinha cedendo paulatinamente à identificação incondicional com a nação ameaçada, processo que seguiu não uma posição política racional, mas principalmente a aspiração à redenção e ao amalgamento: "Pátria! Alemanha!", escreveu no diário em 24 de abril: "Eu te amo como mãe e amante!"[59]

Além disso, cultivava o rancor antissemita com o qual havia criado uma espécie de antípoda negativo das suas muito vagas ideias nacionais. Deplorava a generalizada decadência cultural e, por outro lado, não via a menor utilidade na democracia e nas correntes artísticas e culturais modernas. Mas não se dispunha a aceitar as contradições sociais existentes e chegava até a manifestar simpatia pelo "comunismo". O entusiasmo que sentiu por Hitler como líder político condizia com o messianismo político propagado pela direita (o qual ainda retomaremos). A sua visão política já apresentava as características típicas da "nova direita" do pós-guerra. De modo que é muito improvável que Goebbels tivesse aderido com igual entusiasmo a um líder político de esquerda e a suas ideias caso este cruzasse seu caminho naquela primavera de 1924.

Na sua nascente empolgação pelo nazismo, ele não estava sozinho no ambiente pequeno-burguês do qual provinha. Referindo-se às eleições parlamentares marcadas para o dia 4 de maio, anotou: "Todos os jovens que eu conheço vão votar no nacional-socialismo."[60] Logo, a frase mnemônica que escrevera meses antes, segundo a qual pouco importava "no que acreditamos, contanto que acreditemos", não pode ser interpretada como prova de um consumado relativismo político ou oportunismo.

Ao mesmo tempo que Goebbels se ocupava avidamente de Hitler, sua atitude crítica em relação a Else aumentava: ela "estropia o humor" de qualquer um, além de carecer de "estilo, raça, sistema". Não passava de uma "almôndega humana"; era impossível conversar com ela, e ela era incapaz de conversar com ele.⁶¹ "Else é boa, mas eu já não gosto dela. É uma boa amiga, nada mais." Tinha chegado "a hora da separação".⁶² Mas logo a lamentava, atribuía-lhe a "maldição do sangue judeu".⁶³

Depois de brigar com ela, esperava ficar "livre de toda mistura racial. Daquilo que sempre me atormentou e afligiu, o espírito judeu numa parte da essência de Else". Goebbels considerava Trude, a irmã de Else, uma judia típica que reunia em si, e de forma concentrada, todas as características físicas e espirituais da sua raça. Para ele, estava claro: "Uma raça abastardada se esteriliza e está fadada a perecer. Não posso fazer nada!!!"⁶⁴ Mas tornava a vacilar: "Eu a amo mais do que imagino. No entanto, em mim se fixa cada vez mais profundamente a percepção de que não podemos nos unir." Decerto o único remédio era "uma separação radical", mas essa decisão ele não conseguia tomar.⁶⁵

Naqueles meses, fez várias tentativas de firmar pé na vida profissional. Em fevereiro de 1924, apresentou-se ao dono de jornal Rudolf Mosse, em Berlim. Afirmou ter estudado "teatro moderno e história da imprensa" e aspirar a uma função condizente com "meu conhecimento e capacidade na minha especialidade, [...] o jornalismo e a edição de livros".⁶⁶ Ao que tudo indica, pouco lhe importava o ódio que a editora Mosse inspirava na direita política por ser um conglomerado editorial "judeu". A seguir, ele se candidatou — também em vão — a uma vaga de professor numa escola comercial de Düsseldorf.⁶⁷ Conservam-se indícios de outras tentativas semelhantes nos meses subsequentes.⁶⁸

Nesse meio-tempo, pôs-se a trabalhar com o ex-colega de escola Fritz Prang no projeto de criação de uma "publicação mensal renana sobre arte e política cultural alemãs": "Será a realização do meu grande desejo: liberdade de expressão e de forma sem nenhum compromisso."⁶⁹ O projeto não tardou a ganhar vulto na sua cabeça: seria um jornal de "orientação pangermânica e anti-internacional": "Ou seja, algo nacional-socialista alheio a tudo quanto seja demagógico e estrepitosamente patriótico. Pela comunidade popular nacional. Fora do pântano do partido."⁷⁰

No início de abril de 1924, Goebbels passou a atuar politicamente com os nazistas agora tão admirados por ele. A edição completa de seus diários permite datar o começo dessa militância precisamente em 4 de abril de 1924.⁷¹ Nesse dia, conforme consta no diário, "nós fundamos um grupo local nacional-socialista". Como o NSDAP, o Partido Nacional-Socialista dos Trabalhadores Alemães, também conhecido como Partido Nazista, tinha sido proibido em novembro de 1923, tratava-se de uma organização ilegal de cuja fundação deve ter participado mais ou menos uma dezena de jovens moradores de

Rheydt. Entre os primeiros pontos da pauta figurava o esclarecimento interno das posições do pequeno grupo e, como informam as anotações de Goebbels sobre a reunião inaugural, discutiu-se sobretudo uma questão: "Nós conversamos essencialmente sobre o antissemitismo. [...] A ideia antissemita é uma ideia universal. Nela se encontram germânicos e russos. Para o próximo milênio, como diz Michael Voormann."[72]

Goebbels se pôs a estudar intensamente a "questão judaica", que considerava a "mais candente da atualidade".[73] Leu o ensaio antissemita *O judeu internacional*, de Henry Ford, que lhe pareceu revelador, ainda que não concordasse com todas as linhas de raciocínio do autor. Continuava achando importante informar-se objetivamente e preservar o juízo crítico: "Lenin, Trótski, Tchitcherin são judeus. Com que burrice se podem julgar os processos políticos e econômicos quando não se conhece o material necessário." Entretanto, escapou-lhe o fato de Lenin *não* ser judeu.[74]

Ford levou-o à leitura do *Protocolo dos sábios de Sião*. Embora tenha chegado à conclusão óbvia de que aquela "prova" tão perfeita do suposto plano judeu de dominação do mundo só podia ser uma falsificação antissemita, ele não se importou: aceitou a verdade "interna" do *Protocolo*.[75] Por fim, fez o seguinte balanço do seu estudo intensivo da "questão judaica": "Estou do lado nacionalista: odeio o judeu por instinto e pela razão. Para mim, no fundo da alma, ele é detestável e repulsivo."[76] E pouco tempo depois: "Todos os contras contra os judeus são prós a favor da comunidade nacional."[77] O antissemitismo de Goebbels não parecia integrar uma visão de mundo racista como o de muitos outros nazistas; seu ressentimento antissemita seguia um modelo muito simples: quanto mais vaga a sua noção da almejada comunidade nacional, mais claro era o seu antagonismo com tudo quanto fosse judeu. "Os judeus" simplesmente representavam todas as forças internacionais "corrosivas", destruidoras da cultura, que impediam a união do povo. Em todo caso, na sua muito nebulosa concepção do mundo, agora havia um ponto fixo negativo.

Nas eleições do início de maio — além do Reichstag, os cidadãos de Rheydt elegeram o parlamento municipal — os nazistas concorreram com uma lista denominada *Völkisch-Sozialer Block* [Bloco Étnico-Social] (VSB).[78] Os membros do grupo nazista local clandestino distribuíam panfletos e colavam cartazes de madrugada.[79] Organizaram um grande comício no dia 28 de abril: o orador, um advogado chamado Borries, discorreu especialmente sobre a "questão judaica", se bem que, na opinião de Goebbels, de maneira "um pouco tíbia". Apesar da presença de um bloco relativamente grande de comunistas no salão, Goebbels, o responsável pelo evento, conseguiu levá-lo até o fim sem maiores contratempos.[80]

A disputa eleitoral deixou-o esgotado: "A degradação da campanha é terrivelmente sombria e pedregosa. Mas eis que enfim se ergue no horizonte a grande ideia da Europa étnica, na qual a Alemanha popular-nacional ocupa um lugar de destaque."[81] Na véspera das eleições, ele fez uma palestra, para um "grupo agitado", sobre "as nossas metas e o perigo semita". Falou livremente pela primeira vez: "Muito sucesso. Nossa ideia cativa a todos por ser uma ideia universal."[82]

Nas eleições para o Reichstag, os nazistas — que se candidataram nos distritos eleitorais isolados não só pelo Völkisch-Sozialer Block como por outras siglas — conseguiram amealhar 32 mandatos no território do Reich e 6,6% dos votos. No parlamento municipal de Rheydt, obtiveram um resultado bem inferior: 528 votos ou 2,7%. O Zentrum [Centro] continuou dominando a cena política da cidade com 30,3%, seguido pelos comunistas com 20%, ao passo que os partidos burgueses Deutsche Volkspartei [Partido Popular Alemão] (DVP) e Deutschnationale Volkspartei [Partido Popular Nacional Alemão] (DNVP) tiveram, respectivamente, 17,5% e 14,6% dos votos. Em todo caso, o Völkisch-Sozialer Block elegeu um vereador no Conselho Municipal.[83]

O engajamento político restituiu sentido à vida de Goebbels. Ele foi tomado de uma "alegria radiante" por ter reencontrado "uma fé e um novo objetivo". Mas, na verdade, considerava-se um intelectual, um político cultural. Continuou perseguindo com muito empenho o plano de uma revista cultural alinhada ao movimento étnico-nacionalista.[84] Durante algum tempo, semelhante projeto pareceu viável com a ajuda da Schillergemeinde, uma instituição cultural nacionalista sediada em Viena que também atuava na Renânia. "O redespertar da vida espiritual alemã no sentido e no espírito de Schiller" e "a expunção de toda degradação judaico-cosmopolita": tais metas programáticas agradavam a Goebbels.[85] Mas esse ainda era um sonho longínquo, e a triste realidade do dia a dia da atividade partidária deixava-o altamente insatisfeito: "O trabalho de formiguinha na causa nacionalista é de revirar o estômago. Preciso voltar a me recolher no fundamental e no espiritual."[86] A isso se acrescentava a repulsa que sentia por muitos de seus correligionários, em grande parte uma "súcia caótica de ex-presidiários, fanfarrões, boçais e alcaguetes".[87] No grupo local, estava na ordem do dia "ser desordeiro".[88]

Em meados de maio de 1924, cerca de 15 dias após as eleições, Goebbels fez um balanço desenganador. Sua "adesão inconsiderada ao pensamento ultranacionalista" lhe havia bloqueado "o derradeiro acesso à imprensa ou ao teatro", e, em todo caso, o pessoal do centro em Rheydt já não tinha consideração por ele. Por outro lado, surgiam esperanças: "No lugar do desespero e do ceticismo depressivo do ano passado, voltei a encontrar a fé na nação e no espírito alemães. Agora sou forte e espero a redenção mais fervorosamente que nunca." Aquela busca ardente não teria utilidade literária? "Preciso dar expressão poética à minha trajetória intelectual, de Toller a Hitler. Já há um pouco disso em *Michael Voormann* [...]. Quero me redimir. Se um livro ou um drama facilitar minha redenção, será o suficiente. Depois disso, ele que apodreça na escrivaninha."[89]

O engajamento político com a extrema direita não tardou a cobrar tributo: em junho, Goebbels foi agredido por vários homens e presumiu que os mandantes eram os "malditos semitas". Teve a impressão de haver lutado com seis ou oito agressores para salvar a vida, embora não haja sofrido nenhum ferimento.[90] Recebeu cartas ameaçadoras (mas logo se constatou que o remetente era inofensivo), teve sua casa revistada, receava ser preso.[91] E chegou a sentir que não podia mais sair à rua.[92]

Em busca de orientação

No fim de junho, Goebbels participou de um congresso em Elberfeld que reuniu camaradas de todo o território ocupado. Ficou muito decepcionado com as lideranças do movimento nacionalista dessa região: "Vocês, judeus, e vocês, senhores franceses e belgas, nada precisam temer. Não correm perigo. Poucas vezes participei de uma reunião em que se ouvissem tantos insultos como a de ontem. E os insultados geralmente eram os próprios camaradas."

No território não ocupado, constatou ele, já irrompera a luta esperada havia muito entre as duas organizações que disputavam a liderança da extrema direita, ou seja, "entre o nacionalista Freiheitspartei [Partido da Liberdade] e o Partido Nacional-Socialista dos Trabalhadores Alemães". Eles não "combinam. O primeiro quer o protestantismo prussiano (que chamam de igreja alemã), o outro busca o equilíbrio pangermânico — claro que com urdidura católica. Munique e Berlim estão em luta. Também se pode dizer: Hitler e Ludendorff". A preferência de Goebbels era óbvia: "Antes Munique do que Berlim. Se ao menos Hitler estivesse em liberdade!"

A percepção de que não havia líderes eficazes, diligentes e nobres no movimento étnico-nacionalista realmente existente o enchia de preocupação. Poucos dias depois, ele formulou ainda mais drasticamente seu anseio por um líder: "A Alemanha deseja o único, o homem, assim como a terra deseja chuva no verão." E então se seguiu um verdadeiro clamor: "Senhor, mostrai um milagre ao povo alemão! Um milagre!! Um homem!!! Bismarck, *stand up*!"[93]

Naqueles anos do pós-guerra, esse apelo a um líder, a um messias político, que Goebbels manifesta com tanta exaltação, era um bem comum da direita. O fato de ele imaginar a figura do salvador nacional como um novo Bismarck correspondia a uma imagem muito disseminada; mas as esperanças também se voltavam para o ressurgimento de um cáiser Frederico ou de um Armínio. Na literatura, no jornalismo, no movimento da juventude, na igreja protestante, mas também nas humanidades, eram incontáveis as vozes a exprimirem a esperança e até mesmo a certeza de que aquela personalidade, o "único", estava prestes a surgir para resgatar a nação da derrota e reconduzi-la à honra e ao amor-próprio. Tais visões redentoras nacionalistas tinham alta carga religiosa e pseudorreligiosa: o futuro líder, o Führer, era um emissário divino dotado de uma capacidade extraordinária.[94]

Goebbels, na época, certamente relacionava a si próprio esse clamor por um grande homem — se bem que com bastante relutância: "Serei eu um vadio ou um homem apto à espera da palavra de Deus? Do desespero profundo sempre se salva aquela luz radiante: a fé na própria pureza e a certeza de que a minha grande hora há de chegar."[95]

A militância política intensa levou-o a passar algum tempo estudando com afinco os escritos dos mais importantes representantes do movimento socialista. Começou pela leitura do *Capital* de Karl Marx. Conquanto tenha ficado impressionado com a sua descrição das relações de trabalho na Inglaterra, achou-o "árido" e "terrivelmente cruel".[96] Semanas depois, ocupou-se de *Cartas da prisão*, de Rosa Luxemburgo. De início, sentiu grande simpatia por "Rosa", como a ela se referiu no diário, mas, durante a leitura, foi ficando cada vez mais crítico, coisa que, segundo ele mesmo avaliou, talvez decorresse de sua disposição antissemita "um tanto unilateral".[97] A seguir, leu *Von Kiel bis Kapp* [De Kiel a Kapp], as memórias do social-democrata renegado Gustav Noske, que nesse meio-tempo migrara para a direita, livro que nele provocou um ataque de cólera contra a "corja judia".[98] Por fim, estudou as memórias de August Bebel. Este, embora tivesse "aspectos simpáticos" e "caráter honrado e íntegro", o incomodou por causa da "cultura rudimentar" que exibia.[99]

O "socialismo de Bebel", conforme o comentário de Goebbels após a leitura, era em princípio um "desenvolvimento sadio contra o todo-poderoso liberalismo da época", tinha "caráter bastante patriótico" no começo, mas logo se deixou "contaminar pelo judaísmo".[100] Na sua ótica, Bebel, o líder operário simplório, não passava de um joguete nas mãos do cosmopolitismo dos intelectuais judeus de esquerda, perdidamente entregue a "bazófias".[101] Quando, nos anos seguintes, ele se destacou como adepto de uma política "socialista" dentro do movimento nazista, estava menos interessado na reconstrução socioeconômica da sociedade do que na criação de uma "comunidade nacional" racialmente homogênea.

Formou-se em Rheydt um sólido núcleo de correligionários, o qual ele denominou ironicamente "associação dos teimosos". Reuniam-se — muitas vezes na casa de Goebbels — para trocar ideias sobre temas que extrapolavam a política do momento.[102] Para ele, a radicalização política teve por consequência a perda do contato com os velhos amigos. Pouco a pouco, afastou-se do "tipo do burguês alemão provinciano", que ele via personificado nos "vigaristas do palavreado" que se salientavam pelo "comodismo vagabundo e preguiçoso", um bando de "porcos fantasiados de *gentlemen*", "filhotes da burguesia".[103]

O relacionamento com Else, que havia atravessado uma grave crise em abril de 1924, voltou a se estabilizar. Agora a mácula do seu "sangue judeu" parecia não o incomodar tanto: "Doces encontros amorosos com Else", escreveu em maio.[104] Para ele, a relação era acima de tudo cômoda. "Else é uma garota meiga e boa. Um pouco enfadonha. Mas uma criadinha fiel e laboriosa. Nela a gente pode confiar, ela faz tudo o que está ao seu alcance."[105] Em julho, Goebbels escreveu que era "um egoísta incurável com as mulheres. Eu dou? Não, eu tomo tudo quanto posso tomar. [...] Muitas vezes sinto vergonha de mim. Podia me casar com você, Else, e muita coisa ficaria resolvida". Mas não, ele não podia se casar com Else por motivos "raciais".[106]

Ao lado de Else, continuava presente a imagem de Anka, da qual Goebbels não conseguia se livrar. Ele confessou diversas vezes no diário que o seu grande amor, que o fazia sentir-se enganado, lhe aparecia em sonhos. O desejo insatisfeito de Anka prejudicava muito a relação com o outro sexo.[107] "Hoje, com as mulheres, sou apenas um homem pela metade. Faltam-me o melhor e o mais consolador: a atenção, a distância, o respeito." E concluiu: "Por que Eros é meu tormento, por que não pode ser meu amigo e minha força? Anka, mulher malvada, querida!"[108]

Depressão e dúvidas sobre si mesmo

Goebbels voltou a mergulhar na depressão. No verão de 1924, sentia-se "sem coragem diante da vida cotidiana" e simplesmente não conseguia "sair do fundo do poço".[109] E: "Nenhum estímulo, nenhum entusiasmo, nenhuma fé. Esperar! Esperar!! Se eu ao menos soubesse o quê. Por autoengano, envio o meu *Michael* de editor a editor. Nenhum deles o aceita. Surpreendente?"[110]

Em agosto, ele anotou: "Muitas noites de embriaguez."[111] Poucos dias antes, descreveu um pesadelo: "Um búlgaro atira em mim uma faca. Atinge-me a cabeça com a ponta. Eu me dessangro. Minha força se esvai. Medo. Tremor. Sinto a morte. Então acordo. O homem se chamava Bolgorovkov."[112]

Um balanço pessoal feito em meados de agosto deixava pouco espaço para a esperança: "O meu ideal: poder escrever e viver disso. Mas ninguém paga nada pelas minhas bazófias."[113]

Em agosto, ele compôs as "Erinnerungsblätter", breves esboços autobiográficos destinados a complementar os diários iniciados em outubro de 1923.[114] Ao examinar a sua antiga correspondência com Anka, ocorreu-lhe um novo projeto: um romance epistolar de amor.[115]

A lembrança de Anka e a dor de havê-la perdido tornaram-se quase insuportáveis. Else viajou sozinha à Floresta Negra; Goebbels não tinha dinheiro para acompanhá-la.[116] Esboçou uma chorosa carta a Anka, na qual lamentava a separação.[117] "Todas as pessoas que eu amo e as que hei de amar na vida têm de se conformar com o fato de que receberão menos amor do que outrora prodigalizei a Anka Stalherm."[118] Por outro lado, sentiu aumentar o desejo por Else: "Tenho saudade de seu corpo alvo."[119] Para Goebbels, uma coisa unia as duas mulheres. Em ambas ele reencontrava a mãe: "Havia algo maternal em seu amor",[120] escreveu referindo-se a Anka, e, quanto a Else, disse que ela era "a minha jovem mãe e amante. Às vezes eu penso nela como mãe".[121] "Mamãe é boa para mim", escreveu no mesmo dia. "A ela devo quase tudo o que sou." Quanto ao pai, classificou-o de "incomparável em falta de estilo", "estrategista de botequim",[122] "choramingas", um "rabugento, mas no fundo de bom coração",[123] um "meticuloso consumidor de cerveja". No início do ano, já havia caracterizado o pai como meticuloso e tirânico. "Não consigo entender por que mamãe se casou com o velho ranheta."[124]

Cada vez mais a contragosto, continuou participando das atividades dos nacionalistas em Rheydt. "Eu me presto à política de visão ampla, tal como só sei trabalhar ampliando os horizontes. A faina do dia a dia me repugna."[125] Em compensação, seu amigo Fritz Prang se entregava à causa com muita diligência. Para Goebbels, ele não passava de um tarefeiro sonhador, um "ideólogo idealista" quase sem noção da *Realpolitik*, que "toda semana fica com a casa cheia da pior ralé".[126] Mesmo assim, Goebbels se deixou persuadir a acompanhar Prang a Weimar,[127] onde, de 15 a 17 de agosto de 1924, se realizou um congresso dos nacionalistas e dos nacional-socialistas, que lá estabeleceram uma frágil aliança: o Movimento Nacional-Socialista pela Liberdade da Grande Alemanha.[128]

O plano de viagem quase foi por água abaixo, pois Prang demorou a levantar o dinheiro necessário. Desanimado, Goebbels perdeu "toda a vontade" de participar do congresso do partido, mas o dinheiro acabou chegando e ele partiu na tarde de 15 de agosto.[129] A experiência o impressionaria muito.

Depois de uma exaustiva noite de viagem, chegou a Weimar na manhã seguinte. Era a sua primeira visita à cidade do classicismo alemão. Nos dias seguintes, ele viveu em quase permanente euforia: sentiu-se entre os seus pares, em companhia de gente que, na sua opinião, sem dúvida alguma constituía "uma elite". Sentiu-se membro de uma comunidade de ânimo festivo, conspiratório, que evidentemente se alçava acima das pessoas normais: "Meu coração transborda de alegria! Oh, a nossa bendita juventude! Nós, os entusiastas! Nós, os fanáticos! Arde a chama sagrada!"

Os adeptos do "movimento" se reuniram no Teatro Nacional, onde Goebbels esteve com Erich Ludendorff em pessoa: "Ele me examinou com interesse. Perscrutador. Não se mostrou descontente." Em Weimar, também viu pela primeira vez as demais celebridades da extrema direita: Albrecht von Graefe, o líder do Partido Popular Alemão da Liberdade, que, na avaliação de Goebbels, era um "aristocrata nato" e lembrava um "puro-sangue de corrida"; Gregor Strasser ("o jovial farmacêutico da Baviera"), Gottfried Feder ("membro de uma confraria estudantil"), Wilhelm Kube, cujo discurso "sonoro e pomposo" lhe chamou a atenção, Ernst von Reventlow, "o conde inteligente, sarcástico, o político internacional do movimento", e Julius Streicher, o "fanático de lábios secos" que lhe pareceu "um tanto mórbido". Conversou uma hora com Theodor Fritsch, havia décadas um dos mais importantes editores antissemitas da Alemanha, que lhe pareceu um "tio velho e querido".

Goebbels passou dois dias mergulhado no alvoroço do congresso. Adorou os desfiles e os apelos solenes, os discursos patéticos, as sessões em que cantavam juntos canções políticas, e percorreu os bares e restaurantes da cidade ocupados pelos nacional-socialistas.[130] Além disso, arranjou tempo para visitar as casas de Goethe e de Schiller. Na deste último, tomado por um patético entusiasmo nacionalista, viveu uma experiência *sui generis*: diante de um retrato de Schiller, teve a impressão de detectar semelhanças fisionômicas entre si e o poeta. Como se identificava muito com este e, na sua fantasia, tendia a se fundir com os grandes, os importantes e os inalcançáveis, tal observação nada tinha de surpreendente. Pouco tempo antes, a leitura da autobiografia de Richard Wagner levara-o igualmente a enxergar parecença entre si e o compositor.[131] Curiosamente, porém, como ele deixou registrado, uma senhora que estava por perto também notou a semelhança e reagiu "com grande perplexidade e certo espanto". Referindo-se a essa cena, Claus-Ekkehard Bärsch observa que, para Goebbels, o reflexo narcísico no retrato daquele ser superior só tinha valor se fosse corroborado por um terceiro. Ele queria ser grande como Schiller, mas, acima de tudo, queria perceber essa grandeza nos olhos de outrem.[132]

Goebbels retornou a Rheydt com o "coração repleto de impressões inesquecíveis".[133] Na sua percepção, os testemunhos dos clássicos alemães se fundiam com o ânimo otimista do nacionalismo: "A questão nacional está ligada a todas as questões do espírito e da religião. Começo a pensar nacional e popularmente. Já não se trata de política. Trata-se de uma cosmovisão. Começo a encontrar o substrato. O chão em que pisar."[134]

Jornalista *völkisch*

Em 21 de agosto, ainda impressionado com a experiência de Weimar, Goebbels fundou com Fritz Prang, em Mönchengladbach, um grupo local do Movimento Nacional-Socialista pela Liberdade da Grande Alemanha — proibido no território ocupado. Alegadamente, vinte membros se apresentaram quando ele concluiu o discurso de meia hora em que "expôs os problemas fundamentais da ideologia *völkisch*". Logo depois, Prang teria dito com gratidão que ele era "um orador nato".[135]

Daí por diante, Goebbels passou a fazer discursos regulares nos arredores de sua cidade. No dia 3 de setembro, falou em Wickrath a um público burguês; no dia 10, em Mönchengladbach; no dia 17, uma vez mais em Wickrath, mas dessa vez a camponeses; no dia 18, a operários em Mönchengladbach; no dia 25, em Rheydt; no dia 27 de setembro, em Neuss.[136] "Discursar de improviso não é tão difícil quanto eu pensava", constatou no diário, "mas, como em tudo na vida, é preciso ter prática. E eu a estou adquirindo nessas pequenas reuniões de adeptos".[137]

Para ele, agora o mais importante na sua atividade política era o projeto de um jornal *völkisch* a ser publicado em Elberfeld. A intenção, já aludida numa entrada do diário em julho,[138] plasmou-se pouco a pouco e substituiu a ideia mais antiga de uma revista de teor político-cultural na Renânia ocupada. Conforme o combinado com o editor Friedrich Wiegershaus, o chefe do *Gau**

---

* *Gau* (s.); *Gaue* (p.): Distritos administrativos do NSDAP no Reich alemão entre 1925-1945. (N. do T.)

Renânia do Norte do Movimento pela Liberdade, cabia-lhe fornecer "semanalmente um artigo de teor político-cultural, um noticiário político, um glossário e diversas miudezas". "Por ora, o pagamento é apenas em idealismo e ingratidão." A publicação se chamava *Völkische Freiheit* [Liberdade *Völkisch*].[139]

O primeiro número veio à luz no início de setembro.[140] Segundo Goebbels assinalou com orgulho, ele escreveu sozinho três quartos da terceira edição.[141] Na verdade, como era justo reconhecer, o semanário "ainda não passava de um jornaleco", mas ele se sentia suficientemente "jovem e arrojado" para conduzi-lo ao sucesso.[142] Escrevia os ensaios mais extensos; era responsável pelo "Diário político"; com o pseudônimo "Ulex" assinava comentários na seção "Informações adicionais"; e aproveitava sobras de textos próprios na coluna "Da minha agenda diária". No segundo número, num artigo intitulado "Nacional e social", procurou fazer uma síntese dos dois conceitos:[143] "percepção nacional" significava "tudo fazer e agir, pensar e sentir a consciência da responsabilidade de consolidar o Estado enquanto comunidade popular". E prosseguia: "O sentimento social é a exacerbação do sentimento familiar. Eleva-se do coração ao cérebro. É o sentimento do vínculo racial inevitável no bojo do arcabouço estatal. [...] O objetivo primordial do socialismo nacional é um povo forte e sadio num Estado forte e sadio." Em outro artigo, evidentemente impressionado com a leitura de *Prussianismo e socialismo* de Spengler, asseverou: "Socialismo nacional não é senão um conceito de Estado da época do cáiser Frederico, não é senão imperativo kantiano."[144]

Se procurarmos extrair algum sentido dessas afirmações, perceberemos que o socialismo de Goebbels nada tinha a ver com os debates contemporâneos sobre a socialização dos meios de produção ou a estatização da indústria de base, tampouco objetivava a realização de uma ordem social igualitária e justa. O "socialismo nacional" correspondia muito mais à incorporação total do indivíduo a uma elaborada comunidade popular. Como nessa comunidade popular racialmente homogênea e inteiramente voltada para a realização de metas nacionais as diferenças sociais eram secundárias, a "questão social", na opinião dele, também ficava resolvida, e vigorava então o "socialismo nacional".

Goebbels, que nos anos 1925-26 foi um dos mais veementes advogados do alinhamento político "socialista" do NSDAP, nunca esboçou a menor tentativa de expor consequências político-econômicas e político-sociais da implantação do "socialismo nacional". Participou apenas à margem dos debates, na ala "esquerda" do NSDAP, sobre a futura ordem econômica num regime nacional-socialista.[145] Em abril de 1925, criticou seu *Gauleiter*,* Axel Ripke,

---

* Chefe do partido no âmbito de um *Gau*. (N. do T.)

por querer conceder aos trabalhadores somente 49% de participação na propriedade, coisa que Goebbels rejeitava como "capitalismo reformado".[146] Mas deixou em aberto a participação que ele próprio imaginava. O que mais lhe interessava era se distinguir na propagação do "socialismo nacional" da maneira mais radical possível, com um tom juvenil intransigente, como o expoente de uma linha oposicionista interna. A postura "socialista" era uma pose com a qual ele se dava bem.

Na sua colaboração com o *Völkische Freiheit*, Goebbels também discorria amiúde sobre problemas de política cultural. No artigo "Questões culturais *völkisch*", de outubro de 1924, falou no "homem novo", cujo mentor, sem dúvida alguma, era o seu Michael Voormann: "Três grandes fatores conformaram esse homem. [...] A guerra o despertou de um sono profundo; deu-lhe consciência. O espírito o atormentou e o impeliu à catástrofe; mostrou-lhe profundeza e altura. O trabalho o libertou; tornou-o orgulhoso e livre."[147]

Em outro artigo, intitulado "Inteligência nacional", entoou um verdadeiro hino de louvor ao "estudante trabalhador", no qual enxergava um "símbolo da nova e jovem elite espiritual alemã".[148] É notório o recurso ao motivo de *Michael Voormann* no elogio aos "estudantes heroicos" que ganhavam o sustento "como operários e funcionários nas minas, nas fábricas e nos bancos".

Pouco a pouco, Goebbels foi ficando conhecido no partido. No dia 13 de setembro, participou de uma festa em Tannenberg. Compareceram muitas celebridades do partido, e ele teve oportunidade de conversar com Ludendorff, Graefe, Strasser, Röhm, Kube e outros.[149] "Minha fama de orador e escritor político-cultural se espalha nas fileiras de adeptos do pensamento nacional-socialista em toda a Renânia. Também uma satisfação!", escreveu no diário no fim daquele mês.[150]

No começo de outubro, assumiu oficialmente a direção do *Völkische Freiheit*, o que significava que era obrigado a ir a Eberfeld duas vezes por semana. Passava o resto do tempo em casa, escrevendo artigos para o periódico, a menos que estivesse viajando pela causa nacionalista.[151] Ao que parece, Goebbels finalmente havia encontrado uma tarefa à altura dos seus interesses e aptidões.

3. "O maior sacrifício é trabalhar o espírito"
Posicionamento nos primórdios do NSDAP

No dia 22 de outubro de 1924, as autoridades de ocupação revistaram a casa da família Goebbels em Rheydt. Na manhã seguinte, Joseph foi interrogado pela polícia. À tarde, fugiu do território ocupado e decidiu passar uma temporada em Elberfeld.¹

No início de novembro, foi pela primeira vez a uma palestra em Berlim. Na ocasião, participou, ainda que modestamente, dos vários dias de reunião no fragmentadíssimo Movimento pela Liberdade. Anotou pomposamente: "Longas negociações com Ludendorff sobre o território ocupado. Ele concordou comigo em tudo. O meu discurso agradou a todos."

A viagem à capital propiciou-lhe contato com outros importantes representantes da direita: o deputado do DNVP Karl Neuhaus,² Ernst von Reventlow e Albrecht von Graefe, assim como os deputados do NSFB Reinhold Wulle e Wilhelm Kube, também oriundos do campo nacionalista. Goebbels estabeleceu claras preferências: "Com o tempo, Wiegershaus dá nos nervos. Ignorante. Informal. Plebeu! Ludendorff é o homem certo." Ademais: "Parte da impressão que tive de Berlim foi bem deplorável. Caça feroz ao mandato. A ideia que se dane."³ Surgiu um conflito com Wiegershaus, o editor do *Völkische Freiheit*. No diário, aumentaram os comentários negativos sobre o seu empregador. Este seria "um manequim gordo e de aparência saudável, sem revolução, alimenta-se das minhas ideias",⁴ em suma, uma "besta inepta".

A atividade de orador, a que Goebbels deu prosseguimento com muita dedicação na região Reno-Ruhr,⁵ passou a levá-lo com frequência cada vez maior para além dessa esfera de influência: em novembro, empreendeu uma semana de viagem propagandística pela Pomerânia; no fim do mês e no início de dezembro, discursou várias vezes em Hesse.⁶ Em Elberfeld, travou conhecimento com Karl Kaufmann, um antigo membro dos Freikorps e ativista nacional-socialista. Os dois não tardaram a criar vínculos de amizade: "Talvez ele venha a substituir Richard."[7] Goebbels também se aproximou de Axel Ripke, um "homem culto", que ele aprendeu a estimar.[8] Ao mesmo tempo, o dentista e ativo correligionário Helmuth Elbrechter passou a figurar cada vez mais amiúde nas entradas no diário.[9]

No entanto, quando das eleições do Reichstag em dezembro de 1924, o Movimento pela Liberdade saiu-se mal, tendo recebido apenas 3% dos votos. Goebbels classificou de "catastrófico"[10] o resultado das eleições. Publicou um artigo no *Völkische Freiheit* reconhecendo francamente a derrota. "Colher!" era a palavra de ordem com que esperava superar o resultado decepcionante. No artigo, distanciou-se claramente do nacionalismo populista, ao qual atribuiu a responsabilidade pela derrota, e, ademais — assumindo a pose do "revolucionário nato" —, professou explicitamente adesão ao "socialismo".[11] Bem no espírito dessa exortação, o grupo de oposição interna ao qual pertenciam Goebbels, Kaufmann e Ripke arriscou a primeira tentativa de derrubar Wiegershaus. Mas a empreitada fracassou.[12]

"Falta o grande amor da minha vida", escreveu em dezembro, "daí o meu amor pela grande causa".[13] No fim de 1924, conheceu Elisabeth Gensicke: "Já meio velhusca, mas doce e afetuosa. Lembra-me muito Anka."[14] Iniciou-se um pequeno caso: "Por que eu não sinto nenhum conflito íntimo quando me separo de Elisabeth e procuro Else?", perguntou-se quando viajou a Rheydt pouco antes do Natal. Mas se apressou a apartar de si o remorso: "O meu coração é tão grande que nele cabem duas mulheres."[15] E, assim, passou o Natal e o réveillon com Else e, entre as duas festas, uma longa noite com Elisabeth em Elberfeld.[16] "Amanhã vou me encontrar com a pequena Else! Sexta-feira, Elisabeth! As duas se alegram comigo! E eu me alegro com as duas. Serei um fingido?"[17]

Encontro com o ídolo

No dia 20 de dezembro de 1924, Hitler foi solto antecipadamente do presídio de Landsberg. Goebbels, que, numa edição especial do *Völkische Freiheit* sobre Hitler e o aniversário do 9 de Novembro, exigira veementemente a sua libertação e se havia confessado adorador do herói,[18] reagiu com entusiasmo: "Adolf Hitler está em liberdade! Agora vamos nos separar dos nacionalistas reacionários e voltar a ser autênticos nacional-socialistas. Salve, Adolf Hitler!"[19] E o enalteceu no *Völkische Freiheit*:

Rodopia dentro de nós um calado anseio que não podemos denominar nem descrever. [...] Em receoso silêncio, esperam conosco milhões de irredentos, cativos, iludidos, desesperados, avassalados, em suma, as hostes de escravos, em uníssono. Ouve-se ao longe, abafado, plangente, precatado, sonoroso — um rufar de tambores! O vozeio das massas! Nas profundezas, elas clamam por ti! Tambores, rufai pela liberdade alemã! O brado de redenção! Incompreendido por todos os que continuam presos às velhas formas; o avanço do anseio mais profundo daqueles que superam o homem velho, que aprenderam a acreditar; que estão dispostos a seguir o rito do sacrifício como uma marcha triunfal, os apóstolos, os que clamam no deserto, os que emanciparam o derradeiro conhecimento.[20]

Para Goebbels, o "brado de redenção" endereçado a Hitler punha termo a anos e anos de atormentada busca. Ele chegava ao ponto final de um desenvolvimento biográfico que não deixava de ser consequente no tocante à falta de equilíbrio da sua personalidade: Goebbels, que, em conflito com a fé católica, ansiava tão desesperadamente pela "redenção", na sua fantasia, inicialmente eclodira, ele próprio, no papel de "redentor" — primeiro na qualidade de escritor, depois como protagonista de um despertar político-cultural e, enfim, na simbiose com o amigo Flisges, no papel do Michael que encontrava a "redenção" no árduo trabalho de mineiro, em íntima união com o povo trabalhador, e a eternizava pela morte — havia criado um modelo de redenção nacional. Logo transferira sua busca pelo redentor para os líderes do precário movimento *völkisch* e — namorando os grandes modelos de Schiller, Wagner e outros — voltou a se imaginar nesse papel. Mas, por fim, chegou à conclusão de que o redentor-líder seria outro e de que, dentre os seus discípulos, ele estava fadado a ser o primaz.

A transferência do papel de redentor a outro, maior, e a fusão mais perfeita possível com esse ídolo correspondiam ao seu distúrbio narcísico. Goebbels só conseguia se sentir grande se o ídolo por ele escolhido o corroborasse permanentemente. Esse ídolo tinha de ser Hitler, que, desde o seu encarceramento em Landsberg, era exaltado como mártir pela extrema direita e estava prestes a usar esse papel — e o de líder admiradíssimo, o Führer — para eliminar do cenário político os concorrentes restantes na extrema direita. Não há nenhuma especulação descabelada em afirmar que, na imaginação de Goebbels, Hitler fazia o papel da mãe provedora, protetora e sancionadora. Ele mesmo o confessou escancaradamente, em 1935, ao proferir o discurso oficial por ocasião do 46º aniversário do líder nazista: "Mas todo o povo o ama porque se sente seguro nas suas mãos qual uma criança nos braços da mãe."[21]

Com Hitler em liberdade, Goebbels viu chegada a hora não só de venerar o seu ídolo como de a ele *se entregar* abertamente. Pois a sua liberação trazia uma vez mais à tona as contradições operosamente varridas para debaixo do tapete entre o *völkisch* e o nacional-socialista no Movimento pela Liberdade. E também na Renânia se colocava a questão da escolha entre Graefe e Hitler. Para Goebbels, o apoio a Hitler fazia parte de uma luta heroica da qual dependia o futuro do nazismo. Goebbels, em todo caso, sentia cheiro de "ar fresco"[22] e estava convencido de que Hitler "não tardará a achar o caminho certo. Nós o ajudaremos no mergulho".

A contribuição de Goebbels para esse processo de esclarecimento foi uma carta aberta a Ernst von Reventlow, um dos mais destacados representantes do Movimento Nacional-Socialista pela Liberdade, publicada no *Völkische Freiheit*. Na ocasião, questionou a observação de Reventlow segundo a qual o NSDAP não era "socialista", e sim "social", contra-argumentando: "O social é um expediente provisório; o socialismo, a ideologia do futuro." Ao aventar o "problema de gerações" perante a figura de proa do movimento *völkisch*, homem nascido em 1869, Goebbels queria principalmente se arvorar de porta-voz da "juventude vital para o futuro alemão" e invocar o "espírito do Ocidente" da moderna região industrial às margens do Reno e do Ruhr.[23] Assestou sua ira contra Wulle, que se teria manifestado "insolentemente" contra o nacional-socialismo: era simplesmente incapaz de compreender "a geração jovem".[24]

A verdade é que os dirigentes do movimento *völkisch* — Reventlow, Graefe, Wulle — eram políticos que, embora já tivessem desempenhado um papel no império, nunca saíram da esfera do sectarismo. Contra semelhantes figuras — Ludendorff, que compreendia os "jovens", foi expressamente excluído dessa crítica —,[25] Goebbels procurou realçar a juventude do movimento nazista; por conseguinte, só os jovens soldados da linha de frente, como Hitler — ou aqueles que, como ele próprio, faziam parte da geração de jovens da guerra —, tinham condições de cumprir a sua patética exigência de um "homem novo". É no contexto dessa autoestilização juvenil que se deve enxergar a sua adesão a uma política "socialista", não meramente "social".

Em Elberfeld, desatou-se abertamente a rebelião contra Wiegershaus: "Temos de dar xeque-mate nesses figurões esclerosados."[26] No curso das turbulências, o *Völkische Freiheit* deixou de ser publicado em janeiro. Goebbels foi demitido.

Enquanto isso, o caso com Elisabeth dificultava seu relacionamento com Else. No começo de fevereiro, os dois estavam "praticamente separados",[27] mas, no último instante, ele voltou a ser corroído pelas dúvidas: "Agora que preciso me afastar de Else, sinto que não amo Elisabeth."[28] Mesmo porque a lembrança do seu grande amor continuava viva: "Anka, Else, Elisabeth! Como hei de me arranjar com vocês três? Anka me afrontou. As outras duas é que sofrem por causa disso."[29] O problema ficou resolvido no início de março, quando Elisabeth deixou Elberfeld. Como agora duas das três mulheres estavam fora do seu alcance, ele tratou de reatar a relação com a fiel Else.[30]

Enfim, no dia 12 de fevereiro de 1925, a direção nacional do Movimento pela Liberdade renunciou e, pouco depois, Hitler, seguro da iminente revogação da proibição do partido, anunciou a refundação do NSDAP.[31] Por outro lado, os *völkisch* constituíram o Deutschvölkische Freiheitsbewegung [Movimento Popular Alemão pela Liberdade]. Goebbels já se havia decidido, mas agora o que mais o preocupava era "se Hitler fará do nacional-socialismo puro o seu programa".[32]

No dia 16 de fevereiro, foi cancelada a proibição do NSDAP e do *Völkischer Beobachter*, uma vez que Hitler prometera ao ministro-presidente bávaro Heinrich Held se abster de tentar um novo golpe de Estado.[33] Poucos dias depois, Gregor Strasser, um importante político nazista, participou de um congresso em Hamm, no qual os representantes do antigo NSDAP, assim como os do Movimento Nacional-Socialista pela Liberdade de todo o norte da Alemanha, juraram "fidelidade e lealdade inabaláveis" a Hitler.[34] Pouco depois, Goebbels foi notificado de que tinha sido "nomeado dirigente do NSDAP de todo o Ocidente" e passaria a receber um salário decente. Seu *Gauleiter* era Axel Ripke,[35] um "grande sujeito" que ele admirava.[36] Dias depois, chegou a Elberfeld a tão esperada exortação de Hitler à refundação do partido: "Brilhante no estilo e no conteúdo. Que homem! Restaurou nossa coragem."[37]

Inicialmente, na qualidade de líder de *Gau*, Goebbels foi encarregado de projetar modelos de cartazes nazistas, recomendando a divulgação de alguns aos grupos locais do partido no Reich. Seus esboços ainda se baseavam sobretudo no efeito da palavra escrita e, via de regra, abrangiam cerca de 25 linhas impressas, de modo que se endereçavam a transeuntes com tempo para uma leitura breve. O colorido era irregular; e o símbolo nazista, a suástica, escassamente empregado. Quanto ao conteúdo, predominava o antissemitismo.[38]

À parte isso, ele editou informes para o território do *Gau*[39] e uma primeira brochura de propaganda (O pequeno abecê do nacional-socialista).[40] Prosseguiu intensamente com a atividade de orador: pelas suas contas, escreveu em outubro de 1925, havia falado em público "189 vezes no ano passado".[41] Além disso, desenvolveu o plano de uma "liga nacional-socialista pela liberdade", por assim dizer, a "divisão de assalto espiritual do nosso movimento no Oeste". Conforme a sua proposta, os militantes ativos do partido seriam agrupados numa organização especial e receberiam recursos especialmente generosos.[42]

Posto que inicialmente tivesse recebido com ceticismo a decisão de Hitler de lançar a candidatura de Ludendorff à presidência do Reich na eleição de 29 de março de 1925, Goebbels tardou poucos dias a acatá-la inteiramente.[43] Mas o pleito foi um fiasco para Ludendorff: o Deutschvölkische Freiheitspartei apoiou o candidato da direita, o político do DVP Karl Jarres, e, no dia 29 de março, Ludendorff recebeu apenas 1,1% dos votos. O resultado foi consideravelmente pior que o amargado pela direita popular unida nas eleições do Reichstag de dezembro de 1924. Ludendorff estava liquidado como líder da extrema direita: justamente o que Hitler pretendia com essa candidatura. No segundo turno, que foi necessário porque nenhum candidato obteve a maioria absoluta, Jarres se retirou como candidato da direita e foi substituído por Paul von Hindenburg, o ex-marechal de campo imperial.

Não demorou muito para que surgissem conflitos entre o dirigente Goebbels e o *Gauleiter* de que ele até então tanto gostava.[44] Na sua percepção, já não se podia tolerar os "gracejos" de Ripke. Este não era "um ativista",[45] e sim um "burguês disfarçado" e muito pouco "socialista".[46] Em tal antagonismo, Goebbels contou com o apoio de Kaufmann, que, além disso, como ele esperava, vinha substituindo cada vez mais o falecido amigo Flisges.[47] Disposto a forçar uma decisão contra o *Gauleiter*, publicou no *Deutsche Wochenschau*, um jornal *völkisch*, um "acerto de contas com a burguesia alemã", que se havia degenerado "em senhora de escravos e instigadora da ditadura da bolsa".[48] O artigo foi escrito em forma de "carta aberta" endereçada a certo "senhor diretor-geral". Em meados da década de 1920, a "carta aberta" passou a ser a forma jornalística predileta de Goebbels: num estilo pessoal e aparentemente afável, acolhia insinuações efetivamente polêmicas e, desse modo, algumas pequenas e grandes infâmias contra os adversários políticos.

Enquanto isso, a eleição presidencial se aproximava do fim. Na última fase, Goebbels discursou numa porção de comícios de apoio à candidatura de Hindenburg. Em 26 de abril, quando este foi eleito, ele deve ter considerado tal sucesso apenas uma "etapa rumo ao objetivo final".[49] Mesmo assim, comprou um exemplar de *Aus meinem Leben* [Minha vida], as memórias de Hindenburg publicadas em 1920, e as julgou com relativa benevolência: "O grande homem simplório."[50]

Depois de uma détente passageira, o conflito com Ripke voltou a irromper no fim de maio.[51] Goebbels ansiava por uma palavra esclarecedora do "líder do partido" a respeito do futuro do NSDAP: "Ele será nacionalista ou socialista? Quem tem razão, Ripke ou eu? Disso depende a minha esperança futura. Hitler no papel de dirigente dos socialistas alemães! O mundo nos pertence!"[52] Mas as declarações públicas de Hitler sobre essa questão eram tão genéricas que não podiam ser encaradas como sinais inequivocamente favoráveis a esta ou àquela posição.[53]

Nas semanas subsequentes, o *Völkischer Beobachter* publicou uma série de artigos de autoria de Goebbels: em 24 de maio, estampou uma parte de seu ataque a Reventlow escrito em janeiro;[54] seguiu-se em junho um primeiro artigo, "Ideia e sacrifício", uma declaração de guerra ao "burguês", no qual, como ele geralmente admitia, abominava em particular aquilo que "nós ainda não superamos cabalmente, um toque de soberba que a mãe natureza transmite a todo alemão autêntico".[55] No mesmo mês, tornou a bater nessa tecla no texto "Inteligência esclerosada",[56] e em julho pôs mais lenha na fogueira com "Comunidade popular e luta de classes":[57] na forma de carta aberta a Albrecht von Graefe, o presidente do *Deutschvölkische Freiheitsbewegung*, descreveu a luta de classes como a opressão das grandes massas populares por uma pequena camada de exploradores; esta e seus cúmplices burgueses, os "descarados satélites" (ou seja, Graefe e companhia), impediam a construção da verdadeira "comunidade popular". Além disso, publicou no *Völkischer Beobachter* duas outras cartas abertas a Hans Hustert — se bem que sem lhe citar o nome —, homem condenado à prisão por um atentado contra Gustav Stresemann, o ministro das Relações Exteriores do Reich.[58]

Os apontamentos no diário desse período são abundantes em referências rancorosas a Ripke: "Pobre resmungão miserável, covarde e velho. A personificação da arteriosclerose."[59] O artigo "Inteligência esclerosada", no qual Goebbels acusava um *Geheimrat** imaginário de representar uma concepção caduca e alquebrada do socialismo, endereçava-se a Ripke, coisa que este entendeu perfeitamente.[60]

O ávido jornalista continuava às voltas com sérios problemas financeiros.[61] O pai deixou claro que já não tinha condições de sustentá-lo.[62] Ele contou a Kaufmann que, por falta de dinheiro e em razão da briga com Ripke, estava disposto a partir de Elberfeld,[63] o que teria deixado o bom amigo "com os olhos cheios de lágrimas". "Meu Deus, dai-me a amizade de Kaufmann. Ele

---

* Conselheiro privado do monarca alemão. (N. do T.)

é tudo para mim; e eu, tudo para ele. Richard me foi arrebatado, Kaufmann me foi obsequiado."[64] Em abril, Goebbels se separou definitivamente de Elisabeth[65] e tratou de restaurar o relacionamento com Else, coisa que acabou conseguindo pouco a pouco em maio. O casal passou o feriado de Pentecostes no Westerwald.[66] Mas, na opinião de Goebbels, não havia futuro para os dois: "Eu queria muito que ela fosse minha mulher se tivesse sangue puro."[67]

No congresso de líderes regionais do NSDAP em Weimar, no dia 12 de julho de 1925, ele esteve pessoalmente com Hitler.[68] Segundo registrou no diário, o líder nazista chegou atrasadíssimo ao local do congresso. Como era de esperar, Goebbels ficou sumamente empolgado: "Weimar foi a ressurreição no sentido mais pleno da palavra. [...] Que voz. Que gestos, que paixão. Exatamente como eu o queria." E anotou de forma abreviada o conteúdo do discurso: "Organização! Não ideal. Mas infelizmente necessária. Em vocês a ideologia se transforma em fé. Luta! Pertencem à organização todos os que têm os mesmos objetivos. Então se encontrará o caminho. Comunismo e burguesia! A ideia da massa! [...] Frontalmente contrário à burguesia e ao capitalismo. Liberdade! Guerreiro da liberdade!" Hitler teria concluído com um apelo à confiança, e "claras lágrimas escorreram pelo rosto" do orador. O discurso deixou Goebbels profundamente impressionado, "abalado" até: "Fico lá fora, à janela, e choro como uma criancinha. Longe dos homens. [...] Hitler avança. Um aperto de mão. Volte logo." No dia seguinte, já em Elberfeld, ele fez o balanço: "Sou outra pessoa. Agora eu sei que quem lidera nasce para liderar. Estou disposto a sacrificar tudo por esse homem."

Eis que se realizavam em Hitler as grandes expectativas formuladas por Goebbels seis meses antes, no *Völkische Freiheit*, como o "brado de redenção". Ele interpretou o encontro em Weimar como uma "ressurreição" e foi obviamente incapaz de considerar o discurso do Führer programaticamente oposto a suas próprias opiniões.

Fortalecidos pela experiência de Weimar, Goebbels, Elbrechter e Kaufmann continuaram empenhados em tirar Ripke do pedestal. Numa série de reuniões dos dirigentes nazistas do *Gau*, ele foi paulatinamente defenestrado. Ao agir, os adversários de Ripke contavam com o apoio da direção do partido em Munique, pois Ripke era do grupo de *Gauleiter* do noroeste da Alemanha que já se havia manifestado contrário a que a central muniquense continuasse expedindo as carteiras de militante do NSDAP. Preferia que as listas de membros fossem monitoradas pelos *Gaue*; assim, Munique perderia o controle efetivo do pagamento das taxas partidárias à central. Para Goebbels e seus companheiros, essa pretensão ofereceu um ótimo pretexto para acusar Ripke de irregularidades.[69] Por fim, este solicitou que se abrisse um processo contra si no tribunal de honra.[70] Foi suspenso, e Goebbels assumiu interinamente o cargo de *Gauleiter*.[71] Uma de suas primeiras medidas foi informar Munique do número de inscritos no partido no *Gau*.[72]

Em julho, ele passou a noite com Alma Kuppe, a melhor amiga de Else, que estava visitando Elberfeld.[73] Depois, teve medo de que as amigas falassem sobre isso.[74] "É possível amar duas pessoas ao mesmo tempo?",[75] perguntou-se. "Uma na outra?" Em meio a esse imbróglio cheio de autocomiseração, ele se viu outra vez no papel daquele que a todos amava e acabava sendo a vítima: "Minha pequena Else, quando irei revê-la? Alma, minha plantinha leve e gentil! Anka, eu nunca te esquecerei! E, no entanto, agora estou completamente sozinho!"[76]

O bloco ocidental

No dia 20 de agosto, Gregor Strasser foi a Elberfeld e acordou principalmente com Kaufmann e Goebbels a criação de um "bloco ocidental" no partido. O alvo a ser atacado era claro: os "figurões esclerosados de Munique", "a desordem e o desleixo na central", dos quais era preciso livrar Hitler.[77]

Nos dias subsequentes, tendo a refundação em mente, Goebbels consolidou suas relações pessoais com duas personalidades importantes para a nova constelação: travou amizade com o líder da SA* no *Gau*, Viktor Lutze, e finalmente passou a tratar Kaufmann por "você".[78] Além disso, entregou-se à leitura do recém-publicado primeiro volume de *Mein Kampf* [Minha luta], que o "entusiasmou muito".[79] Em 10 de setembro, realizou-se a reunião decisiva em Hagen: os *Gaue* do NSDAP do norte e do oeste da Alemanha se uniram num grupo de trabalho. Goebbels registrou os resultados essenciais: "Direção única (Strasser). Sede única (Eberfeld). Administração única (*moi*). Publicação quinzenal de um informe (Cartas nac.-soc., editor Strasser, redator *moi*)."[80]

Uma vez mais, as anotações no diário desse dia deixam claro onde ele enxergava a linha de conflito mais importante no partido. Terminada a reu-

---

* Abreviação de *Sturmabteilung*, literalmente tropa ou seção de assalto. Organização paramilitar do Partido Nazista (NSDAP) que teve um papel importante na ascensão de Adolf Hitler ao poder em 1933. Foi o primeiro grupo paramilitar nazista a desenvolver títulos pseudomilitares a fim de dar patentes aos seus membros. Estes também eram chamados de "camisas-pardas" em virtude da cor do uniforme que passaram a usar em 1925. (N. do T.)

nião, defendeu a seguinte palavra de ordem em conversas internas com os correligionários: "Primeiro a redenção socialista, e logo a libertação nacional virá como um vendaval." Mas não faltou quem se opusesse. Vahlen, o líder do *Gau* pomerânio, reivindicou: "Primeiro nacionalizar o trabalhador!" Conforme os apontamentos de Goebbels, "Hitler oscilava entre as duas posições", mas decerto estava prestes a "passar totalmente para o nosso lado".[81]

Em 27 de setembro, um congresso dos principais funcionários do *Gau* Renânia do Norte reelegeu Goebbels líder. Coube a Kaufmann o posto de dirigente do *Gau*. Goebbels ficou visivelmente decepcionado: na verdade, queriam elegê-lo dirigente, mas o excesso de trabalho o obrigou a recusar a oferta. E, apesar disso: "Uma pequena alfinetada contra Kaufmann em mim. Eu faço o trabalho, e ele dirige. Mas isso vai acabar!"[82]

Poucos dias depois, Strasser esteve novamente em Elberfeld. Os dois tiveram uma longa conversa e, aos poucos, construíram uma base de confiança. Goebbels soube que queriam transferi-lo para Munique, mas se recusou a dar esse passo: "Primeiro eu preciso cumprir minha missão aqui às margens do Reno e do Ruhr." O objetivo era o ataque geral contra o "chiqueiro" em Munique.[83] Ele elaborou com Strasser um documento que serviria de estatuto do grupo de trabalho fundado poucas semanas antes em Hanôver; os oito *Gaue* participantes concordaram com a unificação da organização e o reforço da troca de informações.[84]

Nesse meio-tempo, o relacionamento com Else encaminhou-se inevitavelmente para a ruptura definitiva. Em várias ocasiões, Goebbels recebera dela cartas de despedida que, no entanto, não tiveram consequência imediata.[85]

Conflito sobre os objetivos do partido

Agora Goebbels não só podia colaborar ocasionalmente para o *Völkischer Beobachter* e o *Deutsche Wochenschau* como dispunha de uma revista própria, a *Nationalsozialistische Briefe*.[86] Usava-a sobretudo para divulgar suas opiniões sobre o bolchevismo e o socialismo. Segundo manifestou na *Briefe*, não se devia conceber o bolchevismo russo como forma de governo sobretudo "judaica"; convinha, isto sim, entendê-lo como uma tentativa de abrir um caminho nacional russo rumo ao socialismo; no entanto, a luta entre as forças judaico-internacionais e as nacional-russas no seio do movimento bolchevista ainda não tinha terminado. Só "com uma Rússia verdadeiramente nacional e socialista" é que se poderia reconhecer o "início da nossa própria afirmação nacional e socialista".[87]

Em novembro de 1925, o *Völkischer Beobachter* publicou o artigo "Nacional-socialismo ou bolchevismo", já divulgado na *NS-Briefe* em outubro. Bastante incomum foi esse texto vir acompanhado de uma réplica de Alfred Rosenberg, o principal ideólogo do partido. Se, no seu artigo, Goebbels procurava mostrar os lados positivos da revolução bolchevista, Rosenberg a ela se opunha veementemente: ao contrário do que afirmava Goebbels, Lenin, com a reforma agrária, não havia dado a liberdade aos camponeses russos; a verdade era que estes agora viviam sem liberdade alguma no sistema soviético. A União Soviética não era a "célula germinativa de uma nova estruturação nacional dos Estados da Europa", e sim o seu principal obstáculo, e não se podia absolutamente ver de maneira diferenciada o papel dos judeus na União Soviética como propunha Goebbels. Na ótica de Rosenberg, era um erro acreditar que o comunista soviético apoiaria o proletariado alemão a fim de assegurar a existência nacional da Rússia; na realidade, a "Judeia soviética" estava interessada em impedir o "despertar nacional" dos povos (inclusive o russo). Rosenberg concluiu sua réplica com as seguintes palavras: "O desejo é muitas vezes o pai da crença. Parece-nos que, neste caso, ele pregou uma peça no nosso correligionário." A direção do partido não podia ter expressado de maneira mais clara que a avaliação da União Soviética de Goebbels contrariava inteiramente a linha de Munique.[88]

Não podemos omitir que Hitler observava com certa desconfiança as atividades do grupo de trabalho, especialmente as do seu administrador. Informado disso por Strasser, Goebbels, evidentemente chocado, escreveu no diário em 12 de outubro: "Hitler não confia em mim. Criticou-me duramente. Como isso dói." Ele esperava que uma conversa pessoal desanuviasse a situação; todavia, se ela terminasse com acusações, "então eu vou embora". Isso ele "não podia aguentar. Sacrificar tudo e, depois, ouvir reproches do próprio Hitler".[89]

Nesse meio-tempo, havia lido o primeiro volume do *Mein Kampf*. A leitura o impressionara extraordinariamente: "Quem é esse homem? Semiplebeu, semideus!" O próprio Cristo ou apenas João?"[90] Apesar de sua grande admiração por Hitler, não podia lhe passar despercebido que, em dois pontos essenciais, o chefe do partido tomara posição totalmente oposta à sua concepção. Caso Goebbels tivesse esperança de encontrar no *Mein Kampf* a tão esperada profissão de fé pelo "socialismo", deve ter ficado decepcionado; além disso, Hitler desenvolvia no livro ideias sobre a futura *Ostpolitik* que se opunham frontalmente à imagem da Rússia de Goebbels: Hitler concebia o governo bolchevista russo como instrumento "dos judeus", rejeitava qualquer aliança com a Rússia e, pelo contrário, declarava-se favorável a uma ocupação colonial de territórios russos.[91]

A oportunidade de uma conversa esclarecedora com o líder nazista surgiu, para Goebbels, no início de novembro num congresso de *Gaue* em Braunschweig. Hitler o cumprimentou como "a um velho amigo. E aqueles olhos grandes e azuis. Duas estrelas. Ele se alegra em me ver. Isso me encanta". Também ficou impressionado com o talento retórico do Führer: "Esse homem tem tudo para ser rei. O tribuno do povo nato. O futuro ditador." As questões de conteúdo não tiveram a menor relevância nesse encontro. Goebbels simplesmente se contentou com o fato de Hitler, longe de repreendê-lo, ter-lhe dispensado um tratamento indulgente.[92] E escreveu a Gregor Strasser: agora estamos "totalmente em paz com Munique".[93]

Duas semanas depois, no dia 20 de novembro, Hitler e Goebbels voltaram a se encontrar num evento em Plauen no qual os dois discursaram. Tampouco dessa vez Goebbels deu importância às controversas questões de conteúdo. Uma vez mais, deixou-se cativar pelo chefe do partido: "Ele me cumprimentou como a um velho amigo. Tratou-me muito bem. Como eu gosto dele! Que homem!" Achou o discurso de Hitler magnífico: "Como eu sou minúsculo!"[94]

Depois do encontro, escreveu ao dirigente nazista uma de suas cartas abertas, anunciando publicamente submissão incondicional a ele: "O senhor nos mostrou, no mais profundo desespero, o caminho da fé. [...] Quando o vi pela última vez em Plauen, depois de dias de encarniçada luta, senti no fundo da alma o prazer de estar do lado de um homem que materializa na sua pessoa a vontade de liberdade. Até então, o senhor era um líder para mim. Agora é um amigo."[95]

Na realidade, semelhante declaração pessoal de lealdade por parte de dirigentes importantes nada tinha de excepcional depois da refundação do NSDAP; Hitler, afinal de contas, concebera a organização como um "partido do Führer", e seu séquito muito se empenhava em criar um verdadeiro "mito do Führer" em torno de sua pessoa. Mas aquilo que a muitos correligionários parecia mero cumprimento do dever — a ausência de um programa claro tornava necessária a figura de um líder fortemente integrador — era para Goebbels, à parte as considerações tático-políticas, uma necessidade altamente emocional.[96]

Ao retornar de Plauen, ele esteve em Hanôver, onde se realizava outro encontro do grupo de trabalho com representantes de 11 *Gaue*. Embora Strasser já tivesse apresentado um projeto de programa, a reunião deliberou que Kaufmann e Goebbels preparassem uma nova proposta.[97] A partir de meados de dezembro de 1925, Goebbels trabalhou intensamente nesse esboço de programa depois de julgar "inadequada" a versão revisada do projeto de Gregor

Strasser, que previa uma socialização parcial.⁹⁸ No entanto, não foi possível cumprir o prazo inicialmente estipulado: o dia 15 de dezembro. Em 6 de janeiro, Goebbels registrou no diário que havia condensado o esboço de programa em "24 pontos fundamentais"; infelizmente, o documento não foi preservado. Mas o rumo tomado pelo debate interno mostraria que a posição de Goebbels, ou seja, sua visão pró-russa, foi substancialmente descartada.

No Natal, Hitler proporcionou uma alegria muito especial a Goebbels ao presenteá-lo com um exemplar do *Mein Kampf* encadernado em couro e acompanhado de uma dedicatória pessoal que elogiava seu trabalho "exemplar".⁹⁹ Afinal de contas, tais gestos não deixavam de ter efeito sobre ele.

Nesse meio-tempo, tinham se iniciado as negociações da fusão dos *Gaue* Renânia do Norte e Westfália num "*Grossgau* Ruhr" [grande *Gau* do Ruhr]. "Então nós teremos um fator de poder de alguma importância", apontou Goebbels no diário.¹⁰⁰ Em 9 de janeiro, estabeleceu-se definitivamente o acordo com o dirigente do *Gau* westfaliano, Franz Pfeffer von Salomon, sobre todas as questões essenciais, e, em 15 de janeiro, durante uma visita a Elberfeld, Strasser confirmou as decisões tomadas.¹⁰¹

Goebbels tratou então de continuar desmantelando e modificando sua posição simpática à Rússia. No dia 15 de janeiro, publicou um artigo na *Nationalsozialistische Briefe* sobre o tema "Orientação ocidental ou oriental". Sua decisão era clara: "Por isso nos colocamos do lado da Rússia como parceira igual na luta por essa liberdade importante para todos nós."¹⁰²

Em 19 de fevereiro, discursou em Königsberg sobre o tema "Lenin ou Hitler?", do qual já havia tratado em 17 de novembro de 1925 em Chemnitz.¹⁰³ Distribuiu o texto impresso do discurso de Königsberg, meticulosamente preparado;¹⁰⁴ passara várias semanas trabalhando a versão definitiva.¹⁰⁵ Tal como antes, em seu escrito, avaliou positivamente a reforma agrária soviética, mas chegou à conclusão de que a política industrial de Moscou malograra por não ter solucionado a "questão judaica". Por isso — e essa foi sua maior concessão à política da direção do partido —, "não é de lá que virá a salvação do povo alemão [...], pois o comunismo, o marxismo, sendo aliado dos vigaristas judeus da bolsa, nunca há de querer a verdadeira liberdade". Por outro lado, porém, ele profetizou um futuro "despertar" da Rússia que engendraria um "Estado nacional-socialista".¹⁰⁶

No dia 24 de janeiro, em seu encontro seguinte em Hanôver, o grupo de trabalho preparou o projeto de programa.¹⁰⁷ Gottfried Feder participou da reunião na qualidade de emissário da direção muniquense do partido. No diário, Goebbels descreveu sua chegada — "Escravo dos juros. Cacto da valorização e programador número um do movimento" — como uma visita surpresa, muito embora o enviado de Munique tivesse anunciado antecipadamente sua presença em carta ao próprio Goebbels.[108] Tudo indica que, com essa versão, ele queria conferir mais dramaticidade ao encontro. Feder se manifestou "com esperteza, mas com obstinado dogmatismo", prossegue a anotação no diário, provocando "uma torrente interminável de debates". "E então intervenho eu. Rússia, Alemanha, capital ocidental, bolchevismo, falo meia hora, uma hora inteira. Todos escutam, a atmosfera é de tensão. E, a seguir, a turbulenta aprovação." Na avaliação de Goebbels, foi quando se chegou à guinada decisiva: "Nós vencemos. [...] Strasser me aperta a mão. Feder pequenino e feio. Ponto. Ponto."

Na verdade, o grupo de trabalho decidiu encaminhar as diversas propostas apresentadas pelos "camaradas" a "uma comissão de estudo dirigida por [...] Gregor Strasser", que ficou encarregado de entregar o "material examinado [...] à central do partido para emprego posterior". Não tinha cabimento falar num esplendoroso triunfo de Goebbels sobre o visitante indesejável de Munique.[109]

O debate crucial sobre o programa definitivo do NSDAP ocorreria no congresso do Führer, em Bamberg, que Hitler havia convocado para domingo, 14 de fevereiro. Goebbels sabia que ele estava "furioso por causa do programa". Mas isso não parecia preocupá-lo. Ele seguia firmemente convencido de que conseguiria atrair o chefe do partido para o seu lado; fazia pouco tempo que dele recebera uma carta que lhe causara "muita alegria". "Tenho uma série de fotografias novas de Hitler na mesa. Um encanto!" Goebbels mostrava-se relaxado, e era patente o grande otimismo com que aguardava o congresso de Bamberg: "Ninguém mais acredita em Munique. Elberfeld será a meca do socialismo alemão."[110]

No entanto, o congresso transcorreu de modo bem diferente do que ele imaginava. Chocado, registrou no diário: "Hitler fala durante duas horas. Eu fico arrasado. Que Hitler é esse? Um reacionário? Fabulosamente inepto e inseguro. A questão russa: totalmente equivocado. A Itália e a Inglaterra, aliados naturais. Horripilante! A nossa missão é o esfacelamento do bolchevismo. O bolchevismo é obra judaica! Cabe a nós herdar o que é da Rússia!"

Goebbels achou igualmente assustador o posicionamento adotado pelo Führer em relação à questão da "indenização do principado",* isto é, a inicia-

---

* A questão da desapropriação dos príncipes, na República de Weimar, foi uma controvérsia sobre o que fazer com os bens das casas principescas alemãs despojadas do poder pela revolução de novembro de 1918. Os comunistas (com o apoio relutante dos social-democratas e de setores de outros partidos) propunham a desapropriação sem o pagamento de indenização. (N. do T.)

tiva do KPD [Partido Comunista da Alemanha], logo apoiada pelo SPD [Partido Social-Democrata da Alemanha], de desapropriar os principados sem nenhuma compensação.[111] Em Hanôver, o grupo de trabalho se manifestara favorável ao planejado plebiscito, mas, para a indignação de Goebbels, Hitler defendeu a posição contrária: "Indenização do principado. O direito deve ser preservado. Inclusive o dos príncipes. Nada de violar a propriedade privada! Deprimente!"

Ele também achou decepcionante a recusa de Hitler a elaborar um novo programa do partido: "Feder concorda, Ley concorda, Streicher concorda. Esser concorda. Dói-me a alma quando te vejo em público!!!" Após uma breve discussão, Strasser tomou a palavra: "Strasser fala. Gaguejante, trêmulo, desajeitado, o bom e leal Strasser, santo Deus, como estamos longe de fazer frente a esses porcos!" Sua síntese foi devastadora: "Sem dúvida, uma das maiores desilusões da minha vida. Já não acredito piamente em Hitler. Isso é que é terrível: tomaram-me a estabilidade mental. Sou apenas a metade do que era."[112]

Do lado de Hitler

No começo de março, os *Gaue* Renânia do Norte e Westfália constituíram o "*Grossgau* Ruhr" num congresso extraordinário do partido em Essen. Juntamente com Kaufmann e Pfeffer, Goebbels integrou a direção tríplice do *Gau* até que, três meses depois, Kaufmann assumisse sozinho o cargo de *Gauleiter*.[113]

O congresso de Essen aumentou a tensão com Munique. No fim do evento, Gottfried Feder, então considerado o principal programador do movimento, queixou-se a Hitler de que Goebbels, na sua atividade jornalística, particularmente no tocante à União Soviética, se exprimia como "um agitador comunista".[114] Quando Feder escreveu essa carta de reclamação, Goebbels estava ocupado com a publicação de "Lenin ou Hitler?" e, pelo menos em parte, já tinha começado a ajustar as suas ideias sobre a União Soviética à linha política do partido. Mas agora procurava alinhar-se a Munique também em outra questão de política externa: em março, lera o artigo de Hitler intitulado "A questão do Tirol do Sul e o problema da aliança alemã", em que o Führer — em prol de uma aliança com a Itália fascista — concordava em abrir mão do Tirol do Sul. Para Goebbels, tratava-se de uma "brochura fabulosamente clara e generosa",[115] e ele se apressou a escrever, bem no espírito de Hitler, um artigo contra o boicote econômico à Itália.[116]

No início de abril, os triúnviros do *Grossgau* Ruhr — Goebbels, Kaufmann e Pfeffer — viajaram a Munique a convite de Hitler. Strasser havia instruído Goebbels previamente a medir muito bem cada palavra que "dissesse em público ou em particular", coisa que este prometeu fazer.[117] Em Munique, Hitler cortejou a oposição do oeste da Alemanha: "Que recepção nobre", escreveu alegremente Goebbels, referindo-se ao fato de o motorista de Hitler ter ido buscar a delegação na estação ferroviária.[118] No dia seguinte, o líder nazista pôs o carro à sua disposição para um passeio a Starnberg. À noite, Goebbels falou na cervejaria Hackerbräu e — contrariando suas declarações anteriores — salientou a solução da "questão social" como o principal desafio ao NSDAP, ainda que evitando uma descrição excessivamente vistosa do "socialismo" tal como ele o concebia.[119] A mensagem foi recebida: "No fim, Hitler me abraça. Está com os olhos marejados. Eu fico felicíssimo." Em compensação — e compreensivelmente —, Kaufmann e Pfeffer o repreenderam: seu discurso "não tinha sido bom". Goebbels atribuiu a crítica à inveja de Kaufmann.[120]

Dias depois, visitou a sede do NSDAP. O breve perfil dos dirigentes, que aparecem no seu diário como um bando de figuras bizarras e sumamente retrógradas, revela não só arrogância como sobretudo a tentativa de imputar suas diferenças com Hitler ao entorno incapaz e intrigante deste último. Para começar, os três visitantes de Wuppertal foram obrigados a ouvir "um rosário de acusações", ainda que "apresentadas com nobreza e polidez". Então o Führer estendeu a mão num gesto de reconciliação: "Vamos esquecer!" À tarde, fez uma palestra de três horas para os visitantes da Renânia. Embora só tivesse concordado em parte com o conteúdo do discurso, Goebbels ficou uma vez mais fascinado com a personalidade do chefe do partido: "É de enlouquecer. Itália e a Inglaterra aliadas nossas. A Rússia quer nos devorar. Está tudo nos seus panfletos e no segundo volume do '*Kampf*', a ser publicado em breve. Nós nos aproximamos. Perguntamos. Ele responde, radiante. Eu o adoro."

Hitler transmitiu a Goebbels "visões totalmente novas" também na "questão social": "O seu ideal: mescla de coletivismo e individualismo. O solo, o que está em cima e embaixo para o povo. Produção, criando aqui, individualista. Conglomerados, trustes, produto acabado. Transporte etc. socializados." Goebbels ficou convencido: "Que mente fulgurante tem o meu Führer. Eu me curvo diante do mais grandioso, do gênio político!" Além disso, num folheto propagandístico do partido, assumiu em bloco as ideias básicas de Hitler sobre uma forma de economia mista.[121] Por fim, os três enviados da região do Ruhr dele obtiveram "uma firme confirmação" da sua posição no partido: "E agora reinará a paz entre nós." Quando Kaufmann e

Pfeffer retornaram a Essen, Goebbels se deteve na Baixa Baviera a fim de informar Gregor Strasser e fazer alguns discursos. Na ocasião, conheceu Heinrich Himmler, o assistente de Strasser, de quem gostou: um "bom sujeito com muita inteligência. Gosto dele".[122]

A seguir, esteve uma vez mais em Munique e teve um novo encontro e uma longa conversa com Hitler. Ficou impressionado com a argumentação do líder nazista, mas não totalmente convencido. Acreditava que ele não tinha compreendido "cabalmente o problema da Rússia. Mas preciso repensar algumas coisas".[123] Depois, ambos viajaram a Stuttgart e discursaram em vários grandes comícios.[124] Goebbels teve a impressão de que Hitler se afeiçoara a ele "como a mais ninguém". O resultado da viagem foi inequívoco: "Adolf Hitler, eu te amo porque és ao mesmo tempo grande e modesto. Aquilo que chamam de gênio."[125] Numa carta, relatou os últimos dias a Strasser, pedindo-lhe que tivesse "uma conversa com Hitler o mais depressa possível, assim ficarão esclarecidos todos os pontos da sua parte para que possamos colaborar com Munique em plena confiança".[126]

De volta a Elberfeld, escreveu para a *NS-Briefe* o artigo "O estado-maior", no qual, arrebatadamente, exortava o Führer a formar um núcleo em torno de si, uma "organização de intelectuais do nosso movimento, algo como um estado-maior": "É preciso selecionar um grupo formado pelos melhores em disciplina e força, pelos mais bravos e mais dispostos ao sacrifício. Destacando-se por uma crueldade puritana contra si próprios, eles devem forjar um coração duro para o dia que de nós exigirá mais que simpatia: brutalidade, consequência, segurança e percepção, visão clara."[127]

Em 22 de maio, participou da assembleia geral do NSDAP em Munique, na qual foi aprovado um novo estatuto que reforçava a posição de Hitler no partido e, uma vez mais, declarava "inalterável" o programa político de 1920. Goebbels se alegrou quando o líder nazista não só elogiou o desenvolvimento na região do Ruhr como se confessou "satisfeito porque neste ano despontaram alguns oradores excelentes, dentre os quais se sobressai o nosso amigo Goebbels, de Elberfeld".[128]

Sua aproximação a Hitler não podia deixar de suscitar desconfiança e má vontade na central de Elberfeld.[129] Mas, desde o começo de 1926, Goebbels, por sua vez, passara a ver cada vez mais criticamente a administração de Kaufmann.[130] Suspeitava que ele estivesse sob a influência de Elbrechter, um militante muito ativo nos bastidores, coisa que o enciumava.[131] Mas acabou decidindo congraçar-se com Kaufmann, pois "gosto dele no fundo do coração".[132]

Em junho de 1926, havia tanto conflito na direção coletiva Goebbels-Pfeffer-Kaufmann do *Gau* que foi inevitável proceder à reorganização do pessoal. Kaufmann acusava Pfeffer de não ter exposto com sinceridade a situação financeira de seu antigo *Gau* por ocasião da fusão. Durante a auditoria interna que se seguiu, Goebbels se pôs do lado de Pfeffer, tornando-se alvo da hostilidade de Kaufmann.[133] Por fim, foi obrigado a admitir, desapontado, que Kaufmann prevalecera naquela disputa. Desconfiava que por trás da querela houvesse uma "manobra política" de importantes correligionários no *Gau*. Decepcionava-o o fato de não ter nenhum papel na iminente reorganização do pessoal.[134]

Em meados de junho, Hitler esteve na região Reno-Ruhr a fim de resolver a controvérsia. Goebbels, que o acompanhou nessa viagem, ficou uma vez mais enlevado: "Como orador, uma tríade maravilhosa de gesto, mímica e palavra. Um agitador nato! Com esse homem se pode conquistar o mundo."[135]

Enfim, no dia 20 de julho, o congresso do *Gau* solucionou a questão da liderança na presença de Hitler: "Ontem nós elegemos Kaufmann para o cargo de *Gauleiter*", escreveu Goebbels em 21 de junho no diário. Embora não chegasse a discordar da solução do problema do pessoal, guardou uma mágoa: "Abriu-se uma espécie de fissura entre Kaufmann e mim. Ele não é sincero."

Hitler implementou muitas mudanças abrangentes no pessoal do partido. Nesse contexto, segundo escreveu Goebbels, cogitou-se a sua transferência para Munique a fim de que ele exercesse o cargo de "secretário-geral do movimento". Mas também se pensou em alçá-lo a novo *Gauleiter* de Berlim.[136]

No início de julho, realizou-se o primeiro congresso do NSDAP em Weimar.[137] Goebbels ministrou uma palestra sobre "propaganda política", que, segundo as suas anotações, foi muito aplaudida; também falou perante a organização estudantil nacional-socialista sobre o tema "Estudante e operário".[138] Emocionado, acatou as palavras do Führer no congresso do partido: "Profundo e místico. Quase um evangelho. Com ele passamos, trêmulos, pelos abismos do ser."[139]

Depois do congresso, fez várias conferências na Baviera e, subsequentemente, encontrou-se com Hitler em Berchtesgaden.[140] Acompanhados de diversos dirigentes do partido — Hess, Rust, Strasser e outros —, os dois excursionaram pelas imediações.[141] Os apontamentos de Goebbels mostram que ele havia interiorizado cabalmente a argumentação do Führer. Tanto no tocante à "questão social"[142] quanto no referente às "questões raciais": "Ele é um gênio. O evidente instrumento criador de um destino divino. Fico abalado na sua presença. Ele é assim, como uma criança, meigo, bom, misericordioso. Como um gato, astuto, esperto e versátil, como um leão, rugiente, grandioso e gigantesco. Um cara, um homem." Enquanto Hitler falava, Goebbels disse ter visto "uma nuvem branca" formar uma suástica no céu: "No céu aparece uma luz tênue que não pode ser uma estrela. Um sinal do destino?!?"[143] O gênio do "senhor" parecia inesgotável: "Ele fala da futura imagem arquitetônica do país e é todo mestre de obras. Lá pinta uma nova condição alemã. E é inteiramente artista do Estado!"[144] Na despedida, Hitler lhe deu um buquê de "rosas vermelhas, vermelhas", como Goebbels anotou com deleite.[145]

Não tinha como escapar ao charme extraordinário do Führer: o homem que dois anos antes ele alçara à categoria de "redentor" agora lhe oferecia, com essa suposta proximidade íntima recém-forjada, e o reconhecimento e elogio do seu trabalho, a autoafirmação exigida por seu narcisismo. Em face disso, que peso tinham as diferenças programáticas? Era mister subordinar-se ao gênio.

Mas, evidentemente, o cortejo a Goebbels fazia parte da tática com que Hitler tratava de dispersar o grupo da oposição do "noroeste alemão", atribuindo novas tarefas aos protagonistas e vinculando-os estreitamente à central muniquense: em 1º de julho, entregou a Strasser a direção nacional da propaganda do NSDAP. Pfeffer já era cogitado chefe da SA e assumiria o posto no dia 1º de novembro.[146] É nesse mesmo contexto que se deve enxergar a "promoção" de Goebbels. O simples fato de Hitler o cortejar tão ostensivamente já suscitava cada vez mais desconfiança entre os amigos políticos de Goebbels e minava sua posição em Elberfeld — e isto, por sua vez, reforçava a ligação com o Führer.

No começo de agosto, numa troca de correspondência, Strasser e Goebbels travaram uma séria "polêmica acerca de nossa relação mútua", porém este ainda acreditava poder chegar a um entendimento com aquele.[147] No dia 25 de agosto, anotou: "O último *hit*: constata-se a minha Damasco no movimento. Eu me prostrei perante Hitler em Munique. O intrigante: Strasser. 1º e 2º autores: Elbrechter e Kaufmann."

Goebbels ajustou contas com os seus críticos numa carta aberta publicada na *NS-Briefe*.[148] A revolução não é "uma coisa em si", mas "uma etapa pragmática no caminho do socialismo". Não há nenhuma "Damasco" em apoiar o Führer, "um instrumento da vontade divina que plasma a nossa história".

No fim de agosto, a direção do partido em Munique lhe tinha proposto que assumisse interinamente o *Gau* Berlim durante quatro meses. Mas Goebbels ficou indeciso.[149] Em meados de setembro, viajou à capital, onde o então *Gauleiter* Ernst Schlange e seu vice Erich Schmiedicke tentaram persuadi-lo a aceitar o cargo.[150] Em meados de outubro, foi uma vez mais "cheio de entusiasmo a Berlim". O relacionamento com Else terminara definitivamente, fato que deve tê-lo estimulado a se mudar para a capital.[151] Goebbels, que por causa das controvérsias de Elberfeld não se sentia nada mimado, gostou visivelmente da adulação dos berlinenses. Bastaram três dias na capital para que se dispusesse a "assumir e governar Berlim. E ponto final!".[152] A última dúvida, a direção do partido se encarregou de dissipá-la no começo de novembro durante uma estada em Munique.[153] Como planejara Hitler, nesse meio-tempo, o grupo de trabalho do *Gauleiter* do noroeste alemão se tinha dissolvido sem alarde.[154]

4. "A fé move montanhas"
Primeiras atividades políticas em Berlim

Em meados da década de 1920, a situação do NSDAP berlinense era considerada problemática. Até 1923, o radicalismo de direita chegara a florescer, ainda que modestamente, mas, com a estabilização da república, os diversos agrupamentos ficaram reduzidos à insignificância. Ademais, no interior do partido, refundado em 1925, o *Frontbann** era uma formação paramilitar totalmente centrada numa tática golpista e, cioso de sua autonomia, rejeitava a nova tática "legalista" da liderança muniquense. Tanto que o NSDAP não participou das eleições municipais de Berlim em outubro de 1925 — salvo no distrito de Spandau, onde obteve meros 137 votos (0,3% do total). Não foi por outro motivo que, em março de 1926, a liderança do partido tentou enquadrar o elemento paramilitar mediante a criação de um "departamento de esporte", mas a SA, como o grupo se autodenominava, continuou levando vida própria: 450 homens a desafiarem duzentos membros do partido. Outro fator adverso em Berlim era a influência fortíssima dos voluntariosos irmãos Strasser, que reivindicavam uma pronunciada guinada à esquerda para o NSDAP. A sede de sua editora, a Kampf-Verlag, ficava em Berlim, e seu jornal *Der nationale Sozialist*, publicado na capital como *Berliner Arbeiterzeitung*, era a única publicação nazista.[1]

Durante o ano, o conflito entre o partido e a SA se intensificou, de modo que em junho o *Gauleiter* Ernst Schlange foi obrigado a entregar o cargo ao vice Erich Schmiedicke. Numa convenção dos partido em agosto de 1926, Daluege, o chefe da SA, impôs o ex-líder dos Freikorps Oskar Hauenstein como sucessor de Schlange; isso provocou violentos tumultos, durante os quais Otto Strasser trocou bofetadas com Hauenstein.[2]

---

* Versão reorganizada e renomeada da SA, que passou para a clandestinidade após o malogrado putsch de Munique em 1923. (N. do T.)

Em Munique, a direção do partido procurou controlar a situação enviando a Berlim um observador encarregado de serenar os ânimos. Joseph Goebbels parecia ser o homem certo para essa missão.

Como homem de Hitler na capital

Os primeiros tempos de Goebbels em Berlim foram narrados inúmeras vezes.[3] Para tanto, a maioria dos autores se pautou pela linha básica apresentada pelo próprio Goebbels em *Kampf um Berlin*, um texto propagandístico publicado pela primeira vez em 1931: inicialmente, ele teria consolidado a caótica organização partidária na capital do Reich e, a seguir, mediante uma série de provocações, tratou de chamar a atenção da opinião pública berlinense para a facção política. Teriam sido esses os pré-requisitos da subsequente conquista da "Berlim vermelha". A proibição do NSDAP na capital, em maio de 1927, devia ser vista no contexto de uma série de escândalos meticulosamente encenados e, por isso, depois considerada um sucesso. "Cheio de vida apesar da proibição."[4]

A descrição que Goebbels faz desses meses em *Kampf um Berlin* baseou-se numa versão muito revisada das suas anotações cotidianas, cujo texto original só se tornou acessível a partir de 2005, com a nova edição de seus diários.[5] Em oposição à estilização propagandística e à autolouvação em *Kampf um Berlin*, essa primeira versão dos diários mostra que o período inicial de Goebbels na capital não foi propriamente uma marcha triunfal: pelo contrário, mediante proibições e perseguições, as autoridades prussianas conseguiram conter o NSDAP e, com a ajuda da justiça penal, exercer considerável pressão sobre o *Gauleiter*; à parte isso, a política de Goebbels desafiou a oposição interna, a qual só com a ajuda maciça de Munique ele logrou dominar. A ascensão do NSDAP começou não em 1927-28 em Berlim, e sim cerca de um ano depois, sobretudo na província.

Em 9 de novembro de 1926, dia em que partiu de Elberfeld para a capital do Reich, Goebbels iniciou um novo diário. Escreveu na primeira página: "Com este caderno, começo a luta em Berlim — como há de acabar???"[6]

Sua nomeação havia gerado descontentamento na organização do partido em Berlim. "Os ânimos exaltados por causa do salário" que ele havia negociado levaram a administração berlinense a transferir a importância todo mês via Munique.[7]

Hitler o investira de poderes especiais para a nova missão — a direção do *Gau* "Berlim-Brandemburgo", que abrangia os antigos *Gaue* "Grande Berlim" e "Potsdam" —: Goebbels respondia "unicamente perante ele [...] pela direção organizacional, propagandística e política do *Gau*"; as SA e SS* locais deviam se submeter à sua "orientação política", e seus líderes seriam nomeados pela direção do partido por indicação de Goebbels.[8]

De início, ele se alojou "na casa do bom Steiger": na época, Hans Steiger era redator do *Berliner Lokal-Anzeiger* e ativo militante do NSDAP, e costumava hospedar principalmente correligionários em casa, na Potsdamer Strasse.[9] Goebbels encontrou Franz Gutsmiedl no posto de gerente do NSDAP da capital: "Um bávaro. Simpático, honesto, não muito inteligente, mas ótimo para ser usado como órgão executivo." Entretanto, nas semanas seguintes, seus juízos hostis ao "bávaro honesto" se acumulariam até que dele se separasse no fim do ano.[10] Havia ainda o até então *Gauleiter* interino Erich Schmiedicke e o tesoureiro Rudolf Rehm: "São trabalhadores, mas sem iniciativa."[11]

No mesmo dia 9 de novembro em que chegou, Goebbels discursou numa cerimônia fúnebre do Instituto Feminino Alemão; o fato de ter elogiado Hermann Fischer e Erwin Kern, os assassinos de Walther Rathenau, como modelos de patriotismo valeu-lhe uma nota crítica no *Berliner Tageblatt*. Aos seus olhos, isso não deixou de representar um "primeiro sucesso",[12] visto que normalmente o jornal cosmopolita liberal não dava a menor atenção aos eventos nazistas.

Não foi por acaso que Hitler esteve na capital do Reich por ocasião da posse do novo depositário de suas esperanças em Berlim. E, logo no dia seguinte, apresentou-o aos Bechstein. O fabricante de piano Edwin Bechstein e sua esposa Helene eram adeptos ardorosos do Führer, que gostava de usar o apartamento do casal em discretas reuniões políticas. Poucos dias depois, Hitler retornou a Berlim e esteve com Goebbels até tarde da noite.[13] Este logo entrou em contato com os irmãos Strasser, e com eles se encontrou várias vezes, sobretudo com Gregor, em quem confiava mais. "O bom e leal Gregor. Gosto muito dele."[14]

Sentindo-se com "grande disposição para a luta", entregou-se prontamente ao trabalho. Tinha "reuniões após reuniões", "discussões após discus-

---

* Abreviação de *Schutzstaffel*, literalmente "esquadrão de proteção". Foi uma das principais organizações do regime nazista. Fundada em 1925 como guarda pessoal de Adolf Hitler, com o tempo chegou a se transformar num verdadeiro Estado dentro do Estado, acumulando competências e missões e passando de um grupelho para uma organização enorme, com função política, repressiva, ideológica, racial e militar. Posteriormente, assumiu o controle dos campos de concentração, tornando-se a principal organizadora da matança de judeus, sobretudo com a criação dos campos de extermínio. (N. do T.)

sões". Para o filho de um pequeno-burguês de Rheydt, que estudara predominantemente em modorrentas cidades universitárias, a vida na metrópole era uma novidade. Ele compartilhava o preconceito contemporâneo da província contra a capital. "Berlim: a cidade da inteligência e do asfalto",[15] um "brejo do vício e da riqueza pomposa".[16] Nos anos subsequentes, só aos poucos se desfaria dessas restrições ao "deserto de asfalto" berlinense.[17]

Logo ao chegar, Goebbels endereçou aos correligionários berlinenses uma circular cujo tom ríspido não dava margem a dúvida quanto à pretensão de liderança do novo chefe: "A sede do *Gau* é o local de trabalho do *Gau* Berlim-Brandemburgo e, como tal, não deve ser confundida com um albergue ou sala de espera. [...] O *Gauleiter* recebe exclusivamente para discutir questões relevantes." Os grupos locais do NSDAP até então existentes foram dissolvidos. Passou a haver um grupo local berlinense único com seções nos diversos bairros. Além disso, Goebbels comunicou que tinha nomeado para seu vice o poderoso chefe da SA Daluege.[18]

Durante uma reunião de militantes do NSDAP berlinense ocorrida no dia 11 de novembro, conseguiu se impor ao líder da oposição: "Ontem à noite, o traiçoeiro antípoda Hauenstein quis aterrorizar e detonar tudo, mas sua gente foi expulsa do recinto, cinquenta pessoas. Estou livre dos encrenqueiros e resmungões de sempre."[19] Para Goebbels, isso deixou a oposição interna "liquidada. De cabo a rabo!".[20]

Em 17 de novembro, o Dia de Penitência e Oração, dirigiu uma assembleia dos "Melhores de Berlim" e, como no ano anterior no seu antigo *Gau*, fundou na capital alemã uma União Nacional-Socialista pela Liberdade, uma "associação beneficente" cujos membros tinham de se comprometer a contribuir com determinada importância para o caixa do partido.[21]

No dia 14 de novembro, a SA promoveu um desfile de propaganda no bairro comunista de Neukölln. Não admira que isso tenha suscitado violentos confrontos com os vermelhos. Goebbels anotou: "Marcha em Neukölln, quatro feridos graves, 14 feridos leves. Mas nós marchamos."[22] Em 20 de novembro, um domingo, presidiu seu primeiro "*Gautag* [Dia do *Gau*]", evento que passou a organizar mensalmente a fim de ajustar à sua linha os principais quadros do partido e da SA.[23]

Em breve, eclodiram os primeiros conflitos com Gregor Strasser: este seria "no fundo um burguês bávaro, não um revolucionário, não um asceta, não um homem novo".[24] Goebbels também teve problemas com Otto, o irmão de Gregor. Até mesmo sua aparência o desagradava: "Há nele muita podridão e corrupção. Falta-lhe senso de ascetismo."[25] Depois de receber uma "carta boba, ilógica", de Gregor, os dois se encontraram para uma conversa longa e esclarecedora, durante a qual Goebbels divisou uma maneira de tratar com os irmãos, à qual se ateve nas semanas seguintes: "Gregor é bom, só Otto é que é vigarista."[26]

Goebbels discursava com frequência, como em 30 de novembro na Associação de Veteranos ou em 11 de dezembro na festa de Natal dos nacional-socialistas ("Todos me amam"). No dia 17 de dezembro, na Associação de Veteranos, segundo avaliação própria, fez o seu "melhor discurso em Berlim".[27] Achou que, no ambiente novo, sua retórica estava mudando gradualmente: "Meu modo de pensar, falar e escrever torna-se genérico-vívido. Já não vejo nada que seja particular, apenas o que é típico. Isso, parece-me, é um ganho deveras colossal."[28] Ao se apresentar, procurava também na aparência externa tomar distância da política "burguesa": nas fotografias de seus "anos de luta" em Berlim, mostra-se preferivelmente de casaco de couro ou com uma gabardina desbotada.

Pouco a pouco, ele se adaptou a Berlim. Travou amizade com o desenhista Hans Herbert Schweitzer, que, com o pseudônimo Mjölnir, criava cartazes de propaganda nacional-socialista. Frequentava muito o casal Schweitzer e posava para o dono da casa.[29] Também se dava bem com seu senhorio Steiger, que, no entanto, lhe parecia "muito mole".[30] Visitava amiúde os Bechstein, pois a sra. Bechstein era "às vezes como uma mãe" para ele.[31] Passou o Natal com os pais em Rheydt; o réveillon, com os Schweitzer em Berlim.[32]

No começo de 1927, Goebbels providenciou para que o partido obtivesse uma nova sede na Lützowstrasse, 44. A antiga central da Potsdamer Strasse, 109, "uma espécie de porão sujo numa casa de fundos", conhecida como a "toca do ópio" e ponto de encontro de correligionários desocupados, não lhe parecia adequada ao escritório em plena atividade que ele muito apreciava.[33] Ocupou-se da formação de uma banda de música, mandou comprar um "carro funcional" (um "bonito Benz de seis lugares") e reorganizou a SA, reduzindo-a a três destacamentos em todo o território do *Gau* Berlim-Potsdam.[34] Além disso, continuou discursando nos eventos do NSDAP em todo o país.[35] Em dezembro, esteve em Munique, onde falou numa "cervejaria lotadíssima". Ficou com Hitler até bem entrada a madrugada: "Acho que ele vai com a minha cara. Estou empolgado com ele."

No dia seguinte, Rudolf Hess o apresentou a Elsa Bruckmann, que, juntamente com o marido, o editor Hugo Bruckmann, figurava entre os principais benfeitores do NSDAP e seu líder em Munique. E, para sua grande alegria, durante essa estada na capital bávara, o Führer lhe deu de presente "o primeiro exemplar do segundo volume do *Mein Kampf*". Na viagem de volta a Berlim, foi "com interesse febril que ele leu o livro de Hitler. Do Hitler autêntico. Como ele é! Às vezes me dá vontade de gritar de alegria. Que homem fantástico!".[36]

É inconcebível que a Goebbels tenha passado despercebido o quanto as posições de Hitler se afastavam dos princípios que ele mesmo defendera pouco tempo antes. Agora alçava inequivocamente como objetivo da política nazista a conquista de "espaço vital" em detrimento da União Soviética[37] e, ao mesmo tempo, evitava qualquer reivindicação de um curso socialista, por genérica que fosse.

Mas, para Goebbels, tais questões de conteúdo não tinham a menor importância; para ele, *Mein Kampf* não era primordialmente um programa político, mas a proclamação e a revelação de seu mestre, e, portanto, não se prestava a nenhuma crítica ou discussão.

Tática propagandística

"O motor de um movimento ideológico", asseverou Goebbels num discurso no congresso nacional do NSDAP em agosto de 1927, não era "cognitivo, e sim confessional". Como exemplo, citou, além dos escritos de Jean-Jacques Rousseau e do *Capital* de Karl Marx, sobretudo o Sermão da Montanha.[38] "Cristo não apresentou nenhuma prova no Sermão da Montanha", diz outro artigo de Goebbels dessa época, "limitou-se a apresentar afirmações. Obviedades não precisam de prova".[39] Não se podia expressar de maneira mais clara que Goebbels não tinha intenção de plasmar a propaganda partidária em termos argumentativos. A única coisa que lhe interessava era o sucesso junto às massas: "Berlim precisa de sensacionalismo como o peixe precisa da água. Esta cidade vive disso, e toda propaganda política que não o levar em conta está fadada ao fracasso."[40] Inicialmente, o foco de seu trabalho era a propaganda de cartazes e comícios.[41] Os panfletos só se mostravam eficientes quando circulavam em grande quantidade, e para isso faltava dinheiro. E o único jornal nacional-socialista da capital era controlado pelos irmãos Strasser, dos quais ele mantinha uma distância crítica cada vez maior.

Entre agosto de 1926 e a primavera de 1927, Goebbels publicou na *NS-Briefen* algumas recomendações práticas sobre propaganda. Foi sua primeira tentativa de delinear coerentemente os meios propagandísticos disponíveis.

Em agosto de 1926, propôs que, no inverno seguinte, mediante propaganda intensa, "uma, duas dezenas de cidades grandes do Reich" fossem transformadas em "bastiões inexpugnáveis do movimento" e que, a partir disso, se conquistasse a "planície". Mas a condição prévia para tanto era subordinar claramente o trabalho nas regiões a um órgão central único. Os grandes comícios, nos quais os cartazes e panfletos também teriam um papel importante, seriam o ponto fundamental dessa ofensiva propagandística.[42]

Numa série de outros artigos, ele abordou diversas formas de trabalho de propaganda: com a "meticulosa atividade"[43] diária dos ativistas do partido no local de trabalho, por exemplo, com as "reuniões"[44] dos grupos locais e principalmente com a peça central da propaganda nazista, o "comício de massa".[45] Era indispensável preparar muito bem essas grandes reuniões públicas. Os adversários políticos que, alegando "questão de ordem", tentassem tomar a palavra a fim de perturbar o andamento do evento deviam passar pela SA de mão em mão até serem "delicadamente jogados escada abaixo". Não convinha ser pão-duro em caso de eventuais conflitos violentos, explicou Goebbels com uma piscadela: "Nos tumultos, a lei de indenização só se aplica em caso de prejuízo superior a 400 marcos. Isso eu digo apenas *en passant*, naturalmente!"[46] Mas os comícios de massa dependiam muito da escolha do orador. E ele exortava os correligionários a o escolherem a dedo.[47]

Num artigo intitulado "O cartaz", Goebbels desenvolveu princípios de design: como sempre, os cartazes de texto vinham em primeiro lugar. Deviam cunhar frases "que se transformem em palavras de ordem". Deviam ser "uma escala habilmente formulada de saltos mentais aparentemente gratuitos". Tomou como exemplo um projeto berlinense de cartaz que continha frases breves, ou seja, "saltos mentais" em 15 linhas de texto providas de pontos de exclamação. A leitura do conjunto devia durar no máximo um minuto. Já nos cartazes ilustrados, a estética tinha um papel decisivo: precisava "ser artisticamente impecável e convincente em termos de propaganda".[48] Naturalmente, acrescentou com malícia, os cartazes só podiam ser afixados em lugares permitidos. Seria "profundamente lamentável do ponto de vista ético" se um correligionário "tomado por excesso de zelo resolver colá-los nas paredes das casas, nas cercas de jardim ou mesmo na vitrine da loja de um judeu, e, ainda por cima, usando vidro líquido" — mas que fazer se isso acontecesse? Quanto ao design, o mais importante era observar o seguinte: "A cor do nosso movimento é o vermelho vivo. Os nossos cartazes, sem exceção, têm exclusivamente essa que é a cor da revolução."

Sua propaganda, admitiu Goebbels, não se pautava por um método independente nem por uma teoria: "Ela só tem um objetivo: e esse objetivo na política é sempre a conquista das massas. Todo meio que leva a esse objetivo é bom. E todo meio que se afasta desse objetivo é ruim. [...] Os métodos de propaganda se desenvolvem essencialmente a partir da própria luta cotidiana."[49] Tal posição inteiramente instrumental e funcional, ele a formulou de diversas maneiras,[50] chegando ao mais desfaçado cinismo. Numa palestra de agosto de 1929, frisou que o povo, "em sua opinião, não passa de um disco de gramofone da opinião pública. A opinião pública [...], por sua vez, é feita pelos órgãos da opinião pública através da imprensa, do cartaz, do rádio, do cinema, da escola, da universidade e da instrução geral do povo. Mas o governo retém o controle desses órgãos".[51]

Tudo indica que, ao desenvolver esses preceitos, Goebbels não se orientou pela literatura teórica contemporânea sobre o muito discutido tema da propaganda política, tendo ficado muito menos impressionado que Hitler com a propaganda do movimento operário e a propaganda britânica da guerra mundial. Orientou-se totalmente pelo modelo da publicidade comercial, cujos métodos, na Alemanha, não podiam ser mais bem estudados do que no dia a dia berlinense, que, nos "dourados anos 1920", se transformou numa espécie de laboratório das estratégias publicitárias.[52]

O anúncio comercial da época sofria cada vez mais a influência da psicologia da publicidade desenvolvida nos Estados Unidos e, desde o início da década de 1920, recebida e sistematicamente empregada na Alemanha. Mediante a experimentação, os publicitários adquiriram conhecimentos fundamentais da cognoscibilidade de textos e formas, assim como das dimensões, do design cromático e da localização adequados dos veículos de publicidade; eles se ocupavam sistematicamente da capacidade de percepção e reconhecimento dos transeuntes e outros que tais. De acordo com o behaviorismo predominante na psicologia de então, impôs-se ao setor publicitário a ideia de que era possível controlar amplamente o comportamento do cliente por meio de estímulos relativamente simples e em parte subliminares. Atribuía-se grande importância ao princípio da concentração e repetição das mensagens publicitárias na forma de campanhas.[53] Esses métodos novos de propaganda comercial eram muito discutidos em público, seus resultados práticos se estampavam nos cadernos de anúncios dos jornais, na publicidade do cinema e na cena cotidiana das grandes cidades.

Goebbels absorveu tais modelos com avidez e usou-os na propaganda do partido. Em agosto de 1929, ao visitar uma mostra de publicidade em Berlim, examinou com interesse profissional o material exposto: "Algumas coisas excelentes. Mas a maioria ainda oriunda do espírito burguês." Significativamente, sentiu falta do "cartaz político".[54] Em 1930, um livrinho por ele editado e escrito por seu diretor de propaganda berlinense Georg Stark salientou explicitamente a publicidade comercial como modelo.[55] A simplificação, a repetição constante de slogans marcantes e a concentração dos meios de propaganda em verdadeiras campanhas: os princípios da publicidade do consumo de massa eram facilmente transponíveis para a propaganda política.

Quando a propaganda nazista em geral passou a conferir grande importância ao discurso agitador, quem mais se destacou foram o NSDAP de Berlim e o seu *Gauleiter*. Nos anos passados na capital do Reich, Goebbels, já um orador talentoso, aprimorou ainda mais sua capacidade retórica; não havia melhor publicidade do que anunciá-lo como orador nos cartazes do NSDAP.

O efeito retórico de Joseph Goebbels assentava sobre a combinação de toda uma série de aptidões. Ele tinha — em contraste com sua estatura baixa — uma voz surpreendentemente grave e estrondosa, muito bem articulada, mas também modulável.[56] Mesmo quando a forçava ao extremo — coisa que, como se sabe, fazia com frequência —, geralmente sabia evitar o tropeço ou esforço perceptível ao espectador. Como orador, tinha o domínio de uma variedade de formas: o tom coloquial às vezes salpicado de gracejos, o sarcasmo, a incriminação furibunda, desesperada até, o páthos solene, triunfante, o discurso fúnebre com voz quase embargada. Dispunha de um vocabulário rico (ocasionalmente recorria a expressões inusitadas, arcaicas) e lançava mão de pormenorizados exemplos históricos e citações clássicas. Por outro lado, suas falas eram sempre entremeadas de uma argumentação cativante e compreensível para o grande público.

Ao contrário de Hitler, o orador Goebbels mantinha o autocontrole em cada fase de sua alocução, mesmo nos momentos de mais excesso. A mímica e a gesticulação eram cuidadosamente estudadas, quase perfeitamente ajustadas ao discurso; para os observadores contemporâneos, elas apresentavam uma vivacidade e teatralidade francamente meridionais.[57] Eram típicos os leves movimentos ondulados da mão a acompanhar as partes expositivas do discurso, o dedo ameaçador espetando repentinamente o ar, o punho cerrado com que, nas passagens mais dramáticas, ele batia repetidamente no peito ao ritmo da fluência oral, os murros na tribuna, as mãos nos quadris para destacar a superioridade do orador.

Seu sotaque levemente renano contribuía para o tom quase sempre solene, pomposo, de suas falas: o alongamento típico da Renânia de certas vogais permitia-lhe invocar com um ardor especial conceitos-chave como "Führer" ou "Alemanha", mas, por outro lado, pronunciar com desprezo teatral palavras como "judaísmo". Mediante a inflexão cantada e algumas particularidades da pronúncia e do acento, ele conseguia reforçar efetivamente a estrutura de uma frase, mas também encerrá-la com certa harmonia. Em suma: tudo isso imprimia um ritmo peculiar ao seu discurso e produzia uma entonação que lembrava muito os modelos pastorais, uma "composição variada", como a denominou Victor Klemperer, um de seus ouvintes posteriores.[58] Mas a modulação podia se transformar rapidamente num ataque contundente. Era justamente nessa flexibilidade e versatilidade que consistia a atratividade do orador Goebbels.

O domínio das ruas

Se sua principal intenção com aquela propaganda tão tenaz era chamar a atenção a qualquer preço, ele teve muito sucesso: "Estavam começando a falar em nós. Já não podiam fingir que não existíamos ou passar por nós com desprezo glacial. Eram obrigados a falar em nós, ainda que a contragosto e com raiva." "De uma hora para outra", o partido ocupou "o centro do interesse público", e "agora todos tinham de se posicionar: sim ou não".[59]

Mas ficar conhecido era apenas o primeiro passo. O que importava para Goebbels era, mediante uma mescla de propaganda agressiva e atos violentos, garantir para o partido aquilo que, num artigo do verão de 1926, ele designou como "domínio das ruas": "Quem, com terror e brutalidade contra toda e qualquer violência, leva a sua *Weltanschauung* para fora um dia terá o poder e, com ele, o direito de derrubar o Estado."[60]

Para se aproximar desse objetivo, era necessário promover uma série de provocações bem direcionadas e em rápida sequência. O partido se empenhou em provocar conflitos violentos de grande magnitude e, assim, passou não só a ser falado como a se sobressair em ambientes até então dominados pelo movimento operário.

O primeiro acontecimento dessa série foi um grande ato político num salão de festas da fábrica Seitz, no bairro comunista de Spandau. Alegadamente, compareceram quinhentos militantes do KPD, o partido comunista alemão, constituindo mais ou menos a metade do público. Na ocasião, segundo algumas avaliações, Goebbels falou "como nunca em Berlim. Os vermelhos ficaram completamente atordoados". Na discussão, aventou-se que um integrante do Partido Nacional-Socialista tinha sido espancado na rua. Ao tomar conhecimento disso, o *Gauleiter* interrompeu imediatamente o debate e providenciou para que seu adversário fosse expulso do salão com violência. Os nazistas saíram em bloco. Mais tarde, houve algumas pancadarias com os comunistas nas ruas de Spandau.⁶¹

Poucos dias depois, Goebbels se apresentou num comício em Cottbus. No fim, a SA de todo o território do *Gau* empreendeu uma marcha de propaganda pela cidade, sendo que — não por acaso — estavam marcados para o mesmo dia um comício sindical e uma passeata da Reichsbanner.* A polícia tentou em vão separar os partidários de cada campo. Houve um enfrentamento maciço entre a SA e as forças de segurança.⁶²

Em 11 de fevereiro, organizou-se outro comício num bairro comunista: Wedding dessa vez. O evento foi concebido como uma "declaração de guerra" contra a esquerda. O tema do discurso de Goebbels, "O colapso do Estado de classes burguês", foi escolhido a dedo para o público proletário. "Tratava-se", escreveu o cronista do partido Reinhold Muchow, da seção de Neukölln, "de apresentar a prova concreta de que o nacional-socialismo está firmemente decidido a se aproximar com unhas e dentes do operariado". Também aconteceu o seguinte: durante o comício, a SA, com evidente superioridade numérica, se engalfinhou com os militantes do partido comunista.⁶³ Esses tumultos deram fama ao NSDAP, mas a "luta" também consolidou a influência de Goebbels no partido: "De súbito, o sucesso erigiu e solidificou a autoridade e a liderança que até então nos faltavam na nossa organização berlinense", afirmou ele retrospectivamente em seu escrito propagandístico *Kampf um Berlin*.⁶⁴

No dia 15 de fevereiro, realizou-se mais um ato público em Spandau, durante o qual os membros do Rotfrontkämpferbund** foram agredidos e expulsos do salão. Os nazistas temiam um contra-ataque comunista quando retornassem ao centro da cidade — parte da SA estava armada. Goebbels imaginou-se no papel do revolucionário aventureiro: "Para casa! Seis carros. Todos lotados de artilheiros. Ao longo da Heerstrasse. Atravessando a noite e a neblina. Guerra! Revolução!" Mas não houve ataque nenhum.⁶⁵

Em 23 de fevereiro, ele viajou novamente a Munique; no dia seguinte "o chefe" em pessoa foi visitá-lo no hotel. "Fico imensamente contente em vê-lo. Ele é tão bom para mim. Um líder e um amigo de verdade!" Foram para o

---

* Literalmente, "bandeira do Reich". Organização paramilitar criada pelos partidos da Coalizão de Weimar (o Social-Democrata, o Centro-Católico e o Democrático) e seus sindicatos para defender a República das ameaças tanto da extrema esquerda quanto da extrema direita. (N. do T.)

** Literalmente, Liga dos Combatentes da Frente Vermelha. Organização paramilitar ligada ao Partido Comunista da Alemanha. (N. do T.)

apartamento de Hitler, onde Goebbels primeiro recebeu "uma pequena esfrega" por causa de um artigo publicado dias antes, no qual acusava abertamente Wilhelm Frick de questionar os princípios nacional-socialistas, no Reichstag, com sua política movida por razões táticas.[66] "Eu a engoli." Mas então Hiter se levantou repentinamente. "Estendendo as duas mãos para mim, apertou as minhas e, com lágrimas nos olhos, disse: 'O senhor está coberto de razão.'" A seguir, os dois discutiram uma série de questões de pessoal no partido e se puseram "100% de acordo", inclusive quanto à avaliação dos irmãos Strasser. Almoçaram juntos, foram à sede do partido, a um café depois do jantar e ao teatro. Terminaram a noite numa taberna. Ao se despedir, Hitler teria dito: "O senhor tem de ficar sempre comigo! [...] Falo com o coração!"[67] Uma vez mais, Goebbels sucumbiu totalmente à investida sedutora do Führer.

O dia 20 de março de 1927 foi marcado pelo mais grave incidente provocado pelo NSDAP até então. Os nazistas haviam comemorado o primeiro aniversário da existência oficial da SA berlinense com uma cerimônia noturna nos arredores de Trebbin, a cerca de 30 quilômetros de Berlim; Goebbels se encarregara de fazer o "discurso incendiário". Na manhã seguinte, num carro aberto, inflamou ainda mais os ânimos com um violento discurso antissemita durante uma manifestação. Depois de mais um comício, parte dos membros da SA embarcou de volta a Berlim. No trem, eles toparam com um grupo do Rotfrontkämpferbund e, durante o trajeto, tentaram passar pelos estribos e o teto da composição para invadir o vagão ocupado pelos comunistas. Apedrejaram o carro de estação em estação, até quebrarem todas as janelas. Na estação de Lichterfeld Ost, o confronto se intensificou: um tiro disparado por um comunista feriu gravemente um homem da SA. Seus companheiros tentaram tomar o vagão de assalto, mas os vermelhos reagiram com mais disparos. Dois nazistas e 14 comunistas ficaram feridos, alguns em estado grave.[68]

Ao chegar à estação central, Goebbels, que viajara de carro, encontrou irritados partidários do nacional-socialismo já organizando uma manifestação: "Passeata pela cidade. Toda provocação será punida com rigor máximo. Os nossos valentes rapazes jogaram um judeu para fora do ônibus. [...] A nova Alemanha se manifesta. Eu falo para 10 mil pessoas na Witternbergplatz. Um sucesso estrondoso."[69]

O fato é que, ao longo da marcha, os nazistas haviam insultado ou espancado os transeuntes que tomavam por judeus.[70] Dois dias depois, o jornal liberal *Berliner Tageblatt* falou no fracasso total da polícia.[71] Consequentemente, um grande contingente das forças de segurança acompanhou dois outros comícios dos nacional-socialistas e revistou os presentes — com algum sucesso — à procura de armas.⁷² Goebbels fez seu primeiro balanço: "Uma coisa me deixa felicíssimo: nós, tão poucos, conseguimos fazer tantas cócegas nesta gigantesca Berlim que ela acordou [...]. O judeu me homenageia ao declarar no *B. T.* e no *Abendblatt* que consegui sacudir isto aqui."⁷³ Conforme um relatório da polícia criminal, nem todos os correligionários aprovavam os métodos truculentos de Goebbels, mas a maioria era favorável "à atividade". Por conseguinte, no mês de março, o partido recebeu quatrocentas novas filiações, de modo que o número de membros se elevou a aproximadamente 3 mil.⁷⁴

No dia 4 de maio, Goebbels voltou a discursar na Associação de Veteranos. "Um aparteador insolente foi despachado para o ar fresco", registrou laconicamente no diário. "No fim, duas companhias da polícia urbana revistaram as 3-4 mil pessoas em busca de armas. Imagine que insanidade."⁷⁵ De fato, um ouvinte havia interrompido aos berros o discurso de Goebbels e, a um sinal deste, foi agarrado por uma horda da SA e, depois de muito maltratado, jogado escada abaixo. Um jornalista da Scherl-Verlag descoberto no salão recebeu igual tratamento. A seguir, um grande contingente policial cercou o local do evento e revistou os presentes em busca de armas.⁷⁶

O incidente — encarado no contexto da tática de provocação sistematicamente empregada pelo novo *Gauleiter* desde janeiro — levou o chefe da polícia berlinense Karl Friedrich Zörgiebel a tomar uma medida extrema: no dia 5 de maio de 1927, apenas sete meses depois de Goebbels ter assumido a direção do *Gau*, a organização de Berlim-Brandemburgo do NSDAP foi declarada fora da lei. Isso se justificou com os muitos atos violentos dos nazistas e uma série de manifestações de Goebbels que deixavam claro que o partido agia deliberada e metodicamente.⁷⁷ Mas ele não retrocedeu de modo algum, pelo contrário: "Fora da lei! Uma prova de que estamos no caminho certo. Que bom!" E escapou por pouco da prisão, refugiando-se temporariamente em Stuttgart.⁷⁸

Efetivamente, a política de provocação de Goebbels não era unanimidade no partido, e a proibição de suas atividades em Berlim não foi encarada por todos como um sucesso. Antes mesmo do decreto de proibição, a oposição interna o havia atacado de maneira maciça em virtude do seu estilo inescrupuloso de liderança. Em 24 de abril de 1927, o *Berliner Arbeiterzeitung*, dos irmãos Strasser, havia publicado um artigo notável. Nele, o companheiro Erich Koch, líder distrital em Elberfeld, alertava contra as pessoas que, em razão das "consequências da mistura racial", deviam ser consideradas "estigmatizadas": "A história dá exemplos suficientes nesse terreno. [...] O rei Ricardo III da Inglaterra [...] era o modelo da depravação. [...] E vejam só: também era corcunda e coxo. Manco como ele era o bobo da corte de Francisco I da França, conhecido, notório e famigerado pelas suas maldades, intrigas e difamações. [...] Talleyrand tinha pé torto. Seu caráter é conhecido." Em suma, gente desse tipo podia ser "inteligente, mas era desmesuradamente ambiciosa, cruelmente egoísta e não fazia senão lesar o povo como um todo".[79]

Espumando de raiva daqueles "porcos", Goebbels foi se queixar de Strasser a Hitler.[80] Em consequência, Koch negou veementemente que o "pé torto" fosse uma alusão ao *Gauleiter*.[81] Este, por sua vez, concluiu que as forças opositoras no interior do partido haviam escrito o artigo em comum acordo com Otto Strasser e que Koch não passava de um testa de ferro. Exigiu do Führer uma inequívoca declaração de lealdade e ameaçou renunciar caso ele deixasse o incidente passar em brancas nuvens.[82] Sua relação com os Strasser deteriorou-se ainda mais porque Goebbels, pelo menos desde maio, alimentava planos de publicar um jornal próprio em Berlim e concorrer com a Kampf-Verlag dos irmãos. Com esse ataque evidente,[83] continuou atiçando a ira dos dois.[84] Antes do fim do mês, foi obrigado a se afastar da direção da *Nationalsozialistische Briefe*. E clamou por vingança.[85]

O conflito se intensificou quando a crítica ao tirânico *Gauleiter*, tão claramente manifesta no artigo, aumentou com a proibição do partido. Numa sessão interna do NSDAP em Munique, Goebbels teve de se defender da acusação dos Strasser de que o seu comportamento teria provocado inutilmente as medidas das autoridades.[86] No congresso do *Gau* de Berlim de 10 de junho de 1927, Goebbels leu em voz alta o artigo do pé torto e apresentou os nomes dos correligionários berlinenses que responsabilizava pelo ataque. Declarou que a deformação do seu pé "não era um defeito congênito", e sim consequência de um acidente. Foi um dos raríssimos momentos em que falou publicamente sobre o pé defeituoso.

Por fim, Goebbels consultou a direção do partido em Munique sobre o que fazer naquelas circunstâncias. Logo a seguir, o Führer se valeu do *Völkischer Beobachter* de 25 de junho para desmentir as notícias já amplamente divulgadas pela imprensa berlinense da "luta fratricida na casa de Hitler". E enfatizou que Goebbels gozava plenamente da sua confiança.[87] O fato de este precisar do apoio de Munique mostra o quanto lhe era difícil lidar com a oposição interna.

Em setembro de 1927, o conflito tornou a se exacerbar e Goebbels, uma vez mais, foi obrigado a oferecer sua renúncia a Hitler.[88] Pouco depois, quando este esteve em Berlim, os dois voltaram a passar muito tempo juntos — mas sem conversar sobre o conflito.[89] Enfim, em novembro, por intermédio do líder máximo do partido, Goebbels firmou com os irmãos a "paz dos Strasser".⁹⁰ Em dezembro, acreditou ter obtido o consentimento do Führer para que a Kampf-Verlag fosse transferida para Essen.⁹¹ Mas isso não aconteceu: depois de alguns meses de trégua, voltou a irromper a guerra com os Strasser.

No curso da luta interna no *Gau*, as relações de Goebbels com o amigo e senhorio Steiger também se deterioraram muito.⁹² Por fim, este se afastou do *Angriff*, passando a trabalhar no *Abeiterzeitung* dos Strasser; Goebbels viu a "canalha de raça inferior" despertar em Steiger.⁹³ Em tais circunstâncias, era-lhe impossível continuar sendo seu inquilino. No começo de novembro, alugou um apartamento em Friedenau.⁹⁴

Nos primeiros meses em Berlim, Goebbels manteve um contato esporádico com Else, com a qual se encontrava — se bem que muito raramente — quando suas andanças o levavam a Rheydt.⁹⁵ Pouco a pouco, passou a olhar à sua volta na capital do Reich. Inicialmente, interessou-se pela "senhorita Behr", que trabalhava na sede do *Gau* desde a primavera de 1927.⁹⁶ Nessa mesma primavera, começou a namorar Dora Hentschel, uma moça de Dessau que acabava de arranjar colocação como professora em Potsdam.⁹⁷ No entanto, mal iniciado o relacionamento, ele já estava pensando em terminá-lo: "Não posso fazê-la infeliz. Por isso preciso me afastar dela."⁹⁸ Uma conhecida, em cuja casa ele conhecera Dora, exortou-o a se casar prontamente, mas Goebbels não quis seguir o conselho. "Por que tanta precipitação? Foi a minha resposta malcriada."⁹⁹ Os encontros com Dora tornaram-se mais raros.¹⁰⁰ Em dezembro de 1927, ele conheceu num "estabelecimento russo" uma "emigrante russa esplêndida e loiríssima", Tamara von Heede.¹⁰¹ O relacionamento começou em fevereiro de 1928.¹⁰²

Der Angriff

A luta interna e a paralisação da organização do partido motivaram Goebbels, que desde o fim de 1925 vinha perseguindo a ideia de fundar um semanário nazista próprio para o oeste da Alemanha, a ser administrado a partir de Berlim. Ele pediu a Hitler que autorizasse um periódico semanal a ser publicado com o nome *Der Angriff* [O ataque].¹⁰³ Uma grande campanha publicitária chamou atenção para o primeiro número no início de julho. A intervalos de poucos dias, apareceram três cartazes nas ruas de Berlim. No primeiro, lia-se apenas "Der Angriff?"; no segundo: "Der Angriff beginnt am 4. Juli" [O ataque começa em 4 de julho]; e somente o terceiro anunciou a publicação de um novo periódico de segunda-feira.[104] No primeiro número, Goebbels precisou "corrigir muita coisa".[105] Mas os exemplares seguintes lhe agradaram bem mais.[106]

Der Angriff se apresentava como um jornal moderno de grande metrópole com orientação agressiva e estridente. O lema "Pelos oprimidos! Contra os exploradores!" professava uma tendência socialista; em diversos aspectos, seguia o modelo do *Berliner Arbeiterzeitung* dos Strasser; mas o semanário dificilmente chegava às massas proletárias. Nos primeiros tempos, a modesta tiragem não ultrapassava os 2 mil exemplares.

Goebbels escrevia regularmente os artigos de fundo e era responsável sobretudo pela seção "Diário político"; a editoria ficou a cargo de Julius Lippert, já conhecidíssimo na imprensa nacionalista. As caricaturas inconfundíveis — geralmente com expressivos membros da SA — eram de autoria de Schweitzer-Mjölnir, amigo de Goebbels.

Nos editoriais, este se revelou um consumado estilista: recorria às mais variadas formas de expressão como a sátira, o conto de fadas, a saga, a conversa ou a carta.[107] Gostava de escrever no estilo da imprensa marrom da grande cidade, e não menos agressivas e deliberadas eram as formulações com que atacava a República e seus órgãos. Assim, designava os policiais que o observavam de "barbeiros", e o chefe de polícia de atual "gói publicitário" da chefatura berlinense. O ministro das Relações Exteriores Gustav Stresemann não passava de um "politiqueiro diletante que um acaso grotesco-caprichoso catapultou da chocolataria para a alta diplomacia", e o "assim chamado Reichstag" era apenas um tribunal de apelo a serviço das altas finanças".[108]

Às vezes, usava o *Angriff* para promover posições divergentes da direção do partido. Foi o caso, por exemplo, da sua interpretação da "questão russa", inclusive a ideia de que o "bolchevismo" estava passando por um processo que o levaria a "se livrar de seus destruidores judeus e começar a empreender uma política nacional para além do dogma partidário".[109] Mas logo desistiu dessa linha de argumentação. No outono de 1930, chegou a reivindicar, em dois editoriais, que o programa do NSDAP adotasse uma orientação vigorosamente "socialista", mas desistiu prontamente desse projeto quando a direção deixou claro que não tinha intenção de tomar tal rumo.

Outra característica do *Angriff* era o antissemitismo acentuadamente vulgar — mesmo para os padrões nazistas. Por exemplo, em 3 de novembro de 1927, a notícia da morte do jornalista liberal de esquerda Maximilian Harden dizia que este "foi executado por uma pneumonia". Assim, "deixa esta vida um dos indivíduos mais perversos e infames que levaram a Alemanha à beira do precipício".[110] Na sua campanha de ódio antissemita, o *Angriff* tampouco hesitava em lançar mão, com toda seriedade, da ideia medieval do "sacrifício humano judaico".[111]

Os ataques antissemitas se concentravam principalmente numa pessoa: o advogado Bernhard Weiss,[112] nomeado vice-chefe de polícia em março de 1927. Em 1927-28, houve apenas um número do *Angriff* em que Weiss não foi atacado. Além disso, em 1928 e 1929, Goebbels publicou dois livros anti-Weiss. Em 1929-30, o número de ataques ao vice-chefe de polícia diminuiu, mas ainda é possível encontrá-los em mais da metade das edições do jornal.[113]

Goebbels apelidou-o — aliás, não só a ele[114] — de "Isidor": o prenome presumivelmente judaico insinuava que Weiss tinha alterado o próprio nome ou mesmo que o seu nome "alemão" Bernhard era uma impostura arrogante. Mediante incontáveis artigos e caricaturas, "Isidor Weiss" tornou-se a personificação do estereótipo antijudaico: sua fisionomia era caricaturada como "tipicamente judia"; e ele, apresentado como um personagem covarde, traiçoeiro, prepotente e ridículo. A caricatura de "Isidor Weiss pretendia denunciar a hegemonia "dos judeus" no "sistema" de Weimar: o fogo de artilharia da difamação transformou a pessoa de Weiss num tipo; o nome "Isidor Weiss", num conceito. Também confirmava o slogan fixado por Goebbels em seu livro sobre Isidor: "Isidor: não é um indivíduo isolado, não é uma pessoa no sentido jurídico. Isidor é um tipo, um espírito, uma cara, ou melhor, uma careta."

Em 26 de setembro, num discurso no parque Hasenheide, em Berlim, Goebbels proclamou sob o impetuoso aplauso de seus partidários: "Nós também combatemos homens, mas nos homens o sistema. Não falamos, como o burguês, numa Berlim corrupta ou no bolchevismo da administração berlinense. Não! Nós nos limitamos a dizer: Isidor Weiss! Isso basta!"[115]

Transformado em caricatura "do homem judeu", Weiss passou a servir, na propaganda nazista, de figura ou modelo destinado a "comprovar" a legitimidade do estereótipo antissemita. Ele se defendeu da alcunha com uma enxurrada de processos instaurados pela chefatura de polícia berlinense por intermédio do ministério público. Com isso, Goebbels sofreu muita pressão e foi condenado várias vezes; não obstante, a atividade intensa dos tribunais com o caso também contribuiu para que "Isidor Weiss" se transformasse num conceito. Tanto que, numa audiência de apelação em 2 de junho de 1931, Goebbels alegou com simulada inocência que o "nome Isidor é, aliás, tão corriqueiro e usado com tanta frequência pelos berlinenses que muitos ignoram o prenome certo do dr. Weiss" e que, "por conseguinte, não pode haver nenhuma ofensa no uso dessa alcunha".[116]

Uma vez divulgado o apelido, bastavam insinuações para manter a campanha "Isidor" em curso. Por exemplo, o *Angriff* imprimia entre aspas o nome certo do vice-chefe de polícia ou, numa lista de pessoas, dava a ele a honra de ser o único citado com o prenome. Alusões como "I. Weiss" ou considerações gerais sobre nomes relacionados com a pessoa do vice-chefe de polícia serviam ao mesmo propósito; até quando o *Angriff* a ele se referia "respeitosamente" como "o chefe de polícia dr. Bernhard Weiss", isso era um componente da brincadeira com o nome. Nessa brincadeira, Goebbels vivia concebendo novas variantes, para cuja propagação o próprio Weiss contribuía toda vez que tratava de se defender. Por que, perguntou Goebbels com hipocrisia num editorial do *Angriff* em abril de 1928, Weiss arremetia tão energicamente contra ele? "Acaso porque 'Isidor' é uma paráfrase do judeu? Então ser judeu é algo inferiorizante?"[117] O recurso a meios jurídicos contra a campanha acabou não surtindo efeito.[118] Quando a Justiça constatou que a caricatura de um burro representava efetivamente Weiss, o *Angriff* tornou a publicá-la, mas observando que, na opinião da Justiça, o desenho representava o vice-chefe de polícia dr. Bernhard Weiss.[119]

Na ótica de Goebbels, o antissemitismo consequentemente personificado era um excelente instrumento para solapar a autoridade do Estado de Weimar e, além disso, desviar as atenções do fato de as concepções programáticas do NSDAP serem extremamente vagas. Isso valia sobretudo para as ideias político-programáticas do *Gauleiter* de Berlim, para o qual a imagem negativa do judeu representava a contrapartida de suas ideias toscamente desenvolvidas de "comunidade popular" e "socialismo". Para ele, "os judeus" simbolizavam o *establishment*, a democracia, a deterioração geral dos costumes e a decadência cultural.

Tempo de proibição

Proibido na Prússia no início de maio de 1927, o NSDAP berlinense continuou existindo, em parte na forma de associações recreativas.[120] Os militantes de Berlim seguiam provocando incidentes frequentes. Jovens nazistas perambulavam pela Kurfürstendamm,* empurrando e fustigando os transeuntes que tomavam por judeus. Um jornal local chegou a manifestar o temor de que a "truculência dos nazistas no Kurfürstendamm venha a se transformar na distração habitual

---

* Também conhecida como "Kudamm", é a avenida de lojas mais popular de Berlim.

desses rapazes".[121] No seu primeiro número, o *Angriff* comentou um processo contra 18 jovens nazistas que, em maio, em "legítima revolta contra a arbitrária proibição de sua reunião", marcharam sobre o Kurfürstendamm. Se na ocasião "judeus insolentes" sofreram agressões, quem os agrediu foram alemães que "durante anos aprenderam, sofrendo na própria carne, o que é ficar sob látego judeu".[122] Quando os agressores foram condenados à prisão, Goebbels criticou a sentença do magistrado Leder no *Angriff*: "Não há mais nenhum juiz em Berlim", foi a sua conclusão.[123] Em novembro, voltou a atacar um julgamento parecido,[124] e, em seu texto *Kampf um Berlin*, publicado em 1931, disse laconicamente que "a consequência inevitável de semelhante imposição de proibição eram os reiterados excessos políticos nas ruas. Nesses confrontos, alguns judeus da zona oeste da cidade levaram umas bofetadas". É possível que certos indivíduos sem culpa pessoal na repressão ao NSDAP tenham sido importunados, mas "a massa não percebe essas diferenças sutis. Pega aquilo que é palpável".[125]

Longe de se deixar intimidar pelos atos de terror "espontâneos" dos nazistas, a chefatura de polícia berlinense procurou cumprir a proibição tanto quanto possível. Em 22 de agosto, seus homens detiveram o trem em que os nacional-socialistas da capital retornavam do congresso de Nuremberg e — ao encontrar carteiras de filiação provisórias — prenderam 450 pessoas por atividade ilegal.[126] Logo depois, o *Angriff* profetizou "Prisões em massa de eleitores e militantes do NSDAP", e Goebbels, no editorial da mesma edição, elevou à categoria de fetiche, de "pano sagrado", a bandeira que a polícia havia confiscado dos correligionários.[127]

Durante o verão de 1927, ele continuou evitando atos públicos em Berlim, pois, se o partido não aparecesse abertamente como organizador, a polícia não podia intervir.[128] Mas, no fim de agosto, o chefe de polícia berlinense impôs a Goebbels — que acabava de chegar de várias semanas de férias na Baviera —[129] mais de dois meses de proibição de falar em público.[130] Só em novembro ele discursou pela primeira vez numa assembleia em Neukölln para 3 mil ouvintes.[131] No dia 13 de janeiro, procedeu a um "acerto de contas" com a "polícia política" em Friedrichshain. Quinze dias depois, o partido (cujo nome, porém, não apareceu) conseguiu atrair 10 mil pessoas a um evento noturno em dois grandes salões também em Friedrichshain.[132] Em março, o NSDAP, ainda proibido, organizou seu segundo *Märkertag** em Bernau, próximo a Berlim. Diante dos olhos de um grande contingente de policiais, Goebbels liderou uma passeata até a praça do mercado, onde discursou para os militantes.[133]

---

* Festa tradicional do "marco" de Brandemburgo retomada pelos nazistas com vistosos desfiles. (N. do T.)

Nos primeiros meses de 1928, ele, que em novembro de 1927 já tinha sido condenado e multado por apologia da violência,[134] teve de enfrentar uma avalanche de processos. No fim de fevereiro de 1928, foi sentenciado a seis semanas de reclusão em virtude do tratamento brutal que membros da SA dispensaram a um aparteante que havia perturbado o ato público de 4 de maio: incidente que ocasionou a proibição do partido. No chamado Processo Stucke, o tribunal acolheu a denúncia da promotoria, estabelecendo uma conexão entre o comportamento violento da SA e certas "diretrizes" para tais situações anteriormente dadas por Goebbels.[135] "Terror descarado contra o NSDAP", foi o cabeçalho do *Angriff*, sendo que o próprio Goebbels proclamou num artigo que encarava a pena de reclusão como uma "condecoração e uma honra" em sua luta contra o "sistema".[136]

Não precisou cumprir a pena, pois foi beneficiado por uma anistia votada pelo Reichstag em julho de 1928. No dia 24 de março, queixou-se de ter seis audiências na Justiça: "Quatro por ofensa a Isidor, uma por alta traição e uma por lesão corporal." Em 29 de março, um tribunal muniquense voltou a condená-lo, estabelecendo o pagamento de uma multa de 1.500 marcos por ofensa a Bernhard Weiss.[137]

Além disso, em março, aguardava-o o processo pelo tiroteio de Lichterfeld no ano anterior.[138] Quando ele tentou aproveitar os feriados da Páscoa para viajar e assim se furtar ao dever de testemunha, foi detido provisoriamente e levado ao tribunal. Por fim, impuseram-se penas relativamente altas a cinco nazistas: entre dois meses e dois anos e meio de reclusão.[139] No fim de abril, em outro processo por ofensa a "Isidor", Goebbels foi condenado a três meses de prisão, pena que também não cumpriu graças à lei de anistia de julho de 1928.[140]

Fazia quase um ano que o NSDAP estava proibido, e a Justiça havia começado a pressionar Goebbels seriamente, ameaçando-o de penas de reclusão. No partido, sua posição estava longe de ser inexpugnável. Aparentemente, a tática que ele vinha aplicando desde que tomara posse em Berlim no fim de 1926 — com a ajuda de provocações, chamar a atenção para o NSDAP a qualquer preço — o havia levado a um beco sem saída.

Incursões no ofício de escritor

Quando passou a se dedicar exclusivamente à atividade política em 1925, Goebbels viu minguar rapidamente o tempo disponível para a leitura das belas-letras. Seu interesse se concentrou sobretudo nos clássicos da nova direita, os quais ele provia de comentários favoráveis e até entusiásticos. Entre estes figuravam especialmente *Das Dritte Reich* [O Terceiro Reich], de Moeller van den Bruck (em cuja leitura não avançou muito);[141] *In Stahlgewittern* [Tempestades de aço], de Ernst Jünger;[142] a biografia de Margherita Sarfatti escrita por Mussolini;[143] *Grundlagen des 19. Jahrhunderts* [Os fundamentos do século XIX], de Houston Stewart Chamberlain;[144] as memórias de Ernst Röhm intituladas *Geschichte eines Hochverräters* [História de um alto traidor];[145] *Aufbruch der Nation* [O despertar de uma nação], de Franz Schauwecker;[146] e *Mythus des 20. Jahrhunderts* [O mito do século XX], de Alfred Rosenberg,[147] para mencionar somente os títulos mais conhecidos.

Em meio a toda a agitação política, ele não abriu mão das ambições literárias. E tratou de aproveitar o tempo de proibição para, entre outras coisas, retomar a produção de autor. Em junho de 1927, concluiu uma reelaboração da peça *O caminhante*.[148] No começo de novembro, a obra estreou num "palco experimental nacional-socialista" montado pelo *Gau*.[149] Compunha-se de 11 "quadros" que o "poeta" mostrava ao "caminhante"; todos ridicularizavam o "sistema": a miséria social, a exploração, o capitalismo financeiro (naturalmente materializado num judeu), a alegada hipocrisia dos dirigentes "marxistas", o torpor da "reação" política. Tudo culminava num quadro final em que se anunciava pateticamente o advento do "Terceiro Reich". A obra misturava "aleatoriamente medievalismo, expressionismo e naturalismo", opinou com certa perplexidade um dos críticos posteriores.[150]

Goebbels soube com tristeza que Hitler não quis assistir ao espetáculo, muito embora se encontrasse em Berlim em dezembro.[151] Entre as críticas, duas o irritaram particularmente: a *NS-Briefen* publicou uma resenha "perversa",[152] classificando a obra de "insatisfatória" e, "no sentido mais profundo, irrealista".[153] Por sua vez, o *Berliner Arbeiterzeitung*, publicado por Otto Strasser, fez um comentário, na opinião do autor, desprezível.[154] Na verdade, o crítico Herbert Blank, um dos adeptos mais próximos de Otto Strasser, afirmou que havia muito que dizer contra a peça, mas, diante da boa acolhida dos "camaradas berlinenses", era melhor a crítica se calar.[155] O *Gauleiter* de Berlim queixou-se com Hess — com sucesso: conforme ele registrou alegremente pouco tempo depois, Strasser "levou um cascudo".[156]

O sucesso modesto não o impediu de persistir nos planos literários. Evidentemente, ele dava grande importância a ser conhecido pelo público não só como agitador virulento, mas também como literato e intelectual. No verão de 1928, começou a retrabalhar o antigo manuscrito de *Michael*, o romance que escrevera em 1924. Em dezembro de 1928, o livro finalmente foi publicado,[157] mas as efusões literárias do *Gauleiter* do NSDAP não despertaram praticamente nenhum interesse.[158]

Goebbels conservou o modelo básico da história: *Michael* é um romance em forma de diário cujo herói, um jovem veterano de guerra, tem traços tanto autobiográficos quanto do falecido amigo Richard Flisges. O autor avançou ainda mais na ideia da fusão dos dois personagens, criando um amigo de Michael chamado Richard, formado em Heidelberg e que depois trabalha "numa grande editora".

O romance se inicia com o retorno do Michael duplicado da frente de batalha. Na primavera de 1919, ele começa a estudar em Heidelberg, mas não se sente satisfeito. Apaixona-se por Hertha Holk, inegavelmente inspirada em Anka. Escreve uma peça sobre Jesus Cristo, passa mais um semestre estudando em Munique, onde perde a amada Hertha. Entra em conflito com a fé cristã e acaba abandonando-a. É cada vez mais influenciado por Ivan Vienurovski, um estudante de filosofia russo de convicções revolucionárias. Por fim, Michael toma a decisão de ser mineiro. Inicialmente rejeitado pelos outros trabalhadores, acaba sendo aceito pouco a pouco, livra-se das influências do universo intelectual de Ivan e encontra no trabalho comunitário a tão longamente ansiada "redenção". O romance termina com a morte do herói na mina. A forma de diário possibilita ao autor, mediante confissões patéticas, posicionar-se "fundamentalmente" quanto a questões religiosas, ideológicas, políticas e literárias, e não admira que as anotações no diário de Michael se apoiem frequentemente no próprio diário de Goebbels.

Na reelaboração de 1928, ele manteve o enredo e a estrutura narrativa, mas fez uma série de alterações e acréscimos que transformaram o conteúdo político-ideológico da história no oposto do que era antes. As alterações são esclarecedoras em dois aspectos: por um lado, mostram o quanto Goebbels tinha mudado de posição ideológica nos últimos anos; por outro, revelam o grande engenho com que transformou o sentido original do texto no seu oposto mediante pequenas modificações direcionadas. Na verdade, o *Michael* retocado é o resultado de uma manipulação de texto profundamente cínica e altamente habilidosa.

Goebbels inseriu violentas passagens antissemitas no texto, cuja versão original continha escassos ataques dessa índole. Assim, descreveu "o judeu" como um "furúnculo no corpo da nossa nação enferma"; ou ele "nos arruína, ou nós o neutralizamos".[159] "Eu frequento muito os cafés", dizia o antigo manuscrito.[160] "Neles, ao fumar um cigarro, é possível pensar em todo tipo de coisa superficial. A gente vê gente. Munique sem cafés é impensável."[161] Na versão em livro, Goebbels também iniciou a passagem no tom coloquial do flanador, mas deu ao breve trecho um rumo bem diferente: "Eu frequento muito os cafés. Neles travo conhecimento com gente dos mais diversos países. É quando se ama ainda mais tudo o que é alemão. Infelizmente isso vem se tornando muito raro na nossa pátria. Esta Munique é impensável sem seus judeus esnobes."[162]

Também inseriu no novo *Michael* uma experiência de despertar político: o primeiro encontro do personagem com um verdadeiro líder político. Michael se encontra num salão de Munique entre homens desconhecidos, destroços da guerra perdida. Mal se dá conta quando, "de repente, um deles se coloca lá no alto e começa a falar. Primeiro hesitante e tímido, como se estivesse procurando palavras para coisas grandes demais para serem atochadas em formas estreitas". Mas eis que o orador ganha ímpeto: "Como uma luz, algo resplandece sobre ele. [...] Aquele que lá em cima fala. Erigindo pedra por pedra a catedral do futuro. Aquilo que há anos vive dentro de mim começa a tomar corpo e a ganhar formas tangíveis. Revelação! Revelação! [...] Ele não é um orador. É um profeta!"[163] O autor também introduziu um diálogo com Hertha Holk no qual Michael tenta explicar o seu ideal de líder político. Quando ela objeta que "Esse sujeito sacrificará a última gota de sangue da nossa juventude", Michael replica friamente: "Os gênios consomem homens. Assim é. Mas, e esse é o grande consolo: não para si, mas para a sua missão. Pode-se consumir uma juventude quando isso abre caminho para que uma nova juventude viva."[164]

Goebbels substitui consequentemente o páthos da humanidade do antigo *Michael* por seu novo ideal *völkisch*. Assim, alterou a frase "Se eu me redimir, redimo a humanidade" para "Se eu me redimir, redimo o meu povo".[165] Conforme a mesma fórmula, transmudou o "amor pela humanidade" em "devoção ao povo".[166] O texto original reivindicava a aliança com a Rússia. Uma passagem atribuída a Ivan (e que ele havia tirado do seu diário) dizia:[167] "No grande problema que é a Europa está a velha e santa Rússia. A Rússia é o passado e o futuro, não o presente. [...] Na terra russa, gesta-se a solução do grande enigma da Europa. [...] *Ex orient Lux!*" Agora ficou assim: "A velha e a nova Rússia confinam com o grande problema da Europa. A Rússia é o passado e talvez o futuro, mas não o presente [...]. Na terra russa gesta-se a solução do seu grande enigma." Obviamente, também eliminou o "*Ex orient Lux*".[168]

Goebbels até avançou mais um passo, transformando a visão da união fraternal com a Rússia, por ele preconizada em 1924, numa declaração de guerra. No manuscrito antigo, ao se despedir, ele exortava o amigo russo e adversário intelectual Ivan Vienurovski: "Você me mostra o caminho, eu vou procurar e encontrar o fim. Sim, nós vamos cruzar espadas! Pelo homem novo."[169] Em 1928, ficou assim: "Sem o querer, você me mostra o caminho. Eu vou encontrar a redenção. Sim, nós vamos cruzar espadas, a do homem alemão e a do homem russo. O germano e o eslavo!"[170]

Goebbels empreendeu mais um projeto literário em 1928: em novembro, iniciou um drama intitulado *A semente*.[171] Tendo concluído o manuscrito em fevereiro de 1929,[172] no mês seguinte estreou a peça de um ato — agora intitulada *Semente de sangue* — no palco experimental nacional-socialista.[173] Ele se queixou de que as críticas na "imprensa burguesa" passavam "totalmente ao largo do problema".[174] Essa parece ter sido sua última tentativa de sobressair como literato.

5. "A luta é a mãe de todas as coisas"
O *Gauleiter* e a capital do Reich

No dia 31 de março de 1928, realizou-se a última sessão do Reichstag formado em dezembro de 1924; novas eleições estavam marcadas para 20 de maio. Em novembro, Hitler já havia oferecido a Goebbels uma candidatura para o Reichstag na lista do NSDAP, a qual fora aceita com relutância: "Embora isso prejudique a minha reputação, santo Deus, vale a pena por causa da imunidade." A perspectiva de ficar protegido contra a ação da Justiça incitou-o a tomar a decisão.[1] Em fevereiro o Führer lhe recomendou candidatar-se também ao parlamento prussiano, no qual seria o líder da bancada.[2] Goebbels desconfiou que o queriam confinar no Landtag* porque ele era demasiado incômodo para os correligionários no Reichstag.[3] Mas o projeto de candidatura dupla gorou.

No início da campanha eleitoral, o chefe de polícia berlinense suspendeu a proibição do NSDAP na capital.[4] Em 14 de abril, o partido foi oficialmente refundado numa cerimônia solene na sede da Associação de Veteranos.[5] Mais uma vez legalizado, não tardou a inaugurar nova sede na Berliner Strasse, 77.[6] A SA também voltou a aparecer publicamente. Para a contrariedade de Goebbels, o contingente de cerca de mil homens (dos quais oitocentos em Berlim e duzentos em Brandemburgo)[7] reivindicou prontamente participação na organização política, por exemplo, no tocante à escolha dos candidatos às eleições do Reichstag.[8]

Durante a campanha eleitoral, Goebbels várias vezes mandou a SA desfilar em diversos bairros berlinenses; e no dia 13 de maio em Wilmersdorf.[9] Em 17 de maio, Dia da Ascensão, organizou-se uma "marcha" a Spandau. Posteriormente, a tropa formou um amplo arco em torno ao lago Tegel no bairro de Wedding, onde houve confronto com manifestantes comunistas. Na visão de

---

* Parlamento de cada estado federado (*Land*) alemão, equivalente à Assembleia Legislativa. (N. do T.)

Goebbels, era um grande sucesso que eles tivessem vencido em território inimigo e dado prosseguimento ao desfile apesar das perturbações.[10]

Nas eleições do Reichstag de 20 de maio de 1928, os nazistas obtiveram escassos 2,6% dos votos; apenas 1,6% em Berlim.[11] Para o *Gauleiter* — curiosamente —, isso foi um "belo triunfo, mas nós o obtivemos com o nosso trabalho". Agora o NSDAP teria uma bancada de 12 deputados no Reichstag, entre os quais Joseph Goebbels: "De modo que eu tenho imunidade parlamentar, isso é o que importa."[12] No *Angriff*, ele asseverou que não era parlamentar: "Eu sou P. I., sou P. S.: portador de imunidade, portador de salvo-conduto."[13]

Os irmãos Strasser não tardaram a criticar o resultado relativamente ruim das eleições berlinenses. Gregor o fez no dia 27 de maio no *Berliner Arbeiterzeitung*, e Otto se serviu da *NS-Briefen* de 15 de junho para acusar o NSDAP de haver conquistado apenas votos pequeno-burgueses e camponeses, mas nenhum operário; coisa que se evidenciava nos resultados de Berlim, entre outros.[14] De fato, o resultado negativo na capital há de ter sido uma desilusão para quem como Goebbels tanto gostava de posar de "socialista".

Posto que agora a imunidade de deputado o livrasse de novos processos, antes de passar a gozar dessa proteção ele teve de enfrentar uma série de ações judiciais. No fim de abril, foi condenado a três semanas de prisão por "injúria a Isidor" no *Angriff*.[15] Em 6 de junho, multado em 200 marcos por causa de um artigo em que chamou de "tchekistas brancos" os policiais que depuseram contra ele num processo anterior.[16] No dia 8 de junho, somaram-se outros 20 marcos no chamado "processo da loja de departamentos" (tratava-se de um número especial do *Angriff* de dezembro de 1928),[17] e, em 19 de junho, a pena de reclusão a que ele tinha sido condenado no Processo Stucke foi comutada por multa de 600 marcos. Goebbels comentou obstinadamente: "Não pago nem um centavo."[18] No dia 14 de julho de 1928, o Reichstag aprovou uma lei de anistia que o livrou de novos processos: "Agora sou puro como um anjo outra vez."[19]

No começo de julho, ele fez o seu primeiro discurso no Reichstag. "É de dar náusea participar pela primeira vez desta farsa democrática na qualidade de parlamentar estreante", declarou o deputado recém-empossado. E usou o tema do debate — a criação de um feriado nacional — para fazer ataques polêmicos, propondo o dia 29 de agosto (para o qual fora adiada a lei de regulação das reparações conforme o Plano Dawes) e a festa judaica do Purim como adequados feriados oficiais. "Uma barulheira interminável, condizente com a opinião daqueles porcos, que lhes tirou a audição e a visão", dizia o seu balanço pessoal daquele dia.[20]

O conflito de Goebbels com os irmãos Strasser se intensificou cada vez mais no verão de 1928. No diário, acumularam-se apontamentos a respeito de Gregor, mas principalmente subsídios para disputas com o seu irmão Otto. Em junho de 1928, Goebbels soube pelo *Gauleiter* de Essen, Josef Terboven, que Otto Strasser, Kaufmann e Reventlow planejavam fundar um novo partido que se propunha a "frisar mais nitidamente a linha socialista".[21] Em junho, talvez na esperança de prejudicar Otto Strasser, o "satã de todo o movimento", Goebbels prometeu apoio a Kaufmann e ao *Gau* Ruhr na criação de um novo jornal chamado *Die neue Front*.[22] Em razão da falta de apoio de Hitler na disputa com os Strasser, chegou a cogitar renunciar ao cargo de *Gauleiter*. Mas, depois de uma longa conversa pessoal na metade de julho, na qual, segundo Goebbels, o Führer se manifestou "fortemente" contrário a Otto Strasser, desistiu da ideia.[23]

Conflito com a SA

No fim de julho, Goebbels viajou sozinho a Borkum para descansar. A ilha era um baluarte dos nacionalistas e totalmente "livre de judeus", fato de que as pessoas se orgulhavam.[24] A figura central dessa campanha era o pastor Münchmeyer, que ele visitou logo ao chegar e ao qual manifestou admiração pela "luta de titãs" que havia travado na ilha, embora também tenha constatado que o religioso antissemita se comportara "ineptamente".[25] Durante essas férias, Goebbels fez vários discursos para o partido e, depois de quase duas semanas, sentiu-se "novo e recuperado. Só me falta uma bela mulher".[26]

De volta a Berlim, foi obrigado a reconhecer que se gestava uma grave crise interna no partido. Desde abril, vinha colhendo sinais de uma inquietação crescente na SA — não só em Berlim, mas em todo o território do Reich. Os ex-militares no comando da SA, Stennes em Berlim, Pfeffer no âmbito nacional, pareciam pressionar cada vez mais a direção do partido.[27] Agora se multiplicavam os indícios de que esse confronto se havia intensificado ainda mais.[28]

Na verdade, o conflito tinha a ver com um problema estrutural no movimento nazista, presente desde o começo: como integrar ao NSDAP a organização paramilitar do partido, a SA? Essa questão jamais esclarecida levaria repetidamente a conflitos profundos — até que o problema fosse "resolvido" de maneira sangrenta em 30 de julho de 1934.

O conflito tinha como pano de fundo a seguinte situação: embora a direção do partido considerasse a SA uma força auxiliar a ser usada na segurança dos comícios, nas marchas propagandísticas e na distribuição de panfletos, as ambições de seus líderes — na maioria ex-oficiais e combatentes dos Freikorps — iam muito além: eles se definiam como "soldados políticos" e enxergavam a SA como uma "entidade militar", um instrumento autônomo de poder a ser empregado como meio de pressão interna; ademais, na qualidade de organização armada de reserva, a SA devia ter um papel no âmbito da complementação secreta do exército do Reich. Obviamente, os autoconfiantes chefes da SA mantinham contato com as mais diversas organizações paramilitares da direita e nelas procuravam recrutar membros mediante promessas políticas. Como, por outro lado, eles não se dispunham a permitir que os dirigentes do NSDAP, reles políticos, interferissem e muito menos controlassem sua área de atuação "militar", arriscavam comprometer a linha política do partido, cuja postura legalista era inevitavelmente ameaçada pelo golpismo que continuava grassando na liderança da SA.

Em 1923, a liberdade de ação de Hitler já havia sofrido sérias restrições em virtude da forte integração da SA com os meios paramilitares de extrema direita da Baviera. A preparação do putsch por parte desses grupos, que envolveu totalmente a própria SA, adquiriu uma dinâmica de tal modo própria que Hitler acabou sendo literalmente arrastado à perigosa aventura de 9 de novembro. A experiência serviu-lhe de lição: no futuro, a SA precisava ficar claramente subordinada ao partido e deixar de lado seus passatempos bélicos.[29]

Em agosto de 1928, ao chegar da viagem de férias, Goebbels soube que a SA estava na iminência de se rebelar abertamente. Tendo conseguido escutar uma conversa de Stennes com um dos seus homens de confiança, ele anotou: "Agora sei onde estou pisando." E decidiu "passar uma descompostura nos cavalheiros, mas só no momento oportuno";[30] de fato, primeiro se permitiu mais uma folga. Viajou a Garmisch a fim de revisar o manuscrito de *Michael*, de 1924, nas proximidades do túmulo do amigo Richard Flisges.[31] Enquanto isso, o conflito com a SA, que vinha se gestando havia muito tempo, irrompeu francamente em Berlim. Stennes e uma série de chefes de regimento [*Standartenführern*] saíram ostensivamente do partido quando a direção, em Munique, se recusou a atender às suas exigências financeiras: as dívidas acumuladas pela SA berlinense ultrapassavam os 3 mil marcos.

No íntimo, Goebbels era favorável à separação: "E agora finalmente será o divórcio. Partido ou grupo de combate, revolução ou reação."[32] Mas, na prática, mostrou-se bem menos decidido do que as suas palavras levam a supor. Em primeiro lugar, não viu nenhuma razão para interromper sua permanência na Baviera. Evidentemente, queria se subtrair tanto quanto possível do conflito entre o partido e a SA. Só quase duas semanas depois foi que se dispôs a retornar à capital. E, mediante concessões consideráveis, logrou resolver temporariamente a crise. Além de prometer a Stennes providenciar recursos financeiros por meio de empréstimo, pediu a Hitler que discursasse com mais frequência em Berlim (algo que, por causa da proibição de falar em público que sobre ele pesava na Prússia, só era possível em reuniões fechadas dos militantes do NSDAP).[33]

Na reunião de avaliação que se seguiu em Munique, Goebbels soube que Hitler considerava Stennes e Pfeffer um par de "franco-atiradores": "Provavelmente com toda razão." Mas tinha plena consciência de que agora "não convém crise nenhuma" e de que era absolutamente necessário fechar-se em copas. "Convenci o chefe do contrário da minha convicção. Mas foi preciso agir assim para salvar o partido." Concretamente, estipulou-se que, para acalmar os ânimos, Hitler se apresentaria mais amiúde em Berlim.[34] Depois disso, Goebbels prolongou as férias até o fim do mês.[35]

Para o *Gauleiter* de Berlim, que simplesmente dependia muito da "sua" SA na campanha de propaganda na capital e, ao mesmo tempo, tudo fazia para ficar nas boas graças do líder do NSDAP, um conflito entre partido e SA implicava um grande perigo. Por isso, tratou de evitá-lo, por um lado, fazendo concessões à liderança dos paramilitares e, por outro, apaziguando a direção do partido em Munique. Combinou com Stennes uma colaboração "leal" no futuro.[36]

Do fim de agosto ao começo de setembro, Goebbels participou de um encontro de vários dias da cúpula do NSDAP em Munique. Ficou contrariadíssimo com o desempenho dos mais altos funcionários do partido: "Nível vergonhoso." Só mesmo Hitler era "fenomenal". Foi informado de que seu *Gau* seria dividido no quadro de uma reorganização do NSDAP: dali por diante, ele ficaria responsável unicamente por Berlim; um novo *Gau* em Brandemburgo seria criado. "Graças a Deus, com isso fico livre de muita encrenca", foi o seu lacônico comentário.[37]

Trabalho partidário em Berlim no outono e inverno de 1928

No fim do recesso de verão, Goebbels começou a intensificar a atividade propagandística do *Gau*. Para começar, o *Angriff* de 24 de setembro de 1928 foi publicado com uma edição especial do Plano Dawes, a qual teria vendido 60 mil exemplares.[38]

No último fim de semana de setembro, o NSDAP promoveu o terceiro *Märkertag* em Teltow, próximo a Berlim. Depois de eventos harmônicos na capital — Goebbels discursou não menos que cinco vezes —, organizou-se no domingo um desfile nas imediações da cidadezinha de Brandemburgo; 4 mil homens da SA de todo o país lá se teriam reunido. À tarde a tropa entrou em formação para "invadir" a capital do Reich, onde, à noite, no Palácio de Esporte, se realizou o maior comício de Berlim até então, com mais de 10 mil participantes. "O sangue é o melhor cimento", gritou Goebbels para os ouvintes, referindo-se aos numerosos episódios violentos verificados durante a marcha e nos arredores do Palácio de Esporte.[39] Dias depois, ele se alegrou muito com uma carta de Hitler felicitando-o pelo sucesso: "Berlim é obra sua."[40] Maior ainda foi o seu prazer alguns dias depois, quando o próprio Führer fez uma visita surpresa à capital e garantiu que o apoiaria no entrevero com Otto Strasser e a SA.[41]

Em 4 de novembro, a SA desfilou tranquilamente em Neukölln, fato que o *Angriff* fez questão de apresentar como um grande triunfo.[42] No dia 16, Hitler discursou em Berlim pela primeira vez desde o cancelamento da proibição que o impedia de falar em público na Prússia; o Palácio de Esporte foi novamente escolhido. "O maior sucesso no meu trabalho até agora", anotou Goebbels posteriormente.[43] No *Angriff*, enalteceu o discurso num artigo intitulado "Quando Hitler fala": "Aquilo que a diligência, o saber e o conhecimento livresco não sabem solucionar, Deus o anuncia pela boca do seu eleito."[44] Posto que, com semelhantes adulações,[45] ele contribuísse para fortalecer o "culto do Führer" no NSDAP, tão intensamente promovido pela sede muniquense do partido, seria um equívoco supor que o *Gauleiter* de Berlim restringisse a propaganda partidária na capital do Reich exclusivamente à pessoa do líder nazista. Ele dava importância a temas bem diversos, como mostram exemplarmente as suas abrangentes atividades jornalísticas: questões políticas de curto prazo, agitação antissemita, inclusive contra o vice-chefe de polícia Weiss, a reiterada afirmação do caráter "socialista" do NSDAP, mas sobretudo a sua "luta por Berlim".[46] Na manhã seguinte ao discurso de Hitler, a polícia encontrou no canal Landwehr o cadáver de Hans-Georg Kütemeyer, um homem da SA, e concluiu que ele se suicidara.[47] Já os nazistas afirmaram que tinha sido vítima do terror comunista. Goebbels acusou a polícia e a "imprensa judaica" de encobrirem o homicídio e tentou transformar Kütemeyer num mártir nacional-socialista.[48] O partido ofereceu uma recompensa pela captura do "assassino", mas a chefatura de polícia proibiu a afixação dos cartazes que a anunciavam.[49] O caso se agravou quando o vice-chefe de polícia proibiu o cortejo e houve choque em frente ao cemitério — Goebbels fez o discurso fúnebre — entre milhares de nazistas e um grande contingente da polícia.[50]

A relação com Stennes e a SA melhorou um pouco no outono de 1928.[51] Mas Goebbels se recusou a aceitar que a organização paramilitar ficasse subordinada a ele e a se responsabilizar parcialmente por ela, já que a liderança do grupo, sob o comando de Pfeffer, impedia zelosamente que o *Gauleiter* interferisse nos seus assuntos. O arranjo lhe parecia fundamentalmente errado: "Como posso assumir a responsabilidade de coisas da competência de outra alçada?" Pior ainda: "O chefe fica fora de tudo — uma tática confortável — e deixa tudo para as suas instâncias. E eu sou o otário uma vez mais."[52]

No começo de dezembro, Goebbels e Pfeffer, que ele encarava com desconfiança,[53] se puseram de acordo quanto ao princípio de que "o líder da SA fosse nomeado em comum acordo com o *Gauleiter*".[54] No encontro de dirigentes do NSDAP realizado em Weimar, em janeiro de 1929, ele conseguiu impor amplamente essa posição.[55] No entanto, estava num "dilema", como confessou em janeiro de 1929, depois de uma conversa com o jovem líder da SA Horst Wessel, que exigia mais "ativismo": "Se formos ativistas em Berlim, a nossa gente arrebenta tudo. E então o sorridente Isidor nos proíbe."[56] Sua desconfiança em relação a Stennes persistia. Afinal, ele considerava o ex-capitão da polícia um "burguês" que até tinha condições de organizar um putsch, mas carecia de coragem e "incondicionalidade" para desencadear uma revolução.[57]

Embora continuasse sendo uma mera facção e não obtivesse mais que um sucesso moderado nas eleições, uma coisa o NSDAP havia conseguido: era a única organização de extrema direita digna de menção em Berlim, e as suas estruturas se consolidavam pouco a pouco, por mais que a postura da SA criasse dificuldades para o conjunto do partido.[58] O *Gautag*, comemorado aproximadamente uma vez por mês e para o qual Goebbels convocava os principais funcionários do partido, também contribuía para o fortalecimento da organização. Pouco a pouco, conforme ele constatou em dezembro, já se formava em Berlim uma "brigada do Führer", graças, entre outras coisas, ao bom desempenho do funcionário nazista Reinhold Muchow, nomeado diretor do setor de organização.[59]

Adotando o modelo do Partido Comunista, Muchow introduziu um sistema de células de rua dirigidas por militantes civis; desse modo, os membros da SA foram afastados das atividades organizacionais e liberados para outras tarefas. Acredita-se que, no início de 1930, o NSDAP berlinense contava com mais de novecentas células de rua coordenadas por quarenta seções. Aquelas se incumbiam principalmente do dia a dia do trabalho de propaganda, como a distribuição das "gazetas do quarteirão", editadas independentemente pelas seções. Mil e duzentos funcionários trabalhavam para o partido nesse sistema.[60]

Em 1929, novamente inspirado no modelo comunista, Muchow empreendeu a construção de uma organização de células partidárias nas empresas, o segundo componente da estrutura do *Gau*; um experimento organizativo do qual — após um começo moroso — acabaram resultando as células de empresa nazistas, a organização dos trabalhadores do NSDAP.[61]

O preço do sucesso político alcançado a duras penas foi o paulatino afastamento pessoal — desejado por Goebbels — dos camaradas do partido, o qual acabou descambando para o isolamento. Se no início do seu período berlinense ele travara amizade com uma série de correligionários, agora era consideravelmente mais cauteloso e procurava manter distância. Em outubro de 1928, considerava amigos somente Schweitzer e seu motorista Albert Tonak. Cinco dias depois, escreveu que não tinha "amigo nenhum". "Todos exigem muito da minha pessoa", queixou-se algumas semanas depois, "só eu não exijo nada dos outros. Os grandes são solitários!". Passado mais de um ano, insistiu: "Como estou sozinho. Mas talvez seja melhor assim."[62] Em agosto de 1931, explicou a um colega "por que não quero nenhuma amizade pessoal no *Gau*. Tive muitas decepções. Trabalho é trabalho, nada mais".[63]

Goebbels e as mulheres

Os muitos casos em que Goebbels se envolveu na fase da refundação e edificação da organização partidária em Berlim, a partir da primavera de 1928, não o ajudaram a aplacar a solidão que o maltratava. A verdade é que a retomada da relação com a tão endeusada Anka ofuscou todos esses casos.

Em março, a ex-namorada lhe fez uma visita surpresa para se queixar do muito que estava sofrendo: o marido — tratava-se do antigo rival Mumme — a traía. E a ela, "mal-amada e triste", só restava ficar em casa com o filhinho de quatro meses. Os sentimentos de outrora despertaram imediatamente em Goebbels: "A gente só tem um grande amor na vida. Tudo o mais é ilusão ou negócio: o meu se chama Anka."[64] Passadas algumas semanas, os dois se encontraram na Turíngia,[65] e, dias depois, ela esteve novamente em Berlim: "Anka me ama, eu a amo, nenhum dos dois fala nisso, mas nós sabemos de tudo."[66]

Em abril, os dois se encontraram em Weimar. À noite, estavam numa adega quando o então amante dela, um artista plástico, apareceu repentinamente. Goebbels foi obrigado a escutar a conversa fiada daquele "canalha": "É pacifista e militarista, antissemita e lacaio dos judeus, democrata e aristocrata, sonha com o Leste e elogia o classicismo. Uma mixórdia horrenda. E, ainda por cima, louco de ciúme." Como se não bastasse, Anka se voltou contra ele. "Eu desisto. Estou acima do fim de um casamento fracassado, mesmo que ela se chame Anka. [...] Adeus, Anka! Deprave-se no pecado ou no pântano viscoso. Azar o seu. Mas não há o que fazer." Passados alguns dias, quando Anka apareceu em Berlim, Goebbels a expulsou. No entanto, duas semanas depois, eles se encontraram em Weimar e fizeram as pazes.[67]

O reencontro com Anka ensombreou a relação com Tamara,[68] que, algumas semanas depois da recaída de Goebbels na antiga paixão por Anka, revelou que agora estava morando "com o judeu Arnold Zweig".[69] Também para Goebbels, esse relacionamento havia terminado definitivamente, pois, "desde que me reencontrei com Anka, toda outra beleza feminina sumiu para mim".[70] Agora se apaixonava constantemente pelas mais diversas mulheres, tinha vários casos, geralmente dois ou três ao mesmo tempo. Embora a velha paixão por Anka sempre se reacendesse, era-lhe difícil decidir-se a instigá-la a se separar do marido. Tudo indica que havia mantido a relação com Anka muito tempo no limbo para se vingar de sua infidelidade anterior. Mas tampouco queria se prender a nenhuma outra amante, pois todos esses casos ficavam encobertos pela sombra de Anka. Naturalmente, o comportamento de Goebbels provocava ciúme e levava a noites de choradeira. Mas ele não era capaz nem estava disposto a se pôr no lugar das mulheres magoadas. Só uma coisa lhe interessava: a *sua* própria situação. Estava convencido de que sobre as suas relações com outras mulheres pairava uma tragicidade da qual a culpada era Anka. Essa tragicidade insistentemente invocada fazia parte de uma automistificação teatral: sendo um homem fadado a uma carreira fulgurante, não lhe restava senão fazer tal sacrifício, e as mulheres tinham de compartilhar esse destino com ele.

Na sua autorreferência quase perfeita, Goebbels se acreditava amado mesmo por mulheres com que tinha apenas um contato fugaz. Ficava absolutamente convencido do sentimento delas, mesmo sem trocar uma palavra e sem que se retribuísse um único gesto. Por exemplo, em agosto, numa excursão dos funcionários berlinenses do partido, ele se sentou "ao lado de uma moça bonita, e nós nos amamos tacitamente. Nenhum dos dois faz um sinal que o dê a entender; no entanto, acontece".[71] Quase uma semana depois, sentiu uma atração muito especial quando foi ao teatro: "No último ato, eu estou ao lado de uma mulher lindíssima, e nós vivemos uma pequena orgia de amor, sem uma palavra, só dois olhares, dois suspiros."[72]

Em agosto, apaixonou-se instantaneamente pela mulher do escritor direitista Friedrich Wilhelm Heinz, mas, depois de uns breves encontros, concluiu: "Melhor não."⁷³ Por ocasião de uma rápida passagem por Innsbruck, encontrou-se com "Pille" Kölsch e sua jovem esposa e admitiu imediatamente que "aquela moça, aquela diabinha", o havia perturbado.⁷⁴ Em setembro, conheceu a jovem simpatizante do partido Hannah Schneider, "uma alemã genuína", e se enamorou prontamente.⁷⁵ No entanto, esse caso mal havia começado quando chegou um pedido de socorro de Anka, agora disposta a se divorciar.⁷⁶ No começo de outubro, os dois se reencontraram. Ela já tinha abandonado a ideia de divórcio — pelo bem do filho. Anunciava-se uma desgraça: "Agora ela quer passar alguns meses fora de Weimar e ficar em Berlim. Pode ser que seja engraçado."⁷⁷

Em outubro, Goebbels se separou de Hannah; o relacionamento era muito complicado.⁷⁸ "Amores infelizes: não podem existir para um homem com uma missão."⁷⁹ Tudo indica que ele se sentia perseguido pelas mulheres bonitas: num de seus discursos em Wilmersdorf, estavam na plateia "a srta. Müller de Borkum",⁸⁰ a ex-namorada Tamara, com a qual passou alguns momentos depois do ato público, assim como uma nova "linda amiga" que o visitou em casa na noite seguinte.⁸¹ Tratava-se de Johanna Polzin, e aquela não foi a única noite que passaram juntos.⁸² Num dia de dezembro, surgiu Jutta Lehman, uma garota de 18 anos.⁸³ "Ela quer ser a minha companheira fiel. Tentação de romper com a solidão opressiva que me cerca. [...] Amor e dever em conflito. Mas isso me faz amá-la ainda mais, pois já sinto que a hei de perder como perdi todas as mulheres, porque tenho uma missão a cumprir. Adeus! Adieu! Jutta!"⁸⁴ Entretanto, não voltou a falar em despedida nas semanas subsequentes e se mostrou "muito feliz em possuí-la".⁸⁵ Em fevereiro, já não "tinha uma relação adequada com Jutta. É o meu nervosismo geral, ou então este insaciável ímpeto de transformação já está farto novamente".⁸⁶ Mas a verdade é que não queria se separar dela.⁸⁷

No inverno de 1928-29, encontrou-se com Anka ao passar por Weimar durante uma viagem, e ela esteve em Berlim algumas vezes.⁸⁸ Para Goebbels, era como "se fosse uma boa amiga. Com ela, sinto-me como com uma mãe".⁸⁹ Os dois assistiram a uma apresentação da sua peça *Semente de sangue*. Mas depois tiveram uma discussão violenta sobre a questão judaica: "Ela ainda pensa de modo excessivamente burguês." Mais tarde, Anka falou na sua difícil situação pessoal, coisa que lhe despertou compaixão: "Que fardo de agonia e sofrimento Anka é obrigada a carregar!" Mas não tardou a se voltar para si: "Será a vingança do destino pelo modo como agiu comigo?"⁹⁰ Depois de vários encontros,⁹¹ acreditou que, tal como antes em Munique, ela "se afeiçoa à minha imagem. É um pedaço de mim".⁹²

Na Páscoa, fizeram uma excursão ao Harz. Participaram do grupo os Schweitzer, a srta. Bettge — uma funcionária do partido muito fiel a Goebbels — e o marido de Anka:⁹³ "Está linda de casaco de couro verde. Madame Stalherm. O que será que viu nesse homem?" George Mumme teve um comportamento estranho: "Ela não lhe dá a mínima, e ele — aceita [...]. Não entende Anka. E ela já não o ama. Esse homem me admira e elogia quando ela está por perto. Vá entender." Visitaram o monumento de Kyffhäuser, o castelo de Harzburg, Goslar e Wernigerode. "Essa pobre mulher esplêndida. Na mão de um filisteu pernóstico. É revoltante." De modo que "a vingança tardou, mas foi tanto mais feroz. É bom que seja assim. Nós não podemos nos aproximar. Eu preciso me afastar para agir. Ela devia ajudar tanto quanto possível".

Durante a viagem de carro, ficaram "juntos feito um casalzinho. Debaixo do cobertor quente Anka põe em mim um anel que a mãe lhe deu de presente. Obrigado, meu bem! Vou guardá-lo como um talismã". Quando se despediram em Aschersleben, Goebbels ficou tomado de tristeza: "Por que tenho de abrir mão da felicidade?" Mas fazia tempo que conhecia a resposta: "Provavelmente para que todos voltem a ser felizes na Alemanha. É difícil, mas tem de ser assim."

Entre um e outro encontro com Anka, ele não perdia tempo, e o padrão era sempre o mesmo. Por exemplo, lá estava Anneliese Haegert, que o amava "muito além da medida". "Mas eu não consigo decidir. Anka sempre se interpõe."⁹⁴ Numa noite de abril, a "linda Xenia", cujo nome completo era Xenia von Engelhardt, o visitou e se queixou do muito que sofria com "o seu rapazinho infiel". Goebbels conseguiu obter o alívio de uma "noite trepidante de felicidade".⁹⁵ Amava-a "muito além da medida", escreveu em 20 de maio. Ela era "comparável a Anka em muita coisa". No fim de maio e em julho, visitou Anka em Weimar.⁹⁶ Como Mumme viajava muito, nada os importunava. "Os dois fomos felizes muito além da medida. Anka cuida de mim como uma mãe."⁹⁷

No entanto, o papel de amigo da família e amante ocasional não lhe agradava. No fim de julho, Goebbels tomou uma decisão em Weimar: "Adeus a vocês dois. Preciso deixá-los com toda a sua miséria e insignificância. Não tenho tempo para me dedicar a mulheres. Tarefas mais grandiosas me aguardam."⁹⁸ Em dezembro e em janeiro de 1930, tornou a visitar Anka em Weimar, mas depois disso acreditou tê-la "superado".⁹⁹

Como em julho Xenia soube da sua estada em Weimar, o relacionamento entrou numa crise grave.¹⁰⁰ Além disso, nesse meio-tempo, durante umas férias em Mecklemburgo, ele tinha conhecido Erika Chelius, "filha de um graduado guarda-florestal de Angermünde": "Embora não seja bonita, é atraente e graciosa" e, o mais importante:[101] "Tem tanta semelhança com Anka Stalherm. Quando era jovem e ainda livre de casamento e burguesismo."[102]

Em agosto, Erika o acompanhou ao congresso do partido em Nuremberg, ao qual Xenia surpreendentemente compareceu.[103] Após uma excursão, ele se despediu de Erika com um beijo.[104] De volta a Berlim, não conseguia parar de pensar na sua nova conquista, à qual já tinha certeza "de que vou me prender tão pouco quanto a todas as outras". Paulatinamente, também começou a sentir "remorso de tantas relações atrapalhadas. [...] É desesperador. As mulheres! As mulheres são culpadas de quase tudo".[105]

Nas semanas subsequentes, encontrou-se várias vezes com Erika em Berlim ou foi visitá-la na casa dos pais em Grumsin, na região de Mecklemburgo, onde inclusive passou o réveillon.[106] Em meados de agosto, comunicou a Xenia que queria terminar o relacionamento e, na mesma noite, encontrou-se com Julia e também rompeu com ela definitivamente. "Chega! Chega! [...] Do contrário, porei tudo a perder."[107] Mas nem por isso perdeu Xenia de vista: no outono e no inverno de 1929, ela o visitou muitas vezes no seu apartamento.[108] Assim ele descreveu uma noite de dezembro em que voltou estressado para casa: "Então chamo Xenia para não ficar tão sozinho. [...] Preciso de alguém para desopilar o coração. Xenia escuta com paciência."[109]

Em fevereiro, Charlotte Streve o encontrou.[110] "Ela me ama de maneira encantadora", anotou. "Porém mais o que eu quero do que o que sou."[111] À parte isso, nas semanas seguintes, passou muito tempo com Xenia, que foi para ele, segundo escreveu quase contrito no diário, "em meio a tanta atividade incessante [...] uma compensação bem-vinda".

Num almoço no início de março, Goebbels discutiu com Erika Chelius sua "relação com as mulheres": "Necessito das mulheres como uma forma de equilíbrio. Principalmente nos dias críticos, elas têm sobre mim o efeito de um bálsamo numa ferida. Mas preciso dos seus caracteres diferentes ao meu redor." Erika recebeu essas revelações "com muita sensibilidade". À tarde Xenia o visitou: "Fez café e ficou comigo."

6. "Uma vida repleta de trabalho e luta. É essa na verdade a eterna bênção"
Política entre Berlim e Munique

Desde a primavera de 1929, Goebbels vinha observando com certa contrariedade sinais de colaboração mais estreita entre Hitler e as forças conservadoras de direita, particularmente a liga de veteranos do Stahlhelm e o Deutschnationale Volkspartei (DNVP). Em pauta estava o projeto do Stahlhelm de erigir uma frente única direitista e, mediante um referendo, proceder a uma importante reforma constitucional: o parlamento seria despojado de poder em proveito do presidente do Reich, a democracia de Weimar se transformaria num Estado autoritário.[1] Goebbels receava que, se Hitler se deixasse seduzir pelos veteranos e viesse a apoiar um plebiscito em sua opinião "absurdo", ficaria demasiado comprometido com uma frente de oposição direitista, o que diminuiria consideravelmente o espaço de manobra do NSDAP.[2]

No dia 24 de março, ele escreveu no diário: "Temo por uma reedição do 9 de novembro de 1923. Nada nos liga à direita nem à esquerda. Afinal de contas, estamos totalmente sozinhos. E é bom que seja assim. Não podemos assumir compromissos que nos privem da primazia na oposição." Uma coisa o preocupava acima de tudo: "O chefe não responde a nenhuma pergunta." Mas, no fim do mês, anotou com alívio que Hess lhe havia garantido, em nome do Führer, que entre o partido e o Stahlhelm haveria apenas uma "convivência amistosa", "não se cogita a nossa participação na política maluca da liga. Principalmente nada de consulta popular".[3] No entanto, poucos dias depois, ele voltou a se preocupar sobretudo em virtude da atitude muito receptiva do *Völkischer Beobachter* para com a organização dos veteranos. E escreveu acerca de uma conversa com Horst Wessel: "Às vezes, o grupo de Munique é insuportável. Eu não estou disposto a participar de um compromisso incerto [...]. Às vezes chego a duvidar de Hitler. Por que ele fica tão calado?"[4]

Na sua visita seguinte a Berlim, o líder nazista teve oportunidade de tranquilizá-lo: "Ele também rejeita categoricamente o referendo e até escreveu um enérgico memorando contrário. Uma coligação está totalmente fora de cogitação."⁵ Goebbels julgou inadequada a "carta bastante grosseira" de Hitler a Franz Seldte, o presidente do Stahlhelm:⁶ "Nós queremos ser — e continuar sendo — revolucionários."⁷ Em maio, publicou no *Angriff* dois editoriais claramente desfavoráveis à "reação".⁸ No mesmo mês, Hitler finalmente desancou o planejado referendo num memorando, que foi "de uma nitidez alentadora contra a corja burguesa".⁹ Acontecimento que deixou Goebbels provisoriamente satisfeito.

Ele insistiu em atacar "a frente única dos patriotas de Dawes",¹⁰ esgrimindo o fato de, em 1924, parte do DNVP ter aprovado o Plano Dawes, ou seja, o primeiro acordo internacional de revisão das reparações de guerra. Além disso, recusou-se a participar de um grande ato público da direita, alegando que não queria trabalhar com "partidos e homens" que "haviam aquiescido a Versalhes ou ao Plano Dawes. Porque aceitaram a mentira da dívida de guerra e agora não têm condições de combatê-la seriamente".¹¹ Mas, nesse ínterim, os direitistas elaboraram um novo projeto plebiscitário: uma consulta popular contra o Plano Young, aceito pelo governo do Reich, que até certo ponto facilitava o pagamento da reparação de guerra por parte da Alemanha, mas que, segundo a argumentação da direita, não fazia senão assegurar e consolidar a exação dos pagamentos alemães.

No começo de julho de 1929, Hitler discursou num encontro de estudantes nazistas, em Berlim, e aproveitou a ocasião para avisar o *Gauleiter*: "Nós vamos apoiar o referendo dos nacionalistas contra Versalhes e Young."¹² Por trás do comunicado lapidar escondia-se uma fragorosa derrota de Goebbels: era bem verdade que haviam mudado o tema da iniciativa plebiscitária, mas a aliada não era outra senão a tão detestada "reação". Com surpreendente rapidez, ele tratou de fisgar lados positivos no revés: "Mas nós vamos chegar ao topo e desmascarar o DNVP. Somos fortes o bastante para vencer na aliança que for."

No dia 9 de julho, Alfred Hugenberg, o presidente do DNVP Seldte, Hitler e o *Geheimrat* Heinrich Class, líder da Liga Pangermânica, constituíram o "Comitê Nacional pelo Referendo Alemão", efetivamente uma vasta organização com infraestrutura organizacional em todo o Reich e plataforma de agitação comum à direita unida.¹³ Goebbels — o *Angriff* não havia noticiado a constituição do comitê — não ficou nada contente: "Nossa tarefa: cuidar para não sermos engambelados e tratar de assumir a liderança de toda essa bagunça e trazer os outros a reboque."¹⁴

Sua agora tão açodada disposição a aderir à "frente única dos patriotas de Dawes" foi motivada pelo fato de Hitler ter-lhe dado a impressão de que, no futuro, ele, Goebbels, desempenharia o papel de colaborador íntimo e confidente. Também ficou lisonjeado quando o Führer se dispôs a explicar os seus projetos: no dia 5 de julho, os dois discutiram demoradamente "a futura Constituição"; os apontamentos no diário de Goebbels desse dia figuram entre os raros documentos anteriores a 1933 em que Hitler se manifestou sobre seus planos constitucionais depois da anunciada "tomada do poder". Via de regra, ele tinha a cautela de não se posicionar quanto a essas questões em público ou dentro do partido para não se comprometer prematuramente. Segundo Goebbels, Hitler queria uma "triarticulação": primeiro, um parlamento eleito que debatesse, mas não decidisse; em segundo lugar, um "senado composto por 60-70 pessoas [...] e que se complemente por cooptação" e no qual "expertos [...] tomassem decisões com base na responsabilidade própria, depois de esclarecimento mediante discussão"; terceiro, um "parlamento de estados para questões econômicas". De modo geral, Goebbels concordou com esses planos, embora tivesse algumas dúvidas: "O parlamento político é necessário? Pode ser eleito por todos? Não vai acabar ficando paralisado com o tempo?"[15]

Enfim, sua mudança de posição com relação à política de alianças de Hitler deveu-se principalmente ao fato de este, no fim de maio ou começo de julho, lhe ter oferecido a Direção Nacional de Propaganda em Munique, um cargo com o qual ele já contava pelo menos desde abril.

Aproximação de Strasser e planos para assumir a Direção Nacional de Propaganda

As dúvidas quanto ao rumo tomado pelos dirigentes do NSDAP convenceram Goebbels de que era recomendável melhorar as suas relações com Strasser e a ala "esquerda" do partido. No início de março, assentou com este que Hitler precisava mostrar mais firmeza na controvérsia com a SA.[16] Além disso, criticou seu estilo de liderança perante correligionários, propondo a nomeação de um representante pessoal (um "vice"), assim como de outros "representantes" do chefe do partido que aliviassem um pouco a sua carga. Nesse contexto, deu a entender como encarava o seu futuro papel na direção do partido: "A minha missão é: propaganda e instrução popular. O território da cultura. Combina comigo e me agrada."[17]

No fim de abril, uma viagem de ida e volta entre Berlim e Dresden deu a Gregor Strasser e Goebbels oportunidade de ter uma conversa demorada — agora num clima totalmente amistoso. Chegaram a consenso numa série de questões políticas, inclusive no tema propaganda: "A direção nacional precisa de gente nova. O único que se cogita sou eu."[18] O entendimento com Strasser nesse ponto foi particularmente importante, pois o líder nazista da Baixa Baviera havia ocupado o cargo de diretor nacional de Propaganda até o fim de 1927 — depois assumiu a Direção Nacional de Organização do partido. A fim de documentar publicamente a aproximação, Goebbels escreveu no número de agosto da *NS-Briefe* um artigo intitulado "Do caos à forma". Cheio de si, anunciou na revista para a qual não colaborava desde 1927, quando foi afastado da chefia da redação: "Nós damos a forma adequada ao século."[19]

Nos meses subsequentes, Hitler aderiu à ideia nascida na viagem de trem a Dresden de entregar a Goebbels a direção da propaganda em todo o Reich. Ofereceu-lhe o cargo duas vezes, no fim de maio e no começo de julho. Associou à oferta a expectativa de que ele passasse parte considerável do tempo em Munique, onde fixaria segundo domicílio. Mas Goebbels não aceitou, pediu tempo para pensar.[20] No fim de julho, porém, estava convencido de que assumiria o controle da propaganda em setembro.[21] Também começou a intensificar o trabalho propagandístico no seu *Gau* e, em junho, criou o departamento correspondente sob a chefia de Georg Stark.[22]

Durante o congresso do partido do fim de julho ao início de agosto, inteirou-se do boato segundo o qual teria de se mudar definitivamente para Munique e deixar seu posto em Berlim. Suspeitou que essa jogada não passasse de uma artimanha de Otto Strasser para afastá-lo da capital. Hitler estaria por trás da manobra? Em caso afirmativo — coisa que lhe parecia improvável —, ele preferia "largar tudo".[23] Mas o dirigente nazista conseguiu tranquilizá-lo: não disse uma palavra sobre afastá-lo da sua função em Berlim. E uma "descrição esplêndida" da sua aptidão para a propaganda na boca do Führer finalmente o apaziguou. Considerando-se já o "chefe" da propaganda do partido, Goebbels fez questão de participar da convenção dos propagandistas.[24] No mesmo mês, preparou um memorando sobre a reestruturação do trabalho propagandístico no NSDAP e escreveu a Hitler, em tom bastante exigente, a respeito de uma "decisão definitiva sobre a propaganda no Reich e em Berlim".[25] Contudo, só em outubro fechou acordo com os dirigentes sobre as condições em que assumiria a direção da propaganda: "O partido põe à minha disposição um apartamento em Munique, eu viajo de 14 em 14 dias e lá passo 3, monto um escritório que funcione impecavelmente, toda a propaganda ficará centralizada e terá um estilo único. Passo a falar um pouco mais na Baviera. É necessário. Berlim fica como está."[26]

Em novembro de 1929, Goebbels se reuniu com Himmler, nominalmente o vice-diretor nacional de propaganda, mas de fato no exercício do cargo, e discutiu outros pormenores do seu futuro trabalho.[27] Mas a nomeação continuava demorando.

Depois das férias de verão de 1929: a retomada da luta pelas ruas

Terminado o período de férias de verão, Goebbels retomou sua política para conquistar as ruas de Berlim. A SA voltou a chamar atenção com seus desfiles eivados de violência. O *Angriff* já antevia a "última e encarniçada batalha" com os comunistas[28] e declarou os bairros operários de Wedding, Neukölln, Friedrichshain, Lichtenberg e Prenzlauer Berg os "principais campos de batalha".[29]

No dia 7 de setembro, a SA marchou em Schöneberg e Wilmersdorf; no comício de encerramento, Goebbels voltou a falar "até ficar rouco".[30] Em 15 de setembro, realizou-se um desfile de propaganda em Charlottenburg e Moabit, novamente coroado com um discurso de Goebbels, dessa vez na praça Savigny.[31] No domingo seguinte, 22 de setembro, três regimentos marcharam em Kreuzberg e Neukölln. Ao passar o desfile em revista em frente à estação ferroviária Görlitzer, Goebbels sofreu uma agressão e foi com dificuldade que conseguiu se refugiar no carro; seu motorista ficou ferido. Num editorial intitulado "Nas barricadas",[32] o *Gauleiter* de Berlim ofereceu aos leitores do *Angriff* uma descrição dramática desse ataque. Naquela semana, as notícias locais do jornal mais pareciam despachos de guerra. Eis o que dizia sobre a "batalha na linha de frente": "Basta conquistar o Fischerkiez para quebrar a espinha do terror vermelho no centro."[33] Semanas depois, o jornal publicou "experiências na linha de frente" do bairro disputado e, quanto a Schöneberg, afirmou que lá "a mais abjeta subumanidade [...] faz caçada aos trabalhadores nacional-socialistas".[34]

Em outubro, o NSDAP berlinense programou uma grandiosa "semana de Hitler" com inúmeros atos públicos e desfiles propagandísticos. No entanto, a polícia proibiu na última hora a grande marcha da SA que devia ser a apoteose do evento.[35] Não se previu nenhuma participação pessoal de Hitler; em 1929, este só falou em público uma vez em Berlim: no já mencionado encontro de estudantes em julho.

Embora a presença de Hitler fosse rara na capital e a sua pessoa não tivesse um papel destacado no trabalho propagandístico do NSDAP, Goebbels era altamente dependente do líder nazista — e não só no sentido político, como mostrou o episódio de setembro de 1929. Ele se achava em Breslávia quando, à noite, pouco antes de fazer um discurso, recebeu um telegrama assinado por Alfred Rosenberg: o Führer teria sido vítima de um acidente mortal. "Eu perco toda a sensibilidade. Uma crise de choro me sacode. Vejo o caos diante de mim. Estou totalmente só entre desconhecidos. Tateio numa solidão sem fim." Um telefonema a Munique revelou que Hitler estava perfeitamente bem e que o telegrama era falso.

Goebbels retornou ao comício e fez um discurso de duas horas: "Numa agonia atroz! O meu maior desempenho oratório. Apesar da depressão, concentração máxima." Depois o esgotamento o derrubou. "Passo a noite sem dormir. Só agora percebo o que Hitler é para mim e para o movimento: tudo! tudo!"[36] A tensão tremenda teve consequências: ele passou os três dias seguintes doente.[37]

A aliança com a direita e as eleições municipais

Durante o verão de 1929, na esperança da rápida aquiescência definitiva de Hitler ao cargo em Munique e malgrado as restrições substanciais que tinha, Goebbels se impôs reserva no tocante à política de aliança do líder do partido com as forças direitistas. Aparentemente, não entendia ou achava demasiado complexa e extenuante a tática ambígua adotada por Hitler de flertar com a direita e, ao mesmo tempo, dela se distanciar clara e insistentemente.

Em setembro, o Comitê Nacional pelo Referendo Alemão elaborou um projeto de lei que proibia o governo do Reich de assumir novos encargos e obrigações no âmbito do Tratado de Versalhes, forçando-o a retirar solenemente o reconhecimento da dívida de guerra contido no acordo e a anular todas as obrigações anteriormente assumidas em decorrência do reconhecimento da dívida. Os membros do governo e representantes do Reich que, contrariando essa determinação, firmassem acordos com Estados estrangeiros, seriam punidos conforme os artigos da lei referentes à traição. Goebbels mandou imprimir um discurso no qual atribuía uma feição pronunciadamente "socialista" à agitação anti-Young: por causa das reparações, os meios de produção da Alemanha eram alienados em benefício do estrangeiro, inviabilizando a socialização.[38]

O plebiscito, ou seja, a coleta das assinaturas necessárias para requerer a convocação de um referendo, enfim se realizou entre os dias 16 e 29 de outubro. A iniciativa foi acionada por um eficiente aparato de propaganda, para o qual contribuíram não só as organizações envolvidas — o DNVP, o Stahlhelm, o NSDAP — como, especialmente, o império jornalístico controlado por Hugenberg, além da grande massa de variadíssimo material propagandístico criado pelo próprio Comitê Nacional e das doações por ele repassadas às organizações envolvidas.[39]

A ideia muito disseminada de que, graças à propaganda maciça do referendo, o NSDAP teria ganhado um forte impulso que facilitou decisivamente seu salto para o movimento de massa parece não resistir a um exame rigoroso. O conglomerado de Hugenberg não se dispôs a dar espaço à propaganda nazista na campanha pelo plebiscito e, ao que parece, a participação do NSDAP nessa campanha não melhorou essencialmente suas chances de receber mais doações da indústria.[40]

No íntimo, como mostram os seus apontamentos no diário, Goebbels via o empreendimento com ceticismo; neles se encontram reiteradas queixas sobre o escasso apoio financeiro do Comitê Nacional.[41] Ele continuava não engolindo o rumo tomado por Hitler — a colaboração com a "reação": "Hitler e Hugenberg confabularam em Munique. Brr! [...] Já não há o que fazer com meios parlamentares. A revolução precisa avançar!"[42]

A sua avaliação do resultado do referendo era oscilante. No fim de outubro, começo de novembro, ele estava convencido de que não se alcançaria o quorum de uma consulta popular (10% dos eleitores) e que seria possível pôr a culpa da derrota nos parceiros burgueses.[43] Quando o plebiscito, contrariando as suas expectativas, ultrapassou o limite por pouco e chegou a 10,02%, Goebbels comemorou: "Viva! Pelo menos o trabalho não foi em vão. Agora o baile pode continuar." Deixou as dúvidas de lado: "Seja como for, os vencedores seremos nós."[44]

Em novembro, sem interrupção, a campanha contra o Plano Young se fundiu com a campanha eleitoral, na qual a SA, exortada por Goebbels, entrou em "estado de prontidão",[45] voltando a ocupar a linha de frente.[46] Nas eleições municipais da Prússia, realizadas no dia 17 de novembro de 1929, o NSDAP obteve 132 mil votos ou 5,8% em Berlim e entrou no parlamento municipal com 13 vereadores. Teve o seu maior sucesso em bairros burgueses como Steglitz, Schöneberg e Zehlendorf, isto é, nos baluartes da burguesia "nacional", a qual se procurou atingir com a campanha anti-Young; teve o pior desempenho nos bairros proletários como Wedding, Prenzlauer Berg e Neukölln.[47] Goebbels exerceu durante quase um ano a liderança da pequena bancada do NSDAP, mas não tomou a palavra uma única vez no parlamento municipal; preferiu deixar o essencial da política local nas mãos de Julius Lippert.[48]

Em 22 de dezembro, fracassou a consulta popular sobre o projeto de lei contra o Plano Young: apesar das despesas monumentais em propaganda, os votos favoráveis chegaram a escassos 13,8%.⁴⁹ Contudo, os autores da iniciativa não dissolveram o comitê, que Goebbels continuava encarando com extrema desconfiança. Assim, ele se decidiu por uma provocação que cindisse a aliança.

Em 29 de dezembro, em artigo publicado no *Angriff* e intitulado "Hindenburg ainda está vivo?", atacou o presidente de 82 anos, profetizando que, mesmo no caso do Plano Young, Hindenburg ia fazer aquilo que "seus conselheiros judeus e marxistas mandassem". Ilustrava a matéria uma caricatura obviamente ofensiva ao presidente. Pelo seu cálculo, os autores direitistas do plebiscito queriam pressionar o idoso chefe de Estado a não sancionar a lei mesmo que o parlamento a aprovasse, mas não queriam que o herói da Grande Guerra fosse o alvo direto dessa campanha. O plano deu certo, como ele constataria no começo de janeiro: "O Stahlhelm pretende arremeter contra nós por causa do artigo sobre Hindenburg. Hitler está totalmente do meu lado."⁵⁰

Goebbels aumentou a aposta: quando, em 12 de março, as leis Young foram aprovadas pelo Reichstag e prontamente sancionadas pelo presidente, ele constatou num editorial que "de agora em diante" havia "um novo inimigo: Hindenburg".⁵¹ Num discurso na sede da Associação de Veteranos, no dia 14 de março, classificou o presidente de "bedel do governo dos vigaristas e da política vigarista"⁵² e, no número seguinte do *Angriff*, escreveu que "o senhor Hindenburg se rotulou a si próprio de patriota de Young".⁵³ O artigo de dezembro de 1929 valeu-lhe a condenação à multa de 800 marcos por injúria, pronunciada pelo tribunal do júri de Charlottenburg em 31 de março.⁵⁴ Goebbels avaliou a sentença como uma vitória moral: "Para Hindenburg, um enterro de primeira classe."⁵⁵

A morte e o culto da morte

No dia 8 de novembro de 1929, o *Gau* Berlim organizou, na sede da Associação de Veteranos, uma grande cerimônia fúnebre em homenagem aos que tombaram na Grande Guerra e aos mortos do "movimento"; Goebbels e Göring discursaram.⁵⁶ Dois dias depois, três outras cerimônias foram realizadas junto aos túmulos de Kütemeyer e de dois outros militantes do movimento nazista. "O dr. Goebbels fez três vezes o papel de intérprete entre os mortos e os vivos", escreveu o *Angriff*.⁵⁷

Na ocasião, como costumava acontecer nessa estação do ano, ele foi subjugado pela melancolia: "Era um dia claro e ensolarado de outono. E fui tomado por uma sombria atmosfera de morte."[58]

Duas semanas depois, soube pelo irmão mais velho, Konrad, que seu pai, cujo estado de saúde fazia tempo que o vinha preocupando,[59] estava gravemente enfermo e desenganado. Goebbels viajou a Rheydt, onde encontrou o moribundo "totalmente decaído, esquelético, gemente"; uma semana depois, recebeu a notícia do falecimento.[60] Ao ver o cadáver, pôs-se a "chorar descontroladamente". A respeito da cerimônia fúnebre na igreja, anotou como "todas aquelas formalidades" eram "vazias e apagadas". Passou dois dias em Rheydt com os parentes, que juntos tentaram se consolar da perda recordando o defunto.[61]

Goebbels pensou uma vez mais no pai no seu diário: elogiou-lhe a retidão, o senso do dever e a fidelidade aos princípios. Não lhe coubera "prestar grandes serviços à pátria", mas o filho se consolava com a ideia de que nele o pai "continuaria vivendo e ressuscitaria gloriosamente", coisa que o ajudou a suprimir o sentimento de culpa para com o falecido: havia retribuído suficientemente o seu amor? Acaso fora ingrato?[62]

Dias depois, já de volta a Berlim, registrou no diário um "sonho esquisito" que reflete o seu estado mental na época: ele estava "numa escola e era perseguido nos largos corredores por vários rabinos da Galícia ucraniana. Eles me apupavam, gritando incessantemente 'ódio'. Eu ia alguns passos à frente e respondia com o mesmo grito. E isso durou horas. Mas eles não me pegaram".[63]

Goebbels teve de discursar em várias cerimônias fúnebres: em 18 de dezembro, na praça Fehrbelliner, num ato público em homenagem a Walter Fischer, da SA; poucos dias depois, no enterro deste; e, em 28 de dezembro, no sepultamento de Werner Wessel (irmão do chefe da SA Horst Wessel), morto num acidente.[64] É possível que o acúmulo de atividades funerárias naquele mês o tenha impelido a desenvolver um culto aos mortos do "movimento" em virtude da perda de inúmeros correligionários. No começo de 1930, os conflitos violentos em Berlim forneceram-lhe uma figura adequadíssima a esse culto: Horst Wessel. A partir do início de 1929, Goebbels teve vários encontros com o jovem chefe da SA: "Um corajoso rapaz, estudante, orador, líder da SA."[65] Aos 22 anos, Wessel, filho de uma família burguesa, não tardou a abandonar o estudo de direito para se dedicar inteiramente à causa nacional-socialista. Em maio de 1929, assumiu uma tropa da SA no entorno da estação ferroviária de Schlesische, zona muito influenciada pelos comunistas. Essa tropa se transformou rapidamente na SA-Sturm 5, uma das mais temíveis quadrilhas de desordeiros de Berlim. A marca registrada desse grupo era a banda de charamelas, uma provocação especial para os comunistas, cujo principal símbolo era justamente esse instrumento. Wessel também compunha letras de música, entre as quais "Die Fahne hoch" [Bandeira içada], canção que veio a ser o equivalente a um segundo hino nacional no Terceiro Reich.[66]

Em janeiro de 1930, Wessel foi atacado em casa por dois comunistas e, baleado, ficou gravemente ferido.[67] O motivo da discórdia foi uma discussão sobre o aluguel entre ele e sua senhoria, que pediu socorro à "comuna" local. Como a namorada de Wessel era uma ex-prostituta, a propaganda comunista não teve dificuldade em descrever o caso como uma disputa de "rufiões". As semanas que Wessel passou hospitalizado e as circunstâncias da agressão ocuparam a fantasia de Goebbels: "Como num romance de Dostoiévski: o idiota, o operário, a meretriz, a família burguesa, o eterno remorso, a eterna agonia. Eis a vida desse visionário idealista de 22 anos."[68]

Em 23 de fevereiro, Wessel morreu, e Goebbels resolveu transformá-lo em mártir do movimento.[69] Já vinha tentando a mesma coisa desde 1928 com Kütemeyer, mas o contexto da morte deste continuava nebuloso; Walter Fischer, o segundo morto do movimento nazista em Berlim, já tinha saído da SA quando foi assassinado, de modo que não chegava a ser um bom modelo. Mas, no caso do jovem líder da SA e apesar das circunstâncias duvidosas do homicídio, Goebbels estava determinado a instituir uma lenda heroica: no dia 1º de março, discursou à beira do túmulo de Wessel enquanto comunistas e nazistas se espancavam nas imediações do cemitério.

Recorrendo a uma linguagem simbólica religiosa, empenhou-se com afinco em criar um culto aparentemente sagrado em torno do falecido. Pôs sistematicamente a serviço da causa nacional-socialista a esperança de redenção da Igreja Católica, com a qual se vira confrontado poucos meses antes, quando da morte do pai: Goebbels chamou Wessel de "socialista de Cristo", tal como havia feito com o amigo Flisges em *Michael*, alçou-o ao grau de "redentor" que sacrificou a vida por uma Alemanha que haveria de ressuscitar num futuro não muito distante: "É preciso dar o exemplo e se sacrificar. [...] Mediante o sacrifício, a redenção [...] mediante a luta, a vitória [...] Onde quer que a Alemanha esteja, lá estarás, Horst Wessel!"[70] *Die Fahne hoch*, a música composta pelo falecido, ele a declarou o hino do movimento nazista.[71] Em artigo para o *Angriff*, glorificou a vida de Wessel de um modo que se podia interpretar como a epítome do padecimento de Jesus: Ele "bebeu todo o cálice da dor".[72]

Um jornal para o NSDAP berlinense

Desde janeiro de 1929, Goebbels vinha planejando um jornal diário em Berlim,[73] e, no outono daquele ano, o projeto parecia prestes a se realizar. Ele estava de pleno acordo com Max Amann, o chefe da Eher-Verlag, a editora do partido: o periódico seria publicado em Berlim pela Eher: Hitler apareceria como editor; Goebbels, como redator-chefe.[74] Em dezembro, o líder nazista decidira que um novo jornal seria impresso em Berlim,[75] mas, em janeiro, Goebbels teve a contrariedade de saber que as máquinas impressoras só seriam instaladas no dia 1º de setembro de 1930: "Aqueles cretinos de Munique estragam todos os nossos grandes planos", reclamou. Provisoriamente, o *Völkischer Beobachter* passaria a ter uma página berlinense.[76]

Em janeiro de 1930, outra surpresa: a editora dos irmãos Strasser, a Kampf-Verlag, anunciou a publicação de um diário no dia 1º de março. Goebbels reagiu a essa iniciativa propondo a Hitler expandir o mais depressa possível o *Angriff* para um diário que depois se fundiria com o planejado jornal.[77] Mas o Führer preferiu decidir sem pressa. Goebbels ficou decepcionadíssimo com esse comportamento hesitante e, uma vez mais, cogitou se demitir caso o Führer apoiasse os Strasser na disputa pelo órgão de imprensa.[78]

Por fim, Hitler convocou Goebbels a Munique e resolveu que a Kampf-Verlag não podia publicar jornal nenhum. Em vez disso, dispôs-se a providenciar uma edição do *Völkischer Beobachter* em Berlim a partir de 1º de março. Os dois também combinaram que Goebbels assumiria a direção nacional da Propaganda na semana seguinte — já fazia oito meses que o Führer havia acenado para ele com a perspectiva de exercer essa função.[79]

Mas nada aconteceu. O momento de assumir a direção da Propaganda continuou se arrastando, e a Kampf-Verlag seguiu anunciando reiteradamente seu novo jornal. Hitler e o *Völkischer Beobachter*, na opinião de Goebbels, mal esboçaram uma reação; e ele se sentia "manifestamente desautorizado".[80]

Na metade do mês — o conflito ainda não tinha alcançado solução —,[81] ele constatou "anarquia no partido" e pôs toda a culpa em Hitler, "que não toma decisão e lança mão da sua autoridade".[82] Enfim o *Völkischer Beobachter* publicou uma exortação do Führer,[83] posicionando-se contra a Kampf-Verlag e a favor de Goebbels. Logo depois, quando os Strasser intercederam junto a Munique, ele receou imediatamente que o chefe do partido tornasse a "ceder".[84] Após um encontro em Nuremberg no dia 21 de fevereiro, Goebbels escreveu no diário que Hitler "promete largo e dá estreito".[85]

Ele não tinha condições de penetrar as intenções do Führer na crise com os Strasser. O seu procedimento tático se restringia a evitar uma ruptura franca com os irmãos, temendo provocar um racha no partido. Por isso tolerava as suas impertinências na política de imprensa, mesmo em detrimento de Goebbels. E procurava "amaciar" e conter o ambicioso editor do *Angriff* criticando violentamente os Strasser e prometendo-lhe o jornal e a direção nacional da Propaganda.

No dia 1º de março, saiu o tão anunciado primeiro número do *National Sozialist*, o diário da Kampf-Verlag. O desapontamento de Goebbels não teve limite: "Hitler capitulou de maneira flagrante frente a esse bávaro megalomaníaco, ínfimo e desonesto, com sua predileção pelo asfalto. Por isso, exigi numa carta urgente que ele rejeitasse essa insolência; do contrário, solicito o meu afastamento."[86] Hitler estava furioso, mas, evidentemente, fez de tudo para não ter de decidir entre Goebbels e os Strasser. Voltou a prometer ao *Gauleiter* de Berlim atacar vigorosamente a editora no partido e talvez tirar de Strasser a direção nacional de Organização, mas a verdade é que não fez nem uma coisa nem outra.[87]

Em meados do mês, Goebbels foi obrigado a reconhecer que a Kampf-Verlag tinha imprensado o *Angriff* e o *Völkischer Beobachter* "contra a parede" em Berlim, ao passo que o chefe do NSDAP continuava observando passivamente: "Hitler faltou cinco vezes à palavra comigo — pouco importa o motivo. [...] Hitler se esconde, não toma decisão nenhuma, não lidera mais, deixa as coisas acontecerem." Goebbels já não acreditava no Führer, e escreveu no fim do mês: "Como há de ser depois, quando ele tiver de bancar o ditador da Alemanha?"[88]

No começo de março, Hitler tinha prometido — "pela enésima vez?" — entregar-lhe a direção nacional da Propaganda, mas a promessa não se traduziu em fato.[89] Semanas depois, quando Himmler o pressionou para que finalmente assumisse o novo Departamento de Propaganda do Reich, Goebbels continuou aguardando "o chamado de Munique. Se Hitler não der o primeiro passo, ele que se dane".[90] Mas, apesar da pressão, o chefe do partido não se decidia a tomar uma atitude séria contra Strasser.[91] Goebbels ficou de tal modo desgastado com essa disputa que, no fim do mês, pensou uma vez mais em abandonar o posto de *Gauleiter*.[92] No entanto, não foi capaz de romper com seu ídolo.

O fim da grande coalizão

Em março de 1930, a coalizão constituída pelo Zentrum, o SPD, o DDP e o DVP se desfez no governo do premiê social-democrata Hermann Müller, quando os partidos envolvidos divergiram na questão do financiamento do seguro-desemprego. O pano de fundo desse conflito foi o aumento vertiginoso do número de desempregados a partir do inverno: a crise econômica mundial atingira a Alemanha em cheio. Em tal situação, Hindenburg nomeou o político do Zentrum Heinrich Brüning sucessor de Müller, instruindo-o expressamente a não se empenhar muito em montar um governo de coalizão e, em caso de conflito, tratar de se arrimar nos poderes extraordinários que o artigo 48 conferia ao presidente da república. Com isso, perseguia claramente o objetivo de manter os social-democratas permanentemente fora do governo, neutralizar amplamente o parlamento e instituir um governo autoritário dependente da sua aprovação.[93]

Em abril, quando a bancada do SPD apresentou uma moção de desconfiança contra o novo governo constituído exclusivamente de forças burguesas, coube ao DNVP o papel de fiel da balança: se ele apoiasse a moção, seria preciso convocar novas eleições.

Depois de uma longa conversa com Hugenberg em 31 de março, Hitler aderiu a essa solução, como comunicou a Goebbels naquele mesmo dia. "Com novas eleições, obteremos uns quarenta mandatos. Que delícia!", alegrou-se Goebbels com a boa notícia. Pelo cálculo dos nazistas, a crise econômica em rápida propagação aumentaria as chances do NSDAP.[94] Mas o DNVP acabou votando contra a moção de censura. "O chefe se enfureceu", anotou Goebbels. Em todo caso, o acontecimento permitiu-lhe saborear algo gratificante: "Sair do Comitê Nacional." Contudo, as outras manobras políticas do líder do partido despertaram sua desconfiança: "Discussão Hitler-Hugenberg. Hitler se declara disposto a só divulgar a renúncia daqui a 14 dias. Até lá Hugenberg quer derrubar o gabinete. Eu duvido. O chefe está enganado."[95]

Quando o *National Sozialist* de Strasser, contra a vontade de Hitler, divulgou antes do prazo combinado de 14 dias a saída dos nazistas do "Comitê Nacional", Goebbels reagiu com um ataque frontal a Hugenberg e ao DNVP: o partido era "um construto supérfluo e nocivo"; seu líder, quando apareceu pela última vez no Reichstag, apresentou uma "tragicomédia de equivocada liderança".[96]

Mas tampouco o DNVP cumpriu o combinado com Hitler: na votação decisiva do orçamento de 12 de abril, a maioria da bancada votou a favor do projeto do governo, salvando a pele de Brüning.[97] Hitler, que tinha ido a Berlim, "deixou-se enredar em grandes ilusões", escreveu Goebbels. "Mas agora o partido também está liquidado. Haverá cisão. Muita água no nosso moinho."[98]

De fato, três meses depois, a parte moderada da bancada do DNVP saiu do partido para fundar o Konservative Volkspartei [Partido Popular Conservador] (KVP). Na ótica de Goebbels, isso era bom: a trajetória oscilante transformaria o DNVP num parceiro pouco confiável e nada atraente; não obstante, no caso de uma aliança com aqueles que houvessem permanecido ao lado de Hugenberg, este estaria tão enfraquecido que o NSDAP prevaleceria, tendo grandes chances de assumir a liderança de todo o espectro da direita.

Goebbels assume a Direção Nacional de Propaganda

No fim de abril, Hitler por fim decidiu se posicionar abertamente contra Strasser e transferir para Goebbels a tantas vezes prometida direção da Propaganda. Aproveitou o encontro de líderes do NSDAP realizado em Munique em 26 e 27 de abril para fazer um rigoroso "acerto de contas" com Gregor Strasser, a Kampf-Verlag, os "bolchevistas de salão" e as outras forças indesejáveis no partido. Depois do discurso do Führer, Goebbels viu "Strasser *et caterva* esmagados". Terminada sua filípica, Hitler deu o passo decisivo: levantou-se, segundo registrou Goebbels, "uma vez mais e, em meio ao silêncio absoluto, anunciou a minha nomeação para o cargo de chefe nacional da Propaganda. De modo que não tive inveja de ninguém. Strasser empalideceu. Ainda balbuciou algumas frases no fim, e tudo acabou. Nós vencemos fragorosamente. [...] Goebbels *triumphans*!".[99] Aparentemente, esquecera que a sua nomeação — que afinal de contas remontava a um acordo entre ele e Strasser — tinha demorado mais de um ano e que Hitler só a concretizou quando pôde usá-la como demonstração de poder contra Gregor Strasser e o irmão.

Em maio, Goebbels assumiu efetivamente a Direção Nacional de Propaganda em Munique.[100] Como previsto, passou a viajar a cada duas semanas à capital bávara, na qual permanecia alguns dias para, com a ajuda de Himmler, impulsionar a propaganda do partido. Em maio, sua esperança era de que no outono esta já estivesse "de vento em popa". De início, ele dependia totalmente de Himmler, a quem não poupava elogios, mas a quem tratava como um fâmulo.[101] A preparação da campanha eleitoral na Saxônia seria o primeiro teste do diretor nacional de Propaganda, para o qual ele se mostrava indiferente: "Se não der certo, a culpa é dos saxões."[102]

Embora fosse o diretor nacional de Propaganda, Goebbels estava longe de controlar a totalidade da propaganda do partido: a Eher-Verlag, dirigida por Amann, manteve a independência; a responsabilidade pelo rádio, pelo cinema e pela instrução popular continuou nas mãos da Direção Nacional de Organização dos Strasser, e também lhe escapou o comando do setor de formação de oradores (que assinava Direção Nacional de Propaganda II). Isso não impediu que surgissem atritos com o encarregado dessa área, "o megalomaníaco camarada Reinhardt".[103]

"Os socialistas deixam o NSDAP"; Goebbels fica

A avaliação de Goebbels, segundo a qual ele havia derrotado definitivamente os Strasser no encontro de líderes de abril, pareceu confirmada no dia 2 de maio, quando Hitler, em visita a Berlim — Goebbels, inchado de orgulho, recebeu-o na nova sede ampliada do *Gau* —,[104] proibiu expressamente a venda da edição vespertina do *National Sozialist*. Assim pressionado, Gregor Strasser não tardou em ceder ao Führer e vender a Amann as cotas do jornal e fechá-lo definitivamente em 20 de maio.[105] Mas, para a contrariedade de Goebbels, o *National Sozialist* continuou sendo publicado depois do prazo combinado. Hitler criticou Otto Strasser dura e reiteradamente, mas não se dispôs a agir de maneira severa contra ele.[106]

Nos dias 21 e 22 de maio, teve uma longa conferência com Otto Strasser, o qual, segundo ele posteriormente contou a Goebbels, lhe deu uma péssima impressão. Essa discussão impeliu Strasser a romper definitivamente com o NSDAP. No início de julho, quando saiu do partido, publicou uma transcrição da conversa com detalhes constrangedores para Hitler.[107]

No *Gautag* berlinense de 28 de maio, Goebbels se posicionou resolutamente contra o *National Sozialist* e proibiu toda e qualquer publicidade do partido no jornal.[108] O Führer, por outro lado, preferia aguardar as eleições estaduais na Saxônia, em 22 de julho, e só então — segundo prometeu a Goebbels — agir abertamente contra a oposição interna. No entanto, o prazo venceu e ele não agiu, como constatou o frustrado *Gauleiter* de Berlim.[109] Restringiu-se a autorizar a expulsão de alguns rebeldes mequetrefes da seção berlinense do partido.[110] Mas não se atreveu a fazer o mesmo com Otto Strasser, pois nesse meio-tempo seu irmão se distanciara dele ostensivamente.[111] "Não confio no bávaro insidioso", anotou Goebbels.[112] O fato é que, no fim de junho, Gregor Strasser renunciou ao cargo de editor do *National Sozialist*.[113]

Na reunião geral dos militantes de 30 de junho e no *Gautag* de 2 de julho Goebbels voltou a atacar energicamente o *National Sozialist*, o "bando de literatos".[114] No dia seguinte, o jornal publicou, com a manchete "Os socialistas saem do NSDAP", um apelo em que Otto Strasser e os seus adeptos consumavam a ruptura com o partido. Goebbels ficou aliviado: "Isso purifica o ar."[115] Poucos dias depois, constatou, triunfante, o fim da crise: "Otto Strasser perdeu tudo."[116]

7. "Tenho a coragem de viver perigosamente!"
O radicalismo de Goebbels e a via "legal" de Hitler

Em meados de julho de 1930, delineou-se a dissolução do Reichstag: a maioria parlamentar não estava disposta a aceitar que Hindenburg, lançando mão do artigo 48, sancionasse o projeto Brüning de cobertura do orçamento do Reich, uma vez que este tinha sido rechaçado pelos parlamentares. Para Goebbels, a consequência imediata de tal situação seria a retomada das ações contra ele no Judiciário: "Vão me prender assim que o Reichstag for dissolvido. Pois eu cago e ando."[1]

No dia 18 de julho, a maioria do Reichstag rejeitou o decreto de emergência de Hindenburg, que já havia encarregado Brüning de anunciar sua decisão de dissolver o parlamento caso isso viesse a acontecer. Agora pressionado e perseguido, Goebbels conseguiu fugir despercebido do prédio do Reichstag. E, juntamente com Göring, tomou o trem noturno de Munique.[2] Lá, Hitler convocou uma reunião, da qual, além de Göring e Goebbels, participaram Rosenberg, Frick, Strasser, Hierl, Epp e outros; na ocasião, visitaram o palácio Barlow, na Königsplatz, que o partido havia comprado em maio. Uma vez concluída a reforma, a sede central se mudaria para lá. Goebbels o achou "pomposo e amplo". Registrou atentamente os cáusticos comentários de Hitler acerca de Gregor Strasser.[3]

Campanha eleitoral

Nos dias subsequentes, Goebbels tratou de se preparar, na sede do partido, para a organização da campanha eleitoral, muito embora detestasse a atmosfera da cidade: não conseguia "trabalhar em Munique. Aqui falta ordem e organização".[4] Mas teve de aguentar ainda alguns dias, pois, em 27 de julho, haveria um encontro de *Gauleiter* do NSDAP, no qual se tomariam as decisões fundamentais para a campanha eleitoral. Goebbels foi oficialmente incumbido da direção central da campanha; a seguir, passou-se a compor a lista dos candidatos ao Reichstag. Ele anotou com orgulho que havia frustrado diversas jogadas de Strasser, imposto a candidatura do seu companheiro berlinense Martin Löpelmann, assim como a de seu antigo superior Axel Ripke, além de impedir "muitas outras consagrações". Foi obrigado a engolir alguns "sapos". Manifestara-se explicitamente contra Reventlow, que, no entanto — assim como o seu adversário Münchmeyer —, foi incluído na lista.[5]

Deixando de lado as restrições à capital da Baviera, Goebbels decidiu alugar um apartamento à custa do partido e "aos poucos mudar-se para Munique" depois das eleições.[6]

Conforme as estipulações do encontro de *Gauleiter*, Goebbels teve uma influência considerável na campanha eleitoral. No entanto, não se deve imaginar que o comando central da campanha por parte da Direção Nacional de Propaganda fosse perfeito; o aparato propagandístico do partido ainda era pouco estruturado para isso.[7] Por sugestão de Goebbels, toda a campanha se centrou no slogan "Luta contra os partidos de Young". Planejou-se uma campanha agressiva principalmente contra o SPD, mas também contra o Zentrum, o DVP e o DDP, e, assim, contra os partidos do governo, que em março, no Reichstag, aprovaram a revisão das reparações de acordo com o Plano Young. Em termos de conteúdo, o diretor nacional de Propaganda aderiu à linha que era o foco da agitação do partido desde o ano anterior.

Típicos da campanha eram cartazes em que, por exemplo, um operário gigante desenhado com porte marcial vibrava um martelo enorme e destroçava criaturas que simbolizavam os partidos de Young ("Surra neles!"), ou a caricatura de um funcionário social-democrata que, executando o Plano Young com entusiasmo, despachava bilhões de marcos ao estrangeiro: "Pare! Esse dinheiro é do povo trabalhador." Além disso, os comícios maciços e as marchas de propaganda constituíam os instrumentos mais importantes de campanha eleitoral do NSDAP.[8]

Enquanto Goebbels preparava a campanha, a suspensão de sua imunidade parlamentar despejou sobre ele uma verdadeira avalanche de processos. Em 12 de agosto, foi intimado por um tribunal de Hanôver a responder pelo crime de injúria contra o governador prussiano Otto Braun. Conseguiu salvar a pele adotando o expediente de não negar o conteúdo de seus comentários — tratava-se de uma acusação de corrupção —, mas declarar que o destinatário estava errado. O objeto de sua crítica era o ex-premiê Gustav Bauer, não Braun. Safou-se efetivamente com esse subterfúgio. O tribunal o absolveu.[9]

Potencialmente mais perigosa foi uma investigação movida pelo tribunal federal de Leipzig: referia-se a um discurso de 1927, no qual ele se entregou a especulações sobre um suposto putsch da SA — pelo menos, assim entendeu a Justiça, que o acusou de alta traição. Goebbels foi interrogado no fim de julho; fingiu já não se lembrar do discurso. A investigação acabou sendo arquivada por falta de provas.[10]

Nesse ínterim, verificou-se uma reviravolta na audiência de apelação do chamado Processo Hindenburg. No começo de julho, Goebbels já tinha sido informado por seu advogado de que Hindenburg dera a entender, por intermédio do secretário de Estado Otto Meissner, que pretendia retirar a queixa. O advogado, juntamente com o gabinete do presidente do Reich, elaborou a devida declaração.[11] De início, a audiência foi adiada,[12] e, quando enfim se realizou em 14 de agosto, o promotor mostrou ao embasbacado público uma carta de Hindenburg nos seguintes termos:[13] ele havia inferido, a partir de uma declaração de Goebbels, que não havia intenção de ofender a sua pessoa, motivo pelo qual já não estava interessado em processar o político nazista.[14] No lugar da multa de 800 marcos imposta pela primeira instância, o tribunal decidiu pela absolvição: "Viva! Um sucesso estrondoso!"[15]

Mas Goebbels não escapou impunemente em todos os casos. Em 16 de agosto, o tribunal do júri de Charlottenburg o condenou por, numa edição de dezembro de 1929 do *Angriff*, chamar os membros do governo do Reich de "traidores pagos". Entretanto, o juiz não acolheu o pedido da promotoria de pena de seis meses de reclusão, contentando-se em lhe impor multa de 600 marcos.[16] No mesmo dia, ele foi multado mais duas vezes.

A revolta de Stennes

Naquele período, Goebbels se viu pressionado não só pela Justiça como também por sua própria gente. Em pleno início da campanha eleitoral, irrompeu um conflito perigosíssimo para ele e o NSDAP: a SA ensaiou uma rebelião. No dia 7 de agosto, Goebbels se encontrou com Stennes e outras lideranças da SA, que apresentaram suas reivindicações sem rodeios: "Os cavalheiros não querem se submeter à bancada no Reichstag e, como isso foi rejeitado, encenam uma pequena revolução palaciana. [...] Insolente e piamente, Stennes me explica que, se eles forem embora, a SA cairá de 15 mil para 3 mil homens."[17]

No mesmo dia, Goebbels telefonou para Franz Pfeffer, o comandante da SA que acabava de colidir com Hitler numa tentativa paralela: "Ele é muito dócil. Hitler já o atacou terrivelmente. Classificou o procedimento de motim e conspiração." Diante do chefe da SA berlinense, Goebbels declarou que considerava Pfeffer "um intrigante" que seduzira a SA para essa "rebelião".[18] Em meados do mês, teve um encontro com Pfeffer, que aceitou que a SA metera "os pés pelas mãos na questão das cadeiras no parlamento".[19]

No fim do mês, a revolta da SA eclodiu abertamente. No dia 27 de agosto, Goebbels recebeu "a primeira notícia de uma planejada rebelião da SA", algo que inicialmente não podia conceber: "Eles querem nos dar um ultimato (mandatos) e, se não forem atendidos, arremeter. Em plena batalha. [...] Stennes fica sentado feito uma aranha no segundo plano."[20] Algumas horas depois — apesar das notícias alarmantes, ele viajou a Dresden para um comício eleitoral —, soube "que a coisa é pior do que eu imaginava. Os *stafs* [chefes de regimento] reuniram seus regimentos e se rebelaram francamente contra o *Gau* e Munique".

De volta a Berlim, escreveu no dia seguinte: "Decepção enorme. Conversa com Stennes. Ele apresenta descaradamente suas condições: três mandatos. Dinheiro, poder político." Stennes ameaçou claramente detonar o comício no Palácio de Esporte programado para o dia seguinte. Goebbels decidiu: "fingir ceder. No dia 15 de set., vingança." Infelizmente, precisou fazer uma nova viagem, dessa vez a Hamburgo. Depois de várias tentativas frustradas, finalmente conseguiu falar com o Führer. Mas a conversa o desapontou: Hitler "não entende a situação. Não a leva a sério".

Mal havia chegado a Berlim, ele anotou em 29 de agosto: "O caos. Uma tropa de choque do Standart IV quer demolir a sede do partido e espancar Wilke e Muchow. Precisei de toda a minha autoridade para chamá-los à razão. Stennes deixa deliberadamente a coisa amadurecer e depois vê que é demais para ele." Diante dessa situação, Stennes se dispõe a negociar: "As suas condições diminuem de hora em hora. Infinitos telefonemas para Munique. Impossível falar com Hitler. Os outros são cretinos."

Goebbels resolveu aceitar uma proposta de Stennes e discursar para a SA à noite. Aproveitou o comício no Palácio de Esporte para, como noticiou o *Angriff*, ajustar contas "com os boateiros a soldo dos judeus que agora, às vésperas das eleições, querem semear a discórdia nas fileiras nacional-socialistas". Além disso, conseguiu levar Stennes a fazer uma declaração que ele mandou publicar no *Angriff*: os "rumores sobre um motim da SA berlinense" são "falsos", e ela continuava "fiel ao partido e ao seu Führer".[21] Considerou inválidas as obrigações que assumira perante Stennes, pois tinham sido "extorquidas e, portanto, eram nulas".

Inicialmente, a situação pareceu se acalmar — em todo caso, Goebbels estava determinado a não permitir que a crise em Berlim estropiasse o seu programa eleitoral, de modo que foi a Breslávia em 30 de agosto. É de suspeitar que, naqueles dias frenéticos, os compromissos externos nada tivessem de inconveniente para ele, evitando que se envolvesse demasiado no pântano berlinense. Por ocasião da última crise de Stennes no verão de 1928, Goebbels não vira necessidade de interromper as férias na Baviera. Entretanto, as notícias que recebeu de madrugada em Breslávia eram alarmantes, ainda que não chegassem a ser surpreendentes: "SA assaltou demoliu sede. SS defesa 2 feridos." Decidiu voltar a Berlim. Ao meio-dia, lá se encontrou com Göring e Hitler, que acabava de chegar de Bayreuth. À noite, juntos, visitaram os *Sturmlokale** da SA. Ainda que Hitler tenha sido "recebido com entusiasmo" em toda parte, imperava uma "atmosfera lúgubre".

Tarde da noite, Goebbels ainda recebeu uma visita — evidentemente inesperada: "Às dez da noite, despencam líderes da SA na minha casa — Hitler conversa com eles. Não está em boa forma." Notavam-se os primeiros sinais de desintegração: "Comportamento vulgar o dessa gente. Abusam dele." Goebbels não consegue deixar de acrescentar: "Até certo ponto, não estão tão errados. [...] Pobre Hitler! Essa é a recompensa de anos e anos de descuido." Por fim, Stennes também apareceu para ter uma conversa com o Führer, a qual se prolongou até o amanhecer, mas não rendeu nenhum resultado concreto.

Naquela manhã, Goebbels tinha comparecido a mais uma audiência no tribunal: foi condenado a seis semanas de prisão e multa de 500 marcos por injuriar reiteradamente o vice-chefe de polícia Bernhard Weiss.[22] "Intervalo com Hitler, Göring o acompanha. Situação nova. Aconselho conciliação urgente, do contrário é a catástrofe. A rebelião já se alastra pelo país." A decisão foi tomada às quatro horas da tarde: Hitler depôs Pfeffer, assumiu o comando da SA e, ao mesmo tempo, determinou uma melhora da situação financeira da organização paramilitar, possibilitando a si próprio impor ao partido diversas taxas especiais.[23] À tarde, os líderes da SA aceitaram a proposta, e Goebbels tratou de apresentar o compromisso assumido no último minuto como uma derrota da SA: "Revolução de salão. Stennes se sujeitou."

---

* Também conhecidos como "tabernas" da SA, eram locais em que os homens do grupo paramilitar costumavam se encontrar para exercer suas funções nos bairros predominantemente comunistas, uma mescla de clube e refeitório beneficente, muitas vezes mobiliado com camas, que servia de base de operações e fortaleza em território inimigo. (N. do T.)

À noite, todos se reuniram na sede da Associação de Veteranos para comemorar ostensivamente a reconciliação. A SA, escreveu Goebbels, que "há pouco queria explodir tudo, agora está cheia de espanto e chora. Hitler fala". Já o relatório da polícia berlinense diz que, depois de um longo discurso, Hitler exortou a SA à lealdade, "alçando a já cansada voz a berros quase histéricos".

Sendo o orador seguinte, Goebbels queria "pôr um ponto final" naquela história "com uma alocução sentimental". A esse respeito, ele mesmo registrou no diário, triunfante: "Eu falo. Tudo resolvido. É o fim do putsch de Stennes. As consequências virão depois do 14 de setembro." No entanto, omitiu que logo a seguir quem falou foi Stennes, que anunciou as disposições de Hitler e se apresentou como vencedor.[24]

Dias depois, Goebbels exibiu oficialmente a reconciliação para os berlinenses: conforme ficou registrado no diário, ele percorreu a cidade com a SA desde cedo até tarde da noite: "Um desfile de luta, de triunfo e de alegria. Foi magnífico. Passando pelo meio dos baluartes vermelhos."[25] No dia 10 de setembro, Hitler falou num ato público no Palácio de Esporte.[26] Era o auge da campanha eleitoral. Depois Goebbels conferenciou com o líder do partido: "O chefe quer que eu continue em Berlim. Sou obrigado a fazê-lo embora minha disposição tenha diminuído." Em todo caso, Hitler teria percebido que ele não tinha "culpa nenhuma" pelos últimos acontecimentos; tratava-se, isto sim, "de um erro de construção na organização". Agora cumpria aumentar a influência política do Führer.[27]

No dia seguinte, Goebbels conversou por longo tempo com Stennes, com o qual entrou "em contato paulatinamente".[28] Não tinha outra saída: com seu estilo estridente de agitação, a SA era indispensável. Por outro lado, se ele se identificasse em excesso com os paramilitares e se mostrasse muito radical, entraria inevitavelmente em conflito com a direção do partido.

Contenda sobre a linha do partido

No dia 14 de setembro de 1930 — como esperava Goebbels —,[29] o NSDAP teve um sucesso espetacular nas eleições do Reichstag: conquistou 18,3% dos votos, mostrando que, sem dúvida alguma, era um movimento de massa. Todavia, o resultado em Berlim voltou a ficar claramente abaixo da média nacional: na capital, o partido obteve apenas 16,4%.[30] Entretanto, na véspera das eleições, o clima no Palácio de Esporte foi de "entusiasmo como em 1914".[31] Goebbels celebrou a vitória no *Angriff*, constatando que, "a longo prazo, só será possível governar a Alemanha com o nacional-socialismo".³² Agora, em sua opinião, tinha chegado a hora de pôr um ponto final nas desavenças dos últimos dias. No *Gautag* de 17 de setembro, anunciou uma generosa "anistia geral"³³ e se empenhou intensamente em estabelecer um novo equilíbrio entre a organização do partido e a SA, de cuja lealdade, afinal, ele dependia decisivamente. No dia 20 de setembro, conversou longa, "amistosa e francamente" com Stennes,³⁴ mas, poucos dias depois, voltou a suspeitar que ele não manteria a paz durante muito tempo.³⁵

Em 25 de setembro, Goebbels viajou a Leipzig com Göring para depor no chamado processo de alta traição de Leipzig. A ação judicial chamou muito a atenção da opinião pública: três oficiais da Reichswehr* estacionados em Ulm haviam tentado criar uma célula nazista no exército e agora estavam sendo julgados por alta traição. Para esclarecer a questão do posicionamento do NSDAP com relação à ordem constitucional da República, o tribunal intimou vários dirigentes nacional-socialistas a depor. Logo depois do surpreendente sucesso eleitoral do partido nas eleições do Reichstag, esses depoimentos prometiam importantes esclarecimentos sobre os rumos pretendidos pelo partido.

Ouvido em primeiro lugar, Hitler declarou resolutamente que o NSDAP queria chegar ao poder exclusivamente pela via legal. Em companhia de Göring no espaço reservado ao público, Goebbels acompanhou o depoimento do Führer. Por certo receava que em meio ao material reunido pela promotoria para provar o contrário figurassem escritos "revolucionários" da sua autoria. Esse temor revelou-se infundado. Ele nem chegou a ser ouvido.³⁶ Assim, uma vez mais, evitou-se uma exposição das diferenças entre o Hitler "legal" e o Goebbels "revolucionário".

Com a vitória eleitoral, a cúpula do NSDAP começou a sondar — bem no espírito da "via legal" — as possibilidades de participar de um governo chefiado pelo chanceler Brüning. Em visita a Berlim, Hitler expôs as condições a Goebbels: o partido exigia três ministérios — "o do Exterior (Rosenberg), o do Interior (Frick) e o da Defesa (eventualmente Epp)" —, assim como a saída do Zentrum do governo de coalizão da Prússia, onde o partido católico governava juntamente com o SPD e o DDP. Quanto ao futuro pessoal de Goebbels, pareciam ter surgido de súbito perspectivas verdadeiramente

---

* As forças armadas alemãs entre o fim da Primeira Guerra Mundial e 1935, quando foram rebatizadas Wehrmacht. (N. do T.)

fantásticas: "Se participarmos, eu passo a ser o poder na Prússia por ora. Então estará tudo bem."[37]

Em 5 de outubro, Hitler, secundado por Frick e Strasser, teve um encontro confidencial com Brüning. O resultado foi claro: não havia a menor possibilidade de participação do NSDAP no governo.[38] Goebbels foi um dos primeiros a ser informado: "Continuamos na oposição. Graças a Deus."[39] Mas seguiu esperando que a ruptura da coalizão lhe desse uma chance na Prússia, o maior estado alemão.[40] No entanto, o caminho era longo: até a posse do novo Reichstag, Goebbels não contava com a habitual proteção da imunidade; aproveitando a situação, as autoridades judiciais aumentaram a pressão sobre ele. Para escapar à ameaça de prisão, só lhe restou fugir para Weimar em 10 de outubro.[41] No dia 13, data da sessão inaugural do Reichstag, retornou a Berlim e logrou passar pelos detetives e entrar sorrateiramente no prédio; dias depois, o *Angriff* apresentou pormenores desse jogo de esconde-esconde.[42] Goebbels voltou a gozar das prerrogativas parlamentares.[43]

Não tardou a reforçar sua posição no jornalismo. Após algumas querelas desagradáveis — "Esse asqueroso Amann! Eu o detesto" —,[44] chegou a um acordo com a Eher-Verlag, que no futuro, junto com o *Gau* berlinense, passaria a publicar o *Angriff* como jornal diário. Agora, exultou Goebbels, tinha "a direção exclusiva, sou totalmente independente comercial e espiritualmente".[45] No começo de outubro, assinou o contrato definitivo com Amann: "Mas ele ainda vai me tapear."[46] Com efeito, a partir de 1º de novembro, o *Angriff* passou a ser publicado todo dia.[47]

Em novembro, ele se inteirou em Munique da solução que Hitler pretendia dar à crise ainda candente da SA: "Röhm vai chegar. Da Bolívia, onde atuou no exército. Ele é muito gentil comigo e eu gosto dele. Uma natureza franca, de soldado mesmo."[48] No fim do mês, Röhm desembarcou em Berlim. "Um bom sujeito", escreveu Goebbels, "mas não é páreo para Stennes".[49]

Na verdade, Ernst Röhm tinha ido para a Bolívia na qualidade de instrutor militar depois de se desentender com Hitler, em 1925, sobre a integração do Frontbann (uma organização de fachada para substituir a proibida SA), que ele havia criado, ao refundado NSDAP.[50] A decisão do líder nazista de entregar a direção da SA a Röhm, a qual, apesar de certa resistência, ele conseguiu impor em 30 de novembro, numa reunião de dirigentes da SA em Munique, geraria novos conflitos a médio e longo prazo, pois o orgulhoso Röhm não estava disposto a se sujeitar incondicionalmente ao Führer; para este, no curto prazo, a nomeação de Röhm era um expediente para conter Stennes e seus adeptos.[51]

Goebbels banca o radical

Goebbels concebera uma receita própria para controlar a SA em Berlim: mediante ações violentas permanentes, fortalecer a coesão interna e aplacar a sede de atividade da maioria dos jovens camisas-pardas desempregados. Desse modo, esperava dar um rumo à organização de composição heterogênea e em grande expansão.

Em dezembro de 1930, encontrou um novo alvo nos seus ataques ao "sistema": o filme americano *Nada de novo no front*, baseado no romance pacifista de 1929 do autor alemão Erich Maria Remarque, uma descrição realista da guerra de trincheiras. Goebbels viu na fita um insulto à honra do soldado alemão e se convenceu de que por trás do projeto cinematográfico se ocultavam maquinações judaicas. Era preciso impedir a qualquer preço as projeções em Berlim, essa era a sua meta.

No dia 5 de dezembro, foi com um grande contingente de adeptos a uma apresentação noturna do filme. Ninguém ficou inativo: "Em apenas dez minutos, o cinema parece um manicômio. A polícia é impotente. A multidão exaltada arremete violentamente contra os judeus. A primeira incursão no Ocidente. 'Fora, judeus!' 'Hitler está chegando!' [...] Na rua, assalto às bilheterias. Tinem as vidraças. [...] A projeção é cancelada, a próxima também. Vencemos."[52]

Poucos dias depois, os nazistas voltaram a organizar tumultos no Berliner Westen, dessa vez explicitamente convocados pelo *Angriff*.[53] Segundo os seus próprios dados, Goebbels falou para mais de 20 mil adeptos na Wittenbergplatz — a estimativa do *Berliner Lokalanzeiger* ficou entre 5 e 6 mil. Formou-se uma passeata que, rompendo o cordão policial, conseguiu avançar até o Kurfürstendamm.[54] O espetáculo se repetiu no dia seguinte. Dessa vez, a polícia tentou dispersar com violência a multidão — Goebbels falou em 40 mil participantes — que avançava sobre o Kurfürstendamm e acabou fazendo uso de armas de fogo. Na manhã seguinte, o chefe de polícia proibiu as passeatas. Goebbels se alegrou: "A rua n[acional]-s[ocialista] dita a ação do governo."[55] Por fim, o filme foi proibido com o pretexto de que constituía uma "ameaça à reputação alemã" — para Goebbels, um "triunfo":[56] "A república vocifera de raiva da nossa vitória cinematográfica. [...] Aos olhos da opinião pública, somos os homens fortes."[57]

O novo ano começou com mais uma série de truculências da SA. Em 3 de janeiro, o *Gauleiter* registrou laconicamente no diário: "2 *Reichsbanner* mortos a tiros pelos nossos. Isso impõe respeito. Os outros começaram com o terror, nós só nos defendemos." No mesmo dia, uma sessão do filme *Afrika* parece ter confirmado que ele estava trilhando o caminho certo: "Luta, luta, grita a criatura. Paz em lugar nenhum, só assassinato, só homicídio, tudo para manter a vida. Assim entre os leões, assim entre os homens. Só que nós não temos a coragem de confessar francamente o que é. Os selvagens são homens melhores."

Em meados do mês, Hitler lhe garantiu que a situação geral do partido era boa; no entanto, havia "o perigo de que tudo demore demais e o ímpeto do partido chegue ao ponto de solidificação. Por isso é necessário arriscar cada vez mais ação".[58] Foi a corroboração do seu método. Dias depois, em 22 de janeiro, uma discussão com o político comunista Walter Ulbricht, organizada no salão Friedrichshain, degenerou numa verdadeira batalha.[59] O *Vossische Zeitung* informou que se estabeleceu um tumulto "como jamais se viu num evento político em Berlim"; resultou em mais de cem feridos.[60]

A confusão serviu de prelúdio a toda uma série de violências, como dá a entender a reportagem do *Angriff* do dia seguinte: pancadaria após pancadaria. Segundo o jornal, havia uma "flagrante guerra civil" — claro que por culpa dos outros —, e era preciso enfrentar com violência o "terror sanguinário dos comunistas".[61] Diante dos conflitos brutais entre nacional-socialistas e comunistas nos primeiros fins de semana de fevereiro, o *Vossische Zeitung* exigiu em editorial "Depor as armas!"[62]

A atuação crescente da SA levou Goebbels a achar aconselhável voltar a se aliar a Stennes. Em janeiro, convidou este e a esposa a uma soirée no seu apartamento novo e constatou com satisfação que o líder da SA "se aproximou muito mais".[63] Poucos dias depois, numa assembleia da SA, Stennes tornou a despertar sua desconfiança.[64] Não obstante, Goebbels não lhe negou apoio na sua tentativa de subordinar firmemente a SS berlinense.[65] Em fevereiro, os dois voltaram a conversar e se puseram de acordo sobre as questões fundamentais: "Nós fizemos uma aliança. SA + eu. É o poder."[66]

À medida que se aproximava da SA e adotava uma política cada vez mais radical, Goebbels ia se afastando de Göring, que tinha um papel político especial na capital e se encarregava principalmente de estabelecer contato com os membros da elite nacionalista e conservadora. Desde o começo do ano, aparecem no diário sérias queixas contra Göring, com o qual, porém, durante 1930, apesar das muitas dificuldades, ele conseguiu estabelecer uma relação pessoal adequada.[67] Em abril, chegaram a empreender juntos uma viagem de férias à Suécia.[68]

No início de fevereiro de 1931, tiveram um pequeno desentendimento porque Göring não queria a sua presença numa soirée com o chefe do comando do exército, o general Hammerstein-Equord,[69] Goebbels soube por um conhecido comum que "G. teve uma recaída no vício da morfina",[70] informação que, sob o pretexto de preocupação e cuidado, passou a Hitler duas semanas depois.[71] Reuniu com avidez reclamações e observações negativas a respeito de Göring,[72] queixando-se de que este "esnoba demais em círculos desconhecidos", criticou-o por causa de uma visita à corte do cáiser no exílio ("que nos interessa Doorn?")* e o acusou de otimismo excessivo nas questões políticas.[73] Numa conversa mais demorada com Hitler em fevereiro, constatou muita conformidade na avaliação desfavorável do rival, o qual o Führer acusou de megalomania.[74] Em meados de março, teve uma discussão com Göring, durante a qual os dois trocaram incriminações, posto que se tenham despedido como "meio amigos".[75]

O radicalismo renovado de Goebbels intensificou o antagonismo com Munique. Contrariava-o o fato de Hitler, na época, estar aparentemente ocupado demais com a nova sede que, em janeiro de 1931, o NSDAP havia comprado no restaurado Palácio Barlow, situado na muito exposta Königsplatz.[76] Em fevereiro, quando soube por intermédio de Stennes do provável homossexualismo de Röhm, o chefe da SA — semanas antes, Goebbels o havia prevenido justamente contra um líder da SA berlinense assim reputado! —,[77] assestou sua cólera contra a direção do partido: "Asqueroso! Hitler não toma o menor cuidado. Não pode ser, o partido transformado no eldorado dos 175."[78]**

Numa reunião com a liderança da SA berlinense em seu apartamento, Goebbels detectou muita "irritação com Munique na SA". No mais, deu-se "perfeitamente bem com o pessoal".[79] Na capital da Baviera, no começo de março, constatou que concordava em muitas coisas com o chefe do partido. No entanto, também concluiu que Hitler era "extremamente mole e sôfrego por compromisso. Quer o poder a qualquer preço, e já".[80]

Em Munique, também discutiu com Röhm as tensões na SA, especialmente a relação crítica entre esta e a SS. "Röhm tem a visão correta, mas é difícil jogar Hitler contra a SS. A sua queridinha. A guarda pessoal!" Na querela entre a SA e o partido, ele considerava a "mediação" a sua tarefa mais nobre.

---

* Cidadezinha holandesa em que o cáiser Guilherme II ficou exilado de 1918 a 1941, quando faleceu. (N. do T.)
** Referência ao parágrafo 175 do Código Penal do Reich, que tipificava como crime a prática homossexual. (N. do T.)

Decidiu apoiar "Stennes nas reivindicações justas da SA", mas combater com firmeza todo "golpismo contra o partido ou Hitler".[81]

Algumas semanas depois, Goebbels conseguiu a duras penas impedir Röhm de depor Stennes. Como em várias outras estadas em Munique, convenceu-se de que a atitude pouco "ativista" de Hitler se devia às instilações do seu meio, ao horroroso "ambiente muniquense": "Tarde no café. O chefe posando de burguês. Horrível vê-lo com esses filisteus, politiqueiros de botequim." Por outro lado: "Se houver ruptura, eu fico com Hitler, embora acredite que muita coisa precisa de reforma urgente."[82] O fato de Goebbels — apesar de algumas dúvidas — sempre estar firmemente determinado a se agarrar ao Führer explicava por que suas relações com outros políticos nazistas, como Stennes, Göring e Röhm, continuavam frágeis: ele não estava disposto a se integrar às constelações de alianças internas que, eventualmente, pudessem entrar em rota de colisão com o chefe do partido. Seu status no NSDAP baseava-se principalmente na sua — assim ele a enxergava — relação especial com Hitler, e ele não queria saber de nenhum compromisso político interno que viesse a ameaçar essa posição privilegiada.

A incrível capacidade de adaptação do *Gauleiter* de Berlim também se manifestou em outras áreas. Na verdade, ele achava que a política econômica da direção do partido precisava urgentemente de reforma. Depois das eleições de setembro de 1930, exigiu em dois editoriais do *Angriff* que o NSDAP concretizasse suas proposições econômicas. Os 25 pontos do partido de 1920, que Hitler declarara sacrossantos e que, entre outras coisas, continham a reivindicação de "participação nos lucros das grandes empresas" e reforma agrária, não passavam de um esboço. Goebbels exigiu que os dirigentes do partido se reunissem para, "mediante o debate e o estímulo recíproco, esclarecer os problemas ainda parcialmente controversos ou obscuros".[83] Essa reunião foi efetivamente realizada em dezembro de 1930. Depois de consultar "Hitler e um grande número de expertos", ele apresentou uma definição do termo socialismo que foi imediata e entusiasticamente aprovada pelo Führer: "Prevalência do conceito de povo sobre o de indivíduo." Goebbels teve certeza: "Isso vai entrar no programa."[84]

Não obstante, as consultas coletivas sobre o futuro programa econômico e, principalmente, as definições programáticas concretas contradiziam fundamentalmente o tratamento sobretudo tático que Hitler dava a essa problemática. Em janeiro de 1931, ele instituiu um novo setor econômico na direção nacional que, sob o comando de Otto Wagener e concorrendo com outras seções do partido, se encarregou de elaborar um programa econômico. Em março de 1931, Wagener apresentou um documento propondo uma ordem econômica privada sob a vigilância e a direção do Estado. Goebbels ficou literalmente revoltado: "Não resta um vestígio de socialismo." Escreveu uma crítica implacável e tentou incitar Göring a se opor ao projeto, mas este preferiu não mostrar simpatia pelo "socialismo". "G. é todo conjuntura", assim caracterizou Goebbels a posição "liberal" do colega.[85]

Além disso, na primavera de 1931, Hans Reupke, mais um consultor econômico recém-recrutado — além de membro da diretoria da Federação Nacional da Indústria Alemã —, publicou um opúsculo rejeitando veementemente todos os antigos planos de estatização do NSDAP. Para Goebbels, tratava-se de uma "traição flagrante ao socialismo".[86] Dias depois, ele conversou com Hitler sobre o programa econômico e se deixou convencer de que Reupke já era "carta fora do baralho".[87] Na realidade, o líder nazista não tinha o menor interesse na concretização substancial do programa econômico do partido. Com o escrito do seu consultor Reupke, sinalizou nitidamente que não queria saber de nenhum experimento socialista. Goebbels desistiu de instigar a direção do NSDAP a tomar posições mais claras no tocante à economia. Sim, tudo indica que, para ele, as concepções econômicas e sociais com que se chegava ao poder e ao domínio do Estado eram relativamente irrelevantes.

Para a autorrepresentação de Goebbels como um radical do partido que, na luta cotidiana, ficava na linha de frente e sob ameaça constante também serviu um episódio por ele arquitetado em março de 1931. No dia 13, escreveu no diário "tentativa de atentado a bomba contra mim".[88] Segundo afirmou, seus auxiliares na sede encontraram "explosivo" num pacote que lhes pareceu suspeito; ninguém se feriu. O *Angriff* dos dias subsequentes transformou isso em manchete.[89] Algumas semanas depois, graças à intensa investigação policial ou com base em revelações de ex-empregados do partido, apurou-se que o atentado tinha sido evidentemente simulado pelo próprio Goebbels e, aliás, de maneira relativamente tosca; os tais explosivos não passavam de busca-pés e um pouco de pólvora.[90] O fato de ele apresentar o "atentado", no diário, como uma ameaça real é característico do seu modo de lidar com a verdade: nas suas anotações, Goebbels tratava como fato tudo aquilo que queria acreditar que era realidade.

Nova crise de Stennes

Em março de 1931, a República tomou medidas mais drásticas contra o NSDAP. No dia 18, a polícia berlinense proibiu Goebbels de falar em público; no dia 20, pouco antes de um comício em Königsberg, ele foi informado de que sua participação tinha sido vetada em virtude "do receio de ocorrência de tumulto".[91]

No fim do mês, quando um decreto de emergência do presidente do Reich restringiu o direito de manifestação e a publicidade dos partidos políticos, tolhendo ainda mais a liberdade de ação da SA, o conflito entre a tropa "ativista" e a postura "legalista" da direção do NSDAP se intensificou inevitavelmente. Goebbels sentiu-se corroborado em sua atitude radical: "Viva a legalidade! Dá nojo! Agora temos de conceber novos métodos de trabalho." Haviam-se cometido muitos erros no passado: "Principalmente, nos envolvemos demais com o inimigo. Hoje ele nos engana. A culpa é de Göring. Nós devíamos ter continuado sendo a ameaça de desastre e a esfinge enigmática. Agora estamos desmascarados. [...] Corrigir a rota! Outra vez na obstinada oposição. Lutar, trabalhar, agir, não contemporizar."[92]

Com semelhantes manifestações, Goebbels se colocou no papel de advogado da SA, mas não pôde evitar que, na qualidade de *Gauleiter* do partido, acabasse ficando entre as duas linhas de conflito e que, tanto em Munique quanto no entorno de Stennes, passassem a desconfiar cada vez mais dele: "A SA está fedendo novamente. Stennes não dá trégua. Mas Munique também comete erros capitais. A sede do partido nos leva uma vez mais à perdição." Ele soube, por intermédio de um líder da SA, que um "forte grupo" estava trabalhando contra ele em Munique. "Entre outros, Hierl, Rosenberg, mas também Strasser."[93] Durante uma viagem à Prússia Oriental no fim de março, foi avisado pelo *Gauleiter* de Danzig, Albert Forster, que lá também havia "fedor na SA". Stennes agia por baixo do pano em toda parte.[94] Goebbels previu com clarividência "a mais grave crise que o partido tem de enfrentar".[95] Mas isso não o impediu de sair da capital naqueles dias críticos e atender compromissos de campanha na Saxônia.

Em 31 de março, Hitler o surpreendeu convocando-o a Weimar. Lá, no dia seguinte, Röhm lhe contou que Stennes tinha sido afastado, pois se rebelara abertamente. Mas, longe de ficar inativo, passara para o contra-ataque, mandando a SA ocupar a sede do partido e a redação do *Angriff*. O *Angriff* de 1º de abril publicou uma declaração de Stennes. Berlim, segundo Goebbels, era "um formigueiro".[96] Em todo caso, ele se posicionou inequivocamente a favor de Hitler — "com todas as críticas".

Goebbels suspeitava que o capitão Hermann Ehrhardt, ex-líder dos Freikorps e da Sociedade Secreta que tinha liderança sobre os oposicionistas do NSDAP, estivesse por trás do putsch berlinense; no entanto, tinha certeza de que se tratava "da maior, mas também da última crise do partido". À noite, participou de um ato público com Hitler, no qual professou "fidelidade incondicional ao Führer".[97] De madrugada, partiu com ele para Munique. A partir de lá é que o "golpe" seria derrotado: os dois se posicionaram sobre isso na imprensa nazista. Hitler declarou no *Angriff* que havia outorgado a Goebbels "plenos poderes para purgar o movimento nacional-socialista de todos os elementos subversivos". Não obstante — e constrangedoramente para o *Gauleiter* de Berlim —, o jornal deu a Stennes oportunidade de se manifestar. Logo depois, Goebbels demitiu Weissauer, o diretor da publicação.[98]

O plenipotenciário lançou mão dos poderes especiais a ele conferidos para expulsar os "traidores" do partido. O *Angriff* de 4 de abril estava de novo totalmente nas mãos do *Gauleiter* e saiu com a manchete "O fim da camarilha amotinada". Ao lado, vinha impressa uma exortação de duas colunas de Hitler aos correligionários. Goebbels teve boas razões para considerar a revolta "derrotada" poucos dias depois. No entanto, achou detestável que Göring houvesse tentado exercer um papel decisivo em Berlim na luta contra Stennes: "Isso eu nunca vou perdoar a Göring! A gente pode ficar exasperado com as pessoas. Ele é um monte de merda congelada."[99]

Goebbels não teve pressa de retornar a Berlim. Passou os feriados da Páscoa com Hitler em Munique e imediações e só em 8 de abril se dispôs a viajar à capital do Reich. Tal como nas crises anteriores de Stennes de 1928 e 1930, esperava que a distância física o resguardasse de um envolvimento excessivo com o conflito. Apesar da profissão de lealdade a Hitler, precisava cuidar para não romper totalmente os seus vínculos com a SA. Ao chegar a Berlim, declarou-se doente, cumpriu compromissos e divulgou declarações, mas fez questão de não aparecer em público.[100]

A colaboração com o sucessor de Stennes, Paul Schulz, parecia ter começado bem; ademais, ele constatou que a organização do partido praticamente não fora afetada pela crise.[101] Recorreu ao poder público, ou seja, à polícia e a alguns oficiais de Justiça, para recuperar os móveis de escritório retirados por Stennes.[102] No *Angriff* de 7 de abril, manifestou longamente fidelidade a Hitler e se confessou adepto de sua "via legal".[103]

Durante o putsch de Stennes, Goebbels havia mantido a lealdade ao Führer e agora atribuía à sede muniquense, àquele "partido palaciano", a culpa pela irrupção da revolta.[104] Poucos dias depois, como era de praxe, demonstrou publicamente a reconciliação com a SA, mandando a tropa de 4 mil homens desfilar até o Palácio de Esporte para uma "assembleia geral".[105]

Processos

Em fevereiro de 1931, uma alteração do regimento interno do Reichstag restringiu a imunidade parlamentar, facilitando a persecução penal de deputados. Além disso, o parlamento decidiu conceder à Justiça o direito de julgar o deputado Goebbels caso ele insistisse em não comparecer à audiência quando citado.[106] Isso desencadeou uma nova onda de processos contra ele.[107]

No dia 14 de abril, coube-lhe enfrentar duas audiências: foi condenado a multa de 1.500 marcos por mais uma injúria ao vice-chefe de polícia Bernhard Weiss e a outra de 200 marcos por uma declaração pública contra a proibição de uniformes.[108] Nova audiência estava marcada para dois dias depois: "Os processos me matam."[109] Goebbels foi sentenciado pelo tribunal distrital de Berlim a multa de 2 mil marcos ou, alternativamente, 500 marcos — uma vez mais por injúria a "Isidor" Weiss, bem como por instigação à violência contra os judeus, ambas publicadas no *Angriff* em junho anterior.[110]

No fim de abril, quando ele faltou a uma audiência — tratava-se novamente de artigos ofensivos publicados no *Angriff* —, preferindo participar de uma reunião em Munique, a promotoria pública berlinense enviou um funcionário à capital da Baviera de avião, o qual mandou prendê-lo no mesmo dia e fez com que a polícia o levasse a Berlim no trem noturno.[111] Em 27 de abril, foi condenado a nova multa de 1.500 marcos; dois dias depois, a mais uma no mesmo valor, assim como a um mês de reclusão.[112] Passados dois dias, seguiu-se outra sentença de multa de mil marcos.[113] Em editorial no *Angriff*, Goebbels lamentou as multas acumuladas nesse ínterim. Sem o querer, revelou que a persecução inflexível era absolutamente eficaz.[114]

Disputas internas

Depois das eleições de setembro de 1930, Goebbels começou a restaurar seriamente a Direção Nacional de Propaganda em Munique. A partir de novembro do mesmo ano, passou a ter em Heinz Franke um representante na capital bávara, que não tardou a contar com dez colaboradores. Entre outras coisas, a Direção Nacional de Propaganda publicava uma série de monografias, organizava programas de treinamento e produzia filmes e discos.[115]

Numa circular de janeiro de 1931, Goebbels expressou grande insatisfação com o desempenho dos diretores regionais (ou distritais) de propaganda: "O objetivo da DNP é criar um aparato de propaganda de primeira classe que, seguindo as instruções da direção nacional do partido, funcione como uma máquina de precisão, e a DNP não vai desistir dessa meta por causa de um departamento regional de propaganda desorganizado ou incapaz."[116]

Após uma conferência de imprensa e propaganda[117] em Munique, no dia 26 de abril de 1931, Goebbels publicou um texto chamado "Diretrizes para a condução da propaganda no NSDAP" no *Wille und Weg*, o recém-criado boletim da Direção Nacional de Propaganda. Nele descreveu em minúcias as tarefas dos diretores regionais, que estavam "objetivamente" subordinados à direção nacional, e deu instruções para a realização de assembleias, a alocação de oradores na organização partidária no país, bem como a preparação de panfletos.[118] Mas essa atuação presunçosa em nada favoreceu sua popularidade no partido. Durante a conferência, tornou a ser informado de que não era precisamente benquisto pela alta cúpula; uma vez mais, faziam "intriga" contra ele: "Ninguém gosta de mim."[119]

Terminada a conferência em Munique, teve uma longa conversa com Hitler, que declarou "estar longe de me encarar com desconfiança e condenou duramente as maquinações contra mim no partido. Eu coloco a questão do gabinete, e ele se põe inteiramente do meu lado. 'Berlim pertence ao senhor e assim deve continuar!'".[120]

Nas semanas subsequentes, Goebbels amontoou observações críticas sobre Hitler no diário. Leu *Mein Kampf*, achou o livro "sincero e corajoso", apesar do "estilo [...] às vezes insuportável". E mais: "Por isso, é preciso ser muito tolerante. Ele escreve como fala. Tem um efeito direto, porém muitas vezes inepto." Quanto ao encontro com Hitler dias depois no Kaiserhof: "Ele detesta Berlim e adora Munique. [...] Mas por que justamente Munique? Isso eu não entendo."[121]

Em maio de 1931, por ocasião do processo contra Stennes, uma declaração pública de Goebbels datada de alguns anos antes ameaçou criar sérias dificuldades para Hitler. Aquilo que se tinha evitado no processo de alta traição de Leipzig agora parecia estar de volta. Portanto, não admira que Goebbels tenha aguardado o depoimento do Führer "com o coração na mão".[122] Eis o que ocorreu: membros do famigerado SA-Sturm 33 estavam uma vez mais no banco dos réus, agora por tentativa de homicídio. A ação incidental afirmava que por trás dos ataques da SA estavam os métodos pelos quais tanto a SA quanto o partido eram responsáveis. Foram intimados o agora descartado Stennes, que na época da ocorrência dirigia a SA na Alemanha oriental, e Hitler, na qualidade de líder máximo do partido.

Para assombro de Goebbels, Stennes declarou no tribunal que, na época, o partido tinha uma linha política rigorosamente legalista. Ao prestar depoimento, Hitler mostrou-se delicadíssimo, mas teve de explicar uma passagem do panfleto de Goebbels *Der Nazi-Sozi*, que dizia que os nazistas queriam a "revolução": "Então nós mandamos o parlamento para o inferno e alicerçamos o Estado sobre a força dos punhos alemães e das cabeças alemãs!"[123] Hitler ficou constrangido com o radicalismo do texto: "Eu não conhecia o conteúdo do panfleto quando nomeei Goebbels", alegou. "Mas, em todo caso, hoje cabe a ele sujeitar-se rigorosamente à linha política que eu — e só eu — determinar."[124] À noite, quando estavam juntos no Kaiserhof, Goebbels se lembrou de que havia suprimido a embaraçosa passagem na segunda edição. "Hitler literalmente dançou de alegria. Com isso, nós estamos justificados." Assim foi eliminado o perigo de que Goebbels viesse a ser rotulado como testemunha-chave contra a via legalista do Führer.[125]

Em 9 de junho, ele participou de uma conferência de líderes do NSDAP na Braunes Haus,* em Munique, à qual compareceram, entre outros, Frick e o "repulsivo Göring". O potencial de conflito era considerável: "Strasser iniciou o ataque a Hitler. Era necessário nomear um secretário-geral do partido: Strasser, naturalmente. A ele hão de ficar subordinadas a organização e a propaganda. Tripartição do partido: SA, Estado (Hierl) e movimento militante (Strasser). Além disso, um comissário na Prússia. Também querem transformar o chefe em presidente honorário e me marginalizar." Göring e Hierl apoiaram Strasser, mas Hitler se defendeu "astuta e vigorosamente" e "repeliu categoricamente" a arremetida. Goebbels, que tratou de se resguardar e calar diante desse ataque, ponderou: "Tenho poucos amigos no partido. Praticamente só Hitler. Todos invejam meu sucesso e minha popularidade." Depois da reunião, o Führer garantiu que o apoiava totalmente.

A pedido da esposa de Göring, Carin, os dois rivais se encontraram em junho e ajustaram uma espécie de trégua.[126] No entanto, nas semanas seguintes, Goebbels percebeu claramente que a sua situação no partido não deixava de ser precária. No fim de junho, soube de rumores segundo os quais Hitler queria afastá-lo do posto de *Gauleiter* de Berlim. Presumiu que a origem do boato fosse algum membro da direção do partido em Munique.[127] Por fim, publicou no *Angriff* uma nota breve em que asseverava de forma irônica que, por ora, pretendia continuar em Berlim. "Eu não estou doente. Mas posso adoecer de tanto rir da sórdida atividade com que as más línguas tentam me afastar delicadamente de Berlim."[128]

---

* Literalmente, "Casa Parda". Nome pelo qual ficou conhecida a sede central do NSDAP em Munique (o já mencionado palácio Barlow). (N. do T.)

Como se não bastasse, em junho, Goebbels descobriu a existência de um "grande complô": "A SS (Himmler) mantém aqui em Berlim uma agência de espionagem que me vigia. E espalha os boatos mais desvairados. Para mim, isso é trabalho de agente provocador." Ele decidiu derrubar aquela "besta traiçoeira".[129] Dias depois, comunicou o fato a Hitler. "Indignado", este ordenou o "fechamento imediato" da agência e tornou a dar garantias de "plena confiança" em Goebbels.[130] Com isso, pareceram liquidados os rumores acerca de seu afastamento de Berlim. Mas ele preferiu não embarcar na ideia óbvia de que Himmler provavelmente o tinha espionado por ordem da direção do partido.

Todos esses antagonismos mostram que, naquela fase de rápida expansão do NSDAP para movimento de massa, Goebbels carecia de uma base própria de poder em que se apoiar: em Berlim, foi obrigado a bancar o ultra-radical para controlar a SA, coisa que, por outro lado, o levou a certa relação tensa com a via legal do líder do partido, de cujo apoio, no entanto, ele era altamente dependente. Os conflitos que teve de enfrentar com correligionários proeminentes como Göring, Strasser e Himmler demonstram como era grande o perigo que corria de se isolar no partido.

Magda

Nesse meio-tempo, a vida privada de Goebbels passou por mudanças consideráveis. Depois de muitos casos, ele finalmente encontrou uma parceira que, na sua percepção, se igualava a Anka.

A primeira anotação no diário a seu respeito é datada de 7 de novembro de 1930: "Uma bela mulher de nome Quandt faz um novo arquivo particular para mim." Mas só três meses depois — ele ainda estava às voltas com uma série de outras ligações amorosas — foi que os dois se aproximaram. Em 15 de fevereiro de 1932, Goebbels escreveu: "Magda Quandt vem à noite. E fica muito tempo. E floresce numa doçura encantadora. Você é a minha rainha." Acrescentou um número um entre parênteses, o que sugere que naquela noite dormiu com Magda pela primeira vez.[131]

Então aos 29 anos, Magda Quandt era uma mulher sofisticada e culta, elegante, autoconfiante e totalmente independente. Em 1905, sua mãe havia se divorciado do marido, o construtor berlinense Oskar Ritschel, e se casado com o industrial do couro Richard Friedländer, que adotou Magda. Em 1920, esta conheceu o industrial Günther Quandt, que tinha quase o dobro da sua idade. Os dois se casaram em 1921.[132]

No fim desse ano, nasceu-lhes o filho Harald. Mas os dois não tardaram a se distanciar: Quandt estava quase exclusivamente interessado na expansão do seu império econômico e negligenciava a jovem esposa, que se sentia sobrecarregada com a administração do lar e a educação de seis crianças — além de Harald, lá moravam dois filhos do primeiro casamento de Quandt e três de um amigo falecido que ele acolhera em casa — e ansiava em vão por ter um papel ativo na vida cultural e social da Berlim dos anos 1920.[133]

Tendo descoberto o caso de Magda com um estudante, Quandt não hesitou em se separar dela, que em 1929 conseguiu o divórcio em condições financeiras vantajosas. Ajustou-se que Harald ficaria com a mãe até completar 14 anos e então — sendo herdeiro de um império industrial — passaria a morar com o pai.[134]

Interessada pelo NSDAP, Magda se filiou ao partido no verão de 1930 e procurou uma atividade prática no *Gau* berlinense. Pareceu-lhe bastante adequado assumir a responsabilidade pelo arquivo particular do *Gauleiter*. Em 21 de fevereiro, Goebbels levou a nova amante e um grupo de conhecidos a uma viagem curta justamente a Weimar, onde participou de um ato político; lá passaram dois dias. Não admira que seu breve encontro com Anka durante essa estada tenha sido muito frio.[135] Poucos dias depois, Magda visitou-o novamente, e uma "palavra impensada" dele provocou a "primeira briga" do casal, que terminou quando ela saiu chorando do apartamento. Mas a reconciliação ocorreu logo no dia seguinte.[136] Magda passou a visitá-lo com frequência, e os números entre parênteses que Goebbels acrescenta às datas das visitas revelam que, aos seus olhos, as noites que passaram juntos foram muito bem-sucedidas: "Ela foi para casa tarde (2, 3)", "De noite Magda (4, 5)", "Magda (6, 7)."[137]

O relacionamento não estava livre de tensão; havia muitas brigas, mas a excitação nova que entrara em sua vida parecia agradar a Goebbels, ainda que ele sempre precisasse deixar claro para si próprio que aquela relação não podia ameaçar sua missão: "Então Magda chegou, houve amor, briga e amor outra vez (8, 9). É uma menina fabulosa. Eu só não posso me prender a ela. Meu trabalho é muito grande e denso para isso."[138] Goebbels não tinha dúvida: "Primeiro o partido, depois Magda."[139] Conheceu Harald, o filho dela, e com eles passou a Páscoa em Munique, onde, entre outras coisas, estiveram com Hitler.[140]

Em abril, surgiu a primeira crise grave. Goebbels passou vários dias tentando inutilmente telefonar para Magda. Por fim ela atendeu, e ele então soube que o ex-amante da namorada não tinha desaparecido de sua vida: "O homem que ela amou antes de mim baleou-a, ferindo-a gravemente, no apartamento dela. Agora Magda está morrendo. Pela sua voz, percebo que vou perdê-la. Mergulho no mais fundo desespero. Vejo o quanto a amo."[141] O fato é que ou Magda dramatizou exageradamente a situação ou Goebbels estava totalmente descontrolado: ela não sofreu ferimento algum. Mas, mesmo assim, os dias subsequentes foram uma agonia para Goebbels:[142] "Entre nós há algo inominável. Creio que o desconhecido, o seu ex-amante. Ela nega. Os nossos conflitos se intensificam." Magda não se dispôs a deixar que ele lhe proibisse uma visita de despedida ao ex-amante, e saiu do apartamento chorando.[143] Mas o sol voltou a brilhar alguns dias depois.[144]

No feriado de Pentecostes, o casal passou alguns dias em Severin, uma propriedade rural em Mecklemburgo pertencente ao ex-marido de Magda.[145] Enfim os dois arquitetaram sérios planos para o futuro: "Nós fizemos uma promessa solene: quando conquistarmos o Reich, queremos ser marido e mulher. Estou muito feliz."[146]

Anka, a quem em junho ele falou sobre seu novo relacionamento, ficou "abaladíssima [...] e não quer acreditar. Depois acha que pode me ter de volta. Mas é tarde demais. Eu estou e fico com Magda".[147]

8. "Agora é tomar o poder... De um jeito ou de outro!"
Participação no governo?

Goebbels passou o mês de julho de 1931 com Magda no balneário St. Peter-Ording, em Schleswig-Holstein, na qualidade de hóspede da avó da namorada.[1] "Magda é como a minha mãe e a minha amante",[2] escreveu. "Ama como só uma grande mulher é capaz de amar."[3] E ele gostou daquela vida: "Trabalho, amor, sol e felicidade. Que mais posso querer?" No entanto, uma "sombra" toldava essa felicidade: o fato de "Magda ter amado outro antes de mim. Isso me angustia e atormenta".[4]

Esse "outro" não era Günther Quandt, o ex-marido de Magda, e sim o amante que tivera nos últimos anos de casamento. Quando ela expandia diante dele o seu passado amoroso, Goebbels sempre se mordia de ciúme, achava-a "cruel", e as brigas eram inevitáveis.[5] A sua confiança nela ficou "abalada", constatou: "Ela amou em demasia e só me fala nisso de modo fragmentário. E agora eu fico deitado até o amanhecer, castigado pelo açoite do ciúme."[6] Ele encontrava consolo no trabalho em *Kampf um Berlin*, livro destinado a expor os seus primeiros anos de atividade na capital do Reich.[7]

No início de agosto, retornou a Berlim. Foi logo informado de que a publicação do *Angriff*, que durante a sua ausência havia passado oito dias proibida, acabava de ser novamente vetada pelas autoridades. Embora tenha sido suspensa no dia seguinte, a restrição voltou a vigorar no fim do mês e uma vez mais por oito dias.[8] As proibições frequentes eram um sinal claro de que sua linha radical encontrava a resistência do Estado, coisa que, para além de Berlim, era importantíssima para a futura política do partido.

Uma vez instalado no posto de diretor nacional de Propaganda, começou para Goebbels — aproximadamente um ano depois da vitória eleitoral devastadora — uma fase em que passou a focalizar cada vez mais a política do conjunto do partido além dos assuntos berlinenses, coisa que se reflete particularmente nos seus diários. Desde o outono de 1931, o que se colocava para ele e a cúpula do partido era a questão da participação no governo ou mesmo da tomada do poder no âmbito do politicamente possível. Muito embora até 1933 Goebbels não tivesse participado diretamente das negociações que levariam o NSDAP ao poder — para isso Hitler preferia Göring, Frick, Röhm e Strasser —, o posto de *Gauleiter* de Berlim geralmente lhe dava acesso a informações de primeira mão acerca do que se passava nas reuniões.

Os diários documentam as manobras táticas da cúpula do NSDAP nesse período e mostram principalmente o quanto o partido influenciou direta e indiretamente a política dos *Präsidialkabinette** a partir da fase final do governo Brüning. Mas também mostram que, na opinião de Goebbels, a proximidade do poder submetia o NSDAP a um verdadeiro teste de resistência. O que mais o preocupava era que Hitler se deixasse influenciar em demasia pelos aliados potenciais do campo conservador e que sua política suscitasse conflitos abertos no partido. Consequentemente, ele continuou procurando se destacar como representante de uma linha radical e, assim, entrou em certo antagonismo com a estratégia marcadamente "legal" do Führer. Entretanto, sempre conseguia sobreviver aos embates internos mediante o expediente de se sujeitar ostensivamente ao dirigente máximo e jurar-lhe lealdade pessoal.

Referendo na Prússia

Uma decisão importante estava marcada para agosto de 1931: a consulta popular no chamado Referendo Stahlhelm, que o NSDAP apoiava, ainda que sem entusiasmo. Goebbels desaprovava a colaboração com as forças burguesas. No plebiscito, estava em jogo a dissolução do Landtag prussiano dominado pela "coalizão de Weimar" formada pelo SPD, o Zentrum e o DVP; isso afetaria a situação do governo Brüning. Em abril, uma consulta análoga mal alcançara o quorum necessário. Quando o Landtag prussiano rejeitou o referendo, este foi marcado para o dia 9 de agosto de 1931; além do NSDAP, o DVP, o DNVP e até mesmo o KPD apoiaram a proposição.[9]

Não obstante, o escrutínio fracassou: somente 36,8% dos eleitores foram favoráveis à dissolução antecipada do Landtag. Goebbels viu nisso uma "grave

---

* Literalmente, "gabinetes presidenciais". Designação genérica dos três últimos governos da República de Weimar (Brüning, Von Papen e Von Schleicher), que, quase sempre carecendo de maioria parlamentar, se apoiavam nos decretos de emergência do presidente Paul von Hindenburg. (N. do T.)

derrota", na qual "o Stahlhelm nos desancou". A sua conclusão, que ele se apressou a comunicar a Hitler por telefone, foi: "Ora: fora do mingau burguês. Nós precisamos ser mais altivos e rigorosos. Nacional-socialistas. Aí é que está a salvação." Duvidava de que fosse possível chegar ao poder "tão legalmente assim".[10] E declarou no *Angriff* que, "depois de uma ação política taticamente inepta e, por isso, perdida, levada a cabo pelo outro lado", o NSDAP devia tratar de "esclarecer publicamente as causas desse insucesso".[11]

Pouco depois, quando esteve em Munique para checar os direitistas, ficou ainda mais furioso com a direção do partido: "Essa porcaria. Não há iniciativa em Munique. Burocracia partidária. Na ausência do chefe (Hitler estava viajando), uma carcaça morta sem cabeça." Em compensação, a conversa com Max Amann, o chefe da editora Eher-Verlag, foi muito satisfatória: Amann lhe ofereceu — espontaneamente, como enfatizou Goebbels — um adiantamento de 3 mil marcos por *Kampf um Berlin*. A seguir, os dois assentaram um novo contrato editorial para o *Angriff* que reforçava a autoridade de Goebbels.[12]

Dias depois, ele se encontrou com Hitler no Kaiserhof de Berlim. Este lhe pareceu demasiado otimista em acreditar que podia "detonar" a coalizão de Brüning. Goebbels achou genial a "grande política" do chefe do partido, mas era preciso "cuidar mais do movimento. Ele se dedica exageradamente à tática".[13]

Naquele momento, estava longe de saber que, por ordem do Führer, Strasser e Frick já estavam ocupados em consolidar a cooperação entre o NSDAP, o Stahlhelm e o DNVP. Essa aliança devia ser publicamente confirmada num grande comício conjunto previsto para o outono de 1931.[14]

O arranjo

No fim do verão de 1931, Goebbels enfrentou muitos problemas particulares. A relação com Magda continuava prejudicada pelas sucessivas crises de ciúme; ele simplesmente não conseguia aceitar o relacionamento anterior da namorada.[15] Além disso, uma verdadeira fatalidade se avizinhava: Hitler andava se engraçando com ela. Goebbels achava ótimo que ele a tivesse "em alta conta",[16] mas não via com bons olhos o seu interesse pela moça ultrapassar tais limites: na sua visita seguinte a Berlim, o Führer e comitiva passaram algumas horas no apartamento dela enquanto Goebbels comparecia a um funeral.[17] No dia seguinte, o casal esteve com Hitler no Kaiserhof; mais tarde, este e alguns membros de sua comitiva tornaram a visitar Magda em casa. Na ocasião, para grande mortificação de Goebbels, desenvolveu-se um flerte entre a sua namorada e o Führer: "Magda procede mal diante do chefe. Sofro muito com isso. Não é uma dama verdadeira. Passei a noite de olhos abertos. Preciso fazer alguma coisa. Receio que ela não seja firme na fidelidade. Isso seria horrível." Protegeu explicitamente Hitler: "Mas reconheço um pouco de ternura e charme no chefe. Ele é tão carente nessas coisas."[18]

No dia seguinte, os dois tiveram uma discussão banhada de lágrimas: "Ontem ao meio-dia, Magda veio aqui e chorou muito. Provavelmente, é inocente, apenas cometeu um pequeno deslize na forma. Devolveu-me o anel e as lágrimas marejavam seus lindos olhos." Os dois não tardaram a fazer as pazes, e ela recuperou o anel.[19]

No começo de setembro, achando-se em Hamburgo, Goebbels voltou a duvidar da fidelidade da amada, e, uma vez mais, o motivo era Hitler: "Telefonema de Magda. O chefe bateu na sua porta. Convidou-se a comer. Vigarista! Eu estou muito triste. Venha quando quiser." E mais: "Noite horrenda. Ciúme atormentador!"[20] Por fim, conseguiu persuadi-la a ir ter com ele em Hamburgo. Aquilo não podia continuar: "Magda precisa convidar o chefe e lhe falar da nossa situação. Do contrário, o amor e um ciúme idiota [...] hão de se interpor entre nós."[21]

Passados alguns dias, telefonou para Magda tarde da noite, de Bochum, e descobriu que ela não estava sozinha: "Conversando com o chefe." Isso lhe custou uma agonia infernal: "Passo a noite numa agitação absurda! [...] Não consigo dormir e escrevo boas e ferozes tragédias." O desgosto aumentou ainda mais no seu regresso, pois Magda, alegando "dor de dente", não foi se encontrar com ele como havia prometido.[22] Posteriormente, Goebbels suprimiu diversas anotações daqueles dias no diário, entre outras coisas porque "sua zanga enorme com Magda" se revelara "injusta".

Logo após a chegada de Goebbels a Berlim, houve uma nova discussão: Magda lhe contou que, tendo se encontrado com o ex-marido, comunicara que pretendia se casar com Goebbels. Mas, não contente com isso, já havia notificado Hitler da sua intenção: "Depois com o chefe. Contou-lhe a mesma coisa. Ele também ficou arrasado. Ama-a. Mas é leal comigo. Magda também." Goebbels não cabia em si de felicidade: "Hitler desiste. Ele é muito solitário. Não tem sorte com as mulheres. Por ser muito indulgente. As mulheres não gostam disso. Precisam sentir o senhor por cima delas. Agora eu estou completamente feliz. Noite sagrada." Mas restava uma preocupação: "Pobre Hitler! Quase me envergonho de ser tão feliz. Oxalá isso não venha a turvar nossa amizade. Ele falou muito bem de mim." Dias depois, esse temor revelou-se aparentemente infundado: "Hitler me chama e é muito afetuoso comigo. Amigo e irmão. Anjo da sorte, diz. Ele ama Magda. Mas se alegra com a minha felicidade. 'Uma mulher inteligente e bonita. Ela não o vai tolher, e sim estimular.' Aperta minhas mãos e está com lágrimas nos olhos. Que sorte! Eu fico tão agradecido. Ele fala muito bem de mim. O meu bravo camarada e líder! Devemos nos casar logo."

Nessa conversa, Goebbels achou Hitler "um tanto resignado. [...] Também está à procura de uma boa namorada para casar depois. Eu encontrei Magda. Sorte minha. Os três vamos ser bons uns para os outros. Ele será o nosso amigo mais leal. [...] Estou com um pouco de remorso com a sua situação. Mas ele me deseja muita felicidade e fica com lágrimas nos olhos grandes, assombrados. Tenho orgulho de Magda".[23]

Recapitulemos: em setembro, Magda Quandt e Joseph Goebbels decidiram antecipar o casamento inicialmente previsto para depois da tomada do poder. A iniciativa partiu inequivocamente de Magda, que informou o ex-marido e Hitler antes de avisar o futuro marido. Como se pode inferir do relato de Goebbels, uma vez superada a sua primeira decepção, o Führer o aconselhou a se casar logo.

Outra versão dos planos matrimoniais é digna de atenção. Otto Wagener, então íntimo acólito do líder nazista, conta em suas anotações que o plano de um casal Goebbels-Quandt surgiu no entorno de Hitler a fim de pôr à disposição deste uma parceira respeitável. Segundo Wagener, o Führer se havia interessado por Magda antes de saber, desapontado, que ela já estava comprometida com Goebbels.[24] Então amadureceu a ideia de construir uma íntima relação de confiança com Magda, a qual ele considerava o "polo oposto feminino" ideal para compensar "os meus instintos unilateralmente masculinos". Na sua opinião, o pré-requisito era que ela fosse casada. Pouco tempo depois, Wagener teria apresentado a ideia a Magda e sugerido Goebbels como candidato a consorte. Depois de algum tempo para pensar, os dois aceitaram a proposta.[25]

Conquanto o relato de Wagener apresente certos deslizes cronológicos,[26] é perfeitamente plausível que a surpreendente decisão de Magda de se casar com Goebbels também tenha sido fomentada pelo desejo de assentar sobre base estável a sua relação com o venerado Führer. Parece igualmente compreensível que Goebbels haja consentido nos planos matrimoniais porque a ideia lhe pareceu óbvia e ele esperava que lhe propiciasse uma situação privilegiada junto ao dirigente máximo do NSDAP. Assim, desenvolveu-se uma relação triangular entre Hitler, Goebbels e Magda Quandt: esta seria a mulher que, com sua *finesse*, seu bom gosto e aviso, daria apoio a Hitler desempenhando o papel de "primeira-dama" do movimento nacional-socialista, mas que, ao mesmo tempo, mediante o casamento com Goebbels, ficaria exteriormente neutralizada no aspecto erótico. Goebbels, por sua vez, engoliu o ciúme e aceitou o arranjo que, afinal de contas, prometia lhe dar uma influência inimaginável sobre o chefe.

O apartamento berlinense dos Goebbels passou a ser o refúgio de Hitler, que lá ficava muito à vontade em companhia dos membros da sua comitiva.[27] Ele se tornou amigo do casal e, com o passar dos anos, uma espécie de membro da família que não cessava de aumentar; os filhos dos Goebbels — cujos prenomes começavam todos com H — eram as crianças favoritas do Führer.

Mas o que levou Magda Quandt, que afinal com o casamento perdia a generosa pensão alimentícia paga pelo ex-marido, a aceitar e até estimular semelhante pacto? Ela era uma mulher ambiciosíssima. Pelo que sabemos da sua trajetória, só pode ter sido a perspectiva de ficar muito próxima daquele que talvez viesse a ser o homem mais poderoso da Alemanha e, com isso, alcançar um status capaz de ofuscar a sua antiga posição social de esposa de um dos homens mais ricos do país.

No entanto, os três mal haviam selado esse acordo quando chegou uma péssima notícia: na manhã de 19 de setembro, a adorada sobrinha de Hitler, Geli Raubal, foi encontrada morta no apartamento do tio, no qual tinha um quarto. A bala que a matou saiu da pistola de Hitler, que estava fora de Munique na ocasião. Os indícios sugeriam suicídio: "Eu não me atrevo a indagar os motivos", registrou Goebbels no diário. "Como o chefe há de superar isso?"[28]

A morte de Geli naquele momento levanta uma série de questões: houve relação entre o suicídio e o acordo firmado por Hitler com Goebbels e Magda? Acaso o interesse dele por Magda rompera o equilíbrio do seu relacionamento com Geli, provocando uma crise entre os dois? Hitler teria dado a entender à sobrinha que, para ele, só era concebível uma mulher madura como Magda, não uma garota de 23 anos?

Tumulto no Kurfürstendamm

Ao contrário do Führer, cada vez mais próximo dos conservadores, Goebbels continuou favorável a uma linha política radical. E fez questão de mostrar que linha era essa: em 12 de setembro de 1931, dia do ano-novo judaico, a SA lançou uma "ação" no Kurfürstendamm. Aproximadamente mil homens à paisana puseram-se a importunar, insultar e agredir os transeuntes que eles tomavam por judeus. Por causa disso, Graf Helldorf, o novo chefe da SA, nomeado em agosto, e que na ocasião percorria de carro o Kurfürstendamm de um lado a outro, foi detido pela polícia como organizador da operação e acabou ficando em prisão preventiva junto com 27 outros membros da SA.[29]

Seis dias depois, iniciou-se o chamado Processo Kurfürstendamm contra 34 acusados; Helldorf e os líderes da SA seriam julgados num segundo processo. Goebbels temia a proibição do partido; no dia do início do julgamento, também foi vetada a circulação do *Angriff*, se bem que por causa de uma ilustração ligada a outro tema.[30]

Depois de vários dias de audiência, 27 nazistas foram condenados à prisão.[31] Goebbels se queixou da sentença em telefonema para o ministro da Justiça do Reich, Gottfried Treviranus (que, supostamente, lhe teria falado num "erro judiciário"[32]), assim como para o premiê Brüning. Em 26 de setembro, chegou a visitá-lo na Chancelaria para discutir o problema do tratamento dispensado pela Justiça aos autores do pogrom. E escreveu acerca desse encontro pessoal com o político do Zentrum: "Ele também acha os veredictos intoleráveis e se opõe vigorosamente ao terror vermelho. Nenhuma palavra sobre a proibição." Brüning teria até incumbido Robert Weismann, o secretário do Ministério de Estado prussiano, de obstar tudo quanto visasse à proibição, e lhe teria dito: "Preciso ser cauteloso. Comuniquei ao juiz que acharia absurda uma pena alta para Helldorf."[33] Goebbels não se deixou impressionar: "O eterno vacilante! [...] Não se pode esperar nada de Von Brüning." Por fim, este teria instruído o também presente secretário de Estado da Justiça Curt Joël para que se fizesse "alguma coisa" por Helldorf e os outros presos.[34]

Efetivamente, o segundo Processo Kurfürstendamm ainda pendente foi transferido para dias depois. "É a mão de Brüning", comentou Goebbels no dia 30 de setembro.[35] Portanto, a sua intervenção tinha sido bem-sucedida. Contudo, no mesmo dia, a proibição do *Angriff* se estendeu por mais três semanas. Goebbels não teve dúvida: "É a mão de Severing." No dia 8 de outubro, iniciou-se o processo, e, em 7 de novembro, proferiram-se as sentenças: Helldorf foi condenado a seis meses de reclusão e posto em liberdade, os demais acusados receberam pena de até dois anos de prisão.[36]

Em janeiro de 1932, aconteceu a audiência de apelação: as penas de reclusão impostas em novembro foram abreviadas; a de Helldorf, comutada por multa de apenas 100 marcos, pois, conforme se alegou, o seu papel de instigador dos tumultos carecia de provas cabais. Goebbels foi corresponsável por essa falta de provas, pois tendo sido citado como testemunha, recusou-se a depor quando o acusaram de ter planejado a pancadaria juntamente com Helldorf. O seu comportamento no tribunal — ele gritou com o promotor e prestou uma declaração ofensiva — valeu-lhe uma multa de 500 marcos.³⁷

Os caminhos do poder: sondagens e demonstrações de força

Voltemos ao outono de 1931. No começo de outubro, Hitler esteve em Berlim e teve várias conversas sobre a possível tomada de responsabilidade no governo. Essas reuniões tiveram lugar poucos dias antes do planejado grande comício da "direita nacional" em Harzburg, que se propunha a exigir a renúncia dos governos do Reich e da Prússia.³⁸ Desconfiado, Goebbels observou que o Führer e seus parceiros e/ou rivais procuravam se alinhar à direita.

Em 3 de outubro, Hitler teve um encontro com o general Kurt von Schleicher, chefe de gabinete do Ministério da Defesa e um dos confidentes mais importantes de Hindenburg. Posteriormente, informou Goebbels de que se havia declarado disposto a entrar no governo Brüning, mas apenas se se convocassem novas eleições; também concordara em assumir, se fosse o caso, a responsabilidade governamental unicamente com o NSDAP.³⁹ Goebbels escreveu sobre esse relato: "A princípio nós aceitamos abrir mão da Prússia, desde que recebamos [a] autoridade decisória no Reich. [...] Na Prússia, qualquer comissário de Estado põe o marxismo de joelhos." O acordo político que se delineou na conversa de Hitler com Schleicher implicava, pois, confiar ao NSDAP a responsabilidade governamental no Reich contanto que este, em troca, aceitasse na Prússia um comissário do Reich escolhido por Hindenburg.

Em 10 de outubro, Hitler se reuniu com o presidente da República. E informou Goebbels logo depois: "Nós somos 'palaciáveis'. O velho nos conhece um a um. O chefe o chama de venerável. Mas o que quer dizer isso? Ele não está minimamente à altura do cargo. Uma desgraça para a Alemanha."⁴⁰

Tendo tentado negociar meios de levar o NSDAP diretamente ao comando do governo, Hitler dedicou os dias subsequentes a assumir uma atitude ameaçadora. Na noite de 10 de outubro, foi de carro com Goebbels e Göring a Bad Harzburg, uma cidadezinha no *land* de Braunschweig. Lá o NSDAP já governava, lá não era proibido envergar uniforme,⁴¹ por isso o lugarejo fora escolhido para servir de palco. Lá seria realizado o havia tanto tempo planejado comício da direita, uma poderosa manifestação do NSDAP, do Stahlhelm, da Liga Pangermânica e da Reichslandbund [Liga Agrária dos Fazendeiros].

Hitler e a liderança nazista foram a Bad Harzburg com uma postura ambivalente: usavam os aliados direitistas para pressionar o governo, mas as negociações para participar do governo em Berlim, Hitler as conduzira por iniciativa própria. Em Harzburg, decidiu exigir a renúncia do governo. No entanto, pouco antes, havia se declarado disposto a entrar num governo chefiado por Brüning. A desconfiança recíproca entre o chefe nazista e os direitistas, que os apontamentos seguintes nos diários de Goebbels refletem, nada tinha de fortuita.

A primeira reunião em Harzburg foi desagradável: "Hitler está furioso porque querem nos encostar na parede [...]. Converso ainda uma hora a sós com ele. Mais distância à direita." Na manhã seguinte, a desconfiança manifestou-se abertamente numa reunião conjunta de deputados das bancadas do NSDAP e do DNVP. Antes disso, Hitler, que dela não participou, havia entregado uma declaração preparada com Goebbels, cuja acrimônia excedia a do comunicado comum combinado.[42] Durante a parada final, não esperou sequer a passagem da formação do Stahlhelm; abandonou seu lugar de maneira ostensiva assim que o bloco da SA terminou de desfilar.

Goebbels aguardou com impaciência o resultado de uma discussão de uma hora de Hitler com Hugenberg, na qual este teve grande dificuldade para dissuadir o dirigente do NSDAP de partir prematuramente. Então falaram, um após o outro, Hugenberg (um "quebra-nozes"), Hitler, que na opinião de Goebbels "não estava em forma" de tanta raiva, e a seguir, entre outros, o chefe do Stahlhelm Franz Seldte e seu vice Theodor Duesterberg, o presidente da Reichslandbundes Eberhard Graf von Kalckreuth e — na qualidade de convidado surpresa — o ex-presidente do Reichsbank* Hjalmar Schacht, que atacou duramente a política financeira do governo.[43] Goebbels fervia por dentro enquanto escutava os discursos, mas considerou que a reunião não passou de uma "deslealdade organizada contra nós". Depois de Harzburg, Hitler e Goebbels concordaram numa coisa: "Nunca mais fazer comício conjunto. Só reunião de dirigentes."

Em 13 de outubro de 1931, o Reichstag voltou a se reunir depois de mais de meio ano sem sessões. No dia 16, o governo conseguiu sobreviver com escassa maioria a um voto de desconfiança no qual Hitler depositava grandes esperanças. A seguir, o parlamento entrou mais uma vez em recesso até fevereiro do ano seguinte. "Nós somos os otários", escreveu Goebbels.[44]

---

* O Banco Central alemão entre 1876 e 1948. (N. do T.)

Goebbels, Magda e Harald viajaram com Hitler, no carro deste, a Braunschweig, onde haveria um grande desfile nazista em 18 de outubro. Harald ganhou um uniforme da SA e, segundo Goebbels, ficou "uma graça" com as "botas amarelas de cano alto".

Nada menos que 100 mil membros da SA, da SS e da Juventude Hitlerista participaram do desfile de mais de seis horas na Schlossplatz de Braunschweig; seguiu-se um comício em que Hitler discursou. Goebbels registrou esse dia — aliás, foi o maior desfile nazista antes da "tomada do poder" — como "a nossa resposta a Harzburg e a Brüning", uma demonstração de força que faria esquecer a derrota parlamentar de dois dias antes e a escaramuça tática com os partidos de direita.[45] Em artigo no *Angriff*, classificou Harzburg de "estação intermediária tática", ao passo que, em Braunschweig, ficou claramente expresso que "a liderança política da frente anti-Brüning" estava "nas mãos do movimento nacional-socialista".[46]

Núpcias

Em outubro, foi com grande indignação que Magda soube pela mãe que esta não era casada com seu pai quando ela nasceu. Goebbels receou que os adversários políticos explorassem o estigma do nascimento ilegítimo. E eles podiam se casar em tais circunstâncias? Era urgente tomar uma decisão: "Isso só Hitler pode resolver. À noite, ela vai uma vez mais ao Kaiserhof." O Führer encarou a situação com serenidade: "Riu-se de nós. Antes uma solteira com filho que uma casada sem. Típico de Hitler! Eu estou tão contente por podermos continuar juntos. Magda ficou radiante."[47] Com essa decisão — obtida por Magda, não por Goebbels —, o líder nazista aplainou definitivamente o caminho da fundação da nova família.

No dia seguinte, à mesa, Magda convidou-o a ser o padrinho de casamento em dezembro. Hitler aceitou "com prazer", como anotou Goebbels. Naquela atmosfera carregada de emoção, pôs-se a falar em Geli: "Ele a amava muito. Ela era uma 'ótima camarada'. Seus olhos se enchem de lágrimas. [...] Magda se comove. Como não se comover: esse homem, no auge do sucesso, sem nenhuma felicidade pessoal, comprometido unicamente com a felicidade dos amigos."

Hitler persuadiu Goebbels e Magda a irem com ele a Munique no dia seguinte. Pararam em Weimar, onde à noite assistiram a um espetáculo teatral. Depois Goebbels seguiu viagem à capital bávara no vagão-leito e escreveu: "Os outros vêm de carro."⁴⁸ Passou um dia de trabalho exaustivo na Direção de Propaganda e se encontrou com Magda à noite no hotel, ao qual ela acabava de chegar morrendo de frio da viagem em carro aberto. No jantar, em que os dois contaram com a companhia de Hermann Esser e do príncipe Philipp de Hessen, Magda se comportou "com pouca amabilidade" e enfim foi para o quarto. Goebbels ainda ficou um bom tempo com Esser no Café Heck, um dos prediletos de Hitler. Quando retornou ao hotel, teve uma "briga terrível" com Magda, que lhe devolveu a aliança de noivado e ameaçou partir. Mas o casal se reconciliou.

Goebbels omite o motivo do entrevero. Aliás, a própria viagem a Munique é um mistério. Parece que Hitler dela se valeu para conversar com Magda sem ser perturbado — daí terem viajado separadamente de Weimar a Munique. Acaso Magda e Hitler discutiram algum tema que suscitou o bate-boca noturno com Goebbels?

No dia seguinte, houve uma espécie de almoço de noivado, do qual Hitler — que havia mandado um "buquê gigantesco" — também participou, tendo se comportado "como um bom pai". Depois disso, Goebbels comprou o presente de noivado para Magda: um "cabriolé esplêndido" de marca Wanderer, o qual ele financiou em parte com "anúncios do *VB*", em parte com sua "conta de honorário". A alusão a Amann, que teria sido "magnânimo no seu préstimo", deixa claro que o chefe da Eher-Verlag adiantou o dinheiro da compra. Quanto à referência aos "anúncios do *VB*", só se pode entender que o jornal do partido publicava anúncios do grupo Wanderer, os quais foram igualmente calculados sobre o preço do automóvel particular da futura esposa do *Gauleiter* de Berlim.

Foi, para dizer o mínimo, um comportamento altamente corrupto que, se chegasse a conhecimento público, custaria a carreira política dos envolvidos. É praticamente impensável supor que semelhante transação fosse possível sem o consentimento de Hitler, o chefe do partido. Ademais, é difícil imaginar que Goebbels, que Hitler convenceu na noite de 30 de outubro a fazer a viagem a Munique, simplesmente tenha entrado numa agência de automóveis muniquense dois dias depois para adquirir um carro esporte caríssimo mediante um complicado acordo financeiro. Toda a história só tem sentido se se presumir que Hitler, depois de autorizar definitivamente o casamento de Goebbels com Magda, os convidou a Munique para o noivado, aproveitou a viagem para conversar tranquilamente a sós com Magda e, então, com a generosidade de "um bom pai", possibilitou ao noivo comprar um extravagante presente de noivado. Em outras palavras: nos apontamentos um tanto lacônicos dos diários de Goebbels, detectam-se indícios claros de uma relação triangular que, principalmente para Magda, foi um difícil teste de resistência emocional e a levou temporariamente a cogitar romper o noivado. Assim que retornou a Berlim, ela se internou num hospital para se submeter a uma "pequena operação". Goebbels mencionou o motivo no diário: "Ela quer ter filhos, e eu me alegro muito com isso."[49] A cirurgia foi "satisfatória".[50]

Depois de algumas tentativas, Goebbels resolveu adiar o plano de alugar uma casa para os dois: não queria "bancar o grã-fino".[51] Magda foi compreensiva com essa preocupação. Para simplificar, ele se mudou em novembro para o luxuoso apartamento da noiva na Reichskanzlerplatz, em Westend, a atual Theodor-Heuss-Platz, no qual já lhe haviam reservado um escritório e um quarto.[52] Magda teve alta do hospital um dia depois da mudança. Goebbels foi buscá-la e a levou ao apartamento agora do casal. Depois de fazer dois discursos, voltou à Reichskazlerplatz. Lá encontrou visita: "O chefe e Hess já presentes." Hitler manteve o hábito de frequentar sem cerimônia e com frequência o apartamento da Reichskanzlerplatz quando ia a Berlim. Naquela noite, a atmosfera estava relaxada e ele se deu a intimidades: "O chefe fala: nas mulheres que ama muito. Na única que não consegue encontrar. Nas histéricas que o perseguem. Em Geli, que ele perdeu e que lamenta sinceramente. [...] Alegra-se tão afetuosamente com a nossa felicidade que quase nos envergonhamos. Gosta muito de Magda, ela se dá bem com ele."[53]

Um dia, no fim de novembro, Anka bateu na sua porta; longe de saber dos planos de casamento de Goebbels, ficou muito perturbada ao ser informada. Não foi sem satisfação que ele escreveu: "Sua infidelidade de outrora está vingada. A vida continua."[54]

Pouco antes do casamento, Goebbels conheceu Günther Quandt, o ex-marido de Magda: "Ele quer dar dinheiro para o partido. Magda o amacia. É a nossa melhor advogada. [...] O homem está na rede. Um velho. Mas um capitalista inteligente, enérgico, brutal, adapta-se totalmente a nós. É bom que o faça — e que dê dinheiro." No entanto, foi "com relutância" que aceitou os 200 marcos de Quandt para "os prisioneiros e feridos". A conversa não foi "tão fria quanto eu a imaginava", constatou, coisa para a qual há de ter contribuído tanto a doação de Quandt quanto seus muitos elogios ao novo livro de Goebbels, *Kampf um Berlin*.[55]

Três dias depois, Goebbels queimou "maços de velhas cartas de amor" e constatou: "Nem um pingo de melancolia." Mas nem por isso deixou de viver fortes emoções: "Briga com Magda, naturalmente. Passamos a noite toda sem trocar uma palavra."[56]

Pouco antes do casamento, a imprensa adversária publicou artigos afirmando que a noiva do *Gauleiter* de Berlim era uma "judia nata"; de fato, Richard Friedländer, o padrasto de Magda, com o qual sua mãe se casou em segundas núpcias cinco anos depois do nascimento da filha, era de origem judaica. A acusação deixou Goebbels abaladíssimo, como mostra o seu diário.[57]

O casamento — Magda estava grávida de algumas semanas — foi no dia 19 de dezembro em Severin, onde a família Quandt possuía uma propriedade rural sobre a qual, por ocasião do divórcio, a ex-esposa de Günther Quandt passara a ter direito de residência; a festa foi organizada por Walter Granzow, cunhado de Quandt e administrador da propriedade, além de dirigente nazista em Mecklemburgo.

Um prefeito celebrou o casamento civil no vilarejo de Frauenmark. O noivo ficou comovido com o "idílio aldeão". Teve por padrinhos Hitler e Franz Ritter von Epp. Depois da cerimônia, segundo Goebbels, Hitler o "abraça emocionado". "Magda lhe dá um beijo. Lágrimas nos olhos." O casamento religioso — do qual ele não quis abrir mão apesar do seu antagonismo com a Igreja — foi realizado na igreja da cidadezinha de Severin: sua irmã Maria foi a dama de honra; e o filho de Magda, uma vez mais trajando o uniforme da SA, o "ajudante de ordens" do noivo no altar. A festa teve lugar numa fazenda vizinha, também de propriedade de Quandt, supostamente sem o conhecimento do proprietário.[58]

Disputa pelo cargo de presidente do Reich: Hitler contra Hindenburg

Em novembro de 1931, a liderança da SA muniquense havia unido as formações até então autônomas das SA de Berlim e de Brandemburgo, formando o "Grupo SA Berlim-Brandemburgo", cujo comando ficou a cargo do chefe da SA berlinense Von Helldorf, o organizador do tumulto no Kurfürstendamm; decisão que foi apoiada por Goebbels.[59]

No entanto, em 8 de dezembro, no âmbito de um decreto de emergência promulgado pelo presidente do Reich, o governo Brüning impôs uma proibição geral de uniforme e emblema de organizações políticas. "*Facta* na Alemanha. O começo do fim."[60] A reação indignada de Goebbels não foi aos efeitos práticos da proibição, que eram de pouca monta: a proibição de uniforme já vigorava em muitos *Länder*, particularmente na Baviera e na Prússia. Mas, com o decreto promulgado pelo Reich, Brüning sinalizava inequivocamente que, dali por diante, adotaria uma política mais dura com o NSDAP. O chanceler sublinhou essa postura num discurso radiofônico de 8 de dezembro, que continha uma nítida advertência ao partido. A causa foi a descoberta dos "documentos Boxheimer", um plano de importantes militantes nazistas de conquistar o poder pela violência, revelação sumamente incômoda para um NSDAP alegadamente comprometido com a tomada do poder pela "via legal".[61]

Goebbels não foi o único a se perguntar se Brüning não tinha em mente um "recuo para o SPD".[62] Ao mesmo tempo, o *Gauleiter* de Berlim se via constantemente à mercê do embargo das autoridades prussianas: no dia 1º de dezembro, o *Angriff* foi proibido durante oito dias e, mal voltou a ser publicado em 8 de dezembro, o Ministério do Interior prussiano impôs nova proibição de oito dias.[63]

Por um lado, o governo Brüning adotava uma atitude ameaçadora, por outro, tinha necessidade de tratar com o NSDAP. Na virada do ano, colocou-se em particular o problema cada vez mais premente de como contornar o fim do mandato do presidente do Reich depois de sete anos — ou seja, na primavera de 1932.[64]

Em 5 de janeiro, tendo sondado o NSDAP e Hugenberg,[65] Hindenburg finalmente deu instruções para que se conferenciasse com os partidos visando ao prolongamento do seu mandato.[66] Consequentemente, Brüning negociou com uma delegação do NSDAP chefiada por Hitler,[67] mas, depois desses encontros, este alegou "restrições constitucionais" contra a proposta e, assim, tentou apresentar o chanceler, perante o presidente, como um homem que queria impelir o chefe de Estado a violar a Constituição.[68]

Uma anotação datada de 12 de janeiro no diário de Goebbels, que era informado constantemente dessas negociações,[69] revela a tática adotada por Hitler: "O chefe endereça a Hindenburg breve memorando com ressalvas constitucionais à proposta de Brüning. Consequentemente, hoje o velho deve declarar que considera o caminho de Brüning intransitável. Então Brüning está morto." No entanto, o plano gorou: Hindenburg ainda não estava disposto a abandonar Brüning; a manobra terminou numa fragorosa derrota.[70] Por outro lado, a pergunta que se colocava era se Hitler aceitaria o desafio de enfrentar Hindenburg na iminente eleição presidencial.

Em 18 de janeiro de 1932, Goebbels e Magda viajaram a Munique e, à noite, estiveram com o líder nazista, que uma vez mais ficou sentimental ao ver a felicidade do casal: "Hitler fala pateticamente na sua juventude. No pai severo e na mãe bondosa. Ela era exatamente como a minha. Por isso ele tem um carinho especial pela minha mãe. O bom Hitler, que nós dois, Magda e eu, estimamos muito."[71]

No dia seguinte, o casal o visitou no seu apartamento e com ele discutiu a "questão da presidência do Reich". Goebbels lhe contou que, pouco antes de partir de Berlim, tinha sabido por intermédio de Arno Kriegsheim, um alto funcionário da Reichslandbund, que sua organização não apoiaria Hindenburg.[72] Hitler, porém, não conseguia tomar a decisão de se declarar candidato. Os registros no diário de Goebbels mostram como era difícil para o líder do partido, atormentado por sentimentos pessimistas, tomar uma decisão política. À noite, numa festinha particular, ele "discorre sobre questões matrimoniais": "Sente-se muito só. Anelo da mulher que ele não encontra. Comovente e pungente. Gosta muito de Magda. É preciso arranjar uma boa mulher para ele. Uma como Magda. Então ele terá um contrapeso a tantos homens."[73]

Goebbels passou muito tempo em companhia de Hitler nesses dias: "Alvoroça-se e elabora planos. O chefe propõe o meu cargo futuro: eu devo ser ministro da Instrução Popular. Cinema, rádio, escola, universidade, arte, cultura, propaganda. Então o Ministério da Cultura prussiano será incorporado. Um projeto grandioso."[74] Dias depois, chegou-lhe a notícia em Bremen de que se havia formado um "Comitê Hindenburg" pela reeleição do presidente do Reich em exercício. Goebbels anotou com muita impaciência: "Hitler espera demais. No fim, Brüning ainda lhe dá xeque-mate."[75] Em visita a Berlim no dia 22 de fevereiro, depois de uma hesitação de motivação tática,[76] o Führer "finalmente" o autorizou a anunciar publicamente a sua candidatura, coisa que Goebbels fez à noite num ato público no Palácio de Esporte. Comentou alegremente o fato de o Stahlhelm e o DNVP terem apresentado candidato próprio no mesmo dia, o vice-presidente nacional do Stahlhelm Theodor Duesterberg: a detestada "Frente de Harzburg" tinha se mostrado incapaz de agir.[77]

Em 23 de fevereiro, Goebbels fez um discurso no Reichstag cujo teor tinha sido combinado com Hitler:[78] tratava-se de um acerto geral de contas com o governo Brüning. A seguir, quando ele também atacou o presidente do Reich, acusando-o de ser apoiado pelo "partido dos desertores", houve uma grande comoção na bancada do SPD (contra o qual essa incriminação tinha sido cunhada e do qual participavam inúmeros ex-combatentes e mutilados de guerra); Paul Löbe, o presidente do Reichstag, interrompeu a sessão e, depois de consultar o senado, excluiu Goebbels dos demais debates parlamentares por ofensa ao chefe de Estado. Em nome dos partidos do centro, o deputado Ernst Lemmer leu uma declaração repudiando Goebbels;[79] então o social-democrata Kurt Schumacher tomou a palavra para condenar os nazistas e, em especial, seu chefe de propaganda Goebbels: "Se for para reconhecer alguma coisa nos nacional-socialistas, há de ser o fato de eles terem conseguido, pela primeira vez na política alemã, a mobilização total da estupidez humana."[80]

Dois dias depois, Goebbels retornou ao Reichstag para continuar o discurso. Primeiramente, repeliu a acusação de ter ofendido o presidente do Reich. Como "prova" de inocência, leu em voz alta a frase que continha a formulação "partido dos desertores" na ata do Reichstag — contra o protesto enfurecido dos social-democratas, mas sob a proteção segura do regimento interno. No discurso, atacou frontalmente o chanceler Brüning, caracterizando a eleição iminente do presidente do Reich como um plebiscito sobre sua política: no dia 13 de março "será decidido quem merece o poder, vocês ou nós".[81]

Depois disso, dirigiu-se ao Kaiserhof, onde, segundo ele mesmo relatou, encontrou Hitler "empolgadíssimo" com o seu desempenho. A notícia de que este acabava de obter a cidadania alemã por ter sido nomeado funcionário público do *Land* Braunschweig — governado pelo NSDAP — e, portanto, tinha condições de assumir funções públicas na Alemanha, foi, em sua opinião, um triunfo da causa nacional-socialista.

Visando à luta eleitoral com início marcado para o dia 27 de fevereiro, Goebbels transferiu temporariamente parte da Direção Nacional de Propaganda para Berlim.[82] Em 29 de fevereiro, inteirou Hitler dos aspectos gerais de seu projeto de campanha: "Vamos travar a nossa guerra principalmente com cartazes e discursos."[83] Também empregou meios inconvencionais: concebeu um disco a ser despachado numa edição de 50 mil exemplares e mandou produzir um filme falado, no qual, entre outros, ele figurava como orador.[84]

Tratou de dar às eleições um caráter de "luta decisiva" entre o "sistema" de Weimar e o nacional-socialismo personificado no "líder da jovem Alemanha" que desafiava o caquético Hindenburg.[85] Apresentou Hitler num papel duplo ao eleitorado: como portador da esperança e salvador da nação muito acima das querelas partidárias, mas também como modelo de homem simples e ex-combatente. O culto do Führer, que já vinha sendo praticado desde 1922-23 e se reforçou com a refundação do partido em 1925, foi empregado sistematicamente pela primeira vez como instrumento de campanha eleitoral.[86]

Nos últimos anos, mediante uma política totalmente focada na pessoa de Hitler — apesar de algumas dúvidas —, Goebbels tinha feito o possível para fortalecer a posição de Hitler no partido e glorificar literalmente seu papel de Führer. Ora, fundamentar a propaganda do partido na pessoa de seu chefe não deixava de ser um território desconhecido para o próprio Goebbels. Bem no espírito desse conceito de campanha eleitoral, ele se pôs a enaltecer o líder nazista numa série de artigos no *Angriff* — que, no início da campanha, passou mais oito dias proibido —[87] apresentando-o como "combatente político", "estadista" e também como "pessoa bondosa" que tinha um "amor especial" pelas crianças. Hitler seria um homem "de gosto espiritual refinadíssimo, de extraordinária sensibilidade artística", de cujos "lábios jamais saía uma palavra em que ele próprio não acreditasse".[88]

No dia 1º de março, Goebbels iniciou uma turnê de discursos que o levou a Magdeburgo, Düsseldorf e Colônia.[89] Em 6 de março de 1932, ou seja, em plena campanha eleitoral, o social-democrata *Welt am Montag* publicou uma carta de Röhm a Karl-Günther Heimsoth, um médico e pioneiro da luta pela emancipação dos homossexuais, em que manifestava claramente a sua preferência por parceiros do mesmo sexo.[90] Goebbels telefonou imediatamente para Röhm, que admitiu: "É verdade." Hitler, para quem ele também telefonou para tratar do assunto, mandou-o "declarar as acusações totalmente mentirosas".[91] Enojado, Goebbels lamentou: "Ah, estou por aqui desses assuntos de veados." Dias depois, quando se encontrou com Röhm, não conseguiu entender por que ele estava tão "feliz da vida".[92] Mais tarde, porém, ficou satisfeito ao saber que Hitler defendia "a mesma atitude drástica que eu na rejeição à homossexualidade. [...] Extingui-la!".[93]

Na noite de 13 de março, Goebbels deu uma "grande soirée" no seu apartamento da Reichskanzlerplatz para comemorar a esperada vitória de Hitler nas eleições presidenciais. Mas não foi bem assim: "Por volta das dez horas, já se pode perceber: fomos derrotados. Perspectivas terríveis!" Efetivamente, o NSDAP recebeu apenas 11,3 milhões de votos, ao passo que Hindenburg, com mais de 18,6 milhões, por pouco não alcançou a maioria absoluta necessária para ser eleito no primeiro turno. Goebbels procurou não esmorecer: "Nossos correligionários estão deprimidos e desanimados. Agora é preciso ter um grande sucesso." "Telefonema para Hitler. Ele está deveras surpreso com o resultado. Nossos objetivos eram excessivamente ambiciosos. Todos cometemos erros." Mas Hitler se mostrou determinado a enfrentar a luta no segundo turno.[94]

Essa também era a opinião da maior parte dos dirigentes nazistas que no dia seguinte se reuniram na Braunes Haus, em Munique:[95] "A luta continua." Acima de tudo, esperava-se que a participação no segundo turno, mesmo sem a menor chance de vencer Hindenburg, mobilizasse os eleitores para as eleições parlamentares da Prússia e de diversos outros *Länder*, marcadas para dali a pouco tempo.[96]

Depois de uma breve viagem a Weimar, onde os dois discursaram, Hitler e Goebbels voltaram a Munique para preparar a segunda fase da campanha eleitoral. Nesse meio-tempo, Magda chegou de Berlim.[97] Goebbels teve muita dificuldade para trabalhar eficazmente com o chefe do partido por perto: "Hitler vive tendo ideias novas. Mas com ele é impossível trabalhar meticulosamente."[98] Em 19 de março, houve um encontro de *Gauleiter* em Munique, durante o qual Goebbels foi obrigado a engolir algumas críticas ao seu trabalho de propaganda nas últimas semanas.[99]

No período da Páscoa, retornou a Munique com Hitler e, uma vez mais, em companhia de Magda. Nos vários dias passados no Obersalzberg, nas imediações de Berchtesgaden, trataram dos últimos detalhes da campanha de propaganda na disputa do segundo turno. Mas não faltou tempo para relaxar: "À tarde as mulheres foram passear, e Hitler fez uma exibição de tiro ao alvo com sua nova pistola. É um atirador seguro."[100]

No dia 31 de março, Goebbels estava novamente em Berlim a fim de tocar o aparato de propaganda local na campanha do segundo turno. No referente a Hitler, ocorreu-lhe algo especial: despachá-lo de avião a todo o país para discursar a um público maciço em pelo menos três ou quatro cidades por dia. Esses "voos pela Alemanha" eram apresentados pela propaganda nazista como marchas triunfais, como provas da afinidade de Hitler com o povo, mas, na competição com o idoso Hindenburg, também serviam para reforçar a sua imagem de político "moderno" sempre aberto para as inovações técnicas.[101]

O próprio Goebbels voltou a fazer turnê eleitoral no dia 3 de abril. Discursou em Wiesbaden e Frankfurt, mas, surpreendentemente, Hitler chamou-o de volta a Berlim. Conversaram sobre um comício recentemente autorizado — até 1º de abril vigorou uma proibição geral de manifestações públicas — no Lustgarten perante 200 mil pessoas, depois no Estádio de Potsdam diante de 50 mil e, por fim, no Palácio de Esporte para um público de 20 mil.[102] A seguir, as viagens de campanha o levaram a Weimar, Jena, Aachen e enfim Berlim.[103]

A meta central de Goebbels era "invadir a parte burguesa da frente de Hindenburg". E recomendou aos correligionários um trabalho minucioso: "Por isso, cada subdivisão isolada deve ter a perspicácia de descobrir, entre os padeiros, os carniceiros (!), os comerciantes de artigos coloniais, os donos de restaurante etc., quem votou em Hindenburg por um dos motivos já expostos." A Direção Nacional de Propaganda fornecia modelos de cartazes e panfletos e publicava o jornal de campanha *Der Flammenwerfer* [O lança-chamas], além de um folheto especial anti-Hindenburg.[104]

Diversos fatores dificultaram a campanha do NSDAP. Na véspera do primeiro turno, "manobras" em grande escala da SA na região metropolitana de Berlim suscitaram rumores de um putsch nazista.[105] Por outro lado, no dia da eleição, Goebbels informou a chancelaria do Reich de supostos planos de atentado contra Brüning por parte dos "homens de Stennes", o que posteriormente se interpretou como uma tentativa de intimidar o primeiro-ministro.[106] Poucos dias depois das eleições, em 17 de março, a polícia empreendeu uma grande batida em unidades da SA e da SS; a proibição das organizações nazistas parecia iminente.[107] Em 23 de março, o *Angriff* foi novamente proibido, dessa vez por seis dias.[108] O caso em torno da homossexualidade de Röhm prejudicava cada vez mais o partido; Goebbels foi claro no início de abril: "As cartas comprometedoras são verdadeiras."[109]

Posto que o NSDAP tenha obtido um ganho de mais de 2 milhões de votos no segundo turno, Hindenburg venceu com mais de 53%. Goebbels resolveu considerar o resultado positivo e interpretou a derrota como "trampolim para as eleições da Prússia".[110] Com isso em mente, depois de 1933, tentaria apresentar sua campanha eleitoral inteiramente centrada na pessoa de Hitler — nada inconteste no partido — como uma bem-sucedida receita de conquista do poder.[111]

Com efeito, na primavera de 1932, a maioria dos alemães não estava disposta a acompanhar o mito do Führer propagado pelo NSDAP em torno de Hitler. Entretanto, no frenesi do entusiasmo pelo Führer encenado por Goebbels a partir de 1933, com todos os meios de propaganda disponíveis, esse fato acabou caindo no esquecimento.

Proibição da SA e complô contra Brüning

As buscas empreendidas pela polícia em numerosos escritórios da SA, em 17 de março, resultaram na apreensão de material incriminativo. Isso levou Wilhelm Groener, o ministro do Interior e da Defesa do Reich, a abandonar as restrições à proibição da SA em todo o país que até então vinha mantendo por "motivos de política de defesa". Como já esperavam Goebbels e os dirigentes do partido, a proibição foi imposta no dia 13 de abril precisamente às cinco horas da tarde: a polícia ocupou os pontos de encontro e os escritórios da SA e da SS e dissolveu a organização. "É um petardo de Groener", comentou Goebbels. A ação visava particularmente a Schleicher e seus estreitos contatos no NSDAP: "Ele está abaladíssimo. Hindenburg, o cagão." Obviamente, a SA e a SS continuaram com as suas atividades apesar da proibição — por exemplo, mediante a criação de associações esportivas e de excursões.[112]

Nas eleições do Landtag prussiano de 24 de abril de 1932, o NSDAP — apesar da proibição da SA — voltou a obter uma grande vitória: sua votação subiu de 1,8% (1928) para 36,3%, transformando-se no partido mais forte da Prússia. Não obstante, em virtude do fraco desempenho das outras agremiações de direita, não tinha a menor chance de constituir maioria no parlamento.

Na Baviera, em Württemberg e em Hamburgo, o NSDAP alcançou resultados parecidos nesse dia — e ficou no mesmo dilema. Somente em Anhalt teve condições de compor maioria parlamentar e assumir o governo com a ajuda de outros partidos de direita. Em suma, os resultados eleitorais sensacionais que granjeou não provocaram uma reviravolta política nos *Länder*. "Precisa acontecer alguma coisa. Nós temos de tomar o poder. Do contrário, vencemos até morrer", foi o comentário de Goebbels.[113] Agora também tinha entendido: sozinho o NSDAP não chegaria ao poder — nem pelo voto nem com os ameaçadores desfiles da SA. As listas ministeriais da Prússia e do Reich, que Goebbels havia discutido com Hitler e outros dirigentes nazistas nos dias anteriores — nas quais ele próprio figurava como possível ministro do Interior da Prússia, ideia a que se ia habituando pouco a pouco —, tinham se tornado obsoletas.[114] Ademais, o resultado do NSDAP em Berlim ficou uma vez mais consideravelmente abaixo do resultado do NSDAP no Reich.[115]

Como a "Frente de Harzburg", aliança do NSDAP com o DNVP e o Stahlhelm, não funcionara por ocasião das eleições presidenciais — o Stahlhelm e o DNVP não tomaram a decisão de apoiar Hitler no segundo turno —, a única alternativa realista que restava para ingressar no governo era a colaboração com o Zentrum: "Sem o Zentrum, não há o que fazer. Nem na Prússia nem no Reich."[116]

O apontamento de 27 de abril no diário marca uma mudança notável em Goebbels: por mais que, nos anos anteriores, ele se tivesse oposto a uma aliança com os direitistas, que diluiria a linha política do NSDAP, agora estava disposto a se aliar justamente com o moderado Zentrum, um partido de sustentação do Estado da detestada república. Goebbels, que até então sempre havia tentado se distinguir como representante de uma linha "revolucionária" no NSDAP, aderiu em definitivo à política de Hitler taticamente orientada para a negociação. De início, ela pareceu bem-sucedida: o chefe da SA berlinense Helldorf informou-o de que soubera em conversa com Schleicher que o general estava disposto a uma "mudança brusca": "Pressionado por ele, o Zentrum se sujeitará. Negociações também no Reich. Tolerar o Zentrum na Prússia." Schleicher não queria trabalhar com Göring nem Strasser, e sim com Goebbels, fato que este anotou com muita satisfação. Dois dias depois, Schleicher recebeu Hitler, que — como Goebbels soube mais tarde por intermédio de Helldorf, que estava presente — "concordou" com o anfitrião.[117]

O complô previa um papel para o Zentrum, mas não para o chanceler Brüning, e assim procedeu Schleicher. Na madrugada de 2 para 3 de maio, informou Brüning da possível solução jurídica para a Prússia e o Reich que ele discutira com a direção do NSDAP. Quando o premiê contrapôs que queria continuar no cargo até conseguir tirar da zona de risco a sua política de revisão do Tratado de Versalhes, Schleicher deixou claro que não apoiava semelhante posição.[118]

Em 5 de maio, quando Goebbels e Magda estavam fazendo uma visita a Hitler em Berchtesgaden, soube-se que o ministro da Economia Hermann Warmbold havia renunciado. No diário, Goebbels esclarece que essa demissão se deveu essencialmente à desmontagem do governo Brüning iniciada por Schleicher nos últimos dias: "Schleicher estourou a bomba."[119]

Goebbels viajou imediatamente a Berlim, onde, em 7 de maio, Hitler, acompanhado de Röhm e Helldorf (ambos contatos com Schleicher), encontrou-se com Schleicher, o secretário de Estado Meissner e Oskar, o filho e ajudante de ordens de Hindenburg. Quando os três retornaram, Goebbels foi informado em primeira mão acerca do resultado: "Brüning deve cair ainda nesta semana. O velho vai retirar a confiança nele. Schleicher está fazendo campanha para isso. [...] Então vem um gabinete presidencial. Dissolução do Reichstag. As leis coercivas caem. Nós temos liberdade de agitação e provemos nossa obra-prima."[120]

O registro de Goebbels mostra o papel que o cálculo de Schleicher reservara aos nazistas: cabia-lhes tolerar o novo governo e, em troca, podiam contar com a suspensão da proibição de uniforme e com novas eleições; concessões que, diante do sucesso eleitoral obtido pelo NSDAP nos *Länder*, equivaliam a torná-lo a bancada mais forte do Reichstag.

Naquela mesma noite, a cúpula nazista entrou em contato telefônico com Schleicher, pedindo-lhe que acelerasse a queda de Brüning para que ele não tivesse tempo de solicitar voto de confiança no Reichstag. Combinaram que Hitler sairia de Berlim para não provocar nenhuma especulação sobre a causa da iminente derrubada do primeiro-ministro. O retiro escolhido foi a propriedade rural de Severin, para a qual Goebbels, juntamente com Magda, Harald, Hitler e alguns acompanhantes, partiram naquela mesma noite. No dia seguinte, lá discutiram a organização da campanha eleitoral seguinte para o Reichstag.[121]

No dia 12 de maio, Goebbels participou de uma sessão parlamentar que terminou num escândalo inaudito: quando, no restaurante do Reichstag, um grupo de deputados nazistas espancou o jornalista Helmuth Klotz — o ex-nacional-socialista que, tendo passado para o SPD, publicara as comprometedoras cartas de Röhm —, o presidente da casa Paul Löbe chamou a polícia e expulsou do plenário quatro membros da bancada do NSDAP. Como estes se recusassem a sair, um contingente da polícia comandado pelo vice-chefe Bernhard Weiss invadiu o Reichstag para prender os quatro deputados. A bancada nacional-socialista se revoltou, e, em meio aos berros de "Isidor, Isidor!", Goebbels proferiu a seguinte frase: "Eis que o porco judeu, o Weiss, entra aqui para nos provocar com a sua presença." Por fim, a sessão foi interrompida. O parlamento entrou em recesso até junho.[122]

No mesmo dia, Groener se afastou do Ministério da Defesa. Goebbels registrou a demissão como "Sucesso de Schleicher", que de fato havia pressionado muito Groener.[123] No dia seguinte, ele escreveu depois de uma visita de Helldorf a Schleicher: "A crise continua conforme o programado. Ainda bem!"[124]

A queda de Brüning

Em 18 e 19 de maio, Goebbels foi informado por Werner von Alvensleben, um colaborador próximo de Schleicher, sobre o isolamento cada vez maior que este vinha impondo a Brüning.[125] No dia 24, a mesma fonte avisou-o da queda iminente do premiê do Reich: "Schleicher trabalha bem. Alvensleben trouxe a sua lista ministerial: primeiro-ministro v. Papen, Exterior Neurath." Mas para Goebbels dois outros pontos eram mais importantes que essa distribuição de cargos: as novas eleições e, em consequência da tolerância ao novo governo do Reich, a perspectiva de coligação com o Zentrum na Prússia.[126]

Franz von Papen, o candidato de Schleicher, era até então pouco conhecido publicamente. Proprietário rural direitista de Westfália que também tinha sido diplomata e oficial do império, não passava de um discreto deputado da bancada do Zentrum; ao mesmo tempo, presidia o conselho diretor do jornal do partido, o *Germania*. Aos olhos de Schleicher, a combinação de convicções altamente conservadoras com a origem aristocrática, uma carreira condizente e a filiação ao Zentrum tornavam von Papen o homem que se podia apresentar a Hindenburg como sucessor de Brüning.

Em harmonia com o cálculo desenvolvido por Schleicher, nesses dias Hindenburg notificou a Brüning, por intermédio do secretário de Estado Otto

Meissner, o seu desejo de uma reforma ministerial mais à direita de modo a tornar o governo tolerável aos nazistas, cuja participação no governo da Prússia ele considerava conveniente.¹²⁷

Enquanto Schleicher continuava providenciando a remoção de Brüning, Goebbels participou, em 25 de maio, da sessão constitutiva do Landtag prussiano. Por causa da abstenção do Zentrum, o NSDAP conseguiu fazer com que o seu deputado Hanns Kerrl fosse eleito presidente do parlamento; mas, à parte isso, o projeto de uma colaboração negro-parda na Prússia não fez nenhum progresso. Nesse dia, não faltaram conflitos violentos no parlamento prussiano: depois de uma disputa com os comunistas, a bancada do NSDAP entregou-se a uma pancadaria que esvaziou o plenário. "Breve, mas energicamente, com tinteiros e cadeiras", escreveu Goebbels mal disfarçando o orgulho: "A bancada canta a canção de Wessel. Oito feridos graves de diversos partidos. Foi uma advertência. Impõe respeito."¹²⁸

No dia seguinte, ele fez uma viagem de campanha a Ostfriesland, onde em 29 de maio também haveria eleições do Landtag. No caminho, encontrou-se com Hitler, que lhe contou que o destino político de Brüning seria decidido no domingo seguinte.¹²⁹ Uma vez mais, mostrou-se muito bem informado: no domingo, 29 de maio, o presidente recebeu Brüning e, para a sua surpresa, comunicou-lhe friamente que não tinha intenção de promulgar novos decretos de emergência a favor do seu governo; como isso equivalia à desmontagem completa do chanceler, este, como era de se esperar, pediu a demissão do seu gabinete.¹³⁰

O derradeiro motivo da decisão de Hindenburg de retirar totalmente a confiança em Brüning foram os planos deste último de arrematar compulsoriamente as propriedades rurais improdutivas do leste da Alemanha e liberá-las para povoamento.¹³¹ Contrários a essa determinação, representantes do Reichslandbund e do DNVP vinham pressionando vigorosamente Hindenburg, que — sendo ele próprio latifundiário — não estava gostando nada do "bolchevismo agrário" do chanceler. "Ontem a bomba estourou", anotou Goebbels acerca da demissão de Brüning.¹³² O fato de, na véspera, nas eleições em Oldemburgo, o NSDAP ter obtido a maioria absoluta dos assentos no parlamento aumentou-lhe compreensivelmente a euforia.¹³³

Ainda em 30 de maio, Hitler teve uma conferência com Hindenburg cujo resultado informou posteriormente à cúpula do partido no apartamento de Goebbels: "Proibição da SA cancelada. Uso de uniforme autorizado e Reichstag dissolvido. Isso é o mais importante. Tudo o mais se resolve. O homem é v. Papen. Isso é o de menos. Eleições, eleições! Vamos ao povo!"¹³⁴ No dia seguinte, Goebbels soube por intermédio de Hitler que von Papen havia confirmado aquele acordo.¹³⁵

A eleição do Reichstag em julho de 1932

Constituído predominantemente de ministros aristocráticos e conservadores, o governo Papen tinha base extremamente frágil no Reichstag, pois o próprio partido do chanceler, o Zentrum, negava-lhe apoio por causa do jogo de intrigas que levara à queda de Brüning, e Papen — que havia aceitado a chefia do governo confiando na colaboração do Zentrum — saíra do partido. Para sobreviver no parlamento, dependia da tolerância dos nacional-socialistas. Confiando numa vaga promessa de Hitler, Hindenburg e ele acharam sensato arriscar as consequências do esperado aumento da votação dos nazistas nas novas eleições do Reichstag.[136] Nesse meio-tempo, porém, a situação tinha mudado para o NSDAP: na sua ótica, a ruptura com o Zentrum debilitara consideravelmente o primeiro-ministro.

Enquanto isso, Hitler e Goebbels assumiram compromissos de campanha em Mecklemburgo, onde as eleições estavam previstas para 5 de junho. Ambos se hospedaram na distante Severin, lugar em que logo na primeira noite houve um animado debate sobre a futura forma de governo, durante o qual Hitler — sintonizado com os potenciais aliados conservadores — revelou que ainda namorava a ideia de restaurar a monarquia. "Hitler é a favor de uma monarquia reformada. Eu também. Mas não é o caso designar logo Auwi* administrador do Reich. [...] Hitler superestima os instintos Hohenzollern no povo. Acha que, numa luta entre príncipes herdeiros e Hitler, ele seria derrotado. Nem pensar!"[137]

Na sexta-feira, 3 de junho, Hitler se reuniu com Schleicher. Logo depois do encontro, retornou a Severin e informou Goebbels: "O Reichstag será dissolvido imediatamente. Proibição da SA suspensa."[138] No dia seguinte, o presidente promulgou o decreto de dissolução e marcou eleições para 31 de julho de 1932.[139]

Ao mesmo tempo, negociou-se o procedimento na Prússia: inicialmente, estava na ordem do dia a possível participação do NSDAP num governo de coalizão ou pelo menos o compromisso de tolerância parlamentar. Uma solução alternativa já cogitada por Schleicher no outono anterior voltou a ser tomada em consideração: a nomeação de um comissário do Estado para a Prússia pelo governo do Reich agora que o Zentrum perdera a antiga função estabili-

---

* Apelido pelo qual era conhecido o príncipe Augusto Guilherme da Prússia, filho do cáiser Guilherme II. Tendo se unido aos veteranos do Stahlhelm no pós-guerra, ingressou na SA em 1931. (N. do T.)

zadora de partido do governo no Reich *e* na Prússia. Goebbels era favorável a essa solução.

Na noite de 4 de junho, Hitler telefonou para Schleicher de Severin. Goebbels escreveu: "Questão da Prússia ainda sem solução. Um comissário ou governador nosso." Mas uma coisa era certa: "Que não seja bávaro nem protestante." Isso tirava Gregor Strasser do páreo.[140] Nos dias subsequentes, Goebbels viu reforçada a sua posição de só concordar em assumir o governo da Prússia se, ao mesmo tempo, tivesse participação no governo do Reich: "Nós ficamos na oposição até receber o poder total para agir plenamente. Eu telefono para Hitler, que concorda inteiramente comigo."[141] Dias depois, ele publicou no *Angriff* duas duras críticas ao gabinete Papen.[142]

Em 9 de junho, Heinz Franke, o chefe do staff de propaganda, informou-o da situação em Munique, particularmente da iminente reorganização da direção do partido promovida por Gregor Strasser. Goebbels sintetizou os planos: "Strasser fala no rádio, Strasser prepara a lista de candidatos, Strasser nomeia o comissário do *Gau*. Strasser engambela Hitler. E ele não oferece a menor resistência."[143]

No dia 14 de junho, teve uma "grande conversa pessoal" com seu tão criticado e vilipendiado adversário Göring: os dois decidiram esquecer as diferenças pessoais do passado; evidentemente, o pano de fundo desse acordo de paz era o interesse comum em não deixar Strasser crescer ainda mais.[144] Na noite de 14 de junho, Goebbels escutou o discurso que seu oponente no partido teve oportunidade de fazer na rádio nacional na qualidade de representante do NSDAP. Nessa campanha eleitoral, distribuiu-se pela primeira vez tempo de transmissão entre os partidos, e como Hitler não aceitou as condições — os discursos deviam ser previamente apresentados por escrito —, coube a Strasser falar por ele. Impôs principalmente a exigência de uma intervenção estatal abrangente em prol da economia fraca, assim como para eliminar o desemprego. Goebbels sentenciou: "Muito pouco agressivo. Demasiada 'política nacional'. O homem é um perigo para Hitler."[145]

Apesar de sua dedicação incansável ao trabalho de propaganda partidária, ele não pôde impedir Strasser, que tinha consolidado sua posição na direção, de dominar a campanha eleitoral com a exigência de criação de emprego. Além disso, fez com que a organização do partido distribuísse 600 mil exemplares do folheto *Programa econômico de emergência do NSDAP*, no qual expunha suas ideias sobre um programa de criação de emprego.[146]

As instruções da Direção Nacional de Propaganda comandada por Goebbels enfatizavam principalmente o distanciamento com relação ao gabinete

Papen e frisavam que o NSDAP combatia tanto o KPD quanto o "sistema" e os seus partidos, sobretudo o SPD e o Zentrum.[147] Uma vez mais, privilegiavam a "propaganda individual": "Cada um deve escolher 2-3 companheiros alemães e deles se ocupar pessoalmente e da maneira mais intensa até o dia da eleição."[148] Propunham à organização do partido todo o elenco de material de publicidade: comícios maciços, carros com alto-falantes, filmes falados, discos, bandeiras e estandartes, panfletos, o jornal eleitoral *Der Flammenwerfer*, folhetos e cartazes.[149]

Numa noite em meados de junho, Goebbels praticamente inaugurou a campanha eleitoral passando algumas horas na Haus Vaterland, o maior palácio de diversões na Potsdamer Platz, em companhia de líderes uniformizados da SA: um desafio flagrante à proibição da organização paramilitar. Mas a polícia não fez "o favor de intervir", anotou ele. No momento, ainda não sabia que o governo do Reich suspendera a proibição.[150]

Em 27 de junho, esteve numa reunião de *Gauleiter* em Munique para apresentar as estratégias da propaganda eleitoral. Na ocasião, constatou que Strasser "havia tirado vantagem do partido" durante as "alterações organizacionais": "O secretário geral. Hitler deve ser eliminado pouco a pouco. Presidente honorário. Ele não quer isso. É preciso acordá-lo. Str. só nomeia as suas crias. E se aproveita de todo o aparato. O ditador do partido!"[151]

Em 8 de julho, Hitler chegou a Berlim. No dia seguinte, Goebbels soube por intermédio de Alvensleben que ele se reunira com Schleicher para preparar as manobras comuns seguintes, desta vez contra Papen, que tinha de "cair".[152] Em 9 de julho, Goebbels fez um discurso de campanha no Lustgarten que, segundo o *Völkischer Beobachter*, foi aplaudido por 200 mil pessoas; pela avaliação bastante exagerada do próprio Goebbels, o "maior e mais sensacional comício que Berlim já viu".[153] No dia seguinte, voltou a empreender um giro eleitoral que, iniciado em Rheydt, o levou a numerosas cidades da Alemanha ocidental. De volta a Berlim, discursou com Göring no Palácio de Esporte.[154] Mas a principal atração da campanha foi, uma vez mais, a turnê aérea de Hitler por toda a Alemanha, que a imprensa nazista celebrava como "voo da liberdade".[155]

No dia 18 de julho, Goebbels fez o seu primeiro discurso radiofônico, já que o governo Papen franqueara pela primeira vez aos partidos o uso desse novo meio propagandístico.[156] Depois de prolongada polêmica com o Ministério do Interior do Reich, ao qual competia autorizar tais programas políticos, ele foi obrigado a alterar consideravelmente o manuscrito — cujo título original era "O nacionalismo como necessidade da política de Estado".

Acabou falando sobre o "Caráter nacional como fundamento da cultura nacional". O próprio Geobbels ficou encantadíssimo com o resultado: "O discurso teve um efeito fabuloso. Eu estou em boa forma. Hoje a imprensa brilha."[157]

Nesse meio-tempo, o governo Papen tratou de solucionar à sua maneira o impasse na Prússia. Depois da eleição do Landtag em abril, o governo prussiano do social-democrata Otto Braun renunciou, embora este tenha permanecido no cargo na qualidade de administrador. Os partidos da coligação — SPD, DDP, Zentrum — perderam a maioria parlamentar. Embora aritmeticamente possível — e politicamente viável durante o governo Brüning —, a constituição de uma maioria com o Zentrum já não oferecia aos nazistas uma opção de acordo político em âmbito nacional com o governo Papen, que se havia afastado definitivamente daquele partido. Por esse motivo, nas discussões internas do NSDAP, Goebbels propunha desde junho o chamado "compromissinho" com o Zentrum na Prússia.[158] Basicamente, o modelo que defendia (ainda que só no caso de uma participação concomitante no governo do Reich) era a imposição de um comissário à Prússia. Schleicher já tinha sugerido esse modelo no outono de 1931. Desde junho, vinha discutindo o assunto com a cúpula nazista, e agora, em junho de 1932, tal solução estava sendo levada muito a sério pelo governo central — é verdade que com a exclusão do NSDAP, mas ao mesmo tempo como um esforço preliminar em prol de uma futura aliança com este.

Em 20 de julho de 1932, Papen promulgou um decreto de emergência[159] já assinado pelo presidente como carta branca e apontou a si mesmo comissário de Estado da Prússia; nomeou ministro do Interior prussiano o prefeito de Essen, Franz Bracht. A justificativa para tais medidas foi o "Domingo Sangrento de Altona", um violento confronto entre a polícia, os nazistas e os comunistas que resultou em 18 mortos no dia 17 de julho.[160] Os social-democratas foram afastados dos cargos que ocupavam, assim como a cúpula da Chefatura de Polícia berlinense, inclusive Bernhard Weiss, o arqui-inimigo de Goebbels.[161]

A direção do NSDAP soube do iminente "golpe prussiano" ao mais tardar no dia 19 de julho, como comprova o diário de Goebbels.[162] No dia seguinte, quando se procedeu à manobra, ele constatou que tudo ocorrera "conforme o programado" e escreveu que a cúpula nazista tinha preparado um "rol de desejos" para Bracht, assim como uma "lista [...] de quem devia cair na Prússia".[163]

Goebbels voltou a se envolver totalmente na campanha eleitoral com numerosos discursos públicos em toda a Alemanha.[164] Em 31 de julho, dia da eleição, viajou a Munique a fim de comemorar a esperada vitória. Com 37,4% dos votos, os nacional-socialistas conquistaram 230 mandatos, tornando-se o partido mais forte do Reichstag.

Goebbels, cujos 28,8% obtidos em Berlim ficaram muito aquém da média do Reichstag,[165] tirou a seguinte conclusão: "Agora é tomar o poder e exterminar o marxismo. De um jeito ou de outro! A maioria absoluta, nós não a obteremos. Então vamos trilhar outro caminho."[166] Mas deixou em aberto que caminho seria esse.

9. "Acredito cegamente na vitória"
A caminho do poder

No dia 2 de agosto, antevéspera da eleição, empreendeu-se uma excursão a Tegernsee: "Hitler rumina. Às voltas com decisões difíceis. Legalidade? Com o Zentrum? Que asco! [...] Nós refletimos, mas não chegamos a conclusão nenhuma."¹

Dias depois, em 6 de agosto, em Berchtesgaden, Hitler informou Goebbels de uma conversa que tivera com Schleicher em Fürstenberg, próximo a Berlim. Tudo indicava que a situação se havia alterado radicalmente, a escolha de Hitler para a Chancelaria era iminente: "Dentro de uma semana a coisa vai. O chefe será chanceler do Reich e governador da Prússia. Strasser, ministro do Interior no Reich e na Prússia. Goebbels, Cultura no Reich e Educação na Prússia. Darré, Agricultura em ambos; Frick, secretário de Estado da Chancelaria; Göring, Aeronáutica. A Justiça fica conosco. [...] Se o Reichstag rejeitar a lei habilitante, nós o mandamos para casa. Hindenburg quer morrer com um gabinete nacional. Nunca devolveremos o poder, só mortos nos tiram de lá."² No dia seguinte, sua discussão com Hitler se prolongou até tarde da noite: "Eu fico com a escola, a universidade, o cinema, o rádio, o teatro, a propaganda. Um território gigantesco. Toda uma vida realizada. Missão histórica. [...] A instrução pública do povo alemão fica na minha mão."³

Na verdade — a julgar pelo relato de Meissner —,⁴ Hitler andava pintando um quadro sumamente otimista do trabalho de Goebbels no futuro governo: ao conferenciar com Schleicher, não exigira nenhum Ministério da Instrução Pública para ele. Aliás, nos meses seguintes, seguiria levando-o a ter uma ideia da sua futura atividade ministerial que ia muito além da competência que depois, na primavera de 1933, lhe caberia de fato no cargo de ministro do Reich da Instrução Pública e Propaganda: Goebbels no papel de educador nacional do povo alemão — isso não passava de um pensamento volitivo do qual o Führer não participava. Para ele, Goebbels era um chefe de propaganda competente e entusiasmado — como deveria continuar sendo depois da "tomada do poder".

Mas, em primeiro lugar, era preciso que Hindenburg aprovasse a nomeação de Hitler. A cúpula nazista reunida em Prien, próximo a Chiemsee, em 11 de agosto foi informada de que o presidente se opunha rigorosamente a tal hipótese. Decidiu-se seguir negociando com o Zentrum a fim de levar Papen e Schleicher a um beco sem saída.[5] À parte isso, a SA se encarregou de promover "manobras" em larga escala na região de Berlim a fim de pressionar ainda mais o governo.[6] No dia seguinte, Goebbels — nesse meio-tempo uma vez mais na capital — descobriu que os homens da SA queriam desfilar e, preocupado, se perguntou se um dia Helldorf não acabaria perdendo o controle de suas unidades.[7]

No dia 13 de agosto, ficou decidida a questão da nomeação de Hitler: este conversou primeiramente com Schleicher e então com Papen, que tentaram convencê-lo a assumir a vice-chancelaria, proposta que recusou.[8] A seguir, esteve com o presidente. Apenas 45 minutos depois, voltou ao apartamento de Goebbels e contou que desde o começo ficou claro que Papen continuaria no cargo de premiê. Ele nem chegou a tomar a palavra, pelo contrário, "caiu na arapuca" direitinho. A ideia de Hitler aceitar a vice-chancelaria, segundo escreveu Goebbels, era "um disparate grotesco".[9] A nota oficial sobre a reunião saiu eivada de mentiras, motivo pelo qual se exigiu que Von Papen e Schleicher a reformulassem. Como isso não aconteceu, os dirigentes nazistas publicaram uma versão própria da discussão.[10]

Estava cada vez mais difícil controlar a SA, que já se imaginava na iminência da tomada do poder. À noite, houve uma reunião com os seus líderes berlinenses no apartamento de Goebbels: "Helldorf é quem mais exagera no otimismo. Preciso esclarecer tudo novamente. Tarefa ingrata." Dias depois, o *Völkischer Beobachter* publicou um apelo de Röhm aos "camaradas da SA e da SS", anunciando uma "trégua".[11] Para pressionar o governo, a direção do partido voltou a optar pelo projeto de uma solução parlamentar do conflito na Prússia. Retomaram-se as negociações com o Zentrum, que, no entanto, não tardou a abandoná-las.[12]

Goebbels achou por bem tirar uma semana de folga nas praias do mar Báltico.[13]

Luta contra o governo Papen

Em 22 de agosto, quando ele retomou o trabalho em Berlim, a situação política interna tinha sido afetada pela pena de morte pronunciada por um tribunal especial de Beuthen contra cinco nacional-socialistas que assassinaram brutalmente um comunista no povoado de Potempa, na Alta Silésia. A condenação sumária de perpetradores de violência política por tribunais especiais era uma inovação do governo Papen que entrara em vigor poucos dias antes e visava ao terrorismo nazista.[14] No início de agosto, a SA, particularmente na Prússia Oriental e na Silésia, havia começado a fustigar os adversários políticos, principalmente os de esquerda, com uma onda de terror: os inúmeros atentados e bombas resultaram em vários feridos e um morto: um vereador comunista.[15] Os assassinatos de Potempa marcaram o auge da campanha de violência que agora o Estado procurava conter. Todavia, a reação da cúpula nacional-socialista deixou claro que ela aprovava os atos de violência da base do partido. Hitler se solidarizou com os homicidas num telegrama publicado em 23 de agosto pela imprensa nazista,[16] ao passo que Goebbels, num editorial do *Angriff* de 24 de agosto, cunhou o sucinto slogan: "A culpa é dos judeus."

No dia 24 de agosto, ele soube que a sentença não seria executada. Mas as consequências políticas foram consideráveis: "Schleicher ambíguo. Atmosfera geral contra nós. Schl. diz que Röhm o enganou. Não queria autorizar nenhuma ilegalidade, e, apesar disso, aí está a Prússia Oriental."[17]

Ainda restava a opção Zentrum. Em 25 de agosto, Goebbels esteve com Hitler em Berchtesgaden. Chegaram Frick e Strasser, que acabava de se encontrar com Brüning em Tübingen: "O Zentrum quer ficar conosco: como condição, um casamento prolongado e Goerdeler no governo da Prússia. [...] Strasser a favor da solução do Zentrum. Hitler e eu, pelo contrário, propensos a insistir na ideia presidencial." Por fim, o grupo chegou ao consenso quanto a três possíveis alternativas: "1ª: presidência. 2ª: coalizão. 3ª: oposição. Trabalhar nisso nessa ordem."[18] As anotações no diário mostram que Goebbels estava disposto a embarcar em todas as variantes táticas concebíveis oferecidas pela linha "legal"; enxergava claramente que a continuação do terrorismo político, tal como tinha sido praticado na Prússia Oriental e na Silésia, só serviria para isolar o partido.

As semanas subsequentes foram de complicados estratagemas táticos. Logo no dia seguinte, Goebbels se reuniu com Schleicher em Berlim, mas não conseguiu decifrar sua posição. Estava convencido de que podia pressioná-lo com a ameaça de coligação com o Zentrum, como disse a Hitler.[19] Um dia depois, foi a Caputh, um lugarejo próximo de Potsdam em que ele e a esposa haviam alugado uma casa de campo naquele verão, à qual Hitler chegou às dez horas da noite com "grande comitiva": "Precisamos tomar o poder. Se o governo violar a Constituição, é o fim de toda legalidade. Então vêm o boicote fiscal, a sabotagem etc."[20] No entanto, em agosto de 1932, ele não achava nada desejável optar por essa derradeira medida concebível: estava decidido a levar o NSDAP ao poder pela via da negociação.

Dias depois, encontrou-se com Hitler no Kaiserhof e foi informado das conversações mantidas nesse meio-tempo com Brüning, Papen e Schleicher. "Sempre as mesmas promessas vazias." Pairava a ameaça da dissolução imediata do recém-eleito Reichstag: "E nós somos ludibriados."[21]

No dia 30 de agosto, participou da sessão constitutiva do Reichstag. A casa elegeu Göring presidente, decisão que Goebbels recebeu com sentimentos ambivalentes; mas constatou durante a sessão que Göring fazia bem "o seu papel".[22]

Num encontro na casa deste em 31 de agosto, Hitler, Goebbels, Göring e Röhm se recolheram para fazer uma "reunião secreta"; nela "articularam" o "plano audacioso [...] de derrubar o velho". Nos dias subsequentes, as anotações no diário de Goebbels deixam claro do que se tratava:[23] lançar mão do artigo 43 da Constituição do Reich, que previa a possibilidade de convocar, com o apoio de dois terços do Reichstag, um referendum sobre a deposição do presidente. Para tanto, era preciso garantir o apoio do Zentrum; com o BVP e o KPD, eles contariam com maioria suficiente no parlamento.[24]

Nas discussões da cúpula do partido sobre essa questão, Goebbels ganhou preciosos pontos contra Strasser, que, "como sempre", se opôs ao plano, pois, segundo supunha Goebbels, a queda do presidente podia atrapalhar suas maquinações. Ele registrou que tanto Göring quanto Röhm se opuseram a Strasser, e Hitler se manifestou "veementemente contra ele", chegando a criticar a recente reorganização da sede muniquense do partido implementada por Strasser. "Hitler tem medo de Strasser, mas não gosta dele."[25]

Nesses dias repletos de intrigas, Goebbels foi pai pela primeira vez: às 14h20 do dia 1º de setembro, Magda deu à luz uma filha que se chamaria Helga. "Infelizmente, apenas uma menina", escreveu ele, decepcionado. No entanto, Hitler ficou "empolgado": "Sempre tinha profetizado uma garota." Uma "menina", consolou-o o Führer no dia seguinte, é "melhor, pois um menino se rebelaria contra o pai". Além disso, não poupou elogios a Magda, "que ele admira muito e considera a mulher mais linda, amável e inteligente".[26]

Em 8 e 10 de setembro, Goebbels participou de discussões para as quais delegações do Zentrum e do NSDAP se reuniram no palácio do presidente do Reichstag. Na ocasião, Hitler pressionou violentamente os aliados: exigiu apoio na prevista derrubada de Hindenburg. Na opinião de Goebbels, a exigência calou fundo nos representantes do Zentrum; mesmo assim, eles pediram tempo para pensar.[27] Foi necessária a intervenção vigorosa do ex-chanceler Brüning para impedir semelhante ataque ao presidente do Reich.[28] No entanto, os dois partidos concordaram nos aspectos fundamentais de um projeto de lei destinado a estabelecer novas regras para a substituição do presidente: futuramente, este, quando impedido de exercer o cargo, já não seria substituído pelo premiê, mas pelo presidente da Suprema Corte do Reich. Desse modo, no caso nada improvável de uma doença grave de Hindenburg, seria evitada a concentração do poder nas mãos do chanceler Papen.[29]

Em 12 de setembro, Goebbels participou da sessão do Reichstag em que o KPD, surpreendentemente, propôs moção de desconfiança contra Papen.[30] Contudo, a votação só foi possível porque o presidente do Reichstag Hermann Göring ignorou deliberadamente a pasta a ele entregue por Von Papen durante a sessão, na qual se achava a ordem de Hindenburg de dissolução do parlamento.[31] Mas a situação era constitucionalmente inequívoca: o Reichstag foi dissolvido, e marcaram-se eleições para o dia 6 de novembro.

A campanha eleitoral e a greve da BVG

Em 13 de setembro, Hitler apresentou à bancada a seguinte palavra de ordem para as eleições vindouras: "Contra Papen e a reação." No mesmo dia, acatando essa orientação, Goebbels começou a preparar a organização partidária e a Direção Nacional de Propaganda para a campanha eleitoral.[32]

O slogan formulado por Hitler deixava claro que — diferentemente da campanha de junho/julho de 1932 — quem estava na mira da propaganda nazista não eram os "partidos do sistema", e sim Papen e seus patrocinadores "reacionários", principalmente o DNVP.[33] Assim, por exemplo, a imprensa do NSDAP chegou a exortar os leitores a boicotarem a imprensa nacional-burguesa.[34] Muito mais que na campanha eleitoral de julho — na qual Strasser pôde dar toda ênfase às suas reivindicações sociopolíticas —, a pessoa do líder do partido assomou como "última esperança" contra a "reação", como dizia um cartaz.[35]

Tendo viajado a Munique no início de outubro, Goebbels reorganizou a Direção Nacional de Propaganda. Para tanto, beneficiou-se do fato de, algumas semanas antes, Strasser ter renunciado a seu favor à responsabilidade pelo cinema e o rádio;[36] isso lhe possibilitou erigir quatro departamentos principais (além de cinema e rádio para noticiário e propaganda).[37]

No começo de novembro, o NSDAP de Berlim se envolveu num conflito trabalhista de sérias consequências. Durante a luta sindical na BVG (a companhia berlinense de transporte), formou-se um comitê de greve dominado pelo KPD, do qual participavam representantes da célula de empresa nazista. No dia 3 de novembro, paralisaram-se todos os ônibus, bondes e trens do metrô da capital.

A participação na greve deixou os nacional-socialistas numa situação difícil. Por um lado, se quisessem manter a imagem de um partido dos trabalhadores, já não podiam se distanciar da greve; por outro lado, porém, a cúpula do partido sabia perfeitamente que a colaboração com o KPD provocaria perda de votos no campo burguês. Em 3 de novembro, um mediador estatal declarou obrigatória uma arbitragem; no dia seguinte, os sindicatos convocaram os seus membros a retomar o trabalho. O KPD e o NSDAP se opuseram a essa linha; houve conflitos violentos, tiroteios e vários mortos. "Nós estamos numa situação precária", escreveu Goebbels no segundo dia da greve.[38] No dia seguinte, viu surgir uma "atmosfera revolucionária" e concluiu: "Avante, pois!"[39] Mas em 5 de novembro foi obrigado a admitir que eles corriam o perigo de ficar na defensiva na BVG e, no dia 6, constatou que a greve ia mal e pôs a culpa nos social-democratas.

Decerto, a cooperação com o KPD numa luta sindical logo fadada ao fracasso foi responsável pela considerável perda de votos por parte do NSDAP nas eleições do Reichstag de 6 de novembro: a participação do partido de Hitler caiu quatro pontos no âmbito nacional, chegando a 33,1%. Em Berlim, o recuo foi menor, mas lá a base eleitoral do partido já era comparativamente fraca: o NSDAP recebeu 26% dos votos (em vez dos 28,7% de julho), ficando cinco pontos atrás do KPD e apenas 3% à frente do SPD. Não se podia falar numa incursão profunda no eleitorado dos partidos operários e muito menos na "conquista" da Berlim "vermelha". Somente em algumas zonas eleitorais ultracatólicas o NSDAP teve desempenho pior que na capital.[40]

Goebbels detectou um "grande revés". Atribuiu as perdas ao "13 de agosto e à negociação com o Zentrum": "O primeiro foi necessário; a segunda, dispensável." Concordou com Hitler que havia "duras lutas" pela frente: "O partido precisa ser mantido; o estado de espírito, elevado; a organização, consolidada." Recusou-se a admitir que o seu conceito de luta eleitoral fortemente arrimado na pessoa do Führer não tivera tanto sucesso assim. Ao analisar as eleições, tampouco quis falar na greve da BVG, da qual o KPD e o NSDAP desistiram no dia 7 de novembro.[41]

O fim da greve foi uma derrota estrondosa para o NSDAP berlinense: induzido pela ala das células de empresa, o partido havia mergulhado de cabeça na greve e, no auge da luta eleitoral, envolvera-se numa colaboração com o arqui-inimigo KPD, o que muito lhe prejudicou o prestígio — sem que se atingissem os objetivos da greve. É interessante como Goebbels contornaria essa debacle *post factum*. Embora no início de novembro e nos dias anteriores o tema não tivesse importância nos apontamentos do seu diário — só aos poucos é que ele foi tomando o partido dos grevistas —, Goebbels incorporou extensas passagens à versão *Kaiserhof* publicada em 1933, nas quais esclarecia demoradamente a estratégia e a tática do NSDAP durante a greve; uma justificação a posteriori escassamente baseada no diário original. Na realidade, aquilo que ele depois apresentou como um cálculo bem ponderado não passou de uma situação caótica que simplesmente lhe escapara ao controle.[42]

Luta pela sucessão de Papen

Von Papen renunciou no dia 17 de novembro. Hitler apressou-se a ir a Berlim e, dois dias depois, conferenciou com Hindenburg. Na véspera, Goebbels aconselhara-o a "visitar o velho como a um pai. Falar com muita simplicidade e tentar conquistar-lhe a confiança. Não levar ninguém e excluir principalmente Röhm".[43]

No encontro com Hindenburg, o líder nazista voltou a exigir a Chancelaria, bem como o apoio presidencial, com base no artigo 48, ao passo que Hindenburg lhe deu a conhecer que, por ora, o NSDAP só poderia participar com alguns ministérios de um governo fundamentalmente "suprapartidário". Se quisesse ser chanceler, primeiro Hitler teria de comprovar maioria mediante a sondagem dos partidos.[44] O presidente reiterou essa posição em outra conversa em 21 de novembro.[45] Informado dos encontros pelo dirigente nazista, Goebbels farejou uma reedição do 13 de agosto. Quanto à sondagem da maioria, seria perda de tempo, uma vez que Hugenberg, cujo DNVP saíra reforçado das eleições, tornaria a criar dificuldades. Na sua avaliação, o Zentrum toleraria um premiê Hitler no parlamento, mas, sem o DNVP, eles não dispunham de maioria parlamentar.[46] Além disso, Goebbels receava uma armadilha: queriam fazer de Hitler o chefe de um governo tolhido por sérias restrições presidenciais e então levá-lo ao fracasso e destruí-lo politicamente.[47] Göring o informou de que, para conferir responsabilidade governamental a Hitler, Hindenburg impunha a condição de nem ele nem Röhm receberem cargo. "Ótima companhia para mim."[48] Na discussão subsequente, Strasser declarou-se favorável a negociações com Hugenberg. "Com toda razão, Hitler as rejeitou categoricamente. [...] Mais tarde talvez. Agora ter em vista unicamente a solução presidencial."[49]

Em 30 de novembro de 1932, Goebbels se encontrou com Hitler em Weimar: "Schleicher não pode obter o cargo. Quer a nossa tolerância. Condições pró e contra." Discutiu-se a situação com Göring, Strasser e Frick, que também se achavam em Weimar: "Strasser é a favor da participação. Do contrário, pinta um quadro negro. Hitler veementemente contra ele. Mantém-se coerente. Bravo! Göring e eu o apoiamos com firmeza. Str. cede. Hitler compreendeu corretamente a situação."[50]

No dia seguinte, o tenente-coronel Ott chegou a Weimar na qualidade de "emissário da paz de Schleicher", como registrou Goebbels: "Recesso do Reichstag até janeiro. Em troca, anistia, rua livre e direito de autodefesa. Senão, luta. Grande confusão em Berlim. Está chovendo na nossa horta."[51] Dias depois, em 1º de dezembro, Hitler ministrou "uma palestra de três horas para o tenente-coronel Ott": Schleicher não podia assumir o posto de chanceler do Reich, pois as forças armadas seriam "usadas" em lutas políticas intestinas. Segundo Goebbels, Ott, "profundamente impressionado", telefonou "para Berlim", mas foi informado de que Schleicher "já não podia recuar" e pedia tolerância para o seu futuro governo.[52]

Nesse meio-tempo, Schleicher tinha dado os passos decisivos para ser eleito sucessor de Papen no dia seguinte, 2 de dezembro. Nessa data, mandou seu assessor Ott, recém-chegado de Weimar, fazer uma conferência perante o gabinete, esclarecendo que, em caso de decretação de estado de sítio, as forças armadas não tinham condições de garantir a segurança interna. Em outras palavras: as forças armadas (Schleicher) retiraram a confiança em Papen. Agora Schleicher tinha de se arranjar com a escassa perspectiva de tolerância por parte dos nacional-socialistas.[53]

Strasser-Schleicher

No dia 5 de dezembro, houve uma grande reunião da cúpula do partido, no Kaiserhof, para discutir a posição a ser tomada perante o governo Schleicher: "Strasser e Frick não estão firmes. Hitler colide duramente com eles."

Goebbels soube que Frick e Strasser "estiveram com Schleicher. Ele quer dissolver se nós não tolerarmos". Havia uma séria ameaça por trás disso, pois, na véspera, nas eleições municipais da Turíngia, o NSDAP tinha sofrido grandes perdas.[54] Consequentemente, os dirigentes nazistas impuseram, como dias antes em Weimar, uma série de condições para tolerar o governo Schleicher: "Anistia, melhora social, direito de autodefesa e liberdade de manifestação." Se

Schleicher concordasse, eles votariam pelo recesso do Reichstag. Goebbels apoiou essa linha de maneira incondicional. Na posterior reunião da bancada, Hitler se declarou "energicamente contrário a compromissos": "Strasser petrificado. Bancada unanimemente a favor da coerência. Se possível, não dissolver antes do Natal."

A maioria dos pesquisadores admite que, naquele momento, precisamente no dia 4 de dezembro de 1932, Strasser já tinha sido convidado por Schleicher a ingressar no governo ocupando os cargos de vice-chanceler e ministro do Trabalho.[55] Por trás disso, conforme a opinião generalizada, ocultava-se a tentativa do novo chanceler de dividir o NSDAP e — para contornar o confuso confronto político-partidário — erigir uma "terceira posição" constituída de nacional-socialistas "de esquerda", sindicatos e associações profissionais.[56] Essa suposta oferta de Schleicher a Strasser apoia-se numa fonte única: a versão do diário de Goebbels por ele publicada em 1934 com o título *Vom Kaiserhof zur Reichskanzlei*. Contudo, a comparação com o diário oficial divulgado em 2006 patenteia que a passagem sobre a alegada oferta de Schleicher a Strasser e a intenção deste de disputar a eleição com uma lista própria — essa "traição" ao partido — foi incluída no texto a posteriori: um ato de vingança de Goebbels contra o adversário interno de havia tantos anos.[57] Mas não só isso: o cotejo sistemático do diário original com a versão *Kaiserhof* mostra que Goebbels alterou a posteriori numerosas entradas referentes à atitude do rival naquele período crítico a fim de demonstrar que o "vilão" Strasser desenvolveu durante muito tempo uma política sistemática contra Hitler.[58] Portanto, não admira que, quando publicado em 1934, o *Kaiserhof* de Goebbels, com as "revelações" sobre Strasser, tenha suscitado considerável contrariedade entre os *Gauleiter* nazistas.[59]

A versão original dos diários apresenta um quadro muito diferente daquela conjuntura: efetivamente, como evidenciam os apontamentos sobre as discussões da cúpula nazista em Weimar no fim de novembro/começo de dezembro, a "crise Strasser" girou em torno dos termos da tolerância ao governo Schleicher: enquanto Strasser se dispunha a um compromisso e até defendia a participação do NSDAP no governo, Hitler, avidamente apoiado por Goebbels, impunha, para a tolerância provisória, condições mais duras do que as que Schleicher, por sua vez, acreditava poder aceitar. Os dirigentes nazistas haviam se metido num beco sem saída: fazia meses que o presidente do Reich vinha rejeitando sistematicamente a sua exigência de entrega da Chancelaria com plenos poderes presidenciais, e faltavam parceiros para a constituição de uma coalizão. Só restava a pior opção, um acordo temporário com Schleicher. Em dezembro de 1932, não havia nenhum projeto de vice-chancelaria de Strasser, nenhum empenho sério de Schleicher em dividir o NSDAP, nenhuma tentativa de erigir uma "terceira posição".⁶⁰

Em todo caso, na ótica de Goebbels, os primeiros dias do governo Schleicher foram relativamente tensos. O Reichstag se reuniu de 6 a 9 de dezembro. Nele reinou certa calma: só no dia 7 de dezembro ocorreu uma "pancadaria sangrenta nas galerias e no saguão entre o KPD e nós".⁶¹ O Reichstag decidiu voltar a se reunir em meados de janeiro. Não se cogitava a dissolução imediata do parlamento. Aliás, as decisões foram tomadas bem no espírito das reivindicações nazistas: anistia e medidas sociopolíticas.⁶² Em dezembro, o governo concedeu o esperado afrouxamento das rigorosas medidas contra o terrorismo interno tomadas nos últimos meses: a terceira condição imposta pela direção do NSDAP; entre outras coisas, suspenderam-se os tribunais especiais criados em agosto.⁶³ De modo que a Schleicher não faltavam motivos para difundir no gabinete a confiança que o NSDAP toleraria o governo.⁶⁴

Em 5 de dezembro, Hitler, Göring, Epp e Resenberg desfrutaram de uma "soirée artística" no apartamento de Goebbels; na noite seguinte, Hitler, Hess e Hanfstaengl, o chefe do "departamento de imprensa estrangeira" de Hitler, tornaram a visitá-lo numa atmosfera relaxada; e, na noite seguinte, Goebbels, Hitler e Hanfstaengl foram convidados à casa de Leni Riefenstahl — havia muito admirada por Goebbels —,⁶⁵ que se aproximara do NSDAP em 1932⁶⁶ e, naquelas semanas, vinha frequentando os Goebbels e as reuniões sociais de destacados figurões nacional-socialistas. Nos diários de Goebbels, a descrição das agradáveis tertúlias noturnas não dá a impressão de que a cúpula nazista estivesse às voltas com uma crise potencialmente capaz de cindir o partido.

Mas, em 8 de dezembro, intensificaram-se surpreendentemente os boatos sobre a "revolução palaciana" planejada por Strasser.⁶⁷ Enfim Hitler recebeu uma carta⁶⁸ em que Strasser — dividido entre a lealdade ao partido e a política de criação de trabalho por ele considerada correta — anunciava o seu afastamento de todos os cargos no partido. Goebbels achou a justificativa ("levar o partido ao governo") pouco consistente: no fundo, a única coisa que Strasser queria era ser ministro.⁶⁹ De madrugada, ele foi convocado a uma reunião de emergência no Kaiserhof, da qual, além de Hitler, participaram Röhm e Himmler. Pouco antes, o *Tägliche Rundschau* publicara um artigo escrito por Herbert Blank, homem muito ligado a Strasser. Segundo o texto de Blank, Hitler devia ser eliminado.⁷⁰ Logo, para Goebbels, a carta de Strasser a Hitler era "o cúmulo do sofisma jesuítico". Naquela mesma noite, tiraram-se as conclusões sobre as consequências organizacionais do afastamento de Strasser: o seu aparato tinha de ser dissolvido, e Goebbels figuraria entre os vencedores da reorganização. A atmosfera estava tensa: "Hitler diz: se o partido se fragmentar, eu acabo com tudo em três minutos. Terrível!"[71]

Durante o dia, Hitler conversou com os *Gauleiter* e inspetores, depois com os deputados: "Devastadores contra Strasser [...]. As pessoas urram de raiva e dor. Grandioso sucesso de Hitler. No fim, manifestação de lealdade. Todos dão a mão a Hitler. Strasser está isolado. Homem morto!" Satisfeito, Goebbels fez o balanço: "Lutei seis anos por isso."[72] Exteriormente, porém, empenhou-se em não aparecer como o grande beneficiário da deposição do rival. Assim, dias depois da publicação no *Angriff*, em 9 de dezembro, de um duro comentário contra Strasser, ele o repudiou no mesmo espaço, classificando-o de "observações infames" divulgadas sem a sua aprovação.[73]

A queda de Strasser provocou uma desorganização considerável na direção nacional do NSDAP, a qual Goebbels discutiu com Hitler em 13 de dezembro: "Que divertido. Eu fico com a educação partidária e a instrução pública. Afinal, faz parte do meu território."[74] Entretanto, a situação financeira difícil do NSDAP obrigou-o a dispensar um terço do pessoal da Direção Nacional de Propaganda. Franke, o chefe de pessoal, foi substituído por Wilhelm Haegert.[75]

Como Magda estava muito doente — internada no hospital, corria risco de morte —, Goebbels ficou praticamente excluído, nessas semanas cruciais, do processo de decisão que levou à formação do governo de coalizão Hitler--Papen: os seus diários mostram que ele recebia com gratidão cada informação referente a isso, mas também mostram que ninguém pediu a sua opinião nessa fase terminante. Em razão da enfermidade de Magda, Goebbels interrompeu uma viagem à Baviera — tinha festejado o réveillon com Hitler no Obersalzberg — no dia 1º de janeiro e retornou a Berlim.[76] Preocupadíssimo com o estado de saúde crítico da esposa, nas semanas seguintes, a menos que um compromisso o impedisse, visitou-a diariamente no hospital, muitas vezes em companhia de Hitler, que em todo caso também a visitava a sós.[77]

Nesse meio-tempo, o NSDAP concentrou todas as energias nas eleições da cidadezinha de Lippe, marcadas para 15 de janeiro. Tal como as demais celebridades do partido, Goebbels lá discursou em vários comícios eleitorais.[78] Em 9 de janeiro, numa dessas viagens, encontrou-se com Hitler e soube que, pouco a pouco, ele vinha saindo do isolamento político: o ex-premiê Papen posicionara-se "energicamente contra Schleicher": queria "derrubá-lo e eliminá-lo de vez" e, para tanto, contava com "a anuência do velho".[79] A oferta de Papen era a seguinte: ou a Chancelaria, ou os "ministérios do poder", ou seja, o da Defesa e o do Interior. O fato é que Papen era o homem capaz de persuadir Hindenburg a desistir da sua antiga insistência e transferir a Chancelaria a Hitler, mesmo que inicialmente sem maioria parlamentar, mas "cercado" de políticos conservadores. Goebbels foi informado aos poucos da incipiente construção do governo. No dia 11 de janeiro, voltou a se encontrar com Hitler em Bad Oeynhausen: "Tudo no limbo ainda." Segundo ele soube, Strasser vinha sendo mencionado como vice-chanceler por parte de Schleicher: "É assim que eu imagino um traidor."[80]

Nas eleições de Lippe, o NSDAP obteve meros 39,5% dos votos, menos que nas eleições recorde de junho, porém bem mais que nas do Reichstag em novembro. Em suma: a propaganda do partido alçou o sucesso a uma vitória arrasadora. Num editorial no *Angriff*, Goebbels anunciou que, com o "julgamento popular de Lippe", estava superada a estagnação do NSDAP.[81] O resultado eleitoral favorável fez com que Hitler se sentisse tão fortalecido que finalmente pôde liquidar sua relação com Gregor Strasser, pendente desde dezembro. Numa reunião de *Gauleiter* realizada em 16 de janeiro em Weimar, ele incitou quase todos os figurões do partido contra o dissidente: "Pobre Gregor! Os seus melhores amigos o trucidaram."[82]

Em 24 de janeiro, no café em Munique, Hitler explicou a Goebbels os novos desenvolvimentos das negociações para a formação do governo, das quais este não havia participado: "Domingo, esteve com Papen, Meissner e o jovem Hindenburg. [...] Os três decididamente contra Schleicher. Ele precisa dar o fora. Papen quer ser vice-chanceler. Só isso. Situação de Schleicher muito ameaçada. Ele parece não saber de nada. Pobre simplório!"[83]

Dois dias depois, quando estava fazendo campanha na Alta Silésia, Goebbels foi informado de que Schleicher devia cair dali a poucos dias: "A Frente de Harzburg volta à tona. Frick e Göring negociam."[84] Registrou sem comentário o súbito ressurgimento da aliança com os direitistas, o Stahlhelm e o DNVP que tanto o aborrecera nos anos anteriores. No dia seguinte, estava de volta a Berlim, posto que ainda não se tivesse decidido sobre Hitler no cargo de chanceler: "O velho não quer. Insistamos!"[85] Ele anotou diversas notícias sobre as negociações[86] até o dia 29 de janeiro, quando soube do resultado final por intermédio de Göring: "Hitler chanceler, Papen vice, Frick Interior, Göring Interior da Prússia, Hugenberg Crises etc. E o mais importante: o Reichstag será dissolvido." Enfim, Hitler confirmou que tinha reservado para ele o prometido Ministério da Instrução Pública — mas, por ora, era preciso aguardar as eleições.[87]

Balanço provisório: o caminho de Goebbels da "tomada do poder"

Acompanhar como mero espectador as negociações para a formação do governo no início de 1933 não foi uma experiência nova para Goebbels: no ano anterior, tampouco havia participado diretamente das tratativas e sondagens empreendidas por Hitler com o fito de aproximar o NSDAP do poder.

O exame das reflexões, dos conselhos e das opiniões com que ele até então contribuíra para a questão da tomada do poder pelos nacional-socialistas revela o quanto a sua atitude carecia de consistência, sendo em parte até ingênua: desde que Hitler começou a contatar o DNVP e o Stahlhelm, Goebbels se opôs de forma reiterada a tal aliança, pois temia que o NSDAP ficasse demasiado envolvido politicamente com aquela constelação; em termos comparativos, procedeu como um radical intransigente. Quando essa aliança — depois de algumas crises — por fim se mostrou inviável nas eleições presidenciais de 1932, ele se dispôs, surpreendentemente, a acolher a ideia de uma parceria com o Zentrum (no Reich e na Prússia), sobretudo por acreditar que isso lhe possibilitaria desempenhar um papel decisivo na Prússia. Durante algum tempo, no fim de maio de 1932, esse sonho pareceu prestes a se realizar com a queda de Brüning e a chancelaria nas mãos de Von Papen, mas se desfez quando o Zentrum rompeu com este último. Como mostra o seu comportamento nesses meses, Goebbels compreendeu de vez que o seu tão ostensivamente alardeado radicalismo dos últimos anos era, na verdade, um estorvo para o sucesso do partido e para o seu próprio progresso. E mergulhou de corpo e alma na política de negociações taticamente definida pelo Führer. Quando, nas eleições de julho de 1932, o NSDAP conseguiu se tornar o partido mais forte, Goebbels, impelido pela ideia de assumir um poderoso Ministério da Cultura, naturalmente apoiou o desígnio do líder nazista de ser chanceler com plenos poderes presidenciais. Quando a resistência de Hindenburg tolheu tais pretensões, ele aderiu à política do "chefe" de tolerância provisória ao gabinete Schleicher. E, em janeiro de 1933, aceitou em silêncio o fato de o seu Führer retomar a política inicial e buscar uma coalizão com os antigos aliados dos dias de Harzburg, o Stahlhelm e o DNVP. No ano anterior à "tomada do poder", tratou de nadar na corrente principal da política imposta pelo líder máximo do Partido Nazista.

O comportamento de Goebbels evidencia a sua total dependência de Hitler. Ele acabou apartando definitivamente de si as dúvidas que a política do Führer tantas vezes suscitava — quer na relação com o Stahlhelm e o DNVP, quer na questão do "socialismo" do partido, quer na tática de demorar a nomeá-lo diretor nacional de Propaganda e em outros assuntos — para se sujeitar por inteiro ao seu gênio político. Sua posição interna dependia inteiramente do apoio que recebia por intermédio de Hitler; ele não integrava alianças firmes com outros correligionários proeminentes nem redes; aliás, evitava tais ligações para preservar a máxima capacidade de adaptação ao chefe. Essa dependência total também explica que, no tocante à política de um futuro governo nacional-socialista, Goebbels se submetesse às nebulosas declarações do Führer e nunca tomasse uma iniciativa significativa de desenvolver conteúdos políticos independentes: em 1931, havia enterrado de vez suas vagas ideias "socialistas", praticamente não chegou a pensar numa futura política externa — depois de abandonar a ideia de aliança com a Rússia no fim da década de 1920 — e tampouco se sabe como ele concebia o cargo de "instrutor público" do povo alemão com que Hitler lhe acenava ocasionalmente.

Mesmo no seu campo específico, a propaganda política, Goebbels não chegou a desenvolver perfil próprio: sua primeira campanha eleitoral no verão de 1930, quando acabava de assumir a função, ele a alicerçou inteiramente na continuação da luta contra a "política de apaziguamento" estabelecida pelo Plano Young. Só no escrutínio presidencial de 1932 foi que realizou a ideia de colocar a pessoa de Hitler no centro da propaganda partidária, mas a derrota do líder nazista nessa disputa demonstrou claramente os riscos de um conceito propagandístico de orientação tão unilateral. Por esse motivo, nas eleições do Reichstag de julho de 1932, predominaram outros temas, e só no sufrágio de novembro a pessoa do Führer voltou a ocupar mais intensamente o primeiro plano da propaganda como alternativa a Papen e à "reação", ainda que sem grande sucesso também dessa vez. Quanto mais Goebbels admirava Hitler e a ele se sujeitava, tanto mais sua dependência pessoal o transformava no ponto de referência central da sua ação política: apenas num momento relativamente tardio, e de maneira hesitante e com sucesso duvidoso, foi que ele impôs o "culto do Führer" à propaganda nazista, sendo que o fez tendo em conta principalmente considerações táticas. Só nas condições da ditadura, no sistema fechado de uma opinião pública controlado, conseguiu estabelecer com solidez o mito do Führer, a ideia de uma fusão substancial do povo com o líder popular como elemento central da propaganda.

Segunda Parte
1933-1939
Controle da "opinião pública"
sob a ditadura

10. "Não vamos mais embora!"
A tomada do poder

Uma vez nomeado, no dia 30 de janeiro, o novo governo de coalizão Hitler/Von Papen, composto de nacional-socialistas, Deutschnationale e Stahlhelm, Goebbels passou a se ocupar intensamente da preparação da agora iminente campanha eleitoral.[1] Em 2 de fevereiro, Hitler recebeu a ordem presidencial de dissolução do Reichstag, pré-requisito para as novas eleições. Na reunião do gabinete de 31 de janeiro, conseguiu impor a exigência de uma nova votação contra os seus parceiros de coligação conservadores e, na ocasião, declarou que aquela seria a última eleição do Reichstag.[2]

Goebbels ficou desapontado ao saber que, por ora, não se criaria o Ministério de Instrução Pública tão generosamente prometido por Hitler e concebido de modo tão abrangente, inclusive com jurisdição sobre escola e universidade. Em 2 de fevereiro, ele ouviu dizer que Rust ficaria com o Ministério da Cultura, não como o seu "substituto", mas permanentemente.[3]

No entanto, segundo o diário, em janeiro e novamente em agosto de 1932, o líder nazista lhe havia prometido um futuro ministério.[4] Significativamente, para esconder sua derrota, Goebbels alterou as passagens correspondentes na versão *Kaiserhof* do diário: nenhuma palavra acerca da prometida jurisdição sobre escola e universidade, ou sobre a anunciada fusão com o Ministério da Cultura prussiano, transformando o Ministério de Instrução Pública a ele prometido em agosto num mero "plano de instrução pública".[5] Magda, que teve alta do hospital em 1º de fevereiro, ficou "muito triste. Porque eu não progredi".[6] Nesses dias, ele soube por boatos que seria compensado com o cargo subalterno de "comissário do rádio" ("Asqueroso").[7]

Walther Funk, recém-nomeado diretor do Departamento de Imprensa do governo do Reich (até então, vinha dirigindo a Comissão de Política Econômica do NSDAP), o procurou para manifestar o desejo de assumir o posto de "Secretário de Estado de Imprensa e Propaganda". "Não faltava mais nada", reagiu Goebbels, enfurecido. Conclusão provisória: "Estão me encostando na parede. Hitler não me ajuda. Eu vou perdendo a coragem. A reação manda."[8] Dois dias depois, Hitler o informou por telefone de que já havia confirmado o tal Funk no seu futuro cargo. Para Goebbels, essa decisão acarretou que, na qualidade de porta-voz do governo, o seu colaborador mais importante ficasse imediatamente subordinado a Hitler e passasse a receber dele frequentes instruções. Assim, as competências na política de imprensa do novo governo estavam repartidas a priori, de sorte que Goebbels estava longe de ser o chefe absoluto da propaganda.[9] Na edição do seu diário publicada em 1934, ele transformou essa amarga derrota em vitória: "O chefe de imprensa Funk foi por mim designado secretário de Estado."[10]

No dia 4 de fevereiro, o novo governo fez com que o presidente do Reich assinasse um decreto de emergência de "proteção do povo alemão", dando-lhe condições de proibir greves, reuniões e passeatas. Também facilitou a censura à imprensa, medida de que os novos senhores não tardariam a lançar mão sistematicamente.[11]

O novo regime celebrou com pompa e circunstância o enterro de Hans Maikowski, o chefe da unidade da SA conhecida por seus adversários "Comando Assassino 33". Na noite de 30 de janeiro, pouco depois da marcha da SA pelo Portão de Brandemburgo, Maikowski morreu baleado num tiroteio com os comunistas.[12] Após uma cerimônia na catedral e um cortejo fúnebre pela cidade até o cemitério Invalidenhof, Goebbels fez um discurso transmitido por todas as rádios do país. "Os alemães talvez não saibamos viver, mas morrer — isso nós sabemos fazer maravilhosamente." O clímax retórico da sua fala, ele o tomou emprestado do drama cinematográfico *Morgenrot* [Aurora], a cuja estreia tinha assistido na véspera.[13]

Em 6 de fevereiro, Goebbels foi vencido pelo esforço excessivo e as decepções que teve de enfrentar nos primeiros dias do "Terceiro Reich": acometido por uma gripe, passou vários dias de cama, com febre alta.[14] Mas se recuperou, voltou a se entregar com toda energia à organização da campanha eleitoral tanto no *Gau* Berlim quanto no Reich.[15] Mas, inicialmente, a falta de dinheiro paralisou a máquina eleitoral.[16] Ele se viu obrigado até mesmo a suspender temporariamente a impressão de material de propaganda.[17] Isso e a desconsideração com que fora tratado na formação do governo levaram-no a certa irritação com a direção muniquense do partido: "Munique = Meca = Assassinato do nazismo", escreveu no diário.[18] Por fim, ameaçou soçobrar na depressão.[19]

Os seus apontamentos de 16 de fevereiro de 1933, nos quais registrou sem grande entusiasmo a nomeação, por Göring, de Von Levetzow para novo chefe de polícia da capital, deixam claro que, mesmo sendo o *Gauleiter* de Berlim, Goebbels não foi consultado nessa importante decisão — afinal tratava-se da ocupação de um cargo a partir do qual ele passara anos sendo hostilizado.

Ao mesmo tempo, porém, uma reviravolta se delineava: na metade do mês, a sra. Von Schröder, esposa do banqueiro coloniano em cuja casa Hitler e Papen haviam planejado a formação do governo no início do ano, doou 20 mil marcos ao *Gau* berlinense para a campanha eleitoral, e, poucos dias depois, Göring comunicou a Goebbels que 3 milhões de marcos estavam à sua disposição para esse mesmo fim: "Agora a luta eleitoral vai deslanchar."[20]

Os temas dessa campanha eram o lema "Hitler constrói" e o confronto com os partidos de esquerda — intensificados pelo incêndio do Reichstag —, os "magnatas" e o "terror" comunista.[21] Durante a campanha, Goebbels participou de uma série de grandes comícios em todo o território nacional, muitas vezes em companhia de Hitler, cujos discursos, introduzidos por uma reportagem de Goebbels, eram transmitidos pelo rádio. A irradiação de discursos de campanha era uma novidade nas emissoras alemãs, que, embora já tivessem sido usadas na propaganda do governo no período Papen, em princípio se definiam pela neutralidade política. Pertinentemente, alguns *Länder* que ainda não eram nazistas opuseram objeção. Conforme a resolução do gabinete de 8 de fevereiro — assim dizia a fórmula de compromisso —, esse privilégio seria concedido a Hitler unicamente na qualidade de chefe do governo (não na de líder partidário), e os comentários introdutórios não podiam ultrapassar dez minutos. Entretanto, Goebbels conseguiu expandir suas animadas reportagens até quase 45 minutos.[22] Em fevereiro e no começo de março, participou de grandes comícios em Stuttgart, Dortmund, Essen, Colônia, Hanôver, Frankfurt, Breslávia e Hamburgo, assim como em outras cidades, e naturalmente discursou no Palácio de Esporte berlinense.[23] No fim do mês, Hitler mostrou-se particularmente "empolgado" com suas "reportagens".[24]

Numa dessas viagens, Goebbels visitou a terra natal, Rheydt, passou um bom tempo com os parentes e amigos no Palast-Hotel local e, evidentemente, teve o prazer de ser aclamado nas ruas como um destacado filho do lugar: "Comoção na cidade inteira", escreveu.[25]

Também ficou resolvida a sua ainda bastante estremecida relação com Hitler: este teve a amabilidade de confirmar a criação de um ministério para ele logo depois das eleições.[26] Em companhia de Magda, assistiram a uma ópera de Wagner, e o Führer voltou a fazer visitas noturnas aos Goebbels.[27]

Ao que parece, uma nova aquisição também contribuiu de forma significativa para restaurar o estado de espírito do *Gauleiter* berlinense: na Exposição de Automóveis inaugurada por Hitler em 12 de fevereiro na capital e visitada pelo casal Goebbels dois dias depois, ele viu uma nova Mercedes, uma "obra fantástica de ótima qualidade".²⁸ Dias depois, teve oportunidade de discutir o assunto com Jakob Werlin, o agente da Mercedes que em inúmeras ocasiões havia cooperado com Hitler e o NSDAP.²⁹ Dessa vez, Werlin também se prontificou a ajudar, tanto que uma semana depois Goebbels recebeu a preciosidade em Berlim em "termos acessíveis".³⁰

O incêndio do Reichstag

Na noite de 28 de fevereiro — Hitler e o príncipe Auwi estavam visitando a família Goebbels —, um telefonema surpreendente de Hanfstaengl deu conta de que o Reichstag tinha pegado fogo. A informação, que de início foi considerada uma "fantasia maluca", não tardou a se revelar procedente. Todos acudiram com rapidez ao parlamento: "O prédio inteiro em chamas. Nós entramos. Göring já aqui dentro. Papen, que agora fico conhecendo, também presente. Fogo intencional em trinta lugares. Ateado pelos comunas. Göring irritadíssimo. Hitler está enfurecido. [...] Mas agora é agir!"

Enquanto Hitler discutia com Papen, Goebbels, na sede do *Gau*, tomava as primeiras providências contra a suposta tentativa de insurreição comunista. Mais tarde, eles voltaram a se reunir no Kaiserhof — muito bem-humorados: "Tudo resplandece. Era justo o que faltava. Agora está tudo resolvido. Criminoso capturado. Comunista holandês de 24 anos."³¹

As entradas no diário de Goebbels evidenciam que, na ótica da cúpula do partido, o incêndio do Reichstag foi um golpe de sorte único que deu aos nazistas o pretexto para arremeter contra a esquerda com extrema brutalidade, especialmente contra o KPD. Quanto à verdadeira autoria, o relato de Goebbels limita-se a informar que era de Marinus van der Lubbe, o comunista holandês de 24 anos que depois seria condenado à morte pela Suprema Corte do Reich. Os apontamentos no diário não indicam que a liderança nazista estivesse seriamente convencida de que o ato de Lubbe era o sinal para que a direção do KPD desencadeasse uma sublevação, e a verdade é que a ação de Lubbe tomou o KPD totalmente de surpresa. Naquela madrugada, os nazistas agiram não por medo de uma revolta comunista, e sim com a disposição de aproveitar uma oportunidade singular e inesperada.

Bom demais para ser verdade? Os diários de Goebbels não oferecem nenhum indício que confirme a suposição até hoje repetida de que o incêndio do

Reichstag foi forjado pelos próprios dirigentes nazistas. Tampouco se pode excluir essa hipótese: é perfeitamente possível que os verdadeiros autores do incêndio (Hitler? Göring?) não tivessem informado Goebbels dos seus planos, e é igualmente concebível que este, caso estivesse inteirado de tais planos, haja preferido posar de inocente no diário.[32]

Depois da reunião noturna no Kaiserhof, Hitler e Goebbels foram para a redação do *Völkischer Beobachter*, onde aquele se encarregou pessoalmente de modificar a edição da manhã seguinte. Depois disso, Goebbels retornou à sede do *Gau*, concebeu um cartaz e escreveu um "artigo fabuloso" a ser publicado no *Angriff* do dia seguinte: "Mas agora um fim radical! Que mais precisa acontecer se um comunista estrangeiro de 24 anos, a mando da sede russa e alemã dessa peste mundial, põe fogo no Reichstag?"[33]

Naquela mesma madrugada, instaurou-se uma onda de prisões de militantes comunistas; toda a imprensa de esquerda foi proibida. Do mesmo modo, no dia 28 de fevereiro, sob a presidência de Hitler, o gabinete promulgou um decreto de "Proteção do Povo e do Estado", que o presidente do Reich sancionou no mesmo dia. O decreto revogava os direitos fundamentais essenciais da Constituição da República de Weimar, dava ao governo central o poder de assumir competências governamentais nos *Länder*, caso a segurança e a ordem públicas fossem significativamente perturbadas, e cominava duras penas a quem o infringisse.[34]

Eleições

A campanha eleitoral nacional-socialista chegou ao auge em 4 de março, declarado o "Dia do Despertar da Nação". O grande evento foi talhado sob medida para a pessoa do Führer, agora literalmente sacralizado como Redentor da Nação. O rádio transmitiu o seu discurso pronunciado no Königsberg: uma vez mais com introdução de Goebbels.[35] Uma semana antes, este já tinha anunciado o espetáculo aos leitores do *Angriff*: "Desde a sangrante fronteira oriental, será proclamado do evangelho da Alemanha despertada, e todo o povo alemão será testemunha auditiva desse evento de massa inimitável, nunca visto em toda a história."[36]

O discurso não só foi transmitido pelo rádio como também por alto-falantes em lugares públicos de todo o território do Reich; só em Berlim, em 24 praças, nas quais desfilaram grupos uniformizados do NSDAP. A população foi estimulada a enfeitar as casas com bandeiras. "A Juventude Hitlerista e o pessoal da SA patrulhavam" as ruas para "animar os retardatários e indecisos", assim descreveu o *Völkischer Beobachter* a pressão exercida pelos nazistas. Além disso, acenderam-se fogueiras em todo o país. Depois do discurso de Hitler, seus ouvintes no Königsberg cantaram a *Niederländische Dankgebet*,* no que logo foram acompanhados pela multidão diante dos alto-falantes.[37]

A introdução de Goebbels ao discurso do Führer foi um páthos praticamente insuperável: "Em toda a Prússia Oriental, dobram os sinos nos campanários para além da vastidão dos campos, além das grandes florestas silenciosas e além da misteriosa placidez dos lagos mazures. [...] Do Mosa ao Memel, do Ádige ao Belt, toda a Alemanha refulge à luz do fogo da liberdade. Chegou o dia da exaltação nacional. O povo se levanta, irrompe a tempestade."[38]

Depois de um trabalho preparatório tão intenso, Goebbels teve certeza no dia da eleição: "Será uma grande vitória."[39] Efetivamente, o NSDAP e o novo governo tudo tinham feito para garantir o sucesso — e não só com muita propaganda. O liberal *Frankfurter Zeitung* descreveu a situação da seguinte maneira:

> Quase não se via uma bandeira preta, vermelha e dourada na capital do Reich, nenhuma vermelha, nenhuma com as três setas. As bandeiras do SPD e do KPD foram proibidas. [...] A extremamente tensa propaganda da direita logrou criar uma nervosa atmosfera febril. Circulavam boatos absurdos. A polícia auxiliar foi mobilizada (medida até agora desnecessária em dia de eleição), um sinal para a população de que podia haver perigo: no domingo, todos os policiais portavam carabina. Era grande a ansiedade do povo.[40]

Numa situação de tal modo vantajosa, os nacional-socialistas conseguiram atrair 43,9% dos votos. Com os aliados do DNVP, que se apresentaram como Kampffront Schwarz-Weiss-Rot [Linha de Frente Preta-Branca-Vermelha], obtiveram uma maioria de aproximadamente 52%.

---

* Literalmente, "oração holandesa de ação de graças". Hino supostamente composto para comemorar a vitória dos holandeses sobre as forças espanholas na Batalha de Turnhout em 1597, durante a Guerra dos Oitenta Anos. Proveniente de uma canção popular do século XVI, a melodia foi redescoberta e alterada no século XIX e passou a ser cantada em diversos outros países, principalmente em ocasiões solenes. Na Alemanha nacional-socialista, era entoada nos megaeventos de massa e após os discursos importantes de Hitler. (N. do T.)

Com esse resultado, o NSDAP teve um sucesso notável; mas, considerando as drásticas restrições eleitorais impostas à esquerda e o generoso apoio de poderosos financistas que o beneficiou, assim como o acesso ao rádio, o crescimento de 6,5% em comparação com o resultado de 31 de julho de 1932, até então recorde, nada teve de sensacional. Não se verificou a vitória arrasadora esperada e alardeada pelos dirigentes nazistas. Ao que parece, a anotação triunfalista de Goebbels no diário no dia da eleição não passou de uma tentativa de edulcorar a vitória eleitoral — particularmente porque, em Berlim, com 34,6%, ele ficou consideravelmente abaixo da média nacional.[41]

Nomeação para ministro

Depois das eleições, a principal preocupação de Goebbels era saber se e como Hitler cumpriria a promessa de lhe dar uma pasta no governo. No começo de março, em face das dificuldades para a criação do prometido ministério, ele já estava disposto a desistir do projeto.[42]

No dia das eleições do Reichstag, quando Hitler tornou a discorrer sobre "o seu" ministério, Goebbels ainda "tinha dúvidas", embora quisesse "muita coisa. Imprensa, rádio, cinema, propaganda". Acompanhado de Funk, seu futuro secretário de Estado, visitou o Departamento de Imprensa do governo central na Wilhelmplatz, o palácio Prinz-Friedrich-Leopold, no qual em breve passaria a residir: "Maravilhosa obra de Schinkel." Nos dias subsequentes, o planejamento do novo ministério avançou bastante, e, para se desfazer da atividade de *Gauleiter*, Goebbels nomeou seu substituto o ex-secretário executivo do *Gau* Artur Görlitzer.[43] Em 11 de março, o gabinete decidiu instituir o Ministério da Instrução Pública e Propaganda.[44] "Estou tão contente. Que trajetória! Ministro aos 35 anos. Impensável."[45]

Nesse meio-tempo, os novos detentores do poder vinham fazendo considerável progresso na "revolução fria", como Goebbels designou o golpe de Estado com o qual o governo estava removendo as instituições restantes; no novo jargão, dizia-se que elas seriam "ajustadas".[46] A princípio, o decreto do incêndio do Reichstag foi prodigamente empregado, nomearam-se comissários nos *Länder* e, enfim, também no estado da Baviera, o segundo maior da Alemanha.[47] Favorecido pelo apoio estatal maciço, o NSDAP[48] alcançou 38,2% em Berlim, tornando-se um partido quase tão forte quanto o DNVP.

No mesmo dia, que era o de Luto Nacional, Goebbels participou da solenidade na Ópera Estatal, ocasião em que, como ele observou com orgulho, ficou "entre os ministros" — ainda que não se sentisse muito à vontade: "Hindenburg me afeta como um monumento mítico. Quase irreal. Perto dele, Hitler parece um moleque." Não gostou da programação: "Mais tarde, vou melhorar muito tudo isso."⁴⁹

No dia 14 de março, por intermédio de Lammers, recebeu o certificado de nomeação. A seguir, apresentou-se "ao velho". Depois do juramento, teve uma conversa com Hindenburg, que disse "coisas elogiosas sobre o meu trabalho".⁵⁰ No dia seguinte, participou pela primeira vez de uma reunião de gabinete. "Todos são muito gentis comigo", registrou no diário, ainda que não tivesse conseguido tirar nenhuma conclusão clara dos debates.⁵¹

No dia seguinte, fez um discurso para a imprensa em Berlim, no qual explicou as tarefas do novo ministério. A criação da pasta, afirmou, era "um ato governamental revolucionário na medida em que o governo já não tinha a intenção de desamparar o povo. Este é um governo popular, no verdadeiro sentido da expressão". O ministério se propunha a estabelecer o "contato vivo entre o governo nacional, como expressão da vontade pública, e o próprio povo", coisa que, segundo Goebbels, equivalia obviamente a "uma *Gleichschaltung** do governo com a totalidade do povo". Assim explicou o nome de seu ministério:

"A instrução popular é coisa essencialmente passiva; a propaganda, pelo contrário, ativa. Não podemos nos contentar em dizer ao povo o que queremos e em instruí-lo sobre como fazê-lo. Precisamos alinhar essa instrução a uma propaganda governamental ativa que se proponha a conquistar gente." O que se queria era "trabalhar as pessoas até cativá-las, até que elas percebam intelectualmente que isto que hoje ocorre na Alemanha não só deve como pode ser aceito".⁵²

O Dia de Potsdam e a lei de plenos poderes

O novo governo tratou de ampliar suas bases em passos consecutivos relativamente acelerados, nos quais abrangentes encenações e ações de massa da base do partido inauguravam cada medida direcionada do governo. Goebbels assumiria um papel central nesse processo gradual de aumento do poder e *Gleichschaltung*.

---

* Literalmente, "sincronização" ou "igualação". Processo pelo qual os nazistas assumiram o controle político total do país, eliminando aos poucos os demais partidos políticos e os sindicatos. Nesse contexto, a palavra também significa "nazificação". (N. do T.)

Sua primeira grande missão como propagandista-chefe do regime foi a organização da solenidade de 21 de março, por ocasião da abertura do novo Reichstag. Embora a data da cerimônia remetesse ao aniversário da inauguração do parlamento alemão em 1871, o lugar incorporava de modo especial a tradição monarquista e militar da Alemanha-Prússia: na Igreja da Guarnição de Potsdam, achavam-se os túmulos de dois reis prussianos, Frederico Guilherme I e Frederico II, e, até o fim da Primeira Guerra Mundial, nela ficavam expostos os estandartes e bandeiras conquistados pelo exército prussiano desde as guerras de libertação.* Lá se devia realçar e celebrar a aliança dos nacional-socialistas com os conservadores de direita. A expressão dessa aliança seria principalmente o aperto de mão solene durante o qual o chanceler do Reich, de fraque e cartola, faria uma profunda reverência diante de Hindenburg, que estaria envergando a farda de marechal de campo do exército imperial. Goebbels concebeu uma cerimônia devidamente "grandiosa e clássica".[53]

Entretanto, um dia antes do evento, Hitler e ele resolveram não participar do culto matinal em Potsdam. Em vez disso, visitaram abertamente túmulos de membros da SA no cemitério Luisenstädtischen, em Berlim. Como justificativa, alegaram ser dois católicos oficialmente tratados pela Igreja como "renegados". Assim, só chegaram a Potsdam às 11h30.[54]

Ali imperava, como anotou Goebbels, "puro entusiasmo". Hindenburg lhe pareceu "quase um memorial de pedra". O novo ministro se deixou arrebatar pela solenidade autodramatizada: "Então Hitler toma a palavra. O seu melhor discurso. Todos ficam abalados. Vêm-me lágrimas. Assim se faz história. [...] Marcham o exército, a SA e o Stahlhelm. O velho saúda de pé. No fim, um êxtase sem igual."[55]

Logo depois da cerimônia em Potsdam, os ministros do governo Hitler aprovaram novas leis de exceção: tratava-se da instituição de tribunais especiais, da perseguição aos "insidiosos" ataques contra o novo governo e de outras sanções com que Goebbels se engajou particularmente: "Eu atuo como agitador. Enforcar, enforcar!"[56]

Dois dias depois, ele participou da sessão do Reichstag na Ópera Kroll, agora a sede provisória do parlamento e cercada por membros da SA. Um discurso de Hitler deu início aos trabalhos; ele ofereceu um panorama da futura atividade governamental. Mas tratou principalmente de pressionar pela aprovação da lei de plenos poderes: a necessária maioria de dois terços só foi possí-

---

* Confrontos militares entre as tropas napoleônicas e seus inimigos na Europa central entre 1813 e 1815. (N. do T.)

vel porque os deputados comunistas tinham sido presos e os representantes dos partidos do meio foram energicamente constrangidos a votar a favor da lei.

Quando o presidente do Partido Social-Democrata Otto Wels justificou o não da sua bancada à lei de plenos poderes, declarando-se contrário à ditadura emergente, Hitler voltou a tomar a palavra para se posicionar especificamente sobre isso. Segundo Goebbels, ele passou em Wels "um sabão de arrancar pedaços. Nunca se viu uma pessoa apanhar tanto. Ótimo desempenho de Hitler. E um sucesso tremendo".[57]

Os primeiros passos do ministro da Propaganda

Ainda em março, Goebbels tomou outras iniciativas na qualidade de ministro da Propaganda. Participou de uma série de eventos com representantes da mídia, nos quais frisou coisas diferentes: por um lado, deixou inequivocamente clara a exigência de liderança do nacional-socialismo, chegando a fazer francas ameaças; por outro, tentou dar a impressão de que era contra uma ditadura idiota dos meios de comunicação, mostrando-se receptivo a ideias não convencionais.

No dia 25 de março, discursou primeiramente para trezentos empregados do rádio. A seguir, falou aos diretores: "Uma parte ainda precisa dar o fora", registrou no diário acerca de seus ouvintes.[58] Dizendo-se um "amante apaixonado do rádio", apresentou a "mobilização espiritual" como a principal tarefa dos profissionais da mídia. A "primeira lei" do trabalho futuro era: "Nunca ser chato." O rádio tinha de se dirigir ao povo, e ele tomou o "Dia de Potsdam" como exemplo de bem-sucedida conexão com o povo. Em suma, os responsáveis pela radiodifusão deviam transitar no "mesmo terreno ideológico" que o governo.[59]

Na noite de 28 de março, falou aos representantes da indústria cinematográfica. No entanto, o texto do discurso mostra que, na ocasião, ao contrário do que escreveu no diário, ele não desenvolveu nenhum programa. Restringiu-se a dar aos "cineastas" uma série de instruções, advertências e encorajamentos no tocante ao seu trabalho.

Nesse discurso, voltou a se apresentar como "um amante apaixonado" — dessa vez "da indústria cinematográfica". "Faz tempo que muitas noites, depois da luta extenuante do dia, eu vou ao cinema com o chanceler do Reich para relaxar." Segundo ele, a atual crise do cinema era "espiritual"; só seria superada se fosse possível "reformar o cinema alemão pela raiz". Por isso a indústria cinematográfica deveria se preparar, já que o domínio dos novos detentores do poder duraria substancialmente mais que o dos governos de Weimar, pois "não vamos mais embora!".

A seguir, falou numa série de filmes que nele haviam deixado uma "impressão indelével". Em primeiro lugar, citou o clássico revolucionário de Eisenstein, *O encouraçado Potemkin*: "Quem não tem firmeza ideológica pode se tornar bolchevista com esse filme." A seguir, elogiou a "arte cinematográfica marcante" de *Anna Karenina*, com Greta Garbo. E ainda mencionou *Os nibelungos* de Fritz Lang, "concebido de maneira tão moderna, tão contemporânea, tão atual", que "abalou intimamente os combatentes do movimento nacional-socialista". Também citou como exemplo positivo *O rebelde*, filme de Trenker. Em compensação, criticou as obras "vacilantes e amorfas" e defendeu "contornos étnico-nacionais" mais fortes no cinema alemão. No momento, este carecia principalmente de verossimilhança, estava "sem contato com os fatos reais no povo". Mas tal direcionamento artístico rumo à mudança radical em curso só era possível para quem tivesse as "raízes cravadas no solo nacional-socialista".

Seguiu-se uma advertência inequívoca: "Não temos a menor intenção de tolerar, nem mesmo remotamente, que as ideias que a nova Alemanha extirpou de ponta a ponta voltem a se infiltrar dissimulada ou abertamente no cinema." Mas rejeitou o "doutrinarismo autoritário". Conforme admitiu, havia muito espaço para o cinema de mero entretenimento: "Não queremos tolher [...] a criação da pequena diversão. Ninguém precisa fazer ideologia desde cedo até a noite."[60]

Aliás, poucas horas antes do encontro, Goebbels tinha estabelecido um exemplo ao mandar proibir o filme *Dr. Mabuse, o jogador*, de Lang, por ser, como ele escreveu, "praticamente um manual de instrução do crime".[61] Mas nem por isso cogitou excluir o cineasta da produção cinematográfica, muito pelo contrário: dias depois, convidou-o a rodar um novo filme por ele sugerido.[62] Mas Lang não aceitou a oferta e preferiu sair da Alemanha, se bem que não de pronto, como ele próprio afirmou posteriormente, mas alguns meses depois. Mesmo que o cineasta tenha dramatizado esse encontro e suas consequências imediatas, a versão original do diário comprova que ele realmente existiu, fato que os historiadores do cinema puseram em dúvida durante muito tempo, e também mostra que Goebbels o tratou com muita amabilidade. Ou desconhecia a sua origem judaica, ou estava disposto a fazer vistas grossas para isso. Em outubro, quando proibiu outro filme de Lang, *O testamento do dr. Mabuse*, fundamentou essa atitude não com objeções à pessoa do cineasta, mas afirmando que se tratava uma vez mais de "um manual de instrução do crime".[63]

Goebbels simplesmente não gostava de filmes policiais.

Em 29 de março, recebeu donos de jornal e representantes da Associação da Imprensa Alemã. Na sua alocução, explicou que a mídia devia "não só informar como também instruir". Especialmente a "excelente imprensa nacional" precisava "enxergar uma situação ideal" no fato de ela ser "[...] na mão do governo uma espécie de piano que o governo pode tocar".[64]

No dia 6 de abril, junto com Hitler, falou aos correspondentes berlinenses da mídia alemã. Na ocasião, fez um discurso sobre o tema "Imprensa e disciplina nacional", que se pôde compreender como um adeus definitivo à liberdade de imprensa. "A opinião pública", frisou, "é fabricada, e quem participa da construção da opinião pública assume uma responsabilidade enorme perante a nação e perante todo o povo". Para a imprensa, essa responsabilidade acarretava a tarefa de fazer a eventual crítica sempre "no quadro de uma disciplina espiritual nacional geral".

E ameaçou quem se opusesse a essa tarefa de ser "excluído da comunidade das forças dispostas a construir e considerado indigno de participar da construção da opinião pública do povo alemão". Além disso, anunciou uma lei de imprensa e lançou o slogan segundo o qual, futuramente, era preciso ser "uniforme [...] nos princípios, mas multiforme [...] nas nuanças".[65]

O "boicote" antissemita

Entre os dois discursos sobre a imprensa, o novo ministro da Propaganda ocupou-se principalmente da crítica cada vez mais intensa, no exterior, à crescente violência dos nazistas e à falta de justiça que se delineava sob o novo regime. O governo atribuía a responsabilidade de tal campanha a organizações judaicas internacionais. Logo depois das eleições parlamentares, ativistas nacional-socialistas haviam conclamado ao "boicote" das lojas de judeus. Na verdade, era a ameaça de violência que geralmente dissuadia os clientes de entrar em tais estabelecimentos. Até a abertura do Reichstag, o regime manteve sob controle essa onda antissemita, mas agora a direção do partido achou oportuno agradar os ativistas e, ao mesmo tempo, pressionar drasticamente os judeus alemães a fim de silenciar a "campanha judaica de difamação".

Assim, os judeus passaram a ser alvo de outra "ação" orquestrada pelo governo para consolidar o seu poder, à frente da qual se achava Goebbels. Em 26 de março, depois de uma visita a Hitler em Berchtesgaden, ele se mostrou decidido a escrever uma "exortação ao boicote" aos judeus alemães.[66] Simultaneamente, a direção do partido criou um "comitê central" para organizar o "boicote", cuja presidência coube a Julius Streicher e do qual participavam, entre outros, Robert Ley, Heinrich Himmler e Hans Frank, mas nenhum membro do governo. No dia 29 de março, o comitê publicou no *Völkischer Beobachter* o texto preparado por Goebbels[67] e expressamente autorizado por Hitler.[68] Tratava-se de um convite à população para boicotar todos os comerciantes, médicos e advogados judeus, assim como as mercadorias por eles distribuídas.

Inicialmente, a convocação surtiu o efeito esperado: diversas organizações judaicas emitiram declarações de lealdade ao regime e procuraram exercer influência para moderar a crítica internacional ao governo. Em 31 de março, na véspera da ação, Goebbels, depois de conferenciar com Hitler e Göring, declarou à imprensa que as medidas tinham sido canceladas na noite de sábado e só teriam continuidade na quarta-feira seguinte se, até lá, a "campanha de difamação no exterior não cessasse totalmente".[69] Ao estabelecer esse prazo, a liderança nazista levou em conta a preocupação dos seus aliados conservadores temerosos de que o "boicote" alemão ocasionasse drásticas sanções econômicas e reações diplomáticas negativas contra o país. Ademais, isso lhes dava a possibilidade de, em relativamente pouco tempo, declarar o "boicote" um sucesso estrondoso, coisa que fariam na noite de 3 de abril.[70]

Durante a ação que, por esse motivo, se restringiu a um só dia, a primeira campanha antissemita centralmente controlada ofereceu um panorama incomum nas ruas das cidades e dos povoados alemães: em frente às lojas de judeus, em cujas vitrines se picharam palavras de ordem antissemitas, piquetes da SA e da SS impediam a entrada dos transeuntes.[71] No dia 1º de abril, Goebbels averiguou pessoalmente o efeito das medidas.[72] À noite, em discurso pronunciado num grande comício do NSDAP no Lustgarten berlinense, deixou claro que o "boicote" podia ser retomado a qualquer momento.[73]

Pouco depois do "boicote" — ao qual logo se seguiram as primeiras leis de exceção antissemitas, que, entre outras coisas, excluíam os judeus do serviço público —, Goebbels manifestou-se publicamente sobre o futuro dos artistas judeus na vida cultural alemã. Motivou-o uma carta do maestro Wilhelm Furtwängler, que protestou contra a expulsão de tais artistas da atividade musical do país, particularmente contra os ativistas nazistas que tumultuavam os concertos de maestros como Bruno Walter e Otto Klemperer. Ele escreveu uma resposta e propôs a Furtwängler publicar sua troca de correspondência na imprensa, o que de fato aconteceu.

Ao responder, frisou que não concordava com o regente em reconhecer uma linha separatória única: a que isolava a arte boa da arte ruim. Em sua opinião, só podia existir "uma arte que no fim cria a sua própria qualidade a partir da nacionalidade plena [...] e tem significado para o povo para o qual é criada". Não existia "arte em sentido absoluto" como pretendia o "democratismo liberal". Por outro lado, na carta a Furtwängler, declarou solenemente que o governo continuaria a promover os artistas "que realmente sabem fazer alguma coisa e cuja influência extra-artística não infrinja as normas elementares do Estado, da política e da sociedade".

É possível que Furtwängler, a quem, em 10 de abril, pouco antes da publicação da troca de correspondência, Goebbels visitou abertamente no camarim no intervalo de um concerto na Filarmônica, tenha entendido essa frase como uma garantia de que os músicos judeus continuariam podendo se apresentar. Contudo, a carta do ministro estava longe de conter semelhante penhor, pois ele não tinha intenção de permitir que, no futuro, artistas judeus participassem do universo musical alemão. Mas, em sua opinião, a troca de correspondência foi um grande sucesso, afinal — poucos dias depois do boicote antijudaico e da aprovação da lei do funcionalismo público —, ele havia sido eficaz em demonstrar generosidade político-cultural. "Na mosca", anotou em seu diário.[74]

O primeiro "gostinho" do poder

Em abril, o novo regime já parecia tão consolidado que Goebbels pôde relaxar um pouco e se deleitar no brilho da fama recém-adquirida. Contribuiu para esse bem-estar geral o fato de a sua relação com Hitler, depois das irritações iniciais na primeira fase da "tomada do poder", ter voltado a se estabilizar totalmente. Quando o Führer estava em Berlim — e era lá que ficava a maior parte do tempo nesses meses —, Goebbels o via quase diariamente, por motivos oficiais e privados, sozinho ou com Magda.

Em meados de abril, ele se permitiu uma "viagem de Páscoa". Na Sexta-feira Santa, foi de avião de Berlim a Colônia e se encontrou com Magda. Juntos viajaram a Koblenz, onde tiveram uma conversa séria. Uma anotação em seu diário mostra que era novamente necessário discutir certas divergências. "Nós não íamos muito bem. Precisávamos pôr tudo para fora. Mas agora está tudo em ordem outra vez."[75] No dia seguinte, foram a Friburgo, passando por Heidelberg — cidades que, naturalmente, suscitavam muitas recordações em Goebbels; em seu íntimo, ele empreendeu nesses dias uma excursão à saudade de Anka. Assim, também estiveram em Constança, que visitara com ela em

1918, seguiram viagem passando por Meersburg, Lindau, Innsbruck, St. Johann, Reichenhall, rumo a Berchtesgaden, o seu destino: "Às nove horas da noite chegamos à casa de Hitler. Como em nossa própria casa."[76]

O casal pernoitou no Obersalzberg. No dia seguinte, Goebbels retornaria a Berlim em companhia de Hitler, mas este precisou se deter em Traunstein para visitar um correligionário moribundo, de modo que Goebbels seguiu sozinho até Munique a fim de tomar o trem noturno rumo à capital.[77] Em 19 de abril, descobriu com surpresa que Hitler ainda não voltara a Berlim; preferiu passar o seu aniversário, em 20 de abril, recolhido à beira do Tagernse, enquanto o país inteiro comemorava a data com comícios e desfiles,[78] e só retornou a Berlim no dia 21 de abril.[79] Magda, que tinha ficado no Obersalzberg, foi diretamente para a Renânia, onde, dias depois, Goebbels viveu um dos seus maiores triunfos pessoais até então: outrora tão subestimado, foi recebido oficialmente como o filho ilustre da cidade natal.[80]

Para ele, essa visita muito bem preparada foi uma "marcha triunfal exclusiva". A população se aglomerou à beira das calçadas, e, quando o cortejo de automóveis entrou na rua da casa dos seus pais — que então portava seu nome —, "as aclamações se transformaram num furacão", como noticiou o *Rheydter Zeitung*. E, no dia seguinte, Goebbels se alçou definitivamente a herói local quando anunciou, em frente à prefeitura, que a fusão de Rheydt com a vizinha Mönchengladbach, ocorrida em 1929 — uma dolorosa ferida no orgulho local —, seria desfeita em breve. A alegria suscitada por esse fato não teve limites; as formações do partido homenagearam o ministro com um desfile de tochas de duas horas, e o conselho municipal nacional-socialista agradeceu outorgando-lhe o título de cidadão honorário. De volta a Berlim, ele se deliciou porque a "imprensa de Rheydt foi literalmente esplendorosa de tanto entusiasmo".[81]

Em 24 de junho, quando se promulgou a lei de separação dos municípios, Goebbels retornou à terra natal para ser homenageado na praça principal, mas nem por isso deixou de expressar seu desprezo íntimo pela gente das cidadezinhas: "O filisteu sai em disparada", registrou no diário.[82]

Dia do Trabalho Nacional

Já em 24 de março — a montagem do seu ministério apenas começava —, Goebbels propôs ao gabinete a instituição de três novos feriados: o Dia do Levante Alemão, em 21 de março; o Dia do Trabalho Nacional, em 1º de maio; e o Dia da Honra Nacional, no último domingo de setembro.[83]

A mais controversa dessas propostas era, naturalmente, a ideia de declarar feriado o dia 1º de maio, isto é, dali a menos de seis semanas. No movimento socialista internacional, desde o século XIX, a data marcava o "dia da luta da classe operária" e, em muitos países, era comemorada com passeatas e comícios. Na Alemanha, os partidos socialistas haviam tentado inutilmente instituir esse feriado nacional permanente, ou seja, um dia de folga remunerada. Mas agora quem o fazia era o governo. Em compensação, os dois outros feriados sugeridos pelo ministro da Propaganda foram postergados.[84]

Conquanto os preparativos tenham sido um tanto agitados, o Ministério da Propaganda conseguiu transformar o Dia do Trabalho Nacional numa data festiva bombasticamente celebrada.[85] Na manhã de 1º de maio, Goebbels e o presidente Hindenburg discursaram no Lustgarten, onde desfilou a "juventude alemã". À tarde, segundo dados oficiais, 1,5 milhão de pessoas se concentraram no Tempelhofer Feld, entre elas delegações de trabalhadores de todo o Reich. Goebbels abriu o ato público, depois Hitler falou. Obviamente, o evento foi transmitido pelo rádio, inclusive acompanhado de uma reportagem enviada de um zepelim que sobrevoava o terreno.[86]

Em 2 de maio, logo depois da cerimônia pomposa com que cortejou os trabalhadores, o regime mostrou o outro lado, o verdadeiro, da sua política trabalhista: os sindicatos foram violentamente desmantelados tal como Goebbels havia discutido com Hitler na sua visita a Berchtesgaden em meados de abril. Em 3 de maio, ele registrou no diário o resultado dessa ação: "Figurões presos. A coisa funciona como um relógio. Com Hitler. Atmosfera. A revolução continua."[87]

A edificação do Ministério da Propaganda

Nesse meio-tempo, Goebbels fez progressos na construção da sua pasta. As primeiras estruturas começavam a se delinear.

O decreto de 13 de março, decisivo para o alcance das atividades do ministério, estabelecia que suas tarefas seriam determinadas em detalhes pelo chanceler do Reich, em especial aquelas até então de competência dos outros ministérios. Com isso, Hitler obteve do gabinete o direito de fazer tais transferências de jurisdição mesmo que afetassem matéria essencial dos ministérios atingidos; uma competência que ia muito além daquela até então habitual no governo. Assim, Goebbels ficou numa posição de barganha favorável perante as outras pastas, mas dependente do apoio de Hitler. Aqui se apresentava um novo estilo de governo: as decisões relacionadas diretamente com certas pessoas viriam substituir competências objetivamente fixadas.[88]

Em março, ele já havia assumido a responsabilidade pelo rádio, até então nas mãos do Correio do Reich e do Ministério do Interior.[89] À parte isso, recebera o apoio de Göring na transferência da autoridade sobre o teatro do Ministério da Educação para o seu novo ministério.[90] Entretanto, meses depois, constataria que Göring havia assegurado para si jurisdição considerável sobre as casas de espetáculo prussianas.[91]

No começo de abril, Goebbels conseguiu obter uma promessa fundamental: o departamento de cultura do Ministério do Interior seria trasladado para a sua pasta.[92] Mas, no fim do mês, resultou que teria jurisdição somente sobre a arte; seguiram-se outras negociações mediante as quais, apesar das dificuldades, ele conseguiu granjear outras prerrogativas.[93] Em suma, como mostram esses primeiros meses, embora Goebbels contasse com o vigoroso apoio de Hitler, seus colegas de gabinete não estavam nada dispostos a lhe ceder competências.

Em maio, ele finalmente conseguiu impor ao Ministério das Relações Exteriores a criação de um departamento de política externa próprio. Conquanto o antigo departamento de imprensa do Ministério das Relações Exteriores continuasse existindo, Goebbels passou a comandar a "propaganda ativa no exterior", provisão que levaria a intermináveis conflitos de competência nos anos subsequentes.[94]

Em maio, ele deu os primeiros passos ativos em diversos campos da política cultural. Tal como no discurso aos representantes da mídia algumas semanas antes, enfatizou a exigência de liderança do nacional-socialismo no setor cultural. Ao mesmo tempo, porém, tentou desfazer a impressão de que estivesse surgindo uma ditadura da opinião e do gosto. Fez vários ataques indiretos ao tradicionalismo doutrinário-populista unilateral como, por exemplo, as atividades da Kampfbund für Deutsche Kultur [Liga Militante pela Cultura Alemã] nazista, nascida sob o comando de Alfred Rosenberg. Assim falou no dia 8 de maio, no Kaiserhof, para os diretores de teatro. Mostrou-se relativamente manso: "A arte provém do saber, não do querer"; ele não tinha intenção de "restringir a criação artística". No discurso, procurou dar um pouco de orientação estética aos diretores reunidos. Reconheceu que o expressionismo tinha tido algumas ideias básicas "positivas", mas se degradara no experimentalismo. Mencionou modelos de rumo a tomar no futuro: "A arte alemã da próxima década será heroica, será ferreamente romântica, será objetiva e livre de sentimentalismo, será nacional com grande páthos e igualmente imperativa e vinculante, ou então não será nada."[95]

Ainda mais drástica foi a sua contribuição inicial para a Nova Ordem na literatura alemã. No começo de maio, como colaboração "intelectual" para a revolução nazista, a estudantada alemã se encarregou de purgar as bibliotecas públicas da "literatura sórdida e infame". O ponto culminante foi uma queima de livros realizada em 10 de maio na Opernplatz de Berlim.[96] O orador principal nesse evento bárbaro foi Joseph Goebbels, que anunciou o fim da "era de um desorbitado intelectualismo judeu". Exaltou a queima de livros como "um ato forte, grandioso e simbólico — um ato que há de documentar para o mundo todo: aqui se esboroa a base intelectual da República de Novembro".[97] Nessa noite, queimaram-se obras de Karl Marx, Leon Trótski, Heinrich Mann, Erich Kästner, Sigmund Freud, Emil Ludwig Cohn, Theodor Wolff, Erich Maria Remarque, Alfred Kerr, Kurt Tucholsky e Carl von Ossietzky, além de outras.[98]

No dia 18 de maio, Goebbels voltou a falar, dessa vez numa reunião nas quadras de tênis Wilmedorfer perante profissionais da indústria cinematográfica. No discurso, deixou muito claro "que tampouco o cinema pode ficar alheio às imensas transformações intelectuais e políticas". Mas, ao mesmo tempo, frisou que a "tendência" promovida pelo novo governo não cogitava restringir a liberdade artística.[99]

Também anunciou o novo Banco de Crédito do Cinema, a ser inaugurado no dia 1º de junho de 1933. Mantida pelo Ministério da Propaganda, a indústria cinematográfica e uma série de grandes bancos, a instituição se propunha a financiar projetos fílmicos: depois de passar devidamente pelo crivo de instâncias estatais, esse crédito podia cobrir até dois terços do custo da produção. Em 1935, 70% das fitas já tinham sido cofinanciadas pelo banco, um estímulo, porém, que só beneficiou os grandes estúdios Ufa e Tobis.[100]

Duas semanas depois, o gabinete expediu a lei de criação de uma Câmara Nacional do Cinema provisória controlada pelo Ministério da Propaganda. Futuramente, todos os agentes da indústria cinematográfica seriam obrigados a pertencer a esse organismo dotado do direito de estipular, mediante regulações, os parâmetros da sua atividade econômica. A Câmara Nacional do Cinema foi o primeiro passo rumo à articulação "profissional" da totalidade do setor cultural, a qual faria progresso nos meses subsequentes.[101]

Ainda em 1933, os estúdios Ufa e Bavaria se apressaram a levar às telas três filmes que enalteciam os "tempos de luta", isto é, os primeiros anos do Partido Nazista: os projetos não contaram com a aprovação explícita de

Goebbels: inicialmente, ele achou o primeiro filme, *SA-Mann Brand* [Brand, o homem da SA], "não tão ruim como eu temia", mas, no dia seguinte, depois da estreia na presença de Hitler, mudou de ideia e decidiu: "Fazer muitos cortes."[102]

Seu juízo de *Hitlerjunge Quex* [O jovem hitlerista Quex] foi ambíguo; aparentemente, ele também interferiu nessa produção, já que depois da estreia comentou com orgulho: "Com as minhas alterações, o filme ficou quase novo."[103] Em compensação, não autorizou a exibição da fita sobre Wessel ("diletantismo dos mais horrendos"); Hitler, a quem pediu opinião, endossou o seu ponto de vista. Só depois de algumas modificações foi que o filme chegou aos cinemas com o título *Hans Westmar*.[104] O fato é que a apresentação arrojada dos militantes da SA já não condizia com a política do regime, que, na segunda metade de 1933, visava pôr fim à revolução nazista. Em diversos discursos públicos, Goebbels deixou claro que, no futuro, tais filmes não seriam desejáveis.

Na qualidade de ministro do cinema, passou a ter cada vez mais contato com diretores e atores. No início de abril, organizou um "chá cinematográfico" no ministério, do qual participaram diversos astros e estrelas do cinema. Hitler, que passou rapidamente por lá, ficou encantado com as personalidades.[105] Em maio, Goebbels havia tido oportunidade de discutir "planos cinematográficos" com Luis Trenker (*"Um homem selvagem!"*).[106] Ajudou pessoalmente a atriz Maria Paudler, que estava sem papel.[107] Durante uma visita ao estúdio da Ufa, em Babelsberg, conheceu o astro do cinema Willy Fritsch ("Bom rapaz!"), e, semanas antes, tinha passado boa parte da noite em companhia de Hans Albers ("Um rapaz adorável! Alegre e decente."[108])

Entre os "cineastas", sobretudo uma mulher o atraiu particularmente: no ano anterior, Leni Riefenstahl se havia confessado, diante dele, uma partidária ardente do nacional-socialismo, e agora, tendo passado um longo período filmando na Suíça, retornara à Alemanha. Em meados de maio, ele lhe propôs um "filme sobre Hitler", ideia que Riefenstahl acolheu "com entusiasmo", e, no fim do mês, ela participou do grupo que o acompanhou numa excursão de um dia ao mar do Norte; o diário menciona sucintamente outro companheiro de viagem: "o chefe também foi."[109]

Goebbels acreditava que Leni Riefenstahl era "a única, dentre todas as estrelas, que nos compreende". Logo depois de uma conversa com Hitler, ela começou a trabalhar no filme. O estreito contato entre Goebbels e Riefenstahl se prolongou por todo o verão e, enfim, resultou no projeto do documentário sobre o congresso do partido.[110]

Enquanto isso, consolidaram-se as estruturas do Ministério da Propaganda: no fim de junho, um novo decreto estabeleceu em detalhes as atribuições da pasta.[111] No entanto, no verão de 1933, a nazificação integral do rádio — um dos principais objetivos do ministro — entrou em choque com o fato de os *Länder* continuarem tendo consideráveis atribuições no setor. Especialmente Göring não se mostrava nada disposto a abrir mão de tais prerrogativas. Mas Goebbels obteve de Hitler a promessa de anular a autoridade sobre o rádio ainda existente nos *Länder*.[112]

Por fim, em junho, o chanceler instruiu por escrito os governadores dos *Länder* sobre o papel central da pasta de Goebbels nas questões culturais e propagandísticas, principalmente no âmbito do rádio.[113] Nos meses seguintes, os *Länder* acabaram cedendo ao Ministério da Propaganda a participação nas empresas regionais de radiodifusão; as estações regionais foram liquidadas e transformadas em "emissoras do Reich", todas subordinadas à Reichsrundfunkgesellschaft (RRG) [Sociedade Nacional de Radiodifusão].[114]

A partir de março, houve muitas demissões nas emissoras,[115] e, no verão de 1933, uma série de importantes diretores de rádio do tempo de Weimar foram presos.[116] A esse respeito, Goebbels anotou que, por orientação dele, os "figurões do rádio" tinham sido trancafiados no campo de concentração de Oranienburg.[117] Na verdade, os processos que se seguiram mostraram que a acusação de corrupção contra os ex-diretores não passava de invenção pura.[118]

O novo ministério compunha-se de sete departamentos. O setor de propaganda constituía o seu núcleo central, para cuja chefia foi designado Wilhelm Haegert,[119] até então chefe de pessoal do departamento de propaganda muniquense: ali se preparavam e controlavam as grandes campanhas propagandísticas, atividade em que o papel primordial cabia ao setor de organização de eventos de massa comandado por Leopold Gutterer,[120] ex-diretor de propaganda do *Gau* Süd-Hanôver-Braunschweig. O know-how adquirido pela direção nacional de propaganda do NSDAP nos anos precedentes na realização de megaeventos de massa e na organização de grandes campanhas foi muito útil ao trabalho do novo ministério no âmbito do setor propagandístico.

O departamento de imprensa ficou a cargo do jornalista Kurt Jahncke,[121] alinhado ao campo nacionalista; o departamento de cinema coube a Ernst Seeger (até então diretor do departamento de censura cinematográfica do Ministério do Interior[122]); e o ator e funcionário nazista Otto Laubinger assumiu a responsabilidade pelas questões teatrais. Hermann Demann foi nomeado o primeiro chefe do departamento estrangeiro; Franz Hasenöhrl, exportador e ex-diretor do Comitê Nacional China da AO Auslandserfahrung,[123] substituiu-o no início de 1935.

Com o afastamento do chefe do rádio Gustav Krukenberg, Horst Dressler-Andress, até então especialista em radiodifusão na diretoria nacional de propaganda, assumiu o departamento correspondente; e Eugen Hadamovsky (até então "encarregado do rádio" na direção do *Gau* Berlim") ficou com a Reichsrundfunkgesellschaft.[124] A direção do departamento de administração do ministério foi ocupada por Erich Greiner, anteriormente subsecretário no Ministério das Finanças, um funcionário nacional-conservador que, aliás, nunca se afiliou ao NSDAP.[125] Além do secretário de Estado Funk, Goebbels contava principalmente com o apoio do seu assessor pessoal Karl Hanke, ex-diretor de organização do *Gau* Berlim.

Desde o começo, foi com muito pragmatismo que o novo ministro escolheu os seus colaboradores mais importantes: além de propagandistas do NSDAP e funcionários do partido, não faltou lugar para funcionários administrativos e especialistas que não haviam sido selecionados em virtude da sua afinidade com o NSDAP.

Incursão na política externa: viagem de Goebbels a Roma

No fim de maio, Goebbels empreendeu a sua primeira viagem internacional na qualidade de ministro do Reich: a Roma. Não foi o primeiro membro do novo governo a visitar a capital italiana: em abril e maio de 1933, Göring e Papen já tinham estado lá, e, pouco antes da visita de Goebbels, Göring viajou uma vez mais à Cidade Eterna para negociações diplomáticas. O objetivo da visita era, em primeiro lugar, o cultivo de relações pessoais com destacados representantes do fascismo e o estudo de uma série de equipamentos culturais do regime italiano que, havia muito, ele considerava exemplares. Enfim, tratava-se de uma série de questões práticas surgidas dos projetos em andamento na sua esfera de responsabilidade, e, além disso, de contribuir para a ruptura do isolamento diplomático em que se encontrava o novo governo alemão. No entanto, isso não levaria Goebbels a ter um papel essencial no estruturamento das relações políticas entre os dois países.

No dia 28 de maio, atravessou a fronteira de trem em Brennero, de onde prosseguiu viagem, como observou com gratidão, num vagão *pullman* enviado por Mussolini. Em Bolonha, foi recebido com "efusiva hospitalidade" e, depois de mais uma viagem noturna, chegou a Roma, que o recebeu com "grande alvoroço". No dia seguinte, cabia-lhe cumprir um sobrecarregado programa de visita.

Depois de um encontro com o embaixador alemão Von Hassell ("um burguês desanimado", "totalmente incapaz", "precisa dar o fora"), teve uma primeira conversa com o ministro das Relações Exteriores italiano Fulvio de Suvich, um funcionário nada germanófilo, um "triestino matreiro", como anotou Goebbels. Discutiram a "situação mundial" e avaliaram rapidamente o "Pacto das Quatro Potências" proposto por Mussolini, cuja conclusão estava prevista para os dias subsequentes.

Na posterior audiência no palácio real, Goebbels ficou "bem impressionado" com o rei italiano. A seguir, empreendeu um passeio de carro pela capital do país: "A Roma eterna. [...] Fico empolgado ao vê-la. A realização de um desejo tão antigo." Enfim, foi recebido por Mussolini, o seu ídolo havia muito tempo admirado, cujo carisma o cativou totalmente: "Ele é baixo. Mas um crânio maciço. Parece bem antiquado. Trata-me imediatamente como um amigo. 'Il dottore.' Nós nos entendemos de pronto. E passamos uma hora conversando. Sobre tudo. Ele fica encantado com as minhas formulações."

No dia seguinte, tomou café da manhã com Emilio Bodrero, presidente da associação de artistas e profissionais liberais, e se encontrou com vários intelectuais italianos. À noite, Mussolini o convidou a um banquete no Grande Hotel. "Grande gala. Mussolini conduz Magda. Ela procede maravilhosamente. Ele é deslumbrante. Charmoso com Magda."

Houve outras visitas no dia seguinte, inclusive à LUCE, a organização de propaganda italiana, cujo chefe ele tinha recebido em abril em Berlim,[126] assim como à sede da organização fascista de lazer Dopolavoro, que muito o impressionou: "Nós temos de fazer coisa parecida. O povo de folga. Esporte, recreação, hospitais, turismo."

No dia seguinte, entre outras coisas, visitou a Exposição da Revolução Fascista: "O fascismo é moderno e ligado ao povo. Aqui nós temos o que aprender." Depois de uma visita à Academia Alemã e de um discurso na seção romana da Organização Estrangeira do NSDAP e da colônia alemã ("Perfeitamente em forma. [...] Sucesso estrondoso"), partiu de Roma em direção ao norte.[127]

O relato de Goebbels desse alegre programa de visita mostra principalmente duas coisas: por um lado, a facilidade com que ele se deixou impressionar pela campanha de sedução italiana. Faltavam-lhe condições de entender que, longe de se endereçar ao dr. Paul Joseph Goebbels, o genial especialista em propaganda e herói da revolução nazista, as visitas e recepções cuidadosamente selecionadas, as numerosas homenagens, os presentes e as demonstrações de confiança faziam parte do empenho do regime italiano em melhorar as relações com a Alemanha. Mas a isso se soma outro ponto importante: o grande cerimonial com que o acolheram em Roma contrastava muito com o modesto papel político do ministro da Propaganda alemão na construção das relações teuto-italianas — fato, como a leitura dos diários de Goebbels deixa claro, que as observações inteiramente presunçosas a respeito da magnificente recepção na Itália não fizeram senão dilatar.

Mesmo porque, enquanto ele estava na Itália, o regime alemão e o italiano faziam — pelas suas costas — progressos decisivos no ajuste de um acordo político. Tratava-se do Pacto das Quatro Potências, projeto perseguido por Mussolini desde 1931 e retomado em março de 1933: as quatro nações europeias mais importantes — Grã-Bretanha, França, Alemanha e Itália — deviam ter papel decisivo na manutenção da segurança do continente e promover a revisão do Tratado de Versalhes. Não obstante, depois de vários meses de negociações entre os quatro países, o plano inicial se reduziu a um acúmulo de compromissos formais declamativos que não obrigava de modo algum a política dos países envolvidos. Pelo lado alemão, Göring havia dirigido as negociações finais numa visita a Roma em 19 e 20 de maio. A decisão de participar do pacto foi tomada no fim desse mês, durante a viagem de Goebbels à Itália — mas em Berlim e depois de muitas consultas entre Hitler, Neurath, Göring e Blomberg. Finalmente, firmou-se o acordo no dia 7 de julho em Roma. Hitler só informou Goebbels na véspera — muito embora, desde seu retorno da Itália, ele tivesse estado quase ininterruptamente com o ditador. Goebbels registrou laconicamente a notícia no diário; mas não é possível que lhe tenha escapado que a sua visita à Itália foi principalmente, para usar um jargão da época, uma "excursão publicitária".[128]

A revolução nazista em conflito

Em meados de junho, realizou-se em Berlim um congresso das lideranças nacionais do NSDAP. Numa palestra, Goebbels se manifestou a favor da "depuração do partido e contra os arrivistas", preocupação que havia algumas semanas vinha manifestando não só perante Hitler como também publicamente.[129]

Em vários discursos em maio e junho, havia ressaltado que o movimento não podia ser "falsificado" mediante a filiação maciça. Por exemplo, em 21 de maio, no estádio de Grunewald, num apelo geral aos membros da organização de células de empresa, proclamou: "Não deixem entrar neste movimento nenhum comuna disfarçado e nenhum filisteu camuflado. Este movimento é revolucionário e continuará sendo. A revolução ainda não terminou." Outro *leitmotiv* dos seus discursos naquela semana foi que os nacional-socialistas levavam a sua "revolução" a sério e pretendiam lhe dar seguimento; com isso, Goebbels estava em perfeita harmonia com o chefe da SA Röhm, que então também frisava incessantemente o tema da revolução.[130]

Em meados de junho, no congresso das lideranças, ele propôs efetivamente um decreto que regulamentasse a "integração de novos correligionários à organização nacional-socialista", ideia que Hitler acatou.[131] Foi com prazer que, no mesmo dia, Goebbels tomou conhecimento do discurso do Führer para as lideranças partidárias, no qual não só anunciou a purgação do partido como a associou a um slogan muito do agrado do ministro da Propaganda: "A revolução continua."[132]

Goebbels também usou o congresso das lideranças para divulgar uma "obra de assistência social" no inverno seguinte, a qual logo depois ficou registrada em suas anotações com o slogan "Guerra à fome e ao frio". Em suma, ele conseguiu se apresentar no congresso das lideranças como expoente, no partido, de uma linha política radical, "socialista".[133]

Enquanto isso, a nazificação da vida política avançava rapidamente. No dia 22 de junho, toda a atividade do SPD foi proibida. Depois que a SA absorveu o Stahlhelm, em 21 de junho, e os esquadrões de combate nacionais alemães foram proibidos, o DNVP se dissolveu de fato no fim do mês. Hugenberg, o presidente do partido, cuja participação na Conferência Econômica de Londres suscitara irritação, não teve saída senão renunciar. Acerca da reunião de gabinete de 27 de junho, na qual o chefe nazista expôs as medidas tomadas, Goebbels anotou sucintamente: "Hitler comunica o caso Hugenberg. Ninguém derrama uma lágrima."[134] E ele ainda saiu ganhando, como revelou Hitler no dia seguinte: "A residência oficial de Hugenberg. Fantástico!"[135]

No fim de junho, quando Magda retornou das férias, Goebbels pôde surpreendê-la com um presente: a chave da Hermann-Göring-Strasse, 20, que, no entanto, ainda estava em reforma — sob a supervisão de Albert Speer. Goebbels se pôs a sonhar no diário com o seu "palácio de conto de fadas" cercado por um "parque maravilhoso".[136] Em meados do mês, ficou pronto: eles receberam a nova casa e deram uma recepção, à qual Hitler também compareceu, à noite.[137]

A consolidação do poder do NSDAP continuava avançando: em 5 de julho, o Zentrum se dissolveu. Três dias depois, iniciou-se a concordata com o Vaticano, o que neutralizou o catolicismo como fator político. No dia 14 de julho, o gabinete promulgou a lei contra a formação de novos partidos.

Nesse meio-tempo, Hitler havia iniciado uma guinada na política de conquista do poder: a fase em que o regime expandia paulatinamente o seu poder mediante uma combinação de "ações" da base do partido direcionadamente incitadas e complementadas por medidas legais chegou pouco a pouco ao fim em meados de 1933. Goebbels registrou que Hitler, evidentemente, estava se posicionando contra o prosseguimento da revolução nacional-socialista, uma declaração de guerra à linha política de Röhm, cuja SA em crescimento ameaçava tornar-se um fator de poder imprevisível.[138] Apressando-se em mudar, Goebbels se despediu uma vez mais da sua postura pronunciadamente "revolucionária", a qual defendera na semana anterior. Em 11 de junho, publicou um artigo no *Angriff*, no qual voltou a preconizar uma depuração do movimento nacional-socialista, que muito se dilatara nos últimos meses. Mas, dessa vez, a argumentação continha uma farpa contra a organização de células de empresa, que ele acusou de "tendências marxistas".[139] A imprensa foi instruída a reimprimir essa matéria.[140] Num discurso radiofônico transmitido dias depois, Goebbels bateu na mesma tecla, e toda a imprensa reproduziu também essa fala. "Eco fabuloso na imprensa", alegrou-se o ministro da Propaganda. Em todo caso, com isso documentou claramente que estava no lado certo no conflito que agora despontava em torno à continuação da "revolução nazista".[141]

Abandonou rapidamente a retórica revolucionária na qual se havia exercitado nas semanas precedentes.

11. "Só conserva a vitória quem a merece"
Consolidação do regime

No começo de junho de 1933, o casal Goebbels planejou aumentar a família. A formulação com que o próprio Goebbels registrou essa decisão no diário, em 6 de junho, dá a entender que a ideia partiu dele: "Resolvi com Magda que queremos ter mais um bebê. Desta vez um menino." O desejo se realizou rapidamente: em julho, Magda já estava grávida.[1]

Em 11 de junho, viajou sozinha para passar as férias de verão em Heiligendamm. Goebbels permaneceu em Berlim. Nessa temporada, estiveram juntos só duas vezes: a primeira, quando ele fez uma pequena excursão a partir de Hamburgo ao balneário à beira do mar Báltico, e depois no fim do mês, quando foi a uma corrida de cavalos em Hamburgo e Magda lhe fez uma breve visita.[2] A curta anotação de Goebbels no diário sobre a rápida viagem ao Báltico mostra que, na época, uma vez mais, nem tudo ia bem entre os dois: "O excesso de trabalho e certa mágoa nos distanciaram um pouco. Precisamos voltar a ser como antigamente. Foi o que nos prometemos."[3] Não obstante, em meados de julho, teve uma briga feia com a esposa, que queria assumir uma tarefa na vida pública: a patronagem de um departamento de moda. "Magda precisa ser mais reservada. Assim não dá. Nesse aspecto, eu só tenho aborrecimento com ela."[4]

No dia seguinte, a contenda prosseguiu e Magda se recusou a acompanhá-lo ao Festival de Bayreuth como estava combinado. Goebbels viajou sozinho. Hitler, com quem ele almoçou, ficou "indignado com a ausência de Magda" e mandou um avião especial buscá-la em Berlim. No fim da tarde, justamente durante o intervalo após o primeiro ato de *Os mestres cantores de Nuremberg*, a ópera de Richard Wagner, Magda chegou ao teatro do festival. "Ela é a mais linda de todas", escreveu Goebbels, mas também: "Muito deprimida."

Depois do espetáculo, Hitler, que estava hospedado numa casinha em Bayreuth, convidou-os para o café: "Ele promoveu a paz entre Magda e mim.

Um amigo de verdade. Dá-me razão: mulher não tem nada de se meter na vida pública política." Mais tarde, o desentendimento com a esposa tornou a recrudescer, mas eles acabaram fazendo as pazes. Não se resolveu o problema de Magda assumir uma função pública além da vida doméstica em Berlim, como ela desejava.[5]

No início de agosto, o casal passou as férias em Heiligendamm, as quais, porém, foram interrompidas várias vezes por causa dos diversos compromissos de Goebbels. Ele aproveitou o descanso para iniciar um novo livro, o qual intitulou provisoriamente *O caminho do poder*; tudo indica que se tratava da obra que publicaria no ano seguinte com o título *Vom Kaiserhof zur Reichskanzlei* [Do Kaiserhof à Chancelaria do Reich]. Em Heiligendamm, recebeu vários visitantes — por exemplo, Leni Riefenstahl, com quem ele já havia estado várias vezes em Berlim, lá passou dois dias; tratava-se, com certeza, do projeto do filme do partido — e conheceu o ator Werner Krauss, que tanto o impressionou que foi nomeado imediatamente vice-presidente da planejada Câmara Nacional do Teatro.[6]

Em 6 de agosto, participou de um congresso dos chefes regionais e do Reich no Obersalzberg, no qual Hitler fez um discurso de três horas. Entre outras coisas, falou no projeto da autoestrada, bem como na criação de um Senado, como se pôde ler na reprodução do discurso publicada no *Völkischer Beobachter* do dia seguinte. O que o *Völkischer Beobachter* não noticiou, Goebbels registrou no diário: "Incisivo contra as igrejas", e: "Nós mesmos seremos uma igreja."[7]

No dia 20 de agosto, ele ainda tinha o que fazer em Berlim; Magda foi a Munique, onde Hitler a aguardava para levá-la a Berchtesgaden. Goebbels chegou dois dias depois. Teve uma série de encontros importantes no Obersalzberg, inclusive com Göring, "o asqueroso". O desejo deste de ser general o irritou: "Por que não marechal de uma vez?" Mas, por outro lado, os três concordaram na rejeição a Rosenberg e a seu departamento de política externa, assim como na crítica da situação da Frente Alemã de Trabalho, cujo diretor, Robert Ley, era "incapaz. Ambiente ruim. Sua Frente de Trabalho nos preocupa. Muito marxismo".[8]

No dia seguinte, acompanhados de Hitler, os Goebbels visitaram um terreno acima da mansão Walchenfeld, onde queriam construir uma casa.[9] Depois ele teve uma "conversa fundamental com o chefe", na qual abordaram toda uma série de pontos essenciais. Em primeiro lugar, decidiram que, no congresso do partido, Goebbels ministraria uma importante palestra sobre o tema "A questão racial e a propaganda mundial". O mais importante no discurso era a continuidade da consolidação do regime. Os dois se puseram de acordo no tocante ao futuro dos *Länder*: "Eles precisam sumir. O mais depressa possível. Nós não somos os seus conservadores, e sim os seus liquidadores." Todos os *Gauleiter* deviam ser governadores, e, para tanto, planejou-se um "Senado do NSDAP" que garantisse a "estabilidade do regime".[10] Também discutiram a questão da regulação da quase iminente sucessão de Hindenburg, de 85 anos. Em março, Hitler mostrara-se indeciso quanto a isso, tendo cogitado conferir a sucessão ao príncipe Auwi, mesmo porque, na qualidade de presidente, ele hesitava em deixar a Chancelaria para o notório candidato Göring.[11] Mas agora, na conversa de agosto, Hitler disse que, chegada a hora, queria ser "aclamado" presidente imediatamente; a assunção do cargo seria aprovada em plebiscito.[12] À parte isso, naquela tarde, ele autorizou dois projetos de lei de Goebbels: a lei de imprensa e a lei da Câmara de Cultura.

Em 25 de agosto, Goebbels saiu de Berchtesgaden pela manhã e viajou a Munique; "Magda fica lá".[13] À noite, Hitler também foi a Munique, e os dois seguiram juntos até Berlim. Em 28 de agosto, Hitler voltou a Berchtesgaden, e, no dia 31, Goebbels e Hitler tornaram a se encontrar em Nuremberg. Magda ficou o tempo todo no Obersalzberg.

O congresso do partido

Goebbels participou do congresso na qualidade de visitante — ainda que ilustre —, não na de organizador responsável: a organização do congresso, o megaevento anual do NSDAP, não estava nas suas mãos, ficava diretamente a cargo da direção do partido. No bulício do congresso, que naquele ano ficou inteiramente sob o signo do culto do Führer, ele reparou num visitante inesperado: "Lá embaixo no hotel, está o dr. Mumme. Intragável." Soube por intermédio de um conhecido que Anka "está acabada". "Perdida! Que decadência! Eu lamento muito."[14] Mas Goebbels estava determinado a se devotar de corpo e alma às impressões do evento, àquela mistura de imensa movimentação humana, desfiles, apelos, momentos "solenes" e discursos patéticos.

No dia 1º de setembro, o congresso foi pomposamente inaugurado. Goebbels acompanhou os discursos de Hess, Streicher, Gross, Göring, bem como a proclamação de Hitler, lida pelo *Gauleiter* Wagner. O que mais lhe agradou foi a "severa mensagem aos *Länder*, principalmente à Prússia", e ele tomou nota da fórmula por Hitler empregada diante dele poucos dias antes: "Não conservar, mas liquidar."[15]

À tarde, participou do congresso cultural. "O chefe fala sobre questões culturais. Percepções novíssimas. Cáustico contra os dadaístas e conjunturistas" — para Goebbels, uma primeira advertência para que não tornasse demasiado pública a sua simpatia pelas tendências "modernas" da arte.

No dia seguinte, ele ministrou no plenário a sua palestra central no congresso do partido. O discurso tratou sobretudo das medidas antissemitas do regime e anunciou o lançamento de uma grande campanha propagandística contra a crítica internacional à política do governo. Ademais, salientou que o "controle da questão judaica por meios legais" teria sido "o tipo mais leal de solução do problema" e acrescentou hipocritamente a pergunta retórica: "Ou será que o governo devia ter seguido a lei fundamental da democracia e da soberania da maioria, deixado-a para o povo?" Não há de ter escapado a ninguém a ameaça implícita de violência das forças espontâneas da "ira popular" contra os judeus.[16]

"O campo de desfiles oferece um quadro grandioso. Cem mil homens marchando. A organização funciona como um relógio. Hitler chega às oito em ponto. Momento emocionante", diz o apontamento de Goebbels no dia seguinte. A homenagem aos mortos e a solene "consagração" dos estandartes da SA, com a ajuda da "Bandeira de Sangue"* de 1923, parecem "um culto religioso": "Não precisamos mais de padrecos." À tarde, o desfile de quatro horas das formações do partido constituiu mais uma apoteose. Seguiu-se, enfim, o comício de encerramento, no qual Hitler fez o discurso final: "Grandioso e fundamental. Sem concessões. No fim, ovações fantásticas." À noite, de volta a Berlim, "os gritos de saudação, os passos de marcha e as fanfarras" continuavam ecoando nos seus ouvidos.

O relato de Goebbels revela sobretudo o seguinte: o principal organizador da barulheira propagandística nazista estava mais do que disposto a se deixar levar pelo "belo simulacro" com que o regime comemorava a si próprio.

A mobilização dos camaradas alemães: festas e grandes atos públicos

Só uma semana depois do encerramento do congresso do partido, no dia 13 de setembro, Hitler e Goebbels inauguraram a campanha assistencial de inverno que este vinha preparando desde julho.[17]

---

* Bandeira do NSDAP usada pelos partidários de Hitler por ocasião do malogrado putsch de 1923. Manchada com o sangue dos participantes baleados pela polícia, passou a ser tratada como relíquia pelos nazistas. (N. do T.)

O conceito de campanha de inverno consistia em melhorar a escassa contribuição social do Estado mediante extensas coletas de rua, loterias, cortes no pagamento de salários, prestação de trabalho e serviços voluntários — tudo naturalmente acompanhado da pressão mais ou menos branda dos órgãos do partido. O ministro da Propaganda Goebbels a dirigiria também nos anos subsequentes, ficando sua execução a cargo do serviço social nacional-socialista. Em todo caso, no inverno de 1933, arrecadaram-se mais de 358 milhões de marcos, quantia que foi aumentando ano a ano e na qual o regime enxergava um importante indicador da aprovação da sua política por parte da população.[18] Além disso, a luta contra "a fome e o frio" por Goebbels proclamada e destinada a unir todo o povo alemão como uma "grande comunidade única"[19] deu-lhe oportunidade de se opor nitidamente a certo estilo "pomposo".[20] Isso lhe permitiu bancar o homem do povo, o pioneiro de uma comunidade nacional-popular igualitária, ao mesmo tempo que tentava — já que Hitler rejeitara as reivindicações "revolucionárias" — ajustar a imagem radical, "socialista", por ele cultivada nos últimos anos às condições do Terceiro Reich em gradual consolidação.

O congresso do partido e o lançamento da campanha assistencial de inverno foram o início de mais um ciclo de grandes atos públicos e ações propagandísticas com que Goebbels manteve a população alemã em suspenso durante o outono e o inverno.

Em 13 de setembro, num comício para funcionários do partido no Palácio de Esporte, ele explicou sua tática de mobilização:[21] "Por certo, festa nós sabemos dar. Mas não damos festa sem motivo, e cada festa tem um significado, e depois de cada uma delas segue-se uma ação que só é possível graças à festa." A seguir, citou como exemplo o Dia de Potsdam e a subsequente abertura do Reichstag, as comemorações do 1º de Maio e, imediatamente depois, a ocupação das sedes dos sindicatos, o congresso do partido e a campanha contra "a fome e o frio". Fazia anos que se perseguia um "plano em larga escala", e agora este seria realizado "parte por parte e etapa por etapa, e cada grande dia da nação é apenas um marco no caminho da realização desse grande plano".

Obviamente, o tal "grande plano" na realidade não existia; mas Goebbels estava decidido a aproveitar cada oportunidade que surgisse para exibir à população alemã e à opinião pública internacional os fogos de artifício de uma grande festança. Se os primeiros meses da "tomada do poder" tinham respirado uma atmosfera de transformação "revolucionária", agora, no segundo semestre, as festividades deviam documentar a consolidação interna do regime e a coesão da "comunidade nacional-popular".

Apenas duas semanas depois do lançamento da campanha assistencial de inverno, realizou-se o primeiro desses novos grandes eventos: a festa da colheita. À guisa de prelúdio, Goebbels proferiu um discurso matinal veiculado por todas as estações de rádio. A seguir, juntamente com o ministro da Agricultura, Darré, deu as boas-vindas, no aeroporto de Tempelhof, a uma delegação de agricultores que depois seria recebida por Hitler. Na Chancelaria do Reich, foi servido um ensopado com o qual se pretendia impulsionar uma nova campanha: dali por diante, durante o inverno, todos os "camaradas alemães" abririam mão do assado dominical no primeiro domingo de cada mês, substituindo-o por um ensopado, e doariam o dinheiro economizado à campanha assistencial de inverno. A cúpula dirigente tomou a dianteira dando um bom exemplo.

Em seguida, todo o governo viajou a Hanôver, a fim de, como anotou Goebbels, numa "marcha triunfal" única, percorrer os 50 quilômetros entre o aeroporto e Bückeberg, próximo a Hameln, o lugar escolhido para o comício central da festa da colheita. Tanta gente lá se aglomerou que o local da festa, especialmente montado numa ladeira, lhe pareceu uma "montanha viva": uma vez mais, ele se deixou fascinar totalmente pelo megaevento: "Meio milhão. Uma turba extraordinária. Espetáculo fantástico. Na escuridão, fulguram os holofotes e altas fogueiras. Então Darré fala. Bom. E Hitler muito bom. No alto esplende a lua. A multidão canta: graças a Deus! Momento comovente."[22]

Seguiram-se outros atos públicos em outubro: na madrugada de 14 para 15, ele foi com Hitler a Munique participar da "festa da arte alemã" e lançar a pedra fundamental da Casa da Arte Alemã.[23] De lá viajou a Bonn: em Siebengebirge, junto ao monte Himmerich, ia ser erigido um monumento à resistência do separatismo renano.* Diante de 100 mil pessoas, ele fez um discurso em torno à divisa: "Nós não queremos guerra — queremos uma paz com honra."[24]

Com as novas tarefas de ministro da Propaganda e o número crescente de festas e comícios de massa com que o nacional-socialismo comemorava o seu domínio, ampliou-se o repertório retórico de Goebbels: se antes de 1933 os inflamados discursos de agitação ocupavam o primeiro plano da sua oratória, agora esta vinha se enriquecendo com outras formas: além das falas no rádio — cada vez mais frequentes, embora um tanto monótonas —, encontrou uma expressão muito mais adequada a ele nas vigorosas "reportagens" sobre as apa-

---

* Referência aos movimentos separatistas nas regiões ocupadas por tropas francesas e belgas depois da Primeira Guerra Mundial. O confronto culminou com a proclamação da República da Renânia em 1923. (N. do T.)

rições públicas de Hitler; a isso se acrescentou outro tipo de discurso, as alocuções um tanto afáveis do ministro, em tom coloquial e semiconfidencial, feitas para os diversos especialistas da sua área de trabalho, os discursos festivos em tom solene nas ocasiões representativas; enfim, as patéticas orações incensadoras para o seu tão adorado Hitler. Em suma, a retórica de Goebbels se desenvolveu numa gama de variação assombrosa.[25]

A Câmara Nacional de Cultura e a Lei Editorial

Na visita que fez ao Obersalzberg em 24 de agosto de 1933, Goebbels obteve autorização para dois projetos de lei considerados indispensáveis à sua autoridade no papel de ministro da Propaganda: a Lei Editorial e a Lei da Câmara Nacional de Cultura.

Em julho, ele já havia tomado a iniciativa de criar de uma câmara nacional de cultura que abrangesse todas as esferas culturais em atividade. O que o motivou a instituir açodadamente uma organização unitária foram os planos de Ley de congregar a totalidade da população economicamente ativa num sistema de "organizações profissionais" e, desse modo, abocanhar todo o universo cultural. Em carta ao diretor da Chancelaria do Reich, Goebbels se opusera a essa tentativa de "representação de interesses materiais" contrária à "existência organizatória própria das profissões artísticas" e anunciara a criação da Câmara Nacional de Cultura.[26] Mais tarde, ele foi além: acusou Ley de "ressuscitar a mentalidade sindical"[27] e de recorrer à violência e ao confisco ilegal da propriedade alheia com o propósito de forçar a integração das associações culturais à Frente Alemã de Trabalho.[28] Em meados de julho, conseguiu obter o consentimento fundamental de Hitler para a criação de uma câmara de cultura independente.[29]

Em agosto, o seu ministério havia desenvolvido um projeto de lei da câmara de cultura, o qual, a despeito do consentimento de Hitler, não foi sem dificuldade que ele submeteu ao gabinete em setembro.[30] Composta de poucos parágrafos, a lei o autorizava a reunir em "entidades de direito público" os militantes das profissões que se encaixassem no campo de atividade do seu ministério. Para tanto, erigia-se uma Câmara Nacional da Literatura, assim como câmaras da imprensa, do rádio, do teatro, da música e das belas-artes, todas organizadas segundo o modelo da Câmara Nacional do Cinema, criada em julho. Nessa passagem da lei residia a alavanca de poder crucial para Goebbels: pois a primeira portaria por ele promulgada para a implementação da Câmara

Nacional do Cinema determinava que a afiliação à câmara fosse o pré-requisito do exercício da profissão na indústria cinematográfica e que a câmara podia regular, mediante diretivas, as relações econômicas de todo o setor.

Agora a mesma competência se estendia à nova câmara de cultura como um todo.[31] No fim do ano, ele chegaria a organizar os profissionais da área cultural em 63 associações profissionais distribuídas em sete câmaras.[32] Mas uma coisa era decisiva para Goebbels: "Eu tenho toda a organização na mão. Uma grande plenitude de poder intelectual."[33]

Paralelamente à montagem da Câmara Nacional de Cultura, Goebbels tratou de aperfeiçoar o controle sobre a imprensa alemã. Nos primeiros meses do regime, a censura e todo tipo de medidas de intimidação tinham sido os instrumentos mais importantes para calar cada vez mais as vozes oposicionistas e críticas e impor à imprensa as tendências básicas desejadas pelo regime. Agora, no segundo semestre de 1933, surgia gradualmente um verdadeiro sistema de controle da imprensa.

Um passo importante foi o controle da Conferência Nacional de Imprensa, uma organização criada durante a República de Weimar pelos jornalistas residentes em Berlim: já em 24 de março, ela foi transferida do Palácio Leopold, a sede do departamento de imprensa do governo federal, para a antiga Câmara dos Senhores da Prússia, e o comitê de jornalistas, que convocava a conferência, foi ocupado exclusivamente por nacional-socialistas ou nacional-alemães.

No entanto, em 1º de julho de 1933, Jahncke, o diretor do departamento de imprensa do Ministério da Propaganda, dissolveu a antiga conferência e convocou uma nova, por ele presidida. Com isso, ela perdeu fundamentalmente o seu caráter: deixando de ser uma organização de informação formada pelos jornalistas, passou a servir o Ministério da Propaganda para dar instruções à imprensa.[34]

Depois de enfrentar algumas dificuldades — foi preciso superar objeções dos editores e restrições do vice-chanceler —, Goebbels conseguiu a aprovação da sua Lei de Imprensa no gabinete em outubro.[35] A Lei Editorial de 4 de outubro de 1933 tornou a autorização do exercício da profissão de jornalista dependente de determinadas condições: entre outras coisas, o jornalista precisava ter "origem ariana" e não podia ser casado com "uma pessoa de extração não ariana". A autorização era concedida mediante a inscrição num catálogo profissional, pela qual o jornalista passava a ser membro da Federação Nacional da Imprensa Alemã.[36]

O espírito da lei, como dizia a justificação do Ministério da Propaganda, era a "transformação da imprensa num órgão público e a sua integração jurídica e intelectual ao Estado". Consequentemente, a profissão de jornalista, agora *Schriftleiter* [redator ou editor], passou a ser um cargo público,[37] e, em conformidade com esse novo status, por exemplo, as demissões de jornalista pelo editor, antes feitas com base na falta de consenso, tornaram-se contestáveis nos tribunais trabalhistas.

Tendo responsabilizado de tal modo os jornalistas, o Ministério da Propaganda ficou em condições de expandir o sistema de orientações à imprensa: as "regulações da linguagem" emitidas nas reuniões diárias com a imprensa passaram a ser concretizadas mediante determinações escritas endereçadas a toda a imprensa. À parte isso, com a padronização ou nazificação das agências de notícias, o Ministério da Propaganda teve a possibilidade de canalizar amplamente o fluxo de informações que passavam pelas redações.[38] Ainda em outubro, declarou-se inequivocamente que os jornalistas credenciados pela Conferência de Imprensa eram "representantes e homens de confiança do ministro"; anunciou-se que, em caso de "infração", os jornalistas, sobretudo os redatores-chefes, seriam "responsabilizados pessoalmente".[39]

Essa advertência derivou diretamente de uma reprimenda que, em 17 de outubro, Hitler endereçou à imprensa diante dos diretores de *Gau* e do Reich. Esse discurso certamente motivou Goebbels a tomar determinadas medidas para enquadrar a mídia, pois, ao se dirigir aos *Gauleiter*, o Führer criticou muito a imprensa do partido, deplorou a sua grande uniformidade e apontou justamente a mídia burguesa como modelo para os jornalistas partidários. Aparentemente, o próprio ditador achava exorbitantes as medidas tomadas por Goebbels para controlar a imprensa.[40] Como quase sempre que o seu trabalho era alvo de críticas, este tentou minimizar o problema: "Temos as nossas queridas preocupações com a imprensa", apontou no diário.[41]

Poucos dias depois, em conexão com a sua admoestação à imprensa, Hitler mandou proibir, por intermédio de Hess, a atividade de editor de jornal aos dirigentes do partido. Isso se endereçava principalmente a Goebbels, que já vinha cogitando afastar-se do *Angriff*, o que acabou fazendo no fim de outubro, depois de seis anos na redação do jornal.[42]

Atuação em Genebra

Em setembro, Goebbels deu mais um passo importante para se destacar no terreno da política externa com a ajuda de uma participação oficial.

No começo do mês, tinha constatado que a repercussão internacional do congresso do partido fora muito negativa. A iminente conferência da Liga das Nações, em outubro, parecia lhe oferecer a possibilidade de romper o persistente isolamento diplomático da Alemanha, particularmente de enfrentar a crítica internacional por causa da perseguição aos judeus e criar um clima favorável na continuação da conferência de desarmamento prevista para alguns dias depois. De modo que foi de muito bom grado que ele aceitou o convite do ministro das Relações Exteriores, Neurath, para acompanhá-lo a Genebra.[43]

No dia 24 de setembro, finalmente desembarcou na cidade suíça para, na qualidade de membro da delegação alemã, participar da sessão anual da Liga das Nações. Joseph Goebbels, o agitador partidário, o antissemita implacável, o coreógrafo de gigantescos comícios de massa, agora entrava na cena diplomática. Não admira que a imprensa internacional o tenha acompanhado com o maior interesse nesse papel inusitado.[44]

Em Genebra, ele atuou com autoconfiança, mostrando-se à altura das exigências das negociações diplomáticas. Apoiou-se por inteiro na sua capacidade de detectar instintivamente os fortes e os fracos dos interlocutores e de convencê-los no embate direto. O que importava era a "impressão pessoal".

Achou "deprimente" a assembleia da Liga das Nações, inaugurada em 25 de setembro. "Um conclave de mortos. O parlamentarismo das nações." Esboçou verdadeiras caricaturas dos representantes dos outros países: "*Sir* John Simon: min. das rel. ext. ingl., altamente imponente. Mas um chato. Paul Boncour: um presunçoso frívolo. Francês e literato. Um joão-ninguém.[45] Dollfuss, um anão, um almofadinha, um vigarista. No mais, nada de extraordinário. Hoje de manhã, formalidades. Eu sou observado e avaliado. Como os alemães somos superiores."

No dia seguinte, teve uma série de encontros. Em primeiro lugar, com o ministro das Relações Exteriores polonês, Beck, que lhe pareceu "inteligente e espontâneo": "Quer se livrar da França e se aproximar de Berlim. Tem várias preocupações que, no entanto, são insignificantes. É fácil lidar com a Polônia." Depois de uma conversa com o conselheiro federal suíço Motta ("O filisteu politiqueiro"), encontrou-se com Suvich, o ministro das Relações Exteriores italiano (que ele preferiu designar por Suvic): "Suvic é nosso adversário. Coisa que tenta mascarar aqui. Fala em cosmovisão e liberalismo. Mas não me engana!"

O discurso que fez no dia seguinte para cerca de trezentos jornalistas foi, para Goebbels, de maneira reveladora, o ponto culminante da sua incursão na diplomacia: "Recebido com muita frieza. Eu falo e tenho um dos meus melhores dias. Sucesso estrondoso. Na discussão, sou o vencedor absoluto. Perguntas embaraçosas, mas eu não me atrapalho para responder. Tudo vai bem. Estou contentíssimo." No discurso, Goebbels pintou com as cores mais vibrantes a obra construtiva do nacional-socialismo: o novo regime se arrimava na vontade do povo, sim, era na verdade "um tipo enobrecido de democracia" que não queria senão a igualdade de direitos e a paz internacional.[46]

Concluídas outras negociações, seguiu-se a viagem de volta, praticamente uma marcha triunfal segundo a impressão subjetiva de Goebbels. Para ele, o resultado da viagem a Genebra era evidente: "Hitler precisa negociar com Daladier. Cara a cara. Direta e francamente. Essa é a solução. Legalidade na política externa."[47] Dias depois, teve oportunidade de expor sua concepção ao Führer: "A França é essencial. Agora nós precisamos de margem de manobra. Do contrário, no horizonte remoto, desponta a ocupação do Reno."[48]

A reorientação essencial de Hitler na questão do desarmamento — a retomada da conferência de Genebra estava agendada para outubro — foi relativamente surpreendente para Goebbels: depreende-se do seu diário que o ditador não tinha o menor interesse em saber sua opinião sobre o tema quando o convocou à Chancelaria, no dia 11 de outubro, para informá-lo das "ideias novíssimas sobre a questão de desarmamento".[49]

Mesmo porque, a essa altura, havia decidido tomar uma iniciativa dramática na questão do desarmamento, acerca da qual, em 4 de outubro, já se tinha posto de acordo com o ministro da Defesa Blomberg e com o secretário de Estado Bülow.[50] Passada uma semana, só um dia depois de ter informado Goebbels das suas "ideias novíssimas", Hitler comunicou a nova política ao gabinete: "A Alemanha vai se retirar de todas as agremiações internacionais em que lhe negarem a igualdade de direitos, inclusive da Liga das Nações. Tal decisão seria anunciada juntamente com uma mensagem de paz e assegurada por novas eleições plebiscitárias do Reichstag. Em conversa com Goebbels em julho, ele já tinha desenvolvido a ideia de promover essa "consulta popular" sobre a sua política.[51] A saída da Liga das Nações apenas fornecia a ocasião propícia para o projeto havia muito tempo planejado.[52] A aprovação desses planos pelo gabinete, em 13 de outubro, não passou de formalidade.[53]

Apesar do intenso engajamento na questão do desarmamento que demonstrou ao atuar em Genebra, vê-se que Goebbels não teve participação nas decisões diplomáticas efetivas no início do outono de 1933; aliás, Hitler o deixou mais de uma semana no escuro quanto à sua intenção de dar uma guinada na política externa, muito embora os dois tivessem se encontrado várias vezes. Considerando a determinação do ditador não só de desistir das negociações em Genebra como de se retirar da Liga das Nações, a proposta de Goebbels de uma conversa pessoal com Daladier para estabelecer uma base de confiança parece, em retrospecto, literalmente ingênua.[54]

Agora ficava claro que Hitler enviara o ministro da Propaganda a Genebra para que ele, com sua atuação, desse a impressão de que o governo alemão continuava disposto a negociar seriamente o desarmamento. Desse modo, a crítica internacional ao regime ficaria em segundo plano na assembleia anual da Liga das Nações e se evitaria uma rejeição internacional unificada à Alemanha. O envio de Goebbels a Genebra foi uma manobra diversionista. Sua atuação segura, que ele próprio avaliou como esplêndida, serviria para ofuscar o mundo diplomático: não passava de uma farsa. Naturalmente, Goebbels não se apercebeu dessa verdade notória. Em vez disso, mergulhou prontamente na "campanha eleitoral", da qual, nos dias subsequentes, se gabaria no diário de ser o arquiteto genial.[55]

Em novembro, Hitler criou uma "comissão de política externa" por ele presidida, para a qual convocou Blomberg, Neurath, Schacht, o ministro da Economia Schmitt e Goebbels (mas não Göring, como observou Goebbels com satisfação). Na reunião constitutiva em 16 de novembro, o ditador expôs sua posição em política externa: "Dez anos de tranquilidade, ainda que com sacrifício." Mas, apesar de vistoso, o grêmio nunca mais deu o ar da sua graça.[56]

A modéstia de Goebbels versus a pompa de Göring

A partir do fim do verão, a relação de Goebbels com Göring, que já não era boa, piorou bastante. Como aquele concordava com Hitler em demolir a estrutura federal do Reich e liquidar definitivamente os *Länder* — e nisso lhe interessava a transferência das competências de política cultural para o seu ministério —, as tentativas deste de cimentar o status especial da Prússia no país decerto o contrariavam muito. A fortemente desenvolvida afetação de Göring, além de sua coleção de títulos e do desmedido gosto por fardas chamativas, tornavam-no vulnerável a quem quisesse solapar sua posição a longo prazo.[57]

Quando, nas semanas seguintes, Goebbels se manifestou veementemente contra o excesso de "pompa", ficou evidente a quem se endereçava sua crítica.[58] Devia estar se sentindo especialmente ameaçado pelo projeto de Göring de substituir o Conselho de Estado Prussiano, esvaziado após a adoção de medidas de nazificação da sociedade alemã, por uma representação de igual nome constituída de personalidades proeminentes. Ao saber que Hitler não tinha a menor intenção de participar da abertura solene do Conselho de Estado no dia

15 de setembro, Goebbels resolveu também ignorar o evento.⁵⁹ Dias depois, quando Göring o procurou para se queixar da sua ausência, ele lhe deu "uma resposta muito clara".⁶⁰

Nas semanas seguintes, também se encontram em seu diário numerosos comentários críticos sobre Göring, sendo que Goebbels anotou com cuidado o conceito negativo que o Führer e outros nazistas importantes disseminavam a seu respeito.⁶¹ Em meados de outubro, ele tentou convencer Hitler a promulgar um "decreto popular" que desse fim aos "esbanjamentos e ostentações no partido".⁶² No dia 17, quando este discursou no Lantdtag prussiano para a equipe dirigente do partido, Goebbels anotou com grande interesse as "frases duras contra a pavonada e a mania de fardas": "O salão relaxou. Intimamente, o chefe já tinha rompido com Göring. Pobre fanfarrão! As pessoas não fazem senão rir dele."⁶³

Em contraste com o rival, Goebbels cultivava a própria imagem, exercitando-se na mais exagerada simplicidade. No começo de novembro, recusou-se ostensivamente a comer num banquete oferecido por ocasião da sua visita ao governo de Baden em Karlsruhe: "Eu protesto e não como nada. Rudimentos dos velhos tempos."⁶⁴ Em dezembro, numa cerimônia oficial, apareceu no Kaiserhof sem insígnias no uniforme: "Isso causa certa sensação, principalmente em Göring. Eu me mantenho firme. Não trago medalha nenhuma."⁶⁵

No seu aniversário no fim de outubro, também recusou quando lhe ofereceram a cidadania honorária e o nome de uma rua no município de Berlim.⁶⁶ Mas, nesse ponto, sua atitude não foi consequente: desde abril ele já era cidadão honorário da sua cidade natal, e não tardou a ceder perante a capital do Reich: em fevereiro de 1934, aceitou a cidadania honorária, se bem que em nome de muitos correligionários que "sofreram e sangraram".⁶⁷

De fato, Goebbels não era exibido como Göring, mas não se pode dizer que o seu estilo de vida fosse modesto. Tanto que, no Natal, ele se permitiu comprar um carro novo ("8 cilindros 200 *cv*. Uma maravilha técnica!")⁶⁸ e, na primavera do ano seguinte, mais um luxuoso Mercedes.⁶⁹ No fim de novembro, os Goebbels iniciaram a ampliação da sua casa na Göringstrasse; mas só depois que Hitler aprovou a planta e desenhou um projeto de próprio punho.⁷⁰

Novembro: o processo do incêndio do Reichstag e as eleições

Em novembro, a campanha eleitoral entrou na fase final. Goebbels não só estava intensamente ocupado com sua organização como falou em grandes comícios em Frankfurt, Breslávia, Stuttgart, Karlsruhe, Hamburgo, Berlim, Colônia e, naturalmente, Rheydt.[71]

No dia 21 de setembro, o início do processo do incêndio do Reichstag no tribunal federal de Leipzig ofereceu mais uma plataforma para a sua insaciável propensão ao exibicionismo. Os réus eram Van der Lubbe e os seus supostos patrocinadores comunistas, o ex-deputado federal alemão Ernst Torgler e os militantes búlgaros Georgi Dimitrov, Blagoi Popov e Vasil Tanev. No começo de novembro, o depoimento de Göring no papel de testemunha resultou num escândalo: com perguntas sagazes, Dimitrov conseguiu desconcertá-lo, e ele reagiu com graves insultos e ameaças ao acusado. Isso permitiu a Dimitrov apresentar o processo como uma farsa à opinião pública internacional. Goebbels observou atentamente o desempenho de Göring e qualificou suas falhas de contraproducentes.[72]

No dia 8 de novembro, ao ser ouvido como testemunha no tribunal, ele próprio teve oportunidade de corrigir a impressão negativa deixada pelo rival. "Dimitrov e Torgler ficam lambuzados de sordidez. [...] Uma grande vitória. A imprensa é fabulosa dentro e fora do país. Acima de tudo, aproveito para levar vantagem sobre Göring."[73] Mas todo esse esforço acabou em nada: pouco antes do Natal, Goebbels soube com indignação que o tribunal federal rejeitara a versão segundo a qual o incêndio do Reichstag tinha sido o sinal da liderança do KPD para um levante. Van der Lubbe foi condenado à morte;[74] os demais acusados, absolvidos.

Logo depois de prestar depoimento no processo do incêndio do Reichstag, Goebbels viajou a Munique para fazer mais um discurso de campanha e assistir às cerimônias do décimo aniversário do malogrado putsch na capital bávara. Sua participação não deixou de ser problemática, pois não há de ter passado despercebido que, na época da tentativa de golpe, ele, ao contrário de Göring, Rosenberg e Röhm, ainda estava longe do partido. Talvez tenha sido esse o motivo pelo qual chegou tarde demais à solenidade no Feldherrnhalle.[75]

Poucos dias antes das eleições de 12 de novembro, Goebbels reconheceu que a situação geral estava longe de ser um mar de rosas: "Estado de ânimo ruim em amplos setores por causa da pompa, da carestia, da legislação sucessória agrária etc." Finalmente, constatou, a direção do partido aceitara uma postulação apresentada por ele havia meses: "Hess faz um apelo veemente contra a ostentação. Enfim. Graças a Deus!"[76]

O ponto culminante da campanha eleitoral, na qual Goebbels agora se concentrava inteiramente, foi o discurso de Hitler para os operários da oficina de geradores da fábrica Siemens, em Berlim, no dia 10 de novembro, uma vez mais introduzido por uma reportagem de Goebbels.[77] A tarefa propagandística de celebrar o discurso como reconciliação do Führer com o operariado industrial, que justamente em Berlim votara na esquerda com grande maioria em todas as eleições livres, essa tarefa, o Ministério da Propaganda a cumpriu de maneira excelente.

Naturalmente, o sufrágio nada teve de "livre". Em 12 de novembro — a nova eleição do Reichstag incluiu um referendo sobre uma declaração geral de confiança na política do governo —, ocorreram inúmeras manipulações: as cédulas eleitorais estavam numeradas, não se puderam usar cabines, os oposicionistas conhecidos foram impedidos de votar, a cédulas sofreram alterações posteriores, a instigação amistosa da organização local do partido tornou impossível abster-se de votar e não se previu a possibilidade de recusar a única lista de candidatos: a do NSDAP.[78]

Tampouco se levaram em consideração os votos nulos: muitas vezes essas cédulas continham protestos. A apuração oficial do referendo resultou em 95,1% de votos "sim". Efetivamente, 89,9% dos eleitores declararam sua aprovação; a aprovação da lista única do NSDAP ficou 2,1% abaixo desse desempenho arrasador.[79]

Goebbels se empolgou com o resultado: "Inconcebível. Tenho medo da inveja dos deuses." Tarde da noite, encontrou-se com Hitler, que "muito emocionado pousou as mãos" nos seus ombros. Conclusão de Goebbels: "Conseguimos. O povo alemão está unido. Agora podemos enfrentar o mundo."[80]

Acaso ele acreditava realmente que o povo alemão, que nas últimas eleições livres em novembro de 1932 dera somente 33,6% dos votos aos nacional-socialistas, no espaço de um ano fora conquistado pelo nazismo em quase 90% — apesar das severas medidas repressivas contra grande parte da população, apesar do isolamento diplomático e apesar da situação econômica ainda ruim?

Mas a pergunta está mal colocada. Afinal, Goebbels não tinha a menor condição de avaliar o grau de realidade do quadro de unidade nacional fabricado pela propaganda somada ao terror repressivo do regime. Para ele, a única realidade que contava era a bela aparência produzida principalmente pela propaganda, era o seu sucesso pessoal.

Balanço do ano

Na opinião de Goebbels, o resto de 1933 estava fadado a correr sob o signo de novos sucessos e festas. Três dias depois das eleições consideradas um triunfo político, em 15 de novembro, ele e Hitler inauguraram a Câmara Nacional de Cultura na Filarmônica de Berlim; "o meu dia de glória", como ele, sem a menor cerimônia, denominou o evento no seu diário.[81] Passadas quase duas semanas, realizou-se o ato oficial de fundação da organização de lazer protegida por Goebbels, que foi batizada Kraft durch Freude [Força pela Alegria]. "Será uma grande obra. Ligada à minha pasta", escreveu. Na verdade, a KdF pertencia à Frente Alemã de Trabalho; mediante um acordo com Ley, ele obtivera apenas a ocupação do departamento de cultura da KdF por um homem de confiança seu.[82]

Nos últimos dias de novembro, finalmente ficou pronto o filme sobre o congresso do partido rodado por Leni Riefenstahl em Nuremberg. Os trabalhos não decorreram sem atritos, já que ela se queixou reiterada e clamorosamente do departamento de cinema da Direção Nacional de Propaganda, responsável pela produção.[83]

Quando a fita — intitulada *Sieg des Glaubens* [A vitória da fé] — ficou pronta, verificou-se que, longe de se interessar por uma documentação convencional do evento de Nuremberg, a cineasta a concebera desde o início como estilização propagandística e idealização do espetáculo do congresso. De qualquer modo, o filme apresentava vários problemas técnicos e revelava em diversos trechos que a encenação de Nuremberg enfrentara muitas dificuldades.

Mas, naquele mês, quando assistiram ao filme numa exibição privada, Hitler e Goebbels não ficaram nada contrariados: "Fabulosa sinfonia da SA. Riefenstahl trabalhou bem. Ficou abaladíssima com o trabalho. Hitler comovido",[84] e, segundo as anotações de Goebbels, a estreia no dia 1º de dezembro foi um "sucesso bombástico".[85]

Em 24 de dezembro, ele teve o seu "Natal mais lindo": a seção berlinense do partido organizou uma grande festa no bairro operário de Moabit, na qual os membros da SA distribuíram presentes a 1.400 crianças. "Quando eu chego, tudo explode em ruidosa aclamação", acrescentou, comovido. Seguiu-se um "Natal abençoado" no seio da família.[86]

Ao anoitecer do primeiro feriado de Natal, os Goebbels foram passar alguns dias em Rheydt. Ele se encontrou com ex-colegas de escola, coisa que achou "muito amável"; em compensação, não gostou da conduta do irmão Hans, que nesse meio-tempo se aproveitara da tomada do poder para progredir profissionalmente e chegou dirigindo "uma vistosa limusine". Na viagem de volta a Berlim — Magda ficou mais algum tempo em Rheydt —, Goebbels teve uma surpresa: Anka Mumme tirou-o da cama do vagão-dormitório: "Bate-boca com ela até Bielefeld, sem um pingo de emoção. Acabou, *passé*!"[87]

Ficou nisso: durante 1935, o ministro da Propaganda se encontrou ocasionalmente com Anka, que se queixava insistentemente do "casamento infeliz", mas ele se achava incapaz de ajudar "Frau Mumme", como logo passou a se referir à ex-amante. Aparentemente, viu-a pela última vez no fim de 1936.[88] A frieza com que agora a encarava parece sintomática do desenvolvimento pessoal de Goebbels a partir de 1933: quanto mais ele ficava no centro da atenção pública e se deleitava com o próprio sucesso, maior era a distância com que tratava as pessoas antes próximas. A formação narcisística da sua personalidade era um processo ainda inconcluso.

12. "Em tudo quanto faz, o Führer vai até o fim"
A edificação do Estado do Führer

No início de 1934, ou seja, um ano depois da tomada do poder, almoçar com Hitler já fazia parte da rotina cotidiana de Goebbels. Em razão da agenda atrapalhada do ditador, essas visitas tomavam muito tempo: com frequência, ele deixava os convidados — em geral um grupo de vinte a trinta pessoas — esperar longamente antes de se dispor a comer. A conversa à mesa — os pratos servidos costumavam ser simples — sempre girava em torno dos mesmos temas e, não raro, prolongava-se até bem entrada a tarde.[1] Entre os frequentadores, conforme relata Albert Speer nas suas memórias, Goebbels era, talvez, o que mais contribuía para entreter os comensais. A sua especialidade era, mediante piadas e anedotas, caricaturar ou ridicularizar os rivais e adversários na cúpula do regime e denegri-los de modo aparentemente inofensivo. Pelo contrário, as observações do Führer sobre as questões do dia tinham um valor inestimável para Goebbels quando se tratava de ajustar, ainda que nas nuanças, a sua política de propaganda às ideias do chefe.[2]

Nas jornadas normais em Berlim, essas prolongadas visitas à Chancelaria praticamente ocupavam toda a tarde do ministro da Propaganda. O elevado ritmo de trabalho e a sobrecarga, que ele comenta de modo reiterado no diário — a "montanha de trabalho" que fazia "às pressas" e "voando" —, também se deviam ao fato de que, em muitos dias, só lhe restava o período da manhã.[3] Com o tempo, parece que Goebbels passou a achar um transtorno as demoradas tertúlias com Hitler, tanto que ficava aliviado quando o compromisso era cancelado ou ele tinha uma boa desculpa para não comparecer: então, sim, finalmente podia "trabalhar sem interrupção".[4]

À noite, ia amiúde à Chancelaria, onde Hitler gostava de encerrar o dia assistindo a um filme. Nessas ocasiões, obviamente, os seus comentários eram importantíssimos para o ministro do cinema. Assim, no primeiro semestre de 1934, Goebbels esteve pelo menos 26 vezes no cinema particular do Führer.[5]

Todavia, o gosto cinematográfico dos dois nem sempre coincidia, e muitas vezes mulheres bonitas ou simpáticas é que compensavam os filmes ruins.

Magda acompanhava o marido com frequência nessas incursões à Chancelaria,[6] se bem que ocasionalmente visitasse o Führer sozinha[7] ou aparecesse em eventos no papel de sua acompanhante.[8] Inversamente, Hitler tinha o costume de visitar os Goebbels na sua moradia funcional em Berlim ou na casa de veraneio;[9] às vezes, aparecia sem se anunciar[10] ou já estava presente quando Goebbels retornava de uma viagem. Suas visitas costumavam se prolongar até altas horas da noite.

Em março, Magda encontrou uma "casinha de veraneio à beira do lago Wannsee", bem junto à aldeia de Kladow, no limite da cidade de Berlim. Ainda em março, a família adquiriu ali a sua residência de verão, onde ficou a maior parte do tempo até setembro.[11] Por esses dias, Goebbels viu uma lancha particularmente bonita na exposição berlinense de esportes aquáticos e a comprou poucos dias depois.[12] Na temporada seguinte, bancou assiduamente o capitão amador, se bem que preferia deixar o volante por conta do seu motorista Tonak.[13] Hitler, que em abril passou um dia em Kladow, ficou encantado com a casa de veraneio e, nos meses seguintes, não perdeu oportunidade de espairecer com os Goebbels e singrar o lago e os canais próximos em companhia do ministro da Propaganda. Mas outros visitantes também passaram os dias de folga com Goebbels no Wannsee, como os Helldorf, os Blomberg, o tesoureiro do partido Schwarz com a família ou Von Pfeffer.[14]

No dia 13 de abril, Magda deu à luz o segundo bebê do casal: "Uma vez mais, o Führer tinha razão. É menina." O nome escolhido foi Hilde.[15] Dois dias depois do parto, Goebbels foi ter com Magda na clínica e a encontrou com visita: "O Führer já estava lá", registrou ele concisamente. Nesse período, Hitler também se ocupou de outro aspecto das questões familiares dos Goebbels: conforme o acordo de divórcio de Magda com o ex-marido, ao completar 14 anos, seu filho Harald deixaria a casa da mãe e passaria a morar com o pai. Mas, quando a data se aproximou, Goebbels providenciou para que o acordo fosse anulado: para atingir tal objetivo, exerceu muita pressão nas negociações com o advogado de Quandt. Não lhe foi difícil impor o que queria — afinal de contas, dias depois do nascimento de Hilde, Hitler havia prometido apoiá-lo totalmente.[16] Passados alguns dias, por ocasião do Festival Nacional de Teatro em Dresden, ele teve oportunidade de conversar longamente com o líder nazista, no hotel, sobre seus problemas pessoais. A esse respeito, anotou no diário: "A sua simpatia comove. Ele é tão solitário. Precisa de uma mulher. Isso não pode continuar muito tempo assim."[17]

O contato íntimo e quase diário com Hitler tinha um lado negativo para Goebbels: ele já não podia decidir o que fazer nos períodos de lazer. O Führer e a família Goebbels haviam combinado viajar juntos no Pentecostes — nesse meio-tempo Magda se recuperara do parto. Mas Hitler passou muito tempo sem definir o programa e, mesmo na noite de sexta-feira, ainda não tinha tomado uma decisão, fato que obviamente irritou Goebbels: "É asqueroso. Eu não espero mais. Vou embora. Para Kladow. Descansar. Não posso passar o feriado todo esperando."[18] No domingo de Pentecostes, soube que agora Hitler queria descansar tranquilamente em Munique.[19]

Nesse ínterim, a sua relação com Magda enfrentou diversas crises. No fim de maio, Hitler o havia informado de umas "mulheres asquerosas fazendo fofoca contra Magda", e, no dia seguinte, ele teve uma briga feroz com a esposa que se prolongou por dias.[20] "Eu já estou farto disso tudo", comentou no início de junho, referindo-se à situação doméstica.[21] A mulher tentou endireitar a situação: "Magda conversou com o Führer. Preciso tirar férias. O mais depressa possível." Mas o verão de 1934 foi tão rico em acontecimentos que Goebbels teve de desistir do descanso.

Algumas semanas depois, ele soube de "uma coisa horrenda a respeito de Magda". Mas não esclareceu do que se tratava, talvez de mais uma prova de infidelidade. Em todo caso, houve "cenas terríveis" que o deixaram abaladíssimo. No dia seguinte, o casal continuou brigando com toda sanha. Surpreendentemente, Goebbels acabou cedendo, pois, afinal, Magda "no fundo era boa": "Eu também tenho muita culpa. Preciso pagar." No dia seguinte eles fizeram as pazes, ainda que provisoriamente.[22]

Quanta liberdade a ditatura tolera?

Do ponto de vista político, o ano de 1934 começou no dia 30 de janeiro com a comemoração do primeiro aniversário da "tomada do poder".[23] Durante a sessão do Reichstag, aprovou-se a "Lei da Reconstrução do Reich", que, entre outras coisas, abolia os parlamentos estaduais e os direitos de autonomia dos *Länder*, dando ao governo central o poder de estabelecer um novo direito constitucional sem a anuência do parlamento.[24] À noite, Goebbels discursou no Palácio de Esporte pelo "aniversário da mudança do destino alemão".[25] Seguiu-se um encontro de dois dias dos *Gauleiter* do NSDAP, durante o qual ele detectou descontentamento com os ministérios prussianos e com a auto--ostentação faustosa.[26]

Naquela data festiva, Goebbels publicou no *Angriff* um artigo intitulado "Sem pompa, mas 22 milhões para os pobres", no qual declarou o 30 de janeiro "dia da comunidade nacional-popular" e anunciou que, por esse motivo, a campanha assistencial de inverno ia distribuir generosamente víveres e cupons de carvão. Mas as comemorações não seriam suntuosas. Ele exortava todos a se abster de "festas exteriormente aparatosas, de desfiles com tochas e que tais", em consonância com a escassez e a gravidade da situação, mas a "exprimir visivelmente [...] alegria, confiança e satisfação sinceras e, no dia 30 de janeiro, içar as bandeiras do Reich das sete horas da manhã às oito da noite".[27]

Poucos dias depois, Goebbels causou certa sensação ao divulgar outro artigo, dessa vez no *Völkischer Beobachter*.[28] Sob o título "Mais moral, porém menos beatice", atacou um "farisaísmo que [...], em caso de necessidade, talvez sirva de guia ao dia a dia de um convento de freiras, mas que não tem cabimento num Estado civilizado moderno". O texto criticava principalmente certa ideia estereotipada, no partido, de uma imagem ideal da "mulher alemã". Sem dúvida, existiam "mulheres boas e más, trabalhadoras e vadias, decentes e menos decentes, com ou sem rolos no cabelo; o fato de ela passar pó de arroz ou não nem sempre é um sinal do seu valor interior, e, caso ela fume um cigarro em casa com a família ou na vida social, isso não é motivo para condená-la e repudiá-la". Ironicamente, censurou a ideia de que um nacional-socialista não pudesse ter alegria de viver, devesse persistir no "pessimismo" e na "misantropia". "Ora: mais amor pela vida e menos bigotismo! Mais moral, porém menos beatice!"

Segundo ele escreveu no diário, Hitler ficou "empolgado" com o artigo.[29] No entanto, duas semanas depois, coube ao mesmo Hitler manifestar-se publicamente sobre a "questão feminina", ocasião em que enfatizou coisas bem diferentes. Em 11 de fevereiro, fez um discurso para a NS-Frauenschaft [Liga das Mulheres Nacional-Socialistas] do *Gau* de Berlim sobre o tema "O nacional-socialismo e a questão dos direitos da mulher". O papel por ele atribuído às alemãs no futuro Terceiro Reich opunha-se francamente à imagem de "mulher moderna" que Goebbels defendera no fim de janeiro no seu artigo. A mulher, explicava o Führer, tinha "entendido que a sua grande tarefa, nada inferior às tarefas dos homens de hoje, era dar sentimento, era dar, por assim dizer, colorido às decisões da alma masculina". Em sua opinião, ela encontraria a realização "justamente na sua mais linda vocação, a da maternidade".[30]

Os artigos e discursos de Goebbels de janeiro e fevereiro de 1934 mostram como ele estava empenhado em definir a imagem pública do Terceiro Reich. Também mostram que então, em muitos aspectos da vida, o regime ainda não conseguira impor normas verdadeiramente obrigatórias ao comportamento das pessoas.

Isso também se aplicava à questão de quanta crítica pública o novo regime se dispunha a tolerar. Em 7 de fevereiro, Goebbels fez um discurso perante a presidência da Câmara Nacional de Cultura no qual se queixou de que a imprensa era ou "anarquicamente destrutiva e solapadora, ou submissa e obediente como um cachorrinho de colo!". Simplesmente não tinha condições de achar "o meio-termo, ou seja, uma crítica soberana, nobre e generosa a medidas isoladas, mas que venha acompanhada de sugestões positivas e boas!".

O discurso suscitou protestos. Dias depois, o editorial do *Frankfurter Zeitung*, antiga capitânia da imprensa liberal alemã, deu uma resposta direta à alocução de Goebbels.[31] Prodigalizando educados floreios e mesuras para o ministro, disse que agora a imprensa já não tinha condições de "reproduzir o eco da opinião pública", pois "que opinião pública é essa pela qual os jornais querem falar?". Exigir mais crítica da imprensa, como tinha feito Goebbels, sugeria o artigo, era um tanto ingênuo. Porque, na realidade, "para começar, a vontade de evitar a qualquer preço uma crítica estéril" havia levado a imprensa controlada "a se abster de abordar determinados temas". Enfim, o jornal manifestou a sua opinião defendendo categoricamente o "princípio da liberdade de imprensa como o elemento vital e indispensável à existência do Estado a longo prazo".

Passadas algumas semanas, no dia 24 de março, o *Frankfurter Zeitung* voltou à carga com um artigo assinado pelo chefe de reportagem Rudolf Kircher, falando claramente na "crise da imprensa" que se refletia, entre outras coisas, na redução do número de assinantes.[32] O "homem alemão", dizia o artigo, tinha sido efetivamente levado "à consciência clara do seu vínculo com a comunidade", mas, dentro desse vínculo, também exigia "que o seu inalterável estilo alemão seja capaz de uma expressão franca dos seus juízos e sensibilidades, limitada unicamente pelo tato e o decoro". Abaixo do artigo, via-se um obituário formulado em tom sombrio do *Vossiche Zeitung*, outro grande jornal liberal que, pouco antes — depois de 230 anos —, deixara de ser publicado.

Em 19 de abril, o *Frankfurter Zeitung* divulgou mais um artigo do chefe de reportagem Rudolf Kircher comentando o impacto cada vez menor da imprensa alemã no exterior e o declínio da circulação no país, mas recusando-se a reconhecer que a situação era definitiva. Essa série de matérias do *Frankfurter Zeitung* representou uma corajosa tentativa de tomar a defesa, contra a ditadura, de pelo menos o que restava da liberdade de imprensa; e é curioso que tais comentários tenham levado Goebbels a se posicionar publicamente uma vez mais, não a lançar mão de medidas repressivas contra o jornal.

Ele contragolpeou na noite de 19 de abril, ou seja, na mesma data em que Kircher divulgou o seu ataque ao sistema de controle da imprensa. Num ato público organizado pela Federação Nacional da Imprensa Alemã, viu-se obrigado a abordar a acusação de "monotonia" da mídia. Atribuiu a culpa aos jornalistas, que insistiam em ultrapassar os limites. No lugar deles, era preciso "introduzir pouco a pouco sangue novo [...]" na imprensa, era preciso "que chegue gente criada no espírito do nacional-socialismo, que o tenha no sangue".[33]

Naturalmente, o discurso teve repercussão variada. Enquanto o *Angriff* falava numa bem fundamentada crítica aos "oportunistas", feita com "escárnio incisivo", Georg Dertinger, correspondente na capital da Agentur Dienst da Alemanha, num comunicado à redação, enxergou "uma difamação indiscriminada contra os jornalistas não nazistas" e se declarou incapaz de escrever um comentário que "corresponda à nossa percepção e, ao mesmo tempo, se enquadre no atualmente possível".[34]

No dia seguinte, porém, Rudolf Kircher achou um meio de repelir os ataques de Goebbels, contrapondo ironia ao sarcasmo num editorial do *Frankfurter Zeitung*. Segundo ele, os jornalistas puseram-se diante de Goebbels feito "colegiais diante do diretor que distribuía as notas. Em suma: nenhum foi aprovado". E prosseguiu: "Para os jornalistas, seria mais cômodo se o governo declarasse logo de entrada: em tempos difíceis como estes, não pode haver crítica em hipótese alguma. Em vez disso, foi dada a ordem [...] não se exasperem, arrisquem — mas no lugar certo! Quase chega a ser um pouco cruel. Mas o ministro deixou a tribuna em meio a estrondosas ovações."

Outra reação foi publicada em 29 de abril no jornal dominical *Grüne Post*; era do redator-chefe, o escritor Ehm Welk, que, com ironia, devolveu a Goebbels a acusação de uniformidade da imprensa e a sua falta de coragem: "Senhor ministro, com toda a sua exortação: eu fico sem saber o que fazer." O artigo custou ao *Grüne Post* três meses de suspensão e a Welk, prisão num campo de concentração.[35]

Menos de três semanas depois, numa "convenção nacional" dos jornalistas do partido, Goebbels retomou seu discurso e o slogan "Mais coragem!". Aproveitou o evento para ler um novo decreto de "abertura" da imprensa, que aparentemente dava mais liberdade aos jornalistas e moderava um pouco a publicação de textos oficiais por parte do Ministério da Propaganda.[36]

Foi por puro sarcasmo que, poucos dias depois, o jornalista direitista Georg Dertinger comunicou à sua redação que, na opinião do Ministério da Propaganda, "a restauração parcial da liberdade de imprensa" se comprovara primeiramente na prática. Dertinger se referia ao discurso de Goebbels de 11 de maio, no Palácio de Esporte berlinense, que repelia toda e qualquer crítica às medidas do regime como lamúria inútil de gente que "se detesta a si mesma"e "em tudo enxerga defeito".

Goebbels não tinha a menor dúvida quanto a quem estava por trás daquilo: "Os judeus" e certos "grupelhos" no interior das igrejas.[37] E, em poucos dias, a "abertura" da imprensa se transformou numa campanha contra todas as manifestações críticas.[38] Duas semanas depois, quando Goebbels mandou anunciar no *Völkischer Beobachter* que a finalidade da propaganda por ele conduzida era "a dedicação ao objetivo supremo do Estado nacional-socialista", ficou claro o rumo que se havia tomado.[39] Dali por diante, estava excluída toda crítica pública ao sistema de controle da imprensa.

Em maio de 1934, na campanha contra os "desmancha-prazeres e reclamões", Goebbels demonstrou de modo espetacular até que ponto a realidade do alinhamento brutal da opinião pública, no Terceiro Reich, estava distante dos sofisticados debates em torno das nuanças da liberdade de imprensa. Essa campanha atacava principalmente a crítica ao regime feita pelos reacionários e os grupos ligados às igrejas. O relatório de um funcionário do partido de Wiesbaden sobre a implementação da ação, que foi alçado à categoria de modelo pelo órgão oficial da Direção Nacional de Propaganda, mostra o quanto o trabalho árduo da estrutura local do partido já dominava a vida cotidiana pouco mais de um ano depois da "tomada do poder".

Duas semanas antes do apogeu da ação — que culminaria com uma onda de comícios —, toda a imprensa local foi obrigada a noticiar a campanha diariamente. Entre outras coisas, os jornais exortavam as pessoas habilitadas a participar dos anunciados comícios a adquirirem e portarem em público insígnias com a suástica. Uma semana antes da onda de comícios, afixaram-se 4 mil cartazes na cidade, aos quais na véspera do evento se acrescentou uma pequena faixa com os dizeres "Hoje à noite só os derrotistas vão ficar em casa". Nas ruas principais da cidade, espalharam-se faixas com os dizeres "Os derrotistas são traidores da pátria", "Não reclame, trabalhe" e outros na mesma linha. Vinte brigadas de pintores picharam as mesmas palavras nas calçadas.

Além disso, no transcurso da ação, distribuíram-se 50 mil panfletos em todos os domicílios; 16 caminhões percorreram a cidade com trinta ou quarenta correligionários uniformizados a declamarem palavras de ordem; ao anoitecer, observando um plano preestabelecido, tropas de oradores visitaram logradouros para fazer breves discursos; e nos cinemas, antes do filme, projetaram-se *slides* de propaganda. O comício principal realizou-se numa só noite em 24 salas de exibição. Tomou-se a precaução de mobilizar os membros da Juventude Hitlerista para preencher as eventuais lacunas na plateia, mas o que se verificou foi a superlotação de todos os eventos, tanto que houve necessidade de lançar mão de uma "reserva especial de oradores" para organizar comícios ao ar livre. Afinal, quem se atreveria a recusar um "convite" tão veemente? Nada ficou por conta do acaso: terminada a ação, todos os cartazes e inscrições foram prontamente removidos da paisagem urbana.[40]

Disputas de competência

A partir do início de 1934, Goebbels envidou muito esforço para consolidar e dilatar suas atribuições nos campos da propaganda e da cultura tanto no âmbito do Estado quanto no do partido. Empenhou-se em reestruturar a Direção Nacional de Propaganda de modo a adaptá-la mais fortemente ao ministério.[41] Ademais, cuidou para que as representações regionais da sua pasta, recriadas em 1º de abril — os chamados escritórios estaduais (a partir de 1937, departamentos nacionais de propaganda) —, fossem administradas em união pessoal com os departamentos de propaganda das direções de *Gau*. No entanto, os diretores de propaganda dos *Gau*, também presentes no âmbito do Estado, estavam mais próximos dos respectivos *Gauleiter* que de Goebbels e nem sempre eram considerados auxiliares confiáveis do ministro da Propaganda.[42]

Naquele ano, Goebbels tratou de reforçar o papel central que havia reivindicado no domínio da política cultural. Para tanto, recorreu à criação de um prêmio nacional para o melhor livro e o melhor filme, além de outras coisas. No dia 1º de maio, numa sessão solene da Câmara Nacional de Cultura na Ópera Estatal de Berlim, na presença do Führer, Goebbels premiou o escritor nazista Richard Euringer, assim como o diretor Gustav Ucicky pelo filme antissoviético *Flüchtlinge* [Refugiados].

Mas, acima de tudo, ele apostava na reforma do Reich tantas vezes anunciada por Hitler. Os *Länder* seriam dissolvidos e todas as questões culturais ficariam nas suas mãos.[43] Ora, no fim de 1933, esse projeto colidiu com a vigorosa resistência de Göring, cujas relações com Goebbels iam de mal a pior.[44] Mesmo a amistosa visita deste com a esposa, pouco antes do Natal, à residência berlinense de Göring (cuja decoração opulenta deu-lhe a impressão de um "circo de horrores") pouco contribuiu para resolver o problema.[45]

Em maio de 1934, quando o ministro da Cultura prussiano Rust foi nomeado superintendente de um Ministério de Ciência, Educação e Instrução Pública,[46] Goebbels acreditou poder ser o seu herdeiro na Prússia: negociou com Göring ingressar no gabinete prussiano e assumir os assuntos culturais até então administrados por Rust. Queria enfim rebatizar "Ministério da Cultura" esse setor do poder assim amalgamado — tratava-se de uma pasta "do Reich e da Prússia".[47] Não obstante, a denominação tropeçou em dificuldades: alguns dias depois, Goebbels acreditou poder impor a designação "Ministério da Cultura e Instrução Pública".[48] Em 8 de maio, mandou Lammers enviar-lhe o devido decreto.[49] Mas Hitler se opôs à mudança de nome. Não querendo que Goebbels obtivesse o status de ministro também na Prússia, decidiu que Göring "pura e simplesmente" lhe transferisse as atribuições.[50]

O que Goebbels ia receber de fato, depois de longas negociações,[51] era a havia tanto tempo cobiçada competência pelo teatro na Prússia, que, até então, o "pachá do teatro Göring"[52] vinha tratando principalmente como objeto de prestígio a serviço do seu estilo empolado. Graças a um acordo, Göring ficaria com uma joia da coroa mesmo depois da reorganização, a saber, a jurisdição sobre os teatros estatais de Berlim (o teatro no Mercado dos Gendarmes e a Ópera Estatal), Kassel e Wiesbaden (ainda que provisoriamente). Mas, nos teatros alemães restantes — mesmo nos de *Länder* não prussianos —, Goebbels passou a ter o direito de confirmação em todas as questões de pessoal importantes e podia interferir na programação de cada um deles. À parte isso, o Ministério da Propaganda destinava verbas anuais cada vez maiores aos teatros, o que aumentava a sua dependência em relação à central berlinense.[53] Embora a maioria das casas continuasse pertencendo a municípios ou *Länder* individuais, várias unidades ficaram diretamente subordinadas ao Ministério da Propaganda na qualidade de "teatros nacionais"; essas casas de espetáculo sempre seriam objeto da atenção especial do ministro Goebbels.

Agora os teatros alemães estavam sob o controle do departamento de teatro do Ministério da Propaganda que, inicialmente, ficou sob a direção de Otto Laubinger. Com a morte deste, sucedeu-o em outubro Rainer Schlösser, que acumulou o cargo de dramaturgo do Reich (responsável pelo controle da programação).

Além disso, com o Festival Nacional de Teatro realizado pela primeira vez em 1934, o Ministério da Propaganda criou para si uma plataforma em que se definiam rumos no panorama dramatúrgico alemão mediante discursos programáticos e apresentações paradigmáticas.⁵⁴

No entanto, Goebbels não conseguiu transferir os museus prussianos para a sua pasta. "Reforma do Reich a passo de caracol", choramingou em junho.⁵⁵ E, assim, não se alterou a tão detestada designação do ministério, cuja alçada continuou sendo a da "instrução pública e propaganda". Sua irritação com isso transpareceu em maio, quando ele instruiu a mídia a não falar com tanta insistência no "Ministério da Cultura e no ministro da Cultura Rust", já que o domínio da cultura e do culto cabia a três áreas de responsabilidade: à de Rust, ao Ministério do Interior, que respondia pelas questões religiosas, e à sua pasta, com a importante atribuição de cuidar das questões artísticas.⁵⁶

Mas, em 1934, Goebbels viu sua aspiração a ter um papel importante na vida cultural ameaçada não só no setor público.

No dia 24 de janeiro, Hitler havia encarregado Rosenberg — por sugestão de Ley — do "monitoramento de toda a escolarização e educação intelectual e ideológica" do movimento nacional-socialista.⁵⁷ Com essa missão, o ditador queria fortalecer a posição de Rosenberg e da dogmática linha nacional-popular por ele representada na política cultural nazista. Receando agora que Rosenberg quisesse "fomentar uma organização controladora por cima de mim", Goebbels, favorável a uma posição mais flexível nesse setor, que não excluísse a priori elementos da modernidade artística — afinal de contas, ele tinha sido um entusiasta de Van Gogh, Nolde e Barlach nos anos 1920 —, foi se queixar ao Führer. Exigiu a dissolução da Kampfbund für Deutsche Kultur dirigida por Rosenberg. No começo de março, havia tido uma conversa com este e Hess, durante a qual Rosenberg concordara com a dissolução da liga — pelo menos, foi o que Goebbels anotou no diário.⁵⁸

Na verdade, Rosenberg não tinha a menor intenção de dissolver a Kampfbund. Pelo contrário, entrou em contato com Robert Ley, o diretor de organização do NSDAP e chefe da Frente Alemã de Trabalho, fundiu a Kampfbund com a Organização de Visitantes do Teatro "Deutsche Bühne", também chefiada por ele, formando a Comunidade Cultural Nacional-Socialista, e uniu totalmente essa nova instituição à organização Kraft durch Freude, subordinada a Ley. Além disso, tentou persuadir este último a dar ao até então diretor estadual da Kampfbund o cargo de "comissário ideológico" nas direções de *Gau* do NSDAP e, desse modo, esvaziar os escritórios estaduais da Câmara Nacional de Cultura criados por Goebbels.⁵⁹ Como se não bastasse, Rosenberg providenciou para que Goebbels afastasse Hans Weidemann, o responsável pelo setor de belas-artes no Ministério da Propaganda, da sua segunda função de diretor do departamento de cultura da KdF (o departamento estava sob sua patronagem desde o acordo de Goebbels com Ley no outono anterior).[60] Antes disso, Weidemann, que era pintor, preconizara fervorosamente uma simbiose do nacional-socialismo com a arte moderna, em particular com o expressionismo, razão que levou Goebbels a admoestá-lo com rigor.[61] A seguir, empenhou-se em fazer com que Weidemann se afastasse pouco a pouco da política artística.[62]

Mas, para Goebbels, o verdadeiro confronto com Rosenberg só se iniciaria no segundo semestre de 1934 — quando este, animado com o expurgo das "forças revolucionárias" no movimento nazista, julgou que tivesse chegado a hora de desencadear uma vasta campanha contra todas as facetas do modernismo cultural no interior do NSDAP.

30 de junho de 1934

Longe de arrefecer com a "tomada do poder", o conflito profundo entre os dirigentes do Partido Nazista e a liderança da SA, que antes de 1933 irrompera franca e espetacularmente nas duas "revoltas de Stennes", não fazia senão se intesificar. Por meio do recrutamento em massa de novos militantes e da absorção de organizações paramilitares afins, a SA expandiu seu contingente de 500 mil em 1933 para 4,5 milhões em 1934. Com o respaldo desse exército enorme, se bem que de composição muito heterogênea, em geral insatisfeito e difícil de disciplinar, o seu chefe Ernst Röhm agora tentava fixar firmemente a SA como organização no novo Estado nacional-socialista.

Ora, ao mais tardar na primavera de 1934, devia se considerar baldada essa tentativa de exercer uma influência decisiva sobre a administração pública com a ajuda de comissários da SA e de transformar a organização paramilitar numa milícia popular que superasse as forças armadas no terreno da defesa nacional. No seu empenho armamentista, Hitler favorecera claramente as forças armadas. Mas, longe de pensar em desistir das suas ambições marciais, Röhm continuou se esforçando para militarizar a SA e armar pelo menos parte da tropa. Embora não haja o menor indício de que ele planejasse uma revolta armada, a cúpula do regime e as forças armadas acompanhavam com muita apreensão a confiante política de poder de Röhm.

Além das desorbitadas ambições da liderança da SA, aquele contingente de milhões constituía um foco de inquietação cada vez maior. Os "velhos combatentes" — em geral excluídos da sociedade e, tal como antes, desempregados

— sentiam-se logrados na retribuição pelos anos e anos de dedicação incansável ao partido, enquanto os militantes recém-filiados deviam estar cientes de que seu engajamento não seria recompensado. Tendo se tornado cada vez mais o alvo da crítica da massa dos camisas-pardas, a liderança da SA, na tentativa de abrir uma válvula de escape para tanto descontentamento reprimido, insistia em reivindicar uma "segunda revolução". Enquanto isso, a frustração dos membros da SA se extravasava em numerosas incursões e episódios de violência que — uma vez concluída a "tomada do poder" — geralmente atingiam a população normal.[63]

O conflito entre o partido e a SA não deixou de figurar nos diários de Goebbels. Em fevereiro de 1934, ele criticou as ambições descabeladas dos paramilitares, que se disseminavam à custa do partido.[64] Nas semanas e nos meses subsequentes, mencionou reiteradamente a existência de "reclamações" e "preocupações" por causa da SA; os governadores também levaram tais críticas ao Führer.[65] Em maio, quando este, a sós com Goebbels, se queixou de "Röhm e a sua política pessoal", o ministro se restringiu a anotar: "§ 175. Repugnante!"[66] Tanto um quanto outro desconfiava cada vez mais dos líderes da SA, como por exemplo Karl Ernst, o comandante em Berlim-Brandemburgo, tanto que, em junho, Hitler chegou a dizer que Röhm era "um prisioneiro do seu ambiente".[67]

Em todo caso, Goebbels não tinha rompido com Röhm nem com os chefes da SA. Tanto que elogiou o discurso deste para o corpo diplomático e a imprensa estrangeira em abril de 1934 (que fazia parte do empenho do autoconfiante chefe paramilitar em estabelecer contatos independentes) e mandou divulgá-lo com o devido destaque na mídia — muito embora isso viesse a ofuscar seu próprio discurso para o mesmo grupo de pessoas.[68] E achou simplesmente "magnífico" o desfile de uma hora da SA a que assistiu em Dresden.[69]

Durante o primeiro semestre de 1934, o confronto entre o partido e a SA degenerou para um conflito mais abrangente, pois os aliados conservadores de Hitler no governo, que vinham perdendo terreno político desde a primavera de 1933, enxergaram uma nova chance no conflito: entre eles, predominava a ideia de que era possível usar as dificuldades internas crescentes no movimento nazista para recuperar o próprio peso e, dependendo das circunstâncias, até mesmo restaurar a monarquia como um elemento estabilizador. Em janeiro, Goebbels registrou que Hitler, na intimidade, atacava a "preponderante propaganda monarquista",[70] já que seu porta-voz, o vice-chanceler Papen, tratava de discursar cada vez mais, e em várias ocasiões encontram-se reclamações acerca da "reação" e dos "padrecos" no diário do ministro. Sua campanha contra os "desmancha-prazeres e reclamões" visava precisamente à crítica dos "reacionários" e dos grupos eclesiásticos que nos meses anteriores, como vimos, o tinham obrigado a enfrentar as investidas do setor burguês contra o seu sistema de controle da imprensa.[71]

Além disso, em meados de maio, Papen causou irritação ao comunicar a Hitler que Hindenburg havia redigido um testamento baseado em propostas suas (de Papen). Posto que se desconhecesse o conteúdo do documento, era de se temer que exprimisse o desejo do presidente de que se restaurasse a monarquia após a sua morte.[72] Por outro lado, Blomberg vinha espalhando o boato segundo o qual o próprio Von Papen queria disputar a sucessão de Hindenburg.[73]

A situação piorou ainda mais em 17 de junho, quando Papen fez um discurso, na Universidade de Marburg, criticando afervoradamente o arbítrio e o reino do terror dos nazistas.[74] Por ordem de Hitler, Goebbels proibiu a mídia de divulgar o discurso.[75] Papen reagiu apresentando renúncia ao presidente do Reich. A relação de Goebbels com o vice-chanceler deteriorou-se nos dias subsequentes: "Papen sabota."[76]

No fim de junho, Goebbels discursou em diversas grandes cidades a fim de incitar a população contra Papen.[77] Voou de Essen a Hamburgo para participar do grande prêmio de turfe. O público, sentiu ele, se posicionou "totalmente a meu favor" e se voltou francamente contra Papen, também presente. Quanto ao vencedor na iminente confrontação política, ele não tinha a menor dúvida: "Ai do clube de cavalheiros se a coisa ficar preta."

Rudolf Hess bateu na mesma tecla num discurso em Colônia em 25 de junho, no qual advertiu os provocadores de uma "segunda revolução".[78] Segundo Goebbels, a situação estava ficando cada vez mais grave: "O Führer precisa agir. Do contrário, não vamos dar conta da reação." De volta a Berlim, recebeu um telefonema de Hitler no dia 29 de junho: que viajasse imediatamente a Bad Godesberg. E não teve dúvidas quanto ao motivo do encontro: "Agora ou vai, ou racha."[79]

No aeroporto de Hangelar, em Bonn, recebeu o *Gauleiter* de Colônia Josef Grohé. À tarde, por volta das quatro horas, Hitler chegou de Essen e o informou dos últimos desenvolvimentos: "Sábado ele vai agir. Contra Röhm e os seus rebeldes. Com sangue. Fiquem sabendo: a revolta custa a cabeça." Segundo Hitler, não faltavam provas presumíveis de que Röhm estava conspirando com o embaixador francês Poncet, com Schleicher e Strasser. Goebbels se apressou a dizer que saudava de todo o coração a ação impendente.

No entanto, deve ter se surpreendido muito com o fato de a ofensiva por ele esperada atingir a SA, não a "reação". As entradas no diário mostram que, até aquele momento, Goebbels contava com um acerto de contas com Von Papen e os seus partidários, não com uma ação contra Röhm. No entanto, já fazia alguns dias que esta vinha sendo intensamente preparada pela Gestapo, a SS e as forças armadas. Significativamente, ainda em 20 de junho, ele, que desde os primeiros tempos em Berlim sempre dera valor a um bom contato com a SA e os seus líderes, tinha recebido o chefe da SA silesiana Heines, que poucos dias depois figuraria entre as vítimas da ação assassina de 30 de junho.[80]

Portanto, ele não se dera conta da complexidade da crise interna e, na verdade — como em muitos outros casos —, não tivera participação no processo decisório dos acontecimentos dramáticos de 30 de junho. O duvidoso privilégio de poder presenciar o golpe contra a liderança máxima da SA também tinha sido concebido para lhe servir de lição. Mas o segundo motivo pelo qual Hitler o convocou à Baviera foi, evidentemente, a vontade de afastá-lo do segundo palco da ação: Göring é que assumiria o comando em Berlim nos dias subsequentes: uma derrota fragorosa para Goebbels. Quando se tratava de questões reais de política de poder, Hitler confiava em outros.

Mas, de início, implementou rotineiramente o programa previsto para Godesberg. À noite, juntos, assistiram ao encerramento do trabalho voluntário, ao passo que Goebbels providenciava discretamente para que a mulher e os filhos fossem levados de Kladow a Berlim e colocados sob proteção policial.[81] De madrugada, viajou com Hitler de Bonn a Munique. Lá o ditador foi informado de que, tendo sido alertados na noite anterior, cerca de 3 mil homens de um regimento da SA tomaram as ruas de Munique; era possível que já tivessem percebido os preparativos da ação contra Röhm.

Hitler decidiu precipitá-la. Sem esperar a chegada de reforços da SS de Berlim e Dachau, dirigiu-se com Goebbels, o chefe da SA Lutze e um pequeno comando da SS a Bad Wiessee, o lugar de veraneio de Röhm, ao qual este, por ordem de Hitler, tinha convocado uma reunião de líderes da SA. À noite, todos haviam bebido copiosamente e ainda estavam na cama quando a coluna de automóveis do Führer chegou a Bad Wiessee. Então Goebbels viu com os próprios olhos seu chefe mandar prender os aturdidos membros da liderança da SA. Heines, a quem ele havia prometido ajuda dias antes, pareceu-lhe "lamentável", principalmente por ter sido encontrado nos braços de um "efebo", ao passo que Röhm, em sua opinião, manteve a compostura.

De volta a Munique, receberam pouco a pouco informações sobre o andamento da ação em Berlim: "Strasser morto, Schleicher morto, Bose morto, Clausener (na verdade, Klausener) morto. Munique: sete chefes da SA fuzilados." Tendo regressado a Berlim, Goebbels soube por Göring, que havia comandado o morticínio na capital, que tudo correra conforme o planejado. A única "pane", observou, foi "a sra. Schleicher também ter perdido a vida": "Uma pena, mas que se há de fazer?"

No dia seguinte, Goebbels se encontrou com Hitler, que nesse ínterim chegara a Berlim.[82] Tendo ouvido uma exposição de Göring, decidiu uma série de outras execuções que pareciam "ainda necessárias" — e rebaixou seu *Gauleiter* berlinense a mera testemunha dessas decisões homicidas. Ao todo, proferiram-se cerca de sessenta "penas capitais", anotou ele no diário. Na verdade, o número de assassinados foi bem mais elevado: algo entre 150 e duzentos: líderes da SA, membros da "reação", conhecidos adversários dos nazistas e pessoas com quem ainda faltava acertar contas antigas. Enfim, Röhm também engrossou o número de vítimas: tendo se recusado a cometer suicídio, foi baleado na cela em que estava preso.[83]

Na noite de 1º de julho, Goebbels apresentou no rádio uma espécie de relato de testemunha ocular dos acontecimentos dos últimos dias. Contou aos ouvintes detalhes da viagem à Baviera e das prisões em Bad Wiessee, mas pediu, hipocritamente, que o poupassem de descrever as "cenas repulsivas e quase nauseantes" que lá havia presenciado.[84] Justificou os assassinatos enumerando as acusações contra Röhm e seus adeptos, as mesmas que em 30 de junho, em Munique, Hitler havia levantado num discurso perante dirigentes do partido:[85] eles eram culpados de conspiração com uma potência estrangeira, de "devassidão, petulância e glutonaria", estavam prestes a fazer com que toda a direção do partido fosse suspeita de "uma anormalidade sexual vergonhosa e repugnante" e tudo quanto faziam era movido exclusivamente pela ambição pessoal do poder.

Goebbels encerrou o discurso radiofônico com um de seus mais bombásticos hinos de louvor a Hitler, no qual também se embutia uma ameaça: "Em tudo quanto faz, o Führer vai até o fim. Neste caso também. O que tem de ser feito tem de ser bem feito. [...] Mas quem se sublevar consciente e sistematicamente contra o Führer e o seu movimento deve saber que está arriscando a cabeça de maneira leviana."

Para ele, os dias ulteriores ainda ficaram sob o efeito direto da chacina: embora a repercussão no estrangeiro tivesse sido catastrófica, a reação da população alemã foi moderada. Tranquilizado, anotou que Hindenburg apoiava a ação. Por fim, soube que Wolf-Heinrich von Helldorf assumiria a chefia da SA berlinense no lugar de Röhm; ninguém o consultou antes de tomar tal decisão.

No dia 3 de julho, na primeira reunião ministerial depois do massacre, Hitler estava apresentando um relatório completo quando apareceu Papen, "abatidíssimo". A Goebbels, a sua renúncia parecia inevitável, uma vez que muitos dos seus partidários tinham sido vítimas da carnificina, como Julius Jung, que redigira o seu discurso de Marburg, e o assessor Herbert Bose. O próprio Goebbels achou cínico que o gabinete, naquela situação, tivesse continuado a atuar inteiramente *in business as usual*, promulgando nada menos que 32 leis.[86]

O putsch da Áustria

Em 15 de julho, os Goebbels foram com Hitler a Heiligendamm — aparentemente por decisão espontânea. No dia seguinte, por causa de uma viagem a Mannheim e a Heidelberg, Goebbels teve de abandonar seu domicílio de férias, deixando Magda e Hitler sozinhos.[87]

No dia 22, durante o Festival de Bayreuth, participou de uma reunião com o Führer. Também estavam presentes Theodor Habicht, o inspetor estadual do NSDAP na Áustria, que Goebbels considerava um "idiota",[88] Hermann Reschny, o chefe da SA austríaca, bem como Pfeffer, o ex-chefe da SA que agora ocupava um cargo de intermediário do NSDAP de Berlim. Goebbels escreveu: "Questão austríaca. Dará certo? Estou muito cético."[89]

Essa breve nota é a evidência clara de que o putsch dos nazistas austríacos, ocorrido poucos dias depois, tinha sido pessoalmente aprovado pela mais alta autoridade do NSDAP na Alemanha. E mostra que o inspetor do partido Habicht e o chefe da SA Reschny discutiram com Hitler o iminente golpe de Estado. Portanto, é um equívoco dizer que a desconfiança gerada pelo "caso Röhm" teria impedido a coordenação dos planos de putsch com a liderança da SA, como sempre se acreditou. A anotação de Goebbels permite esclarecer um pouco as especulações sobre os antecedentes do golpe.[90] Mas a entrada de 24 de julho também revela que seu velho camarada Von Pfeffer, cujas atividades no Terceiro Reich eram pouco conhecidas até agora, obviamente teve um papel decisivo no apoio da direção do partido alemão aos golpistas austríacos (aliás, duas semanas antes do putsch, Goebbels fez um passeio de barco com Von Pfeffer em Kladow).[91]

Mas a sucinta anotação no diário também mostra que, além disso, em 22 de julho, pouco antes de se reunir com Habicht, Reschny e Von Pfeffer, Hitler recebeu o major-general Von Reichenau, chefe das forças armadas, no Ministério da Defesa. Portanto, é presumível que, pelo menos em linhas gerais, ele tivesse informado o comando das forças armadas da operação. Esse fato também era totalmente desconhecido até o presente.[92]

No dia 25 de julho, ocorreu efetivamente a tentativa de putsch. Comandos de um regimento da SA, na maioria ex-integrantes da Bundesheer, as forças armadas austríacas, ocuparam o centro transmissor de rádio do país, assim como a Chancelaria, e assassinaram o chefe do governo Dollfuss.[93] Ainda em Bayreuth, Goebbels recebeu com grande entusiasmo as primeiras notícias otimistas do golpe de Estado.[94] Mas a situação mudou rapidamente: à noite, o governo austríaco conseguiu sufocar o putsch na capital.[95] De resto, o movimento rebelde desencadeado em diversas localidades do país seria célere e totalmente reprimido.[96]

No dia seguinte, Habicht e Von Pfeffer foram prestar contas em Bayreuth. O primeiro acabou sendo obrigado a renunciar; dias depois, a direção regional da Áustria foi dissolvida. À parte isso, Hitler decidiu nomear Von Papen novo embaixador em Viena. Pairava uma crise internacional. Goebbels vislumbrou — ainda que fugazmente — o "perigo de uma intervenção das grandes potências".[97] A circunstância decisiva para o fracasso do putsch foi o apoio imediato de Mussolini ao governo austríaco.[98] Se, no encontro com o ditador italiano em Veneza, Hitler teve a impressão de que ele aprovaria uma intervenção alemã contra Dollfuss, enganou-se redondamente.[99] Mussolini limitou-se a declarar que concordava com a destituição de Dollfuss e a eventual participação dos nazistas austríacos no governo, mas não com um golpe de Estado e o assassinato a sangue-frio do primeiro-ministro.

Goebbels achou particularmente irritante a veemente polêmica da imprensa italiana contra a tentativa de golpe. Hitler, sem dúvida à cata de um bode expiatório para o empreendimento inteiramente mal calculado por ele, disse a Goebbels que havia "rompido em definitivo" com Roma e estava procurando "apoio mais forte da Iugoslávia".[100] Nos meses seguinte, insistiu nessa avaliação negativa dos italianos; em outubro, Goebbels soube que o ditador agora apostava no eixo Berlim-Belgrado-Varsóvia.[101]

A morte de Hindenburg e eleições

No fim de julho, piorou o estado de saúde do presidente Hindenburg, que, doente, se havia recolhido em junho na sua propriedade rural de Neudeck. A liderança nazista era unânime quanto ao que fazer se acontecesse o pior: o Führer seria indicado sucessor logo depois da morte de Hindenburg.[102] Como as notícias de Neudeck fossem cada vez piores, Hitler viajou à Prússia Oriental em 1º de agosto e ainda encontrou o presidente com vida; enquanto isso, Goebbels preparava o funeral em Berlim.[103] Na noite de 1º de agosto, participou de uma reunião ministerial, durante a qual se aprovou uma lei dispondo que, com o falecimento do presidente do Reich, o seu cargo se fundiria com o do chanceler. Na ocasião, o ministro da Defesa Blomberg comunicou a intenção de fazer com que os soldados das forças armadas prestassem juramento a Hitler quando Hindenburg morresse.[104]

Na quinta-feira, 2 de agosto, chegou a notícia do falecimento do presidente: "Às 9h45, dou a notícia por todas as emissoras. Pausa de meia hora; então novas leis anunciadas. A cidade inteira nada em bandeiras fúnebres."[105] À noite, o gabinete voltou a se reunir para estipular os pormenores do funeral. Por solicitação de Hitler, decidiu-se que a sucessão já regulamentada por lei seria confirmada mediante consulta popular.[106] Assim, a posição de Führer onipotente da Alemanha seria garantida por meio de plebiscito.

Goebbels não só participou do rito fúnebre no Reichstag em 6 de agosto como, no dia seguinte, compareceu à cerimônia no monumento de Tannenberg. Para ele, tratava-se de uma despedida de dimensão muito maior, uma despedida da Alemanha antiga. Tanto ficou impressionado com a cerimônia quanto achou insuportável o discurso fúnebre do bispo militar Dohrmann: "Que nenhum padreco invente de discursar à beira da minha cova."[107]

O testamento político de Hindenburg, inspirado por Von Papen, que em maio informou Hitler da sua existência, ainda causava certa comoção,[108] já que se ignorava o seu conteúdo e paradeiro.[109] Hitler incumbiu Papen de ir buscar o ominoso testamento em Neudeck. Ao recebê-lo, constatou com alívio a inexistência da temida recomendação de restauração da monarquia, da qual Von Papen tentara convencer o presidente. Ele constava unicamente de uma carta do falecido a Hitler, datada de 14 de julho. Este mandou publicar o testamento político na imprensa e guardou a missiva em lugar seguro.[110]

Logo depois da decisão ministerial de 2 de agosto, Goebbels iniciou os preparativos da consulta popular com a qual Hitler queria que se ratificasse a assunção do cargo de presidente do Reich. Goebbels discursou em grandes comícios em Berlim, Hamburgo, Essen, depois novamente em Berlim, e, por fim, acompanhou Hitler ao principal ato público da campanha, realizado em Hamburgo.[111]

No entanto, apesar de todo o esforço, o resultado da consulta popular foi decepcionante para os nazistas. Somente 89,9% dos votos válidos foram pelo sim e, contando aqueles que não cederam à suave pressão para votar ou anularam o voto, apenas 84,5% dos eleitores manifestaram sua aprovação, uma queda superior a 5% em relação ao outono de 1933. Esse recuo relativo do percentual de votos, que, como em todas as votações da época nazista, foi manipulado para cima com todos os meios, indicava nitidamente que, em comparação com o ano anterior, a aprovação do regime havia caído de maneira sensível.[112]

Desapontado, Goebbels escreveu que esperava mais, os católicos tinham fracassado. Além disso, atribuiu a culpa ao arqui-rival Rosenberg e a seu disfarce neopagão: "O Führer também acha que agora é preciso desmantelar essa patacoada intelectual."[113] Mas não só as regiões católicas apresentaram resultados indesejáveis, o mesmo se deu em muitas grandes cidades, os antigos baluartes do movimento operário, inclusive em Berlim: não mais que 81,2% dos votos válidos foram pelo sim; incluídos os votos nulos e as abstenções, o percentual de votos positivos caía para 76,3%.[114] Goebbels classificou o resultado em Berlim de "muito ruim. Em parte, por nossa culpa". Ainda que na realidade o imputasse principalmente ao vice-*Gauleiter* Görlitzer.[115]

No encontro da hora do almoço na corte de Hitler na segunda-feira depois do plebiscito, o tema da discussão foi o "fracasso". Para Goebbels, as causas eram a disputa religiosa, a falta de contato com o povo, a corrupção e a lassidão frente aos "inimigos do Estado". Referindo-se à prática da imposição em grande escala da prisão em campos de concentração, ele acrescentou: "Os *Konzi** não são um pombal."[116] Mas o ministro da Propaganda sabia perfeitamente que terror e repressão não bastavam para tirar o regime da crise. Depois da carnificina de 30 de junho e da posse na presidência, Hitler conseguiu consolidar seu domínio e estabelecer um "Estado do Führer", mas isso não tornou seu regime mais popular.

---

* No jargão nazista, campo de concentração. (N. do T.)

13. "Segurar com firmeza... as rédeas da disciplina interna de um povo"
Propaganda e opinião pública controlada

Nos meses que se seguiram à degola da SA, à sucessão de Hindenburg por Hitler e às "eleições", o regime se empenhou com todo vigor em consolidar ainda mais o seu poder. Um recurso importante foi a nova onda de megaeventos e grandes campanhas, com ajuda da qual procurou ostentar uma autoconfiança inabalável e manifestar a coesão da "comunidade nacional-popular". Competia, pois, a Goebbels mostrar até que ponto o partido e o Estado tinham condições de dominar a imagem pública do Terceiro Reich com símbolos, rituais e slogans propagandísticos nazistas.

Em 26 de agosto, ele inaugurou com Hitler uma exposição do Sarre em Colônia e, posteriormente, acompanhou-o a um grande comício na fortaleza de Ehrenbreitstein, em Koblenz. Depois de uma breve permanência em Berlim, os Goebbels foram com a filha Helga passar alguns dias no Obersalzberg a convite de Hitler.[1] Uma vez mais, ponderaram com o ditador se não lhes convinha adquirir um terreno no lugar e, como outros membros da elite nazista, construir uma segunda residência.[2]

No dia 4 de setembro, Goebbels foi a Nuremberg participar do congresso anual do partido: paradas, desfiles, apelos, marchas com tochas, exibições militares e discursos infindáveis. Fez sua alocução habitual para os diretores nacionais de propaganda e agradeceu aos ativistas da campanha assistencial de inverno da NS-Volkswohlfart [Beneficiência Popular Nacional-Socialista].[3] Como propagandista-chefe do regime nazista, ele não teve papel importante nem na organização do congresso nem no posterior processamento midiático do espetáculo de Nuremberg. Aquela ficou nas mãos da direção muniquense do partido, e quem levou fama pelo uso propagandístico foi Leni Riefenstahl, por ele pouco estimada.

Na primavera de 1934, Hitler a havia incumbido de realizar mais um filme sobre o congresso nacional do partido, marcado para setembro. Dessa vez, o trabalho seria financiado com fundos do partido, não pelo Ministério da Propaganda, e se encontraria uma solução organizacional para que Riefenstahl ficasse livre da influência da Direção Nacional de Propaganda. Não admira que, assim chutado para escanteio, Goebbels não tenha simpatizado muito com o projeto. Antes do início das filmagens, chegou até a agourar: "Grande coisa não vai ser. Ela é muito atrapalhada."[4]

A obra intitulada *Triunfo da vontade*, que viria a ser o filme propagandístico mais conhecido do regime nazista, distinguia-se dos documentários convencionais pela direção de fotografia extraordinariamente movimentada, pelas tomadas inusitadas, espetaculares até, e pelas sequências de cortes mais habituais no cinema de ficção. Tanto a conformação técnica da fita quanto o próprio decorrer do evento destacavam-se pela perfeição. Ao contrário do primeiro documentário da cineasta sobre o congresso, agora todo o acontecimento partidário aparecia como uma ordenadíssima cerimônia centrada em Hitler. A "ornamentação das massas" no nacional-socialismo nunca foi apresentada de maneira mais impressionante que nessa obra de Riefenstahl.

Goebbels comentou laconicamente a estreia bombástica do filme a que assistiu com Hitler no dia 28 de março de 1935, em Berlim, no Palácio da Ufa especialmente redecorado por Albert Speer. Ainda que reconhecesse o "grande sucesso de Leni", ele enxergou trechos cansativos no filme. "Críticas esplêndidas, naturalmente."[5]

Depois do congresso do partido em 1934, promoveram-se vários outros grandes eventos em rápida sequência; no segundo ano do domínio nazista já se havia instituído o "calendário festivo nacional-socialista" com a organização da festa da colheita no Bückeberg,[6] a coleta de doações na campanha assistencial de inverno,[7] a comemoração do malogrado putsch nazista em novembro,[8] a entrega pública de presentes no Natal[9] e outras coisas.

Nos meses do outono e inverno, a propaganda maciça da campanha assistencial e os numerosos coletores voluntários de doações com as suas caixas de coleta precisavam dominar a imagem pública do Terceiro Reich. Goebbels mandou a Direção Nacional de Propaganda apoiar a campanha de inverno com uma onda de eventos. É bem significativa a advertência da DNP aos militantes do partido para que não recorressem a "ameaças e atos de violência" a fim de coagir o povo a participar das dezenas e centenas de milhares de comícios.[10] Via de regra, a pressão mais branda bastava para garantir salões lotados. Para os cidadãos, tal como durante a intensa campanha contra os "desmancha-prazeres e reclamões", era difícil eludir os convites amistosos do partido.[11]

Conquanto também fosse praticamente impossível furtar-se à avidez dos coletores da campanha de inverno — os doadores eram recompensados com diversas insígnias, de modo que os relutantes não tardavam a dar na vista —, a propaganda alardeava o resultado das coletas como a obra de uma "comunidade nacional-popular" em pleno funcionamento e como aprovação geral da política do regime. No entanto, os diários de Goebbels revelam que só se pôde alcançar o resultado — alguns milhões a mais que no ano anterior — quando, no fim de outubro, se intensificou uma vez mais e consideravelmente a atividade de coleta com o seu apelo insistente ao voluntariado.[12]

Em 25 de outubro, ele participou do encontro de *Gauleiter* em Munique. Dessa vez, o tema central da reunião era a reforma do Reich; assim como anteriormente, o debate lhe pareceu insosso: "Cada qual puxa a brasa para a sua sardinha. [...] Teóricos e românticos! Nenhum ímpeto, nenhum entusiasmo. Artesãos!"[13]

O comentário dá a impressão de que os encontros dessa rodada, de início convocados por Hitler para informar diretamente os *Gauleiter* dos passos seguintes da sua política — parece que houve seis reuniões em 1933, e essa já era a oitava de 1934 —, tinham degenerado em rotina. Nem os *Gauleiter* eram informados sobre o essencial dos planos políticos do Führer, nem os encontros chegavam a influenciar a política do governo; tinham condições apenas limitadas de coordenar a política dos *Gauleiter* com a dos governadores. Ao que tudo indica, não passavam de uma oportunidade de troca de informações e experiências. Enfim, em outubro de 1936, Hitler, que participava cada vez mais raramente desses encontros, disse a Goebbels que os "parlamentos de *Gauleiter* precisam acabar".[14] Mas as reuniões prosseguiram.

Curiosamente, os diários de Goebbels são a única fonte escrita preservada que reflete os encontros da elite do partido — havia ainda assembleias autônomas de *Reichsleiter** e reuniões conjuntas de *Gauleiter* e *Reichsleiter* —, desde 1933 até o fim do Terceiro Reich, como uma série de eventos realizados mais ou menos regularmente; todas as outras informações são altamente fragmentárias. Os assuntos discutidos, o teor e o conteúdo das intervenções de Hitler perante esses grupos, o estado de ânimo dos participantes e, em muitos casos, o próprio *fato* de tais encontros haverem ocorrido: tudo isso se sabe quase exclusivamente pelos apontamentos de Goebbels.

---

* Literalmente, "dirigente do Reich". Um dos cargos políticos mais importantes da hierarquia do Partido Nazista, subordinado diretamente a Hitler ou ao seu suplente. (N. do T.)

Alinhamento da vida pública

Os elaborados eventos de massa, as comemorações e ações de propaganda constantemente organizados pelo regime eram concebidos para documentar a alegada adesão entusiástica da grande maioria da população à política do governo. Além disso, no segundo ano no poder, os nazistas tinham conseguido ajustar substancial e sistematicamente a imagem do Terceiro Reich a metas nacionalistas. Em especial, lograram dominar amplamente o espaço público com seus rituais e símbolos. Tome-se o exemplo dos onipresentes cartazes e faixas, dos mostradores em que se afixavam os "adágios semanais" do partido e exemplares do *Stürmer*, da redecoração de ruas inteiras por ocasião dos grandes comícios, da troca de nomes de ruas e logradouros, da introdução de estereótipos nazistas na linguagem do dia a dia, que Victor Klemperer descreveu com tanta ênfase,[15] do "alinhamento" de grandes massas em colunas em marcha e blocos fechados nas concentrações e desfiles, mas também da transformação completa dos espaços públicos por meio de uma arquitetura do poder com a qual se pretendia criar o marco permanente para a formação das massas.[16] É possível acompanhar esse domínio da vida pública inclusive em setores relativamente apolíticos, sobretudo a penetração de conteúdos nazistas na publicidade, na decoração das vitrines e no design gráfico.[17] Também houve um esforço — se bem que relativamente frustrado — de propagar o "caráter ariano" depurado de influências "pouco alemãs".[18]

A julgar pelo seu comportamento cotidiano, a grande maioria da população se acostumou — como dela se esperava — a encarar positivamente o regime: provas disso eram por exemplo a adoção da oficialmente desejada saudação hitlerista,[19] o fato de uma parte considerável da população passar a usar uniforme ou pelo menos mostrar simpatia pelo governo mediante emblemas exteriores, a decoração da própria moradia com bandeiras, a participação nos eventos do partido e nos grandes comícios, a disposição a fazer doações nas coletas de rua, a audição coletiva de transmissões radiofônicas em praça pública, mas, à parte outras coisas, também a paulatina marginalização dos judeus, agora rotulados de inimigos do Estado, do contato diário.

Não obstante, seria um grande erro presumir que os alemães tenham vivido numa espécie de uniformidade totalitária entre 1933 e 1945. Uma enorme quantidade de pesquisas informa que eram consideráveis a insatisfação, o comportamento dissonante e as posturas oposicionistas durante a vigência do nacional-socialismo. Na maioria das vezes, porém, essas vozes críticas ficavam restritas ao âmbito privado ou semipúblico; por exemplo, entre grupos de colegas ou amigos, às mesas de bar, na vizinhança imediata. Em todo caso, podiam ser ouvidas nas estruturas do meio social tradicional ainda não destruídas pelos nazistas — ou seja, nas paróquias, nas comunidades rurais, nos círculos da elite conservadora, nos meios burgueses ou na clandestinidade socialista. Mas o regime lançava mão de todos os recursos para impedir que essas opiniões divergentes se fizessem ouvir.

Em consequência do domínio da vida pública, a sociedade alemã sob o nazismo ficou, de fato, amplamente atomizada e já não dispunha de foros de comunicação e mecanismos discursivos suficientes para estabelecer uma opinião alternativa independente do regime.

Para a propaganda de Goebbels, era fácil apresentar o controle da vida pública e a adaptação generalizada às normas de comportamento nazistas e, por outro lado, a mudez das correntes oposicionistas como uma vastíssima adesão da população ao regime. As numerosas pesquisas do estado de ânimo que o governo encomendava também tinham esse objetivo principal: documentavam os sucessos da propaganda e serviam para fomentar ainda mais a união da "comunidade nacional-popular". No entanto, esse material muitas vezes acabava revelando os limites da conformidade imposta pelo regime, mesmo que os autores dos levantamentos não tivessem a intenção de avaliar exatamente as correntes oposicionistas ou o descontentamento.[20]

Somente diante desse cenário de amplo domínio da vida pública foi que o controle nazista dos meios de comunicação de massa pôde desenvolver a sua eficácia plena.

A imprensa como "repartição pública"

Com a defenestração da cúpula da SA e a monopolização do poder político pelo partido no verão de 1934, o regime ficou em condições de tapar certas brechas que, do ponto de vista nazista, ainda restavam para enquadrar a mídia: se, antes de 30 de julho, o regime ocasionalmente tolerava (ou fingia tolerar) opiniões divergentes, isso chegou ao fim.

Tendo polemizado com representantes da imprensa burguesa na primavera de 1934, Goebbels voltou a tentar controlar a atividade da mídia no outono. Para tanto, despachou a todas as redações alemãs uma "diretiva" de 15 pontos que, entretanto, examinada mais detidamente, se limitava a informar aos "editores" quais setores eram tabu quando se tratava de reportagens críticas ou mesmo imparciais.[21]

Por exemplo, o primeiro ponto dizia que não se podia escrever nada a respeito de "eventos faustosos no sentido mais amplo"; com isso, ele retomava um dos seus temas prediletos: a exclusão da "pompa" no Terceiro Reich.[22] Por outro lado, discutir projetos de lei de modo provocativo não condizia com a ideia do "Estado do Führer".[23] Considerações sobre a forma de governo eram igualmente "inaceitáveis".[24] Ao informar sobre processos políticos, não convinha tratar "com afirmações falsas [...] os pormenores do objeto do processo".[25] Além disso, a diretiva determinava concisamente: "Hoje a questão religiosa está resolvida." Para evitar confusão e reações indesejáveis por parte da propaganda estrangeira nos assuntos das igrejas, deviam-se usar exclusivamente as informações do *Deutsches Nachrichtenbüro* (a agência de notícias controlada pelo Estado).[26] E quanto à tão condenada uniformidade da imprensa alemã, ficava simplesmente proibido tocar no assunto.[27]

Karl Silex, um dos jornalistas mais conhecidos da Alemanha e redator-chefe do direitista *Deutsche Allgemeine Zeitung*, tornou essa regulação promulgada em forma confidencial um pouco mais transparente para o público, apresentando-a e comentando-a num editorial. Foi um dos casos raros em que o leitor chegou a saber pelo jornal algo sobre os mecanismos de controle da mídia sob a ditadura nazista. Ao afirmar que a profissão de jornalista se transformara num "cargo público",[28] Silex sintetizou a privação do direito de decisão da imprensa. Goebbels reagiu prontamente a essa provocação.

No dia 18 de novembro, fez um discurso para o Conselho Diretor da Imprensa, no qual, com muita ironia, caracterizou como "nova objetividade" a atitude dos jornalistas para com o regime nazista. Citou como exemplo a situação após a morte de Hindenburg: "Bastou um sinal discreto para deixar claro à imprensa: agora não há nenhuma discussão sobre direito constitucional! [...] Coisas que afetam a existência nacional de um povo e por isso têm de ser solucionadas pelo governo, delas a imprensa pode apenas tomar conhecimento. Porque discuti-las não as modifica em nada."[29] Dois dias depois, ele constatou cinicamente que suas realizações vinham sendo analisadas pela mídia "com editoriais muito decentes". "Agora eu tenho a imprensa todinha para mim."[30]

E, sem dúvida, estava coberto de razão.

Um ano depois, no fim de novembro de 1935, Goebbels se pronunciou sobre o problema da liberdade de imprensa — por assim dizer, conclusivamente — num congresso da mídia em Colônia. Quando e onde, perguntou aos ouvintes, existiu o direito de livre expressão da opinião no passado? "Nós tiramos o redator-chefe da dependência humilhante e degradante de partidos e grupos econômicos", prosseguiu, "e o levamos a uma honrosa e leal dependência do Estado. Porque vemos a liberdade do homem alemão não na possibilidade de fazer o que quer, e sim na possibilidade de se assimilar voluntária e responsavelmente às leis supremas e aos supremos mandamentos éticos de um Estado".[31]

No seu ministério, ele dispunha dos instrumentos necessários para reduzir os jornalistas à obediência, mas, no tocante à estrutura do panorama midiático, foi obrigado a ceder terreno a um rival. Em abril de 1935, Max Amann, o diretor nacional do NSDAP encarregado da mídia, na qualidade de presidente da Câmara Nacional da Imprensa, publicou várias diretivas que levariam a alterações permanentes. Dali por diante, ele teria a possibilidade de fechar jornais visando à "eliminação de relações de concorrência insalubres" ou por outro motivo qualquer: agora podia fechar particularmente as gazetas católicas e a chamada *Generalanzeigerpresse*, isto é, os jornais apolíticos operados principalmente pela perspectiva econômica, ou obrigar os editores a vender suas empresas a holdings controladas pela editora Eher-Verlag, de propriedade do partido.[32] Desse modo, fecharam-se entre quinhentos a seiscentos jornais até o fim de 1936, e os 3 mil existentes em 1933 tinham se reduzido a 975 em 1944. Oitenta por cento da tiragem dos jornais alemães era financiada pela Eher-Verlag.[33]

Goebbels não só não participou da formulação dos decretos com que Amann fundamentou a sua política de fechamento e aquisição em 1935 como eles foram promulgados contra a sua vontade. Os decretos de Amann, escreveu no diário, equivalem ao "aniquilamento da imprensa burguesa". Em todo caso, em acordos posteriores com Amann, ele acreditou ter garantido a participação do Ministério da Propaganda na execução dos decretos.[34] Na verdade, as suas anotações no diário revelam essa participação, nos anos subsequentes, quando ele negociou com Amann o futuro de jornais isolados (porém não mais do que isso); ainda entraremos em detalhes a esse respeito. A posição relativamente frágil de Goebbels no âmbito da estrutura da imprensa tinha um pano de fundo concreto: em virtude de diversos contratos autorais extremamente lucrativos, ele dependia financeiramente de Amann.[35]

Linha mais dura na política cultural

No segundo semestre, depois da eliminação das forças "revolucionárias" no interior do movimento nazista, Alfred Rosenberg, o principal rival de Goebbels na política cultural, achou que estava na hora de usar sua incumbência de "monitorar" a ideologia nazista para atacar duramente o ministro da Propaganda.

Tendo se queixado a Hess, em julho, do discurso de Goebbels sobre o 30 de junho de 1934, que lhe pareceu inadequado,[36] em agosto, Rosenberg — segundo Goebbels um "dogmático obstinado e intratável" — começou a fustigá-lo, acusando-o de lassidão excessiva na política cultural.[37] Escreveu-lhe uma carta criticando violentamente Richard Strauss, a figura mais renomada da vida musical alemã, a quem Goebbels havia nomeado presidente da Câmara Nacional da Música e homenageara muito no seu septuagésimo aniversário:[38] Strauss tinha encarregado o "judeu Zweig", que mantinha contato com a emigração, de escrever o libreto da ópera *A mulher silenciosa*.

Na sua carta-resposta, que ele mesmo classificou de "mordaz", Goebbels esclareceu corretamente que, no caso em questão, não se tratava do "emigrante Arnold Zweig" (coisa que Rosenberg não tinha afirmado), e sim de Stefan Zweig, residente na Áustria, e, com desdém, aconselhou Rosenberg a se informar melhor dali por diante.[39] Aliás, a apresentação da ópera, que Goebbels inicialmente quisera impedir, ocorreu em junho de 1935, dessa vez com sua autorização expressa.[40]

No fim de agosto de 1934, Rosenberg escreveu outra carta para o ministro da Propaganda, acusando-o de se associar a celebridades judias como Arnold Zweig, Bruno Walter e Hugo von Hofmannsthal; ademais, atacou-o por causa de uma exposição de futuristas italianos realizada em Berlim, em março de 1934, com o apoio de Goebbels: ele se teria escondido atrás dos italianos a fim de introduzir, pela porta dos fundos, nocivos elementos modernos no cenário artístico alemão.[41]

Os ataques de Rosenberg levantavam questões fundamentais acerca da futura orientação da política cultural nazista. Em setembro de 1934, o próprio Führer usaria o congresso do partido para se posicionar quanto a isso. Surpreendentemente, no seu discurso, não só atacou os modernos "corruptores da arte" como criticou os "retrógrados" e a sua "arte teutônica", ou seja, a linha de Rosenberg.[42]

Depois dessa declaração de princípio de Hitler, Goebbels ficou numa situação substancialmente mais cômoda na disputa com Rosenberg: porque a influência deste na vida cultural se baseava num dogmatismo do qual Hitler se distanciara explicitamente, ao passo que a Goebbels, que carecia de conceito artístico próprio, bastava abrir mão do seu apoio ocasional a tendências artísticas "modernas" para assumir papel de liderança na política cultural. Por isso, ainda no fim de 1934, tratou de esclarecer de uma vez por todas que os resquícios de libertinagem artística já não seriam tolerados na vida cultural alemã. Essa linha intransigente fez uma vítima ilustre: o maestro mais famoso do país, Wilhelm Furtwängler, com o qual, em 1933, Goebbels — aparentemente disposto a fazer concessões — se dispusera a discutir a liberdade da arte.

Em 25 de novembro de 1934, Furtwängler, entre outras coisas vice-diretor da Câmara Nacional de Cultura, tinha defendido abertamente o compositor Paul Hindemith, que fora atacado pelos nazistas, especialmente pela organização cultural de Rosenberg, por ter "parentesco não ariano" e ser politicamente insuportável. Em março, o maestro havia regido a estreia da obra mais recente de Hindemith, *Matias, o pintor*, e tinha planos de estrear em maio uma ópera do compositor sobre o mesmo tema — a vida do pintor renascentista Matthias Grünewald — na Ópera de Berlim, mas foi notificado de que Hitler se declarara contrário ao espetáculo.[43]

A imprensa nazista repeliu com veemência a intervenção pública de Furtwängler a favor de Hindemith: por exemplo, o *Angriff* indagou em editorial por que o "músico de conjuntura" Hindemith havia de receber "louros antecipados".[44] O caso, que, como comprovam os diários de Goebbels, ocupou intensamente e durante vários dias tanto a ele quanto a cúpula nazista — sendo que Goebbels, que inicialmente queria manter Hindemith na vida musical alemã,[45] passou a advogar uma posição inflexível —, terminou com a renúncia de Furtwängler à vice-presidência da Câmara Nacional de Cultura e à diretoria da Orquestra Filarmônica de Berlim.[46] Retomando o assunto num discurso perante a Câmara Nacional de Cultura em 6 de dezembro, Goebbels atacou duramente o regente (ainda que sem designá-lo pelo nome).[47]

Nem por isso deixou de se encontrar com Furtwängler, a pedido deste, no fim de fevereiro de 1935.[48] Depois de uma longa conversa, os dois se puseram de acordo quanto a uma declaração segundo a qual o artigo do maestro de novembro anterior, sobre Hindemith, tinha sido escrito "do ponto de vista musical"; não lhe passara pela cabeça, prosseguia a declaração, intrometer-se "na política artística do Reich". Esse documento — juntamente com uma série de outros gestos de Furtwängler para o regime — foi a condição para que retomasse a atividade de regente, coisa que Goebbels registrou como um "grande sucesso moral".[49] Na realidade, porém, a reabilitação do maestro foi uma inequívoca confissão do regime de que não havia como preencher o vazio que o seu afastamento forçado havia deixado no universo musical alemão.[50] Por outro lado, a renúncia do regente deu ao Ministério da Propaganda a oportunidade de aumentar consideravelmente a sua influência sobre a filarmônica berlinense, que, em 1933, lhe tinha sido arrebatada e transferida para o Reich:

com inúmeras apresentações no exterior e graças ao seu grande prestígio no cenário musical internacional, a "orquestra do Reich" deixaria claro que a cultura continuava em casa na Alemanha nacional-socialista.⁵¹

Furtwängler, a cujo concerto Hitler, Göring e Goebbels assistiram aparatosamente na primavera de 1935, concordou em reger *Os mestres cantores* em Nuremberg, na véspera da abertura do congresso nacional do partido — mas se recusou a conduzir a *Quinta* de Beethoven na convenção cultural do NSDAP durante o congresso.⁵²

Caso tivesse a intenção de aproveitar a reabilitação de Furtwängler para preparar o retorno de Hindemith ao mundo musical oficial do Terceiro Reich, Goebbels há de ter se decepcionado: em maio, Rosenberg interferiu junto a Rust e, contrariando a recomendação do Ministério da Propaganda, logrou impedir a readmissão do compositor na atividade de professor do conservatório musical berlinense, da qual fora suspenso no fim de 1934. Algum tempo depois Hindemith emigrou.⁵³

Não foi sem esforço que Goebbels ganhou terreno na luta contra Rosenberg. Em dezembro de 1934, paralelamente à controvérsia em torno dos músicos, este publicou um "artigo insolente" — como o classificou Goebbels — no *Völkischer Beobachter*, enfatizando com muita segurança a sua aspiração à liderança na política cultural e se opondo a que "personalidades que até agora nunca ou pouco se ocuparam da cultura e da arte nacional-socialistas" dificultassem o trabalho da "comunidade cultural" por ele instituída.⁵⁴ Outros comentários negativos do *Völkischer Beobachter* sobre o esforço cultural fomentado por Goebbels, por trás dos quais ele supunha o dedo de Rosenberg, atingiram-no duramente.⁵⁵

Em junho de 1935, Rosenberg permitiu-se mais um ataque a Goebbels durante uma conferência nacional da sua "comunidade cultural nacional-socialista",⁵⁶ ao qual este, poucos dias depois, deu resposta (se bem que "só para iniciados") num discurso na Câmara Nacional de Teatro em que criticou, como escassamente nacional-socialista, a influência da comunidade cultural sobre a programação do teatro alemão, a qual Rosenberg achava tão benéfica.⁵⁷

Não obstante, em julho de 1935, foi obrigado a engolir o afastamento de Richard Strauss, figura tão destacada quanto Furtwängler na música alemã, da presidência da Câmara Nacional de Música quando Rosenberg lhe mostrou uma carta do compositor a Stefan Zweig interceptada pela Gestapo: era simplesmente intolerável Strauss ter afirmado que apenas "fingia" ser presidente da câmara de música.⁵⁸ Sua obra *A mulher silenciosa* desapareceu da Ópera de Dresden depois de poucas apresentações.

Nesse ínterim, Goebbels também havia adotado uma linha nitidamente antimoderna no campo das artes plásticas: em abril de 1935, cercou-se de um grupo de artistas famosos, entre os quais o seu velho amigo Hans Herbert Schweitzer, Albert Speer, o pintor Adolf Ziegler e o escultor Kurt Schmidt-Ehm, e os concitou a se imporem sobre o cubismo.[59]

Esses exemplos mostram que, em 1934-35, Goebbels estava longe de ser o senhor absoluto e o virtuoso guia da cultura e da mídia alemãs, como ele gostava de se apresentar: era obrigado a dividir o controle e a regência com outros.

É o que ilustra mais um fato. Na primavera de 1935, a Gestapo chamou-lhe a atenção para os cabarés berlinenses Katakombe e Tingeltangel, nos quais, sob o pretexto de entretenimento, "se fazia propaganda nociva e às vezes até hostil ao Estado".[60] Em consulta com Goebbels, a Gestapo acabou fechando os dois estabelecimentos, muito embora, nos diários, ele dê a impressão de que a medida foi tomada por determinação sua.[61] Por outro lado, solicitou à Gestapo que seis membros da companhia, que tinham sido detidos nesse meio-tempo, passassem seis semanas trancafiados num campo de concentração.[62]

O fechamento foi noticiado com alarde pelo *Völkischer Beobachter* de 11 de maio de 1935 sob o título "Infâmia judaica nos cabarés berlinenses": "Como parte dos cabareteiros [...] está pouco ou nada informada a respeito de importantes instituições do novo Estado, contra as quais eles destilavam o seu ódio, essa gente terá oportunidade de se instruir, com trabalho decente e íntegro num campo, sobre aquilo que durante tanto tempo ignorou."

Aliás, em outubro de 1936, o processo judicial contra os cinco atores dos dois cabarés terminou em absolvição em todos os casos.[63] Mas o regime havia demonstrado que não achava graça em nenhuma crítica pública à sua política. Nos anos seguintes, Goebbels prosseguiria sistematicamente nesse rumo, posto que tratando de garantir que a Gestapo não se adiantasse a ele como no caso dos cabaretistas.

Assim, na primavera de 1936, obteve um decreto do Führer que reforçou extraordinariamente sua posição: o decreto determinava que o Ministério da Instrução Pública e da Propaganda tinha poder de polícia em todos os assuntos da sua jurisdição, podendo, por exemplo, impor proibições vinculadas a cominação.[64]

Além disso, em junho, o Ministério da Propaganda baixou uma portaria, na reunião com a imprensa, proibindo todas as autoridades, organizações e associações de dar quaisquer diretivas ou instruções à imprensa.[65] Em abril de

1937, a pasta voltou a advertir expressamente a mídia de que tinha o monopólio no âmbito do controle da imprensa; todas as demais tentativas de "influenciar a imprensa mediante interferência ou ameaça" deviam ser rejeitadas.[66]

Política cinematográfica

Em 1934-35, Goebbels tentou exercer influência também sobre o cinema: sem nenhum sucesso estrondoso.

Tendo tornado a atividade cinematográfica dependente da afiliação à Câmara Nacional do Cinema em setembro de 1933, procurou expandir consideravelmente as suas possibilidades de controle mediante a Lei do Cinema de 16 de fevereiro de 1934:[67] agora os filmes podiam ser proibidos por violação da sensibilidade "nacional-socialista" ou "artística",[68] e a lei reforçou de tal modo o procedimento de inspeção[69] que deu ao ministro a possibilidade de, com uma mera ordem, proibir diretamente filmes isolados, coisa que ele passou a fazer prontamente "por motivos de gosto".[70]

A lei também introduziu a classificação dos filmes por parte da autoridade fiscalizadora: os fiscais podiam classificar as fitas como "valiosas para a política estatal", "artísticas", "instrutivas" ou "culturalmente valiosas" e, com isso, isentá-las do imposto de diversões.[71] À parte isso, a lei previa a nomeação de um *Reichsfilmdramaturg*, isto é, um consultor dramático para o cinema ao qual se submeteriam — independentemente de censura — todos os projetos cinematográficos em forma de argumento ou roteiro.[72] Em fevereiro de 1934, Willi Krause, até então redator do *Angriff*, assumiu a função.[73] Em 1936-37, sucedeu-o o escritor Hans Jürgen Nierentz, igualmente oriundo da redação do *Angriff*, com cujo trabalho Goebbels não tardou a ficar descontente;[74] em 1937, Fritz Hippler passou a exercer o cargo.

No dia 9 de fevereiro, Goebbels proferiu uma palestra para os cineastas na Ópera Kroll, em Berlim. Mostrou-se conciliador: repudiou "a imputação [...] de que nós teríamos a intenção de remodelar o cinema em termos programáticos nacional-socialistas". O nacional-socialismo devia se expressar "não pela escolha do material, e sim pela configuração do material".[75]

Poucos meses depois da palestra na Ópera Kroll, no dia 21 de junho, em outro encontro com representantes do cinema, Goebbels deixou claro que as suas exigências eram bem maiores: numa conferência no Ministério da Propaganda, da qual participaram destacados profissionais do cinema, representantes importantes da indústria cinematográfica, assim como atores famosos como

Heinrich George, Heinz Rühmann e Hans Albers, esclareceu que não exigia nenhum "filme programático nacional-socialista", e sim uma "infusão de ideias e problemas nacional-socialistas na temática e o reconhecimento e a caracterização do princípio da mais alta responsabilidade, mas também da mais alta autoridade". Ele não era contra as "comédias" em si, mas era contra as "comédias banais".[76]

O fato de a maioria dos filmes de entretenimento ser de fato insuperável em vulgaridade (os diários de Goebbels têm páginas e páginas a esse respeito)[77] e de grande parte da propaganda cinematográfica político-ideológica se esgotar em clichês nacionais se devia, principalmente, à difícil situação econômica da indústria cinematográfica, ao sistema de censura praticamente incompreensível e à falta de princípios gerais por parte do ministro da Propaganda: a indústria cinematográfica não estava disposta a correr riscos.[78] No fim de 1934, Goebbels procurou alterar essa situação insatisfatória providenciando uma lei que modificou de tal modo a área de atuação do consultor dramático que ele deixou de ser responsável pela massa de filmes de entretenimento.[79]

No entanto, desde o fim de 1934, o próprio Goebbels vinha acompanhando uma série de projetos cinematográficos com a ajuda dos quais queria recomendar os grandes "filmes de arte" da indústria cinematográfica como modelo do trabalho futuro. O dr. Joseph Goebbels estava decidido a entrar na história do cinema alemão como uma espécie de inspirador. Em novembro de 1934, teve um encontro com cineastas e desenvolveu três projetos: uma fita sobre Oliver Cromwell, uma obra sobre as guerras de libertação e um épico sobre o período entre 1918 e 1932. Logo acrescentou outros dois projetos: Joana d'Arc e um "filme de emigração", que Trenker supervisionou.[80]

Em fevereiro de 1935, quando da inauguração do Arquivo Nacional do Cinema em Berlim, Goebbels fez um discurso em que apontou a si mesmo como o reformador do cinema alemão. Explicou que sentia falta, na produção de então, do "cinema artístico e ideologicamente respaldado". Também sentia falta "do filme alemão de entretenimento bom, sagaz, rodado com espirituosidade e humor ou sátira superior". Mas ainda faltava um grande sucesso às diversas medidas que, desde 1933, o regime vinha tomando no terreno do cinema (a fundação do Banco do Cinema, a criação da Dramaturgia Cinematográfica Nacional, a oferta de prêmios a filmes etc.).[81]

Dos grandes projetos que Goebbels voltou a enfatizar na ocasião, só um parece ter sido realizado: em 1935, saiu *Das Mädchen Johanna* [A menina Joana], que explorava o tema Joana d'Arc. Embora ele tivesse acompanhado o projeto com grande interesse e entusiasmo,[82] o produto acabado o decepcionou e — o que foi decisivo — também a Hitler, e não pôde concorrer ao prêmio nacional.[83] Com isso, a tentativa do ministro da Propaganda de influenciar a criação cinematográfica com a promoção de certos projetos fracassou definitivamente.

Num congresso "internacional" de cinema em abril de 1935 — na verdade, além da Alemanha, só participaram a Áustria e a Tchecoslováquia —, ele apresentou os sete "princípios fundamentais" do futuro cinema alemão. Atacou particularmente a sua dramaturgia pesada — de fato, uma das suas fragilidades estéticas essenciais em comparação com os padrões internacionais. Além disso, exortou a indústria cinematográfica a "se libertar da trivialidade vulgar do mero entretenimento de massa". Na prática, comprovou-se que esses preceitos genéricos, em parte presunçosos, do ministro da Propaganda mal serviram de orientação para a indústria do cinema.[84]

O mesmo se pode dizer do seu esforço para regulamentar a crítica cinematográfica. Em dezembro, quando convidou ao Ministério da Propaganda críticos de diversos setores culturais, ele não tinha para oferecer senão uma série de lugares-comuns que deixou clara somente uma coisa: a atividade cultural subvencionada e regulamentada pela ditadura não se harmonizava com a crítica artística.[85]

Em 15 de dezembro de 1935, Goebbels fez mais um discurso abrangente aos cineastas na Ópera Kroll berlinense.[86] Dessa vez, reconheceu basicamente os direitos do "cinema de entretenimento", mas atacou de maneira aberta a sua "imbecilidade" e a "fabricação em série dos imitadores". Três anos depois da tomada do poder, esse foi um testemunho consideravelmente arrasador da sua influência no setor cinematográfico,[87] muito embora, graças a uma modificação na Lei do Cinema e aos decretos de Hitler durante 1935, ele tivesse conseguido reforçar sensivelmente sua autoridade no âmbito da censura cinematográfica.[88]

Uma vez que, aos olhos de Goebbels, todos os seus princípios, reprimendas e diretivas não tinham sido capazes de melhorar fundamentalmente a qualidade do cinema, não lhe restou senão decidir, em 1936, assumir o controle direto dos grandes estúdios cinematográficos.

A família Goebbels e Hitler

Em meio à intensa atividade a que se entregava no terreno da política midiática e cultural, uma coisa era decisiva para Goebbels: a relação íntima com Hitler, com quem discutia frequentemente cada medida tomada no seu campo de atuação e a cujo gosto artístico e preferências pessoais alinhava o seu trabalho. Portanto, no outono de 1934, foi-lhe devastador perceber que as relações pessoais que ele e Magda cultivavam com o ditador estavam passando por uma grave crise.

Em meados de outubro, Goebbels constatou, consternado, que Hitler dele se afastara repentinamente sem lhe dar a menor explicação para tal procedimento. No dia 15 de outubro, ele registrou no diário: "O Führer não telefona na hora do jantar. Temos a sensação de que alguém o indispôs conosco. Os dois sofremos muito com isso. Vamos tristes para a cama." Num encontro no dia seguinte, percebeu que o líder nazista o havia tratado com "certa frieza". Magda precisava ajudar, mas, quando ela solicitou uma entrevista para "obter um esclarecimento", o chanceler alegou não ter tempo. Nos dias subsequentes, suas tentativas de ser recebida também malograram.[89] Dias depois, quando ela enfim conseguiu ser recebida, Hitler a informou de que tinha sido vítima de uma grande "fofoca" encenada pela sra. Von Schirach e, por isso, decidira retrair-se socialmente dali por diante: "Nada de mulher na Chancelaria." Por fim, tornou a contar a história ao próprio Goebbels a sós. Quando este perguntou se também lhe convinha afastar-se da vida social, não lhe deu uma resposta direta, limitando-se a garantir de forma genérica que ele continuava gozando de "toda a sua confiança". Goebbels sentiu muita "dor pelo fato de a nossa amizade passar por uma turvação. Estou deprimidíssimo. E, nessa história toda, sou inocente como um recém-nascido".[90] Não tardou a retomar as visitas rotineiras à Chancelaria, mas anotou que sofria com as relações tensas. E não estava sozinho: "Magda adoeceu com isso."[91]

O episódio mostra bem a profundidade da dependência emocional que o casal Goebbels desenvolvera em relação a Hitler; a simples ideia de perder prestígio junto ao Führer desencadeou em ambos uma grande depressão.

Pouco tempo depois, Goebbels teve uma briga feia com Magda, que serviu de teste crucial do seu casamento. O motivo não é claro: a passagem quase ilegível no diário diz que se tratava da questão do "filho dela", ou seja, Harald. Na primavera, Goebbels tinha tido uma discussão violenta com o pai do rapaz, Günther Quandt, sobre com qual dos progenitores Harald ia morar no futuro; possivelmente, esse desentendimento, que, segundo o diário de Goebbels, se havia decidido a seu favor, ainda tivera outras consequências.[92] Em todo caso, como ele anotou no dia 20 de novembro, Magda queria "se separar de mim", mas ele não cedeu na controversa questão. Ela chegou a fazer as malas; vigorava "situação de guerra".[93]

No Dia da Penitência, a briga finalmente degringolou para uma "catástrofe": "Desafiando a minha proibição, com uma despedida grosseira, ela parte para Dresden. É a ruptura." Numa longa conversa com Ello, a cunhada de Magda, pela qual soube de "detalhes nada agradáveis", ele chegou à conclusão de que a separação era inevitável. No diário, deu rédeas soltas à autocomiseração e, na manhã seguinte, finalmente tomou coragem de telefonar e tentar pela última vez fazer com que a esposa voltasse atrás: "Ordem de retornar imediatamente. Ela está agressiva, muito insegura. Se não obedecer, eu vou agir."[94]

O fato é que Magda transigiu e voltou do exílio em Dresden, mas ainda houve uma "grave altercação": os dois já estavam dispostos a se divorciar, mas então ela desistiu e prometeu "um casamento melhor". Goebbels tratou de contemporizar: "Eu também cometi erros. Eterno conflito. Casamento e partido."[95] No ano novo, a relação com Magda ficou essencialmente mais harmônica; um dos motivos foi o fato de ela estar grávida novamente.[96]

Com a consolidação paulatina do regime e a expansão do Ministério da Propaganda para órgão de controle e direção da vida pública, Goebbels passou a realçar cada vez mais o significado de sua posição pelas aparências externas. A modéstia ostensiva na qual tanto se empenhara em 1933 agora o abandonava pouco a pouco.

Na qualidade de titular da pasta da Propaganda, Goebbels dava muito valor ao estilo majestoso. O palácio dos Hohenzollern, no qual estava instalado o ministério, dispunha de vários salões históricos esplendidamente decorados que ele usava nas grandes recepções e em outras solenidades;[97] por ocasião da exposição anual de automóveis em Berlim,[98] por exemplo, ou, em novembro, no encerramento da Câmara Nacional de Cultura.[99] Uma vez ampliado em 1938, o teatro do ministério passou a acolher apresentações regulares.[100]

Ao contrário dos anos anteriores a 1933, quando o uso frequente do casaco de couro ou da surrada gabardina o ajudava a cultivar uma imagem antiburguesa, agora fazia questão de roupa chique, escolhida a dedo. As fotografias do período entre 1933 e 1939 mostram-no envergando ternos impecáveis de alta qualidade: fosse nas festivas reuniões noturnas, fosse nas atividades de lazer, como nos passeios de barco, sempre se trajava conforme a ocasião.[101] Os guarda-roupas dos seus diversos domicílios eram variadíssimos: assim, na residência oficial da Göringstrasse, além de numerosas fardas, achavam-se nada menos que três fraques, quatro smokings, três ternos esporte, uma sobrecasaca com calça, trinta outros ternos, 13 pares de luvas comuns e 12 de luvas brancas.[102] Mas ele também fazia questão de que seus auxiliares se vistissem com primor: no outono de 1937, os altos funcionários do ministério receberam uma verba de mil marcos cada um para "melhor apresentação".[103]

Os Goebbels se acostumaram cada vez mais a certo luxo conferido pela posição social privilegiada. Entre março e junho de 1935, a residência da Göringstrasse passou por uma reforma projetada por Speer.[104] Hitler, um dos primeiros visitantes, ficou "empolgado" com o resultado das intervenções do arquiteto.[105] Entre as amenidades que lá se desfrutavam, figurava um televisor, e o ministro da Propaganda, na intimidade da família, alegrava-se muito com o programa que, no entanto, durava apenas uma hora e era transmitido a título de teste.[106] Em outubro de 1934, ele recebeu uma limousine com motor de cinco litros ("Um animal elegante, nobre");[107] em fevereiro, comprou "um carro novo maravilhoso" para Magda, uma Mercedes que viu na exposição de automóveis; e em maio, presenteou-se a si mesmo com um Horch novo.[108]

Em outros aspectos, seu estilo de vida era menos opulento. À mesa, continuava sendo frugal.[109] Nos seus diários não se encontra uma única observação sobre a qualidade da comida de que se alimentava. Tendo passado a evitar o álcool desde o início da carreira política, só quando estava resfriado é que entornava alguns copos para ter um sono profundo. Em compensação, apesar das muitas tentativas,[110] jamais conseguiu parar de fumar.

Durante a primavera e o verão, os Goebbels voltaram a se instalar na casa de veraneio em Kladow.[111] No fim de março, chegou um novo barco: para ele, uma "verdadeira instituição recreativa".[112] Tal como no ano anterior, Hitler foi um dos convidados recebidos na embarcação naquele verão.[113]

A relação chegada com o ditador, que em outubro ameaçara temporariamente resvalar em distanciamento, estava recuperada. Desde o fim de 1934, Goebbels acompanhava com preocupação o estado de saúde do Führer. Em dezembro, este adoeceu tão gravemente que ele, suspeitando de envenenamento, chegou a temer o pior quando Hitler regulamentou a sua sucessão no gabinete mediante uma lei de emergência que nunca foi promulgada.[114] Goebbels se propôs em várias ocasiões a providenciar um médico verdadeiramente bom.[115] Alguns meses depois, a forte dor de garganta do ditador levou-o a recear que se tratasse de câncer. Mas, em junho, constatou-se que o tumor era benigno.[116]

Goebbels voltou a se preocupar com a vida pessoal de Hitler. No fim de janeiro, ficou até as três horas da madrugada nos aposentos deste na Chancelaria:[117] "Ele me fala na sua vida privada solitária e melancólica. Sem mulheres, sem amor, ainda povoada pela lembrança de Geli." Dias depois, Hitler voltou a tocar no tema: "Mulheres, casamento, amor e solidão." E Goebbels observou com visível orgulho: "Só comigo ele fala nessas coisas."[118]

O restabelecimento da antiga harmonia também teve por consequência Goebbels continuar satisfazendo todos os desejos do Führer, por mais que isso interferisse na sua vida particular. Um exemplo: em abril de 1935, o ajudante de ordens de Hitler avisou-o por telefone que ele e a esposa iam viajar a Munique. Lá o líder nazista apresentou Goebbels, que acabava de enfrentar um voo tempestuoso, ao fascista inglês Oswald Mosley, conversou com ele sobre sua política externa e, logo depois, despachou-o a Berlim, aonde Goebbels chegou naquela mesma tarde. Passou a noite no hotel — a residência funcional estava em plena reforma —, ocupado com o trabalho até tarde da noite. O diário não revela por que Hitler fez tanta questão de que Magda também fosse a Munique.[119]

14. "Não se cansar jamais!"
Sucesso diplomático e política antissemita

O tratado de não agressão com a Polônia, no verão de 1934, foi a primeira providência tomada pelo regime no sentido de romper o isolamento diplomático quase total em que se achava. Goebbels teve um papel muito ativo na melhora das relações teuto-polonesas. Em fevereiro de 1934, os dois lados assinaram um acordo midiático, e, em junho, ele foi a Varsóvia cumprir um exaustivo programa de visita e discutir questões culturais de interesse comum.[1] No curso de 1935, o regime lograria implementar uma política que o tirasse ainda mais do isolamento externo. No início desse desenvolvimento, tratava-se de remover duas importantes restrições do Tratado de Versalhes: a decisão de anexar o Sarre ao Reich e o restabelecimento do serviço militar obrigatório. Os outros desdobramentos diplomáticos e suas consequências na política interna eram difíceis de calcular: os diários do ministro da Propaganda mostram que havia dois sentimentos na cúpula do regime: por um lado, insegurança e medo, mas, por outro, uma autoconfiança crescente, inclusive a sensação ocasional de triunfante superioridade.

Estava previsto para 13 de janeiro um plebiscito no Território da Bacia do Sarre — que por determinação do Tratado de Versalhes estava sob a responsabilidade da Liga das Nações — para decidir o futuro da região: anexação à Alemanha, anexação à França ou uma existência de território político autônomo? Naturalmente, o Ministério da Propaganda envidara o maior esforço possível na campanha eleitoral: enquanto a "Frente Alemã" nacional-socialista, com todo o apoio do Ministério da Propaganda e de outras autoridades alemãs, dominava quase inteiramente o pequeno território de apenas 800 mil habitantes, grandes comícios eram organizados no sudoeste da Alemanha, em Tréveris, Koblenz e outros lugares a favor da anexação do Sarre ao Reich. O próprio Goebbels havia discursado em diversos atos públicos.[2]

Dez dias antes da consulta popular, houve uma grande "manifestação da liderança alemã", para a qual foram convidados ministros, *Reichsleiter* e *Gauleiter*, bem como militares de alta patente. Com essa reunião convocada às pressas, o regime, quiçá tomado de incerteza, reagiu aos boatos cada vez mais insistentes segundo os quais a cúpula do governo estava cindida e eram de esperar novos acertos de conta como em 30 de junho de 1934.[3] Hess abriu o comício memorável com uma profissão de lealdade dos participantes; a seguir, Hitler fez um discurso de uma hora exortando à unidade no tocante ao iminente plebiscito no Sarre. No fim, Göring leu uma "declaração de fidelidade" que, segundo registrou seu coautor Goebbels, "foi recebida com júbilo".[4]

O registro do dia seguinte no diário de Goebbels, acerca de uma conversa com Hitler, mostra de maneira impressionante a insegurança profunda do governo, que levou o ditador a documentar tão ostensivamente a alegada coesão do regime: "Depois do Sarre, seremos alvo das chantagens de Paris. O ano de 1935 será difícil. Manter a calma."[5]

Os primeiros resultados provisórios da consulta popular de domingo, 13 de janeiro, foram anunciados na terça-feira seguinte, indicando uma vitória triunfal. Quase 91% dos eleitores votaram pela anexação do Sarre ao Reich alemão. Consequentemente, Goebbels desencadeou em todo o território nacional as já preparadas comemorações: "Em alguns minutos, o país inteiro num mar de bandeiras. É indescritível. O triunfo do amor à pátria!"[6]

De manhã, Goebbels havia convocado pelo rádio e pela imprensa o içamento generalizado de bandeiras. Além disso, todas as igrejas da Alemanha tocaram os sinos entre meio-dia e uma hora da tarde, e o ministro da Educação determinou feriado escolar em todo o país. No papel de diretor nacional de Propaganda, Goebbels dispôs: "Hoje, terça-feira, 15 de janeiro, a população se reúne entre as 19 e as 21 horas para o grande ato público em caráter espontâneo [sic!] em virtude da vitória do Sarre."[7]

Nos dias subsequentes, ele teve oportunidade de discutir com Hitler em pormenores a situação da política externa. Assim, em 20 de janeiro: "Vasto projeto referente à Inglaterra. Proteção do império, em troca, trinta anos de aliança. Ainda em andamento. Tem efeito poderoso sobre ele." E anotou a respeito da avaliação de Hitler sobre a situação: "A Polônia firmemente conosco. A França e a Inglaterra preparam-se para uma chantagem. Mas continuaremos empedernidos."

Alguns dias depois, Hitler o informou, durante uma viagem de trem, da recente visita do político britânico Clifford Allen, um pacifista: "A política interna dos ingleses vai mal. É a nossa vantagem. O Führer espera ganhá-los para uma aliança dentro de quatro anos: nós superiores em terra; eles, em mar; igualdade no ar. Essa oferta impressiona. Agora podemos aguardar e armar-nos."[8]

Foi com alegria que Goebbels tomou conhecimento do resultado das conversações franco-britânicas no início de fevereiro em Londres: propôs-se um pacto aéreo internacional, assim como a substituição das provisões de desarmamento do Tratado de Versalhes por um acordo militar internacional; de fato, na metade do mês, o governo alemão reagiu positivamente à proposta.[9] O ministro das Relações Exteriores Simon e o lorde comissário do Grande Selo Anthony Eden foram convidados a um encontro em Berlim no dia 7 de março. No entanto, no começo do mês, quando o governo britânico publicou, como escreveu Goebbels, um "infame Livro Branco sobre o armamentismo alemão", o Führer "se enfureceu e cancelou a visita dos ingleses".[10] A conselho de Goebbels, Hitler passou as semanas seguintes afastado dos deveres oficiais, viajou à Baviera e, a seguir, em Wiesbaden, tratou do problema na garganta, que não era uma indisposição de caráter meramente diplomático.[11] Mas enfim decidiu receber os visitantes britânicos em Berlim no fim do mês.

A grandiosa "Festa da Libertação" com que se havia comemorado a anexação do Sarre ao Reich no dia 1º de março contribuiu muito para reforçar a autoconfiança do chefe do governo. Naquele dia memorável, Goebbels fez questão de controlar pessoalmente os últimos preparativos do comício principal em Saarbrücken. Com o içamento solene da bandeira da suástica na cidade, o prolongado toque das sirenes em todo o país e a entrega oficial do poder governamental ao comissário nacional encarregado da integração do Sarre, o *Gauleiter* Josef Bürckel, consumou-se oficialmente a anexação do território. O rádio se incumbiu de transmitir a todo o país os discursos de Hess, Goebbels, Bürckel e enfim Hitler. Ao tomar a palavra, Goebbels chamou os habitantes do Sarre de "soldados da paz"; seu voto dava a Hitler a possibilidade de "organizar esta profissão de fé como base de uma nova acomodação europeia e uma ordem melhor para a Europa".[12]

No dia 10 de março, em entrevista ao *Daily Mail*, Göring anunciou en passant a existência de uma nova Luftwaffe, a força aérea alemã: mais uma violação do Tratado de Versalhes. Goebbels reagiu a essa notícia com aparatosa calma. Não tinha outra saída, pois, antes disso, Göring obviamente não lhe havia dado ocasião de flanquear essa transgressão com a propaganda. Assim, na tarde do dia em que a imprensa alemã divulgou a entrevista, Goebbels resolveu visitar a exposição de barcos em Berlim, na qual examinou a lancha que desejava comprar.[13]

Igualmente inesperado foi quando Hitler lhe revelou, três dias depois, que tinha decidido restaurar o serviço militar obrigatório. O que o movia a dar esse passo, explicou, era a vontade de criar fatos consumados antes do início das negociações oficiais teuto-britânicas marcadas para aquele mês de março.[14] Num editorial do *Angriff* intitulado "Clareza e lógica", Goebbels elogiou a infringência do Tratado de Versalhes — que se cristalizou em lei no dia 16 de março[15] — como uma "demonstração franca e sem reservas das intenções alemãs", nesse sentido, também um "elemento de apaziguamento" a serviço da preservação da paz.[16]

Essa medida não teve consequência grave para o regime.[17] Em 24 de março, Simon e Eden desembarcaram em Berlim como planejado e, nos dois dias seguintes, conversaram com Hitler sobre a possível integração da Alemanha a acordos internacionais, bem como sobre eventuais limitações de armamentos, posto que sem conseguir induzir o governo alemão a assumir nenhum compromisso. Posteriormente, Hitler informou Goebbels dos resultados mais importantes dessas negociações, mas este só participou da parte social do programa da visita oficial.[18]

Após a visita britânica, Goebbels discutiu várias vezes com Hitler a situação geral da política externa. Embora lhe parecesse um blefe o fato de Mussolini considerar a guerra inevitável, como comunicou o embaixador Hassell desde Roma, na sua avaliação, havia o perigo de "uma loucura repentina precipitar as coisas".[19] Segundo ele apontou, Hitler tampouco acreditava numa guerra, mas "seria horrível se ocorresse", já que a Alemanha dispunha de escassas reservas de combustível.[20] Em meados de abril, Goebbels não se deixou perturbar pela declaração dos chefes de governo da Itália, da França e da Inglaterra em Stresa, segundo a qual eles resistiriam "com todos os meios aplicáveis a qualquer ruptura unilateral de acordos": "Por nós tanto faz, contanto que não nos ataquem. À parte isso, continuemos nos armando."[21] E comentou de modo igualmente evasivo outra reação à política alemã de remilitarização, a assinatura do pacto militar franco-soviético de 2 de maio de 1935: na sua opinião, aquilo não passava de uma "anomalia jurídica".[22]

Desilusão

No começo de abril, Goebbels viajou à Cidade Livre de Danzig a fim de apoiar a campanha eleitoral dos nacional-socialistas locais num grande comício que reuniu nada menos que 60 mil pessoas.[23]

Mas, para a sua decepção, o resultado das eleições de 7 de abril ficou muito aquém do agora habitual grande desempenho do NSDAP. Não se alcançou a maioria de dois terços apresentada como meta eleitoral, e o partido teve de se contentar com 59,3% dos votos. À noite, foi com muito esforço que Goebbels impediu o *Gauleiter* Forster de anunciar pelo rádio um resultado de 67%. "Todos estamos muito desapontados. O povo ficou arisco aqui e acolá. Temos de nos controlar mais. Nós tocamos fundo a alma popular. Menos pompa e discursos, porém mais simplicidade e trabalho."

Mas o pior estava por vir: a oposição contestou o resultado. Embora a Liga das Nações, à qual se recorreu, não tenha podido anular o sufrágio, o minucioso processo do Tribunal Superior de Danzig detectou graves manipulações: enquanto o dinheiro do Reich financiava uma vasta campanha propagandística do NSDAP, os partidos de oposição — os comunistas já estavam proibidos desde 1934 — eram duramente reprimidos, as reuniões públicas tornavam-se praticamente impossíveis, vigoravam proibições da imprensa e as autoridades favoreciam o NSDAP em muitos outros aspectos. Por fim, verificaram-se fraudes sistemáticas nas zonas rurais. O tribunal, que para dar o veredicto sofreu forte pressão do governo municipal nacional-socialista, não chegou a propor novas eleições, mas reduziu o número de votos do NSDAP — e, ao evidenciar o terror e a manipulação dos nazistas de Danzig, permitiu vislumbrar os bastidores do supostamente irresistível e inexorável processo nacional-socialista de mobilização de massas.[24]

Convém não perder de vista que, na Cidade Livre de Danzig, apesar da intervenção maciça no processo eleitoral, o NSDAP mal conseguiu melhorar em 9% o seu resultado de 1933, que tinha sido de 50,1%. Levando-se em conta essas manipulações, constata-se que o partido não só não melhorou na preferência do eleitor como ficou pior do que em 1933. Mas a descoberta pela Justiça das diversas fraudes eleitorais em Danzig também autoriza a tirar conclusões sobre a situação no próprio Reich: basta tomar essa cidade como modelo para que fique evidente que a grande coesão da "comunidade nacional-popular" tão decantada pelo regime era, em grande medida, um simulacro fabricado pelas celebrações, orgias de bandeiras e grandes passeatas organizadas por Goebbels e apoiadas pelas medidas cotidianas de intimidação e terror do regime. E ainda mais se se tiver em conta que, no território do Reich, as duas coisas — propaganda e terror — podiam ser empregadas com muito menos restrições que na "Cidade Livre" à beira do Báltico.

Portanto, não admira que, até 1935, o NSDAP não houvesse logrado aumentar o seu prestígio junto à população. Porque, efetivamente, até aquele ano, a política do regime não tinha nenhum sucesso grandioso que exibir: em termos diplomáticos, o Reich — apesar de alguns avanços importantes — continuava praticamente tão isolado quanto antes; a recuperação econômica teve efeito positivo na situação do emprego, mas a condição do alemão médio seguia sendo extremamente modesta. A isso se acrescentou uma série de fatores inconvenientes: a política antieclesiástica, a atitude agressiva para com a "reação", ou seja, a parte da população favorável aos nacionalistas, o terror político contra os adversários ou outros grupos malvistos, o comportamento arbitrário e arrogante de muitos funcionários do partido perante os cidadãos. Enquanto isso, fazia tempo que se dissipara o espírito de otimismo eufórico da fase inicial do regime.[25]

Goebbels estava atento a essa atmosfera complicada quando, em fevereiro de 1935, se ocupou de mais um megaevento impendente. "Göring se casa com a sra. Sonnemann no dia 11 de abril", escreveu em março no diário, acrescentando um suspiro: "Por que para ele tem de ser melhor que para mim?"[26] Na verdade, a relação de Goebbels com Göring tinha melhorado consideravelmente: quando aquele, seguindo o conselho de Hitler, incluiu um elogio a este no seu livro *Kaiserhof*, Göring o procurou em junho de 1934 e lhe ofereceu "amizade novamente".[27] Mas agora, em abril de 1935, Goebbels encarava com sérias restrições a grande opulência com que se organizaram as núpcias de Göring com a atriz Emmy Sonnemann: "Isso nos prejudica muito junto à gente simples", receava.[28] Enfim chegou o grande dia: ele participou com Magda da cerimônia religiosa na catedral de Berlim e, a seguir, do banquete no Kaiserhof: "Sete pratos. Quadro edificante para os famintos. Borracha nisso."[29]

Primavera de 1935: o começo do fim do isolamento diplomático

Goebbels ficou muito alarmado com a morte, em 12 de maio de 1935, do marechal Pilsudski, o homem que, com o seu regime autoritário, governava a Polônia desde 1926 e a aproximara da Alemanha nazista em 1934: "A Polônia perde o seu melhor homem; e nós, a maior peça no grande jogo."[30] Em 13 de maio, ele conversou com Hitler sobre a situação surgida com a morte de Pilsudski.[31] No dia seguinte, os dois continuaram o debate, dessa vez na presença de Göring e Joachim von Ribbentrop, o assessor de política externa de Hitler (que não gozava da simpatia de Goebbels[32]): "A Polônia decide. 1936 e principalmente 1937 perigosos. Nós nos preparamos para tudo. Inclusive para a derradeira possibilidade. Armar-nos, armar-nos!"[33] As observações mostram o quanto os principais representantes do regime achavam delicada a situação diplomática do Reich na primavera de 1935. Göring, que participara da cerimônia fúnebre em Varsóvia, tranquilizou-os um pouco ao voltar com a notícia de que Beck estava firme em seu cargo e lhe havia prometido que a Polônia "manterá o tratado conosco".[34]

No entanto, como Goebbels soube ao conversar com Hitler no dia 14 de maio, outra esperança despontava no horizonte: "Mussolini parece estar se complicando na Abissínia. [...] Volta a procurar a nossa amizade."[35] Os notórios preparativos de guerra do ditador italiano contra a Abissínia vinham causando cada vez mais irritação e, enfim, no verão, geraram uma grave crise internacional.[36] Naturalmente, o regime nazista tratou de tirar proveito da situação para romper o isolamento externo do Terceiro Reich; por isso, a partir de fevereiro de 1935, a imprensa alemã foi reiteradamente proibida de criticar a Itália por causa da sua política na África.[37]

Em maio, tendo em conta o conflito que se delineava entre a Itália e as duas outras grandes potências europeias, Hitler decidiu partir para a ofensiva na política estrangeira. No dia 21, pronunciou uma alocução no Reichstag que a propaganda alemã se apressou a denominar "discurso da paz".[38] Um ponto importante dessa fala foi a declaração sobre a integridade da Áustria, que vinha satisfazer um antigo desejo da Itália. Mussolini não tardou a reagir de forma amistosa a esse gesto e falou, perante o embaixador alemão, numa possível aproximação teuto-italiana.[39] Em 25 de março, Goebbels distribuiu uma instrução à imprensa: "Daqui por diante, evitar atrito com a Itália em todos os setores."[40]

Além disso, o discurso de Hitler continha uma oferta à Grã-Bretanha. Entre outras coisas, declarava que a Alemanha não se opunha à limitação da tonelagem da sua frota naval a 35% da capacidade inglesa. Ao mesmo tempo, usou o discurso para atacar frontalmente a França, assinalando que a sua aliança militar com a União Soviética punha em perigo a existência dos Tratados de Locarno. Ademais, questionou de maneira explícita a desmilitarização da Renânia. Na realidade, o tal "discurso da paz" foi uma tentativa sem rodeios de cindir a "frente de Stresa". Entre os ouvintes, o deputado Joseph Goebbels escutou atentamente as palavras do Führer: "O nosso destino nacional está em boas mãos."

O diário de Goebbels também documenta que ele não teve envolvimento direto no Acordo Naval Anglo-Germânico assinado no dia 18 de junho. No dia 4 desse mês, isto é, na data em que Von Ribbentrop, o recém-nomeado embaixador especial de Hitler, assumiu as devidas negociações em Londres, encontra-se um primeiro apontamento relevante, bastante lapidar.[41] Mas, ao que tudo indica, nas semanas anteriores, quando Hitler discutiu com ele diversas vezes a situação da política externa, especialmente a relação com a Grã-Bretanha, não chegou a mencionar a problemática naval.[42] Aliás, só retomou a questão quando o acordo já estava fechado: "Quando visito o Führer, o acordo naval acaba de ser firmado. O Führer felicíssimo. Grande sucesso para Ribbentrop e todos nós."[43]

O registro triunfante das negociações no diário de Goebbels — "Objetivo cada vez mais próximo: amizade com a Inglaterra" — evidencia a avaliação fundamentalmente equivocada dos dirigentes alemães dos motivos que levaram o lado britânico a assinar o tratado. Porque o acordo naval não os aproximou da meta de estabelecer uma firme aliança bilateral com a Grã-Bretanha, a parceira tão cobiçada por Hitler: a parte britânica enxergava o acordo com a Alemanha não como uma renúncia à política multilateral de segurança, e sim como o primeiro passo no sentido de reintegrar a Alemanha a um sistema coletivo de segurança europeia. A divisão das esferas de interesse num império colonial britânico e uma hegemonia alemã no continente europeu não era uma opção para a política britânica. Hitler foi vítima desse engano tanto quanto o embaixador especial e o ministro da Propaganda; e eles não se cansavam de se reforçar mutuamente nesse erro de cálculo. "Dentro de cinco anos", escreveu Goebbels em junho acerca do futuro das relações teuto-britânicas, "surgirá uma aliança".[44]

Dos tumultos do Kurfürstendamm às leis de Nuremberg

No início de junho, a família Goebbels foi uma vez mais passar férias no balneário báltico de Heiligendamm.[45] O período de descanso ofereceu ao páter-famílias a rara oportunidade de se ocupar intensamente da educação de Helga. Contra a rebeldia da filha, ele recorria ocasionalmente a um método em sua opinião invencível: "Às vezes, ela leva uma surra. Mas então volta a entrar nos eixos."[46] E, semanas depois, constatou que, quando recebia uns "cascudos", Helga era "um modelo de charme e cortesia".[47]

No começo de julho, Goebbels tornou a viajar a Heiligendamm. Cerca de duas semanas depois, Magda chegou para uma estada de apenas três dias e retornou a Berlim.[48] Antes disso, a atriz Luise Ullrich, que fazia tempo ele cortejara,[49] visitou-o duas vezes em Heiligendamm para discutir "questões cinematográficas". Na segunda visita, passou quatro dias à beira do Báltico,⁵⁰ e, quando as férias estavam chegando ao fim, fez-lhe mais uma visita.⁵¹

No começo de agosto, quando finalmente regressou a Berlim, Goebbels teve uma desagradável confrontação com a esposa: "Magda me encosta na parede." Mas, alguns dias depois, seguiu-se a obrigatória reconciliação.⁵²

Hitler também chegou de surpresa a Heiligendamm. Os dois discutiram diversos problemas culturais e políticos e, à parte isso, Goebbels procurou tornar a permanência do seu Führer tão agradável quanto possível: "Comemos juntos. Depois passeio a pé e de barco ao luar. Atmosfera maravilhosa. Eu piloto. Por todos os cantos do Báltico. O Führer satisfeitíssimo."⁵³ Mas a coisa não ficou só no idílio ao luar. Durante a curta viagem de Hitler, ocorreram graves distúrbios antissemitas em Berlim, para os quais Goebbels havia preparado o terreno e cuja irrupção ordenara — depois de garantir para si a cobertura do ditador.

Os chamados tumultos do Kurfürstendamm tinham um longo histórico. Desde as compras de Natal de 1934, os ativistas nazistas vinham organizando repetidos "boicotes" às lojas de judeus e empreendendo ataques contra eles. Além da SA, a junta comercial nacional-socialista (NS-Hago) assumiu o papel de vanguarda como nos anos anteriores. Essa nova onda antissemita atravessou a virada do ano 1934-35 e prosseguiu a partir de fevereiro de 1935 — depois do bem-sucedido plebiscito do Sarre —, sendo que a imprensa nazista e os líderes regionais do partido nela tiveram um papel muito importante. Os ativistas exigiam não só a exclusão dos judeus da atividade comercial como o fim da chamada "contaminação racial", ou seja, das relações íntimas entre judeus e não judeus.

No entanto, a direção do partido estava interessada em conter os tumultos antissemitas. Afinal de contas, a situação diplomática precária do Reich levava a recear sanções, ao passo que as negociações do acordo naval com a Grã-Bretanha suscitavam a esperança de romper o isolamento externo. Em Berlim, a direção do partido conseguiu, até junho e ainda que com dificuldade, coibir efetivamente boa parte da agitação antissemita.⁵⁴

Para Goebbels, porém, aquilo obviamente não passava de uma interrupção passageira das "ações": mais de uma vez ele aproveitou as conversas com Hitler para obter a indispensável autorização para um "avanço" mais radical na "questão judaica" e se propôs a logo promover uma "faxina" em Berlim.⁵⁵ Na sua opinião, voltar a intensificar a perseguição aos judeus era a melhor maneira de desviar as atenções da precária situação política interna e assinalar, para os ativistas do partido, que o regime estava realmente empenhado em atender às principais reivindicações ideológicas do programa nacional-socialista. Mesmo porque, para ele, o importante era se salientar à frente de tal política, afinal estava decidido a fazer com que Berlim desse o exemplo de uma política antissemita consequente. O seu radicalismo, com o qual se sentia tão bem, agora estava inteiramente concentrado "nos judeus": ele renunciara à retórica "revolucionária" na metade de 1933; muito debilitada desde 30 de junho de 1934, a "reação" já não servia de alvo de ataque; e o regime tinha sido relativamente moderado no conflito com as igrejas. Com a sua linha de ação implacável contra os israelitas em Berlim, Goebbels acreditava haver captado instintivamente o principal rumo que a política do regime tomaria nos meses seguintes.

De fato, depois do ajuste do acordo naval anglo-germânico de 18 de junho, a agitação se reacendeu em diversos pontos do Reich. Um dos focos dessas ações foi novamente Berlim, onde, desde o início de junho, membros da Juventude Hitlerista se aglomeravam em frente aos estabelecimentos de judeus, impedindo-lhes a atividade comercial. Foi o *Gauleiter* berlinense Goebbels que, em 30 de junho, insuflou ainda mais essa atmosfera de pogrom quando, ao discursar, denunciou que "hoje o judaísmo tenta voltar a tomar conta de todas as ruas".

Em 13 de julho, ainda na casa de veraneio em Heiligendamm, Goebbels foi informado de uma "manifestação" judaica em Berlim: alegou-se que um filme sueco de tendência antissemita tinha sido vaiado por espectadores judeus, ato classificado de agitação pela imprensa do partido. Ele aproveitou a ocasião para atacar seu adversário Levetzow perante o hóspede Hitler, que prometeu demitir imediatamente o chefe de polícia berlinense (ideia que Goebbels namorava desde o ano anterior):[56] "Agora a coisa não demora a estalar."[57]

O partido organizou uma "contramanifestação" em Berlim, convocada pelo *Angriff* no dia 15 de julho. A reação desejada não tardou: na mesma noite, "camaradas alemães indignados" atacaram cidadãos judeus no Kurfürstendamm e entraram em confronto com as forças policiais, que não sabiam ao certo como se comportar diante daquela irrupção de "cólera popular espontânea". O episódio ficou conhecido como os "tumultos do Kurfürstendamm" no noticiário da imprensa internacional.

Dois dias depois, Goebbels anotou: "Tumulto no Kurfürstendamm. Judeus espancados. A imprensa internacional repercute 'pogrom'." Conforme o seu desejo, o chefe de polícia Levetzow foi considerado culpado pelo incidente e substituído por Wolf-Heinrich von Helldorf — amigo de Goebbels que, aliás, o tinha visitado em Heiligendamm uma semana antes dos tumultos.[58] Em 19 de julho, o ministro da Propaganda se reuniu com Lippert, Görlitzer e o chefe da SA berlinense Uhland em Heiligendamm.⁵⁹ No mesmo dia, o *Angriff* divulgou o resultado: "Berlim depurada de comunas, reaças e judeus. O dr. Goebbels faz uma limpeza no seu *Gau*." Assim, Goebbels passou a ser enaltecido como o salvador que tirou a cidade de uma situação precária que ele mesmo havia criado com sua maneira de se comportar, e que desandara de modo tão indesejável.

Em meados de agosto, ele viajou a Nuremberg para fazer junto a Hitler os últimos preparativos do congresso nacional do partido. Naquele ano, o evento seria usado sobretudo para deixar claro quais eram os principais inimigos do regime. Para tanto, o congresso de 1935 foi organizado sob o lema "anticomintern". Com as igrejas, pelo contrário, Hitler queria "fazer as pazes" (em julho, havia nomeado Hanns Kerrl ministro das Igrejas para reordenar a relação do regime com elas); o Stahlhelm foi dissolvido; aparentemente, Goebbels não se manifestou sobre as medidas a serem tomadas no tocante à "questão judaica". Depois, ele e Hitler foram visitar a sede do partido em construção na Königsplatz, em Munique.⁶⁰

Durante a estada de Goebbels na Alta Baviera — ele acabava de fazer uma visita ao diretor nacional Schwartz às margens do lago Tegernsee —, chegou a notícia do iminente ataque da Itália ao império da Abissínia. Para Hitler, esse desenvolvimento era muito oportuno, pois tal guerra se ajustava a seus planos de política externa: "Aliança eterna com a Inglaterra. Boa relação com a Polônia. Colônias em magnitude limitada. Em compensação, expansão no Leste. Os Estados bálticos nos pertencem. Dominar o Báltico. Conflitos Itália-Abissínia-Inglaterra à porta, depois Japão-Rússia. Quer dizer, dentro de alguns anos talvez. Então chega o nosso grande momento histórico."⁶¹

O congresso do partido foi inaugurado no dia 10 de setembro em Nuremberg. O propósito do megaevento partiu da "proclamação" de Hitler, lida por Hess, que Goebbels escutou com entusiasmo: "Três inimigos do Estado, os marxistas, os clérigos e a reação. Luta implacável sem concessões. Antibolchevista e antijudaica. Minha política mil vezes justificada."⁶² Mas no transcurso do congresso, surgiu uma prioridade inequívoca no que dizia respeito aos inimigos do nacional-socialismo.

Goebbels fez seu grande discurso no terceiro dia e, naturalmente, como ele mesmo escreveu, teve um "sucesso fulminante". Por instrução de Hitler, sua fala teve por *leitmotiv* o tema antibolchevismo. A Alemanha, explicou, estava cumprindo uma "missão mundial", na qual se havia colocado à frente de todos os grupos alinhados na "luta contra a bolchevização do mundo"; "o destino de todas as nações civilizadas" dependia do sucesso no cumprimento dessa missão.⁶³

Hitler mandou chamá-lo no dia seguinte tarde da noite: juntamente com Frick e Hess, eles prepararam uma série de projetos de lei. Primeiramente, trataram da lei da bandeira do Reich, que declarava a suástica o único símbolo nacional. A inovação foi ocasionada por um incidente em Nova York, quando, em protesto contra a política do regime nazista, um grupo de manifestantes removeu a bandeira da cruz gamada de um navio alemão. Isso levou Hitler a convocar às pressas uma sessão do Reichstag em Nuremberg, no dia 8 de setembro, para, através de um ato legislativo, revalorizar ostensivamente o emblema nazista; concomitantemente, a lei foi concebida como um claro golpe contra a "reação", pois agora já não se podiam alçar as cores preta, branca e dourada usadas no pavilhão nacional, isto é, a bandeira do antigo império.[64]

Além disso, naquela noite de 14 de setembro, eles se empenharam em elaborar duas leis antissemíticas que, aliás, havia meses vinham sendo preparadas pela burocracia ministerial, mas agora, por decisão espontânea de Hitler, seriam promulgadas pelo Reichstag a fim de imprimir um rumo inteiramente novo ao evento. Tratava-se, por um lado, de uma lei de cidadania destinada a despojar os judeus alemães do status de cidadãos investidos de direitos iguais; por outro, daquela que depois ficou conhecida como Lei de Proteção do Sangue Alemão, que probia o casamento e as relações sexuais entre judeus e não judeus. O cálculo político de Hitler era claro: como por ora não convinha recorrer a medidas radicais na questão das igrejas e no conflito com a "reação", a "questão judaica" serviria de aplacante para o radicalismo insuflado entre os militantes do partido.[65]

A sessão do Reichstag foi aberta no domingo às 21 horas. Com uma declaração breve, Hitler expôs as novas leis que, a seguir, foram lidas e justificadas por Göring.[66] No entanto, Goebbels achou o discurso deste de tal modo "insuportável" — o diário não revela por quê — que mandou interromper a transmissão radiofônica.[67]

Quando, no encerramento do congresso, Hitler voltou a tomar a palavra perante os *Gauleiter* e proibiu expressamente novos excessos na "questão judaica", Goebbels duvidou que esse apelo viesse a ser acatado.[68] O fato é que, levando em conta a proximidade do ano olímpico, o regime não queria que novos desmandos antijudaicos prejudicassem ainda mais a sua reputação internacional. Por esse motivo, depois do congresso de Nuremberg, Goebbels também foi obrigado a refrear sua propaganda: por enquanto, a "questão judaica" deixava de ser um tema.

Armar-se — e festejar

No dia 2 de outubro de 1935, Magda deu à luz o tão desejado filho homem. Chamar-se-ia Helmut. Quando a visitou na maternidade, Goebbels não cabia em si de contente: "Tem cara de Goebbels. Estou felicíssimo. Sou capaz de arrebentar tudo de tanta alegria. Um menino! Um menino!"[69]

No dia seguinte, chegou-lhe a muito esperada notícia de que a Itália havia desencadeado a ofensiva contra a Etiópia.[70] Quando, em consequência disso, a Liga das Nações decidiu aplicar sanções contra o país agressor, Goebbels mandou a imprensa adotar uma posição mais resolutamente pró-italiana, decisão que tomou com autorização de Hitler.[71] Alguns dias depois, presenciou um discurso deste na Chancelaria para os membros do gabinete e altos oficiais das forças armadas: "Para nós, tudo isso acontece três anos mais cedo do que devia. [...] À parte isso, armar-nos e preparar-nos. A Europa está se mexendo outra vez. Se formos inteligentes, seremos os vencedores."[72]

As sanções internacionais,[73] que entraram em vigor em 18 de novembro, não chegaram a molestar senão marginalmente a guerra de Mussolini na Abissínia, e, até maio de 1936, a Itália ocupou o país. Mas o conflito deu à política externa do Reich a chance de aproveitar a disputa entre as potências ocidentais e a Itália para continuar se armando secreta e intensamente.

O rearmamento forçado e as medidas do regime para a "autarquização" da economia alemã tiveram por consequência, entre outras coisas, a redução da importação de produtos alimentícios, que prejudicou o abastecimento e, a partir do outono de 1935, obrigou Goebbels a enfrentar críticas veementes da população quanto à péssima situação alimentar.[74] Críticos inveterados, disse, estavam usando a momentânea falta de manteiga para semear a discórdia na comunidade popular.[75] Como os seus apelos não surtiram efeito, ele aumentou o tom de voz: constatou que os sintomas de escassez deviam ser aceitos como parte da almejada autarquia da economia, de modo que os "eternos reclamões" estavam sabotando a política de disposição para o combate da Alemanha.[76] Cada vez mais, a propaganda teve de explicar as causas do suprimento precário e tentar direcionar o consumo para o rumo certo.[77]

Para isso havia, entre outras coisas, as numerosas festividades e os eventos de massa iniciados com o congresso do partido em setembro e que prosseguiram durante todo o outono e o inverno para distrair a população das atribulações do dia a dia. Muita coisa já acontecia de forma ritualizada.

Durante a festa da colheita no Bückeberg, no início de outubro,[78] houve a oportunidade, para difundir confiança no tocante ao fornecimento de gêneros alimentícios, de inaugurar a campanha assistencial de inverno na Ópera Kroll, no dia 10 de outubro, quando Goebbels, na presença de Hitler, fez a habitual prestação de contas totalmente sob o signo da "solidariedade do povo".[79] O começo da campanha de inverno desencadeou uma nova onda de assembleias que — interrompidas pela pausa de Natal — se prolongaram até março de 1936. As assembleias — várias centenas de milhares ao todo — serviam não só para exaltar a campanha de inverno como "socialismo de fato", mas também e especialmente para dar "esclarecimento" contínuo sobre a situação alimentar e enfatizar o caráter popular do partido.[80]

Entretanto, no boletim informativo dos propagandistas nazistas, acham-se claras indicações de que a disposição da população a aceitar convite para tais atos públicos estava declinando.[81] Como remédio, recomendou-se reforçar a publicidade "mediante impacto pessoal" sobre o cidadão[82] e, por outro lado, evitar a inclusão de ameaças diretas nos panfletos publicitários ("Não comparecer ao comício é retirar-se da comunidade popular")[83] ou fazer propaganda com exagerada ênfase.[84]

Pouco depois do início da onda de assembleias, organizaram-se outros grandes comícios centrais de que Goebbels participou: a comemoração do putsch muniquense em novembro[85] e, dias depois, a conferência anual da Câmara Nacional de Cultura. Goebbels fortaleceu esse evento apresentando ao público o Senado Nacional de Cultura. Essa apresentação foi precedida por mais uma briga com Rosenberg, que, no último congresso do partido, surpreendera o ministro da Propaganda ao anunciar a criação de um prêmio do NSDAP de "arte e ciência" e de um "Senado Nacional de Cultura".[86] Como fazia tempo que vinha alimentando a ideia de criar uma agremiação com o mesmo nome, Goebbels interveio junto a Hitler e, no início de novembro, conseguiu que este proibisse o senado de Rosenberg.[87] Agora, em sua alocução de 15 de novembro na conferência anual da Câmara Nacional de Cultura, da qual participaram Hitler e muitas celebridades, Goebbels pôde anunciar a criação do "seu" Senado Nacional de Cultura. E aproveitou a ocasião para atacar os "misticismos que só servem para confundir a opinião pública" — um cutucão em Rosenberg, contra cujas "travessuras culturais" o Führer se posicionara meses antes na presença de Goebbels.[88] "A direção da cultura é decididamente minha", constatou ele no fim daquele dia.[89]

O ano se encerrou com o "Natal do povo", uma celebração coordenada pelo partido em todo o país, na qual 5 milhões de crianças ganhavam presente em 30 mil cerimônias. Goebbels visitou o evento no salão Friedrichshain, em Berlim. Em seu discurso transmitido por todas as emissoras, definiu o Natal como uma festa cristã, mas também a reclamou para o nazismo, que, na forma de comunidade nacional-popular, havia dado um "conteúdo novo e surpreendente" ao "mandamento do amor ao próximo".[90] Ele mesmo passou o Natal com a família.[91] Embora concordasse com as posições anticristãs da ala anticlerical do partido, não dava a mínima para a ideia que esta propagava de transformar o Natal numa "festa de solstício de inverno" germânica. Para ele, em 1935, era ainda indispensável o aconchego do Natal, a "mais alemã das festas", como a classificou no discurso.

15. "Quanto mais implacável, melhor!"
O ano olímpico de 1936

Na véspera da abertura dos Jogos Olímpicos de Inverno em Garmisch, no dia 4 de fevereiro de 1936, Goebbels recebeu uma "triste notícia" durante uma reunião social na residência de Hitler: Wilhelm Gustloff, o dirigente do NSDAP na Suíça, tinha sucumbido a um atentado em sua cidade, Davos. O assassino: David Frankfurter, um estudante judeu. "Isso vai custar caro aos judeus", escreveu ele.[1] Mas um grande ato de vingança antissemita estava fora de cogitação devido ao iminente espetáculo olímpico: semanas antes, o Ministério da Propaganda havia determinado expressamente que os meios de comunicação de massa se refreassem no tocante à "questão judaica" durante os Jogos Olímpicos na Alemanha.[2] E a imprensa — conforme as instruções — reagiu com relativa contenção.[3]

Na noite de 5 de fevereiro, Goebbels, Magda e Hitler chegaram a Garmisch num trem especial. Goebbels passou os dois dias seguintes na cidade, assistiu à cerimônia de abertura, que em sua opinião foi um "ritual um tanto antiquado", e se alegrou com o fato de quase todas as nações terem desfilado perante o Führer fazendo a saudação nazista. Assistiu a algumas competições e, de resto, apreciou a "magnífica paisagem nevada".[4] No dia 8 de fevereiro, os Goebbels foram a Munique, onde os aguardava uma série de eventos sociais: baile da imprensa, festa de artistas, recepção aos membros do comitê olímpico pelo governo central, na qual ele discursou defendendo o entendimento entre as nações.[5]

Na noite de 11 de fevereiro, em companhia de vários figurões do partido, viajou de trem especial a Schwerin, onde Gustloff foi enterrado no dia seguinte. Sobre o funeral, anotou com entusiasmo que Hitler fez "um discurso radical, agressivo, contra os judeus".[6]

Nos dias subsequentes, a coincidência do luto oficial com o andamento dos negócios do Estado e os Jogos Olímpicos impôs um complicado programa de viagens, ao qual Goebbels teve de se sujeitar até ficar fisicamente esgotado.

Depois de uma breve estada em Berlim, voltou a Garmisch na manhã de 13 de fevereiro e tornou a assistir a várias competições esportivas. Na noite seguinte, regressou a Berlim no vagão-dormitório; Magda ficou mais algum tempo em Munique.[7]

Na manhã de sábado, 15 de fevereiro, Goebbels e Hitler, que tinha chegado na noite anterior, inauguraram a Exposição Internacional de Automóveis.[8] Na madrugada de sábado para domingo, os dois tornaram a viajar a Garmisch no vagão-dormitório para assistir ao encerramento dos Jogos Olímpicos de Inverno: a "solene cerimônia da vitória com um belo cerimonial. [...] Todo o mundo elogia nossa organização. Foi mesmo deslumbrante". Seguiu-se mais uma viagem a Berlim, dessa vez acompanhado de Magda. Enquanto isso, Goebbels adoeceu: "Eu me alcoolizo por causa da gripe. Dormi feito uma ratazana."[9]

A remilitarização da Renânia e as eleições

Poucos dias depois do encerramento dos jogos, Hitler decidiu dar mais um passo no sentido de proceder à revisão do Tratado de Versalhes: a reocupação da Renânia desmilitarizada desde 1919, uma violação não só do Tratado de Versalhes como do Tratado de Locarno. No diário de Goebbels de 20 de janeiro de 1936, já se encontra uma primeira referência ao intuito do ditador: à mesa do almoço, este teria manifestado sua disposição a "resolver de uma vez por todas [...] a questão da zona da Renânia".[10]

Passado um mês, voltou a tocar no assunto em conversa com Goebbels: "Ele pondera. Convém remilitarizar a zona da Renânia? Pergunta difícil." Ao que tudo indica, Hitler já não temia que as potências ocidentais enxergassem numa invasão alemã da Renânia uma ótima oportunidade de desviar o interesse do conflito na Abissínia para a situação na Europa Central. E já se delineava um pretexto para a ocupação: era iminente a ratificação da aliança militar franco-soviética firmada em maio de 1935. Depois dessa conversa, Goebbels comentou: "Agora a situação está madura. A França não fará nada. Muito menos a Inglaterra. Mas é melhor esperar e manter a calma."[11]

Na noite de 28 de fevereiro, Goebbels e Magda estavam prestes a sair de um evento no Deutschlandhalle e ir para casa quando "eis que o Führer telefona, eu tenho de ir a Munique. Ele quer a minha presença para tomar a difícil decisão referente à Renânia." Naturalmente, Goebbels se apressou a acrescentar: "Tudo mudou, pois. Fazer as malas e partir. Magda vai junto."[12]

Iniciado durante a viagem noturna de trem, o debate prosseguiu em Munique até que no domingo, 1º de março, Hitler finalmente conseguisse tomar — como sempre nessas situações difíceis — uma decisão solitária: avisou que, em vez de acatar o conselho de Goebbels[13] de aguardar a decisão do Senado francês, agendada para 12 de março, ele preferia agir na semana seguinte.[14]

À tarde, Goebbels viajou a Leipzig, onde discursou para a imprensa nacional e a estrangeira (obviamente não sobre o conflito que se anunciava), enquanto Magda e Hitler retornavam a Berlim no trem noturno.[15] No dia 2 de março, este reuniu Goebbels, Göring, Blomberg, Fritsch, Raeder e Ribbentrop na Chancelaria para notificá-los da sua decisão de, no sábado seguinte, proclamar no Reichstag a remilitarização da Renânia. A seguir, o Reichstag seria dissolvido e se convocariam novas eleições "com palavras de ordem de política externa". Para preservar o momento de surpresa, os deputados seriam convidados a uma "cervejada" na noite de sexta-feira.[16] Só nesse dia, 6 de março, Hitler informou oficialmente os membros do gabinete, que — com exceção dos iniciados — reagiram com "desmedido assombro" à última decisão do Führer.[17]

Naquela semana marcada por alta tensão nervosa, Goebbels já havia começado a preparar o Ministério da Propaganda para a campanha eleitoral. De manhã cedo, levou dois aviões com jornalistas em direção à Renânia, se bem que o destino do voo tenha sido mantido em segredo até o último minuto.[18]

No sábado, 7 de março, em discurso no Reichstag — eivado em grandiloquentes declarações de amor à paz —, Hitler proclamou a nulidade do Tratado de Locarno, justificando-a com a aliança militar franco-soviética. O ponto culminante do discurso foi a afirmação de que, "no dia de hoje, o governo alemão restabeleceu a soberania total e irrestrita do Reich na zona desmilitarizada da Renânia". Ao mesmo tempo, iniciava-se o avanço das tropas do exército — relativamente fracas em termos numéricos — no território da margem esquerda do Reno.[19]

Depois do discurso, Goebbels detectou um "arroubo de entusiasmo" não só entre os deputados do Reichstag como na "recém-libertada" Renânia. Sua mãe, que lhe telefonou de Rheydt, estava "como alucinada", e seu ex-professor Voss, que por coincidência se achava em Berlim, também ficou "encantadíssimo"; à noite, teve o privilégio de ir com Goebbels visitar o Führer. Este informou que não haveria sanções internacionais graves, apenas a França pretendia recorrer ao conselho da Liga das Nações.[20]

Dias depois, a propaganda eleitoral se iniciou a todo vapor. Nas semanas subsequentes, o próprio Goebbels falou em grandes comícios em Potsdam, Berlim, Leipzig, Breslávia, Nuremberg, Frankfurt, Düsseldorf, Koblenz e Colônia.²¹ A mobilização das massas em inumeráveis atos públicos centralmente controlados em todo o país, inteiramente caracterizados pelo fervor pela paz, mas também pelo redespertar da consciência nacional, destinava-se a dar respaldo ao regime nas negociações diplomáticas seguintes.²²

Em Londres, numa sessão do conselho da Liga das Nações convocada às pressas, adotou-se uma resolução ²³ em 19 de março condenando a iniciativa alemã como uma violação flagrante do Tratado de Locarno. Com base nessa resolução, as potências de Locarno apresentaram uma proposta de acordo, à qual Goebbels reagiu com "eles enlouqueceram de vez"²⁴ e que foi rejeitada pelos alemães; estes responderam com um "plano de paz" cujo esboço Hitler discutiu em 31 de março com Göring, Goebbels e Hess.²⁵

Não por acaso, a data da arrogante rejeição da proposta de acordo das potências de Locarno foi o 31 de março: dois dias antes, o regime havia encenado as "eleições" como um tremendo espetáculo que exprimia a coesão da "comunidade nacional-popular".²⁶

O encerramento da campanha eleitoral tinha começado na tarde de 27 de março, uma sexta-feira; todos os jornais receberam instrução de noticiar com letras garrafais os megacomícios que se estenderam por dois dias.²⁷ O início foi a visita de Hitler à fábrica Krupp de Essen, evento transmitido por todas as emissoras alemãs em "rede nacional". Essa grande reunião pública foi introduzida por uma reportagem de Goebbels, que — precisamente às 15h45 — deu a ordem de "içar bandeiras" pelo alto-falante, ao que, segundo o *Völkischer Beobachter*, toda a Alemanha se transformou instantaneamente "num furacão de estandartes com a suástica".²⁸ Ao discurso, no qual Hitler reafirmou sua disposição para a paz e conclamou todas as nações à unidade, seguiram-se outros atos públicos com figurões do partido em todo o país: Göring discursou num grande comício no Palácio de Esporte berlinense; enquanto isso, Goebbels falava a centenas de milhares de pessoas em Düsseldorf.²⁹

Ele havia declarado a véspera da eleição "Dia do Povo pela Honra, a Liberdade e a Paz". Seu apogeu foi mais um discurso noturno de Hitler em Colônia transmitido em "rede nacional", que terminaria com um "coro gigantesco de 67 milhões de alemães". A imprensa concitou a população a se reunir nas grandes praças das cidades para cantar o *Niederländische Dankgebet*.³⁰

Domingo foi o dia da eleição: "O voto para o Führer é um serviço de honra à nação", dizia a manchete do *Völkischer Beobachter*.³¹ Uma vez mais, o resultado do pleito foi muito manipulado: "Dessa vez, o terror, a interferência no voto e a fraude chegaram a uma magnitude sem precedentes", relataram os repórteres do SPD no exílio.³²

O resultado divulgado — 99% de votos "sim" — não revelou o número de votos "não" separadamente, mas misturados com os nulos; os votos em branco foram contados como "sim", e os informantes do Partido Social-Democrata relataram que inclusive as cédulas em que não se lia claramente a palavra "não" eram contadas como "sim". Apesar da forte pressão, mais de 400 mil pessoas deixaram de participar do sufrágio.[33] Em todo caso, com o resultado da consulta popular, o regime sentiu a sua posição fortalecida em face das potências de Locarno. Goebbels comentou: "O Führer se apoderou da nação. Isso nós não esperávamos nem nos nossos sonhos mais ambiciosos."[34]

Enfim, patenteou-se que Hitler prevaleceu com sua tática baseada no blefe: não houve sanções por parte das potências europeias, e as consultas do estado-maior britânico com o francês não deram em nada.[35] A aceitação da invasão alemã da Renânia equivalia à decomposição do sistema de segurança erigido em Locarno.

Amenidades privadas

Em março, Magda e Joseph Goebbels decidiram comprar a casa de Kladow que já tinham usado no verão do ano anterior. Ele recorreu a Hitler, que ficou de conversar com Amann sobre o dinheiro necessário e, além disso, prometeu aumentar os seus vencimentos. "Nós temos", escreveu Goebbels a respeito da sua situação particular, "tantas outras preocupações que não podemos tolerar problemas financeiros ainda por cima".[36]

Enfim apareceu uma alternativa: os Goebbels se interessaram por uma "casa de veraneio" numa das regiões mais exclusivas de Berlim, a ilha de Schwanenwerder, no lago Wannsee.[37] Alguns dias depois, por ocasião de um convite privado, Hitler deu a Goebbels a boa notícia de que pretendia aumentar a sua verba de representação para 4 mil marcos. "É um alívio para nós. Estamos muito contentes. O Führer é tão generoso e nobre."[38] Ele comprou a casa no dia seguinte, confiando em que Hitler mandaria "Amann lhe passar o dinheiro que faltava", e, de fato, dias depois o ditador lhe telefonou de Munique: "Dinheiro para Schwanenwerder garantido. Amann foi generoso outra vez. Estou tão agradecido ao Führer."[39]

Nos dias subsequentes, Magda e Joseph discutiram como retribuir adequadamente a ajuda de Hitler: "Se, por gratidão, nós pudéssemos criar um pequeno lar para ele aqui!"[40] Como sempre, quando mencionava os momentos íntimos com o seu ídolo no diário, Goebbels resvalava num tom afeiçoado, quase sentimental. Efetivamente, no dia 20 de abril, aniversário de Hitler, Magda havia decorado para ele a casa de hóspedes da propriedade. Quando visitou Schwanenwerder na véspera de seu natalício, o Führer se mostrou "empolgadíssimo" com o imóvel e prometeu visitá-los "com muita frequência".[41] Mais tarde naquela noite, Goebbels teve uma demorada conversa particular com o chefe: "Ele está feliz com a nossa felicidade."[42] Meses depois, Hitler lhe garantiu que Magda era "adorável, a melhor mulher que eu podia ter encontrado",[43] e a pequena Helga, ele a amava "como se fosse sua filha".[44]

Pontualmente no início da temporada aquática, Goebbels tornou a adquirir uma embarcação — a terceira desde que assumira o ministério —, a qual mostrou a Hitler, com orgulho, no começo de maio. Os dois voltaram a empreender passeios de barco, e a oportunidade de passar os dias do começo do verão em companhia do seu Führer fê-lo esquecer as "preocupações financeiras por causa de barco".[45] Em julho, ele teve a generosidade de comprar mais uma pequena lancha para a esposa e os filhos, mas gostou tanto dela que passou a usá-la nas suas excursões.[46] Além disso, no verão, deu-se de presente um carro novo, uma "Mercedes esporte 5,4 l",[47] e, semanas depois, encomendou uma "Limusine [sic] para o inverno". O automóvel o encantou por um único motivo: "Parecido com o que tem o Führer."[48]

Naturalmente, tudo isso custou muito dinheiro, mas, no outono de 1936, Goebbels conseguiu equilibrar provisoriamente as finanças. Vendeu seus diários ao chefe da editora Eher-Verlag, Max Amann, em condições verdadeiramente sensacionais: "A ser publicado vinte anos depois da minha morte. 250.000 marcos agora mais 100.000 marcos por ano. É muito generoso."[49] Custa imaginar que essa transação extraordinária tenha sido possível sem o beneplácito de Hitler.

Ainda que seja de supor que Goebbels estivesse mais que satisfeito com essa vida privada tão agradável, não era bem assim. Brigas violentas turvavam frequentemente a sua relação com Magda, tanto que em maio de 1936, depois de dias e dias de altercação, ele chegou a cogitar sair da vila de Schwanenwerder — que ela acabava de decorar com a máxima sofisticação.[50] Ainda que em geral as mencionasse no diário, Goebbels raramente falava no conteúdo das suas longas conversas com a esposa — em evidente contradição com os seus outros apontamentos, grande parte dos quais consistia justamente em resumos de conversas. Embora ele nunca deixasse de registrar a maneira exemplar como Magda cuidava das questões domésticas e das obrigações sociais, parece que as longas e obrigatórias "discussões" noturnas com ela o entediavam.

Poucas semanas mais tarde, no dia 2 de julho de 1936, Goebbels teve um encontro fatal. Num passeio noturno em Schwanenwerder, conheceu a atriz tcheca Lída Baarová, namorada do ator Gustav Fröhlich, que pouco tempo antes tinha comprado a casa vizinha à de Goebbels. Desde o ano anterior, Lída Baarová, de 21 anos, vinha sendo requisitada pela Ufa para representar a mulher fatal e sedutora, papel que o santanário cinema alemão do período nazista preferia dar a atrizes estrangeiras. Goebbels conversou com a moça numa noite de junho e, atendendo a seu pedido, ela lhe mostrou a casa em que morava com Fröhlich.[51]

Passadas algumas semanas, segundo relata Lída Baarová em suas memórias, ele a convidou e a Fröhlich a um passeio de iate juntamente com outras pessoas. Como Fröhlich foi obrigado a se demorar no estúdio devido a uma filmagem noturna, Goebbels insistiu para que ela ficasse na embarcação com os demais convidados; já era bem tarde.[52]

Mais ou menos nessa época, em agosto de 1936, Goebbels soube nada menos que por Rosenberg de uma "coisa desagradável com Lüdecke". Obviamente, tratava-se de um dos casos de Magda, o qual ela acabou admitindo depois de negá-lo inicialmente.[53] No entanto, essa escapada era coisa de muito tempo antes. Kurt Lüdecke, um ativo partidário de Hitler antes de 1933, fugira da Alemanha em 1934 acusado de ser adversário do nazismo. Nessa situação, Goebbels marcou mais um encontro com Lída Baarová, dessa vez em setembro, no congresso do partido em Nuremberg. Ele havia providenciado para que o último filme da atriz, *Verräter* [Traidores], que glorificava o trabalho da espionagem militar e cujo patrocínio o ministro da Propaganda havia assumido, tivesse pré-estreia no congresso — aliás, na presença de Himmler, do ministro da Justiça Gürtner e do chefe da espionagem Canaris.[54] E conseguiu convencer a jovem a conhecer um pouco mais do congresso; no dia seguinte, os dois se aproximaram mais durante um almoço com os empregados da Ufa: "Aconteceu um milagre", escreveu Goebbels no diário.[55]

De volta a Berlim, ele convidou Fröhlich e a namorada ao seu camarote na Ópera e, passados alguns dias, recebeu o casal na casa de Schwanenwerder para assistir ao novo filme do ator.[56] Depois disso, passou a se encontrar com a tcheca não só em sociedade[57] como frequentemente a sós, de preferência na casa de campo que ele tinha em Lanke. E, no inverno seguinte, conforme ela recorda, os dois iniciaram um relacionamento íntimo.

Houve escândalo num dia de inverno em Schwanenwerder, quando o enfurecido Fröhlich foi tomar satisfação com Goebbels por acreditar tê-lo surpreendido numa situação embaraçosa com Baarová.[58] Parece que o boato —

falso — segundo o qual o ator teria esbofeteado o ministro nessa ocasião se espalhou como fogo. Não admira que, a partir de então, Goebbels tenha deixado de ter opinião positiva acerca do rapaz.[59] Durante a guerra, Fröhlich foi um dos poucos atores alemães recrutado pelas forças armadas — posto que temporariamente.

A política externa na primavera e no verão de 1936

Apesar de sua simpatia pela Itália fascista e da admiração que nutria pela maneira arriscada como Mussolini conduzia a guerra na África,[60] Goebbels concordava com Hitler que a aventura do Duce na Abissínia e o conflito ítalo-britânico dela resultante podiam aumentar as chances de aproximação entre a Alemanha e a Grã-Bretanha. "No fim está a aliança dos dois povos germânicos", registrou ele a opinião do Führer em maio de 1936.[61] E Goebbels sentiu sua esperança robustecida quando, em maio, Mussolini anexou a Abissínia e proclamou o rei italiano imperador da Etiópia: "A aliança do Führer com a Inglaterra continuará avançando quase inevitavelmente."[62] Como perspectiva que enfim resultaria de semelhante aliança, Hitler mencionou na presença de Goebbels, no fim de maio, os "Estados Unidos da Europa sob liderança alemã. Essa seria a solução".[63]

Por outro lado, durante o conflito da Abissínia, Mussolini tinha sido levado a melhorar sua relação com o Reich alemão. Foi decisivo para isso o alívio das tensões surgidas entre os dois países quando da tentativa de golpe de Estado nazista na Áustria em 1934. Por esse motivo, em janeiro de 1936, Mussolini comunicou a Hitler que não tinha nenhuma restrição fundamental a que a Áustria, como um Estado formalmente autônomo, se tornasse um satélite da Alemanha. No fim de maio, mandou o embaixador italiano Attolico pedir a Goebbels que "suavizasse um pouco a tensão anglo-italiana na imprensa alemã. É o que farei, pois temos muitos compromissos que atender ao mesmo tempo".[64]

Em junho, o ministro das Relações Exteriores, Suvich, nomeado em decorrência de um acordo com a França e a Grã-Bretanha, foi substituído pelo genro de Mussolini Galeazzo Ciano. O sucessor deste no Ministério da Propaganda foi Dino Alfieri, uma mudança que, na avaliação correta de Goebbels, favorecia a Alemanha. Foi muito conveniente o fato de a condessa Edda Ciano, filha de Mussolini, estar visitando Berlim no momento da troca da guarda e ser tratada com toda deferência pelo casal Goebbels.[65]

Enfraquecido com a retirada do apoio de Mussolini, o chanceler Schuschnigg viu-se compelido a retificar a relação com a Alemanha nazista.⁶⁶ No chamado acordo de julho, negociou-se, entre outras coisas, a melhora das relações de imprensa, com a qual os dois países, numa troca de comunicados, já se haviam comprometido em agosto de 1935.⁶⁷

Goebbels, a cuja pasta cabia parte considerável do acordo de julho, acompanhou de longe e com certo ceticismo⁶⁸ as negociações do embaixador em Viena, Von Papen, e não participou da formulação definitiva do acordo.⁶⁹ Mas, no dia 11 de julho, fez questão de apresentar o comunicado à reunião de imprensa como uma "grande sensação".⁷⁰ Decerto, concordava inteiramente com Hitler que o acordo serviria sobretudo de plataforma para continuar solapando a autoridade do governo austríaco. No começo de maio, o ditador tinha sentenciado definitivamente: "Precisamos conservar a tensão na Áustria e na Tchecoslováquia. Não dar sossego."⁷¹

Em 19 de julho, Goebbels viajou a Bayreuth para assistir uma vez mais ao festival de Wagner. Enquanto acompanhava as apresentações com entusiasmo, se ocupava dos dados pessoais de artistas destacados e passava horas conversando com o Führer sobre os mais diversos assuntos, este, sem pensar em incluí-lo no processo decisório, iniciava uma guinada de sérias consequências na política externa alemã.⁷² No dia 25 de julho, recebeu um emissário do general Franco, o líder de uma conspiração militar contra a Frente Popular de esquerda em Madri, e, pouco depois, ordenou que se apoiassem os golpistas para que a revolta, cujo foco era o Norte da África espanhol, também fosse bem-sucedida na própria Espanha.⁷³

Essa importante decisão em política externa — impulsionada por uma mescla de motivos ideológicos, estratégicos, anticomunistas e de economia de defesa, que enfim seria de grande relevância para o início da aliança teuto-italiana — passou despercebida a Goebbels, que dedicou o dia 25 a assistir a uma apresentação do *Siegfried*. Só no dia seguinte Hitler e Göring o informaram da decisão tomada de madrugada, à qual, na sua anotação no diário, ele atribuiu importância explicitamente secundária: "Vamos participar um pouco na Espanha. Aviões etc. Discretamente. Quem sabe para que isso há de servir."⁷⁴

Entretanto, nas semanas e nos meses seguintes, Goebbels acompanhou atentamente o desdobrar dos acontecimentos na Espanha e ao seu redor:⁷⁵ enquanto a Luftwaffe ampliava cada vez mais o apoio velado aos golpistas, no plano diplomático Hitler executava vastas manobras de diversão: em agosto, a Alemanha ingressou num embargo de armas proposto pela França e, em setembro, participou das conferências de um comitê internacional de não intervenção.⁷⁶ Nos meses subsequentes, paralelamente a essa reorientação diplomática, o tema "antibolchevismo" passou a ocupar mais espaço na propaganda alemã.

Os Jogos Olímpicos e o filme sobre a Olimpíada

No fim de julho, quando voltou de Bayreuth, Goebbels deu com Berlim "verdadeiramente em festa",⁷⁷ ricamente decorada e mais do que preparada para os iminentes Jogos Olímpicos de verão.⁷⁸ Nas duas semanas seguintes, mergulhou de corpo e alma no evento olímpico: assistiu a inúmeras competições, participou intensamente de programas sociais e culturais complementares e aproveitou a ocasião para se congraçar com os mais ilustres visitantes estrangeiros como o tsar búlgaro Bóris, o príncipe herdeiro italiano, o ministro Dino Alfieri, sua contraparte na Itália, assim como Robert Vansittart, o subsecretário de Estado de longa data no Foreign Office britânico. Registrou o bom desempenho dos atletas alemães como "resultado do renascimento do brio nacional".⁷⁹ Em compensação, execrou o fato de os Estados Unidos conquistarem várias medalhas de ouro "por intermédio de negros": "É uma infâmia. A humanidade branca devia se envergonhar."⁸⁰

No fim dos Jogos, organizou uma estrondosa festa na ilha Pfaueninsel, para cerca de 3 mil convidados, destinada a ofuscar todas as outras comemorações e rega-bofes durante a Olimpíada berlinense. Recebeu o tsar búlgaro, todo o corpo diplomático, vários representantes do governo do Reich, bem como numerosos *Gauleiter* e *Reichsleiter*: os engenheiros das forças armadas construíram uma ponte especial de acesso à ilha, alegremente iluminada e na qual tocou a Orquestra de Berlim. Três outras orquestras de baile e o balé da Casa da Ópera Alemã se encarregaram do entretenimento, e, à meia-noite, o show de fogos de artifício foi tão monumental que chegou a lembrar um espetáculo de guerra ao embaixador americano Dodd.⁸¹

No dia 16 de agosto, Goebbels participou da cerimônia de encerramento no estádio de Berlim e fez o balanço: "Com 33 medalhas de ouro, a Alemanha está muito à frente. A primeira nação esportiva. Isso é magnífico."⁸²

No verão de 1935, Hitler encarregou Leni Riefenstahl de eternizar os Jogos Olímpicos no cinema, projeto que Goebbels acompanhou com entusiasmo e do qual apareceu em público como o autor.⁸³ Em outubro de 1935, o Ministério da Propaganda destinou 1,5 milhão de marcos ao projeto, que foi executado por uma empresa criada especialmente para esse fim, a Olympia-Film GmbH.⁸⁴

De quando em quando, o estilo de trabalho enérgico de Riefenstahl e seu voluntarismo simplesmente indomável provocavam cenas desagradáveis na arena da competição com a equipe supervisora. Goebbels foi obrigado a interferir pessoalmente num desses desentendimentos: "Eu desanco a Riefenstahl, que se comporta de maneira abominável. Uma mulher histérica. De homem ela não tem nada mesmo!"⁸⁵

Em virtude da enorme quantidade de filme rodado que, com o seu perfeccionismo característico, a cineasta reuniu no equivalente a dois longas-metragens, a conclusão da obra cinematográfica absorveu muito tempo e dinheiro. As acusações segundo as quais a diretora tinha sido perdulária e até irresponsável com os recursos à sua disposição — Goebbels chegou a falar em "dilapidação"⁸⁶ — foram retiradas mais tarde.⁸⁷

Numa audiência pessoal com Hitler em novembro de 1937, apesar da resistência de Goebbels, Riefenstahl conseguiu obter verba adicional para o filme. O Ministério da Propaganda foi obrigado a lhe destinar mais 300 mil marcos.⁸⁸ Nesse meio-tempo, Goebbels divulgou uma nota desmentindo o boato divulgado pela imprensa internacional segundo o qual ele teria tido uma discussão violenta com a diretora na presença de outras pessoas. Logo a seguir, Hitler e Goebbels a visitaram na sua vila de Dahlem; a imprensa alemã publicou fotografias desse encontro.⁸⁹

Em novembro de 1937, Goebbels teve oportunidade de assistir a uma parte da obra de Riefenstahl — e ficou encantado.⁹⁰ Depois de vários adiamentos,⁹¹ a pré-estreia solene das duas partes do filme, *Festa dos povos* e *Festa da beleza*, marcada por Hitler e Goebbels para dezembro de 1937, acabou ficando para o dia 20 de abril de 1938, o 49º aniversário do Führer, na presença de todas as celebridades nazistas.⁹² Em 1º de maio de 1938, Leni Riefenstahl recebeu das mãos de Goebbels, pela segunda vez, o Prêmio Nacional de Cinema.⁹³

O fruto do sucesso: viagens, festas, honras, presentes

Os Jogos Olímpicos implicaram um aumento considerável da reputação internacional do regime. Isso e uma série de outros fatores contribuíram para que sua situação parecesse bem consolidada: a oposição política estava praticamente neutralizada; a luta contra as igrejas, suspensa; e, graças ao rearmamento, tinha sido possível reduzir muito o desemprego em massa. O plebiscito realizado na forma de celebração da unidade nacional e os Jogos Olímpicos deram suficiente oportunidade de exibir a tão alegada conformidade total entre governo e povo. Agora, no fim do verão, despontava para Goebbels uma fase de vários meses em que ele se banharia na luz dos sucessos alcançados, colheria recompensas e elogios e desfrutaria ao máximo os privilégios inerentes ao seu posto.

No fim de agosto, passou três dias visitando a Bienal de Veneza com Magda. Ficou impressionado com a cidade, que o deixou "totalmente deslumbrado".[94] Notou com satisfação o resultado que se delineava no festival internacional de cinema: *Der Kaiser von Kalifornien* [O imperador da Califórnia], de Trenker, foi escolhido o melhor filme estrangeiro.[95] Na viagem de volta, Goebbels fez uma breve escala no Obersalzberg. Discutiu diversos temas políticos com Hitler e ainda teve tempo para relaxar: "Jogamos boliche, mas nisso o Führer também é mestre."[96]

O congresso do partido de 1936 — Goebbels havia tentado inutilmente persuadir Hitler a abreviar um pouco o programa ou mesmo cancelar o congresso devido ao tumulto da Olimpíada —[97] concentrou-se inteiramente no tema "antibolchevismo". A sua principal contribuição foi um discurso, em 10 de setembro, intitulado "Bolchevismo, o inimigo mundial". Embora ele já houvesse explorado bastante o tema no discurso do ano anterior, dessa vez, tendo como cenário o desenvolvimento da política externa que se delineava, sua fala foi o prelúdio de uma grande campanha de propaganda anticomunista.[98] Hitler achou o discurso "excelente", e Goebbels, como de costume, deliciou-se com a repercussão naturalmente fantástica que a imprensa providenciou por ordem do Ministério da Propaganda.[99] Durante o espetáculo de Nuremberg, com as costumeiras passeatas, paradas militares, cerimônias solenes, desfiles com tochas, recepções e infindáveis discursos, ele, como vimos, ainda arranjou tempo para dar os primeiros e meigos nós na corda com que laçaria Baarová.

Em 20 de setembro, empreendeu a havia muito planejada viagem à Grécia.[100] No dia 22, ao visitar a Acrópole em Atenas, viveu uma das "mais lindas e profundas manhãs da minha vida: [...] horas e horas em contato com a arte nórdica nesta cidade tão antiga. Os propileus, o Partenon e o Erectêion. Estou completamente deslumbrado. Acima de tudo, este céu ático azulíssimo. [...] Como o Führer ficaria contente se estivesse conosco!".[101]

No dia seguinte, foi a Tebas, passando por Delfos: "Isto é a Antiguidade, a nossa bênção e a nossa enorme graça." À noite, embarcou num pequeno vapor na vizinha Itea. Escreveu que a viagem noturna foi sufocante, quase insuportável, Magda chegou a passar mal: aliás, essa é uma das poucas passagens em todos os seus diários de viagem que mencionam a esposa; Goebbels não parece ter compartilhado com ela as impressões profundamente comoventes do dia anterior, pelo contrário, gozou-as de forma intensa e consciente, mas sozinho. É significativo que tenha sido de Hitler que ele sentiu falta na visita à Acrópole.[102]

Depois de vários dias de viagem de barco, durante os quais visitou diversos sítios arqueológicos, ele voltou a Atenas, da qual, dias depois, se despediu "com tristeza".[103]

A despeito de seu princípio de não aceitar honras pomposas,[104] não pôde evitar que o premiê Metaxas o condecorasse com a mais importante insígnia grega. Goebbels pôs "para o mau tempo cara boa". Logo que retornou, Alfiere lhe conferiu a Ordem de São Maurício. "Uma situação um tanto constrangedora. Mas que fazer? Recebê-la de cara fechada?"[105]

Um mês depois de regressar, em 29 de outubro e nos três dias seguintes, ele foi o centro de inúmeras festas e homenagens: seu 39º aniversário coincidiu com o jubileu de dez anos no posto de *Gauleiter* de Berlim, acontecimento que precisava ser celebrado em grande estilo. Primeiramente, recebeu no ministério uma delegação de artistas alemães à qual anunciou uma doação de 2 milhões de marcos para o fundo de aposentadoria dos artistas, e recepcionou também os 28 correligionários mais antigos do *Gau*, que receberam a medalha de ouro do partido. Também foram providenciadas listas de congratulações para os berlinenses que não tiveram o privilégio de parabenizar o *Gauleiter* pelo seu dia de glória.

Por fim, Hitler esteve no ministério; os dois se recolheram no gabinete de Goebbels, que, comovidíssimo, não deixou de registrar aqueles momentos preciosos: "E então ele conversa comigo com muito carinho e confiança. Fala nos velhos tempos, na nossa grande afinidade, no quanto gosta de mim também pessoalmente, ele é tão afetuoso comigo. Dá-me de presente o seu retrato com uma dedicatória magnífica. E um quadro da escola holandesa. Passo uma hora deliciosa a sós com ele. Abre totalmente o coração para mim." Seguiram-se um desfile de tochas pelo Lustgarten e uma parada da Leibstandarte;* mais tarde Goebbels deu uma recepção em casa, à qual o Führer também compareceu.[106]

No dia seguinte, numa recepção na prefeitura, Goebbels posou de "socialista" no discurso de agradecimento, afirmando que estava "mais ligado aos

---

* Divisão da SS inicialmente encarregada da guarda pessoal de Hitler. (N. do T.)

pobres do nosso povo que ao rei de qualquer outro país".¹⁰⁷ A municipalidade cedeu-lhe uma "casa modesta à beira de um dos lagos serenos dos arredores de Berlim", como informou o *Angriff*, que publicou um número especial por ocasião do aniversário.¹⁰⁸ Tratava-se de uma casa de madeira de quatro cômodos e diversos anexos situada num enorme terreno florestado à beira do Bogensee, uns 40 quilômetros ao norte do centro da cidade, perto da recém-inaugurada autoestrada Berlim-Settin, que ele poderia usar gratuitamente até o fim da vida.¹⁰⁹

Depois visitou a exposição "Dez Anos de Luta em Berlim", lançou a pedra fundamental do Centro Habitacional Goebbels, em Freidrichshain, e depositou uma coroa de flores no túmulo de Horst Wessel. À noite, percorrendo a cidade embandeirada em sua homenagem, foi ao Palácio de Esporte, onde ele e Hitler discursaram: "Ele me enaltece de um modo sem precedente. Isso eu não esperava. Fico comovido e profundamente emocionado. Ele termina com um '*Heil*' para mim. Como estou feliz. Aplausos freneticamente estrondosos."¹¹⁰ No dia seguinte, Goebbels se encarregou pessoalmente de fazer com que o discurso do Führer recebesse o devido destaque na imprensa.¹¹¹

No dia 31 de outubro, seguiram-se a proclamação da SS no Lustgarten e, à noite, uma festa do partido no salão Deutschlandhalle: "Sou mimado com amor e fidelidade. É tão lindo."¹¹² Agradecido, recebeu "felicitações"¹¹³ de toda parte, "montanhas de cartas, flores e presentes",¹¹⁴ "manifestações de amor de todo o povo".¹¹⁵ Ficou "totalmente encantado" e "profundamente comovido" com tantos tributos.¹¹⁶

Em 1º de novembro, ainda houve um "ato público da juventude" no cinema Ufa-Palast am Zoo, durante o qual Schirach, entre outros, fez um discurso "muito bonito" para Goebbels. Um membro da Juventude Hitlerista leu o obituário de Wessel por ele escrito em 1930: "Que poética essa composição." À noite, enfim, as celebrações acabaram com uma apresentação da *Viúva alegre* a que ele assistiu em companhia de antigos correligionários na Ópera de Berlim.¹¹⁷

A política externa no outono de 1936

Nos meses que se seguiram à vitória de Mussolini na Etiópia e com o início da Guerra Civil espanhola em agosto, Hitler operou uma brusca mudança na política externa. Justamente por continuar excluído do processo de concepção e decisão nesse terreno, foi com avidez que Goebbels passou a acumular no diário indícios do rumo que o Führer tomaria dali por diante.

Se, até a primavera de 1936, Hitler ainda acreditava que a agressão italiana contra a Abissínia e a crise dela decorrente aumentariam as chances de uma aliança teuto-britânica, agora começava a perceber o desenvolvimento internacional como um bloco abrangente a impulsioná-lo nessa direção. No outono de 1936, prenunciou várias vezes na presença de Goebbels a inevitabilidade do conflito com o "bolchevismo". O tema já tinha sido o *leitmotiv* do congresso do partido e, desde então, era muito enfatizado pela propaganda. Em face da guinada — a seus olhos perfeitamente plausível — da França para o comunismo e da conclusão do rearmamento prevista só para 1941, Hitler começou a depositar esperanças numa possível aliança anticomunista que abrangesse em primeiro lugar a Itália, depois o Japão e enfim a própria Grã-Bretanha.[118]

No tocante à reaproximação com a Itália, Goebbels estava mais do que disposto a servir de mediador. Sua intermediação possibilitou uma conversa de Hitler com Alfieri, o ministro italiano da Cultura.[119] Goebbels soube que o líder nazista queria que a Itália rompesse com a Liga das Nações. "Então nós teríamos liberdade de ação. Ele não vai fazer nada contra a Itália. Quer uma *entente* espiritual. Mussolini convidado a vir à Alemanha. Conversa direta."

Em 24 de outubro, o conde Ciano visitou Hitler no Berghof: nessa entrevista, o ditador abriu para o hóspede italiano — como se pode ler nas anotações deste — vastas perspectivas de colaboração teuto-italiana que evoluiriam para uma frente europeia contra o bolchevismo. Ademais, declarou inequivocamente que a Alemanha estaria pronta para a guerra dentro de três a cinco anos e definiu a região do Mediterrâneo e a Europa Oriental como esferas de interesse respectivamente italiana e alemã.[120] Mussolini captou esse nítido sinal uma semana depois, quando, ao discursar em Milão, falou num "eixo" Berlim-Roma "em torno ao qual podem se movimentar todos os Estados europeus que tiverem vontade de cooperar pela paz". Goebbels interpretou prontamente essa fala como um sinal claro "para a Alemanha, a Áustria e a Hungria".[121] Em meados de dezembro, voltou a se encontrar com o novo cônsul-geral italiano, o major Renzetti, homem de confiança de Mussolini que ele conhecia desde os anos 1920 como intermediário do Duce, para discutir possíveis meios de "sustentar e fomentar a relação teuto-italiana".[122]

Além da melhora da relação teuto-italiana, a aliança com o Japão passou a ter importância estratégica. Hitler já lhe explicara em junho que haveria um conflito entre este país e a União Soviética, e, quando o grande colosso do Leste começasse a oscilar, "nós temos de nos abastecer de território para cem anos".[123]

No dia 25 de novembro, foi assinado o Pacto Anticomintern com o Japão em Berlim. O ajuste previa o combate à Internacional Comunista mediante a troca de informações. Numa cláusula adicional, os dois Estados garantiam neutralidade mútua em caso de ataque da União Soviética e, além disso, se comprometiam a não firmar nenhum acordo que contradissesse o "espírito deste tratado".[124]

Em 1º de dezembro, Hitler passou três horas expondo sua visão das coisas ao gabinete; à parte a transcrição contida nos diários de Goebbels, tudo indica que não há nenhuma outra documentação escrita. Segundo o líder nazista, a Europa já estava dividida em dois campos. De um lado, França e Espanha seriam as vítimas seguintes da sofreguidão comunista de expansão territorial. O triunfo do comunismo nesses países precipitaria toda a Europa numa crise para a qual a Alemanha ainda não estava militarmente preparada.[125] Tampouco se podia confiar nos "Estados autoritários (a Polônia, a Áustria, a Iugoslávia, a Hungria)". Os únicos Estados conscientemente antibolchevistas eram, além da Alemanha, a Itália e o Japão, com os quais ele estava em vias de firmar acordos. "A Inglaterra se aproximará quando a crise irromper na França."

Pelo menos na presença dos colaboradores mais íntimos, Hitler sustentou a ideia de que sua política externa cada vez mais agressiva ainda resultaria na desejável aliança com a Grã-Bretanha.

16. Os "fatores mais importantes da nossa moderna vida cultural"
Consolidação da política cultural nazista

No dia 30 de janeiro de 1937, Goebbels estava entre os deputados do Reichstag que ouviram o discurso de Hitler por ocasião do quarto aniversário da "tomada do poder".¹ Nessa alocução, entre outras coisas, ele retirou o reconhecimento da culpabilidade alemã pela guerra que o governo do seu país fora obrigado a assinar em 1919 no âmbito do Tratado de Versalhes: um ato simbólico para liquidar definitivamente o acordo de paz. Nesse mesmo discurso, prometeu que, no terreno da política externa, tinha se "acabado o tempo das chamadas surpresas"; mas seu violento e polêmico ataque ao ministro britânico das Relações Exteriores Eden deixou claro que ele não se havia convertido ao pacifismo.²

Muito pelo contrário: poucos dias antes, dissera na presença de Goebbels que precisava de "mais seis anos", porém, "se surgir uma chance muito favorável", não pretendia deixá-la escapar.³ Algumas semanas mais tarde, acrescentou que esperava, segundo anotou Goebbels, "uma grande conflagração mundial dentro de cinco/seis anos. Então em 15 anos ele terá liquidado a paz de Westfália. [...] Numa futura luta, a Alemanha vencerá ou deixará de viver".⁴ É no contexto dessas perspectivas de longo prazo que se devem aquilatar as medidas diplomáticas de Hitler nos meses subsequentes.

Entre o início de 1937 e a primavera de 1938, ele imprimiu uma nova orientação na política externa alemã, que se reflete nitidamente nos apontamentos no diário do ministro da Propaganda: tendo perdido a esperança numa aliança com a Grã-Bretanha, passou a se concentrar no pacto com a Itália.⁵ O engajamento dos dois Estados na Guerra Civil espanhola e a canhestra tentativa da Grã-Bretanha de impor uma política de "não intervenção" pela via diplomática constituíram o cenário dessa mudança política.⁶ Goebbels acompanhou com tristeza o distanciamento cada vez maior em relação à Grã-Bretanha, pelo qual, no entanto, atribuía a responsabilidade ao embaixador alemão em Londres, Ribbentrop, e não a Hitler.[7] Este, por sua vez, achava que a nova coalizão lhe permitiria sujeitar a Áustria e a Tchecoslováquia em relativamente pouco tempo. Em março de 1937, havia dito na presença de Goebbels que era preciso abocanhar esses dois países "para arredondar o nosso território",[8] e não foi de outro modo que Goebbels avaliou o paulatino isolamento da Áustria.[9]

A fase de velada reorientação na condução dos negócios estrangeiros teve consequências na política de propaganda: a atividade do ministro da Propaganda entrou numa etapa em que o principal já não era, como nos anos anteriores, a estabilidade interna do regime ou a solução de crises diplomáticas. Agora seu trabalho passou a enfocar temas de política cultural. Entre o outono de 1936 e a primavera de 1938, Goebbels se concentrou em impor nos principais terrenos da política cultural a exigência de totalidade do nacional-socialismo e em dar ao conjunto do regime um perfil culturalmente arredondado. Claro que essa política também visava desviar a atenção do material explosivo da política externa que surgia.

Para começar, tratava-se de restringir a influência da Igreja na vida pública: era a única instituição que questionava ou podia questionar a pretensão de poder total dos nazistas. O próprio desenlace daquele 30 de janeiro ilustra o quanto isso era urgente do ponto de vista do regime. Uma vez encerrado o discurso de Hitler na reunião ministerial, como anotou Goebbels escandalizado, aconteceu o "inconcebível". Depois que ele, "profundamente comovido", agradeceu o trabalho dos membros do gabinete e declarou em tom solene que todos os não filiados ao partido deviam ser acolhidos na sigla em homenagem àquela data, o ministro dos Transportes Paul von Eltz-Rübenach rejeitou abertamente a generosa oferta. E justificou sua atitude alegando que o nacional-socialismo ia "reprimir a Igreja" — e, além disso, exigiu de Hitler uma explicação da sua futura política eclesiástica.[10] Segundo Goebbels, o ditador não fez caso da pergunta; os outros participantes da reunião ficaram "paralisados" na cadeira. A "atmosfera se arruinou". Era inevitável a renúncia imediata do ministro.

A questão religiosa

Depois do escândalo em torno de Eltz-Rübenach, o conflito entre o nazismo e as igrejas entrou numa fase decisiva. A partir do fim de 1936, ficou cada vez mais claro que a política do ministro das Igrejas Kerrl não tinha conseguido instaurar a harmonia nas divididas igrejas protestantes.[11] No círculo mais chegado, Hitler se manifestou igualmente crítico com Kerrl,[12] posto que ao mesmo tempo tratasse as igrejas com intransigência.[13]

Em 12 de fevereiro de 1937, quando se dissolveu o Comitê Eclesiástico Nacional, o órgão central criado por Kerrl para garantir a unidade da comunidade protestante, este anunciou que ia submeter as igrejas a um regime estatal muito mais rigoroso.[14] A seguir, Hitler convocou Kerrl, Frick, Hess, Himmler e Goebbels para uma discussão sobre a questão no dia 15 de fevereiro no Obersalzberg.

Goebbels aproveitou a viagem de trem para se preparar intensamente com Himmler e o secretário de Estado do Interior Sutckart para a reunião de cúpula. Não foi por acaso que os três viajaram no mesmo trem noturno; eles representavam — assim como Martin Bormann, o substituto de Hess — uma linha rigorista na política eclesiástica: eram unânimes em rejeitar a linha de Kerrl, que equivalia a impor a liderança dos Cristãos Alemães para conciliar a igreja protestante com o Estado nacional-socialista. A condenação a Kerrl levou Goebbels ao seguinte ponto nas suas anotações sobre o debate travado durante a viagem: "Kerrl quer conservar as igrejas, nós queremos liquidá-las. As diferenças que nos separam não são táticas, são fundamentais."[15]

Ele comentou da seguinte maneira os planos da política eclesiástica de Hitler: "Agora não lhe convém nenhuma luta entre igreja e Estado. Espera a grande batalha global dentro de alguns anos. A Alemanha perde mais uma guerra; então seria o fim." Por esse motivo, as provisões pretendidas por Kerrl estavam fora de cogitação, pois implicavam um "summus episcopus" (na figura do ministro das Igrejas) e só podiam ser impostas "com violência". Quando Himmler atacou "com muita veemência Kerrl e sua política oscilante" e este, na opinião de Goebbels, se limitou a proferir "frases feitas", o ministro da Propaganda viu chegar a sua hora: "Minha proposta: ou bem a separação entre igreja e Estado — e em minha opinião ainda é cedo para isso — ou nova eleição de um sínodo constituinte, distanciamento total do partido e do Estado nessa questão, representação proporcional livre e então altos vencimentos para os delegados sinodais. Em um ano, eles estarão mendigando o auxílio do Estado contra si próprios." Sua proposta teve boa acolhida e foi devidamente reelaborada numa declaração. Goebbels mandou convocar uma reunião de imprensa em Berlim, a respeito da "Iniciativa de paz do Führer na questão eclesiástica". Tomou conhecimento de bom grado de uma instrução de Hitler segundo a qual, dali por diante, todos os contatos com a imprensa na questão eclesiástica passariam pelo seu ministério.[16]

Dois dias depois, ele constatou que tinha razão em desconfiar de Kerrl: "Kerrl quer apoiar os Cristãos Alemães. Isso é uma sabotagem direta ao plano do Führer. Um escândalo sem precedente." Obersalzberg o informou por intermédio de seu chefe do departamento de imprensa de que a Igreja Confessional [*Bekennende Kirche*], a oposição interna aos Cristãos Alemães, não queria participar das eleições: "Kerrl facilita muito a vida desses carolas", escreveu ele com irritação: "É incapaz de cumprir sua missão tão delicada."[17] Ao contrário de Kerrl, Goebbels continuou apoiando a "neutralidade absoluta" no tocante à planejada eleição eclesiástica.[18]

Todavia, passados poucos dias, coube-lhe descobrir que já não estava acompanhando a linha política de Hitler referente a esse problema. Agora o Führer queria dar todo apoio aos Cristãos Alemães e, após sua vitória na eleição, anunciar a concordata com o papa. A longo prazo, o ditador queria declarar os nazistas "os únicos cristãos verdadeiros". "Cristianismo é a palavra de ordem do extermínio dos padrecos, assim como outrora socialismo era a do extermínio dos figurões marxistas."[19]

Goebbels ficou tão impressionado com tudo isso que não lhe foi difícil aderir prontamente à nova linha: apoio aos Cristãos Alemães. Paciente e cheio de anuência, recebeu de Kerrl e seu secretário de Estado Muhs, em entrevistas em abril e maio, esclarecimentos sobre o novo posicionamento político. No fim de junho, os preparativos para a eleição foram paralisados e nunca mais retomados. O magnífico plano de Goebbels soçobrou nas profundezas.[20]

Nesse meio-tempo, porém, a relação com a Igreja Católica deteriorou-se aceleradamente.[21] Em fevereiro, Goebbels anotara, mal-humorado, que o cardeal Faulhaber tinha "feito um violento sermão contra o Führer". Era preciso "dizer poucas e boas a esse padreco".[22]

Mas a coisa não tardou a piorar: em 20 de março, Heydrich procurou Goebbels tarde da noite para lhe falar sobre a iminente publicação de uma carta do papa aos bispos alemães. Tratava-se da encíclica *Mit brennender Sorge* [Com profunda preocupação], na qual o pontífice acertava contas com o regime nazista e sua visão de mundo pseudorreligiosa, denunciando francamente numerosas violações da concordata de 1933.[23] Como reagir a isso? Os dois concordaram: "fingir-se de morto e não fazer caso", "pressão econômica em vez de prisões", "apreensão e proibição" de publicações da Igreja; à parte isso, "manter a calma e aguardar a hora de nos livrarmos desses provocadores".[24]

Dois dias depois, Goebbels notou com desânimo que "a imprensa estrangeira estava dando um destaque sensacional à mensagem papal". A situação se exacerbou com a publicação de um "artigo altamente desastrado" de Rosenberg no *Völkischer Beobachter*, muito embora o que se recomendava fosse reserva, o que coincidia com a opinião de Hitler.[25]

Não obstante, passados poucos dias, este lhe disse ao telefone que agora queria "arremeter contra o Vaticano". Que se reativassem, e em grande estilo, os processos por imoralidade congelados no verão de 1936. O ponto de partida seria um complexo de acusações que já estava com a promotoria de Koblenz; além disso, Hitler cogitou como "prelúdio" um "crime sexual atroz contra um menino num convento belga"; Goebbels que enviasse sem perda de tempo um "correspondente especial" a Bruxelas.[26]

Logo a seguir, instruiu as autoridades judiciais a desarquivar os processos.[27] Em todo caso, munição era o que não faltava, como registrou Goebbels dias mais tarde: "Ainda temos quatrocentos processos pendentes."[28] No fim de abril, iniciou-se a série de processos de Koblenz. Descontente com o desempenho da mídia, na sua opinião ainda insuficiente, convocou uma reunião especial de imprensa, durante a qual instruiu os jornais a desencadear "uma grande ação propagandística contra a Igreja Católica". O resultado foi tão convincente que, no dia seguinte, ele manifestou gratidão aos jornalistas.[29]

Hitler saudou a nova onda propagandística, como Goebbels pôde constatar com satisfação em maio. Ao mesmo tempo, soube que o Führer não queria "a confessionalização do partido" e tampouco desejava "ser endeusado". O movimento nazista tinha de "sujeitar as igrejas e transformá-las em nossas servas". Concretamente, convinha eliminar o celibato, confiscar o patrimônio eclesiástico e proibir os homens de estudar teologia antes dos 24 anos. E: "As ordens serão dissolvidas, será cassado o direito de ensino das igrejas. Só assim nós as subjugaremos dentro de alguns anos."[30] Nos dias subsequentes, Goebbels se deleitou com o noticiário a respeito dos processos.[31] Foi "com asco e indignação" hipócritas que tomou conhecimento da propaganda incendiária[32] continuamente instigada por seu ministério.[33]

No dia 28 de maio, em discurso no Deutschlandhalle berlinense, atacou violentamente os "criminosos sexuais e seus chefes". Mas os elementos-chave dessa alocução, que de modo geral assinalou o auge da campanha do regime contra as igrejas em 1937, não eram de sua autoria, como revela o diário: "O Führer dita a minha declaração de guerra de hoje ao clero na questão dos processos de imoralidade. Muito virulento e drástico. Eu não teria ido tão longe."[34]

Na sua fala, Goebbels explicou que os casos de abuso sexual perpetrado por religiosos, que havia algum tempo ocupavam a Justiça do Estado nacional-socialista, longe de representar "lamentáveis fatos isolados", eram uma "perversão generalizada". E, assumindo a pose de pai de família revoltado, não se furtou a entrar nos detalhes do abominável embrutecimento moral: "Os jovens menores de idade eram sodomizados nas sacristias depois da confissão; a complacência das vítimas com os desejos indecentes dos criminosos sexuais era premiada com santinhos; uma vez praticado o ato de fornicação, os meninos desonrados se persignavam e recebiam a bênção."

Avisou que "essa peste sexual deve ser e será arrancada pela raiz". Era bem possível que "algumas personalidades destacadas do clero" fossem vistas "explicando-se no tribunal".[35] No dia seguinte, anotou que a imprensa alemã, que desde o dia 26 de maio vinha sendo reiteradamente alertada para a importância fundamental do discurso, "publica-o na íntegra com comentários indignados e impressionantes. Nota-se que atingi a todos no fundo do coração".[36]

Em 2 de junho, ele compareceu ao Ministério da Aeronáutica, onde Hitler falou aos *Gauleiter* sobre a política eclesiástica; recusou o "papel de reformador religioso". Goebbels viu motivo de júbilo: "Tudo isso é água no meu moinho. Tenho 100% de razão."[37]

Nas semanas seguintes, continuou instigando a campanha propagandística contra a Igreja Católica.[38] Mas, no começo de julho, irritou-se com as penas na sua opinião excessivamente brandas nos "processos dos padres".[39] A prisão do pastor Niemöller no início de junho — os representantes da Igreja Confessional foram acusados de "discursos incendiários" contra os dirigentes nazistas — deixou-o satisfeitíssimo: era preciso "trancafiar" Niemöller "até que ele perca a audição e a visão".[40]

Durante o Festival de Bayreuth, Goebbels voltou a discutir política eclesiástica com Hitler. Na ocasião, aconselhou-o a interromper os processos por dois meses: "Para que o povo não perca o interesse."[41] No entanto, seu conselho chegou *post factum*, pois o líder nazista já havia paralisado os processos ao mais tardar em 24 de julho; presumivelmente, motivos diplomáticos o levaram a procurar uma espécie de trégua com as igrejas. No fim de julho, a imprensa foi informada a esse respeito.[42]

Em Bayreuth, Goebbels se surpreendeu ao saber que Kerrl, tendo mudado de opinião, agora era favorável à separação entre igreja e Estado. Queria promover uma eleição de lista fechada nas igrejas protestantes, proposta que Goebbels achou "muito duvidosa". Mas, no dia seguinte, ao ouvir que Hitler concordava com a ideia, passou a julgá-la "excelente": "Para as igrejas, vai ser um desastre catastrófico."[43]

Nos meses seguintes, não abandonou a luta contra as igrejas. Tentou várias vezes convencer o Führer a retomar os "processos dos padrecos".[44] Além disso, leu Ludwig Thoma, que, conforme escreveu no diário, "enche-me de ódio aos padrecos".[45]

Mas Hitler preferia "comedimento" na questão eclesiástica. Segundo Goebbels, ele se aproximava "cada vez mais da separação entre igreja e Estado. Mas então é a devastação total do protestantismo. E nós ficamos sem nenhum contrapeso frente ao Vaticano".[46] Para Hitler, no quadro do rearmamento e da preparação da guerra maciços, uma mudança do status quo na política eclesiástica estava absolutamente fora de cogitação.[47] Sua reticência mostra que o regime continuava inseguro, depois de mais de quatro anos de ditadura, no tocante à sua consolidação entre a população.

Em fevereiro de 1938, quando se iniciou o processo contra o pastor Niemöller, uma grande celeuma em torno de um representante proeminente da Igreja Confessional já não ficava bem na paisagem política. Isso também explica por que o desfecho do processo não foi nada satisfatório para os inimigos radicais das igrejas: embora Goebbels tivesse pressionado incessantemente a Justiça para que o julgamento terminasse rápida e "silenciosamente" e com uma pena elevada — afinal, Hitler lhe havia garantido que queria que o pastor "nunca mais fosse solto" —,[48] o resultado foi bem diferente: o tribunal deu a Niemöller a oportunidade de informar amplamente sobre sua pessoa e motivos, de convocar respeitáveis testemunhas de defesa e de plasmar seu arrazoado como uma extensa preleção. Coisa que deixou Goebbels furioso.[49]

Por fim, Niemöller foi condenado a sete meses de reclusão e multa de 2 mil marcos; a fundamentação da sentença foi uma verdadeira indenização para o religioso. No entanto, em vez de ser posto em liberdade como decidiu o tribunal, já que havia cumprido a pena no período de prisão preventiva, ele foi levado a um campo de concentração por ordem de Hitler[50] e lá ficou até o fim da guerra na qualidade de "prisioneiro pessoal do Führer".

"A imprensa estrangeira vai esbravejar por alguns dias", concluiu Goebbels. "Mas isso é suportável. O essencial é: o povo ficará protegido contra a subversão e a divisão promovidas por essas criaturas inescrupulosas."[51]

A aspiração de Goebbels à liderança na política cultural

O banimento das igrejas da vida pública foi um aspecto da política cultural nazista que — com a estabilização interna e externa do regime — constituiu o ponto focal do trabalho de Goebbels a partir do fim de 1936. O outro aspecto foi o esforço constante do ministro para controlar inteiramente todos os setores da cultura, assim como os meios de comunicação de massa, e neles inculcar algo como um espírito nacional-socialista. É possível acompanhar esse empenho em todos os domínios importantes da política cultural e midiática.

Desde o fim de 1936, vinha se anunciando claramente que, no futuro, o regime exerceria uma influência ainda mais decisiva no terreno da política cultural. No dia 23 de novembro de 1936, quando o Comitê do Prêmio Nobel notificou que pretendia conceder retroativamente o prêmio da paz do ano anterior ao pacifista alemão Carl von Ossietzky, que estava encarcerado desde 1933 em presídios e campos de concentração, Hitler reagiu a essa "provocação insolente"[52] — como a chamou Goebbels — decidindo proibir os cidadãos alemães de aceitar o Prêmio Nobel dali por diante. Ao mesmo tempo, criou o altamente remunerativo Prêmio Nacional Alemão, que seria outorgado anualmente a três proeminentes personalidades da ciência e da cultura. Essa decisão foi anunciada no início de 1937, por ocasião das comemorações de 30 de janeiro.[53]

Na mesma semana, na terceira conferência anual da Câmara Nacional de Cultura, Goebbels fez um discurso muito alardeado pela propaganda, em que ressaltou sua aspiração à liderança na totalidade do setor cultural. Entre outras coisas, singularizou a "criação da nossa grande festividade nacional-socialista" como um "dos fatores mais importantes da nossa vida cultural moderna". Nela se desenvolvia "um ritual claríssimo, moderno e simples, elaborava-se uma firme tradição". Mas também alertou inequivocamente para que "o forte páthos que ali se manifesta [...] não seja aviltado até a nulidade": "Nem toda festa de associação é uma celebração cultural." A advertência deixa claro que, em poucos anos, os rituais comemorativos já arriscavam se desgastar devido à imitação e à repetição excessivamente frequentes no dia a dia e que a banalidade e o kitsch ameaçavam ficar demasiado visíveis por trás do grande páthos das celebrações e consagrações nazistas.

Ao mesmo tempo, Goebbels salientou sua influência decisiva no terreno político-cultural ao anunciar o fim da crítica artística,[54] uma forma de jornalismo em que ele próprio exercera reiteradamente a crítica pública.[55] Em maio de 1936, já tinha proibido a "crítica noturna", ou seja, as breves resenhas de apresentações teatrais, musicais e cinematográficas na imprensa vespertina do mesmo dia,[56] alegando que se tratava de uma prática introduzida pelos "grandes conglomerados midiáticos judeus", à qual faltava o "devido respeito ao trabalho artístico".[57] Mas todas as suas tentativas de regulamentar e restringir a crítica artística em nada alteraram o dilema fundamental de a atividade cultural subvencionada e controlada pelo Estado simplesmente não tolerar nenhuma crítica livre. De modo que a proibição da crítica artística, que Goebbels enfim enunciou e deu a conhecer por meio de um decreto em novembro de 1936, era apenas lógica: acima de tudo, era a proibição de contestar publicamente, no futuro, os frutos da política cultural do Ministério da Propaganda e de seu chefe.[58]

A influência cada vez mais decisiva de Goebbels na vida cultural também se deveu à circunstância de ele haver conseguido, em 1936-37, marginalizar as ambições político-culturais de Rosenberg.

Na primavera de 1936, este se havia recusado a entrar no Senado Nacional de Cultura a convite de Goebbels, mesmo porque essa convocação não deixava de ser uma provocação: afinal de contas, um ano antes, mediante uma intervenção de Hitler, o ministro da Propaganda havia impedido o ideólogo do partido de criar o seu próprio senado cultural.[59] Quando, em meio ao conflito com Goebbels, Rosenberg se queixou de que a tática de protelação do Ministério da Propaganda havia impedido uma vez mais a transmissão radiofônica dos seus discursos, ele também documentou o quanto havia ficado em desvantagem frente ao chefe do aparato propagandístico.[60]

No verão de 1936, teve-se a impressão de que Goebbels e Rosenberg iam chegar a um acordo em mais um ponto controverso, a integração da comunidade cultural nazista à Câmara Nacional de Cultura, na qual constituiria a oitava câmara. Nesse meio-tempo, Rosenberg tinha abandonado o projeto de acolher a organização na Kraft durch Freude e estava em busca de uma conexão com Goebbels.[61] Mas as negociações pertinentes terminaram em novembro sem nenhum resultado, principalmente porque, enquanto isso, o ministro da Propaganda havia chegado à conclusão de que a posição de Rosenberg não era tão forte assim na corte de Hitler, de sorte que lhe era possível manter à distância o rival político-cultural que criara dificuldades para ele nos últimos anos.[62] E viu confirmada essa avaliação no dia 14 de novembro, quando estava almoçando com o Führer e o ouviu atacar a tendência a exagerar o culto aos germanos e difamar Carlos Magno como "estripador de saxões". "Rosenberg, a quem se endereçava a crítica, ficou mudo e carrancudo à mesa."[63]

Rosenberg também tentou se reaproximar de Ley, agora numa situação de barganha substancialmente mais desfavorável: afinal, como já estava previsto desde 1934, a comunidade cultural nazista foi absorvida pela Kraft durch Freude, se bem que degradada a uma mera organização visitante. Com isso, malogrou a tentativa de Rosenberg de opor à Câmara Nacional de Cultura uma organização igualmente poderosa.[64] Sem base de poder própria nem o apoio de Hitler a suas ambições germânico-populares, a missão de Rosenberg de "educar ideologicamente" o conjunto do movimento nacional-socialista perdeu o valor: o ministério de Goebbels e o sistema de câmaras por ele criado é que desempenhavam o papel central na vida cultural. Em 1937, isso se manifestou nos setores isolados da política cultural nazista e no controle dos meios de comunicação de massa. No entanto, também se revelou que o poder do homem mais importante na política cultural do regime não era ilimitado em todos os domínios.

Mais um passo no processo de nazificação do rádio

Em 1937, Goebbels avançou consideravelmente na nazificação da radiodifusão. Desde 1936, vinha cobrando com insistência mais entretenimento no rádio: era preciso reduzir os programas falados e aumentar a proporção de música popular.[65] Mais ou menos em março de 1936, deu instruções aos diretores artísticos para que reservassem o horário nobre para programas de entretenimento.[66] Em janeiro de 1937, repreendeu o diretor nacional de produção radiofônica Hadamovsky porque o rádio era excessivamente "doutrinário": "Tendência geral em toda parte: relaxar!"[67]

Para impor essa ideia básica, a Sociedade Nacional de Radiodifusão foi reorganizada conforme a sua visão; e o pessoal, substituído. Criou-se o departamento do diretor nacional, comandado por Heinrich Glasmeier, que ao mesmo tempo assumiu a diretoria geral da Sociedade Nacional de Radiodifusão, passando a ser hierarquicamente superior a Hadamovsky. Com essa reorganização, Goebbels assegurou que o "controle da radiodifusão" fosse exercido com eficiência pelo ministério, ao passo que o trabalho administrativo ficava a cargo de Hadamovsky e dos diretores artísticos das emissoras. Hans Kriegler tomou o lugar de Dressler-Andress na direção do departamento de rádio do Ministério da Propaganda.[68]

Em discurso por ocasião da inauguração da Exposição de Radiodifusão no fim de julho, Goebbels constatou que sua exigência de mais entretenimento tinha sido atendida. Dali por diante, nada de experimentações no rádio: não se queria levar "balbucios juvenis literários ou musicais aos ouvidos das amplas massas"; particularmente as radionovelas, "com seus êxtases berrantes", tinham um efeito "irritante e repulsivo no ouvinte".[69]

Todavia, em 1938, ele chegou à conclusão de que era necessário voltar a transmitir "música, ópera e sinfonia sérias", "tolera-se muita coisa" no rádio, entretenimento era "bom, mas não pode se tornar demasiado primitivo".[70] Mas essa mudança de tendência não figurou na sua fala na inauguração da

Exposição de Radiodifusão em agosto: a prioridade clara continuou sendo o entretenimento.[71]

Além do propósito de oferecer mais recreação e diversão à população, Goebbels tinha um bom motivo para dar a forma mais popular possível à programação radiofônica. Em 1933, o Ministério da Propaganda havia estabelecido com o Correio do Reich que passaria a receber um percentual dos direitos de radiodifusão; com essa arrecadação, o orçamento do ministério de Goebbels ficou inteiramente coberto, sendo que durante a guerra a receita superou em muito a despesa. O acordo com o Correio do Reich foi alterado várias vezes: em fevereiro de 1935, decidiu-se que o Ministério da Propaganda receberia 55% dos direitos de radiodifusão; caso o número de ouvintes (em 1933, era de 4,5 milhões, em 1934, subiu para 5,4 milhões) ultrapassasse o teto de 7 milhões, a renda suplementar seria distribuída na proporção de três para um entre o Ministério da Propaganda e o do Correio. Essa cifra foi transposta já em 1936; em 1937, havia 8,5 milhões de ouvintes de rádio no país, e, com a anexação que se seguiu, esse número continuou crescendo.[72] O Ministério da Propaganda fazia o possível para aumentar o contingente de ouvintes fomentando a disseminação do *Volksempfänger*,* um aparelho de rádio robusto e barato.

O esforço para reestruturar a imprensa

Entre 1936 e 1938, Goebbels voltou a se esforçar imensamente para expandir ainda mais seu papel central na política midiática nazista. Em outubro de 1936, quando o diretor nacional de Imprensa, Max Amann, propôs uma nova lei da mídia, ele concordou com o projeto desde que se contemplassem certas modificações do seu interesse; Hitler também o aprovou.[73] É possível que a disposição de Goebbels a apoiar esse projeto também tenha sido estimulada pelo fato de, na época, como já mencionado, ele estar negociando com Amann, em condições extraordinariamente vantajosas, o direito de publicação dos seus diários.[74]

Uma vez firmado o contrato, porém, o Ministério da Propaganda se encarregou de reelaborar consideravelmente o projeto de lei.[75] Além de Amann,

---

* *Volksempfänger*: aparelho de rádio desenvolvido pela empresa Seibt por solicitação de Joseph Goebbels. Com o "receptor do povo", que foi apresentado pela primeira vez na Exposição Internacional de Radiodifusão de 1933 e custava a metade do preço dos receptores no mercado, visava-se dar acesso a todas as famílias alemãs a um aparelho de rádio. (N. do T.)

Frick e Blomberg fizeram muitas restrições à nova minuta. Opuseram-se a que Goebbels fixasse como elemento-chave do documento que o Ministério da Propaganda fosse o único autorizado a dar instruções à imprensa. Tanto o Ministério do Interior quanto o da Defesa viam nisso limitações à sua competência, e o chefe nacional da Imprensa Dietrich, por sua vez, lembrou um decreto de Hitler de 28 de fevereiro de 1934 dispondo que Goebbels só tinha o poder de dar instruções aos jornais nacional-socialistas.[76]

Como não se vislumbrasse acordo entre os ministérios, Goebbels deu a entender que estava disposto a arquivar o projeto;[77] Hitler mandou tirá-lo da ordem do dia do gabinete e fazer com que desaparecesse das atas.[78] Mas ficou claro que a pretensão do ministro da Propaganda de exercer o controle absoluto da imprensa esbarrava em limites.

Na época, Goebbels também se empenhou em reestruturar o panorama da mídia, se bem que com êxito duvidoso. Em outubro de 1936, estava determinado a extinguir o *Frankfurter Zeitung* e o *Deutsche Allgemeine Zeitung*. Entretanto, pouco tempo depois, Hitler lhe disse que preferia preservar os dois diários burgueses se os cargos de chefia fossem ocupados por outros.[79] No *Frankfurter Zeitung*, Goebbels não conseguiu impor Martin Schwaebe — o redator-chefe do jornal do *Gau* do NSDAP, o *Westdeutscher Beobachter* — na função de editor nem o jornalista nazista Walter Trautmann (redator-chefe do *Mittledeutschen Nationalzeitung*) na de novo chefe de redação.[80] Também intimou o redator-chefe Silex, do *Deutsche Allgemeine Zeitung*, e o acusou de "oposição excessiva", mas o eloquente Silex conseguiu impressioná-lo com uma longa exposição das suas "dificuldades".[81] E manteve o cargo.

A atitude de Goebbels em relação ao *Frankfurter Zeitung*, o principal jornal burguês, continuou oscilante; ora queria fechá-lo, ora tendia a preservá-lo.[82] Em todo caso, no começo de 1937, conseguiu substituir Paul Scheffer, o redator-chefe do *Berliner Tageblatt*, outrora o jornal liberal mais importante da capital, por Erich Schwarzer, que, 15 meses depois, teve de ceder o posto a Eugen Mündler;[83] em janeiro, o *Tageblatt* deixou de ser publicado.

Em junho e julho de 1938, Goebbels rejeitou a tentativa de Amann de transferir todos os grandes jornais para o Estado,[84] mas, pouco tempo depois, concordou que o rico editor transferisse paulatinamente "todos os jornais para a sua propriedade" contanto que a "direção política" ficasse com o ministro da Propaganda e todas as mudanças de pessoal nos jornais influentes fossem combinadas com ele.[85]

Amann aceitou essas condições, mas, na prática, o acordo nunca funcionou como queria Goebbels. Assim, o *Deutsche Allgemeine Zeitung* foi efetivamente vendido para a editora Deutscher Verlag (antiga Haus Ullstein) de Amann, mas seu chefe de pessoal Rienhardt frustrou a tentativa do secretário de Estado Dietrich de impor Mündler como sucessor de Silex na chefia de redação.[86] Em abril de 1939, o *Frankfurter Zeitung* também foi adquirido — como presente de aniversário de Amann a Hitler — pela Eher-Verlag; entretanto, não houve nenhuma mudança decisiva de pessoal do interesse de Goebbels.[87] Em 1938, quando Dietrich tentou liquidar o conservador *Berliner Börsen-Zeitung* e transformá-lo num megafone do Ministério da Propaganda — com o apoio não só de Goebbels[88] como do ministro da Economia Walther Funk e outros —, o projeto ruiu ante a resistência de Amann, cujo conglomerado acabou incorporando o jornal.[89]

Assim, pois, a posição de Goebbels na política midiática nazista resulta num quadro ambivalente: posto que, em 1933-34, ele tivesse forjado um sofisticado sistema de controle da imprensa, a intervenção editorial de Amann com relação tanto à estrutura do panorama midiático quanto à do pessoal da imprensa revelou-se superior às pretensões de "direção política" do ministro.

Não obstante, este conseguiu derrotar inequivocamente outro concorrente no setor midiático: Ernst "Putzi" Hanfstaengl, o chefe do Departamento de Imprensa Estrangeira de Hitler. Quando Hanfstaengl, o filho bem relacionado e com muita experiência internacional de um conhecido editor de arte muniquense, obteve um cargo de confiança junto a Hitler, passou a ser para Goebbels um incômodo remanescente dos "tempos da luta". Ou seja, um homem que precisava ser sabotado e destruído.

Ele já fizera intriga entre Hanfstaengl e Hitler em novembro de 1934, acusando-o de ter redigido um panfleto anti-hitlerista em 1932.[90] Em agosto de 1936, mandou proibir um projeto cinematográfico de Hanfstaengl antes mesmo da sua conclusão e o denunciou ao Führer por cobrança de honorários excessivos.[91]

No começo de 1937, conforme registrou Goebbels, surgiu à mesa de Hitler a ideia de "pregar uma peça"; um dia antes do seu quinquagésimo aniversário, Hanfstaengl foi enviado à Espanha com uma falsa "missão especial". Durante o voo, foi informado de que era necessário saltar de paraquedas atrás das linhas inimigas. No entanto, o voo acabou num campo de pouso de emergência na Saxônia.[92] Inicialmente, Goebbels "morreu de rir" da história, mas não previu que Hanfstaengl, achando esse tipo de humor perigosíssimo, trataria de fugir do país imediatamente.[93] Nas semanas seguintes, acenando com propostas lucrativas, Goebbels procurou fazer com que ele regressasse à Alemanha, mas foi inútil.[94] Em abril, Hanfstaengl fixou-se definitivamente em Londres. Goebbels temia "revelações" e, em julho, com o fracasso de outras tentativas de atraí-lo,[95] concordou com Hitler que "Hanfstängl [sic] precisa sumir".[96]

A estatização da indústria cinematográfica

Nos últimos meses de 1936, a crítica à falta de orientação propagandística no cinema alemão se estendeu feito uma linha vermelha pelo diário de Goebbels.[97] Para ele, o mais alarmante era a insatisfação de Hitler com o cinema, que lhe parecia "pouco nacional-socialista".[98] Por esse motivo, passou a exigir que os produtores e diretores apresentassem "material mais contemporâneo".[99] Queria, conforme escreveu, o "novo cinema político", mas a indústria cinematográfica não fazia nenhuma proposta útil nesse sentido.[100] Ocasionalmente, protestava com veemência junto a seus colaboradores mais próximos no setor de cinema.[101] Como o arsenal por ele criado — dramaturgia cinematográfica, câmara do cinema, sistema de qualificação etc. — e as suas constantes reprimendas não atingiam a meta desejada, Goebbels decidiu assumir o controle da indústria cinematográfica.

A ideia de uma "nova e grande empresa cinematográfica majoritariamente estatal" aparece pela primeira vez em seus diários em junho de 1936.[102] No outono desse ano, a proposição adquiriu forma concreta, e Goebbels começou a negociar a aquisição da Ufa. Ainda durante as negociações, tentou impor-lhe uma "comissão artística" para ter um grêmio que influenciasse o conteúdo da produção.[103] Já havia organizado uma comissão semelhante na Tobis.*[104]

No início de março, ele recebeu uma longa carta de Alfred Hugenberg, a cujo grupo pertencia a Ufa, rejeitando "conselheiros artísticos", como anotou Goebbels, "pelo menos por ora". Mas o ministro da Propaganda estava determinado a exercer pressão de maneira implacável: a carta ia custar "no mínimo 3 milhões de marcos a Hugenberger [sic]". No entanto, foi o "ataque geral" da imprensa contra a produtora cinematográfica insubordinada que se revelou mais eficaz; o primeiro alvo escolhido foi o filme da Ufa *Menschen ohne Vaterland* [Homens sem pátria], que recebeu críticas aniquiladoras de toda a imprensa.[105] Poucos dias depois, ele já havia "amolecido a Ufa". "Agora, sim, está sendo criado o maior conglomerado do cinema, da imprensa, do teatro e do

---

* Tobis, ou Tonbild-Syndikat, a maior produtora cinematográfica alemã depois da Ufa. (N. do T.)

rádio do mundo", festejou.[106] Em 20 de março chegou o momento: a Ufa foi "comprada definitivamente", e Goebbels queria se livrar sem mais delongas da antiga diretoria ("velhotes nacionalistas").[107] Claro que a campanha de imprensa contra *Menschen ohne Vaterland* foi suspensa na mesma hora.[108]

Pouco depois da estatização dos estúdios cinematográficos importantes, Goebbels fez mais um grande discurso para os "cineastas" na Ópera Kroll.[109] Apresentando-se hipocritamente como um "observador afetuoso, mas neutro", do cinema alemão, constatou com pesar que "as tendências puramente comerciais" tinham removido "o elemento artístico", de modo que "hoje se pode falar com mais razão em indústria cinematográfica do que em arte cinematográfica". Como contrapeso, preconizou a inclusão de artistas na diretoria dos estúdios, segundo o modelo de regulação já adotado pela Tobis.

Mais adiante, deixou bem claro o objetivo que queria atingir com essa orientação do cinema para metas "artísticas": "Desejo [...] uma arte que exprima a sua postura através do caráter nacional-socialista e através da abordagem de problemas nacional-socialistas." No entanto, essa orientação não deve "parecer intencional", a propaganda só funciona quando permanece na sombra "como tendência, como caráter, como atitude, aparecendo unicamente na ação, nas sequências, nos processsos, no contraste de seres humanos".

Nesse empenho em reorganizar fundamentalmente o cinema alemão, seu principal colaborador veio a ser Ewald von Demandowsky, que assumiu o cargo de *Reichsfilmdramaturg* em maio de 1937;[110] no início de 1938, a direção do departamento de cinema ficou a cargo de Ernst von Leichtenstern, que em agosto foi substituído por Fritz Hippler.[111]

Goebbels não só alterou todo o conselho administrativo da Ufa e da Tobis como passou a interferir de maneira direta na produção das empresas:[112] decidia pessoalmente a contratação de artistas individuais,[113] distribuía papéis,[114] indicava diretores, determinava a proibição de filmagens[115] e direção,[116] avaliava roteiros.[117] Em suma, decidiu "intervir na produção cinematográfica com muito rigor e dando ordens".[118] No fim de julho de 1937, determinado a não tolerar mais a "eterna lenga-lenga dos filmes de entretenimento", encarregou Demandowsky de "erradicar a atmosfera escapista do cinema".[119]

Dias depois, irritado com a "falta de nível dos filmes", mandou afastar os diretores de diversos projetos.[120] Aparentemente alarmado com "um juízo muito severo" de Hitler das "fitas ruins",[121] convocou os chefes de produção e o conselho artístico das empresas cinematográficas e desancou as "produções kitsch, banais e idiotas dos últimos tempos".[122] Mandou proibir todas as fitas da época de Weimar em que "ainda apareçam judeus".[123] E se apressou a promover a "'desjudaização' da exportação de filmes": competia à organização internacional do partido interferir diretamente na sua distribuição.[124] Junto com Demandowsky, elaborou uma "lista secreta" de atores, diretores e roteiristas dignos de estímulo.[125] Esforçou-se persistentemente (mas, ao que parece, sem grande sucesso) para criar diretrizes para a limitação dos cachês.[126] Além disso, voltou a desenvolver alguns temas próprios: acompanhou atentamente a produção de *Die Stimme aus dem Äther* [A voz do éter].[127] No começo de 1939, desenvolveria a ideia de um "filme sobre a imprensa"; o projeto (nunca realizado) recebeu o título provisório *Die 7. Grossmacht* [A sétima grande potência].[128]

Goebbels tinha um juízo predominantemente negativo das fitas "político-nacionais" exibidas nos primeiros meses de 1937, todas rodadas antes da estatização dos grandes estúdios.[129] Tampouco os filmes anticomunistas realizados em 1936-37 lhe pareciam suficientemente incisivos.[130] Mas ficou entusiasmadíssimo — se bem que depois de prolongados trabalhos de retificação do roteiro[131] — com o drama *Patrioten* [Patriotas] (no qual atuou sua amante Baarová) ou ainda com *Der Herrscher* [Crepúsculo], de Veit Harlans, sobre um industrial socialmente responsável que lega seu capital ao Estado.[132] Entre as produções posteriores daquele ano, gostou, se bem que com restrições, da sátira *Mein Sohn der Herr Minister* [Meu filho, o senhor ministro][133] e do épico *Unternehmen Michael* [Operação Michael], ambientado na Grande Guerra,[134] ao passo que elogiou muito *Urlaub auf Ehrenwort* [Licença sob palavra], a respeito da insurreição de 1918 em Berlim.[135] Mas o projeto que vinha fomentando de um "filme sobre a Espanha" malogrou,[136] assim como uma obra anticlerical sobre Lola Montez.[137]

Em meados de 1937, conseguiu comprar a produtora Terra.[138] Embora inicialmente quisesse liquidar a Bavaria Film em Munique, o *Gauleiter* muniquense Wagner impôs — com o apoio de Hitler e contra a vontade de Goebbels — a refundação da empresa no início de 1938 a fim de preservar a cidade como locação cinematográfica.[139]

Goebbels continuou perseguindo seu objetivo de controlar a produção dos estúdios com a ajuda dos "conselhos artísticos", que deviam constituir um contrapeso às diretorias cujos critérios eram primordialmente econômicos. Na Ufa, esse papel coube ao diretor Froelich e aos atores Mathias Wieman e Paul Hartman;[140] na Tobis,[141] a Emil Jannings e Willi Forst (Gustaf Gründgens afastou-se por excesso de trabalho);[142] na Terra, principalmente a Heinrich George.[143] Mas, no diário de Goebbels, não tardaram a se multiplicar as queixas do efeito insignificante desse sistema.[144] Por mais que o público do cinema tivesse aumentado em 1937, isso não bastou para compensar os explosivos custos de produção; ao mesmo tempo, a exportação de filmes estava em declínio desde 1933 e assim continuou.[145]

No fim de 1937, vendo a produção cinematográfica com olhos cada vez mais críticos,[146] Goebbels teve uma longa conversa com Demandowsky e enfim proferiu uma sentença breve e desenganada: "Nosso cinema atual é péssimo."[147] No fim de novembro, discursou para importantes profissionais do setor a fim de lhes mostrar os "erros e imperfeições".[148] Ficou particularmente contrariado com a produção de comédias dos meses subsequentes.[149]

Além disso, chama atenção o fato de a produção cinematográfica de 1938-39 não ressaltar a preparação da guerra: só um punhado de fitas produzidas nesses anos se ocupou de temas políticos. Tampouco as entradas no diário de Goebbels dão a entender que ele quisesse usar o cinema especificamente e em grande escala para obter adesão psicológica à guerra.[150]

A partir de 1937, além de exercer influência direta sobre os estúdios cinematográficos, Goebbels procurou assegurar a qualidade do cinema por meio de um trabalho de longo prazo com jovens talentos: em março de 1938, lançou a pedra fundamental de uma academia de cinema em Babelsberg.[151] Três faculdades foram incumbidas de garantir a formação artística, técnica e econômica de novos cineastas.[152] Mas ele não tardou a se indispor com o diretor da academia, Müller-Scheld. O que mais o contrariava era a sua escolha dos estudantes,[153] de modo que lhe deu "a ordem clara de selecionar pessoas adequadas ao nosso tempo e ao nosso gosto. Ou seja, mulheres bonitas e homens viris".[154]

No fim de 1938, chegou à conclusão de que o sistema de conselhos artísticos promovido até então era improdutivo.[155] Depois de longas consultas,[156] nomeou em todas as empresas cinematográficas diretores sob sua orientação direta[157] para que os estúdios ficassem totalmente sob controle.[158] Em março de 1939, em mais um discurso para os cineastas, Goebbels justificou a nomeação de "chefes de produção autônomos" e o fim da experimentação dos conselhos artísticos: estes não tinham conseguido se impor às diretorias administrativas, que representavam interesses econômicos unilaterais.[159]

A despeito de todo esse esforço, em junho de 1939, Hitler se mostrou "um tanto descontente" com o cinema, e Goebbels decidiu solucionar o problema mediante a troca dos chefes de produção se necessário.[160] Embora exprimisse reiteradamente suas dúvidas sobre o impacto dessas enérgicas intervenções na indústria cinematográfica alemã, não se dispunha a admitir as causas disso: para além da exigência geral de melhora da qualidade dos filmes, para além de suas "ordens" frenéticas à indústria cinematográfica e das intervenções no pessoal, o magnata do cinema Goebbels não tinha condições de dar ao superconglomerado sob o seu comando havia dois anos diretrizes claras e confiáveis a médio prazo para enquadrar a produção cinematográfica. Não era com "ordens" e intervenções à la Goebbels que se podia controlar um meio de expressão em que, via de regra, se passava no mínimo um ano entre o planejamento e a finalização do produto.

Arte "alemã" e arte "degenerada"

No verão de 1937, Goebbels se dedicou inteiramente à reorientação da arte alemã. As entradas no diário mostram claramente seu empenho naqueles meses em satisfazer o gosto artístico do ditador. Por outro lado, era evidente que este estava ansioso por mostrar o rumo certo ao ministro da Propaganda, que, na fase inicial do regime, não tinha adotado uma postura de rejeição frontal às tendências artísticas "modernas".

Em junho, os dois foram a Munique visitar o edifício Führerbau, na Königsplatz, então já em fase de acabamento, e, a seguir, a recém-concluída Casa da Arte Alemã. Acompanhado do ministro da Propaganda, o Führer inspecionou as obras selecionadas pelo júri dirigido por Adolf Ziegler, o presidente da Câmara Nacional de Artes Plásticas, para a Grande Mostra de Arte Alemã com que o prédio seria inaugurado — e ficou indignado, como escreveu Goebbels: "Tinham pendurado peças capazes de horrorizar qualquer um. [...] O Führer se enfureceu."[161]

No dia seguinte, quando estavam a caminho de Ratisbona, o ditador voltou a tocar no assunto: preferia adiar a mostra em um ano a "expor aquela porcaria".[162] Por fim, decidiu reduzir para quinhentos o número de obras e incumbiu seu fotógrafo pessoal Heinrich Hoffmann de selecioná-las.[163]

Paralelamente à Grande Mostra de Arte Alemã, Goebbels planejou uma "exposição de arte decadente", de início prevista para Berlim, mas depois transferida para Munique. As dificuldades surgidas na seleção para a Grande Mostra de Arte Alemã serviram para evidenciar qual arte era *indesejável* no Terceiro Reich.[164]

No fim de junho, Hitler autorizou oficialmente o plano; a direção ficaria a cargo de Ziegler e Schweitzer, sendo que o ditador manifestou terminantemente suas restrições ao ex-caricaturista do *Angriff*.[165] Para requisitar as obras adequadas, Goebbels, servindo-se de uma procuração expressa do Führer, deu a Ziegler uma autorização especial para "apreender" em todos os museus da

Alemanha as obras que ele designasse como "arte decadente alemã desde 1910".[166] Num procedimento sumário, a comissão visitou, em 1937, um total de 32 exposições em 28 cidades e confiscou setecentas obras de arte.[167]

A pilhagem dos museus foi uma afronta para o ministro da Educação Rust, com o qual Goebbels estava em pé de guerra. Situação que não fez senão se agravar quando, por instigação deste, muitos artistas foram tachados de "degenerados" na "exposição da decadência" em Munique, embora dessem aula em universidades públicas ou fossem membros da Academia Prussiana de Belas-Artes.[168] A estratégia do ministro da Propaganda era óbvia: Rust tinha de ficar irremediavelmente na defensiva no terreno da política cultural; sua academia precisava ser dissolvida para que Goebbels pudesse impor uma "Academia Alemã" sob a sua direção. A perda de prestígio que o ameaçava perante Hitler por causa das dificuldades com a exposição de arte muniquense seria compensada por um sucesso esplendoroso.[169]

No começo de julho, a família Goebbels iniciou os preparativos para passar uma vez mais as férias de verão em Heiligendamm. Enquanto inspecionava o arrumar das malas na casa de Berlim, porém, o ministro da Propaganda recebeu um telefonema inesperado: "O Führer telefona: quer nos visitar em Schwanenwerder." Assim, ele retornou com os filhos a Schwanenwerder para "passar uma tarde maravilhosa ao ar livre em companhia do Führer".[170]

No dia seguinte, 3 de julho, a família foi de avião para o Báltico: "Delicioso descanso. Disso eu precisava com urgência", confidenciou Goebbels no diário.[171] No entanto, mal se haviam instalado em Heiligendamm, foram obrigados a alterar os planos de férias, pois Hitler voltou a pressionar com insistência, ao telefone, para que passassem as férias com ele no Obersalzberg; o convite já fora feito semanas antes.[172] Assim, tornaram a fazer as malas e seguiram para a Baviera — com uma breve escala em Berlim.[173]

No dia 9 de julho, chegaram ao Obersalzberg e, como Goebbels anotou com orgulho, foram recebidos por Hitler na escada.[174] Passaram os dias subsequentes entregues a todo tipo de conversa, jogos de baralho e ao obrigatório cinema privado. Mas tudo indica que o verdadeiro motivo do convite insistente tenha sido a intenção do ditador de dar uma boa lição ao ministro da Propaganda sobre a política estética a ser implementada. Em 11 de julho, os dois foram a Munique; dessa vez, Hitler ficou muito mais satisfeito com as obras escolhidas para a Grande Mostra de Arte Alemã.

Em 12 de julho, Goebbels voltou a Berlim de avião; Magda e as crianças ficaram em Berchtesgaden. No dia 16, ele tornou a viajar a Munique[175] para visitar com Hitler a "exposição da decadência" que, dias depois, seria inaugurada oficialmente nas arcadas do Hofgarten, a pouca distância da Casa da Arte Alemã. A mostra reunia seiscentas obras, entre as quais trabalhos de Emil Nolde, Max Beckmann, Marc Chagall, Max Ernst, Otto Dix, Paul Klee, George Grosz, Wassily Kandinsky, Ernst Ludwig Kirchner, Lyonel Feininger e Franz Marc. Para que seu efeito fosse reduzido, as telas foram penduradas a uma distância extraordinariamente curta, dando a impressão de descuido; os títulos das obras e os comentários estavam rabiscados na parede. Mais de 2 milhões de pessoas acorreram à exposição até o fim de novembro de 1937.[176]

Depois dessa visita à mostra, Goebbels discursou, na presença de Hitler, na conferência anual da Câmara Nacional de Belas-Artes e, no dia seguinte, participou da inauguração solene da Casa da Arte Alemã.[177] Na Grande Mostra de Arte Alemã, especialmente selecionadas para a ocasião, figuravam 1.200 obras, quase todas de arte convencional, que, no entanto, estavam longe de corresponder à pretensão da exposição de apresentar a expressão artística do nacional-socialismo e, por isso, participar qualitativamente da tradição estética do século XIX. Mas como realizar semelhante ambição?

Expunham-se sobretudo pinturas históricas e de gênero, paisagens monumentais, diversos motivos "sangue e solo", representações heroicizadas do "despertar" da Alemanha e retratos do Führer. Ao discursar na abertura da exposição, tanto Hitler quanto Goebbels deixaram transparecer claramente certo desagrado com a qualidade das peças exibidas,[178] fato que, em todo caso, não impediu Goebbels de comprar, juntamente com Magda, quadros no valor de 50 mil marcos para o Ministério da Propaganda.[179]

Alguns meses depois, na conferência anual da Câmara Nacional de Cultura, ele reconheceu com mais franqueza ainda a falta de qualidade da produção artística nazista, não só no tocante às artes cênicas como também à literatura: as "grandes ideias de cosmovisão" da revolução nacional-socialista surtiam um efeito "provisoriamente tão espontâneo e eruptivo [...] que ainda não estão maduras para a criação estética. Os problemas são demasiado frescos e demasiado novos para ganhar forma artística, dramática ou poética. A geração encarregada de realizar essa tarefa ainda está por vir".[180]

Levando-se em conta essa suposta falta de maturidade na arte nazista, não há de ter sido por acaso que Goebbels e Hitler inauguraram as duas exposições quase paralelamente: como a política cultural oficial não tinha condições de mostrar o que seria, afinal, a arte "nacional-socialista", só lhe restava socorrer-se na documentação da "decadência" no terreno estético.

No fim de julho, satisfeito com o sucesso da "exposição da decadência", Hitler mandou publicar um catálogo.[181] A mostra ficou em Munique até novembro e então partiu como exposição itinerante — primeiramente a Berlim, em 1938, durante três meses — depois que Goebbels procedeu a algumas alterações muito pessoais.[182]

No fim de junho de 1937, Hitler havia incumbido Ziegler de "depurar" uma vez mais e com todo rigor os museus alemães das obras de arte incriminadas. Dias antes, Goebbels dera a mesma ordem por iniciativa própria.[183] Em consequência, a comissão de Ziegler vasculhou os museus e, em novembro de 1938, entregou os "trastes" confiscados ao ministro da Propaganda.[184] O propósito deste era claro: "Os quadros comercializáveis seriam vendidos no estrangeiro; os restantes, reunidos em exposições de horrores ou destruídos."[185] Em janeiro de 1938, iniciou-se a legalização dos confiscos. A lei de apreensão de produtos da "arte degenerada" incumbia uma comissão por ele presidida de confiscar tais obras; depois as peças descartadas seriam vendidas ao mercado de arte internacional.[186]

Uma decisão referente à política de recursos humanos evidencia que Goebbels estava decidido a executar incondicionalmente o gosto estético de Hitler: ainda no outono de 1937, nomeou diretor do departamento de belas-artes do Ministério da Propaganda um linha-dura da política artística, o diretor da Galeria Municipal de Munique Franz Hofmann, que, entre outras coisas, ganhara fama como crítico de arte do *Völkischer Beobachter* e, desde agosto de 1937, colaborava com a comissão de Ziegler.[187] Desde 1934, quando Goebbels teve de afastar o seu primeiro comissário artístico Weideman, esse departamento vinha levando uma existência precária.[188] À parte isso, em dezembro de 1937, Goebbels determinou que dali por diante as exposições estrangeiras na Alemanha dependiam de autorização sua: obviamente, também queria fechar essa porta para a arte indesejável.[189]

A música degenerada

Nos primeiros anos do regime, a política doutrinária de Rosenberg infligiu duros golpes no ministro da Propaganda no setor da música: conseguiu forçar Richard Strauss a renunciar ao posto de presidente da Câmara Nacional de Música, e sua rígida hostilidade ao compositor Hindemith teve por consequência não só a emigração deste como acabou levando Goebbels a se posicionar contra Furtwängler e removê-lo da função de vice-presidente da Câmara Nacional de Música. Além disso, a comunidade cultural nazista de Rosenberg tomou o controle de uma parte substancial da atividade musical alemã: atuava como promotora de concertos, organizadora de apresentações de artistas convidados e de congressos musicais, editora da mais importante revista de música, sendo que tinha um cartel de discos próprio.[190]

Só em 1936 foi que Goebbels criou um departamento de música autônomo no seu ministério, cuja diretoria, em março de 1937, ficou a cargo do maestro Heinz Drewes.[191] Agora se tratava de reforçar a sua posição na vida musical: no outono de 1937, ele encarregou Drewes de "atrair o povo para a música"; esforçou-se para fortalecer a situação deste perante a Câmara Nacional de Música, até então dominante no setor sob o comando do regente e musicólogo nazista Peter Raabe;[192] no fim de 1937, Drewes fundou um órgão encarregado de centralizar a censura das publicações musicais.[193]

Na primavera de 1938, Goebbels manifestou publicamente sua aspiração à liderança na esfera da política musical. Em 28 de maio, discursou na inauguração da exposição "Música Degenerada", solenidade aberta pelo *Prelúdio festivo* de Richard Strauss dirigido pelo compositor em pessoa.[194] O vernissage, assim como a própria exposição "Arte Degenerada", que se devia à iniciativa de Ziegler e que Goebbels mandara alterar uma vez mais antes da inauguração,[195] fazia parte do primeiro Festival Nacional de Música, organizado pela Câmara de Música. A mostra denunciava a "atonalidade" na música como "degenerada" ou "judaica" e apontava, entre outros, os compositores Schönberg, Berg, Hindemith, Weill e Stravinski como os mais pavorosos.

Goebbels iniciou sua fala[196] com um balanço no intuito de provar o avanço da atividade musical alemã a partir de 1933, mas frisando que a "desjudaização" da música, particularmente a supressão da "crítica musical judaica", tinha sido o pré-requisito desse avanço.

Aproveitou a oportunidade para fazer uma declaração programática sobre a orientação futura da atividade musical alemã em "dez princípios da criação musical". Começou por uma demorada ladainha de lugares-comuns: "Para as pessoas musicais, ser amúsico é o mesmo que ser cego ou surdo [...]. A música é a arte que toca mais profundamente a alma humana [...]. Às vezes, a linguagem dos sons é mais contundente que a linguagem das palavras" etc. etc. Ademais, os "princípios" de Goebbels equivaliam a uma afirmação da "popularidade" da música. Ele ressaltou, entre outras coisas, que "o tipo de música de entretenimento que penetra as amplas massas também tem o direito de existir". A identificação da música de entretenimento com a popularidade possibilitou-lhe erguer uma cortina de fumaça ideológica: segundo suas palavras, se "emanar das forças misteriosas e profundamente enraizadas no caráter nacional", a música só pode "ser criada e mantida pelos filhos da nacionalidade de acordo com as necessidades e com o impulso musical irrefreável de um povo". Ademais, era óbvio que "judaísmo e música alemã" deviam ser concebidos como opostos que "por natureza se repelem com a máxima veemência". Seguiu-se imediatamente a referência ao escrito de Richard Wagner *Das Judentum in der Musik* [A judeidade na música]. Os "princípios" de Goebbels terminaram com uma homenagem a Hitler, para quem a música representava um "elemento vital indispensável"; ele havia resgatado a "música alemã do declínio iminente".

Por mais que, com esse discurso, Goebbels frisasse explicitamente sua ambição de comandar o setor, é lícito duvidar que ele tenha realmente conseguido impor um "alinhamento" à atividade musical, pois, tal como os musicólogos nazistas, não tinha condições de determinar o que era afinal "música alemã";[197] a segregação entre música "atonal" e "moderna", "judaica" e "degenerada" só servia para dissimular esse fato simples. Portanto, não surpreende que Goebbels tenha divulgado os "dez princípios" da sua mais importante declaração programática concernente à atividade musical no nacional-socialismo justamente no contexto de uma exposição de "música degenerada".

À parte essas deficiências conceituais, a vida musical alemã era presumivelmente demasiado variada para se sujeitar ao controle homogêneo do ministro da Propaganda: o teatro musical e a orquestra, a música de entretenimento e a dançante, a leiga e os coros, as bandas do partido e tantas outras atividades musicais não se enquadravam facilmente numa linha política para a música.[198]

A política teatral: casas de espetáculo como parques infantis

O Ministério da Propaganda, cujo departamento de teatro era dirigido desde 1935 pelo *Reichsdramaturg* Eugen Schlösser, usou com o máximo rigor a Lei do Teatro[199] de 15 de maio de 1934 para influenciar de maneira decisiva a nova equipe dirigente do teatro alemão[200] e apreciar com mais eficácia a censura do repertório.[201]

A assim garantida influência do Ministério da Propaganda caracterizou-se pelas seguintes tendências na prática da representação: as obras de autores judeus e politicamente indesejáveis foram proibidas, coisa que atingiu praticamente a totalidade da arte dramática de língua alemã contemporânea. No seu lugar, entraram em cena autores nacionalistas e populistas. As peças estrangeiras passaram a ser rejeitadas (salvo as de Shakespeare, classificado como "poeta nórdico"), ao passo que os clássicos foram mais valorizados.[202]

A partir de 1934-35, a dramaturgia alemã contemporânea se impôs como gênero predominante com uma média aproximada de 60% das montagens. A massa dessas peças constituía-se de comédias, peças folclóricas e afins, se bem que um terço delas fosse "dramaturgia séria", ou seja, nazismo mais ou menos dissimulado no palco.[203] A isso se acrescentou um número considerável de dramaturgos nacional-populares das primeiras três décadas do século XX.[204]

Grosso modo, o gosto pessoal de Goebbels coincidia com essas tendências gerais no desenvolvimento do repertório teatral — com uma exceção essencial: ele não apreciava muito as peças dos autores populistas e contemporâneos simpatizantes do nacional-socialismo. Achava "mortalmente altissonantes", "desajeitadas, tolas e vulgares" as obras de Rudolf Billinger, o poeta "sangue e solo" tão valorizado pelos nazistas.[205] Igualmente negativo era o seu juízo de *Die endlose Strasse* [A estrada sem fim], peça de Sigmund Graff sobre a Grande Guerra — o autor provinha do Stahlhelm e, em todo caso, era consultor do departamento de teatro do Ministério da Propaganda: "Sem fim mesmo. [...] Muito atrofiante e pessimista."[206] Classificou de "tédio heroico" o drama *Heroische Leidenschaften* [Paixões heroicas] de Erwin Guido Kolbenheyer: "Horrível! Essa filosofice no palco me dá náusea. Deviam fazer acontecer alguma coisa em vez de ficarem lucubrando o tempo todo."[207] Sobre *Herzog und Henker* [Duque e carrasco], do escritor nacionalista Hermann Burte, disse que era "uma verborreia insuportável sem substância na problemática e na atitude. Tudo a uma distância sideral de nós."[208] A lista de comentários negativos prosseguia.[209]

Mas também havia exceções: por exemplo, Goebbels gostou de *Marsch der Veteranen* [A marcha dos veteranos] de Friedrich Bethge, a dramatização de uma marcha de protesto de veteranos de guerra americanos sobre Washington.[210] Também elogiou *Thomas Paine* de Hans Johst, o presidente da Câmara Nacional de Literatura, como um "drama revolucionário de primeira classe".[211] Identificou-se especialmente com *Frankenburger Würfelspiel* [O jogo de dados de Frankenburg], de Eberhard Wolfgang Möller, laureado com o Prêmio Nacional de 1935; e se ocupou pessoalmente de questões de direção quando a peça foi representada ao ar livre, no parque olímpico, durante as Olimpíadas.[212] Em termos gerais, Goebbels parece não ter se convencido muito da ideia de que a dramaturgia nazista viesse a dar cara nova ao teatro alemão. Por isso priorizou a promoção de autores consagrados que agradavam o seu gosto pessoal, como mostram os comentários que teceu sobre inúmeros espetáculos teatrais. Entre os grandes autores alemães, apreciava sobretudo Friedrich Schiller, o clássico mais encenado no Terceiro Reich.[213] "Grande Schiller, não faltam trapalhões por aqui", escreveu depois de uma apresentação de *Maria Stuart* no

Volksbühne [palco do povo] berlinense.[214] Mas o grande ídolo do ministro da Propaganda era Shakespeare, que, aliás, a partir de 1933 passou a disputar com Schiller o título de autor mais representado.[215] Tanto que, em março de 1937, depois de uma apresentação de *Coriolano*, Goebbels escreveu que o dramaturgo inglês era "mais atual e moderno que todos os modernos. Que gênio colossal! Em comparação com Schiller, fica mais alto que uma torre!".[216] Tal como Hitler,[217] Goebbels também gostava muito de Bernard Shaw, quiçá por considerar o dramaturgo irlandês mais "jornalista que escritor".[218] Depois de assistir a *Santa Joana* em agosto de 1936, elogiou "as ideias e a espirituosidade brilhante de Shaw. Um trocista esplêndido! Combina comigo".[219] Mas nem por isso desprezava as comédias e as robustas sátiras folclóricas.[220]

Com a promulgação da Lei do Teatro de 1934, Göring obteve o privilégio de seguir controlando o destino de várias casas de espetáculo a ele diretamente subordinadas: com isso, o ministro da Propaganda não tinha a menor influência sobre o Teatro Estadual da Prússia, o Teatro Berlinense junto ao Mercado dos Gendarmes e a Ópera do Estado. Naquele ano, Göring entregou a diretoria do Teatro Estadual a Gustaf Gründgens, que, pouco depois de nomeado, mostrou-se disposto a colaborar com Goebbels. "Vou colocá-lo debaixo da minha asa", escreveu este com muita imodéstia logo depois da entrevista, mas a verdade é que Gründgens saberia conservar "seu" teatro inteiramente independente do Ministério da Propaganda.[221]

Na metade da década de 1930, Goebbels começou a opor a essas grandes casas uma série de "teatros nacionais" diretamente controlados por seu ministério, dos quais se ocupava intensa e pessoalmente.[222] Afinal, tratava-se, entre outras coisas, de convencer Hitler, um frequentador regular de teatro — Goebbels o acompanhava com frequência —, da superior qualidade do gosto teatral do ministro da Propaganda e de sublinhar a importância de seu papel na configuração da atividade teatral. Entre as casas de espetáculo nacionais, figuravam particularmente a Städtische Oper [ópera municipal] de Berlim, que em março de 1934 passou a ser propriedade do Reich e a se chamar "Deutsche Oper" [ópera alemã], o antigo Theater des Westens [teatro do Ocidente], alugado para o Reich em 1934 e transformado na "Volksoper" [ópera popular], e, a partir de agosto daquele ano, o Deutsches Theater [teatro alemão], além do Volksbühne — que a partir de 1933 ficou paulatinamente sob a influência direta do Ministério da Propaganda — e da antiga Grosse Schauspielhaus [grande teatro], que o Ministério da Propaganda administrava conjuntamente com a Frente Alemã do Trabalho sob o nome Theater des Volkes [teatro do povo].

Goebbels mantinha contato relativamente estreito com os diretores dessas casas. Discutia regularmente com Eugen Erich Orthman a situação da Volksoper por ele administrada, se bem que sem grande interesse pelas suas apresentações — repertório de óperas convencionais.[223] No entanto, dava muito mais importância aos outros teatros: debatia repertório e novas contratações com Hans Hilpert,[224] que ele havia transferido do Volksbühne para o Deutsches Theater em abril de 1934,[225] assim como com o novo diretor do Volksbühne, Eugen Klöpfer[226] (inicialmente, Hilpert foi substituído no Volksbühne pelo ativista nazista conde Solms, mas este não tardou a se revelar uma péssima escolha aos olhos de Goebbels).[227] Embora tenha se mantido no cargo até o fim do teatro no Terceiro Reich em 1944, Klöpfer passou a ser visto cada vez mais criticamente pelo ministro da Propaganda.[228]

Este discutia com Rode, o diretor da Deutsche Oper, não só contratações como produções individuais:[229] em janeiro de 1935, tendo achado insatisfatória uma apresentação de *Boccaccio* (pela qual tampouco Hitler mostrou grande entusiasmo), mandou chamar Rode a seu gabinete e o repreendeu duramente. Para que se reabilitasse, recomendou-lhe a iminente apresentação de *Tristão*. Posto que tivesse gostado muito do espetáculo, não deixou de dar algumas "instruções de direção" a Rode poucos dias depois.[230] Passada uma semana, voltou a assistir à montagem, dessa vez em companhia de Hitler: "Minhas instruções de direção foram acatadas. [...] Führer entusiasmado."[231] Essa não foi a única intrusão do fã de teatro Goebbels: em 1936, pouco antes da estreia de um espetáculo de variedades que a organização Kraft durch Freude queria apresentar por ocasião do 1º de maio no Theater des Volkes, ele impôs algumas alterações. E, no dia seguinte, ficou contente ao conferir o resultado da sua intervenção na pré-estreia.[232]

Em 1938, Goebbels assumiu o controle de dois outros teatros berlinenses: transferiu o Nollendorftheater para o Reich e entregou sua direção ao ator e diretor Harald Paulsen para que encenasse principalmente operetas;[233] ao mesmo tempo, designou Heinrich George diretor do Schillertheater, municipal, assegurando para si uma forte influência sobre a casa.[234] Ademais, no mesmo ano e no seguinte, transferiu para o Reich dois outros teatros berlinenses de opereta: o Admiralpalast e o Metropoltheater.[235] Desse modo, passou enfim a exercer influência direta sobre um número considerável de casas de espetáculo na capital, que lhe davam condições de apresentar em todos os tipos de drama — opereta, ópera, teatro popular, clássico e contemporâneo — aquilo que ele encarava como exemplar no palco.

A "desjudaização" da vida cultural

A eliminação total dos judeus ainda ativos em sua área de competência era parte integrante do alinhamento forçado do conjunto da política cultural e midiática introduzida por Goebbels em 1936-37. A partir do outono de 1935, já se encontram no seu diário assíduas entradas que mostram que ele se empenhava intensamente na "desjudaização" sistemática da Câmara Nacional de Cultura. Em junho de 1935, entrou em vigor uma disposição atinente desse órgão.[236] Todavia, a exclusão de todos os judeus (inclusive "semijudeus", "um quarto judeus" e "aparentados de judeus") da vida cultural alemã revelou-se mais difícil do que ele esperava: longe de empreender o processo de eliminação de maneira uniforme, as câmaras individuais teimavam em tolerar exceções: assim, em 1937, a Câmara Nacional de Arte ainda contava com 156 membros judeus, na maioria marchands e críticos. Só no fim de 1937 foi que as câmaras unificaram as suas diversas definições de "ariano".[237]

Embora insistisse em dar instruções para que se acelerasse a "desjudaização", anunciasse "grandes progressos"[238] e, no começo de fevereiro de 1937, tivesse considerado a Câmara Nacional de Cultura "inteiramente desjudaizada",[239] Goebbels não tardou a constatar que a "limpeza" ainda não estava concluída.[240] Nos primeiros meses de 1938, queixou-se das enormes dificuldades na "desjudaização" da Câmara Nacional de Música,[241] e, em fevereiro de 1939, obteve autorização de Hitler para manter em atividade "21 atores de teatro ou cinema não plenamente arianos ou com ascendência judaica".[242] Diversas anotações do primeiro semestre de 1939 mostram que a ação continuava inconclusa[243] — e nunca chegaria ao fim. Ainda em maio de 1943, Goebbels constatou, consternado, que "a Câmara Nacional de Cultura ainda não foi tão desjudaizada quanto eu queria"; lá pululava uma "grande quantidade de um quarto judeus, inclusive alguns semijudeus, e toda uma caterva aparentada de judeus por casamento". Não obstante, durante a guerra, ele achou melhor deixar de atacar o problema, pois isso "causaria celeuma" nos meios artísticos.[244]

Balanço biográfico provisório: sucesso e distanciamento

Ao mesmo tempo que Goebbels ia tomando cada vez mais controle da vida cultural no Terceiro Reich e consolidando sua posição de poder, uma coisa chama atenção no seu desenvolvimento pessoal: o crescente isolamento com relação às outras pessoas. Quanto mais sofisticação ele imprimia ao aspecto exterior da sua vida, tanto mais buscava a solidão. Tudo indica que, na sua autorreferência narcisista, não tinha necessidade de compartilhar os frutos da fama e sucesso com os familiares e amigos.

A partir de 1933, deixou de lado os amigos de infância, os da época de estudante e os dos primeiros anos em Berlim. Ainda que nas viagens a Rheydt, que continuava fazendo duas ou três vezes por ano,[245] sempre se encontrasse com os velhos amigos, tais contatos lhe serviam sobretudo para medir a distância que o separava do mundo provinciano de que emergira com tanto brilho.[246] Por exemplo, em janeiro de 1938, Goebbels convidou os "amigos da juventude" ao seu hotel em Rheydt: "Como todos se tornaram estranhos e distantes para mim",[247] constatou, e, aludindo a outro encontro dois dias depois, no qual se falou em política e economia, escreveu: "Aqui na aldeia, todo mundo está tão longe das coisas." Desde a sua partida da cidadezinha, "tanta coisa mudou" no grupo de velhos companheiros, "alguns já morreram, a maioria apenas se aburguesou".[248] Quando os antigos amigos o visitavam, ele os julgava com igual desdém: "Pille" Kölsch era um "fariseu legítimo"; e Fritz Prang, um "encrenqueiro", embora não deixasse de ser "boa gente".[249]

O contato de Goebbels com os dois irmãos restringia-se ao mínimo em termos de encontros familiares obrigatórios. Em fevereiro de 1935, Konrad se tornou diretor da editora Völkischer Verlag em Düsseldorf,[250] mas em breve teve de se demitir em virtude de um conflito com o dirigente da Câmara Nacional da Imprensa, Amann,[251] e não tardou a conseguir nova colocação no setor da mídia na qualidade de gerente da editora do *Gau*.[252] O irmão Hans, um nazista ativo como Konrad, obteve, depois da tomada do poder em 1933, uma posição relativamente elevada na área de seguro público;[253] no entanto, o contato com ele era complicado pelo fato de Joseph não tolerar a cunhada Hertha.[254]

Em compensação, tinha uma relação mais chegada com a irmã Maria, que, em 1936, passou muito tempo hospedada na casa de Goebbels e acompanhava o irmão e a cunhada nas visitas a Hitler.[255] Em 1937, um novo visitante passou a frequentar Schwanenwerder, o roteirista Axel Kimmich, pelo qual Maria se apaixonou seriamente.[256] Suspeitando que ele quisesse granjear vantagens profissionais com o vínculo familiar, Goebbels mandou levantar sua ficha policial, que resultou positiva.[257] Embora observasse Kimmich com reservas,[258] acabou concluindo que era "amável, mas não muito esperto".[259] Por fim, Kimmich, que era quatro anos mais velho que Goebbels, pediu oficialmente a mão da sua irmã: ele se sentiu "um tanto bobo no papel de sogro".[260] Mandou colher novas informações sobre o pretendente, as quais também resultaram positivas. "Ora, por mim, eles que se casem. Não vou ser uma pedra no caminho da sua felicidade."[261] Aprovou um roteiro que Kimmich submeteu à sua apreciação.[262] Em agosto, a festa de noivado em Schwanenwerder contou com a presença de Hitler,[263] e o casamento foi celebrado em fevereiro de 1938.[264] Mas Goebbels não demorou a mudar de ideia acerca do cunhado: "Papai Noel", "cretino", "grande poltrão".[265] Aconteceu o que ele temia: Kimmich, que na sua opinião tinha pouco talento, pediu-lhe ajuda num conflito em que se envolveu no setor cinematográfico. Goebbels viu nisso mais um motivo para se manter afastado das questões familiares. No seu diário também se acumularam comentários negativos sobre a irmã Maria.[266]

No entanto, ele abriu uma exceção nesse distanciamento voluntário dos parentes: a mãe. Continuou cultivando uma relação estreita com ela, que o visitava com frequência em Berlim, onde acabou montando apartamento: "Mamãe é tão doce e também tão inteligente. Essa hora é um refrigério para mim", escreveu, referindo-se a uma de suas visitas. "Minha ótima mãe. Se eu não te tivesse. O meu apoio mais firme!"[267]

Mais ou menos no fim de 1936, o comportamento de Goebbels com relação a Magda se alterou progressivamente. Diversas anotações esparsas no diário durante o ano sugerem esse desdobramento. Agora ele contava com um refúgio próprio na casa à beira do Bogensee, que lhe permitia esquivar-se da esposa mesmo depois que a família voltou da casa de campo em Schwanenwerder para o apartamento de Berlim.[268] Recolhia-se com frequência cada vez maior à solidão daquele vasto terreno densamente arborizado.[269] Nas anotações no diário, não escrevia claramente sobre sua vida particular ou seus sentimentos; a princípio, não fez nenhuma alusão ao caso com a atriz Lída Baarová, que havia começado em 1936-37. Certamente, esse relacionamento foi uma causa importante do seu crescente distanciamento de Magda, mas, por outro lado, uma série de indícios sugere que Goebbels se envolveu cada vez mais com o affair justamente por achar a sua relação com a esposa e o conjunto da sua situação íntima cada vez mais insatisfatórios e problemáticos. Algumas entradas da passagem do ano 1936-37 podem ser esclarecedoras por conterem indicações do seu estado de espírito.

Em 1936, Magda organizou uma festa de Natal grandiosa no apartamento de Berlim. Mas Goebbels, embora se alegrasse com a companhia dos filhos, não se deixou contagiar pelo espírito natalino e passou o dia todo "triste e melancólico". Em 25 de dezembro, retornou ao Bogensee e lá passou os dias subsequentes sem a família: "Longe do *kitsch* festivo!" No dia 27, Hitler, que convidara os Goebbels a passar o final do ano em Berchtesgaden, mandou indagar por que a família ainda não tinha chegado; eles fizeram as malas às pressas, porém, à noite, souberam que a viagem fora cancelada porque o Führer, surpreendentemente, precisava comparecer a um compromisso em Berlim. No dia 30 de dezembro, ele chamou os Goebbels à Chancelaria para lhes desejar feliz ano-novo; à noite, foi de trem a Berchtesgaden, para onde, a pedido seu, os Goebbels seguiriam dias depois.

No Berghof, Goebbels pôde elucidar com Hitler os mais diversos temas políticos.[270] Em 8 de janeiro, partiu do Obersalzberg para Berlim; o ditador fez o mesmo no dia seguinte. Porém Magda ficou mais algum tempo descansando na residência de Hitler com Helga e Hilde. A partir de 18 de janeiro, o Führer voltou a lhe fazer companhia, e, cinco dias depois, regressou com ela a Berlim.[271] Durante essa separação, Goebbels escreveu reiteradamente no diário que sentia falta da esposa em Berlim e detestava a solidão; parece ter tomado como uma ofensa pessoal o fato de dessa vez ter sido ela quem abandonara o lar.[272] Nesses dias, procurou discutir assuntos pessoais: na noite de 18 de janeiro, encontrou-se com Ello, a cunhada de Magda, e a atriz Erika Dannhoff, que frequentava muito a casa, e com elas conversou "longamente sobre amor, casamento, ciúme etc.". No dia seguinte, teve uma longa palestra com Funk, seu secretário de Estado. "Eu lhe exponho as minhas preocupações e meus temores. Que não tenho sossego e, no fundo, estou longe de ser um homem livre."[273] Aparentemente, nos dias que passou sozinho em Berlim, Goebbels tomou consciência do quanto seu casamento e sua vida íntima estavam enredados na posição política que ocupava no regime de Hitler: quanto mais deixava que o Führer participasse da sua vida e da de sua família, aumentando assim a intimidade com seu ídolo, tanto mais a vida familiar fazia parte do seu papel de figura pública e tanto menos a família podia lhe oferecer um espaço privado protegido. Quando a mulher e os filhos enfim voltaram do Obersalzberg, ele se sentiu aliviadíssimo, e seu apontamento sugere que ali entraram em cena emoções que iam além da mera alegria do reencontro depois de 14 dias de separação: "É maravilhoso. O Führer é muito amável, Helga chora de alegria, depois Magda e Hilde. Estou tão feliz. Em casa, Magda me conta muita coisa do Führer, de lá, nós conversamos sobre tudo."[274] Os dias subsequentes, Goebbels os passou com Magda no apartamento de Berlim.

Nos meses seguintes, grandes preocupações abalaram a vida familiar. No início de fevereiro, Magda, que já estava no final da gravidez, apresentou problemas cardíacos e, uma vez mais, teve de ser internada.[275] No dia 19, deu à luz o quarto bebê, uma menina.[276] Mas só teve alta mais de quatro semanas depois.²⁷⁷ Seu médico convenceu Goebbels de que ela precisava passar dois anos sem engravidar, até que estivesse plenamente curada.²⁷⁸

Em março, com Hitler junto ao leito de Magda, eles planejaram "um verão a três";²⁷⁹ no entanto, em abril, tendo em conta o frágil estado de saúde de Magda, os Goebbels recusaram um convite do Führer para navegar pelo Reno.²⁸⁰ Mas, tão logo ela se recuperou, passaram juntos muito tempo de lazer: na primavera, os Goebbels voltaram a se instalar na residência de verão em Schwanenwerder, na qual o ditador os visitou diversas vezes,²⁸¹ sendo que se interessou vivamente pela vida familiar do casal. Dos filhos, ele gostava principalmente de Helga: no começo de fevereiro, alegrou-se "indescritivelmente" com as fotografias dela no Obersalzberg: "Diz que, se Helga fosse vinte anos mais velha e ele vinte anos mais novo, ela seria a mulher ideal para ele."²⁸² Os Goebbels retribuíam as visitas na Chancelaria, a qual Magda também frequentava a sós, sem o marido.²⁸³

Em junho, ela teve de passar várias semanas em Dresden para tratar do coração.²⁸⁴ Em julho de 1937, após o seu retorno, seguiram-se as férias em comum na Alta Baviera propostas por Hitler, das quais só Magda pôde desfrutar sem interrupção. No entanto, estava com a saúde tão fragilizada que preferiu não ir a Bayreuth com o marido.

Depois da mudança da família para Schwanenwerder, Goebbels passava mais tempo no apartamento funcional de Berlim ou à beira do Bogensee, indo à casa de veraneio do Wannsee principalmente para receber convidados, os quais levava a passear nos lagos vizinhos; de resto, limitava-se a fazer visitas breves. Pouco a pouco, começou a se afastar da rotina da vida de lá. No começo de junho, escreveu acerca de uma das suas visitas: "Schwanenwerder. Magda aguarda senhoras para o chá. Eu dou o fora logo depois."²⁸⁵ Em agosto, esteve com o irmão Hans e família, além da irmã Maria e o noivo: "Mexerico de parentes. Eu já não aguento isso. Não tenho mais nada a ver com esse ambiente."²⁸⁶ Para ele, Schwanenwerder deixara de ser o refúgio da família; tinha se tornado cada vez mais um lugar de representação, e a família passou a fazer parte da sua imagem pública.

Naquele mesmo mês de agosto, Magda percebeu que estava grávida outra vez — a despeito da proibição do médico. Dispondo-se então a seguir o conselho deste, decidiu se retirar da vida social berlinense e passar o inverno em Schwanenwerder,²⁸⁷ o que vinha ao encontro da tendência de Goebbels a se desligar pouco a pouco do cotidiano doméstico. "Sou recebido como visita", constatou em 6 de novembro, quando lá esteve para participar da festa de aniversário de Magda.²⁸⁸ Em dezembro, montou um apartamento próprio na "casa do cavaleiro", uma edícula que havia no terreno, para não ter de dormir sob o mesmo teto que a esposa quando visitasse a família.[289]

Em Schwanenwerder, desfrutava acima de tudo a companhia dos filhos. No entanto, os inúmeros apontamentos no diário em que menciona as brincadeiras e os jogos com os meninos "adoráveis" e "meigos" são notavelmente estereotipados e superficiais: a verdade é que ele pouco se interessava pelo seu desenvolvimento e educação. Mas, de quando em quando, sentia-se obrigado a lhes dar uma "surra" para colocá-los "nos eixos"; na sua opinião, um método educacional comprovado e eficaz.[290] Para Goebbels, a felicidade familiar que ele tanto invocava no diário era principalmente uma coisa: um importante componente apresentável da história do seu sucesso pessoal.

Ao mesmo tempo que se isolava cada vez mais das pessoas em geral, continuava muito empenhado em adotar um estilo de vida tão sofisticado e imponente quanto possível. É quase como se, com esse hábito, quisesse enfatizar ainda mais a distância que o separava dos seus semelhantes. Em abril de 1937, Magda e Joseph Goebbels começaram a planejar uma casa nova que substituísse a antiga em Berlim, agora "muito pequena" para cinco filhos.[291] Ele alegou ao Ministério das Finanças que, por desejo expresso de Hitler, o imóvel seria erigido no âmbito do planejamento da "reforma de Berlim" e, portanto, tinha de corresponder às altas exigências do Führer para a nova capital. De modo que era indispensável uma "configuração imponente e generosa".[292] Speer foi logo convocado a participar do projeto.[293] Mas, no outono, ao examiná-lo, Hitler não gostou, e a reforma foi adiada.[294]

Em outubro, o ditador aumentou "substancialmente" os vencimentos de Goebbels.[295] Essa medida veio muito a calhar, pois ele estava justamente comprando um Maybach ("uma joia de automóvel!") no lugar do Horch.[296] Em novembro, Magda também ganhou de aniversário um "carro novo maravilhoso".[297] Todavia, em janeiro de 1938, ele decidiu trocar o Maybach por um Horch novamente, pois aquele lhe parecia "muito grandalhão".[298] Pouco tempo depois, voltou a atenção para dois outros carros de luxo que queria incorporar à sua frota.[299] Em 1939, a motorização da família fez novos progressos; em abril, Goebbels deu um automóvel de presente à mãe; em junho, Magda ganhou um novo.[300] Em agosto, quando Ley pôs à sua disposição um exemplar do recente Volkswagen, ele percebeu imediatamente: "Este é o carro para os nossos filhos."[301]

Para o ministro da Propaganda, o estilo de vida dispendiosíssimo da família era principalmente uma coisa: a confirmação do seu sucesso e da sua grandiosidade singular. Mas, acima de tudo, nele se refletia o reconhecimento por parte do seu ídolo político Hitler, a cuja generosidade devia tudo aquilo. E quanto mais reconhecimento e ratificação Goebbels recebia, mais se desfazia das ligações profanas que ainda o prendiam às pessoas na sua acanhada esfera de vida.

Mesmo depois de vários anos de atividade como ministro da Propaganda, a necessidade de mais reconhecimento e sucesso constituía o incentivo mais importante ao seu trabalho ininterrupto. Ele não se cansava de celebrar repetidamente o sucesso extraordinário no papel de político, propagandista, jornalista e orador; documentá-lo era a motivação essencial das anotações regulares no diário. E pouco lhe importava que a repercussão assombrosa que seu trabalho tinha na mídia alemã fosse imposta e cuidadosamente controlada pelo seu próprio ministério: para Goebbels, o bonito esplendor encenado equivalia à realidade. Não obstante, a exultação do sucesso, que ele tanto gostaria que fosse uma situação permanente, era sempre interrompida por estados de ânimo sombrios: muitas vezes, em especial quando o outono se acercava ou o tempo estava encoberto, agoniava-o um estado de espírito melancólico, nostálgico.[302] Mas ele conhecia o antídoto: "Trabalho. Remédio contra a melancolia."[303]

17. "Não olhar para os lados, continuar marchando!"
O agitador como apóstolo da paz

No fim de setembro de 1937, o Terceiro Reich viveu um auge temporário no esforço pelo reconhecimento internacional: a visita oficial de Benito Mussolini iniciada no dia 25 em Munique. O programa previa primeiramente a vistoria nas novas edificações imponentes do regime na capital bávara; no dia seguinte, o Duce assistiu a manobras das forças armadas e conheceu as fábricas Krupp.¹ Como nos encontros anteriores, Goebbels literalmente se derreteu diante da ofensiva de charme do italiano: "Ele merece ser amado. Um grande homem! [...] Alfieri me conta que Mussolini está encantado comigo. E eu com ele."

A visita do Duce prosseguiu em Berlim, onde, num comício gigantesco, celebraria com Hitler a aliança teuto-italiana. Goebbels teve a honra de receber os dois ditadores à entrada do Maifeld [Campo de Maio], o vasto espaço de desfiles em frente ao Estádio Olímpico. Suas palavras de boas-vindas foram transmitidas por todos os programas de rádio: "Informo que há um milhão de pessoas no Maifeld de Berlim, no Estádio Olímpico e nas praças do Campo Nacional de Esporte, outros 2 milhões nas ruas próximas desde a Wilhelmstrasse até o Campo Nacional de Esporte, ou seja, 3 milhões de pessoas reunidas neste evento de massa do movimento nacional-socialista."²

Uma olhadela nos jornais daquele dia deixa claro que a concentração de 3 milhões de pessoas — ou seja, a maior parte da população berlinense — não foi propriamente o resultado espontâneo do entusiasmo popular. Em 26 de setembro, o *Völkischer Beobachter* publicou uma convocação formulada em tom de ordem exortando "a laboriosa população de Berlim" a participar em bloco do ato público. Especialmente a Frente Alemã de Trabalho, para citar um detalhe do planejamento quase perfeito, se encarregou de garantir essa participação "em bloco": mandou os trabalhadores se apresentarem nas empresas depois do fim antecipado da jornada de trabalho e os conduziu em grupos a trechos predeterminados da concentração. Ninguém podia se furtar facilmente: quem, por exemplo, estivesse passando mal tinha de pedir dispensa ao delegado do trabalho.³

À noite, depois do grande comício,⁴ no qual Mussolini e Hitler salientaram a amizade entre os dois países, Goebbels anotou a reação do líder nazista à atuação de Mussolini: "Ele nunca há de esquecer a ajuda que lhe prestamos. Admitiu-o francamente. E, na qualidade de amigo, quer seguir conosco até o fim do caminho. Não tem outra saída. A Inglaterra quer destruí-lo. Ele precisa ficar do nosso lado. Algo assim é a melhor base da amizade." No entanto, acrescentou: "Mas oxalá não se engane."⁵

A exacerbação da política externa e da perseguição aos judeus

Um festival de música realizado na presença de Hitler e Goebbels no fim de julho, com 30 mil participantes,⁶ o congresso do partido com inclinação fortemente anticomunista⁷ e os laços de amizade com a Itália consolidaram, no outono, a linha política externa do regime que Hitler havia preparado no curso de 1937 com orientação reforçada em direção à Itália: agora o Terceiro Reich tomava um rumo manifestamente expansionista. Os objetos dessa política eram sobretudo a Áustria e a República Tchecoslovaca.

No outono, o incidente de Treplice-Schönau, no qual Karl Hermann Frank, um dos dirigentes do Partido Alemão dos Sudetos (PAS) — de orientação nacional-socialista —, foi preso pela polícia tcheca depois de choques violentos, serviu de pretexto para um conflito calculado com a Tchecoslováquia. Em seguida, o Ministério da Propaganda lançou uma campanha de imprensa contra a "escória de Praga", como a denominou Goebbels.⁸

A intensa polêmica da mídia alemã, somada à atuação agressiva do PAS, provocou fortes reações nos tchecos: em Praga, o governo adiou as eleições municipais e proibiu todas as reuniões políticas. No dia 3 de novembro, Goebbels interrompeu a campanha devido às queixas de Konrad Henlein: o presidente do PAS receava uma escalada incontrolável dos acontecimentos, sendo que, na época, tal desdobramento não convinha ao governo do Reich.⁹

O lado alemão tentou então, por vias diplomáticas, levar o governo tchecoslovaco a reprimir os jornais germanófonos publicados em Praga pelos antinazistas alemães exilados, a chamada "imprensa emigrante"; pairava no ar a ameaça da retomada da campanha na mídia. Consequentemente, o lado tcheco se comprometeu a pressionar as publicações em questão.¹⁰

Em 5 de novembro, como de costume, Goebbels almoçou com Hitler: "Nós discutimos a situação: na questão dos tchecos, cautela, pois ainda não podemos calcular suas consequências." A seguir, voltou para casa; segundo escreveu no diário, o Führer tinha uma reunião com o estado-maior.[11] De fato, naquela tarde Hitler fez uma palestra decisiva para o desenvolvimento da guerra perante o ministro da Guerra Blomberg, o das Relações Exteriores Neurath e os comandantes em chefe do exército, da marinha e da aeronáutica; num monólogo de duas horas, informou-os dos seus planos estratégico-políticos; o conhecido memorando de seu ajudante de ordens das forças armadas, o coronel Hossbach (que o fez por motivos próprios), preservou um resumo desses raciocínios.[12]

Hitler iniciou esclarecendo que a exposição devia ser considerada "o seu legado testamentário caso ele viesse a falecer"; especificou como problema central do futuro a superação da "falta de espaço" da Alemanha; a única solução dessa questão era "o caminho da violência", que simplesmente "nunca estava isento de risco". Diante de tais premissas, restava unicamente decidir "quando" e "como". O momento ideal para uma guerra de conquista alemã seria entre 1943 e 1945, ou seja, quando o rearmamento estivesse concluído (cenário 1); depois disso, o tempo passaria a trabalhar contra o país. No entanto, havia duas possíveis situações capazes de tornar necessário um ataque mais precoce: a paralisação da França em virtude de uma guerra civil (cenário 2) ou de um conflito com a Itália (cenário 3). Em ambos os casos, teria chegado "a hora de agir contra os tchecos"; caso a França se envolvesse numa guerra, era preciso "subjugar" a Áustria simultaneamente. Hitler achava possível que o cenário 3 se configurasse já no verão de 1938: e esperava poder lançar mão em breve da aliança com a Itália.

A reunião documenta não só a feroz disposição para a guerra a longo prazo do ditador como também que ele, no momento, só concebia como possível a solução a médio prazo dos "casos problemáticos" Áustria e Tchecoslováquia mediante um ataque surpresa convencional numa conjuntura europeia adequada, em que a França estivesse impossibilitada de agir. A mescla de pressão interna e externa com que ele "anexaria" a Áustria e amputaria os territórios sudetos da Tchecoslováquia no ano seguinte não lhe pareciam uma opção concebível naquele momento — e, caso tivesse em mente semelhante alternativa, preferiu ocultá-la dos seus assessores mais importantes. Portanto, não admira que, 15 dias depois, quando Henlein escreveu pedindo-lhe que anexasse ao Reich a totalidade do território boêmio-morávio-silésio e oferecendo a ajuda do Partido Alemão dos Sudetos nessa empreitada, Hitler não tenha concordado com essa aventura. Tudo indica que, na época, a ideia de usar o PAS como quinta-coluna não assomava no horizonte do seu pensamento.[13]

Aparentemente, essas reflexões sobre como precipitar o fim da Tchecoslováquia passaram ao largo de Joseph Goebbels. Naquelas semanas, ele se dedicou inteiramente a colaborar para uma política consagrada a pôr o governo tcheco de joelhos na questão da "imprensa emigrante".[14] No fim do ano, o resultado das negociações teuto-tchecoslovacas foi uma "paz na imprensa" imposta à força pelo Reich e que prosseguiria nos primeiros meses de 1938.[15] Mas Goebbels rejeitou a assinatura de um "tratado de imprensa" com Praga — havia-se chegado a um acordo semelhante com a Áustria[16] no verão de 1937, e em janeiro e abril de 1938, a Iugoslávia[17] e a Polônia[18] seguiriam esse exemplo: naquele caso, ele não queria que o lado alemão assumisse nenhuma obrigação.[19]

Paralelamente a essa política expansionista incipiente, no outono de 1937, o regime encetou uma fase mais radical na perseguição aos judeus. Tendo dado os sinais pertinentes já no congresso do partido, Goebbels prosseguiu com essa política em novembro, durante as comemorações habituais em Munique, ao inaugurar com Julius Streicher a exposição *O eterno judeu*: a "questão judaica" era um "problema mundial", explicou em seu discurso, aproveitando entre outras coisas para lembrar sua luta com o vice-chefe de polícia Weiss.[20] À noite, esteve como sempre na cervejaria Bürgerbräu, na qual os velhos correligionários escutaram um discurso de uma hora de Hitler, e, no dia seguinte, realizou-se a marcha habitual da Bürgerbräu à Königsplatz.

Uma semana depois, Goebbels recebeu do Führer a ordem de preparar uma lei proibindo os judeus de frequentar teatros e eventos culturais.[21] Entregou-se prontamente ao trabalho, mas soube por Hitler que a nova lei não era o objetivo real: "Os judeus têm de ser expulsos da Alemanha, aliás, de toda a Europa. Vai demorar um pouco, mas isso precisa e vai acontecer."[22] No entanto, Hitler decidiu que era melhor afastar os judeus dos eventos culturais por meio de ordens policiais, pois uma lei faria muito barulho, coisa que lhe parecia inoportuna por considerações de política interna.[23]

A partir de dezembro, Goebbels acompanhou com muita esperança a política do recém-nomeado premiê romeno Octavian Goga, que durante seu breve mandato tentaria implementar uma política autoritária, pró-alemã e antissemita.[24] Naturalmente, o fracasso da experiência — Goga renunciou em fevereiro de 1938 — remeteu Goebbels uma vez mais à "pressão dos judeus".[25] O ministro da Propaganda respirou fundo: "Que bom que temos o apoio do povo e tratamos os judeus com rigor. É preciso primeiro quebrar-lhes os dentes, depois negociar."[26]

Reestruturação do pessoal

No papel de chefe do Ministério da Propaganda, Joseph Goebbels desenvolveu um estilo de comando condizente com sua estrutura de personalidade egocêntrica: a atividade da pasta tinha de ser um retrato do seu gênio. Suas ideias e mudanças de rumo espontâneas, as intervenções diretas no trabalho dos departamentos, bem como suas preferências cambiantes pelos assessores importantes criavam uma atmosfera de imprevisibilidade e inquietação frequentes. Assim o queria Goebbels. No outono de 1937, num de seus raros momentos autocríticos, ele descreveu seu comportamento com as seguintes palavras: "O velho problema: ou eu faço tudo sozinho, ou me alegro quando dá errado."[27]

Goebbels era não só um trabalhador diligente e incansável como um chefe difícil e desagradável: gostava de fazer gracejos rudes à custa dos subalternos e, assim, expô-los ao ridículo perante os colegas;[28] dificilmente um funcionário escapava à sua crítica corrosiva e intransigente, que em geral chegava sem aviso. Em março de 1937, sua insatisfação com os colaboradores chegou ao extremo; ele constatou que todos precisavam "passar alguns meses no front novamente, do contrário acabavam esquecendo o cheiro das massas".[29] Para tanto, mandou um bom número de altos funcionários passar dois meses nas empresas, exercendo a função de operários sem qualificação, ação devidamente divulgada pela imprensa.[30] Não surpreende, pois, que o seu ministério não se distinguisse pela continuidade na política de recursos humanos — a não ser no setor administrativo, no qual ele dependia do know-how burocrático. "Os gênios consomem homens", dizia o seu romance *Michael*.[31]

No outono de 1937, quando a transição para o rearmamento acelerado e a política de anexação desencadeou uma ampla reestruturação na política de recursos humanos do regime, o ministério de Goebbels assumiu um papel de vanguarda. Como o ministro da Economia Schacht se recusasse a seguir apoiando a perigosa política cambial resultante do acelerado rearmamento alemão, sua substituição tornou-se urgente no outono de 1937.[32] Goebbels recomendou a Hitler o seu secretário de Estado Funk. Imaginava que este continuasse "à sua disposição em questões econômicas" e acreditava poder exercer certa influência sobre o novo ministro da Economia.[33]

Hitler, que inicialmente vacilou em demitir Schacht, acabou aceitando a proposta em novembro, mas a sucessão só vigoraria no ano novo.[34] Em compensação, procedeu-se imediatamente à reestruturação prevista por Goebbels na cúpula de sua pasta: Funk saiu do Ministério da Propaganda e foi substituído por Karl Hanke, o assessor pessoal do ministro; o chefe nacional de imprensa do NSDAP Otto Dietrich passou a ser o segundo secretário de Estado de Goebbels.[35] Além da reorganização da cúpula da instituição, verificou-se uma série de mudanças: Werner Naumann, o diretor do departamento nacional de propaganda de Breslávia, assumiu sua assessoria pessoal; Ernst Leichtenstern ficou com o departamento de cinema; e Franz Hofmann, como já se mencionou, com o de belas-artes.[36] Criou-se um departamento de tarefas culturais especiais dirigido por Hans Hinkel, cuja principal missão era "desjudaizar" a vida cultural alemã.[37] No departamento de propaganda, Leopold Gutterer tomou o lugar do até então chefe Wilhelm Haegert, com quem Goebbels estava cada vez mais descontente.[38] Por sugestão de Dietrich, o departamento de imprensa a ele subordinado dividiu-se em dois departamentos autônomos, nacional e internacional.[39]

Ao todo, o ministério se subdividiu em 14 departamentos: além dos já citados (propaganda, imprensa nacional e internacional, cinema, belas-artes, literatura e tarefas culturais), foram criados o de propaganda internacional (ainda sob a chefia de Hasenöhrl), o de rádio (Kriegler), o de teatro (Schlösser) e o de música (Drewes). O número relativamente alto de departamentos correspondia ao estilo de liderança de Goebbels: a "hierarquia horizontal" do ministério possibilitava-lhe interferir a qualquer momento em cada área individual. Ele rejeitava a centralização em setores principais.[40] À parte os departamentos especializados, o Ministério da Propaganda, sob o chefe de administração Erich Greiner, um funcionário de carreira, contava com departamentos de questões orçamentárias e jurídico, dirigidos pelos administradores Karl Ott e Hans Schmidt-Leonhardt, assim como com o departamento de pessoal, chefiado desde 1937 pelo ex-chefe de polícia berlinense Erich Müller.[41]

Antes do início da guerra, houve mais uma importante alteração: Hermann Esser, correligionário de primeira hora e afastado do cargo de ministro da Economia bávaro em 1935 por conta de uma intriga, foi nomeado terceiro secretário de Estado, encarregado do departamento de turismo. Desde 1935, Goebbels vinha se opondo a empregar Esser no Ministério da Propaganda,[42] mas, depois de longas idas e vindas, acabou designando-o para a nova função.[43] Não teve condições de impedir a mudança indesejável na cúpula de sua pasta.

O caso Blomberg-Fritsch

No começo de fevereiro de 1938, quando o secretário de Estado Funk tomou posse do cargo de maneira oficial, essa mudança ocorreu num contexto interno totalmente alterado,[44] pois, no início do ano, o regime tinha enfrentado a sua crise interna mais grave desde 1934, da qual Hitler, no entanto, se livrou com uma reestruturação espetacular de pessoal.

Em janeiro de 1938, o ministro da Guerra Blomberg casou-se com uma mulher muito mais jovem. "É assombroso", escreveu Goebbels, que, "como lhe fora solicitado", havia tomado providências para que o casamento, no qual Hitler e Göring figuraram como padrinhos, fosse apenas marginalmente noticiado pela imprensa.[45]

No entanto, duas semanas depois, descobriu-se que a sra. Blomberg tinha sido presa várias vezes por "conduta moral indecente" e, até 1937, estivera fichada na polícia berlinense como prostituta.[46] A cúpula nazista tratou a situação como questão de Estado: "A pior crise do regime desde o caso Röhm", escreveu Goebbels e, referindo-se a Blomberg, acrescentou: "Não há mais saída. A única solução é a pistola."[47]

Como se não bastasse, Göring, que havia muito desejava ser o sucessor de Blomberg e fora o primeiro a informar Hitler do escândalo, apresentou, no fim de janeiro, material incriminativo contra o comandante em chefe do exército, Werner von Fritsch: o seu mais forte rival na sucessão de Blomberg. Os documentos reunidos pela Gestapo, que Göring levou a Hitler, acusavam Fritsch de homossexualismo.

Goebbels ficou alarmadíssimo, meio confuso até, apesar do enérgico desmentido de Fritsch: "Ele jura pela própria honra que é mentira. Mas quem ainda pode acreditar? Blomberg sabia disso? Por sua própria esposa? E foi capaz de deixar Hitler na mão assim? E a honra de soldado? Onde foi parar? Tantas perguntas sem resposta."[48] O Führer mandou chamar Fritsch à Chancelaria e o acareou com a única testemunha de acusação, um rapaz que já tinha sido preso por chantagear o parceiro sexual. A testemunha reconheceu Fritsch como ex-cliente, fato que este negou com todo vigor. A Gestapo foi incumbida de dar continuidade à investigação.[49]

As anotações de Goebbels desse período desmentem que Hitler tenha encarado imediatamente o caso Blomberg-Fritsch como uma ótima oportunidade de reestruturar a cúpula das forças armadas para a guerra iminente. Pelo contrário, ele teria ficado "muito aborrecido e quase triste" com o caso.[50] Goebbels também entrou em depressão com a situação.[51]

No dia 31 de janeiro, Hitler o chamou para uma conversa particular: "Ele está um pouco mais calmo, embora ainda pálido, cinzento e abalado. [...] Blomberg se casa com uma puta, fica com ela e abandona o Estado. O Führer acredita que ele já sabia de tudo."[52] Uma vez que Fritsch tinha sido "praticamente desmascarado como '175'", Hitler resolveu "assumir ele próprio as forças armadas".⁵³ "Para erguer uma boa cortina de fumaça", era preciso uma grande reviravolta. "Oxalá saiamos disso com um olho roxo", comentou Goebbels. Nos dias subsequentes, coube-lhe ver com muita tensão íntima a crise se intensificar sem que Hitler tomasse uma decisão definitiva: a imprensa estrangeira divulgava cada vez mais especulações, na Alemanha espalhavam-se os boatos.⁵⁴

Em 4 de fevereiro, o ditador achou a saída: "Blomberg e Fritsch se afastam por 'motivo de saúde'. O Führer assume pessoalmente o comando das forças armadas. Keitel, com autoridade de ministro e sendo chefe do alto-comando das forças armadas, fica diretamente subordinado a ele. Göring nomeado marechal de campo. Brauchitsch sucessor de Fritsch." Ribbentrop, o assessor de política externa de Hitler, foi nomeado ministro das Relações Exteriores no lugar de Neurath; como prêmio de consolação, este recebeu a presidência do recém-criado "Gabinete Secreto", um grupo de consultores de política externa do qual Goebbels também participaria, mas que nunca chegou a se reunir.⁵⁵ A nomeação de Ribbentrop, que em 31 de janeiro Hitler dissera claramente considerar um "banana",⁵⁶ foi decidida contrariando o conselho de Goebbels. Além disso, nas semanas seguintes, houve consideráveis deslocamentos de pessoal na oficialidade, no Ministério das Relações Exteriores e no da Economia.⁵⁷ Assim, o ditador conseguiu de um só golpe livrar-se da grave crise interna e usar a situação para reforçar consideravelmente sua posição: agora todos os postos importantes para a transição para uma política externa agressiva achavam-se nas mãos de partidários confiáveis. Com isso, criaram-se os pré-requisitos da implementação da anunciada política expansionista.

Na noite de 5 de fevereiro, Hitler reuniu o gabinete para comentar o caso. O relato de Goebbels revela o caráter teatral da reunião: "Às vezes ele fala com voz chorosa. Que, em 30 de janeiro, teve vergonha de sair ao terraço." Segundo o líder nazista, todos tinham de se posicionar quanto a um comunicado formulado por Goebbels no fim da reunião.⁵⁸ Aliás, aquela foi a última reunião ministerial da história do Terceiro Reich.

Goebbels soube por intermédio de Helldorf, que uma semana antes já se tinha queixado dos "métodos alcaguetes" do departamento de polícia secreta de Himmler, que a linha de ação contra Fritsch "já não era decente".⁵⁹ Em março, em sessão presidida por Göring, a Corte Marcial do Reich iniciou o processo contra o general. A testemunha de acusação confessou que havia confundido Fritsch, que então foi absolvido e reabilitado.⁶⁰ "Muito ruim principalmente para Himmler", comentou Goebbels. "Ele é excessivamente precipitado e também excessivamente parcial. O Führer está indignadíssimo."⁶¹

A anexação da Áustria

Desde o fim de 1937, a Alemanha nazista vinha intensificando sistematicamente a pressão política e econômica sobre a Áustria. Na cúpula do governo, falava-se abertamente numa rápida "anexação" do país.[62] Um novo acordo de imprensa, que o embaixador Papen havia negociado com Viena no verão de 1937 — uma vez mais, Goebbels foi pego totalmente de surpresa no seu terreno mais próprio —, proporcionara certo alívio à propaganda nazista no país.[63] Em dezembro de 1937, refletindo bem as considerações que então se faziam no entorno de Hitler, Goebbels registrou uma conversa durante o almoço na Chancelaria, na qual Papen teria desenvolvido um plano para depor Schuschnigg.[64] Agora o grande remanejamento de pessoal de fevereiro afetaria diretamente a política externa do regime.

No dia 12 de fevereiro de 1938, o chanceler Schuschnigg esteve no Berghof a convite de Hitler. Na ocasião, este o pressionou ferozmente, ameaçando com a invasão da Áustria por tropas alemãs, e o chantageou para que assinasse um acordo que, entre outras coisas, impunha a livre atuação do NSDAP na Áustria e a entrega do Ministério do Interior ao nazista Arthur Seyss-Inquart.[65]

Tal como nas tantas outras medidas tomadas pelo ditador em política externa, Goebbels foi orientado a posteriori sobre esse desdobramento. Só em 15 de fevereiro, Hitler, que nesse meio-tempo regressara a Berlim, o informou do seu encontro com Schuschnigg.[66] E, segundo ele, a conversa em Berchtesgaden tinha sido uma ameaça de guerra.[67] "A imprensa mundial se enfurece", anotou Goebbels. "Fala em estupro. Não deixa de ter razão. Mas ninguém move um dedo."[68]

Naqueles dias, ele estava inteiramente ocupado em ajustar com rapidez a imprensa alemã, à qual desde o fim de 1937 se vinha impondo discrição na questão austríaca, ao "combate midiático pela Áustria".[69] Em 20 de fevereiro, Hitler se manifestou sobre os acontecimentos recentes num discurso de três horas no Reichstag. No tocante à Áustria e à Tchecoslováquia, declarou: "Também faz parte dos interesses do Reich alemão dar proteção aos compatriotas que [...], junto às nossas fronteiras, não têm condições de garantir para si o direito a uma liberdade geral humana, política e ideológica!"[70]

A resposta de Schuschnigg, no dia 24 de fevereiro, foi um discurso na Assembleia Federal austríaca, no qual enfatizou a soberania do país ("Vermelho, branco e vermelho até a morte"). Proibiu sumariamente as manifestações dos nazistas para instigar a anexação. Hitler ficou "furioso" com o discurso do chanceler austríaco.⁷¹ Quando houve um "levante popular" dirigido pelos nacional-socialistas em Graz, contra o qual o governo vienense empregou as forças armadas, Goebbels, que como tantos esperava que Schuschnigg transferisse o poder paulatinamente aos nazistas austríacos, chamou o chanceler de "porquinho preto".⁷² Mas a imprensa ainda foi obrigada a manter certa reserva.⁷³

Uma nova situação surgiu na madrugada de 8 para 9 de março, quando, incitado por Schuschnigg, o gabinete austríaco decidiu convocar um plebiscito sobre a soberania. Seyss-Inquart estava ausente quando a decisão foi tomada.⁷⁴ Na noite de 9 de março, Hitler chamou Goebbels para discutir a "galhofa de caipira" de Schuschnigg: "Nós ponderamos: ou abstenção, ou mil aviões com panfletos sobre a Áustria, e então intervir ativamente." Goebbels foi para o seu ministério a fim de montar um grupo de trabalho encarregado de elaborar o lado propagandístico do golpe. Mais tarde naquela noite, Hitler o chamou novamente, e os dois ficaram reunidos até a manhã seguinte: "A Itália e a Inglaterra não vão fazer nada. Talvez a França, mas provavelmente não. Risco não tão grande como quando da ocupação da Renânia."⁷⁵

Dias depois, ele voltou a discutir a situação com o ditador. Este ainda cogitou a possibilidade de participar do plebiscito planejado por Schuschnigg. A alternativa era exigir uma modificação na lei eleitoral e, se a exigência não fosse atendida, invadir. À meia-noite, ele foi novamente convocado por Hitler, que lhe comunicou sua decisão: a invasão seria dali a dois dias. Goebbels se apressou a providenciar para que, no dia seguinte, toda a mídia alemã estivesse em disposição de anexação.⁷⁶

De manhã, Goebbels preparou panfletos com Hitler: "Tremenda linguagem incendiária." Mas, no correr do dia, ainda foi necessário alterar várias vezes o texto dos folhetos para adaptá-los à situação dramaticamente cambiante: sob os violentos ultimatos e ameaças alemães, Schuschnigg renunciou à tarde; ao anoitecer, o presidente da República nomeou Miklas Seyss-Inquart seu sucessor. Muito embora todas as exigências alemãs tivessem sido cumpridas, Hitler não quis abrir mão de uma invasão militar. Como registrou Goebbels, forjou-se rapidamente um "pedido de socorro" austríaco: "Nós ditamos um telegrama para Seyss-Inquart,⁷⁷ no qual ele solicita auxílio ao governo alemão. Este chega logo depois. Assim temos uma legitimação."⁷⁸

No dia seguinte, 12 de março, Goebbels se inebriou com as notícias sobre a "revolução da Áustria". Ao meio-dia, leu uma "proclamação" de Hitler que foi transmitida por todas as emissoras de rádio e justificava a invasão. No território do Reich, ordenaram-se "três dias de bandeiras içadas".⁷⁹ A reação internacional foi cautelosa, como constatou Goebbels com certo alívio. Só o governo britânico protestou com vigor, mas Goebbels acreditou que era o que Chamberlain tinha de fazer "perante a sua oposição".

Em 14 de março, sucederam-se as notícias da Áustria: o governo Seyss-Inquart decretou a reunificação com o Reich, o presidente Miklas renunciou, as forças armadas austríacas juraram fidelidade a Hitler, que chegou à capital da Áustria à noite. Goebbels mandou criar um Departamento Nacional de Propaganda em Viena[80] e para lá enviou Dietrich com instruções para a "reforma da imprensa austríaca".[81] No dia 15 de março, Hitler fez um discurso na Heldenplatz, no qual, diante de 250 mil pessoas, celebrou "a maior realização" de sua vida: o "ingresso da minha terra no Reich alemão".[82]

Em Berlim, Goebbels preparou uma "acolhida triunfal" a Hitler, que havia de "ofuscar tudo quanto se viu até agora". Não foi fácil, pois todo o "material de celebração e as bandeiras" tinham sido emprestados à Áustria para equipar a comemoração.[83] No *Völkischer Beobachter*, ele exortou enfaticamente a população:

> Ninguém pode faltar às ruas quando o Führer chegar.
> Berlinenses! Fechem as empresas. Fechem as lojas.
> Estejam pontualmente no seu lugar.
> Reúnam-se na rua conforme as instruções do dirigente
> do Partido e da Frente Alemã de Trabalho. [...]
> Nenhuma casa, nenhum prédio, nenhuma loja sem enfeite de
> guirlandas e bandeiras.[84]

Na manhã de 16 de março, Goebbels acionou a "máquina popular", como ele mesmo escreveu. Depois de uma conversa telefônica com Hitler, anotou: "Sensação inebriante de domínio das massas." Às 17 horas em ponto, o ditador aterrissou em Tempelhof, onde foi recebido por Göring e Goebbels, que, a seguir, foram autorizados a acompanhá-lo no carro na sua "marcha triunfal" pela cidade.[85]

No dia 18, numa sessão convocada às pressas, Hitler anunciou a dissolução do Reichstag e as devidas novas eleições.[86] Com estas, comentou Goebbels, "nós nos desvencilhamos definitivamente das últimas cascas de ovo democrático-parlamentares" — tratava-se, com efeito, do último sufrágio no Terceiro Reich, para o qual Hitler emitiu internamente a palavra de ordem: "Unidade, chega de confusão e de conflitos religiosos."[87]

Os diários de Goebbels documentam a intensidade com que a cúpula do regime se ocupou da anexação da Áustria nos dias subsequentes. Nos almoços habituais na Chancelaria, já se discutiam as obras de prolongamento das autoestradas até a Áustria. "Linz será totalmente reformada." A renovação de Berlim devia ser consideravelmente acelerada, "do contrário, ficará em grande desvantagem em comparação com Viena".[88] Na noite seguinte, Goebbels foi convidado a jantar na Chancelaria, ocasião em que conversou com convidados austríacos sobre o Festival de Salzburgo, "ao qual queremos dar muito fomento".[89] No dia seguinte, durante o almoço com Hitler, o assunto foi uma vez mais o futuro de Viena: "Precisamos expulsar logo os judeus e os tchecos de Viena e fazer dela uma cidade puramente alemã. Com isso também resolvemos, por exemplo, o problema de habitação."[90]

No fim de março, Goebbels visitou a capital austríaca. Entrou na cidade em "desfile triunfal" — o seu meio de transporte predileto — e se hospedou no Imperial, de cujo terraço recebeu "ovações fantásticas" antes de ir à prefeitura fazer uma alocução para os "velhos combatentes". Depois discursou no grande salão da antiga estação ferroviária Nordwest, naturalmente "na sua melhor forma".

No dia seguinte, conversou com artistas austríacos no Hofburg e, à noite, assistiu a uma apresentação no Burgtheater, da qual gostou, ainda que carecesse do "formato berlinense".[91] Dias depois, numa recepção no Hofburg, "arguiu seriamente" o ator Attila Hörbiger: ele precisava tomar uma atitude com a esposa, Paula Wessely, por causa de suas numerosas "amizades judaicas". Posteriormente, teve reuniões em que explorou as opções para a futura direção da Ópera de Viena e do Burgtheater.

A "campanha eleitoral" se encerrou no dia 9 de abril com mais um comício central em Viena. Às 12 horas em ponto, Goebbels anunciou, no terraço da prefeitura, o início do "Dia do Império Pangermânico": "A uma voz de comando, as bandeiras são içadas em todo o Reich. Trinta mil pombos-correio voam nas alturas. Surgem as esquadrilhas de aviões. As sirenes uivam. E eis que o Führer aparece na sacada."[92]

No mesmo dia, Hitler teve uma entrevista com o cardeal vienense Innitzer, com o qual queria falar "muito francamente". Os seus objetivos eram ambiciosos, como ele confidenciou a Goebbels: "Nós precisamos de um príncipe da igreja se quisermos nos livrar de Roma. E isso é necessário. Não pode existir nenhuma instância fora da Alemanha que dê ordens a alemães." Poucas horas depois — enquanto isso houve a entrevista —, Hitler lhe contou que Innitzer estava "muito deprimido, mas não quis se deixar distrair pelo seu compromisso com a germanidade": "Aqui é possível atacar. Organizar um movimento apostático e liquidar a contrarreforma. Bom, vamos esperar!" O diário de Goebbels mostra, ainda que muito fugazmente, que estava surgindo a estranha ideia de uma reordenação ampla da política religiosa: o projeto de uma Igreja Católica alemã livre do papa.

Mais tarde, na sacada do hotel, ele fez um comentário, transmitido por todas as emissoras de rádio alemãs, que introduzia o discurso final de Hitler na "campanha eleitoral".[93] Então Hitler exprimiu sua convicção "de que também foi vontade de Deus enviar um garoto daqui para o Reich, fazê-lo crescer e alçá-lo a líder da nação para que lhe fosse possível inserir a sua pátria no Reich". Essa aura autoatribuída de enviado de Deus despertou emoções em Goebbels: ele se sentiu numa "missa" e percebeu as frenéticas ovações no fim do comício, "quase como uma oração".[94]

Depois disso, viajaram juntos de trem a Berlim. No café da manhã, tiveram oportunidade de falar na "questão judaica": "O Führer quer expulsar todos os judeus da Alemanha. Para Madagascar ou coisa que o valha. Certo!"[95]

Em Berlim, em cuja estação os filhos de Goebbels receberam Hitler com buquês de flores, foram à Chancelaria, onde logo chegaram os primeiros resultados do plebiscito, os quais o próprio Goebbels classificou de "incríveis, fantásticos". De fato, com uma participação eleitoral de 99,6%, nada menos que 99% dos votos válidos eram pelo sim.[96]

No entanto, dias depois, ao estudar um memorando sobre o plebiscito, ele concluiu que, dessa vez, mesmo para os seus critérios, tinham ido longe demais na manipulação do resultado. Munique "trapaceou um bocado", o *Gauleiter* Wagner "enlouqueceu completamente".[97]

A crise dos Sudetos

Depois da anexação da Áustria, a liderança nazista fixou a região dos Sudetos como alvo seguinte da política anexionista alemã. Ainda em novembro, Hitler achava que só se a França ficasse paralisada seria possível agir contra a Tchecoslováquia; agora, porém, fortalecido pelo triunfo na Áustria, convenceu-se de que uma política agressiva contra o país vizinho era possível sem tal pré-requisito.

No dia 19 de março, Goebbels esteve no seu gabinete na Chancelaria e foi informado dos novos planos do ditador quanto à política externa: "A seguir, estudo do mapa: e agora chegou a vez da Tchecoslováquia. Vamos dividi-la com os poloneses e os húngaros. E, aliás, rigorosamente na primeira oportunidade." Também ficamos sabendo que o território de Memel, administrado pela

Lituânia, "nós íamos capturá-lo agora mesmo se Kaunas entrasse em conflito com Varsóvia", mas isso não aconteceu: "Por ora somos uma jiboia fazendo a digestão." Mas isso não bastava: "Depois o Báltico, um pedaço da Alsácia e da Lorena. A França deve afundar cada vez mais na crise. Nada de falso sentimentalismo."[98]

Na segunda quinzena de março, ele não se deixou impressionar quando o governo tcheco começou a mostrar disposição a dar mais autonomia aos alemães sudetos: "Isso de nada lhes servirá. Eles estão liquidados."[99] Efetivamente, em 28 de março, Hitler instruiu o líder do partido dos alemães sudetos a tomar uma atitude mais agressiva contra o governo tcheco,[100] sendo que Goebbels também recebeu ordem de "sempre exigir mais do que é possível dar".[101]

Em consequência, no dia 24 de abril, Henlein anunciou em Karlsbad um programa de oito pontos que, exteriormente, tinha por base a ideia de autonomia, mas, na verdade, continha reivindicações tão extensivas que só poderiam ser atendidas mediante a unificação da região dos Sudetos com o Reich.[102]

Durante o mês de maio, por determinação do Ministério da Propaganda, a imprensa alemã manteve relativa moderação no tocante à controversa questão da minoria. Podia noticiar os acontecimentos no território sudeto, mas não de forma "sensacionalista".[103] Essa atitude reservada foi motivada sobretudo pela visita oficial à Itália que Hitler fez em companhia de Goebbels entre os dias 3 e 10 daquele mês.[104] Na sua obsessão narcísica por reconhecimento, Goebbels uma vez mais se deixou deslumbrar pela opulência do programa de visita, ao passo que anotou apenas marginalmente o resultado político da viagem: "Mussolini em inteiro acordo com a Áustria. [...] Na questão tcheca, Mussolini nos dá liberdade absoluta."[105]

Ele ainda se achava na Itália quando Magda, em Berlim, deu à luz o quinto bebê do casal, uma menina que se chamaria Hedwig. Quem lhe deu a notícia — eles estavam num navio de guerra no golfo de Nápoles — foi Hitler, que a havia recebido por telegrama.[106]

De volta à Alemanha, Goebbels iniciou, em 19 de maio, uma campanha feroz contra o governo de Praga. Serviu-lhe de pretexto uma entrevista do ministro das Relações Exteriores Krofta.[107] As redações dos jornais receberam instrução de designar "consultores especializados nos problemas dos sudetos" e deixar de produzir "limonada rala".[108]

Em compensação, o Ministério das Relações Exteriores continuou preferindo discrição com a questão dos Sudetos.[109] O próprio Ribbentrop se queixou a Goebbels da "campanha agressiva contra Praga", mas topou com a impassividade deste, que se sentia totalmente apoiado pelo Führer.[110] Por isso, os novos incidentes em Praga e Brünn tiveram grande destaque na imprensa alemã no dia 21 de maio; esta passou a fazer um barulho infernal.[111] O Ministério das Relações Exteriores acabou aderindo à linha política traçada pelo ministro da Propaganda e passou a fazer a sua parte para inflamar ainda mais a polêmica na mídia alemã.[112] E assim se iniciou uma campanha de imprensa contra a Tchecoslováquia que — intensificada ou amenizada por Goebbels conforme a situação política — duraria quatro meses.

Em maio, boatos sobre supostas concentrações de tropas alemãs, bem como outros incidentes na fronteira tcheco-germânica, levaram a uma "crise de fim de semana" cheia de frenética atividade nas sedes de governo em Praga, Berlim, Londres e Paris.[113] Goebbels continuava se sentindo tolhido por Ribbentrop, esse "água-morna", na sua campanha de imprensa: não tardou a ver os jornais alemães envolvidos numa "batalha de retaguarda", tanto que a campanha teve de recuar oficialmente em 28 de maio.[114] E, no dia seguinte, Hitler disse que ainda não estavam "prontos em termos de armamento". Mas, segundo ele, isso não excluía de modo algum que se seguisse fazendo tumulto contra Praga.[115] Aliás, no dia 30, assinou a "diretiva do Führer referente à Disposição Verde", na qual confessava: "É minha decisão inabalável esmagar militarmente a Tchecoslováquia em futuro próximo."[116]

Nas semanas subsequentes, Goebbels tomou repetidamente a iniciativa de intimidar Praga com ruidosos ataques propagandísticos.[117] Mas não foram só as considerações diplomáticas que o forçaram a amenizar diversas vezes a campanha de imprensa contra a Tchecoslováquia.[118] Internamente tampouco era fácil manter o clima de crise durante um período prolongado sem mostrar à população uma possibilidade de solução.

Em meados de julho, ele concluiu que: "A nossa campanha contra Praga cansa um pouco o público. Não se pode manter uma crise em aberto durante meses." Mas também receava as consequências que aquela campanha propagandística agressiva podia ocasionar no seu próprio país a médio e longo prazo, pois na Alemanha grassava um "pânico de guerra" passível de se tornar incontrolável: "Acredita-se que a guerra agora é inevitável. Ninguém se sente bem com isso. Esse fatalismo é o mais perigoso de todos. Também foi assim em julho de 1914. Nós precisamos tomar mais cuidado. Do contrário, um dia acabamos nos precipitando numa catástrofe que ninguém quer e que, apesar de tudo, virá."[119] Dois dias depois, anotou que tinha tido "uma conversa séria com Hanke sobre as perspectivas de guerra". Segundo ele, a imprensa cometia "erros" e usava "a arma do ataque com excessiva frequência. E acaba ficando cheia de brechas".[120]

Apesar dessas dúvidas e preocupações do ministro da Propaganda, a campanha de imprensa alemã prosseguiu em julho, posto que não com tanta intensidade.[121] Mas as entradas nos diários de Goebbels nesse mês mostram como ele ainda estava longe de dar os últimos passos e colocar a propaganda diretamente a serviço dos preparativos de guerra: uma guinada tão radical não era possível de uma hora para outra depois dos anos e anos de afirmação da paz por parte do regime — e o próprio Goebbels não estava pronto para tanto.

Um pogrom em Berlim?

O segundo tema que muito ocupou Goebbels nos meses ulteriores à "anexação" foi a intensificação da perseguição aos judeus.

As brutais incursões antissemitas dos nazistas austríacos contra os cerca de 200 mil judeus que lá viviam durante e depois da anexação da Áustria[122] também exacerbaram a perseguição no "território do antigo Reich"; esta já vinha sendo instigada pela direção do NSDAP desde o outono de 1937, paralelamente à transição para a expansão na política externa.[123] Agora, em março de 1938, não só os ativistas do partido perpetravam violência contra os judeus em diversas localidades como na própria liderança do regime se intensificava o esforço para concluir a sua exclusão da economia e de toda a vida social. Nisso — tal como na perseguição de 1933 e 1935 — foi importantíssimo o papel de Joseph Goebbels, que queria fazer de Berlim um exemplo e, desse modo, se distinguir no regime como representante de uma linha radical na futura "política judaica": "Em algum lugar é preciso começar."[124]

Em abril de 1938, ele passou a acossá-los sistematicamente, isolando-os do resto da população e expulsando-os da cidade. Coordenou essa ação com o chefe de polícia Helldorf, que mandou preparar um abrangente catálogo de medidas antissemitas na capital do país,[125] e, a seguir, obteve autorização de Hitler, que, no entanto, pediu que as medidas fossem adiadas para depois da sua viagem à Itália.[126]

O fato é que ainda em maio os ativistas do partido começaram a pichar ou quebrar vitrines de lojas de judeus e a depredar sinagogas de madrugada. Como anteriormente, o ministro da Propaganda tratou de apresentar essas ações dirigidas como expressão da "indignação pública" e, assim, sentiu-se legitimado para, em colaboração com Helldorf, empreender a realização da sua utopia de uma Berlim livre de semitas. Depois de obter a aprovação de Hitler ao seu "programa judeu para Berlim", instigou Helldorf a ações concretas.[127]

Em 31 de maio, numa grande blitz no Kurfürstendamm — pelo menos desde 1931, o logradouro era a região predileta de Helldorf para ações antissemitas —, a polícia fez trezentas prisões num café, principalmente de judeus. Mas, no dia seguinte, quando a maioria foi posta em liberdade,[128] o decepcionadíssimo Goebbels submeteu Helldorf a muita pressão e fez um discurso para trezentos policiais berlinenses: "Eu incito corretamente. Contra todo sentimentalismo. A palavra de ordem não é lei, e sim assédio. Os judeus precisam sair de Berlim."[129]

Ele conseguiu efetivamente, no âmbito de uma batida policial contra "associais", fazer com que muitos israelitas fossem presos (mais de mil só em Berlim), a maioria devido a pequenos delitos. A mensagem que a propaganda associou a essa onda de detenções foi clara: os judeus eram associais e tinham tendência para o crime, portanto deviam ser neutralizados pelo poder público. Mas, em virtude das graves tensões internacionais geradas pela crise dos Sudetos, não interessava a Hitler novas manchetes negativas na imprensa estrangeira, que acompanhava com muita atenção os acontecimentos em Berlim. Por isso, em 22 de junho, ele determinou pessoalmente o fim da campanha.[130]

Graças ao noticiário da imprensa internacional e à decisão de Hitler, Goebbels ficou um tanto comprometido como o autor da operação berlinense — tal como em 1935 em consequência do "tumulto no Kurfürstendamm". Em 30 de junho de 1938, ele já tinha tentado frear um pouco as atividades da organização do partido.[131] Não hesitou em atribuir a culpa da pichação das lojas de judeus a Helldorf, que teria distorcido as suas ordens, transformando-as no contrário do que eram.[132] Por fim, identificou "num major da polícia e num *Kreisleiter* [líder distrital]" os verdadeiros culpados da "campanha antijudaica".[133] No festival do solstício de verão do *Gau* berlinense, Goebbels fez mais um discurso incendiário antissemita, porém, ao mesmo tempo, anunciou que as devidas medidas seriam tomadas pela via legal.

Em junho, julho e agosto de 1938, novas manifestações e excessos de adeptos do partido em outras cidades seguiram-se à campanha berlinense, não sem a ajuda do ministro da Propaganda, como se pode comprovar pelo menos no caso de Stuttgart. Simultaneamente, a imprensa do partido voltou a intensificar a propaganda antissemita.[134] Diversas anotações no diário de Goebbels mostram que, durante o verão, ele se dedicou com todo vigor a expulsar os judeus da cidade através de medidas policiais e administrativas, para as quais contou com a autorização de Hitler.[135] Só em setembro, quando a crise dos Sudetos se aproximou de um novo apogeu, foi que o regime voltou a atenuar a campanha antissemita.[136]

Continuação da crise dos Sudetos

Durante o Festival de Bayreuth, Goebbels tinha tido uma longa conversa com Hitler sobre a questão dos Sudetos, a qual este queria que fosse "solucionada com violência". "O Führer quer evitar a guerra", anotou Goebbels. "Por isso se prepara com todos os meios para ela."[137]

Desde o fim de julho, a política midiática alemã na questão dos Sudetos vinha sendo muito influenciada pela missão Runciman — uma tentativa de mediação por parte de uma delegação britânica chefiada pelo lorde Runciman —, cujo início estava previsto para o começo de agosto na Tchecoslováquia.[138] Nas semanas seguintes, a imprensa alemã oscilou entre por um lado a relativa reserva (não convinha dar a impressão de que o Partido Alemão dos Sudetos não passava de uma marionete da política alemã)[139] e, por outro, a rude polêmica e manifestações de poderio e determinação alemães a fim de influenciar as negociações.[140]

Entre os dias 22 e 26 de agosto, Goebbels esteve totalmente ocupado com a visita à Alemanha do "regente imperial" húngaro Horthy, que ele acompanhou em viagem a Kiel e Helgoland e, a seguir, durante a sua permanência em Berlim.[141] Nesse ínterim, foram suspensos temporariamente os duros ataques à Tchecoslováquia, se bem que depois a polêmica midiática tenha sido retomada com todo ímpeto. Conforme as instruções, a imprensa alemã passou a questionar a existência do "Estado tcheco" enquanto o Partido Alemão dos Sudetos negociava com Runciman e Beneš.[142]

Nesse meio-tempo, Hitler incumbiu Karl Hermann Frank, um dos líderes dos sudetos alemães, de provocar o governo tchecoslovaco.[143] No dia 7 de setembro, quando o governo de Praga, com o chamado "Quarto Plano", atendeu amplamente as reivindicações do Partido Alemão dos Sudetos, este provocou um incidente em Mährisch-Ostrau — um conflito violento com a polícia — a fim de ter um pretexto para interromper as negociações. Segundo Goebbels, os fatos se deram "na hora certa".[144] O Ministério da Propaganda instruiu a imprensa alemã a não noticiar nada de concreto no referente às propostas do governo tcheco, mas dar grande destaque aos acontecimentos de Mährisch-Ostrau.[145]

O congresso do partido em Nuremberg, realizado entre 6 e 13 de setembro, deu aos dirigentes nazistas uma excelente oportunidade de fazer novas e sérias ameaças à Tchecoslováquia e às potências ocidentais. No discurso de encerramento, Hitler afirmou que "o sr. Benesch" não tinha "nenhum presente para dar" aos sudetos alemães; estes, aliás, gozavam dos mesmos direitos que os outros povos, e, se as potências ocidentais continuassem se achando na obrigação de "proteger por todos os meios a opressão dos alemães", isso teria "graves consequências". Goebbels consignou no diário uma interpretação congenial da passagem do discurso que revelava a intenção matreira e ousada por trás das palavras do ditador: "O sr. Benesch que cuide para que haja justiça. Como? Isso é problema dele. O que é justiça, isso ninguém lhe conta, e nós decidimos o que é, depois intervimos." Em suma: "Uma obra-prima de diplomacia."[146]

Logo depois do congresso, os acontecimentos deram a impressão de se exacerbar. "Os sudetos alemães impulsionam a revolução", escreveu Goebbels. "Em todos os lugares, manifestações gigantescas, desfiles, em parte estado de emergência. Portanto, as coisas se desenvolvem exatamente como queremos."[147] Tendo retornado de Nuremberg em 13 de setembro, Frank providenciou para que a situação se deteriorasse ao dar um ultimato ao governo de Praga: que suspendesse a lei marcial imposta por causa das agitações dos sudetos alemães na Boêmia Ocidental.[148] Agora se havia criado evidentemente uma oportunidade para o Reich intervir, a pretexto de "proteger" os alemães dos Sudetos.[149] No dia 14 de setembro, o próprio Goebbels (sob o pseudônimo Sagax) participou da campanha com um comentário agressivo no *Völkischer Beobachter*.[150] Mostrou-se entusiasmado com as recentes "notícias alarmantes da Alemanha dos Sudetos", embora pouco lhe importasse que os despachos abomináveis tivessem fundamento na realidade ou não: "Agora já se contabilizam mais de cinquenta mortos numa única aldeia. Isso oferece a mais tremenda aurora revolucionária que se pode imaginar."

Entretanto, Hitler titubeou em reagir à manobra de Frank, e, sem o apoio do Reich e diante da robusta defesa tcheca, as agitações em que Goebbels tinha enxergado o início de uma insurreição esboroaram-se por si sós.[151] Mas eis que surge "a grande sensação" na noite de 14 de setembro: "Chamberlain solicita um encontro com o Führer." Hitler convidou imediatamente o premiê britânico ao Obersalzberg. O comentário de Goebbels revela os temores da liderança alemã: "Os espertalhões ingleses tomam a dianteira. Obtêm um álibi moral. E, pouco a pouco, empurram para nós a culpa da guerra, caso haja guerra."[152]

Ele não participou da reunião de 15 de setembro no refúgio de Hitler em Berchtesgaden. Em Berlim, empenhou-se em fazer com que a imprensa e o rádio assumissem uma atitude ameaçadora espalhando notícias de um suposto estado de pânico na Tchecoslováquia e denunciando atividades militares de Praga, as quais o lado alemão não deixaria sem resposta.[153] Em compensação, não divulgou mais que um comunicado absolutamente vazio sobre as conversações com Chamberlain. Aliás, em Berchtesgaden, o primeiro-ministro britânico concordou em princípio com a cessão do território sudeto e, para tanto, propôs um plebiscito.[154]

No dia 17 de setembro, Hitler finalmente chamou Goebbels ao Obersalzberg.[155] Segundo o ditador, a solução proposta pelo primeiro-ministro britânico "não nos convém. Mas, no momento, não é muito o que se pode fazer para evitá-la". Goebbels se disse convencido de que, fosse como fosse, a Tchecoslováquia "se esfumará no ar": "Londres morre de medo de uma guerra mundial. O Führer deixou bem claro que, em caso de necessidade, ele não a teme. Mas Praga ainda insiste por enquanto em ser intransigente."[156] Dias depois, os dois continuaram a discussão: "Por ora, em Paris e Londres, os governos advogam um plebiscito nos territórios sudetos sobre a questão da soberania. Praga se curvará à pressão? O Führer acha que não, eu acho que sim."[157]

No dia seguinte, outras notícias positivas chegaram ao Obersalzberg: numa reunião governamental franco-britânica em Londres, tomou-se a decisão de estimular a Tchecoslováquia a ceder o território dos Sudetos. Além disso, Chamberlain solicitara uma nova reunião com Hitler.[158] O triunfo parecia tangivelmente próximo: "Guinada total da imprensa parisiense e londrina. Todo o mundo furioso com Praga. [...] O Führer já está desenhando o mapa. Vai apresentar exigências categóricas a Chamberlain [...] eles as acatarão."[159]

Consequentemente, o regime deixou de dar importância à disposição de Praga a fazer concessões, pois, nesse meio-tempo, as exigências territoriais feitas pela Polônia e pela Hungria à República Tchecoslovaca haviam criado uma nova situação.[160] Ademais, a imprensa continuava sobretudo com uma tarefa, como escreveu Goebbels: "Agora a nossa gente tem provocado os incidentes necessários na fronteira. A imprensa os explora como se deve. Nós nos empenhamos em aprofundá-los."[161]

A essa altura, fazia vários meses que Goebbels vinha acirrando intensamente a campanha midiática contra a Tchecoslováquia. Era a primeira vez que toda a imprensa alemã ficava durante um longo tempo a serviço de uma calculada manobra de chantagem diplomática. Entretanto, a campanha só funcionava quando em estreita interação com gestos de ameaça militar, manobras diplomáticas e as agitações promovidas pelo Partido Alemão dos Sudetos. Além disso, como se viu reiteradamente, em face das rápidas mudanças a que a situação estava sujeita, Goebbels tinha sido obrigado a fazer radicais alterações de rumo. Mas, acima de tudo, como ele constatara em julho, era dificílimo calcular as consequências internas de sua campanha de propaganda destinada a predispor a população para a guerra; a propaganda da paz havia prevalecido amplamente nos últimos anos.[162]

De Godesberg a Munique

Por ora, no entanto, a prioridade era resolver o conflito por meio de uma combinação de manobras militares com pressão política. O prelúdio dessa postura foi o encontro com Chamberlain para o qual Hitler, Goebbels e Göring viajaram a Godesberg na madrugada de 21 para 22 de setembro.

No primeiro encontro com Chamberlain, realizado no Hotel Dreesen, Hitler surpreendeu o premiê britânico — que lá estava para estabelecer os procedimentos da consulta popular no território dos Sudetos — com a exigência em tom de ultimato de que as tropas tchecas evacuassem a região disputada. Além disso, anunciou que a Wehrmacht lá entraria no dia 1º de outubro.[163] E lhe entregou um memorando com essas exigências levemente modificadas para que o encaminhasse a Praga.[164]

Em 24 de setembro, Hitler e Goebbels retornaram juntos a Berlim. Este não conseguiu avaliar inequivocamente o estado de espírito reinante na cidade: "Meio entusiasmo pela guerra, meia determinação. Impossível definir com exatidão. Mas todos sentem que logo vai acontecer alguma coisa."[165] Durante as negociações de Godesberg, a imprensa foi instruída a evitar especulações e, ao mesmo tempo, reforçar a publicação de notícias de atrocidades no território disputado.[166] Mas Goebbels ainda não estava disposto a alinhar radicalmente a propaganda a um espírito de guerra franco e irrestrito. Insistiu em solucionar a crise mediante a pressão política, não pela guerra.

Em 25 de setembro, na sua opinião, um "domingo magnífico" que não lembrava "a guerra em nada", ele se informou cabalmente com Hitler: "A grande pergunta: Benesch vai ceder? O Führer acha que não, eu digo que sim."[167] Durante um passeio, Hitler esclareceu os seus desígnios: os planos de concentração de tropas davam apenas poucos dias de margem. "O Führer é um gênio profético."

No dia seguinte, Horace Wilson, o assessor mais íntimo de Chamberlain, informou Hitler de que o governo de Praga rejeitara o ultimato. Logo depois, este repeliu bruscamente a proposta de Chamberlain de continuar negociando com a Tchecoslováquia.[168] No dia 26 de setembro, Hitler discursou no Palácio de Esporte berlinense. "Preparei a reunião nos mínimos detalhes", vangloriou-se Goebbels. "O público deve representar unicamente o povo."[169] Foi esse o teor de sua convocação aos berlinenses: "Se vocês não arranjarem lugar no Palácio de Esporte, formem uma imensa massa humana nos caminhos de acesso ao Palácio de Esporte e para ele preparem uma recepção com os sentimentos que nos sensibilizam neste momento histórico."[170] Ao discursar, Hitler insistiu na solução do problema dos Sudetos, mas também prometeu que aquela era "a última exigência territorial que tenho a apresentar à Europa".[171] Então a imprensa recebeu ordem de atacar Beneš violenta e pessoalmente. Tratava-se de "semear a discórdia entre Benesch (sic) e seu povo".[172]

No dia seguinte, 27 de setembro, Wilson entregou mais um recado de Chamberlain: a França se manteria fiel ao compromisso de ajuda à Tchecoslováquia, e a Grã-Bretanha a apoiaria. Hitler reagiu com indiferença total.[173] Na mesma tarde, por ordem sua, uma divisão motorizada percorreu Berlim.[174] Todos os relatos conhecidos dessa demonstração de força militar oferecem o mesmo quadro: a população berlinense reagiu com mais abatimento que entusiasmo.[175] Nicolaus von Below, o ajudante de ordens da Luftwaffe de Hitler, escreveu nas suas memórias que Goebbels podia ter "organizado mais júbilo".[176] Aliás, no almoço com Hitler no dia seguinte, Goebbels comentou — "em voz alta com o Führer diante de todos os presentes", como anotou o secretário de Estado Weizsäcker — que a população não era favorável à guerra.[177] Ele próprio escreveu significativamente no diário que a parada da divisão motorizada teria "deixado uma impressão profunda em toda parte".[178] A passagem sugere que Von Below tinha razão: a claramente perceptível falta de entusiasmo pela guerra se devia à circunstância de Goebbels não haver acionado a "máquina popular" dessa vez — e parece ter tido êxito nessa atitude.

Mas eis que Hitler muda de opinião e se dispõe a negociar.[179] Tendo Chamberlain solicitado a mediação de Mussolini em 28 de setembro, os chefes de governo da Grã-Bretanha, França, Itália e Alemanha decidiram, no decorrer do mesmo dia, convocar uma conferência dos quatro para solucionar o problema. Conforme Goebbels sintetizou a situação pela sua ótica, "não houve mergulho na guerra", a qual afinal não se podia travar por conta de meras "modalidades".

No dia seguinte em Munique, Chamberlain, Daladier, Mussolini e Hitler aceitaram o plano apresentado pelo Duce, segundo o qual a Wehrmacht entraria em dez dias no território disputado. Ademais, a Tchecoslováquia recebeu garantia de apoio da Grã-Bretanha e da França.[180]

Goebbels permaneceu em Berlim durante a Conferência de Munique. Na véspera, 28 de setembro, organizou uma onda de comícios em todo o país com o lema "Fora Benesch". No evento central no Lustgarten, discursou para 500 mil pessoas. Infelizmente, escreveu no diário, nada pôde dizer a respeito da Conferência de Munique, pois isso decerto levaria "a comícios demasiado positivos": ou seja, Goebbels queria evitar que a população berlinense tivesse mais uma oportunidade de manifestar publicamente sua aversão à guerra.[181]

No dia seguinte ao do Acordo de Munique, ele anotou: "É um alívio que a grande e perigosa crise tenha chegado ao fim. Todos passamos por uma fina corda bamba por cima de um abismo vertiginoso. [...] Agora voltamos realmente a ser uma potência mundial. E a ordem é: rearmar, rearmar, rearmar! Foi uma vitória da pressão, dos nervos e da imprensa."[182]

Ele sentiu sua posição corroborada pelo Acordo de Munique: e, quando preparou a costumeira recepção bombástica a Hitler em Berlim,[183] escreveu a respeito do clima festivo: "Todos estão empolgados com a preservação da paz. Isso é preciso ver com clareza também aqui entre nós. Assim é no mundo inteiro. Os povos não querem uma nova guerra mundial."[184] Nesse aspecto, creditou a si mesmo grande parte do sucesso, pois, "na hora decisiva", ele havia exposto "as coisas ao Führer tais como eram de fato". O desfile da divisão motorizada deixou clara a disposição do povo. "E não era favorável à guerra."

Ele esteve com Hitler na noite de 2 de outubro: "Sua determinação de aniquilar a Tchecoslováquia de uma vez por todas é inabalável. [...] Esse pseudoestado morto e amorfo precisa desaparecer. Ele tornou a frisar que Londres e Paris não teriam agido se a situação se tivesse degenerado." Essa não era propriamente a opinião de Goebbels; os dois países "podiam ter se envolvido na questão de maneira involuntária". E acrescentou com certa teimosia: "E não mudo de opinião."[185]

18. "Só o sofrimento nos amadurece!"
Preparativos de guerra: do Acordo de Munique ao ataque à Polônia

Ao que parece, no verão de 1938, Goebbels se empenhou seriamente em encontrar com Magda uma solução para seus persistentes problemas conjugais. Deu-lhe um "anel bonito", e os registros no diário indicam que os dois entraram num acordo muito bem pensado.[1]

Lída Baarová, a amante de Goebbels, descreveu esse ajuste nas suas memórias: num fim de semana em Schwanenwerder, ao qual ela e outras pessoas foram convidadas, Magda e Joseph Goebbels teriam tentado persuadi-la a participar de uma relação a três. Magda queria continuar no papel de mãe de família residente em Schwanenwerder e aceitava de bom grado que Lída Baarová fosse a amante oficial do marido.[2]

No entanto, logo depois desse fim de semana em que tudo ficou aparentemente arranjado, Goebbels foi informado de que Magda não se dispunha de modo algum a dividi-lo com outra mulher. É que, na noite de 15 de agosto, ela tivera uma longa entrevista com Hitler, que, em seguida, mandou chamar o ministro da Propaganda. A "discussão longa e séria" que então se deu deixou Goebbels "profundamente abalado". O líder nazista exigiu nada menos que ele se separasse de Lída Baarová, e Goebbels prometeu satisfazer o desejo do Führer. "Tomo decisões dificílimas. Mas são definitivas. Passo uma hora andando de carro. Para bem longe e sem rumo certo. Vivo quase como num sonho. A vida é tão dura e cruel. [...] Mas o dever acima de tudo."

Então, como ele escreveu cheio de autocomiseração, teve com a amante "uma conversa telefônica muito demorada e muito triste. Mas eu me mantenho firme, por mais que meu coração ameace se despedaçar. E agora começa uma vida nova. Dura, cruel, dedicada unicamente ao dever. A juventude chega ao fim".[3] Goebbels havia criado a ilusão de que Hitler desistiria facilmente do combinado com o casal em 1931: tinha se tornado uma espécie de membro da família e, acima de tudo, sua relação íntima com Magda só podia ser mantida se a reputação dela estivesse protegida pelo casamento com Goebbels. Mas este também perdera de vista o quanto o acordo era decisivo para a sua posição privilegiada no séquito do Führer — e o quanto essa posição e a sua carreira política ficavam comprometidas com aquela tentativa de desconsiderar o ajustado em 1931.

Nos dias subsequentes, que lhe pareceram "a pior fase da minha vida", Goebbels teve outras conversas com a esposa, cujo comportamento ele classificou de "duro e cruel".[4] Só encontrou consolo na mãe, que estava em Berlim.[5] Enfim, Magda e Joseph acertaram um "cessar-fogo" até o fim de setembro.[6] Nos dias seguintes, ela se apresentou ostensivamente ao lado do marido nos eventos oficiais; e, de fato, tudo indicava que os dois haviam estabelecido uma espécie de trégua.[7]

No fim de setembro, quando o "pacto de cessar-fogo" terminou no auge da crise dos Sudetos, Goebbels pediu confidencialmente a seu secretário de Estado que lhe servisse de intermediário. Alegrou-se em dispor de "pelo menos uma pessoa com quem posso conversar".[8] Entretanto, o esperado diálogo de Hanke com Magda teve desfecho negativo: "Parece que está tudo acabado." Hanke também falou com Lída Baarová. Por fim, Goebbels lhe pediu que voltasse a submeter o caso a Hitler: "Tudo o mais depende da decisão dele."[9]

O fato é que, em 12 de outubro, Hanke discutira o problema com Hitler, que havia resolvido tomar uma decisão definitiva depois de ter uma conversa pessoal com Goebbels.[10] Nesse meio-tempo, este passou a ver "uma única saída a ser usada".[11] Referia-se evidentemente à separação de Magda. Que acharia o Führer de tamanha impertinência? Ele sabia, de conversas anteriores, que seu chefe tinha opiniões basicamente "modernas e generosas" sobre a questão do divórcio, mas, por outro lado, criticava muito a "mania de divórcio" que grassava na liderança do regime.[12]

A insegurança quanto à decisão de Hitler, da qual dependiam a sua existência e a sua carreira, precipitaram-no numa profunda crise pessoal.[13] Alguns dias mais tarde, ele e seu motorista Rach pegaram a autoestrada rumo a Stettin, deram meia-volta e foram parar na casa do Bogensee. Com febre alta, Goebbels se enfiou na cama, mas só conseguiu dormir com ajuda do álcool. Acordou 24 horas depois; os preocupados assessores que dele cuidavam no refúgio não conseguiram despertá-lo antes disso. Com "dores malucas" no coração, ele viu a morte se aproximar. Mas se reergueu e — uma vez mais — tomou "uma decisão firme. É preciso dar fim a esta situação, custe o que custar. Do contrário ela acaba comigo".[14]

Três dias depois, retornou desesperado a Berlim, onde assistiu a *Preussische Liebesgeschichte* [Uma história de amor prussiana], o último filme protagonizado por Baarová e que muito o agitou. Por fim, procurou o velho amigo Helldorf, o chefe de polícia da capital. Este lhe fez "revelações terríveis" que o deixaram arrasado; as anotações no diário não entram em maiores detalhes.[15] No dia seguinte, Goebbels acionou seu ex-secretário de Estado Funk, a quem apresentou "um relato sincero da minha situação", e, enfim, conseguiu fazer com que ele arranjasse um encontro com Göring. Segundo Goebbels registrou no diário, Funk, Helldorf e ele ainda passaram um bom tempo conversando, um "verdadeiro trio de amigos".[16] No dia seguinte, Göring o recebeu em casa em Schorfheide. "Ele fica muito enternecido e é comoventemente humano comigo. Isso eu nunca hei de esquecer. Propõe soluções radicais. Quer procurar o Führer e pôr tudo em pratos limpos. [...] Nós nos despedimos como amigos do peito."[17]

Nesse meio-tempo, Goebbels se indispôs com Hanke, seu primeiro confidente e mediador: "Ele é a minha decepção mais cruel." Acaso foram as revelações de Helldorf que o levaram a romper com o secretário de Estado?[18] Ao que parece, extrapolando a missão de intermediário, este ofereceu mais do que consolo humanitário à tristíssima Magda. Meses depois, ela confessaria ao marido que tinha tido um relacionamento com Hanke.[19]

É difícil entender o comportamento de Goebbels durante essa crise. Justo ele, que nos anos anteriores havia mantido sua vida pessoal sistematicamente apartada de relações de amizade e se dedicara por inteiro à carreira, agora envolvia Hanke, Funk, Helldorf e Göring nos seus problemas mais íntimos, sem levar em conta que estava autorizando esse grupo de pessoas a examinar profundamente a sua privacidade. Nesses dias, Goebbels abraçava como amigo qualquer um que lhe desse ouvidos. A necessidade de consolo era tão poderosa que o levava a deixar de lado todas as outras considerações.

No domingo, 23 de outubro, ele chegou ao Obersalzberg em companhia de Helldorf, a convite de Hitler,[20] para discutir o futuro da sua família. "Exponho meu ponto de vista, defendo com vigor minha convicção, até que o Führer apele para a solidariedade, o Estado e a grande causa comum. A esse apelo não posso nem quero me recusar."[21]

Mas eis que Helldorf assume a defesa de Goebbels com "grande e imponente firmeza", sem no entanto convencer o ditador. Por fim, reclamou-se a presença de Magda: "Ela é um tanto agressiva no começo, mas depois os dois somos obrigados a nos curvar ao desejo do Führer. Ele o manifesta de modo tão humano e indulgente que não resta nenhuma alternativa. A coisa é adiada em três meses e, assim, relegada ao futuro." A conversa simplesmente anulou a "decisão firme" tomada por Goebbels poucos dias antes. Contrariar o "desejo" de Hitler, insistir no divórcio e, assim, pôr um fim inevitável à sua carreira, isso ele não cogitou um só instante, dada a sua fixação já existencial no Führer. Ou, em outras palavras: do acordo que fizera com Hitler e Magda em 1931 — um casamento que o obrigava a tolerar a relação especial daquele com a sua esposa, do qual, por outro lado, resultou uma proximidade também especial entre os dois homens —, de tal acordo ele já não tinha como se safar. Nesses dias, a percepção de que sua dependência de Hitler era total e não lhe dava espaço para mudanças de curso na vida privada há de tê-lo deprimido no mínimo tanto quanto a perda da amada.

Tendo prevalecido, Hitler lançou mão de sua velha tática com Goebbels, confiando-lhe, numa longa conversa, "seus segredos mais profundos e humanos"; como não podia deixar de ser, este acreditou piamente naquele momento: "Sua lealdade a mim é de uma cordialidade gratificante." Hitler lhe apresentou, pelo menos assim entendeu Goebbels, um quadro profundo de seus planos estratégico-políticos: "Ele prevê um grande conflito no futuro. Provavelmente com a Inglaterra, que se prepara de maneira sistemática. Nós teremos de enfrentá-lo, e então se decidirá a hegemonia europeia. [...] E, diante disso, devem se calar todos os desejos e as esperanças pessoais. Que somos nós, indivíduos, em face do grande destino do Estado e do povo?"[22] A Goebbels vinha muito a calhar essa possibilidade de justificar com o serviço em prol de uma grande causa o fracasso total de suas esperanças privadas.

Então, por desejo expresso de Hitler, tiraram algumas fotografias de imprensa, nas quais ele aparecia com toda a família Goebbels e que serviam para documentar a reconciliação.[23]

De volta a Berlim, Helldorf informou Goebbels de que havia "cumprido a ordem difícil e de horrível desfecho" que este lhe dera. Uma vez mais, as memórias de Lída Baarová revelam do que se tratava: segundo elas, Helldorf mandara chamar a atriz para lhe dizer que, dali por diante, ela já não poderia se apresentar em público.[24] À moça não restou senão aceitar as duas coisas: o fim da relação e o de sua carreira.

À noite, Goebbels passou um bom tempo com Göring, para quem teve oportunidade de "escancarar o coração".[25] No dia seguinte, segundo suas próprias palavras, tratou de "liquidar" o caso. Deu ordem a Helldorf e Funk de não dizer mais nenhuma palavra sobre o assunto.[26] Em Schwanenwerder, ainda teve com Magda uma demorada palestra que se estendeu até o amanhecer. "Coisas terríveis vieram à luz", e ele precisou ter "nervos de aço" para aguentar a discussão.²⁷ Apesar das muitas outras conversas que se sucederam, as semanas subsequentes não delinearam nenhuma melhora na relação de Goebbels com a esposa,²⁸ cujos protestos constantes o exasperavam: "Nem um cachorro aguenta continuar vivendo assim!"²⁹ Por fim, no dia 29 de outubro, ele passou "o aniversário mais triste da minha vida".³⁰ Não só pelo fato de Magda tê-lo parabenizado "glacialmente" de manhã como porque Hitler também se comportou com frieza, limitando-se a enviar "um breve e gelado telegrama" a fim de congratulá-lo. Em compensação, Göring o consolou com um "telegrama extraordinariamente afetuoso e camarada".

Na mesma data, foi com certo alívio que ele soube que a estreia do filme de Baarová *Der Spieler* [O jogador] tinha sido "meio morna". Havia passado os dias precedentes às voltas com a ideia de cancelar a exibição, mas acabou decidindo autorizá-la; para Goebbels, isso tudo foi uma "tortura ininterrupta dos nervos", pois nesse ínterim o seu affair com a atriz era tão notório que ele chegou a recear que tumultuassem a exibição para deixá-lo em maus lençóis publicamente.³¹

O pogrom de novembro

No mês de outubro, o antissemitismo voltou a se exacerbar na militância radical do partido, um antissemitismo que Goebbels, com sua ação berlinense, instigara decisivamente durante o verão e depois fora obrigado a amortecer por causa da crise dos Sudetos. Ao que parece, os ativistas do partido queriam culpar "os judeus", retroativamente, pela depressão que se espalhara por todo o país em setembro devido à ameaça de guerra. Era preciso vingar-se deles: logo depois da conclusão do Acordo de Munique, reiniciaram-se as violências antijudaicas, e estabelecimentos comerciais e sinagogas foram atacados e depredados. Na opinião do SD,* havia se disseminado um verdadeiro clima de pogrom. Em 26 de outubro, Himmler ordenou a expulsão dos judeus poloneses residentes na Alemanha, e, nos dias seguintes, 18 mil pessoas foram presas e mandadas para a fronteira teuto-polonesa: a primeira deportação em massa do período nazista. Em 7 de novembro, o atentado contra o diplomata alemão Ernst vom Rath em Paris, cometido por Herschel Grynszpan para se vingar da expulsão de seus pais, forneceu ao regime pretexto para desencadear uma violência sem precedentes contra os israelitas alemães.³²

---

* Abreviação de Sicherheitsdienst, o serviço de segurança da SS. (N. do T.)

Goebbels, de longa data um dos mais importantes agitadores antissemitas do NSDAP, viu então a oportunidade de voltar a se projetar ao primeiro plano mediante uma sanha especial na "questão judaica". Com isso, por certo queria restabelecer a relação pessoal com Hitler, prejudicada por sua crise matrimonial, mas é preciso enxergar esse comportamento sobretudo em conjunção com as diferenças de opinião que o separaram do Führer no auge da crise dos Sudetos. Para o ministro da Propaganda, tratava-se, pois, de fazer com que o "povo" — cuja falta de entusiasmo pela guerra se manifestara de forma tão clara poucas semanas antes — aderisse ostensivamente a uma ação bárbara, supostamente coletiva, contra os judeus alemães, e, assim, demonstrar a união e o radicalismo ideológico da "comunidade nacional-popular". Violência contra os judeus para compensar a falta de espírito guerreiro; com essa linha básica, Goebbels estava em perfeita sintonia com a ala radical do partido.

O primeiro apontamento no diário acerca do pogrom iminente está datado de 9 de novembro. Como de hábito, refere-se ao dia anterior, ou seja, ao atentado de Grynszpan: "Falemos sem papas na língua. Grandes comícios antissemitas em Hessen. Sinagogas incendiadas. Se agora fosse possível dar rédeas soltas à indignação popular!" O fato é que, seguindo as instruções do Ministério da Propaganda, a imprensa nazista havia dado enorme destaque ao atentado ao mesmo tempo que o associava a ameaças aos judeus alemães. Além disso, na madrugada de 7 para 8 de outubro e no dia seguinte, os ativistas de Hessen já tinham organizado atos de violência em massa contra lojas de israelitas e sinagogas.[33]

Na noite do dia 8 de novembro, Goebbels, que viajara a Munique na véspera, esteve na cervejaria Bürgerbräu, ponto de encontro anual dos "velhos combatentes". A seguir, participou de uma recepção no edifício Führerbau e, mais tarde, acompanhou Hitler e um grupo de companheiros ao Café Heck.[34]

No dia seguinte — como sempre houve a marcha tradicional da Bürgerbräu ao Feldherrnhalle e dali à Königsplatz —, o estado de Von Raths não tinha melhorado. A campanha antijudaica persistia na imprensa.[35] Goebbels achou positiva a ordem de seu amigo Helldorf, o chefe de polícia de Berlim, para que os judeus da capital entregassem todas as armas em seu poder:[36] "Eles que se preparem para outras coisas."

Durante o dia, chegaram mais notícias de grandes manifestações antissemitas em Kassel e Dessau, cidades em que as sinagogas tinham sido incendiadas e os estabelecimentos comerciais de judeus, demolidos. À tarde, anunciou-se a morte de Ernst vom Rath.

À noite, Goebbels se encontrou com Hitler na prefeitura de Munique. A seguinte passagem do seu diário de 10 de novembro é a prova mais importante da inegável responsabilidade do ditador pelo pogrom: "Exponho a situação ao Führer. Ele determina que as manifestações prossigam. Recolher a polícia. Os judeus precisam sentir na pele a cólera popular. Está certo. Prontamente, dou as instruções cabíveis à polícia e ao partido. Então falo por um breve momento aos dirigentes. Aplauso retumbante. Todos se precipitam ao telefone. Agora o povo agirá."

Na verdade, Goebbels fez um discurso incendiário para as lideranças do NSDAP, mencionando especificamente os excessos já ocorridos em Kassel e outros lugares e observando que o próprio Hitler lhe havia dito que não se opunha a novas manifestações "espontâneas". Como observou o relatório do inquérito do Superior Tribunal do Partido sobre os crimes não autorizados durante os pogroms de fevereiro de 1939, "exteriormente, o NSDAP não aparece como autor das manifestações, mas na realidade as organizou e dirigiu".[37] Naquela noite, Goebbels estava no seu elemento, como mostra a anotação no diário: "Alguns frouxos fazem corpo mole. Mas eu insisto em levantar os ânimos. Não podemos deixar esse assassinato covarde sem resposta." Depois foi com o *Gauleiter* Wagner à sede do *Gau* a fim de escrever uma "circular precisa" esclarecendo "o que se pode e o que não se pode fazer". Telefonou para Berlim a fim de instruir que "destruíssem a sinagoga da Fasanenstrasse".[38]

Quanto a isso, o Superior Tribunal do Partido registrou no relatório do inquérito que o vice-*Gauleiter* de Munique-Alta Baviera declarou que, por volta das duas horas da madrugada, ao ser informado da primeira vítima fatal do pogrom, Goebbels dissera que ninguém devia "se abalar por causa de um judeu morto, porque, nas próximas noites, milhares de judeus seriam obrigados a acreditar que mais judeus morreriam".[39]

À meia-noite, ele participou da cerimônia de juramento dos novos membros da SS, realizada anualmente na Feldherrnhalle. Depois, a caminho do hotel, viu "o céu vermelho como sangue": "A sinagoga está em chamas. [...] Mandamos apagar o fogo somente na medida do necessário para poupar os prédios vizinhos. Quanto ao mais, que torre tudo. [...] Chegam despachos de todo o Reich: cinquenta, depois 75 sinagogas incendiadas. O Führer ordenou a prisão imediata de 25-30 mil judeus." Goebbels recebeu de Berlim a notícia de que lá as sinagogas também estavam em chamas. "Agora a fúria popular descansa. Não se pode fazer mais nada esta noite. E eu não quero fazer nada mesmo. Que fique como está. [...] As sinagogas ardem em todas as grandes cidades."[40]

Ele recebeu os primeiros relatos de manhã cedo: "Todo o povo se revolta. Os judeus estão pagando caro essa morte."[41] Não importava que "o povo", como o próprio Goebbels tinha ordenado, fosse na verdade constituído de correligionários muito bem instruídos; agora a encenação da "fúria popular" era realidade para ele.

Pouco depois, Goebbels formulou uma proclamação[42] com a "mais rigorosa exigência" de que "de todas as manifestações e ações de retaliação contra o judaísmo [...] cessem prontamente". Os atos de violência ameaçavam escapar ao controle. Ele foi ao restaurante frequentado por Hitler, o Osteria da Schellingstrasse, solicitar a aprovação do rascunho; obteve-a: "O Führer vai tomar medidas severíssimas contra os judeus. Eles mesmos é que terão de pôr as suas lojas em ordem. O seguro não lhes paga um centavo. Porque o Führer quer desapropriar gradualmente todos os estabelecimentos judeus e, em troca, dar aos proprietários papéis que podemos desvalorizar a qualquer hora." Em estreita colaboração com Heydrich, ele se encarregou de conter e pôr fim às "ações".

Subsequentemente, Hitler, na presença de Goebbels e de outras celebridades do partido, recebeu quatrocentos representantes da mídia no Führerbau, na Königsplatz, para agradecer por "sua dedicação à luta pelo direito de viver do povo alemão".[43] Mas a verdade é que ele foi muito além no discurso: declarou aos jornalistas que as circunstâncias o haviam obrigado a "passar anos falando quase exclusivamente na paz". Foi mediante a "ênfase continuada na vontade e nas intenções pacíficas alemãs" que ele conseguiu alcançar seus grandes sucessos diplomáticos; mas aquela "propaganda pacifista empreendida durante décadas" também tinha os seus lados questionáveis, capazes de levar as pessoas ao erro de entender que ele queria preservar "a paz em qualquer situação". Era necessário acabar com tal ilusão; por isso, havia meses que ele começara a "explicar lentamente" ao povo "que existem coisas que [...] precisam ser impostas por meio da violência". Convinha agora dar continuidade a essa linha de propaganda e fortalecê-la.[44]

Assim, por um lado, Hitler deu clara expressão a seu descontentamento com a falta de disposição psicológica para a guerra na população alemã, como tinha ficado claro poucas semanas antes; por outro, o discurso continha um reconhecimento e confirmação indiretos da mobilização da violência conduzida substancialmente por Goebbels na véspera. Portanto, o cálculo deste tinha se verificado: com a iniciativa de desencadear a "fúria popular" em 9 de novembro, ele revelara que apoiava inteiramente uma política interna mais radical rumo aos preparativos de guerra. Tarde da noite, depois de consignar no diário um lacônico comentário que avaliava, absurdamente, o discurso como um mero elogio à sua propaganda, Goebbels voltou a Berlim: "Agora eu mesmo assumo toda a violência em Berlim. Em tempos de crise como este, é preciso ter o controle."[45]

Na manhã seguinte, constatou com satisfação que "a calma reinou" na capital e no resto do país durante a noite: "Minha proclamação fez milagre. Além do mais, os judeus devem me agradecer." Procurou atenuar o noticiário negativo no exterior mediante uma declaração para os correspondentes em Berlim. À parte isso, escreveu um "artigo elegante" para a imprensa alemã.[46] Dizia ameaçadoramente que a situação dos judeus alemães na vida pública, privada e econômica dependia "do comportamento dos judeus na Alemanha e, principalmente, do comportamento dos judeus no mundo". Seguia-se uma advertência ao estrangeiro "hostil à Alemanha", que faria bem em "deixar esse problema e a sua solução para os alemães. Enquanto ele sentir necessidade de tomar a defesa dos judeus alemães e de adotá-los, estes estarão à sua disposição em qualquer quantidade".[47]

Em 12 de novembro, Goebbels participou de uma "reunião no ministério de Göring sobre a questão judaica": "Lutas fervorosas pela solução. Eu defendo uma posição radical." De fato, mais de cem representantes do partido, do Estado e das associações comerciais se reuniram no Ministério da Aeronáutica para discutir novas medidas relativas à "questão judaica". O resultado fundamental foi uma "solução" legal: os judeus deviam pagar uma contribuição de um bilhão de marcos, ficariam definitivamente excluídos da vida econômica e seus créditos de seguro seriam transferidos para o Estado. Na reunião, discutiram-se outras providências hostis aos israelitas que, em grande parte, foram tomadas nas semanas e nos meses seguintes.[48]

Na reunião, Göring criticou energicamente as destruições perpetradas e a devastação de "bens do povo" ("Seria preferível que vocês tivessem trucidado duzentos judeus, mas sem destruir tais valores").[49] Ficou claro que a crítica se endereçava a Goebbels, tido por todos como o fomentador dos atos de violência. Mas ele se comportou como se a reprimenda fosse dirigida a outrem e a reunião tivesse sido um grande sucesso pessoal: "Trabalho maravilhosamente bem com Göring. Ele se empenha muito. A opinião radical triunfou."

Goebbels participou de forma ativa das deliberações e apresentou numerosas propostas. Exigiu que todas as sinagogas já não inteiramente intactas fossem "demolidas pelos judeus" e que se construíssem estacionamentos em seu lugar. Ademais, propôs probi-los por decreto de frequentar "teatros, cinemas e circos alemães". Ele próprio já havia promulgado um decreto semelhante com base na Lei da Câmara de Cultura.[50] De resto, os judeus deviam ser afastados "da vida pública em todos os lugares em que se mostrarem provocadores". Era absurdo um alemão ocupar o compartimento de um vagão-leito junto com um judeu. Além disso, era recomendável "averiguar se não convinha proibi-los de entrar no bosque alemão"; eles não podiam "circular em espaços públicos alemães": que se pusessem à sua disposição espaços próprios, "não os mais bonitos", é claro; além de bancos especialmente marcados. Por último, Goebbels exigiu que "os judeus sejam totalmente excluídos das escolas alemãs".[51]

No dia seguinte, durante uma refeição de ensopado em Wedding, Goebbels fez uma declaração anunciando que todos os estabelecimentos comerciais de judeus em breve passariam às mãos de alemães, e condenou ataques a tais estabelecimentos como dano ao "patrimônio alemão".[52] Deu uma entrevista — reproduzida pela imprensa alemã — à agência britânica Reuter na qual minimizou todo o plano como "separação higiênica entre alemães e judeus".[53]

Hitler aprovou a "campanha antijudaica" instigada pelo Ministério da Propaganda. Consequentemente, Goebbels mandou todos os meios propagandísticos "prepararem uma grande operação antissemita",[54] pois via um atraso geral no "trabalho educacional" antissemita.[55]

Efetivamente, nos meses seguintes, a "questão judaica" voltou a ser o tema dominante na propaganda; todos os jornais alemães — não só os do partido — passaram a publicar contribuições sobre o assunto. O Ministério da Propaganda dava muita importância ao ataque antissemita no campo da política cultural para se dirigir ao público burguês, a parte da população em que se detectaram as maiores restrições à violenta política judaica do regime durante e depois do pogrom.[56]

Mas, apesar do esforço considerável nessa área, até janeiro de 1939 o Ministério da Propaganda mostrou-se insatisfeito com o desempenho da imprensa.[57] Por isso Goebbels também interpôs o aparato propagandístico do partido na campanha antissemita. Dias depois do pogrom, na qualidade de diretor nacional de Propaganda, determinou que uma já iniciada onda de assembleias prosseguisse até março do ano seguinte, para que o conjunto da população fosse "instruído sobre o judaísmo". No entanto, não convinha proceder com demasiada truculência, uma vez que, durante o pogrom, "grande parte da sociedade civil ficou dividida na apreciação das medidas tomadas". Segundo ele, "a massa da população", que "na época da luta e mesmo depois não lia com regularidade os jornais nazistas, não recebeu a educação dada automaticamente ao nacional-socialismo em luta".[58]

Apesar das sempre presentes tendências ao cansaço, a campanha propagandística antijudaica prosseguiu até depois da virada do ano. Chegou ao apogeu no dia 30 de janeiro de 1939, quando Hitler, no seu discurso no Reichstag, muito salientado pelo ministério de Goebbels, anunciou o "extermínio da raça judaica na Europa" em caso de uma nova guerra mundial.[59]

Crise matrimonial: segundo round

A despeito das brigas, Magda e Joseph Goebbels saíram juntos várias vezes no outono de 1938, decerto para demonstrar publicamente que o casamento mais uma vez ia bem.[60] Numa dessas noites — depois de uma apresentação justamente de *Intriga e amor* —, Hitler foi a Schwanenwerder com o casal. Ficaram conversando até de madrugada, e o ditador resolveu lá pernoitar, coisa que Goebbels achou "muito simpática", e ainda passou o dia seguinte, um feriado, na ilha, ocasião em que recebeu o alto-comando das forças armadas para discutir assuntos militares.[61] Claramente, Hitler não deu nenhuma mostra de confiança no casamento restaurado.

Em novembro e dezembro de 1938, Goebbels trabalhou intensamente num livro cujo título provisório era *Adolf Hitler — Ein Mann, der Geschichte macht* [Adolf Hitler — um homem que faz história], uma tentativa de se reaproximar do Führer e voltar a cair nas suas boas graças.[62] O manuscrito ficou pronto no fim do ano, mas, em janeiro, Amann, que editaria a obra pela Eher--Verlag, informou-o de que por enquanto isso não era possível.[63] Embora Goebbels não tenha mencionado o motivo dessa negativa, é fácil concluir que, no momento, Hitler achava inoportuno um novo incensamento oriundo da pena de seu ministro da Propaganda. Goebbels mergulhou imediatamente num novo projeto literário, ao qual deu o título provisório *Die bessere Gesellschaft* [A nata da sociedade]; no entanto, parece ter interrompido o trabalho no manuscrito logo depois. Nenhuma das duas obras chegou a ser publicada.[64]

Além disso, Goebbels estava envolvidíssimo com os preparativos da eleição extraordinária para o Reichstag, que se realizaria no dia 4 de dezembro nos territórios sudetos incorporados ao Reich.[65] Ele próprio participou da "campanha eleitoral" com vários discursos em megacomícios.[66] Com 98,9%, o resultado da eleição alcançou a já habitual taxa de sucesso.[67]

Em dezembro, Goebbels começou a se sentir cada vez mais doente: as fortes dores de estômago levaram-no a suspeitar que estivesse com úlcera.[68] Mas os exames no hospital não detectaram nenhum indício de doença orgânica; o que se diagnosticou foi um "grave distúrbio nervoso".[69] O retorno das fortes oscilações de estado de espírito também deixa claro que a causa de seu sofrimento era de natureza psíquica: "O tempo magnífico", escreveu, "provoca em mim uma melancolia cada vez maior"; três dias depois, pelo contrário, foi o "outono cinzento" que o deixou melancólico.[70] Na metade do mês, as dores aumentaram de tal maneira que o professor Sauerbruch, a quem pediram socorro, mandou interná-lo na Charité. O médico queria operá-lo imediatamente, mas Goebbels preferiu adiar a intervenção. Acabou sendo levado de volta a Schwanenwerder. Passou a noite de Natal acamado na edícula da propriedade; a família, que festejava na casa principal, fez-lhe uma visita, mas mesmo assim ele se sentiu sozinho e abandonado.[71]

No fim de dezembro, começou a se levantar uma hora por dia, coisa que lhe custava um esforço enorme. "Fazer o quê?", escreveu. "Tudo se tornou tão absurdo. Não acho mais saída."[72] Ao cancelar o discurso que pretendia fazer no "Natal do povo", receou dar novos "motivos para os boatos mais temerários".[73] Por isso, na noite de 31 de dezembro, fez a sua obrigatória alocução de fim de ano no rádio, com a qual se deu por satisfeito antes de voltar para a cama.[74]

Nesses dias, Magda o vinha tratando com um silêncio frígido,[75] mas também com novos "interrogatórios" e acusações.[76] Mas um convite de Hitler para passarem uns dias no Obersalzberg serviu-lhe de consolo.[77] Ele permaneceu no refúgio do ditador de 5 a 16 de janeiro.[78] No dia seguinte ao da chegada, teve com ele uma discussão de quatro horas sobre a sua crise matrimonial, se bem que sem resultado concreto.[79] Mandou chamar alguns assessores em Berlim, concluiu uma série de trabalhos, mas acabou tomado de uma espécie de "loucura", sofria de insônia, sentia uma "inquietude ardente" e, enfim, quase teve um "colapso nervoso".[80] Mas também recebeu boas notícias: Amann, o chefe da editora do partido, posto que tivesse rejeitado o seu novo projeto literário, ofereceu-lhe um "contrato editorial muito generoso" para que escrevesse comentários semanais no *Völkischer Beobachter*.[81]

Goebbels retornou a Berlim sentindo "unicamente aflição e amargura".[82] Sofria sobretudo por não ter oportunidade de discutir seus problemas pessoais com Hitler, que também se achava na capital.[83] Depois da intervenção inexorável deste na sua vida privada, ele dependia mais do que nunca do conforto emocional do ditador.

Tinha se reconciliado apenas "parcialmente" com a esposa.[84] Por fim, os Goebbels assinaram um contrato concebido por Magda e autorizado por Hitler; ademais, este tinha escrito uma longa carta a ela, referendando o acordo.[85] Nas semanas subsequentes, Goebbels foi visto com Magda na corte de Hitler ou em público,[86] mas esses eventos sociais lhe eram mais detestáveis que nunca.[87]

Imóveis

A desinteligência de Goebbels com a esposa ocorreu justamente quando os dois adaptavam sua residência em Berlim ao mais alto padrão de opulência. Desde a primavera de 1937, eles acalentavam o plano de substituir a casa funcional berlinense, na Hermann-Göring-Strasse, por uma muito mais luxuosa, mas, como vimos, Hitler não gostou da planta e acabou frustrando essa pretensão.[88]

Em fevereiro de 1938, o casal submeteu várias vezes um novo projeto ao crivo do ditador. Durante a reforma,[89] Goebbels montou um pequeno apartamento: quando a residência principal ficasse pronta, teria a possibilidade de se esquivar de Magda em Berlim.[90]

O projeto da Göringstrasse compreendia um salão de festa e outras salas de recepção e visitas no térreo. No primeiro e no segundo andares ficavam os aposentos da família; além disso, havia dependências de serviço e quartos de empregados no porão e no sótão.[91] A reforma foi avaliada em 2,5 milhões de marcos em fevereiro de 1939: ao custo previsto de construção — 1,6 milhão — acrescentaram-se móveis extraordinariamente dispendiosos.[92]

Mais tarde, durante a guerra, ele completaria o requintado mobiliário com peças compradas na Paris ocupada: adquiriu mobília, tapeçaria e obras de arte no valor de mais de 2,3 milhões de marcos a expensas do Ministério da Propaganda. Isso para enfeitar não só a sua residência como, em parte, as outras propriedades: havia um gobelino do século XVIII no valor de 800 mil marcos na parede da casa de Lanke, e um tapete de cerca de 1700 avaliado em 750 mil marcos forrava o piso da casa em Schwanenwerder.[93]

Para o funcionamento cotidiano da residência da Hermann-Göring-Strasse, estavam previstos 18 empregados domésticos remunerados com a verba do ministro da Propaganda.[94] Em agosto, ele finalmente pôde se mudar.[95]

No entanto, em consequência de seu sofrimento privado, o projeto não tardou a deixar de lhe dar prazer.[96] Por isso, a partir do início de janeiro de 1939, Goebbels se concentrou na ideia de providenciar um refúgio maior para si. Cogitou a compra de uma propriedade rural, mas logo decidiu construir um imóvel maior no lugar da casa de madeira à beira do Bogensee.[97] Todavia, do ponto de vista da planta preparada em março sob grande pressão, o novo "valhacouto" parece ter ficado "grandioso em demasia", mas "infelizmente um pouco caro".[98] O fato de o governo de Potsdam negar o alvará de construção pelo fato de o terreno ficar numa área de proteção florestal não chegou a constituir um obstáculo: Göring deu um jeito.[99]

O novo prédio que Goebbels recebeu no fim de 1939[100] abrangia uma espaçosa casa de campo com cerca de trinta cômodos, uma edícula de serviço com algo em torno de quarenta cômodos, além de garagens. A obra custou mais de 2,3 milhões de marcos.[101] Goebbels entrou com 1,35 milhão obtido por meio de um empréstimo do Bank der Deutschen Arbeit [Banco do Trabalho Alemão] (pertencente ao império da FAT de Ley).[102] Não obstante, foi obrigado a abandonar a ideia inicial de cercar uma área de 840 hectares: teve de se contentar apenas com 210.[103]

O projeto o mergulhou em sérias dificuldades financeiras que lhe causaram muita preocupação.[104] Mas ele encontrou uma solução elegante: em novembro de 1940, vendeu a casa do Bogensee à estatal Medien-Holdinggesellschaft Cautio GmbH, muito embora não fosse o proprietário: o município de Berlim lhe havia cedido unicamente o direito de usar o complexo. O Ministério da Propaganda pagou o custo da exploração do terreno no valor de 70 mil marcos anuais.[105] Em 1943, a casa foi transferida para o estúdio Ufa, que continuou deixando-a à disposição de Goebbels — em troca da "produção do cinejornal semanal *Deutsche Wochenschau*".[106] Como ele executava tarefas oficiais em Lanke, o Ministério da Propaganda seguiu fornecendo-lhe pessoal e verba.[107]

Schwanenwerder também caiu na voragem dos planos imobiliários de Goebbels. Desde a primavera, ele e Magda vinham acalentando a ideia de ampliar a propriedade: em 1938, já haviam comprado o terreno vizinho com vila. O amigo Helldorf pressionara o vendedor judeu a baixar o preço da transação. Assim, tendo agora uma vila própria em Schwanenwerder, ao lado da casa da família, Goebbels já não precisava se alojar na pequena edícula.[108] Na primavera de 1939, quando começou a construir em Lanke, vendeu a segunda casa de Schwanenwerder, mas alugou-a na primavera de 1941, de modo que a família continuou dispondo de duas vilas no lugar — à parte a casa de hóspedes.[109]

Ao mesmo tempo, planejou — comprovadamente a partir de fevereiro de 1939 — a construção de uma casa em Munique. Embora a planta já estivesse pronta, o projeto, no qual ele persistiu pelo menos até o fim de 1940, foi por água abaixo — presumivelmente em virtude de problemas financeiros.[110]

Contra comediantes e intelectuais

A princípio, Goebbels usou a atividade de editorialista do *Völkischer Beobachter* para empreender, sobretudo na capital, uma campanha contra os detestáveis "intelectuais" e as rodas de burgueses contrários ao regime. Basicamente, tratava-se do mesmo segmento social ao qual endereçara sua campanha antissemita depois do pogrom de novembro. Naquele momento e nos anos subsequentes, esses grupos lhe serviriam reiteradamente de alvo de ataque.

No fim de 1937, ele já tinha proibido, por ordem de Hitler, todo humor político nos espetáculos de variedades e afins.[111] Suspeitando, naturalmente, que a proibição não fosse acatada, concentrou a atenção no Kabarett der Komiker [cabaré dos comediantes] de Berlim.[112] Quando, no fim de janeiro de 1939, durante um passeio,[113] Hitler lhe disse que era preciso ser "intransigente com as piadas políticas, porém mais generoso no aspecto erótico", Goebbels não hesitou em determinar a proibição do programa apresentado naquele teatro berlinense. Mandou expulsar da Câmara Nacional de Cultura os artistas envolvidos — entre os quais o conhecido cabaretista Werner Finck — e divulgou a medida na imprensa (equivalente à proibição do exercício da profissão).[114]

No dia 4 de fevereiro, justificou sua atitude num editorial do *Völkischer Beobachter* intitulado "Afinal, nós ainda temos humor?". A escolha do título — esse era o nome de uma pesquisa do *Berliner Tageblatt* de dezembro de 1938 à qual Finck tinha dado uma resposta insolente[115] — mostrava de maneira inequívoca que Goebbels, com mão de ferro, queria instituir um exemplo. No artigo, apresentou a "chamada piada política" como uma invenção judaica para a qual a resposta era clara: "Nós não estamos dispostos a deixar que nosso partido, nosso Estado e nossas instituições públicas continuem sendo ridicularizados por intelectuais incompetentes." Eles tinham humor, sim, prosseguiu, só que não daquele tipo "vicioso".[116]

Depois da proibição, o teatro prosseguiu existindo até 1944, se bem que com um programa inofensivo.[117] Passadas algumas semanas, Goebbels foi pessoalmente fazer uma "vistoria" para se convencer da inocuidade do espetáculo.[118]

Ao que parece, a proibição suscitou certa agitação, pois, uma semana mais tarde, Goebbels retomou o tema de forma um pouco diferente. No *Völkischer Beobachter* de 11 de fevereiro, fez uma "caracterização mais detida do tipo do intelectual" para deixar claros os seus ataques contra os "piadistas" e o "intelectualismo" que haviam levado a "mal-entendidos e rancores". Pisava terreno relativamente firme, visto que, cerca de três semanas antes, havia criticado vigorosamente o "intelectualismo" na presença de Hitler, que o aprovou.[119]

Segundo suas observações no *Völkischer Beobachter*, o intelectual era "a pessoa reputada culta que confunde covardia com esperteza, indistinção com objetividade, arrogância com coragem e permissividade com grande discernimento". Essa gente constituía "aquele 1% que, em todas as eleições, mesmo nas que implicaram desdobramentos históricos, sempre disse não para o nacional-socialismo e para a obra do Führer e, presumivelmente, seguirá dizendo não para todo o sempre". Essa gente, continuava ele, teria falhado miseravelmente em todas as situações de crise do nacional-socialismo.[120]

Com a crítica aos intelectuais, Goebbels parecia ter descoberto mais um inimigo interno do nazismo, um inimigo que precisava ser estigmatizado como marginal e contra o qual a "comunidade nacional-popular" devia ser instigada — uma conduta parecidíssima com a que, nos anos precedentes, ele havia empregado para lidar com os "desmancha-prazeres e reclamões", a "reação", os "padrecos" e os judeus. Outro artigo — intitulado "Cabeças, cabeças de vento" — deixou claro[121] que, para ele, não se tratava de modo algum de uma polêmica teórica com o "intelectualismo", mas sobretudo de declarar tabu a crítica proveniente dos círculos burgueses e instruídos relacionada com os assuntos mais amplos. Sua insistência no tema indica que essa tarefa não era tão fácil quanto o ministro da Propaganda imaginava.

Em 11 de março, ele publicou no *Völkischer Beobachter* um artigo intitulado "Velhotas de cafeteria", tratando principalmente da momentânea escassez de café.[122] Explicou a causa do fenômeno: era "do tipo política cambial e de exportação"; em todo caso, "o armamento alemão implementado de maneira consequente" era "[...] mais correto [...] do que fornecer bastante café às velhotas de cafeteria". Mas o artigo criticava sobretudo as filas que se formavam à porta desses estabelecimentos e que, na sua opinião, prejudicavam a imagem pública das cidades. Ele suspeitava sobretudo de "determinado tipo de gente que antes nunca tomava café e agora se sentia repentinamente obrigada a proclamar uma grande necessidade de café". Eram "sempre os mesmos gatos-pingados": "Doam com relutância para a campanha de inverno, conspurcam o Estado nacional-socialista e principalmente o movimento nacional-socialista [...], consideram seu *Blockleiter** uma pedra no sapato, são partidários convictos da frente confessional, têm adoração por conferências políticas, suas fontes de informação são as emissoras estrangeiras e os jornais estrangeiros."

Segundo o ministro, as fotografias das filas do café eram usadas pela imprensa estrangeira antigermânica para provar que a fome se havia instaurado na Alemanha. Por isso, concluiu, "nós já nos encarregamos de suprimir essas filas

---

* Literalmente, "líder de quarteirão". Membro subalterno do NSDAP encarregado principalmente de vigiar bairros ou certo número de quarteirões e delatar quem criticasse o regime nazista. (N. do T.)

da paisagem urbana alemã". Não é preciso muita fantasia para imaginar como isso aconteceu: mediante o convite amistoso dos membros da SA e dos ativistas do partido para que os que estavam na fila tivessem a gentileza de dar o fora. Como mostra o exemplo, motivos banais eram suficientes para mobilizar o aparato propagandístico e o partido e, com forças combinadas, corrigir os defeitos estéticos na imagem pública da ditadura nazista. No entanto, raramente tais mecanismos eram revelados de maneira tão explícita como nesse artigo sobre as velhotas de cafeteria.

Vez por outra, Goebbels também recorria ao confronto direto para dar vazão à raiva que tinha dos adversários do regime, principalmente quando os considerava "intelectuais": por trás disso escondia-se muito mais do que mera tática propagandística. Assim, reiteradas vezes ele convocou opositores do regime ao seu gabinete para humilhá-los e acabrunhá-los. O primeiro caso conhecido deu-se em 1938: o escritor Ernst Wiechert havia notificado a direção local do partido que, dali por diante, deixaria de apoiar as instituições de caridade e passaria a encaminhar o dinheiro das doações para a esposa do pastor Niemöller, que estava encarcerado. A Wiechert, isso custou uma temporada de três meses num campo de concentração. Antes que ele fosse posto em liberdade, Goebbels ordenou que o levassem à sua presença e lhe disse, conforme o relato do próprio escritor, que, ao menor deslize, ele voltaria para o campo de concentração, mas agora "em caráter perpétuo e tendo por objetivo o seu aniquilamento físico". Na anotação sobre esse encontro no diário de Goebbels, a ameaça de "aniquilamento físico" também figura *ipsis litteris*.[123]

No outono de 1939, ele teve uma conversa pessoal com "um tal Petermann", acusado de ter passado anos distribuindo panfletos contra o regime: "Um merdinha cuja insolência é maior que a burrice. Vamos ver quem está por trás dele. Depois execução."[124] E, em fevereiro de 1940, mandou levar a seu gabinete um estudante preso porque "havia tagarelado com grandiloquência acerca de um atentado contra o Führer". A "criaturinha intelectual", escreveu Goebbels com desprezo, prorrompeu em lágrimas ao ser colocada diante do ministro da Propaganda.[125]

Guerra à vista

Como anotou Goebbels, no começo de fevereiro de 1939, Hitler lhe comunicou que ia viajar "para as montanhas a fim de refletir sobre as próximas medidas em política externa. Talvez a Tchecoslováquia esteja em pauta outra vez.

Afinal, esse problema só foi resolvido pela metade. Mas ele tem muita clareza a respeito disso. Pode ser que a Ucrânia também entre na dança".[126] Mesmo sem ter recebido orientação mais detalhada sobre os passos diplomáticos seguintes de seu amo, Goebbels se empenhou de corpo e alma em adaptar a propaganda aos preparativos de guerra. Nos meses subsequentes, foi ele o membro da liderança do regime que, para fora e para dentro, representou com mais coerência o alinhamento inequívoco à guerra: embora, nessa época, preferisse evitar o grande conflito, fez de tudo para compensar o "malogro" de sua propaganda na situação de crise do outono de 1938.

Seu editorial "Guerra à vista", no *Völkischer Beobachter* de 25 de fevereiro — o título era uma alusão a um artigo publicado pelo jornal em abril de 1875, inspirado por Bismarck, e que desencadeou uma crise internacional —, foi o primeiro passo nessa direção: tentava atribuir a responsabilidade pelas tensões internacionais à atuação dos que estavam "por trás", os quais "eram" bem conhecidos: "Basta procurá-los nos círculos do judaísmo internacional, da maçonaria internacional e do marxismo internacional." No dia seguinte, ele decretou que o artigo havia causado "grande sensação" tanto no Reich quanto no exterior. Não admira: "Foi escrito com primor."[127]

Nos editoriais do *Völkischer Beobachter*, Goebbels desenvolveu um estilo bem diferente do de suas contribuições jornalísticas anteriores: se no *Angriff* ele se mostrava sobretudo irônico, cáustico, descuidado e atrevido, agora escrevia com um estilo grave, "chapa-branca", pomposo até, destinado a mostrar que acompanhava os fatos a certa distância, de um observatório mais elevado. E essa atitude distante, Goebbels a desenvolveria ainda mais nos artigos para o semanário *Das Reich*, que passou a escrever com regularidade a partir de 1940. Dela fazia parte, preferivelmente, apresentar seus argumentos como verdades eternas e irrefutáveis, referindo-se a supostos "grandes desdobramentos históricos" que respondiam a "leis próprias", lembrando a "natureza da guerra"[128] ou invocando a força dos fatos ou incontestáveis experiências de vida. As frases vazias e generalizantes eram características desse estilo: "Uma vez mais, nós nos sentimos compelidos a caçoar de uma questão atual", ou "Há alguns dias, tivemos de comentar certos excessos da imprensa polonesa", ou "Neste contexto, não há necessidade de qualquer alusão ao fato".[129] O "nós" que ele gostava de empregar nesses editoriais ora designava o autor Goebbels, ora também a cúpula dirigente nazista ou simplesmente o coletivo da "comunidade nacional-popular" alemã. O jogo manipulativo com o pronome no plural deita uma luz peculiar na suposta identidade entre liderança e povo.

Em março, uma cólica renal deixou-o vários dias de cama, acometido de "dores bárbaras" e com a capacidade de trabalho tão limitada que o obrigou a suspender os apontamentos no diário.[130] Depois de horas de sofrimento, o cálculo finalmente foi expelido. No mesmo dia, Magda partiu numa viagem de convalescença de seis semanas à Itália, fato que ele recebeu com visível alívio: "E agora, pela primeira vez, sossego novamente."[131]

Enquanto se recuperava da doença, foi informado de que a tomada de decisão de Hitler tinha entrado numa fase decisiva: tratava-se de atacar os tchecos. O pretexto para a operação contra a Tchecoslováquia foi o conflito, em março de 1939, entre Praga e o governo da Eslováquia, que, logo depois do Acordo de Munique, conseguira impor sua autonomia à federação tchecoslovaca. No dia 9 de março, o governo de Praga depôs o gabinete em Bratislava para impedir que a Eslováquia cedesse à pressão alemã e se retirasse definitivamente da federação.[132] Goebbels anotou: "Agora podemos resolver inteiramente a questão que em outubro resolvemos só pela metade."[133]

Em 10 de março, ao meio-dia, ele foi chamado à presença do Führer: "Logo depois, chegam Ribbentrop e Keitel. Decisão: invasão quarta-feira, 15 de março, e a entidade híbrida tchecoslovaca será totalmente esfacelada." Em seguida, Goebbels pôs seu "ministério de prontidão". A imprensa recebeu instrução de jogar lenha na fogueira.[134] No fim da tarde, Goebbels voltou a se encontrar com Hitler. Os dois esboçaram um comunicado segundo o qual "o governo Tiso, antes da sua prisão, tinha recorrido uma vez mais ao governo alemão através de uma nota". O conteúdo exato do falso pedido de socorro eslovaco podia muito bem ser "fornecido mais tarde, se necessário". Mas, de madrugada — os dois ficaram juntos até o amanhecer —, o ditador e o ministro foram informados de que Tiso se recusava a assinar.[135]

A crise tchecoslovaca vinha dominando a imprensa alemã desde o dia 13 de março. Inicialmente, a instrução de Goebbels era "ir um pouco mais fundo, mas sem abrir o jogo ainda",[136] ou seja, não operar com a ameaça da invasão já decidida.[137] Em 13 de março, ele e Hitler prepararam panfletos para a invasão.[138] No mesmo dia, este recebeu o primeiro-ministro eslovaco Tiso para lhe oferecer ajuda na criação de uma Eslováquia independente de Praga; segundo a sua ameaça, da qual informou Goebbels à noite, se Tiso não aceitasse a oferta, "vocês seriam engolidos pela Hungria". Tiso retornou a Bratislava sem assumir nenhum compromisso. "Não é revolucionário", sentenciou Goebbels.[139]

Depois do encontro com o ditador nazista, Tiso recebeu o texto de um telegrama redigido no Ministério das Relações Exteriores: continha um pedido de socorro ao lado alemão; ao mesmo tempo, Ribbentrop deu um ultimato para que ele declarasse a autonomia do país já no dia seguinte.¹⁴⁰ Logo, no dia seguinte, o parlamento em Bratislava proclamou a independência do Estado eslovaco e, em 15 de março, sob pressão alemã,¹⁴¹ enviou o pedido de socorro; pelo "contrato de proteção", o novo Estado ficava obrigado a reconhecer formalmente sua dependência ao Reich.¹⁴²

Em 14 de março, o presidente tcheco Hacha e seu ministro das Relações Exteriores Chvalkóvski chegaram a Berlim tarde da noite. Numa reunião que avançou pela madrugada e, segundo Goebbels, foi conduzida com "rude exasperação", eles foram forçados à capitulação total.¹⁴³ Às seis horas da manhã seguinte, começou a invasão alemã dos territórios tchecos.¹⁴⁴ Na noite de 15 de março, Hitler chegou a Praga, apossou-se do palácio Hradčany e, no dia seguinte, anunciou que havia acolhido os "países boêmios-morávios" sob o seu protetorado.¹⁴⁵

Enquanto o partido organizava "comícios espontâneos" em todo o território do Reich,¹⁴⁶ Goebbels preparou mais uma "recepção triunfal" para o Führer naquele dia em Berlim, uma marcha, como escreveu o *Völkischer Beobachter*, "com que nenhum outro chefe de Estado foi homenageado na história do mundo". Sobre o enfeitado bulevar Unter den Linden, como noticiou o jornal no dia seguinte, erigiu-se um "baldaquino de luz" com holofotes antiaéreos, por cima do qual fulguravam os fogos de artifício, vestindo a rua com uma feérica roupagem de bandeiras com a suástica, pilonos e fogos de bengala.¹⁴⁷

A decisão de Hitler de ocupar os territórios tchecos, violando o Acordo de Munique, serviu de ponto de inflexão decisivo na atitude das potências ocidentais para com o Terceiro Reich. Estava claríssimo que o ditador alemão não só desrespeitava tratados como tinha revelado que a legitimação da sua política até então — de reintegrar os alemães separados do Reich pelo Tratado de Versalhes — não passava de uma manobra de engano. Em Londres e Paris, impôs-se rapidamente a percepção de que o ditador alemão não se daria por contente com novas concessões, de modo que era preciso recorrer à dissuasão. Acontece que Hitler, como ele próprio assegurou a Goebbels ao voltar a Berlim, não levou a sério os protestos de Paris e Londres.¹⁴⁸ Goebbels falou numa "tempestade em copo d'água".¹⁴⁹

O quanto o regime estava seguro de si, mostra-o o fato de que o líder nazista, totalmente indiferente aos protestos ocidentais, partiu para o "golpe" diplomático seguinte: logo depois de regressar de Praga, pôs-se a preparar a solução violenta da chamada "questão de Memel". O território de Memel, predominantemente habitado por alemães, tinha sido separado do Reich pelo

Tratado de Versalhes; primeiro sob administração francesa, depois ocupado pela Lituânia, em 1923, e, desde então, administrado pelo Estado báltico. Numa diretiva de outubro de 1938, Hitler já havia exigido a anexação imediata do território.[150]

Em 20 de março, por ocasião de uma visita do ministro das Relações Exteriores lituano Urbšys a Berlim, seu colega alemão Ribbentrop pressionou-o para que concordassem em entregar a região.[151] Goebbels triunfou: "Ou dá, ou desce. Os ladrõezinhos de Versalhes têm de devolver o que roubaram. Senão eles vão ver!" Na manhã de 22 de março, Goebbels finalmente pôde divulgar o comunicado sobre o golpe bem-sucedido e, ao mesmo tempo, encenar as habituais comemorações.[152]

Depois da ocupação de Praga e da região de Memel, a questão da futura relação com a Polônia passou para o centro da política externa alemã. No dia 21 de março, por intermédio do embaixador polonês em Berlim, Ribbentrop já havia convocado seu colega polonês Beck a ir à capital do Reich discutir as perspectivas de uma política conjunta; no entanto, impôs como pré-requisito a satisfação das conhecidas exigências alemãs referentes a Danzig e ao corredor.

Beck não deu as caras; as propostas alemãs foram nitidamente rejeitadas. E o governo polonês não só mobilizou de forma provisória suas forças armadas como endereçou um pedido de ajuda à Grã-Bretanha. Este foi acolhido positivamente através da tomada de posição de Chamberlain no parlamento britânico; no fim do mês, o ministro das Relações Exteriores polonês declarou inequivocamente que uma ação violenta da Alemanha na questão de Danzig significava guerra. No começo de abril, uma açodada viagem de Beck a Londres levou ao anúncio de um pacto de ajuda mútua.[153]

Nesses dias, Goebbels voltou toda a atenção para a Grã-Bretanha: seguindo a velha receita "o ataque é a melhor defesa", como escreveu em 21 de março, desencadeou uma campanha de propaganda antibritânica. Ao mesmo tempo, publicou como prelúdio no *Völkischer Beobachter* um editorial intitulado "Chega de hipocrisia moral", atacando sentenciosamente "a humanidade, a civilização, o direito e a confiança internacionais" e frisando: "A nossa moral repousa no nosso direito. Quem reprimir esse direito, age imoralmente sobre nós, mesmo que enevoe seus atos com incenso e murmure as mais devotas orações. Isso já não nos impressiona."[154] No mesmo dia, os jornais receberam instrução de lançar mão de considerações históricas para atacar a política britânica de potência mundial.[155]

Logo depois, num editorial do *Völkischer Beobachter*, Goebbels deu "a resposta definitiva à insolência britânica". As ações alemãs das últimas semanas deviam-se não à "arrogância", e sim ao fato de que "simplesmente queremos viver".[156] A campanha antibritânica, portanto, foi breve; poucos dias depois, Goebbels a declarou provisoriamente encerrada.[157]

A tensa situação da política externa trouxe por consequência, entre outras coisas, a concorrência cada vez mais acirrada de ambiciosos setores no campo da propaganda internacional e de guerra, e, em virtude de sua reputação um tanto em baixa na liderança nazista, Goebbels foi obrigado a retroceder.

No outono anterior, tinha havido um desentendimento com o Ministério das Relações Exteriores, que pretendia reconstruir na sua sede o Presselektorat, órgão responsável pela avaliação da imprensa estrangeira que fora cedido ao Ministério da Propaganda em 1933. No curso dessa disputa, colocou-se a questão fundamental de quem era o encarregado de controlar a política da mídia internacional, sendo que as duas partes — ambas invocando decisões do Führer — pleiteavam tal competência.[158]

Tanto Dietrich como Goebbels alegavam a seu favor uma disposição de Hitler de 16 de fevereiro de 1939, a qual ele confirmara pessoalmente no dia 28 daquele mês.[159] Por outro lado, em junho do mesmo ano, usando como pretexto a vontade do ditador, Ribbentrop determinou a criação de um serviço de rádio em língua estrangeira no Ministério das Relações Exteriores, projeto logo obstado pelo Ministério da Propaganda.[160] No mesmo período, tampouco conseguiu reintegrar à missão estrangeira da sua pasta os conselhos consultivos de imprensa cedidos ao Ministério da Propaganda em 1933.[161]

A rivalidade e a desconfiança também caracterizavam a relação entre Goebbels e os guerreiros da propaganda das forças armadas. Desde 1935, seus funcionários vinham discutindo com os oficiais do Ministério da Guerra questões de propaganda militar e interna em caso de uma guerra futura;[162] juntos começaram a elaborar um plano de mobilização para toda a área de atuação do Ministério da Instrução Pública e Propaganda.[163] Nas manobras de outono de 1936, este já tinha criado um "serviço de propaganda" experimental constituído de jornalistas civis.[164] Conforme o ajustado com o Ministério da Defesa em setembro de 1937, em caso de guerra, a pasta de Goebbels formaria unidades fardadas que atuariam como parte das forças armadas; a nova estrutura organizacional seria testada nas manobras de outono,[165] coisa que lhe deu oportunidade de ministrar uma "palestra sobre manobra" no seu ministério.[166]

Entretanto, no fim de 1937, Goebbels passou a perseguir a meta de eliminar o departamento de propaganda criado pelas forças armadas.[167] Em dezembro, acreditou ter chegado a um acordo com Keitel que garantia para a sua pasta o domínio sobre a propaganda de guerra.[168] Na verdade, no ano seguinte, os militares lograriam fortalecer a posição da propaganda militar: de acordo com as diretrizes da condução desta na guerra[169] negociadas entre a pasta de Goebbels e o alto-comando das forças armadas no fim de setembro de 1939, os militares estabeleceram companhias propagandísticas próprias, assumindo a obrigação de, mediante "diretivas gerais" para o Ministério da Propaganda, dar-lhe condições de harmonizar a "guerra propagandística" com a "guerra armada". Mas o ministério de Goebbels tinha a possibilidade de influenciar a escolha de pessoal qualificado, podendo decidir quanto ao uso do material fora do âmbito militar. Portanto, quando apresentou no seu diário as companhias de propaganda como uma extensão do trabalho do seu ministério em caso de guerra, Goebbels o fez para dissimular uma derrota.[170]

No dia 1º de abril de 1939, a criação de um departamento de propaganda no alto-comando das forças armadas concentrou as competências militares nesse terreno.[171] Goebbels acompanhou tais atividades com muita desconfiança: "A Wehrmacht se intromete demais no meu trabalho. Mas eu não deixo. As forças armadas que se encarreguem da guerra, eu quero fazer propaganda."[172]

Viagem aos Bálcãs e ao Egito

Na primavera de 1939, a tensão internacional levou Goebbels a duvidar da conveniência de empreender a havia muito tempo planejada viagem à Grécia e ao Egito,[173] mas Hitler o aconselhou a ir: considerava sua presença em Berlim dispensável.[174] E mais: o fato de o seu ministro da Propaganda, que nas últimas semanas tanto se distinguira como agitador, se permitir uma longa viagem mostrava ao mundo a tranquilidade com que o regime reagia aos protestos internacionais. Goebbels, por sua vez, enxergou no fato de o Führer autorizar a viagem uma clara confirmação de que havia indícios de distensão no cenário internacional: não podia imaginar que, durante sua ausência, Berlim amadureceria decisões de graves consequências, e se recusava a entender que sua excursão não passava de uma manobra diversionista.

Assim, na noite de 27 de março, iniciou uma viagem de quase três semanas que tinha caráter sobretudo particular.[175] Passou alguns dias em Budapeste, a sua primeira escala, aproveitando a ocasião para fazer uma visita de cortesia ao regente Horthy e ao primeiro-ministro Teleki.[176] De lá, depois de uma breve estada em Belgrado, seguiu para Atenas, onde foi saudado pelo ministro Kotzias, um velho conhecido. Na capital, tal como na sua última viagem em 1936, visitou o premiê Metaxas — agora governando com meios ditatoriais — e o rei grego;[177] à parte isso, empreendeu excursões à Acrópole e a outras atrações turísticas. Admirou com reverência aquela "cultura antiquíssima que tanta história tinha vivido".[178]

No dia 1º de abril, seguiu para Rodes, ilha ocupada pelos italianos desde 1912.[179] Lá descansou duas semanas, gozando o "sol delicioso".[180] O que Goebbels nem de longe suspeitou durante as férias foi que Hitler, em 3 de abril, reagindo ao discurso de Chamberlain, havia concluído a instrução para o "Caso Branco": a Wehrmacht devia se preparar para travar guerra com a Polônia a partir de 1º de setembro de 1939; ele estava disposto a esse conflito caso os poloneses não se mostrassem complacentes com as exigências alemãs.[181]

No dia 5 de abril, Goebbels interrompeu as férias em Rodes para passar dois dias no Egito. Já havia planejado uma estada mais longa nesse país no fim de 1938, mas desistira por motivos de segurança pessoal. Nessa rápida viagem, visitou o Cairo, as pirâmides de Sacara e de Quéops, a esfinge, bem como o Museu Nacional no Cairo.[182] Longe da pátria, podia se entusiasmar com o exótico: "Tarde da noite, montei camelo pelo deserto adentro. Sob uma lua cheia a pairar. [...] Tendas coloridas erguidas em pleno deserto. Ali os árabes apresentam uma fantasia. Fantásticas peças populares que tanto nos encantam." Na viagem de retorno, ele se pôs "inteiramente melancólico: que país e que vasto mundo! Custo a pegar no sono de tanta exaltação".[183]

Em 9 de abril, já de volta a Rodes, tomou conhecimento com certo atraso de outros importantes acontecimentos internacionais: no dia 7 de abril, Mussolini havia ocupado militarmente a Albânia, e, em 6 de abril, a Grã-Bretanha e a Polônia firmaram um pacto de ajuda mútua. O comentário de Goebbels: "Quer dizer que Beck caiu mesmo na armadilha dos lordes. Talvez a Polônia pague muito caro por isso. Foi assim que começou com a Tchecoslováquia."[184] Evidentemente, não lhe ocorreu que o compromisso britânico de ajuda fosse mesmo sério — ou então ele reprimiu a ideia.

O quinquagésimo aniversário de Hitler

Tendo regressado, Goebbels se dedicou inteiramente aos preparativos do jubileu do Führer. Embora tenha registrado atentamente que em Londres se falava em guerra "como em feijão com arroz", não levou a sério essas ameaças; para ele, não passavam de "alarmismo".[185] Mas ocasionalmente se perguntava se a "agitação" na imprensa internacional "não acabará levando à guerra com o tempo".[186]

O aniversário de Hitler constituiu o apogeu cerimonial daquele ano de 1939 tão rico em grandes eventos na capital do Reich:[187] a ostentação confiante do poder do ditador devia ser a plataforma de mais uma ofensiva em política externa.

Na véspera das comemorações, Goebbels fez um "discurso de aniversário do Führer" na Ópera Kroll que, como ele anotou com orgulho, "foi transmitido quase ao mundo inteiro". Depois a direção do partido felicitou o cinquentão; a seguir, Hitler inaugurou o Eixo Leste-Oeste projetado por Speer, a primeira grande via da reforma de Berlim. Cerca de 2 milhões de pessoas se aglomeravam na iluminada avenida; na manhã de 19 de abril, Goebbels se encarregara de convocar inequivocamente a população berlinense a comparecer: "Toda Berlim se enfileira no Eixo Leste-Oeste na véspera do aniversário do Führer. [...] Bandeiras desfraldadas, casas e ruas enfeitadas!"[188] Seguiram-se uma parada da banda da Wehrmacht, assim como um "desfile de tochas da velha guarda de todo o Reich". Goebbels participou da pequena roda de pessoas próximas que à meia-noite puderam congratular Hitler pelo aniversário.

No dia seguinte, declarado feriado na última hora,[189] iniciaram-se as festividades propriamente ditas: de manhã, uma parada da divisão Leibstandarte da SS em frente à Chancelaria, depois os parabéns do governo, então uma parada de quase cinco horas da Wehrmacht. E o dia se encerrou com o juramento solene dos funcionários recém-nomeados do partido.

Dias depois do grande evento, Hitler disse a Goebbels que também julgava as ameaças da Grã-Bretanha e da França um mero blefe e que acreditava na transigência da Polônia. "Haverá guerra?", perguntou-se o ministro: "Não acredito. Pelo menos por ora, ninguém tem vontade de travá-la. Esse é o nosso melhor aliado."[190]

Nos dias subsequentes, retomou a violenta campanha antibritânica no *Völkischer Beobachter* e, com ela, preparou o terreno para a nova acometida diplomática de Hitler.[191] No dia 28 de abril, este fez um discurso no Reichstag que foi uma verdadeira metralhadora giratória em política externa: primeiramente, passou um sabão no presidente norte-americano Roosevelt, que duas semanas antes o havia exortado a prometer, em público, não agredir nos 25 anos seguintes trinta Estados citados pelo nome. O ditador alemão usou sua resposta para debochar de Roosevelt em meio às ruidosas gargalhadas dos deputados, entre os quais se achava o eufórico Goebbels. Ademais, revogou o acordo naval com a Grã-Bretanha e o tratado de não agressão com a Polônia.[192]

No início de maio, a propaganda alemã abriu uma campanha antipolonesa — se bem que ainda moderada.[193] O objetivo era consolidar, em termos propagandísticos, a ruptura com a Polônia anunciada no discurso de Hitler.[194] O núcleo da campanha foram dois artigos de Goebbels no *Völkischer Beobachter* atacando as supostas inclinações antigermânicas do país vizinho; num esclarecimento endereçado ao resto da mídia, o Ministério da Propaganda falou num "disparo de prova".[195] Além disso, a imprensa foi instruída a noticiar supostos incidentes de fronteira, mas de maneira comedida.[196]

Em 8 de maio de 1939, o anúncio da aliança militar entre a Alemanha e a Itália foi, na avaliação de Goebbels, mais "uma boa pancada": um nítido recado para as potências ocidentais cada vez mais comprometidas com o apoio à Polônia.[197] Duas semanas depois, Ciano esteve em Berlim para assinar solenemente o pacto.[198] Mas o triunfo veio acompanhado de decepção: o Japão não se dispôs a ingressar na aliança.[199]

Ataques diplomáticos à Grã-Bretanha

Em maio, o governo alemão recebeu sinais claros de que a parte britânica seria fiel a suas obrigações com a Polônia.[200] Logo, Goebbels reiniciou uma campanha antibritânica que se estenderia até julho e cujo lema era: "Fomentar o ódio à Inglaterra."[201] No dia 20 de maio, publicou um ataque contra os "sitiantes":[202] "Observem bem como eles se juntam nos clubes, nas lojas maçônicas e nos bancos judeus para tramar os novos males que hão de se abater sobre a Europa."[203]

A ideia central de um "cerco" por parte de uma coalizão liderada pela ambiciosa Grã-Bretanha visava estabelecer uma analogia com a situação de guerra de 1914, despertar medo diante da ameaça e eliminar de vez e antecipadamente a questão da culpa de um possível conflito. Esses tons tão estridentes buscavam convencer inequivocamente a população alemã de que a guerra era inevitável quando se tratava de assegurar a sobrevivência da própria nação. Mas não havia o menor sinal de entusiasmo guerreiro generalizado como no verão de 1914.

Os ataques de Goebbels tinham diversos pontos focais. Ora visavam à ingerência da Grã-Bretanha nas negociações teuto-polonesas pela qual Londres teria dado a Varsóvia "carta branca" para decidir sobre guerra ou paz,[204] ora frisavam que os alemães não queriam figurar entre os "descamisados",[205] ora colocava a questão de Danzig no centro a fim de testar a "atmosfera internacional" nesse ponto.[206]

Enquanto Hitler continuava convencido do blefe dos britânicos,[207] Goebbels dava cada vez mais ênfase à exigência de acesso a recursos e à ampliação do "espaço vital": discursando no festival do solstício de verão no Estádio Berlinense, afirmou que um "povo de 80 milhões não pode ser excluído das riquezas da terra"; enquanto tentarem tal coisa, "todo programa de paz será um discurso vazio".[208] Dois dias depois, arriscou no *Völkischer Beobachter* o prognóstico de que, "em caso de guerra com a Alemanha", a Grã-Bretanha "perderá o seu império mundial".[209]

Em julho, ele atacou no mesmo jornal o político e escritor britânico Stephen King-Hall, que tinha redigido um panfleto endereçado ao público alemão, mas o artigo só veio à luz depois, exaustivamente revisado por Hitler.[210]

Gastein — Bayreuth — Salzburgo — Veneza

Em 21 de julho, Goebbels viajou a Salzburgo a fim de se informar dos preparativos do festival. Um ano antes, visitara-o pela primeira vez e não tinha gostado muito do prédio ("Precisa ser demolido") nem do espetáculo: "Abaixo de qualquer crítica em termos vocais, cênicos e decorativos. [...] O típico *kitsch* vienense. Mas eu acabo com isso."[211]

Aproveitou a viagem para passar por Gastein, estância termal em que Magda estava em tratamento com os filhos.[212] Nesse balneário austríaco ela confessou seu caso com Hanke, que, aos olhos de Goebbels, ficou desmascarado como um "vigarista de primeira classe" — haveria um quê de respeito nisso?[213]

De Gastein, os dois foram a Bayreuth assistir ao festival. Em meio aos espetáculos operísticos, às obrigações sociais de praxe e às horas e horas de conversa com Hitler, Goebbels tentou impor o fim do relacionamento de Magda com Hanke: encarregou Müller, o chefe de recursos humanos do Ministério da Propaganda, de influenciar Hanke, ao passo que mantinha prolongadíssimas discussões com a esposa, que se achava "muito desgastada e consternada" e desmaiou várias vezes; ele próprio estava à mercê de uma "séria tensão nervosa".[214] Por fim, soube que a situação mudara por iniciativa da própria Magda, que, como sempre que se tratava da existência da relação dos dois, havia submetido o problema à apreciação de Hitler.[215] Este adotou a mesma linha do caso Baarová; o casal tinha de se manter unido a qualquer preço. Seguiu-se uma partida precipitada da cidade de Wagner.[216]

De volta a Berlim, Goebbels se apressou a dar férias a Hanke. Com o início da guerra, este se alistou na Wehrmacht; nunca mais voltaria ao Ministério da Propaganda.[217] O próprio e enganado Goebbels estava chocado. Era verdadeiramente "horrível quando tiram da gente toda a crença no ser humano". Mas talvez isso viesse a ser "necessário e útil no futuro", pois assim ficava-se livre de ilusões e encarava-se "a vida com muito mais abertura, liberdade e maturidade. Não se tem mais amigos, só conhecidos e colegas".[218]

Depois de passar a primeira semana de agosto no festival de Salzburgo,[219] Goebbels foi à Bienal de Veneza com uma delegação do Ministério da Propaganda e numerosos representantes da mídia alemã. Lá discutiu com o colega Alfieri a cooperação futura nos diversos campos da propaganda, mas também teve tempo de flanar na praia ou nos cafés.[220] No dia 15 de agosto, retornou a Berlim, sabendo perfeitamente que Hitler havia iniciado o "esforço final" na "campanha antipolonesa".[221]

Na segunda quinzena de agosto, em consonância com esse objetivo do Führer, a imprensa assumiu uma atitude antipolonesa difícil de superar em agressividade: era preciso aumentar a pressão sobre o país e, ao mesmo tempo, convencer a população alemã da inevitabilidade da guerra.[222] No dia 19 de agosto, Goebbels recebeu um telefonema do Obersalzberg: dali a dois dias, a propaganda devia chegar ao "volume máximo. Então a coisa pode deslanchar".[223]

Goebbels passou a achar que a guerra era "esperada com certo fatalismo. Só mesmo um milagre pode evitá-la. Já que ela se tornou necessária, então quanto mais cedo, melhor".[224] E a isso se ajustou a propaganda. Na última fase antes do início do conflito, concentrou-se em atribuí-lo à atitude da Polônia e das potências ocidentais. Nem Goebbels nem os boletins oficiais do seu aparato falaram em entusiasmo guerreiro.

O pacto de não agressão com a União Soviética e o início da guerra

Em 21 de agosto, chegou mais um "comunicado do Obersalzberg": "Pacto de não agressão com Moscou perfeito. Quarta-feira Ribbentrop em Moscou." Uma vez mais, o processo de decisão em política externa passou ao largo do ministro da Propaganda, somente *post factum* ele era informado de desdobramentos importantes.[225] No mesmo dia em que recebeu a notícia, Goebbels tratou de pôr no papel sua surpresa com a "sensação mundial": "Toda a correlação de forças europeia ficou em suspenso. Londres e Paris estão perplexas. [...] A jogada do Führer foi genial."

A pedido de Hitler, ele se apresentou em Berchtesgaden no dia seguinte bem cedo.[226] Nas duas semanas subsequentes, ficaria em estreito contato diário com o ditador, e, embora não tenha participado do processo de decisão que acabaria desencadeando a Segunda Guerra Mundial, suas anotações no diário nesse período crítico contêm percepções interessantíssimas de cada passo da liderança alemã, assim como dos seus motivos.

Uma carta de Chamberlain entregue a Hitler pelo embaixador Henderson confirmou a determinação da Inglaterra de entrar em guerra no caso de uma agressão alemã à Polônia. Hitler respondeu com uma ameaça igualmente clara.[227] Assim anotou Goebbels a avaliação geral da conjuntura por parte do Führer: a situação da Polônia era "desesperada. Nós vamos atacá-la na primeira oportunidade. O Estado polonês deve ser destroçado exatamente como o tcheco". Isso não seria muito difícil, porém mais complicado era saber se o Ocidente interviria, coisa nada segura. "A Itália não está entusiasmada, mas vai acabar participando. Afinal, não tem outra escolha."

Logo depois, Hitler o informou dos pormenores do sucesso e das consequências do acordo com Stalin: "O leste da Europa será dividido entre Berlim e Moscou." Evidentemente, a surpreendente aliança com o arqui-inimigo soviético era um passo arriscado. Goebbels escreveu: "A cavalo dado não se olham os dentes."

Enfim, às duas horas da madrugada, chegou o tão esperado comunicado de Moscou consumando a aliança com Stalin: "Pacto de não agressão e consulta por dez anos. [...] Um acontecimento histórico de consequências incalculáveis."[228] Efetivamente, o tratado assim como a cláusula secreta suplementar previam a repartição da Polônia e dos Estados bálticos entre esferas de interesse alemãs e soviéticas: agora Hitler contava com a cobertura necessária para a planejada guerra contra a Polônia.[229]

No dia seguinte, ele e o ministro da Propaganda viajaram de Berchtesgaden a Berlim.[230] Lá se iniciaram os preparativos imediatos do ataque à Polônia, cujo início estava previsto para a madrugada de 25 para 26 de agosto. Ao meio-dia de 25 de agosto, Goebbels esteve com Hitler, que o incumbiu de escrever duas proclamações, uma para o povo alemão, outra para o partido. "Esclarecimento da necessidade de um confronto armado com a Polônia, adesão de todo o povo à guerra, por meses e anos se necessário."[231]

No transcurso do dia, o ditador encontrou-se com o embaixador britânico e o francês. A Henderson, declarou explicitamente "que o problema teuto-polonês podia e devia ser solucionado". Se a Grã-Bretanha declarasse guerra por causa de uma ação violenta alemã contra a Polônia, a Alemanha aceitaria o desafio.[232] Quanto ao futuro, "depois da solução desse problema", ofereceu ao lado britânico uma cooperação abrangente. Mas tal avanço não pareceu muito promissor nem mesmo a Goebbels: "A Inglaterra não acredita mais em nós." O encontro com o embaixador francês tampouco prometeu uma perspectiva pacífica: Coulondre deu "sua palavra de honra de oficial" de que, no caso de uma agressão alemã contra a Polônia, a França teria de agir.[233]

No entanto, uma mudança fez com que o cálculo de Hitler fosse por água abaixo. No começo da noite, o embaixador Attolico apareceu na Chancelaria com uma missão surpreendente: "Ele entrega a declaração de Mussolini, segundo a qual a Itália não pode participar de uma guerra no momento. Agora temos o recibo. O que eu sempre temi e já sabia desde Veneza. A Itália não participa." De fato, Mussolini queixou-se a Hitler de que "nos nossos encontros [...] a guerra ficou prevista para 1942", e, conforme esse ajuste, naquela data ele naturalmente estaria pronto "por terra, por mar e por ar"; mas agora não se achava suficientemente preparado para um conflito armado com as potências ocidentais. Hitler extraiu de pronto as consequências: a mobilização prosseguiria, mas o ataque planejado para a madrugada seguinte foi cancelado.[234]

Que fazer? "O Führer rumina e medita. Esse é um duro golpe para ele." Goebbels tinha certeza de que Hitler "encontrará uma saída [...] dessa situação infernal". Mas a única coisa que ocorreu ao líder nazista foi entrar em guerra sem o seu tão cortejado aliado.[235]

No dia seguinte, o embaixador Coulondre entregou uma carta de Daladier[236] insignificante em termos de conteúdo — assim reproduziu Goebbels a opinião do ditador — e, evidentemente, "escrita apenas para a eventual culpa de guerra".[237] Dois dias depois, embora tivessem prometido confidencialidade aos franceses, os alemães divulgaram essa carta e a resposta de Hitler "em todas as línguas pelas emissoras"; "para nós ela é a melhor propaganda".[238]

Entretanto, no dia seguinte, 27 de agosto, Goebbels achou Hitler "alegre e muito confiante" e soube que, no tocante à Polônia e Danzig, não pretendia abrir mão das suas exigências mínimas. À noite, Henderson entregou a resposta dos ingleses às propostas do ditador de 25 de agosto. O governo britânico havia tomado conhecimento da oferta de cooperação abrangente da Alemanha, mas salientava que, em primeiro lugar, era preciso resolver os problemas entre este país e a Polônia com base no discurso de Hitler no Reichstag em 28 de abril; lembrou uma vez mais e inequivocamente as obrigações de aliada da Grã-Bretanha para com a Polônia.[239]

Ademais, Hitler recebeu de Londres uma mensagem do industrial sueco Dahlerus, a quem dias antes tinha pedido que expusesse diretamente ao governo britânico suas ideias sobre a solução da crise. Goebbels escreveu: "A Inglaterra concordaria eventualmente com a cessão de Danzig e a criação de um corredor dentro do corredor. Mas, em troca, garantia das fronteiras polonesas. Mais tarde, discutir questões coloniais. Longa paz com a Inglaterra. [...] Quer dizer que tudo ainda está em suspenso."[240]

Na sua reação do dia seguinte, o lado alemão classificou de pouco promissor o prosseguimento das negociações com a Polônia, porém, mesmo assim, declarou-se disposto a receber um representante polonês em Berlim para conversações: mas ele devia se apresentar na capital alemã já no dia seguinte, isto é, em 30 de agosto.[241] Nessa data, pela manhã, Goebbels sintetizou as intenções associadas a essa resposta da parte alemã: "O Führer quer um plebiscito no corredor sob controle internacional. Com isso, espera talvez ainda livrar Londres de Varsóvia e ter ocasião de golpear. A posição de Londres já não é tão rígida como antes."

Estava claro, pois: as negociações não passavam de simulação. O verdadeiro objetivo era, por um lado, o abrandamento da garantia britânica a Varsóvia e, por outro, a construção de um pretexto para uma ação militar violenta contra a Polônia.

Em todo caso, a exiguidade do prazo estabelecido para que a Polônia enviasse um representante a Berlim tornava pouco provável o entabulamento de negociações. Entretanto, se Beck fosse a Berlim, contrariando as expectativas, Goebbels temia que as inesperadas perspectivas de paz levassem a uma "invencível onda de otimismo entre nós" capaz de "arruinar [...] toda a nossa posição".[242] Ele continuava convencido de que a disposição para a guerra do povo alemão não era das mais exaltadas. Nesse meio-tempo, a mídia foi instruída a "continuar dando destaque máximo à atrocidade polonesa".[243]

Em 30 de agosto à meia-noite, Ribbentrop recebeu o embaixador britânico e declarou que o lado alemão tinha elaborado propostas para solucionar as questões pendentes com a Polônia. No entanto, aquelas perderam o sentido uma vez que nenhum representante polonês havia entrado em contato com o governo do Reich durante o dia.

A seguir, leu apressadamente as propostas para Henderson, mas não lhe entregou o documento. Era evidente que os alemães já não tinham o menor interesse em negociar.[244]

Mais ou menos ao mesmo tempo, Hitler mandou chamar Goebbels para inteirá-lo dos detalhes da sua "proposta de negociação" e do cenário da manobra: "O Führer acredita que a situação de emergência está por vir." O ditador havia preparado um memorando que, entre outras coisas, previa a anexação de Danzig ao Reich e um plebiscito no corredor. Queria divulgar esse documento "para o público global na primeira oportunidade favorável". Com isso, deixou claro que o catálogo de 16 pontos não tinha sido concebido como base de negociação, mas unicamente para mostrar ao mundo a "boa vontade" do seu governo: depois do início da guerra agora inevitável.

"A resposta da Inglaterra", escreveu Goebbels sobre a conversa com Hitler, "é procrastinadora. Inclusive insolente e provocativa. Eles acreditam na fragilidade alemã. Estão redondamente enganados". Essas palavras do ditador perante o ministro da Propaganda também faziam parte da farsa por ele encenada: tratava-se de não dar chance nem aos poloneses nem aos ingleses de se posicionar quanto às propostas.

No dia seguinte à noite, quando o embaixador polonês esteve com Ribbentrop a fim de notificar a posição do seu governo com relação à proposta britânica de entabular negociações diretas com o governo alemão, Ribbentrop arranjou um pretexto para interromper a conversa. Pouco depois, seu ministério mandou entregar as "propostas" das autoridades nazistas aos embaixadores da Grã-Bretanha, da França, do Japão, dos Estados Unidos e da União Soviética, declarando que a parte polonesa não aproveitara a oportunidade de iniciar negociações.[245] Às 21 horas, as emissoras de rádio alemãs divulgaram esse comunicado e o documento de 16 pontos.[246]

Fazia tempo que a decisão tinha sido tomada no lado alemão: no início da tarde de 31 de agosto, Hitler ordenara o ataque à Polônia na madrugada seguinte. Não acreditava que a Grã-Bretanha interferisse, mas, segundo Goebbels, "no momento ninguém sabe dizer" se esse prognóstico ia se revelar correto.[247]

Terceira Parte
1939-1945
Guerra — Guerra Total — Ruína Total

19. "A guerra é a mãe de todas as coisas"
Os primeiros meses de guerra

O lado alemão apresentou o início das hostilidades, em 1º de setembro de 1939, como reação às provocações polonesas na fronteira: os incidentes simulados pela SS, principalmente o "assalto" encenado à estação de rádio de Gleiwitz, serviram de pretexto para a agressão. No diário de Goebbels, encontra-se o seguinte apontamento a esse respeito: "A SS recebe ordens especiais para a madrugada", e alguns parágrafos abaixo lê-se a frase: "Ataque polonês à estação de rádio de Gleiwitz."[1] Para ele, a mentira concebida com tanta meticulosidade transformou-se subitamente em acontecimento real. "Estamos respondendo ao fogo desde as 5h45",[2] disse Hitler ao discursar no Reichstag na manhã de 1º de setembro — na verdade, o ataque se iniciara uma hora antes —, ocasião em que também anunciou a ratificação do pacto teuto-soviético de não agressão e declarou seu desinteresse pela alteração da fronteira ocidental alemã. "Saída honrosa para Londres e Paris", concluiu Goebbels, que ouviu o discurso no Reichstag.[3]

Mas essas manobras foram inúteis: na noite de 1º de setembro, os embaixadores da França e da Grã-Bretanha visitaram o ministro das Relações Exteriores Ribbentrop para assegurar que os respectivos governos honrariam o compromisso de ajuda à Polônia; ao mesmo tempo, os dois países iniciaram a mobilização.[4] No dia 3 de setembro, o embaixador britânico entregou o derradeiro ultimato do seu governo, o qual Hitler recusou, e, consequentemente, seguiu-se a declaração de guerra por parte dos ingleses. Idêntica foi a atitude do governo francês algumas horas depois.[5]

Ainda naquela manhã, paralelamente à rejeição do ultimato britânico, Hitler endereçou proclamações ao povo, ao partido e aos soldados da Wehrmacht, as quais, por ordem de Goebbels, foram imediatamente lidas no rádio. Na noite de 3 de setembro, Hitler embarcou no trem especial a fim de, como escreveu Goebbels teatralmente, inspecionar "o front oriental"; na verdade, nas semanas subsequentes, o ditador transitou a uma distância segura do teatro de operações.[6]

A descrição propagandística da "expedição" alemã contra a Polônia, vitoriosa em apenas cinco semanas, foi uma das principais tarefas do aparato de Goebbels nas semanas seguintes. Tal como na crise dos Sudetos e nos dias anteriores ao início da guerra, a propaganda alemã disseminou intensamente notícias sobre a suposta atrocidade polonesa, sobretudo contra os membros da minoria alemã, sendo que, na maior parte dos casos, tratava-se de histórias de terror inventadas ou extremamente exageradas.[7] De fato, durante o conflito, vários milhares de *Volksdeutsche* [alemães residentes no exterior] perderam a vida, por um lado, em consequência dos atos de guerra, por outro, vítimas de execução perpetrada por militares poloneses e de violentas incursões de civis. Tais investidas chegaram ao auge no começo de setembro em Bydgoszcz: posto que, na realidade, várias centenas de *Volksdeutsche* tenham sido abatidos como supostos sabotadores, a propaganda nazista apresentou o "Domingo Sangrento de Bydgoszcz" como um massacre com milhares de mortos.[8] Depois da guerra na Polônia, a propaganda alemã afirmaria que mais de 50 mil alemães residentes no país tinham sido vítimas dessas atrocidades. Na verdade, decuplicou-se o número de pessoas de origem alemã que perderam a vida na Polônia durante a guerra.[9]

O lado alemão usou a propaganda de atrocidade para "retaliar": durante a campanha na Polônia e nos meses ulteriores, suas unidades (as forças-tarefa, a polícia, a "Autodefesa Alemã" recém-criada pela SS, mas também os militares das forças armadas) fuzilaram dezenas de milhares de civis poloneses, membros da *intelligentsia*, do clero e da nobreza, assim como milhares de judeus.[10] A linha de ação dos alemães foi sistemática desde o começo e correspondeu à vontade da liderança política: no dia 7 de setembro, durante uma reunião de altos funcionários, Heydrich determinou que "a camada dirigente da população, na Polônia, fosse neutralizada tanto quanto possível".[11] Foi o que ocorreu. Naquela semana, além da missão de fazer com que esses fuzilamentos em massa fossem acompanhados da propaganda de atrocidade, Goebbels organizou a propaganda em face das potências ocidentais. Em 3 de setembro, encontrou-se com Hitler a fim de estipular a orientação da propaganda de guerra. O lema para as semanas seguintes era: "Contra Chamberlain *et caterva*. Separar a liderança do povo. Poupar a França por ora."[12]

Conflitos de competência

O começo da guerra teve por consequência imediata para Goebbels a necessidade de enfrentar uma vigorosa concorrência na direção da propaganda: aliás, as disputas pelas responsabilidades nesse setor durariam até o fim da guerra, mesmo porque Hitler deixava deliberadamente em suspenso certas questões de competência a fim de ter a possibilidade de intervir em caso de necessidade. Esses conflitos de jurisdição se traduziam — tipicamente no Estado nazista — em ferozes enfrentamentos pessoais entre os principais interessados.

Já em agosto de 1939, irrompera um novo desentendimento entre o Ministério das Relações Exteriores e o da Propaganda, quando o secretário de Estado Weizsäcker solicitou ao alto-comando da Wehrmacht — remetendo-se uma vez mais a uma ordem verbal do Führer — que transferisse para a sua pasta, e não para a de Goebbels, determinadas atividades da mídia previstas no caso de mobilização.[13] Diante da oposição do secretário de Estado Dietrich, Ribbentrop recorreu novamente a Hitler; e logo se revelou que o recente sucesso diplomático em Moscou havia fortalecido a sua posição no séquito do ditador: no dia 3 de setembro, este subordinou "todos os representantes das instâncias estatais ou partidárias aos respectivos chefes de missão".[14]

Como Goebbels objetou a essa determinação, em 7 de setembro, Hitler o convocou ao seu quartel-general; o ministro chegou no mesmo dia a bordo de um bombardeiro. O ditador exortou os dois rivais a se sentarem num compartimento do seu trem especial, que naqueles dias fazia as vezes de quartel-general, e chegarem a um entendimento. Depois de três horas, como relata Dietrich nas suas memórias, os dois se apresentaram para comunicar, "envergonhados", que não tinham conseguido entrar em acordo. No dia seguinte, Hitler emitiu uma ordem escrita dizendo que no "âmbito da propaganda em política externa [...] compete ao ministro das Relações Exteriores definir as diretrizes e instruções gerais [...]. Todo o aparato do Ministério da Propaganda fica à disposição da execução dessas instruções";[15] e, irritado com essa disputa de competência, obrigou Goebbels e Ribbentrop a se entenderem imediatamente sobre o "cumprimento daquela ordem", o que ambos fizeram num "pacto de trabalho". Combinou-se basicamente o envio de homens de ligação.[16]

De volta a Berlim, Goebbels empreendeu uma reorganização substancial em seu ministério: estabeleceu uma reunião diária fixa às 11 horas, da qual participavam seus colaboradores mais importantes, para melhor coordenar e controlar o trabalho da pasta. Essas medidas visavam não só à concorrência do Ministério das Relações Exteriores como a Dietrich, que, pelo menos na opinião de Goebbels, era "um idiota sem imaginação e sem cérebro", que geralmente agia com arbitrariedade e queria muito ser ministro da Imprensa.[17]

Nos meses seguintes, partiu para a ofensiva contra o Ministério das Relações Exteriores; entre outras coisas, negou-se a designar homens de ligação na sua pasta[18] ao mesmo tempo que expandia vigorosamente o departamento estrangeiro. Tudo isso veio acompanhado de reclamações constantes contra a suposta incompetência do Ministério das Relações Exteriores em assuntos de propaganda.[19] Ele também estava insatisfeito com o desempenho dos propagandistas da Wehrmacht, que tinham sido retirados do seu controle imediato. Os filmes e reportagens fornecidos pelas companhias de propaganda eram sempre criticados como totalmente inadequados: lá atuam "apenas soldados, mas nenhum propagandista".[20] Em dezembro, como Hitler também havia criticado violentamente os cinejornais semanais, Goebbels tentou explicar em longas conversas[21] com Bruno Wentscher, o seu oficial de ligação com o alto-comando da Wehrmacht, que o trabalho dos homens das companhias de propaganda exigia mais do que disciplina e treinamento.[22] Queixou-se a Keitel e discutiu o problema com Schmundt, o ajudante de ordens da Wehrmacht de Hitler.[23] Em janeiro de 1940, Wentscher foi afastado e substituído pelo major Leo Martin.[24]

A guerra dá nos nervos

O entusiasmo guerreiro de Goebbels tinha lá os seus limites. No início de setembro, ele concordou com Göring que um conflito de grandes proporções não era desejável. Em poucos dias, passou a achar a guerra "muito estressante", algo que "dá nos nervos".[25] "A guerra devora tudo. Até o nosso próprio eu!", registrou pateticamente no diário em 24 de setembro de 1939. Dias depois, considerando o belíssimo dia de outono, não quis "imaginar que uma guerra mundial estivesse começando".[26]

Nas semanas seguintes, procurou se informar melhor das intenções de Hitler. No dia 7 de setembro, durante uma visita relâmpago ao seu quartel-general no campo de treinamento militar de Borne Sulinowo, o Führer lhe explicou que queria primeiro "esmagar" a Polônia e depois selar a paz com o Ocidente. "Não lhe interessa uma guerra prolongada", assim resumiu Goebbels suas impressões poucos dias mais tarde. "Já que é guerra, que seja curta e completa. Não podemos deixar Londres nos colocar de joelhos pelo tempo e a fome."[27]

Logo depois do início do conflito, o ministro italiano da Cultura Popular Dino Alfieri havia tentado envolvê-lo no esforço de mediação que o seu governo vinha fazendo para levar a Alemanha e as potências ocidentais à mesa de negociação. Goebbels expôs a questão para Hitler e, fazendo a vontade deste, deu a Alfieri uma resposta evasiva.[28] No começo de outubro, ele continuava alimentando a esperança de que as sondagens italianas em Paris fossem bem-sucedidas,[29] sem saber que Hitler simplesmente deixara claro para o ministro das Relações Exteriores Ciano que não queria a mediação italiana.[30]

Com a ajuda dos relatórios continuamente coligidos pelo seu próprio aparato de propaganda, pelo partido e pelas agências governamentais, Goebbels observou atentamente o "estado de ânimo" da população nas primeiras semanas da guerra. Pareceu-lhe "tranquilo e contido", "tranquilo e confiante", se bem que a expectativa de um breve acordo de paz certamente tivesse um papel importante nisso.[31] Contudo, não era de admirar que os relatórios fossem tão uniformes e positivos; afinal, no discurso de 1º de setembro, Hitler advertira os deputados de que ninguém fosse comunicar "que o estado de ânimo estava ruim no seu *Gau*, no seu distrito, no seu grupo ou na sua célula. O sustentáculo, o sustentáculo responsável do estado de ânimo são os senhores!".[32]

Logo no início da guerra, o ministro da Propaganda tomou uma importante iniciativa para proteger efetivamente a "opinião pública" contra influências externas nocivas. No dia 2 de setembro, a imprensa divulgou um decreto do Conselho de Ministros sobre medidas extraordinárias no rádio: escutar emissoras estrangeiras era passível de punição, e disseminar as notícias dessas emissoras podia até levar à pena de morte.[33]

Contudo, o decreto por ele proposto não tinha sido votado pelo Conselho, pelo contrário, esbarrara em muita rejeição. Mais tarde, Rudolf Hess atribuiu a sua divulgação a um "mal-entendido". Antes que o decreto fosse publicado no diário oficial, as frenéticas negociações entre os ministérios impuseram retificações consideráveis à versão definitiva do texto; suprimiram especialmente a disposição que dava ao Ministério da Propaganda o poder de determinar o confisco de aparelhos de rádio.[34]

Mesmo na forma revisada, o decreto foi um instrumento eficaz: embora, naturalmente, não tivesse como impedir que boa parte da população escutasse estações de rádio estrangeiras, tornava praticamente impossível para o cidadão comum, ao conversar em público, referir-se a uma emissora estrangeira como fonte de informações que desmentiam a propaganda oficial. Nesse aspecto, o decreto foi importante para isolar o público controlado pelos nazistas. As frequentes notícias na imprensa de condenações por "delito do rádio" — até o fim do ano foram três dezenas de casos, em 1940, nada menos que 830 — providenciavam o devido efeito intimidador.[35]

Mas, na verdade, os relatórios sobre o estado de ânimo naquelas primeiras semanas refletiam o fato de a população alemã — na qual, ao contrário de 1914, não se detectava o menor entusiasmo pela guerra — acatar as ordens do regime e de praticamente ninguém se atrever a mostrar renitência em público. Para isso contribuíram não só as sanções bem mais severas desde o começo da guerra: além do decreto do rádio de Goebbels, entraram em vigor principalmente a lei de economia de guerra de 4 de setembro, com um rol de punições, e a chamada *Volksschädlingsverordnung* [lei da peste nociva ao povo] de 5 de setembro. Além disso, para obter um efeito dissuasivo especial, as condenações com base nessa legislação nova, nas quais era frequente a pena capital, passaram a ser especificamente divulgadas pela imprensa, bem como as execuções exemplares perpetradas pela Gestapo sem a apresentação de nenhuma decisão judicial.[36]

Nas primeiras semanas do conflito, a principal ameaça de impacto negativo sobre o "moral" proveio das rigorosas medidas de mobilização que afetaram profundamente a vida econômica e social. Por isso, a partir de 19 de setembro, Goebbels começou a participar com regularidade das reuniões do recém-criado Conselho Ministerial de Defesa do Reich, uma espécie de gabinete de guerra presidido por Göring e encarregado de tomar as medidas essenciais para adaptar a administração e a economia à nova conjuntura.[37]

Goebbels era um dos membros da cúpula dirigente nazista que achavam excessiva a implementação esquemática de medidas de guerra não militares nas primeiras semanas do conflito. Assim, criticou no diário a paralisação de empresas imposta logo depois da irrupção do confronto, que em pouco tempo ocasionou um desemprego considerável, e atacou os planos — também de iniciativa do ministro da Economia Funk — de reformar o sistema de salários num nível mais baixo.[38] Enfim, em meados de novembro, o Conselho Ministerial procedeu, como desejava Goebbels, a uma série de cortes sociopolíticos que revogavam as medidas tomadas no início do conflito.[39] Afinal, os próprios nazistas atribuíam a derrota na Primeira Guerra Mundial ao fracasso no "front interno"; era preciso evitar a qualquer custo os sacrifícios desnecessários.

Em novembro, porém, quando os relatórios do SD sobre o estado de espírito da população tornou a exibir um quadro na sua opinião insatisfatório, Goebbels interferiu de outro modo: declarando que os métodos empregados pelo SD eram "cada vez menos confiáveis", mandou advertir os informantes no Conselho Ministerial para que se abstivessem de exageros.[40]

Continuação da guerra?

No dia 19 de setembro, quase três semanas depois de discursar no Reichstag, Hitler voltou a tomar a palavra: nessa fala no histórico Artushof, em Danzig, que foi transmitida por todas as emissoras de rádio alemãs, voltou a professar o seu pretenso amor à paz, mas também a determinação de continuar com a guerra se necessário.[41]

Dias depois, Goebbels soube por intermédio de Dietrich, que acabava de chegar do quartel-general do Führer, que este, depois da vitória — agora muito próxima — sobre a Polônia, queria "separar a França da Inglaterra", ou seja, selar a paz com a França. "Mas como?", perguntou-se não só Goebbels. Como lhe informou Dietrich, "Ribbentrop não tinha contatos apropriados para se aproximar de Paris".

Nas semanas seguintes, Goebbels não perdeu oportunidade de se inteirar dos planos bélicos do ditador, tomando nota ansiosamente de todos os indícios de que ainda era possível evitar a grande guerra. As entradas no diário mostram uma vez mais o quanto ele estava excluído das decisões nas questões políticas centrais, por mais que procurasse cultivar a impressão de que gozava da íntima proximidade do líder nazista. No fim do mês, quando passou alguns dias em Berlim, Hitler vislumbrou a possibilidade de o conflito no Ocidente acabar se reduzindo "a uma guerra das batatas",* e o fato de as potências ocidentais tenderem a rejeitar a guerra afastava a ameaça de um confronto militar sério e prolongado.[42] Dois dias depois, Goebbels registrou a opinião do Führer: se Londres e Paris aceitassem a proposta de paz que ele apresentaria em breve, "logo a ordem voltará a reinar na Europa. Se não as aceitarem, a culpa da guerra fica bem definida e começa a luta".[43]

Na mesma ocasião, o ditador contou como concebia o futuro tratamento dispensado aos territórios poloneses ocupados: o país seria dividido em "três zonas", isto é, uma faixa que voltaria a ser "totalmente germanizada", um "protetorado" para "bons elementos poloneses" e, enfim, a leste do Vístula, um território para os "maus elementos poloneses e os judeus, inclusive os do Reich".[44] Aliás, a Agência Central de Segurança do Reich devia começar a deportar milhares de judeus da Alemanha para a planejada "reserva" no leste da Polônia

---

* Apelido dado à Guerra de Sucessão da Baviera (1778-79). Nesse conflito sem batalhas, a não ser por escaramuças de pouca monta, as forças em luta trataram de cortar as provisões do inimigo, situação que levou os soldados a se ocuparem mais em procurar o que comer do que em combater. Milhares morreram de doença e fome. (N. do T.)

já no outono de 1939, mas esse plano de tornar o território do Reich "livre de judeus" teve de ser adiado.[45]

Hitler também explicou que, com a conquista da Polônia, a Alemanha receberia um "poderoso território a mais", porém, ao mesmo tempo, seria obrigada a aceitar "o fortalecimento da influência de Moscou no Báltico". No entanto, ele estava pessoalmente "convencido da lealdade da Rússia. Stalin embolsa um grande lucro".[46] A atualidade das informações do ditador procedia do Tratado de Amizade e Demarcação com a União Soviética, assinado pelo seu ministro das Relações Exteriores no dia 28 de setembro em Moscou, que redefinia a delimitação das esferas de interesse na Polônia e no Báltico e reforçava a aliança entre os dois Estados.[47]

Em 30 de setembro, quando conversou com Ribbentrop, que acabava de chegar de Moscou, Goebbels criticou sua avaliação demasiado positiva da União Soviética — a qual ele tivera o cuidado de omitir perante Hitler: "Como se o bolchevismo fosse uma espécie de nacional-socialismo."[48]

Em 3 de outubro, voltou a se reunir com o ditador: "O Führer continua acreditando que conseguirá restabelecer a paz. No momento, eu duvido muito. Os governos inimigos ainda não se cansaram."[49]

No dia 6 de outubro, Hitler, recém-chegado da parada triunfal em Varsóvia, fez mais um discurso no Reichstag, no qual apresentou uma "oferta de paz" às potências ocidentais. Sua argumentação foi tão simples quanto desconcertante: era preciso evitar o conflito no Ocidente, pois a causa inicial da declaração de guerra britânica e francesa — a agressão alemã contra a Polônia — deixara de existir com a dissolução do Estado polonês. A "configuração definitiva daquele espaço" era problema a ser resolvido única e exclusivamente pela Alemanha e a União Soviética. Se as potências ocidentais aceitassem o fato consumado teuto-soviético, o futuro seria esplendoroso: poder-se-ia erigir um sistema de segurança europeu abrangente e instituir uma limitação de armamento; a Alemanha não tinha o menor interesse numa nova revisão das suas fronteiras.[50]

Goebbels ficou tão empolgado com o discurso — uma "obra-prima da diplomacia" — que presumiu que a França e a Inglaterra "dificilmente [...] poderiam [...] ficar imunes ao seu forte *páthos*".[51] Ainda em 12 de outubro ele se perguntou: "Haverá mesmo uma guerra mundial? Não há quem o saiba agora." Na véspera, havia tido uma longa conversa com Hitler; seus apontamentos a esse respeito mostram o tanto que ele tentou, em face daquela situação crítica, robustecer sua confiança na vitória: "Com o Führer, nós sempre vamos triunfar; ele reúne em si todas as virtudes do grande soldado: coragem, sagacidade, prudência, flexibilidade, abnegação e um desprezo soberano ao comodismo."[52]

Quando, num discurso em 12 de outubro, Chamberlain rejeitou a proposta alemã, Hitler — muito em desacordo com suas supostas esperanças de paz de poucos dias antes — se mostrou, na presença de Goebbels, "contente por agora poder se voltar contra a Inglaterra".[53] Sem se dar o trabalho de examinar detidamente a resposta do premiê inglês, decidiu iniciar a rápida ofensiva no Ocidente que concebera dias antes.[54] Ao que parece, também para Goebbels era chegada a hora de se conformar com uma guerra mais prolongada.

A propaganda de guerra contra o Ocidente

Nos meses subsequentes, durante a fase da "guerra de faz de conta" na frente ocidental, Goebbels deu prosseguimento à linha propagandística de até então: dirigir o ataque principal à Grã-Bretanha, poupar Paris.[55] Internamente, instigou cautela tanto com as "ilusões" quanto com o "pessimismo".[56] A propaganda alemã precisava deixar de reagir a "vozes da paz" neutras ou hostis. Em geral, ele procurava "organizar nossa polêmica com a França e a Inglaterra de modo mais realista"; afinal, a guerra não era "brincadeira".[57]

No entanto, quase não havia o que contar sobre a frente ocidental. No conflito com a Grã-Bretanha, os temas marítimos foram os que mais ocuparam a propaganda de guerra alemã nas primeiras semanas da conflagração. O regime nazista negou e classificou de mentira propagandística o afundamento do vapor de passageiros *Athenia* por um submarino alemão em 3 de setembro de 1939, que custou a vida de mais de cem passageiros. Do seu ponto de vista, o caso era particularmente grave, pois havia americanos entre as vítimas e o afundamento suscitou comoção nos Estados Unidos.[58]

Partindo para a ofensiva desde o começo, Goebbels acusou o primeiro lorde do Almirantado Churchill de ter ordenado o afundamento do navio. Quando, em 14 de outubro, a frota de submarinos alemã teve um importante e prestigioso sucesso ao afundar o encouraçado *Royal Oak* na base naval britânica de Scapa Flow, reputada absolutamente segura, Goebbels voltou a se ocupar com veemência do caso *Athenia* na imprensa e no rádio; ele e Hitler estavam convencidos de que agora era preciso tentar por todos os meios derrubar o supostamente combalido Churchill.[59]

No dia 21 de outubro, o próprio Goebbels contribuiu — usando o pseudônimo Sagax — com um editorial no *Völkischer Beobachter* e, no dia seguinte, continuou com um discurso no rádio. Este também foi divulgado com estardalhaço pela imprensa ("Incisivo acerto de contas com um arquimentiroso"), na tentativa de colocar Churchill no papel de "réu".[60]

A Polônia

Nesse período, a Polônia ocupada — após a anexação de extensos territórios, o que havia sobrado do país foi centralizado como governo-geral dirigido por Hans Frank — teve um papel absolutamente secundário na propaganda alemã. Foi decisivo o profundo desprezo pela Polônia que Hitler manifestava inclusive na presença do ministro da Propaganda ("mais animais que humanos"), bem como o fato de, já nessa fase da política de ocupação, a aplicação violenta das "leis raciais"[61] no território ocupado se associar ao assassinato de dezenas de milhares de poloneses e judeus, o que não tornava recomendável chamar atenção para aquela região. A isso se somava certa incerteza quanto à solução da recém-colocada "questão polonesa" e da "questão judaica" no país vencido. Por essas razões, pouco antes da fundação do governo-geral, a mídia foi avisada de que "não haveria muito que dizer" sobre aquele território, "e isso por motivos tanto internos quanto externos".[62]

No dia 31 de outubro, Goebbels viajou a Łódź. No encontro que teve com o governador-geral Frank e seu vice Seyss-Inquart, soube que aquele havia montado um departamento de propaganda próprio e que seus poderes se limitavam a instruções de ordem técnica.[63] Mais uma vez, ficou claro que Goebbels não era de modo algum o dono todo-poderoso do aparato de propaganda. Depois fizeram uma visita ao bairro judeu: "Não são mais seres humanos, são bichos. Por isso, esta não é uma tarefa humanitária, e sim cirúrgica. Aqui é preciso fazer cortes e bem radicais. Do contrário a doença judaica prostrará a Europa."

No mesmo dia, ele seguiu de carro rumo a Varsóvia, aonde chegou depois de uma viagem quase interminável por "campos de batalha junto a aldeias e cidades totalmente despedaçadas pelos projéteis". "Varsóvia: isto é o inferno. Uma cidade demolida. Nossas bombas e granadas fizeram o serviço completo. Não sobrou uma casa intacta. A população está apática e sombria. As pessoas se arrastam feito insetos nas ruas. É repugnante e quase indescritível." Na cidadela destruída, ele, que poucos anos antes tanto se orgulhara de haver contribuído para melhorar as relações teuto-polonesas, frisou que era necessário "exterminar totalmente [...] o nacionalismo polonês, senão um dia ele volta a se levantar".[64]

No dia seguinte, teve oportunidade de fazer um relato oral da viagem a Hitler. "Ele concorda principalmente com a minha interpretação do problema judeu. O judaísmo é uma pústula. Uma questão mais clínica que social."[65]

O atentado de Munique

Em 8 de novembro, Goebbels participou das comemorações anuais em Munique e, à noite, esteve com muitos "velhos camaradas" na cervejaria Bürgerbräu para ouvir o "incisivo acerto de contas" de Hitler com a Inglaterra. Logo depois do discurso, os dois embarcaram no trem noturno para Berlim.

Estavam proseando no salão do vagão especial do ditador quando, em Nuremberg, chegou uma notícia ruim: coube a Goebbels informar o Führer de que, "pouco depois da sua partida, houve uma explosão na Bürgerbräu que deixou oito mortos e sessenta feridos". Para ele, a causa ficou evidente na mesma hora: "Um atentado sem dúvida tramado em Londres e provavelmente perpetrado por legitimistas bávaros." Ambos compreenderam depressa que Hitler decerto seria vítima do ataque se não tivesse saído mais cedo do que o planejado. "Ele está sob a proteção do Todo-Poderoso", concluiu Goebbels. "Só vai morrer quando tiver cumprido sua missão."[66]

Os diários do ministro da Propaganda nazista documentam que a cúpula dirigente do partido passou os dias subsequentes totalmente desnorteada quanto à origem do atentado.[67] É claro que isso não impediu a propaganda alemã de associar o atentado ao serviço secreto inglês.[68] Alguns dias depois, quando se constatou que o verdadeiro criminoso era Georg Elser, um franco-atirador político preso na Suíça ao tentar passar pela fronteira, Goebbels e Hitler concluíram que ele só podia ser instrumento de Otto Strasser, o qual, tendo emigrado para a Suíça, certamente estava a soldo do serviço secreto britânico.[69] Essa impressão não tardou a ser divulgada.[70] Mas, poucos dias mais tarde, a propaganda retomou seu tema principal: a guerra iniciada, mas enquanto isso estagnada.

20. "Só existe um pecado: a covardia!"
A escalada da guerra

Os últimos meses de 1939 e os primeiros do ano seguinte transcorreram sem grandes acontecimentos políticos nem militares. Na frente ocidental, os exércitos inimigos se enfrentavam quase sem movimento e sem luta, uma vez que, tendo declarado guerra em setembro de 1939, as potências ocidentais não conseguiram decidir um ataque contra o Reich. Goebbels aproveitou a proximidade de Hitler para colher atentamente o máximo de informações que indicassem sua avaliação da situação internacional e suas futuras decisões políticas e militares. A esquisita aliança em que a Alemanha se achava no momento — o pacto com Stalin, até pouco antes considerado o arqui-inimigo, assim como com Mussolini, que não queria entrar ativamente na guerra — apresentava problemas adicionais para a condução da propaganda.

Durante uma pequena reunião social noturna em janeiro — Magda figurava entre os convidados —, Hitler se mostrou, como anotou Goebbels, "determinado a travar a grande guerra contra a Inglaterra": "É preciso varrer a Inglaterra da Europa e deitar abaixo a França como grande potência. Então a Alemanha terá hegemonia; e a Europa, a paz. Este é o nosso grande e eterno objetivo." Posteriormente, prosseguiu, ele pretendia "ficar mais alguns anos no poder, concluir reformas sociais e as suas construções e então se afastar".[1] Dias depois, Hitler discorreu sobre o "antigo Sacro Império", a cuja tradição ele pretendia dar continuidade: "Graças à nossa organização e superioridade, o domínio do mundo tem de nos caber natural e automaticamente."[2]

Mas isso ainda estava longe. Mesmo porque os desajeitados aliados italianos causavam preocupação a Hitler e Goebbels.[3] Em conversa com Mussolini no passo de Brennero em 18 de março — o primeiro encontro dos dois ditadores desde Munique —, Hitler tentou convencê-lo a entrar na guerra, sem revelar concretamente seus planos bélicos no Ocidente.

Ao regressar, contou a Goebbels que tinha ficado "profundamente impressionado" com a "personalidade forte" do Duce: "Mussolini nos acompanhará até o fim." No entanto, tudo indica que ele escondeu de Goebbels o fato de o ditador italiano, apesar de sua reação positiva a Hitler, não ter assumido concretamente o compromisso de entrar na guerra.[4] Além disso, Goebbels estava procurando não dar muito destaque ao encontro na propaganda alemã, a fim de evitar que os boatos segundo os quais Mussolini podia assumir o papel de pacificador tivessem repercussão.[5]

A aliança com os comunistas soviéticos dava cada vez mais dor de cabeça a Hitler e a seu ministro. Na propaganda, vigorava a diretriz "manter a reserva", nada de considerações ideológicas positivas ou negativas.[6] Em janeiro, Goebbels escreveu a respeito de um documento a ele apresentado: "Relato assustador de Lviv sobre como vivem os russos soviéticos. Não sabem o que é clemência. Os judeus também continuam à frente. Tropas mal treinadas e mal equipadas. O bolchevismo é uma monocultura."[7]

À hora do almoço no mesmo dia, mencionou-se o problema de que ele se ocupava, que o atraso evidente da União Soviética sob Stalin também tinha grandes vantagens: "Para nós é melhor assim. Antes um parceiro fraco como vizinho que um tratado de aliança melhor."

Em todo caso, como constatou Hitler cerca de 15 dias depois, os russos se mostravam "cada vez mais leais. Não lhes faltavam motivos para isso".[8] Dois meses mais tarde, o Führer argumentou que era bom "que os russos já não tenham nenhuma liderança germânica; assim eles não podem ser perigosos para nós. E, se Stalin fuzila seus generais, nós ficamos livres desse trabalho. Será que também vai liquidar os judeus pouco a pouco? Talvez os mencione só para enganar o mundo, os trotskistas. Quem há de saber?".[9]

Pouco tempo depois, Goebbels leu um livro do escritor satírico soviético Mikhail Sostschenko intitulado *Schlaf schneller, Genosse!* [Durma depressa, camarada!]. O que viu nas histórias foi sobretudo um "quadro sombrio da barbárie, da miséria social e da incapacidade organizativa bolchevistas". Enojado, ele prosseguiu: "Eis que nós rimos para o aliado certo. Se não estivéssemos com água até o pescoço." Por outro lado: "Mas agora temos uma guerra numa frente. Afinal, que nos interessa o padrão social e cultural do bolchevismo moscovita?"[10]

Pouco depois de ler essa obra, ainda em março, ele proibiu todos os "livros sobre a Rússia, positivos e negativos", pois, "no momento, só podem causar dano".[11] Em abril, Hitler adotou a mesma posição ao se opor a todas as tentativas do Ministério das Relações Exteriores de promover um intercâmbio cultural teuto-russo: não se podia, escreveu Goebbels, "ir além da mera conveniência política".[12]

Na época, a propaganda internacional do Ministério da Propaganda caracterizava-se pela concorrência com o Ministério das Relações Exteriores. Nos primeiros meses de 1940, a pasta de Goebbels resistiu vigorosamente ao envio de homens de ligação pelo Ministério das Relações Exteriores como ficara combinado em setembro de 1939.[13] Por outro lado, tratou de expandir "poderosamente" o seu próprio aparato, em especial o departamento de propaganda internacional e o rádio voltado para ouvintes estrangeiros.[14] Por feroz que fosse essa disputa, quase não havia diferença na concepção de propaganda dos dois ministérios quanto ao conteúdo. Isso se devia principalmente ao fato de a propaganda internacional se manter comedida em todas as questões políticas relevantes. Como os dados concretos sobre os objetivos militares e os planos para o pós-guerra alemães estavam proibidos, não restavam senão acusações e slogans estereotipados.[15]

Ademais, no inverno de 1939-40, a polêmica contra a Grã-Bretanha continuava em primeiro plano na propaganda alemã, sendo que agora já não havia necessidade de poupar a França.[16] O que Hitler lhe dizia a esse respeito — que estava decidido a liquidar de vez a "Paz de Westfália", que queria "derrotar a Inglaterra a qualquer custo" — corroborava a enérgica postura antibritânica de Goebbels.[17]

Pouco antes do Natal — na festa não devia surgir de modo algum um estado de espírito "mole"[18] —, ele mandou reforçar a propaganda antibritânica com a palavra de ordem "luta contra a plutocracia";[19] e, efetivamente, esse tema teve toda prioridade nos meses seguintes.[20] A ordem era intensificar a luta contra as "democracias do dinheiro" com insinuações antissemitas, mas, apesar de todas as diatribes antijudaicas, especialmente na imprensa do partido, o tema não vingou como *leitmotiv* na mídia alemã.[21]

Goebbels era informado com procrastinação a respeito da ofensiva no Ocidente, quando o era. No fim de janeiro, soube, por intermédio do *Gauleiter* de Düsseldorf Friedrich Karl Florian, que essa ofensiva já devia ter acontecido, mas fora adiada porque os planos alemães caíram nas mãos das autoridades belgas.[22]

O apontamento datado de 13 de março no diário mostra que agora Goebbels se inteirara dos preparativos da campanha no Oeste. Os planos de ataque já estavam prontos fazia mais de duas semanas; o início, previsto para meados de abril. Goebbels escreveu: "A investida começará com uma fúria

Goebbels conseguiu se afirmar no posto de gauleiter *berlinense porque contava com o apoio do líder do partido. A fotografia do congresso de 1927, em Nuremberg, mostra claramente essa relação de dependência. Na época, fazia três meses que o NSDAP de Berlim-Brandemburgo tinha sido proibido. Ao retornar do congresso, a delegação berlinense composta por 450 militantes seria interceptada e detida pela polícia.*

Piquenique no verão de 1931: em primeiro plano, Joseph e Magda Goebbels, atrás deles, Julius Schaub, Adolf Hitler, Erna Hoffmann e Johanna Wolff. Pouco depois que Goebbels apresentou Magda ao séquito de Hitler, este se confessou apaixonado por ela. Enfim, os envolvidos solucionaram a situação de modo aceitável para os três.

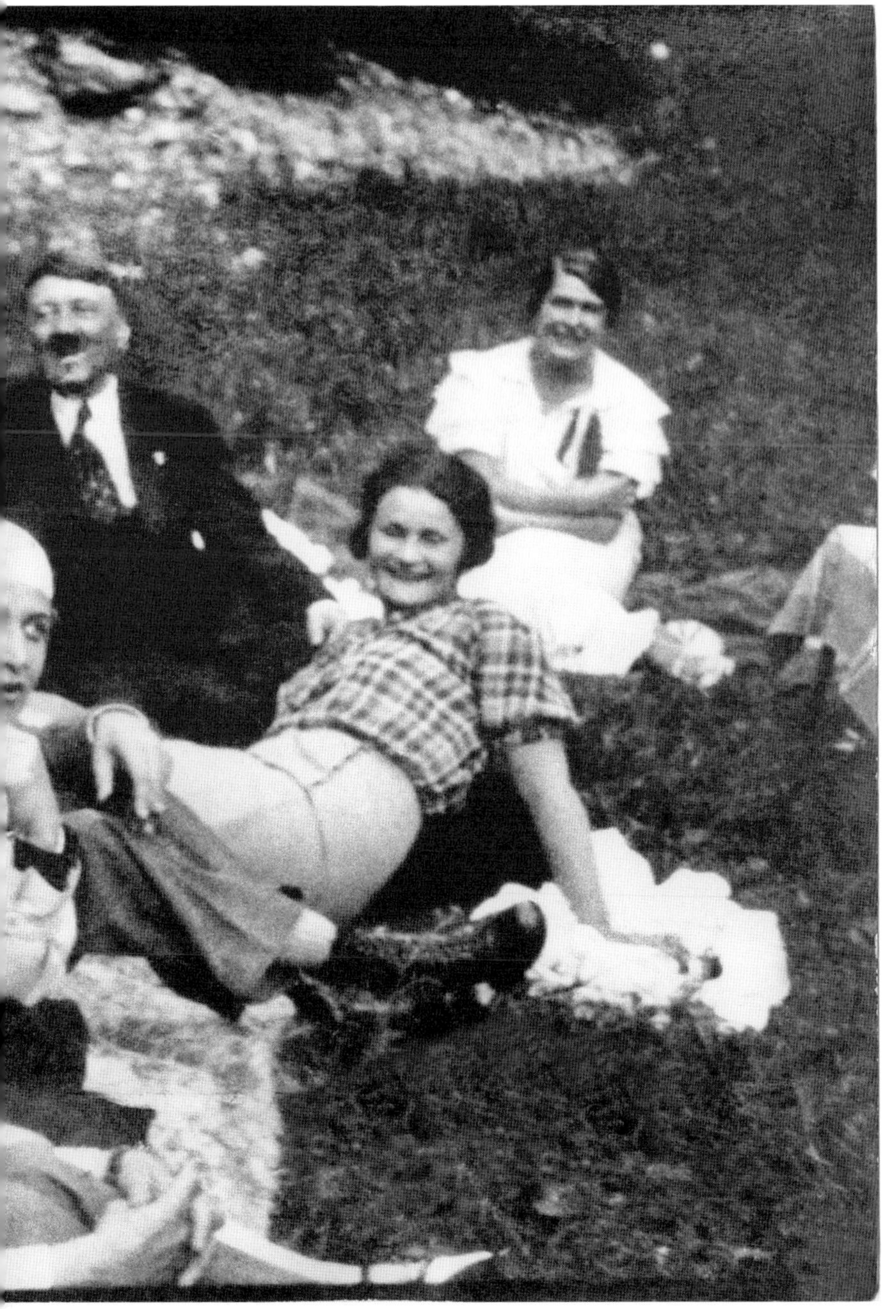

Um raro instantâneo: Lida Baarova, a amante secreta de Goebbels, na estreia do filme de Leni Riefenstahl sobre as Olimpíadas em 20 de abril de 1938.

A fotografia oficial com que, em outubro de 1938, a imprensa alemã anunciou a continuidade do casamento de Joseph e Magda Goebbels.

Goebbels reagiu sem entusiasmo à irrupção da guerra: a bancada do governo na Ópera Kroll durante o discurso de Hitler sobre a invasão da Polônia, 1º de setembro de 1939.

A guerra impôs a Goebbels algumas apresentações públicas que ele não podia encenar conforme as suas ideias. Recepção das tropas depois da campanha da França, em Berlim, no dia 18 de julho de 1940 (Goebbels de braço erguido).

Durante a guerra, Goebbels tinha longas conversas com Hitler a intervalos de várias semanas, nas quais este lhe dava a impressão de informá-lo dos segredos mais profundos da sua política e wetlanschauung, como se ele fosse um conselheiro íntimo: Goebbels e Hitler no Berghof, c. 1941.

A partir da crise do inverno de 1941/42, quanto mais Hitler se retraía do público, mais Goebbels assumia o papel de comunicador mais importante do regime. O ministro da Propaganda discursa na Heldenplatz, em Viena, por ocasião do quarto aniversário da "anexação", em 13 de março de 1942.

tremenda. Catorze dias até M. [Marne]. Então pausa para respirar. Depois mais uma investida."²³ Mas o ataque foi adiado novamente, pois, nesse meio-tempo, o norte da Europa tinha sido incluído nos planos de guerra alemães.

A guerra na Escandinávia

No dia 7 de abril de 1940, encontram-se no diário de Goebbels as primeiras referências a uma "ampliação da guerra" por parte da Grã-Bretanha. Tratava-se concretamente da intenção britânica — acerca da qual Londres informara o governo da Noruega — de espalhar minas nas águas costeiras do país escandinavo a fim de atrapalhar o tráfego naval alemão.²⁴ A impendente ação britânica vinha a calhar para a política alemã, como registrou Goebbels: "É o trampolim que estávamos procurando." Mas, naquele momento, ele não sabia até que ponto já tinham avançado as medidas alemãs para a ampliação da guerra na Escandinávia.²⁵

O fato é que, desde o fim de 1939, a liderança nazista vinha planejando intervir na Noruega e na Dinamarca a fim de controlar o transporte de minério da Suécia, que passava pelo porto norueguês de Narvik, e usar o litoral desse país como base estratégica para assegurar a continuidade da guerra contra a Grã-Bretanha.²⁶ Somente em 8 de abril, um dia antes da invasão alemã da Noruega e da Dinamarca, foi que Hitler achou que estava na hora de informar o ministro da Propaganda da operação iminente. Quando as tropas invasoras alemãs já haviam zarpado dos respectivos portos, ele o convocou para expor seus planos durante um passeio. Impressionado, Goebbels escreveu: "'Tudo está preparado nos mínimos detalhes. Cerca de 250 mil homens executarão a ação. A maior parte das peças de artilharia e da munição já foi transportada para lá escondida em navios carvoeiros." Hitler mostrou-se seguro da vitória; "nem pensar" em resistência. Mas a operação não teria repercussão na atitude dos Estados Unidos? Isso, registrou Goebbels, "não interessa no momento. A sua ajuda material só chegaria em mais ou menos oito meses; a humana, apenas em um ano e meio". Mas, como explicou Hitler ao ministro da Propaganda, "nesse ano temos de alcançar a vitória. Do contrário, a superioridade material do inimigo aumentará muito. Por outro lado, uma guerra de muitos anos seria psicologicamente difícil de suportar".

Goebbels improvisou — por necessidade. "O rádio mobilizado secreta e despercebidamente. Acomodação no ministério preparada. Tudo é muito difícil porque não posso falar com ninguém. O principal agora é o sigilo, depois vem a precisão." Dias depois, mandou tirar seus funcionários "da cama" e lhes deu "explicações sobre a ação e diretrizes para o seu tratamento".[27]

A invasão dos dois países escandinavos começou de manhã cedo. Embora as tropas alemãs tenham conseguido assumir o controle da Dinamarca no mesmo dia, as operações na Noruega esbarraram em maiores dificuldades: a rápida captura de Oslo planejada através de uma ação combinada por ar, mar e terra fracassou, de modo que o governo norueguês teve tempo de organizar a resistência militar e escapar das garras da Wehrmacht. A maioria dos desembarques nos outros portos noruegueses foi bem-sucedida, mas o sucesso custou perdas consideráveis de navios da marinha de guerra alemã. De modo geral, a surpresa falhou; o corpo expedicionário envolveu-se em lutas que se prolongaram até junho e só terminaram com a vitória graças ao sucesso da guerra na Europa ocidental. Mas os postos avançados conquistados não puderam ser usados estrategicamente a médio e longo prazo devido ao considerável enfraquecimento da marinha na operação e porque a enorme frota comercial norueguesa passou para campo inimigo.[28]

Na manhã de 9 de abril, coube a Goebbels a tarefa de ler os memorandos alemães para os governos da Noruega e da Dinamarca: "A nossa famosa postura: proteção para Copenhague e Oslo. Oslo ainda reluta."[29] No mesmo dia, promulgou diversas diretivas para a "proteção da Escandinávia"; a instrução que deu simultaneamente a seus subordinados, segundo a qual "não devem pôr em dúvida ou ridicularizar esta tese da proteção",[30] deixa claro que, dizendo-o em termos brandos, as tais diretivas continham certos defeitos argumentativos.

Passados alguns dias, Hitler expôs a Goebbels suas ideias sobre o futuro dos dois países ocupados: queria "não um protetorado, e sim uma aliança. Unidade em política externa, econômica e aduaneira. Nós recebemos a propriedade de importantes pontos de apoio militar, assumimos a proteção militar, e ambos os Estados renunciam a ter forças armadas. Meta: a federação de Estados germânicos do norte".[31]

No mesmo dia — era o terceiro da invasão —, levando em conta as perdas, Goebbels foi obrigado a tirar a propaganda na questão da Noruega de certa defensiva: decisivo era o sucesso, as perdas tinham de ser toleradas.[32] "Propaganda: na Dinamarca, discreta, reservada, sem agressividade, salientar a peculiaridade e os direitos dos dinamarqueses, nenhuma palavra sobre protetorado etc.; já na Noruega: inutilidade da resistência. A Polônia como exemplo. Nós queremos paz. Os fatos ficam inalteráveis. Assim vamos avançando provisoriamente."[33]

No entanto, logo se constatou que a invasão da Noruega estava longe de correr sem sobressaltos como esperavam Hitler e seu ministro da Propaganda.[34] No dia 13 de abril, uma unidade de combate da Marinha Real britânica conseguiu penetrar o fiorde de Narvik e afundar ou obrigar a que se afundassem oito contratorpedeiros alemães.[35] O lado alemão ficou na defensiva tanto militar quanto propagandística.[36]

Em 16 de abril, em seu encontro habitual à hora do almoço, Goebbels achou Hitler "muito sério".[37] Foi com muita hesitação que divulgou a notícia da perda dos contratorpedeiros: "Nós cantamos a canção do heroísmo da nossa marinha, que entrará imperecivelmente na história alemã." Mas admitiu que, "no povo", o regime já estava se tornando "um tanto ridículo por causa do nosso silêncio".[38]

No dia 20 de abril, comemorou-se o aniversário de Hitler na Chancelaria. Depois das muitas congratulações e um banquete, Goebbels participou de um pequeno grupo para o qual o ditador expôs seus objetivos seguintes: "A Itália parece querer intervir. Afinal, não pode fazer outra coisa." A Inglaterra, por sua vez, parecia "não ter consciência da gravidade da sua situação. O Führer tem a intenção de nocauteá-la. E, apesar disso, concluiria a paz hoje mesmo. Condição: a Inglaterra fora da Europa e as nossas colônias devolvidas imediatamente. [...] Ele não quer aniquilar a Inglaterra nem destruir o seu império".[39]

Além da situação militar ainda incerta no norte do país, Goebbels se ocupava da situação política em Oslo. Em 24 de abril, seu velho companheiro Josef Terboven, durante muitos anos *Gauleiter* de Essen, foi nomeado comissário do Reich na Noruega. O principal problema que encontrou foi a questão da reestruturação do governo no país ocupado. Vidkun Quisling, o líder do pequeno partido nazista norueguês, que em 9 de abril se alçara por conta própria a chefe do governo, renunciando no entanto poucos dias depois, considerava-se, com o apoio do seu protegido alemão Rosenberg, o candidato mais indicado para esse cargo.[40]

Embora Terboven estivesse à procura de uma solução política sem Quisling, Goebbels preferia pelo menos tê-lo de reserva; no dia 25 de abril, durante uma breve visita a Berlim, Terboven concordou com isso.[41] Goebbels também falou a favor de Quisling a Rosenberg: ele seria "um patriota pangermânico", não valia a pena descartá-lo.[42] Nos meses subsequentes, a imagem que fazia de Quisling ainda passaria por oscilações.[43]

No fim do mês, a situação militar pareceu melhorar gradualmente do ponto de vista alemão. As tropas nazistas conseguiram avançar da região de

Oslo para Trondheim, onde, nesse meio-tempo, tropas britânicas e francesas haviam cercado uma unidade de desembarque alemã, obrigando-a a reembarcar.[44] A situação continuava preocupante em Narvik, no norte da Noruega, após o desembarque de tropas inglesas e francesas que não tardaram a receber reforços.[45]

Goebbels já acreditava que os 3 mil homens lá presentes seriam forçados a se internar em território sueco.[46] A diretriz oficial para a propaganda era: "Narvik deve ser totalmente eliminado como tema e não pode de modo algum se transformar numa questão de prestígio."[47]

A guerra no Ocidente

Poucos dias antes do início da guerra no Ocidente, Hitler tornou a explicar sua política a Goebbels: "A Inglaterra precisa receber um duro golpe, mas não ser aniquilada. Pois nós não queremos nos apoderar do seu império global. Tanta riqueza não traz mais felicidade."[48]

Goebbels passou a maior parte do dia 9 de maio em companhia do seu colega italiano Pavolini, que estava em Berlim para sintonizar a propaganda italiana com a alemã. O dia transcorreu com longas conversações e diversas inspeções, seguidas de uma visita ao Teatro Estatal, no qual se apresentou o drama *Cavour*, de autoria de Mussolini; depois foram a uma recepção no Clube dos Aviadores. Goebbels passou a noite seguinte no ministério, pois havia notícias importantes: "O Führer decidiu lançar o ataque no Ocidente. Isso está sendo preparado no mais profundo sigilo."[49] De madrugada, ele e Dietrich determinaram a "técnica das nossas publicações".[50]

De manhã, Goebbels leu no rádio o texto dos memorandos que, horas antes, o governo alemão transmitira aos governos de Bruxelas e Haia, bem como a Luxemburgo. Acusava a Holanda e Luxemburgo de romperem a neutralidade e exortava os três Estados a não opor resistência às tropas alemãs.[51] Seu ilustre visitante italiano que esperasse: "Jogo no lixo todo o programa com Pavolini. Ele que se vire. Confio-o a Esser."

A guerra começou no dia 10 de maio com uma porção de raides espetaculares e geralmente bem-sucedidos contra pontes e fortificações belgas e holandesas; outras operações aerotransportadas fracassaram, como a tentativa de ataque surpresa e ocupação do centro administrativo em Haia.[52]

Já no primeiro dia da guerra, a cidade de Friburgo sofreu um bombardeio aéreo que custou a vida de 24 pessoas. Depois de uma hesitação inicial,

Hitler decidiu dar grande destaque ao ataque na propaganda e ameaçar as potências ocidentais de violentas represálias. Goebbels, que discorreu reiteradamente no diário sobre os "detalhes atrozes" do bombardeio, queria "explorar" o acontecimento, mas topou com as restrições da Luftwaffe, que preferia obter superioridade aérea antes de passar para as ameaças de retaliação. O que Goebbels com certeza sabia, embora não o tenha mencionado com nenhuma palavra no diário, é que as bombas foram lançadas por engano por aviões alemães. De certo, a mentira oficialmente divulgada era um fato intocável para o autor do diário.[53]

Logo no início do conflito, ele determinou no Conselho Ministerial uma série de regras propagandísticas fundamentais para a guerra iniciada. Assim, no dia 10 de maio, enunciou o lema segundo o qual, "durante a luta que começa no Ocidente", a imprensa não deve incorrer "em otimismo exagerado nem na incitação feroz do pânico".[54] No dia seguinte, ordenou que preparassem todo o material útil às notícias internacionais, pois, na situação do momento, "a notícia é mais importante que a polêmica". Além disso, "nos despachos do inimigo, tudo quanto não for exato ou puder vir a ser perigoso para nós" devia ser desmentido imediata e veementemente, sendo que não havia necessidade de averiguar "se algum despacho isolado procede".[55] Ele achou positiva a nomeação de Churchill para o cargo de premiê britânico: "Frentes claras! Disso nós gostamos."[56] Nas semanas seguintes, ocupou-se intensamente da pessoa do político britânico, leu alguns dos seus discursos e chegou à conclusão de que o homem era "uma esquisita mistura de heroísmo com trivialidade. Se ele tivesse chegado ao poder em 1933, nós não estaríamos onde estamos. De resto, acredito que ainda nos vai dar dor de cabeça".[57] O rumo que a guerra tomou dali por diante ofereceu-lhe escassos motivos para alterar esse juízo.[58]

Enquanto isso, o ataque alemão fez progresso: em 15 de maio, o 18º Exército impôs a capitulação às forças armadas holandesas, ao passo que os tanques do 4º e do 12º Exércitos, tendo atravessado vários pontos do Mosa em 13 e 14 de maio, avançavam compactamente para oeste num movimento falciforme. No dia 20 de maio, chegaram à foz do Somme, bloqueando o recuo em direção à França das forças britânicas e francesas que ainda se achavam na Bélgica.[59]

Goebbels acompanhou com grande entusiasmo os anúncios de vitória; nos telefonemas diários ao quartel-general do Führer, colhia informações, geralmente por intermédio de Dietrich, sobre a avaliação que lá se fazia da situação. A linha básica da propaganda durante a guerra era "claríssima: internamente, exaltar a vitória. [...] No estrangeiro, semear o pânico e a confusão".[60] Foi relevante o papel das chamadas "emissoras secretas" irradiadas pelas estações alemãs: fazendo-se passar por porta-vozes de supostos grupos oposicionistas nos Estados adversários, elas procuravam fomentar a confusão e desmoralizar. Nos primeiros dias da conflagração, transmitiram sobretudo "propaganda subversiva para a Holanda e a Bélgica";[61] pouco depois, passaram a enfocar a "propaganda do pânico" endereçada à Grã-Bretanha e sobretudo à França.[62] Goebbels, como ele mesmo anotou, escrevia pessoalmente "a maior parte dos textos" da propaganda de rádio; "os outros, eu os controlo com todo rigor".[63]

No fim de maio, depois da capitulação da Bélgica, animado por uma sugestão de Hitler, ele intensificou a atividade das emissoras secretas endereçada à França e mandou desencadear uma onda propagandística contra o país.[64] No começo de junho, a sitiada cidade portuária francesa de Dunquerque caiu, depois que mais de 300 mil soldados franceses e britânicos conseguiram transpor o canal e se salvar na Grã-Bretanha. Então começou a segunda etapa da guerra no Ocidente. "O objetivo é a derrubada total da França", escreveu Goebbels.[65]

E passou a se concentrar principalmente na emissora secreta Humanité, apresentada como porta-voz dos comunistas franceses e cuja propaganda do pânico prometia desencadear agitação revolucionária, sobretudo em Paris, que agora estava ao alcance da Wehrmacht. Ele tinha obrigado vários comunistas, entre os quais Ernst Torgler, ex-líder da bancada do KPD no Reichstag, que fazia tempo vinha executando tarefas para o regime,[66] a participar do trabalho nos textos a serem irradiados.[67] Evidentemente, nessa decisão, o triunfo sobre o antigo oponente não teve um papel irrelevante: "Tenho um sentimento peculiar", apontou ele em 8 de junho, "em instruir esses perigosos adversários de outrora no trabalho de redatores da nossa propaganda".

Paris caiu em 14 de junho;[68] Hitler ordenou "três dias de bandeiras e repicar de sinos".[69] Em 17 de junho, o marechal Philippe Pétain assumiu o governo francês, e, no mesmo dia, Hitler informou Goebbels por telefone da capitulação da França.[70] O fato de o ministro da Propaganda já ter transformado em "capitulação" a solicitação francesa de cessar-fogo em 17 de junho não se deveu a um mal-entendido, era a versão oficial por ele estabelecida. No dia 18, toda a mídia recebeu ordem de "matar no berço qualquer tentativa francesa de transformar a capitulação numa deposição de armas amistosa".[71] Dois dias antes, ele já tinha determinado que a Fança fosse eliminada "definitivamente como potência nacional digna de consideração": "Mas, por isso mesmo, primeiro a França deve ser mortalmente atingida na sua honra nacional e no seu orgulho."[72] No entanto, por ora, as operações militares prosseguiam na França e a propaganda de Goebbels se ajustava a essa realidade.[73]

Enfim, Hitler determinou que as negociações fossem realizadas em Compiègne: no histórico vagão *pullman* do marechal Foch, no qual uma delegação alemã havia assinado o armistício no dia 11 de novembro de 1918. Goebbels estipulou para a cerimônia: "Nada de humilhação ostensiva, mas a ignomínia de 11 de novembro de 1918 tem de ser obliterada."[74]

As negociações em Compiègne começaram em 21 de junho; embora inicialmente estivesse presente, Hitler transferiu a Keitel a condução das conversações. As discussões se prolongaram até a noite do dia seguinte, sempre acompanhadas pelo nervosíssimo ministro da Propaganda.[75] O tratado enfim pactuado previa a ocupação da maior parte do território nacional francês e a extensiva desmobilização e o desarmamento das forças armadas do país, se bem que com exceção da marinha.[76]

Em 22 de junho, Goebbels mandou divulgar o fim da guerra por todas as emissoras: "Com oração de ação de graças. Grandiosa e solene. A seguir, a reportagem final de Compiègne. Tanta grandeza histórica chega a dar arrepios."[77]

Depois da vitória sobre a França

No fim de junho, Goebbels percorreu os territórios conquistados no Ocidente. Primeiramente — tendo sobrevoado a "exuberante terra holandesa" —, esteve em Haia, uma "cidade limpa, bonita, acolhedora", na qual um funcionário que enviara à Holanda o informou da situação.[78] A seguir, foi a Bruxelas, passando por Antuérpia e Lovaina. A Bélgica, escreveu, não era "asseada como a Holanda", mas lá também se detectava um estado de espírito "positivo" na população.

Na manhã seguinte, bem cedo, passou por diversos campos de batalha ("palcos de lutas heroicas") da Primeira Guerra Mundial, entre os quais Ypres, Langemarck e Arras. Visitou Dunquerque e Compiègne, "lugares de vergonha e de ressurreição nacional". Chegou a Paris à noite. Sua primeira impressão: "Uma cidade maravilhosa. Precisamos transformar Berlim em algo assim!"[79] No dia seguinte, reservou tempo para um longo passeio pela cidade: "É como um sonho. A Place de la Concorde. A Place de l'Étoile. Muito espaçosas. O Hôtel des Invalides. O túmulo de Napoleão. Emoção profunda. Apesar de tudo: um grande homem. Notre-Dame. Arquitetura um tanto absurda para uma igreja como a de la Madeleine." Ficou um pouco decepcionado com a basílica do Sagrado Coração, mas a vista de Montmartre o encantou: "Quero passar umas semanas aqui." À tarde, preferiu conhecer Versalhes, o lugar em que "a Alemanha foi condenada à morte".

Durante o passeio, recebeu um telegrama convocando-o a se apresentar no quartel-general de Hitler nas imediações de Freudenstadt, na Floresta Negra. No dia seguinte, quando ele chegou, o ditador o informou do seu plano de discursar no Reichstag e dar uma última chance à Inglaterra. Segundo afirmou, o país podia "ser derrotado em quatro semanas", mas não valia a pena destruir o império, pois "tudo quanto ele perder provavelmente não ficará para nós, e sim para outras grandes potências". O Führer estava convencido de que, com uma oferta de paz, deixaria a Inglaterra numa complicada situação psicológica, mas talvez também a incitasse à paz. As duas alternativas tinham "muitos prós e muitos contras".[80]

Mas antes era preciso preparar uma recepção esplêndida em Berlim. A aclamação do "Führer vitorioso" na capital do Reich foi um dos atos públicos mais espetaculares organizados por Goebbels. Nada ficou ao acaso para dar a impressão ao povo e ao mundo de que a população berlinense respaldava unanimemente o regime e estava cheia de confiança na vitória e de genuína empolgação pela guerra. Essa manifestação impressionou de tal modo que os espíritos mais céticos e críticos no país dela não conseguiram se furtar; décadas depois, até mesmo historiadores ainda acreditavam poder julgá-la uma prova do "genuíno entusiasmo guerreiro" da população; agora Hitler aparecia para os alemães como um "super-homem".[81]

Ora, o júbilo das massas foi na verdade o resultado de uma *mise-en-scène* perfeita para a qual o Ministério da Propaganda havia preparado um vastíssimo "plano de trabalho".[82] Numa proclamação publicada pela imprensa no dia 6 de julho, além de distribuída pela organização do partido e divulgada pela "propaganda doméstica",[83] Goebbels exortou a população a ovacionar Hitler com "um entusiasmo sem igual [...] no solo da nossa metrópole": "Dentro de poucas horas, a cidade será um único mar de bandeiras. [...] Ao meio-dia em ponto, todas as empresas e lojas fecham. [...] A laboriosa Berlim marcha em fileira cerrada nas ruas próximas do Führer, que vão da estação ferroviára de Anhalter [...] à Chancelaria. Que ninguém fique em casa, que ninguém deixe de se empolgar com o arroubo ardente que hoje inundará toda a nossa querida capital."[84]

A cobertura do *Völkischer Beobachter* do megaevento deixa transparecer outros pormenores da organização do espetáculo: durante a noite, 8 mil ajudantes trabalharam na decoração das ruas que Hitler percorreria no dia seguinte. As paredes das casas foram adornadas com guirlandas, ergueram-se mastros, acrescentaram-se outros aos telhados. De manhã cedo, as formações do partido incumbidas dos cordões de isolamento desfilaram no centro da cidade, e, a partir das dez horas, a Juventude Hitlerista e a Liga das Moças Alemãs começaram a formar as primeiras filas de espectadores.

O fechamento das empresas e lojas ao meio-dia não significou de modo algum uma tarde livre para os empregados. Pelo contrário, todos foram juntos para os pontos predeterminados: "Os trabalhadores saem das empresas marchando em longas colunas", assim o *Völkischer Beobarchter* descreveu a situação no início da tarde. Mas não só os trabalhadores foram conduzidos para lá: "Desfile da população de Berlim no trajeto da comemoração conforme plano especial", dizem as instruções do Ministério da Propaganda; o "percurso da comemoração será dividido em trechos e subtrechos cuja ocupação sempre deve partir de uma rua transversal".[85] Quem porventura tivesse esperança de se furtar ao evento soube pelo jornal que, naquele dia, o transporte urbano e interurbano estava paralisado e as piscinas públicas ficariam fechadas até o anoitecer.

As fotografias da celebração mostram ruas cobertas de flores, um verdadeiro tapete florido sobre o qual avançava a Mercedes de Hitler rumo à Chancelaria. Porém o mar de flores estava longe de ser expressão do ardor espontâneo do povo alemão; era, isto sim, o resultado do bom funcionamento da organização. As flores foram fornecidas pela Associação Berlinense de Jardinagem.[86] O *Völkischer Beobachter* comentou sua distribuição: "Por todas as esquinas passam caminhões carregados das mais lindas flores. Multidões de garotas da LMA e rapazes da Juventude Hitlerista estão a postos para espalhá-las na pista poucos minutos antes da passagem do Führer, estendendo para ele um magnífico tapete de flores de um quilômetro."[87]

Hitler era esperado às 15 horas na estação de Anhalter. Goebbels descreveu a cena no diário, totalmente maravilhado com a encenação organizada por seu próprio ministério: "Minha proclamação põe Berlim em movimento em uma hora. De manhã quando chego a Wilhelmplatz já está cheia de gente. Ou seja, passam seis horas esperando o Führer. [...] Uma empolgação frenética toma conta da estação. O Führer fica comovidíssimo. Os olhos cheios de lágrimas. O nosso Führer! Percorre as ruas em direção à Chancelaria. É indescritível a tempestade de júbilo de todo um povo feliz. O Führer passa só sobre flores.[88] O nosso povo, o nosso povo maravilhoso!"

21. "A vitória está com as nossas bandeiras!"
Entre a guerra a oeste e a leste

Quando a "oferta de paz" de 19 de julho de Hitler à Grã-Bretanha — o seu "apelo à razão também na Inglaterra"[1] — foi rejeitada, para Goebbels inaugurou-se uma longa fase em que ele recebeu apenas informações fragmentárias acerca das ambições político-militares do Führer. Só marginalmente foi que se inteirou da sondagem com que o ditador estava averiguando a possibilidade de formar uma aliança europeia antibritânica. Em compensação, não tinha a menor ideia da forma cada vez mais urgente que ia tomando o plano alternativo, no pensamento de Hitler, de impor uma guerra à União Soviética para não só eliminar o arqui-inimigo bolchevista como também prostrar o último aliado potencial da Grã-Bretanha no continente.

Livre dessas considerações estratégicas que em geral se teciam às suas costas, ele passou os meses restantes do verão concentrado na principal tarefa de que Hitler o encarregara: o acompanhamento propagandístico da ofensiva aérea destinada a obrigar a Grã-Bretanha a se render. A palavra de ordem que deu a seus funcionários nessa etapa do conflito com a Grã-Bretanha foi: "Não atacar o povo, só a plutocracia. [...] Ao mesmo tempo, semear o pânico, a suspeita e o horror."[2]

Em 24 de julho, o ditador anunciou na sua presença que tinha intenção de arremeter contra a Grã-Bretanha com violentos ataques aéreos.[3] Mas inicialmente vacilou. A última tentativa de apontar os sensores para a Grã-Bretanha por intermédio de terceiros países não tinha dado em nada.[4] No dia 4 de agosto, mandou chamar Goebbels à Chancelaria: "Ele decidiu avançar com mais vigor. Iminentes ataques aéreos de grande magnitude à Inglaterra. Além disso, uma saraivada de propaganda sobre o povo inglês que me cabe preparar e executar."[5]

A força da defesa antiaérea britânica seria testada com um grande ataque aéreo aos canhões estacionados na costa do canal. Caso as perdas alemãs fossem demasiado grandes, a ordem era interromper os ataques e "tentar novos caminhos". Mas, segundo a afirmação explícita do ditador perante seu ministro da Propaganda, "não há invasão planejada", muito embora a propaganda continuasse incumbida de disseminar insinuações veladas para fomentar o medo à invasão e "confundir o inimigo".[6]

A hesitação do ditador e o mau tempo fizeram com que o ataque fosse novamente adiado.[7] Goebbels registrou os detalhes dos acontecimentos dos dias subsequentes: a partir de 11 de agosto, depois dos primeiros grandes combates aéreos sobre o canal, a Luftwaffe atacou alvos fortificados na Grã-Bretanha. No dia 13, empreendeu o grande ataque havia muito planejado, com quase 1.500 incursões, e, nos dias seguintes, deu continuidade aos raides de grande envergadura.[8] Entretanto, a neblina e o mau tempo dificultaram cada vez mais a execução dos planos alemães e só no fim do mês voltaram a possibilitar ataques em larga escala.[9]

O reverso da medalha foram as reforçadas investidas britânicas contra o Reich. Em resposta ao bombardeio em 24 de agosto de áreas residenciais do East End londrino, no dia 26, um alarme antiaéreo de quatro horas gerou "tumulto em toda Berlim", mas, segundo Goebbels, sem que as bombas chegassem a ocasionar danos dignos de menção.[10] Dois dias depois, 12 aviões britânicos sobrevoaram a cidade, lançando algumas bombas, que causaram dez vítimas.[11]

No dia 5 de setembro, depois de outros ataques aéreos britânicos, ele soube por Hitler: "O Führer está farto e agora libera totalmente o bombardeio de Londres."[12] Nesse meio-tempo, Berlim tinha sido cercada por baterias antiaéreas que prometiam mais proteção contra novas retaliações.[13]

Em setembro, impressionado com os relatos de Londres ("horrendos", um "inferno de dimensões inconcebíveis"), Goebbels concluiu que a Grã-Bretanha capitularia em breve: "Uma cidade de 8 milhões não aguenta isso muito tempo."[14] A essa altura, já estava ocupadíssimo com a criação de uma "força-tarefa Londres".[15]

A instrução que deu então foi de enfatizar ainda mais os ataques a Berlim na propaganda: "Exagerar tudo extremamente a fim de obter álibis morais para os nossos ataques brutais a Londres."[16] Os jornais passaram a mostrar imagens e relatos mais veementes dos alvos civis destruídos. Por exemplo, em 12 de setembro, o *Völkischer Beobachter* afirmou que "monumentos nacionais, hospitais e bairros residenciais" eram o alvo dos "piratas aéreos" britânicos. "Por isso nós revidamos!", repisou o jornal para os leitores.[17]

No dia 23 de setembro, durante o almoço habitual com Hitler, Goebbels soube que sem o "domínio absoluto do ar" a invasão não era exequível;

portanto, "no momento, não se pode falar" nisso.[18] Efetivamente, poucos dias antes, o líder nazista tinha postergado indefinidamente a "operação Leão-Marinho".[19]

Em 26 ou 27 de setembro, encarregou Bormann de evacuar as crianças das cidades ameaçadas de bombardeio. Isso deu origem à ação de "envio expandido de crianças ao campo": aquilo que na realidade era evacuação da guerra aérea foi apresentado como ampliação do programa já existente de recreações infantis.[20]

Em Berlim, o primeiro comunicado da NS-Volkswohlfart, encarregada de executar o programa, suscitou nervosismo: muita gente teve a impressão de que as crianças seriam separadas de suas famílias compulsoriamente, coisa que não procedia. Goebbels ficou alarmado com a inquietação que se apoderou da população. Primeiro tentou acalmá-la com uma grande operação do partido, depois recorreu a uma declaração à imprensa. O episódio mostrou o nervosismo com que as pessoas reagiam à recém-iniciada guerra aérea.[21]

A tensão da população berlinense também se devia ao fato de a administração municipal estar em péssimo estado fazia tempo; cioso do poder, o *Gauleiter* Goebbels simplesmente não tolerava nenhuma personalidade forte na direção da cidade. Em 1933, havia nomeado Julius Lippert, seu antigo colega no *Angriff*, "comissário de Estado" para o controle da municipalidade berlinense. Apesar das sérias dúvidas[22] que tinha quanto à competência de Lippert ("velho dorminhoco", "poltrão"),[23] acabou concordando com a ideia de fazê-lo sucessor do prefeito nacionalista Heinrich Sahm, que havia renunciado no ano anterior. Com uma lei promulgada em dezembro de 1936, o cargo de Lippert — que na época se autointitulava "presidente municipal" — fundiu-se com o de prefeito. A lei dava a Goebbels, na qualidade de *Gauleiter* de Berlim, o direito de ser consultado antes de qualquer decisão de "importância fundamental", isto é: a possibilidade quase ilimitada de intervenção.[24]

No entanto, mesmo em sua valorizada posição, o ministro da Propaganda nazista não tinha a menor afinidade com Lippert. Em agosto de 1938, a tensão chegou ao auge: numa longa conversa, ele tentou lhe explicar "todos os erros e desmandos em Berlim", mas Lippert, um "grande chato no formato de prefeito de aldeiazinha de Mecklemburgo", simplesmente se recusou a entender. Goebbels já cogitava "presenteá-lo" com um comissário com poderes especiais.[25] Nos meses seguintes, continuou manifestando extrema insatisfação com Lippert e também com o *Gauleiter* substituto Artur Görlitzer.[26] Mas não quis afastar nenhum dos dois; presumivelmente, convinha-lhe que a prefeitura e o aparato do *Gau* ficassem nas mãos de personalidades relativamente fracas.

Não obstante, em 1940, sua crítica a Lippert aumentou. Em maio, ele lhe endereçou graves acusações por causa da "desorganização da cidade de Berlim": o que mais o contrariava eram as "desagradáveis filas à porta das lojas", que precisavam ser evitadas a qualquer preço.[27] A imagem pública da capital não podia de modo algum ser prejudicada pela escassez imposta pela guerra. Em julho, depois de prolongadas altercações,[28] Hitler enfim aceitou a renúncia de Lippert.[29] Juntamente com Goebbels, cogitou tornar a separar as funções de presidente municipal e prefeito. Mas que "figura representativa" podia sobreviver como presidente municipal ao lado do *Gauleiter* Goebbels? Por ora, nenhum dos dois achou solução para o problema.[30] Assim, o vice-prefeito Ludwig Steeg acumulou durante alguns anos os cargos de prefeito e presidente municipal em exercício.

Interlúdio diplomático

No fim de julho de 1940, Hitler mandou seus comandantes prepararem planos de guerra contra a União Soviética. Por trás disso estava a ideia de que, com a rápida derrota desse país — cuja força militar geralmente era considerada ínfima na cúpula alemã —, a Grã-Bretanha perderia seu último aliado potencial no continente e, em consequência, seria obrigada a concluir a paz. Mas, naturalmente, não foram somente essas considerações estratégicas que motivaram tal decisão: para o Führer, a União Soviética "bolchevista" era o verdadeiro arqui-inimigo: do seu ponto de vista, o pacto com Stalin não podia vigorar para sempre. Preferivelmente, já teria iniciado a guerra no outono de 1940, mas, levando em conta as restrições dos militares, foi obrigado a adiá-la para a primavera seguinte.[31]

Tudo indica que Hitler não deu nenhuma informação acerca desse plano ao ministro da Propaganda. Este, que depois das conversas com o Führer sempre registrava escrupulosamente tudo quanto ele dizia a respeito dos seus planos diplomáticos e militares, nada relata, nos diários de 1940, sobre intenções concretas de ataque contra a União Soviética. Na verdade, as suas anotações do mês de agosto mostram que Hitler o deixou intencionalmente desinformado de seus projetos bélicos. Em 9 de agosto, houve uma conversa sobre o "regimento do terror" que as forças soviéticas de ocupação teriam estabelecido nos Estados bálticos. Goebbels escreveu: "O bolchevismo é mesmo o inimigo global nº 1. Um dia nós vamos arremeter contra ele. O Führer também pensa assim."[32] Mas o ditador nada lhe revelou sobre seus planos bélicos: quando se tratava de desenvolver estratégias para a continuidade da guerra, Goebbels era o ministro da Propaganda de Hitler, não o seu conselheiro fidedigno.

Inclusive, dias depois, ao saber de um grande deslocamento de tropas para o Leste, Goebbels não chegou a suspeitar da iminência de uma operação militar: "Motivo: insegurança no Oeste devido aos ataques aéreos. Na realidade, conforme o princípio: um homem prevenido vale por dois."[33] Passados alguns dias, quando ele, na sua área de atuação, proibiu "todo congraçamento com a Rússia", agiu impelido pela consciência de que, afinal de contas, o conflito com a União Soviética era inevitável, mas o momento lhe parecia indeterminado e distante: "Um dia teremos de ajustar contas com a Rússia. Exatamente quando eu não sei, mas sei que isso vai acontecer."[34]

Todavia, naquele verão, a estratégia de guerra contra a União Soviética era apenas uma de várias opções para o ditador. Em primeiro lugar, como vimos, ele tentou vencer a Grã-Bretanha militarmente com maciços ataques aéreos e, em certo momento, até com um desembarque; mas, em setembro, esse propósito se mostrou provisoriamente inviável.

Entre setembro e dezembro de 1940, antes de decidir definitivamente atacar a União Soviética na primavera seguinte, Hitler flertou com uma terceira opção, um cenário alternativo para derrotar a Grã-Bretanha: a ideia ventilada pelo ministro das Relações Exteriores Ribbentrop de montar um "bloco continental" contra a ilha — com a eventual inclusão da União Soviética.[35]

Base para tanto oferecia o "Pacto Tripartite" [ou Eixo], a aliança militar firmada por iniciativa de Hitler entre a Alemanha, a Itália e o Japão. A seguir, o esforço da política alemã concentrou-se em dissipar as tensões nos Bálcãs a fim de acolher nesse pacto uma série de Estados do sudeste europeu: à Arbitragem de Viena do fim de agosto de 1940, que obrigou a Romênia a ceder território à Hungria, seguiu-se, em novembro, o ingresso deste país, da Romênia e da Eslováquia no Pacto Tripartite. Nos meses seguintes, cortejaram-se a Bulgária e a Iugoslávia.

E, além disso, para criar um "bloco" muito maior, houve, entre setembro e novembro de 1940, diversos encontros de Hitler e seu ministro das Relações Exteriores com representantes dos Estados considerados possíveis parceiros na aliança contra a Grã-Bretanha: a Espanha devia entrar no Eixo (e possibilitar ao Reich a conquista de Gibraltar por terra), a França tinha de se envolver mais na guerra contra a Grã-Bretanha e era preciso ajustar com a aliada Itália o papel que os "novos" parceiros Espanha e França teriam futuramente no Mediterrâneo e no norte da África. Enfim, restava a delimitação de interesses em face da União Soviética, o principal problema do futuro "bloco continental".

As anotações no diário de Goebbels mostram que, naquele mês, embora estivesse informado de medidas diplomáticas isoladas de Hitler, ele tateava no escuro no tocante às grandes linhas da política externa: não foi incluído em sentido abrangente e oportunamente no plano geral por trás das negociações em andamento nem compreendeu que a ideia aos poucos delineada de um bloco continental não passava de uma opção que o ditador estava testando temporariamente, enquanto a falta de perspectiva de um bloco continental, que se evidenciava rapidamente, não fazia senão fortalecê-lo no propósito de buscar o confronto final com a União Soviética. Esse retorno fatal de Hitler às intenções básicas iniciais da sua política escapou totalmente ao ministro da Propaganda.

Mas voltemos ao fim do verão de 1940, ao momento em que Hitler iniciou seu experimento diplomático. Goebbels foi informado relativamente cedo dos planos italianos de expandir a guerra até os Bálcãs, como mostra o diário de 24 de agosto: "A Itália queria agir na Iugoslávia e na Grécia", escreveu, mas o Führer "manifestou o desejo de que isso não aconteça. Nós temos de derrubar a Inglaterra. Essa é a primeira e mais importante tarefa". No entanto, os italianos acataram o desejo do ditador alemão durante apenas dois meses.[36]

No começo de setembro, Goebbels registrou misteriosamente no diário que o Führer teria "algumas cartas na manga para as próximas semanas, sobre as quais nada se pode falar ou escrever no momento. O sr. Churchill vai ficar surpreso".[37] Mas parece que ele não sabia que "cartas" eram aquelas. Do mesmo modo, só na última hora, isto é, na véspera da assinatura do Pacto Tripartite em 27 de setembro, é que foi inteirado da formação do "Eixo" entre o Reich alemão, a Itália e o Japão.[38]

Goebbels tampouco soube dos pormenores da conversa de Hitler com Mussolini em 4 de outubro no passo de Brennero, apenas que o resultado tinha sido "bom, como me avisaram por telefone".[39] Por outro lado, desde meados de setembro[40] — quando da visita do ministro do Interior espanhol Ramón Serrano Súñer a Berlim —, estava informado dos planos teuto-espanhóis de um ataque surpresa em Gibraltar, nos quais a Wehrmacht já vinha trabalhando desde julho.[41] No dia 23 de outubro, Hitler se encontrou com o ditador espanhol em Hendaye, na fronteira franco-espanhola, para negociar a planejada aliança.[42] Ao retornar, limitou-se a dizer que não fazia "um bom juízo de Franco. Muito barulho, mas pouca vontade. Nenhuma substância".[43] Em 4 de dezembro, Goebbels escreveu que o ataque seria "lançado em mais ou menos três semanas".[44] Mas, passados três dias, Franco cancelou a ação,[45] fato que Goebbels só anotou no diário quase duas semanas mais tarde.[46]

Ao viajar à Espanha em outubro, Hitler tinha feito escala duas vezes na cidadezinha de Montoire a fim de negociar com o chefe de Estado francês: no dia 22, encontrou-se com Laval e, depois da reunião com Franco, conferenciou com Pétain e Laval.[47] "Aqui se inicia o novo grande desdobramento", registrou Goebbels sugestivamente sobre as conversações.[48] Embora não se tivesse inteirado dos detalhes das negociações,[49] dias depois, ele se convenceu de que Vichy "aquiescera": "Isso coloca também a França no bloco continental. Londres está absolutamente isolada."[50]

Na verdade, o resultado de Montoire foi sumamente pobre; não entrou em cogitação a França se declarar disposta a entrar em guerra com a Grã-Bretanha num bloco liderado pela Alemanha. O fato de Goebbels ter tido essa impressão mostra o quanto ele estava excluído das negociações diplomáticas concretas.[51]

Na viagem de volta do sul da França, no fim de outubro de 1940, Hitler também se encontrou com Mussolini em Florença. Nessa ocasião, soube que, contrariando seu desejo explícito, os italianos haviam decidido atacar a Grécia. Isso criaria um foco de distúrbios, nos Bálcãs, que contradizia fundamentalmente a ideia de um "bloco continental" unido.[52]

O motivo do ataque italiano era o fato de o governo alemão, atendendo ao desejo da Romênia, ter enviado uma missão militar ao Estado balcânico em outubro de 1940, se bem que, do lado nazista, tratava-se acima de tudo de assegurar os campos de petróleo romenos. Surpreendidos e enganados por essa iniciativa, os italianos se viram impelidos a pôr em execução seu antigo plano de atacar a Grécia a partir da Albânia. Goebbels comentou laconicamente e com simpatia a inesperada resolução do Duce: "Ele também procura se apossar daquilo que é possível."[53] Mas o avanço não tardou a se paralisar, e as tropas italianas foram forçadas a se retirar do território albanês. Do ponto de vista do governo alemão, uma intervenção militar era inevitável para impedir que a Grã-Bretanha interferisse no conflito e se estabelecesse nos Bálcãs.[54] Diversas entradas no diário permitem inferir que, desde dezembro de 1940, Goebbels estava informado dos planos alemães de intervenção militar na Grécia.[55]

O ponto culminante das negociações diplomáticas, no outono de 1940, foi a visita de Molotov a Berlim em meados de novembro. Goebbels, que se incumbiu de fazer com que a visita transcorresse sem grande participação da população berlinense, decidiu manter-se "um tanto à parte" do encontro.[56] No entanto, essa modéstia tão estranha ao ministro da Propaganda não surgiu de um súbito comedimento voluntário; a verdade é que ele simplesmente não foi convocado a participar das conversações decisivas.

Tendo participado apenas de um "café da manhã" diplomático ao meio-dia na Chancelaria em 13 de novembro, aproveitou para tomar nota de algumas observações psicológicas a respeito do visitante soviético. Detectou principalmente "medo recíproco e complexos de inferioridade": "A GPU espreita."* Chegou à conclusão de que, no futuro, a coalizão com Moscou devia ser determinada "apenas por meras considerações de conveniência": "Quanto mais nos aproximarmos politicamente, mais alheios nos tornaremos intelectual e ideologicamente. E é bom que seja assim."[57] Em todo caso, a neutralidade da Rússia bastava para o prosseguimento da política alemã.

Pela ótica do governo nazista, a visita foi uma decepção: ao convite alemão a ingressar no pacto antibritânico e participar da destruição do império britânico pela apoderação de territórios na Ásia, o ministro das Relações Exteriores Molotov reagiu com perguntas e desejos concretos sobre a futura delimitação de interesses teuto-soviéticos na Europa. Hitler concluiu disso tudo que, cedo ou tarde, a aliança teuto-soviética colidiria com insuperáveis conflitos de interesse e, em seguida, retomou os planos de guerra contra a União Soviética.[58]

Goebbels não estava a par de nada disso. Numa conversa no início de dezembro de 1940, concordou plenamente com o Führer que a Rússia "jamais fará nada contra nós" — "por medo", acrescentou.[59] Mas Hitler não o informou das implicações que tirava da comprovada fraqueza soviética: dois dias depois dessa conversa com Goebbels, discutiu com seus comandantes os planos da "campanha do Leste".[60]

Planos de deportação dos judeus alemães

Depois da vitória sobre a França, especialmente por iniciativa de Goebbels, a *Judenpolitik* [política para os judeus] alemã voltou a se movimentar, pois agora ele acreditava ter surgido a chance de finalmente iniciar a expulsão violenta dos israelitas de Berlim, meta que vinha perseguindo desde 1935. Já que o Terceiro Reich dominava grande parte do continente europeu, parecia ter chegado a hora da "desjudaização definitiva" da capital do país. Uma iniciativa de tal modo radical serviria de sinal para a *Judenpolitik* em todo o Reich. Fosse como

---

* Abreviação de *Gosudarstvennoe Politicheskoe Upravlenie*, ou Diretório Político do Estado: a polícia secreta da União Soviética. (N. do T.)

fosse, com a radicalização desta, Goebbels estava decidido a continuar tendo um papel de vanguarda mesmo durante a guerra.

Em 19 de julho, discutiu com Hitler, entre outras coisas, que os judeus figuravam entre os "delinquentes reincidentes" e que convinha "submetê-los a processos sumários". Horas antes, o chefe de departamento Leopold Gutterer ressaltou na reunião de imprensa que, durante a marcha solene da Divisão Berlinense recém-chegada da França, "se via o mesmo escorralho de sempre a flanar" no Kurfürstendamm. Tendo apreendido logo essa observação, Goebbels anunciou que "imediatamente depois da guerra e no espaço máximo de oito semanas" mandaria "para a Polônia os 62 mil judeus ainda residentes em Berlim"; enquanto permanecessem na cidade, eles influenciariam de modo negativo o estado de espírito na capital. Na sua opinião, Berlim seria a primeira cidade alemã a ficar "livre de judeus". Hans Hinkel, que no ministério se ocupava especialmente da "desjudaização" da vida cultural no país, afirmou que já havia preparado um "plano de evacuação" em colaboração com a polícia.[61]

Cinco dias mais tarde, Goebbels expôs o tema a Hitler, que acolheu suas observações com toda complacência.[62] No dia seguinte, ele registrou no diário que tinha autorizado um "grande plano de evacuação dos judeus de Berlim. Ademais, depois da guerra, todos os israelitas da Europa serão deportados para Madagascar. Então este passará a ser um protetorado alemão sob a direção de um governador da polícia".[63]

No começo de setembro de 1940, Hinkel voltou a falar, na conferência ministerial, sobre os planos de deportação dos judeus berlinenses e vienenses. A ideia era despachar "cerca de quinhentos judeus para o sudeste" logo depois da guerra, outros 60 mil em quatro semanas.[64] É evidente que o projeto Madagascar,[65] que nesse ínterim tomara contornos mais nítidos graças ao trabalho de planejamento do Ministério das Relações Exteriores e da Agência Central de Segurança do Reich, estava por trás desses planos de deportação.

Em outubro, os *Gauleiter* Baldur von Schirach e Erich Koch solicitaram novas deportações ao governo-geral.[66] No início de novembro, Hitler decidiu expatriar de 150 a 160 mil israelitas e poloneses dos territórios incorporados ao governo-geral a fim de abrir espaço para núcleos de povoamento de alemães étnicos residentes no exterior.[67] No mesmo dia, durante um encontro com Hitler, os funcionários envolvidos — os *Gauleiter* Koch e Forster, bem como o governador-geral Frank — se desentenderam quanto às cotas de deportação. "Uma vez mais, o sorridente Führer restabeleceu a paz", anotou Goebbels acerca dessa discussão: "Todos querem despejar seu lixo no governo-geral. Judeus, doentes, vadios etc. E Frank se opõe." A Polônia, segundo as palavras de Hitler registradas por Goebbels, "deve ser uma grande reserva de trabalho: Frank não gosta disso, mas é obrigado. E, mais tarde, nós tornamos a expulsá-los desse território".

No fim de 1940, começo de 1941, Hitler encarregou Heydrich de elaborar um plano geral de deportação de todos os judeus dos territórios controlados pela Alemanha no pós-guerra, e, algumas semanas depois, Heydrich apresentou um plano — não preservado — que, segundo sugere uma série de graves indícios, equivalia em última instância a deportar os israelitas na esfera de influência alemã para os territórios soviéticos conquistados.[68] Em meados de março de 1941, numa visita ao Führer na hora do almoço, Goebbels, que aparentemente não estava informado dos detalhes desses planos, teve a impressão de que as deportações de Berlim já eram iminentes.[69] Adolf Eichmann, o "especialista em judeus" da Agência Central de Segurança do Reich, foi convidado a falar na reunião de imprensa sobre os problemas práticos das deportações e, a seguir, encarregado de preparar outros pormenores.[70] No entanto, pouco depois, Goebbels se deu conta de que as deportações eram inviáveis a curto prazo, pois a indústria bélica berlinense precisava urgentemente de mão de obra.[71] E admitiu que durante um longo tempo Berlim ainda contaria com um número considerável de habitantes judeus.

Por outro lado, com base em relatórios da Polônia ocupada, ele tinha uma ideia bem concreta do estado real da *Judenpolitik*. Sabia que milhares de judeus poloneses tinham sido vítimas dos pelotões de fuzilamento alemães. Para não prejudicar o moral dos especialistas em propaganda, viu-se forçado a tomar uma providência em março de 1941: "Proíbo a nossa gente de assistir às execuções de judeus. Quem promulga leis e fiscaliza o seu cumprimento não deve ser testemunha de tais execuções. Isso debilita a resistência emocional."[72]

O aparato de propaganda na guerra

A irrupção do conflito teve por consequência uma série de alterações no setor dos meios de comunicação de massa, o rádio e o cinema. Pouco antes do início das hostilidades, Goebbels havia entregado a direção do novo departamento de rádio ao ex-diretor do departamento de imprensa, Alfred-Ingemar Berndt; no entanto, já em fevereiro de 1940, este teve de renunciar ao cargo devido a uma briga séria com Heinrich Glasmeier, o intendente nacional e chefe da Reichsrundfunkgesellschaft. Sucedeu-o o diretor nacional de produção do mesmo órgão, Eugen Hadamovsky, que acumulou a direção do departamento.[73] Ao mesmo tempo, Goebbels restringiu as atribuições de Glasmeier, apesar da feroz resistência deste ("teimoso intratável").[74]

A reorganização das competências e a troca de pessoal serviram sobretudo para aumentar a influência direta do Ministério da Propaganda sobre a programação: significativamente, o novo subdepartamento criado por Berndt no ministério, no contexto do começo da guerra, chamava-se "comandância do rádio".[75] Para Goebbels, tratava-se principalmente de voltar a reduzir o número de programas falados, que aumentara com o início do conflito: exigiu mais "relaxamento e entretenimento".[76] Em julho de 1940, as possibilidades de controle do Ministério da Propaganda aumentaram ainda mais com a introdução de um programa único para todas as emissoras alemãs;[77] então Goebbels teve condições de impor ainda mais música popular e dançante.[78]

Para seu grande alívio, o início da guerra teve um efeito positivo sobre a bilheteria do cinema: o número de espectadores aumentou, e a participação dos filmes estrangeiros caiu.[79] Nos primeiros meses, a mudança da programação em virtude do conflito — por exemplo, a exibição de filmes anticomunistas — tinha causado sérios prejuízos à indústria cinematográfica, os quais, porém, foram compensados já no ano de 1939-40.[80] Goebbels enxugou a produção: em novembro de 1939, limitou a cerca de cem o número anual de filmes a serem rodados; aliás, no período 1940-41, produziu-se consideravelmente menos.[81] Ainda em novembro de 1939, ele instituiu em sua pasta uma censura prévia de fato a toda produção cinematográfica.[82]

O principal problema de Goebbels, porém, era a falta de enredos ligados à guerra. Em 11 de dezembro de 1939, durante o almoço na Chancelaria, coube-lhe ouvir uma arenga de vinte minutos do Führer com "críticas muito severas ao cinema, em particular ao cinejornal". Rosenberg, que também estava presente, registrou detalhes dessa crítica: segundo Hitler, o cinema não levava em conta a "mobilização popular" em andamento: não acontecera nenhuma revolução nacional-socialista no cinema. Quando Goebbels alegou que não faltavam "bons filmes nacionais" a oferecer, o Führer contrapôs que "o nosso cinema não teve peito de enfrentar os bolchevistas judeus", o que não deixava de ser uma injustiça, pois as fitas antibolchevistas acabavam de sair de circulação. Diante de tais críticas — na presença de muitos comensais —, Goebbels simplesmente emudeceu.[83]

Ele próprio registrou a humilhação no diário: considerou a crítica "inteiramente injustificável". Como não podia deixar de ser, foi com espanto que recebeu a crítica aberta de Hitler "na frente de todos os oficiais e ajudantes de ordem"; no entanto, acrescentou, para reprimir o ressentimento: "Mas ele tem direito, é um gênio."[84]

Em todo caso, Goebbels não tardou a exigir com todo vigor que a indústria cinematográfica produzisse mais filmes propagandísticos. Nos primeiros meses de 1940, um grande número desses filmes foi levado às telas, mas Goebbels ficou apenas em parte satisfeito com o resultado.[85] Rejeitou os chamados "filmes sérios", que tratavam de crises conjugais e do mundo profissional, bem como os de mero entretenimento, que desapareceram totalmente dos cinemas durante a campanha do Ocidente.[86] Exigiu a participação dos filmes propagandísticos na proporção de 50% da produção total, mesmo com o perigo de prejuízo financeiro.[87]

Entre os filmes propagandísticos havia especialmente uma série de obras antissemitas:[88] as de ficção *Die Rothschilds*[89] [Os Rothschild] e *Jud Süss*[90] [O judeu Süss], bem como o *Der Ewige Jude* [O judeu errante]. Os três filmes foram concebidos no outono de 1939 e chegaram aos cinemas entre julho e novembro de 1940. Goebbels se ocupou mais intensamente de *Der Ewige Jude*; a partir de outubro de 1939, examinou profundamente o material bruto da película — entre outras coisas, tinha encomendado tomadas especiais do gueto de Varsóvia — e comentou: "Esse judaísmo precisa ser exterminado."[91]

A obra foi modificada várias vezes, inclusive para satisfazer os desejos de Hitler.[92] Entretanto, apesar da enorme despesa em publicidade,[93] o filme foi um fracasso de público: o SD informou que, em muitos lugares, só a "parcela politicamente ativa da população" assistiu ao filme, que entre outras coisas comparava os guetos poloneses com ninhos de rato, sendo que parte do "público típico do cinema" o evitava e, em nível local, "fazia propaganda boca a boca contra ele e sua descrição fortemente realista do judaísmo".[94] Em comparação, o mais conhecido desses filmes, a ficção *Jud Süss*, foi um sucesso de bilheteria, ao passo que o público acolheu *Die Rothschilds* sem entusiasmo.[95]

Essas obras antissemitas inauguraram uma onda de filmes propagandísticos que chegaram aos cinemas a partir do fim de 1940.[96] Entre eles, achavam-se grandes produções com temas históricos como, por exemplo, *Bismarck*,[97] *Ohm Krüger* [Tio Krüger] (no qual o próprio Goebbels trabalhou)[98] ou *Carl Peters*,[99] mas também as fitas ditas "contemporâneas", que tratavam de destinos individuais no contexto da guerra, como, por exemplo, *Über alles in der Welt* [Acima de tudo no mundo][100] (sobre o destino de alemães residentes no estrangeiro no início do conflito), ou ainda *Auf Wiedersehen Franziska* [Adeus, Franziska][101] e *Wunschkonzert* [Concerto a pedido],[102] que tinham como tema a despedida e a separação. Goebbels ficou satisfeito com o resultado apenas em parte. "Precisamos filmar material naturalista, que descreva pessoas autênticas", reclamou (uma vez mais) em fevereiro de 1941.[103]

A partir desse mês, ele se ocupou do enredo de um filme — provavelmente sugerido pela Chancelaria do Führer — destinado a propagar a "eutanásia", um "verdadeiro filme de debate", como o julgou Goebbels,[104] mas a produção dirigida por Wolfgang Liebeneiner e intitulada *Ich klage an* [Eu acuso] chegou aos cinemas numa versão suavizada depois da suspensão da eutanásia no outono de 1941.[105]

Entre os filmes propagandísticos, também figuraram numerosas produções que enalteciam os sucessos bélicos alemães, como, por exemplo, *Stukas*, *U-Boote westwärts* [Submarinos para o oeste] ou *Kampfgeschwader Lützow* [Esquadrão de bombardeiros Lützow]. As fitas chegaram aos cinemas entre fevereiro e junho de 1941, época em que os preparativos de guerra contra a União Soviética estavam no auge. Geralmente se inspiravam nas forças armadas e em parte eram por elas produzidas, embora Goebbels delas fizesse uma avaliação muito depreciativa.[106]

Nos meses que se seguiram ao começo da guerra, além da adaptação do cinema e do rádio, Goebbels se empenhou consideravelmente em realçar sua pretensão à direção da propaganda de guerra. Nesse meio-tempo, obteve um importante porta-voz para enfatizar seu papel central nessa área. A partir do fim de maio de 1940, passou a escrever regularmente artigos de fundo para a nova e imponente revista semanal *Das Reich*, publicada pela editora Deutsche Verlag controlada por Max Amann. Sendo uma publicação claramente endereçada à *intelligentsia* alemã, *Das Reich* pretendia chamar atenção principalmente no exterior. Escrever um editorial quase toda semana não só oferecia a Goebbels uma fonte de renda lucrativa e lhe satisfazia a insaciável ambição jornalística[107] como punha à sua disposição um órgão que enfatizava a sua pretensão de liderança jornalística. A partir do outono de 1941, os artigos passaram a ser lidos regularmente no rádio.[108] Ele providenciou para que o Ministério da Propaganda fornecesse à revista com exclusividade material que ressaltasse ainda mais sua posição privilegiada no universo da imprensa.[109] No início de junho, a tiragem da nova revista subiu a quase 500 mil exemplares;[110] em dezembro de 1940, a quase 900 mil.[111]

No outono de 1940, detectaram-se alguns sinais de fadiga na propaganda interna: apesar dos êxitos triunfais da Wehrmacht e das várias jogadas de xadrez da diplomacia alemã, não se vislumbrava o fim da guerra, e os ataques aéreos davam nos nervos.[112] Com a habitual campanha propagandística de inverno, uma onda de comícios e assembleias que se espraiava por todo o Reich, dessa vez sob a palavra de ordem "A vitória está com as nossas bandeiras", Goebbels procurou controlar o desânimo da população e prepará-la para mais um inverno de guerra.[113] Contudo, não foi ele que tomou a iniciativa no âmbito do monitoramento da mídia, e sim o chefe nacional da imprensa Dietrich: com a instituição do chamado "slogan do dia" no começo de novembro de 1940, Dietrich tentou concentrar ao seu redor as tendências um tanto indecisas da propaganda e, a longo prazo, garantir para si mais influência sobre o controle da mídia. Desde então, no início da reunião de imprensa, passou a ser lida uma lista de instruções numeradas que agrupavam todas as versões oficiais para a mídia. Os demais órgãos do governo que porventura quisessem dar instruções aos jornais tinham de antes consultar o chefe do departamento da imprensa alemã; na chamada conferência do slogan do dia, realizada às 11h30, Dietrich ou o seu representante em Berlim decidia o que incluir no slogan do dia. Goebbels foi particularmente afetado por essa reorganização, pois agora precisava sintonizar melhor com Dietrich suas instruções à imprensa. Mas, no diário, apresentou a reorganização sobretudo como uma manobra contra o Ministério das Relações Exteriores, que ficou reduzido a "fornecer o material" para a orientação diária da imprensa.[114]

A relação com a pasta das Relações Exteriores continuava extremamente fria: Goebbels seguia resistindo ao envio de homens de ligação do ministério de Ribbentrop ao seu, como ficara combinado em setembro de 1939. Em fevereiro de 1940, tampouco conseguiu impedir que aquele mandasse assessores de imprensa próprios às missões estrangeiras, muito embora havia anos o trabalho jornalístico no exterior fosse acompanhado por funcionários indicados pelo Ministério da Propaganda.[115] Em novembro de 1940, quando a pasta das Relações Exteriores estabeleceu uma conexão com a emissora de rádio de Charlottenburg, os móveis foram retirados do local violentamente pela diretoria; o Ministério das Relações Exteriores tentou reocupar o espaço com a ajuda da SS. Goebbels conduziu sem entusiasmo as negociações sobre a questão das competências.[116] Achava melhor vencer pouco a pouco a pasta das Relações Exteriores mediante a ampliação do seu próprio aparato de propaganda.[117] Colecionou meticulosamente observações negativas de Hitler acerca de Ribbentrop e seu ministério.[118]

Ainda que, no conflito com o Ministério das Relações Exteriores, ocasionalmente agisse em harmonia com Dietrich, Goebbels não tinha como impedi-lo de ressaltar repetidas vezes, e de maneira embaraçosa para ele, a sua situação de relativa independência no setor da mídia: o chefe nacional de imprensa mandou o diretor de departamento Fritzsche tomar medidas disciplinares contra o *Berliner Börsenzeitung* e o *Deutsche Allgemeine Zeitung*, pois eles "infringem as minhas ordens".[119] "Na reunião de imprensa", escreveu Goebbels no diário, "não se infunde nenhuma iniciativa nos jornalistas. Só se diz: proibido, interditado, indesejável. Se continuar assim, o povo acaba cochilando em plena guerra".[120] Para todos os envolvidos, ficou evidente quem era o destinatário da crítica.

Quando Goebbels fez "duras críticas" à imprensa alemã na conferência ministerial de 10 de fevereiro e, logo depois, tornou a repreender Fritzsche e Karl Bömer em particular,[121] Dietrich mandou manifestar na reunião de imprensa do dia seguinte seu "apreço especial" pelo trabalho dos jornalistas alemães,[122] coisa que Goebbels, irritado, considerou uma "furtiva isenção à imprensa": "Um indivíduo amolentado em água, a mediocridade inata."[123] Ora, como mostram os entreveros com Dietrich e Ribbentrop, o ministro da Propaganda não era de modo algum o senhor absoluto da mídia alemã.

Portanto, não lhe faltavam motivos para consolidar organizacionalmente o seu aparato propagandístico e protegê-lo contra a influência nefasta dos rivais. Ele ainda não tinha encontrado sucessor para seu secretário de Estado afastado Karl Hanke, que nesse meio-tempo se alistara na Wehrmacht. O candidato mais promissor era o chefe do departamento de propaganda Leopold Gutterer, ao qual, em agosto de 1940, Goebbels subordinou todos os departamentos especiais do ministério (com exceção dos dois responsáveis pelas questões midiáticas, ou seja, a área de atuação de Dietrich).[124]

Em outubro de 1940, discutiu com Gutterer a reorganização da pasta. A primeira consideração foi a de articular claramente o número excessivo de departamentos, 15 até então (o 16º seria o de publicações periódicas,[125] criado em julho de 1941), sob cinco departamentos principais. Por fim, chegou-se a outra solução: reunir os departamentos responsáveis pelas questões culturais ou políticas em dois grupos cujos diretores seriam Hinkel e Berndt. No entanto, o secretário de Estado Hermann Esser, que tinha planos próprios de reorganização da pasta, fez restrições ao papel avultado de Berndt: restrições tão substanciais que Goebbels abandonou todo o projeto de reestruturação a fim de evitar confusão no ministério.[126] Em maio de 1941, finalmente nomeou Gutterer secretário de Estado; não tinha certeza de que este viesse a ser "um seguidor leal".[127] Tendo em conta a concorrência no setor de propaganda, a lealdade absoluta com o ministro era, obviamente, o critério de nomeação mais importante.

Restauração da relação com Hitler

A dedicação intensa de Goebbels à propaganda de guerra, assim pareceu no outono de 1941, seria recompensada de outra maneira. Tudo indicava que a família Goebbels conseguiria retomar inteiramente a relação estreita com o Führer. No começo de setembro, quando Goebbels estava em Cracóvia, Magda contou-lhe por telefone que, na véspera, aniversário de Helga, Hitler tinha passado por Schwanenwerder e dera muitos presentes à menina. "Acho isso comovente da parte dele."[128] Alguns dias depois, já de volta a Berlim, Goebbels recebeu Hitler em casa para o chá. "O Führer brinca com as crianças como se o mundo inteiro ao nosso redor tivesse afundado", escreveu o orgulhoso pai de família.[129]

Em outubro, quando Goebbels foi acometido de "estafa nervosa em virtude do excesso de trabalho", Hitler ficou preocupado: "O Führer ordenou que eu procure dormir mais." E Goebbels foi obediente: "Futuramente, preciso tentar fazer isso à tarde."[130] No dia 29 de outubro, o seu aniversário, quando Magda deu à luz mais uma menina — batizada Heide —, Hitler participou da alegria do casal.[131]

No aniversário de Magda, em 11 de novembro, o ditador fez uma visita surpresa à tarde para felicitá-la; na ocasião, os Goebbels lhe mostraram sua casa nova na Göringstrasse, a qual ele achou "excepcionalmente boa". À noite, o casal deu uma pequena recepção; Hitler compareceu uma vez mais à Göringstrasse e lá ficou até as quatro da madrugada, e, "muito seguro e relaxado, como nos velhos tempos de paz", discorreu sobre a situação política e também sobre o tema vegetarianismo, que enxergava como a "religião do futuro". A descrição de Goebbels desse encontro parece um idílio quase perfeito: "À parte isso, ele também almeja a paz, a felicidade e a alegria de viver. Nós ficamos sonhando com tudo quanto vamos fazer depois da guerra."[132] Passados alguns meses, em fevereiro de 1941, Magda viajou ao Obersalzberg com os filhos e lá ficou uma semana hospedada na casa dos Göring.[133] No telefone, falou a Goebbels "na sua visita ao Führer: tudo muito bom e amável".[134]

A guerra nos Bálcãs e o caso Hess

No dia 25 de março de 1941, Hitler, o ministro das Relações Exteriores italiano Ciano e o premiê iugoslavo Cvetković assinaram, em Viena, um acordo prevendo o ingresso da Iugoslávia no Pacto Tripartite. Não obstante, o alinhamento da Iugoslávia ao Eixo suscitou uma resistência formidável no país; dois dias depois da assinatura, um golpe militar de grupos pró-britânicos depôs o governo Cvetković; o rei Pedro II, menor de idade, subiu ao trono no lugar do príncipe regente Paulo.[135] A situação era confusa, e Goebbels, de início, recomendou moderação à propaganda alemã.[136] Essa atitude foi mantida mesmo depois que Hitler, em 27 de março, decidiu remover rapidamente o novo governo iugoslavo. Desde dezembro de 1940, já tinha preparada uma intervenção de tropas alemãs na Grécia e, no início de março, mandou deslocar contingentes alemães da Romênia para a Bulgária; a intrincada situação da Iugoslávia dava-lhe oportunidade de agir contra os dois países.[137]

No entanto, Goebbels constatou que "a opinião pública no Reich se antecipa aos acontecimentos": já se esperava uma guerra contra a Iugoslávia.[138] Suas anotações de 29 de março no diário deixam claro que agora ele estava inteirado dos pormenores do conflito iminente. Mas, ao mesmo tempo, escreveu que "o grande empreendimento vem mais tarde: contra a R.". Trata-se da primeira entrada no diário em que aludiu à impendente guerra contra a União Soviética. E prosseguiu: "A coisa toda apresenta algumas dificuldades psicológicas. Paralelos com Napoleão etc. Mas isso nós superamos facilmente através do antibolchevismo." À parte isso, ele parece ter simplesmente aceitado a surpreendente guinada da política alemã — ainda no fim de 1940, confiava muito na neutralidade da União Soviética: agora também seguia com a maior facilidade os desígnios geniais do querido Führer, que não o tinha informado das suas decisões.

Para a campanha de propaganda contra a Iugoslávia — o ataque alemão nos Bálcãs deu-se no dia 6 de abril —, Goebbels tomou decisões minuciosas na reunião de imprensa, as quais assim resumiu no diário: "Tendência da propaganda: virulenta contra o bando de generais sérvios. Não atacar o povo. Croatas: afagá-los! Imaginar autonomia. Duras críticas aos sérvios. Eslovenos: no meio, entre sérvios e croatas." Quanto aos gregos, "por ora, indulgência e consideração. Até que eles fiquem insolentes".[139]

A guerra nos Bálcãs progrediu rapidamente. A Iugoslávia capitulou em 17 de abril;[140] na Grécia, o confronto se prolongou por mais alguns dias,[141] mas Goebbels pôde registrar a entrada em Atenas na sua anotação de 28 de abril.[142] Tal como em 1940, nessas semanas, a propaganda voltou a se caracterizar por uma triunfal confiança na vitória.[143]

Duas semanas depois da ocupação alemã de Atenas, na noite de 12 de maio, Goebbels recebeu "uma notícia horrível": "Contrariando ordem do Führer, Hess decolou com o avião e está desaparecido desde sábado. Temos de contar com a sua morte. [...] O comunicado do Führer aponta como causa alucinações com visionárias sondagens de paz. [...] O Führer está totalmente arrasado. Que espetáculo para o mundo: o segundo homem depois do Führer, um perturbado mental. Atroz e inconcebível."[144] O abalo de Goebbels se torna compreensível se levarmos em conta que ele, poucos meses antes, tendo tido um encontro com Hess, chegara à conclusão de que este era um "homem fidedigno", em quem Hitler podia "confiar cegamente".[145]

Mas o pior ainda estava por vir: a explicação para o voo, apresentada por Hitler no comunicado de 12 de maio, sustentou-se apenas um dia. Em 13 de maio, o quadro ficou muito mais claro: "Hess saltou de paraquedas na Escócia, deixou o avião se espatifar e torceu o pé. Então foi encontrado por um camponês e depois aprisionado pela polícia local. Uma tragicomédia. É de rir e chorar ao mesmo tempo."[146]

No mesmo dia, Goebbels viajou a Berchtesgaden, mas antes ordenou aos participantes da sua reunião de imprensa que não deixassem de modo algum transparecer "um pingo de pessimismo, ou sujeição, ou atitude humilhada".[147] A mídia foi instruída a "não dar muito espaço" ao tema "além do mínimo necessário de informação objetiva ao nosso povo".[148] Em Berchtesgaden, o Führer lhe mostrou as cartas que Hess lhe havia deixado: na avaliação de Goebbels, "uma confusão maluca, diletantismo de escolar".

Hitler resolveu então extinguir o cargo de "representante do Führer" e dar um nome novo para o departamento de Hess na Chancelaria do Partido, cuja direção ficou a cargo de Martin Bormann, o substituto de Hess. Depois disso, informou da situação os *Gauleiter* e *Reichsleiter* convocados a Berchtesgaden: conforme anotou Goebbels, isso suscitou primeiro "assombro", depois "uma indignação desmedida".[149]

De regresso a Berlim, ele expôs o caso na reunião de imprensa: "Palavra de ordem: internamente, reserva e silêncio temporário; externamente, defesa contra as mentiras e relato sugestivo dos fatos."[150] Não tardou a decidir que convinha "silenciar sistematicamente" toda a questão e, em 19 de maio, durante a reunião de imprensa, declarou o caso Hess definitivamente encerrado.[151] Essa tática parece ter dado certo: a comoção em torno de Hess, constatou ele, estava arrefecendo de maneira gradual, "uma sensação de meia semana, não mais".[152] E se alegrou ao ver que o abalo provocado pelo voo do "representante do Führer" tinha sido superado em relativamente pouco tempo.[153] Quanto a Bormann, o sucessor de Hess, cujo trabalho anterior nem sempre lhe agradara,[154] Goebbels a princípio se mostrou desconfiado — "ele obteve o posto mais por fraude que por esforço" —, porém, em pouco tempo, como anotou no diário, passou a se "entender bem" com o homem. "Ele faz tudo o que eu quero."[155]

Preparativos de guerra contra a União Soviética

A partir de maio de 1941, acumulam-se nos diários de Goebbels anotações sobre o iminente confronto com a União Soviética. No início do mês, ele escreveu: "A Rússia passa a ser cada vez mais o centro dos interesses. Stalin e sua gente permanecem totalmente inertes. Como o coelho diante da serpente."[156] Pouco tempo depois, foi inteirado: "No Leste, a coisa deve começar no dia 22 de maio."[157] Mas o ataque ainda seria adiado várias vezes.

Goebbels teve de dispensar seu antigo especialista em propaganda anticomunista e antissemita, Eberhard Taubert, da função de homem de ligação entre ele e Rosenberg, pois, no dia 20 de abril, Hitler o havia nomeado "encarregado do processamento central das questões do espaço europeu oriental".[158] Soube pela Wehrmacht que seriam criadas 13 companhias de propaganda.[159]

Em 22 de maio, Koch, o *Gauleiter* da Prússia Oriental, informou-o da "questão do Leste" e do pessoal designado para os futuros comissariados de Moscou, da Ucrânia e do Báltico: "Ele em Moscou; Schickendanz na Ucrânia; Lohse no Báltico. A R[ússia] vai se esfacelar facilmente. E a nossa propaganda fornecerá uma obra-prima."[160]

Goebbels, que até o fim de março não tinha a menor ideia dos preparativos de guerra contra a União Soviética então em curso, passou a se dedicar inteira e ostensivamente à execução da nova tarefa. Tratava-se sobretudo de desviar a atenção dos ímpetos agressivos da Alemanha por meio de medidas propagandísticas direcionadas. Assim, no fim de maio, por ordem de Hitler e sem se identificar pelo nome, ele publicou um comentário anti-Roosevelt no *Völkischer Beobachter*, caracterizando a última "conversa ao pé da lareira" do presidente americano como "um produto típico dos seus instigadores judeus".[161] Entretanto, foi-lhe particularmente constrangedor o fato de a sua política diversionista esbarrar num risco de segurança justo em seu ministério: em maio de 1941, Hitler mandou a Gestapo investigar o diretor do departamento de imprensa estrangeira, Karl Bömer, suspeito de, estando alcoolizado numa recepção, ter feito comentários que permitiam inferir os preparativos de guerra alemães contra a União Soviética. Goebbels se ocupou intensamente do caso, o qual atribuiu, por um lado, ao comportamento leviano de Bömer ("Isso se deve à carraspana"), e, por outro, a uma intriga deliberada do rival Ribbentrop.[162] Por mais que o defendesse, não pôde impedir que Bömer fosse condenado à pena de reclusão.[163] Isso envenenou ainda mais o trato com o Ministério das Relações Exteriores.

Para Goebbels, o embaraçoso caso Bömer foi mais um incentivo para impulsionar o alto desempenho propagandístico nas semanas anteriores à "operação Barbarossa". Seu esforço priorizou, por um lado, a simulação de uma invasão iminente da Inglaterra: "Mandarei compor a canção da invasão, organizarei novas fanfarras, arranjarei locutores ingleses, motores ingleses etc.";[164] por outro, no início de julho, a fixação das primeiras diretrizes da propaganda "depois da R[ússia]": "Nada de antissocialismo, nada de retorno do tsarismo, não partir abertamente para o desmantelamento do império russo, do contrário irritamos o exército, que é panrusso; contra Stalin e os seus patrocinadores judeus, terra para os camponeses, mas, por ora, preservar o coletivo para que pelo menos a colheita seja salva, denunciar violentamente o bolchevismo, ridicularizar os seus fracassos em todos os setores. E, no mais, aguardar o que resulta da situação."[165]

A manobra diversionista pareceu dar frutos. "Nosso trabalho de camuflagem", orgulhou-se Goebbels, "funciona impecavelmente. O mundo inteiro fala na iminência de um pacto militar Berlim-Moscou".[166] Para levantar outra cortina de fumaça, escreveu no *Völkischer Beobachter* um editorial intitulado "O exemplo de Creta", com claras insinuações de uma impendente invasão da Grã-Bretanha, e autorizado por Hitler. Uma parte da edição foi divulgada; outra, apreendida para reforçar o estratagema. "Em 24 horas, Londres será informada do fato pela embaixada dos Estados Unidos. Esse é o sentido do artifício."[167] O "relaxamento" dos programas de rádio no verão seguinte e a suspensão da proibição de bailes, medidas que muito o ocuparam em maio e junho e que ele anunciou publicamente, também serviram para desviar a atenção dos preparativos de ataque à União Soviética.[168]

Em 15 de junho, Hitler o chamou à Chancelaria e explicou que o ataque se iniciaria em mais ou menos uma semana. Calculava em aproximadamente quatro meses a duração da "ação"; Goebbels a estimou em muito menos tempo: "O bolchevismo vai desmoronar como um castelo de cartas."[169]

Uma vez mais, o Führer expôs detalhadamente as causas da invasão: "Nós temos de agir. Moscou vai ficar fora da guerra até que a Europa esteja exausta e dessangrada. Então, sim, Stalin desejará agir, bolchevizar a Europa e se apossar do seu governo." Mas a guerra também era necessária por causa do aliado Japão: "Tóquio jamais se meterá com os Estados Unidos enquanto a Rússia estiver intacta na sua retaguarda. Portanto, ela precisa cair também por isso. A Inglaterra quer muito mantê-la como esperança futura na Europa. [...] Mas a Rússia nos atacaria se nós nos debilitássemos, e então teríamos uma guerra de duas frentes, a qual convém evitar com uma ação preventiva. Só então ficaremos com a retaguarda livre."

Por fim, havia mais uma razão para o ataque: "Também precisamos atacar a Rússia para liberar homens." Enquanto a União Soviética existisse, a Alemanha seria obrigada a manter 150 divisões, cujo pessoal é "urgentemente necessáro à nossa economia de guerra, ao nosso programa de armas, submarinos e aviões [...], para que tampouco os Estados Unidos possam prevalecer sobre nós".

Goebbels sintetizou: "O bolchevismo precisa cair, e a Inglaterra ficará privada da sua última arma concebível no continente." Estava em pleno acordo com Hitler: "Uma vez que tenhamos vencido, quem há de nos questionar sobre o método? Mesmo porque temos tanta culpa no cartório que precisamos vencer; do contrário, todo o nosso povo, nós na cúpula e tudo o que amamos será apagado do mapa." Com isso, Goebbels e Hitler manifestaram com notável clareza o verdadeiro motivo da continuação e da expansão do conflito: o regime já se tinha enredado de tal modo na sua política criminosa que era obrigado a prosseguir com a guerra até as últimas consequências.

22. "Época grandiosa, maravilhosa, em que nasce um novo império"
A invasão da União Soviética

Bolchevismo: a imagem do inimigo

Goebbels ainda considerava sua missão principal "continuar preparando tudo com o máximo cuidado". Gabava-se de ter inundado o "mundo com um dilúvio tal de boatos que a gente mal se reconhece. Da paz para a guerra, uma escala gigantesca em que cada qual pode escolher o que quer".[1] Poucos dias antes do início do ataque, mandou fazer 200 mil panfletos para as tropas alemãs; os trabalhadores envolvidos simplesmente ficaram presos no prédio da tipografia, custodiados pela Gestapo.[2] Ele tinha plena certeza: "Agora a coisa está sendo feita maravilhosamente bem. Vamos ter um ótimo começo."[3]

Na noite anterior ao ataque à União Soviética, recebeu uma delegação italiana que, como na época do começo da guerra no Ocidente, era dirigida por seu colega de pasta Pavolini. Reinava um "estado de espírito ingênuo, inocente", eles assistiram a *E o vento levou...* Depois de ter recebido diversos telefonemas, Goebbels enfim se despediu dos hóspedes e seguiu para a Chancelaria. Uma vez lá, fez com Hitler as últimas alterações na proclamação que, na manhã seguinte, o Führer endereçaria aos soldados da Wehrmacht. Também foi informado de outros pormenores da invasão iminente: às 3h30 da madrugada, 160 divisões atacariam numa linha de 3 mil quilômetros.

Às 2h30, Goebbels retornou ao ministério, onde o aguardavam seus colaboradores mais importantes, todos convocados para aquela noite. Foi quando os inteirou: "Pasmo generalizado. A maioria já imaginava um pouco ou toda a verdade. Começa imediatamente um trabalho febril. Rádio, imprensa e cinejornal mobilizados." De manhã cedo, ao som dos trompetes de *Les Préludes*, o poema sinfônico de Franz Liszt que ele e o Führer escolheram para o anúncio especial do novo teatro de operações, leu por todas as emissoras a proclamação do ditador ao povo alemão.[4]

Nos dias subsequentes, Goebbels registrou as primeiras e promissoras mensagens de sucesso militar,[5] bem como as reações dos Estados inimigos e neutros, que sinalizavam sobretudo surpresa. A princípio, para seu próprio assombro, não se verificou a esperada intensificação dos ataques aéreos britânicos contra o Reich.[6] Ele próprio havia instalado os filhos em Salzkammergut até que um "grande bunker" ficasse pronto na Göringstrasse.[7]

Na conferência de propaganda de 23 de junho, expôs a seus funcionários os três motivos da guerra contra a União Soviética que passariam a ter prioridade na propaganda: primeiramente, a "possibilidade de atacar a Inglaterra em larga escala, [...] inexistente enquanto se cogitasse a Rússia como inimigo eventual", uma vez que os alemães eram obrigados a manter grande parte do seu potencial militar na fronteira oriental a fim de contrabalançar o aparato militar soviético. Em segundo lugar, o ataque desencadearia "um incremento enorme de reservas de gasolina, petróleo e cereais", argumento que, devido ao caráter utilitário, se prestava mais à propaganda boca a boca que à mídia. Por último, o "confronto com a Rússia" era basicamente inevitável; isto é, "numa Europa pacificada por várias décadas, o bolchevismo não podia coexistir com o nacional-socialismo". Em suma: "É melhor que o conflito ocorra agora, e não quando a Rússia já estiver internamente organizada e armada."[8]

"Pouco a pouco", escreveu no dia 24 de junho, "nós voltamos a rufar o forte tambor antibolchevista. Pouco a pouco, para que a transição não seja muito brusca". Em artigo publicado no *Völkischer Beobachter* de 26 de junho e intitulado "A antiga linha de frente", mostrou como ia ser a nova propaganda: referiu-se ao "complô plutocrático-bolchevista"; "Eis que ressurge a já tão conhecida frente única do capitalismo ao bolchevismo."[9]

Contudo, quando da irrupção do conflito, o propagandista Goebbels se achava numa situação difícil: o início da guerra pegou a população alemã totalmente despreparada. Ademais, a propaganda ficou prejudicada porque, nos primeiros dias do confronto, por motivos de sigilo, o relatório do alto-comando das forças armadas omitiu informações sobre os fatos militares.[10] A reação da população o preocupava: se ele havia caracterizado o moral no começo do confronto como "ligeiramente deprimido" (o povo "quer a paz", escreveu),[11] logo se propalaram "ilusões" sobre o andamento da guerra. Foi preciso exercer muita pressão para que Hitler enfim se dispusesse a romper o silêncio sobre a situação militar.[12] Nesse meio-tempo, Goebbels decidiu explicar num editorial a reservada política de informações.[13]

No domingo, 29 de junho, ou seja, uma semana depois do início da guerra, o rádio divulgou uma série de anúncios especiais por ordem de Hitler:

e a população alemã ficou sabendo, entre outras coisas, que a Wehrmacht, depois de diversas batalhas vitoriosas na fronteira, avançara até Lviv e Minsk.[14] Mas o efeito não correspondeu às expectativas: "O povo olha muito diretamente para o arcabouço das nossas comunicações. A coisa, no seu propósito, foi aplicada em pinceladas demasiado grossas. Mas eu avisei a tempo, avisei em vão."[15]

No começo do conflito, Goebbels depositou muita esperança em três emissoras secretas direcionadas para a União Soviética: "Tendências: a primeira trotskista, a segunda separatista e a terceira nacionalista russa. Todas decididamente contrárias ao regime de Stalin."[16] Nas emissoras secretas e nos outros meios de propaganda diretamente voltados contra a União Soviética, como os panfletos, por exemplo, a ordem era espalhar o derrotismo e o pânico.[17]

No dia 5 de julho — depois de se entender adequadamente com seus funcionários —,[18] Goebbels deu o "sinal de largada de uma ação grandiosa". Agora o "foco [...] é detrair o regime criminoso, judeu, bolchevista". A propaganda alemã parecia ter achado o tema das semanas seguintes. Um massacre de presos políticos e rebeldes ucranianos na cadeia de Lviv, perpetrado pelo lado soviético antes de se retirar da cidade, deu oportunidade à grande campanha contra o "bolchevismo judeu". "Lviv é praticamente uma situação judaico--bolchevista normal que comprova a sanguinolência dos detentores do poder judaico-soviético", dizia a instrução à imprensa.[19]

No seu noticiário sobre os acontecimentos na Ucrânia, a imprensa do partido fez questão de atribuir "aos judeus" a suposta culpa dos massacres.[20] Num comentário no *Völkischer Beobachter* de 7 de julho, Goebbels deu o tom da campanha: "Cai o véu." Segundo ele, aquilo anunciava com horror "o fim da elite dominante judaico-terrorista do bolchevismo".[21]

Só em julho, ao receber claras instruções de Hitler, foi que Goebbels assimilou a tese propagandística deste, segundo a qual a invasão tinha sido o necessário ataque preventivo para evitar uma iminente agressão de Stalin. Como vimos, nos dias anteriores à invasão, ele se havia concentrado em enfatizar as vantagens do ataque alemão para que o país pudesse dar sequência à guerra, sem mencionar uma suposta agressão impendente do Exército Vermelho. Adotou essa mudança de argumentação muito embora os grandes sucessos militares iniciais estivessem longe de confirmar a tese de um iminente ataque soviético: a Alemanha assaltara um inimigo que não esperava de modo algum um confronto tão breve e tampouco estava preparado para a guerra.[22]

No dia 8 de julho, em visita ao quartel-general, Goebbels teve pela primeira vez desde o início do conflito a possibilidade de conversar pessoalmente com Hitler, que lhe deu uma impressão "bastante otimista e confiante" e o instruiu a "continuar a luta antibolchevista com ímpeto redobrado". Satisfeito, constatou que a "política de conciliação com o Kremlin", implementada no outono de 1939, "não chegou sequer a arranhar a pele do nosso povo". Talvez o ataque à União Soviética, "totalmente despreparado em termos de propaganda e psicologia", tivesse suscitado "certo choque no povo alemão" por algum tempo, mas, tomando em consideração o momento de surpresa, era necessário aceitar essa falta de preparo da própria população.

"Nada há de restar do bolchevismo. O Führer tem a intenção de apagar do mapa cidades como Moscou e Petersburgo." Além do mais, Hitler se dizia "firmemente" convencido de que o Japão entraria na guerra contra a União Soviética. Se a Grã-Bretanha conseguiria ou não envolver os Estados Unidos no conflito dependia sobretudo do modo como a União Soviética fosse derrotada. Ele previa "a derrocada da Inglaterra com sonambulística certeza": "O império global é uma pirâmide de ponta-cabeça." Como conclusão final da viagem, Goebbels registrou "que a guerra no Leste já está ganha no essencial. [...] Precisamos continuar denunciando a colaboração entre o bolchevismo e a plutocracia e, agora, enfatizar cada vez mais o caráter judeu dessa frente".

Na reunião de imprensa do dia 9 de julho, deu instrução de fazer da frase "A culpa é dos judeus" o "teor da imprensa alemã".[23] Assim orientado,[24] o conjunto da mídia do país,[25] inclusive o cinejornal,[26] divulgou nos dias subsequentes o máximo de diatribes de ódio antissemita. Bem no espírito da explicação dada por Hitler a Goebbels, salientava a pretensa simbiose do bolchevismo com o judaísmo, além de afirmar que o capitalismo ocidental e os governos de Londres e Washington eram marionetes da conspiração judaica mundial.[27] O próprio Goebbels deu a sua contribuição para essa campanha: em 20 de julho, a *Reich* publicou seu artigo "Mímica", no qual ele anunciava um "tribunal terrível" para os judeus: "O inimigo do mundo desaba, e a Europa tem a sua paz."[28]

Tanto quanto possível, Goebbels procurou evitar outro motivo ideológico na sua propaganda: no fim de junho, quando o chefe nacional da imprensa Dietrich lançou na mídia o slogan "cruzada contra o bolchevismo", ele se opôs — com sucesso — ao emprego dessa ideia cristã na propaganda alemã. Na sua opinião, o uso de símbolos sagrados era uma reverência desnecessária às igrejas cristãs, que, durante a guerra no Leste, deviam ser sistematicamente ignoradas e rebaixadas no seu significado.[29]

Propaganda

Nesse meio-tempo, a Wehrmacht obteve grandes vitórias que também foram divulgadas para o ansioso público na forma de notícias de triunfo isoladas: em 12 de junho, a propaganda alemã anunciou que a chamada "Linha de Stalin" tinha sido rompida pela primeira vez, e as tropas alemãs estavam diante de Kiev.[30] Com isso, Goebbels esperava dar um "empurrão notável no ânimo popular".[31] Alguns dias depois, a propaganda alemã pôde noticiar a tomada da cidade de Smolensk após duros combates.[32]

Em julho, tendo em conta a melhora das notícias, Goebbels avaliou o moral como relativamente equilibrado e "tranquilo";[33] o perigo estava em certas dificuldades no abastecimento de gêneros alimentícios,[34] nos ataques aéreos britânicos às cidades do oeste da Alemanha,[35] nos *Bombenfrischler* (gente das camadas mais abastadas da população que fugia das grandes cidades e se instalava em resorts de férias)[36] e, ocasionalmente, no comportamento da Igreja Católica.[37]

Entretanto, no fim do mês, Goebbels considerou "a nossa situação no momento um tanto tensa" e procurou imprimir uma linha "mais dura" na propaganda.[38] Para ele, as causas eram evidentes: "Toda política de notícias com tintura excessivamente otimista traz consigo graves decepções a curto ou longo prazo", ponderou. "As vantagens da manifestação de otimismo são menores que as desvantagens que surgem quando o otimismo não se justifica. Além disso, o povo em geral está habituado a uma dieta áspera. Não se assusta com a verdade e só se irrita quando tem a impressão de que as promessas não podem ser cumpridas."[39]

Se a princípio julgou o estado de espírito do povo alemão "tranquilo e sóbrio",[40] três dias depois, em 29 de julho, Goebbels falou numa "crise" no tocante à "situação psicológica", já que a propaganda inimiga estava na ofensiva.[41]

No começo de agosto, o relatório do SD sobre o moral também detectou "certo pessimismo",[42] e Goebbels chegou a enxergar uma "depressão".[43]

Além dos incômodos fatores conhecidos, agora a situação psicológica sofria a influência negativa da agitação crescente nos segmentos religiosos da população devido ao confisco arbitrário do patrimônio das igrejas,[44] assim como a disseminação de informações e boatos a respeito da chamada "eutanásia".[45]

Mas, no início de agosto, a propaganda alemã desistiu amplamente da reserva com que vinha expondo a situação militar nas últimas semanas. Em 6 de agosto, o rádio divulgou uma série de notícias espetaculares sobre a situação na frente oriental, que, em termos gerais, apresentavam um quadro muito otimista.[46] Foi assim que o público alemão soube que a Wehrmacht tinha feito quase 900 mil prisioneiros, ultrapassado a Linha de Stalin e ganhado inteiramente a batalha de Smolensk. Depois dessa fanfarronada, Goebbels, que agora exortava os serviços de propaganda a atuar "muito ousada e francamente", deu o estado de ânimo por "extraordinariamente consolidado".[47] Mediante a publicação dosada de notícias positivas acerca da situação militar, ele sempre tinha condições de reajustar o moral tal como era apresentado nos boletins oficiais: a cada notícia positiva, seguia-se, como por reflexo, um relaxamento da situação geral na frente interna.

No fim de agosto, ele teve oportunidade de visitar um dos numerosos campos em que estavam internados os prisioneiros de guerra soviéticos, os mesmos que a sua propaganda classificava de subumanos.[48] Para tanto, viajou a Zeithain, nas proximidades de Riesa. O campo de prisioneiros, escreveu visivelmente impressionado, "apresenta um quadro atroz. Parte dos bolchevistas é obrigada a dormir no chão de terra. Chove torrencialmente. Muitos não têm teto sobre a cabeça; quando o têm, os galpões ainda não contam com paredes. Em suma, o quadro não é nada agradável. Em parte, os tipos não são tão ruins quanto eu imaginava. Entre os bolchevistas, há um bom número de jovens camponeses de aparência fresca, simpática". As conversas lhe deram a impressão de que os prisioneiros não eram "tão obtusos e toscos como se pode supor pelas tomadas no cinejornal". E, mais adiante, anotou num tom notavelmente humanitário: "Chapinhamos algumas horas naquele campo, debaixo de chuva, vemos uns trinta prisioneiros aglomerados atrás de um alambrado, num galinheiro; todos eles são culpados de alguma coisa e aqui recebem severos castigos para criar juízo. Quem visita um campo de prisioneiros assim pode assimilar conceitos bem peculiares sobre a dignidade humana na guerra."[49] Depois da visita, aparentemente ainda incomodado, Goebbels chegou a dizer em grupos restritos que a guerra não podia ser "a situação normal". Ele não conseguia aderir à opinião de que a paz só seria para preparar a guerra; pelo contrário, acreditava que esta só era justificável se "depois garantisse um longo tempo de paz".[50] Parece que o contato direto com os prisioneiros soviéticos — a grande maioria pereceria nos meses seguintes devido às condições miseráveis do campo — redespertou brevemente as restrições à guerra e o medo aos seus horrores que ele manifestara especialmente em 1938-39, mas depois tinha tido o cuidado de recolher.

A suspensão da eutanásia e o emblema dos judeus

Em consequência dos desdobramentos militares positivos, Goebbels detectou um bom estado de espírito na Alemanha na segunda quinzena de agosto.[51] Mas agora convinha estar antecipadamente preparado para a crise de ânimo seguinte. A princípio, ele tratou de substituir Ernst Braeckow, até então chefe do departamento de propaganda, cujo trabalho não lhe agradava, pelo ex-diretor do departamento de rádio Alfred-Ingemar Berndt, que mandou buscar no teatro de operações norte-africano e incumbiu de reorganizar a propaganda no inverno seguinte.[52]

Convencido de que o trabalho cotidiano do partido precisava contribuir para a consolidação do moral, procurou providenciar uma imagem exterior adequada no seu *Gau*: no começo de agosto, instruiu a SA a "criar uma organização de propaganda [...]. Nós não podemos simplesmente ceder terreno aos resmungões [...]. Em cada fila diante das lojas, é necessária a presença de um companheiro ou companheira do partido que, no instante em que surgirem desavenças ou reclamações, tome a palavra e ponha as coisas em ordem".[53]

No outono, Goebbels achou que as filas nas tabacarias de Berlim — havia escassez de fumo — prejudicavam a imagem oficial da capital, que não podia se caracterizar pelo desabastecimento. Por isso ordenou que dessem fim ao fenômeno — tal como em 1939, quando mandara dissolver as filas nas cafeterias. Mas, em novembro, os berlinenses continuavam fazendo fila para comprar cigarros.[54]

Acima de tudo, porém, desenvolveu o projeto de estender à política interna alemã a campanha antissemita por ele lançada na propaganda contra a União Soviética e na sua fúria contra a conspiração mundial plutocrático-bolchevista; para reforçar a alegação de um conluio internacional, era adequado estigmatizar os judeus alemães como o inimigo interno. À parte isso, no dia 12 de agosto, Goebbels registrou no diário uma ideia que o perseguia desde a primavera: a de "prover os judeus de um emblema", já que eles agiam como "derrotistas e perversores do moral".[55] Com um identificador externo, os judeus "ficarão apartados do povo alemão". Sua iniciativa coincidiu com os esforços da Gestapo e do partido, que seguiam o mesmo rumo.[56] Em 15 de agosto, uma reunião interministerial no Ministério da Propaganda discutiu, entre outras coisas, a planejada identificação dos israelitas.[57]

Em paralelo à "questão judaica", Goebbels se ocupava de outro problema que também representava um perigo para o estado de espírito: o conflito com as igrejas. No começo de julho de 1941, quando se iniciaram os temíveis ataques aéreos britânicos sobretudo contra alvos no noroeste da Alemanha,[58] Goebbels teve a certeza imediata de que os bombardeios visavam deliberadamente a cidades "católicas" como Aachen, Münster ou Colônia, pois os britânicos acreditavam ter ali o máximo de probabilidades de esmagar a "frente de oposição moral".[59] Essa foi mais uma razão pela qual ele fez questão de não se envolver com questões confessionais durante a guerra. Nisso estava de pleno acordo com Hitler,[60] posto que, na primavera, tivesse acatado muito a contragosto a proibição deste de que renegasse e abandonasse a Igreja. "E por causa dessa droga, há mais de uma década que eu pago imposto eclesiástico. É o que mais me dói."[61] Contudo, durante a guerra, vigorou o princípio geral de não reagir a críticas das igrejas. Isso se tornou particularmente difícil à medida que informações sobre a "eutanásia" chegavam a cada vez mais segmentos.

Como se depreende com muita clareza do seu diário, desde pelo menos a primavera de 1940, Goebbels sabia da "Aktion T4" ordenada por Hitler no começo da guerra, ou seja, a diretiva para o assassinato sistemático de parte dos pacientes internados em instituições para deficientes mentais.[62] No início de julho, quando se leu uma pastoral nas igrejas católicas protestando contra o assassinato de pessoas inocentes — isto é, contra a "eutanásia" —, ele ordenou que se desconsiderasse o fato.[63] No dia 3 de agosto de 1941, o bispo de Münster, Clemens August von Galen — depois de protestar em dois sermões, em julho, contra as violações do patrimônio da Igreja —, posicionou-se abertamente contra o assassinato sistemático de internos em manicômios; nos dias subsequentes, a notícia desse protesto se espalhou depressa por todo o Reich.[64] Só em 14 de agosto Goebbels registrou no diário o "discurso insolente e provocador", deplorando que, "no momento, não é psicologicamente suportável" estabelecer "um exemplo" contra Von Galen como era necessário.[65] No dia seguinte, escreveu que precisava "perguntar se o Führer não desejava um debate público sobre o problema da eutanásia"; ele próprio era contra naquele momento.[66]

Poucos dias depois, tomou conhecimento de uma carta do presidente da Conferência dos Bispos Alemães, o cardeal Adolf Bertram, de Breslávia, exortando o ministro de Assuntos Eclesiásticos Hanns Kerrl a se manifestar sobre o tema "eutanásia". Segundo Goebbels, Bertram "prepara uma grande quantidade de material que não pode ser rejeitado de imediato"; por isso, sentia-se corroborado na sua opinião de "por ora adiar a questão eclesiástica". E prosseguiu logo em seguida: "Muito diferente é a questão judaica. No momento, todos os alemães são contra os judeus. Estes precisam ser colocados no seu devido lugar. Quando se leva em conta que ainda há 75 mil judeus em Berlim, dos quais só 23 mil estão no processo de trabalho, esse fato parece simplesmente grotesco."⁶⁷

Ao visitar o quartel-general do Führer em 18 de agosto, Goebbels teve oportunidade de discutir os dois problemas. Antes mesmo de ser recebido por Hitler, ponderou com Bormann que, no momento, por motivos táticos, era mais inteligente ser reservado na questão eclesiástica. Pouco depois, ao se reunir com o ditador, defendeu vigorosamente esse ponto de vista.

Tal como previra Goebbels, Hitler mostrou-se implacável na sua visão da questão judaica: "Ele aprova a criação de um emblema judaico grande e bem visível para todos os judeus do Reich." Isso "há de afastar o perigo de eles atuarem como reclamões e derrotistas sem serem reconhecidos". De resto, o ditador tê-lo-ia autorizado a "deportar todos os judeus berlinenses para o Leste o mais depressa possível, assim que surgir uma oportunidade de transporte. Lá eles terão o seu corretivo num clima mais rigoroso". Depois o Führer retomou o tema, dizendo-se convencido "de que a sua antiga profecia no Reichstag estava se realizando: se o judaísmo conseguisse provocar outra guerra mundial, esta terminaria com o aniquilamento dos judeus. Ela se cumpre nestas semanas e meses com uma segurança estranhamente assombrosa. No Leste, os judeus estão amargando; na Alemanha, já amargaram um pouco e, no futuro, vão amargar muito mais".

Hitler se referia aos fuzilamentos em massa de civis israelitas, no Leste, perpetrados desde o início da guerra pelos destacamentos da SS e da polícia, em parte com o apoio das forças locais e com tendência constante a aumentar. Os diários provam que, nessa época, Goebbels já estava inteirado dos massacres e, nas semanas seguintes, tomaria conhecimento de detalhes concretos.⁶⁸

Em 22 de agosto, ele discutiu a "situação das igrejas" com o *Gauleiter* westfaliano Alfred Meyer.⁶⁹ Aconselhou moderação: "Depois da guerra, a questão eclesiástica será resolvida com uma canetada. Durante a guerra, é melhor não mexer nisso; é um abacaxi [...]. Se foi correto expor tão completamente a questão da eutanásia, como ocorreu nos últimos meses, fica em aberto." Por ocasião dessa conversa, Goebbels já sabia que o extermínio de pacientes no âmbito da Aktion T4 estava chegando ao fim.⁷⁰ No dia 24 de agosto, a "Ação Eutanásia" foi oficialmente encerrada por ordem de Hitler. Por um lado, isso se deveu ao mal-estar e aos protestos de grupos eclesiásticos; por outro, ao fato de àquela altura os planejadores da "eutanásia" já considerarem alcançada a meta anunciada no começo do conflito, ou seja, o extermínio de 70 mil pessoas.⁷¹ O assassinato de pacientes internos prosseguiria efetivamente nos anos seguintes, ainda que descentralizado e dissimulado de maneira cuidadosa.

Também em outros setores, Goebbels procurou evitar ataques desnecessários às igrejas. Em conversa com o *Gauleiter* Forster, declarou-se contrário a outras intervenções na vida eclesiástica. Era preciso "recolocar no devido lugar os agitadores que querem se valer justamente do atual período de crise para tirar partido de todos os problemas delicados".[72] Aliás, não lhe pareceu nada sensato o decreto do ministro bávaro do Interior e da Educação Adolf Wagner, *Gauleiter* de Munique-Alta Baviera, prevendo a retirada de todos os crucifixos das salas de aula do seu estado. "A existência ou não de crucifixos nas escolas provavelmente tem uma importância altamente subalterna para o desfecho da guerra. Mas, se a retirada dos crucifixos provocar discórdia e desentendimento no nosso povo, isso será de importância muito fundamental." Segundo seu próprio relato, ele obteve a anulação do decreto de Wagner no fim de agosto, quando surgiram protestos e até passeatas.[73]

Nos meses seguintes, Goebbels tratou de manter — ainda que só por motivos táticos — essa linha cautelosa na política eclesiástica. Característico da sua disposição íntima foi o modo rancoroso como seguiu colhendo material contra o bispo Von Gallen, em sua opinião um "mentiroso e agitador descarado cujas atividades precisavam ser tolhidas na primeira ocasião favorável"; e se queixava reiteradamente de que, enquanto durasse a guerra no Leste, nada se podia fazer contra o bispo.[74] Por outro lado: em outubro, quando sua irmã Maria obteve uma audiência privada com o papa por intermédio do embaixador Attolico e Pio aproveitou a oportunidade para lhe "transmitir pessoalmente a sua bênção", Goebbels registrou a atenção pessoal com evidente satisfação e certo orgulho, embora acrescentasse que "não tinha muito que fazer" com aquilo.[75]

Assim, embora pensasse em diminuir a tensão no tocante às igrejas, ele tinha ideias bem diferentes sobre a "questão judaica". Em 20 de agosto de 1941, dois dias depois que Hitler autorizou a introdução do "emblema judeu", em mais uma anotação no diário, Goebbels exprimiu o propósito de, "graças a essa identificação dos judeus, implementar rapidamente e sem substrato jurídico as reformas exigidas pela situação". A imposição do emblema servia sobretudo para impor outras restrições à esfera de vida judaica por meio de medidas administrativas contra os israelitas, agora visíveis, sem necessidade de recorrer ao pesado aparato legislativo. Aliás, no período entre julho e setembro de 1941, as leis de trabalho forçado judeu se exacerbaram e a imigração de judeus na capital foi suspensa.[76] "Visto que, no momento, ainda não é possível tornar Berlim uma cidade livre de judeus", prosseguiu Goebbels em 20 de agosto, "pelo menos eles já não podem aparecer publicamente". No entanto, a médio prazo, o "problema" judaico teria uma solução ainda mais radical, pois Hitler havia prometido "deportar os judeus de Berlim para o Leste logo depois da campanha oriental".[77]

Enquanto cuidava da execução prática da identificação judaica,[78] Goebbels lançou uma nova campanha antissemita a fim de preparar a população para a introdução do emblema. Deu o sinal de largada na reunião de imprensa da sua pasta em 21 de agosto.[79] Teve papel importantíssimo nessa campanha um livro publicado nos Estados Unidos, no qual certo Theodore N. Kaufman preconizava a esterilização do povo alemão.[80] Embora essa obra já tivesse sido ridicularizada pela imprensa alemã em julho,[81] Goebbels mandou imprimir um panfleto com posfácio escrito por ele próprio, embora não assinado, no qual o texto de Kaufman era em grande parte citado e comentado. Essa ação foi especificamente autorizada por Hitler.[82] No elaborado folheto reproduzido um milhão de vezes,[83] Kaufman — na verdade uma pessoa física sem qualquer relação com o governo americano — foi identificado como conselheiro de Roosevelt; e seu escrito publicado no início de 1941, associado à "Carta do Atlântico": Kaufman devia ser considerado "um dos autores intelectuais da reunião de Roosevelt com Churchill".[84] De fato, o comunicado assinado pelos dois chefes de Estado em 14 de agosto, no seu encontro a bordo de um navio de guerra britânico ao largo da ilha de Terra Nova, previa a destruição do domínio nazista.

No dia 12 de setembro, Goebbels divulgou uma breve nota oficial sobre a identificação iminente.[85] Além disso, o *Völkischer Beobachter* de 13 de setembro publicou um comentário diretamente inspirado por ele,[86] estabelecendo uma relação imediata entre a identificação e a guerra no Leste: "Na campanha oriental, o soldado alemão está conhecendo o judeu em toda a sua torpeza e atrocidade. [...] Essa experiência leva o soldado e a totalidade do povo alemão a exigirem que, na pátria, se arrebate ao judeu a possibilidade de se camuflar e, assim, transgredir todas as disposições que poupem o compatriota alemão do contato com o judeu."[87] Idêntico teor tiveram os comentários da imprensa do partido.[88] Enfim, o Ministério da Propaganda mandou imprimir um prospecto[89] que foi distribuído juntamente com gêneros alimentícios a todos os domicílios alemães e cujo tema era a identificação.

A imposição da "estrela amarela" chegou acompanhada de uma vasta campanha propagandística nos seguintes termos: os judeus alemães participavam de uma conspiração mundial para o aniquilamento do povo alemão. A visualização dos judeus residentes na Alemanha tinha como objetivo estigmatizá-los como inimigo interno. E acima de tudo: cabia à população mostrar, através do seu comportamento claramente hostil à minoria marcada, que sancionava a política antijudaica do regime.

Enquanto se preparava o ato de estigmatização com um considerável esforço propagandístico, verificou-se no fim de agosto uma nova crise psicológica que se prolongaria por duas ou três semanas.[90] Na avaliação de Goebbels, foi provocada uma vez mais pela falta de notícias do front. E ele tratou de explicar esse fenômeno num artigo intitulado "Sobre o silêncio na guerra", lido em todas as emissoras de rádio.[91]

Nos dias seguintes, defendeu uma mudança fundamental na política de comunicação: os alemães teriam "se vangloriado exageradamente nas primeiras semanas da campanha do Leste". E concluiu: a política de comunicação devia "ser tratada com mais franqueza", evitando "a mania de segredo".[92] Com efeito, o desenvolvimento da situação militar indicava que, apesar das vitórias, a guerra não terminaria tão cedo.[93] Goebbels achava que "agora é preciso preparar o povo, gradualmente, para uma guerra mais prolongada".[94]

Repressão e propaganda nos territórios ocupados

Simultaneamente à propaganda ligada à guerra no Leste, Goebbels era obrigado a se incumbir da situação nos territórios ocupados. Mesmo porque, depois da invasão alemã da União Soviética, surgiram fortes movimentos de resistência em toda a Europa ocupada. De início, ele tentou controlar esse fenômeno com medidas propagandísticas. Para sabotar uma ação de propaganda britânica, iniciada em 20 de julho nos territórios ocupados, que divulgava o V da "vitória" para proclamar o triunfo dos aliados, lançou uma grandiosa campanha reivindicando o mesmíssimo V para o lado alemão.[95] Chegou a anotar no diário que a prova do sucesso da sua campanha era o V "estampado em todos os veículos da Wehrmacht, em todos os jornais dos territórios ocupados; cinemas, lanchonetes e restaurantes vêm sendo rebatizados 'Viktoria'; a torre Eiffel está coberta de faixas gigantescas com a letra V: enfim, espero que, com a apropriação dessa letra fatal, nós consigamos esmigalhar a propaganda inimiga em poucos dias".[96]

Aquilo que Goebbels festejou como grande sucesso teve consequências contraproducentes na propaganda interna na Alemanha. O vice-*Gauleiter* de Magdeburgo-Anhalt comunicou que a ação devia "ser considerada um fracasso total na pátria". Milhões de pessoas recebiam informações por intermédio de conhecidos ou colegas nos territórios ocupados e "punham em dúvida a veracidade da propaganda oficial".⁹⁷ Sintomaticamente, em julho de 1941, ele decidiu abandonar o V da vitória.

Nos territórios ocupados, a coisa não se restringia a slogans propagandísticos. Durante o verão, soldados alemães foram atacados em vários desses países. Desde os primeiros atos de resistência, Goebbels recomendou mostrar "o punho blindado [...] ao inimigo".⁹⁸ Informado de que, na Holanda, a população acenava para os bombardeiros britânicos, propôs ameaçar mandar a Luftwaffe bombardear as ruas em questão.⁹⁹ Em agosto, passou a pressionar para que a resposta aos atentados em Paris fosse o fuzilamento de reféns e, principalmente, para que se divulgassem de maneira antecipada os nomes das vítimas potenciais dessas execuções.¹⁰⁰ Aliás, a partir de setembro as autoridades alemãs de ocupação na França, na Bélgica e na Noruega passaram a fuzilar reféns; na Sérvia, isso já vinha acontecendo desde julho, atitude que Goebbels considerava exemplar.¹⁰¹

Obviamente, as severas medidas tomadas por Heydrich ao assumir o cargo de protetor do Reich substituto em Praga contaram com a aprovação de Goebbels:¹⁰² até o fim de novembro de 1941, Heydrich mandou fuzilar 404 homens e mulheres em consequência de julgamentos sumários da corte marcial.¹⁰³ Ao mesmo tempo, o Ministério da Propaganda explorava implacavelmente a situação no protetorado para pôr "a quase totalidade dos meios culturais nas mãos do Reich". A produção cinematográfica de Praga foi centralizada numa "sociedade cinematográfica", o Reich também se apoderou dos cinemas e livrarias.¹⁰⁴

Como de costume, porém, Goebbels era muito flexível nas suas opiniões — quando estas correspondiam à vontade da liderança máxima: em outubro, apoiou o fuzilamento de reféns na proporção de cinquenta para um na França ocupada, como anunciara a administração da ocupação, e pressionou as autoridades militares a proceder às execuções tal como anunciado.¹⁰⁵ Quando Hitler suspendeu o fuzilamento de cinquenta reféns em Nantes, a princípio por alguns dias, depois por tempo indeterminado, não foi outro senão Goebbels quem aplaudiu essa decisão sem a menor reserva.¹⁰⁶

A prolongada disputa com o Ministério das Relações Exteriores

Mesmo depois do ataque à União Soviética, Goebbels passou parte considerável do tempo tratando de afirmar ou mesmo expandir suas prerrogativas no terreno da propaganda e informação, particularmente em conflito com o Ministério das Relações Exteriores.

Em junho de 1941, pouco antes da eclosão da guerra no Leste, havia tentado uma vez mais esclarecer, junto a Lammers, a penosa questão da competência discricionária na propaganda no exterior. No entanto, o "poder de decisão" por ele almejado não se materializou; pelo contrário, Lammers lhe pediu que chegasse a um acordo com seu oponente Ribbentrop via negociação.[107] Os entendimentos se iniciaram em agosto; Goebbels tinha muita esperança, acreditava que o Ministério das Relações Exteriores havia "amolecido" no confronto com a sua pasta.[108] O cerne do acordo finalmente firmado em 22 de outubro foi a criação de uma holding, a Interradio AG, que centralizasse todas as emissoras direcionadas para os outros países, inclusive o serviço de rádio e interceptação Seehaus, fundado pelo Ministério das Relações Exteriores, bem como a de outras empresas guarda-chuva comuns que controlavam as editoras e distribuidoras. Além disso, o Ministério da Propaganda poderia enviar "especialistas" às missões diplomáticas alemãs. O acordo foi um sucesso para Goebbels uma vez que não incluiu a autoridade decisória do Ministério das Relações Exteriores com relação à sua pasta nas questões propagandísticas no estrangeiro, como previa a ordem do Führer de 8 de setembro de 1939. No entanto, o acordo não resolveu a questão particularmente controversa da competência nos assuntos de política de imprensa no exterior.[109]

No fim de setembro, Goebbels solicitou a Hitler que restringisse a interceptação de emissoras estrangeiras por parte da cúpula política do partido e do Estado. Conforme a sua argumentação, as emissoras estrangeiras eram "a única fonte de informação disponível fora dos nossos meios de divulgação oficiais. No entanto, essa fonte de informação prevalece no seu efeito derrotista e, a longo prazo, pode causar danos gravíssimos".[110] Em outras palavras, ele queria impedir a elite dirigente nazista de ter acesso a outras informações que não as controladas pelo Ministério da Propaganda, ou seja, fazer com que a sua pasta monopolizasse a informação.

Em princípio, Hitler concordou com a proposta.[111] Lammers preparou o esboço de uma "diretiva do Führer" que limitava a autorização de interceptação a poucos e destacados ministros.[112] Estes podiam delegar a autorização a funcionários individuais, mas só com licença expressa do Ministério da Propaganda. O Ministério das Relações Exteriores protestou de imediato contra essa ingerência na sua área de atuação e, em janeiro, por fim conseguiu se impor.[113]

A seguir, Goebbels se concentrou em restringir substancialmente os relatórios de interceptação do serviço Seehaus, cujos exemplares circulavam às centenas nos ministérios: ora, quem não estava autorizado a interceptar tampouco podia ler relatórios de interceptação.[114] Essa iniciativa, para a qual ele invocou categoricamente uma "ordem do Führer",[115] suscitou enérgicas objeções das autoridades nacionais afetadas, que, em parte, tentaram liquidar o Seehaus mediante o corte de recursos ou a criação de postos de interceptação próprios.[116] Por fim, em meados de fevereiro, chegou-se a um compromisso pelo qual o material seria filtrado com mais rigor; e a base de distribuição, reduzida, se bem que não tanto quanto desejava Goebbels.[117]

Moral bom e deportações

Na segunda quinzena de setembro, a propaganda, que no dia 19 pôde noticiar a tomada de Kiev,[118] conseguiu reerguer o estado de ânimo. Entretanto, Goebbels não aspirava ao triunfalismo, e sim a um "meio-termo tranquilo".[119] A isso adaptou a grande ação anual de propaganda de inverno, que dessa vez se norteou pela palavra de ordem "A vitória da Alemanha — Pão e Liberdade para o nosso povo e a Europa".[120] No fim do mês de setembro, "o estado de espírito do povo, no entanto, vai muito além das possibilidades reais". Segundo Goebbels observou, era grande a esperança "de que a guerra acabe neste inverno", mas ele teria "muito que fazer nas próximas semanas para devolver à medida normal o moral agora a desbordar no extremo oposto".[121]

Goebbels anotou que Hitler também estava "bem-humoradíssimo" e esbanjava confiança quando ele o visitou no quartel-general em 23 de setembro. Nesse encontro, foi inteirado da decisão do ditador, diante da vitória que se delineava no Leste, de iniciar a deportação dos judeus alemães. Antes mesmo do fim do ano, eles seriam levados a guetos em cidades da Europa oriental e, na primavera seguinte, transferidos para os territórios soviéticos então conquistados, um propósito que Hitler acalentava desde o planejamento da operação Barbarossa.

Nessa visita ao quartel-general, Goebbels se encontrou com Heydrich, que Hitler acabava de nomear protetor substituto do Reich em Praga — para "acomodar" a situação um tanto inquieta.[122] Heydrich garantiu que em breve se iniciaria a deportação dos judeus berlinenses; eles seriam "confinados [...] nos campos construídos pelos bolchevistas". Hitler, que esteve com Goebbels logo depois, confirmou essa informação: "As primeiras cidades a ficar livres de judeus são Berlim, Viena e Praga. Berlim está no topo da lista, e tenho a esperança de que consigamos despachar uma parte considerável dos judeus berlinenses para o Leste ainda neste ano."[123]

As causas dessa decisão de Hitler são complexas, mas podem se condensar num motivo central, isto é, travar a guerra, que agora se expandira para um conflito mundial, como uma "guerra contra os judeus": como uma luta contra uma alegada conspiração mundial que compreendia as potências anglo-saxônicas e a União Soviética, então bastante castigada, mas ainda não totalmente vencida e que também estava por trás dos movimentos de resistência que agora pipocavam nos territórios ocupados. Nesse contexto, os judeus alemães deviam ser tratados como inimigos e parte dessa conspiração.

Com a decisão de iniciar as deportações, a política de Goebbels de tornar os judeus visíveis e bani-los da "vida pública" ficou superada do ponto de vista propagandístico. Mesmo porque, se possível, as deportações deviam ocorrer sem chamar excessivamente a atenção. Aliás, havia-se constatado que a reação da população alemã à identificação aberta dos judeus ficara muito aquém das expectativas do ministro da Propaganda. Embora o moral estivesse alto em virtude da situação militar percebida como positiva, a introdução da estrela judaica suscitou pouco entusiasmo.

A ata da reunião de propaganda de 25 de setembro diz que havia informações segundo as quais, "numa parte da população, muito especialmente nas ditas camadas superiores, o emblema judeu suscitou manifestações de compaixão", impressão confirmada também por outras fontes.[124] Goebbels expressou com muita clareza para os funcionários sua decepção com as reações negativas dos círculos burgueses: "O burguês alemão é uma merda mesmo."[125]

Embora os meios de comunicação tivessem sido devidamente instruídos,[126] a "campanha de esclarecimento contra o judaísmo" lançada pelo Ministério da Propaganda não chegou a se realizar de fato.[127] O emblema da estrela amarela não se prestava, evidentemente, a mais um tratamento propagandístico intensivo; a ele se opunham não só as reações negativas da população como sobretudo o fato de as deportações não poderem figurar como um tema imediato da propaganda, uma vez que não convinha chamar excessivamente atenção para os judeus assim identificados.

Goebbels, entretanto, encontrou outro modo de impedir o indesejável contato de judeus com não judeus: com base numa sugestão apresentada por ele no Conselho Ministerial de 6 de outubro,[128] a Agência Central de Segurança do Reich promulgou uma resolução policial dispondo que quem mostrasse "publicamente relações de amizade com judeus" estava sujeito a "prisão preventiva" e a passar até três meses confinado num campo de concentração.[129] Todavia a resolução não foi publicada *ipsis litteris* como propunha Goebbels, motivo pelo qual ele se encarregou pessoalmente de esclarecer em público o seu conteúdo num editorial que se pode considerar uma verdadeira proclamação — e ao qual ainda retornaremos.

Em 2 de outubro, começou a ofensiva de outono da Wehrmacht na frente oriental.[130] No dia 3, Hitler chegou a Berlim e se mostrou a Goebbels tomado de um "otimismo desbordante", pois estava convencido de que o Exército Vermelho seria "desmantelado no essencial dentro de 14 dias", contanto que o clima colaborasse. À tarde, discursou na inauguração da campanha assistencial de inverno no Palácio de Esporte: foi sua primeira aparição pública desde o início da guerra no leste, a qual Goebbels aguardava com ansiedade como um apelo necessário e urgente à população.[131]

O discurso, no qual o ditador falou sobretudo nas vitórias militares e nos sucessivos comunicados sobre o progresso da ofensiva alemã, levou os meios de propaganda a um generalizado tom otimista e provocou as habituais análises de opinião positivas. Goebbels teve trabalho para "abafar um pouco o exagerado otimismo que arde nas vastas massas populares". Ele se via no papel de um "clínico geral do povo alemão, permanentemente ocupado em manter a nação num estado de ânimo mediano".[132]

Em compensação, o chefe nacional da imprensa Dietrich continuou instigando o moral positivo. Numa coletiva em 9 de outubro em Berlim, lançou com toda seriedade a palavra de ordem "a guerra no Leste está decidida".[133] Goebbels, pelo contrário, andava cético, até mesmo alarmado. O "estado de espírito", registrou no dia seguinte, "quase descamba para o ilusionismo", de modo que ele começou a reorientar a imprensa de maneira cautelosa, prescrevendo uma atitude um pouco mais realista.[134] Mas eis que, inevitavelmente, aconteceu aquilo que não podia acontecer: "Certa divergência entre a opinião do Führer e a opinião até então defendida perante a mídia." Goebbels reagiu pedindo ao general Jodl que ajustasse o relatório do alto-comando da Wehrmacht sobre o "estado de ânimo tal como se desenvolve no quartel-general do Führer com base em fatos inquestionáveis".[135] Mas, em consequência disso, o relatório do alto-comando de 16 de outubro informou que se haviam rompido as primeiras linhas de defesa de Moscou. O tema era a unificação da política de informação: tal comunicado foi longe demais para Goebbels. Mesmo porque ele presumia, e com razão, que o "estado de espírito estava exageradamente otimista em comparação com a situação real".[136]

E foi nessa situação crítica que se iniciou, em 15 de outubro, a deportação dos judeus berlinenses ordenada por Hitler quatro semanas antes. Na conferência ministerial de 23 de outubro, Goebbels determinou, referindo-se à "remoção dos primeiros 20 mil judeus", que nada havia "a dizer sobre esse tema". Para os correspondentes estrangeiros, a ordem era simplesmente dar a entender "que se tratava de uma medida de economia de guerra sobre a qual nada se informará. [...] Os judeus não vão a nenhum campo, nem a campo de concentração, nem a uma prisão. Serão tratados individualmente. O seu destino não pode ser revelado por motivos de economia de guerra." Na propaganda doméstica, pelo contrário, não se faria "absolutamente nenhum comentário" acerca das deportações.[137]

Ao mesmo tempo, isto é, no dia 24 de outubro, Goebbels escreveu sobre as deportações: "Os judeus recorrem à imprensa estrangeira pedindo socorro em cartas anônimas, e o fato é que algumas notícias a esse respeito vazam no exterior. Proíbo informações adicionais sobre isso para os correspondentes estrangeiros. Mesmo assim, não será possível impedir que o tema continue sendo explorado nos próximos dias. Nada se pode fazer. Ainda que, no momento, seja um tanto inconveniente ver a questão discutida perante o vasto público mundial, é preciso aceitar essa desvantagem. O essencial é que a capital do Reich fique livre de judeus [...]."

Na reunião de propaganda de 25 de outubro, além de cuidar da cobertura da questão das deportações pela imprensa estrangeira, Goebbels se ocupou dos meios pelos quais isolar totalmente a minoria judia do resto da população: era "inadequado determinar em geral que os judeus cedam o lugar no transporte coletivo; no caso, é tarefa do partido instilar em cada um a sensibilidade e a intuição psicológica corretas. Além disso, nos trens do metrô e nos outros meios de transporte serão afixados cartazes dizendo — sem entrar na questão dos assentos: 'Os judeus são a nossa desgraça. Eles quiseram esta guerra para aniquilar a Alemanha. Camarada alemão, nunca esqueça isso!' Assim, cria-se uma base à qual se pode recorrer caso um eventual incidente torne isso necessário."

No dia 26 de outubro, na reunião de imprensa, Goebbels decidiu intensificar a propaganda antijudaica.[138] No seu diário de 28 de outubro de 1941, também comentou as deportações iminentes. Ao mesmo tempo, revelou com bastante clareza, coisa que não fez na reunião, que, segundo as análises do moral, as deportações suscitaram restrições relativamente fortes na população — percepção confirmada por outras fontes.

Em outubro de 1941, o propagandista Goebbels se viu diante de um dilema quase insolúvel: por um lado, as expatriações não deviam existir na propaganda alemã; por outro, o tema vinha sendo tão discutido fora da Alemanha que era preciso reagir. Além disso, a população alemã tinha amplo conhecimento das deportações, o que gerava sobretudo reações negativas e ameaçava agravar ainda mais a atmosfera geral já considerada crítica.

A solução encontrada consistiu em lançar uma nova campanha propagandística antissemita no fim de outubro, sem mencionar as deportações para fora da Alemanha. Uma vez mais, essa campanha tinha por alvo a suposta influência dominante dos judeus na União Soviética, nos Estados Unidos e na Grã-Bretanha e serviria para provar a existência da conspiração mundial judaica.[139] No entanto, outro acontecimento serviu como prelúdio para a campanha: boa parte da imprensa deu grande destaque e comentou exaustivamente uma carta escrita pelo chefe de Estado romeno Antonescu e endereçada a Wilhelm Filderman, o representante da minoria israelita no país, rejeitando com veemência as queixas contra as deportações de judeus bessarábios para a Transnístria. Os meios de comunicação receberam instrução de divulgar amplamente essa carta e as deportações da Bessarábia, lembrando ao mesmo tempo a profecia de Hitler de janeiro de 1939, na qual anunciava o "extermínio da raça hebreia na Europa" no caso de uma guerra mundial.[140] No dia 27 de outubro de 1941, o *Völkischer Beobachter* deu a notícia com a manchete de primeira página: "Eles cavaram a própria sepultura! Os belicistas judeus selaram o destino de Judá." Tal como instruiu o Ministério da Propaganda, o artigo reproduziu na íntegra a citação de Hitler no discurso de 30 de janeiro e acrescentou: "Hoje se realiza aquilo que o espírito visionário do Führer anunciou então. A guerra vingativa de Judá contra a Alemanha vinga-se nos próprios judeus. Os judeus têm de trilhar o caminho que abriram para si próprios."[141]

Mas, enquanto essa campanha ainda estava em andamento, Goebbels precisou se concentrar em outro fator de estado de ânimo ainda mais importante: no fim de outubro de 1941, toda a situação militar se alterou de maneira fundamental: a incipiente mudança de estação do ano impossibilitou novas operações de envergadura. A "grande ofensiva prevista inicialmente", escreveu ele em 31 de outubro, ficou "por ora atolada na lama".[142]

Assim, só lhe restou operar uma modificação fundamental na propaganda de guerra: desde o início do conflito até o fim do verão de 1941, ela se deixou guiar pelo fascínio das grandes vitórias militares das forças armadas, sendo que as breves "guerras-relâmpago" minimizaram o fardo sobre a população. Agora, porém, era evidente que a planejada marcha triunfal rápida contra a União Soviética ia se transformar numa guerra mais prolongada. Isso forçava a propaganda a adotar uma orientação basicamente nova.

23. "Educação do povo para a firmeza política"
A crise do inverno de 1941-42

No fim de outubro, ao visitar o alto-comando do exército no complexo Mauerwald, nas cercanias do quartel-general do Führer situado no chamado Wolfsschanze [Toca do Lobo], na Prússia Oriental, ocasião em que se encontrou com o comandante em chefe Walther Brauchitsch e o chefe do estado--maior Eduard Wagner, Goebbels se informou nos menores detalhes do abastecimento do exército do Leste. Ficou particularmente impressionado ao ver uma exposição do equipamento de inverno da tropa: "Pensaram em tudo, não esqueceram nada. Se o inimigo depositar esperança no General Inverno, acreditando que nossas tropas no Leste morrerão de frio ou de fome, terá feito um cálculo inteiramente errado."[1]

Logo depois dessa visita, ele travou conhecimento com o inverno russo. Ao tentar voar da Prússia Oriental a Smolensk, ficou retido em Vilna devido às péssimas condições atmosféricas.[2] Durante uma visita improvisada à cidade, também esteve no gueto: "Perambulam pelas ruas figuras horrendas com que eu não gostaria de topar de noite. Os judeus são os piolhos da humanidade civilizada. É preciso extirpá-los de algum modo, do contrário sempre hão de voltar a fazer seu papel atormentador e indesejável." No dia seguinte, constatou-se que, em virtude da forte formação de gelo no motor, tampouco era possível retornar à Prússia Oriental de avião. Restou uma demorada viagem num comboio de automóveis pela Lituânia e a Prússia Oriental que não deixou de impressioná-lo: "É bem assustador ver essas massas de neve, mesmo aqui na Prússia Oriental; imagine como há de ser na linha de frente oriental!"[3]

De volta a Berlim, teve de enfrentar o moral cada vez mais baixo, como era de esperar. "Como eu já supunha, ninguém entendeu o prognóstico do dr. Dietrich, e agora nós pagamos o pato."[4] Entretanto, quatro dias depois, deu o estado de espírito por "consolidado". É verdade que "em toda parte ainda se ouvem reclamações da escassez disto ou daquilo ou de um ou outro problema resolvido insatisfatoriamente", mas pareceu-lhe essencial "que o povo alemão agora começa a se conformar pouco a pouco com uma guerra mais longa e se mostra disposto a suportá-la com dignidade e estoicismo".[5]

Como torna a mostrar este exemplo, já nos primeiros meses da guerra no Leste, Goebbels teve de lidar com o fato de o estado de ânimo da população, como mostravam todos os relatórios, estar sujeito a mudanças extraordinariamente rápidas: os informes sobre o moral refletiam fortemente a reação imediata das pessoas aos sucessos militares, ou então às notícias negativas do front, ou à ausência de notícias, de modo que em geral a respectiva linha de propaganda oficial dava o arcabouço da sua avaliação ao jornalista. Para o encarregado da direção da propaganda nazista, essas "mudanças radicais de estado de espírito" que se verificavam com frequência não podiam ser senão bastante irritantes.

Goebbels vinha tentando reiteradamente estabilizar o moral num nível médio, isto é, evitar grandes variações quando possível. Agora que se aguardava um rigoroso inverno de guerra e esta, além de ameaçar se converter num conflito mundial, tendia a se prolongar indefinidamente, era preciso insistir na questão com muito mais empenho. Para chegar a tal linha intermediária, ele lançou mão de diversos métodos: por um lado, procurou suprimir da propaganda as notícias exageradamente otimistas, sobretudo as que sugeriam o fim próximo da guerra. Se o teor da propaganda não fosse bombástico em demasia, não havia por que esperar muita euforia nos relatórios acerca do moral. Nesse contexto, Goebbels retornaria muitas e muitas vezes às omissões de Dietrich de outubro, que, em sua opinião, representavam "o maior erro psicológico de toda a guerra".[6]

Em segundo lugar, começou a definir diferentemente os critérios de avaliação do moral: no outono, reajustou a propaganda, substituindo a promessa de vitória a curto prazo pela ideia de uma guerra mais longa e dura, em que estava em jogo a existência do Reich e um ônus maior recairia sobre a frente interna.

Restava, em terceiro lugar, eliminar do material informativo sobre o estado de espírito os comunicados excessivamente pessimistas e negativos. Isso porque, nesse meio-tempo, Goebbels tinha concluído que havia um excesso de relatórios sobre o moral, a maioria pouco confiável: as seções subalternas "sentem-se na obrigação de dar opinião sobre o moral em relatórios semanais ou a cada três dias. Quando nada têm a dizer, inventam". O material assim obtido tendia a "mergulhar no nervosismo" os órgãos da esfera governamental, de modo que precisava ser reduzido.[7] Sobretudo o relatório do SD era, em muitos casos, pouco confiável e se deixava levar por "quadros históricos de medo".[8]

Obviamente, todas essas medidas de controle do moral pouco tinham a ver com o estado psicológico real das pessoas; pelo contrário, Goebbels — com todos os meios de controle do aparato de propaganda e dos serviços de informação ao seu dispor — mandava criar diretrizes para um "estado de ânimo" oficialmente sancionado, um modelo ao qual era bom as pessoas tratarem de se adaptar no comportamento cotidiano.

Determinantes para essa reorganização fundamental foram dois artigos programáticos publicados na *Reich* de novembro de 1941. Goebbels havia chegado à conclusão de que os seus artigos na revista, que eram lidos com regularidade no rádio e em parte reimpressos pelo partido,[9] representavam um "acervo de argumentos" indispensável para os correligionários modestos; punham na mão do "combatente político os exemplos e as evidências populares com que se defender dos reclamões e desordeiros".[10]

O primeiro artigo, cuja publicação no dia 9 de novembro de 1941 foi previamente autorizada por Hitler,[11] tratava da delicada questão da iminente vitória no Leste — tantas vezes anunciada e que no entanto acabava sendo protelada para um futuro remoto — e a respondia dizendo que o que importava não era *quando*, e sim *como* a guerra ia acabar. Aquela, segundo Goebbels, era uma luta pela existência: perdê-la era perder "a nossa vida nacional cabal e absolutamente". Qualquer outra consideração sobre a duração do conflito era improdutiva e prejudicial, todos os esforços tinham de se concentrar na vitória: "Não perguntemos quando ela virá, cuidemos para que venha."[12] Era uma clara proibição a qualquer debate sobre a duração da guerra e uma óbvia reprimenda ao exagerado otimismo de Dietrich. No dia em que o artigo foi divulgado, Hitler fez um discurso para os *Reichsleiter* e *Gauleiter*, em Munique, por ocasião das habituais comemorações de novembro, no qual empregou literalmente as mesmas formulações. Para Goebbels isso foi "uma ratificação única e magnífica da linha propagandística por mim defendida há tanto tempo e em vão".[13]

Seu artigo não apenas foi lido no rádio como se tornou obrigatório na imprensa alemã,[14] em virtude de uma diretiva do quartel-general do Führer para que fosse distribuído no front numa tiragem de um milhão de cópias[15] e amplamente divulgado na imprensa dos aliados do Eixo, como soube Goebbels com satisfação.[16] Uma honra especial para ele foi o fato de o *New York Times* tê-lo reproduzido *ipsis litteris*.[17] No Reich, disso Goebbels se dizia totalmente convencido, as amplas massas estavam aos poucos se acostumando "com a ideia de uma guerra mais prolongada".[18]

Nesse meio-tempo, ele começou a escrever outro grande artigo intitulado "A culpa é dos judeus!", a ser publicado na *Reich* em 16 de novembro,[19] no qual retomava a profecia de Hitler de 30 de janeiro de 1939: "Estamos presenciando a realização dessa profecia, e com ela se consubstancia para o judaísmo um destino sem dúvida cruel, porém mais do que merecido. A pena ou comiseração é totalmente descabida neste caso." E prosseguia dizendo que o "judaísmo mundial" estava sofrendo um "progressivo processo de extermínio" — formulação que não dava margem à dúvida quanto ao destino dos deportados.

O artigo terminava com um verdadeiro decálogo: instruções minuciosas para o trato com os judeus ainda residentes na Alemanha. Não se tratava, por assim dizer, de uma simples conclamação; o texto apresentava publicamente a resolução policial — embora não ao pé da letra — divulgada no fim de outubro, por iniciativa de Goebbels, ameaçando de confinamento em campo de concentração qualquer um que tivesse contato com judeus: "Aquele que porta uma estrela judaica está marcado como inimigo do povo. Quem com ele continua cultivando relações particulares não é diferente dele e deve ser prontamente considerado judeu e tratado como tal."[20]

Com essa afirmação amplamente disseminada pela propaganda, Goebbels deixou claro que o regime não estava disposto a tolerar manifestações de reprovação nem gestos de solidariedade avessos à *Judenpolitik* oficial. Pelo contrário, dali em diante, no que dizia respeito ao comportamento da população com os israelitas, vigoravam firmes prescrições a serem cumpridas com todo rigor. Além disso, Goebbels providenciou para que se divulgassem essas diretivas nos mais longínquos recantos do Reich e para que elas fossem efetivamente impostas no dia a dia.[21]

Em novembro, para conquistar o apoio popular à guerra de inverno, preparou rapidamente e em cinco grandes cidades ao mesmo tempo exposições do equipamento de inverno do exército, como ficara combinado com o alto-comando na sua visita do fim de outubro. Mas a inauguração foi a princípio adiada e por fim cancelada.[22] Ocorre que, durante o mês de novembro, descobriu-se que era inoportuno chamar atenção para o tema: as tropas ainda não tinham recebido o dito material.

No começo de dezembro, a ofensiva alemã na Rússia estacou; em condições climáticas rigorosíssimas e sem o equipamento de inverno apropriado, as tropas alemãs tiveram de suspender as operações de ataque a Moscou, e particularmente ao sul do front, e pôr-se em retirada. No início de dezembro, Goebbels soube que, embora o equipamento de inverno já estivesse disponível, só no fim de janeiro seria possível levá-lo até os soldados.[23] E foi obrigado a impor "aos nossos meios de propaganda [...] moderação geral no concernente à situação militar".[24] Por outro lado, viu no desdobramento militar negativo a confirmação da linha por ele defendida havia meses de mostrar mais "firmeza" na política interna.²⁵ Do mesmo teor eram suas recomendações na reunião de imprensa de mostrar ao povo "as coisas [...] tais como são na realidade e [...] dizer: 'Nós não queríamos a guerra; então não fale demais e acostume-se com isso!'".²⁶

A declaração de guerra aos Estados Unidos

No dia 8 de dezembro de 1941, um acontecimento totalmente surpreendente para a liderança alemã veio ofuscar aquele desenvolvimento crítico: o ataque japonês à frota americana em Pearl Harbor e a consequente ampliação da guerra no Pacífico.²⁷

Goebbels nisso enxergou "o início de uma grande reviravolta no quadro mundial". Agora, os Estados Unidos "não terão condições de transportar material apreciável para a Inglaterra ou mesmo para a União Soviética; os próprios americanos precisarão dele nas próximas semanas e meses". Em termos de política interna, também só viu vantagens: "Um suspiro de alívio percorre toda a nação. Agora uma eventual guerra entre os Estados Unidos e a Alemanha perdeu o horror psicológico."²⁸

Em 9 de dezembro, teve oportunidade de discutir a situação com Hitler, que voltara a Berlim às pressas.²⁹ Embora, duas semanas antes, este lhe tivesse dito acreditar que o Japão entraria ativamente na guerra num futuro previsível (Goebbels era de outra opinião),³⁰ agora lhe contava que a irrupção das hostilidades o tinha pegado "totalmente de surpresa e, assim como eu, ele se recusou a acreditar no primeiro momento". Nessa ocasião, Hitler informou que pretendia anunciar a declaração de guerra alemã aos Estados Unidos no seu discurso no Reichstag previsto para 11 de dezembro.

Goebbels também participou dessa sessão do parlamento.³¹ Quando Hitler, no seu discurso, lembrou enfaticamente a "pátria" dos seus deveres de guerra, ele anotou, satisfeito, que isso correspondia "de maneira perfeita à tendência que há semanas, para não dizer há meses, eu venho buscando na propaganda alemã".³²

Na tarde seguinte, Hitler discursou para os *Reichsleiter* e *Gauleiter* reunidos na Chancelaria. No diário de Goebbels, o relato desse discurso, do qual não há nenhum outro testemunho, ocupa nada menos que sete páginas.³³ De início, o ditador discorreu sobre a situação surgida com a guerra contra os Estados Unidos. O relato de Goebbels explica como Hitler conseguiu, nesse dia, apresentar como positiva a ampliação da guerra, que, em retrospectiva, parece ter sido o passo decisivo no caminho de sua derrota: "Agora o conflito no Extremo Oriente chega como uma dádiva para nós [...]. Sem o contrapeso do conflito no Extremo Oriente, uma declaração de guerra aos americanos de nossa parte dificilmente seria aceita pelo povo alemão. Hoje qualquer um acha esse desenvolvimento quase natural."

Também abordou a situação na frente oriental, procurando banalizá-la como já tinha feito perante Goebbels: a Wehrmacht estaria "fazendo uma limpeza no front". Era sua "decisão firme, no ano que vem, acabar com a Rússia soviética pelo menos até os Urais". Enfim, referiu-se à "questão judaica": "No que diz respeito à questão judaica, o Führer está determinado a pôr ordem nas coisas. Ele profetizou que, se os judeus tornassem a provocar uma guerra mundial, nela seriam exterminados. Não foram palavras ao vento. A guerra mundial está aí, o extermínio do judaísmo há de ser a consequência necessária. Essa questão deve ser encarada sem o menor sentimentalismo. Nós não estamos aqui para ter pena dos judeus, mas para ter pena unicamente do povo alemão. Se o povo alemão, agora em nova campanha do Leste, sacrificou cerca de 160 mil vidas, os causadores desse conflito sangrento terão de pagar com a sua." Essas palavras claras de Hitler devem ter corroborado Goebbels na convicção de que, com a sua postura radical na "questão judaica", estava perfeitamente alinhado ao Führer. Nos últimos meses, este havia anunciado várias vezes o "extermínio" dos judeus, e ele, Goebbels, empregara a mesma formulação no artigo "A culpa é dos judeus!" de 16 de novembro, lembrando de modo revelador a "profecia" de 30 de janeiro de 1939, do mesmo modo como agora fazia o ditador diante dos *Reichsleiter* e *Gauleiter*.

A declaração de guerra aos Estados Unidos não teve por consequência uma reorientação fundamental na propaganda antiamericana: esta continuou concentrada no presidente Roosevelt, cuja "culpa da guerra" constituía o *leitmotiv*. Além disso, Goebbels esperava sobretudo que a ênfase sobre a "questão judaica" tivesse um grande efeito nos Estados Unidos, já que "todos os americanos, sem exceção, são antissemitas", a única coisa que faltava era organizar o antissemitismo nos Estados Unidos. "A tendência deve ser: a culpa é de Roosevelt e a culpa é dos judeus! A cada derrota, a cada revés dos americanos, é preciso dizer: agradeçam a Roosevelt e a seus judeus."[34]

Coleta de agasalhos

A nova missão confiada a Goebbels nos dias seguintes condizia perfeitamente com o espírito da sua exigência de mais firmeza na propaganda doméstica.

Em 17 de dezembro, Hitler o incumbiu de executar uma ação de "coleta de agasalhos para as tropas na frente oriental" solicitada pelo alto-comando do exército.

Diante da resistência do OKW — que alegava já dispor do equipamento, e que a dificuldade estava em transportá-lo para a linha de frente —, em 20 de dezembro, Goebbels levou a cabo a decisão de Hitler de anunciar a coleta pelo rádio naquela mesma noite.[35]

Valeu-se da autorização para, nos dias subsequentes, inserir furtivamente a imagem pública do Terceiro Reich sob a hegemonia de uma das suas grandes campanhas e exibir por todos os canais de propaganda a coesão da "comunidade nacional". "Na política interna, o quadro ficará inteiramente dominado pela coleta anunciada por mim. Da maneira como foi formulada, sem disfarces, ela causou uma forte impressão ao povo alemão."[36] Ademais, ela constituiria uma possibilidade de contra-arrestar o estado de espírito "melancólico", por ele considerado perigoso, que não se devia difundir em demasia durante os feriados do Natal.[37]

No entanto, logo depois do Natal, multiplicaram-se os comunicados negativos oriundos das zonas de guerra: os britânicos conquistaram Bengasi, e as notícias da frente oriental coincidiam, segundo Goebbels, sobretudo em que "a resistência das nossas tropas anda muito e alarmantemente debilitada".[38] Portanto, era ótimo "que se tivesse iniciado a coleta de agasalhos. Pelo menos o povo se ocupa de uma tarefa positiva, e o partido também tem o que fazer e deixa de perder tempo com análises sagazes da situação. Enfim, é melhor que cada qual faça o seu trabalho cotidiano e, além disso, tenha confiança no Führer".[39] Num artigo intitulado "O que é sacrifício", deixou claro que as "restrições" momentâneas no país não eram nada em comparação com os verdadeiros sacrifícios que os soldados da linha de frente tinham de fazer.[40]

No Conselho Ministerial, a coleta de inverno foi o tema constante daqueles dias.[41] "Quanto mais a pátria tiver que fazer", concluiu Goebbels, "tanto melhor será o estado de ânimo, quanto mais as pessoas tiverem a sensação de executar um trabalho necessário à guerra, tanto mais se sentirão comprometidas com ela e corresponsáveis pelo seu sucesso".[42] No dia 11 de janeiro, ele anunciou pelo rádio o resultado da coleta: mais de 56 milhões de agasalhos e itens de lã; o balanço final da ação ultrapassou os 67 milhões de peças. O conjunto da operação, como ele registrou, foi uma "verdadeira bênção [...] para a nossa situação interna".[43]

Em compensação, a ação de coleta de esquis organizada em paralelo foi um grande fracasso.[44] Pressionadas pelo Ministério da Propaganda, centenas de milhares de alemães entregaram o equipamento de esporte; ao mesmo tempo, foram cancelados todos os eventos esportivos de inverno.⁴⁵ Quando a ação ia de vento em popa, a Wehrmacht declarou sem aviso prévio que, em vez dos 2 milhões de pares de esquis iniciais, precisava de apenas 400 mil — consideravelmente menos do que o já arrecadado até então.⁴⁶ Assim, Goebbels, que achou esse recuo "tremendamente constrangedor", mandou encerrar a campanha de modo discreto.⁴⁷ De resto, nem mesmo os 400 mil esquis coletados tinham muita utilidade para a Wehrmacht, pois quase todos eram alpinos, isto é, adequados à descida livre, não ao esqui de fundo, como convinha na guerra de inverno; além disso, a grande maioria dos soldados não estava treinada no uso de esquis e se transformava em alvo fácil para os franco-atiradores inimigos.⁴⁸ Goebbels e o Ministério da Propaganda passaram o ano de 1942 às voltas com a questão de como cumprir a decisão de Hitler e fazer com que, no inverno seguinte, a população voltasse a ter acesso aos esquis restantes.⁴⁹

A propaganda doméstica: mais firmeza e mais bom humor

Nos meses de inverno seguintes, Goebbels se concentrou sobretudo em dar um jeito de se sobrepor, em termos propagandísticos, à crise militar na frente oriental e no norte da África: mediante esforços redobrados na "frente interna", mas também por meio de uma dosagem adequada das notícias dos diversos teatros de guerra.

Nesse aspecto, nas suas instruções propagandísticas e manifestações públicas dos primeiros meses de 1942, encontra-se a insistente exigência de mais "firmeza" tanto no tocante à política de informações quanto no referente à condução civil da guerra em geral: "Se lidarmos corretamente com o povo, atribuindo-lhe tarefas e liderando-o, ele com certeza se disporá a nos acompanhar na alegria e na tristeza. Um povo assim não pode ser vencido", escreveu no dia 8 de janeiro a propósito da proclamação de ano-novo de Hitler.⁵⁰

A coleta de agasalhos pareceu-lhe o bem-sucedido projeto-piloto de uma política de guerra "mais firme" no país.⁵¹ No fim de janeiro, ele publicou um artigo na *Reich* no qual dizia, com satisfação, que na pátria já quase não havia quem "se dê ao luxo de brincar de paz na sua pequenina esfera de vida enquanto a fúria guerreira devasta o continente".⁵² Elogiou o discurso de Hitler de 30 de janeiro inclusive pela tendência à "educação do povo para a firmeza política".⁵³ Agora ele acreditava poder detectar uma "estabilização da atitude geral".⁵⁴ Numa longa conversa com a mãe, tentou, como tantas outras vezes, saber mais sobre o verdadeiro estado de espírito: "Ela conhece o moral do povo mais do que a maioria dos especialistas, que o avaliam do elevado observatório das experiências científicas, ao passo que aqui é própria voz do povo que fala. Posso voltar a aprender muito; sobretudo que o povo costuma ser mais primitivo do que imaginamos." Sentiu-se ratificado na sua abordagem fundamental: "Por isso a essência da propaganda é sempre a simplicidade e a repetição."[55]

Além do obstinado empenho em exigir das pessoas no país mais esforço pela guerra, no inverno de 1941-42, Goebbels, na qualidade de ministro da Propaganda, adotou uma espécie de estratégia de compensação: o abrandamento do rádio e do cinema para que oferecessem mais diversão e aumentassem o "bom humor". Esse esforço, que se pode acompanhar a partir do outono de 1941, chegou ao auge em fevereiro de 1942.

Já na metade de outubro, tendo chegado à conclusão de que o rádio continuava servindo um "petisco" insuficientemente "bom e divertido",[56] ele encarregara Hans Hinkel, o consultor geral de assuntos da Câmara de Cultura no ministério, de "entrar em contato com os nossos melhores conjuntos musicais, regentes e compositores populares" e providenciar "programas noturnos decentes".[57]

Quando Hinkel empreendeu as reformas desejadas, que em breve se estenderam à totalidade dos programas de entretenimento,[58] Goebbels constatou uma repercussão geral altamente positiva entre os ouvintes.[59] Em janeiro, todavia, voltou a detectar elementos indesejáveis na programação radiofônica. Como Hinkel estava de férias, atribuiu a culpa ao diretor artístico Glasmeier, chefe da Reichsrundfunkgesellschaft.[60] Em fevereiro, ocupou-se intensamente da reforma da programação[61] e enfim promoveu uma ampla redistribuição das incumbências: transferiu a Hinkel a "responsabilidade geral pela programação artística e de entretenimento da Rádio Pangermânica" e confiou a Wolfgang Diewerge, havia anos um dos mais destacados propagandistas do ministério, a direção do departamento de radiodifusão e, concomitantemente, a "responsabilidade total pelas transmissões político-propagandísticas da Rádio Pangermânica".

Por orientação de Goebbels, Hinkel estruturou uma redação de programa com dez grupos, cada qual responsável por um ramo de entretenimento. Agora o ministro da Propaganda contava com um aparato que lhe possibilitava instruir direta e minuciosamente a criação de programas.[62] Inclusive nas reuniões de imprensa, falava com largueza sobre os detalhes da programação: assim, em 9 de março, recomendou — literalmente! — o anúncio de um ciclo de *Lieder* de Schumann.[63]

Com essa reorganização, ao mesmo tempo, reduziu as atribuições do diretor geral da Reichsrundfunkgesellschaft Glasmeier, restringindo-o sobretudo a tarefas administrativas.[64] Num artigo no *Völkischer Beobachter* de 1º de março, anunciou a reestruturação da programação do rádio. Embora o jazz fosse obviamente rejeitado, "não se pode pretender que as valsas dos nossos avôs e avós sejam o fim do desenvolvimento musical e que tudo o mais tenha parte com o mal".[65] No diário, ele se mostrou satisfeitíssimo com a nova estrutura da programação: à noite, era "um prazer sintonizar uma emissora durante 15 minutos ou meia hora".[66]

No terreno do cinema, Goebbels também impôs uma mudança de rumo a partir do outono de 1941,[67] direcionando seu interesse principal para os filmes de entretenimento leve. Não se deviam poupar esforços, tinha escrito já em setembro, para "manter o povo de bom humor [...] neste inverno que se avizinha";[68] isso seria "realmente decisivo para o resultado da guerra".[69] Quando grupos do partido criticaram *Der Gasmann* [O homem do gás], um filme de Rühmann, porque nele se insinuava uma observação sobre os figurões do NSDAP, Goebbels zombou reveladoramente dos *Gauleiter* que acreditavam que "o moral fica prejudicado com as piadinhas inofensivas que dirigem farpas às instituições do Estado ou do partido".[70]

Durante o inverno, mais filmes de entretenimento voltaram aos cinemas e começaram a tomar o lugar das fitas de propaganda política, ainda que, no fim do ano, Goebbels permanecesse indeciso quanto à linha a seguir: "No momento, a situação está tão sujeita a mudanças que, no fundo, é difícil saber o que produzir, filmes políticos, militares, musicais ou de mero entretenimento." Em todo caso, era muito bom oferecer "ao povo o necessário alívio na arte, no teatro, no cinema e no rádio".[71] Mas, no início de 1942, ficou bem clara a sua preferência por mais diversão: "O que nos falta é um patriotismo de uso doméstico", escreveu em janeiro depois de assistir a um filme.[72]

Um ponto importante dessa reorientação foi o fato de os "grandes filmes", em geral opulentos catataus históricos, simplesmente serem caríssimos,[73] motivo suficiente para que Goebbels preferisse as comédias relativamente baratas rodadas nos bastidores dos estúdios: "O que nos falta é o cinema de entretenimento bom e de baixo custo."[74] No fim de fevereiro de 1942, o ministro da Propaganda baixou um decreto de "aumento da eficiência" do cinema, reunindo o conjunto da indústria cinematográfica numa organização única: todas as produtoras existentes foram unificadas na Ufa-Film GmbH; por outro lado, fundaram-se sociedades próprias para a sala de cinema e a distribuidora pertencentes à antiga Ufa. Ao mesmo tempo, ele criou o novo cargo de superintendente nacional do cinema, para o qual nomeou o diretor do departamento de cinema Fritz Hippler, que recebeu ordens expressas de interferir imediatamente na produção cinematográfica. Em tempo de guerra, o decreto priorizava de maneira explícita os filmes de "conteúdo divertido".[75] São notórios os paralelos com a reforma da programação do rádio: mais controle e mais entretenimento. No dia da publicação do decreto, Goebbels fez um discurso para os cineastas, no qual explicou os novos rumos: ao todo, seriam produzidos mais filmes, menos obras monumentais e político-nacionais caríssimas, e, em seu lugar, mais "filmes de entretenimento e de boa qualidade". A proporção entre as duas categorias seria de aproximadamente 20% para 80%.[76] A mudança, como ele notou, suscitou "certa perplexidade", até mesmo insatisfação entre os ouvintes, o que o levou a fazer um áspero comentário: "Quem não nos acompanhar voluntariamente nos acompanhará à força."

Durante o ano de 1942, Goebbels viu o sucesso das mudanças que havia imposto estampado numa série de filmes condizentes com os critérios "barato, divertido, inteligente"[77] (como, por exemplo, *Meine Frau Theresa* [Minha esposa Teresa]).[78] "Nesta época de tensão fortíssima, o cinema e o rádio devem proporcionar relaxamento ao povo", escreveu no começo de março, sintetizando as reformas por ele realizadas. "É preciso preservar o bom humor."[79]

"A solução final da questão judaica"

Em fevereiro, referindo-se ao iminente aniquilamento do "bolchevismo", Hitler patenteou "uma vez mais" a Goebbels a sua decisão de "se livrar inexoravelmente dos judeus na Europa": "Os judeus merecem a catástrofe que hoje estão padecendo. E, com o extermínio dos nossos inimigos, padecerão o seu próprio extermínio." A melhora gradual da situação militar na primavera, sobretudo na frente oriental, permitia que se esperasse a realização desse propósito muito em breve.

No dia 1º de março, na sua reunião de imprensa, Goebbels discutiu o impendente prosseguimento da "evacuação" dos israelitas berlinenses. Incumbiu Hinkel de entrar em contato com as autoridades competentes; e, de fato, no fim de março, seriam retomadas as deportações em Berlim — temporariamente interrompidas em virtude das dificuldades de transporte no inverno. A seguir, discutiu com seus funcionários como autorizar o uso do bonde pelos judeus em condições de trabalhar, em Berlim, mediante a apresentação de uma carteira de identidade especial; era absolutamente necessário impedi-los de "ficar à toa no bonde, tentando despertar compaixão".⁸⁰ O grande interesse de Goebbels por esses detalhes demonstra o quanto achava importante fazer com que os judeus ainda residentes na Alemanha sumissem — de preferência em sua totalidade — da imagem pública do Terceiro Reich.

Em 6 de março, ele leu um "memorando minucioso do SD e da polícia sobre a solução final da questão judaica". Muito provavelmente, tratava-se de um dos trinta exemplares da reprodução da ata da reunião realizada em 20 de janeiro na casa de hóspedes da SS à margem do Grosser Wannsee; Gutterer, seu secretário de Estado, foi convidado a participar desse encontro, mas não pôde comparecer. Goebbels registrou vários pontos que lhe pareceram importantes na leitura: "Agora a questão judaica há de ser solucionada no âmbito de toda a Europa. Ainda há 11 milhões de judeus no continente. Em primeiro lugar, é preciso concentrá-los no Leste; depois da guerra, talvez seja possível assentá-los numa ilha, por exemplo, Madagascar. Em todo caso, não haverá tranquilidade na Europa enquanto os judeus não forem totalmente eliminados do território europeu." Mas o que fazer "com aqueles em parte judeus, [...] casados com judeus, aparentados dos judeus"? Por certo, "ainda haverá uma grande quantidade de tragédias pessoais [...] no âmbito da solução do problema"; mas isso era "inevitável". E, quiçá para se defender de um resquício de dúvida quanto às consequências da "solução final", ele acrescentou: "As gerações futuras já não terão o vigor e tampouco a vigilância do instinto. Por isso nós fazemos bem em proceder radical e consequentemente."⁸¹

Na realidade, a essa altura o assassinato sistemático já tinha começado na Polônia ocupada. No início de dezembro, em Chelmno, na região anexada de Wartheland,* construiu-se uma estação de *Gaswagen*,** com a ajuda da qual inicialmente se assassinaram os judeus naturais da região. No outono de 1941, em Belzec, no distrito de Lublin do governo-geral, Odilo Globocnik, o chefe da SS e da polícia distrital, começou a construir um campo de extermínio com uma série de câmaras de gás; a partir de 17 de março, ali mataram os judeus do distrito.⁸²

---

* Warthegau/Wartheland: distrito administrativo do Reich (*Reichsgau*) formado pela antiga província prussiana de Posen e outras regiões fronteiriças polonesas. (N. do T.)
** Literalmente, "caminhão de gás". Método de extermínio muito utilizado pelos nazistas até a criação das câmaras de gás. Tratava-se de um veículo equipado com um compartimento hermético para o qual se canalizava o gás do escapamento. As vítimas encerradas nesse compartimento morriam asfixiadas pelo monóxido de carbono emitido pelo motor em funcionamento. (N. do T.)

Poucos dias depois, Goebbels tomou conhecimento dessa ação ultrassecreta. Há uma extensa anotação a esse respeito no seu diário de 27 de março: "Agora os judeus do governo-geral estão sendo deportados para o Leste, a começar por Lublin. Os métodos empregados são consideravelmente bárbaros, seus pormenores não se podem descrever, e, quanto aos judeus, pouco resta deles. Grosso modo, constata-se que 60% precisam ser liquidados, ao passo que só 40% podem ser destinados ao trabalho." Mais adiante, o apontamento contém uma justificativa do programa de extermínio; a leitura deixa bem claro que Goebbels recorre a essas reflexões também para se armar contra certas dúvidas que o acometem: "Comina-se aos judeus uma pena sem dúvida bárbara, mas eles a merecem plenamente. A profecia com que o Führer os alertou caso eles provocassem uma guerra mundial começa a se realizar da maneira mais horrenda possível. Não podemos nos deixar levar pelo sentimentalismo. Os judeus nos exterminariam se nós não os repelíssemos. [...] Nenhum outro governo e nenhum outro regime seriam capazes de reunir a força necessária para resolver cabalmente essa questão. Também nisso o Führer é o persistente pioneiro e líder de uma solução radical imposta pelo estado de coisas e, por isso mesmo, inevitável." Os guetos que assim "vinham sendo liberados" pelo governo-geral seriam "ocupados pelos judeus expulsos do Reich"; desse modo, "o processo se renovará depois de algum tempo".[83]

No dia 26 de abril, Goebbels teve oportunidade de discutir "uma vez mais e detalhadamente a questão judaica" com Hitler. A posição deste era implacável, anotou: "Ele quer expulsar os judeus da Europa de uma vez por todas. E está coberto de razão. Os judeus têm causado tanto sofrimento no nosso continente que o pior castigo que a eles se infligir será demasiado brando."[84]

Em maio de 1942, um grupo berlinense de resistência de esquerda pôs fogo na exposição propagandística "O paraíso soviético", promovida pelo Ministério da Propaganda no Lustgarten, em Berlim. O ataque, que causou poucos danos, foi esclarecido em relativamente pouco tempo; no entanto, Goebbels ficou alarmadíssimo com o fato de quase todos os membros do grupo chefiado por Herbert Baum serem judeus ou judeus "mestiços" e pressionou Hitler para que mandasse "prender uns quinhentos judeus como reféns e, em caso de novos atentados", respondesse "com fuzilamentos". Com efeito, no dia 27 de maio, a Gestapo berlinense fez um grande número de detenções na cidade: 154 prisioneiros foram levados ao campo de concentração de Sachsenhausen e fuzilados com outros 96 internos judeus que lá se encontravam havia mais tempo. Além disso, outros 250 foram confinados em Sachsenhausen. A cúpula da comunidade judaica de Berlim foi avisada de que eles eram reféns e seriam fuzilados caso houvesse um "novo ato de sabotagem".[85]

Goebbels aproveitou a oportunidade para solicitar a Hitler que acelerasse a deportação dos judeus berlinenses, uma vez que os cerca de 40 mil restantes eram "na verdade delinquentes" soltos que "nada tinham a perder"; melhor que a deportação, só mesmo a "liquidação". Quando Speer se opôs à evacuação dos que trabalhavam na indústria bélica, Goebbels achou "esquisisto" nós "hoje acreditarmos que os judeus sejam indispensáveis como operários qualificados, afinal, não faz muito tempo, todos vivíamos afirmando que eles não trabalham absolutamente e nada sabem de trabalho". No entanto, o fato de ele, com esse raciocínio, ter se aproximado muito de mostrar o caráter absurdo da política antissemita do regime parece não o ter desconcertado.[86]

Campanhas de propaganda não solicitadas

Com o fim da coleta de agasalhos, Goebbels procurou novos temas com que seguir ajustando a "frente doméstica" à gravidade da situação de guerra e manter o moral sob controle. Em janeiro, serviu-lhe de ponto de partida uma "grande ação contra o crescente mercado negro",[87] tema que já o tinha ocupado ocasionalmente no segundo semestre de 1941.[88]

Entretanto, a campanha requeria um trabalho preparatório enorme, mesmo porque era preciso "extirpar esse mal da própria organização do partido",[89] e, por outro lado, era preciso unificar a jurisprudência, que nesse caso apresentava grandes discrepâncias,[90] e Hitler o advertiu para que não se pusesse a encenar um "calvinismo frio".[91] Nas semanas seguintes, não faltaram apelos para que a ação evitasse cometer exageros: Göring achava que não convinha "proceder com mesquinhez"; Hitler disse que a ação não podia "se transformar numa espécie de bisbilhotice",[92] e, no combate ao mercado negro, Bormann preferia dar ênfase ao "trabalho educativo".[93]

Por mais que os diversos obstáculos que iam surgindo mostrassem de forma clara que estava cutucando um vespeiro, Goebbels não desanimou de preparar a campanha meticulosamente.[94] Esta tardou dois meses a começar — ainda que bastante atenuada. Na lei promulgada pelo Conselho de Ministros para a Defesa do Reich as penas exigidas pelo ministro contra o comércio clandestino só previam pena de prisão e multas.[95]

Alguns dias antes, Hitler tinha assinado seu decreto sobre o "estilo de vida das personalidades importantes".[96] Notificava que encarregara Goebbels de empreender uma "ampla ação propagandística contra o comércio e a permuta clandestinos". No entanto, o pré-requisito de tal ação era o "comportamento exemplar de todas as personalidades importantes no Estado, no partido e nas forças armadas perante as leis e regulações de guerra". Contra possíveis transgressões, seriam tomadas "as mais drásticas medidas, sem consideração da pessoa".

Antes que esse decreto fosse promulgado,[97] Goebbels mandou publicar meia dúzia de "pesadas condenações de traficantes e agiotas" — sobretudo penas de morte e de muitos anos de reclusão.[98] Ele enxergou perfeitamente o perigo de essa iniciativa dar a impressão de que o problema tivesse tomado proporções "epidêmicas" durante a guerra.[99] Como prelúdio da campanha, publicou na *Reich* de 29 de março um artigo intitulado "Debate franco", que continha uma clara declaração de guerra ao "mercado negro".[100] Mas, três semanas depois, sentiu necessidade de escrever mais um artigo em defesa da sua campanha, pois — tal como ele temia — a propaganda britânica a vinha apresentando como prova de que a corrupção grassava na Alemanha nazista.[101]

Além do combate ao mercado negro, Goebbels voltou uma atenção especial para as viagens privadas "desnecessárias". Tendo obtido autorização de Hitler,[102] mandou divulgar pela mídia uma "severa advertência contra as viagens de lazer": nos casos graves, a ameaça era de prisão em campo de concentração.[103] No entanto, essa medida também encontrou resistência, por exemplo, em Göring e no Ministério dos Transportes.[104] De mais a mais, era difícil controlar efetivamente a implementação de tal disposição. O que Goebbels conseguiu nesse terreno foi sobretudo dar a impressão de que também nessa área a vida pública se havia adaptado à gravidade da guerra. Mas, poucas semanas mais tarde, ele se queixou de que os trens de passageiros voltaram a ficar lotados nos feriados da Semana Santa, porque a Reichsbahn [estrada de ferro do Reich] não poupara esforços para "anular de maneira silenciosa" o seu decreto. "Acima de tudo, teve efeito negativo a ideia rapidamente propagada de que as penas por mim cominadas não eram aplicadas na prática."[105]

No dia 21 de março, a nomeação do *Gauleiter* turíngio Fritz Sauckel para o cargo de comissário geral do Reich para o Emprego da Mão de Obra prometeu, na ótica de Goebbels, a tão necessária tomada de medidas na área da mobilização da força de trabalho — para ele, o principal problema na frente doméstica. Poucos dias depois da indicação de Sauckel, Goebbels o recebeu, cheio de expectativas,[106] e percebeu durante a entrevista, como "uma amarga reparação", que "todas as ideias e propostas em que insisto há quase um ano e meio enfim serão adotadas na prática".[107] Contudo, Sauckel lhe explicou que em primeiro lugar queria "trazer do Leste tantas pessoas quanto possível"; se mesmo assim não conseguisse resolver o problema da mão de obra, estava disposto a "recorrer à organização do trabalho compulsório feminino". Quatro semanas depois, Goebbels leu um memorando de Sauckel que, para sua decepção, dava a entender que ele deixara de lado a questão do trabalho feminino.[108]

A imposição do trabalho compulsório feminino, o combate ao mercado negro e a ameaça de campo de concentração para os viajantes a lazer: nenhum desses projetos iniciados por Goebbels na primavera de 1942 para a consolidação do moral no país foi coroado de êxito. Ele deve ter se dado conta de que possivelmente tinha ido longe demais com seus apelos constantes a mais firmeza na política interna. Talvez este também tenha sido o motivo pelo qual, em abril de 1942, lançou uma "ação por mais cortesia na vida pública":[109] tinha observado "nas ruas, nos meios de transporte, nos restaurantes e teatros, uma grosseria que dá nos nervos e, por isso mesmo, não pode ser tolerada a longo prazo".[110] Evidentemente, queria provar com essa medida adicional que a firmeza que ele tanto gostava de propagar não se confundia com falta de educação no dia a dia.

Sob a ofensiva aérea britânica: a confiança na vitória vacila

Enquanto a aproximação da primavera arrefecia a situação militar no Leste, o estado geral do conflito era marcado pelo início dos grandes ataques britânicos a cidades alemãs. Foi justamente esse novo perigo que deu a Goebbels a possibilidade de manter a palavra de ordem de mais "firmeza" na condução da guerra — e, ao lidar com as consequências dos ataques aéreos, ele acabaria assumindo um novo papel que ultrapassava em muito a sua atividade central de propagandista.

No domingo, 29 de março, um dos primeiros dias de primavera do ano, Goebbels recebeu a notícia de um "violentíssimo ataque aéreo empreendido pelos ingleses contra Lübeck". De fato, na noite anterior, a força aérea britânica havia atacado a cidade banhada pelo Trave com mais de duzentos bombardeiros, incendiando e destruindo quase por inteiro o densamente povoado bairro Altstadt, um intrincado complexo de casas de enxaimel. Esse ataque aéreo, que foi o mais poderoso a uma cidade alemã até então, matou trezentas pessoas.[111]

Diante da notória deficiência do atendimento à população afetada, como registrou Goebbels no diário na mesma data a propósito de uma conversa telefônica com Hitler, este retirou "do Ministério do Interior o atendimento aos territórios danificados por ataques aéreos e me confere plenos poderes nesta ocasião". A reunião de secretários de Estado imediatamente convocada por ele decidiu enviar uma grande quantidade de suprimentos de emergência a Lübeck.[112]

Entretanto, essa distribuição tão generosa de suprimentos de emergência pela NS-Volkswohlfart na cidade levou os funcionários locais da instituição de ajuda humanitária a um enriquecimento em grande escala. Por esse motivo, impuseram-se três penas de morte em agosto de 1942, uma das quais foi levada a efeito; Goebbels, que muito se interessou pelo escândalo, opinou que os três funcionários deviam ter sido executados.[113]

Em abril — apesar do ataque aéreo a Lübeck, da diminuição das rações de carne anunciada no início de abril[114] e de todas as outras preocupações da população —, ele detectou uma melhora paulatina do moral.[115] As cartas anônimas críticas, imputou-as sumariamente ("pelo estilo típico") a grupos judeus, avaliação com que nos meses seguintes também rejeitaria outras missivas negativas. Grosso modo, atribuiu a melhora do estado de ânimo a "que as tendências representadas pelos meus artigos a uma nova atitude geral do nosso povo para com a guerra e a um juízo mais realista do conjunto da situação se impuseram".[116] Mas não foi o moral que melhorou por conta disso; os critérios pelos quais passou a ser avaliado é que se adaptaram às novas circunstâncias.

No dia 19 de abril, um comício na Filarmônica comemorou o 53º aniversário de Hitler; ao qual, aliás, o homenageado não compareceu. Goebbels se incumbiu do discurso oficial, devidamente submetido à aprovação do Führer.[117] Baseando-se em *Der grosse König* [O grande rei], um filme recém-lançado, a alocução enxergava um "paralelismo" notável entre a vida do monarca prussiano Frederico II e a atualidade.[118] Goebbels enalteceu o rei como um homem que, "sob o impacto de golpes estonteantes que às vezes o lançavam ferozmente à beira do soçobro, sempre enfeixava força para se alçar, triunfante, acima de provações e derrotas e dar ao seu povo, aos seus soldados, aos generais duvidosos, aos ministros oscilantes, aos parentes conjurantes e aos funcionários rebeldes, um exemplo luminoso de firmeza na desgraça", ao passo que, aludindo a Hitler, salientou o "pesado fardo da responsabilidade", falou na "luta de titãs" que o Führer travava "pela vida do nosso povo".

De modo que o discurso de aniversário também se pôs a serviço do *leitmotiv* de uma condução mais firme da guerra. Porém, acima de tudo, introduziu uma guinada na propaganda do Führer tal como vinha sendo feita até então: já não eram os sucessos de Hitler que estavam no centro da veneração do Führer, e sim o seu potencial de liderança. O discurso não foi senão um pedido de crédito de confiança — posto que a comparação com o soberano precocemente envelhecido e alquebrado retratado no filme não fosse propriamente lisonjeira para o ditador.

Em 25 de abril, Hitler foi a Berlim para discursar no Reichstag depois de muito tempo. Antes, porém, tornou a assegurar a Goebbels, como este anotou com gratidão, que era favorável a uma "condução mais radical da guerra e da política". Na sua fala, no dia seguinte, comentou as dificuldades surgidas durante o inverno e prometeu tirar lições dessa experiência para um eventual segundo inverno de guerra no Leste. Criticou duramente parte dos servidores públicos e exigiu do Reichstag amplos poderes para eliminar infrações, sobretudo na administração e na Justiça.[119] Semelhante atribuição de prerrogativas coincidia perfeitamente com a linha política que Goebbels já havia proposto em março: a Justiça devia ser privada de poder; as disposições legais inconvenientes nos direitos do funcionalismo, revogadas.[120]

O Reichstag sancionou pronta e unanimemente a exigência do ditador, conferindo-lhe o direito de obrigar "todo e qualquer alemão" — fosse oficial, funcionário público, juiz ou funcionário do partido — a cumprir seu dever e, se necessário, de exonerá-lo — "sem levar em consideração os chamados direitos adquiridos": um evidente ataque da cúpula do regime aos privilégios dos servidores públicos.[121]

Por mais rasgados que fossem seus elogios e por mais que glorificasse o efeito fulminante do discurso de Hitler sobre a população, Goebbels não pôde deixar de ver que ele também suscitara apreensão e, em parte, incompreensão. A passagem sobre os preparativos do iminente inverno de guerra foi interpretada, com grande decepção, como negação de uma vitória rápida no verão seguinte; e não faltou quem se perguntasse por que, em face da autoridade ilimitada do Führer, havia necessidade de lhe conferir ainda mais poder.[122] Por isso mesmo, a imprensa recebeu instruções de tratar o discurso com muita moderação nos noticiários.[123]

Até bem entrado o mês de maio, Goebbels retornou a essa crítica e,[124] um tanto irritado, escreveu que, em certo aspecto, o discurso havia "disseminado insegurança. Afinal de contas, a gente do povo quer muito saber o que o Führer pretende fazer para remediar os inconvenientes denunciados e cobrar os responsáveis".[125] Também constatou a contragosto que a propaganda tinha perdido muita credibilidade num dos seus aspectos fundamentais, a identidade repetidas vezes salientada entre Führer e povo — e isso apesar ou justamente por causa do seu empenho em voltar a consolidar o mito do Führer. Tratava-se de um dos casos em que a propaganda, no esforço para o alinhamento coerente da esfera pública alemã, chegava ao seu limite.

Quase quatro semanas depois do ataque aéreo britânico a Lübeck, no dia 23 de abril, a Royal Air Force (RAF) britânica iniciou o bombardeio de Rostock, empregando mais de cem bombardeiros em cada uma das quatro noites seguidas. Principalmente no terceiro ataque, logrou incendiar grande parte da velha cidade histórica. Mais de 6 mil moradias foram destruídas, e mais de duzentas pessoas perderam a vida.[126] Goebbels manifestou a convicção de que "é preciso revidar com golpes equivalentes até que os ingleses criem juízo".[127]

Em conversa com Goebbels durante sua visita a Berlim, Hitler também se mostrou "furioso com o novo ataque inglês a Rostock". Já tinha ordenado "retaliação"; como não era possível atingir consideravelmente a indústria bélica do inimigo com ataques aéreos, mandou "atacar centros culturais, balneários e cidades burguesas; nesses lugares, o efeito psicológico é muito mais forte, e, no momento, o que mais importa é o efeito psicológico". Em primeiro lugar lançaram-se ataques a Exeter (23 e 24 de abril) e em especial a Bath (na noite seguinte); como a RAF continuasse com a agressão contra Rostock, a Luftwaffe voltou a atacar Bath no dia 26 de abril.[128] A esta cidade seguiram-se Norwich (27 e 29 de abril) e York (28 de abril), então novamente Exeter em 3 de maio. Mais tarde, a propaganda inglesa chamaria o bombardeio desses alvos culturalmente importantes de *Baedeker Blitz*,* expressão cunhada por um funcionário do Ministério das Relações Exteriores durante uma reunião de imprensa, coisa que Goebbels achou "estúpida",[129] pois, como explicou a seus funcionários, ninguém devia se "gabar da destruição de valores culturais".[130]

O ataque a Rostock deu-lhe oportunidade de retomar a missão a que Hitler o tinha designado quando do bombardeio de Lübeck. Assim, no dia 28 de abril, Goebbels informou os *Gauleiter* (ao mesmo tempo que a eles se dirigia nas funções de governadores e comissários nacionais de defesa) de que o Führer lhe havia transferido a "responsabilidade de providenciar ajuda humanitária às localidades atingidas por bombardeios", caso os danos não pudessem ser reparados com os recursos do próprio *Gau*. Para esse fim, criara um serviço de notificação permanente no seu ministério.[131]

Quando, além disso, tentou dar a essas notificações a forma de diretiva — a ser redigida junto com Frick, Göring e Bormann —, ele esbarrou na resistência de vários ministros.[132] Mesmo assim conseguiu criar para si um ponto de partida que no futuro lhe permitiria interferir por ocasião de grandes ataques a

---

* O "apelido" *Baedeker Blitz* provém da ideia de que esses centros culturais e turísticos eram escolhidos com o auxílio do guia turístico *Baedeker*, publicado pela editora alemã Karl-Baedeker-Verlag. As cidades a que o guia atribuía três estrelas seriam as preferidas. (N. do T.)

cidades alemãs. Goebbels presumiu acertadamente que a continuação dos ataques aéreos provocaria uma agitação considerável na população e, por isso, se dispôs a preservar inteiramente o controle sobre o "moral" através da intervenção direta nas cidades afetadas pela guerra aérea.

O cotidiano de Goebbels na guerra

De acordo com a gravidade cada vez maior da situação, Goebbels passou a aparecer cada vez mais em público envergando o uniforme do partido, muito embora este lhe realçasse a aparência física pouco privilegiada. Nesse meio-tempo, havia ajustado a rotina diária à guerra. Via de regra, sua jornada de trabalho começava às nove horas: em primeiro lugar, seu ajudante de ordens militar apresentava o relatório atual da Wehrmacht, o qual, desde meados de 1941, ele mandava um estenógrafo anotar — assim como seus longos ditados do diário, que agora vinha ficando consideravelmente mais extenso, pois Goebbels registrava não só observações pessoais como comentava em minúcias cartas recebidas, anotações de conversas, notícias da imprensa e outras coisas. Depois ele se dirigia à reunião de imprensa das 11 horas (o horário foi alterado diversas vezes durante a guerra) a fim de informar os altos funcionários do ministério e os intermediários da Direção Nacional de Propaganda, da Chancelaria do Partido, do Ministério das Relações Exteriores etc. sobre o curso da propaganda: geralmente não se tratava de uma reunião no sentido habitual, e sim de uma detalhada preleção do ministro, que com frequência formulava as frases-chave da propaganda do dia.

No trato com os funcionários, Goebbels continuava empenhado em manter a distância; aliás, tinha se habituado a certa ausência de intimidade. Assim, insistia que não queria ser abordado durante o caminho do gabinete até a sala de reunião de imprensa diária; também proibia os funcionários de ficarem na sua antessala sem motivo funcional, importunando-o com seu falatório.[133]

Goebbels não hesitava em lançar mão de sua autoridade quando se tratava de enquadrar um funcionário insubordinado na sua esfera de influência. Em outubro de 1940, quando um consultor da direção de propaganda vienense escreveu num jornal local um "artigo totalmente bobo, mas muito agressivo contra Berlim", deu ordem de "afastar o homem imediatamente do cargo que ocupava e mantê-lo detido durante alguns dias".[134] Em maio de 1940, mandou Fritzsche "repreender com severidade o editor responsável de um jornal de

Lippe" por ter se atrevido a perguntar se, "na hora do almoço, uma transmissão de um concerto festivo era mesmo tão importante quanto a de um jogo de futebol". O jornalista foi avisado "que, caso voltasse a se intrometer de modo tão insolente em assuntos de política nacional, passaria uma temporada num campo de concentração".[135] Em fevereiro de 1942, quando o suplemento cultural do *Westdeutscher Beobachter* teve a ousadia de publicar "um artigo desprezível contra os berlinenses", Goebbels deu ao jornalista responsável, o correspondente do jornal em Berlim, prazo "até as 22 horas de hoje" para deixar a cidade; do contrário, ele receberia a visita de um destacamento da SA berlinense em casa.[136]

Esse distanciamento pessoal no ministério correspondia ao isolamento quase total da sua vida particular. Ainda na década de 1930, Goebbels deixara de ter contato pessoal com os amigos da infância, da faculdade e dos primeiros tempos em Berlim; apenas nas ocasionais viagens a Rheydt é que às vezes convidava antigos colegas e conhecidos, possivelmente para se assegurar do quanto se havia distanciado de seu universo pequeno-burguês provinciano.[137]

Em 1942-43, voltou a ter encontros pessoais com Schweitzer-Mjölnir, que fracassara nas suas tarefas no Ministério da Propaganda, mas agora tinha utilidade como desenhista da companhia de propaganda. Nas suas anotações, porém, esforçava-se de maneira visível para se manifestar apenas sobre o desenvolvimento profissional e político do ex-amigo; alegrava-se em poder "aproveitá-lo outra vez no meu trabalho".[138] Em junho de 1943, recebeu uma carta de Fritz Prang, então numa "unidade propagandística na frente do Sul", e ficou satisfeito com suas palavras tão "impregnadas de espírito político"; também neste caso pareceu-lhe supérflua qualquer consideração de caráter pessoal.[139]

Aparentemente, sua relação com Magda, depois que Hitler manteve o casamento à força em 1938-39, tinha se transformado sobretudo numa aliança de conveniência em bom funcionamento. Os diários procuram dar a impressão de uma rotina familiar harmônica, impregnada de afeto e respeito mútuos: já não se fala em brigas com Magda, tampouco em infidelidade por parte dele ou dela; Goebbels manifesta preocupação com a saúde um tanto frágil da esposa.

A única pessoa de quem se sentia próximo parecia ser a mãe, que desde 1942-43 morava a maior parte do tempo em Berlim.[140] Ele a estimava como mulher do povo que, supostamente, muito sabia do estado e do moral reais da população.[141] "Para mim, com todo o seu primitivismo e esperteza campesina, ela é a voz do povo. Tenho adoração por ela", escreveu em abril de 1941.[142] Por vezes, também se encontrava com os irmãos em alguma festa familiar, sobretudo com a irmã Maria.[143]

Mesmo durante a guerra, sua saúde resistiu ao excesso de trabalho e à exagerada tensão em que se encontrava quase o tempo todo. No entanto, ele continuou vulnerável a problemas renais, que às vezes o impediam de sair da cama.[144] A isso se somou uma dermatose: em fevereiro de 1942, pouco antes do fim da crise do inverno, a "erupção nervosa" que havia muito o incomodava começou a piorar; Goebbels não dormia bem e esperava encontrar alívio no tratamento com raios X.[145] Durante a primavera, o eczema o afligiu a ponto de, em maio, obrigá-lo a passar alguns dias em tratamento especial em Lanke.[146] Como no outono as erupções tornassem a desabrochar "feito um roseiral", ele as atribuiu ao fato de os tempos serem "agora tão nervosos e tensos".[147] Em abril de 1943, a lesão ficou tão visível que o impediu de trabalhar por alguns dias.[148] De resto, continuava sujeito a leves episódios de depressão: sobretudo durante a guerra a melancolia o afetava regularmente no outono; em geral, procurava reprimi-la entregando-se a mais atividades, mas nem por isso deixava de gostar um pouco dela.[149]

Ainda que Goebbels não se cansasse de exigir novos e maiores sacrifícios da população alemã diante da grave situação militar, tentando engajá-la pouco a pouco na "guerra total", tais esforços pouco afetavam seu estilo de vida opulento: ele continuava residindo com a família nas três enormes propriedades na Göringstrasse, à beira do Bogensee e em Schwanenwerder (se bem que, no verão de 1943, tenha mandado evacuar a "casa de veraneio" devido ao perigo da guerra aérea). No verão de 1940, tornou a comprar um Mercedes zero-quilômetro, "uma joia de carro", que, entretanto, acrescentou com tristeza — até ele precisava fazer concessões à guerra! —, "só tinha utilidade na paz".[150] Sua situação financeira, quase sempre precária nos anos anteriores, agora estava basicamente saneada: por exemplo, em 1943, auferiu nada menos que 424 mil marcos, dos quais somente 38 mil provinham dos seus vencimentos, enquanto 375 mil tinham origem na atividade de escritor e jornalista — deste valor, a maior parte, cerca de 300 mil marcos, era devida a seus artigos de fundo na revista *Reich*.[151]

Em 1940, depois que Goebbels logrou restaurar sua relação pessoal com Hitler após um abalo provisório, estabelecendo com ele um vínculo mais próximo, os novos desdobramentos da guerra trouxeram complicações. O fato de, a partir do ataque à União Soviética, o ditador passar a maior parte do tempo nos seus diversos quartéis-generais significou por um lado certo alívio para Goebbels, agora livre das longas visitas na hora do almoço e das não menos demoradas sessões noturnas de cinema na Chancelaria; mas, por outro, ele dependia de modo essencial do contato pessoal direto com o Führer: naturalmente para estabelecer a necessária orientação da propaganda, mas acima de tudo para garantir a provisão contínua de elogios do seu líder, que lhe eram indispensáveis. Além dos contatos telefônicos frequentes com Hitler ou Dietrich, que o inteirava da nova linha propagandística oriunda do quartel-general, com o início da campanha da Rússia, Goebbels criou o hábito de visitar o ditador com frequência no quartel-general, geralmente a intervalos de várias semanas, para com ele travar intensas conversas — hábito que manteve até o fim da guerra. Do mesmo modo, aproveitava a presença do Führer em Berlim para trocar ideias tão detalhadamente quanto possível. No diário, as entradas exageradamente compridas sobre essas conversas mostram como eram importantes para ele não só em termos políticos: na sua fixação completa por Hitler, eram fonte de força e inspiração. Por mais deprimido e perplexo que estivesse ao chegar ao quartel-general, Goebbels quase sempre saía de lá intimamente revigorado e cheio de confiança.

Sua descrição dessas conversas tinha sempre a mesma estrutura: primeiro, ele anotava suas impressões da aparência de Hitler, do seu estado de saúde e vigor intelectual. A seguir, reproduzia em detalhes as conversas, que em geral duravam meio dia ou um dia inteiro: quase sempre começavam pela situação militar e internacional e então passavam para a situação doméstica. Via de regra, eram monólogos do ditador, aos quais Goebbels acrescentava observações, perguntas e comentários. Depois o colóquio se tornava um tanto mais íntimo: discutiam dados pessoais (assim Goebbels ficava sabendo quem estava nas boas graças do Führer e quem figurava na lista negra). Ao anoitecer, passavam a debater temas político-culturais, ocasião em que Hitler raramente perdia a oportunidade de falar na saudade que tinha da paz com os seus prazeres culturais e a companhia de artistas. Por fim, o Führer quase sempre se informava em detalhes do estado da família de Goebbels e se entregava a recordações quase nostálgicas dos "dias e noites que passou com nossa família na Reichskazlerplatz"; para Hitler, conforme este confessou a Goebbels no dia 27 de outubro de 1943, "nossa convivência de então [...] foi a melhor época da sua vida".[152] Tudo isso não tardou a se estratificar num ritual cujo percurso Goebbels registrava com avidez para se certificar de que gozava mesmo do favor e da confiança do Führer.[153] O fato de ele transmitir, no seu registro das conversas, a imagem de um ditador inteligente, benévolo e humano mostra com que ingenuidade Goebbels, prisioneiro de sua submissão ao líder, se deixava seduzir pela sua tática de conversação e experiência no trato. Hitler, por sua vez, usava as conversas de modo psicologicamente habilidoso para, através de um misto de temas políticos, de recursos humanos, culturais e pessoais, dar a impressão de que o ministro da Propaganda ocupava uma posição especialíssima na sua afeição.

24. "Vemos diante de nossos olhos um povo feliz de espírito"
Ofensivas e reveses

Na primavera de 1942, a situação militar começou a melhorar do ponto de vista do regime tanto na frente oriental, sobretudo na Crimeia,[1] quanto mais tarde no norte da África, ainda que por pouco tempo. Goebbels vislumbrou de imediato o perigo de tendências excessivamente otimistas na população. Tendo em conta as "boas notícias de Pentecostes"[2] — no dia 23 de maio, o relatório do OKW falou pela primeira vez numa grande ofensiva alemã na frente oriental —,[3] tratou na mesma hora de "não deixar a nossa política de informações ficar muito efusiva".[4] Mas a verdadeira grande ofensiva de verão no sul da frente oriental ainda estava por vir. Goebbels procurou disseminar desinformação com manobras propagandísticas diversionistas e dar a sua contribuição para o sucesso da operação.[5]

A fim de preparar a frente doméstica para o esforço militar iminente, publicou na *Reich*, no fim de maio, um artigo intitulado "Para quê?", no qual, embora não se manifestasse sobre os objetivos da política de guerra, procurava dar ao "homem comum" uma ideia da vida no futuro império pangermânico. Empenhado em desviar o olhar do público para um lindo futuro, entregou-se a uma porção apreciável de kitsch de pós-guerra: "Temos, pois, diante dos olhos da mente, um povo feliz num país repleto de florescente beleza, cortado pelas faixas prateadas das largas avenidas abertas também para o carro modesto do homem do povo. Rodeiam-nas esmeradas aldeias e vastas cidades com casas limpas e amplas em que moram famílias com muitos filhos, porque não lhes falta espaço. Nos campos imensos do Leste, ondulam os louros trigais suficientes e mais que suficientes para alimentar nosso povo e toda a Europa. O trabalho voltará a ser uma alegria para nós e estenderá a mão com uma abundância de amor à vida que se exprime em ruidosas festas e em serena paz."[6]

O atentado contra Heydrich

No dia 27 de maio, Goebbels recebeu uma notícia "alarmante": Reinhard Heydrich tinha sido vítima de um atentado em Praga; embora não corresse perigo de morte, seu estado era "preocupante". Como de hábito, ele continuou a anotação no diário "anunciando" uma luta ainda mais rigorosa "contra os judeus em Berlim". "Não estou disposto a levar um tiro na barriga disparado, quem sabe, por um judeu oriental de 22 anos — havia tipos assim entre os que atacaram a exposição antissoviética. Prefiro dez judeus num campo de concentração ou debaixo da terra a um em liberdade."[7]

O estado de Heydrich, que a princípio parecia estabilizado, piorou depois de alguns dias. Primeiro, Goebbels especulou se o ataque ao colega não seria obra de agentes britânicos ou soviéticos; como se descobriu posteriormente, tinha sido perpetrado por membros da resistência tcheca treinados pelo serviço secreto britânico que lá saltaram de paraquedas.[8]

Em todo caso, para Goebbels, não havia a menor dúvida quanto aos instigadores do atentado: "Mando proceder à já planejada prisão de quinhentos judeus e avisar os líderes da igreja que, para cada atentado judeu ou cada tentativa de revolta judia, cem ou 150 dos que estão em nosso poder serão fuzilados."[9] As prisões já tinham sido feitas pela Gestapo no fim de maio de 1942; uma vez mais, Goebbels exagerou seu papel. E aprovou explicitamente a dura repressão da força de ocupação em Praga: pena de morte e prisões em massa.[10]

Em 29 de maio, teve uma longa conversa com Hitler.[11] Naturalmente, o principal assunto foi o atentado e seu pano de fundo. O ditador declarou-se favorável a que se agisse "com toda energia e de maneira implacável contra os grupos predispostos a atentados". Aproveitou para trazer à baila sua ideia de "evacuar totalmente os judeus de Berlim", afinal, havia "na capital do Reich 40 mil judeus soltos que nada mais têm a perder"; isso era "praticamente um convite a atentados". Hitler concordou de pronto; se ainda houvesse israelitas trabalhando na indústria de armamentos, Speer que os substituísse por operários estrangeiros.

A seguir, trataram da "erradicação dos criminosos". Se durante a guerra "advier uma situação muito perigosa", os dois concordaram que as prisões seriam "esvaziadas mediante liquidação". Hitler frisou "uma vez mais a necessidade de estabelecer um equilíbrio entre a perda de idealistas e a perda de negativistas", raciocínio que Goebbels considerou "absolutamente convincente".

Mas, em todo caso, era imperioso "liquidar o perigo judaico custe o que custar". O ditador disse preferir "despachá-los para a África Central", pois lá teriam de viver num clima "que decerto não os tornará fortes nem resistentes". Enfim, o objetivo de Hitler era "livrar inteiramente a Europa ocidental de judeus". Tais palavras indicam que, embora o extermínio dos israelitas já estivesse em andamento na Europa oriental desde o verão do ano anterior, ainda não se havia tomado a decisão definitiva quanto a como e onde matar os que ainda restavam no continente. Mas isso se alteraria de maneira dramática nas semanas seguintes.

Na manhã de 4 de junho, Goebbels soube que Heydrich acabava de expirar. "A perda de Heydrich é insubstituível", escreveu sob o choque do acontecimento: o protetor do Reich, que acumulava com o seu cargo em Praga a direção da Agência Central de Segurança e, portanto, tinha um papel-chave no extermínio sistemático dos judeus, "era o adversário mais radical e bem-sucedido dos inimigos do Estado".[12]

Alguns dias depois, realizou-se em Berlim uma cerimônia oficial pomposa em homenagem ao falecido.[13] Hitler, que na ocasião recebeu Goebbels para uma prolongada conversa, mostrou-se tristíssimo nesse encontro: "As grandes mortes no partido preocupam muito o Führer. Nos dias que correm, a direção do partido e do Estado praticamente só se reúnem para participar de cerimônias fúnebres."[14]

No protetorado, a força de ocupação continuava praticando "retaliação" contra os assassinos de Heydrich. Em 10 de junho, a polícia de segurança matou todos os homens da aldeia de Lídice, próxima a Kladno — 199 pessoas ao todo —, deportou as mulheres para o campo de concentração de Ravensbrück e as crianças — depois de separar as "racialmente valiosas" — para o campo de extermínio de Chelmno.[15] No dia 11 de junho, o lado alemão informou sobre a ação de represália em Lídice num comunicado divulgado pelo rádio: a população estava mancomunada com agentes paraquedistas inimigos, "nós fomos obrigados a instituir um exemplo".[16]

Goebbels não se deixou abalar pelo fato de a propaganda inimiga classificar de barbaridade os assassinatos maciços: "Nós fazemos o que julgamos necessário e o que o interesse vital do Reich e do povo alemães requer."[17] A imprensa foi instruída a não noticiar as "sanções" no protetorado.[18]

Essas "medidas de represália" visavam em especial aos judeus de Praga: no mesmo 10 de junho de 1942, milhares foram deportados para o campo de concentração de Majdanek e lá ficaram presos, assim como em outros campos da região.[19] Sob o impacto do atentado contra Heydrich e a sua morte, a liderança nazista decidiu acelerar os preparativos já em curso da ampliação do extermínio dos israelitas de toda a Europa — em cujo desenvolvimento Heydrich tinha tido um papel importantíssimo. Com a proposta de 29 de maio de deportar imediatamente todos os judeus berlinenses, Goebbels estava em plena sintonia com a radicalização da *Judenpolitik* do regime. Em julho, trens de toda a Europa começaram a chegar ao campo de extermínio de Auschwitz.[20]

Durante o ano de 1942, proeminentes representantes do regime, sobretudo Hitler, prestaram reiteradas declarações públicas sobre o aniquilamento e a extinção dos judeus, enviando sinais claros a respeito do destino das pessoas deportadas a campos de extermínio. Goebbels participou dessa ruptura intencional do sigilo em torno à *Judenpolitik*, falando, por exemplo, num editorial a propósito da guerra aérea, em junho de 1942, na iminente "erradicação" dos judeus e exortando insistentemente a imprensa a abordar temas antissemitas. Ocorre que, em 1942, a propaganda de modo geral pensava a "solução final" em silêncio — um silêncio eloquente e inquietante em face das informações e dos boatos em circulação. O fato de muita gente ter uma vaga ideia de que o regime estava cometendo um crime de dimensões tremendas contra os israelitas era um dos fatores que, do ponto de vista do "controle do estado de ânimo" praticado pelo ministério de Goebbels, enfatizavam a gravidade da situação no terceiro ano da guerra: eles haviam queimado as pontes atrás de si.[21]

Guerra aérea: o primeiro ataque de mil bombardeiros

Dias antes da morte de Heydrich, na manhã de 31 de maio, Goebbels recebeu a notícia "de um raide aéreo maciço dos ingleses contra Colônia".[22] Com efeito, na noite anterior, a RAF atacara a cidade com uma força até então inusitada: foi a primeira incursão de mil bombardeiros na história militar, que prometia a destruição completa de uma das cidades mais importantes da Alemanha, um apocalipse que pretendia ter um vastíssimo efeito desmoralizador sobre a totalidade da população civil do país. Naturalmente, a propaganda britânica tratou de ressaltar o número de mil bombardeiros e de anunciar outros ataques devastadores a cidades alemãs.

Goebbels julgou "absolutamente impossível" uma quantidade tão grande de aviões inimigos e presumiu que no máximo duzentos ou trezentos bombardeiros tinham participado do ataque. Nesse sentido, a imprensa recebeu instrução de não comentar o número de aeronaves inimigas.[23] À parte isso, ele e Hitler tinham combinado que a propaganda não minimizaria os danos, até para ter argumentos para a "represália".[24] Na madrugada de 31 de maio para 1º de junho, a Luftwaffe reagiu à altura com um "ataque de retaliação" a Canterbury, ao qual Goebbels mandou dar muita ênfase.[25]

Entretanto, apesar da quantidade imensa de aviões envolvidos no ataque, a cidade não foi totalmente destruída, tampouco se verificou o efeito desmoralizador esperado pelos britânicos: o bombardeio de Colônia matou quase quinhentas pessoas, mais que qualquer outro raide até então, e destruiu mais de 13 mil moradias; sem dúvida alguma, a cidade da catedral, com seus 750 mil habitantes e mais de 250 mil casas, foi castigada com dureza, mas não completamente arrasada.[26]

Depois dessa agressão, Goebbels publicou um artigo na *Reich* afirmando que a guerra aérea era "sobretudo uma guerra de nervos". Avaliou em 305 as vítimas fatais do bombardeio e contabilizou 7.430 mortos na guerra aérea até então.[27] Nos sete meses de 1942 que se seguiram ao ataque a Colônia no fim de maio, houve mais de cinquenta grandes raides da Royal Air Force contra cidades alemãs: mais de cem bombardeiros participaram de cada um deles.[28]

Ofensivas alemãs na África e no Leste

Em junho de 1942, Goebbels estimou o moral da nação em qualquer coisa entre "não muito positivo" e "relativamente deprimente".[29] Atribuiu a culpa dessa situação aos constantes ataques aéreos, à incerteza quanto à duração da guerra e também ao abastecimento cada vez mais precário de produtos alimentícios,[30] problemas com os quais teve de lidar durante todo o verão.[31] Mas a situação militar no Leste, a iminente ofensiva de verão e as notícias surpreendentemente positivas do teatro de operações africano prometiam aliviar a situação do estado de ânimo.

Ao passo que a ofensiva do marechal de campo Rommel se esgotava rapidamente — na dita Primeira Batalha de El Alamein, que se prolongou por todo o mês de julho, Rommel não conseguiu penetrar as posições britânicas —,[32] na frente oriental, uma vitória militar triunfante parecia se avizinhar desde o fim de junho. No dia 28 de junho de 1942, a Wehrmacht deu início à verdadeira ofensiva de verão no segmento sul do front, que, no fim de julho, atingiu sua meta operacional, o rio Don, numa vasta frente.[33] A seguir, numa segunda fase da ofensiva, o Grupo de Exércitos B marchou para Stalingrado, lá chegando em agosto, e o Grupo de Exércitos A avançou rumo ao Cáucaso e ao mar Cáspio, até que a ofensiva se paralisasse no início de setembro.[34] A partir do início de julho, diante da situação considerada não muito positiva no norte da África, Goebbels passou a colocar os sucessos no Leste em primeiro plano na propaganda.[35]

Nessa situação, ressentiu-se de uma exposição radiofônica do coronel Dietrich Choltitz, que, na qualidade de comandante de regimento, tivera um papel importante na conquista de Sebastopol no início de julho e agora falava na sua experiência de combate de um modo que muito contrariava a linha propagandística de Goebbels: "Aqui os bolchevistas são intoleravelmente heroizados no seu espírito combativo."[36]

Na reunião de imprensa, ele se posicionou longamente quanto à fala do coronel: o povo alemão tinha se "livrado do bacilo do comunismo e do bolchevismo por meio de um longo tratamento. Mas ainda é vulnerável ao bolchevismo", esclareceu em 7 de julho. Dois dias depois, retomou o tema num verdadeiro discurso que ocupou pelo menos dez páginas da ata: atacou a "filosofia dostoievskiana da guerra", criticou as tendências ao "bolchevismo de salão"; e ameaçou seus funcionários de "extirpar impiedosamente" qualquer transgressão parecida "das tendências aqui demonstradas por mim".[37] Além disso, sentiu-se compelido a escrever na *Reich* um artigo intitulado "A assim chamada alma russa", contra o perigo da criação de um mito. Os russos se distinguem por uma "espécie de tenacidade primitiva" que não merece "a exagerada honra de ser classificada de bravura".[38]

Quanto ao impacto do artigo, ele concluiu que a maior parte da argumentação tivera efeito, mas "ainda resta um pouco de desconfiança de que o bolchevismo tenha feito mais pelo povo russo do que nós estamos dispostos a admitir".[39] Durante uma conversa com o comandante da divisão Leibstandarte da SS em ação no Leste, Sepp Dietrich, que o visitou com alguns de seus oficiais, Goebbels teve a mesma impressão: era inegável "que a longa permanência na União Soviética acaba exercendo uma influência fascinante até mesmo sobre os nacional-socialistas".[40] Tais eram os temores que inquietavam um homem que, na metade da década de 1920, admirava Lenin, lia Dostoiévski com entusiasmo, considerava-se um "comunista alemão" e encarava a Rússia como uma aliada natural. Suas insistentes tentativas de obliterar no povo alemão todo e qualquer resquício de admiração e apreço pela Rússia e o comunismo soviético também podem ser interpretadas como um esforço compulsivo para matar em si mesmo o último germe dessa perigosa doença.

Novos contratempos na guerra aérea

Os novos contratempos na guerra aérea foram o reverso do sucesso no Leste. Os reforçados ataques britânicos, especialmente contra alvos na Alemanha ocidental, Goebbels os mencionava sobretudo na parte "militar" dos seus ditados cotidianos,[41] posto que raramente se dispusesse a comentá-los. Sabia muito bem que havia uma relação direta entre a ofensiva no Leste e o minguado sucesso defensivo contra os ataques aéreos: no começo de agosto, ao participar de uma reunião de *Gauleiter* no gabinete de Göring, ele soube pelo *Reichsmarschall** que era de esperar a intensificação dos ataques aéreos aliados nos meses seguintes: devido ao seu forte envolvimento no Leste, a Luftwaffe não tinha condições de opor grande resistência. Além disso, eles discutiram diversas questões práticas da defesa aérea civil.[42] Mas era indispensável enfrentar o fator de agitação possivelmente representado pela guerra aérea, e, para isso, convinha inspecionar os territórios ocidentais mais atingidos, coisa que Goebbels tratou de fazer logo depois do encontro.

Na manhã de 7 de agosto, chegou a Colônia em companhia dos *Gauleiter* Josef Grohé (Colônia) e Friedrich Karl Florian (Düsseldorf); surpreendeu-se agradavelmente com o "otimismo sadio" que detectou na população.[43] Depois de se informar dos pormenores das medidas de apoio tomadas pelos diversos órgãos públicos, percorreu com Grohé a cidade consideravelmente destruída.

À tarde, discursando na fábrica de motores Köln-Deutzer, sublinhou "que, no interesse do prosseguimento vitorioso da nossa ofensiva no Leste, é preciso aguentar as feridas que no momento a força aérea britânica nos inflige no Oeste". Goebbels providenciou para que não só esse discurso, mas toda a viagem, recebesse atenção máxima da mídia. Por exemplo, a *Reich* citou sua frase: "Aqui as crianças se transformam em heróis."[44]

À noite, esteve na sua querida cidade natal, que encontrou "absolutamente intacta". Claro que para ele foi muito "emocionante" entrar no castelo de Rheydt, uma edificação renascentista que até pouco tempo servira de museu e, tendo passado por grandes reformas nos últimos meses, foi colocada à sua disposição pelo município.[45]

No dia seguinte, visitou as cidades de Neuss e Düsseldorf, ambas devastadas pela guerra aérea.[46] A capital do *Gau* ainda se achava numa espécie de "estado de choque", pois, na semana anterior, fora atingida pela primeira vez por um intenso ataque aéreo. Goebbels pernoitou e passou todo o dia seguinte em Rheydt. Ao meio-dia, encontrou-se com os colegas de escola Beines e Grünewald, que o informaram das últimas "fofocas da cidade"; à noite, fez mais um discurso num comício.[47]

---

* Literalmente, "marechal do Reich": a mais alta patente da Wehrmacht, ocupada unicamente por Göring no Terceiro Reich. (N. do T.)

Poucos dias depois, em visita ao quartel-general de Winniza, discutiu a situação com Hitler, a quem havia entregado um relatório de cinquenta páginas sobre a viagem.[48] Quanto ao tratamento propagandístico dos ataques aéreos, o ditador estava de pleno acordo com ele, pois tampouco queria "sensacionalismo com os danos causados", e sim um "vivo realce à postura moral da população durante as incursões aéreas".[49] Nessa ocasião, ponderou "confidencialmente que os ataques ingleses a determinadas cidades, por horrendos que fossem, não deixavam de ter um lado bom". Com o auxílio da planta da cidade de Colônia, ele havia chegado à conclusão de "que, na verdade, boa parte das ruas destruídas precisavam mesmo ser demolidas a fim de possibilitar ampliações que nós só teríamos feito sob a mais forte pressão psicológica da população. No caso, o inimigo nos livrou de um trabalho".

Lutas propagandísticas

No verão e no outono de 1942, Goebbels se enredou numa série de conflitos de competência com seus principais rivais na condução da propaganda. Tal como nos anos anteriores, nesses enfrentamentos pouco lhe importava afirmar uma linha conteudística, mas apenas consolidar ou impor sua pretensão de liderança no trabalho de propaganda. Todos esses choques estavam intrinsecamente ligados a disputas pessoais com outros figurões do regime.

Diversas entradas no diário mostram que não ia nada bem a integração dos assessores de imprensa do Ministério da Propaganda às missões estrangeiras, como previa o acordo de trabalho com o Ministério das Relações Exteriores de outubro de 1941.[50] A isso se acrescentou mais um desentendimento com essa pasta no verão de 1942: Goebbels quis impor censura aos correspondentes estrangeiros[51] quando jornalistas escandinavos acreditados em Berlim noticiaram supostas sondagens de paz por parte dos alemães;[52] diante das restrições do Ministério das Relações Exteriores,[53] por fim se concordou em criar um pacote de medidas que impunha restrições ao trabalho dos correspondentes, se bem que sem instituir uma censura prévia geral.[54]

Ainda em julho, Goebbels tentou ganhar terreno na sua eterna disputa com Dietrich. No início do mês, instruiu seus funcionários a rejeitar "friamente" os futuros pedidos telefônicos do quartel-general do Führer de divulgação de notícias de última hora pelo rádio: proibição que obviamente visava a Dietrich, cuja difusão prematura da vitória militar no Leste, no outono anterior, Goebbels ainda ressentia. Mesmo porque, explicou ele ao seu pessoal, na maior parte "desses casos, o quartel-general do Führer não é a mesma coisa que o Führer".⁵⁵

Pouco depois, foi surpreendido pela decisão de Dietrich de nomear imediatamente Helmut Sündermann — seu "gerente de pessoal" na função partidária de chefe nacional de imprensa — seu vice no cargo estatal de diretor nacional de imprensa.⁵⁶ Suspeitando que o rival pretendesse erigir um ministério da imprensa autônomo, Goebbels queixou-se do ato arbitrário a Hitler,⁵⁷ que em 23 de agosto estatuiu uma "disposição fundamental para assegurar a colaboração entre o ministro da Propaganda e o chefe nacional de imprensa".⁵⁸ A seguir, Goebbels e Dietrich entraram em negociações que levaram a um "acordo de trabalho" formal e abrangente de 13 pontos, delimitando de forma meticulosa as competências.⁵⁹

No contexto dessa demarcação do seu território com relação a Dietrich, Goebbels voltou a empregar no ministério o ex-diretor do departamento de imprensa alemã, Hans Fritzsche, que, na primavera de 1942, desgastado pelos conflitos constantes entre seus dois chefes, se apresentara voluntário no front.⁶⁰ Disposto a poupar Fritzsche das "perpétuas contendas no departamento de imprensa", Goebbels lhe confiou uma nova tarefa: a totalidade do setor de comunicação radiofônica. Mas, na realidade, com isso comprou mais uma briga com Dietrich, que reivindicava para si a responsabilidade pela agência de notícias do rádio, o "serviço sem fio".⁶¹

Na reunião de imprensa de 27 de setembro, estimulado pela conversa com Fritzsche na véspera, Goebbels lamentou o fato de a propaganda em curso lançar mão com muita frequência de jargões ocos e um estilo estereotipado que davam "diretamente nos nervos" do público, ao passo que, nos Estados neutros, eram tidos como "chatos e idiotas".⁶² E decidiu alterar de maneira radical, já nas semanas seguintes, "toda a escala das nossas declarações públicas".⁶³ Essa mudança de rumo seria promovida essencialmente por Fritzsche. No começo de outubro, Goebbels resolveu entregar a este não só o serviço de informações radiofônicas como todo o departamento de rádio, cujas atribuições ele tanto havia reforçado frente à Reichsrundfunkgesellschaft, em fevereiro de 1942,⁶⁴ que agora era possível um controle eficaz da programação. Essa posição revigorada manifestou-se no fato de ele nomear Fritzsche, ao mesmo tempo, seu "encarregado da configuração político-propagandística do rádio".⁶⁵

Com a crise do inverno de 1941-42, Goebbels havia percebido que convinha "empreender uma mudança na nossa propaganda e política" nos territórios ocupados no Leste. Em consonância com inúmeros especialistas, identificou os seguintes pontos importantes: anúncio da distribuição da terra dos colcozes aos camponeses; tolerância nas questões religiosas, elevação do "nível cultural", melhora das condições sociais (pelo menos "aqui e ali"), bem como — quanto a isso ele ainda tinha sérias dúvidas — instituição de "pseudogovernos" de forças locais.[66] Naturalmente, enxergou no Ministério do Leste* o principal adversário de uma política tão pragmática.[67] No entanto, em maio, Rosenberg se bandeou para um "novo rumo".[68] Nesse mês, Hitler e ele acertaram permitir a tolerância religiosa nos territórios soviéticos ocupados,[69] e, no mesmo mês, o ditador ordenou que os comissários soviéticos que mudassem de lado deixassem de ser executados.[70] Goebbels viu nisso efetivos "sinais de uma mudança geral de atitude para com a mentalidade russa",[71] mas, nos dois casos, Hitler não estava disposto a dar grande destaque propagandístico à guinada política, pois temia pela autoridade do domínio alemão no Leste.[72] Portanto, em julho, Goebbels tinha motivos de sobra para continuar se queixando da situação da propaganda nos territórios orientais e para acusar o Ministério do Leste de fracasso;[73] uma longa viagem de estudo de uma das delegações de especialistas em propaganda da sua pasta que ele enviara aos territórios ocupados forneceu-lhe material adicional.[74] Com base nessa avaliação, tomou a decisão de montar um aparato de propaganda próprio na região, independentemente do Ministério do Leste (que ele chamava de "ministério do caos")[75] e contra a vontade de Rosenberg.[76] No fim de outubro de 1942, os ministérios iniciaram negociações sobre essa questão, mas não chegaram a uma solução.[77] Para pressionar Rosenberg, Goebbels se pôs a requerer — em consonância, talvez, com considerações levantadas pelo estado-maior — uma "proclamação do Leste" de Hitler prometendo um futuro melhor para a população nativa.[78] De fato, em janeiro de 1943, o ditador chegou a encarregá-lo de preparar o esboço do texto,[79] porém, diante da situação militar novamente tensa na primavera daquele ano, achou que o momento já não era conveniente para semelhante declaração pública. Como de hábito, Goebbels culpou Rosenberg pelo cancelamento da proclamação.[80]

No concernente à propaganda cultural no Reich, ele vinha conflitando violentamente com o *Gauleiter* vienense Baldur von Schirach, cuja nomeação em 1940 aprovara,[81] mas que agora era suspeito de conduzir uma política cultural ativa em Viena, desafiando a autoridade de Berlim no setor. Assim, reforçou-se em Goebbels a ideia de recolocar Berlim no centro da vida cultural nacional e marginalizar Viena de maneira sistemática.[82]

---

* Ministério dos Territórios Ocupados no Leste, criado por decreto de Hitler em julho de 1941 e administrado por Alfred Rosenberg. (N. do T.)

Sua vingança ostensiva começou no fim de 1941: em dezembro, ele viajou à antiga capital da Áustria para as comemorações do sesquicentenário da morte de Mozart, onde fez um discurso,[83] mas, no dia seguinte, na cerimônia oficial, "toda a organização" lhe pareceu "tão tola que achei acertado mandar um ajudante de ordens depositar minha coroa de flores".[84] A política cultural vienense de Schirach seria um "sintoma de puberdade, uma cultura de Juventude Hitlerista que está fora de cogitação no Reich".[85] Pouco depois, irritou-se com o fato de Schirach, num discurso em dezembro de 1941, "esposar até certo ponto as objeções da população vienense aos alemães do Antigo Império e, principalmente, aos do norte".[86] Em janeiro de 1942, constatou que enfim havia conseguido "a duras penas" tocar a produção de "filmes propagandísticos berlinenses" e assim "contrapor à indevida glorificação de Viena uma propaganda genuína e eficaz de Berlim, inclusive na produção de filmes de ficção".[87]

Em março de 1942, durante outra viagem a Viena, Goebbels ficou impressionado com a vida cultural da cidade,[88] coisa que, no entanto, reforçou nele a ideia de que Berlim, sendo a capital do Reich, tinha de "continuar cumprindo a sua missão político-cultural".[89] Em maio de 1942, instruiu a imprensa berlinense a deixar "um pouco de lado as atividades culturais vienenses".[90]

Esse seu empenho era estimulado pelo fato de Hitler insistir muito na desejável marginalização cultural de Viena.[91] Nessas conversas, a motivação pessoal do ditador ficava mais do que evidente quando ele justificava sua antipatia pelo fato de a cidade desdenhar seus grandes artistas a ponto de relegá-los à pobreza.[92] Em tais ocasiões, sempre falava em seus ambiciosos planos para Linz,[93] que viria a "ser a cidade mais linda à beira do Danúbio, à frente de Budapeste",[94] e, assim, ofuscaria Viena mediante "uma concorrência feroz".[95] O projeto de Goebbels de construir em Linz um centro de promoção da obra de Bruckner, o compositor predileto de Hitler, e montar uma orquestra de alta qualidade encantava o ditador.[96]

Nas longas conversas sobre o tema Linz/Viena que tanto agradava ao Führer, Goebbels não perdia oportunidade de solapar o prestígio de Von Schirach.[97] "Sua opinião sobre Viena", escreveu em novembro de 1941, "me vem muito a calhar no meu atual conflito com Schirach por conta da condução da cultura".[98] E, em agosto de 1942, registrou com satisfação que agora Hitler também percebia "os perigos gerados pelo fracasso intelectual de Schirach na política artística e cultural vienense e vai me dar todo apoio na defesa contra esses perigos".[99] Goebbels sabia muito bem tirar proveito dos bate-papos noturnos com o ditador, que, exausto do esforço de conduzir a guerra, se entregava a devaneios sobre seus planos político-culturais no pós-guerra.

25. "Vocês querem a guerra total?"
A segunda crise do inverno

Ao visitar o quartel-general do Führer em 19 de agosto de 1942, Goebbels encontrou Hitler inacreditavelmente otimista; não só estava disposto a avançar até Krasny e Baku no verão e no outono, a fim de garantir o fornecimento de petróleo para a Alemanha, como pretendia "arremeter contra o Oriente Próximo, apoderar-se da Ásia Menor, ocupar o Iraque, o Irã, a Palestina e, assim, separar a Inglaterra das últimas reservas de petróleo depois da perda das fontes do leste da Ásia". Imaginava que, enquanto isso, Rommel "irromperia no Cairo". Na ocasião, também se opôs a qualquer medida propagandística "contra o otimismo crescente no povo alemão", algo que havia semanas vinha inquietando Goebbels.[1] Ao contrário deste, o ditador achava que "as coisas acabariam se compensando por si sós". Nas semanas seguintes, essas diferenças de avaliação da situação causariam muita irritação na condução da propaganda.

No fim de agosto de 1942, começou a batalha de Stalingrado: os agressores alemães chegaram à periferia da cidade e, nas semanas seguintes, disputaram rua por rua, casa por casa, avançando em direção ao Volga, onde o Exército Vermelho ainda mantinha apenas uma estreita faixa ocupada.[2] Goebbels sabia perfeitamente que "grande parte do destino da nossa campanha de verão e outono" dependia da conquista da cidade.[3] Nessa situação crítica, para o ministro da Propaganda, tratava-se uma vez mais de adotar uma política que evitasse exageradas expectativas de vitória e preparasse o povo para um novo inverno de guerra.

Em meados de setembro, a queda de Stalingrado parecia iminente. Na reunião de imprensa de 15 de setembro, Goebbels deu instruções antecipadas sobre a forma como divulgar no rádio a notícia da conquista da cidade.[4]

Ao mesmo tempo, Dietrich avançou um passo: decerto contagiado pela atmosfera bastante otimista no quartel-general do Führer, emitiu uma mensagem do dia segundo a qual o "cerco de Stalingrado [...] se aproximava do bem-sucedido fim". Esperavam-se naquele mesmo dia ou no seguinte "importantes comunicados do OKW" a esse respeito. A imprensa recebeu recomendação de preparar suplementos especiais, coisa que alguns jornais chegaram a fazer.[5]

No mesmo dia, porém, indo de encontro às ordens do quartel-general do Führer, Goebbels se opôs à divulgação açodada desse comunicado,[6] e, no dia seguinte, a imprensa foi informada de que o comunicado definitivo da vitória só chegaria após a conclusão de algumas "suboperações".[7] Nos dias subsequentes, ele instou reiteradamente os participantes da reunião de imprensa a que fossem moderados ao comentar o tema Stalingrado;[8] no dia 26 de setembro, voltou a falar na precipitada mensagem do dia de Dietrich, classificando-a de "inconcebível e tola".[9] No mesmo dia, falou com Dietrich "sem rodeios", condenando o "equívoco da sua política de informações"; também se queixou ao alto-comando da Wehrmacht sobre a divulgação inadequada de notícias.[10] Evidentemente, usou o incidente para pôr Dietrich, que agora agia com desenvoltura excessiva após o acordo de trabalho firmado pouco tempo antes, no devido lugar.[11] Dias depois, com isso em mente, discutiu o conflito com Hitler, que admitiu de forma um tanto genérica "que era inconcebível um Ministério da Propaganda sem condução uniforme da imprensa".[12]

Desilusão

No dia 30 de setembro, Hitler falou pela primeira vez em mais de cinco meses num grande comício público transmitido pelo rádio: no Palácio de Esporte, por ocasião da inauguração da campanha assistencial de inverno, exaltou os sucessos do regime e disseminou uma atmosfera triunfal, mas sem entrar concretamente na situação em Stalingrado, acompanhada por todos com grande interesse. Goebbels comentou com alívio o fato de o ditador se haver disposto na última hora a fazer esse discurso: durante o verão, a rara presença de Hitler na mídia suscitara muitos boatos sobre o seu estado de saúde.[13] No dia seguinte, Goebbels participou de um encontro de *Gauleiter* e *Reichsleiter*, no qual o Führer fez um discurso de três horas para convencer até mesmo esse seleto grupo de funcionários da sua confiança na vitória; a alternativa à "vitória total" seria o "aniquilamento total".[14] E encerrou dizendo que os objetivos daquela guerra eram ambiciosíssimos e ainda custariam muitas vítimas; mas estas se justificavam porque "possibilitarão a vida de milhões de crianças alemãs que estão por vir".[15]

Em meados de outubro, Goebbels publicou na *Reich* um artigo bem condizente com essas observações, no qual, sem dar tanta ênfase às contradições ideológicas, comentou de modo comparativamente pragmático os "objetivos" pelos quais se travava aquela prolongada guerra: "Desta vez, não se trata de trono e altar, e sim de cereais e petróleo, de espaço para a nossa população crescente que não pode viver nem se alimentar na estreiteza de outrora."[16] O tom relativamente reservado desse artigo indica que ele já estava prestes a operar uma mudança que afetaria não só a propaganda como toda a política interna. O inverno se acercava, e Goebbels vislumbrou a possibilidade de impor o esforço de guerra aos civis de maneira bem mais dura. Em diversas conversas, tratou de obter um grande apoio no âmbito do partido e da Wehrmacht.[17]

Em outubro, decidiu tirar proveito do iminente inverno de guerra, com as dificuldades que eram de esperar, para chegar a "uma condução do conflito cada vez mais total e radical, e isso tanto interna quanto externamente".[18] O fato de os relatórios do estado de ânimo — durante o mês, depois de uma série de discursos de figurões, eles tinham retornado temporariamente a um "ilusionismo" em sua opinião perigoso[19] — se haverem reajustado à gravidade da guerra, Goebbels o considerou "um grande sucesso do novo tipo de propaganda que há um ano inaugurei com meu artigo 'Quando ou como?'".[20] No começo de novembro, para lançar a planejada campanha, publicou na *Reich* um artigo intitulado "A guerra como revolução social", salientando a contradição com a "plutocracia" inimiga, que estaria em guerra sobretudo "com a nossa revolução e acima de tudo com o seu lado socialista".[21]

Preocupava-o que Hitler estivesse cada vez mais isolado no quartel-general devido às relações altamente tensas com os generais.[22] Mas seu estado de saúde também causava apreensão: em 29 de outubro, ao receber uma carta pessoal de Hitler felicitando-o pelo seu aniversário — a "primeira carta manuscrita do Führer em três anos", como garantiu Bormann —, Goebbels leu que o remetente esperava que ele conseguisse decifrar a caligrafia: pouco a pouco, suas mãos "estavam começando a tremer".[23] A crescente fragilidade física tornava problemático o uso propagandístico do Führer. Assim, Goebbels constatou que ele "deixa muito a contragosto que mostrem sua pessoa no cinejornal" e mandava cortar as tomadas em que aparecia; fato, no entanto, que o povo não conseguia entender.[24] A arma mais importante do arsenal do ministro da Propaganda ameaçava faltar no outono de 1942, num momento em que o regime estava à beira da sua maior crise militar.

O momento crucial da guerra se delineia

Em outubro de 1942, o 6º Exército continuava lutando para avançar na cidade de Stalingrado às margens do Volga, mas, no fim do mês, a ofensiva alemã começou a declinar visivelmente.[25] Porém ainda mais graves eram as notícias negativas que chegavam ao mesmo tempo do norte da África: no fim de outubro, o exército britânico contra-atacou Rommel.[26] No dia 2 de novembro, conseguiu romper as linhas alemãs em El Alamein; parte das tropas de Rommel foi cercada e aniquilada, enquanto a maioria teve de recuar para o oeste.[27]

Para Goebbels, era urgentíssimo preparar a população alemã para mais uma crise de inverno. Num artigo na *Reich* no começo de novembro, ele desenvolveu duas ideias centrais: por um lado, aproveitando um motivo que o estimulara várias vezes em 1941 e que já havia discutido num editorial de 30 de janeiro de 1942, e, em outra ocasião,[28] estabeleceu um paralelo entre a situação do partido nos meses anteriores à "tomada do poder" e a situação presente. Naquela época, tal como agora, eles também haviam lutado contra a aliança dos "plutocratas" com os comunistas; embora a situação às vezes parecesse desesperada, não perderam a calma e enfim venceram.[29] E ele sempre retomaria essa linha de raciocínio nas outras crises que a guerra ainda reservava: tanto em declarações públicas[30] quanto — e principalmente — nas conversas com Hitler,[31] a quem procurava encorajar, mas sem deixar de lembrar que já naquele tempo ele, Josef Goebbels, tinha se mantido fiel ao seu Führer.

O artigo continha uma segunda ideia, que Goebbels, não por acaso, introduziu com um *ceterum censeo*: "Além disso, nós achamos que, no futuro, o inimigo fará muito bem em pensar menos no nosso estado de espírito e mais na nossa atitude. O estado de espírito costuma ser momentâneo, mas a atitude é permanente."

Decerto a oposição entre "estado de espírito" e "atitude" proposta por Goebbels era semanticamente sugestiva: considerando as duras condições da guerra, "estado de espírito" tinha um retrogosto frívolo, ao passo que "atitude" parecia bem mais adequado à situação. Com essa diferenciação, Goebbels tratou de acomodar uma correção de curso que ele vinha operando pouco a pouco desde o começo da guerra. Até 1940, ano em que o regime registrou seu maior sucesso, havia adotado uma política com o auxílio da qual a aprovação popular à política da direção do partido e do Estado se exprimia em numerosos gestos coletivos publicamente documentados. Mas já fazia quase dois anos que o regime mobilizava milhões de pessoas para aclamar paradas pomposas, marchas triunfais do Führer ou recepções a chefes de Estado amigos e celebrar as festas nacional-socialistas; agora os eventos de massa se realizavam de preferência em salões fechados e, quando das grandes comemorações nazistas, evitavam-se as decorações de rua dispendiosas e os apelos ao içamento coletivo de bandeiras. Quanto mais a guerra impregnava a vida cotidiana, mais o regime abria mão de documentar o aplauso da população à sua política por meio de gestos e comportamentos ostensivos. Agora bastava que a população cumprisse tranquilamente as suas obrigações e atividades cotidianas sem resmungar muito nem cair na apatia: isso era mostrar atitude.

A diferenciação entre estado de espírito e atitude também servia a Goebbels de instrumento para se esquivar dos indícios cada vez mais importunos de tendências negativas no povo. Sendo a atitude o critério decisivo, não o estado de espírito, seria literalmente derrotista invocar meras oscilações no estado de espírito para justificar certas medidas políticas. As fases em que o estado de espírito se achava "calmo", "contido", "sério", como se dizia com frequência cada vez maior, também eram sustentáveis durante mais tempo, afinal, um estado de ânimo otimista não condizia absolutamente com a gravidade da situação.

No dia 8 de novembro de 1942, a liderança nazista se reuniu em Munique, como todo ano, para comemorar o aniversário do malogrado *Putsch* de novembro. As conversas dos correligionários giravam sobretudo em torno ao desdobramento dramático da situação do front no Egito, ao passo que se delineava uma situação inteiramente nova: as forças britânicas e americanas tinham desembarcado em diversos pontos no Marrocos e na Argélia.[32]

Goebbels encontrou Hitler, que três dias antes se dissera convencido de que a ruptura de Montgomery já devia ser considerada propriamente a "segunda frente", em estado de perplexidade.[33] O regime de Vichy estaria em condições ou disposto a levar as tropas a ele subordinadas no norte da África a oporem resistência?

Hitler aguardava uma resposta do governo de Vichy, ao qual havia proposto que a França celebrasse uma aliança militar com a Alemanha e declarasse guerra aos aliados.[34] Goebbels logo se pôs a cogitar que perspectivas resultariam disso para uma propaganda atraente da Europa: entreviu uma "carta para a reorganização europeia", mas reconheceu que semelhante ideia era "demasiado sedutora" para se realizar. Por fim, Hitler declarou que podia muito bem abrir mão de uma declaração de guerra formal de Vichy, contanto que os franceses se dispusessem a resistir militarmente. Caso não o fizessem, ele invadiria "o mais depressa possível" a França ainda não ocupada. À noite, no discurso na cervejaria Löwenbräu — também transmitido pelo rádio —, mostrou-se seguro da vitória aos "velhos camaradas", mas se limitou a aludir marginalmente à situação no norte da África.[35]

Na madrugada de 9 para 10 de novembro — durante o dia, realizaram-se as cerimônias habituais em homenagem ao *Putsch* de 1923 —, o primeiro-ministro francês Laval chegou a Munique para discutir a nova situação com a liderança nazista, mas era perceptível que a resistência francesa no norte da África teria, na melhor das hipóteses, natureza meramente simbólica.[36] Diante disso, Hitler não hesitou em tomar a decisão já anunciada: a invasão alemã da parte ainda não ocupada da França começou no dia 11 de novembro e, no essencial, terminou três dias depois.[37]

Ao mesmo tempo que as forças alemãs tentavam construir uma cabeça de ponte[38] no oeste do teatro de guerra africano e se achavam, como dramatizou Goebbels, numa "corrida" com o exército americano por Túnis,[39] no leste, Rommel voltava a marchar com rapidez em direção à fronteira tunisiana; em 13 de novembro, os alemães foram obrigados a abandonar Tobruk.[40] Os acontecimentos militares no norte da África, como leu Goebbels no relatório do SD, provocaram um "choque profundo na opinião pública alemã".[41] Na verdade, imporiam uma guinada ao desenvolvimento da guerra.

Em meados de novembro, Goebbels viajou uma vez mais ao território ocidental assolado pela guerra aérea. Visitou localidades destruídas em Duisburg, informou-se com as autoridades locais e conversou com representantes da administração do *Gau* e do poder público. Depois esteve em Elberfeld e, a caminho da prefeitura, viu que "as ruas estavam pretas com a massa humana": "Uma marcha triunfal como em plena paz." Ao discursar, agradeceu aos habitantes por terem feito da cidade devastada a "muralha ocidental da disposição para a luta dos alemães".[42]

O lado privado dessa viagem esteve em notável contradição com tanta disposição heroica. Ele pernoitou no castelo de Rheydt, que "estava arrumado da maneira mais aconchegante para nos receber". À noite, convidou "vários ex-colegas de escola", entre os quais Beines, Grünewald, mas também o professor Voss: "Ficamos juntos até tarde da noite, contando casos e trocando recordações." No dia seguinte, ofereceu um petisco especial aos amantes da arte dramática da sua terra: a apresentação de uma peça no teatro municipal — por "ordem minha", como anotou — do Schillertheater de Berlim, com a participação de Heinrich George e outros artistas famosos. À noite, recebeu no castelo alguns atores e "diversos conhecidos e amigos do tempo de escola".[43] Mesmo agora, depois de dez anos de atuação como ministro da Propaganda, a necessidade de se exibir para os conterrâneos continuava absolutamente intacta.

Mas, de volta a Berlim, Goebbels se adaptou de imediato à seriedade da situação geral. Em meados de novembro, o fato de ter sido nomeado comissário da defesa, como todos os *Gauleiter*, e por isso poder dar ordens às autoridades nas questões de condução civil da guerra, animou-o na intenção de advogar "a radicalização e totalização da nossa guerra em todos os setores".[44]

Justificadamente, a "situação geral da propaganda" o preocupava: "Em princípio, nós estamos na defensiva. Perante o estrangeiro, falta-nos substância sobretudo no tocante aos planos para a Europa futura." Mas, internamente, faltava "uma ideia abrangente de propaganda bélica de longo prazo", situação provocada pela "burrice das autoridades do mesmo nível ou subalternas".[45]

Não era de admirar que, dessa vez, a melancolia sazonal[46] o acometesse com toda força: "Novembro é o mês do azar nacional-socialista. Em novembro de 1918, irrompeu a revolta; em novembro de 1923, fracassou o *Putsch* da Bürgerbräu; em novembro de 1932, perdemos 34 mandatos; em novembro do ano passado, houve a catástrofe de Rostov; em novembro deste ano, vivemos o norte da África e a vitória bolchevista em Stalingrado."[47]

Assassinato dos judeus: nenhum desmentido

Em dezembro de 1942, acumularam-se na mídia internacional notícias de assassinatos em massa de judeus na Europa ocupada pelos alemães. No dia 17 de dezembro, as potências aliadas publicaram uma declaração sobre o extermínio sistemático dos judeus pelo regime nazista; tais acusações ocuparam o centro da propaganda aliada — ainda que por relativamente pouco tempo.[48]

Goebbels acompanhou com atenção esse desdobramento. Em 5 de dezembro de 1942, registrou no diário os protestos globais devido às "supostas atrocidades do governo alemão contra os judeus europeus". Nos dias subsequentes, na conferência de imprensa, instruiu várias vezes os funcionários a não fazer caso das acusações dos aliados, sem, no entanto, desmenti-las.[49] A declaração que deu em 12 de dezembro aos subordinados foi de uma franqueza desconcertante: "Como as notícias inimigas sobre as supostas atrocidades alemãs contra judeus e poloneses vêm se tornando cada vez mais maciças, e uma vez que não temos muitas contraprovas a que recorrer", sua instrução foi de "também desencadear uma propaganda de atrocidade, denunciando com toda ênfase as atrocidades inglesas na Índia, no Oriente Próximo, no Irã, no Egito e em toda parte em que haja ingleses".[50]

No dia 14 de dezembro, voltou a tocar no assunto: "Não podemos dar resposta a essas coisas; se os judeus disserem que fuzilamos ou deportamos para o Leste 2,5 milhões de judeus da Polônia, é óbvio que não podemos responder que foram só 2,3 milhões. Não temos condições de entrar nessa discussão — pelo menos não perante a opinião pública mundial." Na mesma reunião de imprensa, deu mais orientações para a "campanha de escusação": todas as notícias possíveis de supostas atrocidades do inimigo deviam ser "muito exageradas", era preciso "inventar algo novo" todo santo dia.[51]

De fato, na imprensa assim instruída,[52] apareceu uma série de artigos nessa linha, mas a campanha murchou em poucos dias,[53] coisa de que Goebbels tomou conhecimento de má vontade.[54] Mas as repetidas admoestações, tanto internamente na reunião de imprensa quanto para a mídia, provam que essa campanha não deu certo e que a propaganda alemã estava na defensiva.[55] Nada tinha a contrapor às acusações dos aliados de assassinato de judeus.

Transição para a "guerra total"

Em 22 de novembro, Goebbels soube que as tropas alemãs em Stalingrado estavam cercadas em consequência de um movimento de pinça soviético;[56] no dia 24, Hitler deu ordem de manter o bolsão a qualquer preço: o abastecimento chegaria por ar.[57] Nas semanas seguintes, Goebbels acompanhou o destino do 6º Exército cercado em Stalingrado, ainda que, a princípio, as entradas no diário não indiquem que ele esperasse uma catástrofe militar.[58] No entanto, pouco antes do Natal, concluiu que o conjunto da situação no Leste era "crítico".[59] No seu ponto de vista, a festa de Natal, com o seu convite à reflexão, era mais um fator psicológico perturbador.[60]

Justamente nesses dias, ele próprio se aventurou no sentimentalismo cristão numa glorificação metafísica da morte na frente de batalha: no fim do ano, publicou na *Reich* um artigo em que, segundo o seu diário, pretendia contemplar o "problema dos nossos mortos em ação [...] de um ponto de vista mais elevado". Eis o que dizia acerca dos que morriam na guerra nos anos da juventude: "Quando eles se despedem da vida, esta já os envolveu no seu ritmo mais heroico. [...] Nossos mortos já estão na sua luz radiante do outro lado da existência. Nós somos os que procuram; eles, os consumados. Cedo cumpriram o seu tempo, que ainda temos pela frente com mil enigmas e tarefas."[61]

Em 28 de dezembro, Martin Bormann esteve em Lanke, por ordem de Hitler,[62] para falar sobre a festa de dez anos da tomada do poder prevista para

30 de janeiro. Conforme Bormann, esse não seria um dia "de sonhos futuros, e sim de prestação de contas", formulação contrária aos planos de Ley — que já havia tentado ganhar o apoio de Goebbels para a sua ideia — de aproveitar a data para anunciar leis sociais de amplo alcance.[63] Além disso, Hitler encarregou Bormann de "discutir exaustivamente comigo a questão da guerra total em todos os aspectos", fato que representava um "verdadeiro triunfo" para Goebbels, pois, no seu entender, "todas as minhas ideias e meus desejos, que venho defendendo há um ano e meio, agora se transformarão de uma só vez em realidade".

Ele tratou de executar a todo vapor suas sonhadas medidas para a "totalização" da guerra. Em sua opinião, as principais eram a instituição do trabalho compulsório feminino, a paralisação das indústrias não estratégicas, bem como o fechamento dos bares e restaurantes caros e dos estabelecimentos comerciais de luxo.[64] No ministério, mandou preparar um "relatório sobre a guerra total" e o entregou a Lammers.[65]

Depois de ter várias conversas individuais,[66] mobilizar os participantes da sua conferência de imprensa[67] e se estimular a si próprio anotando cotidianamente no diário que a "totalização" da guerra era a chave decisiva da vitória,[68] em 8 de janeiro, convocou uma reunião de poucos participantes com a presença de Lammers, Bormann, Keitel, Funk, Sauckel e Speer.[69] Nela, solicitou "que coloquemos à disposição do Führer, em tempo relativamente curto, 500 mil isentos do serviço militar"; a estes se acrescentariam outros 200 mil trabalhadores que, por instrução de Hitler, Speer retiraria da economia de guerra. Houve algumas restrições de Sauckel, que acreditava que o problema podia ser resolvido com os meios disponíveis, mas enfim se puseram de acordo quanto ao texto de um decreto do Führer a ser submetido à apreciação do ditador.[70]

Para reforçar sua posição, Goebbels lançou uma ofensiva de propaganda a fim de pressionar os colegas ainda vacilantes, mas também para preencher o vácuo propagandístico que ameaçava se instaurar devido ao persistente silêncio de Hitler em face da crise que se avizinhava. Publicou na *Reich* de 17 de janeiro um artigo programático intitulado "guerra total": "Quanto mais radical e totalmente travarmos a guerra, tão mais depressa chegaremos ao seu vitorioso fim", propunha a tese central. "Uma pequena parte do nosso povo" parecia não se envolver com isso, e então ele atacou com severidade os "folgados", os "preguiçosos", os "parasitas".[71]

Na semana seguinte, reiterou e concretizou suas ideias no artigo "A ótica da guerra": A "aparência externa da guerra na pátria" não leva "ninguém a perceber à primeira vista que se trata de tudo ou nada". Que fazer? "A preservação da nossa vida cultural" era coisa óbvia. Mas convinha fechar as lojas em que já não havia o que comprar, os bares, os restaurantes gourmets etc.[72]

Finalmente assinado por Hitler no dia 13 de janeiro, o decreto do Führer sobre a ampla mobilização de homens e mulheres para tarefas de defesa do Reich previa, como queria Goebbels, através de medidas de realocação, liberar toda a força de trabalho que pudesse ser empregada na indústria bélica e na Wehrmacht. Para tanto, todos os "postos de trabalho de isentos" seriam monitorados; todas as pessoas que ainda não se achassem em "missão de trabalho", incluídas; e as empresas não estratégicas, fechadas.[73]

Hitler designou uma comissão dita "tríplice" para coordenar essas tarefas abrangentes. A princípio, Goebbels estava convencido de que também participaria do grêmio, mas teve de aceitar que — depois de Bormann e Lammers — Keitel fosse o terceiro escolhido.[74] Em todo caso, o decreto do Führer dispunha que os três ficariam em estreito contato com o ministro da Propaganda. Logo depois da assinatura do decreto, Goebbels registrou as primeiras contrarreações: "Certos grupos tentam por todos os meios me afastar da comissão consultiva mais chegada. [...] Preocupa-me muito que sobretudo Lammers e Keitel tentem diluir as decisões radicais."[75]

No dia 20 de janeiro, houve uma reunião do "quadrunvirato", como ele passou a chamar a comissão, à qual também foram convocados alguns especialistas, como Sauckel e Funk. Aproveitou a ocasião para deixar clara sua posição naquele agrupamento: "Sou considerado e reconhecido como o elemento propulsor do trabalho, e, à parte isso, todas as minhas propostas de regulação nova e renovação das antigas são facilmente aprovadas." Goebbels saiu da reunião convencido de que havia imposto a organização do trabalho compulsório feminino contra "todas as restrições e objeções burocráticas", o que não tardaria a se revelar um ledo engano.[76]

Na sua visão, as medidas drásticas para intensificar o esforço de guerra eram tanto mais urgentes à medida que o estado de ânimo, até então relativamente positivo, passava a sofrer a influência da cada vez mais sombria conjuntura militar.[77] As preocupações se concentravam na situação da frente oriental, em especial no destino do 6º Exército: enfim, no dia 16 de janeiro, o relatório do OKW não teve como deixar de comunicar que eles estavam cercados em Stalingrado, mas, depois disso, curiosamente, a propaganda pouco informou de concreto a respeito do destino dos cercados.[78]

Justamente por causa desse estado de coisas, Goebbels esperava que uma campanha pública maciça pela "guerra total" proporcionasse alívio, diversionismo e uma espécie de terapia ocupacional, mas também a ampliação do espaço de manobra do regime; a mobilização para a "guerra total" reforçaria a autoridade do partido e do Estado, aumentando suas possibilidades de controle sobre a população. Servia-lhe de modelo a coleta de agasalhos do ano anterior, só que desta vez a campanha teria volume ainda maior.[79] Uma população inteiramente ocupada com a dura realidade da frente doméstica, essa era sua esperança, havia de mostrar uma "atitude" moral tão firme que as crises de estado de espírito pareceriam secundárias.

"Agora precisamos nos familiarizar pouco a pouco com a ideia", escreveu no dia 22 de janeiro, "de informar o povo alemão sobre a situação" em Stalingrado. Aliás, fazia tempo que isso podia ter sido feito, mas Hitler se opusera. No entanto, Goebbels acreditava que, com um relato sincero do caso, era possível unir ainda mais o povo ao regime. Queria usar a confissão da derrota em Stalingrado para forçar sua política de "guerra total".

Ele teve a conversa decisiva com Hitler no dia 22 de janeiro de 1943, no quartel-general da Prússia Oriental, onde imperava uma atmosfera "um tanto depressiva e de extrema seriedade".[80] Antes do encontro com o ditador, convenceu-se em diversas conversas de que "meu trabalho preparatório no campo da totalização da guerra já lançou fundas raízes": Schmundt, o ajudante de ordens da Wehrmacht de Hitler, estimulou-o na intenção de dizer ao Führer "sinceramente tudo o que trago no coração", e o ajudante de ordens do ditador, Albert Bormann, assim como o médico pessoal Karl Brandt, reforçaram esse ponto de vista, no que foram acompanhados pelo novo chefe do estado-maior Kurt Zeitzler. Karl Wolff, o homem de ligação de Himmler com Hitler, garantiu-lhe todo o apoio do Reichsführer.

Goebbels também aproveitou a estada no quartel-general do Führer para ter uma longa conversa com Dietrich: "A imprensa precisa tocar uma música muito diferente da que vem tocando até agora", era preciso "parar de fazer bico e começar a assobiar". Dietrich entendeu o recado e formulou imediatamente uma "mensagem do dia" com que a mídia seria instruída para as novas tarefas iminentes: o "grande e comovente sacrifício heroico", dizia, "que as tropas alemãs cercadas em Stalingrado ofertam à nação alemã, junto com as drásticas medidas de organização para a guerra total, será a força propulsora moral da atitude verdadeiramente heroica de todo o povo alemão e o ponto de partida de uma nova etapa da vontade de vencer alemã e a exaltação de todas as suas forças".[81]

Enfim, ao meio-dia, Goebbels teve um encontro a sós com Hitler depois de o acompanhar num passeio de manhã e escutar suas apreensões frente à situação em Stalingrado. Agora, durante a conversa detalhada, o ditador se pôs a desfiar um lamento por causa da crise no Leste: os aliados da Alemanha tinham malogrado, o comando da Luftwaffe não cumprira suas promessas. Em meio à entrevista, um telefonema de Zeitzler — como que encomendado por Goebbels — informou o ditador de uma poderosa arremetida do Exército Vermelho contra as linhas de defesa alemãs em Stalingrado.

Goebbels tirou proveito da situação para expor ao Führer seu "programa de reorganização da pátria": a instituição do trabalho compulsório feminino, o "fechamento de todos os institutos e empresas desimportantes ou desnecessários à guerra" e a "adaptação total do conjunto da organização interna da vida civil às condições da própria guerra". E teve sucesso; anotou ainda que, "em alguns pontos", Hitler "até foi além do que eu propunha". No entanto, este havia explicado que não queria que "eu entrasse pessoalmente na comissão tríplice para não me sobrecarregar com o trabalho administrativo desse grande programa". Em vez disso, Goebbels assumiria "o lugar de um motor em eterno funcionamento em toda essa empreitada" e acompanharia de modo permanente os trabalhos do grêmio. Em compensação, o ditador resolveu abrandar seu decreto de 13 de janeiro num ponto decisivo, fato que Goebbels anotou à margem: a idade máxima da mulher no serviço obrigatório cairia de 50 para 45 anos.

Por fim, depois de uma longa interrupção, seguiu-se a última rodada de interlocução com Hitler, que se prolongou das dez horas da noite às três e meia da madrugada. Goebbels finalmente sentiu que havia atingido seu objetivo: "Com os quatro homens citados, será instaurada uma ditadura interna, por assim dizer, na qual vou ser o ditador psicológico e a propulsão motora de toda a ação." Tarde da noite, retornou a seu alojamento em Rastenburg: "Acredito que, conforme for, as decisões tomadas nesta sexta-feira crucial darão uma guinada definitiva na guerra." No dia seguinte, para deixar tudo registrado, redigiu uma extensa ata de noventa páginas de suas conversações com Hitler.[82]

Muito em breve, porém, detectaram-se em diversas partes fortes resistências à "totalização da nossa condução interna da guerra", em especial no tocante à ação de fechamento de estabelecimentos comerciais e à implementação sistemática do trabalho compulsório feminino.[83] Goebbels ficou surpreso, por exemplo, quando Göring lhe instou com muito empenho que deixasse o restaurante de luxo berlinense Horcher, assim como outros restaurantes e lojas exclusivos da cidade, continuar a funcionar.[84] Lammers, por sua vez, interferindo diretamente junto a Hitler, conseguiu que as mulheres com filhos fossem dispensadas do serviço obrigatório mesmo que o cuidado das crianças estivesse assegurado, interferência que Goebbels classificou de "grave violação" da "integridade da concepção" por ele defendida. E passou a encarar Lammers como o centro das resistências; ele enxergaria "toda a questão pelo lado comodista-burguês".⁸⁵ Enfim, o abrandamento do decreto do Führer de 13 de janeiro, contido na regulação da obrigação de notificação divulgada em 27 de janeiro,⁸⁶ sinalizou de forma clara para a burocracia que era possível opor resistência com sucesso ao radicalismo de Goebbels.

No dia 28 de janeiro, houve mais uma reunião do "quadrunvirato", que, segundo Goebbels, foi "extremamente agitada". O assunto era o planejado fechamento de empresas: enquanto Funk, Speer e ele cobravam "decisões radicais", Lammers, com o apoio de Bormann e Sauckel, tentava "torpedear" essa posição. O que Goebbels não mencionou no diário foi que Lammers e Bormann tinham invocado uma decisão de Hitler no sentido de que o fechamento de empresas não gerasse desemprego desnecessário. Apesar dessa intervenção no fim da reunião, Goebbels estava convencido de que se haviam tomado medidas para liberar 300 mil pessoas para a indústria de armamento, mas o resultado real da ação ficaria muito aquém das suas expectativas.⁸⁷ Na entrada no diário, que reproduz o debate de maneira muito sucinta, ele deixa claro que simplesmente não queria admitir que Hitler, tal como quando diminuiu a idade das mulheres para o serviço obrigatório, não tinha grande entusiasmo em apoiar medidas radicais. Posicionava-se muito a contragosto nessas matérias e não queria de modo algum aparecer como força propulsora por trás de medidas impopulares.

Na véspera da reunião, Goebbels havia escrito mais um editorial sobre o tema "guerra total". "Tenho a intenção de me refugiar mais no público quando topo com maiores dificuldades no quadrunvirato", escreveu acerca da sua tática.⁸⁸ "A muitos de nós falta a necessária compreensão dessa reorientação interna", diz o artigo intitulado "A dura lição". Essas pessoas "acham indispensáveis coisas da civilização que ninguém conhecia há vinte anos e muito menos há cem. Elas seriam obrigadas a renunciar rapidamente a isso e a mais do que isso se não tivéssemos força para levar a guerra a um desfecho vitorioso".⁸⁹

No dia 30 de janeiro de 1943, comemorou-se o décimo aniversário da "tomada do poder". Tendo em conta a situação militar, Goebbels aconselhou o Führer a abreviar consideravelmente o vasto programa previsto de início.⁹⁰ Coube-lhe a honra de ler uma proclamação do ditador no Palácio de Esporte berlinense, guarnecendo-a de um discurso indicatório do rumo a seguir.⁹¹ Como Hitler preferisse não se apresentar em público no auge da crise, Goebbels assumiu quase de forma automática o papel de orador principal e oficial do regime. E aproveitou a oportunidade para puxar a brasa para sua sardinha: "De todos os recantos da nação, chega-nos ao ouvido o brado pelo mais total esforço de guerra no sentido mais amplo da palavra", gritou no Palácio de Esporte.[92] Considerando "enorme" o impacto desse discurso, interpretou o "estrondo das ovações" e os "gritos tempestuosos" como um verdadeiro plebiscito a favor do seu "esforço de totalização": "De modo que, para o povo, não só não sou exageradamente radical como não sou radical o bastante. Agora nenhuma força é demasiada para pisar no acelerador." O que mais o impressionou foi o fato de os vários altos funcionários nazistas presentes, entre os quais Ley, Hierl e Himmler, "se amalgamarem com a plateia em cinco minutos". A parte final do evento trouxe-lhe a recordação "dos melhores momentos dos tempos da luta". De madrugada, Hitler, que tinha escutado o discurso no rádio, telefonou para exprimir "seu entusiasmo" com o sucesso do ministro da Propaganda.[93]

As pesquisas do estado de ânimo apresentadas a Goebbels levaram-no a concluir que o comício revertera consideravelmente o moral negativo. "Acima de tudo, o aplauso frenético que acompanhou meu anúncio de medidas de guerra radicais e totais causou sensação em vastíssimos setores."[94] De acordo com o material da pesquisa, o povo queria "a guerra total [...] o mais depressa possível", pois "as medidas tomadas até agora pareciam muito frouxas, tanto que em parte prejudicaram a confiança na liderança e até mesmo no Führer, porque não se extraíram dos reveses sofridos as consequências que deviam ter sido extraídas".[95]

Na opinião de Goebbels, o silêncio de Hitler em meio à crise — ele se manifestara pela última vez em novembro, no rádio — gerava enormes consequências: o sistema político do "Estado do Führer" orientava-se no sentido de produzir permanentemente a aprovação pública da política do ditador. Com a ausência visível deste durante meses, o sistema perdia o sustentáculo e passava, necessariamente, a se esvaziar: faltavam motivos para organizar as costumeiras manifestações públicas de abonação das massas à política de Hitler, e a pesquisa de opinião só podia registrar a inexistência do aplauso publicamente documentado como crise de liderança. Era necessário um esforço enorme para sustentar o Estado do Führer sem o Führer.

A derrota em Stalingrado: a chance de Goebbels

Depois do encontro de Goebbels com Hitler no dia 22 de janeiro, a propaganda começou a preparar a população para uma catástrofe do 6º Exército: por exemplo, nas últimas semanas de janeiro, o *Völkischer Beobachter* publicou manchetes diárias sobre a resistência "heroica" em Stalingrado, que significava "honra imortal" para as bandeiras do 6º Exército.[96] A parte sul do bolsão dividido em duas metades rendeu-se em 31 de janeiro e, dois dias depois, a resistência na parte norte chegou ao fim.[97] Goebbels classificou de "nada animadora" a captura do comandante do 6º Exército, Friedrich Paulus, que ainda em 31 de janeiro tinha sido promovido a marechal de campo, juntamente com muitos outros generais; tal como Hitler, ele achava que, diante da derrota, a única coisa que restava a Paulus era uma "morte honrosa de soldado".[98]

A partir do início de fevereiro, Goebbels se dedicou a plasmar o comunicado especial sobre a queda de Stalingrado: preferiu um tom que parecesse "muito realista, muito sóbrio e nada patético"; conseguiu convencer Hitler a decretar luto oficial de apenas três dias, em vez dos sete planejados.[99] Em 3 de fevereiro, às quatro horas da tarde, o rádio informou a perda da cidade. Na ótica de Goebbels, a notícia deixou "o povo alemão numa espécie de estado de choque".[100]

No mesmo dia, Goebbels escreveu um editorial dando o rumo da campanha propagandística seguinte. A depressão do povo seria contida pelas medidas de "guerra total" que havia semanas ele vinha preparando: o povo conhece "a dura verdade e exige com veemência uma resposta igualmente dura. [...] Em suma: a guerra total em todos os setores é o mandamento em vigor".[101]

Logo depois da queda de Stalingrado, nos dias 5 e 6 de fevereiro, o ministro da Propaganda participou de uma conferência de *Gauleiter* em Posen, na qual sua exposição sobre "as questões da guerra total" mereceu "aprovação absoluta e aplauso unânime".[102] Embora tenha feito comentários positivos acerca das apresentações de Speer, Funk e Backe, Goebbels detestou a palestra de Sauckel, que lhe pareceu não só enfadonha como sem nenhuma instrução para os *Gauleiter*. A verdade é que Sauckel deixou claro que a prioridade no uso da força de trabalho continuava sendo o recrutamento de estrangeiros; a reserva feminina, pelo contrário, estava quase totalmente esgotada e convinha ter o máximo cuidado no recrutamento de mais mulheres.[103] Pois a maioria dos *Gauleiter* defendia não o radicalismo de Goebbels, mas justamente essa postura de não exigir tanto da frente interna. Isso o impeliu a retomar a palavra depois de Sauckel a fim de "restaurar o que [este] havia omitido".

Na tarde de 7 de fevereiro, os *Gauleiter* e *Reichsleiter* se reuniram no quartel-general do Führer e dele ouviram uma palestra de quase duas horas a respeito da situação.[104] Perante os velhos companheiros de luta, Hitler frisou que se fazia necessário empregar "os meios e os métodos com que antes superamos as crises do partido". Atribuiu aos aliados da Alemanha a culpa pela catástrofe no Leste: os romenos, italianos e húngaros. Mas reconheceu que ninguém tinha "uma ideia clara do volume humano no Leste". O problema, como anotou Goebbels, "estava no fato de os bolchevistas terem mobilizado a sua força popular muito mais do que nós". Essa comparação foi, naturalmente, água no seu moinho.

O ditador não se esqueceu de salientar uma importante "vantagem" do inimigo: "Em todos os Estados inimigos, o judaísmo funciona como elemento propulsor ao qual não temos nada equivalente a contrapor. Disso se conclui que precisamos eliminar o judaísmo não só no território do Reich como em toda a Europa." E Goebbels anotou: "Também nisso o Führer adota meu ponto de vista de que Berlim é a primeira da fila e, num futuro previsível, lá não poderá mais residir nenhum judeu."

O discurso no Palácio de Esporte

Em meados de fevereiro, tendo percebido que a "dita comissão tríplice" adotava resoluções sem sua participação, Goebbels protestou junto a Bormann,[105] assim como na Chancelaria. Mas, ao que parece, o expediente não teve sucesso: afinal, o decreto do Führer não previa sua participação nas decisões da comissão, e ele acabou achando melhor não insistir nisso com Hitler.[106]

Tanto mais necessário lhe pareceu instrumentalizar a "opinião pública" para impor suas exigências. Em 9 de fevereiro, já havia registrado que "as bases legais insuficientes" para a "guerra total" só "podem ser substituídas por certa reação terrorista do partido, que aqueles que até agora continuam tentando dar um jeito de se esquivar da participação na guerra hão de entender". E encontrou o reforço necessário a esse propósito na sua interpretação dos relatórios da pesquisa do estado de ânimo que recebia.[107] Quanto piores eram as notícias da frente oriental, com "mais energia as amplas massas reivindicam o início da guerra total";[108] sim, as pessoas estariam exigindo "do governo, e de forma muito maciça, o desencadeamento não da guerra total, e sim da mais total das guerras. Sou cada vez mais reconhecido como o *spiritus rector* desse movimento".[109]

Na entrada no diário de Goebbels de 13 de fevereiro, encontra-se a primeira alusão a um discurso marcado para o dia 18. Segundo ele, no tocante às "medidas de totalização", era imperioso continuar agitando e incitando, e, "para esse fim, convoco um novo comício de massa no Palácio de Esporte, que quero enriquecer uma vez mais com os autênticos e velhos correligionários do partido"; convinha convidar o máximo de celebridades para que testemunhassem um ato público que "excederá em radicalismo tudo quanto se viu até agora".

Mandaria "todas as emissoras transmitirem essa reunião pública a fim de pressionar cada *Gau*, de modo que um *Gauleiter* que até agora tenha resistido a esta ou àquela medida dura talvez se sinta à vontade para recuperar o tempo perdido". Ele ainda era, conforme descreveu seu papel dois dias depois com relação a esse discurso, "o motor propulsor, e vou usar a chibata até acordar os dorminhocos".[110] O silêncio público de Hitler abrira um vácuo em que o ministro da Propaganda agora se enfiava com toda gana.

No dia do comício, a imprensa recebeu instrução de publicar "quadros do estado de espírito" que exprimissem "a vontade combativa da totalidade do povo alemão". Cumpria enfatizar os "dois pontos cardeais do discurso [...] de um lado, o tema antibolchevista e, de outro, o tema da missão de guerra total". Mas "o maior destaque é para as dez perguntas que o dr. Goebbels fará ao povo alemão".[111] Que se retomasse "a terminologia dos tempos da luta".[112]

Finalmente, no dia 18 de fevereiro, Goebbels fez o discurso sobre a "guerra total" que, em geral, é considerado seu desempenho retórico ao mesmo tempo mais importante e mais repulsivo. Escolheu deliberadamente o Palácio de Esporte berlinense, o cenário predileto dos megaeventos do NSDAP desde o fim da década de 1920: a arena desportiva era tida como o tradicional "palco de luta" dos nazistas de Berlim, que em seus comícios políticos se apropriavam da aura daquele lugar popular em que o atletismo, os torneios de hóquei sobre gelo e as lutas de boxe despertavam grandes emoções. Dessa vez, o local também foi decorado com enormes bandeiras da suástica; à frente pendia uma faixa gigantesca com a palavra de ordem da noite: "Guerra total — guerra mais curta."

A mensagem central da fala de Goebbels de 18 de fevereiro era: só a Wehrmacht e o povo alemão têm condições de deter a arremetida bolchevista, mas para isso é preciso agir com rapidez e radicalismo.[113] Como não podia deixar de ser, o discurso continha uma passagem antissemita bastante violenta repisando contra quem se travava essencialmente a "guerra total". "Nós vemos no judaísmo um perigo imediato para qualquer país. [...] Em todo caso, a Alemanha não tem a intenção de se curvar diante dessa ameaça, pelo contrário, está disposta a enfrentá-la a tempo e, se necessário, com as contramedidas mais radicais." A guerra total, prosseguiu, "é o imperativo do momento. Agora é preciso pôr fim aos melindres dos burgueses que, mesmo nesta batalha pelo destino, querem proceder segundo o princípio de fazer omelete sem quebrar os ovos!".

Goebbels recordou seu discurso de 30 de janeiro e o "turbilhão de aprovação" com que então se acolheu o anúncio da guerra total: "Também posso constatar que as medidas tomadas pela liderança estão em perfeita harmonia com todo o povo alemão na pátria e no front. [...] Chegou a hora de apressar os lerdos." Para documentar de maneira efetiva essa unanimidade, declarou sumariamente os presentes um segmento representativo "de todo o povo alemão" que, unido — "como um pedaço do povo" —, participava do plebiscito sobre a guerra total.

O clímax do discurso foram as dez perguntas a que o público respondeu, uma a uma, com ruidosa aceitação, as quais continham tudo: profissão de fé extática, demonstração de determinação e lealdade, assim como autocomprometimento. O envolvimento do público, que, a cada pergunta do orador, respondia como um coro imenso, lembra muito as formas litúrgicas; o número de perguntas e a fórmula com que Goebbels inicia cada uma delas — "Eu pergunto a vocês" — devem ter despertado associações bíblicas.[114] Uma amostra: "Vocês estão decididos a seguir o Führer na dura luta pela vitória, contra tudo e contra todos, e aceitando os mais pesados fardos pessoais? [...] Vocês querem a guerra total? Vocês a querem, se necessário, mais total e mais radical do que hoje a podemos imaginar? [...] Vocês prometem solenemente ao front, num juramento sagrado, que a pátria o apoia com moral forte, inabalável, e lhe dará tudo quanto for necessário à vitória?" Posto que, nos anos anteriores, ele evitasse cautelosamente tais associações religiosas, agora que o regime estava com água até o pescoço pareceu-lhe adequado empregar motivos sacros, ainda que muito bem dosados.[115]

Quando perguntou ao povo se eles tinham confiança no Führer, Goebbels recebeu a mais prolongada onda de aplauso. O repórter do *Völkischer Beobachter* já tinha se excedido tanto na descrição do entusiasmo popular naquela noite que teve dificuldade para encontrar um termo de comparação ao narrar a onda seguinte de ovações: "A multidão se ergue como uma só pessoa. O entusiasmo da massa irrompe num ato público de dimensões jamais vistas. Muitos milhares de vozes urram nos alto-falantes pelo salão: 'O Führer ordenou, nós obedecemos!', explode uma onda sem fim de saudações ao Führer."

Assim descreveu Goebbels suas impressões do comício: "O público se compõe de todas as camadas do povo, desde o governo até o operário anônimo da fábrica de munições." Parece ter esquecido que ele mesmo tinha mandado organizar o grande comício com velhos correligionários. "Meu discurso deixa uma impressão fundíssima. Desde as passagens iniciais é interrompido por impetuosos aplausos. [...] O Palácio de Esporte nunca viu cenas tão turbulentas como no fim, quando fiz minhas dez perguntas ao público. Elas são respondidas com descargas de aprovação."[116]

Magda, que naqueles dias, para alegria dele, decidira assumir um trabalho na linha de produção de guerra da Telefunken (plano que abortou em virtude de uma internação hospitalar de várias semanas),[117] também se achava entre os ouvintes com as filhas Helga e Hilde, que assistiam pela primeira vez a semelhante megaevento: "Especialmente Helga, embora não tenha entendido tudo no meu discurso, assimilou muito essa experiência. Alegra-me que os nossos filhos sejam orientados para a política em tão tenra idade."

À noite, ele recebeu a visita de vários figurões, entre os quais Milch, Speer, Ley, Stuckart, Thierack e vários outros. "[...] Muitos expressam a opinião de que essa reunião pública representa uma espécie de golpe de Estado silencioso [...]. Agora a guerra não é mais coisa de uns poucos iniciados, agora será sustentada pelo povo."

Não menos grandiosa foi sua percepção das reações ao discurso no país e no estrangeiro.[118] "Durante toda a guerra, poucas vezes um discurso na Alemanha foi citado e comentado tão vividamente em todo o globo como este de 18 de fevereiro no Palácio de Esporte."[119] E enfim um recado do Führer: "Ele diz que o discurso é uma obra-prima psicológica e propagandística de primeira classe."[120]

A única coisa que o irritou foi o relatório do SD, que, em sua opinião, estava interessado em juntar "todas as vozes problemáticas" dissociadas do espírito otimista que ele queria induzir.[121] Aliás, nesses dias — tal como já em dezembro —,[122] Goebbels andava altamente insatisfeito com o relatório do SD: "As reclamações de grupos eternamente críticos" eram apresentadas de maneira equívoca como "a opinião do povo alemão".[123] Mas, alguns dias depois, o erro foi corrigido: "O novo relatório do SD concentra totalmente suas observações no meu discurso no Palácio de Esporte. Afirma que ele impressionou profundamente a opinião pública."[124] No entanto, a leitura dos *Meldungen aus dem Reich* de 22 de fevereiro de 1943, no qual se apoia esse autoelogio, mostra um quadro ambíguo do efeito do discurso: em particular, para amplos setores da população, "a intenção propagandística" das dez perguntas tinha sido demasiado evidente.[125]

Mas não eram só os relatórios do SD que causavam contrariedade no Ministério da Propaganda. Poucos dias depois este enviou uma circular aos escritórios centrais de propaganda, queixando-se de que, nos últimos tempos, vinham se apresentando relatórios reforçados, "que tomavam motivos insignificantes ou incidentes irrelevantes como indicadores de estado de ânimo ruim de determinados grupos. Era melhor que essas manifestações de estado de espírito nada típicas, em vez de assim relatadas, fossem eliminadas na sua própria esfera com os meios dos tempos da luta."[126]

A proclamação que Hitler mandou ler em Munique no dia 24 de fevereiro, por ocasião do aniversário da fundação do partido — Goebbels estava gripado e ficou em Berlim[127] —, trilhou, segundo ele registrou com alegria, "totalmente o caminho do meu discurso no Palácio de Esporte. Portanto, aqui não há perigo de eu ser de algum modo desautorizado". Era sempre melhor criar "fatos consumados": "Quando o povo pisa o terreno desses fatos, o jogo já está ganho."[128]

Entretanto, dias depois, ele soube por intermédio de Ley que, em Munique, "não faltava quem resmungasse contra o seu discurso no Palácio de Esporte"; os críticos, segundo a conclusão de Goebbels, estavam "se mordendo de inveja".[129]

Comissão tríplice: a guerra total em banho-maria

Nesse meio-tempo, Goebbels continuou participando do trabalho da comissão tríplice. Em fevereiro e março, entre os assuntos em pauta, figuraram a unificação da dedução salarial e a simplificação da lei fiscal, com medidas de austeridade nas universidades e diversas racionalizações administrativas; adotou-se uma administração mais restritiva do recrutamento e da promoção dos servidores públicos.[130]

Nas reuniões do grêmio, Goebbels se destacava sobretudo como instigador e agitador: em 27 de fevereiro, exigiu dos representantes da Wehrmacht "medidas mais enérgicas" para alcançar a meta de recrutamento prevista e reagiu à intervenção de Keitel repreendendo-o pela "carência de reforma" no setor sob sua responsabilidade. Em 16 de março, quando das deliberações sobre as medidas de austeridade nas universidades, enfatizou que "as filhas das famílias mais ricas optam pelo estudo para se esquivar do serviço obrigatório". Na mesma reunião, na discussão sobre uma lei contra a sabotagem da guerra total, exigiu que a punição máxima fosse a pena de morte.[131]

Mesmo assim, uma série de casos comprova que, no diário, Goebbels exagerava seu papel nas deliberações e superestimava as "vitórias" por ele conquistadas. Embora se comportasse na comissão como o eloquente advogado de uma linha radical, muitas alterações pelas quais lutava ou que acreditava já aprovadas ficavam reduzidas ao mínimo ou simplesmente não eram implementadas.

Assim, por exemplo, no dia 16 de março, ele achou que "agora a reforma judicial" foi feita "inteiramente conforme o meu ponto de vista", em especial na redução das possibilidades de recurso no futuro; mas a única coisa decidida foi a simplificação dos procedimentos de apelação.[132] No diário, escreveu que, nessa mesma reunião, teria criticado com veemência o tipo de recrutamento da Wehrmacht; no entanto, sua participação nem chegou a constar da ata, pois a questão foi retirada da pauta a pedido de Keitel. Do mesmo modo, Goebbels se gabou de ter imposto a dissolução da Central Nacional de Desenvolvimento Regional, mas o que se decidiu foi apenas a limitação da atividade das repartições.[133] Ele, que havia proibido a equitação no Tiergarten, não conseguiu persuadir Hitler a suspender todas as corridas; este era da opinião que "mesmo durante a guerra [...] era preciso preservar a distração do grande público".[134]

Não escapava a Goebbels que o maior empecilho para um enxugamento administrativo abrangente — o "problema difícil" e insolúvel "da delimitação das competências entre os ministérios individuais" — não seria removido enquanto Hitler não fosse levado a "tomar uma decisão clara e enérgica", mas o ditador estava longe de se dispor a isso, uma vez que seu poder se apoiava, entre outras coisas, na relação cuidadosamente calibrada de concorrência e tensão entre os membros da equipe dirigente. A Goebbels só restou lamentar, com certa resignação, que era "simplesmente absurdo os ministérios e as altas autoridades se engalfinharem enquanto o inimigo obtém vitória após vitória".[135]

A essa altura, já estava sondando de maneira ativa as possibilidades de desancar a comissão tríplice como órgão diretivo. Numa noite do fim de fevereiro, recebeu Speer, Ley e Funk em casa e os consultou sobre a possibilidade de "neutralizar a comissão tríplice mediante a ressurreição do Conselho Ministerial de Defesa do Reich". Para tanto, Göring, o presidente desse órgão inoperante, precisava de um "substituto adequado". Speer e Funk logo enxergaram o candidato oportuno: Joseph Goebbels. "Eu concordaria plenamente." Então, segundo suas cogitações, reuniria "um grupo de dez homens, todos figuras capitais, com os quais governaria, isto é, erigiria uma direção da política interna".[136]

Speer entrou em contato com Göring, que dois dias depois recebeu Goebbels em Berchtesgaden.[137] Numa longa conversa em que as "desavenças mesquinhas" do passado supostamente não tiveram nenhum papel, o Reichsmarschall concordou com a proposta de Goebbels de "transferir as funções executivas do Reich da comissão tríplice para o Conselho Ministerial de Defesa". De resto, os dois coincidiram quanto ao "que nos ameaça a todos caso nos debilitemos nesta guerra"; pois havia tanta determinação de sua parte na "questão judaica" que "para nós já não há saída. E é bom que seja assim". Porque um "movimento e um povo que queimam as pontes atrás de si, diz a experiência, lutam muito mais incondicionalmente do que quem ainda conta com uma possibilidade de recuo".

Não obstante, na sua visita seguinte ao quartel-general do Führer em Winniza, em 8 de março, Goebbels se inteirou de que o "prestígio de Göring sofreu um prejuízo colossal aos olhos do Führer"; aliás, este, estando a sós com ele, deu a entender que queria afastar o Reichsmarschall.[138] Portanto, o plano de reativar o Conselho Ministerial teve de ser adiado. No encontro decisivo com Göring em 18 de março, do qual além de Goebbels participaram Speer, Ley e Funk,[139] decidiu-se em princípio ressuscitar o conselho e, antes de tudo, complementá-lo com "alguns homens fortes". Cogitaram-se sobretudo Speer, Ley, Himmler e Goebbels, uma vez que Funk, na qualidade de ministro da Economia, já participava da comissão. Quisesse ou não, Goebbels teve de engolir o fato de que Frick também iria participar.

Conforme o plano, Göring levaria essa proposta a Hitler, e então, futuramente, o trabalho da comissão tríplice seria absorvido e executado pelo Conselho Ministerial reativado. Se Göring não tivesse condições de participar das sessões semanais do Conselho Ministerial, seria substituído por Goebbels. "A partir disso, com o tempo, há de se desenvolver uma substituição permanente." Isso teria tido um efeito colateral nada insignificante na estrutura do sistema de governança: "Sem muito barulho, Lammers ficaria privado da representação de Göring e seria devolvido ao posto de secretário a ele destinado desde o começo. Bormann e Keitel também são, na verdade, secretários do Führer nos seus respectivos setores e não têm o direito de exercer um pleno poder." A reativação de Göring, em que Goebbels se empenharia com todo vigor nas semanas subsequentes, também teria amplas consequências no conjunto da condução da ditadura.

No entanto, enquanto isso não acontecesse e enquanto as propostas de medidas para a "guerra total" ficassem paralisadas no conselho tríplice, seu engajamento no esforço de guerra radical seria praticamente inútil; aliás, em sua opinião, arriscava tornar-se contraproducente: ele, que se apresentara no Palácio de Esporte como o grande campeão da "guerra total", agora corria o risco de ser responsabilizado pela sua execução frouxa. Embora encontrasse nos relatórios do SD aprovação das medidas planejadas, também encontrava crítica crescente, uma vez que as iniciativas tomadas não eram radicais o bastante. Simplesmente "ainda não caiu a tempestade que anunciei no Palácio de Esporte", concluiu a partir da leitura do relatório do SD.[140] E reagiu sem perda de tempo ao encontrar queixas de que parte da população, pelo contrário, tinha restrições a certas tendências de luta de classes na "guerra total":[141] era inevitável, explicou ele num artigo na *Reich*, que a guerra total trouxesse consigo "certo nivelamento"; mas isso ocorria não "por inveja ou instinto de classe", mas "por uma imperativa necessidade funcional".[142] Uma semana depois, em outro artigo na *Reich*, atacou os "temerários" que "aproveitam a ocasião favorável para descarregar seus instintos de classe indigeridos".[143]

Como não podia deixar de ser, Goebbels, que outrora gostava de se apresentar como paladino de uma "linha socialista" no NSDAP e, em novembro do ano anterior, escrevera em pormenores sobre a "guerra como revolução social", temia despertar a suspeita não totalmente injustificada de querer inaugurar uma espécie de comunismo de guerra. É possível que isso o tenha levado a se afastar pouco a pouco do engajamento excessivo com a guerra total. Não faltariam outros temas para seu radicalismo.

A ação na fábrica

Em fevereiro, Goebbels soube que a deportação dos judeus berlinenses começaria em março, "por etapas"; ele mesmo estabeleceu para si a meta de deixar a cidade "totalmente livre de judeus" até a metade ou, o mais tardar, o fim de março, esperando que isso propiciasse "um grande alívio na situação psicológica".[144]

No dia 27 de fevereiro, iniciou-se em Berlim a chamada "ação na fábrica", a prisão repentina de mais de 8 mil israelitas, a maioria no local de trabalho. "Infelizmente, ficou claro uma vez mais", apontou Goebbels dias depois no diário, "que os melhores círculos, sobretudo os intelectuais, não entendem a nossa *Judenpolitik* e, em parte, se colocam do lado dos judeus". Graças à traição, cerca de 4 mil pessoas teriam fugido.[145] Passados mais alguns dias, ele anotou que infelizmente tinha havido "cenas um tanto desagradáveis num asilo judeu de idosos, em frente ao qual a população se aglomerou em grande número e, em parte, chegou a tomar a defesa dos judeus". E, em 11 de março: "Infelizmente, também foram presos alguns judeus e judias de família privilegiada, fato que suscitou muito medo e confusão." Com suas observações, Goebbels aludiu a protestos (silenciosos) sobretudo por parte de pessoas que viviam em "casamento misto" com israelitas presos durante a ação. Como no dia 1º de março tinha havido um violento ataque aéreo a Berlim — o qual ainda retomaremos —, ele tentou obter do SD a interrupção das deportações para não piorar ainda mais a atmosfera tensa da cidade, mas estas prosseguiram. Não se deve atribuir nem à sua intervenção nem a protestos o fato de cerca de 2 mil pessoas casadas com não judeus, que estavam provisoriamente presas no prédio da administração comunitária israelita, terem sido soltas depois de alguns dias: desde o começo, o SD não tinha intenção de deportar esse grupo de pessoas.[146]

Nos dias 8 e 14 de março, Goebbels voltou a obter de Hitler a confirmação da correção fundamental da sua política, "pôr os judeus para fora de Berlim o mais depressa possível".[147] Alguns dias mais tarde, o ditador ficou "extremamente abalado" ao saber que 17 mil judeus ainda moravam em Berlim, nos chamados casamentos mistos, e, como soube Goebbels, encarregou Frick de "facilitar o divórcio desses casais ou então declará-los divorciados à menor expressão de tal desejo". Goebbels apoiou de todo coração essa iniciativa[148] e, ademais, disse-se convencido de "que, com a libertação de Berlim dos judeus, terei dado minha maior contribuição política".[149] Na reunião de imprensa, instruiu para que se informasse, por propaganda boca a boca, o número de "moradias de israelitas" desocupadas.[150] Além disso, ordenou que o inteirassem com frequência do número de judeus ainda residentes em Berlim. Ele os culpava da "maior parte dos boatos subversivos" e fez o possível para "expeli-los" em pouco tempo.[151]

A guerra aérea contra Berlim e o Ruhr

No início de 1943, Goebbels conseguiu formalizar as atribuições no combate aos danos provocados pela guerra aérea que Hitler lhe havia conferido na primavera anterior: em 15 de janeiro, a "Comissão Interministerial para o Reparo dos Danos Aéreos" se reuniu pela primeira vez desde que Frick desistiu de dirigir esse grêmio.[152]

Para começar, Goebbels teve de cuidar dos estragos provocados pelos bombardeios em casa: em meados de janeiro, houve uma nova e considerável incursão aérea britânica em Berlim, a primeira desde os raides de 1941, empreendida por cerca de 35 aviões, que, embora tenha provocado poucos danos a imóveis, custou a vida de trinta pessoas.[153] Em janeiro, Goebbels lamentara a insuficiência dos preparativos da defesa no setor civil; "a maquinaria ficou totalmente enferrujada nos últimos meses devido à falta de ataques aéreos". Ele fez "um escândalo enorme" e, conforme se vangloriou, "assim restaurei todo o aparato em pouco tempo".[154]

A prova de fogo foi na noite de 1º de março: mais de 250 bombardeiros atacaram a cidade, matando mais de setecentas pessoas.[155] Goebbels, que se achava em Munique, chegou de manhã e foi inspecionar os danos causados. Acreditou ter detectado uma "atitude magnífica" na população afetada; e, para preservá-la, deu as devidas instruções aos funcionários do partido numa reunião convocada às pressas.[156] Esse comportamento caracteriza bem sua relação com os danos da guerra aérea: o que lhe interessava era que as pessoas afetadas pelos bombardeios mostrassem uma "atitude" firme; não era outro o teor da propaganda frente à guerra aérea. Na verdade, a única coisa importante era que a intervenção rápida do partido nos lugares atingidos impedisse a divulgação de eventuais manifestações de atitude moral indesejável: apatia, cansaço da guerra ou mesmo insatisfação e protesto. Não contente com isso, Goebbels visitava de maneira incansável os lugares atingidos, como em março de 1943 em Berlim, para se convencer de que a população era "extremamente delicada e simpática comigo".[157] O ministro da Propaganda conversando de modo amigável com as vítimas das bombas: esse passou a ser o tema da propaganda na segunda metade da guerra. Tal como antes, ele continuava empenhado em cultivar a qualquer preço determinada imagem do Terceiro Reich na mídia propagandística — não, por exemplo, em saber como os sobreviventes dos bombardeios estavam se sentindo de fato. Numa proclamação divulgada pela imprensa berlinense, expressou gratidão e reconhecimento à "população da capital do Reich" pela "atitude" excelente que havia demonstrado.[158]

Os insistentes ataques aéreos levaram a temer o pior em 21 de março, o "Dia de Homenagem aos Heróis", quando, pela primeira vez em mais de quatro meses, Hitler fez um discurso de cerca de dez minutos em Berlim, transmitido por todas as emissoras de rádio. Mas, para o alívio de Goebbels, não se verificou o esperado raide britânico. Embora ele tenha achado o discurso "maravilhoso em composição e estilo",[159] alguns dias depois, ficou apreensivo com o fato de que o número de mortos na guerra, que o ditador, em seu discurso, estimara — ao que parece mais ou menos corretamente — em 542 mil até então,[160] "de modo geral foi considerado exageradamente baixo pelo povo da Alemanha".[161] Impossível documentar de maneira mais clara a deterioração da aura do Führer e da credibilidade da liderança política.

No fim de março, houve mais um ataque aéreo britâncio a Berlim, dessa vez com mais de trezentos aviões e, como receava Goebbels, pontualmente no

Dia das Forças Armadas Alemãs.¹⁶² Duas noites depois, a Royal Air Force voltou a sobrevoar a capital do Reich com mais de trezentos bombardeiros. Esse raide custou mais de duzentas vidas, e os danos materiais também foram consideráveis. Inclusive a ópera foi atingida; Goebbels, que para lá direcionou todos os recursos de combate a incêndio disponíveis, atribuiu a salvação do prédio à sua intervenção pessoal.¹⁶³

Mas os bombardeios não afligiam só Berlim. Entre março e junho, a Royal Air Force empreendeu uma série de ataques aéreos a Essen, atingindo sobretudo as fábricas Krupp.¹⁶⁴ Goebbels ficou alarmadíssimo com os danos causados.¹⁶⁵ Em abril, na qualidade de presidente da Comissão Interministerial para o Reparo dos Danos Aéreos, viajou à cidade seriamente atingida, que, segundo ele escreveu, "tem de ser dada por destruída num alto percentual". Em Essen, reuniu-se com Ley, o *Gauleiter* da Alemanha ocidental, e diversos prefeitos. Discutiram, entre outras coisas, a priorização do abastecimento dos territórios afetados pela guerra aérea, a evacuação da população e a construção de instalações de defesa antiaérea.

No dia seguinte, de volta a Berlim, ele falou de suas impressões da viagem na reunião de imprensa — em linhas gerais, o partido era encarado como o "guia espiritual da população"¹⁶⁶ — e instruiu a imprensa a dar ainda mais destaque às providências para a defesa aérea no noticiário; a "reunião de trabalho em Essen" e o discurso ali pronunciado na ocasião ofereciam uma "ocasião especial" para isso.¹⁶⁷

Mais descontração no rádio e no cinema

Quanto mais as frotas aéreas aliadas ameaçavam o Reich e a situação se tornava crítica nos diversos fronts, mais Goebbels se esforçava para oferecer à população descontração nos meios de comunicação mais importantes da época, o rádio e o cinema.

A exigência cada vez mais enfática de filmes baratos e divertidos, que ele vinha fazendo desde 1941, foi plenamente atendida pela indústria cinematográfica até o fim da guerra.¹⁶⁸ Os diários mostram de forma clara que Goebbels se dispunha a reconhecer — mais ou menos a contragosto — que sua demanda de qualidade e bom gosto deixava cada vez mais a desejar e que suas ideias de temas "contemporâneos" e "patriotismo para consumo doméstico" não eram realizáveis. Ao analisar a política cinematográfica de Goebbels, o historiador do cinema Felix Moeller entende que, na segunda metade da guerra, quase a metade da produção desagradou ao "ministro do cinema"; em 1944, a má qualidade levou-o a proibir mais filmes do que nunca, mas a maioria das fitas chegava aos cinemas.¹⁶⁹

Em fevereiro de 1943, Goebbels escreveu que se fazia "uma crítica vigorosa a uma série de filmes de entretenimento que já não combinam com a paisagem". Tratava-se de um dilema insolúvel, pois, "no caso de filmes de ficção rodados um ano antes", prosseguiu, "como se adaptar a uma época 12 meses posterior?".¹⁷⁰ "O nível atual do cinema" estava "abaixo de qualquer crítica", disse em dezembro de 1943.¹⁷¹ Em 1944, execrou várias produções ambientadas na Primeira Guerra Mundial.¹⁷² Opunha-se "radicalmente" à tendência a "fugir dos duros conflitos do presente para o período *biedermeier*", escreveu em dezembro; não queria assistir a mais nenhum filme passado num "ambiente de pelúcia".¹⁷³

Em meio à enxurrada, porém, não deixava de haver exceções, como por exemplo o colorido *Münchhausen*, de 1943, segundo Goebbels uma "fábula pintada de maneira extraordinariamente colorida e alegre".¹⁷⁴ Ele também gostou dos filmes *Romanze in Moll* [Sorriso de perdição] (1943) e *Unter den Brücken* [Debaixo das pontes] (1944) dirigidos por Helmut Käutner; este seria "o vanguardista entre nossos diretores alemães".¹⁷⁵

Goebbels concentrava a atenção sobretudo nos filmes de propaganda ainda no programa de produção, alguns deles bem caros. Mas a maior parte dos projetos foi vítima das circunstâncias, e, por isso, ele os descartou antes mesmo que fossem rodados; ou então lhe desagradaram quando já prontos. Referindo-se a *Besatuzung Dora* [A tripulação do Dora], achou que a história da tripulação de um avião de reconhecimento de longa distância convinha mais "ao segundo que ao quarto ano da guerra", e o filme não foi exibido.¹⁷⁶ Diversos outros projetos cinematográficos que tinham por tema os triunfos da Wehrmacht, há muito coisa do passado, foram igualmente cancelados por sua determinação. Tampouco os filmes de catástrofe já prontos, como *Titanik* ou *Panik* (no qual os animais fugiam do zoológico depois de um ataque aéreo), condiziam com a realidade da guerra; nem mesmo *Grosse Freiheit Nummer 7* [Grande liberdade número 7], de Käutner, ambientado na Hamburgo ainda não destruída. Já não passariam nos cinemas alemães.¹⁷⁷

Não obstante, Goebbels reagiu bem a *Die Degenhardts* [Os Degenhardt], concluído em 1944, que, inspirado no exemplo da Lübeck destruída, tratava do tema guerra aérea.¹⁷⁸ Também gostou do filme infantojuvenil *Junge Adler* [Águia jovem], realizado por Alfred Weidenmann e baseado no romance de Herbert Reinecker, que reuniu pela primeira vez a bem-sucedida equipe dos telefilmes policiais alemães do pós-guerra. Era a história de um grupo de aprendizes, numa fábrica, que ajudavam com muito entusiasmo a produzir bombardeiros: uma das poucas películas da época em que apareciam bandeiras com a suástica e uniformes da Juventude Hitlerista. Os jovens protagonistas eram representados por Hardy Krüger, Gunnar Möller e Dietmar Schönherr, atores de sucesso no pós-guerra.[179] Mas, para a decepção de Goebbels, a obra foi um fracasso de bilheteria, porque, presumiu ele, "no momento, ninguém quer ver filme político".[180]

Seu projeto predileto foi a história da bem-sucedida defesa do forte de Kolberg pelo exército prussiano e a milícia popular contra as muito mais poderosas tropas napoleônicas em 1807. O projeto Kolberg, escreveu ele em maio de 1943, "combina à perfeição com a paisagem político-militar que provavelmente teremos registrado quando o filme for lançado".[181] Goebbels interferiu várias vezes na concepção da sua produção caríssima.[182] Enfim assistiu duas vezes seguidas à versão definitiva em dezembro de 1944. Embora a achasse uma "obra-prima da arte da direção", exigiu diversos cortes do diretor Veit Harlan.[183]

Mesmo assim, as alterações de Harlan não lhe agradaram: "Ele brutaliza muito as cenas de destruição e desespero na cidade, tanto que eu temo que, na situação atual, grande parte do público simplesmente se recuse a assistir à fita."[184] Mais uma vez alterado, o filme seguiu para os cinemas, mas com poucas cópias. Nas demolidas cidades alemãs, os espectadores puderam ver a lenta destruição de uma cidadezinha alemã oriental em 1807, cujos habitantes enfrentaram as tropas de Napoleão, mas nem por isso conseguiram evitar a derrota do Estado prussiano. Goebbels gostou de saber que Hitler "se entusiasmou muito com o efeito do filme do Kolberg", que "causou uma impressão terrível" sobretudo "ao ser exibido no estado-maior".[185]

Em março de 1945, quando o autêntico Kolberg teve de ser evacuado diante do avanço dos soviéticos, ele não quis saber de ver o fato mencionado no relatório do OKW: no momento, tais informações não tinham "a menor utilidade em face das consequências psicológicas do filme do Kolberg".[186] Goebbels se recusava a acreditar que a realidade havia superado a propaganda.

Como de costume, tratou de atribuir a outros as dificuldades que o cinema alemão enfrentou naquele ano, refugiando-se numa posição de espectador ligeiramente indignado. De início, seu bode expiatório foi o chefe de produção da Ufa, Otto Heinz Jahn,[187] até que o substituíssem pelo diretor Liebeneiner em abril de 1943.[188] O prestígio de Hippler também caiu rapidamente aos olhos de Goebbels; no dia 1º de julho desse ano, foi afastado da função de diretor artístico do cinema do Reich, deixando o cargo desocupado.[189]

Em julho, Goebbels relaxou o controle sobre a produção cinematográfica, não sem antes obter a aprovação expressa de Hitler. Determinou que, dali por diante, as produtoras se limitassem a apresentar dados sumários sobre o enredo dos filmes: "Só em projetos isolados importantes eu me ocupo pessoalmente do roteiro e do elenco."[190] Em abril de 1944, Hans Hinkel passou a ser o novo diretor artístico, assumindo também a direção do departamento de cinema.[191] Pouco depois, Gutterer, que se afastou do posto de secretário de Estado a serviço do Ministério da Propaganda, recebeu um bem remunerado cargo do presidente do comitê executivo da Ufa e não tardou a ser alvo da crítica do ministro da Propaganda.[192] Por outro lado, o "regime rigoroso" de Hinkel levou-o rapidamente a entrar em conflito com o comissário nacional da indústria cinematográfica, Winkler, que deplorava as constantes intervenções nas produtoras e produções em andamento — em oposição à diretiva de Goebbels de julho de 1943. Este tomou o partido de Winkler, que em especial garantia "que a economia cinematográfica deve ser gerida do ponto de vista comercial".[193] Com isso, decretou com franqueza o malogro da sua política cinematográfica: ele, que durante tanto tempo se opusera à existência de uma indústria cinematográfica independente e orientada por interesses econômicos e, pouco a pouco, havia tentado submeter a produção cinematográfica ao controle político direto do seu ministério, agora renunciava tanto a esse propósito quanto à ideia de reestruturação conteudística do cinema alemão.

Quanto ao rádio, na segunda metade da guerra, Goebbels persistiu na política de ampla "descontração" da programação. Karl Cerff, por exemplo, o chefe da Agência Central de Cultura da Liderança Nacional da Juventude, foi acusado de defender uma "posição um tanto supranacional-socialista", não era o caso de tocar "música no rádio exclusivamente com sedução".[194] Goebbels exigia sobretudo a redução dos programas falados. Com exceção das primeiras semanas depois de Stalingrado, durante as quais a programação adotou um tom mais sério, o entretenimento e o bom humor dominaram os programas de rádio até o fim da guerra.[195]

Em abril de 1944, ele transferiu a Fritzsche, além da função de conceber os programas de rádio político-propagandísticos, a responsabilidade pelo entretenimento musical;[196] cabia-lhe assegurar a devida simetria entre "música" e "palavra".[197] Entretanto, Goebbels sempre interferia de forma concreta na programação, tentando estabelecer um equilíbrio entre a música popular, muito procurada pelo público, e a gravidade da situação militar. Em agosto, por exemplo, opôs-se a "certos excessos, sobretudo no tocante à música de baile e à popular".[198]

Como de costume, também nesse caso, o meio-termo lhe parecia mais apropriado. Não se deviam produzir "nem programas fúnebres, nem programas de marcha militar", mas cultivar o "entretenimento moderado".[199]

26. "Certo ceticismo, para não dizer desesperança, se apoderou das amplas massas"
A crise como situação permanente

No fim de fevereiro, com o início do primeiro período de degelo, cessou a ofensiva de inverno soviética, e, a partir da metade de março de 1943, a situação na frente oriental voltou a se estabilizar um pouco; aliás, com a reconquista de Carcóvia, a Wehrmacht obteve uma vitória importante em termos de prestígio.[1] Pouco a pouco, esse desdobramento teve um efeito favorável sobre o moral, que em março se mostrou cada vez mais "estabilizado" e seguiu melhorando em abril, pelo menos segundo os relatórios divulgados pelos departamentos nacionais de propaganda e as cartas enviadas ao ministério.[2] Mas esses relatórios refletiam menos a melhora do humor da população do que o fato de Goebbels ter tratado uma vez mais de modificar os critérios de avaliação do estado de espírito. Num editorial de 11 de abril, ele voltou a discorrer longamente sobre a diferença tão cara entre "moral" e "atitude": esta teria "um papel decisivo [...] na guerra moderna".[3]

Não obstante, em sua opinião, os relatórios do SD continuavam sendo claramente mais negativos do que os oriundos da sua área de competência.[4] Os relatórios do SD, escreveu ele em meados de abril, geravam "mais alvoroço" e suscitavam contrariedade geral e "afinal também a minha". Apresentariam "demasiados pormenores. A liderança do Reich não precisa de modo algum saber que, num lugar qualquer de uma cidadezinha rural, alguém resolveu desabafar o coração aflito". Por esse motivo, encarregou o diretor do departamento de propaganda Berndt de melhorar a harmonia entre as informações do SD e as dos departamentos nacionais de propaganda.[5]

Isso não aconteceu. Na verdade, os *Meldungen aus dem Reich* produzidos pelo SD foram suspensos em junho de 1943 e substituídos por informes sobre questões internas, se bem que feitos sob medida para certos destinatários tecnicamente competentes.[6] Porém, mesmo na nova versão, Goebbels achou os relatórios do SD "inúteis para o trabalho prático", pois continuavam reproduzindo "a opinião que um anônimo qualquer de uma cidade ou um povoado qualquer porventura deixou escapar num momento de descuido".[7]

A "guerra total" não acontece

Na primavera de 1943, Goebbels constatou, em meio ao "lento rebrotar das ilusões de primavera ou verão", que suas ideias sobre a "guerra total" continuavam sendo solapadas por todas as instâncias possíveis; o pior é que Hitler reagia alegre, pronta e favoravelmente a tais iniciativas. No caso, notou, tratava-se de coisas tão diferentes como o reaparecimento de revistas de entretenimento, a reabertura dos cassinos, os desvios no serviço feminino obrigatório, a suspensão de restrições ao turismo e muitas outras.[8] Fazia parte desse quadro o fato de o ditador não se dispor a disciplinar os membros da camada dirigente que, no seu comportamento, violavam de maneira flagrante o mandamento da guerra total.

No início de 1943, a polícia berlinense descobriu o tráfico clandestino de grande quantidade de produtos alimentícios por parte do comerciante de delicatéssen Nöthling, que vinha fornecendo produtos caríssimos, sem as devidas marcas, a várias celebridades. Estavam envolvidos no caso o ministro do Interior Frick, o das Relações Exteriores Ribbentrop, o de Economia Rust, o da Agricultura Darré e outros — personalidades, pois, que não gozavam exatamente da boa estima do ministro da Propaganda.[9]

Em março, Goebbels, que, graças a um relatório de Helldorf, dispunha de informações detalhadas a esse respeito,[10] expôs o caso a Hitler. Embora tenha se mostrado "bastante abalado", este preferiu não dar grande importância à questão. Mandou-o conversar com o ministro da Justiça Thierack para que o problema fosse resolvido sem alarde. "Às vezes o Führer é excessivamente generoso nas suas decisões", comentou Goebbels.[11]

No dia seguinte, discutiu o caso com Thierack[12] e, semanas depois, soube que, embora Hitler tivesse mandado o ministro da Justiça interrogar os envolvidos,[13] grande parte deles "deu respostas insolentes às suas perguntas", como não tardaram a informá-lo.[14] Além disso, o suicídio de Nöthling na prisão preventiva levou ao arquivamento do processo criminal contra ele. Quanto às celebridades, em julho, o ditador decidiu definitivamente que nada se fizesse contra aquele grupo de pessoas, resolução com que Goebbels não concordou.[15] Em todo caso, Hitler se dispôs a assinar uma "disposição sobre o comportamento exemplar dos parentes de personalidades ocupantes de cargos proeminentes". Goebbels não se surpreendeu com o fato de Lammers ter dado uma forma mais branda ao decreto; afinal, ele também figurava na lista de clientes de Nöthling.[16]

A ideia de Goebbels de arrebanhar Göring para os seus planos de "totalização" da guerra acabou num fiasco no fim de abril: a saúde o traiu bem naquela situação crucial. Depois que, no começo do mês, a sua doença de pele, um eczema que se espalhava rapidamente, o incomodou a ponto de obrigá-lo a passar alguns dias tratando-se em casa,[17] no dia 12, quando estava a caminho de Berchtesgaden, onde Göring convocara uma reunião para iniciar uma mudança radical na mobilização da força de trabalho, pouco antes de chegar, Goebbels foi acometido de "um problema renal terrível". As dores eram tão "bárbaras" que ele não conseguiu sair do seu vagão *pullman*.[18]

Posteriormente, informado da reunião, soube que Sauckel se havia imposto: conseguira retratar de tal modo a situação na área do "emprego da mão de obra" que nem Göring nem Speer nem Milch foram capazes de apresentar contra-argumentos a favor de novas e drásticas medidas de guerra; pois, segundo Goebbels, era óbvio que eles dependiam totalmente da sua "orientação e *expertise*", das quais foram privados devido à sua doença.[19] No início de maio, depois de discutir uma vez mais a situação com Speer, Funk e Ley, chegou à conclusão de que, no momento, não era possível "levar Göring a assumir a liderança interna. Ele está esgotado e tirou quatro semanas de férias".[20]

Conquanto Goebbels anotasse no diário que o ditador era "incondicionalmente" favorável ao princípio da guerra total[21] — convicção corroborada por Speer[22] —, a realidade era um pouco diferente: em 9 de maio, o Führer lhe disse de forma categórica que, na guerra total, não se podia "travar guerra contra as mulheres [...] basta mexer nos seus cosméticos para transformá-las em inimigas". Os cassinos e as apostas nos cavalos também precisavam continuar existindo para esgotar o poder de comprar.[23] Alguns dias depois, ele soube que Hitler se opunha a aproveitar as medidas de enxugamento administrativo a serem tomadas no âmbito da "guerra total" para "sorrateiramente" antecipar a "reforma do Reich", isto é, empreender, ainda durante a guerra, as alterações profundas da estrutura administrativa do Reich e dos *Länder*.[24]

Por outro lado, Goebbels se sentia comprometido: "O povo vincula à minha pessoa a ideia e a noção de guerra total. Por isso, de certo modo, sou publicamente responsável pelo seu prosseguimento."[25] Agora a sua estratégia do início do ano começava a ter resultados funestos: no começo do ano, ele, Goebbels, havia tentado preencher o vazio deixado pela ausência pública de Hitler: em nome deste, proclamara a "guerra total" e agora, já que não tinha conseguido atribuir a Göring a responsabilidade, era obrigado a arcar com as consequências das malogradas medidas de mobilização.

Para ele, a solução desse dilema consistia em ser mais comedido com o tema "guerra total" nos meses vindouros. Nesse meio-tempo, achara outro objeto a ser transformado em *leitmotiv* da propaganda alemã nas semanas subsequentes.

Katyn

No fim de março e início de abril, Goebbels já tinha ordenado várias vezes a intensificação da propaganda antibolchevista e antissemita em andamento[26] quando a descoberta de valas comuns de oficiais poloneses nos arredores de Katyn no começo de abril — eles tinham sido fuzilados em 1940 pelos invasores soviéticos — lhe proporcionou uma oportunidade inesperada de tornar esse tema o *leitmotiv* dominante da propaganda alemã.[27] No dia 14 de abril, depois de obter a devida autorização de Hitler, Goebbels escreveu que a descoberta dos cadáveres "agora será usada em grande estilo na propaganda antibolchevista"; podemos "viver algumas semanas" do material em questão.[28]

Segundo a conclusão simplista da propaganda alemã, os assassinatos eram obra dos comunistas judeus; o estereótipo do bolchevismo judeu como inimigo acabava de ganhar cara. "Nós vamos agitar de tal modo a propaganda antissemita que, como no tempo da luta, a palavra 'judeu' voltará a ser pronunciada com o tom devastador que merece", escreveu no diário em 16 de abril.

A irrupção da resistência no gueto de Varsóvia, no dia 19, coincidiu perfeitamente com o cenário ameaçador antijudaico que a propaganda vinha pintando com riqueza de detalhes. Goebbels comentou: "Já passou da hora de remover os judeus do governo-geral o mais depressa possível."[29] Depreende-se nitidamente dos seus diários desses dias a estreita colaboração com Hitler na coordenação da campanha de Katyn.[30] Por meio dessa propaganda antijudaica reforçada, Goebbels se empenhou muito em aumentar o antissemitismo nos Estados hostis, sobretudo na Inglaterra;[31] além disso, esperava que o massacre de Katyn servisse para cravar uma cunha na coalizão inimiga.

Constantemente impelida pelo Ministério da Propaganda,[32] a mídia alemã usou a palavra-chave Katyn para desencadear a mais violenta campanha antissemita desde a ascensão do regime: no dia 14 de abril, a abertura das valas de Katyn foi manchete — em parte sensacionalista — em toda a imprensa. Poucos dias depois, a totalidade dos jornais tinha absorvido o slogan "massacre judeu" (como *Der Angriff* de 16 de abril); o assunto passou semanas em primeiro plano no noticiário.³³ No fim do mês, a ruptura do governo polonês no exílio com a União Soviética foi, na opinião de Goebbels, a primeira vitória da sua campanha.³⁴

No entanto, os documentos internos do Ministério da Propaganda mostram claramente que ele não estava nada satisfeito com o modo como a mídia alemã vinha fazendo a campanha. Na reunião de imprensa de 30 de abril, confessou-se decepcionado: nas redações, boa parte dos editores eram "muito antiquados" e se limitavam a fazer a campanha antissemita "de acordo com o regulamento", mas sem provocar "raiva nem ódio" porque eles próprios "careciam desses sentimentos".³⁵ Do mesmo modo, o porta-voz do Ministério da Propaganda se queixou, na reunião de imprensa, de que a mídia era "demasiado contida" nesse ponto. No "setor competente", a impressão é de que o "tema judeu desagrada".³⁶

A propaganda de Katyn se alçou a um ponto essencial: era preciso exterminar os judeus, em vez de ser exterminado por eles. Essa tese se acha em inúmeras variantes na mídia alemã. O *Angriff* de 4 de maio, por exemplo, afirmou acerca dos israelitas: "O seu objetivo é o aniquilamento da Alemanha", e o mesmo jornal publicou em 6 de maio que "o judeu" fará a guerra "com todos os meios disponíveis até que a Alemanha seja aniquilada ou até que ele próprio reste esmagado no chão".

O artigo de Goebbels "A guerra e os judeus", publicado na revista *Das Reich* em 9 de maio de 1943, marcou o auge da campanha propagandística antissemita e sintetizou a intenção alemã de extermínio: o "judaísmo", esse era o teor do artigo, é o verdadeiro culpado da guerra; os judeus constituem "o próprio cimento que une a coalizão inimiga". As outras observações dão pouca margem a dúvidas quanto aos objetivos do regime para esse inimigo: "Por isso é um imperativo da segurança do Estado tomarmos, no nosso país, as medidas que pareçam adequadas à proteção da combativa comunidade popular alemã contra esse perigo. Pode ser que tenhamos de tomar decisões sérias, mas isso é irrelevante em comparação com tal ameaça. Pois esta é uma guerra de raças. Foi iniciada pelo judaísmo e, à sua maneira e conforme o seu plano, não persegue senão o objetivo de aniquilar e exterminar o nosso povo."

No fim, segundo Goebbels, "prevalecerá a realização da profecia do Führer, da qual o judaísmo mundial riu em 1939, quando foi feita. Os judeus também riram na Alemanha quando nos opusemos a eles pela primeira vez. De lá para cá, perderam a vontade de rir. [...] Ao conceber o plano de aniquilamento total do povo alemão, assinaram a sua própria sentença de morte. Também aqui a história mundial será um juízo final".

Dois dias antes da divulgação do artigo, em 7 de maio, Goebbels esteve entre os *Reichsleiter* e *Gauleiter* que Hitler reuniu na Chancelaria para ouvir um discurso. Nele defendeu a opinião de que, no tocante aos "fundamentos intelectuais da luta contra a União Soviética", era necessário que "o antissemitismo continue sendo, como antes o cultivávamos e propagávamos no partido, o núcleo do nosso conflito intelectual". Tomando o exemplo do regente húngaro Horthy — "ele próprio e a família com forte envolvimento judaico" —, que se recusou a apoiar a perseguição alemã aos israelitas, deixou claro que considerava a intransigência na "questão judaica" um critério essencial pelo qual, no futuro, passaria a avaliar a fiabilidade dos seus aliados. A postura tíbia de Horthy fortalecera em Hitler a convicção de "que o lixo dos pequenos Estados ainda existentes na Europa precisa ser removido o mais depressa possível". Esforçou-se para pôr na cabeça dos dirigentes do partido o significado central da sua *Judenpolitik*: "Se hoje o bolchevismo oriental é dirigido sobretudo por judeus e estes também são parte essencial da plutocracia ocidental, aqui a nossa propaganda antissemita tem de agir. Os judeus precisam sumir da Europa."[37]

Nesses dias, Goebbels fez anotações algo irritadas a respeito do levante do gueto de Varsóvia. "Os judeus conseguiram efetivamente pôr o gueto em estado de defesa", escreveu em 1º de maio, e, nos dias subsequentes, mostrou-se admirado do mesmo modo com o fato de a revolta "ainda não" ter sido totalmente sufocada.[38]

Derrota em Túnis

No dia 13 de maio, as forças alemãs e italianas capitularam depois de obrigadas a recuar para a região de Túnis; mais de 250 mil homens foram feitos prisioneiros dos britânicos e americanos. Depois da catástrofe de Stalingrado, esse foi o segundo grande revés da Wehrmacht em poucos meses; a guerra havia chegado ao ponto de inflexão.[39] Os noticiários sobre a "luta heroica" na Tunísia, sobre o "combate com determinação máxima" que lá se travava, prepararam o leitor alemão para a derrota iminente.[40]

Ainda que Goebbels tentasse se consolar com a ideia de os soldados alemães, no teatro de guerra africano, "terem escrito uma canção heroica que entrará imperecivelmente na história pátria", foi obrigado a reconhecer que estavam vivendo uma segunda Stalingrado no norte da África.[41] E, como ele mesmo havia postulado num artigo na *Reich*, determinou uma linha segundo a qual as perdas em Túnis não podiam ameaçar as chances de vitória alemã.[42]

Nos diários, porém, acham-se dúvidas sobre esse otimismo com a vitória: "Às vezes tenho a sensação de que nos falta a iniciativa necessária à condução da guerra. [...] É urgentíssimo obtermos — coisa que é de esperar — um resultado palpável no leste."[43]

Foi particularmente constrangedor para a propaganda alemã o fato de o herói de guerra Rommel não ter sido derrotado na Tunísia, pois fazia meses que retornara à Alemanha. Goebbels e Hitler decidiram informar a população: a imprensa publicou uma fotografia de Rommel e Hitler tirada dois meses antes e explicou que o marechal havia deixado o posto em março por motivos de saúde e, ao regressar, recebera da mão do Führer as folhas de louro com espadas e brilhantes da Cruz de Cavaleiro. Já recuperado, aguardava novas missões.[44]

Na metade de maio, somou-se à derrota militar um grave problema de política interna: o regime foi forçado a anunciar a redução das rações de carne. Fazia tempo que se previa que essa medida seria indispensável, mas Hitler se opusera ao corte, posição que Goebbels considerou uma "política míope", "catastrófica" até.[45] Em 9 de maio, ele conversou com o ditador sobre a diminuição agora inevitável. Para torná-la "um pouco mais palatável",[46] decidiu-se compensá-la com gordura, açúcar e pão. Mas Goebbels não concordou com a maneira como a mídia noticiou o corte na metade do mês: ele havia sido "banalizado" e, por isso, tivera um efeito "irritante".[47]

No fim do mês, como anotou Goebbels, os departamentos de propaganda passaram a falar numa "profunda depressão geral" detectada em toda a população. Especialmente alarmante para ele foi a percepção de "um acentuado declínio não só do estado de espírito como também da atitude". Isso se devia "mormente a que o povo, no momento, não vê saída do dilema. A guerra para ele se transformou num grande enigma".[48] O péssimo estado de ânimo prosseguiu no início de junho.[49] O sistema de condução e controle da opinião pública montado cuidadosamente por Goebbels esbarrava, como não podia deixar de ser, nos limites das suas possibilidades: os relatórios mostravam que as pessoas exprimiam o descontentamento e o desespero com a situação militar de uma forma que excedia os padrões oficiais da "atitude" a ser exibida.

Na ótica de Goebbels, um dos fatores mais importantes da crise e do estado de espírito resignado no Reich era a falta de liderança interna.[50] Numa conversa noturna com Speer, Ley e Funk, usou a expressão "crise de Göring" ao se referir aos problemas candentes de política interna: "Göring se submete com certa letargia a todo desdobramento, sem se defender do apoucamento da sua reputação."[51] Estava na hora, prosseguiu, "de o Führer tomar uma decisão pessoal de importância transcendental para restaurar a ordem e a estabilidade. Mas é provável que tal decisão ainda esteja longe de ser tomada". Em todo caso, Joseph Goebbels estava disposto a acatar tal decisão.

Num artigo na *Reich*, ele tentou debilitar os grandes temores que assomavam com relação à guerra. Explicou que as conquistas militares dos últimos anos eram mais que suficientes para "nos propiciar uma posição absolutamente segura, a partir da qual com certeza podemos alcançar a vitória". Sem mencionar de forma direta Stalingrado e Túnis, esclareceu que fazia parte da "natureza de uma guerra tão expandida ser vulnerável na periferia e às vezes levar ao surgimento de crises que, embora não abalem o centro da nossa posição política e militar, geram certas pressões sobretudo de tipo psicológico".[52]

Continuação da propaganda antissemita

Em termos propagandísticos, porém, outro caminho lhe pareceu mais promissor: a continuação e intensificação da onda de propaganda antissemita associada a Katyn. No dia 12 de maio, estudou intensamente o escrito propagandístico *Protocolos dos Sábios de Sião* e, satisfeito, concluiu que eram ótimos para serem usados: "Os protocolos sionistas, se não forem autênticos, foram inventados por um crítico genial." Na sua visita da hora do almoço à Chancelaria, falou no tema com Hitler; descobriu que este não compartilhava de modo algum as suas dúvidas quanto à autenticidade dos protocolos. Na opinião do ditador, eles podiam reclamar "legitimidade absoluta. [...] Ninguém consegue expressar de modo tão genial o empenho judaico em dominar o mundo exatamente como os próprios judeus o sentem".

Em todo caso, Goebbels estava convencido de que o tema era um trunfo nas suas mãos: "Afinal, tal como a propaganda antibolchevista depois de Stalingrado, a propaganda antijudaica é o cerne de toda a nossa comunicação depois de Túnis."[53] Na metade de maio, Berndt lhe entregou um memorando "sobre o fomento à propaganda antissemita". Goebbels aprovou o texto e deu instruções para que "se republique a literatura antissemita básica", um tanto relegada ao esquecimento.[54] Que fosse escrita "uma série de romances antissemitas, e por autores influentes. [...] Penso em Fallada, Norbert Jacques e outros".[55] Seu objetivo era voltar a fazer do antissemitismo "o feijão com arroz da nossa propaganda".

E assim foi: a mídia alemã cumpriu fielmente as diretivas do Ministério da Propaganda, que a abastecia de forma contínua do devido material.[56] Do começo de maio ao começo de junho, alguns jornais publicaram pelo menos uma matéria antissemita em cada edição; nos outros a frequência correspondeu à metade disso.[57]

No fim de maio, Goebbels registrou a dissolução do Komintern como um importante sucesso parcial e uma oportunidade de "reeditar a campanha antibolchevista e antijudaica".[58] Colhia atentamente todas as informações que favoreciam o aumento do antissemitismo no campo inimigo.[59] O tema Katyn ia desaparecendo pouco a pouco da propaganda,[60] sendo substituído por outros ataques antissemitas.

Assim, o Ministério da Propaganda mandou difundir a notícia de que o bombardeio das barragens do Möhne e do Eder, na madrugada de 16 para 17 de maio, se deveu à proposta de um cientista judeu;[61] que os territórios norte-africanos conquistados pelos aliados estavam sob o "domínio do terror" judeu; que a intenção americana de criar um banco mundial da alimentação não passava de um "sonho judeu de explorar o mundo".[62] Além disso, a imprensa alemã passou a apresentar reportagens sobre os planos aliados para o pós-guerra como provas da intenção — de inspiração judaica — de "aniquilamento" da Alemanha; contra essa ameaça, o extermínio dos judeus era apenas um ato de autodefesa.[63]

No entanto, os relatórios sobre o estado de ânimo preservados mostram que o efeito da campanha antissemita sobre a população foi muito ambivalente. Além das reações positivas, também provocava irritação e objeções: por um lado, assombro e desconforto com o fato de o regime nazista, a despeito de suas atrocidades amplamente conhecidas, agora ter o descaro de denunciar a desumanidade do inimigo na condução da guerra; por outro, preocupação com os prisioneiros de guerra alemães na União Soviética e indignação paralisante ante a ideia de, em caso de derrota, todos virem a ser vítimas dos métodos da polícia secreta soviética, descritos de modo tão impressionante.[64]

A afirmação da propaganda de que os ataques aéreos aliados eram instigados pelos israelitas mostrou-se contraproducente pelo menos em parte, pois levou uma parcela da população a tecer considerações negativas sobre a perseguição aos judeus e as suas consequências no destino dos próprios alemães. Mas, em muitos casos, a população também rejeitava a insistência da propaganda em responsabilizar "os judeus" pela guerra. Em vez de levar à esperada mobilização das últimas reservas, a campanha antissemita de Goebbels, ameaçando com a "retaliação judia" em caso de derrota, suscitou dúvidas principalmente sobre a política oficial, além de desânimo e fatalismo, já que se acreditava que todos ficariam indefesos diante da ameaça de aniquilamento de um adversário superior. O uso excessivo do tema antijudaico foi um fator que contribuiu para a depressão profunda detectada por Goebbels na população no fim de maio.

No dia 18, estando ocupadíssimo com a administração da crise e da propaganda antissemita, ele conheceu pessoalmente o seu escritor predileto, Knut Hamsun, então de passagem pela Alemanha. O Nobel de literatura norueguês e a esposa o visitaram em casa na Göringstrasse.[65]

Goebbels ficou "profundamente comovido", "abalado" até, ao receber o romancista de 84 anos. Na verdade, a conversa com Hamsun foi extremamente cansativa devido à surdez deste, tanto que a sra. Hamsun, "ao traduzir para o norueguês o que eu dizia, tinha de berrar no ouvido dele". Mas, segundo Goebbels, as parcimoniosas observações do escritor "irradiavam a experiência da idade e de uma vida rica, movimentada e combativa". O que mais lhe agradou foi a sua "fé inabalável na vitória alemã".

Passadas cinco semanas, ele recebeu uma carta de Knut Hamsun, dando-lhe de presente nada menos que a medalha e o diploma do prêmio Nobel. "Profundamente comovido com esse gesto extraordinariamente belo", Goebbels escreveu uma carta de agradecimento ao escritor, dizendo que o presente era a "expressão da vossa afinidade com a nossa luta por uma Europa nova e uma humanidade mais feliz". Nesse contexto, não teve a menor importância o fato de o Prêmio Nobel estar proscrito da Alemanha nazista desde que fora entregue a Carl von Ossietzky.[66]

Todavia, poucas semanas mais tarde, a visita do velho romancista ao Führer foi um verdadeiro fiasco, como Goebbels não tardou a saber. Hamsun se atreveu — Goebbels presumiu que "instigado por jornalistas noruegueses" — a fazer uma série de perguntas sobre o futuro político da Noruega e a criticar a política do comissário do Reich Josef Terboven. Segundo contaram a Goebbels, Hitler reagiu com grosseria, interrompendo a conversa. "Com o Führer, daqui por diante vai ser meio difícil agendar visitas de líricos e épicos, como ele diz."[67]

Mais um discurso no Palácio de Esporte

A fim de restaurar o moral, em geral percebido como baixo, Goebbels resolveu fazer um "grande discurso político" no Palácio de Esporte. A princípio, era Göring quem se encarregaria dessa tarefa, mas o Reichsmarschall retrocedeu na última hora. Como as alocuções públicas de Hitler vinham se tornando cada vez mais raras — naquele ano, falara uma única vez no Dia de Homenagem aos

Heróis, em 21 de março —,[68] Goebbels assumia com muita frequência o papel de orador principal do regime.[69] Mas o ditador censurou pessoalmente o discurso; para a contrariedade de Goebbels, excluiu até mesmo uma passagem sobre Túnis em que este queria fazer algumas alusões a uma futura Europa liderada pela Alemanha.[70]

No grande comício, Speer começou falando no sucesso da indústria de armamento do país. Já Goebbels concentrou seu discurso — no qual fez questão de se apresentar como "filho da minha pátria alemã ocidental" — na situação dos territórios afetados pela guerra aérea e na superada crise do inverno.[71] Dessa vez, não buscou um turbilhão de aprovação, e sim "realismo",[72] principalmente no tocante às regiões atingidas pela guerra aérea, nas quais as pessoas "decerto não apreciam que em Berlim haja aplausos enquanto no oeste a população é obrigada a carregar o fardo dos bombardeios".

A fala também incluiu um trecho sobre a "questão judaica", que dificilmente podia ser superada em termos de "realismo": "A eliminação total do judaísmo da Europa não é uma questão de moral, mas de segurança dos Estados. [...] Assim como o besouro da batata destrói e tem de destruir os batatais, o judeu destrói os Estados e os povos. Só existe um meio de impedir isso: a supressão radical do perigo."

Na sua avaliação, o efeito do discurso foi uma vez mais grandioso, a "crise psicológica das últimas semanas" estava inteiramente superada.[73] A repercussão também foi "tremenda" no exterior, até mesmo em Londres, onde as pessoas ficaram "profundamente impressionadas".[74] Ele não fez caso do fato de o discurso, segundo os relatórios do SD, também ter provocado reações negativas, por exemplo, perguntas críticas sobre a ausência de retaliação.[75] A tática de Goebbels era de fácil compreensão: depois do discurso, a propaganda desencadeava uma onda de regozijo destinada a encobrir os fatores negativos para o estado de ânimo. Por isso mesmo, ele enxergava as possíveis reações negativas ao seu discurso por um ângulo totalmente diferente; receava, isto sim, que o otimismo na população fosse longe demais. Mas o moral voltou a declinar uma semana depois, o que Goebbels atribuiu principalmente ao esmorecimento do impacto do discurso.[76]

As entradas no diário tornam a mostrar o quanto ele era seletivo ao apreciar os relatórios sobre o efeito da sua propaganda. Isso também valia para a campanha antissemita, que chegou ao ápice e até o ultrapassou com as suas diatribes cheias de ódio do dia 5 de junho. Isso porque, considerando o ceticismo crescente que se disseminava na população com relação ao uso excessivo do tema antissemita, a campanha voltara a descair paulatinamente desde o fim de maio. As repercussões negativas eram tão graves que Goebbels sentiu necessidade de defender a campanha contra as críticas do próprio partido. Em 22 de junho de 1943, escreveu numa circular endereçada aos *Gauleiter*[77] que, com o encerramento da "ação Katyn [...], diversos *Gaue* tinham chamado a atenção para a incompreensão de grupos alheios ao partido pela extensão e frequência da exposição na imprensa e no rádio". Ele se defendeu alegando que a repetição contínua de um tema era "um princípio comprovado desde os tempos da luta", e que só assim se assegurava a "instilação em amplos grupos". E enfatizou: "A luta contra o judaísmo e o bolchevismo está no primeiro plano da propaganda. Tem de se apoiar nas mais amplas bases."[78] No diário, não fez a menor alusão a essa evidente derrota do seu trabalho propagandístico.

O prosseguimento da guerra aérea contra a Alemanha

Depois do ataque às barragens em meados de maio, seguiu-se, no fim do mês, um novo golpe violentíssimo da Royal Air Force: o raide contra Wuppertal na madrugada de 29 para 30 de maio, empreendido por mais de setecentos bombardeiros, teve por consequência "uma verdadeira catástrofe", como escreveu Goebbels; morreram aproximadamente 3 mil pessoas, o mais elevado número de vítimas num ataque aéreo britânico até então.[79] Menos de duas semanas depois, na madrugada de 11 para 12 de junho, a RAF atacou Düsseldorf, novamente com cerca de setecentos aviões, matando 1.200 pessoas, e na noite seguinte o alvo foi Bochum.[80]

Em meio às agressões ao território às margens do Reno e do Ruhr, Goebbels começou a estudar seriamente a questão da evacuação das regiões visadas pela guerra aérea. Concebeu um programa de evacuação que Hitler autorizou em meados de junho. Informou os pormenores aos *Gauleiter* convocados às pressas a Berlim por uma circular. Ao agir dessa maneira, dilatou consideravelmente as suas atribuições no âmbito da condução civil da guerra aérea, tal como Milch já lhe havia proposto em abril.[81]

A reunião de *Gauleiter* em Berlim dedicou-se inteiramente ao problema da guerra aérea. Causou apreensão a intervenção de Speer informando que a produção da região do Ruhr praticamente não podia ser deslocada. Em certo momento, acabaria sendo necessário tomar medidas de evacuação compulsória, coisa de que Goebbels duvidava, ainda que não nutrisse "a esperança de que as pessoas abandonem o território sem pressão".[82] O grupo ficou decepcionado com o aviso do marechal de campo Milch de que os esperados ataques de represália contra a Grã-Bretanha ainda demorariam um pouco.

À noite, Goebbels recebeu em casa os *Gauleiter* e ministros. "Se eu tivesse competência, exatamente como na questão da guerra aérea, se pudesse fazer pelo menos um trabalho de coordenação também nas outras questões da política interna alemã", concluiu na sua anotação no diário, "a situação geral do Reich estaria decerto melhor do que infelizmente está no momento. Nós sofremos uma falta absoluta de delimitação de competências. Se o Führer enfim se dispusesse a tomar algumas decisões quanto a isso! Mas elas afetam de tal modo o pessoal que ele dificilmente chegará a tanto. Contudo, receio que com o tempo não tenha como se furtar a isso". Mas, para obter as tão desejadas e grandes reformas no terreno da política interna e, ao mesmo tempo, assegurar para si o ambicionado papel central, Goebbels sabia muito bem que lhe convinha mais uma profunda crise geral do regime, a qual — como sugeriam os reveses constantes — não tardaria muito.

No início de julho, sentiu necessidade de remover da propaganda alemã a palavra de ordem "retaliação": "Temo que, se a usarmos com demasiada frequência, ela se desgaste gradualmente, uma vez que ainda precisamos esperar alguns meses para ter condições de responder em grande estilo aos ataques terroristas ingleses."[83] Os relatórios sobre o moral dos dias seguintes lhe dariam toda razão nessa avaliação.[84]

Sendo o presidente da Comissão para o Reparo dos Danos Aéreos, cabia-lhe cuidar o tempo todo das questões de evacuação e outras consequências dos ataques.[85] Naturalmente, Goebbels não tinha a menor restrição em dar realce a esse trabalho na propaganda, como patenteia o editorial da *Reich* de 4 de julho: "Não nos passa despercebido nenhum acontecimento importante na área de ataques aéreos, e, havendo a menor possibilidade de prestar socorro, não poupamos recursos para proteger e apoiar as vítimas acossadas e atormentadas pelo terror aéreo inimigo."[86]

No dia 8 de julho, viajou a Colônia a fim de examinar as consequências do ataque aéreo de dias antes. Achou a "atitude" da população da cidade melhor que a de Düsseldorf, que visitara poucas semanas antes. Com a expertise de um renano, atribuiu isso ao fato de "a população de Düsseldorf ser mais impregnada de intelectualismo que a de Colônia, dotada de mais humor e otimismo". Mesmo assim, também achou deprimente o quadro geral da cidade: o centro oferecia "um cenário de devastação. Ver aquela destruição dá vontade de chorar".[87]

Fortemente realçado pela propaganda, o engajamento de Goebbels com as medidas de guerra aérea teve por inevitável consequência que o aparato propagandístico sob o seu comando — quase como um espelho — sinalizasse o aumento da sua popularidade. No fim de junho, ele observou, satisfeito, que todos os departamentos nacionais de propaganda relatavam "que meu status entre o povo alemão subiu extraordinariamente". Sua atuação gozava do "maior respeito e consideração na opinião pública" e "com frequência é colocada em drástico contraste com o trabalho ou não trabalho de outras celebridades [!] que, em meio à persistência e agravação da crise interna, se escondem cada vez mais do povo".[88] A estocada visava sobretudo a Göring, cuja defesa aérea tinha fracassado apesar de toda a fanfarrice do Reichsmarschall, mas também ao ministro do Interior Frick, que, fazia tempo, Goebbels considerava totalmente inativo.

Um dia no Obersalzberg

O fato de Goebbels agora se distinguir na área do combate à guerra aérea fez com que o seu já parco interesse pelo trabalho da comissão tríplice se reduzisse a zero. No dia 24 de junho, ele participou de mais uma reunião do grupo no Obersalzberg. Em sua opinião, as tarefas da comissão estavam concluídas no essencial: "Se a direção do correio em Kassel ou em Potsdam vai ser dissolvida, quem deve ocupar o imóvel da autoridade dissolvida, eu não dou a mínima para nada disso." Por outro lado, nos últimos meses, haviam mobilizado cerca de um milhão de soldados: "A guerra total, que era um objeto de disputa tão ferozmente contestado, atingiu o seu objetivo."[89]

Depois da reunião, esteve com Hitler. Dessa vez, discutiram sobretudo diversos aspectos da guerra aérea. O ditador lhe disse que não julgava os efeitos dos ataques aéreos tão dramáticos assim. Naturalmente, era "terrível imaginar que, no oeste, estavam destruindo obras de arte que nunca mais poderemos substituir. [...] Que destroçem igrejas não chega a ser tão grave. Se tiverem valor artístico, podem ser reconstruídas, caso contrário, teremos de abrir mão delas". Além disso: "A maioria das cidades industriais é mal planejada, construída sufocante e miseravelmente. Com os ataques aéreos britânicos, teremos espaço."

Como de costume nessas conversas, também trataram da situação militar e de recursos humanos. Hitler voltou a criticar o ministro do Interior Frick,[90] que só não demitia porque não lhe ocorria nenhum sucessor adequado. Embora compartilhasse a opinião do ditador, Goebbels, como havia anotado semanas antes, se alegrava secretamente com o fato de o Ministério do Interior estar nas mãos de uma personalidade tão fraca, pois Frick não se interpunha no caminho das suas ambições em política interna.[91]

Entre os assuntos discutidos com Hitler em 24 de junho esteve a enfadonha questão das competências na "propaganda no leste". Devido à polêmica em torno da "proclamação do Leste" em fevereiro de 1943, o conflito com Rosenberg por conta da responsabilidade pela "propaganda no Leste" voltara a se inflamar com toda virulência: desde então, Rosenberg e Goebbels vinham se batendo numa disputa feroz, sem chegar a uma solução.[92] Agora este vislumbrou a chance de um fato consumado: quando Hitler criticou as qualidades de liderança de Rosenberg no cargo de ministro do Leste, ele cravou o tema propaganda no Leste. O ditador se colocou "100%" do seu lado e prometeu expedir um decreto nesse sentido.[93] Mas a tentativa de Goebbels de pegá-lo de surpresa nessa questão acabou dando com os burros na água: como ficou claro nos dias subsequentes, ele e Rosenberg não conseguiram chegar a um acordo sobre o texto do esboço do decreto do Führer. E a questão voltou a depender da decisão de Hitler.[94]

Durante o dia, quando este recebeu o chefe do estado-maior Zeitzler, Goebbels aproveitou para ter uma longa conversa com Eva Braun, a amante do ditador: "Ela me dá uma ótima impressão, é extraordinariamente culta, extraordinariamente lúcida e madura no seu juízo sobre questões artísticas e, sem dúvida, será um valioso apoio para o Führer." Discutiram sobretudo literatura, e ele impressionou muito Eva Braun, que era fã de Hamsun, ao descrever o seu encontro com o escritor.

No fim, Goebbels, Hitler e os demais convidados se reuniram para o habitual bate-papo noturno. Na ocasião, houve um desentendimento em que Goebbels não foi propriamente inocente.

Um dos temas favoritos de Hitler nessas noites era Viena. Nos últimos meses, sua aversão pela capital austríaca e a tentativa de rebaixar sua importância na vida cultural do Reich passaram a ter um alvo certo: ele desabafava criticando cada vez mais o *Gauleiter* vienense Baldur von Schirach.[95] Tanto que, meses antes, mandara fechar uma exposição de "arte jovem" organizada por ele na capital austríaca.[96]

Nas semanas subsequentes, Hitler censurou repetidas vezes, na presença de Goebbels, a política cultural de Viena, sempre atacando Schirach com dureza;[97] este, segundo o Führer, se tinha "avienado" em Viena.[98] Na noite de 24 de junho, essa crítica a Schirach, que também estava presente no Obersalzberg, irrompeu com toda veemência. Entre outras coisas, Hitler disse que a fama da cidade de metrópole cultural era em parte imerecida, que a população costumava ser "muito desleal com as grandes realizações" e, no passado, tentara rebaixar a província etc. Em contraste — fato que Goebbels registrou com muita satisfação —, "a população de Berlim" era "muito mais qualificada [...] para representar o povo na capital do Reich". Hitler queria, como escreveu Goebbels, "transformar Berlim não na maior, mas na mais linda cidade do mundo. Não tolera grandes reformas em Viena que permitam que ela volte a rivalizar com Berlim".

Segundo Goebbels, Schirach e a esposa tentaram destacar a posição de Viena como uma cidade "entusiasta do nacional-socialismo", mas nem por isso sensibilizaram o ditador. Com o passar das horas, este foi ficando mais irritado com o casal; seus ressentimentos, que culpavam "Viena" pelo fracasso de sua carreira artística, entraram em evidente erupção. Por fim, a situação chegou a tal ponto que a sra. Schirach lhe pediu autorização para se afastar com o marido da posição que ocupavam em Viena, ideia que o ditador rejeitou com grosseria. Conforme conta Goebbels, o debate se estendeu até as cinco horas da manhã.

Nas suas memórias, Schirach narrou o episódio de modo um pouco diferente: atribuiu a escalada da situação aos apartes solertes of Goebbels, que instigaram Hitler às suas diatribes contra Viena. Isso não deixa de ser plausível: no diário, Goebbels menciona as "observações engraçadas" com que teria procurado salvar a situação. Em todo caso, o banimento dos Schirach da corte de Hitler não seria nenhum inconveniente para ele.[99] Seu diário dos meses seguintes mostra que o líder nazista tinha intenção de em breve colocá-lo no lugar de Schirach em Viena.[100]

Mas este permaneceu na capital austríaca, coisa que tampouco foi desvantajosa para Goebbels, pois agora lhe era fácil prevalecer sobre o *Gauleiter* na "concorrência cultural" com Viena, como ele a chamava.[101] Por exemplo, em junho de 1944, quando Hitler voltou a censurar Von Schirach, Goebbels anotou: "Logo usarei essa crítica do Führer a Schirach para impor a ele algumas condições na política cultural vienense."[102]

Suas visitas ao quartel-general do ditador, como mostra o encontro de 24 de junho, serviam-lhe não só para colher informações sobre a grande linha política (e inúmeras nuanças) como para descobrir, nas conversas particulares ou em reuniões sociais, quem tinha subido ou descido nas boas graças do Führer, e Goebbels procurava se avantajar aos adversários e fazer intrigas. Tinha aprendido perfeitamente a tratar as questões objetivas no séquito de Hitler também como questões pessoais.

No dia seguinte, 25 de junho, Göring pediu para conversar com ele. Goebbels o achou menos resignado que no último encontro em março e também "mais fresco e elástico em termos de saúde". O *Reichsmarschall* queixou-se amargamente das muitas acusações injustas que lhe faziam; embora a Luftwaffe tivesse falhado muito no passado, era justo reconhecer o seu desempenho no presente.

Segundo Goebbels, nessa entrevista, Göring foi "extraordinariamente íntimo e pessoalmente cordial comigo". "Se fosse possível", raciocinou, "estabelecer uma linha bem uniforme do Führer até Göring e mim, seria a salvação da política alemã e da condução da guerra". Mas sentiu que estava longe da realização dessa ideia que já lhe ocorrera na primavera: a ela se opunha a letargia de Göring.[103]

A crise do verão

Em 1943, a liderança alemã planejou — como no ano anterior — recobrar a iniciativa no teatro de guerra oriental com uma ofensiva de verão em grande escala. No dia 5 de julho, iniciou-se a "operação Cidadela": dois exércitos alemães com um total de 1,3 milhão de homens e 3 mil tanques de combate tentaram cortar o avanço soviético pelo norte e pelo sul na região de Kursk.

Goebbels começou as anotações no diário a esse respeito em 6 de julho, um dia depois do início da batalha. No dia 7, quando escreveu que a "ofensiva nas regiões de Belgorod-Oriol-Kursk foi uma grande surpresa para o lado contrário", evidentemente não estava informado de que o Exército Vermelho (ciente do plano de combate alemão) havia imposto grandes perdas ao atacante com medidas defensivas muito bem preparadas. Ainda que as duas cunhas de ataque da Wehrmacht tenham conseguido entrar profundamente no espaço de defesa soviético, ambas as pontas de penetração ficaram longe de se unir. No dia 9 de julho, o ataque alemão encalhou.[104]

Enquanto isso, Goebbels não cessava de viajar. Depois de visitar a muito castigada Colônia, foi a Heidelberg, onde, em 9 de julho, houve uma recepção na universidade que serviu "principalmente para a renovação do meu diploma de doutorado". Depois se encontrou com estudantes, percorreu a cidade, almoçou no "bandejão" e se imaginou de volta aos tempos de estudante.[105] À tarde, num ato público transmitido pelo rádio, falou para cientistas e alunos no salão nobre. Para o discurso, escolheu um tema que vinha usando com insistência naquele mês — acertar contas com o "intelectualismo" como "manifestação de degenerescência da razão humana sadia" — e, assim, tentou atribuir o descontentamento e a crítica expressos na população a uma minoria relativamente pequena e isolada da "comunidade popular".[106] As raízes "inclusive da vida intelectual", explicou, "estão no povo". Declarou-se favorável à liberdade de pesquisa e à tradição da universidade alemã e esclareceu que as antigas confrarias estudantis banidas pelo regime nos anos 1930 já não se adequavam à época. Quando disse, nesse contexto, que nunca havia participado "das exterioridades da estudantada do passado", foi uma mentira conveniente que teria assombrado seus antigos companheiros da fraternidade Unitas Sigfridia. Para concluir, falou nas missões de guerra da ciência e tentou expressar o heroísmo intelectual necessário ao seu cumprimento numa peroração emprestada do *Zaratustra* de Nietzsche.[107]

De volta a Berlim, teve de se dedicar imediatamente às realidades menos agradáveis da guerra. "Enfim ocorreu a invasão esperada há muito e tão falada", escreveu no diário em 11 de julho de 1943. Com isso, referia-se ao desembarque de tropas aliadas na Sicília, a "operação Husky", no dia anterior. Na verdade, as forças de desembarque conseguiriam consolidar as cabeças de ponte nos dias subsequentes e obrigar as tropas italianas e alemãs na Sicília a recuarem.[108] Já em 15 de julho, Goebbels anotou, com pessimismo, que não havia "a menor condição" de "se expor ao inimigo a longo prazo".[109]

Diante do desembarque na Sicília e da resistência soviética cada vez mais obstinada — em 12 de julho, o Exército Vermelho iniciou uma ofensiva ao norte da área de operações de Kursk[110] —, no dia 13, Hitler decidiu interromper a batalha por Kursk.[111] Goebbels não foi informado disso. Só a partir do dia 15 constatou no diário a piora da situação militar na região e cogitou pela primeira vez a possível necessidade de desistir da operação. Mas fazia tempo que essa decisão tinha sido tomada.

"Cada vez mais se coloca a questão", escreveu em 17 de julho, "de como enfrentar uma guerra de duas frentes", considerando que tal situação sempre foi "a desgraça da Alemanha". Assim, não restava "senão tentar obter por meios políticos pelo menos certo alívio". O apontamento é uma evidência notável de que ele dava a guerra por perdida e começava a procurar soluções alternativas.

Após o abandono da batalha de Kursk, o exército alemão do Leste ficou ainda mais na defensiva. Goebbels foi obrigado a reconhecer que o "desdobramento" assumia "um perigoso caráter crítico", porque, "pela primeira vez desde o começo da guerra, não só não registramos nenhum sucesso na nossa ofensiva de verão como temos de lutar com unhas e dentes contra os objetivos do adversário".[112] Ele já enxergava a ameaça de revés militar como uma "segunda

Stalingrado". E escreveu que surgia "agora, nos nossos círculos mais influentes, sobretudo nos militares, a questão de se é possível derrotar militarmente a União Soviética".[113]

No teatro de operações sulista, a conjuntura não estava melhor. Sob o impacto da situação na Sicília, Goebbels se viu cara a cara com as primeiras propostas — oriundas sobretudo de Jodl e Dietrich — de "desistir pouco a pouco da Sicília em termos propagandísticos", ideia que ele considerava "extremamente tola e míope". Por isso se opôs a uma mensagem do dia do chefe de imprensa formulada nesses termos, substituindo-a por uma versão mais otimista dos acontecimentos.[114]

No dia 18 de julho, Hitler viajou à Itália para se encontrar com Mussolini na cidade de Feltre, no Vêneto, e, como achava Goebbels, nele aplicar uma "transfusão de sangue".[115] Enquanto Hitler passava horas falando com o exausto Mussolini a fim de persuadi-lo da viabilidade futura do "eixo", os aliados bombardearam Roma pela primeira vez numa clara advertência quanto aos sacrifícios que a população italiana ainda teria de suportar se a guerra prosseguisse.[116] Goebbels estava convencido do sucesso da visita: "Enquanto esse homem tiver as rédeas italianas na mão, creio eu, não precisamos nos preocupar com a estabilidade da Itália."[117]

Não obstante, em 24 de julho, recebeu "informações confidenciais [...] de que se vislumbra uma reviravolta na política interna italiana". Liderados por Roberto Farinacci, os veteranos fascistas teriam "solicitado ao Duce a convocação de uma sessão do Grande Conselho do Fascismo" para levá-lo a "implementar uma política mais enérgica". Queriam convencê-lo a "transferir sua sobrecarga para os órgãos públicos e retomar a iniciativa e o vigor para assumir a direção de toda a política italiana e a condução da guerra". Goebbels saudou a ação, pois Farinacci era "um homem enérgico" e um "grande amigo dos alemães".[118]

O fato é que a sessão do Grande Conselho aconteceu na noite daquele mesmo dia. Depois de um longo e acirrado debate, Dino Grandi, o presidente da Câmara da Corporação, o pseudoparlamento italiano, conseguiu impor a resolução de suplicar ao rei que reassumisse o comando das forças armadas italianas no lugar de Mussolini. No dia seguinte, o monarca recebeu o Duce para afastá-lo da chefia do governo e nomear seu sucessor o marechal Badoglio. Ao sair do palácio, Mussolini foi preso e levado a um lugar estritamente vigiado.[119]

A princípio, Goebbels não tomou conhecimento da gravidade desse fato, posto que, desde novembro de 1942, tivesse informações sobre um complô na

Itália.¹²⁰ Em 25 de julho, um telefonema do quartel-general do Führer limitou-se a inteirá-lo de que "o Duce renunciou" e Badoglio era o novo chefe do governo. No entanto, Goebbels presumiu que "a camarilha romana tem a intenção de se escafeder da guerra de maneira elegante".¹²¹

Na manhã seguinte, viajou bem cedo à Prússia Oriental a fim de discutir a situação com a cúpula dirigente mais chegada.¹²² De início — ainda sem informações concretas — simulou com Bormann e Himmler todas as combinações possíveis do cenário da transição do poder na Itália. Já tinha percebido que Farinacci, com sua crítica ao Duce, simplesmente fora usado pelo grupo em torno de Badoglio para realizar uma verdadeira mudança do poder. E se pôs a especular: "É de fato chocante imaginar que uma revolução há 21 anos no poder seja liquidada desse modo."

Às dez horas, ele e Göring tiveram uma primeira reunião com Hitler, à qual Ribbentrop se juntou meia hora depois. Nesse meio-tempo, o ditador também concluíra que Mussolini não tinha renunciado por vontade própria. Por trás de todo o processo, enxergava a "maçonaria italiana", que, apesar de dissolvida, continuava influente. Além disso, anunciou a intenção de "dar um grande golpe", ou seja, cercar Roma com uma divisão de paraquedistas, assumir o controle da cidade, "prender o rei e toda a sua família, assim como Badoglio e companhia", e levá-los para a Alemanha de avião. Ribbentrop e Goebbels tiveram muito trabalho para dissuadi-lo do propósito de aproveitar a ocasião para ocupar o Vaticano.

Ao meio-dia, chegaram as primeiras notícias, como esperava Goebbels, "de que a multidão começa a falar". Os símbolos fascistas foram retirados dos espaços públicos; as ruas, rebatizadas. Ele se alegrou com esse desenvolvimento: "Quanto mais caóticas ficarem as coisas na Itália, melhor para as medidas que planejamos." Experiente na orquestração de atos públicos "espontâneos", constatou: "As manifestações a favor de Badoglio são um sinal de que provavelmente foram encenadas por ele."

Farinacci esteve no quartel-general durante o dia. Deu uma péssima impressão a Hitler e Goebbels, mas deixou claro que já não apoiava Mussolini. Goebbels chegou à conclusão de que Farinacci "não tem nenhuma utilidade para nós".¹²³

Para ele, a situação se complicava pelo fato de não poder explicar para a população alemã as causas da brusca mudança na Itália, muito embora já entrevisse o perigo de que, na Alemanha, "alguns elementos subversivos" acreditassem "poder armar aqui o mesmo que Badoglio e companhia armaram em Roma".¹²⁴ Em termos propagandísticos, estava diante de um dilema e tanto:

em junho, tivera de suspender a campanha antissemita, as esperadas vitórias militares não se verificaram na frente oriental, a falta de recursos o havia obrigado a deixar de lado o tema retaliação e o regime reagia com perplexidade à situação na Itália. Ao mesmo tempo, Goebbels podia perceber, pela correspondência que recebia, que a população sentia falta de um discurso norteador de Hitler. "Não se pode negligenciar o povo durante tanto tempo", escreveu. Mas uma nova catástrofe veio se somar a essa situação já tão difícil.

Guerra aérea: Hamburgo e Berlim

Depois de diversos raides à região Reno-Ruhr iniciados pela Royal Air Force em março de 1943, o Bomber Command britânico procurou um novo alvo para uma incursão espetacular: Hamburgo, a segunda maior cidade da Alemanha, que entre 24 de julho e 3 de agosto foi consideravelmente destruída pela "operação Gomorra". Bombardeiros americanos participaram pela primeira vez com ataques diurnos à indústria hamburguesa numa operação combinada das duas forças aéreas. O lançamento inédito e maciço de tiras metálicas cegou os radares, reduzindo a perda de formações de bombardeiros.

A "operação Gomorra" foi o ataque aéreo mais devastador a uma cidade alemã na Segunda Guerra Mundial. Pela primeira vez, os bombardeios maciços provocaram tempestades de fogo em vastas áreas, impedindo que as pessoas saíssem dos abrigos antiaéreos; muitas morreram asfixiadas nesses subterrâneos. O número de total de vítimas fatais ultrapassou 40 mil. Foram destruídos mais de 40% das moradias, e 900 mil hamburgueses ficaram sem teto. A vida pública da cidade entrou praticamente em colapso.[125] "No momento, não sei como vamos enfrentar esse problema", escreveu Goebbels depois da primeira noite de raides.[126] A guerra aérea era, "por assim dizer, a ferida sangrenta do Reich".[127]

O que ele mais temia era que Berlim fosse atingida de maneira tão catastrófica quanto Hamburgo. Considerou insuficientes os preparativos da Reichsluftschutzbund [Associação Nacional de Defesa Aérea], responsável pela proteção civil; exigiu mais engajamento do partido.[128] A imprensa preparou a população da maneira mais explícita e óbvia para ataques aéreos pesados: não só apelava para a tenacidade dos berlinenses como dava instruções práticas, por exemplo, para a construção de trincheiras e o combate a incêndios.[129]

Embora tais medidas suscitassem "um nervosismo enorme na população das capitais", Goebbels achava que era preciso correr o risco.[130] Enfim, publicou um artigo no *Völkischer Beobachter*, preconizando a evacuação das crianças e apelando para o moral: "O mandamento da hora" é: "Disciplina, espírito perseverante e coração firme."[131] A família Goebbels também tomou suas precauções: suas obras de arte e seus móveis valiosos foram retirados das duas casas de Schwanenwerder e levados a Lanke, e, com as filhas Helga e Hilde, bem como a sua mãe, que até então continuavam morando na ilha do Wannsee, os últimos membros da família se mudaram para o Bogensee.[132]

Goebbels tomou as primeiras providências para tirar da cidade as agências subordinadas ao seu ministério.[133] Mas, acima de tudo, iniciou a evacuação de mais de 800 mil pessoas. Nas estações ferroviárias e agências de correio, formavam-se longas filas para despachar objetos domésticos de valor. Verificavam-se uma "espécie de aglomerações" e "certas manifestações de pânico". Mesmo agora preocupado com a imagem pública da cidade, ele mobilizou em larga escala a Juventude Hitlerista e os membros do partido.[134]

Numa proclamação — para variar feita com muita sobriedade —, exortou os berlinenses sem vínculos profissionais ou de outra espécie a saírem da cidade.[135] Devido ao seu engajamento intenso com Berlim, a *Reich* passou três semanas sem publicar artigos da sua autoria, situação que, constatou ele com orgulho, "teve um impacto sensacional na opinião pública alemã".[136]

Enquanto a evacuação parcial de Berlim prosseguia,[137] Goebbels visitou a cidade hanseática de Hamburgo duas semanas depois do fim da "operação Gomorra".[138] Deu com "um quadro de horrenda devastação". Na direção do *Gau*, discursou para cerca de 150 funcionários do partido e cidadãos que se distinguiram de modo especial nas madrugadas de bombardeio: tentou "inserir a guerra aérea na problemática geral do conflito, e creio que consegui dar um pouco de apoio e firmeza às pessoas". Por mais que quisesse lançar mão do tema retaliação na sua propaganda, que lhe prometia alívio e diversão, em agosto ele soube pelo Führer que a violenta represália contra Londres com bombardeiros e mísseis não seria levada a efeito no fim de 1943 como planejado, mas só no ano seguinte.[139]

Diante desse horizonte temporal, seria contraproducente fazer com que os meios propagandísticos insistissem no tema represália. Mas Goebbels providenciou para que este fosse usado pela propaganda boca a boca, transmitindo uma ideia bem concreta de como seria: mediante a disseminação direcionada de boatos sobre armas prodigiosas que, de fato, ocuparam a fantasia de muitos alemães nos meses seguintes.[140] Desse modo, porém, não se podia esperar sucesso, pelo menos em curto prazo, e o tema retaliação era um abacaxi. Por isso ele ordenou que "só fosse mencionado publicamente em caso de emergência urgentíssima".[141]

Em agosto, fundou "uma pequena organização de ativistas", em Berlim, para tratar com "força bruta os derrotistas na vida pública". Segundo Goebbels, o partido "está um pouco na defensiva por causa da eterna fofoca dos críticos", embora hoje tenha "muito mais poder e influência do que em 1931 e 1932", quando "jamais tolerava coisas que hoje toleramos cem vezes". Sua palavra de ordem voltou a ser "retomar os métodos dos tempos da luta", como ele gostava de fazer em períodos de crise.[142]

Em meados de agosto, depois de uma visita à assoladíssima Hamburgo, constatou que "nos trens evacuados também havia elementos execráveis infiltrados que tentaram aproveitar o estado de ânimo deprimido dos afetados pelas bombas para fazer agitação subversiva. Mas as tentativas fracassaram em toda parte. Entretanto, concluo que, em Berlim como nos outros *Gaue*, é preciso forçar a intervenção decidida do partido, inclusive com o emprego da força bruta".[143]

Na reunião de imprensa, disse que não recorreria à polícia contra os "reclamões" que eventualmente aparecessem em Berlim, mobilizaria "de 2 a 3 mil ativistas do partido na cidade para dar o devido tratamento a qualquer um que critique o governo — se necessário, com violência".[144] Durante os grandes ataques aéreos a Berlim, ele recorreria com insistência aos bandos de valentões para controlar o "moral". Seu diário documenta que as operações eram executadas repetidas vezes, sempre com os mesmos resultados plenamente satisfatórios.[145] Depois de dez anos de domínio nazista, a imagem pública do Terceiro Reich estava tão controlada que praticamente ninguém se atrevia a criticar o regime na presença de desconhecidos.

Goebbels cogitou desde o começo implantar essa organização em todo o Reich se ela viesse a dar certo em Berlim.[146] Aliás, há numerosos indícios de que se usaram outros grupos de ativistas do partido para reprimir com brutalidade a crítica ao regime feita em público. No caso, não havia a menor necessidade de uma organização independente: a rede criada pelo NSDAP em todo o país para a disseminação da propaganda boca a boca e a vasta organização que este mantinha para observar o "moral" podiam perfeitamente executar essa tarefa. Assim, em maio, Goebbels incumbiu seu homem de ligação com a chancelaria do partido, Walter Tiessler, de esboçar uma circular nos seguintes termos: "Mas não é aceitável sermos generosos com boatos e piadas negativas e até mesmo escutá-los sem objeção. Pelo contrário: lembremo-nos dos métodos dos tempos da luta, quando respondíamos com violência a abusos desse tipo."[147]

Meses antes, a pasta de Goebbels já tinha recomendado aos departamentos nacionais de propaganda o uso dos "meios dos tempos da luta" para fazer frente a "expressões de estado de ânimo indesejáveis".

Uma carta do diretor do departamento nacional de propaganda Posen à Direção Nacional de Propaganda também mostra que essa truculência era muito habitual no *Gau* ao avaliar o moral; era importante "observar que, de vez em quando, alguém bota a boca no mundo", mas "ninguém lhe dá logo um pé de ouvido para que pare de falar. Quando é realmente necessário, nós calamos a boca do sujeito sem dó nem piedade".[148] Esses documentos oriundos da órbita de Goebbels e as entradas pertinentes no seu diário evidenciam que a eliminação violenta dos "reclamões" desavisados era praticada de forma sistemática.

Depois dos ataques à região Reno-Ruhr e da destruição de Hamburgo, a Royal Air Force iniciou, no fim do verão de 1943, a terceira grande onda de incursões do ano: três violentos raides contra a capital inauguraram, entre 23 de agosto e 4 de setembro, a batalha aérea de Berlim que o Bomber Command travaria com intensidade máxima a partir de novembro de 1943.[149]

Goebbels acompanhou o primeiro ataque, na madrugada de 23 para 24 de agosto, com certo otimismo, pois a defesa — pelo menos aos seus olhos — pareceu funcionar. Mas, terminado o alarme, quando ele percorreu a cidade, teve de reconhecer que os danos causados eram consideráveis: "Toda a estação de Charlottenburg está em chamas; no Kurfürstendamm, na Leibnizstrasse, em Charlottenburg e Steglitz, registra-se um número vastíssimo de incêndios no madeiramento dos telhados, e, como a falta de água é frequente, acabam se espalhando pelos prédios." Goebbels não hesitou em participar: "Interfiro pessoalmente várias vezes, incito os bombeiros a acelerar o trabalho e atuar com mais cuidado."[150]

Passou todo o dia seguinte tratando exclusivamente das consequências do raide. Uma densa nuvem de fumaça pairava sobre a cidade; à noite, ainda grassavam numerosos incêndios. Goebbels visitou os bairros mais atingidos: "A população em geral está com disposição e basta um pouco de cuidado para satisfazê-la."

Para a sua contrariedade, constatou que as instâncias partidárias "falharam um pouco". Mas ele "atuou com muita energia", organizou o abastecimento e o transporte dos móveis retirados das casas, providenciou alojamentos de emergência. Em Steglitz, conferiu ao líder distrital a função de uma espécie de comissário especial e a ele subordinou toda a organização do partido e os servidores locais.[151] As situações extraordinárias requeriam medidas extraordinárias:

responsabilizou o prefeito Steeg pela inatividade do funcionalismo municipal e ameaçou afastá-lo caso nada melhorasse. Enviou "pesquisadores" a cada bairro para obter informações de primeira mão. Conferiu ao seu funcionário Jetter "poderes ditatoriais para o controle das questões de abastecimento nas zonas afetadas" e o investiu da "autoridade de dar ordens" no âmbito do partido e das autoridades municipais. Nomeou 12 oradores do partido "inspetores" encarregados de averiguar o alojamento das vítimas da guerra aérea nos *Gaue* de acolhimento. Portanto, aproveitou a situação de maneira ativista para ampliar as atribuições do partido.[152]

Nas diversas viagens que fez aos distritos atingidos, teve, como esperava, "as melhores impressões" do comportamento da população. "Os berlinenses me recebem com um amor e uma lealdade como nem nos melhores tempos." Mas Goebbels não deixou de cuidar para que o "moral" continuasse elevado. Na noite anterior, tinha mandado a "'Organização B' [...] em grupos de três aos bairros operários": "Ela inspecionou discretamente 35 lugares, decidida a ser violenta onde quer que se dissesse alguma coisa contra o Führer ou contra a condução geral da guerra." Mas parece que a mera chegada dos bandos de valentões bastava: "É peculiar que, nesse primeiro 'raide', a Organização B não tenha precisado intervir uma única vez."[153]

Apesar de todo o sucesso organizacional, o estado de ânimo de Goebbels se reduziu a zero quando, na madrugada de 1º de setembro, a sua Rheydt natal foi vastamente destruída por um ataque aéreo britânico: "A casa dos meus pais se salvou por milagre."[154] No dia seguinte, inteirou-se de maiores detalhes: "Meu antigo ginásio não existe mais, minha velha escola foi arrasada. [...] O túmulo da família no cemitério ficou bastante danificado [...]. Pelo menos no seu núcleo, a cidade de Rheydt praticamente deixou de existir." Em todo caso, ele telefonou para o prefeito, dando "a consoladora garantia de que, quando a guerra terminar, minha primeira tarefa será providenciar a reconstrução da cidade".[155]

As insistentes incursões aéreas pressionavam muito o "moral": "Certo ceticismo, para não dizer desesperança, se apoderou das amplas massas. As pessoas se queixam principalmente de que, no referente à guerra aérea, não se ouve uma só palavra elucidadiva do Führer. [...] Quase ninguém acredita em retaliação. Nós passamos tempo demais antecipando-a." Além disso, em consequência da situação "um tanto irresolvida, insegura, para não dizer crítica", detectava-se "uma forte irritação com a nossa política de propaganda e informações".[156] "Alega-se que nós contamos muito pouco ao público, coisa que o deixa indignado. Na verdade, acontece naturalmente que as pessoas veem a guerra aérea com pavor e precisam de um bode expiatório."[157] A única "panaceia" que ele podia imaginar era um discurso de Hitler.[158]

Contrariando sua expectativa de que, devido às altas perdas, os britânicos por ora suspendessem os ataques a Berlim, na noite de 3 de setembro, houve mais um vigoroso raide. Terminado o alarme, ele "visitou os lugares danificados". A despeito da enorme destruição, constatou com prazer que: "Em todo caso, a Organização Berlinense funcionou bem depois dos dois ataques aéreos, e, no momento, não tenho por que reclamar."[159] Em contato direto com os afetados, tentou se convencer uma vez mais de que sua popularidade não tinha sofrido nem um arranhão. Assim, no dia seguinte, foi "detido por uma enorme massa humana que me trata com muita cordialidade, pergunta-me milhares de coisas e mostra uma disposição que chega a ser chocante. Tenho de subir ao apartamento do operário, tenho de examinar os detalhes, posso ajudar aqui e ali com palavras e atos, resolver pequenos problemas. À tarde, mando cigarros e umas guloseimas ao pessoal". À noite, seu funcionário Jetter, incumbido dessa tarefa, contou "que o presente causou grande entusiasmo no Wedding".[160]

Mas a situação voltou a serenar em Berlim; nas semanas seguintes, a capital do Reich foi poupada de ataques aéreos.

Novos reveses nas frentes oriental e meridional

Nesse ínterim, a situação militar no Leste tomou um rumo negativo depois de relativa calmaria.[161] A ofensiva soviética resultante da batalha defensiva em Kursk colheu as primeiras vitórias: em 5 de agosto, foi preciso evacuar Oriol, ao norte de Kursk, coisa que Goebbels sentiu como uma "grande perda de prestígio".[162] No mesmo dia, ao sul da área de operações, Belgorod foi reconquistada e o Exército Vermelho deu continuidade ao ataque a Carcóvia.[163] À parte isso, em 7 de agosto, iniciou mais uma grande ofensiva cerca de 400 quilômetros mais ao norte, na região de Smolensk.[164]

"Agora precisamos começar a trabalhar com a política", escreveu Goebbels no dia 6 de agosto. Porque as "contradições entre o Ocidente plutocrático e o Oriente bolchevista são notórias" e se tornariam virulentas com as vitórias comunistas. Infelizmente, "pelos motivos conhecidos" — ele se referia à situação militar negativa —, não temos condições de iniciar uma solução política da guerra. Mas a ideia da "solução política" haveria de ocupá-lo mais e mais — já que acreditava cada vez menos numa vitória puramente militar naquele conflito.

Em 9 de agosto, em visita ao quartel-general, foi informado em mais detalhes da situação na Itália. Na conversa, Hitler anunciou que não tinha a menor intenção de "abrir mão da Itália como campo de batalha"; as forças alemãs já se precipitavam "ininterruptamente" sobre o país. Também queria se defender tanto quanto possível da superioridade aliada na Sicília. Goebbels também soube que o Führer considerava Badoglio "um consumado traidor": a versão oficialmente divulgada da renúncia de Mussolini era inverossímil do início ao fim. Sob o "penhor de segredo absoluto", o ditador contou que pretendia prender o rei, "capturar Badoglio e seus asseclas, libertar o Duce e dar a ele e ao fascismo a possibilidade de voltar a andar na sela e erigir um regime firme".[165]

Durante a entrevista, Goebbels fez abrangentes propostas em política de recursos humanos: Frick, "muito velho e desgastado", devia ser substituído por Stuckart no cargo de ministro do Interior e por Himmler no de ministro da Polícia; ademais, convinha demitir Rust e substituir Seldte ("velho preguiçoso") por Ley. Hitler ficou "algo desconcertado com essas propostas categóricas", mas as recebeu com complacência. Na ocasião, Goebbels quis saber "quem o Führer colocaria no meu lugar caso eu venha a faltar". Ele respondeu, segundo Goebbels, "que sou um fenômeno único no nacional-socialismo e totalmente insubstituível"; Hitler não conhecia "ninguém capaz de assumir uma fração que fosse da responsabilidade com que eu hoje arco". Goebbels ficou "naturalmente orgulhosíssimo desse juízo", mas, por outro lado, teria gostado de ver "que a construção em que trabalho há de ser preservada para além da minha atuação". Hitler concordou a princípio. Goebbels ficou tão contente com o fato de as funções que ele havia unificado em torno de sua pessoa continuarem permanentemente unidas quanto ficou apreensivo, como registrou no diário, com a possibilidade de um sucessor mais fraco não conseguir manter a coesão daquela abundância de funções. A sua "singularidade", uma vez mais confirmada pelo Führer, tornava a questão da sua sucessão um problema quase insolúvel.[166]

Na metade de agosto, a situação da Wehrmacht na Sicília ficou de tal modo insustentável que foi necessário evacuar as tropas pela estrada de Messina. Mesmo assim, em uma semana, conseguiram transportar para o continente italiano um contingente de mais de 100 mil soldados alemães e italianos e grande parte do equipamento pesado.[167]

No Leste, prosseguia a ofensiva soviética: arremetendo contra o Grupo de Exércitos Centro na região de Smolensk, uma cunha ofensiva do Exército Vermelho conquistou Spas-Demensk em 13 de agosto; no dia 23, Carcóvia caiu nas mãos do grupo ofensivo em operação mais ao sul. Nessas semanas, a avalição de Goebbels da situação militar na frente oriental oscilou entre observações totalmente pessimistas e cautelosamente otimistas; em todo caso, ele recomendou à propaganda um "otimismo moderado".[168]

Assim, Goebbels tinha agora sérias dúvidas sobre a possibilidade de ganhar a guerra militarmente. Os dois últimos meses haviam sido uma sucessão de derrotas e reveses; nesse meio-tempo, ele desistira da tentativa de mobilização "total", e seu esforço para mobilizar as últimas reservas na população alemã tinham malogrado. Não lhe restavam outros temas propagandísticos promissores. A solução "política" da guerra era de fato a única saída, e, nos meses subsequentes, Goebbels perseguiria intensamente esse tema.

27. "Ainda não sei o que o Führer haverá de fazer"
Em busca de uma saída

No dia 3 de setembro, as tropas britânicas desembarcaram na Calábria.[1] De início, Hitler pensou que a operação não passasse de uma manobra diversionista e que a verdadeira invasão fosse na Europa ocidental.[2] Em 9 de setembro, Goebbels registrou um "desdobramento sensacional", do qual havia tomado conhecimento na véspera: a assinatura do cessar-fogo por parte de Badoglio, ocorrida já no dia 3, mas mantida em segredo até então. Na mesma noite, Hitler chamou-o ao seu quartel-general na Prússia Oriental.

Na manhã seguinte, ao chegar ao Wolfsschanze, Goebbels soube que as medidas das forças armadas preparadas desde julho para a possível queda da Itália tinham sido executadas na noite anterior. As tropas alemãs invadiram o norte e o centro do país, bem como os territórios ocupados pelos italianos no sul da França, na Croácia e na Grécia, desarmando os ex-aliados. Uma divisão alemã de paraquedistas conseguiu ocupar Roma ainda em 10 de setembro.[3] Por outro lado, no início da manhã de 9 de setembro, tinha começado o desembarque americano e britânico na região de Salerno. Sua meta era ocupar Nápoles.[4]

Tendo em conta a situação do Mediterrâneo, mas também na frente oriental, Goebbels decidiu — ao que tudo indica, foi a sua primeira tentativa nesse sentido — propor com franqueza a Hitler o possível fim da guerra mediante uma solução política: perguntou diretamente "se se pode fazer alguma coisa com Stalin a curto ou médio prazo". A resposta do ditador foi negativa em virtude da situação militar vigente. "O Führer opina que com os ingleses talvez se possa fazer algo, mas não com os soviéticos." Ele acreditava que, ao ocupar permanentemente a Sicília, a Calábria, a Sardenha e a Córsega, a Grã-Bretanha havia atingido importantes objetivos militares e, assim, talvez estivesse "mais aberta para um eventual acordo". Goebbels era de outro parecer: "Tendo a achar Stalin mais aberto, pois é politicamente mais realista que Churchill."

Ele voltou a insistir "energicamente" para que Hitler se dirigisse "ao povo alemão" e este acabou concordando, embora achasse melhor esperar que a situação na Itália estivesse resolvida. No dia seguinte, os dois releram o manuscrito então já preparado e, a seguir, o discurso, que tratava essencialmente da situação depois da queda da Itália, foi gravado e transmitido à noite:[5] a primeira fala irradiada do ditador em quase seis meses.

Mas um discurso não bastava para restaurar a desgastada imagem do Führer, e Goebbels sabia disso. E o que na sua ótica era ainda pior: ele não tinha condições de oferecer alternativas propagandísticas. A situação militar e os ataques aéreos eram deprimentes; as campanhas com a ajuda das quais havia tentado mobilizar as últimas reservas de energia em face da ameaça de derrota — palavras de ordem "guerra total" e Katyn — fracassaram, faltavam os pré-requisitos para lançar uma propaganda maciça da retaliação.

Na noite de 12 de setembro, Goebbels foi informado de que uma operação de comando alemã, numa ação espetacular, lograra libertar Mussolini do hotel alpino no Gran Sasso em que o regime Badoglio o havia confinado. No entanto, ele encarou a nova situação com certa desconfiança: "Quando o Duce não estava presente, nós tínhamos a chance de fazer tábula rasa na Itália. [...] Eu achava que, à parte o Tirol do Sul, a nossa fronteira talvez avançasse até o Vêneto. Se o Duce reassumir uma função política, isso dificilmente será possível."[6]

Dois dias depois, Mussolini se reuniu com Hitler no Wolfsschanze. "Aqui se presencia um exemplo comovente de lealdade entre homens e camaradas", comentou Goebbels.[7] Intimamente, porém, continuava receando que essa máscula amizade demonstrada de modo tão impressionante viese a engendrar novas dificuldades.

Nesse meio-tempo, a situação na cabeça de ponte em Salerno tinha dado uma guinada inteiramente favorável aos aliados. Um contra-ataque alemão, que Goebbels e a propaganda alemã acompanharam com grandes expectativas,[8] destroçara-se em poucos dias.[9] Goebbels culpou a política de informações das agências noticiosas militares pelo fato de a propaganda ter visto com excessivo otimismo as chances de sucesso alemão na região de Salerno.[10] Agora "toda a escória propagandística inimiga cai em cima de mim e me responsabiliza pelo fracasso da política de notícias".[11] Traçou paralelos com a política noticiosa também demasiado otimista no outono de 1941, durante a primeira batalha de Stalingrado, bem como durante a de El Alamein.[12] Segundo ele, o incidente tivera por consequência um "conflito gravíssimo" com Dietrich e Jodl, cujos funcionários se culpavam mutuamente.[13] Enfim, Dietrich lhe havia prometido que "tais relatórios já não seriam publicados sem a minha confirmação e autorização explícitas".¹⁴

No dia seguinte, teve oportunidade de conversar com Hitler sobre Dietrich e se convenceu de que lograria afastá-lo imediatamente "da chefia nacional da imprensa se eu tivesse um cargo para o qual recomendá-lo. Mas, infelizmente, o Führer não o julga à altura de nenhuma tarefa maior".¹⁵

Em 22 de setembro, Goebbels tornou a visitar o ditador no quartel-general. A conversa proporcionou-lhe percepções inteiramente novas dos antecedentes da crise italiana: "Fico sabendo pela boca do Führer que Edda Mussolini não é filha da sua esposa Rachele, e sim uma filha ilegítima que ele adotou no seu casamento." Hitler não sabia quem era a mãe de Edda, a mulher de Ciano, mas presumia que "seja fruto de um caso do Duce com uma judia russa". Esse cenário eletrizou Goebbels literalmente: "Isso explicaria tudo", escreveu, pois Edda teria conseguido reconciliar Mussolini com Ciano. "Quer dizer que o cogumelo venenoso está novamente no meio do partido republicano-fascista que recomeça."¹⁶

Durante o jantar a sós com Hitler, ele retomou o tema em que tocara quase duas semanas antes: a questão de uma paz em separado. Dessa vez, não mencionou Stalin como possível interlocutor, preferindo apontar para outra direção: "Pergunto ao Führer se ele eventualmente se disporia a negociar com Churchill ou se rejeita a ideia em absoluto." O ditador respondeu que na política não havia por princípio "questões de personalidade", mas ele acreditava que "uma negociação com Churchill não leva a nada, porque ele está profundamente enredado em opiniões contraditórias e, ademais, tem o ódio por conselheiro, não a razão". Hitler estaria mais disposto a negociar com Stalin, revelou então, mas "não acredita que isso surta efeito, pois Stalin não pode dar o que ele exige no Leste". Goebbels insistiu, argumentando "que com um dos lados nós temos de nos entender. O Reich nunca ganhou uma guerra em duas frentes".

Assim, ele sabia perfeitamente que, com a queda da Itália, os reveses constantes na frente oriental, o provável desembarque no Oeste e os ataques aéreos constantes, a decomposição gradual do império nacional-socialista era iminente. No ano e meio ainda restante até o fim do Terceiro Reich, a busca de uma saída política que evitasse a derrota foi uma das coisas que mais o ocuparam.

O início do outono: esforço para consolidar o front interno

No começo do outono, a situação na frente oriental, que tinha passado para segundo plano em virtude dos acontecimentos dramáticos na Itália, despontou com todo vigor no horizonte de Goebbels. Em 16 de agosto de 1943, o Exército Vermelho iniciou uma operação para reconquistar a bacia do Donets, bem no sul do front, e, no dia 26, também lançou uma grande ofensiva mais ao norte, à altura de Kursk. Além disso, desde o começo de setembro, vinha empreendendo outros ataques em todo o leste da Ucrânia. Diante disso, o Grupo de Exércitos Sul foi obrigado a recuar para o Dniepre; no entanto, o Exército Vermelho, que o perseguia, não tardou a montar inúmeras cabeças de ponte na margem ocidental.[17] Na metade de setembro, o Exército Vermelho lançou mais uma ofensiva contra o Grupo de Exércitos Centro e, no dia 25, conquistou Smolensk.[18]

Para evitar uma atmosfera outonal depressiva, iniciou-se, em meados de setembro, uma ação partidária de grande envergadura concebida por Goebbels e Bormann e programada para durar dois meses: estava prevista especificamente a promoção de uma "onda de reuniões", a organização nas associações locais de "esquadrões de discussão" e "esquadrões de discussão nos bunkers" para contra-arrestar os boatos negativos, melhorar a presença do partido mediante passeatas e outras coisas.[19] Claro está que Goebbels viu com certa contrariedade o fato de, em muitas cidades alemãs no outono de 1943, se realizarem desfiles de funcionários do partido bem nutridos, sadios e na flor da idade; chegou a falar em "marchas dos reclamantes", mas depois retirou as objeções. Por fim, considerou a ação um grande sucesso. Particularmente satisfatório teria sido a "notícia de que em toda parte se registrava a falta de emblemas do partido. Os correligionários querem voltar a portar publicamente o símbolo do partido". Mas havia um porém: "Infelizmente, no momento, não temos condições de produzir mais do que até agora."[20]

No dia 6 de outubro, Goebbels foi a Posen para mais um congresso de *Reichsleiter* e *Gauleiter*.[21] Tinham prioridade os problemas da indústria bélica; Goebbels ficou impressionadíssimo com uma palestra de Speer, que anunciou em grande estilo a intenção de transferir um volume total de um milhão de operários das fábricas civis para a produção de armamento e, assim, liberar jovens da indústria bélica para a formação de vinte divisões: "Na verdade, o programa de Speer é a realização da guerra total que eu levantei (!) no meu discurso de fevereiro no Palácio de Esporte. Pena que, na época, esse discurso não tenha se materializado em fatos." A culpa pela inatividade, ela a atribuía sobretudo ao ministro da Economia Walther Funk, cuja posição ficou muito enfraquecida pouco depois, quando funcionários da SS assumiram cargos importantes na sua pasta.[22]

Depois de outras intervenções, Himmler encerrou falando nas suas novas missões; em 25 de agosto, tinha sido nomeado ministro do Interior como propusera Goebbels. Este anotou com satisfação as diatribes de Himmler contra o general soviético Vlassov* e "as várias tentativas de autoridades alemãs de adular a raça eslava". Os dois concordavam que eram fatais os esforços da Wehrmacht para criar unidades voluntárias de prisioneiros de guerra soviéticos sob o comando de Vlassov.[23]

Por fim, Himmler também discorreu sobre a "questão judaica", da qual, segundo Goebbels, apresentou um "retrato inteiramente franco e sem reservas". No diário, a anotação referente às observações do Reichsführer caracteriza-se pela mesma franqueza com que Himmler falou na "solução final": "Ele está convencido de que, até o fim deste ano, nós podemos resolver a questão judaica em toda a Europa. Defende a solução mais radical e dura, ou seja, exterminar o judaísmo de cabo a rabo. Decerto, por brutal que seja, essa é uma solução consequente. Porque nós temos de assumir a responsabilidade de resolver em definitivo essa questão na nossa época. As gerações futuras decerto não enfrentarão o problema com a coragem e a obsessão com que hoje podemos enfrentá-lo."[24]

Mais tarde, viajaram ao quartel-general, onde, no dia seguinte, Hitler se dirigiu aos altos funcionários como de costume. Goebbels providenciou para que o texto das suas explanações fosse entregue à imprensa num longo comunicado. Nele se lia que o ditador também foi "franco" e "sem reservas": "Todo o povo alemão sabe que se trata de ser ou não ser. As pontes foram destruídas às suas costas. Não lhe resta senão seguir adiante." Ao mais tardar desde a intervenção de Himmler no dia anterior, isso estava claro para todos os altos funcionários do partido.[25]

Paz em separado?

Em 27 de outubro, Goebbels voltou a visitar Hitler no quartel-general. Depois de ouvir as considerações — como sempre, muito otimistas — do ditador sobre a situação militar, teve oportunidade de abordar a "questão cardeal", ou seja: "Como sair da guerra de duas frentes, e é melhor chegar a um eventual acordo com a Inglaterra ou com os soviéticos?"

De modo geral, Hitler achava possível "chegar a um acordo com os soviéticos mais ou menos na base de 1939, depois da campanha da Polônia. Então

---

* Andrei Andreievitch Vlassov (1900-46), general soviético que aderiu a Hitler e combateu nas fileiras da Wehrmacht durante a Segunda Guerra Mundial. Capturado pelos aliados e entregue aos soviéticos, foi enforcado em 1º de agosto de 1946. (N. do T.)

nós teríamos a possibilidade de limpar totalmente o Oeste e, usando o Atlântico como base, aniquilar a Inglaterra". Goebbels, pelo contrário, opinava que era mais viável entrar num acordo com a Grã-Bretanha e "abrir no Leste o espaço de que precisamos para poder viver". Entendia que era necessário "acostumar-se à ideia de que, por ora, a grande solução que esperávamos desta guerra não está ao nosso alcance". Mas "não era hora de tomar a iniciativa no caminho da negociação", antes convinha esperar para ver "como as coisas se desenvolvem em termos militares e políticos [...]. Ainda não sei o que o Führer haverá de fazer".

Goebbels defendeu a ideia de "que devemos conversar com qualquer um que queira conversar conosco. O Führer não é totalmente avesso a essa opinião". Em todo caso, "em breve estaremos numa encruzilhada" e então seremos obrigados a optar por "este ou aquele rumo". O fato, segundo a sua síntese, era que Hitler ainda se mostrava "muito cético com todas essas possibilidades", mas, para ele, o essencial era que o ditador havia falado no problema "aberta e francamente" e nele depositara "confiança como um conselheiro sério".

Durante a sua permanência no quartel-general, assim como nos dias e semanas seguintes, Goebbels continuou pesquisando a questão da paz discutida com Hitler. Em 27 de outubro, Walther Hewel, o homem de ligação do ditador com o Ministério das Relações Exteriores, contou-lhe "que Ribbentrop aceitava ambas as soluções". Dois dias depois, ele soube por intermédio de Werner Naumann, que tornara a conversar com o secretário de Estado do Ministério das Relações Exteriores Adolf Steengracht, que Ribbentrop desejava muito entrar em contato com o papa, que, por sua vez, já "havia sinalizado disposição para negociar", pois temia "a expansão do bolchevismo em toda a Europa".[26] Passados alguns dias, Himmler também concordou com Goebbels que, "nesta guerra, devemos lançar mão não só de meios militares como também políticos". Mas Himmler se queixou da "falta total de uma política externa elástica e critica Ribbentrop ferozmente". Goebbels estava prestes a ganhar um novo aliado.[27] No fim de novembro, soube que Bormann também andava muito apreensivo com a política externa alemã, mas não acreditava que Hitler "se disponha a abrir mão do seu ministro das Relações Exteriores"; em todo caso, fosse como fosse, Ribbentrop não tinha condições "de negociar com Londres nem com Moscou".[28] Entretanto, Goebbels não avançou muito com essas sondagens: tudo indica que só em junho de 1944 teve oportunidade de abordar com Hitler o tema de uma possível paz em separado. O ditador sabia perfeitamente que, dada a situação militar, nem a União Soviética nem os aliados ocidentais tinham interesse em negociar o fim da guerra.

Inverno de 1943-44: a frente ocidental e a batalha aérea de Berlim

Desde o abortamento da operação Cidadela, a situação militar na frente oriental ficou marcada principalmente pelo recuo da Wehrmacht em todos os setores; no outono e no inverno de 1943, as forças alemãs tiveram de fazer frente ao avanço do Exército Vermelho numa série de batalhas defensivas com muitas perdas.[29]

Na opinião de Goebbels, o fato de as notícias deprimentes da frente oriental chegarem continuamente tinha a vantagem de criar certo hábito. Segundo a sua interpretação dos relatórios a ele apresentados, longe de estar em queda constante, o moral do povo tendia a se estabilizar em um nível mais baixo; mas sobretudo parecia exibir uma "grande austeridade", um "espírito viril muito firme".[30] Sua anotação de 12 de novembro de 1943 não deixa dúvida quanto a como se evitou que o estado de ânimo ficasse excessivamente negativo: "Os eternos resmungos diminuíram muito desde que passamos a condenar os derrotistas à morte, a executá-los e a divulgar esses fatos."

Afinal, não havia perigo imediato de derrota militar, pois os combates ainda eram travados a centenas de quilômetros da fronteira alemã, e, por outro lado, o Exército Vermelho não tinha como isolar e cercar as tropas alemãs em larga escala. O argumento divulgado pela propaganda, segundo o qual a Wehrmacht havia conquistado tanto território em 1941-42 que podia se dar ao luxo, por razões operacionais, de abrir mão generosamente de espaço, parecia ter um fundo racional.

Era outro o problema principal no inverno de 1943-44: a intensidade até então desconhecida do bombardeio de Berlim.

No fim de 1943, iniciou-se a ofensiva aérea britânica contra a capital. Entre novembro de 1943 e março de 1944, a Royal Air Force empreendeu 16 grandes ataques à capital do Reich. O primeiro deles, em 18 de novembro, matou 143 pessoas e destruiu mais de quinhentas casas. "Se os ingleses continuarem nesse novo estilo, não vão conseguir muita coisa", constatou Goebbels.[31] Mas, nos dias subsequentes, houve mais três raides com consequências desastrosas: em 22, 23 e 26 de novembro, mais de 3.700 pessoas perderam a vida e 8.700 prédios ficaram arrasados.[32]

Na noite de 22 de novembro, Goebbels se encontrava numa reunião do partido em Steglitz quando o ataque o surpreendeu. Foi imediatamente para o seu "bunker de comando", na Wilhelmplatz, providenciado poucos dias antes,[33] para de lá dirigir "as nossas batalhas em defesa da capital". A viagem de carro até o local foi bem dramática: "Incêndios em toda parte: as ruas estão bloqueadas, caem bombas e minas o tempo todo, em suma, a gente se sente mesmo num teatro de guerra."[34] Nessa noite, foram atingidos o Ministério das Relações Exteriores, a Chancelaria do Reich, o Ministério do Transporte, o das Finanças e o da Alimentação, além de outros. A casa de Goebbels, na Göringstrasse, também pegou fogo. Inúmeros teatros foram atingidos, vários cinemas se incendiaram.[35]

Na noite seguinte — nas palavras de Goebbels, a cidade "ainda estava totalmente em chamas"; o céu, "vermelho como sangue" — houve outro "grande raide de primeira classe".[36] Ele estava no seu "bunker de comando" na Wilhelmstrasse: "Um verdadeiro pandemônio se precipita sobre nós. Chovem incessantemente minas e bombas explosivas no distrito governamental. Um após outro, os prédios mais importantes começam a se incendiar." O Ministério da Propaganda também foi atingido, e só depois de horas foi possível conter o fogo.

Tal como durante a última série de ataques em agosto ou no começo de setembro, Goebbels reagiu com atividade incessante. Sua narração dá a impressão de que as medidas para restringir os danos dependiam apenas dele: "Mando evacuar a população rapidamente e aciono as unidades de combate ao fogo em grande escala", escreveu acerca da situação dos bairros residenciais densamente povoados.[37] "Sou obrigado a tomar pródigas medidas e recolocar o trânsito em movimento", diz outro trecho da mesma entrada. "As forças armadas concordam prontamente com meus planos e, movimentando-se sem perda de tempo, tratam de pôr 2,5 divisões, isto é, 50 mil homens, à minha disposição nas próximas 24 horas." E: "Dito um apelo à população berlinense, expressando os sentimentos que hoje povoam todos os corações. [...] O apelo será distribuído em milhões de volantes nos postos de abastecimento e publicado na imprensa."

Na verdade, Goebbels não era propriamente responsável pelas medidas de defesa antiaérea nem pela restauração da vida pública depois dos ataques: o combate aos incêndios e as operações de resgate e socorro faziam parte das incumbências da polícia, da Reichsluftschutzbund e do corpo de bombeiros, e a restauração das instalações de abastecimento e tráfego era tarefa das autoridades locais ou da Reichsbahn. Cabia a Goebbels apoiar as medidas de emergência para a população civil afetada mediante a mobilização da organização do partido, sendo que, para ele, tinha um papel decisivo a manipulação propagandística dos afetados. Interferindo em toda parte, atuando de maneira incansável, pressionando as autoridades e tratando de colocar o partido visivelmente no primeiro plano, Goebbels, em meio ao frenesi daqueles dias, encarnava na sua própria percepção o papel de líder militar onipotente.

Em 26 de novembro, ocorreu a terceira incursão da série, dessa vez concentrada nos subúrbios da zona norte. Nesses dias, quando tinha contato pessoal com os afetados, Goebbels sempre acreditava constatar que "a atitude da população berlinense para comigo é de uma nobreza acima de qualquer elogio". E registrou diversas experiências que corroboravam tal impressão: "Levo comigo algumas mulheres dos postos de abastecimento e mando transportá-las para o Leste, aonde não conseguiriam chegar pelos meios de transporte normais. Elas ficam contentíssimas. Com pequenos gestos de boa vontade, a gente faz gato-sapato desse povo."[38] Se ele com frequência afirmava que a população o adorava e demonstrava uma atitude moral intrépida, era não só para satisfazer sua fome insaciável de reconhecimento, mas também para especificar um *leitmotiv* da propaganda: em meio ao esforço de guerra, crescia a coesão do povo unido pelo nacional-socialismo numa comunidade de ação.

Todas essas medidas tinham em comum o fato de colocar o partido em primeiro plano: este dominava a paisagem dos bairros atingidos. Goebbels exigia que os militantes "se apresentassem em público uniformizados, pois muitos acreditam que o que nós fazemos é obra da administração municipal".[39] E chamou a Berlim duzentos funcionários do partido considerados oradores para discursarem nos postos de abastecimento e albergues improvisados.[40] No começo de dezembro, levou mil militantes profissionais dos *Gaue* vizinhos à cidade para ajudarem nas atividades de resgate e propaganda do partido.[41]

Na propaganda, ele insistia em salientar o moral inabalável da população duramente afetada pela guerra aérea. No dia 28 de novembro, falou num ato público organizado pela Juventude Hitlerista no cinema Titania-Palast, intacto: "O discurso é acompanhado de uma cerimônia solene, heroica, coisa que decerto tem um efeito extraordinariamente imponente na transmissão radiofônica. A minha fala como de encomenda. A cada frase-chave, o público irrompe em impetuoso aplauso. Quase se pode acreditar que nós montamos esse cenário para impressionar os ingleses."[42] Naturalmente, Goebbels sabia que não era outro o espírito e o propósito daquele comício. No dia seguinte, o *Völkischer Beobachter* o noticiou na primeira página com a manchete: "Toda a Alemanha clama por vingança!"[43]

Sua atividade frenética em Berlim e o fato de com frequência levar a Hitler questões gerais de guerra aérea começaram a render frutos. "Com base na experiência berlinense", escreveu Goebbels em 25 de novembro, Hitler o incumbiu de organizar e dirigir uma "inspeção dos danos da guerra aérea". "Essa inspeção tem a missão de percorrer todos os territórios em que ainda não houve ataques aéreos a fim de fiscalizar as medidas de defesa antiaérea."[44]

Quatro semanas mais tarde, Hitler assinou o devido decreto para que se vistoriassem "todas as providências tomadas localmente no sentido de preparar, prevenir e socorrer no combate aos danos da guerra aérea" e se ativassem as forças locais competentes.[45] Desse modo, sendo a guerra aérea o problema cada vez mais cardinal da política interna, Goebbels passou a ter nas mãos um instrumento com que interferir nos mais diversos aspectos da vida de cada *Gau*.

Como vice, Hitler indicou Albert Hoffmann, o *Gauleiter* de Westfália Sul, e não o *Gauleiter* de Colônia Josef Grohé, como desejava Goebbels, pois para ele o ditador tinha outras tarefas. Goebbels então nomeou Berndt (que já exercia a função de coordenador da Reichsluftschutzbund) "coordenador" da nova inspeção. No início de janeiro de 1944, criaram-se três comitês especializados encarregados de percorrer os *Gaue*.[46]

Em dezembro, outras quatro arremetidas contra a capital deixaram mais de mil mortos.[47] No fim do ano, Goebbels fez um balanço da guerra aérea contra o Reich: até aquele momento, contavam-se 98 mil vítimas fatais; quase um milhão de moradias destruídas, isto é, cerca de 4% do total existente. "Os ingleses terão de passar anos com a guerra aérea nesse mesmo estilo se realmente quiserem nos atingir no coração."[48] Ele passou a noite de Natal sozinho em Schwanenwerder: "É triste o Natal deste ano, que eu não quero passar com a família em Lanke."[49]

A Royal Air Force prosseguiu com as incursões em Berlim inclusive na passagem do ano. Em 2 e 3 de janeiro, a cidade voltou a ser atacada; mas os danos e as perdas foram limitados.[50] Em 20 de janeiro, outra agressão causou trezentas mortes.[51] No fim do mês, não por acaso no 11º aniversário da "tomada do poder", os britânicos empreenderam pesados raides em três noites: mais de 1.500 pessoas perderam a vida na cidade.[52]

Em 30 de janeiro de 1944, um "domingo cinzento", como anotou Goebbels, as recordações o levaram de volta, "com melancolia", ao dia festivo de 11 anos antes;[53] a possibilidade de enfrentar mais um violento ataque aéreo naquela data toldou-lhe consideravelmente o estado de espírito. Durante a transmissão do discurso de Hitler pelo 30 de janeiro, voltou a soar o alarme antiaéreo, pois uma grande unidade americana se aproximava. Embora esta tenha mudado de rumo pouco antes de chegar à cidade, os britânicos voltaram a lançar um ataque à noite, "um dos mais pesados que sofremos até agora", na avaliação de Goebbels. Entre outros prédios, incendiaram-se a Filarmônica e diversos teatros, mas, para o ministro da Propaganda, foi particularmente dolorosa a "perda do nosso velho estádio na Potsdamer Strasse, o Palácio de Esporte".

Ele passou cerca de uma semana dedicado ao restabelecimento de uma vida mais ou menos normal na capital do Reich.[54] Em 4 de fevereiro, inspecionou demoradamente a cidade, esteve entre os bombardeados num posto de abastecimento para constatar, uma vez mais, como todos se mostravam "amáveis e gentis", sim, "extraordinariamente gratos" a ele.[55]

Escreveu um editorial na *Reich* sobre o tema "Batalha de Berlim", no qual conseguiu glorificar a capital duramente castigada como uma "verdadeira comunidade socialista", demonstrando uma vez mais com que arbitrariedade aplicava a imagem da utopia "socialista" em que falava desde os anos 1920.[56]

Ativação do partido

Em meados de fevereiro, quando vistoriou a cidade depois de um raide aéreo, Goebbels se convenceu, como sempre em tais visitas, de que a organização do partido estava em ação nos pontos nevrálgicos: "Que seria da população de uma cidade bombardeada", resumiu, se "não tivéssemos o partido!".[57] Na sua ótica, o NSDAP era o instrumento decisivo para reconsolidar a situação interna do Reich em face daquela conjuntura altamente ameaçadora. No começo de 1944, a Direção Nacional de Propaganda voltou a lançar uma ação de "ativação do partido" para superar o moral baixo,[58] ação que, depois dos devidos preparativos dos propagandistas, culminou numa onda de reuniões.[59] A presença reforçada do NSDAP no dia a dia servia para mostrar que a população apoiava coesamente o regime.

A ofensiva aérea aliada também foi a prioridade de uma convenção de *Gauleiter* realizada em Munique, nos dias 23 e 24 de fevereiro, em comemoração ao aniversário de fundação do partido. Depois de diversas palestras ministradas por Ley, Grohé, Backe, Jodl e outros, Goebbels encerrou o primeiro dia do evento com um discurso de duas horas. "Nas passagens intermediária e final", foi, segundo o próprio orador, "simplesmente dramático", ouvido pelos presentes "com enorme interesse" e "recebido com ruidoso aplauso" como "a sensação" da convenção; ouviram-se gritos espontâneos pedindo que fosse impresso.[60]

Na tarde do segundo dia, houve a costumeira festa do partido na cervejaria Hofbräuhaus, onde reinava aquela "antiga atmosfera muniquense" em que "nós berlinenses não achamos muita graça, mas, mesmo assim, repleta de boa vontade". No evento, Hitler falou para os "velhos combatentes". Procurou acima de tudo propagar a urgentemente necessária confiança na vitória. Goebbels anotou como um dos elementos-chave do discurso: "O que nós realizamos na luta pelo poder, os países inimigos ainda estão por realizar; mas, frisou o Führer, o que os judeus na Alemanha já penaram, isso a Inglaterra e os Estados Unidos ainda vão penar."

Inicialmente, ele queria transmitir o discurso de Hitler pelo rádio, mas, depois de certa hesitação, percebeu que não era apropriado para o grande público "devido a uma série de guinadas psicológicas", como escreveu, banalizando. Dois meses depois, o ditador confessou que não se sentia "bem de saúde a ponto de discursar com segurança absoluta num grande evento público. Receava talvez não aguentar, e isso seria um risco demasiado grande".[61] Goebbels teve de se resignar com o fato de já não contar com a arma retórica do NSDAP. Em 1944, Hitler não faria mais nenhum discurso — salvo o de 30 de janeiro e depois o de 20 de julho — que fosse transmitido pelo rádio; tampouco voltou a se apresentar em megaeventos.[62] Por esse motivo, colocou-se para Goebbels o problema cada vez mais premente de compensar a ausência da autoridade do Führer com uma alteração substancial da imagem pública do regime. Tratava-se de dar mais destaque a outras personalidades como agentes responsáveis, sem prejudicar a posição de Hitler.

Ele já tinha em vista uma série de pessoas qualificadas. Depois da convenção de Munique, convidou Himmler a dar uma palestra sobre "a segurança interna" numa reunião dos departamentos nacionais de propaganda. Considerava-o uma das "figuras fortes da condução da guerra".[63] Achou a palestra muito informativa: "É bem rigoroso o tratamento dado aos presos nos campos de concentração. Eles são totalmente empregados na indústria bélica." A produção dos novos foguetes A4 já passara a ser subterrânea, e Himmler queria tentar o mesmo com a de aviões.

Posteriormente, Goebbels tomou um "chazinho" com o Reichsführer e constatou que ele "possui um juízo muito claro e enérgico". Também constatou que tinha "uma excelente relação pessoal e de camaradagem" com Himmler.[64] Todavia, não deixava de dar razão a Bormann, que se queixara muitas vezes de que o Reichsführer se "apropriava de um número excessivo de coisas". Segundo Goebbels, "na camada dirigente nacional-socialista" não era "bom alguém crescer demais; então os outros têm de providenciar para que ele seja reconduzido à linha geral".[65] Nesse meio-tempo, desenvolvera uma boa relação pessoal e funcional com Bormann"; estimava-o sobretudo porque lhe era "muito útil na apresentação imediata de uma pletora de coisas ao Führer".[66] A despeito da rivalidade entre os dois, via em Himmler e Bormann, como representantes da organização do partido ou da SS, aliados potenciais importantíssimos no aparato do poder.⁶⁷ Acrescentando-se Speer, com quem Goebbels tinha contatos regulares nesses meses,⁶⁸ e os *Gauleiter*, nos quais voltou a ter grandes esperanças desde a convenção de Munique, delineava-se, na sua perspectiva, uma nova constelação de alianças com cujo auxílio era possível tentar transformar a direção interna do Reich. Em compensação, nesse meio-tempo, ele havia descartado tanto Funk quanto Robert Ley, que considerara um aliado no seu esforço pela "guerra total".⁶⁹

Disputa de atribuições

Entre o outono de 1943 e a primavera de 1944, enquanto a guerra aérea devastava Berlim, os conflitos de Goebbels com seus principais rivais no terreno da propaganda prosseguiram com igual ferocidade. Apesar da extensão cada vez menor dos territórios orientais ocupados, nem ele nem Rosenberg viam motivo para amenizar a disputa pela "propaganda no Leste", Goebbels ficou sumamente insatisfeito com o decreto do Führer de 15 de agosto de 1943, que regulou a disputa de atribuições entre ele e Rosenberg nessa área. Em especial, o decreto dispunha que o ministro do Leste daria as "diretrizes políticas", ao passo que a pasta de Goebbels ficava encarregada de fazer a propaganda correspondente — com a ajuda de agências próprias no Leste.⁷⁰ Achando essencialmente "anacrônicas"⁷¹ as diretrizes políticas que o ministro do Leste lhe enviou depois de muito tempo,⁷² Goebbels voltou a telefonar para o Führer, que, entretanto, reagiu sem a menor complacência: os dois ministros que se entendessem, ele, Hitler, não queria mais ser consultado sobre esse assunto.⁷³ Enfim, em dezembro de 1943, depois de laboriosíssimas negociações,⁷⁴ as duas pastas chegaram a um acordo,⁷⁵ com base no qual o Ministério da Propaganda pôde instalar agências próprias nos territórios do Leste — desde que ainda continuassem ocupados.⁷⁶

À parte a beligerância com Rosenberg, a desinteligência com Dietrich continuou crescendo: em setembro de 1943, Goebbels tinha tentado integrar ao seu aparato propagandístico as agências de imprensa montadas pelo chefe nacional de imprensa Dietrich nos diversos países ocupados. Ainda que Hitler o tivesse autorizado a princípio e ele já se acreditasse de acordo com Dietrich a esse respeito, a tentativa não teve consequências.⁷⁷ Em fevereiro e março de 1944, quando Goebbels tentou transferir para o seu aparato propagandístico as agências de imprensa subordinadas a Dietrich em Cracóvia e Haia, este (na opinião de Goebbels, um homenzinho acometido de complexos de inferioridade) se recusou firmemente e com sucesso.⁷⁸

No outono de 1943, Goebbels tentou mais uma vez impor a Hitler a transferência da propaganda da Wehrmacht para a sua pasta. Em maio desse ano, secundado por Speer, havia arriscado essa tentativa pela primeira vez:[79] posto que tivesse prometido reiteradamente atendê-lo, o ditador não cumpriu a palavra.[80] Em outubro, ele voltou a tocar no assunto. O Führer respondeu que mantinha "a sua antiga posição" de proceder à transferência "o mais depressa possível", mas não queria "pegar essa batata quente agora, durante a crise no Leste", resposta que ao que parece deixou Goebbels satisfeito.[81]

Também foram intensos os conflitos com o Ministério das Relações Exteriores; além de diversas outras questões,[82] tratou-se sobretudo da propaganda na França ocupada. Em novembro de 1943, quando o alto-comando da Wehrmacht decidiu passar para o Ministério das Relações Exteriores parte considerável das tarefas do "setor França" do seu departamento de propaganda, Goebbels interferiu despachando como enviado especial a Paris o ex-intendente nacional Glasmeier, que de início impediu a transferência.[83]

Em novembro de 1943, quando Hitler comunicou que desejava a transferência da propaganda na França para o Ministério das Relações Exteriores, Goebbels protestou com todo vigor "contra a fragmentação de um instrumento propagandístico já testado" e, naturalmente, contra a iniciativa de Ribbentrop, que recorrera a Hitler sem entrar em contato com ele.[84] Goebbels mencionou no diário que o ditador "se enfureceu muito" com a atitude de Ribbentrop e lhe proibiu semelhantes intervenções no futuro.[85] Ao que tudo indica, a questão de qual ministério se responsabilizaria pela propaganda na França ocupada ficou sem resposta até o desembarque aliado.

Goebbels, no entanto, não conseguiu assegurar o apoio de Hitler em nenhum conflito de competência, muito embora, em duas disputas (com Dietrich e a Wehrmacht), este tivesse prometido apoiá-lo — ou pelo menos assim entendeu o ministro da Propaganda. De qualquer maneira, a experiência de não poder confiar na palavra do ditador nada tinha de novo para ele: vivera decepções parecidas muitas vezes desde que se havia associado ao Führer em meados da década de 1920. Mas a lealdade ao seu ídolo parecia manter-se inabalável.

Em 1944, Goebbels promoveu algumas mudanças de pessoal na sua pasta; inclusive por causa dos concorrentes no setor de propaganda. Substituiu o secretário de Estado Gutterer, cujo desempenho fazia tempo não lhe dava satisfação,[86] pelo seu chefe de gabinete Naumann, que retornara da sua missão na Wehrmacht para o ministério; compensou Gutterer com um "salário fantástico" no cargo de diretor geral da Ufa.[87] Em setembro, Naumann assumiu a chefia do pessoal do Ministério da Propaganda; seu predecessor Hadamovsky foi para a Wehrmacht.[88]

Aliás, fazia tempo que Goebbels acusava Hadamovsky de negligenciar o comando da DNP a favor de suas ambições literárias.[89] Em junho, Draeger sucedeu Hunkes no departamento estrangeiro; na sua posse, Goebbels lhe disse que, naquele momento, o "Ministério das Relações Exteriores não ia lá muito bem das pernas", situação que era bom tratar de aproveitar.[90] Em junho, também teve de demitir Berndt do posto de diretor do departamento de propaganda por ter se manifestado sobre os preparativos de defesa no Oeste.[91]

No fim de 1943, foi necessário dar solução à questão da direção política de Berlim, pendente havia muito tempo. Em dezembro, Goebbels aquiesceu ao pedido de Hitler para assumir, "pelo menos durante a guerra, preferivelmente também no pós-guerra", o cargo de presidente municipal (que o prefeito Ludwig Steeg acumulara em caráter provisório em 1940).[92] "Assim, tenho o comando imediato das autoridades municipais, coisa que ainda me faltava no governo da capital do Reich." A reorganização equivalia a separar o cargo de presidente municipal do de prefeito, unificados desde a Lei de Berlim de 1936, mas também a tornar dominante o posto de presidente. De maneira significativa, nos meses subsequentes, Goebbels se recusaria a transferir por completo o posto ao prefeito Steeg, nomeado apenas provisoriamente em 1940.[93] No começo de 1945, quando este tomou posse "em definitivo", Goebbels impôs que a nomeação fosse não por 12 anos, mas por tempo indeterminado, vendo "no cargo de prefeito berlinense uma função política cujo titular podia ser afastado conforme a conveniência".[94]

Ele tinha a intenção de reduzir a equipe de funcionários da presidência municipal de 250 para cinquenta pessoas e, com a ajuda desse grupo executivo, exercer "um controle verdadeiro dos assuntos comunitários em Berlim":[95] no médio prazo, sua meta era conferir ao cargo o status de governador.[96] Fez parte desse arranjo a demissão em fevereiro do vice-*Gauleiter* Görlitzer, do qual fazia tempo que Goebbels queria se livrar por suspeitar que ele quisesse desalojá-lo do posto de *Gauleiter*; Görlitzer foi substituído por Gerhard Schach, um antigo funcionário da direção do *Gau*.[97]

Só no começo de abril de 1944 foi que Hitler nomeou Goebbels presidente municipal.[98] Nos primeiros dias, este se dedicou à organização do cargo;[99] ambicionava construir "um governo municipal que servisse de modelo para outras cidades e *Gaue*".[100] Na verdade, sua noção de "governo municipal" era um cenário em que não houvesse ninguém, nem no âmbito municipal nem no de *Gau*, em condições de contrabalançar seu poder autocrático. Assim, a posição de presidente municipal seria o prolongamento do braço do *Gauleiter*, que poderia influenciar tanto mais irrestritamente a administração berlinense na fase final do regime. Nada indica, porém, que, no ano que ainda lhe restava, Goebbels tenha chegado a usar o posto de presidente municipal nesse sentido; pelo menos no seu diário, o cargo quase não tem importância. Mas ele se empenhou em instituir legalmente a união pessoal entre *Gauleiter* e presidente municipal.[101]

Outra dissolução da aliança militar

Nos primeiros meses de 1944, não era só do ar que vinha a ameaça à existência do Reich. Em meados de janeiro, iniciou-se a batalha de Monte Cassino na Itália; o ataque aliado contou com o apoio de um desembarque atrás do front alemão na região de Anzio. Esse desembarque a apenas 40 quilômetros de Roma surpreendeu totalmente o lado alemão, situação que muito desconcertou Goebbels: "Nós precisávamos saber que de duas a três divisões inimigas tinham sido embarcadas na Sicília."[102]

Mas a Itália era um teatro de operações secundário. A grande preocupação do governo alemão era a situação cada vez mais desolada na frente oriental; esta se desenvolvera de modo tão dramático que ele temia pela lealdade dos aliados.

Desde fevereiro, Goebbels vinha acompanhando com atenção a tentativa do governo finlandês de sondar as condições de um possível cessar-fogo.[103] Em 3 de março, discutiu o caso com Hitler, que alegou estar preparando um "comunicado" em que denunciava de forma clara a manobra em questão e ameaçava os finlandeses com o que lhes aconteceria "se eles caíssem, e isso explicitamente pelo lado dos bolchevistas e um tanto veladamente pelo nosso". O ditador releu o texto e mandou Goebbels primeiro publicar um comentário a respeito no *Völkischer Beobachter* e no *Berliner Börsenzeitung*.[104] Com relação ao esforço finlandês, Hitler lhe explicou que estava "firmemente determinado a resolver a questão húngara". A razão para essa decisão foi o fato de Horthy, de quem ele e Goebbels desconfiavam havia já um bom tempo,[105] ter anunciado a retirada de suas tropas ainda restantes na frente oriental. Segundo o ditador, os húngaros praticavam "a traição continuamente"; por isso a saída era depor o governo em exercício, prender Horthy e tentar instalar um regime dirigido por Béla Imrédy. Uma vez desarmado o exército, ele poderia cuidar "da questão da aristocracia húngara e sobretudo do judaísmo budapestense". Enquanto "os judeus estiverem em Budapeste, nada se pode fazer com essa cidade nem com o país, em especial com a sua opinião pública". As armas do exército húngaro, além do petróleo, seriam muito úteis, "sem falar nas reservas de produtos alimentícios".

Em outra conversa em 14 de março, Hitler voltou a falar nos dois aliados recalcitrantes. Caso os finlandeses "fugissem" da aliança, ele deslocaria as forças da atual linha de frente de volta para o norte da Finlândia.[106] Mas isso não aconteceu: as sondagens soviético-finlandesas fracassaram em abril, pois o lado finlandês achou inaceitáveis as condições soviéticas para o fim da guerra; o ministro da Propaganda alemão tornou a acompanhar atentamente cada etapa desse *intermezzo*.[107]

Enquanto isso, na primavera de 1944, a situação na frente oriental ficou simplesmente catastrófica: em março, o 1º Exército Blindado foi cercado nas proximidades de Kamianets-Podilskyi, e só uma fuga audaciosa permitiu-lhe escapar ao aniquilamento no fim de março/começo de abril,[108] ao passo que, em abril, os ocupantes da "praça fortificada" de Ternopil foram quase totalmente aniquilados.[109] A isso se acrescentou a evacuação de Odessa no dia 9.[110]

Sob o impacto desse desdobramento, Hitler comunicara a Goebbels, na conversa de 14 de março, que havia adiado a ação contra a Hungria ("porque os húngaros farejaram o perigo"); ela começaria dentro de poucos dias. "A Hungria tem 700 mil judeus; vamos cuidar para que não escape nenhum."[111]

No dia 18 de março, Goebbels soube da reunião realizada no mesmo dia no castelo Klebheim; Hitler tinha crivado Horthy de acusações e anunciado a ocupação do país — iniciada de madrugada. Sujeitando-se enfim, Horthy prometera não opor resistência; diante dessa solução "amistosa", Goebbels foi obrigado a recolher os panfletos já impressos e que "falavam uma língua bastante ferina".[112] Acompanhou com interesse a ocupação do país — que ocorria fluidamente —, assim como as medidas lá tomadas nos dias subsequentes: a nomeação de Edmund Veesenmayer novo enviado e representante do Grande Reich Alemão na Hungria, ou seja, governador alemão, bem como a instituição de um novo governo húngaro chefiado por Döme Sztójay, o até então chefe da missão em Berlim.[113]

O diário de Goebbels das semanas seguintes reflete o esforço dos dirigentes alemães para fazer com que o governo húngaro tomasse medidas legais mais rigorosas contra os israelitas locais.[114] Do ponto de vista de Goebbels e Hitler, o radicalismo do governo húngaro no quesito perseguição aos judeus era o parâmetro da sua lealdade à aliança.[115] No fim de abril, o ditador atingiu o seu objetivo; Horthy não só cumpria as exigências alemãs como agora tinha "um ódio mortal aos judeus e não se opõe a que os usemos como reféns; coisa, aliás, que ele mesmo propôs". Ao se envolver com a *Judenpolitik* alemã, o governo húngaro ficou de tal modo comprometido que já não podia sair da aliança. "Em todo caso, os húngaros não podem mais sair do ritmo da questão judaica", foi o comentário de Hitler, como anotou Goebbels. "Quem diz A tem de dizer B, e, uma vez que os húngaros começaram a *Judenpolitik*, não podem mais freá-la. A partir de certo momento, a *Judenpolitik* avança por si só."[116]

Em meados de abril, começou a concentração dos judeus húngaros em campos no interior, e, em 3 de maio, a SS deu início às deportações para Auschwitz. Até a interrupção destas no começo de julho, 437 mil pessoas foram enviadas aos campos de extermínio, nos quais a grande maioria era assassinada logo ao chegar. Porém, mesmo depois disso, Goebbels continuou considerando qualquer indício de concessão do governo húngaro aos judeus sobreviventes um sinal da sua possível deslealdade na aliança com a Alemanha.[117]

Assim como na Hungria, durante o ano de 1944, o regime nazista também tentou envolver os regimes dos outros países aliados na sua *Judenpolitik* radical a fim de atá-los ao Reich alemão até o amargo fim: embora esse esforço tenha fracassado na Romênia, o regime nazista conseguiu impor deportações a campos de extermínio tanto à Itália do norte quanto à Eslováquia.

O extermínio quase completo dos judeus europeus exigiu, como Goebbels não tardaria a perceber, alterações na propaganda até então muito enfocada na imagem antijudaica do inimigo. Desde o verão de 1941, o Terceiro Reich vinha travando a guerra principalmente como "guerra aos judeus", ou seja, contra um oponente imaginário que mantinha a coesão dos aliados e, ao mesmo tempo, tentava sabotar internamente o estabelecimento de um sistema de dominação no continente europeu. Assim Goebbels orquestrara a propaganda nos últimos anos. Mas agora que o Terceiro Reich havia passado definitivamente para a defensiva, o ditador deixou de achar oportuno continuar centrando a propaganda na caricatura de um inimigo mundial judeu. Não foi por acaso que Hitler iniciou essa mudança na primavera de 1944: agora que era iminente o extermínio das últimas comunidades judaicas na Europa ocupada pelos alemães, o espantalho do judeu como o inimigo interno que a Alemanha e os seus aliados precisavam combater para estabelecer as bases da "Nova Europa" perdia necessariamente a utilidade.

No dia 26 de abril de 1944, tendo sido convidado a almoçar com o Führer, Goebbels foi informado de que ele achava "que Stalin não goza absolutamente da simpatia do judaísmo internacional como em geral se supõe. Aliás, em certos aspectos, ele trata os judeus com muito rigor". Isso que Goebbels mencionou de maneira lacônica era, na realidade, uma importante diretiva do ditador que imporia uma inflexão fundamental na propaganda: se até agora os alemães haviam defendido a tese de que "os judeus" — plutocratas aqui, comunistas ali — eram o "cimento" que mantinha unida a coalizão antagonista — afirmação que Goebbels muito repisava privada e publicamente —, agora, ante o surgimento do perigo de uma derrota militar, tratava-se justamente de realçar as contradições no campo adversário. Para tanto — em contraste com a imagem até então predominante do inimigo comunista judeu —, a nova tendência era de separar o comunista da linha de propaganda antissemita e deixar de lado a ideia de uma "conspiração mundial" judaica. O antissemitismo continuou tendo um papel relevantíssimo na propaganda alemã, mas sobretudo com relação aos judeus americanos; a eles se contraporia o perigo "bolchevista" com todos os seus horrores.

Continuação da guerra aérea e retaliação

No começo de março de 1944, os americanos empreenderam uma primeira série de ataques diurnos a Berlim, que, embora voltados predominantemente para alvos industriais, provocaram danos limitados.[118] Em termos propagandísticos, Goebbels adotou a tática de não dar muita importância à "indiscutível fanfarrice idiota" dos americanos sobre o suposto sucesso dos raides, "porque é do nosso interesse que eles se deem por satisfeitos com seus ataques a Berlim".[119] Em 24 de março, teve lugar provisoriamente a última arremetida aérea contra a capital do Reich; nos meses seguintes, as forças aéreas aliadas se concentrariam nos preparativos do desembarque na França.[120]

No tocante aos raides aéreos, o esforço do governo alemão voltou-se mais decididamente para a questão da retaliação. Em janeiro, a Luftwaffe lançou uma contraofensiva a Londres (apelidada de "Baby-Blitz" pelos britânicos), que Goebbels acompanhou com grandes expectativas.[121] Mas a maior parte dos ataques não teve efeito: poucos bombardeiros conseguiram localizar a capital britânica. Em janeiro, houve dois raides; em fevereiro, sete; em março, seis, com um número decrescente de aviões.[122]

Apesar dessa capacidade ofensiva comparativamente limitada, Goebbels atribuiu um "efeito enorme" a tais agressões, acreditando em "danos desmedidos em toda a área urbana londrina" e dando crédito a relatórios — absurdamente exagerados — segundo os quais a série de ataques a Londres tinha cobrado mais vítimas do que toda a ofensiva aérea aliada contra Berlim.[123] Por outro lado, suas anotações deixam transparecer dúvidas quanto ao resultado devastador dos bombardeios, por exemplo, quando ele escreve que os ataques teriam, talvez, "motivos mais psicológicos que materiais".[124] No entanto, mesmo nesse aspecto, Goebbels tendia aos exageros mais desenfreados: pelas reações "histéricas" da imprensa londrina, acreditou poder ver "o tanto que o moral de guerra já despencou na Inglaterra".[125]

O último desses ataques a Londres ocorreu no dia 18 de abril, então a frota cada vez menor se concentrou em outros alvos até que os raides fossem interrompidos no fim de maio.[126] Agora a esperança do governo alemão eram as novas armas de represália, que, segundo se acreditava, teriam um efeito profundamente desmoralizante e decisivo para o desfecho da guerra. Todavia, o emprego das novas armas sempre era adiado.[127]

Em 17 de abril, Hitler avaliou que ainda convinha retardar a retaliação, embora as armas já estivessem prontas para uso; se os alemães conseguissem repelir uma invasão aliada, então teria chegado a hora de empregar as novas armas para provocar uma catástrofe moral na Grã-Bretanha.[128] No início de maio, o secretário de Estado Walter Schieber o inteirou de que a bomba voadora estava pronta, mas o A4 não podia operar, pois ainda precisava de aperfeiçoamento técnico; isso demoraria de dois a três meses. A terceira arma, a "*Tausendfüssler*" [centopeia], estaria em condições de uso em junho/julho. (No caso, tratava-se do projeto de um canhão, também chamado *Hochdruckpumpe* [bomba de alta pressão], que, aliás, não chegaria a ser usado contra a Grã-Bretanha.)[129] Para Goebbels, a notícia a respeito do A4 foi uma "grande decepção", e ele se perguntou se o Führer, que dias antes lhe havia dito coisa muito diferente, estava de fato informado do estado de coisas. Não lhe ocorreu a possibilidade óbvia de Hitler lhe ter apresentado uma versão exageradamente otimista.[130]

Enquanto isso, na primavera de 1944, os aliados mantiveram seus ataques aéreos ao território alemão: em abril, coube a Goebbels lidar com o bombardeio de Colônia no dia 20[131] e com a incursão contra Munique no dia 24. Irritou-o o fato de o *Gauleiter* Paul Giesler ter feito exigências em sua opinião exorbitantes para o atendimento da população muniquense: "Mal acabam de sofrer um ataque sério e já se sentem como se tivessem suportado toda a guerra aérea."[132]

Ocorre que, além do bombardeio de cidades, os aliados desenvolveram uma estratégia que não tardou a criar graves dificuldades para o maquinário bélico alemão: em maio, os ataques concentrados das forças aéreas aliadas às instalações petroquímicas alemãs provocaram, como mostra o diário de Goebbels, uma rápida escassez de combustível. A única coisa que impediu as forças alemãs de ficarem reduzidas à imobilidade no verão de 1944 foi o fato de, a partir de junho, as forças aéreas inimigas terem reorientado seus esforços para o apoio ao desembarque aliado.[133] Compreensivelmente, a propaganda preferiu omitir esse aspecto da guerra aérea aliada.

Ao contrário dos ataques à população civil alemã: em 24 de maio, Goebbels registrou no diário que, até então, a guerra aérea tinha cobrado 131 mil mortos em todo o Reich, número sem dúvida "alarmante". No mesmo dia, escreveu um artigo cujo conteúdo ele havia discutido minuciosamente com Hitler e que foi publicado no dia seguinte no *Völkischer Beobachter* com o título "Uma palavra sobre a guerra aérea". Segundo Goebbels, a guerra aérea inimiga tinha por objetivo "destruir o moral da população civil alemã". No artigo, disse compreender que a população diretamente afetada descarregasse o ódio e a raiva nos pilotos aliados abatidos e esclareceu que estes já não podiam contar com a proteção dos órgãos de segurança alemães: "Parece-nos praticamente impossível e intolerável jogar a polícia e as forças armadas alemãs contra o povo alemão quando ele dá a assassinos de crianças o tratamento que merecem."[134]

Uma vez publicado o artigo, ele manifestou a esperança de que, "muito em breve, a Alemanha desencadeie a grande caça a pilotos".[135] E disse esperar que as notícias — inventadas — de atos de justiça com as próprias mãos contra pilotos tivesse o devido impacto sobre o estrangeiro inimigo.[136] Em 3 de junho, por ocasião de um discurso em Nuremberg, retomou o tema e anunciou que ninguém seria preso por "falar alemão [...] com um piloto derrubado".[137] De fato, calculam-se em cerca de 350 os linchamentos de aviadores aliados, geralmente perpetrados por funcionários do partido, membros da SS, soldados e policiais locais — quase todos depois da publicação do artigo.[138]

A intensificação dos ataques aliados no Oeste indicava que o inimigo estava procurando interromper as ligações com a "Muralha do Atlântico":* sinal claro da iminência do desembarque aliado.[139] Desde abril, Goebbels contava com uma invasão "para muito em breve".[140] Hitler lhe disse "que a invasão vai fracassar, inclusive que ele a pode repelir em grande estilo". Com esse malogro, o ditador tinha certeza de que a crise se abateria sobre a Inglaterra "num ritmo veloz", de modo que era de se esperar o ressurgimento do movimento comunista como na Alemanha em novembro de 1918.[141] Mas, se ele conseguisse repelir a invasão, "nós teremos de registrar uma situação militar inteiramente nova".[142]

---

* Longo sistema de fortificações litorâneas erguido pelos alemães para impedir a invasão do continente europeu pelos aliados a partir da Grã-Bretanha. (N. do T.)

Os relatórios sobre o moral correspondiam obrigatoriamente a essa avaliação. O desfecho da guerra, que grande parte da população esperava — "de um jeito ou de outro" — a partir do momento em que ocorresse o desembarque aliado,[143] era interpretado como atitude de expectativa confiante no triunfo: em maio, Goebbels concluiu por esses relatórios que as pessoas aguardavam a invasão "com ansiedade"[144] e, no dia 3 de junho, chegou a escrever que a população fica literalmente "com medo" ao pensar na possibilidade de a invasão não ocorrer. Em breve, esse temor se revelaria totalmente injustificado.

28. "... praticamente uma ditadura de guerra interna"
Entre a disposição apocalíptica e o esforço de guerra total

No dia 5 de junho de 1944, Goebbels visitou Hitler no Obersalzberg. O fato de, no mesmo dia, o lado alemão ter tido de usar palavras duras para anunciar a rendição de Roma conferiu ao encontro um pano de fundo um tanto sombrio.[1] Mas o ditador queria extrair a qualquer custo um lado positivo dos reveses que se acumulavam, "cada derrota militar" ofereceria "uma oportunidade política", e justamente "as novas vitórias militares dos soviéticos teriam um efeito literalmente devastador sobre o inimigo ocidental". Nos meses subsequentes, Goebbels teria de se agarrar a essa estranha lógica como a uma boia salva-vidas.

Durante um passeio até a casa de chá, Hitler expôs seus novos planos, que, na opinião de Goebbels, revelavam "uma imaginação extraordinariamente profunda": "Hoje o Führer está convencido de que não se pode chegar a um entendimento com os ingleses. Dá a Inglaterra por perdida e está decidido a lhe aplicar o golpe mortal mesmo que tenha uma chance mínima de fazê-lo." No entanto, Goebbels parece ter se irritado com aquela afirmação: "No momento, ainda não sou capaz de decifrar como ele há de chegar a tanto; mas o Führer criou mil oportunidades de realizar planos que antes pareciam absurdos." Mas, na verdade, a declaração de Hitler deve ter sido uma grande decepção para Goebbels: tudo indica que, em outubro de 1943, ele havia discutido com o ditador o tema de uma paz em separado viável com a Grã--Bretanha; e agora era obrigado a concluir que ele não tinha avançado um milímetro sequer.

Goebbels aproveitou a conversa para criticar veementemente Ribbentrop, cuja capacidade diplomática era "muito superestimada" por Hitler. Negou que Ribbentrop tivesse uma "política grandiosa e construtiva". E ficou simplesmente "horrorizado" quando o ditador mencionou um possível sucessor na direção do Ministério das Relações Exteriores: Rosenberg! "Rosenberg no lugar de Ribbentrop seria trocar seis por meia dúzia."

Terminado esse encontro, embora já fosse tarde, Goebbels ainda esteve na casa dos Bormann, que o tinham convidado; depois de uma noite agradável, foi para Berchetesgaden às quatro horas da madrugada e lá recebeu notícias indicando que o desembarque aliado na França começara nas primeiras horas da manhã; não há de ter sido uma grande surpresa para ele; no dia 2 de junho, soubera pelo Forschungsamt [serviço de inteligência] de Göring que a resistência francesa havia recebido instruções da Grã-Bretanha que indicavam que a coisa estava para "acontecer nos próximos dias".[2]

Hitler, que naquele dia havia recebido o primeiro-ministro húngaro no castelo de Klebheim, pediu a Goebbels que fosse até lá para encontrá-lo. Goebbels deu com o Führer "extremamente contente", pois, como garantiu, a invasão tinha ocorrido "exatamente no lugar" esperado e, como se não bastasse, "exatamente com os meios e métodos" contra os quais os alemães estavam preparados: nos dois casos, uma mentira para levantar o ânimo do ministro da Propaganda. Hitler se disse firmemente convencido de que aniquilaria as forças desembarcadas com o auxílio das reservas de tanques para lá enviadas.[3]

De fato, os aliados conseguiram conectar rapidamente as suas cabeças de praia e desembarcar uma grande quantidade de tropas e material, mas, nas semanas seguintes, não lograram romper as linhas alemãs formadas por unidades levadas para lá às pressas nem avançar para o interior da França. Assim, até meados de julho, os combates na Normandia se refletem de maneira muito variada no diário de Goebbels; ainda parecia haver uma chance de romper a cabeça de ponte aliada.

Retaliação — e nenhuma alternativa

Embora Goebbels tivesse proibido o emprego da palavra "retaliação" no fim de 1943,[4] nos primeiros meses de 1944, a propaganda trabalhou insistentemente com insinuações sobre a iminência de uma represália violenta, conforme o próprio Goebbels sugeriu num discurso em Nuremberg no dia 4 de junho, ao dizer que tinha esperança de que a retaliação fosse "decisiva para o desfecho da guerra".[5] Nos últimos meses, a "propaganda boca a boca" tinha reforçado essas expectativas;[6] porém, quanto mais a retaliação demorava a se materializar, constatou Goebbels a contragosto, mais inverossímel parecia.[7] Agora, como a invasão aliada não tivesse "atos de represália" maciços como resposta imediata, as expectativas frustradas já com tanta frequência ameaçavam se transformar num fator de confusão para a propaganda interna.[8]

Só na madrugada de 15 para 16 de junho foi que se iniciou o ataque à região de Londres com as bombas voadoras.⁹ Goebbels ficou quase eufórico com essa notícia: "Ela ocasiona um verdadeiro paroxismo de prazer no povo alemão. Sem que nós usássemos a palavra 'retaliação', a própria notícia da retaliação se espalha como fogo grego no público."¹⁰

No entanto, ele se opôs a um otimismo excessivo com a nova arma. Na reunião de imprensa de 16 de junho, recomendou moderação aos funcionários.¹¹ Mas, no mesmo dia, Dietrich transpôs essa linha ao instruir a mídia para que comentasse o bombardeio de modo que o leitor chegasse à conclusão de que se tratava "do começo da esperada 'retaliação'".¹²

No dia seguinte, Goebbels observou que havia "um perigo enorme nesse desdobramento, pois, se as esperanças e ilusões exageradas não se realizarem, no fim [...] o governo é que será responsabilizado".¹³ Com "governo", estava se referindo sobretudo a si próprio, pois ultimamente era ele a figura pública que mais se sobressaía com o tema represália. Por isso, deu "instruções rigorosas para que se contivesse substancialmente a propaganda da represália, reduzindo-a a mera notícia sóbria".¹⁴ No entanto, seu diário dá a entender que não foi Dietrich, e sim Hitler, quem ordenou que "a questão da arma de retaliação tivesse grande destaque na imprensa alemã". Quando Goebbels chamou a atenção do ditador para as "prováveis dificuldades", este concordou que convinha "continuar discutindo intensamente na imprensa o emprego de armas de retaliação, mas sem despertar no povo alemão esperanças que, por ora, a situação não permitia que se realizassem".

A constatação britânica de que aquela não passava de uma arma para insuflar o terror levou Goebbels a achar melhor abrir mão do seu nome original: "*Höllenhund*" [cão do inferno, Cérbero].¹⁵ Hitler enfim decidiu batizá-la V1 — Goebbels creditava a ideia a si próprio¹⁶ — a fim de deixar claro que se tratava da primeira de uma série de armas de retaliação de impacto cada vez maior.¹⁷

Nesse ínterim, o efeito da propaganda da represália arriscava escapar ao controle. "Muita gente ainda acredita que, em breve, a retaliação terá um papel decisivo no desenlace da guerra", constatou Goebbels em 20 de junho. "Isso está fora de cogitação."¹⁸ Não tardou a se instalar o "desalento"¹⁹ tão temido por ele: os relatórios dos departamentos de propaganda informaram que "depois de subir repentinamente graças ao emprego da arma de retaliação, o moral voltou a cair de maneira significativa".²⁰

Nesse meio-tempo, Goebbels procurou tomar conhecimento de todas as informações sobre o impacto do míssil, coisa que a censura imposta no lado britânico dificultou muito; seus apontamentos no diário eram portanto especulativos.[21] Ele tinha uma ideia inteiramente falsa da precisão de tiro: acreditava que 80% a 90% das bombas voadoras atingiam o alvo; a verdade é que pouco mais de 20% alcançaram a região metropolitana de Londres.[22]

Goebbels chegou à conclusão provisória de que "mesmo sem alcançar o sucesso enorme que alguns agitadores entre nós prometiam, nossa arma de retaliação devasta extremamente o moral, o empenho guerreiro e o potencial bélico dos ingleses".[23] Mas, apesar desses supostos "sucessos" da represália, ele sabia muito bem que o "balanço final do desenvolvimento militar" era extremamente negativo: em 21 de junho, escreveu que quando "olho para o Ocidente, como para o Sul, como para a frente carélia, assim como para o ar, sinto uma leve vertigem. Basta calcular até onde esse desdobramento há de chegar dentro de um ano para ver o quanto a situação atual é crítica". Mas ele logo tentava se tranquilizar: a situação presente também teria uma série de elementos positivos e, acima de tudo, não se podia esquecer "que cada crise militar é extraordinariamente benéfica para o desenvolvimento político à medida que aguça cada vez mais as contradições no campo inimigo, coisa que só pode nos ser favorável". Goebbels havia assimilado por completo a lógica de Hitler.

Mas ele ainda enxergava uma segunda razão para pelo menos prolongar a guerra: no dia 21 de junho, expôs sua opinião a Hitler no Obersalzberg: até então, a "guerra total não passava de uma expressão". O decisivo agora era uma "reforma completa na Wehrmacht". Explicou que estava "disposto e tinha condições de pôr um milhão de soldados à sua disposição através de medidas ultrarradicais, isto é, fazendo uma rigorosa limpeza na Wehrmacht e também na vida civil".

Mas o ditador era da opinião, como explicou minuciosamente ao ministro da Propaganda, de que ainda não era chegado o momento de um "grande apelo para a guerra total no verdadeiro sentido da palavra". Goebbels defendeu a posição contrária, mas seus argumentos não convenceram. Chegou à conclusão de que o Führer preferia "trilhar o caminho evolucionário, não o revolucionário", fato que ele não podia "aceitar sem restrições".

Quanto a outros desenvolvimentos políticos, constatou que Hitler estava "mais longe que nunca de acreditar ou ter esperança de chegar a um acordo com a Inglaterra". Esta, segundo a sua convicção, estava fadada a ser "totalmente aniquilada nesta guerra". Quanto à possibilidade de "entrar em entendimento com a União Soviética", isso ele preferia deixar em aberto; em todo caso, acreditava que, considerando a situação militar vigente, a resposta era não. Uma vez mais, Goebbels não chegou a nada com a tentativa no sentido de uma paz em separado. "Essa conversa", assim concluiu a sua narrativa, "é uma das mais sérias que já tive com o Führer. Mas decorre em plena harmonia. Creio que o Führer gravou na memória grande parte do que expus. Com certeza retomará isso cedo ou tarde".

No dia seguinte a essa conversa, 22 de junho, começou a grande ofensiva de verão soviética no Leste contra o Grupo de Exércitos Centro, a qual não tardou a levar a vitórias operacionais de monta: a superação, o cerco e o aniquilamento de grandes unidades alemãs.[24] Goebbels, que, ao contrário de Hitler, não contava com uma ofensiva no terceiro aniversário da invasão alemã da União Soviética,[25] anotou em 27 de junho que "uma grande crise se desenvolveu".[26]

No fim de junho, a maior parte do 3º Exército Blindado foi massacrada em Vitebsk, assim como o 9º Exército encurralado em Babruisk. Em 3 de julho, o Exército Vermelho logrou tomar Minsk.[27] Dias depois, o 4º Exército preso no leste de Minsk também foi quase inteiramente aniquilado.[28] Mas o avanço soviético prosseguiu: sitiada em 8 de julho, Vilna foi obrigada a capitular no dia 14.[29]

As entradas no diário de Goebbels refletem cada vez mais perplexidade e até desesepero com a situação: "No fim, há de ser possível deter o front em algum lugar", escreveu em 9 de julho. "Se continuar assim, logo os soviéticos estarão na nossa fronteira prussiana oriental. Eu não cesso de me perguntar, desesperado, o que o Führer vai fazer para impedi-lo." Ao mesmo tempo, insistia numa ideia quase macabra: "Nossa única esperança, se os soviéticos chegarem mesmo à fronteira do Reich, é que pelo menos a guerra total enfim venha a ser realidade. Para mim, é absolutamente incompreensível que isso ainda não tenha acontecido." Às vezes ele tinha dúvidas sobre a capacidade de liderança da instância superior: "No momento, o Führer está jogando um jogo muito arriscado. Seria maravilhoso se ele ganhasse, pois, com isso, salvaríamos os países bálticos e o Báltico; mas seria do mesmo modo terrível se perdesse o jogo."[30] Na metade de julho, Goebbels soube com alívio que Hitler finalmente interrompera sua temporada de quase quatro meses no Obersalzberg e retornara ao Wolfsschanze.[31]

Diante das notícias ruins de todas as frentes de batalha, assim como da falta de disposição do ditador para levar a cabo a "guerra total" ou o fim político da guerra, ele concentrou a propaganda no tema da retaliação. Embora soubesse que este tinha sido muito contraproducente na população alemã até então, esperava que uma nova campanha sobre o V1 o ajudasse a se aguentar até o advento do V2. Afinal, no já mencionado encontro de 22 de junho, Hitler garantira que o V2 entraria em ação no começo de agosto e, embora "não fosse decisivo para o desfecho da guerra, seria uma aproximação desse desfecho".[32] Além disso: quando Goebbels escreveu que a "retaliação é o que temos de melhor",[33] foi para dizer que, naquele momento, não havia alternativa propagandística nem política.

Assim, no começo de julho, instruiu a mídia a "enfatizar mais do que até agora o caráter de represália da nossa arma".[34] Interpretou como uma manobra de menoscabo o discurso de Winston Churchill no parlamento britânico, em 6 de julho de 1944, sobre o efeito das armas V e se alegrou ao saber do reinício da evacuação de mulheres e crianças na capital britânica.[35]

Em 23 de julho, afirmou num artigo na *Reich* sobre a "questão da retaliação" que esta "não está no fim, mas apenas no começo". Frisou que, afinal de contas, uma técnica superior só é decisiva quando associada a um "moral" mais forte.[36] No discurso radiofônico de 26 de julho, ao anunciar outras armas V, Goebbels tentou manter a esperança no efeito decisivo da nova tecnologia no desenlace da guerra: tecnicamente, os alemães não só "alcançaram como superaram" o inimigo. E, para confirmá-lo, recorreu a uma experiência pessoal: "Há pouco tempo vi algumas armas alemãs modernas, e ao vê-las meu coração não só se acelerou como chegou a parar um instante."[37]

Preparação da "guerra total"

Goebbels sabia muito bem que a propaganda por si só não bastava para alterar o curso do estado de ânimo. Como no ano anterior, tratou de enviar um sinal, através de uma renovada proclamação da "guerra total", a fim de atrair permanentemente o conjunto da população para o esforço de guerra e, assim, adaptar a imagem pública do Terceiro Reich às graves condições do conflito. Em meados de julho, localizou no material sobre a situação psicológica, em geral bastante pessimista, um "grito pela guerra total", coisa que atribuiu sobretudo a um discurso que tinha feito em Breslávia no dia 7 de julho, bem como a seus artigos mais recentes.[38] No esforço por medidas mais enérgicas na guerra total, recorreu, como no ano anterior, a Speer, com quem teve uma longa conversa noturna em 10 de julho. Depois registrou no diário que o ministro do Armamento também era da opinião de que "ainda se podem extrair mais alguns milhões de operários e soldados do povo alemão".[39] Speer e Goebbels decidiram se dirigir ao ditador, cada qual com um memorando.

No dia seguinte, o ministro do Armamento lhe mostrou um documento que ele havia endereçado a Hitler no dia 30 de junho, no qual expunha o impacto catastrófico dos ataques aéreos aliados às fábricas petroquímicas alemãs.[40] Em 12 de julho, mostrou outro memorando que tinha enviado ao ditador naquele mesmo dia, exortando-o a "arrebanhar a totalidade do povo alemão para a nossa luta". Em particular, isso se obteria com a paralisação de empresas, a mobilização da mão de obra feminina, a redução do pessoal administrativo e a eliminação das bases da Wehrmacht no país. A execução dessas medidas não podia ser entregue à administração, à economia nem às forças armadas, mas a "personalidades".[41] Em 20 de julho, Speer acrescentou outro memorando, esclarecendo com o auxílio de cifras concretas que existia "uma disparidade absoluta entre os números que se necessitavam na produção para o país e aquelas forças improdutivas dedicadas a manter certo nível de vida e da administração"; para erradicar essa discrepância, tornava a recomendar uma "personalidade nova investida de toda autoridade".[42] Goebbels adorou essas ideias.[43] Também gostou muito do material cinematográfico sobre o lançamento de um foguete A4 que Speer exibiu: "A gente tem a impressão de presenciar o nascimento de um mundo novo. Posso imaginar que o A4 leve a um revolucionamento total da nossa tecnologia bélica e que a guerra do futuro ganhe cara nova com essa invenção. [...] O disparo do A4 é uma visão não só imponente como também estética."[44]

Goebbels então se animou a compor um memorando próprio, procurando explicar a Hitler sua "ideia de explorar a totalidade das nossas forças nacionais com o fim de alcançar com segurança a vitória pelas armas". Concentrou-se em complementar os números de Speer com argumentos psicológicos. Partia do princípio de que, em virtude dos seus conflitos de interesse irreconciliáveis, a coalizão inimiga se despedaçaria inevitavelmente; logo, era decisivo perseverar nos meses seguintes. Como tantas vezes antes, argumentou que o Reich ainda dispunha de "enormes reservas humanas e econômicas" a serem exploradas.

As propostas de Goebbels consistiam em encarregar uma "pessoa de fora" de rastrear o aparato da Wehrmacht, restringir a "ociosidade" da administração pública por meio da redução implacável ao trabalho administrativo absolutamente indispensável e confiar a execução dessas tarefas ao partido. "Para cada tarefa a ser cumprida", cabia a Hitler "outorgar grandes poderes a um homem da sua confiança" e atribuir "a um desses homens a função de coordenar os planos e depois prestar contas ao senhor juntamente com todos os envolvidos".

Não se esqueceu de guarnecer o memorando de alguns exemplos que demonstravam de forma enfática a "ociosidade da administração", e não surpreende que, para tanto, denunciasse em especial o comportamento dos seus inimigos prediletos, Rosenberg e Ribbentrop, que faziam uma concorrência altamente desnecessária ao Ministério da Propaganda.

O documento terminava com uma longa passagem que se pode classificar sob a rubrica "pessoal" e constituía uma espécie de síntese dos seus quase vinte anos de relação com Hitler. Ele tinha se mantido fiel ao Führer nas situações críticas de 1932. Sabia perfeitamente que, nas duas décadas passadas, sobretudo em 1938-39, causara "algumas preocupações privadas", e agora o seu objetivo era retribuir a "generosidade e a bondade" com que tinha sido tratado. Não o impelia "nenhuma ambição pessoal", os seus "propósitos políticos" estavam "inteiramente voltados para a objetividade". Sempre que se achava em Lanke com os seus, escreveu no fim do memorando, ele via com toda clareza que "não só eu pessoalmente, mas toda a minha família jamais poderíamos nem deveríamos viver numa época que não fosse a do senhor".[45]

Poucos dias antes que Goebbels enviasse o memorando, houve uma reunião de secretários de Estado em que se discutiram as propostas apresentadas por Speer. Seu secretário de Estado o inteirou do resultado: contou que foi essencialmente uma tentativa de dar continuidade ao trabalho da comissão tríplice: "Os mesmos senhores que torpedearam e obstruíram todas as minhas propostas nas reuniões da comissão tríplice não têm mais nada a decidir na questão da guerra total; eles que renunciem e deixem o caminho livre para forças mais poderosas."[46]

Em julho, Goebbels estava de tal modo envolvido com o esforço de guerra interno que até mesmo o bombardeio de Munique — que custou mais de 2 mil vidas[47] — lhe pareceu acima de tudo um vaticínio favorável ao caminho da guerra total. No dia 14, escreveu que talvez fosse "necessário que a capital do movimento faça esse sacrifício para levar os últimos no partido a também fazerem uso da razão". Tampouco achou trágica a destruição do tribunal e do departamento de organização do partido, pois era possível "ganhar a guerra sem esses dois organismos". Quanto ao incêndio da Casa do Artista — um dos lugares preferidos de Hitler em Munique —, era "muito lamentável pelo espírito que reinava naquela casa, que nada tinha de lamentável".

O 20 de julho

Segundo seu próprio relato, Goebbels recebeu a notícia do atentado do coronel Claus Schenk Graf von Stauffenberg contra Hitler por volta de meio-dia daquele dia: estava trabalhando no seu gabinete berlinense quando o chefe nacional de imprensa Dietrich lhe deu a notícia e o informou de que o Führer sofrera apenas ferimentos leves. No entanto, os antecedentes do ataque ainda eram uma incógnita naquele momento.[48] Goebbels não tinha como saber, em particular, que o atentado seria o catalisador de uma tentativa de golpe de Estado.

À tarde, Hans Wilhelm Hagen, um funcionário do ministério que prestava serviço como tenente no Regimento de Guarda Grande Alemanha, procurou Goebbels para inteirá-lo de que seu batalhão ia cercar o distrito governamental; Hitler estava morto, e a Wehrmacht tinha recebido ordem de assumir o poder executivo. Desconfiados dessa ordem, Hagen e o comandante do seu regimento, o major Otto Ernst Remer, decidiram entrar em contato com Goebbels por precaução.[49] A suspeita de Remer e Hagen era válida: de fato, o plano da conspiração militar previa o desencadeamento da "operação Valquíria", preparada para casos de emergência, depois do bem-sucedido atentado a bomba do coronel Stauffenberg no quartel-general do Führer: o exército de reserva tomaria o poder no Reich para impedir eventuais agitações. Somente um pequeno grupo de oficiais no comando desse exército tinha conhecimento do plano de golpe de Estado; mas a massa de oficiais e os homens serviriam de instrumento dos conspiradores sem saber do pano de fundo político dos acontecimentos.

Hagen foi recebido por Goebbels às cinco e meia. Só então este compreendeu que o atentado no Wolfsschanze fazia parte de um golpe de Estado abrangente. Pediu a Hagen que levasse o comandante Remer ao Ministério da Propaganda; nesse meio-tempo, em conversa telefônica com Hitler, Goebbels soube que o cabeça do atentado era Stauffenberg, o chefe do estado-maior do exército de reserva.

Às sete horas da noite, quando se apresentou a Goebbels, Remer continuava sem saber que papel ele e sua tropa tinham no curso dos acontecimentos dramáticos daquele dia. Mesmo porque ouvira dizer que, entre as medidas de segurança no distrito governamental, também estava prevista a prisão do próprio Goebbels. Este tinha envolvimento com o golpe de Estado em andamento, ou a ação se dirigia contra ele por ser um dos representantes mais importantes do regime? O encontro com o ministro da Propaganda esclareceu tudo rapidamente: atendendo ao pedido do major, ele voltou a telefonar para Hitler, que então informou Remer do pano de fundo do atentado e o exortou a reprimir a rebelião em Berlim. A seguir, este mandou seu batalhão entrar em formação no jardim da residência oficial de Goebbels, que fez um discurso para os soldados. Depois disso, parte da tropa de guarda participou da ocupação do edifício Bendlerblock, a sede dos amotinados: estes foram presos; quatro oficiais, entre eles Stauffenberg, fuzilados imediatamente.

Ocorre que, àquela altura, o golpe de Estado já tinha malogrado, por mais que Goebbels posteriormente tentasse dramatizar seu papel no acontecimento.[50] Decisivo foi o fato de Hitler não ter sucumbido ao atentado, mas também teve grande importância o comportamento hesitante do grupo revoltoso, que ficou esperando o retorno de Stauffenberg a Berlim e só então desencadeou a operação Valquíria, coisa que deu oportunidade ao quartel-general do Führer de tomar contramedidas eficazes.[51]

A imposição da "guerra total"

Do ponto de vista de Goebbels, a tentativa de *Putsch* veio muito a calhar: depois do 20 de julho, quem ia se opor seriamente às medidas de "guerra total" exigidas por ele e Speer? Isso o convenceu de que "a crise dos generais levará ao fortalecimento, não ao enfraquecimento, da resistência dos alemães"[52] — e ele tinha razão: emergiram como vencedoras do 20 de julho as forças que defendiam uma linha radical na política de guerra: Himmler, Bormann, Speer e ele próprio. Também no dia 20 de julho, Himmler foi nomeado comandante do exército de reserva e incumbido de inspecionar a Wehrmacht em busca de homens capazes de operar no front; na mesma data, Bormann recebeu de Hitler a missão de dar "as ordens necessárias [...] para levar a cabo o esforço de guerra total".[53]

A reunião diretiva nessa questão, realizada no gabinete do chefe da Chancelaria Lammers em 22 de julho, decorreu, na opinião de Goebbels, "exatamente na forma que eu desejava". De início, Lammers agradeceu o trabalho da comissão tríplice, cuja eficiência, porém, foi prejudicada pelas intervenções dos chefes de departamento junto a Hitler. A seguir, surpreendeu Goebbels ao propor "que daqui por diante se deem poderes generosos a homens isolados", isto é, a Himmler, "para a reforma da Wehrmacht", e a ele, Goebbels, "para a reforma do Estado e da nossa vida pública".[54]

Depois Goebbels tomou a palavra e passou uma hora falando no seu programa de "guerra total". No fim da exposição, garantiu que estava disposto a "assumir a responsabilidade se me derem os devidos poderes". Surpreendeu-se uma vez mais quando Keitel apoiou sem reservas as suas palavras, declarando-se disposto a transferir a Himmler competências no âmbito militar. No entanto, não foi sem restrições que Bormann apoiou sua posição.

Por fim, Goebbels conseguiu aprovar a proposta de ir falar pessoalmente com Hitler no dia seguinte e propor-lhe que "conferisse plenos poderes, por um lado para a Wehrmacht, por outro, para o Estado e a vida pública". Os candidatos à plenipotência já estavam definidos: "Himmler na Wehrmacht, eu no Estado e na vida pública"; Bormann receberia mando equivalente no NSDAP, ao passo que Speer já tinha autoridade suficiente no setor de armamento. Segundo Goebbels, com essas decisões, se havia instaurado "praticamente uma ditadura de guerra interna".

Mais tarde, ele se encontrou com Hitler pela primeira vez depois do atentado. Achou a saudação do Führer "simplesmente chocante": "Tive a sensação de estar diante de um homem que trabalha sob a mão de Deus." Em primeiro lugar, o ditador lhe mostrou a cabana destruída em que haviam cometido o atentado, explicando que estava determinado "a aniquilar completamente o clã de generais que se levantou contra nós". Goebbels ficou empolgado: viu avizinhar-se uma "crise de depuração" parecida com a que o partido tivera de enfrentar no "tempo da luta" por causa de Strasser e Stennes. Mas lhe pareceu "preocupante" o fato "de o Führer ter envelhecido muito" e dar "uma impressão de fragilidade". Por outro lado, porém, ele era o "maior gênio histórico que vive na nossa época. Com ele chegaremos à vitória, ou com ele pereceremos heroicamente".

Em 23 de junho, realizou-se a reunião decisiva no quartel-general do Führer. Na discussão, a que Goebbels conferiu nada menos que um "caráter histórico", Hitler a princípio repeliu algumas objeções de Göring, que, na qualidade de *Reichsmarschall*, se sentia preterido nas abrangentes reformas previstas. Então falou na questão fundamental da "guerra total"; Goebbels constatou com satisfação que a sua argumentação adotava de maneira considerável os raciocínios do memorando de 18 de julho de 1944, os quais, no seu entender, o ditador evidentemente tinha "estudado [...] com aplicação".

Depois das observações de Hitler, Goebbels voltou a esclarecer, numa longa intervenção, suas ideias sobre a "totalização" da guerra. A seguir, o Führer ressaltou as elucidações do ministro da Propaganda e lhe apertou demoradamente a mão "com grande afeto". Então se retirou. No entanto, Göring criou dificuldades na votação da versão final do decreto do Führer; declarou que, se o esboço fosse assinado tal como estava, ele teria "praticamente de renunciar". Goebbels, que continuava achando "que era preciso preservar a qualquer preço a autoridade de Göring", pois tinha certeza de que o ditador ainda não queria descartá-lo, fez uma proposta conciliadora: o "decreto do Führer sobre o esforço de guerra total", assinado dois dias depois, dispunha que Göring indicaria um "plenipotenciário do Reich para o esforço de guerra total" — um ato meramente formal, pois era óbvio que só havia um candidato para o posto: Joseph Goebbels. Esse plenipotenciário tinha a missão de inspecionar "a totalidade do aparelho de Estado [...] com o objetivo de liberar o máximo de forças para a Wehrmacht e o armamento, mediante o emprego inteiramente racional dos recursos humanos e materiais, a paralisação ou limitação das atividades menos estratégicas e a simplificação da organização e dos procedimentos". Também tinha o direito de cobrar informações das mais altas autoridades e de lhes dar instruções.

Não obstante, a leitura mais detida do decreto mostra que as possibilidades de controle do plenipotenciário estavam longe de ser totais no âmbito da "guerra total": no tocante às suas "instruções", o decreto previa imediatamente um procedimento de oposição, a disposição de "regulações jurídicas e instruções administrativas", no terreno da "guerra total", ficava reservada para as mais altas autoridades, e a formulação "Bormann apoiará essas medidas 'através do uso do partido'" deixava claro que as atribuições de Goebbels não alcançavam o território do NSDAP.[55] A seguir, Lammers ainda apresentou uma lista das repartições públicas e autoridades que escapavam às determinações do plenipotenciário.[56]

Goebbels, porém, tendia a desconsiderar tais filigranas. Pelo menos na noite de 23 de julho, deu os seus desejos por realizados. "Não consigo me despedir do quartel-general levando comigo o maior sucesso da minha vida."[57] O fato de esse "sucesso" ter chegado numa situação em que os dirigentes do Terceiro Reich estavam à procura de caminhos para, por meio de um esforço derradeiro, escapar a uma derrota catastrófica — para Goebbels, caracteristicamente, essa circunstância era secundária.

Guerra total: primeiras medidas

Nos dias subsequentes, a situação militar teve desdobramentos alarmantes: no fim de julho, na fase final da grande operação soviética contra o Grupo de Exércitos Centro, o Exército Vermelho avançou até os limites de Varsóvia e, em 1º de agosto, conseguiu construir uma cabeça de ponte ao sul da cidade, na margem ocidental do Vístula, ao passo que, mais ao norte, chegava até muito perto da fronteira prussiana oriental.[58] Enquanto isso, na região de Lviv, conquistada pelo Exército Vermelho no dia 22 de julho, o setor do Grupo de Exércitos Norte da Ucrânia perdeu a coesão do front e só com muito esforço logrou estabelecer uma nova frente defensiva em agosto.[59] Em 26 de julho, começou o ataque americano ao front de invasão ocidental; isso permitiu um avanço estrategicamente importante em Avranches no início de agosto, que abriria para os aliados a possibilidade de cercar o exército alemão da Normandia a partir do sul. A Goebbels não faltavam motivos para achar a situação no Oeste "pior do que ruim" no começo de agosto.[60]

Por isso mesmo, mergulhou ainda mais na nova tarefa na frente interna. A fim de executá-la, montou um pequeno conselho de planejamento chefiado por Naumann, bem como um conselho executivo encabeçado pelo *Gauleiter* de Oldemburgo Paul Wegener; ademais, nomeou secretário-geral o presidente distrital Hans Faust, reconhecido especialista em administração.[61] Em 26 de julho, fez um discurso radiofônico em que relatou em pormenores os acontecimentos do dia 20, realçando bastante seu papel na repressão ao *Putsch* em Berlim. Passou então para as "consequências" resultantes desses fatos, isto é, a "exploração" total do enorme "potencial de forças": para tanto, anunciou, Hitler o tinha investido de "plenos poderes abrangentes".[62]

À noite, Goebbels escutou seu discurso radiofônico em companhia de Magda, que regressara de Dresden. "Acho o estilo e a forma exemplares." Obviamente, o discurso "calou fundo no povo". No dia seguinte, enxergou o discurso "em primeiro plano na opinião pública mundial".[63] Em 26 de julho, a imprensa, que fora minuciosamente instruída na véspera, noticiou a sua nomeação, e Goebbels registrou com muito agrado a bela estampa e os "bons comentários".[64] Em 28 de julho de 1944, já plenipotenciário do Reich, emitiu uma norma sobre a notificação de mão de obra em situação de trabalho aparente, a qual, no entanto, pareceu tão banal que, como chegou a constar de uma nota da Chancelaria do Reich, servia de exemplo do quanto "uma regulação precipitada é inoportuna".[65]

No início de agosto, mal cabendo em si de tanto orgulho, submeteu a Hitler o relatório final da atividade de inspeção nacional da guerra aérea, por ele dirigida: todos os *Gaue* foram vistoriados, as instruções de Hitler tinham sido plenamente executadas. "Assim se deve cumprir realmente uma ordem do Führer."[66]

No conceito de "guerra total", que agora queria implementar com grande zelo, Goebbels dependia decididamente da colaboração dos *Gauleiter*. Por isso se dirigiu a eles em 3 de agosto, na convenção da liderança do partido, realizada uma vez mais em Posen. Na segunda parte de sua intervenção, depois de voltar a discorrer em detalhes sobre o 20 de julho, apresentou as medidas planejadas para a "guerra total".[67]

Com o discurso, que ele mesmo achou "exemplar na forma e no conteúdo", acreditou ter despertado nos *Gauleiter* a "convicção de que agora o desenvolvimento da guerra total vai entrar nos eixos e, principalmente, de que a guerra total está em boas mãos". Só com Sauckel ainda teria maiores dificuldades, observou; este era "convencido, tolo e se zanga sobretudo porque agora vou executar grande parte das tarefas que ele não executou".

Em agosto, Goebbels emitiu duas circulares conclamando as mais altas autoridades do Reich a adaptarem os custos operacionais da sua área à gravidade da situação. Elas dispunham ainda que cada uma trabalhasse o tempo necessário para concluir o serviço acumulado, mas no mínimo sessenta horas.[68] Além disso, assinalou em outra circular que era preciso cultivar um "estilo de guerra" para mostrar "que lutamos pela nossa vida". Tendo em vista esse propósito, todos os eventos como recepções, cerimônias de posse, comemorações e afins seriam suspensos na medida do possível.[69]

Goebbels quis transferir para os *Gauleiter* seu direito à informação, porém Bormann lhe chamou atenção para o fato de os *Gauleiter* já terem essa competência.[70] Por sugestão deste último, uma ordem de 16 de agosto para pôr em execução o esforço de guerra total finalmente levou à criação de comissões de *Gau* e distrito incumbidas de averiguar se ainda havia reservas para a Wehrmacht nas agências e repartições. Os *Gauleiter* assumiriam a presidência das comissões de *Gau* que, por sua vez, apontariam os presidentes das comissões distritais; estas, de resto, contavam com a representação dos delegados das respectivas autoridades, assim como de outros "homens qualificados do partido e do Estado".[71]

Goebbels estabeleceu a meta de, até o fim do ano, substituir por outro pessoal dois terços dos cerca de 1,5 milhão de dispensados do serviço militar em atividade na indústria de armamento. Para tanto, elevou — contra a resistência de Sauckel — de 45 para 50 anos a idade limite no serviço obrigatório feminino;[72] decidiu transferir para outras atividades 200 mil empregadas domésticas estrangeiras e, ademais, tentou retirar mão de obra da administração das indústrias não estratégicas e do setor de serviços mediante um grande número de medidas de paralisação, restrição e enxugamento. Nas semanas seguintes, deixou-se absorver por completo pela execução dessas medidas: impôs a redução do serviço de entrega postal do Correio do Reich, a racionalização do controle de passagens nos trens, o fechamento de jornais e revistas, bem como das escolas técnicas, a abolição da "amolação dos formulários", o cancelamento de todos os congressos e assembleias, e a simplificação do sistema fiscal e de seguridade social.[73]

Mas não tardou para que em toda parte se detectassem forças retardantes que Goebbels só pôde vencer em parte, sobretudo Hitler, que com frequência obstava medidas excessivamente radicais. Por exemplo, segundo Goebbels, ele opôs "forte resistência" a seu plano de encerrar as atividades de todos os teatros e teatros de revista. Uma vez fechadas, as casas de espetáculo não poderiam voltar a abrir durante a guerra, e, "quando o povo se acostumar à ausência de teatros, essa pode se tornar uma situação permanente". Mas, por fim, o ditador se curvou ante as necessidades da "guerra total": os teatros, as orquestras, os teatros de revista e outros estabelecimentos culturais foram fechados "inicialmente" por seis meses.[74] O próprio Goebbels considerava o fechamento dos teatros "a medida mais visível do esforço de guerra total", que "psicologicamente devia ser mantida a qualquer preço", motivo pelo qual, nas semanas seguintes, lutou com unhas e dentes contra qualquer tentativa de reabri-los.[75]

Em compensação, Hitler conseguiu impedir a suspensão por ele proposta da entrega de encomendas e telegramas particulares.[76] Também se opôs à paralisação da produção de cerveja e doces: "nas marchas, os soldados dependem de dropes", e a proibição das cervejarias suscitaria "fortes reações de natureza psicológica na Baviera". Goebbels obedeceu, ainda que a contragosto: "O Führer vê essa questão mais pela mentalidade bávara, que é um mistério para mim."[77] Tampouco lhe foi possível impedir que as revistas artísticas continuassem sendo publicadas até 1º de janeiro, um prolongamento que ele atribuiu à intervenção de Heinrich Hoffmann junto a Hitler.[78] E embora este tivesse atendido o seu desejo de aumentar uma vez mais o limite de idade no serviço obrigatório feminino, agora para 55 anos, a medida não chegou a ser implementada.[79]

Mas, acima de tudo, Goebbels foi se dando conta da inviabilidade do seu propósito inicial de proceder à "grande reforma do Reich"[80] por meio da guerra total"; já havia malogrado nesse projeto no ano anterior. Posto que tivesse conseguido suprimir o Ministério das Finanças prussiano, Lammers e Bormann convenceram Hitler de que seu plano de abolir o cargo de primeiro-ministro da Prússia equivaleria a eliminar um elemento indispensável à estrutura administrativa.[81] O ministro da Propaganda tampouco logrou extinguir o Ministério da Economia e toda uma série de importantes órgãos federais.[82]

Em outubro, quando o secretário de Estado Wilhelm Stuckart apresentou um memorando sobre a reforma administrativa do Reich, Goebbels achou a proposta de racionalização da administração "lógica e correta", mas a considerou "inexequível no momento": "O Führer jamais poderá se decidir por uma reforma tão abrangente da nossa administração e do nosso governo, e, aliás, quem sabe se ela seria apropriada para a guerra."[83]

Ajuste de contas com os autores do atentado

Em termos propagandísticos, Goebbels havia reagido ao atentado de 20 de julho organizando, com o auxílio da Direção Nacional de Propaganda, uma onda de demonstrações de lealdade, em todos os *Gaue*, como "manifestação espontânea do nosso povo contra o atentado infame". Os "camaradas alemães" seriam "convidados pelos *Blockleitern* a participar dos eventos".[84] O relatório do SD enfatizou, devidamente, a rejeição generalizada da população ao ataque.[85]

Nos dias seguintes, Goebbels discutiu intensamente com Hitler, além da "guerra total", a condenação dos conspiradores de 20 de julho, cujo castigo rigoroso era reivindicado pelo "povo" nas ruas e praças. No dia 2 de agosto, o ditador lhe contou que estava decidido a fazer "tábula rasa" dos processos iminentes: todos morreriam na forca, pois uma "bala [...] seria desperdício com esses criminosos". Isso os levou a falar em Rommel, que, a julgar pelas investigações, teria tido ciência dos preparativos do atentado. Goebbels atacou imediatamente o herói popular por ele criado: "Rommel é muito útil quando as coisas vão bem; mas, assim que surge uma crise grave, não tem a menor resistência interna."[86]

O primeiro processo contra oito importantes participantes da conjuração, instaurado no *Volksgerichtshof** em 7 e 8 de agosto, foi discutido preliminarmente por Hitler e Goebbels em todos os detalhes; este decidiu "receber" o juiz Roland Freisler antes do início da sessão a fim de "destrinçar como deve ser o processo". Mas, como o instruiu Hitler, o acerto de contas com os conspiradores não devia redundar "de modo algum numa agitação contra a oficialidade em si, contra os generais, contra o exército ou contra os aristocratas"; com a aristocracia, segundo Hitler uma "úlcera maligna no povo alemão", nós "acertaremos contas mais tarde".[87]

O esperado resultado dos primeiros processos — oito penas capitais — recebeu grande destaque na propaganda e, conforme Goebbels, "teve um impacto tremendo no povo alemão".[88] Até abril de 1945, houve outros julgamentos no *Volksgerichtshof* por participação na conspiração contra mais de 150 pessoas; mais de cem foram condenadas à morte e executadas.[89]

No fim de julho, Ernst Katenbrunner informou Goebbels de que seu velho amigo, o chefe de polícia berlinense Wolf-Heinrich von Helldorf, tam-

---

* Literalmente, "tribunal do povo". Tribunal especial ou político responsável pelas condenações por alta traição e atentado contra a segurança do Estado nazista; foi criado por Hitler após o incêndio do Reichstag em 1933. (N. do T.)

bém era suspeito de envolvimento com o *Putsch*.⁹⁰ Em meados de agosto, Helldorf compareceu perante o *Volksgerichtshof*, no qual — segundo contaram a Goebbels — "apresentou uma figura passável": admitiu francamente a participação na conjura.⁹¹ No entanto, uma semana depois, Goebbels assistiu a um filme do processo em que se via que, durante o interrogatório, Helldorf estava arrasado e prestava depoimento "com voz chorosa".⁹² Duas horas depois de pronunciada a sentença, foi executado com cinco outros acusados. Goebbels anotou que, por "ordem do Führer", antes da execução, Helldorf foi obrigado a assistir ao enforcamento de três dos seus companheiros de infortúnio. Mais tarde, aliviado, Goebbels fez um balanço — se bem que não realmente satisfeito — acerca de um homem cuja carreira ele havia promovido ativamente desde o começo (muito embora continuasse escrevendo errado o nome do amigo que conhecia desde 1931): "De modo que está encerrado este triste capítulo Helldorff. É, sem dúvida, o mais desagradável da história do partido em Berlim."⁹³

Reveses

Em 15 de agosto, as forças americanas e francesas desembarcaram no sul da França.⁹⁴ No dia 21, no norte do país, os aliados conseguiram encurralar e aniquilar o exército alemão da Normandia no bolsão de Falaise. No dia 25, Paris foi libertada; as tropas alemãs se retiraram rapidamente da França, da Bélgica e de Luxemburgo; na parte central do front, as forças aliadas avançaram até a fronteira alemã.⁹⁵ "Agora a situação no Oeste ficou mais do que dramática", comentou Goebbels no início de setembro.

Segundo ele soube, em agosto, tendo em conta a aproximação cada vez maior das linhas de frente, Speer pedira a Hitler que lhe mostrasse o espaço com o qual ele podia contar "na Europa no caso de uma guerra mais prolongada, e que devia ser defendido a qualquer preço". Assim descreveu Hitler esse espaço: "no Oeste, estende-se ao longo do Somme, no Sul, termina na falda dos Alpes, no Sudeste, compreende parte da Hungria, e, no Leste, estende-se mais ou menos junto à linha que mantemos agora. No Norte, poderemos nos manter a qualquer custo no sul da Noruega". Goebbels comentou essa novidade dizendo que "diante do aumento constante da crise na situação geral da guerra", era preciso se orientar interiormente "para objetivos militares reduzidos" e abandonar "as ilusões de 1940 e 1941". Se eles conseguissem manter o espaço designado por Hitler, "a vitória que teríamos seria, apesar de tudo, a maior da história alemã".⁹⁶

Em 23 de agosto, o rei Miguel da Romênia demitiu o chefe do governo Antonescu e se declarou disposto a celebrar um cessar-fogo com os aliados. A saída da aliança com a Alemanha contava com o apoio de uma vasta maioria no exército e na população; o comentário depreciativo de Goebbels, segundo o qual o monarca sem dúvida tinha sido levado a tomar essa atitude "pelo ambiente adulador da corte", era indicativo de que desconhecia totalmente a situação.[97] Em 25 de agosto, quando uma força-tarefa alemã tentou ocupar Bucareste e a Luftwaffe bombardeou a capital, a Romênia declarou guerra ao Reich.[98]

Conforme anotou Goebbels, "o quartel-general do Führer não achou tão trágico assim" o cessar-fogo entre a Finlândia e a União Soviética; as consequências militares eram suportáveis, já que as forças alemãs lograram recuar para o norte da Noruega, mas, politicamente, na sua avaliação, a defecção do penúltimo aliado tinha sido calculada para "diminuir nossas chances na guerra".[99]

As pesadas perdas alemãs em todas as frentes não pouparam a família Goebbels. Em 9 de setembro, soube-se que Harald, o filho de Magda, tinha sido ferido e desaparecera "entre os que combatiam à beira do Adriático no centro da Itália, não se sabe se foi aprisionado".[100] Só 15 dias depois Goebbels deu a notícia à esposa, que, apesar do péssimo estado de saúde, a recebeu com "muito comedimento". Talvez, especulou ele, Harald tivesse sido capturado pelos britânicos; no entanto, só se estivesse gravemente ferido, pois "Harald não é um rapaz que se entregue ao inimigo por covardia".[101] Enfim, na metade de novembro, Goebbels foi informado de que o haviam localizado num campo de prisioneiros norte-africano, convalescendo de um ferimento grave. Foi grande a alegria de Magda, e Goebbels confessou no diário que, "no íntimo", já dava o jovem "por perdido".[102]

Guerra total: balanço das forças

Nesse ínterim, ele persistiu no esforço de "totalização" da guerra. Pouco depois de nomeado plenipotenciário do Reich, começou a fazer um "balanço das forças"; com base nele, queria "mandar para a linha de frente" 1,2 milhão de soldados tirados do setor civil. Estabeleceu a primeira cota para o mês de agosto: 300 mil homens, os números correspondentes a cada *Gau* seriam especificados.[103] No começo de setembro, escreveu que a cota de agosto de 300 mil homens tinha sido atingida com um déficit de poucos milhares; contudo, a comparação com a estatística da Wehrmacht mostra que Goebbels, uma vez mais, apreciou seu próprio trabalho com excesso de otimismo: a falta verificada no fim de setembro era de quase 30%.[104]

A mobilização dos 300 mil homens, sobretudo da indústria de armamento, levou a um inevitável conflito com Speer.[105] No dia 2 de setembro, os dois oponentes levaram a controvérsia a Hitler, que, conforme registrou Goebbels, tomou o seu partido, explicando que não se tratava de obter "armas ou soldados, e sim armas e soldados"; era imperativo tirar forças da produção bélica para formar novas divisões.[106]

Para setembro, planejou-se o recrutamento de 450 mil homens a serem retirados do setor civil.[107] Entretanto, alguns dias depois, Goebbels falou em apenas 250 mil,[108] e não se mencionaram mais que 240 mil para o mês de outubro.[109] Parece que depois esses contingentes foram ainda mais reduzidos.[110] No referente ao alcance de tais metas, os apontamentos no diário de Goebbels são bastante parcimoniosos: mesmo assim, permitem inferir que, no início de outubro, ele continuava ocupado em cobrar dos *Gauleiter* a cota de setembro.[111] Depreende-se de uma tabela do fim do ano que nas parcelas de setembro e outubro ainda havia déficits consideráveis a serem "cobertos" no ano seguinte.[112] A estatística da Wehrmacht mostra que o número almejado de pelo menos 700 mil homens nos meses de agosto, setembro e outubro estava longe de ser alcançado no fim do ano, quando o número era de cerca de 500 mil.[113]

O emprego de mão de obra substituta, que Goebbels queria garantir com o serviço obrigatório de mulheres mais velhas e o enxugamento da administração, também ficou muito aquém de suas expectativas, tomando por base seus próprios dados: em meados de setembro, ele observou que, de um total de 1,3 milhão de pessoas inscritas nas delegacias do trabalho, somente 125 mil tinham sido encaminhadas até então.[114] O recrutamento pelas forças armadas dos trabalhadores liberados pela indústria de armamento também avançava com morosidade: dos 300 mil dispensados do serviço militar liberados, apenas 191 mil estavam na Wehrmacht no fim de outubro.[115]

Caracteristicamente, as entradas no diário de Goebbels nunca permitem acompanhar o desenvolvimento de tais séries estatísticas num período mais dilatado; em vez disso, ele insiste em colocar em primeiro plano novas considerações sobre o esforço de guerra total. Esses apontamentos revelam muito mais o seu *modus operandi* errático do que os resultados concretos da guerra total: dão uma boa ideia de como ele sempre mergulhava numa tarefa parcial com grande afã e pressão máxima sobre os funcionários, os quais responsabilizava pela não consecução da meta geral, ao passo que se regalava com o brilho de sucessos aparentemente obtidos; então o tema particular desaparecia das anotações no diário, dando lugar a uma nova tarefa, que ele atacava com igual entusiasmo. Para Goebbels, na imposição da guerra total, tratava-se sobretudo de alinhar o trabalho cotidiano dos cidadãos e, assim, a imagem do Terceiro Reich como um todo a um objetivo geral superior, isto é, a própria guerra total; no dia a dia por ela determinado, simplesmente não cabiam debates incômodos sobre a situação militar, as possibilidades de paz e as perspectivas do pós-guerra, nem discussões sobre quem arcava com a responsabilidade do desastre ou queixas por causa das aflições provocadas pela guerra. Por outro lado, a guerra total impulsionava o avanço da liquidação das estruturas existentes e uma exacerbação da radicalização que permitia ao plenipotenciário do Reich para o esforço de guerra total intervir em praticamente todos os setores. Quanto mais o Terceiro Reich se acercava da perdição, mais poderoso se tornava Joseph Goebbels.

A ameaça do Oeste

Em setembro, três meses depois que os principais ataques dos aliados se concentraram em alvos na França, a guerra aérea contra o Reich recomeçou com todo ímpeto. Só nos quatro meses entre setembro e dezembro de 1944, a Royal Air Force lançou mais bombas na Alemanha do que em 1942 e 1943 somados, sendo que, nesse breve período, a força aérea americana sextuplicou a quantidade de bombas lançadas em 1943.[116] Um importante ponto focal da ofensiva aliada — em especial no mês de novembro — foram as fábricas petroquímicas alemãs; além disso, os "alvos no transporte" sofreram ataques intensos sobretudo no oeste do Reich; no entanto, também no outono, a maior parte das bombas tinha como alvo as cidades.[117]

Em 10 de setembro, Mönchengladbach foi duramente atingida.[118] No dia 11, a Royal Air Force logrou provocar um incêndio generalizado em Darmstadt, que custou a vida de 12 mil pessoas.[119] Depois, os raides se concentraram sobretudo em Duisburg em 14 e 15 de outubro (matando mais de 12 mil pessoas), Essen entre 23 e 25 de outubro (mais de 1.600 vítimas), Bochum e Solingen (os ataques na madrugada de 4 para 5 de novembro cobraram mais de 2 mil vidas em cada cidade). Houve igualmente mais de 2 mil mortos em Friburgo, que foi bombardeada na madrugada de 27 para 28 de novembro; Heilbronn também sofreu um raide devastador, na madrugada de 4 para 5 de dezembro, que deixou mais de 5 mil mortos e destruiu quase totalmente a Altstadt.[120] Durante o outono, Berlim sofreu vários ataques diurnos americanos. Os mais violentos foram os de 6 de outubro e 5 de dezembro.[121]

Além disso, as forças aliadas ocidentais passaram a operar cada vez mais perto da zona da fronteira alemã. No dia 17 de setembro, iniciou-se a maior operação aerotransportada da história da guerra na região de Arnheim, mas o lado alemão conseguiria impedir a ocupação decisiva das pontes sobre o Reno pelas tropas aliadas.[122] Porém muito mais ameaçador foi o fato de, nesse meio-tempo, as forças americanas terem arremetido na região de Aachen, obrigando a evacuação parcial da cidade.[123]

Sob o impacto da ameaça imediata às fronteiras do Reich no Ocidente, Goebbels preconizou o princípio da "terra arrasada", ideia que já aparece no início do verão nas suas anotações[124] e para a qual contava com a aquiescência do Führer, pois "agora se trata do extremo, e, quando a nação luta pela vida, não pode se assustar com o extremo".[125] Mas dali a poucos dias surgiram dúvidas depois de uma conversa com Speer: não tinha sentido deixar para o inimigo os territórios conquistados arrasados quando se planeja reconquistá-los em breve.[126]

Nesse ínterim, chegou material sobre mais uma queda do estado de ânimo; segundo a avaliação de Goebbels, o moral estava no fundo do poço, entre outras coisas, porque as pessoas não consideravam as medidas da "guerra total" suficientemente amplas e radicais.[127] O plenipotenciário do Reich teve sérias dificuldades para escrever seu editorial: "As questões sobre as quais a gente teria coisas interessantes que comunicar não podem ser mencionadas, e as questões sobre as quais se pode falar já estão tão batidas que não despertam mais nenhum interesse."[128] A redação lhe deu "muita dor de cabeça", mas ele achava que não podia abandonar de modo algum tal atividade, pois, na sexta-feira, o povo aguardava a leitura do seu artigo no rádio "como a própria ração diária de pão".[129]

Nessa situação desalentadora, veio-lhe "muito a calhar" o plano do ministro das Finanças americano Morgenthau, divulgado em virtude de uma indiscrição dos Aliados, de reduzir a Alemanha à condição de país agrário.[130] Goebbels deu instrução para que "esse plano de extermínio seja levado em larguíssima escala ao conhecimento do povo alemão". Nos dias subsequentes, a imprensa produziu assíduas manchetes contra o "financista judeu Morgenthau" e a sua "ameaça de extermínio".[131]

A iniciativa de Goebbels de uma paz em separado

Goebbels sabia perfeitamente que, embora fosse possível ganhar tempo com a intensificação da guerra total, só se podia evitar a derrota por meios políticos.

No centro da sua busca frenética de uma saída da situação fatal em que se encontrava o Reich no fim do verão de 1944, assomava claramente uma opção: a possibilidade da paz em separado sobre a qual ele vinha falando com insistência a Hitler desde 1943. Inclusive, em agosto, tentara convencer Bormann dos seus planos: era necessário dar um jeito de "sair da guerra de duas frentes", algo, porém, que não seria possível enquanto "um sujeito obstinado e caprichoso" estivesse à frente do Ministério das Relações Exteriores.[132] No começo de setembro, ele anotou que teria havido "tentativas de todos os lados de chegar a um diálogo político sobre a guerra. Recebemos notícias da Inglaterra de que círculos importantes veriam com bons olhos um entendimento com o Reich", pois queriam se livrar da aliança com a União Soviética.[133] Por outro lado, os japoneses tentaram "nos levar a conversar com os soviéticos"; por ordem do seu imperador, o embaixador Oshima já tinha falado pessoalmente com Hitler sobre o assunto; este reagira com uma atitude expectante.[134] Além do mais, a pedido do Ministério das Relações Exteriores, já se haviam alinhavado contatos "com importantes russos soviéticos" em Estocolmo.

No dia 10 de setembro, Goebbels escreveu que "a diplomacia espanhola está empenhadíssima em intermediar entre o lado ocidental e nós. Por outro lado, o Japão trabalha com todo vigor para fazer a mediação entre Moscou e Berlim. [...] Parece que os soviéticos seriam muito mais favoráveis à hipótese de uma paz em separado do que o inimigo ocidental".[135] Dias depois, ele soube que o Ministério das Relações Exteriores estava febrilmente envolvido com essa questão.[136]

Goebbels julgava Ribbentrop incapaz de coordenar semelhante cenário; havia necessidade de um novo ministro. Nesses dias, sentiu-se compelido por diversos lados a assumir um papel importante na política externa no lugar de Ribbentrop: o secretário de Estado do Interior Stuckart queria-o na direção da pasta das Relações Exteriores, seu secretário de Estado Naumann contou-lhe que Himmler, Bormann e Heinz Guderian eram da mesma opinião, e Speer achava que Hitler devia outorgar a Goebbels poderes especiais em política externa, em detrimento de Ribbentrop.[137]

Depois da conversa com Naumann, ele repassou toda a situação e chegou à conclusão de que, tomando o lugar de Ribbentrop, podia "alcançar coisas consideráveis" no terreno da condução "política" da guerra, pois agora a diplomacia tinha de estar "nas mãos de um homem dotado de inteligência, de energia e da necessária flexibilidade". Ao mesmo tempo, duvidava muito que Hitler pudesse, "em tempos tão críticos, se decidir por uma mudança de tal modo radical no governo alemão".[138]

Goebbels acompanhou com interesse a Conferência de Quebec, em que Churchill e Roosevelt se encontraram entre 11 e 16 de setembro. Supôs que se tratasse de uma tentativa dos dois aliados ocidentais de tomar posições comuns mais fortes na aliança com a União Soviética; possivelmente, isso representava o ponto de partida de um sério conflito no interior da coalizão inimiga. Não obstante, despachos na imprensa neutra segundo os quais a União Soviética teria planos de negociar uma paz em separado com o Reich levaram-no a recuar por considerações táticas: convinha "exercer uma forte pressão diplomática sobre os anglo-americanos". Obviamente, tudo isso não passava de especulação desenfreada; na realidade, o que se discutiu em Quebec foi sobretudo a política de ocupação da Alemanha.[139]

Em 19 de setembro, Goebbels passou uma informação importante a Himmler e Bormann para que a levassem a Hitler: ele soubera pelo seu secretário de Estado Naumann que o embaixador japonês Oshima tornara a se oferecer para intermediar a paz em separado com a União Soviética.[140] Mas a iniciativa de Oshima não era segredo para a elite dirigente berlinense: Goebbels se inteirou de que Ley tinha feito um discurso "para um grupo íntimo" afirmando que "se haviam encetado negociações com a União Soviética por intermédio de Oshima" e que era "de se esperar um acordo de paz com Moscou em breve". Ele achou esse procedimento "literalmente criminoso" e protestou perante Ley.[141]

No fundo, porém, o episódio deixou claro que a iniciativa de Oshima não servia de base para uma operação diplomática secreta; aliás, até há indícios de que Hitler providenciara para que se espalhassem boatos direcionados sobre as atividades de Oshima a fim de semear a discórdia na coalizão inimiga e levar os próprios membros do governo a acreditar na possibilidade de um fim político da guerra. Mas Goebbels, muito apartado disso para enxergar tais nexos,[142] não desistiu tão cedo. No dia 20 de setembro, endereçou a Hitler um memorando em que propunha acolher a iniciativa de Oshima e tentar iniciar negociações de paz com a União Soviética por intermédio do Japão.[143]

Serviu de ponto de partida da sua proposta a percepção de que era impossível "tanto celebrar a paz com os dois lados ao mesmo tempo quanto guerrear com sucesso com os dois lados a longo prazo". Goebbels afirmou de modo categórico que "nunca na nossa história [...] ganhamos uma guerra de duas frentes, e hoje, segundo as relações de poder numericamente mensuradas, não temos como vencer em termos militares". Para tornar a ideia mais palatável ao Führer, estabeleceu uma analogia com a situação do fim de 1932. Naquela ocasião, eles também enfrentaram uma coalizão inimiga e enfim a destroçaram por ter tomado a iniciativa. Então expôs ao ditador sua visão da Conferência de Quebec, recomendando "explorar com todos os meios da matreirice e da astúcia" as contradições já visíveis na coalizão inimiga.

A paz em separado com a União Soviética, prosseguiu, "autoriza as melhores esperanças: nós teríamos condições de respirar um pouco no Ocidente, e, sob o impacto desse acontecimento, os ingleses e os americanos dificilmente poderiam dar continuidade à guerra a longo prazo. Com isso, não alcançaríamos a vitória tal como a sonhávamos em 1941, porém, mesmo assim, seria a maior vitória da história alemã".

Entretanto, deixou claro que considerava Ribbentrop "incapaz" de cumprir essa missão; seu lugar devia ser ocupado por um ministro das Relações Exteriores "que reúna em si a necessária clareza de propósito e tenacidade ao mais alto grau de inteligência e flexibilidade". Era mais do que evidente quem ele tinha em mente para essa tarefa.

Ficou esperando com muita ansiedade a reação de Hitler; soube, por intermédio de Schaub, que o ditador tinha lido com atenção o memorando, mas nada dissera a respeito de seu conteúdo.[144] Nesses dias, Goebbels viu sua posição ainda mais corroborada por notícias da Grã-Bretanha segundo as quais "lá não há a menor disposição para um acordo conosco. Eles querem levar o experimento Europa até o fim, custe o que custar".[145]

Mas a tão esperada reação não se materializou. Como no fim de setembro Hitler adoeceu e passou mais de uma semana ausente, Goebbels não teve oportunidade de falar pessoalmente com ele sobre as suas propostas; mesmo depois da recuperação do ditador, os apontamentos no diário não contêm nenhuma referência à sua reação, e tudo indica que não fez mais nenhuma tentativa nesse sentido.[146] Ele pôs todo o seu peso político e pessoal no prato da balança para levar o Führer a tomar uma iniciativa de paz com a União Soviética. Parece que este não fez caso da proposta. Mas Goebbels sabia muito bem que a continuação da guerra em duas frentes resultaria de maneira inevitável na derrota.

Aliás, podia ter se suicidado nessa ocasião.

29. "Mas onde estão as atitudes?"
A queda

No dia 7 de setembro, o exército lançou os primeiros foguetes V2 em território inimigo: os alvos iniciais foram Londres e Paris, depois outras cidades da Bélgica, da Holanda, da França e da Grã-Bretanha, mas, a partir de 12 de outubro, os ataques se restringiram a Londres e Antuérpia, os principais portos de abastecimento dos aliados.

Só em 8 de novembro o relatório da Wehrmacht comunicou o emprego da segunda "arma de retaliação". A própria formulação desse relatório, segundo a qual já fazia semanas que ela vinha sendo empregada, há de ter desfeito as últimas ilusões de quem esperava um rápido fim do conflito por conta dos tais foguetes maravilhosos; nem mesmo os relatos contínuos da propaganda alemã acerca do seu suposto efeito devastador sobre a população londrina conseguiram convencer de que as bombas voadoras decidiriam a guerra.[1]

Poucos dias antes do começo do bombardeio, Goebbels discutiu o presumível impacto da nova arma com o seu construtor, Wernher von Braun, e, cerca de duas semanas depois do início do emprego do V2, informou-se a respeito do programa com o tenente-general da SS Hans Kammler, o diretor responsável pelo projeto.[2] O bloqueio de informações imposto pelo lado britânico impediu-o de ter uma ideia, ainda que aproximada, do impacto da nova arma, de modo que ele considerou verossímeis as notícias segundo as quais só em Londres 900 mil casas tinham se tornado inabitáveis, ou seja, a cidade estaria totalmente devastada; a realidade era bem diferente: a dispersão dos impactos e a sua distribuição por um longo período não podiam levar uma cidade de milhões de habitantes a sucumbir.[3] Em novembro, quando Churchill se posicionou publicamente pela primeira vez sobre os bombardeios de V2, Goebbels inferiu do seu discurso que o efeito da arma era "catastrófico". E mandou disseminar essa informação no público alemão através da propaganda boca a boca.[4]

Nos primeiros dias de outubro, começou o ataque americano a Aachen; no dia 16, o exército dos Estados Unidos cercou a cidade e, no dia 19, a velha cidade imperial foi a primeira metrópole alemã a capitular ante os aliados.[5] Em 10 de outubro, o avanço soviético para o mar Báltico isolou o Grupo de Exércitos Norte das outras unidades alemãs, obrigando-o a recuar à Curlândia letã, onde se defendeu até a capitulação alemã em maio de 1945.[6]

Em outubro de 1944, quando as tropas soviéticas arremeteram pela primeira vez contra o território prussiano oriental, matando brutalmente civis alemães na aldeia de Nemmersdorf, Goebbels decidiu dar grande destaque ao fato na propaganda.[7] Por um lado, essa propaganda de atrocidade esbarrou na incredulidade da população; por outro, suscitou crítica ao fato de aquela faixa de terra não ter sido evacuada.[8] Assim, dias depois, Goebbels escreveu que, no momento, não se inclinava a informar o público do material recebido sobre as "atrocidades abomináveis" dos "bolchevistas" porque "não espero que isso surta um efeito encorajador nas nossas tropas".[9]

Guerra total: triagem no setor civil

Nesse meio-tempo, nos últimos meses de 1944 e no início de 1945, Goebbels persistiu no esforço incansável de levar a cabo a guerra total. Mas as medidas precipitadas para liberar força de trabalho geraram desemprego temporário, pois a indústria bélica não tinha condições de absorver uma grande quantidade de mão de obra não qualificada.[10] Por esse motivo, em outubro, o plenipotenciário do Reich comunicou que os trabalhadores liberados para o "esforço de guerra total" para os quais não havia possibilidade de emprego imediato na indústria de armamento podiam trabalhar em outros setores, por exemplo, no de oficinas de reparação ou no de construção.[11] Quanto aos que não achavam em absoluto nenhuma possibilidade de ocupação, ele deu a conhecer por meio de um eufemismo, no início de novembro, que nas delegacias de trabalho se havia formado uma "importante reserva de mão de obra".[12] Além disso, teve de entender que grande parte das mulheres sujeitas a registro só tinham condições de trabalhar meio período.[13] Os preparativos da Wehrmacht para a absorção de recrutas, queixou-se em janeiro de 1945, também continuavam insuficientes, "de modo que os homens retirados de importantes indústrias de guerra na pátria às vezes passam semanas inativos nos quartéis".[14] A mobilização suplementar de trabalhadores e soldados era, como se constatou, uma tarefa absolutamente complexa, e os atropelos à la Goebbels ficaram longe de resolvê-la de maneira adequada. Ele tampouco avançou com a ideia de submeter todas as mulheres com mais de trinta anos ao serviço militar obrigatório mediante uma lei de auxílio militar (recrutar com esse instrumento de 200 a 300 mil mulheres como auxiliares da Wehrmacht): topou com a oposição de Bormann e Himmler.[15] Por isso, no fim de novembro, teve a impressão de que "sobretudo Bormann observa com certa inveja o título de poder a mim conferido com a designação para o esforço de guerra total" e, por isso, criava cada vez mais dificuldades para ele.[16]

No fim de outubro, Göring o autorizou a fiscalizar toda a Luftwaffe para o esforço de guerra total, a começar pelo próprio ministério. Seu pessoal mergulhou no trabalho imediatamente: Goebbels reclamou das confusas estruturas burocráticas do ministério, mas não registrou o resultado a que essa inspeção levou; suas anotações cessam em novembro de 1944.[17] No começo de dezembro, teve mais uma conversa com Göring em Karinhall, durante a qual este se mostrou muito confiante em "que, com algum trabalho e muito empenho, vai conseguir voltar a subir devagar", mas, no ano novo, desistiria definitivamente.[18]

No início de novembro, Goebbels nomeou inspetores encarregados de averiguar as medidas tomadas para a guerra total em cada ministério, departamento por departamento.[19] Assim, teve pela primeira vez uma visão interna da área de atuação das outras pastas e logo concluiu que seus colegas simplesmente lhe "haviam prometido o céu e a terra no início do esforço de guerra total".[20] Não é de admirar que ele tenha procedido com certo prazer à triagem dos ministérios dirigidos pelos seus inimigos especiais Ribbentrop e Rosenberg. Constatou que este último "se agarra com unhas e dentes a uma organização ministerial que perdeu toda a razão de ser".[21] Não menos feroz foi a resistência de Ribbentrop quando Goebbels resolveu extinguir todos os departamentos do Ministério das Relações Exteriores que, na sua opinião, faziam concorrência para o Ministério da Propaganda.[22] O fato de a inspeção do Ministério das Relações Exteriores ainda estar em andamento em março de 1945 e de Rosenberg, nessa época, continuar defendendo a sua pasta fantasma mostra que a resistência dilatória dos dois ministros foi muito bem-sucedida.[23]

Nos últimos meses do Terceiro Reich, Goebbels fez de tudo para solapar a posição de Ribbentrop: no fim de setembro, com base em informações transmitidas por Ernst Wilhelm Bohle, elaborou um memorando para Hitler sobre os "Derrotistas e desertores no Ministério das Relações Exteriores", que, segundo ele, o ditador leu "com grande interesse" e que despertou sua "desconfiança da política externa alemã". Goebbels considerou um "dever nacional" continuar fomentando essa desconfiança, pois era preciso remover Ribbentrop, "essa peste da nossa política externa", o mais depressa possível.[24]

Também tratou de usar a inspeção do alto-comando da Wehrmacht, autorizada por Hitler no fim do ano (voltaremos a essa questão mais detidamente), para reduzir consideravelmente o departamento de propaganda das forças armadas e transferir as atribuições correspondentes para o seu ministério; mas tampouco aqui atingiu o objetivo.[25]

As transferências de mão de obra aguçaram as diferenças com Speer, surgidas em agosto, e que também descambaram para confrontos pessoais.[26] Como já se mencionou, Goebbels reduzira o conflito à fórmula útil de que não se tratava de obter "armas em vez de soldados" (como queria Speer), e sim "armas e soldados".[27] Mas, com o tempo, multiplicaram-se os indícios de que Speer, como pensava Goebbels, "estava com medo" das "críticas constantes por parte do partido" e se voltava para ele com mais vigor.[28] Numa longa conversa no fim de novembro, os dois trataram de superar as "divergências pessoais", pois tinham percebido "que nem para um nem para outro valia a pena" insistir nelas.[29]

No dia 3 de janeiro, Speer e Goebbels tornaram a expor a Hitler as suas discordâncias no terreno dos recursos humanos; depois de um longo debate, o ditador estabeleceu uma linha de compromisso entre as exigências da suplementação da Wehrmacht e a indústria de armamento. Na ocasião, se disse convencido de que, no curso do verão seguinte, forçaria a "grande decisão desta guerra" com cinquenta divisões que pretendia formar com os recrutas nascidos em 1928, "uma juventude entusiasta".[30]

São contraditórios os dados numéricos de Goebbels referentes ao sucesso na "triagem" da indústria de armamento e do aparato administrativo, que em janeiro deu por essencialmente concluída. Até o fim de dezembro, afirmou, cerca de 700 mil pessoas foram levadas aos quartéis "graças ao meu trabalho"; passados poucos dias, chegou a estimar esse número em 1,2 milhão; pouco depois, falou em um milhão de homens que, até o fim de janeiro, teriam sido transferidos do setor civil para a Wehrmacht no âmbito da guerra total. Como o recrutamento pelas forças armadas foi de 1,3 milhão e Goebbels assumiu a função de plenipotenciário geral apenas no fim de julho de 1944, é evidente que seus números são exagerados. Mais realista é supor que, em virtude do trabalho das comissões mistas nos *Gaue*, que constituíam o núcleo dos esforços do plenipotenciário do Reich no tocante ao recrutamento, pouco mais de 400 mil homens foram recutados pela Wehrmacht.[31]

À parte isso, na qualidade de *Gauleiter* de Berlim, Goebbels se envolveu ativamente, a partir de setembro de 1944, com o esforço do regime para opor um último contingente ao inimigo: no dia 26 de setembro, Hitler assinou o "Decreto sobre a formação da Milícia Popular Alemã", convocando todos os homens de 16 a 60 anos em condições de pegar em armas; a responsabilidade foi dividida entre os *Gauleiter* e Himmler.[32] Goebbels estava determinado a levantar uma tropa e tanto em Berlim; encarava a mobilização dessa derradeira reserva sobretudo do ponto de vista propagandístico e esperava um efeito favorável no sentido da "elevação do moral no país".[33]

No dia 12 de novembro, a milícia popular prestou juramento em todo o Reich. Em Berlim, a cerimônia foi realizada em dez praças ao mesmo tempo, nas quais se reuniram cerca de 100 mil milicianos. Goebbels tomou o juramento da sacada do Ministério da Propaganda; seu discurso foi transmitido às outras praças. Invocou o "espírito de 1813", mas os milicianos combateriam com armas de 1944. "A reunião adquire um caráter decididamente combativo", anotou. "A Wilhelmplatz, com suas ruínas chamuscadas e queimadas, forma uma silhueta apropriada para esta reunião."[34]

Hitler — um "membro da família" até o fim

Em 20 de novembro, Hitler abandonou o seu agora nada seguro quartel-general na Prússia Oriental e foi para Berlim a fim de se submeter a uma nova operação nas cordas vocais.[35] Depois de alguns dias de convalescença, voltou a falar normalmente; tinha passado os meses anteriores acometido de uma rouquidão crônica.[36] Esses problemas, à parte uma icterícia no fim de setembro, começo de outubro,[37] foram um motivo essencial pelo qual não voltou a discursar em público. Para Goebbels, esse prolongado silêncio trazia um incômodo especial, pois já circulavam boatos de que o ditador estaria gravemente enfermo ou até morto.[38]

No dia 1º de dezembro, já recuperado da intervenção cirúrgica, Hitler chamou Goebbels à Chancelaria. Durante a conversa, que começou à tarde e, depois de uma pausa, prosseguiu pela madrugada, ele, que parecia em "excelente" forma, explicou os seus planos iminentes de uma grande ofensiva no Oeste. Supunha que podia "esmagar [...] inteiramente as forças armadas inimigas", depois atacar Londres "da maneira mais maciça" com as armas V e, assim, levar a uma nova virada na guerra.[39]

No fim dessa longa conversa, segundo Goebbels, uma das "mais interessantes e tranquilizadoras" que teve com o Führer, eles passaram, como quase sempre nesses encontros, para questões culturais e recordações do "tempo da luta comum". Hitler não deixou de se informar minuciosamente sobre a família e, em especial, sobre Magda e as crianças. Aliás, ela o tinha visitado sozinha na véspera e "falara na família".

Nos últimos meses, o interesse do ditador pelo bem-estar de Magda havia ultrapassado os limites do interesse geral de um mero amigo. Durante uma visita ao quartel-general em setembro de 1943, ele se mostrara informado em "todos os detalhes" — Goebbels não conta por quem — de uma doença que Magda sofria fazia muito tempo: tratava-se de fortes dores no rosto provocadas pelo nervo trigêmeo. Na ocasião, Hitler expressou a Goebbels o desejo de que a operação marcada "não fosse feita por enquanto, pois ele temia que deixasse sequelas desagradáveis em parte do rosto" de Magda. Goebbels se encarregou de convencer a esposa, e a intervenção foi adiada.[40] Em maio de 1944, Magda viajou a Berchtesgaden para ser examinada pelo professor Theo Morell, o médico particular de Hitler.[41] Depois jantou com este e, como ela contou ao marido, passou uma "noite agradável em companhia do Führer".[42] A cirurgia agora inevitável foi feita com sucesso por um especialista de Breslávia em julho de 1944; Goebbels aproveitou a visita que fez à doente para restaurar sua relação com Karl Hanke, o ex-consolador de Magda e agora *Gauleiter* e presidente distrital na cidade.[43]

Dois dias depois do encontro com o ministro da Propaganda, em 1º de dezembro, Hitler visitou a família Goebbels em casa depois de muito tempo, dessa vez em Lanke. "É recebido como um membro da família, e as crianças estão de vestido comprido para cumprimentá-lo." Fazia quatro anos que ele não via os pequenos Goebbels: admirou Helga e Hilde por terem se tornado "pequenas damas", e particularmente Hedda lhe despertou "o interesse e a simpatia", assim como Hilde, ao passo que mostrou muita afeição por Helmut, agora também um "rapaz esplêndido", como anotou o orgulhoso pai. "O Führer passa duas horas conosco para o chá, as quais preenchemos com bate-papo e lembranças." Entre outras coisas, Hitler pontificou longamente sobre os problemas da "arte degenerada" ao perceber "alguns quadros de ótima qualidade que penduramos nas salas em sua homenagem"; evidentemente, os Goebbels tinham se preparado para a visita de maneira minuciosa.

"Essa tarde", concluiu Goebbels, "será inesquecível para nossa família".[44] Seria, aliás, a última visita privada de Hitler à família, e a descrição intensa que o ministro da Propaganda dedicou a essa visita revela que imperava uma espécie de atmosfera de despedida.

A ofensiva das Ardenas e o contra-ataque aliado

Conquanto, inicialmente, as tropas americanas na região de Aachen não tivessem conseguido fazer nenhum progresso apreciável e avançar mais em território alemão, não lhes faltou sucesso no sul: junto com unidades francesas, o exército americano arremeteu até o fim de novembro contra o Reno superior, chegando, na região do Sarre, a conquistar uma faixa de terra em território alemão.[45]

Na manhã de 16 de dezembro, iniciou-se a última grande ofensiva alemã da Segunda Guerra Mundial, na qual Hitler, em conversa com Goebbels no começo de dezembro, depositara tantas esperanças: três exércitos atacaram de surpresa as nevadas Ardenas, através das esparsas linhas americanas, com o objetivo de penetrar rapidamente até Antuérpia, o porto de abastecimento mais importante dos Aliados. De início, a ofensiva — o mau tempo impediu o uso de aviões aliados — pareceu se desenvolver de modo promissor: as pontas de lança penetraram até cem quilômetros em território belga. Primeiro, Hitler e Goebbels impuseram um bloqueio total de informações.[46] Porém, mesmo depois da sua suspensão, foi com muita cautela que se revelaram os pormenores da operação.[47]

Passados dois dias, Goebbels constatou que os "ingleses e os americanos [...] estão inteiramente confusos com o nosso avanço militar".[48] No dia seguinte, recebeu um telefonema de Hitler assegurando que o "impacto do nosso ataque" tinha sido "colossal". De fato, as primeiras notícias da ofensiva provocaram um rápido "elã no estado de espírito",[49] mas isso deixou Goebbels às voltas com o conhecido problema de uma superestimação total das vitórias obtidas, ao passo que, na realidade, logo depois do Natal, a contraofensiva americana se iniciava em larga escala.[50] Em janeiro, os aliados obrigaram, pouco a pouco, as tropas alemãs a retornarem ao ponto de partida.[51]

Na frente oriental, a situação se manteve relativamente estável no último trimestre de 1944. Mas, em 12 de janeiro de 1945, o Exército Vermelho lançou a sua grande ofensiva a partir das cabeças de ponte à margem do Vístula. O fato de um grande contingente alemão ter sido transferido para a frente ocidental por causa da ofensiva das Ardenas teve, como era inevitável, consequências militares fatais. Por isso, em poucos dias, Goebbels se viu forçado a constatar: "A crise no Leste se avizinha cada vez mais de um estado catastrófico."[52] No norte do front, o Exército Vermelho separou e isolou as tropas na Pomerânia e na Prússia Oriental. No fim do mês, as forças soviéticas lograram construir cabeças de ponte a oeste do Oder, na região de Küstrin;

agora estavam a apenas 60 quilômetros de Berlim. Goebbels considerou a situação tão crítica que transferiu a família de Lanke para a residência oficial em Berlim.⁵³

A isso se acrescentou a guerra aérea dos Aliados ocidentais, contra a qual já não havia a menor possibilidade de defesa. As frotas aéreas aliadas arrasaram em rápida sequência as cidades até então poupadas ou só em parte destruídas. Depois que Nuremberg e Munique foram duramente atingidas no início de janeiro,⁵⁴ em 3 de fevereiro, Berlim sofreu um novo e poderoso ataque diurno da força aérea norte-americana, que matou 2.500 pessoas.⁵⁵

Em janeiro, o seu colega *Gauleiter* Kaufmann informou Goebbels do resultado das pesquisas que empreendera na Saxônia no âmbito da inspeção da guerra aérea. Segundo Goebbels, ele havia encontrado "uma situação geral satisfatória"; só em Dresden as coisas ainda estavam "de pernas para o ar", circunstância que Kaufmann atribuiu às desavenças entre o *Gauleiter* Martin Mutschmann e o prefeito Hans Nieland. Goebbels não dava o menor valor a Nieland e acreditava que ele fracassaria "se Dresden for alvo da fúria dos bombardeios inimigos". Isso ocorreu na madrugada de 13 para 14 de fevereiro: a cidade repleta de refugiados foi bombardeada pela Royal Air Force; o ataque duplo transformou todo o centro histórico num mar de chamas, e cerca de 35 mil pessoas perderam a vida, quase tantas quanto no ataque aniquilador a Hamburgo em 1943.⁵⁶ Parece que só pouco a pouco Goebbels conseguiu calcular as dimensões desse desastre. No dia 7 de março, depois de uma visita do alto-comandante da SS e da polícia de Dresden Ludolf-Hermann von Alvensleben, ele falou numa "tragédia [...] rara na história da humanidade e mesmo no curso desta guerra".

Guerra total: triagem na Wehrmacht

Em dezembro de 1944, abriram-se novas perspectivas para a atividade de Goebbels na qualidade de plenipotenciário do Reich para o esforço de guerra total quando Hitler assinou um decreto, esperado com tanta impaciência,⁵⁷ dilatando sua competência até o âmbito da Wehrmacht. O decreto previa a inspeção de todas as instalações das forças armadas no teatro de guerra interno a fim de liberar soldados para a linha de frente. A inspeção seria levada a cabo por comissões de *Gau* compostas por membros da Wehrmacht e do partido em igual medida. Cumpria a Goebbels a tarefa especial de dar as diretrizes para a inspeção.⁵⁸ No fim de 1944, ele havia estabelecido a meta de arrebanhar 200 mil homens por mês nos setores militar e civil, número correspondente ao de baixas mensais constantes calculado pelo exército.[59]

Ora, só em janeiro de 1945, o número de mortos da Wehrmacht chegou a 450 mil e, nos meses seguintes, aproximou-se de 300 mil, para não falar nos soldados aprisionados ou postos fora de ação em consequência de ferimento.[60] Por isso Goebbels tratou de concretizar suas ambições; acreditava que conseguiria obter entre 800 mil e um milhão de homens só na Wehrmacht,[61] e, no fim de janeiro, convenceu-se de que, com as medidas nos setores militar e civil, seria capaz de fornecer à Wehrmacht um total de 300 mil homens por mês.[62]

Em fevereiro, tentou com toda energia obter de Hitler um poder geral de "triagem" em toda a Wehrmacht (não só nas instâncias internas) a fim de atender a requisição de pessoal dos militares: esta chegava a 768 mil homens até o início de agosto.[63] Caso Hitler lhe negasse tal poder, ele estava firmemente decidido a "recolocar minha missão nas mãos do Führer".[64] Parece, no entanto, que esse poder não lhe foi outorgado, mas nem por isso ele renunciou ao cargo de plenipotenciário do Reich. É praticamente impossível obter dados precisos da sua atividade posterior nessa função: os documentos sobre a "economia de gente" na Wehrmacht, nos últimos meses da guerra, só se conservaram de forma fragmentária (aliás, é até possível que esses planos simplesmente tenham sido abandonados),[65] e, no diário de Goebbels, a série de registros de sucesso na sua atividade de plenipotenciário do Reich termina em fevereiro. É bem verdade que ele não foi afastado dessa função, mas tudo indica que seus esforços na "triagem" total do país em busca de soldados foram relegados a segundo plano por outras medidas *ad hoc*. Naturalmente, Goebbels não queria admitir que esses esforços tivessem acabado num fiasco completo.

Mais uma vez: paz em separado?

Nessa última fase da guerra, Hitler não estava disposto a tolerar, no seu ambiente, nenhuma discussão sobre a possibilidade de uma derrota militar. Pelo contrário, continuou apostando na ruptura da coalizão inimiga. Segundo o seu raciocínio, era o que podia acontecer se o Terceiro Reich conseguisse obter uma vitória militar ou pelo menos paralisar por um bom tempo as ofensivas inimigas. Esse, então, seria o momento de firmar a paz em separado com os Aliados ocidentais ou a União Soviética e, a seguir, lançar-se contra o inimigo restante e pôr fim de vez à guerra. Mas, enquanto a Wehrmacht estivesse retrocedendo em todas as frentes, ele não via o menor sentido em iniciar sondagens de paz, pelo contrário; na sua opinião, essa tentativa podia ser interpretada como sinal de fraqueza.

Não se deve confundir a posição de Hitler com a de um sonhador alucinado. A sua concepção era de certo modo realista: a possibilidade ínfima, mas não de todo absurda, de ruptura da coalizão inimiga era, na verdade, a única chance de evitar o colapso de seu regime. O pensamento do ditador focalizava essa oportunidade derradeira, mas — e isso é muito característico dele — em caso de fracasso de tal opção, não havia nenhum plano alternativo. No começo de fevereiro, ele disse na presença de Goebbels: "Mais avança aquele que destrói as pontes atrás de si não só objetiva como pessoalmente. Quem não conta com a vida em geral obtém a vitória."[66] Em todo caso, a ficção da ruptura da coalizão inimiga permeia quase todas as conversas de Hitler com Goebbels entre janeiro e abril de 1945 que este registrou no diário; nessa última saída, que Hitler lhe apresentava como opção realista, concentraram-se também as esperanças do ministro.[67]

Goebbels, cujas propostas de paz em separado de setembro de 1944 ficaram sem resposta, tornou a arriscar o tema na conversa com o ditador em 22 de janeiro, mas ouviu que nas potências ocidentais não se detectava o menor vestígio de disposição a negociar.[68] "Ribbentrop tinha muita vontade de pelo menos cortejar o lado inglês", mas, prossegue o relato, por enquanto Hitler o "proibiu terminantemente" de fazê-lo, pois a presente situação militar não oferecia nenhuma base para tanto. Em princípio, porém, Hitler se declarou favorável a negociações de paz com as potências ocidentais quando chegasse a hora certa. No dia 25 de janeiro, explicou a Goebbels que justamente as vitórias militares da União Soviética podiam ser usadas para tentar um contato com as potências ocidentais: a intenção de Stalin de "bolchevizar a Europa a qualquer preço", disse, era "a nossa grande chance, já que nem a Inglaterra nem os Estados Unidos podiam permitir tal coisa. Se quisessem resistir, eles teriam de recorrer à ajuda da Alemanha".[69]

Dois dias mais tarde, em 27 de janeiro, Goebbels teve uma longa entrevista com Göring,[70] que se mostrou preocupadíssimo com a situação geral, mas também totalmente desnorteado quanto aos propósitos do Führer, consequência dos meses de queda do seu prestígio aos olhos deste. Goebbels escreveu: "Ele não vê mais nenhuma possibilidade real de continuar a guerra se nós não conseguirmos deter os soviéticos." O Reichsmarschall duvidava "muito que fosse possível levar o Führer a uma base de negociação a tempo"; aliás, perguntou "inquisitivamente se eu achava que o Führer queria mesmo uma solução política", e Goebbels respondeu que sim. Göring, prosseguiu ele, "está muito disposto a contatar os ingleses por intermédio dos seus amigos na Suécia, mas naturalmente não pode fazer isso sem autorização do Führer, e o Führer não o autorizará". Pelo menos em um ponto Göring e Goebbels concordaram: uma "diplomacia de guerra ativa" só seria possível se Ribbentrop fosse alijado do Ministério das Relações Exteriores.

Logo depois desse encontro, Goebbels voltou a se encontrar com Hitler, que reiterou que, "no momento, não vislumbrava a menor possibilidade de entrar em negociação [...] com o lado ocidental". Goebbels acreditava que o ditador, a princípio, estava disposto a "ser politicamente ativo", mas não havia ninguém para assessorá-lo nisso: "Ribbentrop é muito inapto, e a Göring o Führer atualmente não dá ouvidos para discutir questões tão delicadas." O único que restava era ele próprio: assumir essa missão seria, sem dúvida, "a coisa mais honrosa [...] a fazer nesta década". Goebbels se dispunha a tanto, mas, "no momento, nada leva a crer que ele a confie a mim".

Em 29 de janeiro, encontrou-se com Speer, que o informou de que, com a perda da região industrial da Alta Silésia, era de esperar que a produção bélica alemã se reduzisse a 30%. Isso significava que "já não é possível ganhar a guerra militarmente", a única coisa com que se podia contar era uma solução política. Essas reflexões constituíam o núcleo de um memorando que Speer acabava de endereçar a Hitler e que antes tinha pedido a Goebbels que lesse.[71]

Quando, em 28 de janeiro, o ditador tornou a assegurar que, "pouco a pouco, restabeleceremos linhas defensivas firmes" no Leste, Goebbels comentou que seria "obviamente uma falácia letal nos agarrarmos a ficções a respeito da nossa capacidade de resistência". Às vezes tinha "a impressão de que é o que acontece com o Führer". Mas não tardava a ser assaltado por dúvidas: evidentemente era "certo que nós precisamos deter o inimigo em algum lugar. Mas só nos próximos dias saberemos se isso nos é possível com os meios escassos de que dispomos no presente". A princípio, ele dava razão a Hitler na suposição de que a coalizão inimiga ia se romper, mas, infelizmente, não havia nada que o confirmasse no momento.[72]

Portanto, no fim de janeiro, Goebbels começou a se dedicar intensamente à questão de como defender Berlim contra um assalto soviético.[73] No fim do mês, escreveu que ia produzir uma "obra-prima" com a defesa da capital do Reich.[74] Ocupou-se na construção de barricadas e barreiras antitanque e estudou os preparativos soviéticos para a defesa de Leningrado e Moscou.[75] Planejou a formação de quatro divisões da Wehrmacht, da polícia e da milícia popular em Berlim,[76] mas logo se inteirou de que estas, por mais rudimentares que fossem, seriam transferidas em breve para a frente oriental; quanto a isso, Hitler lhe explicou que queria "antecipar" a defesa da cidade.[77] Por falta de unidades em condições de combate, Goebbels chegou a cogitar o uso de batalhões de mulheres e de presidiários.[78]

Usou a propaganda boca a boca para exortar a população berlinense a abandonar a cidade — com relativamente parco sucesso, algo que, por sua vez, ele interpretou como "muita confiança na nossa capacidade de resistência".[79] Como sempre, não deixou de salientar da forma apropriada a sua atuação na mídia. Por exemplo, "a alma da defesa é o ministro dr. Goebbels", assim a *Reich* de 18 de março comentou o esforço defensivo na capital.[80]

No fim de janeiro, começo de fevereiro de 1945, ele voltou a tentar convencer Hitler a tomar uma iniciativa diplomática, de preferência em direção às potências ocidentais. Mas o ditador se recusou, era preciso "continuar esperando que surja uma ocasião favorável". "Eu só receio que, de tanto esperar, nós acabemos perdendo a chance mais valiosa e talvez derradeira", criticou Goebbels no diário.[81]

No dia 11 de fevereiro, Hitler se disse convencido de que Churchill "gostaria muito de pular fora se tivesse a possibilidade", mas não o podia fazer por motivos de política interna e externa. Goebbels o aconselhou desesperadamente a "pelo menos estender um trampolim para que os ingleses saltem, mas o Führer acha que ainda não chegou a hora". No entanto, reiterou "que a coalizão inimiga desmoronará no decorrer deste ano. Por ora, nós precisamos parar, defender e aguentar". Goebbels teve a impressão de que agora o ditador depositava mais esperança na Grã-Bretanha, e já não tanta nos Estados Unidos como até pouco tempo antes. "Mas, diante de todas as alegações do Führer, eu sempre friso que nós precisamos usar as nossas chances políticas, coisa que, na minha opinião, está acontecendo de modo muito imperfeito na atual fase da guerra."[82]

Em 12 de fevereiro, depois da Conferência de Ialta, Hitler tornou a falar na possibilidade de uma paz em separado. Esta dependia principalmente de Stalin, caso ele quisesse pôr em marcha a ruptura da coalizão, algo altamente improvável considerando as suas vitórias militares. Goebbels acreditou perceber que ele estava "muito mais aberto para tais considerações políticas". Intimamente, dava-lhe razão em que uma "solução política" só era possível para quem tivesse algumas vitórias militares na mão. Por outro lado, a sua conclusão absolutamente lógica era: "Se deixarmos de existir militarmente, já não poderemos usar a nosso favor a transformação política da situação geral da guerra." Por lúcida que fosse essa dedução e por mais que aumentasse a sua dúvida quanto à disposição de Hitler a pôr fim à guerra, Goebbels não tinha condições, apesar de toda a crítica, de se opor ao curso do ditador, que levava à catástrofe total do Reich alemão.

Mesmo assim, tomou uma iniciativa. No dia seguinte, conversou com Ernst Kaltenbrunner, o chefe da Agência Central de Segurança do Reich: a planejada viagem à Suíça do conde Potocki, ex-embaixador da Polônia nos Estados Unidos, devia ser aproveitada para sinalizar às potências ocidentais que a Alemanha era o único país capaz de impedir a bolchevização da Europa.[83] A ideia era totalmente desprovida de sentido; Goebbels jamais voltou a mencionar esse projeto no diário.

O último esforço propagandístico

Nas suas conversas durante essas semanas críticas, Goebbels e Hitler se empenhavam muito em achar exemplos históricos que provassem que havia, sim, precedentes de salvação no último minuto e que aguentar a qualquer custo era a estratégia certa. Abusavam reiteradamente da história do próprio partido em 1932,[84] mas, além disso, serviam-se do exemplo de Frederico II, que acabou ganhando a Guerra dos Sete Anos aparentemente sem saída;[85] Goebbels extraiu os argumentos adequados da biografia de Thomas Carlyle sobre o rei prussiano, que leu nesse período e depois recomendou ao Führer.[86]

No fim de janeiro, ele chamou a atenção deste para o exemplo da Segunda Guerra Púnica (na qual, apesar de derrotas desastrosas, os romanos finalmente conseguiram vencer Aníbal);[87] semanas depois, Hitler o instruiu para que publicasse na imprensa longas matérias a esse respeito: era o "grande exemplo pelo qual podemos e devemos nos orientar".[88] Mas Goebbels achou outro assunto propagandístico mais eficaz do que essas incursões na história. No começo de janeiro de 1945, depois de muito tempo, havia publicado um artigo sobre a "questão judaica" — "o tema não pode cochilar"[89] —, retomando sua antiga tese de que os judeus eram "o cimento que mantinha unida a coalizão inimiga apesar das enormes contradições ideológicas e de interesses".[90] Entretanto, ele não podia voltar a fazer do antissemitismo o *leitmotiv* da propaganda: isso se opunha a afirmação peremptória de Hitler de abril de 1944: era preciso separar a linha propagandística antibolchevista da antissemita.

Goebbels trabalhou mais intensamente o tema das atrocidades bolchevistas do que o da "vingança judaica". Posto que em janeiro ainda receasse liberar "notícias sobre a barbaridade bolchevista" no leste da Alemanha para a propaganda interna,⁹¹ em fevereiro mudou de opinião. Deixando de lado o temor de que a propaganda de atrocidades gerasse uma atmosfera de pânico, passou a achar "indispensável" a sintonização com a "luta final" contra o bolchevismo.⁹² Tendo obtido a devida autorização do Führer, escreveu no dia 7 de fevereiro que "agora eu volto a estimular em todo o território do Reich a propaganda de atrocidade contra os soviéticos". Mas o chefe nacional da imprensa Dietrich se opôs à realização desse propósito por acreditar que os pormenores da brutalidade soviética "chocariam o povo alemão".⁹³

Em 28 de fevereiro, Goebbels fez um discurso radiofônico admitindo a "crise militar"; os alemães estavam diante da "mais dura prova", só "a vontade férrea de perseverar" podia impedir a derrota ameaçadora. Mencionou brevemente os "relatos de horror" do leste da Alemanha, mas sem detalhar as barbaridades. E encerrou com uma longa citação de uma carta de 1757 de Frederico II à irmã naquela situação crítica da Guerra dos Sete Anos ("Para nós, só há morte ou vitória").⁹⁴ No diário, descreveu o efeito desse discurso memorável com inusitada cautela: "Dividido."⁹⁵

Como Hitler assegurasse reiteradamente que concordava com a denúncia das crueldades soviéticas,⁹⁶ Goebbels tentou dar mais destaque ao tema na propaganda, por exemplo, no dia 8 de março, quando fez uma excursão diurna ao front agora deslocado para a Silésia. Depois de visitar a cidadezinha de Lubań, reconquistada pelos alemães naquela manhã, se bem que consideravelmente destruída, discursou para soldados, milicianos e civis na prefeitura de Görlitz — aliás, seu último discurso mostrado no cinejornal. Enfatizou o motivo das atrocidades e da vingança ao anunciar que "as divisões [...] que se apresentarem para as grandes ofensivas nas próximas semanas e meses" entrariam nesta luta "como numa missa", tendo "em mente seus filhos assassinados e suas mulheres desonradas".⁹⁷ Em suma, nem mesmo com a imposição das atrocidades do Exército Vermelho como *leitmotiv* da propaganda, a fim de mobilizar as últimas forças na nação, ele conseguiu o que queria.⁹⁸

Goebbels tentou animar Hitler a fazer mais um discurso; ele concordou a contragosto,⁹⁹ mas não conseguiu falar: "Agora o Führer tem uma timidez diante do microfone que me é totalmente incompreensível."¹⁰⁰ Por necessidade imposta pela falta de recursos, a única coisa que lhe restou foi reduzir a propaganda ao "trabalho de formiguinha": boca a boca, etiquetas adesivas, correntes de cartas etc. — por necessidade, a propaganda também acabou retornando ao "tempo da luta" do partido.¹⁰¹

Crítica crescente a Hitler

Depois das suas conversas com o Führer, Goebbels anotava com entusiasmo as críticas cada vez mais violentas que o ouvia fazer a Göring: ao seu desinteresse pela situação política e militar, ao "estilo de vida pomposo", à falta de "estabilidade".[102] Em 31 de janeiro, chegou a dizer que tinha "sérias dúvidas" quanto a se ainda convinha que o *Reichsmarschall* fosse o seu sucessor.[103] Goebbels decidiu fazer o possível para influenciar Hitler a "transformar Göring interna e externamente ou então escorraçá-lo de vez".[104] Mas Hitler insistia em dizer que não tinha a menor possibilidade de se livrar dele porque não havia outra pessoa qualificada para substituí-lo.[105]

A teimosia com que o ditador se fiava no *Reichsmarschall* foi uma das coisas que levou Goebbels a criticá-lo com muito vigor. Mesmo quando ele perguntou se era justo "o povo alemão perecer por conta do fracasso da sua Luftwaffe", Hitler se ateve a Göring, alegando falta de alternativa.[106] "Mas é sempre a mesma ladainha quando a gente toca nesse assunto com o Führer. Ele explica direitinho os motivos da decadência da Luftwaffe, mas não se presta a tomar uma atitude."[107] "Eu me enfureço por dentro", escreveu alguns dias depois, "quando imagino que, apesar das tantas razões e argumentos, não é possível convencer o Führer a fazer uma mudança".[108]

O tema Göring não foi o único que o incitou a criticar Hitler de maneira cada vez mais explícita. Em março, acumularam-se apontamentos no diário em que ele punha em dúvida a própria capacidade de liderança do Führer. Quando este tornou a se queixar dos generais, que lhe apresentavam falsos prognósticos ou desobedeciam às suas ordens, Goebbels escreveu que achava "inexplicável o Führer, tendo percepções tão lúcidas, não ser capaz de se impor ao estado-maior; afinal de contas, o Führer é ele, e o que lhe compete é dar ordens".[109] E insistia em levá-lo a "ter mais propensão a tomar decisões".[110]

Melhor seria, escreveu em 15 de março em tom bem irritado, se o ditador, "em vez de fazer longos discursos para os seus subordinados militares, lhes desse ordens sucintas, mas depois cuidasse com toda brutalidade para que fossem cumpridas. As causas principais das tantas debandadas que temos sofrido nas frentes de batalha se devem não a uma percepção errada, mas aos métodos de liderança errados".[111] As pesquisas de estado de ânimo levaram-no a concluir que a atitude preponderantemente crítica da população com a política do regime se devia sem dúvida a Hitler.[112]

Foi com incompreensão que, na metade do mês, tomou conhecimento da decisão do ditador de insistir na evacuação do Oeste, posto que a população se negasse a deixar a sua terra natal: "A resolução tomada pelo Führer parte de premissas totalmente equivocadas."[113] No fim do mês, Goebbels chegou à conclusão de que, na condução da guerra, eles estavam se movendo "em certos aspectos no vácuo. Em Berlim, nós damos ordens que praticamente já não chegam aos de baixo e muito menos são cumpridas. Vejo nisso o perigo de uma extraordinária perda de autoridade".[114] Depois de uma longa discussão com Hitler naquele mesmo dia, registrou com resignação: "Nesse debate com o Führer, podia-se dizer: 'Sim, tem razão. Tudo o que você diz é correto. Mas onde estão as atitudes?'"

Não por acaso, ele comentava repetidamente a fragilidade física de Hitler. No início de março, notou "horrorizado" que o "tremor nervoso na mão esquerda" do Führer tinha "aumentado muito" e, no fim do mês, constatou "com tristeza que ele está cada vez mais alquebrado".[115] Embora os apontamentos indiquem que Goebbels se perguntava se Hitler ainda tinha condições físicas e psíquicas de governar o país, sempre tratava de certificar a sua capacidade de ação.[116] Já não podia se livrar da dependência psíquica total com relação ao seu Führer.

Paz no Leste?

Para Goebbels, era cada vez mais relevante a questão de haver tempo ou não para ainda fazer uma tentativa de paz com um ou outro lado. Depois de ter debatido exaustivamente esse tema com Hitler em janeiro e fevereiro, ele soube com surpresa, no começo de março, que agora o ditador já via não no Oeste, e sim no Leste, a maior chance de uma paz em separado, visto que Stalin tinha "dificuldades enormes" com os anglo-americanos. Depois de um acordo com a União Soviética, Hitler queria "continuar a luta contra a Inglaterra com a mais brutal energia".[117]

Naquele mesmo dia 4 de março, Goebbels soube por seu homem de ligação Walther Hewel que o esforço de Ribbentrop para "negociar com os países ocidentais [...] não tinha nenhuma perspectiva no momento". Isso o dispôs definitivamente a concentrar todo o seu esforço num arranjo com a União Soviética. No dia 7, encontrou-se com o doente Himmler no sanatório da SS em Hohenlychen, ao norte de Berlim. Este havia sofrido um colapso nervoso quando o Grupo de Exércitos Vístula, sob seu comando, não conseguiu conter a ofensiva do Exército Vermelho na Pomerânia. Essa derrota também foi o começo da incompatibilidade definitiva entre Hitler e seu "fiel Heinrich": porque Hitler, como Goebbels soube por ele mesmo dias depois, atribuiu pessoalmente a Himmler a culpa por aquela derrota e o acusou de desobediência. Já tinha abandonado o plano defendido por Goebbels de nomear Himmler comandante supremo do exército.[118]

De modo que, em 7 de março, Goebbels encontrou Himmler não só com a saúde abalada como com o nimbo de segundo homem mais poderoso no Terceiro Reich já em pleno declínio. Himmler observou que "a razão lhe diz que nós temos pouquíssimas esperanças de ganhar a guerra em termos militares, mas o instinto lhe diz que cedo ou tarde há de surgir uma possibilidade política para ainda guiná-la a nosso favor. Ele a enxerga mais no Oeste que no Leste. [...] Eu creio que é no Leste que se pode conseguir alguma coisa, pois Stalin me parece mais realista que os maníacos anglo-americanos".[119]

Mas, no dia 7 de março, ele não revelou tais ideias a Himmler. Sabia que este, com o propósito de entrar em contato com o Ocidente, se achava numa posição política totalmente isolada e que sua tentativa de negociar com as potências ocidentais sem dúvida o levariam a um conflito definitivo com Hitler. Goebbels saiu quase contente do sanatório: "Em torno de Himmler impera uma atmosfera muito agradável, sóbria e absolutamente nacional-socialista, a qual tem efeitos muitíssimo agradáveis."

Poucos dias depois, soube que a ideia da "opção ocidental" fora inapelavelmente abortada: Ribbentrop teve de reconhecer que suas tentativas de se comunicar com o lado britânico por intermédio de Estocolmo tinham resultado num fiasco completo.[120] O tom quase triunfal com que Goebbels registrou essa e outras notícias negativas mostra que uma ideia o consolava em meio à catástrofe da situação geral: ao contrário de Göring, Himmler e Ribbentrop, que depositavam esperança no contato com o Ocidente, ele sabia que, naquele momento, Hitler apostava unicamente no Oriente.

Quatro dias depois da visita a Himmler, Hitler corroborou Goebbels nesse ponto de vista. A paz em separado com a União Soviética "naturalmente não concretizará os nossos objetivos de 1941, mas o Führer espera com ela conseguir a divisão da Polônia, acrescentar a Hungria e a Croácia à supremacia alemã e obter liberdade de operação no Oeste". Goebbels achou esse "programa [...] generoso e convincente", mas seu único defeito — "provisório"! — é "não contar com a menor possibilidade de se realizar".[121]

Em 21 de março, o ditador — que lhe deu uma "impressão muito exausta e acabada" e "estava algo desesperado" com o desdobramento militar — declarou que a coalizão inimiga "se romperá de qualquer modo; resta saber se se romperá antes que nós caiamos por terra ou só quando já tivermos caído por terra". E conjeturou novamente que o fim da coalizão inimiga "partiria de Stalin, não de Churchill e Roosevelt".

Depois de tentar mais uma vez — sem sucesso — convencer Hitler da necessidade de designar um novo comandante para a Luftwaffe, Goebbels chegou à beira do desespero: "Que fazer para obter efetivamente aquilo que reconheço como certo? Sinto em mim um grande dever moral e nacional, inclusive para com o povo alemão, uma vez que hoje sou um dos poucos a quem o Führer ainda dá ouvidos. Tal possibilidade deve ser explorada em todas as direções. Mas ninguém pode fazer mais do que eu faço."

No dia 22 de março, entreviu uma chance concreta de interferir no curso dos acontecimentos: propôs ao ditador entrar em contato com a União Soviética por intermédio da Suécia. "Mas o Führer não quer. Acha que, no momento, comunicar-se com o inimigo a esse respeito seria sinal de fraqueza." O ponto de vista de Goebbels era decididamente diferente: "Eu, porém, sou da opinião de que o inimigo já sabe que nós somos fracos e não é a nossa disposição a negociar que vai lhe revelar isso. Mas o Führer não cede. Acha que um diálogo com um representante soviético importante estimularia os ingleses e americanos a se aproximarem ainda mais de Stalin, e as negociações acabariam num grande fracasso." Apesar das enormes dúvidas, Goebbels se deu por satisfeito com essa resposta.

No começo de abril, soube que o Ministério das Relações Exteriores tinha sondado na Suíça, na Suécia e na Espanha a disposição para a paz do lado inimigo, mas com resultados absolutamente negativos. Os "tenteios" mostraram-se mais produtivos com a União Soviética, mas esta exigiu a Prússia Oriental, o que "naturalmente" é inaceitável. Goebbels atribuiu sobretudo à inépcia do Ministério das Relações Exteriores o fato de essas sondagens não terem rendido coisa melhor.[122]

Terra arrasada

Nesse ínterim, a situação militar se agravou de forma dramática. No início de março, começou uma ofensiva na Hungria comandada pelo general Sepp Dietrich, da SS, por meio da qual Hitler pretendia recobrar a posse das jazidas petrolíferas húngaras; mas a iniciativa malogrou em meados do mês, e uma contraofensiva soviética obrigou as tropas alemãs a se retirarem para a Áustria.[123]

No começo de fevereiro, iniciou-se a ofensiva das forças britânicas e americanas no norte do front ocidental; até o início de março, elas conseguiram empurrar a Wehrmacht para o outro lado do Reno. Em 7 de março, os americanos se estabeleceram, inesperadamente, nas proximidades de Remagen, no lado leste do Reno, uma novidade que surpreendeu Goebbels de tal modo que ele, a princípio, a considerou "de todo impossível". Mas, nos dias subsequentes, revelou-se que, embora os americanos tivessem logrado estabilizá-la, essa cabeça de ponte não era uma base adequada à continuidade das operações aliadas no interior da Alemanha.[124] Passadas apenas duas semanas, Goebbels recebeu mais uma notícia terrível da frente ocidental: a bem-sucedida travessia do Reno pelos americanos na região de Darmstadt em 22 de março e o ataque britânico sobre o Reno em Wesel no dia 24.[125] Desiludido, constatou que agora só restava "saber se era possível manter o Reno"; a guerra no oeste tinha "entrado na fase decisiva".[126] Mas, no dia seguinte, voltou a se mostrar confiante em que "nós conseguiremos erguer outra vez uma barricada contra os ingleses e americanos na sua marcha para o leste".[127]

Enquanto isso, a guerra aérea, que segundo as informações de Goebbels já tinha custado 253 mil mortos até o fim de 1944,[128] prosseguia de maneira implacável: os últimos ataques a Berlim, em fevereiro e março, voltaram a fazer mais de mil vítimas fatais.[129] No dia 13 de março, um "ataque mosquito" acabou de demolir o prédio do Ministério da Propaganda.[130] Já quase resignado, Goebbels anotou em breves entradas a destruição total das cidades históricas de Würzburg e Hildesheim em 15 e 22 de março respectivamente; as consequências da guerra aérea "já não podem ser registradas em detalhe".[131]

No dia 14 de março, Speer, que acabava de chegar de viagem ao oeste da Alemanha, já comunicara, com base nas suas impressões, que "economicamente a guerra está por assim dizer perdida";[132] no dia seguinte, colocou essa impressão negativa num memorando que entregaria a Hitler em 18 de março. Goebbels e ele tinham concordado, no dia 14, que era preciso rejeitar a "política de terra arrasada", pois, "se for para cortar o fio da vida do povo alemão na alimentação e na economia, essa não pode ser tarefa nossa, que seja obra dos nossos inimigos".[133]

Hitler reagiu ao memorando de Speer com a chamada ordem de Nero de 19 de março, dispondo que se destruíssem todas as "instalações militares e de transporte, industriais, de comunicações e abastecimento, assim como todos os ativos materiais no território do Reich que possam ser úteis ao inimigo no prosseguimento da sua luta imediata ou em futuro próximo".[134] Dias depois, inteirou Goebbels da sua intenção de substituir Speer pelo secretário de Estado Karl-Otto Saur. Explicou: "Speer tem uma natureza mais artística. Embora não lhe falte talento organizativo, é politicamente muito inexperiente e despreparado para ser de todo confiável neste momento crítico." Sua relutância em "usar a mão para cortar o fio da vida do povo alemão" era inadmissível.

Como de costume, Goebbels se bandeou para a posição de Hitler e atacou Speer: "É uma estupidez enorme afirmar que não podemos assumir a responsabilidade pela destruição do potencial de guerra. [...] Nós temos de arcar com a responsabilidade e de nos mostrar dignos dela."[135] Speer protestou com toda energia contra esse modo de agir e, no fim do mês, numa discussão "muito dramática" durante a qual, como soube Goebbels, a sua demissão pareceu iminente, conseguiu convencer Hitler a atenuar substancialmente a ordem de Nero de 19 de março com uma diretiva adicional: agora se tratava não de destruir, mas de paralisar a infraestrutura e a indústria, e o responsável pela execução dessa medida passou a ser o próprio Speer.[136]

O conflito levou a uma ruptura irreparável na relação pessoal do ditador com seu ministro do Armamento. Goebbels, por sua vez, aproveitou o desencontro para mostrar a Hitler que ele — ao contrário de Speer — apoiava incondicionalmente a sua linha de "das duas, uma". Numa de suas palestras frequentes com Hitler, também tratou de se dissociar de Bormann. Afinal, "na questão da radicalização da nossa guerra, ele não cumpriu o que eu dele esperava". No caso de Bormann e Speer, tratava-se de "semiburgueses. [...] Mas agora são os revolucionários que precisam assumir a direção. Eu enfatizo isso perante o Führer; mas o Führer me diz que tem poucos desses à sua disposição".[137]

Nas várias conversas pessoais com Hitler, Goebbels soube que Himmler, que assumira o comando do Grupo de Exércitos Vístula — existente sobretudo no papel —, também caíra em desgraça devido ao seu fracasso militar; o ditador o acusava de "desobediência direta", e, ao que parece, Goebbels nada fez para melhorar a imagem do Reichsführer.[138] Pelo contrário: em 31 de março, depois de mais um diálogo com o chefe, anotou o ponto para ele decisivo. Hitler lhe teria dito que "se deixou persuadir por Keitel, Bormann e Himmler e não fez nem ordenou o necessário e conveniente. Sou o único que tinha razão nesse ponto, coisa que o Führer admite com toda franqueza".

Nessa última fase da guerra, Goebbels fez evidentemente questão de se distanciar, aos olhos de Hitler, dos seus ex-aliados Speer, Himmler e Bormann, os homens com o auxílio dos quais ele instituiu a "ditadura de guerra interna"; Göring, na sua opinião, já estava liquidado.

Enfim, também caiu o seu antigo rival no setor da mídia: no fim de março, Hitler decidiu licenciar o chefe nacional de imprensa Dietrich, segundo Goebbels, por causa das suas queixas verbais ao trabalho do Führer. "O dr.

Dietrich é decididamente um pusilânime, não está à altura da crise atual", anotou cheio de satisfação, referindo-se ao afastamento do ex-concorrente, e resolveu "purgar o departamento de imprensa de elementos derrotistas o mais depressa possível". Quando Helmut Sündermann, um veterano funcionário de Dietrich, lhe ofereceu os seus serviços, Goebbels o repeliu de forma sumária. Expediu uma "mensagem do dia" para a imprensa alemã conclamando-a a direcionar todas as energias midiáticas para o aumento do esforço de guerra e a elevação do moral de combate.[139]

Werwolf

Nesses dias, os acontecimentos se precipitaram na frente ocidental: em 27 de março, Goebbels registrou no diário uma surpreendente investida dos americanos em direção a Aschaffenburg; em 30 de março, anotou que o inimigo se aproximava de Fulda; dois dias depois, já estava diante de Kassel e se preparava para avançar na região turíngia. A partir do fim de março de 1945, ele, que havia postulado várias vezes a guerra de guerrilha em caso de ocupação do território alemão pelos aliados, passou a se ocupar dos aspectos práticos da luta clandestina. Tratava-se sem dúvida de um dos seus exageros habituais: na verdade, a organização Werwolf [Lobisomem], fundada em setembro de 1944, estava firmemente nas mãos de Himmler e da SS. Mesmo sem ter conseguido desencadear a guerra de guerrilha atrás das linhas, promoveu uma série de atentados contra soldados aliados e "colaboradores" alemães. Assim, no fim de março, os membros da Werwolf lograram assassinar Franz Oppenhoff, o prefeito de Aachen nomeado pelos Aliados, e Goebbels esperava dar igual destino ao novo prefeito de Rheydt — a cidade tinha sido ocupada pelos americanos no dia 1º de março —, coisa que não chegou a acontecer.[140] O fato de os habitantes da sua cidade natal serem complacentes com os novos senhores irritava-o sobremaneira nesses dias.[141]

Mas as suas ambições na luta clandestina iam além: Goebbels queria tentar, como anunciou no fim de março de 1945, obter do Führer a direção da Werwolf, pois o pessoal da SS agia de modo pouco sistemático e demasiado lento.[142] Como não foi designado para a missão, tentou pelo menos dar apoio propagandístico à organização: escreveu "um manifesto extraordinariamente revolucionário" para o primeiro programa de uma emissora da Werwolf, transmitido pelas antigas ondas da Deutschlandsender, que, segundo o seu diário, de fato foi ao ar.[143] Na propaganda da guerrilha, ele queria retomar o antigo "espírito de luta" que caracterizou os primeiros anos do *Angriff*.[144]

Nesse período, Goebbels se reanimava intimamente com a lembrança daquela época: certa noite, vasculhou a velha papelada e achou uma "grande quantidade de reminiscências do tempo da luta do movimento, que me deixaram muito esperançoso": naquela época, no fim, sempre se conseguia "levar mesmo as situações mais difíceis ao sucesso", e "também vai ser assim neste caso".[145]

O fim em Berlim

Foi muito bem pensada a decisão de Goebbels de, para todos os efeitos, permanecer em Berlim com a família. No fim de janeiro, dissera a Hitler que Magda também estava disposta a ficar com ele na capital e queria manter os filhos consigo. Embora não achasse a atitude correta, o ditador a considerou "admirável".[146] Poucos dias depois, Hitler, que havia se mudado em definitivo para o bunker antiaéreo da Chancelaria, uma vez que seus aposentos tinham sido destruídos pelo ataque de 3 de fevereiro, comunicou ao ministro da Propaganda que também estava decidido a permanecer em Berlim.[147]

No seu discurso radiofônico de 28 de fevereiro, Goebbels havia anunciado explicitamente que, em caso de derrota, poria fim à própria vida e à dos seus parentes mais próximos: se o inimigo vencesse, já não considerava a vida "digna [...] de ser vivida, nem para mim nem para meus filhos"; o que essa estranha formulação queria dizer era manifestamente que, nesse caso, ele, Joseph Goebbels, achava que a vida dos seus filhos não era digna de ser vivida.[148]

Ora, para efetivar tal decisão, era necessário, como em todas as suas questões familiares importantes nos últimos 14 anos, a autorização expressa do ditador. No começo de março, ele voltou a comentar com Hitler a ideia de permanecer em Berlim com a família; "depois de certa hesitação", escreveu, este teria endossado a proposta.[149] Na metade de abril, Goebbels confirmou publicamente a decisão de se suicidar com a família: num artigo na *Reich* de 15 de abril — "O sacrifício da própria vida" —, tinha perguntado retoricamente quem, depois de uma derrota, "é capaz de imaginar uma sobrevida pessoal em tais condições?".[150]

O ritual dos apontamentos no diário termina no dia 10 de abril; nessa data, só se encontra um relato — não comentado por ele — da situação militar; informa, entre outras coisas, que o Exército Vermelho avançara até o canal do Danúbio em Viena e que, na sitiada Königsberg, os soldados se comprimiam num espaço exíguo, ao passo que os britânicos se achavam muito perto de Hanôver e os americanos estavam ocupando Göttingen. A entrada de 10 de abril também foi a última reproduzida na microfilmagem de segurança de todos os seus diários, que Goebbels vinha fazendo desde o fim de novembro de 1944;[151] em março de 1941, já havia guardado os volumes até então existentes no cofre do Reichsbank.[152]

Em 22 de abril, publicou o seu último artigo na *Reich*: o título escolhido foi "Resistência a qualquer preço". Ele comunicou aos leitores que a decisão desta guerra só ocorrerá "um segundo antes das 12" e, ademais, exortou a uma "guerra popular" contra os exércitos aliados, mesmo que ela venha a custar "pesados sacrifícios".[153]

A morte do presidente americano Roosevelt, em 15 de abril, tornou a suscitar doces esperanças em Goebbels: talvez esse fosse o tão esperado acontecimento, especulou, que levaria à queda da coalizão inimiga.[154] Mas a ilusão não tardou a se desfazer: no dia 16 de abril, o Exército Vermelho começou a atacar Berlim; as forças defensivas reunidas às pressas se prepararam para a defesa da capital do Reich.[155]

Em 19 de abril, ele fez o seu último discurso radiofônico por ocasião do aniversário de Hitler, que completaria 56 anos no dia seguinte. Inicialmente, aproveitou a oportunidade para falar na sua relação com o aniversariante: "Eu estou ao lado do Führer há mais de vinte anos, acompanhei-o na sua ascensão e na do seu movimento desde o começo modesto e simples até a tomada do poder e, na medida do possível, dei a minha contribuição. Compartilhando com o Führer alegria e sofrimento, com ele vivi os anos de 1939 até hoje, tão profusos em vitórias sem precedente na história e também em terríveis reveses, e agora estou ao seu lado, já que o destino o submete, a ele e ao seu povo, à prova mais difícil, para depois, e disso eu tenho certeza, a ambos entregar os louros." A seguir, glorificou o ditador como o "homem deste século", o "núcleo da resistência contra a decadência mundial"; ele seria "o coração mais destemido e a vontade mais fervorosa do nosso povo". "Seguirá o seu caminho até o fim" e conduzirá o povo a um "florescimento sem igual da germanidade". O discurso terminou com um patético voto de fidelidade: "Nunca a história desta época poderá contar que um povo abandonou o seu líder ou que um líder abandonou o seu povo."[156]

No aniversário de Hitler, em 20 de abril, numerosas celebridades nazistas ainda estiveram presentes na Chancelaria do Reich, mas, depois da comemoração, importantes membros da liderança, como Göring, Ley, Rosenberg e Himmler, fugiram de Berlim.[157]

No dia 21, as primeiras granadas soviéticas atingiram a capital; a artilharia de campanha soviética já tinha avançado até Marzahn.[158] Nesse dia, Goebbels teve a sua última reunião de imprensa; a julgar pelas notas do seu assessor pessoal, dirigiu-a "rotineiramente".[159]

Durante a reunião de situação daquele dia, Hitler ficou irritadíssimo, queixou-se do fracasso dos seus generais e anunciou que havia decidido ficar em Berlim para dirigir pessoalmente a defesa da cidade.[160] Goebbels e outros conseguiram acalmá-lo. No mesmo dia, Goebbels se mudou com toda a família da sua residência berlinense para o bunker do Führer, no qual ocuparam cinco cômodos.[161]

No dia seguinte, 22 de abril, Hitler revelou a sua concepção da salvação de Berlim: ordenou que os exércitos Weck e Busse, bem como a brigada Steiner, libertassem a cidade mediante contra-ataques. Na verdade, tratava-se de unidades reunidas às pressas que já não dispunham de capacidade de combate nem tinham a menor chance de contra-atacar o Exército Vermelho com sucesso.[162]

Nos dias 22 e 23 de abril, Goebbels endereçou duas proclamações à população berlinense. A primeira informou que o tenente-general Reimann tinha sido encarregado da defesa da capital. Além disso, declarou que ele ficava com os seus funcionários "obviamente em Berlim", a sua mulher e seus filhos também "estão aqui e aqui ficam". Na proclamação de 23 de abril, comunicou que Hitler também permanecia na capital e havia assumido o alto-comando da defesa da cidade. O ditador teria lançado todas as forças disponíveis "contra o bolchevismo".[163]

Em 23 de abril, quando chegou uma radiomensagem de Göring, que nesse meio-tempo já estava em Berchtesgaden, anunciando que, caso não recebesse ordem em contrário, assumiria "a totalidade do governo do Reich" na qualidade de vice de Hitler, pois era de supor que este havia perdido a capacidade de ação, o Führer reagiu com um ataque de fúria: e finalmente demitiu Göring do alto-comando da Luftwaffe.[164]

Na última reunião de situação, Hitler, que ainda acreditava que Wenck e companhia abririam caminho para ir ter com ele, agarrou-se a uma esperança a essa altura ilusória: "Se eu me bater com sucesso aqui e mantiver a capital, talvez então os ingleses e os americanos tenham esperança de que, eventualmente, com uma Alemanha nazista, seja possível enfrentar todo esse perigo. E o único homem para isso sou eu." Goebbels o incentivou nessa decisão: "Se porventura semelhante concepção for possível, coisa que se pode debater, só há de ser possível por intermédio do senhor e unicamente aqui. Se o senhor abandonar esta cidade, ela perderá tudo o mais."¹⁶⁵ Dois dias mais tarde, o ditador retomou essa ideia: "Se hoje nós defendermos Berlim com sucesso, e já se mostram certos sinais de má vontade com a Rússia, então o senhor vai ver que as pessoas dotadas de lucidez talvez resistam a esse colosso." Ao que Goebbels secundou: "Também seria encorajador pelo outro lado. Se Stalin vir esse desenvolvimento nos Estados ocidentais por causa de uma vitória alemã em Berlim, dirá consigo mesmo: não vou obter a Europa que imagino. Acabo unindo os alemães aos ingleses. Ora, mais vale fazer um acerto e uma barganha qualquer com os alemães."¹⁶⁶ E acrescentou: "Se der certo, então deu. Se não der e o Führer tiver uma morte honrosa em Berlim e a Europa cair sob o bolchevismo, ao mais tardar em cinco anos o Führer será uma personalidade lendária; e o nacional-socialismo, um mito, porque seria santificado pelo último grande esforço, e todas as críticas ao seu lado humano se apagarão."¹⁶⁷

No dia 28 de abril, ficou definitivamente claro para Hitler e o pessoal do bunker que já não podiam contar com uma intervenção de fora.¹⁶⁸ No mesmo dia, o rádio britânico noticiou que, poucos dias antes, Himmler tinha se encontrado com o conde sueco Bernadotte, em Lübeck, e apresentado uma oferta de capitulação aos Aliados ocidentais. Hitler reagiu com muita cólera a essa traição do "fiel Heinrich", que, no seu testamento, ele exoneraria de todos os cargos no partido e no Estado. Ao que tudo indica, ainda sob o efeito desse ataque de raiva, mandou fuzilar o homem de ligação de Himmler no quartel-general, Hermann Fegelein, por derrotismo.

Nesse mesmo dia, Hitler decidiu se casar com sua amante de muitos anos Eva Braun (que, aliás, era cunhada de Hermann Fegelein). A cerimônia simples, no bunker, realizou-se na madrugada de 29 de abril na presença de um juiz de paz que mandaram buscar. Goebbels e Bormann serviram de testemunha e, depois, houve até uma pequena festa.¹⁶⁹ Goebbels e Bormann também foram as testemunhas dos dois testamentos escritos por Hitler depois do casamento. Nesses documentos, ele dispôs a sua sucessão: nomeou o almirante de esquadra Dönitz presidente do Reich e comandante supremo da Wehrmacht e transferiu a Joseph Goebbels o cargo de chanceler do Reich.

Este acrescentou um adendo ao testamento confessando que não pretendia obedecer à ordem de Hitler de abandonar a capital no caso de colapso da defesa de Berlim: "Pela primeira vez na vida, tenho de me recusar categoricamente a prestar obediência a uma ordem do Führer. Minha mulher e meus filhos participam dessa recusa." Por "motivos de humanidade e lealdade pessoal", ele "nunca seria capaz de deixar o Führer sozinho na sua hora mais difícil". Ademais, acreditava que desse modo estaria prestando "um grande serviço para o futuro do povo alemão, pois nos tempos difíceis que virão, os exemplos são mais importantes que os homens". Ele e a esposa estavam decididos a não sair de Berlim "e, ao lado do Führer, pôr fim a uma vida que para mim, pessoalmente, não tem mais nenhum valor se eu não a puder usar a serviço do Führer e ao seu lado". Exprimiu essa "decisão" também em nome dos filhos, "que ainda são muito jovens para poder se expressar, mas que, se já tivessem idade para tanto, participariam incondicionalmente desta decisão".[170]

Demorou mais de um dia inteiro, até a tarde de 30 de abril, para que Hitler enfim decidisse dar cabo à própria vida, quando soube que as forças de socorro solicitadas não conseguiram abrir caminho até Berlim. Depois de se despedir de Joseph e Magda Goebbels e dos demais ocupantes do bunker, recolheu-se a seus aposentos particulares. Dias antes, havia dado a Magda o seu emblema de ouro do partido.[171] Otto Günsche, o secretário particular de Hitler, declarou no pós-guerra que Magda ainda voltou a falar com Hitler, pressionando-o para que abandonasse Berlim, mas o Führer rejeitou categoricamente o pedido.[172]

Passados alguns minutos, Günsche informou os que aguardavam que Adolf Hitler e Eva Braun tinham se suicidado. Então Goebbels e alguns outros membros do pessoal do bunker entraram no aposento do casal[173] a fim de se convencer da morte do ditador, e, pouco depois, ele fez parte do pequeno grupo que, postado à entrada do bunker, observou Günsche queimar os cadáveres do casal Hitler.[174]

Isso selou também a vida de Joseph Goebbels e família. Vinte e quatro horas depois, quando fracassou a tentativa de encetar negociações de paz com a União Soviética, Magda e Joseph Goebbels assassinaram os seis filhos e acompanharam Hitler na morte.

Conclusão

Nesta biografia, conhecemos Joseph Goebbels sobretudo em três papéis: na primeira parte, acompanhamos a trajetória do escritor e intelectual frustrado que se converteu em agitador do movimento nazista; na segunda, apresentamos o seu empenho, no cargo de ministro da Propaganda, em dar uma orientação coerente e unificada à mídia, à vida cultural e à opinião pública do Terceiro Reich; e, na terceira, concentramo-nos principalmente no seu papel de propagandista de guerra e protagonista da guerra total. Ou, exprimindo-o por imagens, descrevemos a vida de uma pessoa que, de início, preferia se apresentar de casaco de couro proletário ou numa surrada gabardina; depois, já no poder, vestia ternos escolhidos a dedo ou roupa esporte exclusivíssima; e, por fim, durante a guerra, aparecia sobretudo com o uniforme do partido, por mais que este salientasse sua prejudicada aparência física. Mas, a despeito da maneira como Goebbels se apresentava, no âmago, o motor de propulsão da sua vida sempre foi uma necessidade insaciável de reconhecimento, um grave distúrbio narcisista de personalidade.

I

A compulsão à grandeza e o narcisismo de Goebbels não se podem reduzir à sua tentativa de compensar a deficiência física e a origem em um opressivo ambiente pequeno-burguês. A propensão ao narcisismo já estava presente antes da deficiência que o acometeu em idade escolar: enraizava-se no insuficiente desenvolvimento da autonomia do menino de dois ou três anos, cuja devoção pela mãe — paradigma das futuras namoradas e da esposa — se estendeu por toda a vida. A imagem do jovem sem amigos e do solitário incompreendido procedem mormente da própria fantasia literária de Goebbels na sua fase de depressão — maníaco-produtiva — de 1923-24. Na infância e juventude em Rheydt, ele contou efetivamente com muito reconhecimento e aprovação, cultivou amizades e relações amorosas e, enfim, em 1917, pôde, em condições dificílimas, escolher livremente que caminho trilhar na vida.

O ano de 1923, que tomamos como porta de entrada da biografia, encontra Goebbels fracassado e desesperado. Apesar do estudo e do título de doutor, seu plano de ter um papel destacado, como jornalista ou escritor, na reorganização do panorama intelectual da pátria malogrou devido à sua incapacidade, à falta de refinada cultura burguesa e às circunstâncias da época. Em grave conflito com a fé católica, ele andava em busca de "redenção" ou de uma figura de redentor, que, depois de alguns descaminhos, acabou encontrando em Adolf Hitler. No seu caso, é possível acompanhar em detalhes o percurso que o levou de perseguidor de Cristo a acólito do messias político Hitler; essa fase da sua vida podia ter saído de um manual sobre o fenômeno da religião política.

A perspectiva de achar um lugar ao sol como jornalista político-cultural no movimento *völkisch* instigou-o e o tirou da depressão: então ele se engajou no movimento nacional-socialista. Posto que continuasse avesso à política pura, a ambição e a fixação intensa pelo seu ídolo Hitler, mas também o desprezo pelos objetivos políticos da ala "esquerdista" do partido, na qual tinha dado os primeiros passos na carreira, não tardaram a aproximá-lo de outros dirigentes do NSDAP, se bem que não do centro do poder na agremiação. Sua nomeação para *Gauleiter* de Berlim, em 1926, ocorreu no contexto de uma reacomodação de forças no interior do partido operada pelo seu líder. Goebbels desenvolveu um estilo próprio de agitação na capital alvoroçada e sensacionalista do Reich, uma mescla de propaganda tumultuosa e ações violentas que visava chamar atenção para o partido a qualquer custo, acirrar a disputa do espaço público com a esquerda política e provocar as autoridades. Já nos anos 1920, ele atuou como propagandista em causa própria ao descrever a "Luta por Berlim" como um histórico de sucesso: na realidade, a sua tática provocadora suscitava proibições, perseguição penal e objeção intrapartidária, ao passo que os resultados eleitorais obtidos ficavam abaixo da média nacional. Sem o apoio da direção do partido em Munique, sua carreira em Berlim teria chegado rapidamente ao fim. O forte viés "proletário" do NSDAP berlinense e do seu *Gauleiter* não desmentia que o partido contava sobretudo com o apoio dos distritos burgueses.

Uma vez nomeado — depois de muita hesitação de Hitler — diretor nacional de Propaganda na primavera de 1930, Goebbels começou a centralizar o aparato propagandístico do partido e a controlar cada vez mais as grandes campanhas eleitorais que, entre 1930 e 1933, transformaram o NSDAP num movimento de massa; no entanto, só em 1932 conseguiu a direção unificada das campanhas eleitorais. Em 1930, o tema central da campanha ainda foi bastante convencional: Goebbels apostou na polêmica contra o Plano Young.

Sob a sua égide, a pessoa do dirigente máximo do partido, apontado como o "Führer da jovem Alemanha" e redentor que a tiraria da crise, ocupou o centro da propaganda no pleito presidencial da primavera de 1932. Com a derrota clara de Hitler na eleição, Goebbels concentrou mais fortemente a campanha eleitoral de julho de 1932 para o Reichstag em temas objetivos, sendo que só nos meses posteriores logrou basear a propaganda do NSDAP com ênfase na imagem de Hitler como líder popular. A exposição cada vez mais intensa da pessoa do chefe do partido e a personificação da luta política não foram uma invenção genial de Goebbels; resultaram sobretudo da estrutura do movimento nazista como "partido do Führer" e receberam o apoio de um amplo consenso na cúpula da agremiação. No entanto, depois de 1933, Goebbels aproveitou a chance de usar a maquinaria da propaganda do Führer já em funcionamento para estabelecer um verdadeiro culto do líder mediante o emprego concentrado de todos os meios de comunicação.

A partir de 1931, além de dirigir o NSDAP em Berlim, dedicou-se cada vez mais à política geral do partido. Seus diários mostram com riqueza de detalhes a influência da cúpula partidária sobre a política do *Präsidialkabinette* e seu esforço para reunir condições de arrebatar o poder governamental. Ao mesmo tempo, fica claro que Goebbels, embora bem-informado, não figurava no pequeno grupo de dirigentes políticos que Hitler deixava participar de suas sondagens e negociações.

A relativa distância a que o Führer mantinha Goebbels também se pode atribuir a diferenças de estratégia política: enquanto aquele, desde o fim da década de 1920, procurava chegar ao poder através de uma aliança com as forças conservadoras, este queria levar o NSDAP sozinho ao governo e tinha um comportamento intransigente e radical, entrando em frequentes conflitos com a "linha legalista" do chefe do partido. Mas o radicalismo aberto de Goebbels, ainda que condizente com seus ressentimentos antiburgueses fundamente arraigados, tampouco carecia de motivação tática: ele dependia muito da SA berlinense como veículo da agitação do partido; precisava conservar-lhe o entusiasmo por meio de ações violentas e de um grande esforço retórico. Nos conflitos entre a direção do partido e a SA, sempre ficava do lado de Hitler, mas, ao mesmo tempo, procurava não perder a confiança da organização paramilitar. Na primavera de 1932, quando Hitler malogrou na tentativa de chegar ao poder com a ajuda das forças direitistas — por não ter conseguido mobilizar a "Frente de Harzburg" para a sua candidatura na eleição presidencial —, Goebbels se prontificou com notável rapidez a aderir à estratégia alternativa do chefe do partido, ou seja, a assumir o poder governamental no Reich e na Prússia com a ajuda do Zentrum, um "partido do sistema": deixando o radicalismo de lado, bandeou-se totalmente para a política de negociação de Hitler.

A análise cuidadosa dos primeiros originais do diário dessa época, acessíveis há poucos anos, mostra que o grave conflito que sacudiu o partido no fim de 1932 e desembocou na renúncia de Gregor Strasser aos seus cargos foi bem menos explosivo do que se supunha até recentemente: a aliança Strasser-Schleicher rompida no último minuto, núcleo de uma "terceira via" criada para cindir o NSDAP, revelou-se uma lenda propagandística difundida por Goebbels, depois da "tomada do poder", na versão revisada e publicada do seu diário, e criada com o objetivo de se vingar do antigo mentor político e rival.

Na verdade, durante a crise Strasser, para Hitler tratava-se de impor aos adversários internos condições mais duras para tolerar o governo Schleicher; e Goebbels não só apoiou essa linha do líder partidário como, poucas semanas depois, acatou sua decisão de tomar o poder com a ajuda de parceiros direitistas. No último ano decisivo da República de Weimar, ele não tinha uma concepção independente de conquista do poder.

II

Em 1933, Goebbels recebeu somente uma parte do havia muito prometido Ministério da Instrução Pública, com amplas competências para toda a cultura alemã. Nos 12 anos seguintes, essencialmente limitado às tarefas da instrução pública e da propaganda, não chegou a ter o controle absoluto do aparato propagandístico como era a sua aspiração na qualidade de titular da pasta e diretor nacional de Propaganda, tampouco correspondeu ao mito por ele mesmo divulgado do virtuoso senhor de um aparato propagandístico todo-poderoso.

No terreno do monitoramento da mídia, o chefe nacional de imprensa, Otto Dietrich, conservou importantes possibilidades de comando, sendo que a estrutura da imprensa era determinada pelo diretor nacional do setor, Max Amann. As forças armadas mantiveram seu muito ramificado aparato propagandístico, e, a partir de 1938, Goebbels também foi obrigado a dividir a propaganda no estrangeiro com o Ministério das Relações Exteriores; e, a partir de 1941, a destinada aos territórios do Leste com Rosenberg.

Tais restrições de competência deixam claro que seus "sucessos" no âmago do comando da mídia foram de natureza muito dúbia.

Até por volta de 1934, ele conseguiu impor quase totalmente a exigência de alinhamento da imprensa ao nacional-socialismo e calar as vozes divergentes. De mau ou de bom grado, aceitou a uniformidade e a chatice do "panorama midiático" alemão que criticara repetidas vezes nos primeiros anos do regime; nas condições do Terceiro Reich, era inconcebível uma alternativa ao rígido sistema de instruções e versões oficiais.

Igual monotonia afetava o desempenho político-progandístico do rádio. Entretanto, já na metade da década de 1930, Goebbels desistiu da ideia de expandir esse meio moderno, transformando-o prioritariamente num instrumento de direção política: o fato de cada ouvinte poder escapar a qualquer hora às transmissões do rádio alemão, sintonizando emissoras estrangeiras, levou-o a achar mais recomendável acomodar-se à necessidade de entretenimento leve, sendo que se mostrou flexível nas suas pretensões de qualidade.

Na produção cinematográfica, fez diversas tentativas, no correr do tempo, de extrair da indústria não só artigos de entretenimento de alta qualidade, como peças de propaganda apropriadas. Mas, embora tenha dilatado seu controle a ponto de influenciar pessoalmente o elenco, os roteiros e a montagem dos filmes, nem ele — e o que era muito mais grave — nem Hitler ficaram satisfeitos com a maior parte das fitas. Era evidente que o cinema, devido às condições complexas de produção e distribuição, escapava às metas rapidamente cambiantes do ministro ou — salvo exceções — não chegava a lhe agradar. Enfim, nessa área, só lhe restou dar-se por contente com produtos de entretenimento de massa que ficavam muito aquém das suas exigências estéticas e político-propagandísticas iniciais.

O quadro não era diferente no setor da política cultural. Sobretudo entre o fim de 1936 e o começo de 1938, o ministro da Propaganda envidou um esforço considerável para se afirmar como figura dominante na política cultural, mas não alcançou a aspirada adesão das artes ao nazismo. O fato de as tentativas de ajudar a impor o nacional-socialismo às artes plásticas terem colhido parcos resultados, mesmo na opinião de Hitler e Goebbels, seria encoberto por uma campanha contra a vanguarda artística; depois de algumas tentativas, este não voltou a se empenhar seriamente em fazer com que o nazismo penetrasse de maneira maciça o teatro ou o universo musical. Por outro lado, Goebbels asseverava que sua propaganda era essencialmente responsável pelo apoio coeso e irrestrito, entusiasmado até, do povo alemão à política do regime — afirmação ao que parece confirmada por uma abundância de material contemporâneo e até hoje presente no mito da poderosíssima propaganda de que o povo alemão foi vítima.

Para Goebbels, na realidade, não se tratava de lançar mão de uma propaganda mais ou menos intensa a fim de engendrar a aprovação da política nacional-socialista na maioria da população nem de convencê-la ou seduzi-la. Pelo contrário, ele se apresentava como o chefe genial de um aparato de propaganda muito ramificado e altamente complexo que, em conformidade intuitiva com seu ídolo político Hitler e valendo-se de conhecimentos íntimos de psicologia de massa, produziria um consenso quase perfeito entre povo e liderança política. Essa imagem concebida por Goebbels, na qual se refletia a sua estrutura narcísica de personalidade, é, praticamente, o seu legado histórico — e, com essa imagem, fica descrito o desafio que a historiografia da "opinião pública" no período nazista tem de se colocar.

Para decifrar essa lenda que Goebbels se empenhou em criar, é preciso ter em mente que, longe de se esgotar no controle dos meios de comunicação e na nazificação da vida cultural, a sua propaganda funcionava como um sistema fechado.

Em *primeiro* lugar, esse sistema não tolerava vozes dissonantes. Já em 1933-34, Goebbels providenciou para que mesmo a crítica imanente ao sistema, expressa com base numa firme posição nacional-socialista, desaparecesse da mídia; quando surgia, ele reagia de maneira alérgica. Em 1936, essa aversão às observações críticas levou-o a eliminar a crítica artística e reprimir os cabaretistas, satíricos e comediantes politizados ou os grandes analistas dos suplementos culturais. Era enorme o seu empenho em excluir as influências externas incômodas: os filmes estrangeiros eram tão cuidadosamente censurados quanto os alemães; a distribuição de jornais estrangeiros no Reich, regulamentada e enfim quase sempre proibida; a audiência de emissoras de rádio estrangeiras, proscrita e, depois do início da guerra, punida com rigor.

Em *segundo* lugar, uma parte inerente a esse sistema, a sua caixa de ressonância, por assim dizer, era o domínio substancial do público, que, na aparência externa, funcionava segundo normas nacional-socialistas: pelo comportamento em público, as pessoas eram obrigadas a manifestar aprovação à política do regime.

Essa suposta concordância entre povo e governo se exprimia em toda uma escala de condutas: abrangia coisas profanas como a saudação hitlerista ou o porte de emblemas do partido, mas também o trato cotidiano com segmentos marginalizados da população, como os judeus, por exemplo, até a participação em comemorações, desfiles em massa e plebiscitos cujo resultado não se deixava ao acaso. Quando a população se comportava conforme o desejo do regime — e em geral esse era o caso —, era tarefa da propaganda mostrar esse comportamento e reforçar a desejável impressão de coesão da comunidade popular.

Em *terceiro* lugar, o próprio sistema fornecia a Goebbels as provas do seu bom funcionamento: em forma de fotografias ou sons gravados, na cobertura da imprensa ou ainda nos relatórios internos do estado de ânimo, que visavam basicamente reproduzir as ressonâncias positivas da propaganda e apresentar as reações negativas como desvio da norma. Caso as reações negativas ultrapassassem o tolerável, os relatórios eram retificados ou abandonados, alteravam-se os critérios de avaliação da aprovação e se impunha silêncio aos descontentes. Enfim, os diários do ministro da Propaganda, que seriam publicados postumamente, eram parte integrante da documentação de sucesso organizada por Goebbels.

III

Em especial, a preparação da população alemã para uma guerra em 1938-39 e a própria guerra foram um grande desafio para o sistema de Goebbels: o comportamento das pessoas, imagem pública do regime, precisou se adaptar repetidamente a condições novas.

Em 1938, ele fez pela primeira vez uma campanha de propaganda diplomática de vários meses para desgastar o estado tchecoslovaco e mobilizar a população alemã contra Praga. Mas não estava disposto nem tinha condições de transformar em entusiasmo guerreiro a atmosfera de crise gerada pela propaganda: nos anos anteriores, esta havia enfatizado de tal modo o tema paz que era impossível uma guinada repentina, e, afinal, nem ele nem a maioria da população estava preparada para uma guerra. O sistema de Goebbels não produziu o resultado desejável.

Portanto, pode-se encarar o seu engajamento especial no desencadeamento do pogrom de novembro como uma tentativa de demonstrar publicamente a determinação radical da "comunidade popular", que mal se notava poucas semanas antes, no auge da crise dos Sudetos, apresentando o pogrom perpetrado por ativistas do partido como manifestação da "fúria pública".

Não foi por acaso que, logo depois do pogrom, Hitler exigiu que a propaganda enfim se ajustasse aos preparativos de guerra. Goebbels executou essa tarefa no começo de 1939, expondo-se intensamente como orador e comentarista, como representante de uma política belicista. Contudo, a propaganda, que agora preparava a população alemã para um conflito com a Polônia, embora justificasse o recurso à violência, induzia a que se encarasse a guerra, alegadamente imposta ao Reich, como uma situação excepcional e de curta duração, depois da qual a massa da população voltaria à normalidade da paz.

De modo que não se detectava muito entusiasmo guerreiro na Alemanha em setembro de 1939. No entanto, Goebbels, que pouco se empolgou com a irrupção da guerra e, semanas depois, continuava esperando o seu breve fim, tomou diversas medidas na primeira fase do conflito armado que lhe possibilitaram criar uma atmosfera condizente com as exigências da guerra: à medida que a população cumprisse conformada e tranquilamente os seus deveres bélicos, estava apoiando a política do regime: era o que dizia a mensagem da propaganda.

Do início do confronto até o fim do verão de 1941, a propaganda de Goebbels ficou ao sabor das vitórias militares alemãs: cada *Guerra-relâmpago (Blitzrieg)* bem-sucedida despertava a esperança de um rápido fim do conflito, e a regência de Goebbels não teve dificuldade para transformar essa esperança de paz em euforia da vitória. Totalmente despreparada em termos de propaganda, a guerra contra a União Soviética e a muito reticente política de informações na sua primeira fase geraram irritação na população, sentimento que, no entanto, não tardou a se transformar com as notícias de triunfo militar.

Embora tivesse interrompido o seu programa de assassinato sistemático de pacientes deficientes em agosto de 1941, inclusive para não agravar ainda mais o conflito com as igrejas, em setembro o regime reagiu com todo rigor a certos rumores de insatisfação em virtude da estigmatização dos judeus com um distintivo: o próprio Goebbels se encarregou de propagar e impor decididamente a exclusão dos israelitas assim marcados e, em outubro de 1941, comentou as recém-iniciadas deportações com os devidos anúncios de extermínio. A difusão franca de uma "solução final" radical da "questão judaica" passou a fazer parte da política de guerra. No contexto da iminente ampliação do conflito, os judeus foram declarados um inimigo interno que precisava ser aniquilado.

A situação mudou fundamentalmente no outono de 1941, quando o avanço alemão na União Soviética estancou. Goebbels tratou de adaptar as diretrizes do "sentimento público" prescrito à gravidade da situação: dali por diante, convinha evitar euforia excessiva na propaganda: a população que se ajustasse a uma guerra prolongada com consideráveis sacrifícios pessoais; ao mesmo tempo, as deflexões muito negativas passaram a ser consideradas indesejáveis. Lançada na época do Natal, a campanha assistencial de inverno deu-lhe a possibilidade de ocupar a população com uma grande campanha e adaptar a imagem do Terceiro Reich à situação de guerra vigente: as atividades de coleta eram terapia ocupacional, desviavam a atenção da situação militar no Leste e demonstravam a solidariedade da "comunidade popular". A ação lhe pareceu um meio adequado de cobrar mais esforço de guerra no front doméstico. Ao mesmo tempo, ele reprogramou as mídias cinema e rádio para o relaxamento e o entretenimento.

Todavia, seu empenho em exigir mais "firmeza" no front doméstico mesmo depois do fim da crise de inverno, ressaltando, entre outras coisas, os temas combate ao mercado negro e instituição do serviço feminino obrigatório, resultou contraproducente. Ficou claro que a sua tentativa da primavera de 1942 de reconsolidar o mito do Führer, questionado devido aos reveses na frente oriental, acabou num grande fracasso.

No fim de março, iniciaram-se os ataques aéreos noturnos a cidades alemãs, e Goebbels neles detectou de imediato um grande perigo para o propagado consenso entre povo e regime. Oferecendo-se sem perda de tempo para coordenar as primeiras providências de socorro às cidades atingidas — atividade que, em 1943, ampliou no âmbito da inspeção dos danos da guerra aérea —, tentou controlar a imagem pública nos territórios ameaçados pela guerra aérea: o partido interferiu nas operações práticas de socorro e atendimento e, assim, assumiu o papel de liderança nos pontos particularmente nevrálgicos que afetavam o estado de ânimo. Goebbels lançou mão de todos os meios disponíveis para provar que os ataques aéreos não prejudicavam o moral da população bombardeada.

Seu esforço para a totalização da guerra, iniciado em 1943 em reação à previsível derrota em Stalingrado, também foi determinado sobretudo pela ideia de ajustar o comportamento cotidiano das pessoas à gravidade da situação militar: tratava-se de fazer com que a mobilização infatigável de toda a nação no contexto da "guerra total" distraísse das preocupações com a conjuntura e levasse a crítica e as manifestações de descontentamento a parecerem derrotistas. A mobilização total reforçou a autoridade do regime, criando novas possibilidades de controle. Ao mesmo tempo, com sua proclamação espetacular da guerra total, Goebbels preencheu o vazio aberto no auge da crise pelo sumiço público de Hitler. Em termos propagandísticos, até o fim da guerra, colocou-se o problema de a demonstração de aprovação permanente da política do Führer por parte de amplos segmentos da população — que constituía o próprio Estado do Führer e que Goebbels até então havia garantido mediante o controle da vida pública — arriscar ficar sem efeito.

Depois de alguns meses, ele retirou o apoio ativo ao trabalho da comissão tríplice (encarregada de coordenar a implementação da guerra total) ao concluir que Hitler não se identificava muito com esse projeto e que ele, Joseph Goebbels, sendo o *spiritus rector* inicial do empreendimento, arriscava ser responsabilizado pela falta de consistência com que se vinha levando a cabo a guerra total. Igualmente vã foi sua tentativa de assumir o papel de substituto nesse âmbito para compensar a ausência do ditador.

Na primavera de 1943, Goebbels achou um novo tema com que induzir a população a apoiar incondicionalmente o regime: a descoberta de valas comuns de oficiais poloneses fuzilados pelo NKVD nas imediações de Katyn deu-lhe oportunidade de carregar com as mais negras tintas o quadro das atrocidades judaico-bolchevistas caso a Alemanha fosse derrotada. A propaganda chegou a ponto de consignar francamente o assassinato dos judeus (autores do plano de exterminar os alemães) como objetivo de guerra. Mas, pouco depois, teve de suspender essa campanha, pois a população alemã percebeu e recebeu mal a intenção da propaganda de torná-la conivente no extermínio de judeus.

Até o fim da guerra, ele recorreu a dois outros temas propagandísticos para preservar a vontade de resistência da população: a partir de 1943, tendo em conta os ataques aéreos cada vez mais devastadores dos aliados a cidades alemãs, a propaganda passou a operar com discretas sugestões de futuras ações de retaliação contra a Grã-Bretanha que provocariam uma guinada decisiva na guerra; até lá, só restava aguentar. No entanto, quanto mais a represália se fazia esperar, mais delicado se tornava o tema em termos de controle do estado de espírito. Goebbels oscilou entre a proibição e as insinuações públicas; a partir do verão de 1944, quando as armas V foram empregadas de fato, logo constatou-se que não causariam a desejada mudança: foi grande a frustração da população.

Outro tema que lhe ocorreu para despertar as derradeiras reservas do povo alemão foram as atrocidades perpetradas pelo Exército Vermelho ao invadir o Reich em outubro de 1944. Mas nem isso lhe permitiu atingir a meta de desenvolver uma campanha sistemática de medo ainda em 1945.

Assim, Goebbels voltou a tentar, ao longo de 1944, colocar o tema guerra total no centro da propaganda, a fim de, com a sua ajuda, transformar todo o governo do Terceiro Reich. Mas só depois do desembarque aliado na Normandia, da grande ofensiva soviética de verão e sob o impacto direto do atentado de 20 de julho foi que, associado a Speer, Himmler e Bormann, logrou ter um papel-chave na mobilização das últimas reservas: Hitler nomeou-o plenipotenciário do Reich para o esforço de guerra total.

Nos meses seguintes, ele se ocupou intensamente de transferir para a Wehrmacht dezenas de milhares de pessoas de setores não estratégicos, assim como trabalhadores dispensados da indústria de armamento, e, no interior das forças armadas, liberar mais homens para o serviço na linha de frente. É mais do que duvidoso o efeito real que tiveram os jogos de números de Goebbels, pois nem a indústria bélica nem a Wehrmacht tinha condições de absorver, a curto prazo, um grande número de pessoas não qualificadas ou mal qualificadas. Ele, por sua vez, estava mais interessado nos efeitos psicológicos dessas medidas: todo o esforço na frente doméstica visava ao objetivo geral superior da guerra total que determinaria a imagem do Terceiro Reich nos últimos meses do confronto; não havia o menor espaço para debates e reclamações indesejáveis. A isso se acrescentou a dissolução de estruturas burocráticas estabelecidas, o que, uma vez mais, aumentou a influência e o poder do partido — particularmente a posição do plenipotenciário para o esforço de guerra total, que, com certo deleite, usava as suas atribuições para destruir a autoridade dos rivais e adversários.

IV

Nem mesmo a leitura mais atenta dos volumosos escritos de Joseph Goebbels esclarece o leitor que concepções políticas o norteavam, que máximas políticas ele advogava.

Entre as constantes no seu pensamento, sem dúvida figurava uma parcela considerável de nacionalismo, que a experiência da ocupação da Renânia pelos aliados fortaleceu substancialmente, e a preferência por um sistema autoritário com a vigorosa figura de um líder no topo. Como tema vital, acrescentava-se ainda o antissemitismo. Provavelmente desde 1923, quando da sua transitória atividade de bancário em Colônia, a hostilidade aos judeus passou a ocupar cada vez mais espaço na sua visão de mundo; na primavera de 1924, ele reconheceu de maneira franca odiar tudo quanto fosse judaico. Entretanto, esse antissemitismo estava longe de integrar uma elaborada cosmovisão racista, como no caso de outros participantes do movimento *völkisch*, e tampouco Goebbels adotava qualquer tipo de "programa" antijudaico. Seu ressentimento "pelos judeus" era simples: Goebbels precisava de alguém em quem descarregar a culpa pela grave crise econômica, política e cultural da época. No seu caso, o antissemitismo funcionava como um cômodo substituto para a análise social, da qual era incapaz; para ele, o judaísmo constituía o antípoda da sua ideia de "alemão", ideia muito turvada pelo idealismo. Participavam desse ódio ao judeu muitos rancores contra o establishment burguês culto que, nos anos 1920, lhe impedira a ascensão a seu ver muito merecida. Mesmo nos anos posteriores, ele recorria de maneira arbitrária ao estereótipo do inimigo israelita: além de culpados pela crise da República de Weimar, "os judeus" eram sinônimo de quase todas as tendências que o incomodavam no universo cultural dos primeiros anos do Terceiro Reich, estavam por trás da crítica internacional ao regime nazista, eram os responsáveis quando o estado de ânimo no Reich ia mal e, por fim, sustentavam a coalizão militar inimiga. Goebbels muitas vezes tomou a iniciativa de desempenhar um papel pioneiro na *Judenpolitik* nacional-socialista: em 1933, no "boicote" antijudaico; em 1935, no tumulto do Kurfürstendamm; no verão de 1938, quando tentou desencadear um pogrom em Berlim; e alguns meses depois, no pogrom de novembro, no qual teve papel ativo; enfim, durante a guerra, com seu esforço permanente para tornar a capital do Reich "livre de judeus".

No início dos anos 1930, ele abandonou suas vagas ideias "socialistas" da década de 1920, em geral restritas a ressentimentos antiburgueses, trocando-as pela retórica da "comunidade popular". A leitura dos diários e das centenas de artigos que escreveu a partir de então deixa o leitor totalmente desnorteado quanto à forma de ordem econômica e social preconizada por Joseph Goebbels no contexto do Terceiro Reich.

O mesmo vale para a política externa: depois que, no fim da década de 1920, abriu mão de suas ideias de aliança com uma futura Rússia "nacional", é extremamente difícil detectar nele quaisquer outras diretrizes independentes no âmbito da diplomacia. Em 1933, recomendou a Hitler — como quinta-essência da sua excursão à conferência da Liga das Nações — a reaproximação da França pouco antes que o Führer se retirasse da mesmíssima Liga das Nações, levando a Alemanha a um isolamento diplomático ainda maior. As demais contribuições de Goebbels para a política externa do Terceiro Reich restringiram-se a acompanhar, cheio de admiração — e inclusive de assombro —, cada um dos sucessivos passos do ditador.

V

A enorme falta de ideias político-programáticas em Goebbels corresponde à sua estrutura de personalidade inteiramente voltada para o reconhecimento e o sucesso a qualquer preço: quando ele era o centro das atenções, quando a sua causa triunfava, pouco lhe importava em que consistia o sucesso alcançado. Assim, a partir de 1942, Goebbels percebeu a crescente expansão da sua autoridade na frente doméstica sobretudo como uma sequência de grandes êxitos pessoais, desdenhando por inteiro o fato de que devia essa segunda carreira sobretudo à evolução catastrófica da guerra.

Mas esse narcisismo só se saciava quando o fruto do seu trabalho era reconhecido e endossado por uma figura de referência. Depois de uma busca agonizante, Goebbels havia encontrado essa pessoa em 1924; desde então, foi a relação com Hitler que deu certa estabilidade à sua vida.

A profunda dependência psicológica com relação ao Führer, o seu amor por ele, que Goebbels confessava repetidamente sobretudo nos primeiros anos da relação, foi o mais forte propulsor da sua carreira. Ele atribuía a Hitler qualidades de liderança sobre-humanas, considerava-o um enviado de Deus. Ficava extremamente impressionado com a enorme força de nervos com que ele enfrentava as situações de crise ou infundia confiança nas circunstâncias mais difíceis e admirava sua capacidade de desenvolver visões políticas de grande alcance — capacidade de que Goebbels carecia.

Hitler, que não tardou a se dar conta da dependência psíquica do subordinado, usou-a sistematicamente nas duas décadas da sua relação. Sabia que, com elogios, o estimulava aos feitos mais extraordinários; com pequenos gestos de distanciamento, precipitava-o em desespero profundo. Durante a guerra, quando Goebbels, a intervalos de semanas, o visitava no quartel-general para longas conversas, Hitler quase sempre conseguia dissipar suas dúvidas e apreensões mediante o desenvolvimento de vistosos planos políticos e militares.

Abusava muito e com frequência da infinita lealdade de Goebbels; por exemplo, em 1929-30, quando o deixou na mão no conflito com Otto Strasser, o decepcionou na questão da aliança com os conservadores e, ao mesmo tempo, procrastinou sua prometida nomeação para a Direção Nacional de Propaganda; em 1933, quando não cumpriu a promessa de dar amplas competências ao ministério de Goebbels e, no outono, o induziu a se expor na conferência da Liga das Nações em Genebra sem revelar a ele seus verdadeiros planos na questão do rearmamento. Essa lista de humilhações e enganos prosseguiu até o fim do Terceiro Reich: em setembro de 1944, Goebbels acreditou nos sinais do Führer quanto à preparação de uma suposta paz em separado, tanto que elaborou um detalhado memorando acerca de um possível acordo com a União Soviética; obviamente, o ditador mal tomou conhecimento disso: até março de 1945, conseguiu alimentar no ministro da Propaganda a ilusão de que era possível arriscar, com perspectiva de sucesso, uma iniciativa de paz com qualquer um dos lados.

Nos diários de Goebbels, nota-se a falta de qualquer reflexão séria sobre o fato de ele não ter sido chamado a participar da maioria das grandes decisões em política interna ou externa do regime; quase sempre, era informado por Hitler pouco antes ou mesmo *post factum*: longe de ser um conselheiro político de confiança, era apenas o chefe de propaganda do ditador. Só na segunda metade da guerra este passou a conversar mais detalhadamente com ele sobre questões de política interna ou externa, dando pelo menos a impressão de consultá-lo antes das decisões essenciais.

Goebbels tampouco participou das negociações para a formação do governo Papen-Hitler em julho de 1933, e não foi informado a tempo do fim oficial da "revolução nazista". Quando da deposição violenta da cúpula da SA, em 30 de junho, ficou tateando no escuro até a última hora. Soube *en passant* da intervenção alemã na Guerra Civil espanhola, em 1936, e, em novembro de 1937, não estava presente quando Hitler expôs seus planos estratégicos de longo prazo ao ministro das Relações Exteriores e à cúpula das forças armadas. Foi tomado de surpresa no referente à conclusão dos "arranjos" com a União Soviética em agosto de 1939 (que criou os pré-requisitos da invasão da Polônia). Soube tardiamente dos planos de agressão à Escandinávia, ao Oeste e à União Soviética e não foi inteirado dos antecedentes das sondagens diplomáticas de Hitler no segundo semestre de 1940. Em 1943, quando se adotou a "guerra total" por ele exigida de longa data, não foi chamado a integrar o recém-formado órgão executivo, a comissão tríplice.

Vez por outra, Goebbels chegava a reprovar o procedimento de Hitler, como por exemplo no impasse de 1929-1930; em 1933, quando tudo indicava que este não lhe daria o prometido ministério; em 1942-43, quando o ditador obstruiu seu esforço pela totalização da guerra; e sobretudo em 1945, quando o assaltaram sérias dúvidas quanto à capacidade de liderança do Führer. Mas nunca lhe passou pela cabeça rebelar-se, pelo contrário, perdoou-lhe todos os erros e fraquezas até o fim.

O narcisismo de Goebbels acentuou de maneira especial o seu esforço para convencer os contemporâneos (mas também a posteridade) do sucesso absoluto da sua atividade como ministro da Propaganda. Para ele, ter conseguido unir o povo alemão atrás do seu ídolo Adolf Hitler não foi a mera execução de uma tarefa política, mas envolveu o âmago da sua personalidade, significou a realização de um objetivo de vida. Qualquer dúvida quanto ao seu sucesso nesse objetivo, mesmo a mais insignificante, era considerada um ataque pessoal e implacavelmente perseguida. O empenho de Goebbels em documentar nos menores detalhes o funcionamento perfeito do sistema por ele erigido enfatiza de modo particular essa necessidade biograficamente arraigada de sucesso e reconhecimento na atividade profissional.

Tal dependência narcísica em relação a Hitler envolvia em especial a sua vida privada e familiar. O casamento com Magda em 1931 remonta a um acordo que ele e a noiva firmaram juntamente com o ditador: este, que se apaixonara por Magda, deixou de lado as suas pretensões e autorizou — oficialmente — o casamento. A partir desse instante, passou a ser tratado como membro da família: além de receber Goebbels quase diariamente quando se encontrava em Berlim, passava uma parte considerável do seu tempo livre com a família do ministro, no apartamento em que moravam, em sua casa de veraneio, nos passeios de barco, nas visitas conjuntas ao teatro ou na exibição de filmes na Chancelaria — sem contar que passavam as férias juntos. Com doações generosas, o Führer cuidava para que os Goebbels pudessem manter o seu dispendioso estilo de vida e participava do projeto das diversas residências da família, que inclusive tinha planos de lhe oferecer um refúgio no terreno da vila de Schwanenwerder. Enfim, Hitler desenvolveu uma relação estreita — na medida do possível — com os filhos do casal, cujos nomes começavam todos com H. O diário de Goebbels, involuntariamente, dá uma ideia do quanto o fato de estar disponível para o ditador sempre e a qualquer hora estorvava o seu planejamento diário e mostra que os menores sinais de ameaça àquela amizade desequilibravam psiquicamente o casal. Com o laconismo em que ele sempre se refugiava ao descrever fatos incômodos, mas inalteráveis, suas anotações mencionam que Magda, sozinha, era uma hóspede frequente de Hitler, durante dias, às vezes semanas.

De início, essa situação triangular ofereceu uma considerável estabilidade à vida de Goebbels, proporcionando-lhe vantagens; constituiu em grande medida a base do seu sucesso profissional. Todavia, na segunda metade da década de 1930, quando começou a se distanciar de Magda, ele pôs em perigo — talvez inconscientemente — essa situação e, por conseguinte, o próprio substrato da sua posição no regime. Em 1938, quando Goebbels quis a separação, Hitler interferiu como terceira parte interessada e ditou ao casal as condições da preservação do casamento. A partir de então, a união assim mantida passou a ser sobretudo uma parceria de conveniência.

Por conta desse conflito, a vida emocional de Goebbels parece ter se congelado e ficado definitivamente relegada à solidão. No posto de ministro da Propaganda, ele deixou de cultivar as amizades da juventude e do tempo de estudante, assim como as do início da carreira e dos primeiros anos em Berlim, habituando-se a muita indiferença no trato pessoal, que ele acentuava com seu estilo de vida exclusivo. Determinante no seu comportamento era o narcisismo, que, justamente nos períodos críticos, exigia uma forte provisão de aprovação e reconhecimento. Ele só pôde alcançá-la quando, devido à sua atuação à frente do Ministério da Propaganda, reconquistou inteiramente a benevolência de Hitler, que lhe fora um pouco negada durante a crise conjugal. Aliás, conseguiu isso depois da irrupção da guerra.

Durante o conflito, o contato entre os Goebbels e Hitler não se rompeu, posto que os encontros pessoais tivessem se tornado mais raros. O ditador se preocupava muito com a saúde frágil de Magda; esse cuidado era tanto que, em 1943, chegou a dissuadi-la de se submeter a uma já marcada cirurgia no rosto — por temer que ela ficasse desfigurada. Em abril de 1945, Goebbels naturalmente foi o padrinho de casamento de Hitler com Eva Braun, devolvendo a gentileza deste quando das suas próprias bodas com Magda em 1931. Antes disso, solicitou ao ditador que consentisse expressamente no seu plano de permanecer em Berlim com a família.

A decisão de Magda e Joseph Goebbels de acompanhar Hitler no suicídio e assassinar os filhos parece consequente quando se analisa a sua relação com o Führer desde 1931. Ambos haviam tentado oferecer uma família postiça ao ditador; ambos se sentiam, cada qual à sua maneira, estreitamente ligados a ele, e, diante da sua morte, nenhum membro dessa família podia sobreviver.

Para Goebbels, como escreveu em sua carta de despedida a Harald, o filho de Magda, o assassinato e o suicídio também serviriam de exemplo. No seu entender, ao fim da guerra, ele finalmente havia conseguido alçar sua relação com Hitler a uma verdadeira relação íntima de confiança; e a sua posição, à de um favorito único. Os antigos rivais na preferência do ditador, os Göring, Speer e Himmler, estavam politicamente marginalizados, não sem a colaboração do próprio Goebbels, enquanto Bormann parecia rebaixado ao papel de mero secretário. Nesse sentido, o ministro da Propaganda foi efetivamente até as últimas consequências na sua necessidade narcísica fundamental; ao acompanhar Hitler no suicídio com a família, fixou para todo o sempre a relação especial com seu ídolo tal como ele a enxergava.

Ao final, a mentira da sua vida havia triunfado.

Agradecimentos

Desejo agradecer a todos aqueles que me auxiliaram a escrever este livro e dar--lhe a forma definitiva.

Menciono em primeiro lugar os colegas e estudantes do Royal Holloway College da Universidade de Londres, que uma vez mais deram às minhas pesquisas a liberdade sem a qual este livro não teria sido possível.

Distinguiram-se pela solicitude — como sempre — os funcionários do arquivo e da biblioteca do Institut für Zeitheschichte, assim como os membros do Bundesarchiv, do Landesarchiv Berlin e dos demais arquivos que pude consultar. Agradeço especialmente ao sr. Gerd Lamers pelo excelente apoio no Stadtarchiv Mönchengladbach e a boa vontade de Andreas Kunz e Michael Weins do Freiburger Bundesarchiv/Militärarchiv.

Também nesta biografia, um grupo de psicanalistas de Hamburgo me deu oportunidade de discutir de maneira mais aprofundada a personalidade do biografado. Minha gratidão a Christiane Adam, Sabine Rückner-Jungjohann, Gundula Fromm, Rüdiger Kurz, Astrid Rutetzki e Dirk Sieveking pelas importantes informações que me ajudaram a entender melhor certos traços de caráter do protagonista.

Agradeço ainda ao pessoal da editora Siedler pelo trabalho intensivo no manuscrito, especialmente a Antje Korsmeier, Jan Schleusener e Andreas Wirthensohn, assim como a Elke Posselt.

Munique e Londres, outubro de 2010

APÊNDICE

Observações sobre as fontes e a bibliografia

Como já frisamos na introdução, o principal problema de uma biografia de Goebbels é o fato de a maior parte dos documentos sobre o ministro da Propaganda provir dele próprio (ou da sua vizinhança) e ter sido indiscutivelmente escrita com o objetivo de sobrelevar a importância histórica da sua pessoa, inclusive de alçá-la à grandiosidade. Além de uma análise crítica dos textos de sua lavra — para a qual se apresentam variados pontos de partida em virtude da desinibida necessidade de comunicação do autor —, é mister consultar outras fontes, preferivelmente em larga escala, que contribuam para perscrutar o autorretrato e a automodelagem de Goebbels.

Sobre o período até 1923, isto é, antes que ele começasse a escrever o diário, quase não dispomos de fontes que *não* procedam dele: à parte as "Erinnerungsblätter" escritas em 1924, trata-se — salvo alguns trabalhos jornalísticos — sobretudo da sua correspondência e de tentativas literárias prévias que — juntamente com alguns outros documentos — estão conservados no seu legado no Bundesarchiv Koblenz. A Coleção Goebbels do Stadtarchiv Mönchengladbach contém importantes informações em especial acerca dos seus anos em Rheydt. Os diversos textos que ele escreveu sobre si nessa época mostram sobretudo a sua insegurança e seus conflitos íntimos. Apresentam um rapaz que opera com variantes inventadas da sua biografia e com fantasias de amalgamamento e, justamente devido a essa inconsistência, abrem espaço para a interpretação.

Quanto ao período iniciado em outubro de 1923, a principal fonte desta biografia são os diários de Goebbels publicados de forma integral a partir de 2006.[1] Os diários — não comentados — lançam, e isto também se apontou na introdução, um desafio especial à historiografia, pois constituem a tentativa consciente do propagandista Goebbels de criar uma fonte relevante da história do nacional-socialismo a ser escrita posteriormente e, assim, de influenciar ou mesmo controlar a futura interpretação do seu papel histórico. Devido à magnitude, aos incontáveis detalhes e ao papel proeminente do autor no sistema nazista, hoje esses diários são uma das fontes originais mais citadas da história do nacional-socialismo.

Mostram que, desde 1925, quando começou a se engajar politicamente, primeiro como militante profissional do NSDAP na Renânia, depois na função de *Gauleiter* de Berlim, Goebbels trabalhou cada vez mais pela sua automistificação como bem-sucedido pioneiro radical do movimento nazista e do seu Führer. No entanto, com o auxílio de outros legados, é possível reduzir essa autorrepresentação, também presente num prolífico trabalho jornalístico, a um papel bem menos imponente do biografado no "tempo da luta": por um lado, dispomos de uma série de documentos de diversas instâncias do partido, mas também de cada vez mais material de instituições públicas da República de Weimar, entre os quais são particularmente valiosos os arquivos da Justiça, guardados no Landesarchiv Berlin, com o registro dos numerosos processos de que ele foi réu na época. Ademais, a avaliação crítica do seu papel conta com a cobertura da imprensa vinculada ao nacional-socialismo, da qual Goebbels chamou a atenção pouco a pouco.

No tocante ao período em que exerceu a função de ministro da Propaganda, o material disponível é consideravelmente mais abundante. Consultamos arquivos muito incompletos deixados pelo Ministério da Propaganda, a Câmara Nacional de Cultura e a Direção Nacional de Propaganda. Do período entre o fim de outubro de 1939 e o fim de 1942, contamos com as atas das "reuniões de imprensa" a que Goebbels convocava diariamente os seus funcionários: embora sejam editadas de modo abrangente até o fim de 1941, a fragmentária edição adicional (que abarca o período até 1943) dos anos de 1941 e 1942 foi complementada pelas atas originais do Arquivo Especial de Moscou; a de abril de 1943, por um volume único proveniente do Bundesarchiv.[2] Em forma editada, contamos com as instruções do Ministério da Propaganda à imprensa nos anos de paz;[3] quanto aos anos de guerra, há uma coleção abrangente no Bundesarchiv Koblenz.[4] Enfim, a mídia contemporânea oferece um panorama da implementação dessas diretrizes, sendo normativas as contribuições jornalísticas do próprio Goebbels (especialmente no *Völkischer Beobachter* e na publicação semanal *Das Reich*). A isso se acrescentam os textos opostos dos outros ministérios e instâncias do partido, sobretudo no Bundesarchiv Berlin, que examinam o trabalho do ministro da Propaganda do ponto de vista dos seus parceiros concorrentes. Enfim, hoje é possível reconstruir em grande medida o processo de desenvolvimento e funcionamento da propaganda nazista e apreciar de modo crítico os relatos de Goebbels nos diários. A autoimagem por ele transmitida de um confidente íntimo que Hitler consultava em todas as decisões importantes parece em alto grau propaganda de si; o mesmo se pode dizer do papel que ele se atribui de precursor da "guerra total".

Obviamente, uma biografia de Goebbels é estimulada e influenciada por trabalhos anteriores sobre o ministro da Propaganda. Contudo, isso vale menos para os supostos diários ou livros de memórias de ex-funcionários, em parte publicados logo depois da guerra, que, em virtude de suas intenções apologéticas, têm pouco valor e, por isso mesmo, só ocasionalmente foram usados neste livro.[5]

Os trabalhos biográficos dignos de crédito enfrentam um estado de tensão entre duas imagens de Goebbels: de um lado, o maquiavélico especialista em propaganda, o cínico perspicaz, o demônio glacial demasiado inteligente para acreditar nas suas próprias afirmações propagandísticas — e, de outro, o crédulo cheio de complexos e altamente dependente de Hitler. As contribuições mencionadas a seguir tiveram importância especial no desenvolvimento dessa imagem dupla de Goebbels, como uma cabeça de Jano.

Depois de uma primeira biografia crítica da pena de Curt Riess, de 1950, que traçou o retrato de um cínico inescrupuloso, em 1960,[6] a dupla de autores Heinrich Fraenkel e Roger Manvell, contando com uma ampla base de fontes, se propôs a pintar um quadro diferenciado da personalidade do ministro da Propaganda, no qual se evidenciam algumas das suas dificuldades pessoais.[7]

Em 1962, Helmut Heiber compôs uma biografia literária e intelectualmente ambiciosa em que, num acerto de contas muito pessoal, se empenha sobretudo em desmascarar a pessoa do ministro da Propaganda e dela falar mal: aqui Goebbels é apresentado como um grande mentiroso e, além disso, um tagarela, bufão e pernóstico, vítima de sua própria compulsão à fanfarrice.[8] A biografia de Viktor Reimann, de 1971, focaliza o seu papel de propagandista, creditando-lhe a produção do "mito do Führer", além de outras coisas.[9]

A biografia de Goebbels de Georg Reuth, de 1990, é um trabalho sólido, fidedigno e, ademais, apoiado numa base de material consideravelmente ampla. Sua fragilidade está em que Reuth nem sempre acompanha de maneira consistente o retrato do "crédulo" a que acaba chegando.[10]

A pesquisa de Claus-Ekkehard Bärsch sobre o jovem Goebbels é um livro ao mesmo tempo arbitrário e extraordinariamente estimulante que merece ser considerado seminal, sobretudo no tocante à estrutura básica narcisista do biografado, à sua busca de Deus (inclusive a tentativa de "autoendeusamento"), bem como à sua imagem de mãe e mulher, ainda que, à época da publicação do livro, Bärsch ainda não pudesse conhecer partes importantes dos diários mais antigos de Goebbels.[11]

O livro do psicanalista Peter Gathmann e da escritora Martina Paul, *Narziss Goebbels*, podia ter levado adiante as reflexões de Bärsch. Mas, como biografia, a obra é inútil por se amparar numa base de fontes de maneira alguma aceitável: são particularmente incompreensíveis a indiferença pela edição do diário concluída em 2006 e a ignorância quase total da literatura histórica pertinente; ao mesmo tempo, os autores confiam muito nas duvidosas memórias de ex-funcionários de Goebbels e no lixo da literatura mais antiga. Os incontáveis erros banais, as datações equivocadas, as confusões e as fontes erráticas (como, por exemplo, a emissora pública de televisão ZDF) transformam a leitura numa maçada.[12]

A primeira biografia de Goebbels baseada na versão integral do diário é a de Toby Thacker publicada em 2009.[13] O autor consegue delimitar com mais precisão a importância de Goebbels na propaganda nazista: constata acertadamente que ele não foi o inventor do mito de Hitler, não teve monopólio no âmbito da propaganda nazista e que a sua propaganda não foi de modo algum um sucesso ilimitado entre a população alemã. Embora tenha ciência das qualidades histriônicas e do papel de mentiroso inveterado de Goebbels, Thacker ataca persuasivamente a ideia do ministro da Propaganda como um cínico sem princípios e frisa quatro convicções centrais que teriam sido essenciais para Goebbels: o nacionalismo, o antissemitismo, o senso de coesão social e a devoção por Hitler. Entretanto, no pormenor, Thacker não consegue contrabalançar suficientemente com outras fontes a autoimagem projetada por Goebbels nos diários nem integrar seus resultados ao estado da pesquisa, já que deixa de usar fontes e literatura importantes.

De resto, há uma série de estudos que se ocupam de aspectos isolados da vida de Goebbels: num trabalho excepcional, Dietz Bering analisa o esforço insistente de Goebbels para provocar uma guerra de nome contra o vice-chefe de polícia berlinense Bernhard Weiss.[14] Ulrich Höver retratou-o como um "socialista nacional" em um relato rico em material, cujo resultado, porém, o autor deste livro não pode endossar.[15] Christian T. Barth ocupou-se de forma intensa do antissemitismo de Goebbels,[16] e Helmut Michels comprovou convincentemente a sua falta de concepção em política externa: em suma, nas suas incursões pela diplomacia, o ministro da Propaganda teve mero papel de figurante.[17] Por último, esteve à disposição desta biografia a enorme literatura sobre as diversas subdivisões da propaganda no Terceiro Reich, impossível de citar individualmente, na qual se expõe a atividade de Goebbels.

Notas

Prólogo
1. Lev A. Bezymenskij, *Der Tod des Adolf Hitler. Der sowjetische Beitrag über das Ende des Dritten Reiches und seines Diktators*, Munique et al., 1982, p. 128 e segs. (Protokoll Dolmatowski, p. 129 e segs.).
2. James P. O'Donnel e Uwe Bahnsen, *Die Katakombe. Das Ende in der Reichskanzlei*, Stuttgart, 1975, p. 229.
3. *OKW KTB (Kriegstagebuch des Oberkommandos der Wehrmacht)* [diário de guerra do alto-comando da Wehrmacht], p. 1468 e segs.
4. Heiber, Helmut (ed.), *Goebbels Reden 1932-1945*, Düsseldorf, 1971-72, n. 30, p. 435.
5. *Das Reich*, 15 de abril de 1945.
6. Bezymenskij, *Tod*, 1982, p. 209 e segs.: interrogatório de Kunz de 7 de maio de 1945, bem como p. 212 e segs. quanto ao de 19 de maio de 1945.
7. Joseph Goebbels, *Tagebücher 1945. Die letzten Aufzeichnungen*, Hamburgo, 1980, p. 547 e segs. Carta de despedida a Harald, 28 de abril de 1945.
8. Idem, ib., p. 549 e segs.
9. Lev A. Bezymenskij, *Der Tod des Adolf Hitler. Unbekannte Dokumente aus Moskauer Archiven*, Hamburgo, 1968, p. 111 e segs. e 116 e segs., laudo da autópsia de Joseph e Magda Goebbels, 9 de maio de 1945. Segundo este, os dois cadáveres apresentavam vestígios de envenenamento.
10. LA Berlin, Rep. 058, n. 6.012, depoimento de Günther Schwägermann, Hanôver, 16 de fevereiro de 1948. Segundo o laudo de autópsia soviético, não se encontraram orifícios de bala nos corpos, o que, no entanto, pode ser atribuído ao estado altamente carbonizado dos cadáveres.
11. Assim, especialmente Claus-Ekkehard Bärsch, *Der junge Goebbels. Erlösung und Vernichtung*, Munique, 1995, e recentemente Peter Gathmann e Martina Paul, *Narziss Goebbels. Eine psychohistorische Biographie*, Viena/Colônia/Weimar, 2009. Para a classificação e avaliação desses livros, ver o anexo "Observações sobre as fontes e a bibliografia". Quanto ao fenômeno do narcisismo, ver p. 25 e segs.
12. Elke Fröhlich (ed.), *Die Tagebücher von Joseph Goebbels*, 32 vols. em três partes, Munique, 1993-2008. O último volume foi publicado em 2006.
13. Goebbels planejava uma obra em dois volumes sobre Hitler. Escreveu o primeiro entre novembro e dezembro de 1938, ou seja, no ponto culminante de sua crise conjugal, e o intitulou provisoriamente *Adolf Hitler — Ein Mann, der Geschichte macht*. Mas, em janeiro de 1939, Amann lhe comunicou que o livro — que, segundo Goebbels, já estava pronto — não podia ser publicado tão cedo pela Eher-Verlag (TB, 13 a 30 de novembro, inúmeros apontamentos sobre o trabalho no manuscrito, assim como 17 de janeiro de 1938). Em agosto de 1941, ele se ocupou do trabalho preliminar no segundo volume, *Der Kriegszeit* [Tempo de guerra]. Pretendia elaborá-lo ainda durante o conflito e esperava "publicá-lo pouco depois da guerra" (TB, 31 de agosto de 1941).

1. "Da mocidade, da mocidade, sempre soa em mim uma canção"
1. "Erinnerungsblätter", in: *Die Tagebücher von Joseph Goebbels. Sämtliche Fragmente*, Elke Fröhlich (ed.), 4 vols., Munique, 1987, p. 29. Sobre a gênese, p. 60, sobre a edição, nota 5.
2. "Erinnerungsblätter", p. 26-28.
3. "Erinnerungsblätter", p. 27. Sobre a crise de 1923: Heinrich August Winkler, *Weimar 1918-1933. Die Geschichte der ersten deutschen Demokratie*, Munique, 1993, p. 186 e segs.; Peter Longerich, *Deutschland 1918-1933. Die Weimarer Republik. Handbuch zur Geschichte*, Hanôver, 1995, p. 131 e segs.
4. "Erinnerungsblätter", p. 27.

5. Impresso in: *Die Tagebücher von Joseph Goebbels. Sämtliche Fragmente*, Elke Fröhlich (ed.), 4 vols., Munique etc., 1987, vol. 1, p. 1-29.
6. "Erinnerungsblätter", p. 1. Detalhes sobre a história da família in: Ralf Georg Reuth, *Goebbels*, Munique/ Zurique, 1990, p. 12 e segs.
7. Compilação dos dados biográficos dos membros da família Goebbels pelo Stadtarchiv Mönchengladbach com base nos *Meldekarten* (documentos de registro).
8. "Erinnerungsblätter", p. 1. Joseph Goebbels nasceu na Odenkirchener Strasse, n. 186 (hoje n. 202, segundo informação do Stadtarchiv Mönchengladbach, doravante abreviado StA MG). Aproximadamente dois anos depois do nascimento de Goebbels, a família se mudou para outra moradia na Dahlenerstrasse; logo depois, Fritz Goebbels comprou a casa da Dahlenerstrasse, n. 140, posteriormente n. 156 (StA MG, Hausbuch 25c/8752). Ver também "Dr. Joseph Goebbels", 1897-1945, in: *Rheydter Jahrbuch* 10/1973, p. 86-93.
9. "Erinnerungsblätter", p. 2. Sobre a infância e a juventude: Reuth, *Goebbels*, p. 14 e segs., assim como Thacker, Toby, *Joseph Goebbels. Life and Death*, Houndmills, 2009, p. 101 e segs.
10. Bezymenskij, *Der Tod des Adolf Hitler*, p. 33 e segs.: Conforme o laudo necrológico soviético de 9 de maio de 1945, o pé direito era tão virado para dentro que quase formava um ângulo reto com a tíbia. O pé direito era túrgido e 3,5 centímetros mais curto que o esquerdo; a tíbia direita, 4,5 centímetros mais curta.
11. "Erinnerungsblätter", p. 2.
12. "Erinnerungsblätter", p. 3.
13. "Erinnerungsblätter", p. 4; BAK, NL 1.118/113, certificados escolares de 1912 a 1916. Nas matérias mencionadas, em cada certificado, Goebbels obteve três vezes a nota "excelente".
14. NL 1.118/126, fls. 148-201, *Michael Voormanns Jugendjahre*, 1ª parte. Também se conservou uma 3ª parte. A esse respeito, ver Kai Michel, *Vom Poeten zum Demagogen. Die schriftstellerischen Versuche Joseph Goebbels'*, Colônia/Weimar/Viena, 1999.
15. No início de 1929, encontram-se no diário alguns dos raros apontamentos em que Goebbels se queixa do pé: fazia semanas que estava com dor; a deficiência era simplesmente "asquerosa", havia necessidade de adaptar uma nova férula (*TB*, 26 e 29 de janeiro, e também 5 de fevereiro de 1929, sobre a adaptação da férula nova). Em novembro de 1931, ele registrou que tinha mandado fazer um "aparelho" novo em uma oficina ortopédica berlinense (*TB*, 12 e 27 de novembro de 1931): trata-se da Werkstatt Franz Gstattenbauer, na Kurfürstenstrasse, 45 (*Berliner Adressbuch* [lista telefônica de Berlim], 1931). 18 de agosto de 1934: "Quinta-feira: muita dor no pé. Não saí de casa." 13 de setembro de 1935: "Estou com o pé inchado. Preciso ficar de cama para me poupar. Os dias aqui são muito exaustivos."
16. Otto F. Kernberg, *Narzisstische Persönlichkeitsstörungen*, Stuttgart/Nova York, 1998; idem, *Borderline- -Störungen und pathologischer Narzissmus*, 14. ed., Frankfurt a. M., 2007; Heinz Kohut, *Narzissmus. Eine Theorie der psychoanalytischen Behandlung narzisstischer Persönlichkeitsstörungen*, Frankfurt a. M., 1973, nova ed., 2007.
17. Fritz Prang, Herbert Beines, Hubert Hompesch, Willy Zille. No entanto, Herbert Lennartz faleceu já em 1912, e a ele Goebbels dedicou sua primeira poesia (conservada). Outro amigo, Ernst Heynen, recrutado pelo serviço militar, morreu em 1918 (StA MG, NL Goebbels/54 e também 49).
18. "Erinnerungsblätter", p. 4. Evidentemente, Voss serviu de modelo para a figura do professor Förder em *Michael Voormann*.
19. "Erinnerungsblätter", p. 4.
20. BAK, NL 111B/129 contém cartões-postais do serviço postal militar endereçados a Goebbels, de Willy Zilles, Hubert Offergeld, e seu irmão Konrad, entre outros.
21. No dia 2 de dezembro de 1915 (StA MG, registro de sepultamento na paróquia católica St. Marien, em Rheydt).
22. BAK, NL 1.118/117. Como pode o não combatente servir à pátria nestes dias (1914); Goebbels, *Das Lied im Kriege* (1915); "Erinnerungsblätter", p. 4.
23. BAK, NL 1.118/120. Em memória de Hans Richter e Gerhard Bartels, aqui: J. G., "Gerhard Bartels manibus", Munique, 6 de dezembro de 1919.
24. BAK, NL 1.118/126.
25. "Erinnerungsblätter", p. 5; as cartas de Lene Krage dos anos 1916 a 1920 encontram-se in: BA, NL 1.118/112.
26. "Erinnerungsblätter", p. 5. Passou a morar na Koblenzerstrasse: MG, NL Goebbels/16, "Kollegienheft"; sobre os semestres em Bonn, Reuth, *Goebbels*, p. 29 e segs. Sobre a totalidade dos anos de estudo, Thacker, *Goebbels*, p. 17 e segs.
27. "Erinnerungsblätter", p. 5. Os comunicados à fraternidade escritos por Pille Kölsch informam que Goebbels foi "recrutado" no início do semestre (*Unitas, Organ des Verbandes der wissenschaftlichen katholischen Studentenvereine*, ano 57, n. 5, junho de 1917, p. 227, disponível in: BA, NL 1.118/119).
28. Discurso em homenagem a Raabe-Abend: *Unitas*, ano 57, n. 6, agosto de 1917, Relatório Kölsch. StA MG, NL Goebbels/56, "Wilhelm Raabe und wir", discurso comemorativo, 24 de junho de 1917. O discurso tratava dos estudos preliminares do ano de 1916: StA MG, NL Goebbels/55: Raabe teria sido "subestimado por toda a Alemanha", teria trabalhado para uma "geração posterior". "Nós somos essa geração? Duvido." Ver também a versão posterior, 56. Goebbels expressou também sua admiração por Raabe em carta ao amigo Willy Zilles, que estava internado em um hospital de campanha, 26 de julho de 1915, StA MG, NL Goebbels/41. Ver também Reuth, *Goebbels*, p. 24.

29. *Unitas*, ano 57, n. 6, agosto de 1917, Relatório Kölsch; ano 58, n. 2, dezembro de 1917, p. 68, Relatório Goebbels, assim como ano 58, n. 3, fevereiro de 1918, p. 120, Relatório Goebbels.
30. Ele informou à Associação Magnus que, "no fim de junho, fui militarmente convocado a prestar serviço burocrático", mas agora estava livre (BAK, NL 1.118/113, carta de 14 de setembro de 1917, também impressa in: Heinrich Fraenkel/Roger Manvell, *Goebbels. Eine Biographie*, Colônia/Berlim, 1960, p. 32. "Erinnerungsblätter", p. 5: "Uma vez mais, livre do recrutamento", *Unitas*, ano 57, n. 6, agosto de 1917: "Além disso, meu mentor e conselheiro Ulex v. Goebbels [...] foi convocado a se dedicar ao Serviço de Emergência."
31. "Erinnerungsblätter", p. 5.
32. Documentos e outra correspondência relativos à solicitação de 15 de dezembro de 1917 in: BAK, NL 1.118/113.
33. "Erinnerungsblätter", p. 5; manuscritos in: BAK, NL 1.118/117 e 127.
34. "Erinnerungsblätter", p. 5; ele residia na Poststrasse, 18 II (BA NL 118/113, Stipendien-Unterlagen Albertus-Magnus-Verein).
35. "Erinnerungsblätter", p. 5 e segs.
36. "Erinnerungsblätter", p. 6.
37. StA MG, NL Goebbels/3, Studienunterlagen (cópias do Universitätsarchiv Bonn). Quanto à aula magna de Heine, também transcrições in: StA MG NL Goebbels/15, outras transcrições do período em Bonn, ib., e ainda 14, 16 e 19.
38. *Unitas*, ano 58, n. 4, abril de 1918, Relatório Backus, ambos declararam que vão estudar em Berlim.
39. "Erinnerungsblätter", p. 6. Sobre a permanência em Friburgo, Reuth, *Goebbels*, p. 33 e segs. Ver também StA MG, Nachlass Goebbels/3, Studienunterlagen Freiburg.
40. Isto provém de uma carta posterior a ela: BAK, NL 118/126, carta de 29 de junho de 1920.
41. "Erinnerungsblätter", p. 7 e segs.
42. "Erinnerungsblätter", p. 9; BAK, NL 1.118/112, cartas de Agnes, 7, 13 e 15 de agosto de 1918.
43. "Erinnerungsblätter", p. 9.
44. BAK, NL 1.118/127, Joseph Goebbels a A. S., 21 de agosto de 1918 sobre a conclusão do texto que se encontra na mesma pasta. Lovis Maxim Wambach, "*Es ist gleichgültig woran wir glauben, nur dass wir glauben.*" *Bemerkungen zu Joseph Goebbels' Drama "Judas Iscariot" und zu seinen "Michael-Romanen"*, Bremen, s.d.
45. BAK, NL 1.118/109, J. G. a A. S., 26 de agosto de 1918 J. G. a A. S., 30 de agosto de 1918; 127, J. G. a A. S., 11 de agosto de 1918 (apud); Reuth, *Goebbels*, p. 35.
46. "Erinnerungsblätter", p. 9 e segs.
47. "Erinnerungsblätter", p. 10 e segs. (sobre a estada em Würzburg). Reuth, *Goebbels*, p. 35 e segs.
48. Kollegienbuch, NL 1.118/113; StA MG, NL Goebbels/20 contém anotações de sala de aula de Würzburg.
49. *Unitas*, n. 59, ano 1918-19, p. 209, Relatório da Unitas Würzburg.
50. "Erinnerungsblätter", p. 10 e segs.
51. Impresso in: Fraenkel, *Goebbels*, p. 38 e segs.
52. BAK, NL 1.118/113, 3 de outubro de 1918, 14 de novembro, 31 de dezembro de 1918, assim como 3 de janeiro de 1919; 21 de dezembro de 1919 (112).
53. Ralf Georg Czapla, "Erlösung im Zeichen des Hakenkreuzes. Bibel-Usurpation in der Lyrik Joseph Goebbels' und Baldur von Schirachs", in: Ralf Georg Czapla e Ulrike Rembold (eds.), *Gotteswort und Menschenrede. Die Bibel im Dialog mit Wissenschaften, Künsten und Medien. Vorträge der interdisziplinären Ringvorlesung des Tübinger Graduiertenkollegs "Die Bibel — ihre Entstehung und ihre Wirkung" 2003-2004*. Frankfurt a. M. et al., 2006, p. 283-326. Sobre os poemas, ver também Michel, *Vom Poeten*, p. 35 e segs.
54. "Gesang in der Nacht", in: "Aus meinem Tagebuch" (BAK, NL 1.118/126). Sobre esses temas mais sérios: Czapla, "Erlösung", p. 292 e segs.
55. "Ein Nachtgebet", in: "Aus meinem Tagebuch".
56. In *Diário*, 12 de dezembro de 1923; ver também "Sommerabend im Schwarzwald", in: "Aus meinem Tagebuch".
57. BAK/NL 1.118/109, carta a Anka, 26 de janeiro de 1919.
58. "Erinnerungsblätter", 27 de janeiro de 1919.
59. "Erinnerungsblätter", 30 de janeiro de 1919.
60. "Erinnerungsblätter", p. 11.
61. "Erinnerungsblätter", p. 13.
62. NL 1.118/109, J. G. a. A. S., 16 de março de 1919.
63. BAK, NL 1.118/13, Minuta do contrato; cf. Reuth, *Goebbels*, p. 41.
64. "Erinnerungsblätter", p. 14.
65. BAK, NL 1.118/115; Michel, *Vom Poeten*, p. 60 e segs.
66. "Erinnerungsblätter", p. 14 e segs.
67. "Erinnerungsblätter", p. 15; trata-se da sra. Morkramer, presumivelmente a viúva do antigo dono da fábrica de velas em que Fritz Goebbels trabalhava: StA MG, Hausbuch Reydt, Odenkirchener Str., 63; StA MG, NL Goebbels/49, Recibo da sra. Morkramer do pagamento parcial de 700 marcos, 4 de junho de 1922.
68. "Erinnerungsblätter", p. 15 e segs. Sobre a estada em Munique, Reuth, *Goebbels*, p. 42 e segs.
69. Ian Kershaw, *Hitler 1889-1936*, vol. I, Stuttgart, 1998, p. 175 e segs.
70. "Erinnerungsblätter", p. 17.

71. "Erinnerungsblätter", p. 15 e segs.
72. "Erinnerungsblätter", p. 16.
73. "Erinnerungsblätter", p. 16 e segs.; BAK, NL 1.118/109, J. G. a A. S., 31 de janeiro de 1919.
74. "Erinnerungsblätter", p. 16.
75. BAK, NL 1.118/113, carta de 9 de novembro de 1919. "Erinnerungsblätter", p. 15, uma "boa" carta do pai.
76. "Erinnerungsblätter", p. 17.
77. BAK, NL 1.118/126, 6 de setembro de 1919.
78. "Erinnerungsblätter", p. 17; posteriormente, ele intitulou a peça *Die Arbeit* [O trabalho] (Reuth, *Goebbels*, p. 42); fragmento conservado em StA MG; NL Goebbels/69.
79. Sobre a estada em Rheydt: "Erinnerungsblätter", p. 17 e segs. Reuth, *Goebbels*, p. 45 e segs.; sobre o irmão Hans também carta a A. S., NL 1.118/109, 29 e 31 de janeiro de 1920, também 31 de janeiro e 6 de fevereiro de 1920, assim como 110, 2 de março de 1920.
80. BAK, NL 1.118/110, carta a Anka, 14 de abril de 1920.
81. BAK, NL 1.118/110, carta a Anka, 4 de março de 1920.
82. NL 1.118/117; sobre o conteúdo, Reuth, *Goebbels*, p. 47.
83. NL 1.118/126, J. G. a A. S., 14 de abril de 1920; longa citação in: Reuth, *Goebbels*, p. 48.
84. "Erinnerungsblätter", p. 18 e segs.
85. "Erinnerungsblätter", p. 17.
86. "Erinnerungsblätter", p. 18: "Theo me deixa desconfiado", mas depois, a propósito de uma conversa com Anka: "Theo Gleitmann está liquidado."
87. BAK, NL 1.118/126, carta de 29 de junho de 1920.
88. "Erinnerungsblätter", p. 19; Reuth, *Goebbels*, p. 48 e segs.
89. BAK, NL 1.118/118.
90. Testamento de 1º de outubro de 1920, NL 1.118/113 e 118.
91. BAK, NL 1.118/126, A. S. a J. G., 24 de novembro de 1920; J. G. a A. S., 27 de novembro de 1920 com a poesia "Uma despedida". Depois há ainda na pasta uma última carta de despedida, sem data.
92. "Erinnerungsblätter", p. 20 e segs.; BAK, NL 1.118/110, carta de Mumme, 20 de novembro e 5 de dezembro; resposta a Mumme, 6 de dezembro de 1920, recusa-se a dar continuidade à correspondência. Aqui também há cartas de um advogado de Münster de 6 de junho de 1921 e 14 de março de 1921, que havia recebido a mesma tarefa de Anka Stahlherm.
93. "Erinnerungsblätter", p. 21.
94. BAK, NL 1.118/110, 6 de junho de 1920.
95. O estudo de Gundolf foi publicado em 1924 (*Cäsar. Geschichte seines Ruhms*, Berlim, 1924). A grandeza de César era um tema central do germanista, cuja dissertação de doutorado tinha sido *Caesar in der deutschen Literatur*, Berlim, 1903.
96. Palestra "Ausschnitte aus der deutschen Literatur der Gegenwart", 30 de outubro de 1922, ver nota 106.
97. "Goethes Antheil an den Recensionen der 'Frankfurter Gelehrten Anzeigen', aus dem Jahre 1782" (o ano em questão era 1772), StA MG, NL Goebbels/24.
98. *Wilhelm von Schütz als Dramatiker. Ein Beitrag zur Geschichte des Dramas der romantischen Schule*, 1922; sobre a tese, Reuth, *Goebbels*, p. 53 e segs.
99. Diploma de doutorado, 21 de abril de 1922, NL 1.118/128, *rite superato*.
100. Arye Carmon, "The Impact of the Nazi Racial Decrees on the University of Heidelberg. A Case Study", in: *Yad Vashem Studies XI* (1976), p. 131-163, p. 138. Quanto às comemorações em Heidelberg em 1942, ver p. 584.
101. "Erinnerungsblätter", p. 23. Sobre essa colaboração, Reuth, *Goebbels*, p. 56 e segs.
102. *WLZ*, "Vom Geiste unserer Zeit", 24 de janeiro de 1922.
103. *WLZ*, 6 de fevereiro de 1922.
104. *WLZ*, 8 de fevereiro de 1922. O quinto artigo, "Kritik und Kunst", foi publicado em 11 de fevereiro.
105. Essa polêmica foi publicada em duas partes: "Zur Erziehung eines neuen Publikums", 21 de fevereiro e 27 de fevereiro de 1922. Ele também fez a crítica do público em "Sursum Corda", com o qual encerrou a série no dia 7 de março de 1922.
106. "Sursum Corda".
107. "Vom Geiste unserer Zeit", também "Publikum II".
108. *WLZ*, 13 de outubro de 1922. Ver, ainda, *WLZ*, 30 de setembro de 1922, "Schauspielhaus Rheydt, Flachsmann als Erzieher" (sobre um drama acadêmico publicado em 1900). BAK, NL 1.118/113, carta de demissão do jornal de 16 de outubro de 1922.
109. BAK, NL 1.118/133, palestra "Ausschnitte aus der deutschen Literatur der Gegenwart", 30 de outubro de 1922.
110. *WLZ*, 24 de novembro de 1922, "Der Bühnenvolksbund in Rheydt".
111. "Erinnerungsblätter", p. 23 e segs.
112. "Erinnerungsblätter", p. 25.
113. BAK, NL 1.118/126, 17 de fevereiro de 1919, a Anka.
114. Foi o que ele escreveu nas "Erinnerungsblätter" compostas em 1924, referindo-se a sua breve permanência, em 1919, em Frankfurt am Main, a "cidade de judeus".

115. Sobre o antissemitismo depois da Primeira Guerra Mundial: Dirk Walter, *Antisemitische Kriminalität und Gewalt. Judenfeindschaft in der Weimarer Republik*, Bonn, 1999; Cornelia Hecht, *Deutsche Juden und Antisemitismus in der Weimarer Republik*, Bonn, 2003.
116. BAK, NL 1.118/110, 22 de dezembro de 1922, E. J. a G.; StA MG, NL Goebbels/45, E. J. a G., 24 de dezembro de 1922.
117. BAK, NL 1.118/110, E. J. a G., 11 de fevereiro de 1923, assim como 31 de janeiro de 1923; a carta de 23 de abril de 1923 (ib.) reflete a depressão de Goebbels.
118. "Erinnerungsblätter", p. 25 e segs.
119. "Erinnerungsblätter", p. 25.
120. "Erinnerungsblätter", p. 27.
121. Opinião também de Thacker, *Goebbels*, p. 312 e segs.
122. "Erinnerungsblätter", p. 25.
123. *Kölner Tageblatt*, 24 de junho de 1923. Ver também "Erinnerungsblätter", p. 27. Aqui ele menciona um segundo artigo no *Kölner Tageblatt*, o qual, porém, não foi localizado. O artigo sobre o fiasco voltou a ser publicado em versão modificada no *Völkische Freiheit* de 4 de novembro de 1924.
124. NL 1.118/126; Reuth, *Goebbels*, p. 62 e segs.
125. NL Goebbels/45, n. 45.
126. "Erinnerungsblätter", p. 26.
127. "Erinnerungsblätter", p. 27 e segs.
128. *Rheydter Zeitung*, 22 de dezembro de 1923, "Schöpferische Kräfte. Richard Flisges, dem toten Freunde".
129. BAK, NL 1.118/110, E. J., 22 de setembro de 1923, sobre procura de emprego; H. G. a J. G., 18 de setembro de 1923.
130. StA MG, NL Goebbels/45, E. J. a J. G., 23 de setembro de 1923. Aqui também se encontra uma cópia de uma carta de Goebbels, na qual explica a Else que não voltará ao banco (22 de setembro de 1923). BAK, NL 1.118/113 contém cartas apreensivas do pai ao filho (23 e 27 de setembro de 1923).
131. "Erinnerungsblätter", p. 28.

2. "Sem maus-tratos não há educação"

1. TB, 25 de janeiro de 1924.
2. Klaus Reimer, *Rheinlandfrage und Rheinlandbewegung (1918-1933). Ein Beitrag zur Geschichte der regionalistischen Bestrebungen in Deutschland*, Frankfurt a. M. etc. 1979, p. 296 e segs.; Schlemmer, *"Los von Berlin". Die Rheinstaatbestrebungen nach dem Ersten Weltkrieg*, Colônia, 2007, p. 161 e segs.
3. Wolfgang Löhr, "Mönchengladbach im 19./20. Jahrhundert", in: Wolfgang Löhr (ed.), *Loca Desiderata. Mönchengladbacher Stadtgeschichte*, vol. 3/1, Mönchengladbach, 2003, p. 9-240, p. 174.
4. Christoph Waldecker, "Rheydt 1815-1974", in: *Loca Desiderata*, vol. 3/1, p. 241-372, p. 289 e segs.
5. TB, 23 de outubro de 1923.
6. TB, 24 de outubro de 1923.
7. TB, 22 de outubro de 1923.
8. StA MG, NL Goebbels/45, n. 59a, 4 de novembro de 1923.
9. TB, 18 e 27 de outubro, assim como 4, 5 e 7 de novembro de 1923. Quanto à separação, TB, 9 de novembro; as entradas de 14 e 20 de novembro, assim como a de 5 de dezembro de 1923, indicam a nova reconciliação.
10. TB, 27 de outubro de 1923.
11. TB, 31 e 27 de dezembro (sonho).
12. TB, 21 de janeiro de 1924.
13. TB, 27 de outubro de 1923.
14. TB, 5 e 31 de dezembro de 1923, assim como 5 de janeiro de 1924.
15. TB, 2 de novembro de 1923; o projeto já é mencionado em anotação de 17 de outubro. Cf. também "Erinnerungsblätter", p. 18, sobre o verão de 1920, assim como p. 25 sobre o início do ano de 1923.
16. TB, 4, 5, 7, 8 e 10 de novembro de 1923.
17. TB, 12 de novembro de 1923.
18. TB, 18 de novembro de 1923.
19. Ralf Georg Czapla, "Die Entfesselung des Prometheus. Erlösungssehnsucht und Geschichtseschatologie in Gedichtentwürfen des jungen Joseph Goebbels", in: *Internationales Archiv für die Sozialgeschichte der Literatur* 29 (2004), p. 55-83.
20. TB, 10 de novembro de 1923.
21. TB, 7 de novembro de 1923.
22. TB, 14, 15, 16, 17, 20, 23, 27 e 28 de novembro de 1923. A ideia surge pela primeira vez em 5 de novembro.
23. TB, 5 de novembro de 1923.
24. TB, 25 de dezembro de 1923.
25. TB, 12 de dezembro de 1923; cf. também 5 de dezembro.

26. TB, 9, 10 e 18 de janeiro de 1924, assim como 10 de março de 1924.
27. TB, 13 de dezembro de 1923.
28. TB, 27 de dezembro de 1923.
29. TB, 18 de janeiro de 1924: "O artista se compara a Deus; Deus é maior porque criou o novo do nada. O artista constrói o novo a partir da matéria disponível."
30. TB, 6 de fevereiro de 1924. Ver também a mesma formulação no manuscrito *Michael* (1º de junho).
31. Quanto a isso, em detalhes, Bärsch, *Goebbels*, p. 248 e segs.
32. Ver o poema "Deus" citado por Czapla, no ensaio "Desatamento": "Deus está em mim/ e eu nele" (NL 1.118/126, Aus meinem Tagebuch).
33. TB, 14 de janeiro de 1924.
34. TB, 18 de janeiro de 1924.
35. TB, 10 e 23 de novembro e 17 de dezembro de 1924, 25 e 31 de janeiro, 16 de fevereiro, assim como 29 de março de 1924; pormenores dessa experiência musical, Thacker, *Goebbels*, p. 31, 37, 51 e 60.
36. TB, 14 de fevereiro de 1924; ademais: TB, 18 de janeiro de 1924 (*O idiota*), TB, 13 e 20 de fevereiro de 1924 (*Os demônios*), assim como 27 de junho de 1924; 15 e 17 de julho de 1924 (*Niétotchka Nezvânova*), 22 de setembro de 1924 (*Humilhados e ofendidos*), assim como 21 e 26 de fevereiro de 1925 (*Os irmãos Karamázov*).
37. TB, 30 de janeiro, assim como 7 e 9 de fevereiro de 1924; no entanto, ele achou o escrito *Mas precisa mesmo ser assim?* excessivamente orientado para a Europa ocidental (9 de janeiro de 1925).
38. TB, 27 de novembro e 5 de dezembro de 1923.
39. TB, 19 e 20 de dezembro de 1923.
40. TB, 15, 22 e 24 de março de 1924.
41. Apud TB, 1º de novembro de 1923 (sobre o romance *Bandeiras negras*). Ele detestou suas "histórias de casamento" (14 de janeiro de 1924); ver, ainda, 25 de fevereiro e 11 de março de 1924 sobre o romance *Inferno*, assim como 7 de abril de 1925 a respeito da apresentação de *A dança da morte*.
42. TB, 5 de novembro e 5 de dezembro de 1923.
43. TB, 23 de outubro de 1923.
44. TB, 23 de julho de 1924.
45. TB, 25 de maio de 1924.
46. TB, 10 e 14 de novembro de 1924.
47. TB, 29 de agosto de 1924 (acerca de uma visita ao Richartz-Museum de Colônia); 25 de junho de 1925 (exposição de arte em Düsseldorf).
48. TB, 29 de dezembro de 1923.
49. TB, 1º de fevereiro de 1924.
50. TB, 10 e 13 de fevereiro de 1924.
51. TB, 27 de fevereiro a 7 de março de 1924.
52. Já no TB de 11 de dezembro de 1923, ele se havia proposto a erigir "o mais lindo monumento" à memória do amigo.
53. *Michael Voormann, Ein Menschenschicksal*, BAK, NL 1.118/127. A esse respeito, Richard M. Hunt, *Joseph Goebbels. A Study of the Formation of his National Socialist Consciousness*, Harvard, 1960; Michel, *Vom Poeten*, p. 69 e segs.
54. BAK, NL 1.118/127, registro de 15 de setembro de 1919. Ver também as frases: "A vida, um sacrifício pela humanidade" (15 de novembro de 1919) e ainda "Imolar-se pela ideia de humanidade!" (29 de abril de 1920).
55. TB, 15 de março de 1924.
56. TB, 17 de março de 1924.
57. TB, 20 de março de 1924.
58. TB, 22 de março de 1924.
59. TB, 4 de abril de 1924. Já em *Michael*, eis o que se falava acerca da "pátria" com data de 10 de junho de 1924: "No teu solo eu me arraiguei; tu és a mãe dos meus pensamentos e aspirações." Em 27 de setembro de 1924, ele escreveu sobre a "Libertação do materno solo alemão".
60. TB, 3 de abril de 1924.
61. TB, 24 e 26 de março de 1924.
62. TB, 26 de março de 1924.
63. TB, 29 de março de 1924.
64. TB, 31 de março de 1924.
65. TB, 3 de abril de 1924; também 5, 16 ("Nenhum filho bastardo") e 21 de abril de 1924, sobre sua ambivalência com relação a ela.
66. BAK, NL 1.118/113, carta a Rudolf Mosse, 22 de fevereiro de 1924.
67. TB, 26 de março e 3 de abril de 1924.
68. TB, 22 e 23 de setembro de 1924, menciona candidatura a vagas de redator.
69. TB, 29 de março de 1924.
70. TB, 31 de março de 1924.
71. TB, 5 de abril de 1924. Um relatório de um funcionário nazista informa sobre a fundação: *Kreisamtsleiter* [dirigente distrital] Pg. W. v. Ameln, "Die Stadt Rheydt und die Nationalsozialistische Deutsche Arbeiterpar-

tei", in: *Einwohnerbuch Rheydt 1936*, p. 11 e segs. Thacker, *Goebbels*, p. 35, também se refere à ata de fundação.
72. TB, 5 de abril de 1924.
73. TB, 8 de abril de 1924. Acerca do surgimento do antissemitismo de Goebbels, especialmente Christian T. Barth, *Goebbels und die Juden*, Paderborn, 2003, p. 36 e segs. No entanto, em seu estudo, Barth não teve acesso às passagens do diário da primavera de 1924.
74. TB, 9 de abril de 1924.
75. TB, 10 de abril de 1924.
76. TB, 10 de abril de 1924; as entradas de 11 e 12 de abril dão a entender que, inicialmente, ele concluiu para si o tema antissemitismo.
77. TB, 20 de junho de 1924.
78. *Rheydter Zeitung*, 24 de abril de 1924. Divulgação das propostas eleitorais do Völkisch-Sozialer Block para as eleições municipais de Rheydt.
79. TB, 29 de abril de 1924, 1º de maio de 1924.
80. TB, 29 de abril de 1924, assim como *Rheydter Zeitung*, 30 de abril de 1924.
81. TB, 29 de abril de 1924.
82. TB, 3 de maio de 1924.
83. *Rheydter Zeitung*, 5 de maio de 1924. Acerca do resultado das eleições, ver também os comentários in: TB, 5 e 7 de maio de 1924.
84. TB, 7 de maio de 1924.
85. TB, 28 de maio de 1924. Num panfleto da Schillergemeinde ("Empor zu Schiller!") encontra-se uma referência à Deutsche Schillergemeinde Verlags-Gemeinschaft Duisburg. Ver também Deutsche Schillergemeinde, *Satzungen* (ambas disponíveis na Staatsbibliothek München). Posteriormente, ele tentou em vão ministrar palestras no âmbito da Schillergemeinde: TB, 23 de maio, assim como 7 de junho de 1924; igualmente 10, 12, 14 e 16 de junho de 1924.
86. TB, 30 de maio de 1924; ver, ainda, 19 de maio de 1924.
87. TB, 12 de maio de 1924.
88. TB, 6 de junho de 1924.
89. TB, 16 e 19 de maio (apenas a citação a respeito do pessoal do Zentrum).
90. TB, 6 de junho de 1924.
91. TB, 14 e 16, assim como 23 de junho (casa revistada) de 1924.
92. TB, 14 de junho de 1924.
93. TB, 30 de junho e 4 de julho de 1924. Ver já em 1º de maio de 1924: "Nós precisamos de um Bismarck que transfira nossas ideias para o mundo dos fatos."
94. Kurt Sonntheimer, *Antidemokratisches Denken in der Weimarer Republik. Die politischen Ideen des deutschen Nationalismus zwischen 1918 und 1933*, Munique, 1968, p. 214 e segs.; Klaus Schreiner, "Wann kommt der Retter Deutschlands? Formen und Funktionen von politischem Messianismus in der Weimarer Republik", in: *Saeculum* 49 (1998), p. 107-160.
95. TB, 25 de julho de 1923; Bärsch, *Goebbels*, p. 221.
96. TB, 26 de maio de 1924; ver também 7 de junho de 1924.
97. TB, 2 e 4 de julho de 1924.
98. TB, 4 de julho de 1924.
99. TB, 7 e 9 de julho de 1924.
100. TB, 7 de julho de 1924.
101. TB, 14 de julho de 1924.
102. TB, 30 de julho, assim como 13 e 14 de agosto de 1924.
103. TB, 28 de julho de 1924.
104. TB, 25 de maio de 1924.
105. TB, 10 de junho de 1924.
106. TB, 23 de julho de 1924.
107. TB, especialmente 9 de maio, 18 de junho (sonho), 9, 14 e 21 de julho (sonho) de 1924.
108. TB, 23 de julho de 1924.
109. TB, 17 de julho de 1924.
110. TB, 30 de julho de 1924. Sobre seu estado depressivo, ver também a entrada de 31 de julho de 1924.
111. TB, 11 de agosto de 1924.
112. TB, 7 de agosto de 1924.
113. TB, 13 de agosto de 1924.
114. TB, diversos apontamentos entre 1º e 11 de agosto de 1924. Em 11 de agosto, ele escreve que as "memórias da juventude devem chegar até o dia 17 de outubro de 1923, o início do meu diário".
115. TB, 8 de agosto de 1924.
116. TB, 1º e 2 de agosto de 1924.
117. Reproduzida in: TB, 1º de agosto de 1924.
118. TB, 2 de agosto; ver também os apontamentos de 4 e 7 de agosto de 1924.
119. TB, 11 de agosto; ver também 13, 14 e 15 de agosto de 1924.

120. TB, 1º de agosto de 1924.
121. TB, 8 de agosto de 1924. Sobre sua relação com a mãe e a transferência da imagem materna para as namoradas, ver Bärsch, *Goebbels*, p. 230 e segs.
122. TB, 8 de agosto de 1924.
123. TB, 1º de agosto de 1924.
124. TB, 12 de agosto de 1924; ver também 13 e 15 de agosto de 1924.
125. TB, 13 de agosto de 1924; ver também 14 de agosto.
126. TB, 11 e 13 de agosto de 1924.
127. TB, 1, 11 e 13 de agosto de 1924.
128. Reuth, *Goebbels*, p. 78 e segs.; David Jablonsky, *The Nazi Party in Dissolution: Hitler and the Verbotzeit, 1923-1925*, Londres/Totowa, 1989, p. 118 e segs.
129. TB, 13, 14 e 15 de agosto de 1924.
130. TB, 19 de agosto de 1924.
131. TB, 31 de agosto de 1924.
132. Bärsch, *Goebbels*, p. 226.
133. TB, 19 de agosto de 1924.
134. TB, 20 de agosto de 1924.
135. TB, 22 de agosto de 1924. Quanto a isso, Reuth, *Goebbels*, p. 81.
136. TB, 4, 10, 17, 18, 19, 25, 27 e 28 de setembro de 1924; ver também referência já em 11 de agosto: "Ontem em Rheindahlen. Nacionalmente esclarecido."
137. TB, 27 de setembro de 1924.
138. TB, 11 de julho de 1924.
139. TB, 30 de agosto de 1924. Nas semanas seguintes, encontram-se alusões quase diárias a sua atividade jornalística no *Völkische Freiheit*. Sobre essa atividade, ver também Thacker, *Goebbels*, p. 42 e segs.
140. TB, 4 de setembro de 1924.
141. TB, 22 de setembro de 1924.
142. TB, 27 de setembro de 1924.
143. 13 de setembro de 1924, "National und sozial".
144. 4 de outubro de 1924, "Industrie und Börse". Igualmente: "An alle schaffenden Stände", 15 de novembro de 1924: "O socialismo só é possível no bojo de um Estado nacional. Nacional e social não se excluem, pelo contrário, são uma só e a mesma coisa."
145. Quanto ao debate sobre o futuro sistema econômico, ver Reinhard Kühnl, *Die nationalsozialistische Linke, 1925-1930*, Meisenheim a. Glan, 1966, sobretudo p. 57 e segs. O debate também se refletiu particularmente nas cartas dos nazistas, por exemplo, Rud. Jung, "Nationaler oder internationaler Sozialismus", 15 de setembro de 1926, Rosikat, "Die Frage der Führungs- und Besitzbeteiligung", assim como W. W., "Werksgemeinschaft", ambas de 15 de dezembro de 1926; Gregor Strasser, "Nationaler Sozialismus!", 15 de fevereiro de 1927; W. v. Corswani-Cuntzow, "Die Frage der Führungs- und Besitzbeteiligung", 15 de fevereiro de 1927; "Privateigentum?", 1º de março de 1927; Willi Hess, "Gewinnbeteiligung", 1º de agosto de 1927; Gregor Strasser, "Ziele und Wege", 1º de julho de 1927.
146. TB, 7 de abril de 1925.
147. *VF*, 18 de outubro de 1924, "Völkische Kulturfragen".
148. *VF*, 25 de outubro de 1924.
149. TB, 15 de setembro de 1924.
150. TB, 27 de setembro de 1924.
151. TB, 3 de outubro de 1924; *VF*, 4 de outubro de 1924, Notiz.

3. "O maior sacrifício é trabalhar o espírito"

1. TB, 25 de outubro de 1924. Os apontamentos no diário de 11 de outubro de 1924 a 14 de março de 1925 só foram disponibilizados a partir de 2004, na edição de Fröhlich: analisados pela primeira vez por Thacker, *Goebbels*, p. 44 e segs.
2. Equivocadamente chamado de Neuhöfer por Goebbels.
3. TB, 4 de novembro de 1924.
4. TB, 12 de novembro de 1924, também 11 de outubro de 1924.
5. TB, 22 de novembro, sobre a reunião em Mönchengladbach e em Rheydt; 27 de novembro: Hamborn; 6 de dezembro: Velbert.
6. TB, 22 e 29 de novembro, 4 de dezembro de 1924.
7. TB, 4, 9, 12 (apud) e 19 de dezembro de 1924, assim como 2 de fevereiro de 1925. Sobre Kaufmann: Frank Bajohr, "Hamburgs 'Führer'. Zur Person und Tätigkeit des Hamburger NSDAP-Gauleiters Karl Kaufmann", in: *Hamburg in der NS-Zeit*, Hamburgo 1995, p. 59-91. Ver também o perfil de Kaufmann publicado por Goebbels na *NS-Briefe* (15 de junho de 1926).
8. TB, 9, 12 e 19 de dezembro, 6 de janeiro de 1925 (apud).
9. TB, 12 de janeiro, 9 de fevereiro de 1925.

10. TB, 9 de dezembro de 1924.
11. *VF*, 20 de dezembro de 1924, "Das Gebot der Stunde: Sammeln!"; ver, ainda, Reuth, *Goebbels*, p. 85.
12. TB, 12 e 15 de dezembro de 1924.
13. TB, 12 de dezembro de 1924.
14. TB, 19 de dezembro.
15. TB, 23 de dezembro.
16. TB, 30 de dezembro de 1924, 2 de janeiro de 1925.
17. TB, 30 de dezembro de 1924.
18. *VF*, 8 de novembro de 1925, "Gebt Adolf Hitler dem deutschen Volke wieder", assim como Heldenverehrung. ("Der Persönlichkeitsgedanke ist die innere Triebkraft jeder grossen völkischen und nationalen Bewegung.")
19. TB, 23 de dezembro de 1924.
20. "Opfergang", 10 de janeiro de 1925.
21. *VB* (B), 20 de abril de 1935. Acerca da relação de Goebbels com Hitler, ver Bärsch, *Goebbels*, p. 193 e segs.
22. TB, 8 de janeiro de 1925.
23. "Der Geist des Westens", in: *VF*, 17 de janeiro de 1925. Sobre a gênese, também TB, 8 de janeiro de 1925; reimpressão parcial in: *VB*, 24 de maio de 1925. Goebbels leu o artigo "Arbeiterpartei?" no *Reichswart* de 17 de janeiro de 1925 como "melhor resposta" ao seu ataque a Reventlow (19 de janeiro de 1925). Entretanto, esse artigo não chegava a ser uma resposta direta.
24. TB, 23 de dezembro de 1924.
25. TB, 23 de dezembro de 1924.
26. TB, 14 de janeiro de 1925; também 17 e 26 de janeiro de 1925.
27. TB, 29 de janeiro, 3 de fevereiro (apud), assim como 5 e 9 de fevereiro de 1925.
28. TB, 12 de fevereiro de 1925. Ademais: 14 e 21 de fevereiro de 1925.
29. TB, 26 de fevereiro de 1925.
30. TB, 2 e 6 de março de 1925.
31. Jablonsky, *The Hitler Party*, p. 158.
32. TB, 14 de fevereiro.
33. Kershaw, *Hitler*, vol. I, p. 339.
34. TB, 23 de fevereiro de 1925. Albrecht Tyrell, *Führer befiehl [...] Selbstzeugnisse aus der "Kampfzeit" der NSDAP; Dokumentation und Analyse*, Düsseldorf, 1969, n. 39: comunicado à imprensa do NSDAP, *Gau* de Hanôver, 23 de fevereiro de 1925, ref. à decisão aprovada no congresso de Hamm (apud).
35. TB, 26 de fevereiro de 1925.
36. TB, 23 de fevereiro de 1925.
37. TB, 3 de março de 1925. A exortação foi publicada no *VB* de 26 de fevereiro de 1925: "Aufruf an die ehemaligen Angehörigen der Nationalsozialistischen Deutschen Arbeiterpartei (Adolf Hitler, *Reden, Schriften. Anordnungen*, vol. 1, Munique, 1992, doc. 3).
38. *15 Entwürfe für Schriftplakate oder Flugblätter zur Ankündigung von Vorträgen für die NSDAP (Schrijt)*, Elberfeld.
39. TB, 28 de março de 1925. A respeito de suas atividades, Reuth, *Goebbels*, p. 88 e segs.
40. Greifswald, 1925.
41. TB, 21 de outubro de 1925.
42. TB, 2 de maio de 1925, também 6 de maio de 1925. A organização finalmente foi fundada no dia 7 de maio em Hattingen: TB, 8 de maio de 1925, também 11 e 12 de maio, assim como 18 de junho de 1925.
43. TB, 20 de março de 1925: "Eleição do presidente do Reich! Devemos eleger Ludendorff. Será que vale a pena?" 23 de março de 1925: "Vamos eleger Ludendorff presidente do Reich. Hitler é mesmo fantástico." Ver, ainda, Kershaw, *Hitler*, vol. I, p. 346.
44. TB, 18 de março de 1925.
45. TB, 7 de abril de 1925.
46. TB, 16 de abril de 1925; sobre a luta com Ripke também 30 de março, 14 e 28 de abril de 1925.
47. TB, 4 de abril de 1925.
48. *Deutsche Wochenschau, Nachrichtendienst der nationalsozialistischen Freiheits-Bewegung Grossdeutschlands*, 21 de junho de 1925; "Der Nationalsozialismus im Westen".
49. TB, 27 de abril de 1925 ver também 28 de abril de 1925; quando ele ainda manifestou certas dúvidas quanto ao futuro papel de Hindenburg. Sobre os comícios eleitorais, TB, 22 a 27 de abril de 1925.
50. TB, 8 de maio de 1925.
51. TB, 22 de maio de 1925 (*détente*). TB, 23, 27, 28 de maio, 9 e 15 de junho de 1925 indicam uma nova deterioração da relação.
52. TB, 15 de junho de 1925.
53. Quanto a isso, ver os discursos de Hitler, em junho de 1925, em Plauen e Stuttgart: *RSA*, vol. I, doc. 48-51, por ex., doc. 48, "Rede in Plauen", 11 de junho de 1925: "Nacional e social são dois conceitos idênticos. Não há socialismo sem amor ardoroso ao nosso povo, não há nacional-socialismo sem aspiração à justiça social incondicional."

54. Em 24-25 de maio, o *VB* publicou um longo trecho do artigo embutido numa matéria do "Nationalsozialismus am Rhein und an der Ruhr", assinada por Willi Hess, um conhecido de Goebbels.
55. "Idee und Opfer", 14-15 de junho de 1925, também in: *Deutsche Wochenschau* de 23 de agosto de 1925, assim como in: Joseph Goebbels, *Zweite Revolution. Briefe an Zeitgenossen*, Zwickau, 1926, p. 17-21. As reimpressões apresentam pequenos desvios do original.
56. "Verkalkte Intelligenz", 21-22 de junho de 1925, também in: *Zweite Revolution*, p. 21-25.
57. "Volksgemeinschaft und Klassenkampf", 26-27 de julho, também in: *Deutsche Wochenschau*, 11 de outubro de 1925 como "Volksgemeinschaft oder Klassenkampf", também (como "Klassenkampf und Volksgemeinschaft") in: Goebbels, *Zweite Revolution*, p. 13-16. O artigo surgiu após uma visita de Goebbels ao congresso nacional do Völkische Freiheitsbewegung em Elberfeld (TB, 20 de junho de 1925); sobre o artigo, ver, ainda, TB, 1º de julho de 1925: "Ein Hieb mehr in den faulen Stamm der Bourgeoisie".
58. "Der Freiheitsgedanke", 17 de outubro, também in: *Zweite Revolution*, p. 48-51; "Weihnachtsbrief an einen Zuchthäusler, *VB*, 25-26 de dezembro, também como "Zuchthaus" in: Joseph Goebbels, *Wege ins Dritte Reich. Briefe und Aufsätze für Zeitgenossen*, Munique, 1927, p. 56-60.
59. TB, 23 de junho de 1925; ver também 10 de julho de 1925.
60. TB, 18 e 29 de junho, Ripke teria ficado chocado com o artigo "Verkalkte Intelligenz". Mais a respeito de Ripke: 1º, 6 e 8 de julho de 1925.
61. TB, 2 de abril de 1925. Sobre os problemas financeiros, também 30 de março, 4, 7, 11 e 28 de abril, assim como 6 de maio de 1925.
62. TB, 16 de abril de 1925.
63. TB, 22 de abril de 1925.
64. TB, 18 de abril de 1925.
65. TB, 18, 20 e 22 de abril de 1925. Ver, ainda, 23 de junho de 1925: "Elisabeth Gensicke escreve-me uma carta desesperada. Como hei de ajudar a pobre criatura!?"
66. TB, 7, 18 e 25 de abril de 1925; 22 e 29 de maio de 1925; feriado de Pentecostes com Else: 4 de junho de 1925.
67. TB, 8 de junho de 1925.
68. TB, 14 de julho de 1925. Ulrich Höver, *Joseph Goebbels. Ein nationaler Sozialist*, Bonn, 1992, p. 279, presume que o primeiro encontro Goebbels-Hitler tenha ocorrido na segunda semana de junho de 1925, coisa que a edição integral dos diários permite excluir. Ela confirma a suposição já enunciada por Reuth, *Goebbels*, p. 90, de que o primeiro encontro tenha sido no dia 12 de julho. A esse respeito, ver também Thacker, *Goebbels*, p. 53.
69. TB, 10 de julho de 1925, "Nenhum centavo em caixa. É o que afirmam. Eles tornam o controle impossível para nós". Sobre a queda de Ripke, ver também Reuth, *Goebbels*, p. 90 e segs. Cf., ainda, os apontamentos no diário entre 15 e 25 de julho de 1925.
70. TB, 27 de julho de 1925.
71. TB, 3 de agosto de 1925.
72. Ulrich Klein, "'Mekka des deutschen Sozialismus' oder 'Kloake der Bewegung'? Der Aufstieg der NSDAP in Wuppertal 1920 bis 1934", in: Klaus Goebel (ed.), *Über allem die Partei*, Oberhausen, 1987, p. 105-149, p. 120.
73. TB, 29 de julho de 1925.
74. TB, 31 de julho de 1925.
75. TB, 29 de julho de 1925.
76. TB, 15 de agosto de 1925.
77. TB, 21 de agosto de 1925. BAB, NS 1/340, Strasser a G., 29 de agosto de 1925, resposta, 31 de agosto de 1925. Sobre o papel de Goebbels no "bloco ocidental", ver Reuth, *Goebbels*, p. 91 e segs., assim como Thacker, *Goebbels*, p. 56 e segs.
78. TB, 31 de agosto, 7 de setembro de 1925.
79. TB, 29 de agosto de 1925; ver também já em 10 de agosto: "Estou lendo o livro de Hitler *Mein Kampf* e estou abalado com essa confissão política."
80. TB, 11 de setembro de 1925; Reuth, *Goebbels*, p. 92; Gerhard Schildt, *Die Arbeitsgemeinschaft Nord- West. Untersuchungen zur Geschichte der NSDAP 1925/26*, tese de doutorado, Friburgo, 1964, p. 105 e segs. Sobre Hagen: BAB, NS 1/340, telegrama de Strasser, 9 de setembro de 1925, Goebbels a Strasser, 11 de setembro de 1925 (com um relatório sobre o congresso), também publicado in: Schildt, *Arbeitsgemeinschaft*, p. VIII e segs.; Hermann Fobke, "Aus der nationalsozialistischen Bewegung. Bericht über die Gründung der Arbeitsgemeinschaft der nord- und westdeutschen Gaue der NSDAP", 11 de setembro de 1925, impresso in: Werner Jochmann (ed.), *Nationalsozialismus und Revolution. Ursprung und Geschichte der NSDAP in Hamburg, 1922-1933*. Documentos, Mannheim, 1963, n. 66.
81. TB, 11 de setembro de 1925.
82. TB, 28 de setembro de 1925; Reuth, *Goebbels*, p. 92.
83. TB, 30 de setembro e 2 de outubro de 1926.
84. BAB, NS 1/340, 9 de outubro de 1925, impresso in: Jochmann, *Nationalsozialismus*, n. 67.
85. TB, 16, 25, 26 e 28 de setembro, 12, 15 e 21 de outubro de 1925.
86. Sobre a *Briefe*: Schildt, *Arbeitsgemeinschaft*, p. 115 e segs.

87. "Das russische Problem", in: *NS-Briefe*, 15 de novembro de 1925. O artigo tem a forma de uma carta ao imaginário Ivan Wienurowski; nela Goebbels usou partes do manuscrito de *Michael*. Encontram-se ideias parecidas no artigo "Nationalsozialismus oder Bolschewismus", in: *NS-Briefe*, 15 de outubro de 1925. Cf. também Höver, *Goebbels*, p. 184 e segs.
88. *VB*, 14 de novembro de 1925, "Rede und Gegenrede über das 'russische Problem'". Inicialmente, o artigo devia ter sido publicado no *VB* em agosto: TB, 10 de agosto de 1925.
89. TB, 12 de outubro de 1925.
90. TB, 14 de outubro de 1925.
91. Adolf Hitler, *Mein Kampf. Zwei Bände in einem Band*, p. 286-290. Munique, 1938, p. 358 e 154; ver também Reuth, *Goebbels*, p. 92 e segs.
92. TB, 6 de novembro de 1925, sobre o encontro ocorrido no dia 4; cf. Reuth, *Goebbels*, p. 93 e segs.
93. BAB, NS 1/340, 5 de novembro de 1925.
94. TB, 23 de novembro de 1925. O discurso de Hitler está documentado in: *RSA*, doc. 82, 4 de novembro de 1925.
95. "Die Führerfrage", in: *Zweite Revolution*, p. 5-8.
96. Ian Kershaw, *Der Hitler-Mythos. Führerkult und Volksmeinung*, Stuttgart, 2002, p. 40 e segs.
97. TB, 23 de novembro de 1925; ver também Reuth, *Goebbels*, p. 94. Quanto à discussão do programa na virada do ano: Ulrich Wörtz, *Programmatik und Führerprinzip: Das Problem des Strasser-Kreises in der NSDAP. Eine historisch-politische Studie zum Verhältnis von sachlichem Programm und persönlicher Führung in einer totalitären Bewegung*, tese de doutorado, Erlangen, 1966, p. 86 e segs.; sobre o encontro de Hanôver, Schildt, *Arbeitsgemeinschaft*, p. 118 e segs.; relatório do encontro de Goebbels na *NS-Briefe* de 1º de dezembro de 1925.
98. TB, 18 e 23 de dezembro de 1925, 4 de janeiro de 1926. Acerca do projeto de programa de Strasser, Schildt, *Arbeitsgemeinschaft*, p. 127 e segs. Está documentado o esboço de Reinhard Kühnl, "Zur Programmatik der nationalsozialistischen Linken: Das Strasser-Programm von 1925/26", in: *VfZ* 14 (1966), p. 317-333. O original, assim como diversos comentários de membros do partido, encontra-se no BAB, NS 26/896.
99. TB, 29 de dezembro de 1925.
100. TB, 16 e 29 de dezembro de 1925.
101. TB, 11 e 16 de janeiro de 1926. Sobre o acordo com Pfeffer, ver apontamento em TB, 29 de dezembro de 1925.
102. *NS-Briefe*, 15 de janeiro de 1926. Ver também TB, 20 de janeiro de 1926: "Tenho refletido muito sobre o problema da política externa. Não se pode ignorar a Rússia. A Rússia é o alfa e ômega de qualquer política externa resoluta."
103. *Deutsche Wochenschau*, 29 de dezembro de 1925.
104. Trabalho no discurso: TB, 24 e 30 de dezembro de 1925, assim como 4 e 6 de janeiro de 1926.
105. NS 1/339II, envio do manuscrito em 3 de abril à editora.
106. *Lenin oder Hitler? Eine Rede. Gehalten am 19. Februar 1926 im Opernhaus in Königsberg i. Pr.*, Zwickau, 1926; Schildt, *Arbeitsgemeinschaft*, p. 174 e segs.
107. Schildt, *Arbeitsgemeinschaft*, p. 140 e segs.
108. Feder a Goebbels, 23 de dezembro de 1925, BAB, NS 1/341I.
109. TB, 25 de janeiro de 1926; cf. Reuth, *Goebbels*, p. 96; BAB, NS 1/340, resolução (adendo a uma carta de O. Strasser a Goebbels, 26 de janeiro de 1925), ambos impressos in: Jochmann, *Nationalsozialismus*, n. 72.
110. TB, 20 de janeiro, 6 e 11 de fevereiro de 1926.
111. Otto Strasser se posicionara claramente contra a indenização do principado, na *NS-Briefe*, com o pseudônimo Ulrich von Hutten (15 de dezembro de 1925), ideia que Goebbels achou "ótima". Goebbels a Strasser, 11 de dezembro de 1925 (BAB, NS 1/340). Sobre a indenização do principado: Jung, *Demokratie*, p. 49 e segs.; Ulrich Schüren, *Der Volksentscheidug zur Fürsteneignung*, 1926. *Die Vermögensauseinandersetzung mit den depossedierten Landesherren als Problem der deutschen Innenpolitik unter besonderer Berücksichtigung der Verhältnisse in Preussen*, Düsseldorf, 1978.
112. TB, 15 de fevereiro. Acerca de Bamberg, cf. Reuth, *Goebbels*, p. 98 e segs.; Wolfgang Horn, *Der Marsch zur Machtergreifung. Die NSDAP bis 1933*, Königstein i. Ts./Düsseldorf, 1980, p. 240 e segs.; Schildt, *Arbeitsgemeinschaft*, p. 155 e segs. O discurso de Hitler está documentado in: *RSA*, doc. 101.
113. Apenas uma breve entrada no TB, 7 de março de 1926. Ver *NS-Briefe* de 1º de março de 1926, "Essen, eine Etappe" (convocação concebida por Goebbels para o Congresso da Unidade em Essen nos dias 6 e 7 de março); ver Schildt, *Arbeitsgemeinschaft*, p. 169 e segs.
114. Feder a Hitler, assim como ao presidente da Comissão de Arbitragem, Heinemann, 2 de maio de 1926, impresso por Tyrell, *Führer*, n. 52. Feder se referiu ao artigo de Goebbels "Ost-oder Westorientierung".
115. TB, 13 de março de 1926.
116. "Der Apfelsinenkrieg", in: *NS-Briefe*, 15 de março de 1926, também in: Goebbels, *Wege*, p. 40-44.
117. BAB, NS 1/340, Strasser a Goebbels, 1º de abril, e resposta de 6 de abril de 1926.
118. TB, 13 de abril de 1926, sobre a visita a Munique. A esse respeito, Reuth, *Goebbels*, p. 100 e segs.
119. Relato no *VB*, 10 de abril de 1926.
120. Quanto a isso, carta de Kaufmann a Heinemann in: "OPG-Verfahren Karl Kaufmann", 24 de junho de 1926, parcialmente impresso in: Tyrell, *Führer*, p. 128 e segs., na qual Kaufmann se queixa claramente da falta de ideias "socialistas" no discurso.

121. Joseph Goebbels, *"Der Nazi-Sozi". Fragen und Antworten für den Nationalsozialisten*, 1. ed., Munique, 1929, p. 18.
122. TB, 13 de abril de 1926.
123. TB, 15 e 16 (apud) de abril de 1926.
124. Sobre a estada de Hitler em Stuttgart: *RSA*, doc. 128-131 (17 e 18 de abril de 1926).
125. TB, 19 de abril de 1926.
126. BAB, NS 1/340, Goebbels a Gregor Strasser, 19 de abril de 1926.
127. *NS-Briefe*, 15 de maio de 1926; cf. também Reuth, *Goebbels*, p. 102.
128. TB, 24 de maio de 1926; *RSA*, doc. 144, 22 de maio de 1926, "Protokoll der Generalmitgliederversammlung", p. 444. Ver, ainda, Horn, *Machtergreifung*, p. 278 e segs.
129. TB, 3 e 8 de maio de 1926, acerca da neutralização provisória da "dinamite", 10 de maio de 1926; Reuth, *Goebbels*, p. 102 e segs.
130. TB, 12 e 14 de junho de 1926. A instabilidade psíquica tornava questionáveis suas qualidades de líder político; ver antes disso TB, 2 de janeiro de 1926, sobre a festa de ano-novo em que Kaufmann teve "um de seus horrendos ataques nervosos", ameaçando suicidar-se; também TB, 6 e 20 de janeiro de 1926.
131. TB, 31 de janeiro de 1926; 1º de fevereiro de 1926: "Kaufmann não me trata como amigo. Elbrechter está por trás disso." Ib., 29 de março de 1926: "Longa conversa com Karl Kaufmann. Sobre Elbrechter. Será que a culpa é só minha? Eu tenho problemas pessoais com Elbrechter?"
132. TB, 14 de junho de 1926.
133. Kaufmann acusou Pfeffer de não ter declarado, por ocasião da fusão, a dívida de alguns milhares de marcos que havia contraído. O fato gerou uma sindicância, na qual Goebbels depôs a favor de Pfeffer. Isso levou Kaufmann a se queixar com Himmler da falsidade de Goebbels: BAB, OPG Karl Kaufmann, 7 de junho de 1927; Hüttenberger, *Gauleiter*, p. 47.
134. TB, 7 de junho de 1926; ver também os apontamentos in: TB a partir de 31 de maio de 1926. Sobre a mudança de *Gauleiter*: Wilfried Böhnke, *Die NSDAP im Ruhrgebiet*, Bonn-Bad Godesberg, 1974, p. 117 e segs.
135. TB, 16 de junho de 1926; também 17, 19 e 21 de junho de 1926. Quanto à participação de Hitler nesses dias: *RSA*, doc. 152, 14 de junho, discurso em Elberfeld; doc. 153, 15 de junho (Hattingen); doc. 155, 16 de junho de 1926 (Essen); doc. 157, 18 de junho (Essen); doc. 158, 20 de junho de 1925 (Essen).
136. TB, 10 de junho, 12 de junho e 6 de julho de 1926. Sobre a preparação da tomada de posse da direção do *Gau* berlinense, Reuth, *Goebbels*, p. 104 e segs., assim como Albrecht Tyrell, "Führergedanke und Gauleiterwechsel. Die Teilung des Gaues Rheinland der NSDAP 1931", in: *VfZ* 1975, p. 341-374, p. 352.
137. TB, 6 de julho de 1926. Quanto à transcorrência, ver a cobertura do *VB*, 3-8 de julho de 1926.
138. *VB*, 8 de julho de 1926, discurso de Goebbels "Arbeiter und Student".
139. TB, 6 de julho de 1926.
140. TB, 12 de julho de 1926.
141. TB, de 18 de julho a 1º de agosto de 1926.
142. TB, 23 de julho de 1926.
143. TB, 24 de julho de 1926.
144. TB, 25 de julho de 1926, também 26 de julho de 1926.
145. TB, 31 de julho/1º de agosto de 1926.
146. TB, 30 de julho de 1926: "12 Uhr beim Chef. Ernste Beratung. Pfeffer wird Reichs S.A. Führer".
147. TB, 4 de agosto de 1926.
148. *NS-Briefe*, 15 de setembro de 1926, "Die Revolution als Ding an sich", impresso também in: Goebbels, *Wege*, p. 44-51.
149. TB, 27 e 28 de agosto de 1926.
150. TB, 17 de setembro de 1926.
151. TB, 23-27 de setembro de 1926. Em todo caso, a "carta de despedida" que ela escreveu a ele não foi a primeira: ver 12 de junho de 1926.
152. TB, 16 de outubro de 1926. Ver, ainda, 18 de outubro sobre a decisão definitiva. Helmut Heiber (ed.), *Joseph Goebbels, Das Tagebuch 1925/26*, Stuttgart, 1960, doc. 2. Ver também carta de Schmiedicke a Goebbels, 16 de outubro de 1926, segundo a qual a cúpula do partido em Berlim pedira a Munique a nomeação de Goebbels (Heiber, *Tagebuch*, doc. 2).
153. TB, 1º e 6 de novembro de 1926.
154. *NS-Briefe*, 1º de outubro de 1926, Gregor Strasser, "Rückblick und Ausblick".

4. "A fé move montanhas"

1. Literatura sobre a pré-história do NSDAP em Berlim: Gerhard Neuber, *Faschismus in Berlin. Entwicklung und Wirken der NSDAP und ihrer Organisationen in der Reichshauptstadt 1920-1934*, MS, tese de doutorado, Berlim, 1976, p. 52 e segs.; Stefan Oberwallney, *SA in Berlin. Die Realität des Strassenkampfes 1926-1933*, dissertação de mestrado, Universidade Livre de Berlim, 1993; Bernd Kruppa, *Rechtsradikalismus in Berlin 1918-1928*, Berlim/Nova York, 1988; Thomas Friedrich, *Die missbrauchte Hauptstadt. Hitler und Berlin*, Berlim, 2007, p. 72 e segs. Sobre o número de filiados e os resultados eleitorais: Oberwallney, *SA*, p. 4, assim como Julius K.

Engelbrechten, *Eine braune Armee entsteht. Die Geschichte der Berlin-Brandenburger SA*, p. 39; Otto Büsch/ Wolfgang Haus, *Berlin als Hauptstadt der Weimarer Republik, 1919-1933*, Berlim/Nova York, 1987, p. 408.
2. Kruppa, *Rechtsradikalismus*, p. 335 e segs. Acerca da história do NSDAP berlinense nessa época, há uma série de relatórios mensais de uso interno do partido elaborados por Reinhold Muchow, o chefe de propaganda e organização da seção de Neukölln. Foram editados por Martin Broszat: "Die Anfänge der Berliner NSDAP 1926/27", in: *VfZ* 8 (1960), p. 85-118. Quanto à situação da organização do partido em Berlim antes da tomada de posse de Goebbels, ver o relatório da situação de outubro de 1926, p. 101 e segs., lá impresso. Sobre a convenção de 25 de agosto de 1926: Departamento IA do Serviço Exterior, acrescentado ao informe sobre a situação do NSDAP, 26 de agosto de 1926, impresso in: Heiber, *Tagebuch*, doc. 1, assim como Engelbrechten, *Armee*, p. 45 e segs.
3. Helmut Heiber, *Joseph Goebbels*, Berlim, 1965, p. 57 e segs.; Reuth, *Goebbels*, p. 108 e segs.; Peter Longerich, *Geschichte der SA*, Munique, 2003, p. 60 e segs.; Kruppa, *Rechtsradikalismus*, p. 337 e segs.; Neuber, *Faschismus*, p. 62 e segs.; Friedrich, *Hauptstadt*, p. 123 e segs. (com avaliação crítica da versão de Goebbels).
4. *Kampf um Berlin. Der Anfang*, Munique, 1931.
5. Trata-se dos apontamentos de 1º de novembro de 1926 a 13 de abril de 1928, publicados no volume 1 II da edição organizada por Elke Fröhlich. As entradas foram analisadas pela primeira vez por Thacker, *Goebbels*, p. 78 e segs.
6. TB, 11 de novembro de 1926.
7. Schmiedicke a Goebbels, 28 de outubro de 1926 (Heiber, *Tagebuch*, doc. 3).
8. *RSA*, II/1 doc. 40, diretiva de Hitler de 26 de outubro de 1926, segundo o *VB* de 28 de outubro de 1926.
9. TB, 11 de novembro de 1926. Sobre a hospedagem na casa de Steiger: G. Strasser, compilação dos ataques efetuados e de sua réplica na reunião dos dirigentes de sexta-feira, 10 de junho de 1927 (Heiber, *Tagebuch*, doc. 14).
10. TB, 11 e 13 de novembro de 1926: um "bom rapaz, honesto, trabalhador, confiável". Os comentários negativos encontram-se em 8, 15 e 17 de dezembro de 1926. Sobre Gutsmiedl: *Reichstags-Handbuch 1933*, Berlim, 1934. Quanto ao afastamento de Gutsmiedl das atividades partidárias, aqui se lê que, "por motivo de doença", ele retomou sua antiga profissão de administrador agrícola em 1927 e a exerceu até agosto de 1932. Em setembro desse ano, voltou a se dedicar inteiramente ao partido, agora na NSBO [a organização de células partidárias nas empresas].
11. TB, 11 de novembro de 1926.
12. TB, 11 de novembro de 1926; *Berliner Tageblatt*, 10 de novembro de 1926. Acerca do evento: "Situationsbericht Oktober 1926", in: Broszat, "Anfänge", p. 101 e segs.; cf. Reuth, *Goebbels*, p. 111.
13. TB, 11 de novembro de 1926; ver também a anotação de 15 de novembro de 1926 acerca de um novo encontro com Hitler, que deixara a cidade no dia 10.
14. TB, 11, 12, 15 e 18 de novembro de 1926.
15. TB, 11 de novembro de 1926; ver também 13, 15 e 18 de novembro de 1926.
16. TB, 1º de dezembro de 1926, assim como 25 de julho de 1927.
17. Friedrich, *Hauptstadt*, p. 119 e segs.
18. Circular de 9 de novembro de 1926, impresso in: Heiber, *Tagebuch*, doc. 4; cf. Reuth, *Goebbels*, p. 111.
19. TB, 12 de novembro de 1926; já hostil a Hauenstein, ib., 16 de outubro de 1926.
20. TB, 15 de novembro de 1926.
21. TB, 18 de novembro de 1926: "subscreveram-se 1.600 marcos", Muchow, "Situationsbericht Oktober 1926", in: Broszat, "Anfänge", p. 101 e segs., 104; Goebbels, *Kampf*, p. 26; Engelbrechten, *Armee*, p. 48; Goebbels, "Opfergang" (sobre a fundação), in: *NS-Briefe*, 1º de janeiro de 1927. Ver também TB, 21 de dezembro de 1926, sobre o discurso na União pela Liberdade na véspera.
22. TB, 15 de novembro de 1926; *Spandauer Zeitung*, 15 de novembro de 1926; *Die Rote Fahne*, 16 de novembro de 1926; Engelbrechten, *Armee*, p. 48 e segs. Ver Reuth, *Goebbels*, p. 113.
23. TB, 21 de novembro de 1926; Goebbels, *Kampf*, p. 43; Muchow, "Situationsbericht Oktober 1926", in: Broszat, "Anfänge", p. 101 e segs., 104.
24. TB, 1º de dezembro de 1926.
25. TB, 8 de dezembro de 1926.
26. TB, 17 e 18 de dezembro de 1926; ver também 10 de janeiro de 1927.
27. TB, 1º, 12 e 17 de dezembro de 1926; "Situationsbericht Dezember 1926", in: Broszat, "Anfänge", p. 105 e segs., p. 106; ver Reuth, *Goebbels*, p. 113.
28. TB, 17 de dezembro de 1926. Ver também *Kampf*, p. 46, onde ele diz ter desenvolvido, em Berlim, um "estilo totalmente novo de discurso político". Na propaganda nazista na capital do Reich, falar-se-ia "uma língua nova e moderna que nada tem a ver com as arcaicas formas de expressão ditas *völkisch*".
29. TB, apontamentos, entre outros, de 18 de novembro, 4, 15, 17 e 18 de dezembro de 1926. Ver também suas observações in: *Kampf*, p. 45 e segs., sobre Mjölnir, assim como seu artigo "Propaganda in Wort und Bild" na *NS-Briefen* de 25 de março de 1927, também in: *Wege*, p. 23-25.
30. TB, 18 de novembro de 1926.
31. TB, 21 de novembro, assim como 3 e 18 de dezembro de 1926: Goebbels continuou fazendo essas visitas no ano-novo; ver, por exemplo 3, 13 e 17 de janeiro de 1927.
32. TB, 30 de dezembro de 1926, assim como 1º de janeiro de 1927.

33. TB, 15 de dezembro de 1926, 4 de janeiro de 1927; *Kampf*, p. 24 e segs. (apud) e p. 52; Muchow, "Situationsbericht Dezember 1926", in: Broszat, "Anfänge", p. 105 e segs., p. 106; ver, ainda, Reuth, *Goebbels*, p. 114.
34. Muchow, "Situationsbericht Dezember 1926", in: Broszat, "Anfänge", p. 105 e segs., p. 106 (música); Engelbrechten, *Armee*, p. 48; TB, 29 de janeiro de 1926 (carro); ver Reuth, *Goebbels*, p. 114 e segs.
35. TB, 28 de novembro de 1926 sobre sua viagem ao oeste alemão, assim como 6 de dezembro de 1926 sobre a viagem a Dessau e Weimar.
36. TB, 12 de dezembro de 1926. Acerca da leitura também 30 de dezembro de 1926: "Estou terminando de ler o livro de Hitler e sinto uma alegria desmedida."
37. *Mein Kampf*, p. 726 e segs.
38. *VB*, 24 de agosto de 1927, "Dr. Goebbels über Propagandafragen".
39. *NS-Briefe*, 15 de março de 1927, "Propaganda in Wort und Bild".
40. Goebbels, *Kampf*, p. 28.
41. Goebbels, *Kampf*, p. 44.
42. 15 de agosto de 1926, "Neue Methoden der Propaganda", também in: *Wege*, p. 15-18.
43. "Kleinarbeit", 15 de dezembro de 1926, também in: *Wege*, p. 19-23.
44. "Sprechabend", in: ib., 15 de abril de 1927.
45. "Massenversammlung", 1º de abril de 1927.
46. Ib. De modo semelhante, a exortação sarcasticamente dissimulada ao emprego da violência contra quem rasgasse cartazes. "Das Plakat", 15 de maio de 1927. "Apele para sua consciência o tempo necessário para fazê-lo compreender seu erro. Mas cuide para que ele não saia machucado."
47. Particularmente no artigo satírico "Wenn ein Redner kommt", in: ib., 1º de agosto de 1926.
48. 15 de maio de 1927, "Das Plakat".
49. Goebbels, *Kampf*, p. 18.
50. "Erkenntnis und Propaganda", in: *Signale*, p. 28-52 (discurso de 9 de janeiro de 1928): *VB*, 24 de agosto de 1927, "Dr. Goebbels über Propagandafragen".
51. *Berliner Arbeiterzeitung*, 11 de agosto de 1929, conferência "Propaganda und praktische Politik", 2 de agosto de 1929.
52. Dirk Reinhardt, *Von der Reklame zum Marketing. Geschichte der Wirtschaftswerbung in Deutschland*, Berlim, 1993, p. 87 e segs.; Alexander Schug, "Hitler als Designobjekt und Marke. Die Rezeption des Werbegedankens durch die NSDAP bis 1933/34", in: Hartmut Berghoff (ed.), *Marketinggeschichte. Die Genese einer modernen Sozialtechnik*, Frankfurt/Nova York, 2007, p. 325-345; Gerhard Voigt, "Goebbels als Markentechniker", in: Wolfgang Fritz Haug (ed.), *Warenästhetik. Beiträge zur Diskussion, Weiterentwicklung und Vermittlung ihrer Kritik*, Frankfurt a. M., 1975, p. 231-260; Sabine Behrenbeck, "Der Führer. Einführung eines politischen Markenartikels", in: *Propaganda in Deutschland. Zur Geschichte der politischen Massenbeeinflussung im 20. Jahrhundert*, ed. Gerald Diesener e Rainer Gries, Darmstadt, 1996, p. 51-78; Thymian Bussemer, *Propaganda. Konzepte und Theorien*, Wiesbaden, 2005.
53. Ver por exemplo: Christof von Hartungen, *Psychologie der Reklame*, Stuttgart, 1921; Edmund Lysinski, *Psychologie des Betriebs. Beiträge zur Betriebsorganisation*, Berlim, 1923; Theodor König, *Reklame-Psychologie. Ihr gegenwärtiger Stand — ihre praktische Bedeutung*, Munique, 1924.
54. TB, 14 de agosto de 1929.
55. G. Stark, *Moderne politische Propaganda*, Munique, 1930 (caderno 1 da série editada por Goebbels de documentos da RPL), p. 4.
56. Ernst Hanfstaengl, *Zwischen Weissem und Braunem Haus. Erinnerungen eines politischen Aussenseiters*, Munique, 1970, p. 198, guardou na lembrança a "aveludada harmonia baritonante de sua voz".
57. Ver, por exemplo, os comentários de observadores tão diferentes como o correspondente do *Neue Zürcher Zeitung*, 29 de setembro de 1933, "Dr. Goebbels vor der internationalen Presse", e o ex-nacional-socialista Albert Krebs, *Tendenzen und Gestalten der NSDAP. Erinnerungen an die Frühzeit der Partei*, Stuttgart, 1959, p. 160.
58. Viktor Klemperer, *Ich will Zeugnis ablegen bis zum letzten. Tagebücher 1933-1945*, 2 vols., ed. Walter Nowojski, 7. ed., Berlim, 1997, 30 de julho de 1936. Sobre Goebbels como orador, ver também: Heiber, *Goebbels*, p. 46 e segs., assim como outro texto do mesmo autor na introdução aos discursos de Goebbels por ele publicados; Louis P. Lochner (ed.), *Goebbels Tagebücher*, Zurique, 1948, p. 25 e segs.; Werner Stephan, *Joseph Goebbels. Dämon einer Diktatur*, Stuttgart, 1949, p. 108 e segs.
59. Goebbels, *Kampf*, p. 59.
60. "Die Strasse", in: *NS-Briefe*, 1º de junho de 1926.
61. TB, 26 de janeiro de 1927; Engelbrechten, *Armee*, p. 52 e segs.; Goebbels, *Kampf*, p. 61 e segs.; "Situationsbericht Januar 1927", in: Broszat, "Anfänge", p. 107 e segs., p. 108; *Spandauer Zeitung*, 26 de janeiro de 1927, "Schlägerei nach einer politischen Versammlung".
62. TB, 1º de fevereiro de 1927. "Situationsbericht Januar 1927", in: Broszat, "Anfänge", p. 107 e segs., p. 109; Engelbrechten, *Armee*, p. 53.
63. TB, 12 de fevereiro de 1927; Muchow, "Situationsbericht Februar 1927", in: Broszat, "Anfänge", p. 110 e segs.; p. 111 (apud): Engelbrechten, *Armee*, p. 54 e segs.; Goebbels, *Kampf*, p. 63 e segs.; *Berliner Morgenpost*, 12 de fevereiro de 1926, "Politische Schlägerei in der Müllerstrasse"; *Die Rote Fahne*, 13 de fevereiro de 1927,

considerou o "assalto fascista" um "sinal de alarme para toda a população trabalhadora de Berlim"; ver também Reuth, *Goebbels*, p. 115 e segs.
64. P. 75.
65. TB, 16 de fevereiro de 1927; Muchow, "Situationsbericht Februar 1927", in: Broszat, "Anfänge", p. 110 e segs., p. 112; Goebbels, *Kampf*, p. 78 e segs.; Engelbrechten, *Armee*, p. 56.
66. "Parlamentarismus?", in: *NS-Briefe*, 1º de fevereiro de 1927. O artigo é formulado como carta aberta a um deputado não identificado, mas o texto deixa claro que a referência é a Frick. Por causa desse artigo, ele recebeu uma "carta grosseira" de Frick (TB, 5 de fevereiro de 1927); ver, ainda, o apontamento de 8 de março de 1927 sobre sua relação restaurada com Frick.
67. TB, 25 de fevereiro de 1927.
Informe especial sobre os êxitos da estação Lichterfeld-Ost, em 20 de março de 1927, in: Broszat, "Anfänge", p. 115 e segs.; numerosos depoimentos de testemunhas in: LA Berlin A Rep. 358-01/302, vol. 1 (entre as quais Goebbels, 21 de março de 1927), vol. 2 e vol. 4 (aqui, especialmente: Dep. I Política Externa, 21 de março de 1927, informe sobre o desfile da SA do NSDAP até Trebbin, nos dias 19 e 20 de março de 1927); informe do Dep. IA de 28 de março de 1927, impresso por Heiber, *Tagebuch*, n. 5: Engelbrechten, *Armee*, p. 57 e segs.; *Kampf*, p. 100; *Vossische Zeitung*, 22 de março, "Schüsse auf Bahnhof Lichterfeld-Ost"; *BZ am Mittag*, 21 de março de 1927, "Feuergefecht zwischen Rechtsradikalen und Kommunisten"; 22 de março de 1927, "Schärfstes Vorgehen gegen die Hakenkreuzler von Lichterfeld"; *BT*, 21 de março de 1927, "Schwere Zusammenstösse auf dem Bahnhof Lichterfeld-Ost"; ver também Reuth, *Goebbels*, p. 116 e segs.
68. TB, 21 de março de 1927.
69. *VZ*, 21 de março de 1927. A esse respeito, ver também Goebbels, *Kampf*, p. 102: "Tarde da noite já, alguns hebreus insolentes que evidentemente não conseguiam calar a boca suja foram agraciados com um par de bofetadas."
70. *BT*, 22 de março de 1927.
71. *VZ*, 23 de fevereiro de 1927, *BZ am Mittag*, 22 de março de 1927; TB, 24 de março de 1927.
72. TB, 24 de março de 1927.
73. Informe de 28 de março de 1927, Departamento IA, 28 de março de 1927 (Heiber, *Diário*, doc. 5).
74. TB, 5 de maio de 1927.
75. *VZ*, 6 de maio de 1927, "Blutiger Terror der Nationalsozialisten"; LA Berlin, A Rep. 358-01/27, denúncia de 23 de novembro de 1927.
76. *Vossische Zeitung*, 6 de maio de 1927, assim como 7 de maio de 1927, com fundamentação detalhada da proibição; Goebbels, *Kampf*, p. 152; ver também Reuth, *Goebbels*, p. 121 e segs., assim como Friedrich, *Hauptstadt*, p. 160 e segs.
77. TB, 6 e 11 de maio de 1927.
78. *Berliner Arbeiterzeitung*, 24 de abril de 1927, Erich Koch, "Folgen der Rassenvermischung", também in: *Der nationale Sozialist*, n. 17 (Heiber, *Tagebuch*, doc. 6).
79. TB, 27 de abril de 1927.
80. Koch a Goebbels, 26 de abril de 1927 (Heiber, *Diário*, doc. 7, também na declaração de 17 de junho de 1927, ib., doc. 11). Um ano depois (TB, 22 de junho de 1928), Goebbels ficaria sabendo por intermédio de Kaufmann que Koch havia escrito de fato o "artigo infame contra mim" [...], coisa que ele, pelo menos segundo suas próprias palavras, "no meu instinto seguro, percebi imediatamente" apesar de todas as manifestações contrárias.
81. Goebbels a Hitler, 5 de junho de 1927 (Heiber, *Diário*, doc. 8); sobre isso também TB, 7 de junho de 1927. Quanto ao conflito cada vez mais intenso com os irmãos Strasser, também 23 e 24 de maio de 1927. Outra carta de Goebbels a Hess, 9 de junho de 1927 (ib., doc. 9).
82. Segundo Holtz em sua carta a Hitler, 17 de junho de 1927 (Heiber, *Diário*, doc. 169).
83. TB, 16 de junho de 1927.
84. A esse respeito, TB, 18 de maio de 1927: "Hoje a *NS-Briefe* é publicada sem mim. A vingança é um prato que se come frio."
85. Reuth, *Goebbels*, p. 124 (segundo um relatório da polícia política muniquense sobre a reunião fechada central de 20 de junho de 1927, Fundort BDC).
86. Declaração de Hitler de 25 de junho de 1927 no *VB*, também in: Heiber, *Tagebuch*, doc. 18: "Der Wunsch ist der Vater des Gedankens", assim como relatório do Uschla, de 19-21 de junho de 1927, sobre a conversa anterior: Heiber, *Tagebuch*, doc. 17. *Welt am Abend*, 4 de junho de 1927, "Bruderzwist im Hause Hitler".
87. TB, 6 e 7 de setembro de 1927.
88. TB, 8 e 10 de setembro de 1927.
89. TB, 27 de novembro de 1927; inclusive já 14 de outubro de 1927.
90. TB, 12 de dezembro de 1927.
91. TB, 23 e 19 de junho, 4 e 21 de julho, assim como 24 de agosto de 1927.
92. TB, 25 de agosto, assim como 16 (apud) e 17 de setembro de 1927.
93. TB, 30 de outubro de 1927.
94. TB, 28 de novembro e 30 de dezembro de 1926, 19 de setembro de 1927.
95. Trata-se de Josefine von Behr, que Goebbels conhecia desde fevereiro de 1926 (TB, 22 de fevereiro de 1926). Em um encontro durante o congresso partidista em Weimar em julho de 1926, anotava: "Amo-a

um pouco!" (6 de julho de 1926). Sobre a envergadura sobretudo em Berlim: 28 de fevereiro, 1º e 29 de março de 1927.

96. Ela já lhe havia chamado a atenção em dezembro de 1926 (ver 6, 8, 15 e 20 de dezembro de 1926). Sobre o *affair*, especialmente 17 de janeiro de 1927, 19 ("Eu amo Dora Hentschel?") e 28 de fevereiro, 1, 2, 5 e 28 de março, assim como 7 e 11 ("Dora Hentschel me ama") de abril de 1927.
97. TB, 12 de abril de 1927.
98. TB, 20 de abril de 1927.
99. TB, 29 de abril, 2 de maio, 1º, 17, 18 e 26 de junho, 5 de setembro e 1º de outubro de 1927.
100. TB, 1º de dezembro de 1927, também 5 e 10 de dezembro de 1927; 12 de dezembro de 1927: "O a amo?"; 10 de janeiro de 1928: "Eu amo Tamara v. Heede. Será que ela me ama? Duvido!"
101. TB, 4 e 5 de fevereiro; frequentes apontamentos sobre Tamara até o fim do mês.
102. TB, 1º de junho de 1927.
103. Russel Lemmons, *Goebbels and Der Angriff*, Lexington, 1994, p. 24 e segs. A respeito da fundação do *Angriff*, também Friedrich, *Hauptstadt*, p. 177 e segs.
104. TB, 4 de julho de 1927 (acerca da preparação também 21 e 25 de maio, 1, 13 e 15 de junho de 1927).
105. TB, 9, 17 e 23 de julho, mas também 10 de agosto de 1927: "O último número do *Angriff* é uma miséria"; 28 de agosto de 1927: "O novo número do *Angriff*, o melhor até agora."
106. Karin Kessemeier, *Der Leitartikler Goebbels in den NS-Organen "Der Angriff" und "Das Reich"*, Münster, 1967, p. 86 e segs.
107. *Der Angriff*, 30 de janeiro de 1928, "Durch die Blume"; 27 de fevereiro de 1928, "Eine Mücke hat gehustet"; 19 de setembro de 1927, "Justav"; 2 de fevereiro de 1930, "Politisches Tagebuch".
108. *Der Angriff*, 7 de novembro de 1927 ("Politisches Tagebuch"). "Aufhänger bildete der Ausschluss von Trotzki und Sinowjeff". Ver, ainda, 6 de fevereiro de 1928, editorial "Stalin — Trotzki"; a esse respeito também — retrospectivamente — seu comentário sobre a leitura de Trótski, *Die wirkliche Lage in Russland*, 21 de março de 1929.
109. 3 de novembro de 1927.
110. 14 de novembro de 1927, "Das Geheimnis von Konitz"; 28 de novembro de 1927, "Ein Ritualmord im Jahre 1926".
111. A esse respeito, Dietz Bering, *Kampf um Namen. Bernhard Weiss gegen Joseph Goebbels*, Stuttgart, 1991, esp. p. 241 e segs.
112. Bering, *Kampf*, p. 251; Hans Schweitzer, *Joseph Goebbels, Das Buch Isidor. Ein Zeitbild voll Lachen und Hass*, Munique, 1929; Joseph Goebbels, *Knorke. Ein neues Buch Isidor für Zeigenossen*, 2. ed., Munique, 1931.
113. Não foi Goebbels quem inventou a denominação depreciativa: não só os nazistas haviam procurado menosprezar Bernhard Weiss antes mesmo que Goebbels assumisse o cargo de *Gauleiter*, como os comunistas, em 1923, foram comprovadamente os primeiros a chamar o vice-chefe de polícia de "Isidor" (Bering, *Kampf*, p. 242).
114. *Der Kampf gegen Young. Eine Sache des deutschen Arbeiters, Rede von Dr. Joseph Goebbels, M. d. R., gehalten am 26. September 1929 im Kriegervereinshaus Berlin*. Impresso como manuscrito.
115. LA Berlin, A Rep. 358-01/2; no entanto, seu recurso foi rejeitado.
116. Artigo de 9 de abril de 1928, "Angenommen"; cf. Bering, *Kampf*, p. 245 e segs.
117. Bering, *Kampf*, Stuttgart, 1991, p. 283 e segs., sobre os processos.
118. *Der Angriff*, 9 de setembro de 1929.
119. Engelbrechten, *Armee*, p. 61 e segs.
120. *BZ am Mittag*, 13 de maio de 1927, "Macht Schluss mit den Kurfürstendamm-Krawallen!".
121. *Der Angriff*, 4 de julho de 1927, "Das Schreckensurteil von Moabit", também TB, 12 e 13 de maio de 1927, sobre os incidentes.
122. *Der Angriff*, 11 de julho de 1927, "Prozesse".
123. *Der Angriff*, 28 de novembro de 1927, "Menschen, seid menschlich".
124. Goebbels, *Kampf*, p. 180.
125. *VZ*, 23 de agosto de 1927, "450 Nationalsozialisten festgenommen"; TB, 22 e 24 de agosto de 1927.
126. 29 de agosto de 1927; ver também outros artigos na mesma edição, assim como, em especial, 5 de setembro de 1927, sobre o destino dos presos: "Das Polizeipräsidium verordnet Hungerkuren. 74 Arbeiter brotlos gemacht".
127. TB, 19 de maio, 18 e 30 de junho, assim como 4 de julho. Engelbrechten, *Armee*, p. 65.
128. TB, 1º-24 de agosto de 1927.
129. TB, 25 de agosto de 1927; sobre a suspensão, 30 de novembro de 1927.
130. *Der Angriff*, 14 de novembro; TB, 8 de novembro de 1927.
131. TB, 14 e 28 de janeiro de 1928; *Der Angriff*, 16 e 30 de janeiro de 1928, narrado na seção "Kampf um Berlin" sobre as reuniões.
132. TB, 11 de março de 1928; *Der Angriff*, 19 de março de 1928, "Bernau im Zeichen Hitlers", Engelbrechten, *Armee*, p. 70.
133. No início de novembro de 1927, um tribunal de Elberfeld condenou-o a multa de 100 marcos porque, em escritos anteriores, exortara a SA a empregar a violência: TB, 4 de novembro de 1927; *Der Angriff*, 14 de novembro de 1927, "Eine Ohrfeige für Bernhard Weiss".
134. Acerca do processo: LA Berlin, A Rep. 358-01/385, informe da promotoria ao Ministério da Justiça do Reich, 2 de março de 1928, assim como outros documentos oficiais. Imputou-se a Goebbels particularmente seu

artigo "Massenversammlung" na *NS-Briefen* de 1º de abril de 1927, *Berliner Morgenpost,* 28 de fevereiro de 1928, "Völkische Hetzer zu Gefängnis verurteilt".
135. *Der Angriff,* 27 de fevereiro de 1928, assim como 5 de março de 1928 (apud); ver também TB, 28 e 29 de fevereiro de 1928.
136. TB, 30 de março de 1928: "München. Gleich zum Gericht. [...] 1500 Geldstrafe für Weiss."
137. TB, 21, 22 e 23 de março, assim como 2, 4 e 5 de abril de 1927.
138. *VZ,* 17 de abril de 1928, "Das Urteil im Nationalsozialisten-Prozess". Ver também *Der Angriff,* 14 de abril, assim como TB, 17 de abril.
139. LA Berlin, A Rep. 358-0/124, vol. 4, veredicto de 28 de abril de 1928 contra Dürr e Goebbels, BM, 29 de abril de 1928, "Völkische Frechheit vor Gericht"; TB, 29 de abril de 1928.
140. TB, 18 e 30 de dezembro de 1925, 6 de janeiro de 1926, 3 de agosto de 1928, 4 de outubro de 1928.
141. TB, 13 de janeiro de 1926.
142. TB, 1º de dezembro de 1926, assim como 25 de fevereiro de 1927.
143. TB, 31 de março de 1927.
144. TB, 10 de outubro de 1928.
145. TB, 10 e 14 de novembro de 1929.
146. TB, 1º de outubro de 1930.
147. TB, 9 de junho de 1927. Texto in: BAK, NL 1.118/98.
148. TB, 21 de outubro, 6 e 8 de novembro de 1927.
149. StA MG, NL Goebbels/79, resenha jornalística de 1933 (lugar da publicação desconhecido).
150. TB, 11 de dezembro de 1927.
151. TB, 18 de novembro de 1927.
152. *NS-Briefe,* 15 de novembro de 1927, Aquino, "Der neue Stil? Grundsätzliches zur Nationalsozialistischen Versuchsbühne".
153. TB, 16 de novembro de 1927.
154. *Berliner Arbeiterzeitung,* 13 de novembro de 1927.
155. TB, 2 de janeiro de 1928.
156. TB, 18 de dezembro de 1928.
157. *Michael. Ein deutsches Schicksal in Tagebuchblättern* (7. ed., Munique, 1935). Sobre a reelaboração de Michael: Michael, *Vom Poeten,* p. 126 e segs. A segunda edição do livro veio à luz em 1931 (4.000-6.000 exemplares); TB, 1º, 5, 6, 9 e 14 de junho, 23 de julho, 12 a 17 de agosto de 1928, assim como 19 e 21 de setembro.
158. *Michael* (1928), p. 57 e segs. Ver também p. 82: "Christus ist der erste Judengegner von Format" etc.
159. Apontamento de 27 de outubro de 1919.
160. *Michael* (1924), apontamento de 27 de outubro de 1919.
161. *Michael* (1928), p. 78 e segs.
162. *Michael* (1928), p. 101 e segs; também p. 149 e segs. sobre outro encontro.
163. *Michael* (1928), p. 41.
164. *Michael* (1924), apontamento de 15 de setembro de 1919; *Michael* (1928), p. 68.
165. *Michael,* apontamento de 15 de novembro de 1919; *Michael* (1928), p. 81 e segs.
166. *Michael* (1924), apontamento de 15 de junho de 1919.
167. *Michael* (1928), p. 34 e segs.
168. *Michael* (1924), apontamento de 8 de julho de 1920.
169. *Michael* (1928), p. 121.
170. TB, 8 de novembro de 1928, 5 e 7 de fevereiro de 1929.
171. TB, 8 a 10 de março de 1929.
172. TB, 10 e 11 de março de 1929.
173. TB, 13 de março de 1929.

5. "A luta é a mãe de todas as coisas"

1. TB, 24 de novembro de 1927.
2. TB, 18 de fevereiro, também 13 de março de 1928.
3. TB, 3 de maio de 1928.
4. TB, 1º de abril de 1928.
5. *Der Angriff,* 23 de abril de 1928; Engelbrechten, *Armee,* p. 75; também TB, 14 de abril de 1928.
6. TB, 28 de junho e 7 de julho de 1928.
7. Engelbrechten, *Armee,* p. 71 e segs.; ver também o "Gaubefehl" de Dalueges de 3 de abril de 1928, ib., p. 74 e segs.
8. TB, 5 e 14 de abril.
9. TB, 14 de maio de 1928; *Der Angriff,* 21 de maio de 1928; Engelbrechten, *Armee,* p. 77.
10. TB, 17 de maio de 1928; *Der Angriff,* 21 de maio de 1928; Engelbrechten, *Armee,* p. 77 e segs.
11. *Statistisches Jahrbuch der Stadt Berlin 1928,* p. 308 e segs.
12. TB, 22 de maio de 1928.

13. *Der Angriff*, 28 de maio de 1928, "I. D. I.".
14. Otto Strasser, "Gedanken zum Wahlergebnis", in: *NS-Briefe*, 15 de junho de 1928; Gregor Strasser, "Ergebnisse und Lehren", in: *Berliner Arbeiterzeitung*, 27 de maio de 1928.
15. LA Berlin, A Rep. 358-01/24, vol. 4, veredicto de Berlim-Schöneberg de 28 de abril de 1928; TB, 29 de abril de 1928.
16. LAB, A Rep. 358-01/27, veredicto de Schöneberg de 6 de junho de 1928; TB, 6 de junho de 1928.
17. TB, 9 de junho de 1928; *Der Angriff*, 11 de junho de 1928.
18. TB, 20 de junho de 1928.
19. TB, 14 de julho de 1928; Gesetz über Straffreiheit, *RGBl.* 1928 I, p. 195 e segs.
20. TB, 10 de julho de 1928, também 11 de julho de 1928; *Verhandlungen des Reichstags. Stenographische Berichte*, Berlim, vol. 423, p. 149 e segs.
21. TB, 29 de junho de 1928; Tyrell, *Führer*, p. 313 (Kaufmann relatou ao Uschla [Untersuchung und Schlichtungs-Ausschuss, ou Comitê de Investigação e Arbitragem do NSDAP] que Otto Strasser o tinha convidado várias vezes a participar da fundação de um novo partido); a esse respeito também TB, 15 de setembro de 1928.
22. TB, 22 de junho de 1928. Sobre o projeto de um jornal também 16 de fevereiro de 1928; ademais, 30 de junho e 10 de julho de 1928 sobre a publicação do periódico.
23. TB, 1º de julho de 1928 e 15 de julho de 1928. No diário, encontram-se numerosas anotações sobre a disputa com os Strasser, particularmente em 10, 13 e 30 de junho, assim como em 12, 13 e 14 de julho.
24. TB, 23 de julho a 4 de agosto de 1928.
25. TB, 24 de julho de 1928.
26. TB, 4 de agosto de 1928.
27. TB, 14 de abril de 1928; também: 31 de maio, 16 de junho, 17 e 20 de julho de 1928.
28. TB, 7 e 8 de agosto.
29. Acerca do pano de fundo desse conflito: Longerich, *Geschichte der SA*, partes I e II. Sobre as disputas de 1928, ver também Reuth, *Goebbels*, p. 141 e segs., assim como a brochura escrita pelo ex-diretor musical nacional do NSDAP Wilhelm Hillebrand: *Herunter mit der Maske. Erlebnisse hinter den Kulissen der N.S.D.A.P.*, Berlim, 1928. Goebbels se ocupou intensamente das questões internas aqui divulgadas: TB, 10 a 13, 16, 17 e 25 de novembro de 1928.
30. TB, 7 e 8 de agosto de 1928.
31. TB, 12 a 20 de agosto de 1928.
32. TB, 13 de agosto de 1928.
33. TB, 24 de agosto de 1928.
34. TB, 24 de agosto de 1928.
35. TB, 25 de agosto a 1º de setembro de 1928.
36. TB, 14 de setembro de 1928.
37. TB, 1º e 4 de setembro de 1928. Tratava-se de um reunião geral dos militantes e, posteriormente, de uma conferência das lideranças.
38. TB, 23 e 25 de setembro de 1928.
39. Exortação in: *Der Angriff*, 3 de setembro de 1928, notícia de 8 de outubro de 1928; *12 Uhr Blatt*, 1º de outubro de 1928, "Die Zusammenstösse am gestrigen Sonntag", LA Berlin A Rep. 358-01/697, relatório sobre o comício do Setor IA da Chefatura de Polícia, 2 de novembro de 1928; Engelbrechten, *Armee*, p. 80 e segs.; TB, 1º de outubro de 1928. Ver também Friedrich, *Hauptstadt*, p. 198 e segs.
40. TB, 4 de outubro de 1928.
41. TB, 14 de outubro de 1928.
42. TB, 5 de novembro de 1928; *Der Angriff*, 12 de novembro de 1928.
43. TB, 17 de novembro de 1928; ver, ainda, seu editorial panegírico "Adolf Hitler" in: *Der Angriff*, 19 de novembro de 1928, assim como "Hitler spricht im Sportpalast" (ib.); *Berliner Morgenpost*, 17 de novembro de 1928, "Hitler in Berlin"; *RSA* III/1, doc. 50; Engelbrechten, *Armee*, p. 82; Friedrich, *Hauptstadt*, p. 200 e segs.
44. *Der Angriff*, 18 de novembro de 1928.
45. Ver também seu artigo de aniversário "Der Führer" no *Angriff* de 22 de abril de 1929.
46. Quanto a isso, ver seus artigos no *Angriff*, em parte publicados nos volumes *Der Angriff* (1935) e *Wetterleuchten* (1939). Tampouco nas duas brochuras de propaganda editadas por Goebbels, *Das kleine abc des Nationalsozialisten* (Greifswald, 1925) e *Der Nazi-Sozi* (1929), a pessoa do líder do partido chega a ter um papel importante.
47. TB, 17 de novembro de 1928; *Berliner Morgenpost*, 18 de novembro de 1928, "Mysteriöser Tod eines Hitler--Mannes"; Engelbrechten, *Armee*, p. 82; Reuth, *Goebbels*, p. 146.
48. TB, 18 de novembro de 1928 (imprensa judaica).
49. TB, 19 e 20 de novembro de 1928, oferta de recompensa também in: *Der Angriff*, 26 de novembro de 1928. Sobre Kütemeyer também TB, 21 e 23 de novembro de 1928.
50. A esse respeito, ver, ainda, a cobertura no *Angriff*, especialmente 26 de novembro e 3 de dezembro.
51. TB, 13 e 14 de setembro, assim como 12 de outubro de 1928.
52. TB, 25 de novembro de 1928.

53. TB, 5 de novembro de 1928: "Osaf é um sujeito esperto. É preciso tomar cuidado com ele, pois nunca diz o que pensa."
54. TB, 6 de dezembro de 1928, também 20 de dezembro.
55. TB, 20 e 21 de janeiro de 1929.
56. TB, 16 de janeiro de 1929.
57. TB, 6 de junho de 1929.
58. Friedrich, *Hauptstadt*, p. 187 e segs.
59. TB, 7 de dezembro de 1928, também 7 de fevereiro de 1929 sobre "bom material para subcomandante". Quanto ao *Gautag* nessa época, ver também: 10 de janeiro de 1929 e 12 de abril de 1930.
60. Ver as contribuições de Muchow in: *Der Angriff*, 9 de fevereiro de 1930, "Die Vollendung der Strassenzellen--Organisation", assim como *VB*, 11 de março de 1930, "Die Strassenzellen-Organisation des Gaues Berlin".
61. *Der Angriff*, 2 de janeiro de 1930, "Ein Jahr Kampf um die Betriebe"; 1º de junho de 1930, "Betriebszellen"; Reuth, *Goebbels*, p. 143; TB, 30 de julho de 1929, assim como 28 de maio de 1930.
62. TB, 21 e 26 de outubro, 21 de novembro de 1928, assim como 8 de dezembro de 1929.
63. TB, 12 de agosto de 1931.
64. TB, 7 e 8 de março de 1928. A palavra "ilusão" (*Täuschung*) ilegível.
65. TB, 21 de março de 1928.
66. TB, 30 de março de 1928, também 23 de março de 1928.
67. TB, 10, 12 e 25 de abril de 1928.
68. TB, 7, 9, 10, 12, 16 e 17 de março de 1928.
69. TB, 24 de março de 1928.
70. TB, 22 de abril de 1928, sobre Tamara. Outros apontamentos sobre rápidos contatos com Tamara: 28 de junho, 8 de agosto, 23 de setembro de 1928, assim como 22 de janeiro de 1929.
71. TB, 6 de agosto de 1928.
72. TB, 12 de agosto de 1928.
73. TB, 25 e 27 de agosto, 1º e também 4 de setembro de 1928.
74. TB, 29 e 30 de agosto de 1928.
75. TB, 11 de setembro de 1928; ele a menciona já em 7 de agosto de 1928. Outros apontamentos sobre Hannah Schneider em setembro e no início de outubro. Ver, ainda, 7 de outubro de 1928.
76. TB, 26 de setembro de 1928.
77. TB, 2 de outubro de 1928.
78. TB, 8, 14 e 15 de outubro de 1928.
79. TB, 17 de outubro de 1928; sobre a separação também 21 de outubro de 1928.
80. TB, 30 de julho, também 2 de agosto e 15 de setembro de 1928.
81. TB, 27 de outubro de 1928.
82. TB, 28 e 30 de outubro de 1928; 11 e 18 de novembro de 1928.
83. TB, 18 e 19 de dezembro de 1928.
84. TB, 20 de dezembro de 1928.
85. TB, 30 de dezembro de 1928; ademais, numerosos apontamentos de dezembro a fevereiro.
86. TB, 24 de fevereiro de 1929.
87. TB, 13 e 27 de março, assim como 1º e 6 de abril de 1929.
88. TB, 14, 15 e 16 de dezembro de 1928; 19 e 20 de janeiro de 1929, 7 de março de 1929.
89. TB, 10 de março de 1929.
90. TB, 11 de março de 1929.
91. Sobre os encontros com Anka: TB, 20 e 23 de março de 1929.
92. TB, 24 de março de 1929.
93. TB, 1º de abril de 1929 (sobre toda a viagem).
94. TB, 3 de abril de 1929; numerosos apontamentos já em março e abril, posteriormente 8 de maio e 1º de julho de 1930.
95. TB, 19 e 28 de abril de 1929; primeira alusão: 18 de abril, numerosas anotações entre o dia 22 de abril e o fim de junho.
96. TB, 25 de maio e 21 de julho de 1929.
97. TB, 23 de julho de 1929, sobre a estada em Weimar, também 25 de julho de 1929.
98. TB, 26 de julho de 1929.
99. TB, 6 de dezembro de 1929, assim como 10-12 de janeiro de 1930.
100. TB, 26, 28, 30 de julho, 5, 10, 14 e 15 de agosto de 1929.
101. TB, 13 de julho de 1929, também 15 e 21 de julho.
102. TB, 17 de julho de 1929, também 29 de julho de 1929.
103. TB, 4 a 6 de agosto de 1929.
104. TB, 6 de agosto de 1929.
105. TB, 10 de agosto de 1929; também 11 de agosto de 1929: "Ora, eu não posso permitir que o amor atravesse o córtex do meu coração."
106. Diversos apontamentos, de agosto a janeiro.
107. TB, 14 de agosto de 1929.

108. TB, 13 de outubro de 1929, numerosos apontamentos de novembro a janeiro.
109. TB, 12 de dezembro de 1929.
110. TB, 19 de fevereiro de 1930.
111. TB, 24 de fevereiro de 1930. Também 24 de março de 1930: "Ela me ama muito além da medida", 17 de abril de 1930: "Ela me ama loucamente."
112. TB, 23 de março de 1930. Quanto aos encontros: inúmeros apontamentos em 27 de fevereiro e no mês de março.
113. TB, 6 de março de 1930.

6. "Uma vida repleta de trabalho e luta. É essa na verdade a eterna bênção"

1. Volker R. Berghahn, *Der Stahlhelm. Bund der Frontsoldaten 1918-1935*, Düsseldorf, 1966, p. 118 e segs.; Jung, *Demokratie*, p. 109 e segs. Quanto à posição de Goebbels, Reuth, *Goebbels*, p. 147 e segs.
2. TB, 17 de março de 1929.
3. TB, 28 de março de 1929.
4. TB, 5 de abril de 1929. Sobre sua incerteza com a política de Hitler, também 6 e 9 de abril de 1929.
5. TB, 12 de abril de 1929; acerca do efeito benéfico da conversa, também o apontamento de 13 de abril de 1929.
6. TB, 16 de abril de 1929.
7. TB, 30 de abril de 1929. Trata-se do memorando de Hitler endereçado à direção do Stahlhelm de abril de 1929 (Berghahn, *Stahlhelm*, p. 126 e segs.).
8. *Der Angriff*, 13 de maio de 1929, "Gegen die Reaktion", assim como 27 de maio de 1929, "Einheitsfront".
9. TB, 16 de maio de 1929; ver também 17 de maio de 1929. Ver, ainda, 29 e 31 de maio sobre o compromisso de Hitler de se distanciar do Stahlhelm.
10. TB, 28 de junho de 1929.
11. Segundo a anotação no diário no dia seguinte, foi o que ele disse numa palestra em 28 de junho.
12. TB, 5 de julho de 1929.
13. Jung, *Demokratie*, p. 110.
14. TB, 12 de julho de 1929.
15. TB, 6 de julho de 1929.
16. TB, 2 de março de 1929.
17. TB, 1º de março de 1929. Acerca da crítica à direção do partido, ver também 6 de abril (com Robert Rohde), assim como 18 de abril de 1929 sobre uma conversa com Baldur v. Schirach, o "líder nacional dos estudantes".
18. TB, 30 de abril de 1929. No entanto, Goebbels acrescentou que, durante a conversa, tinha se comportado com "muita reserva".
19. TB, 13 de junho de 1929; *NS-Briefe*, caderno 3, agosto de 1929.
20. TB, 29 de maio e 5 de julho de 1929.
21. TB, 30 de julho de 1929.
22. Acerca da criação do departamento, 14 e 28 de maio, assim como 4 de junho. Sobre a intensificação da propaganda: 30 de julho, 29 de agosto e 18 de outubro de 1929. No entanto, o trabalho de Stark não tardou a lhe parecer "demasiado teórico" (8 de outubro de 1929).
23. TB, 1º de agosto de 1929.
24. TB, 4 de agosto de 1929.
25. TB, 13 e 14 de agosto de 1929.
26. TB, 20 de outubro de 1929.
27. TB, 20 e 22 de novembro de 1929.
28. *Der Angriff*, 16 de setembro de 1929, seção "Kampf um Berlin".
29. *Der Angriff*, 9 de setembro de 1929.
30. TB, 8 de setembro de 1929; Engelbrechten, *Armee*, p. 101.
31. TB, 16 de setembro de 1929; Engelbrechten, *Armee*, p. 101.
32. TB, 23 de setembro de 1929; *Der Angriff*, 23 e 30 de setembro de 1929 ("Auf den Schanzen"), assim como 20 de outubro ("Neukölln ist nicht rot"); Engelbrechten, *Armee*, p. 102 e segs.
33. *Der Angriff*, 16 de setembro de 1929.
34. *Der Angriff*, 3 e 6 de outubro de 1929, seção "Kampf um Berlin".
35. *Der Angriff*, 13 de outubro de 1929, com um programa detalhado (17 a 25 de outubro); 20 de outubro (sobre a proibição), 24 de outubro (seção "Kampf um Berlin": sobre o transcurso): TB, 19 de outubro de 1929 sobre a proibição; Marie-Luise Ehls, *Protest und Propaganda. Demonstrationen in Berlin zur Zeit der: Weimarer Republik*, Berlim, 1954, p. 154, sobre a proibição.
36. TB, 11 de setembro de 1929.
37. TB, 12-14 de setembro de 1929.
38. *Der Kampf gegen Young. Eine Sache des deutschen Arbeiters. Rede von Dr. Joseph Goebbels, M. d. R., gehalten am 26. September 1929 im Kriegervereinshaus Berlin.*

39. Jung, *Demokratie*, p. 116 e segs.
40. Jung, *Demokratie*, p. 128 e segs.; Henry Ashby Turner, *Die Grossunternehmer und der Aufstieg Hitlers*, Berlim, 1985, p. 141.
41. TB, 20, 21 e 23 de outubro de 1929.
42. TB, 28 de outubro de 1929.
43. TB, 31 de outubro e 1º de novembro de 1929.
44. TB, 3 de dezembro de 1929.
45. *Der Angriff*, 3 de novembro de 1939.
46. *Der Angriff*, 24 de novembro de 1929 ("Kampf um Berlin", sobre o desfile propagandístico do IV Regimento em Wedding); Engelbrechten, *Armee*, p. 107: em 17 de novembro toda a SA foi empregada pela primeira vez na propaganda doméstica.
47. *Statistisches Jahrbuch der Stadt Berlin 1930*, p. 347 e segs.
48. *Stadtverordneten-Versammlung der Stadt Berlin 1930*, p. 54 e segs. Reuth, *Goebbels*, p. 156.
49. Jung, *Demokratie*, p. 122 e segs.
50. TB, 8 de janeiro de 1930.
51. TB, 14 de março de 1930.
52. LA Berlin, A Rep. 358-01/6.015, informe do Dep. IA da Delegacia de Polícia de 2 de abril de 1930; TB, 15 de março de 1930.
53. *Der Angriff*, 16 de março de 1931.
54. LA Berlin, A Rep. 358-01/6.015, sentença de 31 de maio de 1930, assim como a denúncia de 8 de maio de 1930 e a queixa do presidente de 31 de dezembro de 1929; *VZ*, 1º de junho de 1930, "Die Klage des Reichspräsidenten. Klamauk um Goebbels".
55. TB, 1º de junho de 1930; ver também 30 e 31 de maio de 1930.
56. *Der Angriff*, 14 de novembro de 1929, informa sobre a cerimônia fúnebre do NSDAP berlinense ("Kampf um Berlin").
57. *Der Angriff*, 14 de novembro de 1929.
58. TB, 11 de novembro de 1929.
59. TB, 29 de maio e 4 de junho de 1928.
60. TB, 24 e 29 de novembro, assim como 7 de dezembro de 1929; sobre a morte do pai, também 8 de dezembro de 1929.
61. TB, 11 de dezembro de 1929.
62. TB, 8 e 11 de dezembro (apud) de 1929.
63. TB, 17 de dezembro de 1929; ver, ainda, Reuth, *Goebbels*, p. 148.
64. TB, 19, 23 e 30 de dezembro; Reuth, *Goebbels*, p. 157 e segs.
65. TB, 29 de setembro de 1929; também 16 de janeiro, 15 de março, assim como 5 de abril, além de 28 de abril e 14 de maio de 1929.
66. Daniel Siemens, *Horst Wessel. Tod und Verklärung eines Nationalsozialisten*, Munique, 2009; Thomas Oertel, *Horst Wessel. Untersuchung einer Legende*, Colônia, 1988.
67. TB, 15 de janeiro de 1930.
68. TB, 19 de janeiro de 1930.
69. Siemens, *Wessel*, p. 131 e segs., sobre o culto do morto e do herói em torno a Wessel.
70. *Der Angriff*, 3 de março de 1930; quanto aos tumultos durante o sepultamento, Oertel, *Wessel*, p. 106 e segs. Acerca do culto de Wessel e dos outros mortos do NSDAP em Berlim: Sabine Behrenbeck, *Der Tod um die toten Helden. Nationalsozialistische Mythen, Riten und Symbole, 1923-1945*, Vierow bei Greifswald, 1996, esp. p. 119 e segs.
71. Tanto no enterro quanto em artigo no *Angriff* de 25 de fevereiro de 1930; Oertel, *Wessel*, p. 106 e segs.
72. *Der Angriff*, 6 de março de 1930, "Bis zur Neige".
73. Sobre seus planos: TB, 2 de maio, 5 de julho e 12 de setembro de 1929; Reuth, *Goebbels*, p. 164.
74. TB, 20 de outubro de 1929.
75. TB, 6 de dezembro de 1929.
76. TB, 13 de janeiro de 1930; ver, ainda, 17 de janeiro de 1930.
77. TB, 24 e 25 de janeiro de 1930.
78. TB, 29 e 30 de janeiro de 1930.
79. TB, 31 de janeiro de 1930.
80. TB, 5 e 6 de fevereiro de 1930; *VB*, 5 de fevereiro de 1930, exortação de Hitler pela edição berlinense do *VB*.
81. TB, 15 de fevereiro de 1930, também 8 de fevereiro.
82. TB, 16 de fevereiro de 1930.
83. *VB*, 16-17 de fevereiro de 1930. Aqui Hitler frisou a supremacia da editora central "em face das editoras particulares que, como empresas privadas, divulgam a imprensa ou a literatura nacional-socialistas"; TB, 18 de fevereiro de 1930.
84. TB, 20 de fevereiro de 1930.
85. TB, 22 de fevereiro de 1930.
86. TB, 2 de março de 1930.
87. TB, 5 de março, sobre as negociações de Göring e Lippert em Munique. Ver também 8 de março de 1930.
88. TB, 16 de março de 1930; ver também, a respeito de sua decepção: 20 e 28 de março de 1930 (apud).

89. TB, 5 de março de 1930.
90. TB, 23 de março de 1930.
91. TB, 1º, 4, 5 e 14 de abril de 1930.
92. TB, 25 de abril de 1930.
93. Winkler, *Weimar*, p. 359 e segs.
94. TB, 1º de abril de 1930.
95. TB, 4 de abril de 1930.
96. *Der Angriff*, 6 de abril de 1930, "Hugenberg" (editorial).
97. Winkler, *Weimar*, p. 378.
98. TB, 13 de abril de 1930.
99. TB, 28 de abril de 1930. Sobre o discurso de Hitler, *RSA* III/3, doc. 38.
100. TB, 2, 12 e 24 de maio de 1930.
101. TB, 2 e 24 de maio de 1930: "Himmler ainda se perde muito com ninharias. Não tem muito talento."
102. TB, 27 de maio de 1930.
103. TB, 24 de maio de 1930; Paul, *Aufstand*, p. 70. Trata-se de Fritz Reinhardt, que fundou uma escola de oradores do NSDAP em 1928.
104. TB, 2 e 3 de maio de 1930; BAB, NS 26/133, cartas do Führer nazista, 1930, Hans-Severus Ziegler, *Ein Besuch beim Berliner Gau*; Reuth, *Goebbels*, p. 163.
105. TB, 3 e 4 de maio de 1930. Acerca da crise com Strasser, ver também Kershaw, *Hitler*, vol. I, p. 412 e segs., assim como Reuth, Goebbels, p. 163 e segs.
106. TB, 20, 22 e 24 de maio de 1930.
107. TB, 22 de maio de 1930: "Ontem e hoje, ele teve longa conversa com o dr. Strasser. Sua impressão é: totalmente sem raiz e inorgânico, um judeu branco intelectual, inteiramente incapaz de organização, um marxista quintessencial"; Otto Strasser, *Ministersessel oder Revolution. Eine wahrheitsgemässe Darstellung meiner Trennung von der NSDAP*, Berlim, 1933; Tyrell, *Führer*, p. 314.
108. TB, 29 de maio de 1930.
109. TB, 12, 14 e 23 de junho de 1930.
110. *Der Angriff*, 3 de julho de 1930, publicou a carta de Hitler a Goebbels, 30 de junho de 1930, na qual o líder do partido o autoriza a promover uma "limpeza implacável" na organização berlinense do partido.
111. TB, 26 de junho de 1930; ver também 27 e 28 de junho de 1930 sobre a exclusão.
112. TB, 26 de junho de 1930.
113. TB, 1º de julho de 1930; Udo Kissenkoetter, *Gregor Strasser und die NSDAP*, Stuttgart, 1978, p. 44.
114. TB, 1º e 3 de julho de 1930; *Der Angriff*, 3 de julho de 1930.
115. TB, 3 de julho de 1930.
116. TB, 6 de julho de 1930; sobre a crise, ademais: 5 de julho de 1930; *Der Angriff*, 6 de julho de 1930, com uma declaração de Hitler de 4 de julho, segundo a qual os jornais da Kampf-Verlag deviam ser encarados como "órgãos hostis"; Wörtz, *Programmatik*, p. 34 e segs.

7. "Tenho a coragem de viver perigosamente!"

1. TB, 18 de julho de 1930.
2. TB, 18 e 20 de julho de 1930. Sobre a dissolução do Reichstag e seu pano de fundo: Winkler, *Weimar*, p. 378 e segs.
3. TB, 20 de julho de 1930.
4. TB, 23 de julho de 1930.
5. TB, 28 e 29 de julho de 1930. Ver também o relato de Goebbels sobre o encontro no *Angriff* de 2 de agosto de 1930: "Es kann losgehen." Quanto à dissolução do parlamento e à campanha eleitoral, ver também Reuth, *Goebbels*, p. 168 e segs.; Gerhard Paul, *Aufstand der Bilder. Die NS-Propaganda vor 1933*, Bonn, 1990, p. 73.
6. TB, 29 de julho, assim como 2 de agosto de 1930.
7. É o que mostram as respostas dos *Gaue* a uma pesquisa de Goebbels de maio de 1930 (in: NS 18/5.010; quanto a isso, ver Daniel Mühlenfeld, "Zur Bedeutung der NS-Propaganda für die Eroberung staatlicher Macht und die Sicherung politischer Loyalität", in: Christian A. Braun, Michael Mayer e Sebastian Weitkamp [eds.], *Deformation der Gesellschaft? Neue Forschungen zum Nationalsozialismus*, Berlim, 2008, p. 93-117, p. 98). Só no início de 1931 Goebbels tomou medidas sérias para a reorganização do aparato de propaganda (ver p. 158 e segs.).
8. Sobre a campanha eleitoral: Dirk Lau, *Wahlkämpfe der Weimarer Republik. Propaganda und Programme der politischen Parteien bei den Wahlen zum Deutschen Reichstag von 1924 bis 1930*, tese de doutorado, Mainz, 1995, p. 420 e segs.; David Andrew Hacket, *The Nazi Party in the Reichstag Election of 1930*, tese de doutorado na Universidade de Wisconsin, 1971; Paul, *Aufstand*, p. 90 e segs., com imagens dos cartazes, n. 51 e 48; circular de Goebbels de 23 de julho de 1930 (longa citação in: Paul, *Aufstand*, p. 90 e segs., antes NL Streicher no BAK); circular de 15 de agosto de 1930, in: BHSTA Varia, 1425.
9. TB, 13 de agosto de 1930; *Der Angriff*, 14 de agosto de 1930, "Dr. Goebbels freigesprochen" (manchete); BAK, NL 1.548/2, "Lebenserinnerungen des Rechtsanwalts Rüdiger Graf v. d. Goltz", vol. 2, p. 171 e segs.

10. TB, 1º de agosto de 1930; o discurso de 20 de junho de 1927 é mencionado num relatório do comissário do Reich para a Manutenção da Ordem Pública do outono de 1927, impresso in: Ernst Deuerlein (ed.), *Der Aufstieg der NSDAP in Augenzeugenberichten*, Düsseldorf, 1968, p. 286 e segs.; BAB, NS 26/2.512, Schriftverkehr des Reichsgerichts mit der Polizeidirektion München; Thacker, *Goebbels*, p. 111 e segs., com outros pormenores.
11. TB, 5 e 6 de julho de 1930; BAK, NL 1.548/2, p. 168 e segs.
12. TB, 17 de julho de 1930.
13. TB, 9 de agosto de 1930.
14. *VZ*, 15 de agosto de 1930, "Goebbels freigesprochen". Ver também Reuth, *Goebbels*, p. 170.
15. TB, 15 de julho de 1930.
16. TB, 17 de agosto de 1930; *Der Angriff*, 29 de dezembro de 1930, Politisches Tagebuch; LA Berlin, A Rep. 358-01/25, denúncia de 16 de maio de 1930, sentença de 16 de agosto de 1930. Quanto à cobertura do processo: *Der Angriff*, 17 de agosto de 1930.
17. TB, 8 de agosto de 1930.
18. TB, 12 de agosto de 1930.
19. TB, 17 de agosto de 1930.
20. TB, 30 de agosto de 1930. Sobre a revolta de Stennes do verão de 1930: Reuth, *Goebbels*, p. 171 e segs.
21. *Der Angriff*, 31 de agosto de 1930. "Der Sieg wird unser sein!" (manchete).
22. LA Berlin, A Rep. 358-01/47, veredicto de 1º de setembro de 1930.
23. *RSA* III/3, doc. 99. Telegrama a Von Pfeffer, 1º de setembro de 1930, assim como doc. 101 e 102, Disposições de 2 de setembro de 1930.
24. *RSA* III/3, doc. 100.
25. TB, 8 de setembro de 1930 sobre o dia anterior. Ver também Engelbrechten, *Armee*, p. 139, assim como *Der Angriff*, 11 de setembro de 1930, "Riesenpropaganda der 'meuternden' S.A.". O artigo explica que a SA percorreu Berlim com 26 caminhões, sendo 24 com militantes.
26. TB, 11 de setembro de 1930; *VB* (B), 12 de setembro de 1930, "Adolf Hitler im Sportpalast", Reuth, *Goebbels*, p. 173 e segs.
27. TB, 11 de setembro de 1930.
28. TB, 12 de setembro de 1930.
29. TB, 14 de setembro de 1930: "Eu espero uma grande vitória."
30. *Statistisches Jahrbuch der Stadt Berlin 7* (1931), p. 339 e segs.
31. TB, 15 de setembro de 1930.
32. *Der Angriff*, 18 de setembro de 1930, "Unser der Sieg"; acerca da vitória eleitoral, ver também Reuth, *Goebbels*, p. 174.
33. TB, 18 de setembro de 1930.
34. TB, 21 de setembro de 1930.
35. TB, 2 de outubro de 1930; ver, ainda, o de 9 de outubro de 1930 sobre uma reunião de *Gauleiter*, na qual imperou muita "hostilidade" contra a direção da SA.
36. TB, 26 de setembro de 1930; Peter Bucher, *Der Reichswehrprozess. Der Hochverrat der Ulmer Reichswehroffiziere 1929/30*, Boppard am Rhein, 1967.
37. TB, 23 de setembro de 1930.
38. Sobre o encontro: Herrmann Pünder, *Politik in der Reichskanzlei. Aufzeichnungen aus den Jahren 1929-1932*, ed. Thilo Vogelsang, Stuttgart, 1961, p. 64 e segs.; Heinrich Brüning, *Memoiren 1918-1934*, Munique, 1972, vol. 1, p. 200 e segs.; Krebs, *Tendenzen und Gestalten*, p. 140 e segs., acerca do início da reunião. Ver também Reuth, *Goebbels*, p. 177.
39. TB, 6 de outubro de 1930. Em 5 de outubro, no *Angriff*, Goebbels tinha exigido a participação no governo da Prússia como precondição para a entrada do NSDAP no governo do Reich.
40. TB, 12 de outubro de 1930.
41. TB, 11 de outubro de 1930; *VZ*, 14 de outubro de 1930.
42. *Der Angriff*, 16 de outubro de 1930, "Wie Goebbels in den Reichstag kam".
43. TB, 14 de outubro de 1930.
44. TB, 23 de setembro de 1930, também 21 de setembro de 1930.
45. TB, 27 de setembro de 1930; ver, ainda, 28 de setembro de 1930. Quanto à transformação do *Angriff* em jornal diário, ver também *Goebbels* p. 181.
46. TB, 9 de outubro de 1930.
47. *Der Angriff*, 1º de novembro de 1930; TB, 2 de novembro de 1930.
48. TB, 12 de novembro de 1930.
49. TB, 27 de novembro de 1930.
50. Longerich, *Geschichte der SA*, p. 45 e segs.
51. Longerich, *Geschichte der SA*, p. 108; TB, 28 de novembro, assim como 2 de dezembro de 1931 (sobre a nomeação).
52. TB, 6 de dezembro de 1930; *VZ*, 7 de dezembro de 1930, "Stinkbomben gegen den Remarque-Film" (na véspera, haviam publicado uma crítica do filme). Sobre a campanha: Engelbrechten, *Armee*, p. 145; Reuth, *Goebbels*, p. 182 e segs.; Peter Dörp, "Goebbels' Kampf gegen Remarque. Eine Untersuchung über die Hin-

tergründe des Hasses und der Agitation Goebbels' gegen den Roman Im Westen nichts Neues von Erich Maria Remarque", in: *Erich Maria Remarque Jahrbuch* I (1991), p. 48-64. Goebbels tinha lido o livro no ano anterior e o condenara arrasadoramente: TB, 21 e 23 de julho de 1929.

53. *Der Angriff*, 8 de dezembro de 1930, "Heraus zum Protest!".
54. TB, 9 de dezembro de 1930; *VZ*, 9 de dezembro de 1930, "Die Krawalle beim Remarque-Film"; ver também a cobertura do *Berliner Lokalanzeigers*, 9 de dezembro de 1930.
55. TB, 10 de dezembro de 1930; *VZ*, 10 de dezembro de 1930, "Herrschaft der Strasse".
56. *VZ*, 12 de dezembro de 1930, "Remarque-Film verboten"; TB, 12 de dezembro de 1930.
57. TB, 14 de dezembro de 1930, também 13 de dezembro.
58. TB, 18 de janeiro de 1931. Acerca do ativismo reforçado no começo de 1931, ver Reuth, *Goebbels*, p. 187.
59. TB, 23 de janeiro de 1931; Engelbrechten, *Armee*, p. 148; Oliver Reschke, *Der Kampf des Nationalsozialisten um den roten Friedrichshain 1925-1933*, Berlim, 2004, p. 92 e segs.
60. *VZ*, 24 de janeiro de 1931.
61. *Der Angriff*, 23, 24 (apud), 26, 27 (apud) e 31 de janeiro, assim como 2 de fevereiro de 1931.
62. *VZ*, 3 de fevereiro de 1931, "Die Waffen nieder! Blutiges Wochenende".
63. TB, 11 de janeiro de 1931. Ver também Reuth, *Goebbels*, p. 188.
64. TB, 20 de janeiro de 1931.
65. TB, 20 e 23 de janeiro, assim como 11 de janeiro de 1931.
66. TB, 23 de fevereiro de 1931.
67. Os TB de 1930 mencionam com frequência convites de Göring ou visitas comuns a espetáculos teatrais etc., por exemplo: 8, 20 e 30 de janeiro, 8 e 12 de fevereiro, 2, 13, 19 e 21 de março, 1º e 7 de abril, 3 e 26 de maio, 1º, 15-17 e 25 de junho, 2 e 16 de julho, 18 e 24 de agosto, 11, 15, 22, 23, 29 e 30 de setembro, 14 e 30 de outubro, 17 e 19 de novembro, 4 e 25 de dezembro.
68. TB, 18 a 24 de abril de 1930.
69. TB, 4 de janeiro de 1931, a respeito da briga com Göring, também 3 de janeiro de 1931.
70. TB, 20 de fevereiro de 1931.
71. TB, 18 de janeiro de 1931.
72. TB, 12 e 28 de janeiro, 21 de fevereiro (conversa com Kaufmann), 23 de fevereiro, assim como 1º de março de 1931.
73. TB, 13 e 22 de janeiro, bem como 20 de fevereiro de 1931.
74. TB, 21 de fevereiro de 1931.
75. TB, 16 de março de 1931.
76. TB, 26 de fevereiro de 1931.
77. TB, 15 de janeiro de 1931.
78. TB, 27 de fevereiro de 1931.
79. TB, 4 de março de 1931.
80. TB, 6 de março de 1931.
81. TB, 6 de março de 1931.
82. TB, 25 de março de 1931. Ver também 26 de fevereiro de 1931. "Pobre Hitler! Ele precisa sair do ambiente de Munique."
83. "Wirtschaftsprogramm", *Der Angriff*, 12 de outubro de 1930, antes disso, também em "Weiter arbeiten!", 28 de setembro de 1930.
84. TB, 17 de dezembro de 1930.
85. TB, 13 e 16 de março de 1931; Höver, *Goebbels*, p. 335 e segs.; o documento foi impresso por Avraham Barkai, "Wirtschaftliche Grundanschauungen und Ziele der N.S.D.A.P. Ein unveröffentlichtes Dokument aus dem Jahre 1931", in: *Jahrbuch des Instituts für Deutsche Geschichte* VII (1978), p. 355-385, p. 373 e segs.
86. TB, 17 de março de 1931; Hans Reupke, *Der Nationalsozialismus und die Wirtschaft*, Berlim, 1931; contra Reupke também TB, 23 e 28 de março de 1931.
87. TB, 25 de março de 1931.
88. TB, 14 de março de 1931.
89. *Der Angriff*, 14 de março de 1931, "Attentat auf Dr. Goebbels".
90. LA Berlin, A Rep. 358-01/509, interrogatório dos ex-empregados do partido Weiss e Francke, 8 de maio de 1931, bem como 12 de maio de 1931; Departamento IA, relatório de 27 de março de 1931: "Por esse motivo, enfim, é inegável a suspeita de que o atentado contra o dr. Goebbels foi obra do próprio NSDAP como meio de publicidade." *VZ*, 5 de maio de 1931, "Die Bombe für Goebbels. Ein plumper Reklametrick. Wie 'Attentate' gemacht werden", Reuth, *Goebbels*, p. 189 e segs., assim como p. 195.
91. TB, 19 e 21 de março de 1931; *Der Angriff*, 20 de março, "Dr. Goebbels darf sprechen — aber nur vor fünf Männern" (manchete), também aqui comentário de Goebbels: "Wie sollen wir's machen?"; 21 de março de 1931, "Gummiknüppel auf Dr. Goebbels — Unerhörte Vorgänge in Königsberg" (manchete); ver também o comentário de Goebbels: "Die Freiheit des Wortes"; 24 de março de 1931, "Allgemeines Redeverbot für Dr. Goebbels"; 25 de março de 1931, "Die Versammlungswelle steigt: Polizei besteht auf rechtswidrigem Redeverbot" (manchete).
92. *RGBl.* 1931 I, p. 79 e segs., decreto de emergência do presidente do Reich para combater os excessos políticos; *Der Angriff*, 31 de março de 1931, comentário em que Goebbels fala numa "ditadura Brüning"; ver também Reuth, *Goebbels*, p. 191.

93. TB, 28 de março de 1931, também 29 de março de 1931.
94. TB, 29 de março de 1931.
95. TB, 31 de março de 1931.
96. *Der Angriff*, 1º de abril de 1931, "Hauptmann Stennes nicht abgesetzt! Eine Erklärung an die Presse" (manchete); *VZ*, 2 de abril de 1931, "Führerkrise im Hitler-Lager" (manchete).
97. TB, 2 de abril de 1931. Sobre as disputas também Reuth, *Goebbels*, p. 192 e segs.
98. *Der Angriff*, 2 de abril de 1931, "Kampf um den Nationalsozialismus" (manchete). O texto integral dessa outorga foi publicado no *VB* (edição da Baviera, 3 de abril de 1931) como carta de Hitler a Goebbels.
99. TB, 4 de abril de 1931. Sobre o decorrer do *Putsch*, ver também a minuciosa cobertura do *VZ* nesses dias. O *VB* começou a noticiar os acontecimentos em 3 de abril e já no dia 5 deu a revolta por liquidada (edição da Baviera).
100. Esse comportamento suscitou um comentário irônico no *VZ* (11 de abril, "Goebbels meldet sich").
101. TB, 4, 6, 9, 10, 11 e 12 de abril de 1931.
102. *VZ*, 8 de abril de 1931, "Goebbels lässt Stennes pfänden".
103. *Der Angriff*, 7 de abril de 1931, "Alles steht fest hinter dem Führer Adolf Hitler" (manchete); ver também editorial: "Der S.A. Konflikt".
104. TB, 15 e 16 de abril de 1931.
105. TB, 17 de abril de 1931; *Der Angriff*, 20 de abril de 1931, "Die SA. marschiert im Sportpalast".
106. LA Berlin, A Rep. 358-01/2, o ministro da justiça ao fiscal-geral do Estado, 23 de fevereiro de 1931.
107. Reuth, *Goebbels*, p. 198 e segs.; TB, 10 de fevereiro de 1930.
108. A Rep. 358-01/2, veredicto do distrito de Berlim Mitte, de 14 de abril de 1931, assim como A Rep. 358-01/2.517, veredicto do distrito de Berlim Mitte, de 14 de abril de 1931; *Der Angriff*, 15 de abril de 1931; TB, 15 de abril de 1931.
109. TB, 18 de abril de 1931.
110. A Rep. 358-01/23, vol. 2, veredicto do tribunal regional de Berlim, 17 de abril de 1931.
111. TB, 28 de abril de 1931; A Rep. 358-01/3, fiscal superior do Estado no III Regional Tribunal, em 27 de abril de 1931, à delegacia de polícia, Departamento IA; informe do agente da polícia criminal de 12 de maio de 1931.
112. LA Berlin, A Rep. 358-01/39, vol. 4, julgamento de 29 de abril, segundo a audiência de 27, 28 e 29, bem como A Rep. 358-01/39, vol. 12, julgamento de 27 de abril de 1931. TB, 30 de abril de 1931: omitindo os julgamentos, Goebbels menciona aqui uma segunda multa no valor de mil marcos. Quanto a isso, ver em detalhes Reuth, *Goebbels*, p. 200 e segs. Seu recurso contra a sentença de 1.500 marcos foi rejeitado: TB, 3 de junho de 1931; A Rep. 358-01/2, audiência de apelação em 2 de junho de 1931.
113. TB, 2 de maio de 1931.
114. *Der Angriff*, 20 de abril de 1931, editorial "Prozesse".
115. Paul, *Aufstand*, p. 69 e segs.; TB, 12 de novembro de 1930.
116. BAB, NS 18/882, 15 de janeiro de 1931; ver Paul, *Aufstand*, p. 78.
117. TB, 28 de abril de 1931.
118. *Unser Wille und Weg*, 2 de maio de 1931, "Organisatorisches, Richtlinien der Reichspropagandaleitung", p. 43-63.
119. TB, 28 de abril de 1931.
120. Alguns dias antes da viagem a Munique, ele já havia pensado em renunciar à diretoria do *Gau*. Afinal de contas, ele não era a "válvula de descarga" do partido: TB, 22 e 25 de abril de 1931.
121. TB, 10 e 20 de maio de 1931.
122. TB, 9 de maio de 1931.
123. Joseph Goebbels, *"Der Nazi-Sozi" Fragen und Antworten für den Nationalsozialisten*; Elberfeld, 1930, p. 18 e segs.
124. *VZ*, 9 de maio de 1931, "Adolf Legalité. Hitlers Bekenntnis".
125. TB, 9 de maio de 1931. Joseph Goebbels, *"Der Nazi-Sozi", Fragen und Antworten für den Nationalsozialisten*, 2. ed., Munique, 1931.
126. TB, 20 de junho de 1931, sobre a conversa com Karin Göring, 18 de junho de 1931.
127. TB, 27 de junho de 1931, também 28 de junho de 1931.
128. *Der Angriff*, 30 de junho de 1931; TB, 30 de junho de 1931.
129. TB, 30 de junho de 1931.
130. TB, 3 de julho de 1931; ver, ainda, 4 de julho de 1931, quando ele exprime a convicção de "derrubar" a agência.
131. Ver também TB, 19 de fevereiro de 1931, sobre outra visita de Magda. Quanto aos antecedentes de Magda, Rüdiger Jungbluth, *Die Quandts. Ihr leiser Aufstieg zur mächtigsten Wirtschaftsdynastie Deutschlands*, Frankfurt a. M., 2002, p. 196 e segs. Ver ainda, acerca de Magda Quandt/Goebbels, Anja Klabunde, *Magda Goebbels — Annäherung an ein Leben*, Munique, 1999; Hans-Otto Meissner, *Magda Goebbels. Ein Lebensbild*, Munique, 1978.
132. Jungbluth, *Die Quandts*, p. 46 e segs.
133. Jungbluth, *Die Quandts*, p. 67 e segs., a respeito do casal.
134. Jungbluth, *Die Quandts*, p. 90 e segs., sobre o divórcio.

135. TB, 23 de fevereiro de 1931.
136. TB, 26 e 27 de fevereiro de 1931.
137. TB, diversos apontamentos em março de 1931, esp. 10, 15 e 22.
138. TB, 26 de março de 1931.
139. TB, 17 de junho de 1931.
140. TB, 12 de março, assim como 4 e 9 de abril de 1931.
141. TB, 12 de abril de 1931.
142. TB, 13 e 14 de abril de 1931.
143. TB, 17 de abril de 1931.
144. TB, 18-22, 25 e 30 de abril, 8, 10, 11 e 15 de maio de 1931.
145. TB, 22-31 de maio de 1931.
146. TB, 31 de maio de 1931.
147. TB, 11 de junho de 1931.

8. "Agora é tomar o poder... De um jeito ou de outro!"

1. TB, 6 de julho até 5 de agosto de 1931. Os diários de 20 de agosto de 1931 a 21 de maio de 1932 só se tornaram disponíveis a partir de 2004 e já são utilizados por Thacker, *Goebbels*, p. 121 e segs.
2. TB, 12 de julho de 1931.
3. TB, 26 de julho de 1931.
4. TB, 26 de julho de 1931.
5. TB, 13, 24 e 31 de julho de 1931.
6. TB, 17 de julho de 1931.
7. TB, 27 de julho de 1931.
8. TB, 5 e 7 de julho de 1931.
9. Berghahn, *Stahlhelm*, p. 169, 172 e segs.; Gerhard Schulz, *Von Brüning zu Hitler. Der Wandel des politischen Systems in Deutschland 1930-1933*, Berlim/Nova York, 1992, p. 433 e segs.
10. TB, 10 de agosto de 1931.
11. *Der Angriff*, 15 de agosto de 1931, "Lachen links".
12. TB, 19 e 21 de agosto de 1931.
13. TB, 24 de agosto de 1931.
14. Schulz, *Brüning*, p. 554.
15. TB, 12, 16 e 22 de agosto de 1931.
16. TB, 24 de agosto de 1931.
17. TB, 25 de agosto de 1931.
18. TB, 26 de agosto de 1931.
19. TB, 27 de agosto de 1931.
20. TB, 4 de setembro de 1931.
21. TB, 4 de setembro de 1931.
22. TB, 14 de setembro de 1931.
23. TB, 16 de setembro de 1931.
24. Otto Wagener, *Hitler aus nächster Nähe. Aufzeichnungen eines Vertrauten 1929-1932*, ed. Henry Ashby Turner, 2. ed., Kiel, 1978, p. 375 e segs.
25. Ib., p. 392 e segs.
26. Segundo ele, Hitler só teria desenvolvido a ideia de uma parceria com Magda depois da morte de Geli Raubal (falecida em setembro), e sua conversa com Magda teria ocorrido quando os dois estavam a caminho de Braunschweig para assistir ao grande desfile da SA, o qual, no entanto, só se realizou em outubro de 1931 (Wagener, *Hitler*, p. 392 e segs.). Mas os diários de Goebbels deixam claro que o acordo Hitler-Goebbels-Magda foi firmado antes do suicídio de Geli. Na literatura secundária, especulou-se sobre a relação triangular Hitler-Goebbels-Magda antes mesmo da publicação da versão integral dos diários de Goebbels, por exemplo, in: Klabunde, *Goebbels*, p. 238 e segs., bem como in: Reimann.
27. TB, 5, 10, 15 e 26 de outubro de 1931.
28. TB, 20 de setembro de 1931.
29. Reuth, *Goebbels*, p. 206; Longerich, *Geschichte der SA*, p. 121 e segs. Friedrich, *Hauptstadt*, p. 318 e segs.
30. TB, 18 de setembro de 1931.
31. A esse respeito, ver a cobertura do *VZ*, 19 a 24 de setembro de 1931, assim como TB, 18 a 26 de setembro.
32. TB, 25 de setembro de 1931.
33. No texto, Helldorff.
34. TB, 27 de setembro de 1931.
35. TB, 30 de setembro de 1931.
36. TB, 8 e 9 de novembro de 1931; *VZ*, 8 e 9 de outubro, assim como 8 de novembro de 1931 sobre o processo; Reuth, *Goebbels*, p. 207.

37. LA Berlin A Rep. 358-01/20, vol. 3, sentença, 9/2/32 III Tribunal Regional, Berlim; TB, 23 de janeiro de 1932, bem como Goebbels, *Vom Kaiserhof zur Reichskanzlei*, Munique, 1934, 22 de janeiro de 1932, onde Goebbels ainda embelezara um pouco a cena; VZ, 17 e 24 de dezembro de 1931, 23 e 26 de janeiro de 1932; ver, ainda, Reuth, *Goebbels*, p. 207.
38. A primeira alusão ao planejado se encontra no TB, com data de 3 de outubro de 1931.
39. TB, 5 de outubro de 1931.
40. TB, 12 de outubro de 1931; Wolfram Pyta, *Hindenburg. Herrschaft zwischen Hohenzollern und Hitler*, Munique, 2007, p. 631; Brüning, *Memoiren*, p. 391 e segs.
41. Larry Eugene Jones: "The Harzburg Rally of October 1931", in: *German Studies Review* 29 (2006), p. 483-494.
42. *Ursachen und Folgen. Vom deutschen Zusammenbruch 1918 und 1945 bis zur staatlichen Neuordnung Deutschlands in der Gegenwart. Eine Urkunden- und Dokumentensammlung zur Zeitgeschichte*, ed. Herbert Michaelis e Ernst Schraepler, 27 vols., Berlim, 1958 a 1979, vol. 8, n. 1.784a e c; *Politik und Wirtschaft in der Krise, 1930-1932. Quellen zur Ära Brüning*, ed. Ilse Maurer e Udo Wengst, 2 partes, Düsseldorf, 1980, n. 341, relatório de Blank a Reusch, 12 de outubro de 1931, assim como VZ, 13 de outubro de 1931, "Die Front der Fronde, mit weiteren Einzelheiten zum Tagungsverlauf".
43. Christoph Kopper, *Hjalmar Schacht. Aufstieg und Fall von Hitlers mächtigstem Bankier*, Munique, 2006, p. 191 e segs.
44. TB, 19 de outubro de 1931.
45. TB, 19 de outubro de 1931; VZ, 19 de outubro de 1931 (A), "Braunschweiger Treffen".
46. *Der Angriff*, 21 de outubro de 1931, também in: Goebbels, *Der Angriff. Aufsätze aus der Kampfzeit*, Munique, 1935, p. 211-212; TB, 20 de outubro de 1931.
47. TB, 25 de outubro de 1931.
48. TB, 30 e 31 de outubro de 1931.
49. TB, 1º de novembro de 1931.
50. TB, 8 de novembro de 1931.
51. TB, 1º, 3, 23 e 26 de outubro, assim como 3 e 5 de novembro de 1931.
52. TB, 13 de dezembro de 1931: "Meu quarto e minha sala de estar são lindos e foram arrumados com muito amor." Ver, ainda, 16, 17 e 21 de novembro de 1931.
53. TB, 22 de novembro de 1931.
54. TB, 29 de novembro de 1931.
55. TB, 11 de dezembro de 1931.
56. TB, 14 de dezembro de 1931.
57. TB, 18 e 19 de dezembro de 1931; *Die Rote Fahne*, 18 de dezembro de 1931, "Wir gratulieren Herr Goebbels!".
58. TB, 20 de dezembro de 1931; Reuth, *Goebbels*, p. 210 e segs.; Meissner, *First Lady*, p. 110 e segs.; Jungbluth, *Quandts*, p. 116 e segs. Conforme as memórias de Günther Quandt, disponíveis somente em edição particular e às quais Jungbluth teve acesso, ele nada soube dos preparativos da festa de casamento da ex-mulher.
59. TB, 1º de setembro de 1931, sobre uma conversa a esse respeito com Helldorf. Fundiram-se os subgrupos até então autônomos Grande Berlim e *Gausturm* de Brandemburgo. Ver também Engelbrechten, *Armee*, p. 190 e segs.
60. TB, 9 de dezembro de 1931.
61. Schulz, *Brüning*, p. 610 e segs.
62. TB, 9 de dezembro de 1931.
63. TB, 1º, 10 e 13 de dezembro de 1931. A segunda proibição foi um pouco abreviada: *Der Angriff* não foi publicado entre 10 e 14 de dezembro.
64. Reuth, *Goebbels*, p. 212 e segs.; Schulz, *Brüning*, p. 704 e segs.
65. Groener, Schleicher e Meissner se incumbiram das respectivas sondagens: Pyta, *Hindenburg*, p. 649 e segs.; encontram-se inúmeros pormenores nas memórias de Brüning, p. 468 e segs., assim como p. 495 e segs. Em dezembro Meissner já tinha sondado Göring: *Die Kabinette Brüning I und II*, 3 vols., ed. Tilman Koops, Boppard am Rhein, 1982-1990, n. 599, nota de Meissner sobre a recepção de Göring pelo presidente do Reich em 11 de dezembro de 1931; ver Pyta, *Hindenburg*, p. 649.
66. *Kabinette Brüning I und II*, n. 617: nota de Pünder sobre conferência do presidente do Reich com o chanceler, 5 de janeiro de 1932.
67. *Kabinette Brüning I und II*, n. 626, nota do secretário de Estado, Pünder, sobre a eleição do presidente do Reich: 8, 10 e 13 de janeiro de 1932. Brüning, *Memoiren*, p. 501, sobre 6 de janeiro de 1932. Ver também Pyta, *Hindenburg*, p. 653 e segs.
68. *Kabinette Brüning I und II*, n. 623, "Hitler an Reichskanzler", 12 de janeiro de 1932 sobre conversa com Groener em 6 de janeiro de 1932, assim como memorando — endereçado ao presidente — impresso in: Fritz Poetsch-Heffter, "Vom Staatsleben unter der Weimarer Verfassung", in: *Jahrbuch des öffentlichen Rechts der Gegenwart, vol. 21 (1933/34)*, p. 102 e segs. (VB, 19 de janeiro de 1932); também in: RSA IV/3, doc. 8, 15 de janeiro de 1932; posicionamento de Brüning de 22 de janeiro de 1932 (*Kabinette Brüning I und II*, n. 642); resposta de Hitler, 25 de janeiro de 1932, impressa in: Poetsch-Heffter, "Staatsleben", p. 108 e segs. (VB, 29 de janeiro de 1932).

69. TB, 6-11 de janeiro de 1932.
70. A esse respeito, Goebbels, TB, 13 de janeiro de 1932. Bem informado sobre as negociações, o político popular nacional Reinhold Quaatz anotou acerca de Hitler em seu diário em 14 de janeiro: "Ele queria — pressionado pela indignação crescente em seu partido — sair da rede de Brüning e, na noite de segunda-feira, tentou subitamente, com meios inteiramente inadequados, obrigar Hindenburg a demitir Brüning. Ao mesmo tempo, queria ser o único a ficar em primeiro plano exteriormente e desacreditar Hugenberg. Resultado: um grande fiasco." Hermann Weiss e Paul Hoser (eds.), *Die Deutschnationalen und die Zerstörung der Weimarer Republik. Aus dem Tagebuch von Reinhold Quaatz*, Munique, 1989, p. 168 e segs.
71. TB, 20 de janeiro de 1932.
72. Acerca disso, também 20 de janeiro de 1932.
73. TB, 20 de janeiro de 1932.
74. TB, 23 de janeiro de 1932.
75. TB, 28 de janeiro de 1932.
76. Goebbels discutiu intensamente o assunto com Hitler tanto durante uma visita a Munique quanto por ocasião de uma estada de Hitler em Berlim: TB, 3 e 10 de fevereiro de 1932.
77. TB, 23 de fevereiro de 1932; *Der Angriff*, 23 de fevereiro de 1932, "Schluss jetzt! Deutschland wählt Hitler!" (manchete); *VZ*, 23 de fevereiro de 1932 (M), "Hitler und Duesterberg proklamiert".
78. TB, 22 de fevereiro de 1932.
79. *Verhandlungen Reichstag*, V. LP, vol. 446, p. 2252.
80. *Verhandlungen Reichstag*, V. LP, vol. 446, p. 2254.
81. *Verhandlungen Reichstag*, V. LP, vol. 446, p. 2346 e segs., p. 2353. Quanto a isso, também TB, 26 de fevereiro de 1926.
82. TB, 20 de janeiro de 1931; Paul, *Aufstand*, p. 74.
83. TB, 1º de março de 1932.
84. TB, 1º e 5 de março; ver Reuth, *Goebbels*, p. 215 e segs.
85. BAB, NS 26/287, memorando do RPL de 13 de março de 1932.
86. Paul, *Aufstand*, p. 95 e segs. e p. 248 e segs.
87. TB, 27 de fevereiro de 1932; Engelbrechten, *Armee*, p. 207.
88. *Der Angriff*, 31 de março, 1º e 4 de abril (apud) de 1932.
89. TB, 2 a 5 de março de 1932.
90. Foram publicados trechos dessa carta no igualmente social-democrata *Münchner Post* de 9 de março de 1932; TB, 6 de março de 1932.
91. TB, 7 de março de 1932.
92. TB, 8 e 10 de março de 1932.
93. TB, 17 de março de 1932. Dias depois, Hitler voltou a se exprimir com Goebbels de modo parecido (28 de março de 1932).
94. TB, 14 de março de 1932; ver também Reuth, *Goebbels*, p. 216 e segs.
95. TB, 16 de março de 1932.
96. TB, 16 de março de 1932.
97. TB, 16 e 17 de março de 1932. *VZ*, 16 de março de 1932: "Hitler também foi ouvido pela comissão parlamentar de inquérito do Landtag turíngio, que investigava a malograda tentativa de Frick, em 1930, de outorgar cidadania alemã ao líder nazista nomeando-o funcionário público."
98. TB, 19 de março de 1932. Também 23 de março de 1932: "É difícil trabalhar com ele. Grandes planos excessivamente erráticos, mas de execução difícil e com resistência."
99. TB, 20 de março de 1932.
100. TB, 29 de março de 1932.
101. No entanto, nas suas anotações no diário, os "voos pela Alemanha" tinham um papel totalmente secundário (basta ver o apontamento de 6 de abril de 1932), ao passo que os ressaltou como uma "inovação decisiva" na edição *Kaiserhof*: 18 de março, 5 e 7 de abril de 1932. Sobre os voos pela Alemanha, ver também Reuth, *Goebbels*, p. 217 e segs. Acerca do voo, ver a cobertura do *Angriff*, que, entre 2 e 7 de abril, anunciou o tema com manchetes.
102. TB, 5 de abril de 1932. Quanto à suspensão da proibição de manifestação pública, 2 de abril de 1932.
103. TB, 6, 7, 9 e 10 de abril de 1932.
104. Folheto *Wenn Hindenburg gewählt wird, dann* [...]. *Ja, was dann?*. A respeito da condução da luta eleitoral: BAB, NS 26/290, especialmente as diretrizes concebidas por Goebbels para os diretores de *Gau* para a realização da segunda campanha eleitoral, 23 de março de 1932, assim como o modelo de panfleto (enviado no mesmo dia) e a circular de 7 de abril de 1932.
105. Schulz, *Brüning*, p. 758.
106. TB, 16 e 18 de março de 1932; *VZ*, 18 de março de 1932, "Goebbels bei einer anständigen Handlung ertappt"; *Der Angriff*, 17 de março de 1932, conversa com o dr. Goebbels.
107. Engelbrechten, *Armee*, p. 212.
108. TB, 24 de março de 1932.
109. TB, 8 de abril de 1932.
110. TB, 11 de abril de 1932; ver Reuth, *Goebbels*, p. 218.

111. Logicamente, na versão *Kaiserhof* de seu diário, ele suprimiu as passagens em que criticava o estilo de trabalho errático de Hitler (TB 19 e 23 de março, *Kaiserhof*, 18 e 22 de março de 1931), inseriu nas etapas preliminares da decisão eleitoral, quando o líder nazista se mostrava inseguro com a sua candidatura, diversas passagens em que louva a arte da liderança de Hitler (*Kaiserhof*, 4 e 10 de fevereiro), omitiu a estupefação deste com a derrota no primeiro turno (TB, 14 de março, *Kaiserhof*, 13 de março de 1931), transformou a crítica de dirigentes do partido à sua propaganda em "entusiasmo interno" (*Kaiserhof*, 19 de março de 1931) e enfatizou muito — ver nota 101 — a importância dos voos pela Alemanha.
112. TB, 15 de abril de 1932, já se encontram indícios da proibição iminente em 12 e 13 de abril de 1932. Engelbrechten, *Armee*, p. 216 e segs., exemplo de dissimulações (associações), organização clandestina, continuação da atividade da SA; ver também *Goebbels*, p. 218.
113. TB, 25 de abril de 1932; ver, ainda, Reuth, *Goebbels*, p. 220 e segs.
114. TB, 15 de abril de 1932, sobre uma conversa com Hitler: "Questões de recursos humanos na Prússia: Strasser governador, Göring Interior e Darré Agricultura. Strasser? Göring? Ele: para compensá-lo da perda das forças armadas. Eu passo a ser Instrução Popular do Reich. Essa é a minha pasta e eu me alegro. Helldorf chefe de polícia de Berlim. Schulz ministro do Serviço Comunitário Compulsório." TB, 24 de abril de 1943 (sobre o 20 de abril): "Helldorf: esteve com Schl. [...] Para nós, só se cogita para o M.D., se o Ministério do Interior prussiano for ocupado por um homem de extrema firmeza. Str. e Gör. ficam excluídos. Helld. me quer a qualquer preço. Eu resisto. Esse não é o meu cargo. Terão de vir me pegar se me quiserem." TB, 24 de abril de 1932 (sobre o 22 de abril): "Chegam Röhm e Helldorf. Röhm vocifera muito contra Strasser e Schulz. [...] Göring muito desajeitado e inconsequente [...] Göring deve ser presidente; eu, ministro do Interior. Já concordei. Mas os outros é que precisam concordar." TB, 24 de abril de 1932 (sobre o 23 de abril): "Röhm e Helldorf. [...] Strasser está fora de cogitação."
115. *Statistisches Jahrbuch der Stadt Berlin 1932*, p. 259 e segs.
116. TB, 27 de abril de 1932.
117. TB, 29 de abril de 1932.
118. Pyta, *Hindenburg*, p. 691; Brüning, *Memoiren*, p. 575 e segs.
119. TB, 7 de maio de 1932.
120. TB, 9 de maio de 1932. Quanto a isso, também Reuth, *Goebbels*, p. 222.
121. TB, 9 de maio de 1932.
122. LAB, A Rep. 358-01/721, fiscal-geral, 6 de junho de 1932 ao Ministério da Justiça prussiano; TB, 13 de maio de 1932; *VZ*, 13 de maio de 1932, "Polizei im Reichstagssaal"; *Verhandlungen Reichstag*, vol. 446, p. 2686 e segs.; Reuth, *Goebbels*, p. 224.
123. TB, 13 de maio de 1932. Acerca da renúncia de Groener, Schulz, *Brüning*, p. 820 e segs.
124. TB, 14 de maio de 1932.
125. TB, 19 de maio de 1932.
126. TB, 25 de maio de 1932.
127. Pünder, *Reichskanzlei*, p. 126; Brüning, *Memoiren*, p. 593 e segs.; Otto Meissner, *Staatssekretär unter Ebert, Hindenburg, Hitler. Der Schicksalsweg des deutschen Volkes von 1918-1945, wie ich ihn erlebte*, Hamburgo, 1950, p. 224 e segs.; ver também Schulz, *Brüning*, p. 853.
128. TB, 28 de maio de 1932; *VZ*, 26 de maio de 1932 (manchete): "Blutige Saalschlacht im Landtag."
129. TB, 28 de maio de 1932.
130. Sobre a conversa: Schulz, *Brüning*, p. 843 e segs.; *Kabinett Brüning I und II*, n. 773, transcrição do secretário de Estado, Pünder, da última reunião do gabinete Brüning em 30 de maio de 1932; Brüning, *Memoiren*, p. 597 e segs.; Pünder, *Politik*, p. 128 e segs., relato de Brüning sobre a conversa logo depois do encontro com Hindenburg.
131. Sobre o pano de fundo: Friedrich Martin Fiederlein, *Der deutsche Osten und die Regierungen Brüning, Papen, Schleicher*, Würzburg, 1966; Schulz, *Brüning*, p. 800 e segs.
132. TB, 31 de maio de 1932.
133. TB, 30 de maio de 1932.
134. TB, 31 de maio de 1932.
135. TB, 1º de junho de 1932.
136. Quanto ao governo Von Papen: Ulrike Hörster-Philipps, *Konservative Politik in der Endphase der Weimarer Republik. Die Regierung Franz von Papen*, Colônia, 1982; Joachim Petzold, *Franz von Papen. Ein deutsches Verhängnis*, Munique/Berlim, 1995.
137. TB, 1º de junho de 1932; ver também anotação de 3 de junho sobre a continuação dessa "disputa".
138. TB, 5 de junho de 1932.
139. Schulz, *Brüning*, p. 879 e segs.
140. TB, 5 de junho de 1932.
141. TB, 7 de junho de 1932.
142. *Der Angriff*, 6 de junho de 1932, "Was müssen wir tun?", bem como 14 de junho de 1932, "Papen, werde hart!". Ver, ainda, Reuth, *Goebbels*, p. 226.
143. TB, 10 de junho de 1932; Kissenkoetter, *Strasser*, p. 68 e segs., sobre a reforma; *VB* (Baviera), 15 de junho de 1931, disposição de Hitler, assim como estatutos regulatórios (abrangentes) de Strasser a esse respeito.
144. TB, 15 de junho de 1932.

145. TB, 15 de junho de 1932; Reuth, *Goebbels*, p. 226, sobre a reação ao discurso; Kissenkoetter, *Strasser*, p. 139 e segs.
146. Kissenkoetter, *Strasser*, p. 137 e segs.
147. BAB, NS 22/2, carta de Goebbels/Dietrich a todas as seções do partido, 4 de junho de 1932; carta de Goebbels/Dietrich a todos os *Gauleiter* e diretores de propaganda de *Gau*, 27 de junho de 1932; outras instruções isoladas de 5 de julho de 1932; BAB, NS 26/289, memorando sem data sobre as eleições do Reichstag, assim como diversas circulares assinadas por Goebbels, cartas da Direção Nacional de Propaganda aos *Gauleiter* e/ou diretores nacionais de propaganda; ver também Paul, *Aufstand*, p. 100 e segs.
148. BAB, NS 26/289, circular da Direção Nacional de Propaganda a todas as seções de *Gau*, propaganda e imprensa do partido, 19 de julho de 1932.
149. BAB, NS 26/289, memorando da Direção Nacional de Propaganda sobre a eleição do Reichstag de 1932.
150. TB, 15 de junho de 1932; em comparação com o TB original, a cena descrita na versão *Kaiserhof* é consideravelmente mais pormenorizada. Ver também Reuth, *Goebbels*, p. 226 e segs. Decreto do presidente do Reich contra revoltas políticas de 14 de junho de 1932 (*RGBl.* 1932 I, p. 297); ele chegou ao conhecimento de Goebbels em 16 de junho (TB, 17 de junho de 1932).
151. TB, 28 de junho de 1932.
152. TB, 9 de julho de 1932.
153. TB, 10 de julho de 1932; Heiber (ed.), *Goebbels Reden*, n. 4; *VB* (Baviera), "200.000 im Berliner Lustgarten".
154. TB, 11-16 de julho de 1932.
155. *VB* (Baviera), 13 de julho de 1932, "Des Führers Freiheitsflug über Deutschland beginnt" (manchete); ver também 17-18 até 31 de julho de 1932: cobertura contínua do voo.
156. Winfried Lerg, *Rundfunkpolitik in der Weimarer Republik*, Munique, 1980, p. 448. Texto reproduzido in: Heiber (ed.), *Goebbels Reden*, n. 5.
157. TB, 19 de julho de 1932; texto in: Heiber (ed.), *Goebbels Reden*, n. 5.
158. TB, 22 (apud) e 24 de junho de 1932; ver também 10 de junho.
159. Ordem do presidente do Reich sobre a restituição da segurança pública e da ordem na Terra da Prússia, de 20 de julho de 1932 (*RGBl.* 1932 I, p. 377); *Das Kabinett Von Papen (1932)*, ed. Karl-Heinz Minuth, Munique, 1989, n. 57 e n. 59, reuniões ministeriais dos dias 11 e 12 de julho de 1932, 16h30.
160. Léon Schirmann, *Altonaer Blutsonntag 17. Juli 1932. Dichtungen und Wahrheit*, Hamburgo, 1994.
161. Schulz, *Brüning*, p. 920 e segs.
162. TB, 20 de julho de 1932, sobre os acontecimentos da véspera e do próprio 20 de julho.
163. TB, 21-23 de julho de 1932.
164. TB, 21-29 de julho de 1932.
165. *Statistisches Jahrbuch der Stadt Berlin 1933*, p. 262 e segs.
166. TB, 1º de agosto de 1932.

9. "Acredito cegamente na vitória"

1. TB, 3 de agosto de 1932; Reuth, *Goebbels*, p. 230.
2. TB, 7 de agosto de 1932.
3. TB, 9 de agosto de 1932.
4. Ver relato de Meissner, nota 9.
5. TB, 12 de agosto de 1932.
6. TB, 11 de agosto de 1932: "SA concentrada em toda Berlim. Deixa os cavalheiros muito nervosos. Esse é o objetivo do exercício."
7. TB, 12 de agosto de 1932. O *VB* (*R*) de 12 de agosto desmentiu os boatos: "Judenschwindel über eine Berliner S.A.-'Aktion'" (manchete). Ver também Reuth, *Goebbels*, p. 332.
8. TB, 14 de agosto de 1932; Pyta, *Hindenburg*, p. 718 e segs.; Pünder, *Politik*, p. 141.
9. TB, 14 de agosto de 1932; *Kabinett Von Papen*, p. 399, n. 101, anotação do secretário de Estado Meissner sobre uma reunião do presidente do Reich com Adolf Hitler, em 13 de agosto de 1932, às 16h15; ver também Reuth, *Goebbels*, p. 232 e segs.
10. O problema era principalmente a formulação da nota oficial, segundo a qual Hitler teria exigido "a totalidade do poder do Estado em toda a sua magnitude", o que na verdade ele não havia expressado ("Einzelheiten *Kabinett Von Papen*", doc. 101, n. 5.). N. 102; Adolf Hitler ao ministro das Forças Armadas, secretário de Estado Plank, 13 de agosto de 1932 (descrição geral da cúpula nazista).
11. *VB* (*R*), 17 de agosto de 1932.
12. TB, 14 de agosto de 1932: "Kerrl é encarregado de negociar com o Zentrum. É a nossa pior ameaça." Rudolf Morsey, *Der Untergang des politischen Katholizismus. Die Zentrumspartei zwischen christlichem Selbstverständnis und "Nationaler Erhebung" 1932/33*, Stuttgart, 1967, p. 59 e segs.
13. TB, 15-22 de agosto de 1932.
14. Decreto do presidente do Reich contra o terrorismo político; decreto do governo do Reich sobre a criação de tribunais especiais; decreto do presidente do Reich sobre a preservação da paz interna; todos de 9 de agosto de

1932 (*RGBl.* 1932 I, p. 403 e segs.). Quanto à promulgação, ver *Kabinett Von Papen*, n. 98, reunião ministerial de 9 de agosto de 1932.
15. A respeito da onda de violência no começo do mês: Longerich, *Geschichte der SA*, p. 156 e segs.; ver pormenores na cobertura diária do *VZ* a partir de 2 de agosto de 1932.
16. *RSA*, vol. 5, doc. 174, telegrama de Hitler aos cinco condenados, publicado no *Angriff* de 23 de agosto de 1932, entre outros.
17. TB, 26 de agosto de 1932.
18. TB, 26 de agosto de 1932. Embora aqui a coalizão com o Zentrum seja contemplada seriamente como a segunda melhor solução, ao revisar o texto para a versão *Kaiserhof*, Goebbels apresenta tal saída como mera pseudo-opção (frisando, assim, que Strasser — já não mencionado pelo nome — representava uma posição inteiramente marginal): "Nós deixamos que se formasse uma aliança com o Zentrum, ainda que só como meio de pressão sobre o outro lado. A sério, ela está fora de cogitação. Certo setor do partido defende vigorosamente a solução Zentrum. O Führer prefere dar continuidade à antiga linha política. Eu concordo inteiramente com ele." Sobre a reunião Brüning-Strasser: Brüning, *Memoiren*, p. 623; Morsey, *Untergang*, p. 61.
19. TB, 27 e 28 de agosto de 1932.
20. TB, 29 de agosto de 1932.
21. TB, 30 de agosto de 1932. Assim, o encontro Brüning-Hitler foi em 29 de agosto. Brüning confirmou em suas memórias que, nessa conversa, ele se ofereceu para assumir a intermediação entre o NSDAP e a direção do Zentrum (p. 623 e segs.). Schulz, *Brüning*, p. 968; Morsey, *Untergang*, p. 61, datou a conversa de 28 de agosto.
22. TB, 31 de agosto de 1932. Quanto a isso, ver também o apontamento de 30 de agosto de 1932: "Göring deve ser o presidente do Reichstag. Era só o que faltava!"
23. TB, 1º e 2 de setembro de 1932.
24. TB, 8 e 9 de setembro. Morsey, *Untergang*, sobre as negociações NSDAP-Zentrum, p. 61 e segs.; acerca da posterior "eliminação de vestígios" empreendida pelo Zentrum, p. 65 e segs. Quanto ao plano para derrubar Hindenburg, ver também Pyta, *Hindenburg*, p. 736.
25. TB, 1º-4 de setembro de 1932; ver, ainda, 9 de setembro de 1932.
26. TB, 2 e 3 de setembro de 1932.
27. TB, 9 e 11 de setembro de 1932. Na versão publicada do diário (*Kaiserhof*), Goebbels omitiu a exigência de deposição de Hindenburg e afirmou que Hitler foi à reunião convencido de que não seria possível "dobrar" o Zentrum (10 de setembro).
28. Brüning, *Memoiren*, p. 625 e segs. Depois Brüning declarou perante a bancada do Zentrum que sairia do partido caso um membro da bancada negociasse com o NSDAP para "acusar" Hindenburg de violação da Constituição.
29. Pyta, *Hindenburg*, p. 737. A lei, inicialmente planejada como lei complementar do artigo 51, acabou tomando forma, em dezembro de 1932, com alteração de parâmetros, de emenda constitucional (*RGBl.* 1932 I, p. 547).
30. TB, 13 de setembro de 1932; sobre a sessão, Reuth, *Goebbels*, p. 235 e segs.; "Verhandlungen Reichstag, 6. Wahlperiode", p. 13 e segs. Na bancada do Zentrum, predominava a opinião segundo a qual, diante da maioria do NSDAP e do KPD na casa, era absurdo insistir nessa posição (Rudolf Morsey, *Die Protokolle der Reichstagsfraktion der deuschen Zentrumspartei 1926-1933*, Mainz, 1969, n. 7n, diretoria, 2 de setembro de 1932. Relatório do deputado Perlitius).
31. Schulz, *Brüning*, p. 973, 993 e segs.
32. TB, 14 de setembro de 1932.
33. Reuth, *Goebbels*, p. 236; Paul, *Aufstand*, p. 104 e segs.; BAB, NS 26/263, informações estritamente confidenciais da RPL de 20, 25 e 27 de outubro de 1932.
34. *Der Angriff*, 24 e 25 de setembro de 1932; TB, 22, 24, 27 e 30 de setembro de 1932.
35. Paul, *Aufstand*, p. 249 e segs.
36. TB, 8 de setembro de 1932.
37. TB, 7 de outubro de 1932; *VB* (*R*), 27 de outubro de 1932, reorganização da Direção Nacional de Propaganda; BAB, NS 22/1, ordem nº 11, assinada por Strasser e Goebbels, em 4 de outubro de 1932; Paul, *Aufstand*, p. 74.
38. TB, 4 de novembro de 1932. Sobre a greve da BVG: Heinrich August Winkler, *Der Weg in die Katastrophe. Arbeiter und Arbeiterbewegung in der Weimarer Republik 1930 bis 1933*, Berlim/Bonn, 1987, p. 765 e segs.; sobre o papel de Goebbels: Reuth, *Goebbels*, p. 238 e segs.
39. TB, 5 de novembro de 1932.
40. *Statistisches Jahrbuch der Stadt Berlin*, 1933, p. 264 e segs.
41. TB, 7 de novembro de 1932; acerca da interrupção da greve: 8 de novembro de 1932, bem como Winkler, *Weg*, p. 771.
42. As primeiras anotações sobre a greve encontram-se no TB de 3 de novembro de 1932; cf. em comparação *Kaiserhof*, 2-5 de novembro de 1932.
43. TB, 19 de novembro de 1932.
44. *Kabinett Von Papen*, n. 222, apontamento de Meissner a respeito da conferência do presidente do Reich com Hitler, 19 de novembro de 1932; Pyta, *Hindenburg*, p. 753 e segs., assim como Meissner, *Staatssekretär*, sobre os encontros Hindenburg-Hitler em novembro, p. 247 e segs.

45. TB, 22 de novembro de 1933; Pyta, *Hindenburg*, acerca dessa segunda conversa, p. 756 e segs., *Kabinett Von Papen*, n. 224, apontamento de Meissner, 21 de novembro de 1932.
46. TB, 21 de novembro de 1932.
47. TB, 22 de novembro de 1932.
48. TB, 21 de novembro de 1932.
49. TB, 22 de novembro de 1932. Seguiu-se, ainda, uma troca de correspondência entre Hitler e a Presidência que, entretanto, em nada alterou as posições: TB, 23 e 24 de novembro de 1932; *Kabinett Von Papen*, n. 225, Meissner a Hitler, 22 de novembro de 1932; n. 226, resposta de Hitler, 23 de novembro de 1932.
50. TB, 1º de dezembro de 1932. Na publicação do *Kaiserhof*, Goebbels ampliou a cena: depois disso, Strasser teria ostentado um "pessimismo" que nós "nunca consideraríamos possível" (1º de dezembro de 1932). Na versão impressa, omitiu o fato de Strasser ter cedido no fim.
51. TB, 1º de dezembro de 1932. Nessa anotação, ele chama equivocadamente Ott de Otte.
52. TB, 2 de dezembro de 1932. Na versão *Kaiserhof*, Goebbels junta à palavra-chave "tolerância" uma meia frase: "mas isso já não pode entrar em cogitação." Na verdade, no início de dezembro de 1932, essa solução era uma opção concebível na opinião da liderança nazista.
53. *Kabinett Von Papen*, n. 239b, anotação no diário do ministro das Finanças do Reich sobre o teor da reunião ministerial de 2 de dezembro de 1932, 9 horas; IfZ, ZS 279, nota de Ott de 1946 sobre o jogo de simulação. Quanto à sondagem de Schleicher, cf. Karl Dietrich Bracher, *Die Auflösung der Weimarer Republik*, Königstein i. Ts., 1978, p. 667 e segs.; Thilo Vogelsang, *Reichswehr, Staat und NSDAP*, Stuttgart, 1962, p. 318 e segs..; Kissenkoetter, *Gregor Strasser und die NSDAP*, p. 162 e segs.; Friedrich-Karl von Plehwe, *Reichskanzler Kurt von Schleicher. Weimars letzte Chance gegen Hitler*, Berlim, 1990, p. 234 e segs.; Irene Strenge, *Kurt von Schleicher. Politik im Reichswehrministerium am Ende der Weimarer Republik*, Berlim, 2006, p. 182 e segs.
54. O *Tägliche Rundschau* de 8 de dezembro calculou que, na Turíngia — a partir do número absoluto de votos —, em comparação com as eleições do Reichstag de julho, o NSDAP tinha perdido 37,7% dos votos.
55. Vogelsang, *Reichswehr*, p. 340 e segs.; Schulz, *Brüning*, p. 1040 e segs.; Strenge, *Schleicher*, p. 205; Winkler, *Weimar*, p. 561.
56. Sobre a construção e o prosseguimento de uma terceira posição na literatura, principalmente: Axel Schildt, *Militärdiktatur mit Massenbasis? Die Querfrontkonzeption der Reichswehrführung um General von Schleicher am Ende der Weimarer Republik*, Frankfurt a. M. etc., 1981; além de: Schulz, *Brüning*, p. 1034 e segs. (com algumas reservas); Hagen Schulze, *Weimar. Deutschland 1917-1933*, Berlim, 1982, p. 393 e segs.; Eberhard Kolb, *Die Weimarer Republik*, 2. ed., Munique, 1988, p. 137 e 205.
57. Na versão *Kaiserhof*, Goebbels inseriu um parágrafo segundo o qual, já em 5 de dezembro, a cúpula nazista foi informada da oferta de Schleicher a Strasser. "Por acaso, nós também sabemos do verdadeiro motivo da política de sabotagem de Strasser: domingo à noite, ele teve uma conversa com o general Schleicher, durante a qual este lhe ofereceu o cargo de vice-chanceler. Strasser não só não rejeitou a oferta, como comunicou sua decisão de preparar uma lista própria na eventualidade de novas eleições." Além disso, Goebbels incluiu uma avaliação devastadora: "Essa é a pior traição ao Führer e ao partido. Isso não me surpreende, jamais acreditei que seria diferente. Agora só esperamos o momento em que ele consumirá sua traição também publicamente."
58. TB, 26 de agosto de 1932: embora no caso a coalizão com o Zentrum fosse contemplada como a segunda melhor solução, na revisão do texto para a versão *Kaiserhof* Goebbels a apresentaria como mera falsa opção (e, assim, frisaria que o já não mencionado Strasser representava uma posição totalmente marginal): "Nós estabelecemos uma ligação com o Zentrum, ainda que só como meio de pressão sobre o outro lado. A sério, isso estava fora de cogitação. Certo setor do partido defende vigorosamente a solução Zentrum. O Führer é a favor da persistência na antiga linha. Concordo plenamente com ele." TB, 9 de novembro de 1932 sobre Hitler: "Ele está furioso com Strasser. Posso imaginar. Strasser sempre faz sabotagem." *Kaiserhof*, 8 de novembro de 1932: "Quando estou a sós com o Führer, ele manifesta seu ressentimento com Strasser e seu eventual trabalho de solapamento e sabotagem. Grande parte da nossa derrota se deve ao comportamento desleal de seu grupo. Também acredito que essa derrota (referia-se ao BVG, PL) lhe vem muito a calhar, assim ele pode, pelo menos na aparência, continuar com a razão e se colocar diante do partido e nos acusar de radicalismo. Fora isso, naturalmente, também bancar o radical quando necessário. Uma multidão deslumbrante de entidades diferentes. Um camaleão do nacional-socialismo." TB, 21 de novembro de 1932: "Strasser continua firme. Assim como Frick e Göring." *Kaiserhof*, 20 de novembro de 1932: "Todas as lideranças intermediárias se mantêm firmes, só Strasser faz suas escapadelas obrigatórias."
59. Em junho de 1934, Goebbels descobriu que alguns *Gauleiter* receberam com muita contrariedade seu "desmascaramento" de Strasser. Naturalmente, ele desconfiou que o "antigo grupo de Strasser" estivesse por trás dessa crítica (TB, 3 e 7 de junho de 1934). Semanas depois, Alfred Rosenberg também registrou em seu diário tais críticas entre os *Gauleiter*; o que Goebbels escreve acerca de Strasser é que se trata do "coice de mula de um rival triunfante que agora se sente em segurança" (*Alfred Rosenberg. Das politische Tagebuch 1934/34 und 1939/40*, ed. Hans-Günther Seraphim, Munique, 1964, p. 36).
60. Mesmo que tenham surgido no entorno de Schleicher nos meses anteriores, tais cogitações não determinaram sua política no fim de 1932, que se caracterizou principalmente pelo esforço para sobreviver de algum modo nos meses seguintes mediante um acordo como o NSDAP: a esse respeito, ver Henry Ashby Turner, "The

Myth of Chancellor von Schleicher's Querfront Strategy", in: *CEH* 41 (2008), p. 673-681. Há muito tempo, Turner exprimiu sua dúvida quanto à oferta de Schleicher (idem, *Weg*, p. 116).

61. TB, 8 de dezembro de 1932.
62. Aboliu-se a parte sociopolítica do decreto de emergência de 4 de setembro (com a qual se removeu consideravelmente o sistema de acordo salarial tarifário), promulgou-se uma lei de anistia e as solicitações de criação de um auxílio de inverno para os desempregados e de revogação total do decreto de emergência de 4 de setembro de 1932, que foram encaminhadas para os comitês; tudo com os votos do NSDAP; Winkler, *Weimar*, p. 560.
63. Já em 3 de dezembro, o gabinete Schleicher discutiu a questão, como a formulou o chanceler, da possibilidade de flexibilizar parcialmente os "decretos de emergência de política interna" (*Das Kabinett Von Schleicher 1932/33*, ed. Anton Golecki, Munique, 1986, doc. 1). Esse esforço desembocou no decreto de emergência do presidente do Reich para a manutenção da paz interna de 19 de dezembro de 1932, que revogou os decretos de emergência de 14 e 28 de junho, de 9 de agosto e de 2 de novembro de 1932 (*RGBl.* 1932 I, p. 548), assim como o decreto do governo do Reich do mesmo dia sobre a suspensão dos tribunais especiais (*RGBl.* 1932 I, p. 550).
64. *Kabinett Von Schleicher*, n. 5, reunião ministerial de 7 de dezembro de 1932.
65. No início de 1927, ele já tinha assistido com grande entusiasmo a uma apresentação de dança de Riefenstahl (TB, 13 de janeiro de 1927: "Uma criatura encantadoramente vaporosa"). No dia 1º de dezembro de 1929, depois de ver o filme *Piz Palü*, escreveu que Riefenstahl era "uma menina maravilhosa". Tendo assistido a *Das blaue Licht* [A luz azul], anotou: "A doce Riefenstahl" (TB, 1º de abril de 1932).
66. Em maio de 1932, Riefenstahl endereçou uma carta a Hitler e, pouco tempo depois, conheceu-o pessoalmente: Lutz Kinkel, *Die Scheinwerferin. Leni Riefenstahl und das "Dritte Reich"*, Hamburgo e Viena, 2002, p. 40 e segs.; o relato desse encontro baseia-se nas *Memoiren* de Leni Riefenstahl, Munique/Hamburgo, 1987, p. 154 e segs. Ela passou os meses subsequentes filmando fora da Alemanha.
67. Sobre a crise Strasser: Reuth, *Goebbels*, p. 244 e segs.; Schulz, *Brüning*, p. 1040 e segs., bem como a cobertura do *Angriff*, 9 a 12 de dezembro de 1932, e a reportagem do *VZ*, 12 de dezembro de 1932.
68. O conteúdo da carta é mencionado por Kissenkoetter, *Strasser*, p. 172, com base numa minuta conservada. Sobre esse fato, também: *VZ*, 9 de dezembro de 1932, "Konflikt Hitler-Strasser" (manchete); *VZ*, 10 de dezembro de 1932, Konrad Heiden: "Schach oder matt? Gregor Strassers Rebellion" (editorial).
69. TB, 9 de dezembro de 1932.
70. *Tägliche Rundschau*, 10 de dezembro de 1932, "Die Vorgänge in der NSDAP" (manchete).
71. TB, 9 de dezembro de 1932.
72. TB, 10 de dezembro de 1932.
73. TB, 11 e 13 de dezembro de 1932; *Der Angriff*, 9 e 12 de dezembro de 1932.
74. Paul, *Aufstand*, p. 76 e segs., sobre a desorganização após a saída de Strasser.
75. TB, 14 de dezembro de 1932, também já 13 de dezembro.
76. TB, 24 de dezembro de 1932 a 1º de fevereiro de 1933, sucessivos apontamentos. Ver também Reuth, *Goebbels*, p. 246 e segs.
77. TB, 13 de janeiro (Hitler estava com Magda), assim como 20 e 23 de janeiro de 1933 (com Hitler na clínica).
78. Salzuflen (4 de janeiro de 1933), diversas localidades em 9 de janeiro, bem como (depois de uma rápida viagem a Berlim) 10 a 14 de janeiro em Detmold e em vários outros lugares. Quanto à campanha eleitoral em Lippe, ver também Reuth, *Goebbels*, p. 248 e segs., e Jutta Ciolek-Kümper, *Wahlkampf in Lippe. Die Wahlkampfpropaganda der NSDAP zur Landtagswahl am 15. Januar 1933*, Munique, 1976.
79. TB, 10 de janeiro de 1933. Em 21 de dezembro de 1932, no seu diário, Goebbels havia se distanciado pela primeira vez da política de tolerância ao governo Schleicher.
80. TB, 13 de janeiro (apud) de 1933, 14 e 15 de janeiro de 1932.
81. *Der Angriff*, 16 de janeiro de 1933.
82. TB, 17 de janeiro de 1933. Sobre os comentários negativos de Hitler a respeito de Strasser, TB, 20 de dezembro de 1932 e 1º de janeiro de 1933; ver também 22 de janeiro de 1933.
83. TB, 25 de janeiro de 1933.
84. TB, 26 de janeiro de 1933.
85. TB, 28 de janeiro de 1933.
86. TB, 28 e 29 de janeiro de 1933.
87. TB, 30 de janeiro de 1933.

10. "Não vamos mais embora!"

1. TB, 1º a 5 de fevereiro de 1933.
2. *Akten der Reichskanzlei, Regierung Hitler*, 5 vols., Munique, 1983-2008, vol. 1 (2 partes), ed. Karl-Heinz Minuth, Munique, 1983, n. 2; Karl Dietrich Bracher, "Stufen der Machtergreifung", in: idem, Gerhard Schulz e Wolfgang Saur, *Die nationalsozialistische Machtergreifung. Studien zur Errichtung des totalitären Herrschaftssystems in Deutschland*, Frankfurt a. M./Berlim/Viena, 1960, p. 31-368, p. 45 e segs.; Ian Kershaw, *Hitler 1936-1945*, vol. II, Stuttgart, 2000, p. 555 e segs.

3. TB, 1º de fevereiro de 1933.
4. TB, 23 de janeiro e 9 de agosto de 1932.
5. *Kaiserhof*, 22 de janeiro de 1932, bem como 8 de agosto de 1932; Reuth, *Goebbels*, p. 269 e segs., chama atenção para esse ponto.
6. TB, 3 de fevereiro de 1933.
7. TB, 2 de fevereiro de 1933. Outras fontes também confirmam que tais boatos datam de fevereiro: Ansgar Diller, *Rundfunkpolitik im Dritten Reich*, Munique, 1980, p. 76; *FZ*, 2 de fevereiro de 1933, 2. ed. (M), "Gerüchte über Dr. Göbbels (sic)": posteriormente, alguns vespertinos berlinenses divulgaram rumores segundo os quais ele seria nomeado comissário do Rádio; à parte isso, dizia-se que assumiria a chefia da polícia de Berlim. Mas os dois boatos foram desmentidos pelas autoridades competentes.
8. TB, 6 de fevereiro de 1933.
9. TB, 10 de fevereiro de 1933.
10. *Kaiserhof*, 7 de março de 1933.
11. Quanto à censura à imprensa, principalmente aos jornais comunistas e a social-democratas, ver a cobertura contínua do *FZ* em fevereiro de 1933; TB, 16 de fevereiro de 1933: "Zeitungsverbote knallen nur so. Vorwärts und 8 Uhr. Eine Wohltat!"
12. TB, 6 de fevereiro de 1933; *Der Angriff*, 6 de fevereiro de 1933, "Berlin trauert um Sturmführer Maikowski und Schupowachtmeister Zauritz"; Reuth, *Goebbels*, p. 256.
13. TB, 5 de fevereiro de 1933; o discurso fúnebre foi reimpresso in: Heiber (ed.), *Goebbels Reden*, n. 10.
14. TB, 10 de fevereiro de 1933.
15. TB, 11 a 24 de fevereiro de 1933.
16. TB, 10, 11, 14, 15, 16, 18 e 21 de fevereiro de 1933.
17. TB, 16 de fevereiro de 1933.
18. TB, 14 de fevereiro de 1933.
19. TB, 15 de fevereiro de 1933.
20. TB, 21 de fevereiro de 1933. Depois disso, houve novas dificuldades financeiras, pois o fluxo de dinheiro não se iniciou imediatamente: 26 e 28 de fevereiro de 1933.
21. Paul, *Aufstand*, p. 111 e segs.
22. A esse respeito, Diller, *Rundfunkpolitik*, p. 65 e segs.; *Regierung Hitler I*, n. 17, transcrição da reunião ministerial de 8 de fevereiro de 1933; Eugen Hadamovsky, "Grosskampftage der Rundfunkpropaganda. Vom 30. Januar bis zum 'Tag der erwachenden Nation'", in: idem, *Dein Rundfunk. Das Rundfunkbuch für alle Volksgenossen*, Munique, 1934, p. 82-90; a isso também se refere Reuth, *Goebbels*, p. 259.
23. Heiber (ed.), *Goebbels Reden*, n. 11; TB, 10 de fevereiro de 1933.
24. TB, 11 a 25 de fevereiro, assim como 2, 3 e 5 de março de 1933. É possível acompanhar essas participações pela cobertura do *Angriff* desses dias.
25. TB, 20 de fevereiro de 1933.
26. TB, 16 e 18 de fevereiro de 1933.
27. Por exemplo: TB, 17, 22 e 28 de fevereiro.
28. TB, 15 de fevereiro; sobre a inauguração: *FZ*, 12 de fevereiro de 1933 (M), "Die Berliner Internationale Automobil- und Motorrad-Ausstellung".
29. TB, 16 de fevereiro de 1933.
30. TB, 24 de fevereiro de 1933.
31. TB, 28 de fevereiro de 1933. Hanfstaengl confirma o telefonema, *Zwischen Weissem und Braunem Haus*, p. 294 e segs.
32. A questão da autoria do incêndio do Reichstag é objeto de uma antiga e persistente controvérsia que em nada favorece a tese de um criminoso isolado. As obras mais importantes sobre a questão: Fritz Tobias, *Der Reichstagsbrand — Legende und Wirklichkeit*, Rastatt, 1962; Uwe Backes, Karl-Heinz Janssen, Eckhard Jesse, Henning Köhler, Hans Mommsen e Fritz Tobias, *Reichstagsbrand — Aufklärung einer historischen Legende*, Munique, 1986; Hans Schneider, *Neues vom Reichstagsbrand — Eine Dokumentation. Ein Versaumnis der deutschen Geschichtsschreibung*. Com prefácio de Iring Fetscher e contribuições de Dieter Deiseroth, Hersch Fischler, Wolf-Dieter Narr, Berlim, 2004; Dieter Deiseroth (ed.), *Der Reichsbrandst und der Prozess vor dem Reichsgericht*. Com contribuições de Dieter Deiseroth, Hermann Graml, Ingo Müller, Hersch Fischler, Alexander Bahar, Reinhard Stachwitz, Berlim, 2006; Sven Felix Kellerhoff, *Der Reichstagsbrand. Die Karriere eines Kriminalfalls*, Berlim, 2008; Walther Hofer, Edouard Calic, Christoph Graf e Friedrich Zipfel, *Der Reichstagsbrand — Eine wissenschaftliche Dokumentation*, Freiburg im Breisgau, 1992; Ulrich von Hehl, "Die Kontroverse um den Reichstagsbrand", in: *VfZ* 36 (1988), p. 259-280; quanto ao papel de Goebbels: Reuth, *Goebbels*, p. 262 e segs.
33. *Der Angriff*, 28 de fevereiro de 1933, "Der Reichstag brennt".
34. *Reichsgesetzblatt* 1933 I, p. 83.
35. TB, 5 de março de 1933.
36. *Der Angriff*, 25 de fevereiro de 1933, com editorial de Goebbels: "Der Tag der erwachenden Nation."
37. Ver a cobertura do *Angriff* de 4 e 6 de março de 1933; *VB* (B), 5-6 de março de 1933, "Der Freiheitstag der erwachten Nation". A citação alude a Hamburgo.

38. "Hitler über Deuschland. Rundfunkreportage aus Königsberg zum Tage der erwachenden Nation am 4. März 1933", reproduzido in: Goebbels, *Signale der neuen Zeit. 25 ausgewählte Reden*, Munique, 1934, p. 109-117, citações p. 109 e segs. e p. 116 e segs.
39. TB, 5 de março de 1933.
40. *FZ*, 6 de março de 1933 (M). O anúncio da eleição do *VZ* de 4 de março de 1933 (A) transmite o mesmo quadro.
41. *Statistisches Jahrbuch der Stadt Berlin 1933*, p. 385.
42. TB, 3 de março de 1933.
43. TB, 7 de março de 1933; *VB* (B), 14 de março de 1933, "Dr. Goebbels an die Berliner Parteigenossen".
44. TB, 7 a 12 de março, *Regierung Hitler I*, n. 56; ver também n. 46, memorando sobre a instituição de um Comissariado do Reich para a Instrução Pública e Propaganda, 7 de março de 1933. Decreto de criação do Ministério da Instrução Pública e Propaganda in: *RGBl.* 1933 I, p. 104.
45. TB, 12 de março de 1933.
46. TB, 9 de março de 1933.
47. TB, 9 a 11 de março de 1933; Bracher, *Machtergreifung*, p. 136 e segs.; Kershaw, *Hitler*, vol. II, p. 585 e segs.
48. *Statistisches Jahrbuch Berlin 1933*, p. 268 e segs.
49. TB, 13 de março de 1933.
50. TB, 15 de março de 1933; sobre a nomeação, também 14 de março de 1933. O certificado de nomeação do "escritor" Goebbels para ministro da Propaganda encontra-se in: BAB, R 43II/1.149 (13 de março de 1933).
51. TB, 16 de março de 1933; *Regierung Hitler I*, n. 61, 15 de março de 1933.
52. Discurso perante a imprensa de Berlim em 16 de março de 1933, impresso in: Goebbels, *Revolution der Deutschen. 14 Jahre Nationalsozialismus. Goebbelsreden*, Oldemburgo i. O., 1933, p. 135-151.
53. TB, 18 de março de 1933; ver também 17 e 20 de março de 1933.
54. *Der Angriff*, 21 e 22 de março de 1933; *VB* (B), 22 de março de 1933.
55. TB, 23 de março de 1933; Klaus Scheel, *Der Tag von Potsdam*, Berlim, 1996; Martin Sabrow, "Der 'Tag von Potsdam' — Zur Karriere eines politischen Symbols", in: *Der Tag von Potsdam. Bildungsforum und Schülerprojekt*, ed. Parlamento de Brandemburgo, Potsdam, 2003, p. 91-104; Reuth, *Goebbels*, p. 277 e segs.
56. TB, 21 de março (apud), sobre a discussão preliminar na véspera, assim como 23 de março de 1933 sobre a reunião ministerial em 21 de março; decreto do presidente do Reich para a Defesa contra Ataques Insidiosos ao Governo do Despertar Nacional, 21 de março de 1933 (*RGBl.* 1933 I, p. 135). A lei previa pena de morte em casos especialmente graves; *Regierung Hitler I*, n. 70, reunião de 21 de março (a reunião de 20 de março não está documentada).
57. TB, 25 de março de 1933; Lei de Supressão da Miséria do Povo e do Reich, 24 de março de 1933 (*RGBl.* 1933 I, p. 141). Sobre os discursos: *Verhandlungen Reichstag*, 8, período legislativo, vol. 457, p. 23 e segs.
58. TB, 27 de março de 1933.
59. *VB* (B), 26-27 de março de 1933, "Minister Goebbels über das Ziel des deutschen Rundfunks. Das vornehmste Instrument in der Hand der Regierung". O discurso também está impresso in: Heiber (ed.), *Goebbels Reden*, n. 13, citações p. 87, 89 e 78.
60. Reprodução condensada in: *Der Angriff*, 30 de março de 1933, integral in: Gerd Albrecht, *Nationalsozialistische Filmpolitik. Eine soziologische Untersuchung über die Spielfilme des Dritten Reichs*, Stuttgart, 1969, p. 439 e segs., também com comentário (p. 13 e segs.). Ver também Felix Moeller, *Filmminister. Goebbels und der Film im Dritten Reich*, Berlim, 1998, p. 152.
61. TB, 29 de março de 1933.
62. TB, 4 de abril de 1933.
63. O próprio Lang relatou que, nessa conversa, Goebbels lhe ofereceu um cargo importante no cinema alemão, e, em consequência, ele preferiu sair da Alemanha imediatamente. Mas está comprovado que, em junho e julho, Lang ainda estava no país (Moeller, *Filmminister*, p. 161); Patrick Mc Gilligan, *Fritz Lang, The Nature of the Beast*, Nova York, 1997, p. 173 e segs. Na versão *Kaiserhof*, Goebbels omitiu o encontro com o cineasta, motivo pelo qual o relato deste foi considerado duvidoso. Quanto ao *Testamento do dr. Mabuse*, ver TB, 30 de outubro de 1933 ("Muito ofensivo").
64. Impresso por Joseph Wulf, *Presse und Funk im Dritten Reich. Eine Dokumentation*, Frankfurt a. M., 1989, p. 64 e segs. (excerto); TB, 30 de março de 1933.
65. *VB* (B), 7 de abril de 1933, "Adolf Hitler vor der auswärtigen Presse" (manchete), bem como "Unsere Revolution macht nirgends halt! Minister Goebbels über das kommende neue Pressegesetz" (impressão: *Signale*, p. 127-135). *FZ*, 7 de abril de 1933 (2. M), "Der Reichskanzler vor der Auswärtigen Presse"; *FZ*, 8 de abril (2. M), "Kommentar 'Pressefreiheit', der sich kritisch mit den Reden auseinandersetzte"; *VZ*, 7 de abril de 1933 (M), "Der Kanzler an die Presse" (manchete): abaixo: "Dr. Goebbels über Pressefreiheit".
66. TB, 27 de março de 1933.
67. TB, 28 de março de 1933; depois disso, em 27 de março, Goebbels se incumbiu da redação da exortação, a qual enviou a Munique no mesmo dia, por telegrama, para que Hitler a autorizasse, o que efetivamente aconteceu (TB, 29 de março de 1933).
68. Conforme Hitler na reunião do gabinete de 29 de março, *Regierung Hitler I*, n. 78.

69. TB, 1º de abril de 1933; *FZ*, 1º de abril de 1933.
70. *VB* (B), 4 de abril de 1933. Ver também a reunião do gabinete em 31 de março de 1933, durante a qual se manifestaram preocupações econômicas e diplomáticas e Hitler explicou a "pausa" (*Regierung Hitler I*, n. 80). Sobre o conjunto do complexo, Peter Longerich, *Politik der Vernichtung. Eine Gesamtdarstellung der nationalsozialistischen Judenverfoigung*; Zurique/Munique, 1998, p. 34 e segs. Quanto à "difamação judaica", ver, ainda, *VB* (B), por exemplo 25, 28 (manchete), 29 (manchete), 30 (manchete) e 31 de março, assim como 1º (manchete) e 2 de abril de 1933 (manchete).
71. Literatura sobre o boicote de março de 1933: Uwe Dietrich Adam, *Judenpolitik im Dritten Reich*, Düsseldorf, 1972, p. 46 e segs.; Avraham Barkai, *Vom Boykott zur "Entjudung". Der wirtschaftliche Existenzkampf der Juden im Dritten Reich, 1933-1943*, Frankfurt a. M., 1983, p. 23 e segs.; Saul Friedländer, *Das Dritte Reich und die Juden. Die Jahre der Verfolgung, 1933-1939*, Munique, 1998, p. 29 e segs.; Longerich, *Politik der Vernichtung*, p. 26 e segs.
72. TB, 2 de abril de 1933.
73. *VB* (B), 2-3 de abril de 1933, "Riesenkundgebung der N.S.D.A.P.".
74. TB, 11 de abril de 1933; ver também 2, 6 e 10 de abril de 1933. Reimpressão da troca de correspondência, por exemplo, no *Vossische Zeitung* de 11 de abril, reproduzida in: Joseph Wulf, *Musik im Dritten Reich. Eine Dokumetation*, Frankfurt a. M., 1989, p. 86 e segs.; ver, ainda, Fred K. Prieberg, *Kraftprobe. Wilhelm Furtwängler im Dritten Reich*, Wiesbaden, 1986, p. 78 e segs.
75. TB, 14 de abril de 1933.
76. TB, 17 de abril de 1933.
77. TB, 18 de abril de 1933.
78. A esse respeito, ver *VB* (B), 19-21 de abril; Kershaw, *Hitler-Mythos*, p. 77 e segs.
79. *VB* (B), 19 a 21 de abril de 1933.
80. TB, 19 e 20 de abril de 1933.
81. TB, 26 e 27 de abril; cobertura do *Rheydter Zeitung*: 6, 13 e 21 de abril, bem como as manchetes de 22, 24 e 25 de abril; concessão do título de cidadão honorário da cidade de Rheydt: StA MG, NL Goebbels/143. Quanto à separação dos municípios: Waldecker, "Rheydt", p. 304 e segs.; ver também Reuth, *Goebbels*, p. 282 e segs., sobre essa visita.
82. TB, 25 de junho de 1933.
83. TB, 25 de março de 1933.
84. *Regierung Hitler I*, n. 93, reunião ministerial de 7 de abril de 1933; lei sobre a instituição do feriado do Trabalho Nacional, 10 de abril de 1933 (*RGBl.* 1933 I, p. 191).
85. Sobre os preparativos, TB, 18 de abril a 1º de maio de 1933.
86. TB, 2 de maio de 1933; *Der Angriff*, 1º de maio de 1933, "Ehret die Arbeit und achtet den Arbeiter! Der Aufruf des Ministers für Volksaufklärung und Propaganda"; 2 de maio de 1933, "Der 1. Mai: Deutschlands gewaltigster Bekenntnistag" (manchete).
87. TB, 18 de abril de 1933.
88. "Erlass über die Errichtung des Ministeriums für Volksaufklarung und Propaganda", 13 de março de 1933, *RGBl.* 1933 I, p. 104. A formulação do decreto revoga as determinações das regulações internas do governo do Reich de 3 de maio de 1924, segundo as quais o chanceler só podia empreender tais transferências de competência se não afetassem a jurisdição dos ministérios "nos seus aspectos essenciais" (impresso in: *Die Kabinette Marx I und II*, ed. Günter Abramowski, Munique, 1993, n. 192).
89. TB, 16, 21 e 23 de março de 1933.
90. TB, 25 de março de 1933.
91. Henning Rischbieter, "NS-Theaterpolitik" in: Thomas Eicher et al., *Theater im "Dritten Reich". Theaterpolitik, Spielplanstruktur, NS-Dramatik*, Seelze-verbete, 2000, p. 11 e segs.
92. TB, 8 e 20 de abril de 1933.
93. TB, 28 de abril de 1933, também 29 de abril de 1933.
94. TB, 29 de abril, assim como 5, 10, 11, 14 e 24 de maio e 8 de junho de 1933. BAB, R 55/414, ata conjunta de Promi e AA sobre a reunião ministerial de 12 de maio de 1933. *Regierung Hitler I*, n. 138, reunião com os chefes em 24 de maio de 1933. O Departamento de Imprensa do Ministério das Relações Exteriores deve, por outro lado, restringir-se à obtenção de notícias do estrangeiro, bem como à política de informação objetiva.
95. TB, 9 de maio de 1933. Discurso sobre "Die Aufgaben des deutschen Theaters im Hotel Kaiserhof zu Berlin" em 8 de maio de 1933, in: *Der Angriff*, 9 de maio de 1933, também in: *Revolution der Deutschen*, p. 175-201. Ver, ainda, *FZ*, 10 de maio de 1933 (M), "Die Aufgaben des deutschen Theaters. Eine Rede des Ministers Dr. Goebbels".
96. Sobre a queima de livros: Reuth, *Goebbels*, p. 285; *"Das war ein Vorspiel nur...", Bücherverbrennung Deutschland 1933: Voraussetzungen und Folgen*. Exposição da Academia de Belas-Artes de 8 de maio a 3 de julho de 1983, Berlim/Viena, 1983; aqui especialmente: "Die Hochschulen und der 'undeutsche Geist', Die Bücherverbrennungen am 10. Mai 1933 und ihre Vorgeschichte", p. 31-50. Segundo o texto, a iniciativa partiu inequivocamente dos estudantes alemães.
97. Heiber (ed.), *Goebbels Reden*, n. 14, citações p. 108 e 110; TB, 11 de maio de 1933.
98. Wolfgang Jäger, *Es begann am 30. Januar*, Munique, 1958, p. 47 e segs. (segundo a radioreportagem de então).

99. TB, 19 de maio de 1933. O discurso foi impresso por Albrecht, *Filmpolitik*, p. 442 e segs., comentário ib., p. 15 e segs. Ver também a reportagem no *Angriff* de 19 de maio de 1933. Alguns dias antes, numa declaração oficial, o Ministério da Propaganda havia tentado disseminar o temor de que o novo governo pretendia restringir o cinema. Ali se anunciou uma lei sobre "a construção permanente da economia cinematográfica" (a posterior Câmara Nacional do Cinema): *Der Kinematograph*, 9 de maio de 1933, longa citação de Albrecht, *Filmpolitik*, p. 16.
100. TB, 7, 14, 21 e 27 de maio, bem como 8 de junho de 1933. Albrecht, *Filmpolitik*, p. 18 e segs.; Manfred Behn, "Gleichschritt in die 'neue Zeit', Filmpolitik zwischen SPIO und NS", in: Hans-Michael Bock e Michael Töteberg (eds.), *Das Ufa-Buch. Kunst und Krisen, Stars und Regisseure, Wirtschaft und Politik*, Frankfurt a. M., 1992, p. 340-342.
101. Lei da criação de uma Câmara Nacional do Cinema provisória de 14 de julho de 1933, *RGBl.* 1933 I, p. 483; decreto de criação de uma Câmara Nacional do Cinema provisória de 22 de julho de 1933 (*RGBl.* 1933 I, p. 531); justificação oficial da lei no *Reichsanzeiger*, 18 de julho de 1933; Albrecht, *Filmpolitik*, p. 19 e segs.
102. TB, 14 e 15 de junho de 1933.
103. TB, 6, 7 e 20 de setembro de 1933.
104. TB, especialmente 7, 8 e 10 de outubro; Martin Loiperdinger (ed.), *Märtyrerlegenden im NS Film*, Opladen, 1991; aqui particularmente as contribuições de Loiperdinger para *Hans Westmar* e de Schröter para *Hitlerjunge Quex*.
105. TB, 2 de abril de 1933, sobre outro chá cinematográfico também 9 de maio de 1933.
106. TB, 20 de maio de 1933, sobre encontro anterior, 9 de abril de 1933.
107. TB, 10 de abril, 26 de abril, 21 de maio e 11 de junho de 1933.
108. TB, 27 de abril de 1933, 29 de março de 1933.
109. TB, 17 e 26 de maio de 1933.
110. TB, 12, 14, 16 e 20 de junho. Sobre esses contatos, ver: Moeller, *Filmminister*, p. 160 e segs.; Kinkel, *Scheinwerferin*, p. 47; Steven Bach, *Leni. The Life and Work of Leni Riefenstahl*, Nova York, 2007, p. 110 e segs. Nas *Memoiren* de Riefenstahl (p. 194 e segs.), a descrição de suas relações com Hitler e Goebbels nesses meses é evidentemente falaciosa; ela afirma que, por mais que resistisse, foi obrigada por Hitler e Goebbels (que ademais a cortejava) a participar do projeto e que, pressionada, só concordou, a contragosto, três dias antes do início do congresso do partido. Para crítica dessa versão — que não resiste a uma verificação —, ver, ainda, Jürgen Trimborn, *Riefenstahl. Eine deutsche Karriere*, Berlim, 2002, p. 168 e segs.; Rainer Rother, *Leni Riefenstahl, Die Verführung des Talents*, Berlim, 2000, p. 53 e segs.
111. Ordem sobre as tarefas do ministério do Reich para a Instrução do Povo e da Propaganda, 30 de junho de 1933 (*RGBl.* 1933 I, p. 446). Segundo esse decreto, além das já mencionadas atribuições do Ministério das Relações Exteriores, a nova pasta assumia a publicidade comercial etc., antes sob a responsabilidade do Ministério da Economia, e a publicidade do transporte, até então nas mãos do Ministério do Transporte e dos Correios. Deste último, assumia também todos os assuntos técnicos do rádio, desde que "não afetem a administração técnica das casas da Reichsrundfunkgesellschaft e das demais emissoras de rádio". Em particular, as seguintes atribuições passavam do Ministério do Reich para o Ministério da Propaganda:
    — Instrução geral em política interna
    — Faculdades de política
    — Feriados nacionais e datas solenes
    — Imprensa
    — Rádio
    — Hinos nacionais
    — Biblioteca Alemã Leipzig
    — Artes plásticas
    — Música
    — Teatro
    — Cinema
    — Combate à sordidez e à infâmia.
112. TB, 17 de junho de 1933; ver também 12 de maio, 20 de junho, 24 de junho, bem como 1, 7 e 9 de julho de 1933. Sobre o pano de fundo, Diller, *Rundfunkpolitik*, p. 84 e segs.; ver também Reuth, *Goebbels*, p. 289.
113. *Regierung Hitler I*, n. 196, carta de Hitler aos governadores, 15 de julho de 1933, depois de reunião com os governadores em 6 de julho, na qual ele especificou o papel central do ministério de Goebbels nos setores de propaganda e cultura face aos *Länder*. A esse respeito, também TB, 19 de julho de 1933, onde Goebbels registrou a carta com grande alívio.
114. Diller, *Rundfunkpolitik*, p. 93 e segs.
115. Diller, *Rundfunkpolitik*, p. 108 e segs.
116. Diller, *Rundfunkpolitik*, p. 128.
117. TB, 9 de agosto de 1933.
118. Diller, *Rundfunkpolitik*, p. 130 e segs.
119. Haegert havia substituído Franke em dezembro de 1932 (14 de dezembro de 1932).
120. Dados da carreira de Gutterers na ficha pessoal de março de 1938 (BAB, R 43II/1.150c). Inicialmente, previu-se que Gutterer substituiria Franke (TB, 28 de novembro de 1932).

121. Entrada in: Gerhard Keiper e Martin Kröger (eds.), *Biographisches Handbuch des deutschen Auswärtigen Dienstes*, 1871-1945, Paderborn etc., 2005.
122. Moeller, *Filmminister*, p. 118.
123. TB, 22 de novembro de 1934.
124. Willi A. Boelcke (ed.), *Kriegspropaganda 1939-1941. Geheime Ministerkonferenzen im Reichspropagandaministerium*, Stuttgart, 1966 (daqui por diante BK), p. 80 e segs.
125. BK, p. 60.
126. TB, 9 de abril de 1933.
127. O relato de toda a viagem à Itália encontra-se no TB de 4 de junho de 1933. A imprensa alemã a noticiou continuamente e com grande destaque; ver, por exemplo, *Der Angriff*, 29 de maio a 2 de junho. Sobre a viagem, em detalhes, Helmut Michels, *Ideologie und Propaganda. Die Rolle von Joseph Goebbels in der nationalsozialistischen Aussenpolitik bis 1939*, Frankfurt a. M., 1992, p. 144. *PA* Bts Rom n. 692a, vol. 11: correspondência da embaixada sobre os preparativos da viagem; programa de visita detalhado; declaração de Goebbels à imprensa sobre suas impressões durante a visita; relatório do embaixador Von Hassell de 13 de junho de 1933 sobre a viagem, no qual, de maneira ligeiramente evasiva, fica clara a escassa importância da visita.
128. TB, 7 a 9 de junho de 1933. Sobre o Pacto das Quatro Potências: Jens Petersen, *Hitler — Mussolini. Die Entstehung der Achse Berlin-Rom 1933-1936*, Tübingen, 1973, p. 137 e segs.
129. TB, 15 de junho de 1933. Em 17 de maio de 1933, ele já se havia manifestado perante Hitler favoravelmente a uma "depuração do partido", que este aprovou (TB, 18 de maio de 1933).
130. *Der Angriff*, 22 de maio de 1933, "Aufmarsch der 150.000 im Grunewald-Stadion"; breve menção in: TB, 22 de maio de 1933. Quanto a esses discursos, *Der Angriff*, 15 de maio, "Kundgebung in Leipzig am 14. Mai"; também TB, 15 de maio de 1933; ver, ainda, *Der Angriff*, 13 de junho de 1933, "Pg. Dr. Goebbels in Ostpreussen", sobre o discurso na sede do governo; acerca de Röhm: Longerich, *Geschichte der SA*, p. 179 e segs.
131. TB, 15 de junho de 1933; *Der Angriff*, 16 de maio de 1933, "Der zweite Tag der Führertagung der NSDAP. Die Partei als Rückgrat des Staates".
132. TB, 15 de junho de 1933.
133. *Der Angriff*, 15 de junho de 1933, "Reichsführertagung der NSDAP". TB, 15 de junho de 1933: "Beratung mit Prop. Abtlg. Grosses Hilfswerk für Winter durchgesprochen"; TB, 4 de julho de 1933, grande plano: "Krieg gegen Hunger und Kälte".
134. TB, 28 de junho de 1933; *Regierung Hitler I*, n. 170, reunião ministerial de 27 de junho de 1933.
135. TB, 29 de junho de 1933.
136. TB, 1º, 3 e 4 de julho de 1933. Albert Speer se encarregou da reforma: idem, *Erinnnerungen*, Berlim, 1999, p. 40.
137. TB, 16 de julho de 1933.
138. TB, 4 de julho de 1933: "Hitler com os líderes da SA em Reichenhall. Fez um bom discurso. Contra a 'segunda revolução'". Ver também *VB* (B) de 4 de julho de 1933: "Begeisterter Empfang des Führers im Chiemgau". Depois disso, Hitler chamou o congresso das lideranças da SA lá realizado de um "marco" no caminho da "consumação da revolução alemã". Essa rejeição de uma continuidade da revolução é confirmada por *VB* (B), 8 de julho de 1933, nota oficial sobre uma declaração de Hitler perante os governadores em 6 de julho de 1933: "A revolução não é um estado permanente, não pode se constituir numa condição perene."
139. TB, 11 de junho de 1933. *Der Angriff*, 11 de julho de 1933, "Unsere nächsten Aufgaben": "Das muitas centenas de milhares que vieram a nós depois da tomada do poder, a parte útil se fundirá pouco a pouco com o corpo do partido; a outra parte, sendo inútil, voltará a ser eliminada." *PA* 1933, p. 69 (11 de julho): "O artigo tem de sair amanhã cedo." *VZ*, 12 de julho de 1933 (M); *DAZ*, 12 de julho de 1933 (M). TB, 12 de julho de 1933: "O meu grande artigo publicado em todos os jornais alemães."
140. TB, 18 e 19 de julho de 1933. *PA* 1933, p. 73 e segs. (17 de julho); *FZ*, 18 de julho de 1933 (2. M); *DAZ*, 18 de julho de 1933 (M).

11. "Só conserva a vitória quem a merece"

1. TB, 6 de julho de 1933.
2. TB, 11 de junho a 1º de julho de 1933.
3. TB, 18 de junho de 1933.
4. TB, 19 de julho de 1933; a esse respeito, Reuth, *Goebbels*, p. 291 e segs.
5. TB, 21 de julho de 1933.
6. TB, 2 a 17 de agosto; Riefenstahl e Krauss: 14-17 de agosto; quanto a Riefenstahl também 4, 9, 14, 18 e 19 de julho de 1933. Goebbels já tinha se encontrado com Leni Riefenstahl durante uma breve visita a Berlim em 23 de agosto (TB, 14 de agosto de 1933), depois voltou a vê-la no dia 26 de agosto de 1933 num almoço com Hitler (TB, 27 de agosto de 1933).
7. Comunicado do Departamento Nacional de Imprensa do NSDAP, publicado no *VB* (B), 7 de agosto de 1933.
8. TB, 20 e 23 de agosto de 1933.
9. TB, 25 de agosto de 1933.

10. Isso já fora aventado numa conversa anterior com Hitler, da qual Goebbels registrou as seguintes citações: "Os *Länder* têm de desaparecer" e "Em três anos, não sobrará nada deles", TB, 28 de julho de 1933.
11. TB, 27 de março de 1933.
12. TB, 25 de agosto de 1932. Em julho, Goebbels já havia discutido essa solução com Lammers, TB, 19 de julho de 1933.
13. TB, 25 de agosto de 1933.
14. TB, 1º de setembro de 1933.
15. TB, 2 de setembro de 1933. *VB* (B), "Die Proklamation des Führers: Die Eckpfeiler des Reiches: Das deutsche Volk — die N.S.D.A.P." (manchete).
16. TB, 4 de setembro de 1933 (para a descrição de todo o congresso do partido); cf. *Der Angriff*, 4 de setembro de 1933.
17. TB, 4, 6 e 8 de julho de 1933.
18. TB, 14 de setembro de 1933; *Der Angriff*, 13 de setembro de 1933, "Sozialismus der Tat. Dr. Goebbels verkündet Aufbau und Durchführung des grossen Winter-Hilfswerks" (manchete). Sobre a campanha assistencial de inverno: Herwart Vorländer, *Die NSV Darstellung und Dokumentation einer nationalsozialistischen Organisation*, Boppard am Rhein, 1988, esp. p. 44 e segs.
19. Tal como no seu discurso de 12 de setembro (*Der Angriff*).
20. Assim, por exemplo, no comício do Palácio de Esporte no dia 13 de setembro: *Der Angriff*, 14 de setembro de 1933, "Neuer Propagandafeldzug der Partei"; também TB, 14 de setembro de 1933.
21. *Der Angriff*, 14 de setembro de 1933.
22. TB, 2 de outubro de 1933; Bernhard Gelderblom, "Die Reichserntedankfeste auf dem Bückeberg 1933-1937. Ein Volk dankt seinem Verführer", in: Gerd Biegel e Wulf Otte (eds.), *Ein Volk dankt seinem (Ver)führer: Die Reichserntedankfeste auf dem Bückeberg 1933-1937 — Vorträge zur Ausstellung*, Braunschweig, 2002, p. 19-62.
23. TB, 16 de outubro de 1933; *Der Angriff*, 16 de outubro de 1933, sobre o lançamento da pedra fundamental.
24. TB, 16 de outubro de 1933; *Der Angriff*, 16 de outubro de 1933. O monumento nunca foi concluído.
25. A esse respeito, ver as observações de Helmut Heiber na introdução aos *Goebbels Reden* por ele publicados.
26. BAB, R 43 II/1.244, 13 de julho de 1933. Sobre a criação da Câmara Nacional de Cultura: Uwe Julius Faustmann, *Die Reichskulturkammer. Aufbau, Punktion und Grundlagen einer Körperschaft des öffentlichen Rechts im nationalsozialistischen Regime*, Aachen, 1995, p. 34 e segs.; Volker Dahm, "Anfänge und Ideologie der Reichskulturkammer. Die 'Berufsgemeinschaft' als Instrument kulturpolitischer Steuerung und sozialer Reglementierung", in: *VfZ* 34 (1986), p. 53-84.
27. Ideias básicas sobre a criação de uma Câmara de Cultura do Reich, R 43 II/1.241.
28. BAB, R 43 II/1.244, carta de Goebbels a Ley, 28 de julho de 1933. Em carta a Lammers de 12 de agosto de 1933, ele também se queixa das contínuas tentativas da FAT de solapar as suas associações, ib.
29. *Regierung Hitler I*, n. 196, carta de Hitler aos governadores, 15 de julho de 1933, anuncia a Câmara Nacional de Cultura.
30. BAB, R 2/4.870, envio do projeto, bem como de uma justificação, para a Chancelaria do Reich no dia 18 de agosto de 1933; memorando de 2 de setembro sobre reunião interministerial no Ministério da Propaganda, na qual outras pastas apresentaram diversas objeções. R 43 II/1.241, reenvio do projeto em 15 de setembro de 1933. *Regierung Hitler I*, n. 215, reunião do gabinete de 22 de setembro de 1933. Ver também TB, 14 de agosto, sobre a preparação da lei; 25 de agosto, autorização de Hitler; 20 de setembro, referência ao despacho com o chefe; 23 de setembro de 1933, promulgação pelo gabinete.
31. Lei da Câmara de Cultura de 21 de setembro de 1933, *RGBl.* 1933 I, p. 661 e segs. As respectivas provisões legais encontram-se in: *Das Recht der Reichskulturkammer. Sammlung der für den Kulturstand geltenden Gesetze und Verordnungen, der amtlichen Anordnungen und Bekanntmachungen der Reichskulturkammer und ihrer Einzelkammern*. De acordo com o conselho executivo da Câmara Nacional de Cultura, ed. Karl-Dietrich Schrieber, Alfred Metten e Herbert Collatz, 2 vols., Berlim, 1943.
32. Dahm, "Anfänge", p. 73.
33. TB, 23 de setembro de 1933.
34. *PA* 1933, p. 32 e segs. *Pressekonferenz*: Jürgen Hagemann, *Die Presselenkung im Dritten Reich*, Bonn, 1970, p. 32 e segs., Karl-Dietrich Abel, *Presselenkung im NS-Staat. Eine Studie zur Geschichte der Publizistik in der nationalsozialistischen Zeit*, Berlim, 1968, p. 37 e segs.
35. TB, 5 e 8 de agosto, 22 e 23 de setembro de 1933. Efetivamente, em 20 de setembro foi apresentado um projeto de lei editorial (R 43 II/1.241). TB, 5 de outubro: "Gabinete: depois de duras lutas, a lei de imprensa é aceita." Ver *Regierung Hitler I*, n. 224, reunião do gabinete de 4 de outubro de 1933.
36. Abel, *Presselenkung*, p. 29 e segs.; Oron J. Hale, Wilhelm Pferdekamp e Modeste Pferdekamp, *Presse in der Zwangsjacke 1933-1945*, Düsseldorf, 1965, p. 90 e segs.
37. BAB, R 43 II/1.241, Goebbels transmite lei editorial e da Câmara de Cultura com carta de 15 de setembro de 1933.
38. Abel, *Presselenkung*, p. 50 e segs.; Hagemann, *Presselenkung*, p. 36 e segs.
39. *PA* 1933, p. 163 e 170 (19 e 20 de outubro).

40. *PA* 1933, 20 de outubro de 1933. Relatório de base do representante do *Hamburger Nachrichten*. *VB* (B), 18 de outubro, "Führertagung der N.S.D.A.P. in Berlin"; 19 de outubro de 1933, "Entscheidendes Stadium im Kampf um die Gleichberechtigung. Adolf Hitler auf der Führertagung der N.S.D.A.P." (manchete).
41. TB, 21 de outubro de 1933.
42. Disposição de 20 de outubro de 1933 (BAB, NS 6/215); TB, 29 de outubro de 1933; considerações análogas já no dia 11 de outubro de 1933, pois havia "muita coisa podre" no jornal. A partir de 28 de outubro, seu nome deixou de aparecer na primeira página do *Angriff* como editor, figurando somente como fundador; em 1934 o *Angriff* foi transferido para a editora Eher-Verlag. TB, 6 de fevereiro de 1934.
43. TB, 6, 7 e 9 de setembro de 1933.
44. *Regierung Hitler I*, n. 208, reunião ministerial de 12 de setembro de 1933. TB, 13 de setembro de 1933. Sobre os antecedentes, Michels, *Ideologie*, p. 167 e segs. Acerca de Goebbels em Genebra: Reuth, *Goebbels*, p. 296 e segs.; Paul Schmidt, *Statist auf diplomatischer Bühne. Erlebnisse des Chefdolmetschers im Auswärtigen Amt mit den Staatsmännern Europas*, Bonn, 1953, p. 282 e segs., que conta como Goebbels se movimentava "à vontade" e dava uma "impressão elegante e tranquila" aos interlocutores, mas também gerava incredulidade; Rudolf Nadolny, *Mein Beitrag*, Wiesbaden, 1955, p. 113 e segs. O *Neue Zürcher Zeitung* escreveu: "O pequenino e feio dr. Goebbels, cuja presença constitui a sensação desta conferência", 25 de setembro de 1933, também 27 de setembro de 1933: editorial "Goebbels in Genf". Sobre Goebbels ver também: *New York Times*, 29 de setembro de 1933, "Reich needs peace Goebbels asserts", bem como *The Times*, 29 de setembro de 1933, "German 'Desire for Peace'".
45. Na verdade, Joseph Paul-Boncour.
46. "Das nationalsozialistische Deutschland und seine Aufgabe für den Frieden, Rede vor der internationalen Presse in Genf am 28. September 1933", in: *Signale*, p. 233-249, citação p. 236. *PA* 1933, 29 de setembro: "O Ministério da Propaganda dá muita importância a que os comentários da imprensa estrangeira sobre o grande discurso do dr. Goebbels em Genebra sejam publicados pormenorizadamente."
47. TB, 30 de setembro de 1933.
48. TB, 6 de setembro, sobre a conversa na véspera.
49. TB, 12 de outubro de 1933. Ver também 11 de outubro de 1933: "O chefe luta com as decisões mais difíceis."
50. Sören Dengg, *Deutschlands Austritt aus dem Volkerbund und Schachts "Neuer Plan". Zum verhältnis von Aussen- und Aussenwirtschaftspolitik in der Übergangsphase von der Weimarer Republik zum Dritten Reich (1929-1934)*, Frankfurt a. M., 1986, p. 292 e segs.; *ADAP* C I, n. 479, nota de Bülow, 4 de outubro de 1939.
51. TB, 28 de julho de 1933.
52. TB, 13 de outubro de 1933, sobre a reunião do gabinete (possivelmente uma conversa informal entre os ministros) em 12 de outubro. Esse encontro não figura na edição *Regierung Hitler*.
53. TB, 14 de outubro de 1933; *Regierung Hitler I*, n. 230, ata da reunião ministerial de 13 e 14 de outubro de 1933.
54. Depois da decisão de Hitler de 4 de dezembro, Goebbels esteve com o Führer nos dias 5, 9 e 10 de dezembro. TB, 5, 10 e 11 de dezembro de 1933.
55. TB, 16, 17 e 18 de outubro (sobre o seu discurso no congresso das lideranças de 17 de outubro).
56. TB, 17 de novembro de 1933.
57. TB, 6, 8, 9 e 13 de setembro de 1933.
58. TB, 10 de setembro de 1933 (em conversa com os líderes da SA berlinense).
59. TB, 12, 13, 15 e 16 de setembro de 1933.
60. TB, 20 de setembro de 1933.
61. TB, 7, 16, 18, 19 e 20 de outubro de 1933. Outras queixas contra Göring: 24 e 26 de novembro de 1933. No começo de outubro, os dois chegaram a trocar ostensivos sinais de paz, mas a distensão foi efêmera (ib., 5 e 6 de outubro de 1933).
62. TB, 14 de outubro de 1933, também 13, bem como 17 e 24 de outubro.
63. TB, 18 de outubro de 1933.
64. TB, 3 de novembro de 1933.
65. TB, 13 de dezembro de 1933.
66. TB, 29 de outubro de 1933.
67. TB, 24 de fevereiro de 1934.
68. TB, 17 de dezembro de 1933.
69. TB, 30 de abril de 1934.
70. TB, 27 de novembro de 1933, também 28 de novembro de 1933.
71. TB, 20 de outubro a 7 de novembro de 1933. O discurso de 20 de outubro está impresso in: *Signale*, p. 250-277, e (com o mesmo título) também como escrito independente (Berlim, 1933). Acerca das eleições, ver ainda: entrevista de Goebbels a um representante do Wolffs Telegraphisches Bureau, 8 de novembro de 1933, impresso in: *Ursachen und Folgen* X, n. 2330, também in: Reuth, *Goebbels*, p. 300.
72. TB, 4, 5 e 7 de novembro de 1933. Sobre o processo do incêndio do Reichstag, ver os artigos in: Deiseroth (ed.), *Reichstagsbrand*; acerca do papel de Goebbels, também Reuth, *Goebbels*, p. 301 e segs.
73. TB, 9 de novembro de 1933. *Der Angriff*, 8 de novembro de 1933, "Dr. Goebbels fertigt Dimitroff ab. Eine wohlverdiente Abfuhr" (manchete).

74. TB, 23 de dezembro de 1933.
75. TB, 9 de novembro de 1933. *VB* (B), 10 de novembro de 1933, "Der 9. November 1933 in München — der Tag der Bewegung".
76. TB, 8 de novembro de 1933. A referência é à circular de 7 de novembro de 1933, na qual Hess lembra uma circular anterior (27 de junho de 1933) sobre a "Simplicidade na apresentação e na conduta" (BAB, NS 6/215).
77. TB, 11 de novembro de 1933; ver, ainda, 1º e 8 de novembro de 1933.
78. Bracher, *Machtergreifung*, p. 481 e segs.; ver também os exemplos de "Die Industriestadt Augsburg. Eine Sozialgeschichte der Arbeiteropposition", in: Martin Broszat e Hartmut Behringer (eds.), *Bayern in der NS-Zeit*, Munique, 1977, p. 137 e segs. Um resumo das queixas eleitorais produzido pelo Ministério do Interior contém acusações nesse teor de reclamantes que se atreveram a contestar o sucesso dos resultados (BAB, R 1.501/5.350).
79. Jung, *Plebiszit*, p. 35 e segs., bem como p. 50 e segs. sobre o resultado (conforme a estatística do Reich).
80. TB, 13 de novembro de 1933.
81. *Der Angriff*, 16 de novembro de 1933, "Feierliche Gründung der Reichskulturkammer durch Dr. Goebbels" (manchete). O discurso foi impresso in: *Signale*, p. 323-336, com o título "Die deutsche Kultur vor neuen Aufgaben. Gründung der Reichskulturkammer am 15. November 1933 in der Berliner Philharmonie"; sobre o evento, Reuth, *Goebbels*, p. 302 e segs.
82. TB, 28 de novembro de 1933; quanto aos preparativos, ver também 16 de novembro de 1933. *Der Angriff*, 28 de novembro de 1933. "Das grosse Feierabend-Werk gegründet". Wolfhard Buchholz, *Die nationalsozialistische Gemeinschaft "Kraft durch Freude": Freizeitgestaltung und Arbeiterschaft im Dritten Reich*, dissertação de mestrado, Munique, 1976 (p. 7 e segs. sobre a fundação); a respeito da KdF: Shelley Baranowski, *Strength through joy: consumerism and mass tourism in the Third Reich*, Cambridge, 2004.
83. TB, 19 de setembro de 1933: "Na casa de Hitler. Riefenstahl presente. Xinga Raether. Reclama ainda mais. Raether livre e totalmente inocente." Ver também 21 de setembro de 1933. Sobre o filme: Kinkel, *Scheinwerferin*, p. 45 e segs.; Trimborn, *Karriere*, p. 176 e segs.; Rother, *Verführung*, p. 55 e segs.; Bach, *Leni*, p. 113 e segs.
84. TB, 29 de novembro de 1933. Sobre o encontro com Riefenstahl na semana anterior, durante o qual se aventaram problemas na realização do filme: 23 de setembro, assim como 9, 10 e 16 de outubro de 1933. Sobre a realização do filme, Kinkel, *Scheinwerferin*, p. 52 e segs.
85. TB, 2 de dezembro de 1933; Kinkel, *Scheinwerferin*, p. 56 e segs. O *VB* (N) passou três dias noticiando a estreia (1º-3 de dezembro de 1933).
86. TB, 23 e 25 de dezembro de 1933.
87. TB, 29 de dezembro de 1933. Ver também 8 de dezembro de 1933, acerca de um encontro em Berlim: "Anka Mumme: como envelheceu. Vai muito mal. Vou tentar ajudá-la."
88. 12 de fevereiro, 6 e 30 de março, 22 e 23 de junho, 15 de outubro (a partir daqui: "Frau Mumme") de 1935; 11 de dezembro de 1936.

12. "Em tudo quanto faz, o Führer vai até o fim"

1. Nicolaus von Below, *Als Hitlers Adjutant 1937-1945*, Mainz, 1980, p. 20; Hanfstaengl, *Zwischen Weissem und Braunem Haus*, p. 309 e segs.; o chefe nacional de Imprensa, Otto Dietrich, *Zwölf Jahre mit Hitler*, Colônia, 1955, p. 152, recorda que os almoços demorados eram "quase insuportáveis" para os convivas que tinham trabalho a sua espera.
2. Speer, *Erinnerungen*, p. 131 e segs. Quanto às provocações intrigantes de Goebbels, também Hanfstaengl, *Zwischen Weissem und Braunem Haus*, p. 199 e segs.
3. Por exemplo: 4 de julho, 24 de novembro de 1934, 25 de janeiro de 1935, 31 de janeiro de 1936, 13 de janeiro de 1938.
4. TB, 24 de fevereiro de 1940.
5. Nas seguintes datas Goebbels anotou sua participação nas sessões noturnas de cinema nos primeiros meses do ano: 28 de janeiro, 8, 14 e 21 de fevereiro, 2, 13, 16 ("Com o Führer. Cinema como sempre. [...] Logo nós vamos nos devorar.") e 24 de março, 9, 11 e 26 de abril, 4, 13, 15, 17, 19, 21, 26 e 28 de maio, 7, 11, 20 e 27 de junho de 1934.
6. Exemplos no primeiro semestre de 1934: 3 de fevereiro, 7, 9, 11 e 13 de março, 28 de abril, 4 e 10 de maio, 9 de junho.
7. TB, 27 de janeiro: "Magda esteve [...] na casa dele à noite." 8 de junho de 1934: "Magda conversou com o Führer. Preciso tirar férias. O mais depressa possível." 19 de outubro de 1934: "Magda será recebida pelo Führer." Ver também 23 de janeiro de 1936: "Telefonema a Magda. Tudo bem em Berlim. Ela esteve com o Führer."
8. TB, 23 de setembro de 1933: "Magda com o Führer em 'Krach um Jolanthe'." TB, 6 de dezembro de 1935, sobre conversa com Funk: "Quarta-feira à noite, o Führer foi com ele e Magda ao Clube dos Artistas." Ver também TB, 10 de fevereiro de 1934: "O Führer com Magda na casa de Eltz-Rübenach."

9. TB, 20 de janeiro de 1934. "O Führer em nossa casa." O mesmo também: 21 e 24 de janeiro, bem como 10 e 13 de fevereiro de 1934, 10 de abril de 1934, 1º, 6, 7 e 17 de maio de 1934 etc.
10. TB, 4 de fevereiro de 1934: "Tarde da noite, o Führer chega inesperadamente."
11. TB, 11, 13, 17 (sobre a mudança) e 19 de março de 1934, assim como 26 de setembro (mudança para Berlim).
12. TB, 13, 17 e 25 de março de 1934.
13. Passeios de barco: 27 e 31 de março, 25 de maio, 11 e 29 de junho, 13 de julho, 22 de agosto, 17 de setembro de 1934.
14. TB, 21 de maio (Blomberg), 31 de março (Helldorf), 13 de julho (v. Pfeffer), 13 de maio (Schwarz).
15. TB, 14 de abril de 1934.
16. TB, 18 de abril de 1934. Sobre a disputa por Harald, também 13 de abril, 5 e 9 de maio.
17. TB, 30 de maio de 1934.
18. TB, 19 de maio de 1934.
19. TB, 21 de maio de 1934.
20. TB, 27 e 28 de maio de 1934, 5 e 13 de junho de 1934.
21. TB, 3 de junho de 1934.
22. TB, 22 e 23 de junho de 1934.
23. TB, 31 de janeiro de 1934.
24. *RGBl.* 1934 I, p. 75; *Adolf Hitler, Reden und Proklamationen 1933-1945. Kommentiert von einem deutschen Zeitgenossen*, 2 vols., ed. Max Domarus, Neustadt a. d. Aisch, 1963 (*Domarus I*), p. 352 e segs., sobre o discurso de Hitler no Reichstag; TB, 31 de janeiro de 1933, acerca da participação na sessão; sobre a preparação da lei de 11 de janeiro de 1933, conversa com Frick.
25. TB, 31 de janeiro de 1934: "Ovações fantásticas. Estou felicíssimo." *Der Angriff*, 31 de janeiro de 1934.
26. TB, 2 e 4 de fevereiro de 1934.
27. *Der Angriff*, 25 de janeiro de 1934; TB, 26 de janeiro de 1934.
28. *VB* (B), 28-29 de janeiro de 1934.
29. TB, 28 de janeiro de 1934. Também aqui: "Meu artigo desperta entusiasmo em toda parte."
30. *Der Angriff*, 12 de fevereiro de 1934; TB, 12 de fevereiro de 1934.
31. *FZ*, 11 de fevereiro de 1934 (2. M), "Das empfindliche Instrument". Quanto a isso, ver também Gillesen, *Auf verlorenem Posten*, p. 203 e segs.; TB, 8 de fevereiro de 1934.
32. "Sind wir langweilig? Über die Krisis der Presse", *FZ*, 24 de março de 1934.
33. *Der Angriff*, 20 de abril de 1934, "Gegen die Gesinnungslumpen. Minister Dr. Goebbels und Pg. Weiss vor der deutschen Presse".
34. *PA* 1934, p. 195 (20 de abril), carta de Dertinger.
35. *Die Grüne Post*, 29 de abril de 1933, "Herr Reichsminister — Ein Wort bitte!". Welk assinou Thomas Trimm. O artigo está reproduzido in: Peter de Mendelssohn, *Zeitungsstadt Berlin. Menschen und Mächte in der Geschichte der deutschen Presse Berlin*, Frankfurt a. M., 1982, p. 437 e segs., e é acompanhado por um comentário sobre o pano de fundo do caso. TB, 30 de abril de 1934: "O *Grüne Post* está ficando insolente comigo. A proibição entra em vigor hoje, vou mostrar a esses judeus descarados até onde posso chegar." O comentário se deve ao fato de o *Grüne Post* ser publicado pela Ullstein-Verlag (pertencente a uma família judia). Sobre a suspensão do jornal, 2 e 11 de maio de 1934.
36. *VB* (N), 10 de maio de 1934, "Bericht über die Reichspressetagung der NSDAP", publica o decreto na íntegra.
37. *VB* (N), 13-14 de maio de 1934, "Die Bewegung appelliert an die Nation — 'Schluss mit ihnen!' — Offensive gegen Miesmacher, Kritikaster und Konfessionshetzer" (manchete).
38. TB, 13 de maio de 1934.
39. *VB* (B), 1º de junho de 1934, "Reichsminister Dr. Goebbels: Wesen und Aufbau der nationalsozialistischen Propaganda" (manchete).
40. K. Pfeil, "Wie wir unsere Aktion gegen Miesmacher und Kritikaster organisierten", in: *Unser Wille und Weg*, 1934, p. 226-230.
41. TB, 3 de janeiro de 1934.
42. TB, 11 de janeiro de 1934. Ver também BK, p. 184 e segs.
43. Em dezembro, Hitler lhe havia garantido isso uma vez mais: TB, 15 de dezembro de 1933.
44. TB, 16 e 20 de dezembro de 1933.
45. A esse respeito, eles distribuíram uma declaração à imprensa: *VB* (B), 23 de dezembro de 1933, "Vereinheitlichung der deutschen Kulturpolitik. Besprechung Göring — Goebbels — Richtlinien für die zukünftige Arbeit".
46. *RGBl.* 1934 I, p. 365.
47. TB, 7 de maio de 1935; ver também 5 de maio de 1935.
48. TB, 9 de maio de 1935.
49. BAB, R 43 II/1.149: Ministério do Reich de Cultura e Instrução do Povo.
50. TB, 11 de maio de 1933; BAB, R 43 II/1.149, nota de Lammers, assim como comunicado a Funk, 9 de maio de 1934.

51. As negociações em torno à matéria se prolongaram por vários meses: 6, 16-18, bem como 21 de fevereiro de 1934, 21, 22, 24 e 27 de março de 1934.
52. TB, 13 de janeiro de 1934.
53. TB, 17 de maio de 1934: "Tarde. Gabinete. Minha lei do teatro aprovada. Todos os teatros alemães subordinados a mim. Com isso, fico com o caminho livre. Estou bem com Göring." Lei do Teatro de 15 de maio de 1934, *RGBl.* 1934 I, p. 411 e segs.; ver Rischbieter, "NS-Theaterpolitik", p. 23.
54. Rischbieter, "NS-Theaterpolitik", p. 23.
55. TB, 20 de junho de 1934.
56. *PA* 1934, p. 221 (25 de maio).
57. Reinhard Bollmus, *Das Amt Rosenberg und seine Gegner. Zum Machtkampf im nationalsozialistischen Herrschaftssystem*, Stuttgart, 1970, p. 54 e segs.; Ernst Piper, *Alfred Rosenberg. Hitlers Chefideologe*, Munique, 2005, p. 323 e segs.
58. TB, 16 de fevereiro e 9 de março de 1934.
59. TB, 18 de junho de 1934; Bollmus, *Rosenberg*, p. 63 e segs., também sobre outras facetas da disputa.
60. Bollmus, *Rosenberg*, p. 52.
61. Piper, *Rosenberg*, p. 373. TB, 6 de fevereiro de 1934: "Weidemann está virando uma pedra no sapato. Faz 'arte moderna'. Obstrui muitas possibilidades e só trabalha com reacionários na mão." 8 de fevereiro de 1934: "[...] discussão sobre arte moderna com Weidemann. Agora ele entende do que se trata. Vai se conter."
62. Paul Ortwin Rave, *Kunstdiktatur im Dritten Reich*, Hamburgo, 1949, p. 43; em 1935, ele atribuiu a Weidemann outras tarefas no ministério: TB, 7, 9 e 31 de maio de 1935.
63. Sobre a SA depois da "tomada do poder", ver Longerich, *Geschichte der SA*, p. 179 e segs.; quanto aos precedentes do 30 de junho, especialmente Wolfgang Sauer, "Die Mobilmachung der Gewalt", in: *Machtergreifung*, p. 685-972, p. 897 e segs.; Heinz Höhne, *Mordsache Röhm. Hitlers Durchbruch zur Alleinherrschaft 1933-1934*, Reinbek bei Hamburg, 1984.
64. TB, 2 de fevereiro de 1934.
65. TB, 21 de fevereiro, 2 e 24 de março (sobre os governadores), assim como 5 e 23 de maio de 1934.
66. TB, 15 de maio de 1934.
67. TB, 26 de maio e 3 de junho de 1934.
68. TB, 20 de abril de 1934: "Röhm faz discurso excelente sobre a SA." *PA* 1934, p. 190 e segs. (18 de abril); *FZ*, 20 de abril de 1934.
69. TB, 30 de maio de 1934.
70. TB, 24 de janeiro de 1934, também 9 e 31 de janeiro de 1934.
71. Acerca dessa campanha, ver: *VB* (N), 15 de maio de 1934, "SA-Feindliches Treiben im N.S.D.F.B. (Stahlhelm)" (manchete); *VB* (N), 18 de maio de 1934, "Gegen Miesmacher und Nörgler, Gauleiter-Stellvertreter Dr. Görlitzer auf der Massenversammlung des Kreises VI"; *Der Angriff*, 7 de junho de 1934, "Dr. Goebbels unter schlesischen Kumpels. Gegen Kritikaster und Nörgler"; 9 de junho de 1934, "Goebbels im Meer der Begeisterung" (sobre comício em Bremen); 19 de junho, "Schluss mit ihnen!" (poesia).
72. TB, 16 de maio de 1934: "Eu alerto contra os monarquistas. R. W. muito forte ainda. Hindenburg escreveu um testamento. Conteúdo desconhecido. Papen o encaminhou e notificou o Führer. Nada será publicado sem autorização do Führer."
73. TB, 21 de maio de 1934.
74. Texto in: *Ursachen und Folgen* X, n. 2.375.
75. TB, 18 de junho de 1933; *PA* 1934 (18 de junho), proibição da divulgação do discurso de Papen; *PA* 1934 (18 de junho), Dertinger à redação.
76. TB, 20 e 23 de junho de 1934.
77. TB, 25 de junho de 1934; *Der Angriff*, 25 de junho de 1934, "Achtung, Mauselöcher. Dr. Goebbels vor dem grossen Gaukongress der NSDAP in Essen".
78. Texto in: *VB* (N), 26 de junho de 1934; TB, 27 de junho de 1934. Na mesma edição, sob o título "Gegen Miesmacher und Kritiker", o *VB* noticiou o prosseguimento da campanha na Pomerânia.
79. TB, 29 de junho de 1934.
80. TB, 20 de junho de 1934.
81. TB, 1º de julho de 1934.
82. Essa e outras entradas sobre as consequências imediatas da ação encontram-se no TB de 4 de julho de 1934.
83. Sobre a sequência do 30 de junho: Longerich, *Geschichte der SA*, p. 216 e segs.; detalhadamente, Höhne, *Mordsache*, p. 247 e segs.
84. *Der Angriff*, 2 de julho de 1934, "Die Niederschlagung der Hochverräter, Wortlaut der Rede, die Dr. Goebbels am Sonntag an das deutsche Volk richtete"; TB, 4 de julho de 1934: "À noite, apresento um relato de vinte minutos no rádio."
85. Höhne, *Mordsache*, p. 271 e segs.; Domarus, p. 398.
86. TB, 4 de julho de 1934; *Regierung Hitler I*, n. 376, sessão do gabinete de 3 de julho de 1934.
87. TB, 16 e 18 de julho de 1934.
88. TB, 17 de março de 1934, juízos negativos também em 11 e 28 de abril de 1934.
89. TB, 24 de julho de 1934.

90. Gerhard Jagschitz, *Der Putsch. Die Nationalsozialisten 1934 in Österreich*, Graz, 1976, p. 82 e segs., parte da premissa de que o *Putsch* teria sido desencadeado pela atitude competitiva de Reschny e Habicht; de modo semelhante, Norbert Schausberger, *Der Griff nach Österreich. Der Anschluss*, Viena, 1978, p. 289, comprova a passividade de Hitler. Gerhard Weinberg ("Die deutsche Aussenpolitik und Österreich 1937/38", in: Gerald Stourzh e Brigitta Zaar [eds.], *Österreich, Deutschland und die Mächte. Internationale und österreichische Aspekte des "Anschlusses" vom März 1938*, Viena, 1990, p. 61-74) e Gottfried-Karl Kindermann (*Hitlers Niederlage in Österreich. Bewaffneter NS-Putsch, Kanzler-Mord und Österreichs Abwehrsieg 1934*, Hamburgo, 1984, esp. p. 151 e segs.) defendem, pelo contrário, a opinião segundo a qual é improvável que o *Putsch* tenha ocorrido sem o conhecimento de Hitler. Essa visão encontraria respaldo nas memórias do *Gauleiter* de Viena, Alfred Frauenfeld: *Und trage keine Reu'. Vom Wiener Gauleiter zum Generalkommissar der Krim. Erinnerungen und Aufzeichnungen*, Leoni am Starnberger See, 1978, p. 113. Até o presente, esse debate era considerado não decidido: Hans Schlafranek, *Sommerfest und Preisschiessen. Die unbekannte Geschichte des NS-Putsches im Jahre 1934*, Viena, 2006, p. 214; Kurt Bauer, *Elementar-Ereignis. Die österreichischen Nationalsozialisten und der Juliputsch 1934*, Viena, 2003, p. 120, supõe que Hitler "simplesmente deixou" as coisas acontecerem.
91. TB, 13 de julho de 1934.
92. Só se sabia que o comandante da VII Região Militar, o general-coronel Adam, foi informado por Hitler, na manhã de 25 de julho, da iminência de um *Putsch* das forças armadas austríacas: Anton Hoch e Hermann Weiss, "Die Erinnerungen des Generalobersten Wilhelm Adam", in: Wolfgang Benz (ed.), *Miscelleanea. Festschrift für Helmut Krausnick zum 75. Geburtstag*, Stuttgart, 1975, p. 32-62; Jagschitz, *Putsch*, p. 78 e segs., afirma que Habicht teria enganado Hitler quanto às perspectivas do seu *Putsch*, inventando um suposto golpe de Estado iminente da Bundesheer austríaca. Já no início de junho, Von Reichenau havia participado de uma reunião no apartamento particular de Hitler, na qual Reschny estava presente (Schausberger, *Griff*, p. 287 e segs.).
93. Jagschitz, *Putsch*, p. 99 e segs.; Bauer, *Elementar-Ereignis*.
94. TB, 26 de julho de 1934.
95. TB, 26 de julho de 1934; aqui também: "Pfeffer e Habicht muito pequenos."
96. Quanto a isso, principalmente Bauer, *Elementar-Ereignis*, que oferece um quadro geral detalhado da revolta.
97. TB, 28 de julho de 1934; Jagschitz, *Putsch*, p. 182, sobre as ações imediatamente subsequentes.
98. Bauer, *Elementar-Ereignis*, p. 120.
99. Assim teria dito Hitler na presença de Goebbels segundo TB, 18 de junho de 1934. Sobre o encontro Hitler-Mussolini em 14 de junho em Veneza: *Akten zur deutschen Aussenpolitik 1938-1945. Aus dem Archiv des Auswärtigen Amtes* (abrev. *ADAP*) C III 1, n. 5, anotações de Neurath de 15 de junho de 1934, bem como n. 7, anotação não assinada, 15 de junho de 1934.
100. TB, 28 a 31 de julho de 1934.
101. TB, 23 de outubro de 1934.
102. TB, 31 de julho de 1934; sobre a morte de Hindenburg, ver também Reuth, *Goebbels*, p. 319 e segs.
103. TB, 2 de agosto de 1934.
104. *Regierung Hitler I*, n. 382, reunião ministerial de 1º de agosto de 1934; *RGBl.* 1934 I, p. 747, lei sobre o chefe de Estado do Reich alemão; TB, 2 de agosto de 1934.
105. TB, 2 de agosto de 1934.
106. *Regierung Hitler I*, n. 383, reunião ministerial de 2 de agosto.
107. TB, 8 de agosto de 1934; *VB* (B), 8 de agosto de 1934.
108. TB, 31 de julho e 4 de agosto de 1934.
109. TB, 8 de agosto de 1934.
110. TB, 16 de agosto de 1934: "O testamento de Hindenburg será publicado. Mas o encadeamento de ideias de Papen sem perigo. Pode dar o fora!"; *VB* (B), 16 de agosto de 1934; Horst Mühleisen, "Das Testament Hindenburgs vom 11. Mai 1934", in: *VfZ* 44 (1996), p. 356-371; Pyta, *Hindenburg*, p. 865 e segs.
111. TB, 4 a 8 de agosto, assim como 14, 16 e 18 de agosto de 1934.
112. Jung, *Plebiszit*, p. 61 e segs., sobre a consulta popular, assim como p. 68 sobre o resultado.
113. TB, 20 de agosto de 1934.
114. *Statistisches Jahrbuch der Stadt Berlin 1934*, p. 317.
115. TB, 22 de agosto de 1934.
116. TB, 22 de agosto de 1934.

13. "Segurar com firmeza... as rédeas da disciplina interna de um povo"

1. TB, 29 de agosto de 1934.
2. TB, 31 de agosto de 1934; sobre a estada, 29 de agosto a 6 de setembro de 1934.
3. TB, 6, 8, 10 e 11 de setembro; *VB* (B), 7 de setembro de 1934, "Die Propaganda als Mittlerin zwischen Volk und Führung"; *VB* (B), 10 de setembro de 1934, "Die Kraft des Nationalsozialismus liegt in der persönlichen Vebindung mit dem Volke. Dr. Goebbels vor den Propagandaleitern und Redner der N.S.D.A.P.".

4. TB, 26 de agosto de 1934; no início de maio (TB, 4 de maio de 1934), Goebbels já tinha discutido com ela o filme sobre o congresso do partido. Mais tarde, emitiu opinião mais positiva sobre a obra e sua criadora (17 e 23 de outubro), se bem que ainda com uma importante restrição: "A Leni até que sabe alguma coisa. Como se fosse homem." TB, 22 de novembro de 1934. Sobre o filme: Kinkel, *Scheinwerferin*, p. 62 e segs.; Trimborn, *Karriere*, p. 198 e segs.; Rother, *Verführung*, p. 67 e segs.; Bach, *Leni*, p. 123 e segs.; Martin Loiperdinger, *Der Parteitagsfilm "Triumph des Willens" von Leni Riefenstahl. Rituale der Mobilmachung*, Opladen, 1987. BAB, R 1.09I/1029b, ata da sessão da presidência da Ufa, 28 de agosto de 1934 (n. 1.021).
5. TB, 30 de março de 1933; ver também 28 de março sobre encontro com Riefenstahl.
6. TB, 1º de outubro de 1934; *Der Angriff*, 1º de outubro, publicou o discurso de abertura de Goebbels, impresso também in: Heiber (ed.), *Goebbels Reden*, n. 21.
7. Sobre a inauguração: TB, 11 de outubro de 1934; *Der Angriff*, 9 de outubro de 1934, "Ein Winter ohne Repräsentation — Aber der entschlossenen Hilfe aller. Der Führer und Dr. Goebbels eröffnen das soziale Werk der Winterhilfe" (manchete). No dia 9 de dezembro, políticos, atores e atletas saíram à rua com caixas de coleta e, segundo Goebbels, obtiveram "um gordo resultado", TB, 10 de dezembro de 1934; *Der Angriff*, 10 de dezembro de 1934, "Die Millionen Groschen haben's gemacht. Unbekannte und Prominente erzählen".
8. TB, 10 de novembro de 1934.
9. *VB* (B), 25-26 de dezembro de 1934, "Volksweihnacht auf der Strasse"; TB, 25 de dezembro de 1934.
10. Hugo Ringler, "Und wieder rollt die Versammlungslawine", in: *UWW* 1934, p. 335-338, citação p. 338.
11. Dietrich Thurner, "Werbemassnahmen in bäuerlichen und kleinstädtischen Gebieten", *UWW*, janeiro de 1935, p. 18-19.
12. TB, 25 a 27 de outubro de 1934.
13. TB, 27 de outubro de 1934.
14. TB, 22 de outubro de 1936. Fundamental sobre essa instituição: Martin Moll, "Steuerungsinstrument im 'Ämterchaos'? Die Tagungen der Reichs- und *Gauleiter* der NSDAP", in: *VfZ* 49 (2001), p. 215-273.
15. Victor Klemperer, *LTI. Notizbuch eines Philologen*, Leipzig, 1996.
16. Dieter Münk, *Die Organisation des Raumes im Nationalsozialismus. Eine soziologische Untersuchung ideologisch fundierter Leitbilder in Architektur, Städtebau und Raumplanung des Dritten Reiches*, Bonn, 1993, esp. p. 122 e segs.
17. Uwe Westphal, *Werbung im Dritten Reich*, Berlim, 1989.
18. Uwe Westphal, *Berliner Konfektion und Mode, 1836-1939. Die Zerstörung einer Tradition*, Berlim, 1986.
19. Kershaw, *Hitler-Mythos*, p. 81.
20. Eu me reporto à minha detalhada verificação das fontes dos levantamentos de opinião sobre a atitude da população para com a perseguição aos judeus, a qual apresentei no livro *Davon haben wir nichts gewusst! Die Deutschen und die Judenverfolgung 1933-1945*, Munique, 2006.
21. Winfried B. Lerg, "Richtlinien für die Gesamthaltung der deutschen Presse", in: *Gazette. International Journal for Mass Communication Studies* 8 (1962), p. 228-245.
22. "Richtlinien für die Gesamthaltung der deutschen Presse", p. 239.
23. "Richtlinien für die Gesamthaltung der deutschen Presse", ponto 5, p. 240.
24. "Richtlinien für die Gesamthaltung der deutschen Presse", ponto 6, p. 240.
25. "Richtlinien für die Gesamthaltung der deutschen Presse", ponto 7, p. 240.
26. "Richtlinien für die Gesamthaltung der deutschen Presse", ponto 8, p. 240 e segs.
27. "Richtlinien für die Gesamthaltung der deutschen Presse", ponto 15, p. 242.
28. *DAZ*, 29 de outubro de 1934 (A), "Unser öffentliches Amt" (editorial).
29. *Der Angriff*, 19 de novembro de 1934, "Die Presse Mitarbeiter der Regierung", impresso também in: Heiber (ed.), *Goebbels Reden*, n. 23 (citações p. 178 e 185); TB, 20 de novembro de 1934.
30. TB, 20 de novembro de 1934.
31. *VB* (B), 1º de dezembro de 1935, "Reichsminister Dr. Goebbels vor den deutschen Schriftleitern" (manchete).
32. Primeira diretiva do presidente da Câmara Nacional de Imprensa com base no 1º VO para a implementação da lei da Câmara Nacional de Cultura de 13 de dezembro de 1933 (*Handbuch Dt. Tagespresse*, 1934, p. 325); diretiva sobre o fechamento de jornais visando à "eliminação de relações de concorrência insalubres" de 24 de abril de 1935 (*Recht RKK*, RPK III, 13), assim como diretiva para a proteção da independência das empresas jornalísticas (*Recht RKK*, RPK III, n. 11); Hale, *Presse*, p. 153 e segs.
33. Hale, *Presse*, p. 157, 304 e segs.
34. Sobre sua avaliação hesitante da intenção de Amann: TB, 30 de março de 1935; sobre a recusa: 27 de abril de 1935; sobre a conciliação: 9 de maio de 1935.
35. Ver p. 316.
36. Rosenberg, *Tagebuch*, 13 de julho e 2 de agosto de 1934.
37. TB, 11 e 22 de julho, 24 de agosto (apud), 13 e 28 de setembro, 5 de outubro, 2, 4, 14 e 28 de novembro, bem como 13 e 15 de dezembro de 1934.
38. Wulf, *Musik*, p. 195 e segs., sobre a comemoração do septuagésimo aniversário.
39. BAB, NS 8/171, carta de 20 de agosto (a esse respeito, TB, 26 de agosto de 1934).

40. TB, 24 de julho de 1934: "Segunda-feira: discussão com Strauss (!). Ele precisa cancelar a sua nova ópera com libreto judeu." 31 de agosto de 1934: "A ópera de Strauss pode ser apresentada." Acerca da apresentação da *A mulher silenciosa*, ver Wulf, *Musik*, p. 196 e segs.
41. Mencionado por Hildegard Brenner, "Die Kunst im politischen Machtkampf der Jahre 1933/34", in: *VfZ* 10 (1962) p. 17-42, p. 33 e segs. (original no YiVO Institut, em Nova York).
42. Discurso de Hitler de 5 de setembro, impresso in: *Reichstagung in Nürnberg 1934*, ed. Julius Streicher, Berlim, 1934.
43. *DAZ*, 25 de novembro de 1934, "Der Fall Hindemith"; resumido in Wulf, *Musik*, p. 373 e segs.; Prieberg, *Kraftprobe*, p. 168 e segs. (sobre a estreia), bem como p. 185 e segs. (sobre a controvérsia em torno a Hindemith).
44. *Der Angriff*, 28 de novembro de 1934, "Warum Vorschuss-Lorbeeren für Konjunktur-Musiker Híndemith? Musik ohne Resonanz im Volke" (manchete); ver também *VB*, 29 de novembro de 1934, Fritz Stege: "Und abermals Paul Hindemith".
45. Fred K. Prieberg, *Musik im NS-Staat*, Frankfurt a. M., 1982, p. 61 e segs.
46. TB, 30 de novembro, 2, 4 e 6 de dezembro; ver também 19 e 25 de dezembro de 1934.
47. Impresso in: Wulf, *Musik*, p. 376 e segs., conforme a reportagem do *Berliner Lokal-Anzeiger* de 7 de dezembro de 1934.
48. TB, 18 de fevereiro de 1935.
49. TB, 28 de fevereiro de 1935; *VB* (B), 1º de março de 1935, "Reichsminister Dr. Goebbels empfing Furtwängler", Prieberg, *Kraftprobe*, p. 227 e segs. Furtwängler esteve com Rosenberg em 9 de abril e com Hitler em 10 de abril de 1935; a esse respeito também TB, 11 de abril de 1935.
50. Prieberg, *Kraftprobe*, p. 195 e segs.
51. Misha Aster, *"Das Reichsorchester". Die Berliner Philharmoniker und der Nationalsozialismus*, Munique, 2007.
52. TB, 5 de maio, 23 de junho e 11 de setembro de 1935; Prieberg, *Kraftprobe*, p. 232 e segs. e p. 244 e segs.
53. Bollmus, *Rosenberg*, p. 77.
54. *VB* (M), 10 de dezembro de 1934; TB, 13 de dezembro de 1934.
55. TB, 28 de novembro, 15 e 23 de dezembro de 1934.
56. Joseph Wulf, *Theater und Film im Dritten Reich*, Frankfurt a. M., 1989. p. 71 e segs. Carta de Dressler-Andress, 8 de junho de 1935, informa sobre a conferência nacional da Comunidade Cultural Nacional-Socialista en Düsseldorf em 7 de junho, na qual predominou um verdadeiro sentimento de triunfo sobre a Câmara Nacional de Cultura.
57. *VB* (N), 19 de junho de 1935, "Wie steht der Nationalsozialismus zur Kunst"; ver também a réplica, ib., 20 de junho de 1935, Alfred Rosenberg, "Rückblick auf Düsseldorf". TB, 19 de junho de 1935, 9 e 13 de junho de 1935. Ver também Piper, *Rosenberg*, p. 381: no dia 3 de junho de 1935, Rosenberg enviou a Hitler um memorando de 26 páginas, no qual usou os casos de Strauss, Hindemith e Furtwängler para mostrar que a Câmara Nacional de Cultura, devido a sua ótica não claramente ideológica, mas voltada principalmente para a representação, era um plano malconcebido.
58. Wulf, *Musik*, p. 194 e segs.; Strauss a Zweig, 17 de junho de 1935, impresso in: Richard Strauss, *Stefan Zweig, Briefwechsel*, Frankfurt a. M., 1957, p. 142; Bollmus, *Rosenberg*, p. 78.
59. TB, 13 de abril de 1935.
60. Gestapo an den Verbindungsführer bei der Adjutantur des RfSS, 16 de abril de 1935; impresso in: Helmut Heiber, *Die Katakombe wird geschlossen*, Munique/Berlim/Viena, 1966, p. 18 e segs. O relatório, tal como os documentos oficiais impressos nesse livro, provém do arquivo BAB, R 58/739.
61. Acerca do fechamento: relatório da Gestapo, 10 de maio de 1935, impresso in: ib., p. 36 e segs.; TB, 9 de maio de 1935: "Com Heyderich foi decidido o fechamento do *Katakombe* e do *Tingeltangel*. Isso nós vamos fazer com muita habilidade." TB, 13 de maio de 1935.
62. Nota manuscrita de Goebbels no relatório da Gestapo de 14 de maio de 1935, impresso in: Heiber, *Katakombe*, p. 49 e segs. Em suas memórias, *Alter Narr — was nun?*, Munique/Berlim, 1982, p. 68 e segs., um dos afetados, Werner Finck, relata o encarceramento no campo de concentração.
63. Relatório da Gestapo, 29 de outubro de 1936, Heiber, *Katakombe*, p. 65.
64. TB, 18 de abril de 1936; *PA* 1936, p. 408 (em 16 de abril, referiu-se ao comunicado oficial do dia anterior; ver também *FZ*, 16 de abril de 1936). Alusão ao emprego dessa competência também in: TB, 8 de maio de 1936: "Publicamos a nossa primeira instrução policial referente à proibição de jornais e livros."
65. *PA* 1936, p. 674 (25 de junho).
66. *PA* 1937, n. 846 (12 de abril), assim como n. 923 (22 de abril), lembrança dessa instrução.
67. *RGBl*. 1933 I, p. 95 e segs.
68. Klaus Jürgen Maiwald, *Filmzensur im NS-Staat*, Dortmund, 1983, p. 88 e segs.
69. Maiwald, *Filmzensur*, p. 100 e segs.
70. TB, 30 de novembro de 1934.
71. Maiwald, *Filmzensur*, p. 112 e segs. Embora essa isenção já fosse possível graças a uma provisão legal de junho de 1933, agora já não era concedida por uma comissão avaliadora especial, mas pelo próprio órgão censor do Estado.

72. Maiwald, *Filmzensur*, p. 81 e segs., sobre a lei. Alusões à preparação da lei: TB, 28 de janeiro, 6 e 18 de fevereiro de 1934. (Em novembro de 1933, Goebbels já havia criado uma "secretaria dramatúrgica", no âmbito da Câmara Nacional do Cinema, encarregada de submeter os projetos cinematográficos a uma espécie de exame preliminar, se bem que com base voluntária. Originalmente, essa secretaria dramatúrgica foi criada em abril de 1934 pela organização de base da indústria cinematográfica alemã, Maiwald, *Filmzensur*, p. 130.)
73. TB, 6 de fevereiro de 1934.
74. TB, 19 de maio de 1936: "Ele não pode fazer nenhum filme próprio. Tem de dar inspirações. Estar presente em tudo. E ficar sempre acima dessas coisas." Mas parece que foi justamente isso que Nierenz deixou de fazer: 9 e 18 de dezembro de 1936.
75. *Der Angriff*, 10 de fevereiro de 1934; TB, 10 de fevereiro de 1934; Moeller, *Filmminister*, p. 153; Albrecht, *Filmpolitik*, p. 21 e segs. Texto *Film-Kurier* de 10 de fevereiro de 1934.
76. *Film-Kurier*, 22 de junho de 1934.
77. Os TB dos anos 1934-35 estão repletos de reclamações contra as comédias cinematográficas de baixa qualidade: "Besteira insolente" (*Wenn ich König wär*, 28 de janeiro de 1934); "Filme bobo" (*Freut Euch des Lebens*, 17 de maio de 1934); "Diletantismo abominável" (*Susanne*, 28 de setembro de 1934); "Lixo sentimental" (*So endet die Liebe*, 19 de outubro de 1934); "Uma porcaria idiota" (*Mach mich glücklich*, 2 de junho de 1935); "Sentimentaloide" (*Amphitryon*, 13 de julho de 1935); "Merda de filme" (*Königstiger und Klosterjäger*, 25 de novembro de 1935); "Filminho besta" (*Herbstmanöver und Teufelskerl*, 3 de dezembro de 1935); "Um kitsch estúpido. Insuportável" (*Weisses Rössl*, 6 de dezembro de 1935).
78. Moeller, *Filmminister*, p. 156 e segs.
79. *RGBl.* 1934 I, p. 1.236. Ver também as observações na fundamentação oficial da lei revogatória, 15 de dezembro de 1934 (apud), Albrecht, *Filmpolitik*, p. 26.
80. TB, 24 de novembro e 19 de dezembro de 1934.
81. *Film-Kurier*, 5 de fevereiro de 1935; TB, 6 de fevereiro de 1935.
82. TB, 26 de fevereiro e 15 de abril de 1935.
83. No caso, o seu juízo inicial foi contraditório: TB, 19 e 27 de abril, bem como 1º de maio de 1935.
84. VB (B), 1º de maio de 1935. Desde o dia 26 de abril o VB noticiou o congresso detalhadamente. Ademais: TB, 1º de maio de 1935. Os "princípios fundamentais" foram reapresentados, em forma condensada, no *Film--Kurier* de 22 a 30 de julho de 1935.
85. VB (B), 17 de dezembro de 1935, "Wesen und Aufgaben der Kritik. Reichsminister Dr. Goebbels vor dem in der deutschen Presse tätigen Kritiker". Na parte interna do jornal encontra-se uma reportagem sobre o "congresso de críticos" realizado em Berlim.
86. *Film-Kurier*, 16 de dezembro de 1935; TB, 16 de dezembro de 1935.
87. *Lichtbild-Bühne*, 16 de dezembro de 1935. Goebbels aproveitou o discurso para dar às produtoras uma série de instruções concretas para o seu trabalho.
88. *RGBl.* 1935 I, p. 811, Segunda Lei de Alteração da Lei do Cinema; Maiwald, *Filmzensur*, p. 155 e segs. A partir de outubro de 1935, a proibição de filmes só podia ser decidida e promulgada por Goebbels: BAB, NS 6/221, circular 221/31 de 21 de novembro de 1935 com o decreto do Führer de 17 de outubro de 1935; impresso in: Albrecht, *Filmpolitik*, p. 523; TB, 13 de outubro de 1935.
89. TB, 15 e 17 de outubro de 1934.
90. TB, 19 de outubro de 1934.
91. TB, 29 de outubro de 1934.
92. TB, 13 de abril, 5 e 9 de maio de 1934.
93. TB, 20 de novembro de 1934, também 22 de novembro de 1934.
94. TB, 22 de novembro de 1934.
95. TB, 24 de novembro de 1934.
96. TB, 12 de janeiro de 1935.
97. Ver, por exemplo, 21 de abril de 1938, depois da estreia do filme sobre a Olimpíada, 16 de junho de 1937 e 15 de junho de 1938, recepção à "velha guarda" berlinense. A esse respeito, ver também Stephan, *Goebbels*, p. 73 e segs.
98. TB, 14 de fevereiro de 1935, 23 de fevereiro de 1937, 20 de fevereiro de 1938.
99. TB, 29 de novembro de 1936 e 28 de novembro de 1937.
100. TB, 17 de março de 1937 (planejamento), bem como 27 de novembro de 1938, 1º de março de 1939.
101. Nisso seus colaboradores também são unânimes: Friedrich Christian Prinz zu Schaumburg-Lippe, *Dr. G. Ein Porträt des Propagandaministers*, Wiesbaden, 1963, p. 207; Wilfried von Oven, *Mit Goebbels bis zum Ende*, 2 vols., Buenos Aires, 1949-50, vol. 1, p. 45; Stephan, *Goebbels*, p. 73 e segs.; Rudolf Semmler, *Goebbels, the Man Next to Hitler*, Londres, 1947, p. 16.
102. BAB, R 55/23.474, lista sem data.
103. TB, 30 de outubro e 12 de novembro de 1937.
104. TB, 24 de março e 28 de junho (sobre acomodação provisória no Kaiserhof); ver também sobre participação no planejamento: 6 de janeiro, assim como 12 e 22 de fevereiro de 1935.
105. TB, 28 de junho de 1935.
106. TB, 8 e 16 de fevereiro de 1935, 7 de maio, bem como 13 de maio de 1935. Acerca disso, ver Klaus Winker, *Fernsehen unterm Hakenkreuz. Organisation, Programm, Personal*, Colônia/Weimar/Viena, 1994.

107. TB, 29 de outubro de 1934.
108. TB, 16 de fevereiro e 17 de maio de 1935.
109. Semmler, *Goebbels*, p. 77; Oven, *Goebbels I*, p. 56.
110. TB, 16 de agosto de 1926, assim como 4 de janeiro de 1926 (apud); ver também 1º de dezembro de 1926 sobre sua persistente abstinência; Oven, *Goebbels I*, p. 277 e segs.; TB, 6 de junho de 1944.
111. TB, 24 de março e 11 de setembro sobre a correspondente mudança.
112. TB, 1º de abril de 1935.
113. Passeios de barco: 7, 11 (o líder da SA berlinense e Hitler) e 13 de maio, 17 (Jenny Jugo e a condessa Helldorf) e 21 de abril (os Helldorf), 21 de maio (os Blomberg), 5 de junho (os Helldorf), 28 de junho (Hitler), 25 e 26 de agosto, 3 de setembro de 1935.
114. *Akten der Reichskanzlei, Regierung Hitler II*, ed. Friedrich Hartmannsgruber, Munique, 1999, n. 63, reunião ministerial de 13 de dezembro de 1934, ocasião em que se decidiu a lei sobre a sucessão do Führer e chanceler do Reich. Com isso, criou-se posteriormente o fundamento jurídico da decisão de Hitler de 7 de dezembro de nomear Göring seu sucessor (ib., n. 58); TB, 15 de dezembro de 1934.
115. TB, 15 de dezembro de 1934 e 4 de janeiro de 1935.
116. TB, 23 e 27 de maio de 1935, sobre a dor de garganta. TB, 21 de junho de 1935, sobre o diagnóstico.
117. TB, 31 de janeiro de 1935.
118. TB, 4 de janeiro de 1935. Ver também o apontamento muito parecido de 14 de abril de 1934.
119. TB, 27 de abril de 1935.

14. "Não se cansar jamais!"

1. Em dezembro de 1933, Goebbels já havia anunciado ao embaixador polonês, Lipski, a intenção de Hitler de firmar um tratado de não agressão, TB, 19 de dezembro de 1933, assim como as anotações de Lipski de 18 de dezembro de 1933, impresso in: Waclaf Jedrzejewicz (ed.), *Papers and Memoirs of Jozef Lipski, Ambassador of Poland, Diplomat in Berlin 1933-1939*, Nova York/Londres, 1968, p. 112-115. Quanto a outros encontros com Lipski positivamente comentados, TB, 2 de fevereiro, bem como 29 de março de 1934. Sobre o acordo midiático, ver Michels, *Ideologie*, p. 202 e segs., p. 208 e segs., assim como p. 211 e segs. PAA, arquivos secretos 1920-1936, Polônia, vol. 1, R 122.848, carta a Aschmann, representação alemã, Varsóvia, 26 de fevereiro de 1934, sobre as negociações entre Aschman/Jahncke e o chefe de imprensa do Ministério das Relações Exteriores polonês, ocorridas em 23-24 de fevereiro em Berlim. O resultado foi o comunicado à imprensa de 24 de fevereiro. Ver também Michels, *Ideologie*, p. 214. Discurso de Goebbels de 13 de junho em Varsóvia, "Das nationalsozialistische Deutschland als Faktor des Europäischen Friedens", PAA, gabinete do primeiro-ministro, R 28.815. Sobre o andamento da visita a Varsóvia, TB, 16 de junho de 1934.
2. TB, 7 de maio (Zweibrücken), 29 de agosto de 1935 (inauguração da Exposição do Sarre em Colônia e discurso em Koblenz), 13 de dezembro de 1934 (Trier). Gerhard Paul, *"Deutsche Mutter — heim zu Dir!" Warum es missllang, Hitler an der Saar zu schlagen. Der Saarkampf 1933-1935*, Colônia, 1984, p. 62 e segs. sobre as atividades da Frente Alemã e p. 114 e segs. sobre os grandes comícios fora do território do Sarre; bem como Patrick von zur Mühlen, *"Schlagt Hitler an der Saar!" Abstimmungskampf, Emigration und Widerstand im Saargebiet 1933-1935*, Bonn, 1979.
3. Foi o que revelou o jornalista Joachim von Leers, muito próximo do ministro da Propaganda, na edição de fevereiro do jornal da RPL *Unser Wille und Weg* ("Die Lage", p. 40-42). O ato público teria sido convocado sob "a pressão de uma maligna propaganda de pânico": "Disseminaram-se os boatos mais malucos sobre dificuldades internas, e — as pessoas dificilmente são sensatas — foram muitos os que neles acreditaram e continuaram espalhando-os" (p. 40).
4. TB, 4 de janeiro de 1935 (aqui também a expressão "declaração de fidelidade").
5. TB, 6 de janeiro de 1935.
6. TB, 16 de janeiro de 1935.
7. *VB* (B), 15 de janeiro de 1935, "Der Dank des Führers an die Saar" (manchete). No Dia de Júbilo, Goebbels discursou na Königsplatz berlinense para 600 mil pessoas, segundo estimativas dele próprio. *VB* (B), 16 de janeiro de 1935, "Aufmarsch der 500.000. Dr. Goebbels zur Saar-Feier der Nation".
8. TB, 22 e 27 de janeiro de 1935; *ADAP* C III, n. 463, anotação de Lammer, 19 de janeiro de 1935 sobre a conversa de 25 de janeiro.
9. Norbert Theodor Wiggershaus, *Der deutsch-englische Flottenvertrag vom 18. Juni 1935*, tese de doutorado, Bonn, 1972, p. 261 e segs.; comunicado de Londres de 3 de fevereiro de 1935, assim como resposta alemã de 13 de fevereiro de 1935: Karl Schwendemann, *Handbuch der Sicherheitsfrage und der Abrüstungskonferenz, mit einer Sammlung der wichtigsten Dokumente*, 2 vols., Leipzig, 1932-33, vol. 2, p. 787 e segs., bem como p. 791 e segs.; TB 2, 4 e 16 de fevereiro de 1935: "Resposta a Paris e Londres: disposição para a negociação. Todas as portas estão abertas. Mas nada definitivo. Agora os outros precisam fazer alguma coisa."
10. TB, 6 de março de 1935, sobre o 5 de março. A referência era ao *British White Paper on Defence* de 4 de março de 1935.
11. TB, 8, 10, 22 e 24 de março de 1935.

12. TB, 2 de março de 1935; *VB* (B), 2 de março de 1935, ministro Frick aos alemães do Sarre (aqui se menciona o discurso de Goebbels); discurso de Hitler: *Domarus I*, p. 484 e segs.; sobre as comemorações, Reuth, *Goebbels*, p. 327.
13. TB, 14 de março de 1935. *VB* (B), 12 de março de 1935, "General Göring über die deutsche Luftverteidigung" (reportagem sobre a entrevista ao *Daily Mail*). Sobre o "desmascaramento" da Luftwaffe alemã em março de 1935: Karl-Heinz Völker, *Die deutsche Luftwaffe 1933-1939. Aufbau, Führung und Rüstung der Luftwaffe sowie die Entwicklung der deutschen Luftkriegstheorie*, Stuttgart, 1967, p. 68 e segs.
14. TB, 16 de março de 1935.
15. TB, 18 de março de 1935.
16. *Der Angriff*, 19 de março de 1935.
17. TB, 20 de março de 1935, também 22 de março de 1935.
18. TB, 26 e 28 de março de 1935; *ADAP* C III, n. 555, ata do diálogo do Führer e chanceler do Reich com o ministro inglês das Relações Exteriores, Simon, em 25 de março de 1935 (incl. continuação em 26 de março de 1935); Wiggershaus, *Flottenvertrag*, p. 292 e segs.
19. TB, 1º de abril de 1935.
20. TB, 5 de abril de 1935, também 7 de abril de 1935: "É muito grave. Crise energética."
21. Petersen, *Mussolini*, Tübingen, 1973, p. 399 e segs. Comunicado de Stresa, *British and Foreign State Papers*, vol. 139, p. 756 e segs., 14 de abril de 1935.
22. TB, 5 de maio de 1935. Em 17 de abril, ele já havia manifestado receios em virtude do pacto militar.
23. TB, 7 de abril de 1935.
24. Essa redução chegou a 3% nas áreas urbanas e a 10% nas rurais. Para outros pormenores, ver Ernst Sodeikat, "Der Nationalsozialismus und die Danziger Opposition", in: *VfZ* 14 (1966), p. 139-174. Ver, ainda, Friedrich Fuchs, *Die Beziehungen zwischen der Freien Stadt Danzig und dem Deutschen Reich in der Zeit von 1920 bis 1939. Unter besonderer Berücksichtigung der Judenfrage in beiden Staaten*, Friburgo, 1999, p. 44 e segs.
25. Ver as observações de Longerich, *Politik der Vernichtung*, p. 70 e segs., assim como as de Kershaw, *Hitler-Mythos*, p. 96 e segs.
26. TB, 12 de março de 1935.
27. TB, 11 de abril, 11 e 17 de maio, bem como 3 de junho de 1934. Sobre a melhora das relações: TB, 31 de agosto, 2 de outubro de 1934, 4 e 25 de janeiro, 4, 8 e 16 de fevereiro de 1935.
28. TB, 3 e 5 de abril de 1935, também 9 de abril de 1935.
29. TB, 10 de abril de 1933; *Der Angriff*, 10 de abril de 1935, "Flugzeuggeschwader über Berlin begleiten Görings Hochzeitszug" (manchete); outros artigos sobre o casamento na parte interna e também na edição de 11 de abril de 1935.
30. TB, 13 de maio de 1935.
31. TB, 15 de maio de 1935.
32. TB, 20 de janeiro de 1934: "Um tagarela fútil, não consigo entender por que Hitler o estima. Talvez sirva para pequenas tarefas de caráter intrigante."
33. TB, 15 de maio de 1935.
34. TB, 21 de maio de 1935.
35. TB, 15 de maio de 1935. Ver também 5 de maio de 1935: "Mussolini solicita bom tempo a Neurath por intermédio de Cerutti [o embaixador italiano em Berlim, que na verdade se chamava Cerruti, P. L.]. A espada alemã volta a projetar a sua sombra."
36. Aram Mattioli, *Experimentierfeld der Gewalt. Der Abessinienkrieg und seine internationale Bedeutung 1935-1941*, Zurique, 2005, esp. p. 55 e segs.; Petersen, *Mussolini*, p. 385.
37. *PA* 1935, p. 74 (12 de fevereiro): "O conflito ítalo-abissínio deve ser tratado com desinteresse brutal e máxima objetividade." Outras proibições de crítica: *PA* 1935, p. 94 (19 de fevereiro), p. 113 (27 de fevereiro), p. 245 (29 de abril), p. 320 (25 de maio). Ver também Petersen, *Mussolini*, p. 391.
38. Petersen, *Mussolini*, p. 112; Kershaw, *Hitler*, vol. I, p. 698 e segs.; *Domarus I*, p. 505 e segs.
39. TB, 25 e 27 de maio de 1935. *ADAP* C IV, n. 109, embaixada em Roma ao MRE, 26 de maio de 1935; n. 120 e 121; embaixador V. Hassel ao MRE, 30 e 31 de maio de 1935.
40. *PA* 1935, p. 320.
41. TB, 4 de junho de 1935; sobre o acordo naval teuto-britânico: Klaus Hildebrand, *Das vergangene Reich. Deutsche Aussenpolitik von Bismarck bis Hitler, 1871-1914*, Stuttgart, 1996, p. 600 e segs.; Wiggershaus, *Flottenvertrag*, esp. p. 313 e segs.
42. E também nas duas semanas seguintes, enquanto se procedia às negociações em Londres, ele só recebeu informações superficiais acerca do andamento, TB, 13 e 15 de junho de 1935.
43. TB, 19 de junho de 1935.
44. TB, 21 de junho de 1935.
45. TB, 5 de junho de 1935.
46. TB, 11 de junho. Ver também 1º de agosto de 1935: "Horas agradáveis com Helga. Exercitou-se, obediente."
47. TB, 27 de julho de 1935; ver também 7 de novembro de 1935: "Trabalho em casa à tarde. Hilde 'educada'."
48. TB, 3, 5, 21 e 23 de julho.

49. TB, 6 de abril de 1935, por ocasião de uma visita ao Deutsches Theater.
50. TB, 11 de julho de 1935, sobre sua chegada na véspera; TB, 13 de julho de 1935, sobre conversa em 12 de julho; TB, 15 de julho de 1935, sobre o dia 13 de julho: "A sra. Ullrich parte. Está muito triste por ter de fazê-lo."
51. TB, 29 de julho de 1935, também 27 de julho de 1935.
52. TB, 3 de agosto de 1935; TB, 3 e 5 de agosto, sobre a viagem, TB, 7 de agosto de 1935, sobre a reconciliação.
53. TB, 13 e 15 de julho de 1935.
54. Pormenores dos "tumultos do Kurfürstendamm", Longerich, *Politik der Vernichtung*, p. 78 e segs., bem como Peter Longerich, *"Davon haben wir nichts gewusst!" Die Deutschen und die Judenverfolgung 1933-1945*, Munique, 2006, p. 79 e segs.
55. TB, 29 de abril de 1933, assim como 9 de maio de 1933 (sobre conversa com Hitler). TB, 29 de maio de 1935: "Passeio com Magda pelo Kurfürstendamm. Outra vez uma verdadeira turba de judeus. Está na hora de fazer mais uma limpeza." Também 5 de junho de 1935.
56. TB, 10, 12, 14 e 28 de novembro de 1934.
57. TB, 15 de julho de 1935.
58. TB, 7 de julho de 1935. Ainda sobre a relação amistosa com Helldorf: 9 e 21 de abril de 1935, 17 de maio de 1935, 5 de junho de 1935, 9 a 17 de junho de 1935.
59. TB, 21 de julho de 1935.
60. TB, 19 de agosto de 1935.
61. TB, 19 de agosto de 1935.
62. TB, 13 de setembro de 1935; *Parteitag der Freiheit, vom 10.-16. September 1935. Offizieller Bericht über den Verlauf des Reichsparteitages mit sämtlichen Kongressreden*, Munique, 1935, discurso de Hitler, p. 110 e segs.
63. TB, 15 de setembro de 1934; *VB* (B), 13 de setembro de 1935, "Goebbels reisst dem Kommunismus die Maske ab".
64. TB, 15 de setembro de 1935.
65. Sobre as leis de Nuremberg: Cornelia Essner, *Die "Nürnberger Gesetze" oder die Verwaltung des Rassenwahns, 1933-1945*, Paderborn/Munique, 2002 (quanto à história imediata do desenvolvimento, p. 113 e segs.); Friedländer, *Das Dritte Reich I*, p. 158 e segs.; Longerich, *Politik der Vernichtung*, p. 102 e segs.
66. *Parteitag der Freiheit*, p. 254 e segs. (discurso de Hitler na sessão do Reichstag).
67. TB, 17 de setembro de 1935. Dois dias depois, ele soube que Hitler também "sofreu" com o discurso de Göring.
68. TB, 19 de setembro de 1935.
69. TB, 3 de outubro de 1932, também apontamentos dos dias subsequentes.
70. TB, 5 de outubro de 1935. Entradas a partir de 20 de agosto de 1935: 2, 9, 22, 23 e 25 de setembro de 1935. Mattioli, *Experimentierfeld*, p. 125 e segs.
71. TB, 13 de outubro de 1935, ver também 9 e 11 de outubro de 1935, assim como 17 de outubro (discurso para os redatores-chefes). Nas instruções à imprensa, essa nova linha política se manifesta apenas marginalmente: *PA* 1935, p. 665 e segs., bem como p. 715 e segs. (12 de outubro de 1935).
72. TB, 19 de outubro de 1935. Ver também, no mesmo dia, mais abaixo: "Haverá guerra na Europa? Se houver, será três/quatro anos cedo demais para nós." *Akten der Reichskanzlei, Regierung Hitler II*, (org.) Friedrich Hartmannsgruber, Munique, 1999, n. 25. Em 18 de outubro, ao meio-dia, houve uma reunião de chefes, na qual se discutiu a situação do câmbio. O discurso não é mencionado aqui.
73. Mattioli, *Experimentierfeld*, p. 125 e segs.
74. Discurso no Dia das Forças Armadas em Karlshorst, 29 de setembro de 1935 (*FZ*, 30 de setembro de 1935); discurso em 3 de outubro de 1935 em Halle (*FZ*, 5 de outubro de 1935).
75. Discurso de 4 de dezembro de 1935, impresso in: Heiber (ed.), *Goebbels Reden*, p. 269 e segs., esp. p. 271; cf. Jutta Sywottek, *Mobilmachung für den totalen Krieg. Die propagandistische Vorbereitung der deutschen Bevölkerung auf den Zweiten Weltkrieg*, Opladen, 1976, p. 95.
76. Discurso de ano-novo, 1935, in: *Der Angriff*, 1º de janeiro de 1936; *VB* (N) 19 de janeiro de 1936, sobre o discurso de Goebbels no *Gautag* berlinense.
77. *UWW*, novembro de 1936, Erwin Schmidt, "Von Hamsterern und anderen Schweinen. Wirtschaftspolitische Aufgaben der Propaganda", p. 351-355.
78. TB, 7 de outubro de 1935; *VB* (N), 7 de outubro de 1935: "'Wir wollen das Rechte tun und niemanden scheuen'. Der Dank des Führers an den deutschen Bauern".
79. TB, 11 de outubro de 1935; *VB* (N), 11 de outubro de 1935, "Der Ruf des Führers an das deutsche Volk".
80. *UWW*, fevereiro de 1936, Hans Riess, "Der erste Abschnitt des Winterfeldzuges 1935/36 — ein voller Erfolg", p. 47-51. O relatório do departamento nacional de propaganda de Stuttgart mencionava 4.900 assembleias até a pausa de Natal só no *Gau* Württemberg, ib., junho de 1936, Walter Tiessler (diretor da Organização Nacional de Propaganda Nacional-Socialista), "Winterfeldzug 1935/36", p. 203 e segs.
81. *UWW*, novembro de 1935, Hermann Krüger (representante cultural distrital de Gifhorn), "Aus der kulturellen Arbeit in einer Kleinstadt", p. 380-385, queixava-se da "fadiga e indiferença evidentes" nas reuniões do partido.

82. *UWW*, fevereiro de 1937, Max Cronauer (orador do *Gau*), "Die öffentliche politische Versammlung, wie sie der Redner sieht", p. 54-59. Esse relatório também menciona reuniões com participação consideravelmente escassa.
83. *UWW*, setembro de 1935, Julius Krafft (diretor de departamento distrital, Frankfurt a. M.), "Die öffentliche Versammlung", p. 305-309.
84. *UWW*, março de 1937, Julius Krafft, "Keine Propaganda mit 'Nachdruck'", p. 92 e segs.
85. TB, 9 e 11 de novembro de 1935.
86. TB, 13 de setembro de 1935; Piper, *Rosenberg*, p. 392 e segs.; Reuth, *Goebbels*, p. 334 e segs.; Bollmus, *Rosenberg*, p. 80 e segs.; Faustmann, *Reichskulturkammer*, p. 63 e segs.
87. A esse respeito, BAB, NS 8/171, Goebbels a Rosenberg, 7 de novembro de 1935; também Goebbels a Rosenberg, 20 de março de 1936; bem como Rosenberg a Goebbels, 31 de março e 22 de abril de 1936. Sobre a disputa e a proibição também TB, 3, 5, 11 e 13 de outubro, assim como 9 de novembro de 1935. Acerca da preparação do senado cultural: 19 e 24 de outubro de 1935.
88. TB, 17 de novembro de 1935; *VB* (N), 16 de novembro de 1935, "Die Jahrestagung der Reichskulturkammer — Der Reichskultursenat eingesetzt". Sobre a citação de Hitler, TB, 21 de agosto de 1935.
89. TB, 17 de novembro de 1935. A primeira sessão do Senado foi no dia 16 (ib.).
90. *VB* (B), 23 de dezembro de 1935; TB, 23 de dezembro de 1935, também 24 de dezembro.
91. TB, 23 e 24 de dezembro de 1937.

15. "Quanto mais implacável, melhor!"

1. TB, 6 de fevereiro de 1936.
2. Longerich, *Davon*, p. 101.
3. *PA* 1936, 6 de fevereiro de 1936: O Ministério da Propaganda instruiu a imprensa, que havia começado a noticiar o atentado, para que se contivesse (assim, por exemplo, *VB* [B] de 5 de fevereiro, *VB* [N] de 6 de fevereiro e *Der Angriff* de 6 de fevereiro). No dia seguinte, em que a cobertura da inauguração dos Jogos Olímpicos de Inverno dominou o noticiário, o tema Gustloff foi relegado às páginas internas dos jornais (*VB* [B] e *MNN*, que em 6 de fevereiro já haviam noticiado os Jogos Olímpicos, também o fizeram em 7 de fevereiro, tal como o *VB* [N] e o *Angriff*).
4. TB, 8 de fevereiro de 1936.
5. TB, 11 de fevereiro de 1936; *MNN*, 11 de fevereiro de 1936, recepção do governo do Reich para os Jogos Olímpicos; *Der Angriff*, 11 de fevereiro de 1936 (foto), o ministro da Propaganda do Reich na recepção para a imprensa em Munique.
6. TB, 14 de dezembro de 1936; *VB* (B), 13 de fevereiro de 1936, "Adolf Hitlers Abschied von Wilhelm Gustloff".
7. TB, 14 de fevereiro de 1936, 17 de fevereiro de 1936: conversa telefônica com Magda (dia 14).
8. TB, 17 de fevereiro; sobre o itinerário de Hitler: *VB*, 14 a 16 de março de 1936.
9. TB, 17 de fevereiro de 1936.
10. TB, 21 de janeiro de 1936.
11. TB, 21 de fevereiro de 1936 sobre o dia 19 de fevereiro. Ver também a entrada, ib., de 20 de fevereiro: "Almoço com o Führer. Ele pensa e repensa. Agir ou não? No fim vai agir."
12. TB, 29 de fevereiro de 1936.
13. TB, 29 de fevereiro de 1936, segundo o qual, no dia 28 de fevereiro, ele teria recomendado um adiamento a Hitler.
14. TB, 29 de fevereiro e 2 de março de 1936.
15. Sobre o discurso, cujo texto Hitler abrandou por causa da crise iminente: TB, 1º e 2 de março, assim como *PA* 1936, p. 228 e segs. e p. 231 e segs. (28 e 29 de fevereiro): instruções para fazer um discurso grandioso. Nele, Goebbels enfatizou os sucessos do Reich na produção de novos materiais (*FZ*, 2 de fevereiro de 1936).
16. TB, 4 de março de 1936; *PA* 1936: no dia 4 de março, a imprensa foi informada, confidencialmente, de que os deputados tinham sido chamados a Berlim para uma noite de confraternização havia muito planejada e de que lhes solicitariam que ficassem mais alguns dias na capital, pois, no início da semana seguinte, haveria uma sessão do Reichstag; seu objetivo era "uma manifestação diplomática contra o pacto franco-soviético" (p. 246 e segs.).
17. TB, 8 de março de 1936. Gabinete: *Akten der Reichskanzlei, Regierung Hitler III* (1936), ed. Friedrich Hartmannsgruber, Munique, 2002, n. 39, reunião ministerial de 6 de março de 1936.
18. TB, 6 e 8 de março de 1936.
19. *Domarus I*, p. 583 e segs.; Helmut-Dieter Giro, *Frankreich und die Remilitarisierung des Rheinlandes*, Düsseldorf, tese de doutorado, 2005, p. 67 e segs., sobre a invasão; ver também Reuth, *Goebbels*, p. 337 e segs.
20. TB, 8 de março de 1936.
21. TB, 17 a 28 de março de 1936.
22. Acerca da propaganda eleitoral: TB, 10 a 31 de março de 1936, bem como *PA* 1936, p. 253 e segs. (7 de março).
23. Friedrich Berber (ed.), *Locarno. Eine Dokumentensammlung*, Berlim, 1936, n. 62, sessão do conselho da Liga das Nações em Londres na tarde de 19 de março; a respeito das reações internacionais, TB, 13, 15, 17 e 19 de março de 1936; Giro, *Frankreich*, p. 336 e segs.

24. N. 63, propostas das potências de Locarno, 19 de março de 1936; TB, 21 de março de 1936.
25. Berber, *Locarno*, n. 68, resposta preliminar do governo do Reich, 24 de março de 1936; n. 74, planos de paz do governo alemão de 31 de março de 1936 (também *ADAP* V/1, n. 242); TB, 2 de abril de 1936, também 26 e 28 de março de 1936 sobre negociações em andamento.
26. *PA* 1936, 24 a 28 de março de 1936, documenta os cuidadosos preparativos da campanha, que chegaram ao auge no domingo da eleição.
27. *PA* 1936, p. 345 e segs. (26 de março).
28. *VB* (B), 28 de março, "Kommando an die Nation. Heisst Flagge! Ganz Deutschland unter dem Hakenkreuzbanner zum 29. März angetreten" (manchete). Ver também *VB* (B) de 27 de março, "Der Führer spricht zu den Arbeitern und Soldaten des neuen Reiches. Noch nie erlebter Gemeinschaftsempfang eines ganzen Volkes — Allgemeine Verkehrs- und Arbeitsruhe" (manchete).
29. *VB* (B), 28 de março de 1935, "Das ganze deutsche Volk hörte seinen Führer!" (com notícias de festas de empresa em todo o Reich). "Júbilo ao redor de Hermann Göring. O primeiro-ministro prussiano concluiu o discurso eleitoral com um apelo acolhido com entusiasmo; mais informes sobre diversas manifestações."
30. Ver as instruções detalhadas do *VB* (B) de 27 de março de 1936, bem como a manchete de 28 de março, "Letzter Appell des Führers am freien Rhein. Der Volkstag für Ehre, Freiheit und Frieden".
31. *VB* (B), 29 de março de 1936.
32. Klaus Behnken (ed.), *Deutschland-Berichte der Sozialdemokratischen Partei Deutschlands 1934-1940*, reimpressão, Frankfurt a. M. 1980, abril de 1936, p. 407 e segs., citação p. 407.
33. Ib., p. 407; *VB* (B), 31 de março de 1936, com o resultado oficial provisório da apuração. *PA* 1936, p. 362: no dia 30 de março, a imprensa recebeu instrução de calcular o percentual a partir do número de votos recolhidos, não do número de eleitores. TB, 31 de março de 1936: "Eu corrijo uma patacoada jurídica idiota de Frick: votos válidos e inválidos, que besteira."
34. TB, 31 de março de 1936.
35. Giro, *Frankreich*, p. 339 e segs.
36. TB, 15 de março de 1936, também 17 de março de 1936.
37. TB, 22 e 29 de março de 1936: "A compra da casa de Schwanenwerder parece que vai dar certo." Sobre a aquisição do imóvel, Reuth, *Goebbels*, p. 340 e segs.
38. TB, 2 de abril de 1936.
39. TB, 2 e 8 de abril de 1936, assim como 4 de abril de 1936 (sobre inspeção da casa); 6 de abril de 1936 (sobre mudança iminente), bem como 9 de abril de 1936 (mudança); e 7 de maio e 15 de agosto de 1936.
40. TB, 19 de abril de 1936.
41. TB, 20 de abril de 1936.
42. TB, 20 de abril de 1936.
43. TB, 7 de agosto de 1936.
44. TB, 21 de julho de 1936.
45. TB, 16 de abril e 2 de maio de 1936 sobre a compra da embarcação. Além disso: 13 de maio (reação de Hitler), 4 e 9 de maio (passeios de barco), assim como 20 de maio de 1936 (problemas financeiros).
46. TB, 9 de julho de 1936, também 12 e 28 de agosto de 1936 sobre outras excursões.
47. TB, 27 de junho de 1936.
48. TB, 30 de julho de 1936. Ver, ainda, 29 de setembro de 1936 sobre o primeiro passeio no veículo novo.
49. TB, 22 de outubro de 1936.
50. TB, 2, 3, 8, 9, 10 e 11 de maio de 1936.
51. TB, 3 de junho de 1936: "De noite, passeio com Helga. Visita à casa de Gustav Fröhlich e Lída Baarová. É muito agradável." Ver também 10 de junho de 1936, bem como Lída Baarová, *Die süsse Bitterkeit meines Lebens*, Koblenz, 2001, p. 81 e segs., sobre esse primeiro contato.
52. Baarová, *Bitterkeit*, p. 83 e segs. Deve se tratar do passeio de barco no qual, em 19 de agosto, Goebbels registrou a participação de Fröhlich e Baarová.
53. TB, 1º a 5 de agosto.
54. TB, 10 de setembro de 1936.
55. TB, 11 de setembro de 1936, também 12 de setembro de 1936. Baarová, *Bitterkeit*, p. 88 e segs., acerca do congresso. *Film-Kurier*, 10 de setembro de 1936: "Começo exitoso em Nuremberg para o filme *Traidores*. Estreia na cidade do Congresso do Partido."
56. TB, 30 de setembro e 2 de outubro de 1936; Baarová, *Bitterkeit*, p. 97 e segs.
57. A respeito dos contatos sociais com Baarová (cujo nome ele escreveu regularmente errado até a primavera de 1937), 30 de novembro, bem como 10 e 21 de dezembro de 1936, 14 de fevereiro, 30 de março e 21 de abril de 1937.
58. Gustav Fröhlich, *Waren das Zeiten. Mein Film-Heldenleben*. Munique, 1983, p. 156 e segs.; Baarová, *Bitterkeit*, p. 112 e segs.
59. Conforme ele escreveu no diário em 16 de maio de 1937, Fröhlich era um "consumado idiota". Aliás, o episódio em Schwanenwerder não figura nos diários.
60. TB, 15, 16, 18 e 19 de abril, 3, 7 e 8 de maio de 1936.
61. TB, 11 de maio de 1936.

62. TB, 11 de maio de 1936, também 15 de maio de 1936: "O Führer atiça um pouco a Inglaterra contra a Itália. Afinal, nós precisamos cozinhar a nossa sopinha. A Inglaterra está muito ressentida e humilhada. Mussolini vai sentir na própria carne."
63. TB, 29 de maio de 1936.
64. TB, 28 de maio de 1936.
65. TB, 10 de junho de 1936, também 11 de junho de 1936; sobre a visita de Edda Ciano: TB, 3, 7 a 18 de junho de 1936.
66. Sobre os antecedentes: *Das Juliabkommen von 1936. Vorgeschichte, Hintergründe und Folgen. Protokoll des Symposiums in Wien am 10. und 11. Juni 1976*, Munique, 1977; Gabriele Volsansky, *Pakt auf Zeit. Das Deutsch-Österreichische Juli-Abkommen 1936*, Viena/Colônia/Weimar, 2001; Bruce F. Pauley, *Der Weg in den Nationalsozialismus. Ursprünge und Entwicklung in Österreich*, p. 161 e segs.; Schausberger, *Griff*, p. 349 e segs. Quanto à mensagem de Mussolini: Hassell, a AA, 6 de janeiro de 1936, in: *ADAP* C IV/2, n. 485.
67. *ADAP* C IV, n. 203, 11 de julho de 1935, memorando com minuta anexa, 11 de julho de 1935; ib., p. 578 e segs., anotação do organizador referente à participação de Goebbels na evolução do acordo austríaco de imprensa de 27 de agosto de 1935; ver também: Volsansky, *Pakt*, p. 20.
68. TB, 29 de fevereiro de 1936: "Discuti com Papen a questão austríaca. Ele continua sonhando com o seu 'arranjo'. Mas é ingênuo. O governo de Viena, eles são traidores da germanidade." 4 de julho de 1936: "O Führer acredita que Papen conclui a paz com a Áustria. Eu continuo duvidando."
69. Só depois Hitler o informou de suas intenções, TB, 17 de julho de 1936.
70. TB, 12 de julho de 1936, bem como o dia anterior e o seguinte; *PA* 1936, p. 736 e segs. (11 de julho) e p. 738 (13 de julho).
71. TB, 7 de maio de 1936.
72. Sobre a estada em Bayreuth: TB, 20 a 28 de julho de 1936.
73. Literatura sobre a intervenção alemã na Espanha: Hans-Henning Abendroth, *Hitler in der spanischen Arena*, Paderborn, 1973; Manfred Merkes, *Die deutsche Politik im spanischen Bürgerkrieg 1936-1939*, 2. ed. revista e ampliada, Bonn, 1969; Christian Leitz, *Economic Relations between Nazi Germany and Francos Spain, 1936-1945*, Oxford, 1996, esp. p. 8 e segs.; Wolfgang Schieder, "Spanischer Bürgerkrieg und Vierjahresplan. Zur Struktur nationalsozialistischer Aussenpolitik", in: Wolfgang Michalka (ed.), *Nationalsozialistische Aussenpolitik*, Darmstadt, 1978, p. 325-359.
74. TB, 27 de julho de 1936.
75. TB, 29 e 30 de julho, bem como numerosas entradas entre 5 e 25 de agosto; também densamente distribuídos nos meses subsequentes são os apontamentos sobre a Espanha.
76. Abendroth, *Hitler*, p. 40 e segs. e p. 95 e segs.
77. TB, 29 de julho de 1936. Os Jogos Olímpicos dominam os apontamentos no diário até o dia 17 de agosto de 1936. Literatura sobre as Olimpíadas: David Clay Large, *Nazi Games. The Olympics of 1936*, Londres/Nova York, 2007; Susan D. Bachrach, *The Nazi Olympics: Berlin 1936*, Boston, 2000; Christopher Hilton, *Hitlers Olympics: The 1936 Berlin Olympic Games*, Stroud, 2006.
78. Acerca do envolvimento de Goebbels com os preparativos das Olimpíadas, ver TB, 15, 25, 29 e 31 de janeiro, 2 e 21 de fevereiro, 23 de abril e 14 de maio de 1936, entre outros.
79. TB, 3 de agosto de 1936.
80. TB, 5 de agosto de 1936.
81. William Edward Dodd, *Diary*, Nova York, 1941, p. 343; TB, 16 e 17 de agosto de 1936; *Der Angriff*, 17 de agosto de 1936, "Märchen auf der Pfaueninsel. Dr. Goebbels lud zum Sommerfest der Reichsregierung".
82. TB, 17 de agosto de 1936. De fato, com 33 medalhas de ouro, a Alemanha ficou em primeiro lugar, à frente dos Estados Unidos (24) e da Hungria (10).
83. Ver, por exemplo, *FZ*, 10 de dezembro de 1935.
84. Sobre o trabalho preliminar: TB, 17 de agosto, 5 e 17 de outubro de 1935, 7 de novembro de 1935; sobre o contato social com Riefenstahl: 9 de outubro de 1936. Literatura sobre o filme da Olimpíada: Kinkel, *Scheinwerferin*, p. 107 e segs.; Trimborn, *Riefenstahl*, p. 238 e segs.; Rother, *Verführung*, p. 87 e segs.; Bach, *Leni*, p. 141 e segs.; Cooper C. Graham, *Leni Riefenstahl and Olympia*, Metuchen (N.J.)/Londres, 1986; Hilmar Hoffmann, *Mythos Olympia — Autonomie und Unterwerfung von Sport und Kultur: Hitlers Olympiade, olympische Kultur und Riefenstahls Olympia-Film*, Berlim etc., 1993.
85. TB, 6 de agosto de 1936; também 31 de julho de 1936 sobre Leni Riefenstahl pouco antes dos Jogos Olímpicos; ver também Kinkel, *Scheinwerferin*, p. 129 e segs. Os conflitos entre Riefenstahl e o diretor do departamento de cinema da Direção Nacional de Propaganda, Weidemann, que havia dirigido o filme sobre os jogos de Garmisch, impeliram Goebbels a mais um juízo crítico ("totalmente histérica") a respeito da cineasta predileta de Hitler: TB, 18 de setembro de 1936; Kinkel, *Scheinwerferin*, p. 137 e segs.
86. TB, 25 de outubro de 1936. BAB, R 55/503, relatório sobre a auditoria a que Olympia-Film G.m.b.H. foi submetida no período entre 3 e 8 de outubro de 1936, 16 de outubro de 1936. A esse respeito, ver, ainda, Graham, *Riefenstahl*, p. 147 e segs.; Kinkel, *Scheinwerferin*, p. 139 e segs.
87. R 55/503, presidente da Câmara Nacional do Cinema a Goebbels, 6 de março de 1937.
88. TB, 6 de novembro de 1936; Riefenstahl, *Memoiren*, p. 279. BAB, R 2/4.754, carta do ministro da Propaganda ao ministro das Finanças, 25 de janeiro de 1937; Riefenstahl, *Memoiren*, p. 279 e segs.; Graham, *Riefenstahl*, p. 152.

89. TB, 16 de junho de 1937, sobre a "importunação asquerosa", assim como 1º de julho de 1937 sobre a visita a Riefenstahl; *FZ*, 16 de junho de 1937, acerca do desmentido, ver Kinkel, *Scheinwerferin*, p. 144 e segs.
90. TB, 24 e 26 de novembro; Kinkel, *Scheinwerferin*, p. 148 e segs.
91. TB, 21 de dezembro de 1937 e 19 de março de 1938.
92. Kinkel, *Scheinwerferin*, p. 149 e segs.; TB, 21 de abril de 1938, também 22 de abril.
93. TB, 2 de maio de 1938.
94. TB, 30 de agosto de 1936. Sobre a estada, ver também reportagem no *VB* (B), 30 de agosto a 2 de setembro de 1936.
95. TB, 1º e 4 de setembro de 1936.
96. TB, 1º de setembro de 1936.
97. TB, 7 a 9 de agosto de 1936.
98. A esse respeito, ver "Vertrauliche Anweisungen des Promi für den antikommunistischen Propagandafeldzug im Innern", s.d., impresso in: Hans Adolf Jacobsen (ed.), *Misstrauische Nachbarn. Deutsche Ostpolitik 1919/70. Dokumentation und Analyse*, Düsseldorf, 1970, p. 102-105 (BAB, NS Misch 1594); sobre a exposição de propaganda a esse respeito promovida no outono de 1936, ver Christoph Kivelitz, *Die Propagandaausstellungen in europäischen Diktaturen. Konfrontation und Vergleich. Nationalsozialismus in Deutschland, Faschismus in Italien und die UdSSR der Stalinzeit*, Bochum, 1999, p. 214 e segs.; quanto à continuação da propaganda anticomunista em 1937: *PA* 1937, n. 501 (26 de fevereiro), anúncio de uma ação de propaganda sobre o bolchevismo e o judaísmo (a esse respeito também n. 529, 1º de março); n. 1.432 (14 de junho): "Atendendo ao desejo especial das mais altas autoridades do Reich". Instruções para a propaganda antissoviética; ver a esse respeito Sywottek, *Mobilmachung*, p. 104 e segs.
99. TB, 11, 12 e 13 de setembro sobre a repercussão na imprensa; *VB* (B), 11 de setembro de 1939, "Dr. Goebbels: 'Der Bolschewismus muss vernichtet werden, wenn Europa wieder gesunden soll"; *PA* 1936, p. 1028 e segs. (10 de setembro): o discurso de Goebbels devia ser publicado literalmente; ver também Reuth, *Goebbels*, p. 354 e segs.
100. Referência já in: TB, 27 de julho de 1936, durante o Festival de Bayreuth.
101. TB, 23 de setembro de 1936.
102. TB, 24 de setembro de 1936. De resto, só volta a fazer alusão a Magda em 21 de setembro ("Magda muito amável outra vez) e em 26 de setembro ("Briguinha com Magda"), assim como breve referência no texto citado.
103. TB, 27 a 29 de setembro de 1936.
104. TB, 22 de setembro de 1936.
105. TB, 4 de outubro de 1936.
106. TB, 30 de outubro de 1936; quanto ao jubileu, ver também Reuth, *Goebbels*, p. 351 e segs.
107. *Der Angriff*, 31 de outubro de 1936, "Die Partei des Arbeiters. Dr. Goebbels im Berliner Rathaus".
108. Goebbels soube previamente do presente que ia receber: TB, 17 de setembro de 1936, também 18 de setembro.
109. *Der Angriff*, 31 de outubro de 1936; Stefan Berkholz, *Goebbels' Waldhof am Bogensee. Vom Liebesnest zur DDR-Propagandastätte*, Berlim, 2004, p. 11 e segs.; Reuth, *Goebbels*, p. 352.
110. TB, 31 de outubro de 1936.
111. TB, 1º e 2 de novembro de 1936; *VB* (B), 1º de novembro de 1936,"Die Jubiläumskundgebung im Berliner Sportpalast. Die erfolgreiche Arbeit der Berliner Gauleitung findet die besondere Anerkennung des Führers".
112. TB, 1º de novembro de 1936.
113. TB, 1º de novembro de 1936.
114. TB, 30 de outubro de 1936.
115. TB, 31 de outubro de 1936.
116. TB, 31 de outubro, bem como 1º e 2 de novembro de 1937.
117. TB, 2 de novembro de 1936. Sobre o ato público da juventude, ver também *Der Angriff*, 3 de novembro de 1936.
118. TB, 21 de outubro e 15 de novembro de 1936.
119. TB, 1º de outubro de 1936.
120. Anotações de Ciano, 24 de outubro de 1936, in: *I Documenti Diplomatici Italiani*, Ottava Serie: 1935-1939, 5 vols., Roma, 1994, n. 277.
121. TB, 3 de novembro de 1936.
122. TB, 17 de novembro de 1936. Acerca de Renzetti: Wolfgang Schieder, "Faschismus im politischen Transfer. Giuseppe Renzetti als faschistischer Propagandist und Geheimagent in Berlin 1922-1941", in: Sven Reinhardt/Armin Nolzen (ed.), *Faschismus in Italien und Deutschland. Studien zu Transfer und Vergleich*, Göttingen, 2005, p. 28-58.
123. TB, 9 de junho de 1936.
124. TB, 21 de outubro de 1936; *RGBl.* 1936 II, p. 28 e segs., acordo contra a Internacional Comunista; *ADAP* D I, n. 463, anot. 1, cláusula secreta adicional. Ver a esse respeito Gerhard Krebs, "Von Hitlers Machtübernahme zum Pazifischen Krieg (1933-1941)", in: Gerhard Krebs e Bernd Marin (eds.), *Formierung und Fall der Achse Berlin-Tokyo*, Munique, 1994, p. 11-26.
125. TB, 2 de dezembro de 1936; ver também 7 de dezembro de 1936.

16. Os "fatores mais importantes da nossa moderna vida cultural"

1. TB, 31 de janeiro de 1937.
2. *Domarus I*, p. 664 e segs.
3. TB, 28 de janeiro de 1937.
4. TB, 23 de fevereiro de 1937.
5. TB, 23 de fevereiro: os armamentos britânicos estariam apontados principalmente "para a Itália", mas, "em caso de conflito", a Alemanha poderia se manter "neutra". TB, 13 de julho, diz que Hitler via a posição da Inglaterra "muito enfraquecida".
6. Ver especialmente TB, 31 de maio a 2 de junho, assim como 6 de junho de 1937, sobre o ataque ao encouraçado *Deutschland* e o posterior bombardeio de Almeria. Ver também 20, 23, 24, 30 de junho, 3 de julho, 1º e 8 de agosto de 1937 sobre a tática alemã de adiamento no Comitê de Não Intervenção.
7. Crítica cautelosa à atividade de Ribbentrop em Londres em 7 de fevereiro, reforçada em 3 de março, bem como em 6 de março e 14 de abril. 27 de outubro de 1937: "Sim, é evidente que aqui nós cometemos um erro de indicação." Também 16 de novembro de 1937.
8. TB, 14 de março de 1937.
9. TB, 23 a 25 de abril de 1937: Goebbels considerou o encontro Schuschnigg-Mussolini em Veneza como sucesso da política alemã para a Áustria e derrota do "eixo Praga-Viena-Paris".
10. *Akten der Reichskanzlei, Regierung Hitler IV*, ed. Friedrich Hartmannsgruber, Munique, 2002, n. 23, reunião ministerial de 30 de janeiro de 1937, assim como n. 24, carta de Eltz a Hitler de 30 de janeiro de 1937.
11. Sobre a política de Kerrl: Kurt Meier, *Der evangelische Kirchenkampf*, vol. 2: *Gescheiterte Neuordnungsversuche im Zeichen staatlicher "Rechtshilfe"*, Göttingen, 1976, p. 78 e segs.
12. TB, 14 de janeiro de 1937.
13. TB, 5 de janeiro, 6 e 9 de fevereiro de 1937; ver também Hans-Günther Hockerts, "Die Goebbels-Tagebücher 1932-1941. Eine neue Hauptquelle zur Erforschung der nationalsozialistischen Kirchenpolitik", in: Dieter Albrecht (ed.), *Politik und Konfession. Festschrift for Konrad Repgen zum 60. Geburtstag*, Berlim, 1983, p. 359-392, p. 371 e segs.
14. Meier, *Kirchenkampf II*, p. 147 e segs.
15. TB, 15 de fevereiro de 1937.
16. *PA* 1937, n. 424 (16 de fevereiro), informações sobre as eleições eclesiásticas; *VB* (B), "Befriedungswerk des Führers für die evangelische Kirche" (manchete); Hockerts, "Goebbels-Tagebücher", p. 372 e segs.
17. TB, 18 de fevereiro de 1937; Hockerts, "Goebbels-Tagebücher", p. 373.
18. TB, 20 de fevereiro de 1937.
19. TB, 23 de fevereiro de 1937.
20. TB, 21 de abril, bem como 12 de maio de 1936. Ver também Hockerts, "Goebbels-Tagebücher", p. 374.
21. Sobre ação contra a imprensa católica em 1936, ver p. 280.
22. TB, 18 de fevereiro de 1937.
23. Heinz-Albert Raem, *Pius XI. und der Nationalsozialismus — die Enzyklika "Mit brennender Sorge" vom 14. März 1937*, Paderborn/Munique/Viena/Zurique, 1979.
24. TB, 21 de março de 1937; Hockerts, "Goebbels-Tagebücher", p. 377.
25. TB, 23 e 24 de março de 1937.
26. TB, 2 de abril de 1937.
27. Em 6 de abril de 1937: Hans Günther Hockerts, *Die Sittlichkeitsprozesse gegen katholische Ordensangehörige und Priester 1936/1937. Eine Studie zur nationalsozialistischen Herrschaftstechnik und zum Kirchenkampf*, Mainz, 1971, p. 73.
28. TB, 7 de abril de 1937.
29. TB, 29 e 30 de abril de 1937; *PA* 1937, n. 985 e 991 (28 e 29 de abril). *VB* (B), "Kirchen und Klöster zu Lasterstätten erniedrigt" (manchete).
30. TB, 12 de maio de 1937.
31. TB, 13 de maio de 1937.
32. *PA* 1937, n. 1.119 (13 de maio), ordem confidencial: decreto circular do ministro da Propaganda às autoridades estaduais sobre a cobertura dos "processos dos católicos"; a respeito do controle do noticiário: n. 1.170 (20 de maio), 1.189 e 1.195 (22 de maio), 1.201 e 1.204 (24 de maio). Também TB, 16, 17, 21 e 23 de maio de 1937.
33. TB, 14 de maio de 1937.
34. TB, 25, 26 e 28 de maio de 1937.
35. TB, 29 de maio de 1937.
36. TB, 30 de maio de 1937, sobre a repercussão do discurso, também 31 de maio e 1º de junho de 1937. Quanto às instruções à imprensa: *PA* 1937, n. 1.221 de 26 de maio, bem como n. 1.245 de 28 de maio e n. 1.256 de 29 de maio. Acerca do discurso, ver, ainda, Reuth, *Goebbels*, p. 360 e segs., assim como Hockerts, *Sittlichkeitsprozesse*, p. 112 e segs.
37. TB, 3 de junho de 1937.
38. TB, 4, 10, 11, 12, 14, 15, 16, 23 e 26 de junho de 1937.

39. TB, 4 de julho de 1937. Mais sobre os processos: 10, 18, 22 e 23 de julho.
40. TB, 3 e 4 de julho de 1937. Outros apontamentos acerca da prisão do pastor e dos preparativos do processo: 6 de julho, 1º, 4, 12 e 15 de agosto de 1937, assim como 22 de dezembro de 1937. Ver também James Bentley, *Martin Niemöller. Eine Biographie*, Munique, 1985, p. 162 e segs., bem como Dietmar Schmidt, *Martin Niemöller. Eine Biographie*, nova ed. ampl., Stuttgart, 1983, p. 133 e segs.
41. TB, 26 de julho de 1937, também 27, 28 e 29 de julho de 1937.
42. Hockerts, *Sittlichkeitsprozesse*, p. 74, faz referência ao telegrama do Ministério das Relações Exteriores ao embaixador alemão no Vaticano, 24 de julho de 1937, *ADAP* D I, n. 670. Hockerts presume que a data da decisão de Hitler foi 21 de julho; sobre o anúncio de uma pausa nos processos: *PA* 1937, n. 1.848 (29 de julho).
43. TB, 28 e 29 de julho de 1937; Hockerts, "Goebbels-Tagebücher", p. 374.
44. TB, 5 a 16 de agosto, assim como 1º e 15 de setembro de 1937.
45. TB, 26 de agosto de 1937.
46. TB, 7 de dezembro de 1937.
47. TB, 22 de dezembro de 1937.
48. TB, 21 de janeiro de 1938.
49. Numerosas entradas no TB entre 29 de janeiro e 1º de março de 1938. Sobre o processo: Schmidt, *Niemöller*, p. 133 e segs., bem como Bentley, *Niemöller*, p. 171 e segs.
50. TB, 3 de março de 1938; *PA* 1938, n. 629 (3 de março), termina a cobertura jornalística do processo e comunica aos jornalistas a prisão preventiva.
51. TB, 3 de março de 1938.
52. TB, 25 de novembro de 1936.
53. Acerca da reação de Hitler à outorga do Prêmio Nobel: TB, 25, 26, 27 e 28 de novembro de 1936. Ver também Wilhelm von Sternburg, *"Es ist eine unheimliche Stimmung in Deutschland"*. *Carl von Ossietzky und seine Zeit*, Berlim, 1996. Sobre a proclamação do Prêmio Nacional: TB, 31 de janeiro de 1937, assim como *VB* (B), 31 de janeiro de 1937, e *Domarus I*, p. 664 e segs. Não confundir com o Prêmio Nacional Alemão de Literatura e Cinema.
54. *VB* (B), 28 de novembro de 1936, "Die dritte Jahrestagung der Reichskulturkammer" (manchete), TB, 28 a 30 de novembro de 1936, sobre o senado cultural. Ver também Reuth, *Goebbels*, p. 357.
55. Ver o capítulo 13.
56. *PA* 1936, p. 492 e segs., p. 496 e p. 503 e segs. (12, 13 e 15 de maio).
57. *Film-Kurier*, 13 de maio de 1936.
58. Decreto de 27 de novembro de 1936 em Joseph Wulf, *Die bildenden Künste im Dritten Reich*, Gütersloh, 1963, p. 127 e segs., também *VB* (B), 28 de novembro de 1936. Em outubro, Goebbels conversara com Hitler sobre o "problema da crítica": "Com o tempo ela precisa ser totalmente abolida." Ver, ainda, TB, 26 e 29 de outubro, com anotações parecidas. Sobre a preparação do decreto: TB, 18, 24, 27 e 28 de novembro de 1936.
59. Ver p. 295.
60. TB, 31 de março de 1936. BAB, NS 8/171, carta de Rosenberg a Goebbels, 9 de março de 1936; Goebbels a Rosenberg, 31 de março de 1936 e resposta de Rosenberg do mesmo dia.
61. TB, 15 de julho e 1º de agosto de 1936; Bollmus, *Rosenberg*, p. 84.
62. TB, 1º de setembro e 6 de outubro de 1936 (sobre conversa com Hesrs), assim como 11 de outubro de 1936; ver a esse respeito Bollmus, *Rosenberg*, p. 84.
63. TB, 15 de novembro de 1936.
64. Piper, *Rosenberg*, p. 396; Bollmus, *Rosenberg*, p. 99 e segs.; ver também os comentários in: TB, 16 de junho de 1937.
65. Diller, *Rundfunkpolitik*, p. 198 e segs.; Konrad Dussel, *Hörfunk in Deutschland. Politik, Programm, Publikum (1923-1960)*, Potsdam, 2002. Isso correspondia à tendência já existente na programação: ver Joachim Weinbrenner, *Handbuch des Deutschen Rundfunks 1938* (Heidelberg, 1938), p. 293, bem como *Handbuch 1939* (Heidelberg, 1939), p. 317.
66. BAB, R 78/910, 4 de março de 1936. Ver também o discurso na Exposição Internacional de Radiodifusão de agosto de 1936. TB, 29 de agosto de 1936. Cf. Konrad Dussel e Edgar Lersch (eds.), *Quellen zur Programmgeschichte des deutschen Hörfunks und Fernsehens*, Göttingen/Zurique, 1999, n. 33, esp. p. 136.
67. TB, 16 de janeiro de 1937.
68. Sobre a mudança de pessoal: 8, 11 e 20 de março, bem como 24 de abril.
69. *VB* (B), 31 de julho de 1937, "Die Eröffnung der grossen Rundfunkschau. Dr. Goebbels über Leistung und Aufgaben des deutschen Rundfunks"; texto do discurso impresso in: Dussel/Lersch, *Quellen*, n. 34. TB, 31 de julho e 1º de agosto de 1937.
70. TB, 8 de junho de 1938, também 25 de junho: "Determino nova orientação no rádio: mais seriedade, menos música de puro entretenimento. Transmissão de óperas e sinfonias. Programa sério."
71. *VB* (B), 6 de agosto de 1938, "Rundfunkausstellung durch Dr. Goebbels eröffnet". Também TB, 6 de agosto de 1938.
72. Ver a esse respeito: Daniel Mühlenfeld, "Joseph Goebbels und die Grundlagen der NS-Rundfunkpolitik", in: *ZfG* 54 (2006), p. 442-467.
73. TB, 17, 18, 20 e 22 de outubro de 1936.

74. TB, 22 de outubro de 1936.
75. TB, 4, 9, 11 e 12 de novembro de 1936.
76. TB, 21 de novembro de 1936; *Akten Regierung Hitler III*, n. 183, reunião departamental com o ministro da Propaganda de 19 de novembro de 1936, nota do conselheiro superior Brenner, Ministério da Educação; n. 186, fundamentação do ministro da Propaganda, 25 de novembro de 1936; n. 187, carta de Funk a Lammers, 25 de novembro de 1936, BAB, R 43 II/467, projeto de lei e objeção de Dietrich; aqui também mais objeções de outras pastas.
77. TB, 23 e 30 de novembro; as entradas de 13 de dezembro de 1936 e 12 de janeiro de 1937 mostram a falta de interesse de Goebbels pelo projeto.
78. *Akten der Reichskanzlei, Regierung Hitler V* (1938), ed. Friedrich Hartmannsgruber, Munique, 2008, p. 718; BAB, R 43II/467, notas de Lammers de 28 de novembro de 1936, bem como 4 de fevereiro de 1937.
79. TB, 23 de outubro, 14, 15 e 25 de novembro.
80. TB, 21 e 25 de novembro de 1936, 12 de fevereiro de 1937; Günther Gillessen, *Auf verlorenem Posten. Die Frankfurter Zeitung im Dritten Reich*, Berlim, 1983, p. 277 e segs.
81. TB, 18 de março de 1937.
82. TB, 26 de janeiro, 7 de fevereiro de 1938. TB, 12 de abril de 1938. TB, 16 de junho de 1938.
83. TB, 21 de novembro de 1936, 3 de janeiro de 1937. Karl Silex, *Mit Kommentar. Lebensbericht eines Journalisten*, Frankfurt a. M., 1968, p. 127 e segs.; Margret Boveri, *Wir lügen alle. Eine Hauptstadtzeitung unter Hitler*, Olten, 1965, p. 603 e segs.
84. TB, 24 de junho de 1938, assim como 11 de julho de 1938.
85. TB, 14 de julho de 1938.
86. Hale, *Presse*, p. 259; Silex, *Kommentar*, p. 203 e segs. O *BBZ* também acabou caindo nas mãos de Amann (Hale, *Presse*, p. 259 e segs.).
87. TB, 26 de abril de 1939; Gillessen, *Posten*, p. 389 e segs., sobre a venda do jornal através do conglomerado de Amann.
88. TB, 17 de junho, 1º de julho, bem como 28 de setembro de 1938.
89. *Presse in Fesseln. Eine Schilderung des NS-Pressetrusts*, Berlim, p. 68 e segs. Publicado em 1947, o livro repleto de informações divulgou assuntos internos do conglomerado de Amann.
90. TB, 14, 16, 28 de novembro de 1934.
91. TB, 13-16 de agosto de 1936, ver também 8 de agosto de 1937. David George Marwell, *Unwanted Exile. A Biography of Ernst "Putzi" Hanfstaengl*, tese de doutorado, University of New York of Binghanton, 1968, p. 149 e segs. Sobre Hanfstaengl também: Peter Conradi, *Hitlers Klavierspieler. Ernst Hanfstaengl: Vertrauter Hitlers, Verbündeter Roosevelts*, Frankfurt a. M., 2004.
92. Hanfstaengl, *Zwischen Weissem und Braunem Haus*, p. 362 e segs.; Speer, *Erinnerungen*, p. 141. Segundo este, Hitler e Goebbels inventaram essa brincadeira; Marwell, *Exile*, p. 1 e segs.
93. TB, 11, 12 e 19 de fevereiro de 1937.
94. TB, 12, 13, 16 e 20 de março de 1937.
95. TB, 13 de abril, também 16 de abril e 3 de junho de 1937.
96. TB, 24 de julho de 1937.
97. TB, 18 e 22 de outubro de 1936.
98. TB, 22 de outubro, também 10 de novembro de 1936.
99. TB, 27 de outubro de 1936.
100. TB, 14 de novembro de 1936; assim, ele mandou o chefe substituto do Departamento de Cinema, Weidemann, procurar material. Ver também 14 de novembro de 1936 sobre a falta de filmes políticos.
101. TB, 16 e 18 de dezembro de 1936.
102. TB, 12 de junho de 1936.
103. TB, 6 de janeiro e 20 de fevereiro de 1937.
104. TB, 22 de janeiro e 24 de fevereiro de 1937.
105. TB, 5, 9, 10 e 11 de março de 1937; *PA* 1937, n. 603 (9 de março): "O filme *Menschen ohne Vaterland* pode e deve ser criticado negativamente." *VB* (N), 10 de março de 1937, "Ewald von Demandowsky: Versagen der Dramaturgie. Gedanken um den Film 'Menschen ohne Vaterland'". Ver também *UWW*, abril de 1937, Hein Schlecht, "Am Wendepunkt der deutschen Filmkunst", p. 105-108, p. 106: "O fracasso clamoroso do filme *Menschen ohne Vaterland* é a prova cabal de que o dr. Goebbels, na sua concepção da essência e do sentido da arte cinematográfica alemã, tem razão não só na teoria, como na prática."
106. TB, 17 de março, também 13 e 16 de março de 1937. Sobre as negociações: Moeller, *Filmminister*, p. 87 e segs.; Wolfgang Becker, *Film und Herrschaft. Organisationsprinzipien und Organisationsstrukturen der nationalsozialistischen Filmpropaganda*, Berlim, 1973, p. 159 e segs.
107. TB, 20 de março de 1937.
108. *PA* 1937, n. 709 (23 de março).
109. Discurso na primeira conferência anual da Câmara Nacional do Cinema em 5 de março de 1937 na Ópera Kroll, Albrecht, *Filmpolitik*, p. 447 e segs.; *PA* 1937, n. 589 (6 de março): o discurso é "padronizador", sim, "a palavra redentora para todos os cineastas". Sobre o efeito do discurso, TB, 6, 7 e 8 de março de 1937.

110. Introdução: TB, 4 de maio de 1937. Principalmente nos primeiros tempos do exercício do cargo, Goebbels elogiava muito Demandowsky: 6, 8, 13 e 26 de maio ("Vou dobrar o seu salário"), 5 de junho, 14 e 23 de julho de 1937.
111. Moeller, *Filmminister*, p. 141.
112. TB, 21 e 26 de março, 1º, 6, 13 e 17 de abril de 1937; Moeller, *Filmminister*, p. 139; *PA* 1937, n. 1.051 e 1.054 (5 e 7 de maio): "nada a dizer sobre a reunião geral da Ufa."
113. Moeller, *Filmminister*, p. 101 e segs.
114. TB, 3 de abril e 31 de julho de 1937.
115. TB, 25 de setembro de 1937.
116. TB, 7 de janeiro de 1938: "Personagens errados no filme. Ritter deve fazer o filme de Harvey; Boese, o de Rühmann. Não permitirei que isto aconteça." Também 25 de setembro de 1937.
117. TB, 3 de junho de 1937, 2 e 4 de agosto.
118. TB, 1º de julho de 1937.
119. TB, 31 de julho de 1937, 1º de agosto de 1937.
120. TB, 3 de agosto, também 6 de agosto de 1937.
121. TB, 5 de agosto de 1937.
122. TB, 12 de agosto de 1937.
123. TB, 11 de setembro de 1937.
124. TB, 11 e 30 de setembro de 1937, 7, 14 e 23 de outubro, 9 de dezembro de 1937.
125. TB, 9 de junho de 1937, também 10 e 23 de junho, bem como 25, 27 e 28 e 31 de agosto de 1937.
126. TB, 18 e 30 de junho, 14 de agosto, 1º e 8 de setembro, 14 e 22 de dezembro de 1937, 6 de janeiro, 1º e 28 de julho, 3 de agosto de 1938, assim como 9 de maio de 1939.
127. TB, 27 de outubro de 1936: "segundo uma ideia minha", TB, 5 e 12 de agosto, 17 de setembro, bem como 7 de dezembro de 1937, 25 de maio, 8 de junho, 14 de setembro de 1938.
128. TB, 3 de janeiro de 1939; ver também 11 de julho e 1º de agosto de 1939.
129. Negativo: *Fridericus* (23 de janeiro de 1937), *Der Etappenhase* [O coelho da retaguarda] (24 de fevereiro de 1937), *Condottieri* [Os cavaleiros do bando negro] (12 e 18 de março de 1937); juízo mesclado: *Togger* (12 de fevereiro de 1937).
130. TB, 24 de junho de 1937, sobre *Starke Herzen* [Corações fortes] e *Weisse Sklaven* [Escravos brancos].
131. TB, 17 e 20 de janeiro, assim como 14 de fevereiro de 1937.
132. TB, 12 e 15 de março de 1937.
133. TB, 18 de junho de 1937.
134. TB, 23 de julho de 1937.
135. TB, 1º de dezembro de 1937.
136. TB, 30 de setembro de 1937; Moeller, *Filmminister*, p. 174.
137. TB, 20 de junho de 1937.
138. Moeller, *Filmminister*, p. 91.
139. TB, 17 e 27 de abril de 1937, 30 de julho, 12 de agosto, 17 de setembro de 1937, bem como 14 de janeiro de 1938. A imprensa não pôde noticiar a falência da Bavária: *PA* 1937, n. 893 e 1.015 (17 de abril e 3 de maio).
140. Moeller, *Filmminister*, p. 114 e segs.
141. Renate Heller, "Kunst-Ausschuss. Emil Jannings als Schauspieler und Produzent", in: Jan Distelmeier (ed.), *Tonfilmfrieden/Tonfilmkrieg. Die Geschichte der Tobis vom Technik-Syndikat zum Staatskonzern*, Munique, 2003, p. 150-158.
142. TB, 29 de abril de 1937.
143. TB, 14 de dezembro de 1937.
144. TB, 29 de maio, 2 e 3 de junho, 14 de outubro, 19 de novembro de 1937 e 4 de março de 1938.
145. Welch, *Nazi Cinema*, p. 23 e segs. Preocupações com o desenvolvimento econômico da indústria cinematográfica, principalmente in: TB, 10 e 14 de outubro, assim como 24 de novembro de 1937.
146. TB, 14 de outubro e 25 de novembro de 1937.
147. TB, 6 de novembro de 1937.
148. TB, 1º de dezembro de 1937.
149. Cf. sobre *Capriccio*, TB, 1º, 3 e 12 de março de 1938; a respeito de *Der Tiger von Eschnapur* [O tigre de Eschnapur], TB, 10 de janeiro de 1938, acerca de *Die Prinzessin kehrt heim* [A princesa volta para casa], TB, 4 de fevereiro de 1938; também muito negativo com *Frühlingsluft* [Hálito da primavera], 25 de março de 1938.
150. Moeller, *Filmminister*, p. 192 e segs.
151. TB, 5 de março de 1938. Sobre os preparativos: TB, 7 e 27 de outubro, 24 de novembro de 1937, 4 e 5 de fevereiro, assim como 2 e 3 de março de 1938.
152. *Film-Kurier*, 5 de março de 1938. TB, 28 de maio, 11 de junho de 1938, sobre o corpo docente da faculdade artística. Acerca da continuidade da construção da academia: 24 de março, 3 e 18 de maio de 1938.
153. TB, 20 e 29 de julho, 15 de novembro de 1938.
154. TB, 15 de junho de 1939.
155. TB, 7 e 10 de dezembro de 1938, 28 de janeiro de 1939.

156. TB, 8, 9 e 12 de fevereiro de 1939; ver também 16 de fevereiro.
157. TB, 16 e 28 de fevereiro, 29 de junho de 1939.
158. TB, 7 e 10 de dezembro de 1938, 28 de janeiro de 1939. No curso dessa troca de pessoal, Goebbels mandou para a Tobis, na função de diretor de produção, seu colaborador mais importante na propaganda cinematográfica, o *Reichsfilmdramaturg* Demandowsky — ainda que a contragosto. Greven, até então diretor de produção da Terra, assumiu o mesmo cargo na Ufa; aliás, Goebbels queria entregar esse posto a Emil Jannings. As demais empresas cinematográficas também passaram a ter um diretor de produção, que, no entanto, foi substituído em relativamente pouco tempo. Greven não tardou a ser sucedido pelo então diretor do Departamento de Cinema, Von Leichtenstern, que cedeu o lugar a Otto Heinz Jahn no ano seguinte. Peter Brauer assumiu a direção de produção da Terra. Em novembro de 1940, foi substituído por Alf Teich. A nomeação de Schweikart na Bavária (TB, 26 de abril e 25 de julho de 1939) e a de Karl Hartl na nova Film Gesellschaft de Viena (TB, 21 de março de 1939) também fizeram parte da troca de pessoal de fevereiro de 1939.
159. *Film-Kurier*, 11 de março de 1939, "Dr. Goebbels in der Krolloper. Im Film soll die Persönlichkeit führen". Sobre o efeito do discurso: TB, 11 e 12 de março de 1939.
160. TB, 20 de junho de 1939, também 21 de junho.
161. TB, 6 de junho de 1937.
162. TB, 7 de junho de 1937.
163. TB, 19 de junho de 1937; Heinrich Hoffmann, *Hitler, wie ich ihn sah. Aufzeichnungen seines Leibfotografen*, Munique, 1974, p. 143 e segs. Literatura sobre a Grande Mostra de Arte Alemã: Karl-Heinz Meissner, "'Deutsches Volk, gib uns vier Jahre Zeit...' Nationalsozialistische Kunstpolitik 1933-37. Grosse Deutsche Kunstausstellung — Ausstellung 'Entartete Kunst' München 1937", in: *"Die Axt hat geblüht..." Europäische Konflikter der 30er Jahre in Erinnerung an die frühe Avantgarde, 11. Oktober — 6. Dezember 1987*, ed. Jürgen Harten, Hans-Werner Schmidt e Marie Luise Syring, Düsseldorf, 1987, p. 368-377; Karl-Heinz Meissner, "Grosse Deutsche Kunstausstellung", in: *Stationen der Moderne. Die bedeutenden Kunstausstellungen des 20. Jahrhunderts in Deutschland, Ausstellungskatalog*, Berlim, 1988, p. 276-284; Ines Schlenker, *Hitlers Salon. The Grosse Deutsche Kunstausstellung at the Haus der Deutschen Kunst in Munich 1937-1944*, Oxford etc., 2007.
164. TB, 5 e 19 de junho de 1937; ver também 12 de junho de 1937, sobre resistências, inclusive de Speer. Cf. também Mario-Andreas von Lüttichau, "Deutsche Kunst", catálogo, in: *Die "Kunststadt" München 1937. Nationalsozialismus und "Entartete Kunst"*, ed. Peter-Klaus Schuster, Munique, 1987, que oferece (p. 120-183) uma reconstrução da exposição "Arte Degenerada"; Meissner, "Deutsches Volk"; Katrin Engelhardt, "Die Ausstellung 'Entartete Kunst' in Berlin 1938. Rekonstruktion und Analyse", in: *Angriff auf die Avantgarde. Kunst und Kunstpolitik im Nationalsozialismus*, ed. Uwe Fleckner, Berlim, 2007, p. 89-187; Christoph Zuschlag, *'Entartete Kunst'. Ausstellungsstrategien im Nazi-Deutschland*, Worms, 1995; *Führer durch die Ausstellung Entartete Kunst*, Munique, 1935.
165. TB, 30 de junho de 1937.
166. TB, 1º de junho de 1937. O decreto de 30 de junho está impresso em Engelhardt, "Ausstellung", p. 94. Quanto aos preparativos da exposição, especialmente: suplemento, "Entartete Kunst", p. 169 e segs.
167. Engelhardt, "Ausstellung", p. 94.
168. TB, 17 e 18 de julho de 1937; Brenner, *Ende*, p. 25 e segs.; Lüttichau, "Deutsche Kunst", documenta que as salas com obras de membros da academia e professores universitários foram fechadas alguns dias depois da abertura da mostra (p. 109). Num caso, o do escultor Gerhard Marcks, está comprovado que Goebbels exigiu pessoalmente a inclusão do artista na "exposição da decadência" — sabendo perfeitamente que ele era da academia (Brenner, *Ende*, p. 155).
169. 16, 24 (apud), 25 (apud), 27 e 29 de julho de 1937.
170. TB, 3 de julho de 1937.
171. TB, 4 de julho de 1937.
172. TB, 6 e 8 de agosto de 1937; TB, 20 de junho de 1937.
173. TB, 9 e 10 de julho de 1937.
174. TB, 10 de julho de 1937.
175. TB, 11-17 de julho de 1937.
176. Bibliografia na nota 164.
177. TB, 19 de julho, *VB* (N), 18 de julho e 19 de julho de 1937.
178. Assim, Hitler ressaltou o "fruto magnífico da arte alemã" como missão do futuro, e o discurso de Goebbels também deixa claro que suas grandes expectativas na arte alemã apontavam para o futuro (*Domarus I*, p. 705 e segs., p. 708, assim como cobertura do *VB* (N), 18 de julho de 1937).
179. TB, 18 de julho de 1937.
180. *VB* (B), 27 de novembro de 1937, "Die Führung des deutschen Geisteslebens in deutschen Händen".
181. TB, 1º de agosto de 1937.
182. Exposição de Berlim, TB, 28 de fevereiro de 1938: "Visito a exposição de 'Arte Degenerada' no Reichstag. Que lixo! Se bem que montada com muito mais eficácia. Mando fazer mais algumas modificações." 1º de março de 1938: "Mando remodelar a exposição de 'Arte Degenerada'. Não é suficientemente didática." Ver também 2 de março de 1938.
183. TB, 25 e 28 de julho de 1937. Brenner, *Ende*, p. 26.

184. TB, 5 de novembro de 1938; suplemento *"Entartete Kunst"*, p. 205 e segs., sobre essa segunda onda de apreensões e a venda posterior das obras.
185. TB, 13 de dezembro de 1938.
186. Pela Lei de Confisco de Obras de Arte Degenerada de 31 de maio de 1938, *RGBl.* 1938 I, p. 612. TB, 13, 14, 15 de janeiro, 12 de fevereiro, 4 de março, 18 e 26 de maio, 29 de julho. Suplemento, *"Entartete Kunst"*, p. 212 e segs.
187. TB, 29 de outubro, 3, 12 e 18 de novembro de 1938; Armin Zweite, "Franz Hofmann und die Stadtische Galerie", in: "Kunststadt München", p. 261-288.
188. No plano administrativo de novembro de 1936, a direção do departamento estava vaga (BAB, R 55/21.061).
189. TB, 30 de dezembro de 1938.
190. Prieberg, *Musik*, p. 133 e segs.
191. TB, 24 de outubro e 4 de novembro de 1936, bem como 25 de fevereiro de 1937.
192. TB, 21 de setembro e 9 de outubro de 1937.
193. Michael H. Kater, *Die missbrauchte Muse. Musiker im Dritten Reich*, Munique, 1998, p. 32 e segs.
194. Prieberg, *Musik*, p. 275 e segs.; Albrecht Dümling e Peter Girth (eds.), *Entartete Musik. Zur Düsseldorfer Ausstellung von 1938. Eine kommentierte Rekonstruktion*, Düsseldorf, 1988.
195. TB, 17 de maio de 1938.
196. TB, 29 de maio de 1937; *DAZ*, 29 de maio de 1938 (M), "Zehn Grundsätze für das Musikschaffen. Dr. Goebbels auf der Reichsmusikfestwoche".
197. Prieberg, *Musik*, p. 107 e segs.
198. Kater, *Muse*, p. 363, fala na música como a "mais autônoma das artes" no período nazista.
199. *RGBl.* 1934 I, p. 411 e segs.
200. Rischbieter, "NS-Theaterpolitik", p. 23. Sobre o teatro no nacional-socialismo também e particularmente: Boguslav Drewniak, *Das Theater im NS-Staat*, Düsseldorf, 1983, assim como Günther Rühle, *Theater in Deutschland 1887-1945. Seine Ereignisse, seine Menschen*, Frankfurt a. M., 2007, p. 734 e segs.
201. Barbara Panse, "Zeitgenössische Dramatik", in: *Theater im "Dritten Reich"*, p. 489-720.
202. Thomas Eicher, "Spielplanstrukturen", in: *Theater im "Dritten Reich"*, p. 279-486.
203. Eicher, "Spielplanstrukturen", p. 596 e segs.
204. Eicher. "Spielplanstrukturen", p. 478.
205. TB, 23 de março de 1933, sobre *Rosse* [Cavalos], bem como 6 de abril de 1934 acerca de *Stille Gäste* [Hóspedes silenciosos].
206. TB, 18 de novembro de 1933.
207. TB, 24 de janeiro de 1935.
208. TB, 21 de setembro de 1937.
209. Igualmente negativo com relação a *Heinrich der Hohenstaufe*, de Dietrich Eckart, TB, 19 de junho de 1935, *Uta von Naumburg*, de Franz Sondinger, TB, 22 de novembro de 1935, ou a peça *Thors Gast* [O convidado de Thor], do autor nacional-populista Otto Erler, TB, 31 de outubro de 1937.
210. TB, 26 de junho de 1935.
211. TB, 17 de novembro de 1935.
212. TB, 15 de abril de 1936 e 23 de junho de 1936.
213. Eicher, "Spielplanstrukturen", p. 324 e segs.
214. TB, 2 de novembro de 1933. Ver também as suas opiniões positivas sobre *Os bandoleiros* (20 de janeiro de 1934 e 2 de outubro de 1936), *Don Carlos* (28 de fevereiro de 1937), bem como sobre *Intriga e amor* (17 de novembro de 1938, também 14 de outubro de 1937).
215. Eicher, "Spielplanstrukturen", p. 297 e segs.
216. TB, 27 de março de 1937. Ver também seu juízo extremamente positivo de *A megera domada* (7 de outubro de 1933, bem como 15 de junho de 1937), *Noite de Reis* (13 de setembro de 1934) e *Rei Lear* (23 de janeiro de 1935).
217. Assim, no dia 1º de fevereiro de 1938, ele registrou um longo elogio de Hitler a Shaw: "Ele tirou o véu que cobria a hipocrisia inglesa."
218. TB, 7 de outubro de 1934, depois da encenação de *Santa Joana*.
219. TB, 6 de agosto de 1936. Igualmente positivo em 16 de janeiro de 1935 (*Pigmaleão*), 6 de agosto de 1936 (*Santa Joana*), 17 de dezembro de 1936 (*Ândrocles e o leão*: embora elogie a peça, ele não a considera "grande coisa"), 29 de janeiro de 1938 (*A carroça de maçãs*), 6 de novembro de 1939 (*Homem e super-homem*), 12 de dezembro de 1939 (*César e Cleópatra*).
220. TB, 20 de dezembro de 1935 (*Sprung aus dem Alltag* [Fuga do dia a dia], de Heinrich Zerkaulen); 7 de janeiro de 1936 (*Krach im Hinterhaus* [Barulho na casa do fundo]); 5 de dezembro de 1936 (*Moral*, de Ludwig Thoma); 2 de março de 1934 (*Dr. Prätorius*, de Curt Goetz).
221. TB, 11 de abril de 1934.
222. Rischbieter, "NS-Theaterpolitik", p. 70 e segs.
223. Rischbieter, "NS-Theaterpolitik", p. 72; sobre as reuniões: TB, 27 de setembro de 1935, 20 de junho de 1936, 20 de outubro de 1937, 19 de novembro de 1938, 18 de março de 1939. Conforme os seus diários, ele visitou o Theater somente duas vezes: em 6 de junho de 1936 e em 4 de dezembro de 1937.

224. Hilpert já chamara a atenção de Goebbels em dezembro de 1933 durante uma visita ao Volksbühne: TB, 26 de dezembro de 1933: "Esse eu pego para mim quando tiver o teatro." Sobre Hilpert, ver Rischbieter, "NS-Theaterpolitik", p. 73 e segs., bem como Michael Dillmann, *Heinz Hilpert. Leben und Werk*, Berlim, 1980.
225. TB, 1º de setembro de 1937, 17 de fevereiro de 1938.
226. TB, 21 de agosto de 1936, 19 de dezembro de 1936, 18 de maio, 1º de julho de 1937, 30 de abril de 1938. Acerca de Klöpfer: Rischbieter, "NS-Theaterpolitik", p. 80 e segs.; TB, 17 de junho e 3 de julho de 1936.
227. Rischbieter, "NS-Theaterpolitik", p. 79 e segs.; crítica in: TB, 25 de outubro de 1934, 8 de março de 1935 e 8 de maio de 1935.
228. TB, 21 de novembro e 24 de dezembro de 1937, 21 de fevereiro de 1940.
229. Ele também interferiu na nova apresentação da *Viúva alegre*, TB, 8 de fevereiro e 3 de março de 1939.
230. TB, 6, 8, 21 e 24 de janeiro de 1935.
231. TB, 31 de maio de 1935.
232. TB, 30 de abril, 1º de maio de 1936.
233. Sobre a transferência do teatro na Nollendorfplatz: 18 e 23 de fevereiro, 2 e 9 de março de 1938.
234. Acerca de sua briga com Lippert por causa do Schillertheater: TB, 19 e 22 de fevereiro de 1937. TB, 27 de janeiro de 1938: "Com George sobre o repertório e a companhia do Schillertheater", ver também 24 de fevereiro de 1938 e 2 de março de 1938.
235. Rischbieter, "NS-Theaterpolitk", p. 81 e segs. Quanto à transferência do Metropoltheater: TB, 24 de julho, 5 e 24 de agosto, 5 e 6 de outubro, 4 e 17 de dezembro de 1937, bem como 5 de janeiro de 1938.
236. TB, 5 de outubro de 1935, segundo o qual ele se acreditava prestes a concluir a "desjudaização" da CNC; ver também 19 de outubro de 1935; BAB, R 56 V 102, 27 de junho de 1935: segundo o qual a Câmara de Cultura seria paulatinamente depurada de judeus, não arianos e afins de judeus; em casos isolados, convinha ter em conta as desvantagens em termos de política interna, externa e econômica. Quanto à "desjudaização" da CNC, ver especialmente Alan Steinweis, *Art, Ideology, & Economics in Nazi Germany. The Reich Chamber of Music, Theater, and the Visual Arts*, Chapel Hill/Londres, 1993, p. 103 e segs., também Reuth, *Goebbels*, p. 333, 336, 342 e segs.
237. Steinweis, *Art*, p. 112 e p. 115.
238. TB, 30 de abril de 1936; instrução correspondente a Hinkel de 29 de abril de 1936, BAB, R 56 V 102; também TB, 11 de dezembro de 1936.
239. TB, 3 de fevereiro de 1937, também 3 de março de 1937.
240. TB, 5 de maio de 1937, 5 e 30 de junho de 1937, 24 de novembro e 3 de dezembro de 1937.
241. TB, 13 de janeiro, 9 e 16 de fevereiro, 16 de março de 1938 e 18 de maio de 1938.
242. BAB, R 58/992, relatório diário da Gestapo, 25 de maio de 1939; ver também Steinweis, *Art*, p. 117.
243. TB, 16 de março, 26 de abril e 23 de junho de 1939.
244. TB, 4 de maio de 1943.
245. Por exemplo: TB, 24 de fevereiro, bem como 2 a 4 de junho de 1935; 7, 26 e 27 de janeiro, assim como 8 e 9 de outubro de 1936; 15 de junho e 27 de setembro de 1937; 3 a 6 de janeiro de 1938; em 1939, ele parece já não ter estado em Rheydt.
246. TB, 27 de dezembro de 1934, bem como 5 e 6 de janeiro de 1938.
247. TB, 3 de janeiro de 1938.
248. TB, 3 e 6 de janeiro; sobre o encontro com amigos também: 7 de janeiro, 8 e 9 de outubro de 1936, assim como 15 de junho de 1937.
249. TB, 27 de dezembro de 1934 (sobre Kölsch), TB, 5 de janeiro de 1938 (sobre Prang).
250. TB, 2 de fevereiro de 1935; ver também 10 de fevereiro de 1935.
251. TB, 21 e 24 de outubro de 1935.
252. TB, 24 de março de 1936.
253. A propósito de Hans, especialmente TB, 6 de abril de 1937; acerca de seu conflito com o *Gauleiter* Florian, 15 de fevereiro, 3 e 11 de março, 1º de maio de 1939; ver especialmente Manfred Müller, *Im Schatten des "Grandgoschiers". Generaldirektor Hans Goebbels, Bruder des Reichspropagandaministers*, Aschau, 1994.
254. TB, 22 de maio de 1939: "Visita breve a Hans e Hertha. O ambiente é horroroso. Hertha estragou Hans totalmente."
255. TB, 1936, numerosas entradas.
256. TB, 18 de fevereiro de 1937.
257. TB, 27 de fevereiro de 1937.
258. TB, 27 e 30 de março, 28 e 30 de abril de 1937.
259. TB, 17 de junho de 1937.
260. TB, 6 de julho de 1937.
261. TB, 9 de julho de 1937.
262. TB, 15 de julho, também 16 e 17 de julho de 1937.
263. TB, 3 de agosto de 1937.
264. TB, 3 de fevereiro de 1938.
265. TB, 24 de abril, 22 de julho, 7 de agosto de 1938.
266. 17 de outubro, 22 de novembro de 1937, 6 de janeiro de 1938.

267. TB, 27 de setembro de 1937, 31 de janeiro de 1938.
268. TB, 6 de outubro de 1936.
269. Ver, a esse respeito, as numerosas entradas no diário, particularmente num segundo caderno que ele passou a usar a partir do dia 29 de outubro à beira do Bogensee.
270. TB, 5 a 8 de janeiro de 1937.
271. TB, 10 a 22 de janeiro de 1937.
272. TB, 10 de janeiro de 1937: "Sinto-me um pouco só em Berlim, na casa enorme." 17 de janeiro de 1937: "Estou com saudade das duas, de Magda e Helga." 18 de janeiro de 1937 (sobre a sua decisão de pernoitar à beira do Bogensee): "Ninguém me espera em Berlim." 23 de janeiro de 1937: "Ficar tão sozinho, isto não tem nada de bonito."
273. TB, 19 e 20 de janeiro de 1937.
274. TB, 24 de janeiro de 1937.
275. TB, 3 e 6 de fevereiro, bem como nos dias seguintes sobre contato com Magda.
276. TB, 20 de fevereiro de 1937.
277. TB, 24 de março. Magda voltou do hospital depois de oito semanas de internação.
278. TB, 25 de fevereiro.
279. TB, 14 de março de 1937.
280. TB, 31 de março de 1937.
281. Por exemplo, em 3, 26 e 28 de maio, 2 de junho, 3 de julho e 30 de agosto de 1937.
282. TB, 2 de fevereiro de 1937; ver também 3 de julho e 2 de setembro de 1937.
283. TB, 31 de janeiro de 1937: "Ainda com o Führer em grande *soirée*. Magda fica, eu vou embora, quando começa o filme." 2 de maio de 1937 (depois da comemoração do 1º de maio: "Muito trabalho em casa ainda. Magda e Maria vão sozinhas à Chancelaria." No fim da visita oficial de Mussolini, Magda ficou na Chancelaria sem o marido, TB, 26 de outubro de 1937.
284. TB, 5 a 30 de junho de 1937.
285. TB, 4 de junho de 1937.
286. TB, 22 de agosto de 1937.
287. TB, 24 de setembro de 1937.
288. TB, 7 de novembro de 1937.
289. TB, 11 e 19 de dezembro de 1937.
290. TB, 25 de abril de 1937 (Hannah), 16 de maio de 1937 (Helmut), 12 de agosto de 1937 (Helga), 27 de outubro de 1937 (Helmut).
291. TB, 18 de abril, também 17 e 19, 25 e 30 de abril, bem como 24 de agosto de 1937.
292. BAB, R 55/421, carta de G. ao Ministério das Finanças, junho de 1937.
293. TB, 7 de outubro de 1937.
294. TB, 4 de novembro de 1937.
295. TB, 6 de outubro de 1937.
296. TB, 31 de julho e 26 de outubro de 1937.
297. TB, 7 e 12 de novembro de 1937.
298. TB, 8 de janeiro, 13 de fevereiro de 1938.
299. TB, 19 de fevereiro de 1938. "Carro Mercedes. 200 HP. Vou comprá-lo. Conversível esporte esplêndido da Horch. Coisa para gente sofisticada." Sobre a planejada compra do Horch: TB, 3 de maio de 1938.
300. TB, 19 de abril e 22 de junho de 1939.
301. TB, 18 de agosto de 1939.
302. Ver as anotações correspondentes nos anos 1936-37: em 10 de julho, 21 e 26 de agosto, 4, 9, 16 e 30 de setembro, 4, 23 e 29 de outubro, 23 de novembro e 29 de dezembro de 1936, 10 de fevereiro, 26 de março, 6 de abril, 17 de junho, 24, 27 e 28 de agosto, 16 de setembro, 5 e 18 de outubro e 20 de novembro de 1937.
303. TB, 4 de setembro de 1936, também 18 de outubro de 1937: "Quando não tenho trabalho a fazer, fico melancólico."

17. "Não olhar para os lados, continuar marchando!"

1. TB, 27 de setembro de 1937. Sobre o transcurso da visita, ver a cobertura do *VB* (B), 25 a 29 de setembro de 1937.
2. *VB* (B), 29 de setembro de 1937, "Dr. Goebbels meldet den Aufmarsch von drei Millionen Menschen".
3. *SOPADE* 9/1937, 1.219, relatório de Berlim.
4. *VB* (B), 29 de setembro de 1939, "Ein geschichtliches Ereignis. Die Völkerkundgebung der 115 Millionen".
5. TB, 29 de setembro de 1937.
6. TB, 2 de agosto de 1937, também 1º de agosto de 1937; *VB* (B), 2 de agosto de 1937, "Überwältigende Manifestation des deutschen Volkstums. 30.000 Auslandsdeutsche marschieren am Führer vorbei — nie erlebte Stürme der Begeisterung" (manchete).

7. TB, 10 de setembro de 1937; *PA* 1937, n. 2.219 (9 de setembro). O violento discurso de Goebbels contra a "ameaça bolchevista-judaica" foi publicado no *VB* (B) em 10 de setembro de 1939: "Dr. Goebbels enthüllt die dunklen Pläne des Bolschewismus — Nürnberg warnt Europa".
8. TB, 19 de outubro de 1937, também 20, 22, 24, 27 e 29 de outubro de 1937. Acerca do incidente que serviu de pretexto: Ronald Smelser, *Das Sudetenproblem und das Dritte Reich (1933-1938). Von der Volkstumspolitik zur nationalsozialistischen Aussenpolitik*, Munique etc. 1980, p. 183, assim como Helmuth K. G. Rönnefarth, *Die Sudetenkrise in der internationalen Politik. Entstehung, Verlauf, Auswirkung*, p. 171 e segs.; a respeito da campanha na mídia, Engelbert Schwarzenbeck, *Nationalsozialistische Pressepolitik und die Sudetenkrise 1938*, Munique, 1979, p. 239 e segs., bem como *PA* 1937, n. 2.502, 2.506, 2.512, 2.523, 2.530 (18-21 de outubro).
9. TB, 4 de novembro de 1937: "Henlein pede que suavizemos um pouco a campanha contra Praga. Do contrário, ele arrisca perder o controle sobre a sua gente. Também não sabe o que quer. Mas que seja assim!" Na véspera, quando o enviado alemão em Praga lhe fez o mesmo pedido, Goebbels mostrou-se muito menos disposto a suspender a campanha (ib., 3 de novembro de 1937, sobre a suspensão provisória dos ataques na imprensa, 6 de novembro de 1937). Acerca da interrupção da campanha, ver *ADAP* D II, n. 11, nota de Mackensen, 3 de novembro, assim como *PA* 1937, n. 2.687 e 2.702 (5 de novembro).
10. Schwarzenbeck, *Pressepolitik*, p. 247 e segs. *ADAP* D II, n. 12, relatório do enviado alemão em Praga, Eisenlohr, sobre conversa com o ministro das Relações Exteriores, Krofta, 4 de março de 1938; n. 15, relatório de Eisenlohr de 9 de novembro de 1937 sobre entrevista com o presidente Beneš; II 18, íntegra desse relatório, 10 e 11 de novembro de 1937; n. 16, anotação do diretor do Departamento de Imprensa do Ministério das Relações Exteriores sobre discussão com o enviado tcheco, 9 de novembro de 1937; n. 17, nota do secretário de Estado a respeito da conversa com o enviado tcheco, 9 de novembro de 1937.
11. TB, 6 de novembro de 1937.
12. Transmitido como PS-386, impresso in: *IMT*, vol. XXV, p. 402-413. Sobre a história da transferência: W. Bussmann, "Zur Entstehung und Überlieferung der Hossbach-Niederschrift", in: *VfZ* 16 (1968), p. 373-384, e Bradley F. Smith, "Die Überlieferung der Hossbach-Niederschrift im Lichte neuer Quellen", in: *VfZ* 38 (1990), p. 329-336. TB, 6 de novembro de 1937.
13. Smelser, *Sudetenproblem*, p. 184 e segs.; carta de Henlein a Hitler, 19 de novembro de 1937, in: *ADAP* D II, n. 23.
14. TB, 24 de novembro, 14 de dezembro de 1937.
15. *ADAP* D II, n. 29, memorando do diretor do Departamento Político, V. Weizsäcker, sobre as garantias correspondentes do enviado tchecoslovaco, 10 de dezembro de 1937; o enviado alemão em Praga relatou, no início de 1938, que as autoridades estavam começando a "a amordaçar ou reprimir a imprensa emigrante" (ib., *ADAP* D II, n. 47, 12 de janeiro de 1938). A respeito da "paz na imprensa", Schwarzenbeck, *Pressepolitik*, p. 247 e segs.
16. Ver p. 354.
17. *PA* 1938, n. 159 (18 de janeiro), *VB* (B), 19 de janeiro de 1938, acordo de imprensa teuto-iugoslavo.
18. TB, 9 e 22 de abril de 1938.
19. TB, 21 de dezembro de 1937.
20. TB, 9 e 10 de novembro de 1937; *VB* (B), 9 de novembro de 1937, "Eröffnung der Ausstellung 'Der ewige Jude'".
21. TB, 26 de novembro de 1937.
22. TB, 30 de novembro de 1937.
23. TB, 3 de dezembro de 1937; ver também 2 de dezembro de 1937 sobre a preparação da lei.
24. TB, 30 e 31 de dezembro de 1937, numerosas entradas em janeiro, bem como até meados de fevereiro. Quanto ao governo Goga: Armin Heinen, *Die Legion "Erzengel Michael" in Rumänien. Soziale Bewegung und politische Organisation. Ein Beitrag zum Problem des internationalen Faschismus*, Munique, 1986, p. 357 e segs.
25. TB, 13 de fevereiro de 1937, também 14 de fevereiro.
26. TB, 12 de fevereiro de 1937.
27. TB, 15 de outubro de 1937.
28. Exemplos em Stephan, *Goebbels*, p. 95 e segs.
29. TB, 17 de março de 1937.
30. TB, 5 de maio de 1937; *PA* 1937, n. 1.640 (1º de julho).
31. *Michael* (versão em livro). A citação também está no TB, 2 de fevereiro e 13 de agosto de 1924.
32. A "crise Schacht" já vinha de março de 1937. Quanto a isso, ver TB, 19 de março de 1937, assim como 21 de março de 1937, 12 e 14 de agosto, 5, 9 e 10 de setembro e 27 de outubro de 1937: Kopper, *Schacht*, p. 312 e segs.
33. TB, 29 de outubro de 1937; ver também 2 de novembro de 1937, conversa com Hitler sobre o mesmo assunto, bem como 3 de novembro de 1937, conversa com Funk, 4 de novembro sobre outras negociações. Em 6 de novembro de 1937: "Hitler prefere esperar até 9/11 para demitir Schacht."
34. TB, 26 de novembro de 1937.
35. TB, 27 de novembro de 1937; também 28 de novembro de 1936 sobre a primeira visita oficial de Dietrich e Hanke.
36. TB, 2, 4, 7, 9 e 18 de dezembro de 1937; sobre Naumann: 8, 9, 12 e 31 de dezembro de 1937.

37. BK, p. 182; TB, 24 de fevereiro de 1938, sobre a iminente nomeação de Hinkel, que tinha exercido a mesma atividade no âmbito de um departamento especial.
38. TB, 18 de fevereiro e 2 de março de 1938.
39. TB 5 de fevereiro de 1938; também 2 de março de 1938; *PA* 1938, n. 585 (26 de março), comunicado sobre a criação do Departamento de Imprensa Internacional. Enquanto o especialista em jornalismo professor Karl Bömer assumia o setor internacional, o até então diretor de departamento, Alfred-Ingemar Berndt (o veterano redator nazista sucedera Jancke em 1936), se responsabilizava pelas questões internas; no entanto, na passagem do ano 1938-1939, foi substituído pelo radiojornalista Hans Fritzsche e assumiu o departamento de Literatura do Ministério, fundado em 1934. Acerca de Berndt: BK, p. 75 e segs., sobre Bömer, ib., p. 69 e segs. A respeito de Fritsche: TB, 20 de janeiro de 1939, assim como Max Bonacker, *Goebbels' Mann beim Radio. Der NS-Propagandist Hans Fritzsche (1900-1953)*, Munique, 2007, p. 47. Sobre o departamento de literatura: BAB, R 55/432, boletim informativo do Ministério da Propaganda, 5 de setembro de 1934.
40. TB, 20 de janeiro de 1937.
41. TB, 25 de agosto de 1937; sobre o setor administrativo: BK, p. 60 e segs.; há arquivos pessoais de Ott e Müller: R 55/30.326 e 30.122.
42. TB, 30 de março, 5 de abril, 21 e 25 de agosto, 19 de outubro, 21 de novembro de 1935.
43. Inicialmente, não estava claro se Esser seria diretor de departamento, inspetor-geral, comissário do Reich ou secretário de Estado. Goebbels tentou mantê-lo no status mais baixo possível: 16 de dezembro de 1937, 20 e 22 de janeiro, 11 e 25 de fevereiro, 4, 19 e 22 de março, 3 de junho de 1938, 20, 28 e 29 de janeiro de 1939, 17 de fevereiro, 21 de junho de 1939.
44. TB, 5 de fevereiro de 1938.
45. TB, 13 de janeiro de 1938. Em dezembro, Blomberg admitiu, ruborizando, o casamento iminente: TB, 15 de dezembro de 1937.
46. TB, 26 e 27 de janeiro de 1938.
47. TB, 27 de janeiro de 1938. Sobre o caso Blomberg-Pritsch, ver Rolf-Dieter Müller et al. (eds.), *Organisation und Mobilisierung des deuschen Machtbereichs*, Stuttgart, 1999, p. 255 e segs., bem como Karl Heinz Janssen e Fritz Tobias, *Der Sturz der Generäle. Hitler und die Blomberg-Fritsch Krise*, Munique, 1994.
48. TB, 27 de janeiro de 1938.
49. TB, 28 e 31 de janeiro sobre as investigações da Gestapo.
50. TB, 26, 28 e 30 de janeiro de 1938.
51. TB, 29 de janeiro de 1938; ver também 30 de janeiro de 1938.
52. TB, 1º de janeiro de 1938.
53. Em 27 de janeiro de 1938, segundo o TB de 28 de janeiro de 1938.
54. TB, 3 a 5 de fevereiro de 1938.
55. TB, 5 de fevereiro de 1938.
56. TB, 1º de fevereiro de 1938.
57. Quanto aos pormenores, Janssen e Tobias, *Sturz*, p. 148 e segs. TB, 5 de fevereiro de 1938, também 6 de fevereiro; *PA* 1938, n. 359, reunião especial de imprensa (4 de fevereiro): n. 361 (5 de fevereiro, observações de Berndt).
58. TB, 6 de fevereiro de 1938. *Regierung Hitler V*, n. 35, menciona a oração sem entrar em detalhes. O comunicado, que foi distribuído à noite na reunião, encontra-se in: BAB, R 43II/1.477.
59. TB, 23 de fevereiro, 2 de março de 1938.
60. Janssen e Tobias, *Stürz*, p. 173 e segs.
61. TB, 18 de março de 1938.
62. Literatura sobre a "anexação da Áustria": Dokumentationsarchiv des österreichischen Widerstandes (ed.), *"Anschluss" 1938. Eine Dokumentation*, revisão de Heinz Arnberger et al., Viena, 1988; *Anschluss 1938. Protokoll des Symposiums in Wien am 14. und 15. März 1978*, Viena, 1981; Gerhard Botz, *Die Eingliederung Österreichs in das Deutsche Reich. Planung und Verwirklichung des politisch-administrativen Anschlusses (1938-1940)*, 3. ed. ampl., Viena, 1988; Schausberger, *Griff nach Österreich*. Der Anschluss, Viena/Munique, 1978, do mesmo autor, Nationalsoziralismus in Wien. Machtübernahme, Herschaptssicherung, Radikalisinung 1983/39. Viena, 2008; *Österreich; Deutschland und die Mächte. Internationale und österreichische Aspekte des "Anschlusses" vom März 1936*, ed. Gerhard Stourzh e Brigitta Zaar, Viena, 1990.
63. TB, 13 de julho de 1937; *PA* 1937, n. 1.729 (13 de julho), publicação do texto do acordo.
64. TB, 15 de dezembro de 1937.
65. ADAP D I, n. 294 e 295, protocolo sobre a reunião de 12 de fevereiro (inclusive minuta); Schausberger, *Griff*, p. 519 e segs.
66. TB, 16 de fevereiro de 1938, também 17 de fevereiro de 1938; 18 de fevereiro de 1938: "O Führer conversa com Seyss-Inquart, que faz breve visita a Berlim. Só hoje me informo dos pormenores."
67. TB, 21 de fevereiro de 1938.
68. TB, 17 de fevereiro de 1938.
69. TB, 18, 19 e 20 de fevereiro de 1938; *PA* 1938, n. 444 (16 de fevereiro), instrução detalhada sobre a cobertura referente à reforma do governo austríaco. Ralf Richard Koerner, *So haben sie es damals gemacht. Die Propagandavorbereitungen zum österreichanschluss durch das Hitlerregime 1933-1938*, Viena, 1958, p. 68 e segs.
70. *Domarus I*, p. 792 e segs., citações p. 802 e 803; ver também TB, 21 de fevereiro de 1938.

71. TB, 26 de fevereiro de 1938.
72. TB, 1º de março de 1938, também 2 e 4 de março de 1938; Schausberger, *Griff*, p. 542 e segs.
73. *PA* 1939, n. 557 (24 de fevereiro), n. 564 (25 de fevereiro); n. 618 (1º de março de 1938): "discrição" e "cuidado"; TB, 1º de março de 1938; Koerner, *So haben sie es*, p. 75 e segs.
74. Schausberger, *Griff*, p. 552 e segs.
75. TB, 10 de março de 1938.
76. TB, 11 de março de 1938; *PA* 1938, n. 724 e 727 (11 de março). *VB* (B), 11 de março de 1938, "Schuschniggs 'Volksentscheid'" (editorial): *DAZ*, 11 de março de 1938 (A), "Feuerüberfall auf Linzer Nationalsozialisten" (manchete); Koerner, *So haben sie es*, p. 78 e segs.
77. A grafia certa: Seyss-Inquart.
78. TB, 12 de março de 1938; Schausberger, *Griff*, p. 556 e segs.
79. TB, 13 de março de 1938. Texto in: *Domarus I*, p. 815 e segs. A esse respeito e sobre outro tratamento propagandístico da campanha, ver *PA* 1938, n. 728 e segs., bem como p. 733 e segs. (12 de março); *VB* (B) 12 de março de 1938, "Deutsch-Österreich aus dem Chaos gerettet. Provisorische Wiener Regierung Seyss-Inquart bittet den Führer um Entsendung reichsdeutscher Truppen" (manchete); *DAZ*, 12 de março de 1938 (M), "Nationalsozialismus Österreichs an der Macht".
80. TB, 14, 15 e 16 de março de 1938 (lá, ainda, Departamento Central Nacional de Propaganda), assim como 17, 19 e 20 de março de 1938.
81. TB, 14 de março de 1938.
82. *Domarus I*, p. 824 e segs.; TB, 16 de março de 1938.
83. TB, 16 de março de 1938.
84. *VB* (B), 16 de março de 1938, "Heute Freudentag in Berlin" (manchete), bem como a exortação de Goebbels.
85. TB, 17 de março de 1938; *VB* (B), 17 de março de 1938, "Triumphaler Einzug des Führers in die Hauptstadt des Grossdeutschen Reiches. 2,5 Millionen dankten jublend ihrem Führer".
86. *Domarus I*, p. 826 e segs.; TB, 18 e 19 de março de 1938.
87. TB, 20 de março de 1938.
88. TB, 18 de março de 1938.
89. TB, 19 de março de 1938.
90. TB, 20 de março de 1938.
91. TB, 31 de março de 1938; *VB* (B), 30 de março, "Festlicher Empfang des Reichsministers Dr. Goebbels in Wien"; 31 de março de 1939 (manchete), "Kundgebung der Hunderttausend in Wien"; *PA* 1938, n. 955, assim como n. 956 e 958 (29 de março), n. 965 (30 de março).
92. TB, 10 de abril de 1938; Heiber (ed.), *Goebbels Reden*, n. 33.
93. Heiber (ed.), *Goebbels Reden*, p. 299.
94. *Domarus I*, p. 848 e segs.; TB, 10 de abril de 1938.
95. TB, 11 de abril de 1938.
96. Jung, *Plebiszit*, p. 109 e segs.
97. TB, 26 de abril de 1938.
98. TB, 20 de março de 1938. Ver, ainda, 7 de março de 1938, quando Hitler disse a Goebbels que a República Tchecoslovaca "um dia será despedaçada".
99. TB, citações de 21 e 28 de março de 1938; ver também as entradas correspondentes de 25 e 30 de março de 1938.
100. *ADAP* D II, n. 107, memorando sobre minha palestra com o líder do Partido Alemão dos Sudetos, Konrad Henlein, e seu vice, Karl Hermann Frank; ver Smelser, *Sudetenproblem*, p. 193 e segs., Rönnefarth, *Sudetenkrise*, p. 218 e segs.
101. TB, 25 de abril de 1938. Cf. também a síntese de Henlein depois do encontro com Hitler (nota anterior): "Por isso sempre exigimos tanto, de modo que seja impossível satisfazer-nos".
102. Smelser, *Sudetenproblem*, p. 198; ver a esse respeito *PA* 1937, n. 1.197 (25 de abril), que segue insistindo para que a imprensa alemã se contenha. Sobre o discurso: TB, 25 de abril de 1938.
103. *PA* 1938, n. 1.272 (2 de maio), 1.311 (7 de maio), 1.340 e 1.366 (11 de maio), 1.425 e 1.433 (18 de maio).
104. TB, 4 a 11 de maio de 1938; *VB*, 4 a 11 de maio de 1938.
105. TB, 7 de maio de 1938. A "liquidação" da Áustria e o silêncio da Itália no caso de um conflito entre a Alemanha e a República Tchecoslovaca foram, efetivamente, os resultados essenciais da visista: *ADAP* D I, n. 761. Circular de Ribbentrop às embaixadas, assim como n. 762, anotações de Weizsäcker, 12 de maio de 1938.
106. TB, 6 de maio de 1938.
107. TB, 20 de maio de 1938.
108. *PA* 1938, n. 1.435 (19 de maio). Sobre o prosseguimento da campanha: *PA* 1938, n. 1.445 (20 de maio). Quanto à implementação dessas instruções, ver a cobertura do *DAZ*, que, com a edição vespertina de 19 de maio, efetuou a mudança desejada e passou para a polêmica agressiva; o *FZ* tomou o mesmo rumo ao publicar um editorial sobre a alegada discriminação econômica dos Sudetos alemães no dia 19 e ao passar, em 21 de maio, a noticiar os "incidentes". A campanha antichecoslovaca do *VB* começou violentamente no dia 21 de maio. Acerca dessa mudança de curso, ver Schwarzenbeck, *Pressepolitik*, p. 293 e segs.
109. *PA* 1938, n. 1.440 (20 de maio).

110. TB, 23 de maio de 1938.
111. TB, 22 de maio de 1938; ver *DAZ*, *FZ*, assim como *VB* de 21 de maio de 1938.
112. *PA* 1938, n. 1.467 (23 de maio).
113. Sobre a crise de fim de semana, Rönnefarth, *Sudetenkrise*, p. 277 e segs.; Stefan Scheil, *Churchill, Hitler und der Antisemitismus. Die deutsche Diktatur, ihre politischen Gegner und die europäische Krise der Jahre 1938/39*, Berlim, 2008, p. 193 e segs. Continua sendo incerta a origem dos boatos. Ver a esse respeito Igor Lukes, "The Czechoslovak Partial Mobilization in May 1938: a Mystery (almost) Solved", in: *JCH* 31 (1996), p. 699-720, que — com uma argumentação não muito coerente — sugere uma manobra do serviço secreto soviético. Sobre a propaganda alemã: *DAZ*, 22-25 de maio de 1938; *FZ*, 22-27 de maio de 1938; *VB*, 22-26 de maio de 1938. Ver a esse respeito as diretrizes: *PA* 1938, n. 1.467 (23 de maio), n. 1.476 (24 de maio), n. 1.487 e 1.488 (25 de maio), n. 1.504 (27 de maio).
114. *PA* 1938, n. 1.510 (28 de maio): no seu editorial de 30 de maio de 1938, o *FZ* enxergou "sinais de distensão"; as edições de 26 a 31 de maio do *DAZ* e as de 29 e 30 de maio do *VB* não deram destaque a notícias de supostas violações de fronteira.
115. TB, 23 (citação de "água-morna"), 25, 26 e 27 de maio de 1938; 29 de maio de 1938. Goebbels se apressou a incluir essas diretivas num discurso que proferiu, depois que Hitler examinou atentamente o texto, em 30 de maio em Dessau (TB, 30 de maio de 1938). Sobre o discurso: *VB* (B), 30 de maio de 1938, "Scharfe Abrechnung mit den Friedensstörern".
116. *ADAP* D II, n. 221, 30 de maio de 1938, intrução do Führer em relação à entrada de tropas de Grün; Rönnefarth, *Sudetenkrise*, p. 310; Smelser, *Sudetenproblem*, p. 201.
117. TB, 1º, 2 e 3 de junho de 1938. *PA* 1938, n. 1.551 (2 de junho), n. 1.565 (3 de junho); *VB* (B), 3 de junho de 1938; *MNN*, 2 e 3 de junho de 1938; *DAZ*, 2 de junho (M e A): Schwarzenbeck, *Pressepolitik*, p. 313 e segs. Um ataque particularmente violento foi o seu discurso em Königsberg em 17 de junho, TB, 17 e 18 de junho de 1938, *FZ*, 19 de junho de 1938, "Reichsminister Goebbels in Königsberg".
118. Nas entradas no diário de 4, 5, 8-12 de junho, Goebbels se gaba de ter instigado a imprensa a insistir no conflito com Praga. No entanto, isso não se refletiu nas instruções à imprensa e se manifestou apenas parcialmente na mídia (*PA* 1938, n. 1.601, n. 1.613, n. 1.620). No dia 3 de junho de 1938, o *FZ* publicou um editorial posicionando-se categoricamente quanto ao "problema da Tchecoslováquia"; na mesma edição, assim como na de 7 de junho, apareceram artigos sobre os "incidentes". Até o dia 11 de junho, o *DAZ* noticiou regularmente esses acontecimentos na primeira página; no *VB* (B), eles foram manchete de 2 a 9, de 11 a 13 e em 18 de junho. No TB, ainda se encontram anotações sobre a propaganda contra a Tchecoslováquia em 15 e 21 de junho, 1º e 2 de julho de 1938. Na segunda quinzena, a polêmica contra Praga voltou a cessar no *VB* e no *FZ*, assim como no *DAZ* entre 18 e 29 de julho. Ver também Schwarzenbeck, *Pressepolitik*, p. 314 e segs.
119. TB, 17 de julho de 1938.
120. TB, 19 de julho de 1938.
121. *PA* 1939, n. 1.974 (18 de julho), n. 1.981 e 1.988 (19 de julho), n. 2..008 (22 de julho). Sobre a continuação — contida — da campanha em julho, ver *DAZ*, *FZ*, *VB*.
122. Sobre o início da perseguição aos judeus na Áustria "anexada": Gerhard Botz, *Nationalsozialismus in Wien. Machtübernahme und Herrschaftssicherung 1938/39*, 3. ed., Buchloe, 1988, p. 93 e segs.; Longerich, *Politik der Vernichtung*, p. 162 e segs.; Herbert Rosenkranz, *Verfolgung und Selbstbehauptung. Die Juden in Österreich, 1938-1945*, Viena, 1978, p. 20 e segs.
123. Adam, *Judenpolitik*, p. 172 e segs.; Barkai, *Vom Boykott zur "Entjudung"*, p. 233 e segs.; Friedländer, *Das Dritte Reich I*, p. 262 e segs.; Longerich, *Politik der Vernichtung*, p. 155 e segs.
124. TB, 25 de maio de 1938.
125. OA Moskau, 500-1-603, ed. e intr. Wolf Gruner: "'Lesen brauchen sie nicht zu können.' Die Denkschrift über die Behandlung der Juden in der Reichshauptstadt auf allen Gebieten des öffentlichen Lebens vom Mai 1938", in: *Jahrbuch für Antisemitismusforschung* 4 (1995), p. 305-341.
126. TB, 21 de abril de 1938.
127. TB, 25 de maio (Helldorf), 30 de maio (consentimento de Hitler), 31 de maio de 1938 (Helldorf).
128. TB, 2, 3 e 4 de junho de 1938.
129. TB, 11 de junho de 1938.
130. Longerich, *Politik der Vernichtung*, p. 178 e segs.
131. TB, 21 de junho de 1938.
132. TB, 22 de junho de 1938.
133. TB, 24 de junho; ver também 26 de junho de 1938.
134. Longerich, *Davon*, p. 114; TB, 9 de julho de 1938 (sobre Stuttgart).
135. TB, 1º e 27 de julho, 31 de agosto de 1938.
136. Longerich, *Davon*, p. 114.
137. TB, 25 de julho de 1938.
138. Sobre a missão Runciman: Rönnefarth, *Sudetenkrise*, p. 407 e segs.; Paul Vysny, *The Runciman Mission to Czechoslovakia, 1938. Prelude to Munich*, Houndmills/Nova York, 2003; TB, 28 de julho de 1938: toma-se uma "posição de neutralidade" perante a missão. Isso correspondia à atitude do Ministério das Relações Exteriores nas reuniões de imprensa: *PA* 1938, n. 2.031 (26 de julho); n. 2.039 (26-27 de julho), n. 2.067 (30 de julho).

139. Quanto à cobertura da missão Runciman pela imprensa, ver, por exemplo, *VB* (B), 4, 6 e 21 de agosto (editorial), bem como *DAZ*: 2 de agosto (A), 10 de agosto (M); 11 de agosto (M); 14 de agosto (M); e também 17 a 19 de agosto de 1938.
140. No começo de agosto, toda a imprensa noticiou ruidosamente o chamado incidente de Glatzer: *DAZ*, 3 de agosto (A), 4 de agosto (M e A), 5 de agosto (M e A) de 1938; *VB* (B), 4 e 5 de agosto de 1938. Outros exemplos de cobertura agressiva: *DAZ*, 9 de agosto (M), "Sudetendeutscher von Tschechen ermordet" (manchete); 9 de agosto (A), "Der Mörder vom Glaserwald verhaftet" (manchete); *VB* (B), 9 de agosto, "Wieder ein Todesopfer tschechischer Mordhetze" (manchete); além de artigos de primeira página referentes ao mesmo caso em 11, 12, 13, 16, 18 e 19 de agosto. Acerca dessa campanha, ver as seguintes instruções à imprensa: *PA* 1939, n. 2.112 e 2.114 (3 de agosto), n. 2.118 e 2.121 (4 de agosto), n. 2.125, 2.138 e 2.141 (5 de agosto), n. 2.144 e 2.150 (6 de agosto), n. 176 (9 de agosto) e n. 2.240 (16 de agosto): Schwarzenbeck, *Pressepolitik*, p. 334 e segs.; TB, 5 e 6, 10 de agosto de 1938.
141. TB, 23 a 27 de agosto de 1938.
142. Schwarzenbeck, *Pressepolitik*, p. 340 e segs. *PA* 1938, n. 2.353 (27 de agosto), n. 2.372 (29 de agosto), n. 2.382 (31 de agosto). Ver também *VB* (B), 26 a 30 de agosto; *MNN*, 29 e 30 de agosto; *DAZ*, 26 a 30 de agosto.
143. O oficial da contrainteligência Helmuth Groscurth escreveu em 27 de agosto de 1938 a respeito de uma visita de Karl Hermann Frank, que o informou da sua conversa com Hitler no dia 26 de agosto: "Mandou provocar incidentes na República Tchecoslovaca!". Helmuth Groscurth, *Tagebücher eines Abwehroffiziers 1938-1940. Mit weiteren Dokumenten zur Militäropposition gegen Hitler*, ed. Helmut Krausnick, Stuttgart, 1970, p. 104.
144. TB, 9 de setembro de 1938.
145. *PA* 1938, n. 2.455, 2.458, 2.459 (7 de setembro), n. 2.460 (8 de setembro); TB, 8 e 9 de setembro, *VB* (B), 8 de setembro de 1939, "Prager Regierung nicht mehr Herr ihrer Polizei" (manchete); "Prags verbrecherisches Spiel mit dem Feuer" (páginas internas), 9 de setembro, "Prag spielt mit dem Feuer"; ver também Smelser, *Sudetenproblem*, p. 210 e segs., Schwarzenbeck, *Pressepolitik*, p. 350, Rönnefarth, *Sudetenkrise*, p. 478 e segs.
146. *Domarus I*, p. 897 e segs., citação p. 904; TB, 13 de setembro de 1938; Schwarzenbeck, *Pressepolitik*, p. 354 e segs.; Rönnefarth, *Sudetenkrise*, p. 497 e segs.
147. TB, 14 de setembro de 1938.
148. Rönnefarth, *Sudetenkrise*, p. 493 e segs.
149. *PA* 1938, n. 2.524, 14 de setembro, assim como n. 2.533 do mesmo dia; *VB* (B), 14 de setembro, "Feuerüberfälle, Morde, Standrecht" (manchete); 15 de setembro de 1938, "30 neue Opfer tschechischer Mordschützen".
150. *VB* (B), 14 de setembro, "Wie lange noch?". A esse respeito, ver TB, 15 de setembro de 1938: "O meu artigo no *VB* parece muito agressivo. Era para ser mesmo."
151. Smelser, *Sudetenproblem*, p. 212 e segs.; TB, 15 de setembro de 1938.
152. TB, 15 de setembro de 1939.
153. *PA* 1939, n. 2.533, 2.549-2.553 (15 de setembro), n. 2.558-2.562, 2.569, 2.570 e segs. (16 de setembro), n. 2.572, 2.574, 2.575, 2.580-2.582 (17 de setembro), n. 2.583 e segs. (18 de setembro). Segundo o TB de 17 de setembro, essa polêmica devia durar até o início do encontro de Godesberg. Em 18 de setembro de 1938: "Ampliamos muito [...] o terror tcheco. O estado de espírito precisa chegar à temperatura da ebulição." Ver também Schwarzenbeck, *Pressepolitik*, p. 359 e segs.
154. *VB* (B), 16 de setembro de 1938, "Die Besprechungen zwischen dem Führer und dem britischen Premierminister"; *ADAP* D II, n. 487, notas sobre a conversa Hitler-Chamberlain, 15 de setembro de 1938; Rönnefarth, *Sudetenkrise*, p. 523 e segs.
155. "Ele quer a minha presença nestes dias", TB, 18 de setembro de 1938.
156. TB, 18 de setembro de 1938.
157. TB, 19 de setembro de 1938.
158. TB, 20 de setembro de 1938; Rönnefarth, *Sudetenkrise*, p. 540 e segs.; *ADAP* D II, n. 523, texto da mensagem conjunta dos governos britânico e francês a Beneš em decorrência das conversações de 18 de setembro.
159. TB, 20 de setembro de 1938; ver também 21 de setembro de 1938.
160. *PA* 1938, n. 2.613, 2.614, 2.615, 2.623, 2.627, 2.628 e 2.632 (21 de setembro).
161. TB, 21 de setembro de 1939; ver a esse respeito *PA* 1938, n. 2.596 (19 de setembro), n. 2.606 e 2.607, 2.608 (20 de setembro), *VB* (B), 20 de setembro, "Tschechenstaat kracht in allen Pugen" (manchete); 21 de setembro, "Offene tschechische Angriffe auf das Reich" (manchete); 22 de setembro, "Fort mit dem Benesch-Staat" (manchete).
162. Kershaw, *Hitler-Mythos*, p. 155 e segs.
163. Era justamente isso que ele tinha falado com Goebbels e Ribbentrop na madrugada anterior: TB, 22 e 23 de setembro de 1938; *ADAP* D II, n. 562, anotação de Schmidt sobre a entrevista Chamberlain-Hitler, 22 de setembro de 1938; Rönnefarth, *Sudetenkrise*, p. 581 e segs.; Kershaw, *Hitler*, vol. II, p. 169 e segs.; Schmidt, *Statist*, p. 407 e segs.
164. *ADAP* D II, n. 572 a 574 (23 de setembro de 1938), bem como n. 583 (noite de 23 de setembro); TB, 24 de setembro de 1938; Rönnefarth, *Sudetenkrise*, p. 585 e segs.
165. TB, 25 de setembro de 1938.

166. *PA* 1938, n. 2.633 (21 de setembro), n. 2.636-2.640, 2.646 e segs. (22 de setembro), n. 2.648-2.650, 2.657, 2.660 e segs. (23 de setembro), n. 2.665 (24 de setembro): "A imprensa alemã deve contrastar a calma e a segurança dos estadistas em Godesberg com os alarmistas de Praga, evidenciando a contradição gritante entre o comportamento do governo de Praga e os esforços de Chamberlain e do Führer pela paz." Ademais n. 2.663 e segs., n. 2.666 e segs. (24 de setembro). *VB* (B), 23 de setembro, "Heute Fortsetzung der Besprechungen in Godesberg — Rote Militärdiktatur in Prag beginnt mit blutigen Verbrechen" (manchete); 24 de setembro, "Abschluss in Godesberg — Tschechische Armee besetzt die Grenzen" (manchete).
167. TB, 26 de setembro de 1938.
168. Rönnefarth, *Sudetenkrise*, p. 615; TB, 27 de setembro de 1938.
169. TB, 26 de setembro de 1938.
170. *VB* (B), 26 de setembro de 1938.
171. *Domarus I*, p. 923 e segs., citação p. 927.
172. TB, 28 de setembro de 1938. *PA* 1938, n. 2.683 e segs. (26 de setembro), assim como n. 2.686 e segs. (27 de setembro), comentário do *DAZ*, 27 de setembro de 1938 (A): "Der Spieler"; *VB* (B), 27 de setembro de 1938, "Wir sind entschlossen. Herr Benesch mag jetzt wählen!" (manchete); Schwarzenbeck, *Pressepolitik*, p. 380 e segs.
173. TB, 28 de setembro de 1938; Kershaw, *Hitler*, vol. II, p. 174; Rönnefarth, *Sudetenkrise*, p. 618 e segs.
174. 1.780-PS, *IMT* XXVII, p. 345 e segs., Jodl, Diário de Serviço, entrada de 27 de setembro de 1938, 20h30 (p. 388).
175. Ruth Andreas-Friedrich, *Schauplatz Berlin. Ein deutsches Tagebuch*, Munique, 1962, p. 5 e segs.; Schmidt, *Statist*, p. 417; William L. Shirer, *The Journal of a Foreign Correspondent 1934-1941*, Nova York, 1942, p. 114 e segs.: "It has been the most striking demonstration against war I've ever seen"; sobre a falta de entusiasmo pela guerra, ver também: *SOPADE* 1938, p. 913 e segs. (setembro de 1938).
176. Below, *Als Hitlers Adjutant*, p. 127.
177. Hill, *Weizsäcker Papers*, p. 145 e 171.
178. TB, 29 de setembro de 1938.
179. Kershaw, *Hitler*, vol. II, p. 175.
180. TB, 29 de setembro: Goebbels, que nessa manhã se achava na Chancelaria, atribuiu a Hitler a iniciativa da conferência: "Então lhe ocorre a ideia de uma conferência dos quatro: com Mussolini, Chamberlain e Daladier. Em Munique. Em uma hora, Mussolini concorda." Sobre a Conferência de Munique e os seus precedentes imediatos: Rönnefarth, *Sudetenkrise*, p. 623 e segs.; David Faber, *Munich. The 1938 Appeasement Crisis*, Londres etc., p. 391 e segs.
181. TB, 29 de setembro de 1938; *PA* 1938, n. 2.704 (28 de setembro): "Os gigantescos comícios de milhões pelo direito dos Sudetos alemães devem aparecer na primeira página com grandes manchetes e comentários." Igualmente n. 2.706 (28 de setembro). *VB* (B), 28 de setembro, "Massenkundgebung der NSDAP im Lustgarten" (convocação); 29 de setembro de 1938, "Millionen-Kundgebungen im ganzen Reich. Die Nation will Freiheit der Sudetendeutschen"; *FZ* (M), 29 de setembro de 1938, "Das Treuebekenntnis zum Führer".
182. TB, 1º de outubro de 1938.
183. *VB* (B), 1º de outubro de 1938, "Berlin empfängt den Führer" (manchete). A edição contém uma exortação de Goebbels à população, uma exortação do vice-*Gauleiter* Görlitzer para que as empresas dispensassem os empregados e um decreto do prefeito Lippert que, além de suspender as aulas, determinou que os professores levassem os alunos para as ruas adjacentes.
184. TB, 2 de outubro de 1938; *VB* (B), 2 de outubro, "Erhebende Kundgebungen grüssten den Führer bei seiner Ankunft in der Reichshauptstadt" (página 1).
185. TB, 3 de outubro de 1938; ver também 10 de outubro. De fato, pouco depois, Hitler assinou uma instrução fundamental para as forças armadas, na qual, entre outras coisas, apresenta a "liquidação" do "resto da Tchecoslováquia" como objetivo político-militar em futuro próximo, *ADAP* D IV, n. 81, instrução de 21 de outubro.

18. "Só o sofrimento nos amadurece!"

1. TB, 3 e 4 de agosto de 1938; 5 de agosto de 1938: "Magda teve uma discussão importante em casa. De grande significado para mim. Ainda bem que chegamos a tanto." Em 6 de agosto de 1938: "Nem tudo está em paz, mas muita coisa se esclareceu. Tomara que agora estabeleçamos uma nova meta. Eu preciso disso. Os últimos meses me fizeram muito mal." Em: 10 de agosto de 1938: "Agora nós chegamos a um entendimento. Tomara que dure."
2. Baarová, *Bitterkeit*, p. 134 e segs. Quanto ao fim de semana, trata-se dos dias 13 e 14 de agosto (TB, 14 de agosto de 1938: "Ao meio-dia, chega a grande visita."). De acordo com o relato de Baarová, eles haviam assistido ao seu filme mais recente, *Der Spieler*, coisa que Goebbels confirma no diário. Ele já tinha assistido ao filme duas vezes (TB, 16 e 28 de julho de 1938).
3. TB, 16 de agosto de 1938, também 17 de agosto de 1938: "Com o Führer. Tive uma longa conversa com ele. Afetou-me profundamente. Quase já não vejo saída." Baarová, *Bitterkeit*, p. 137 e segs., classifica de contraditórios os sinais emitidos por Goebbels nesses dias: inicialmente, anunciou a separação, mas depois garantiu que acharia uma saída para manter o relacionamento.

4. TB, 18 e 20 de agosto de 1938. Outras conversas com Magda: 21 e 31 de agosto, bem como 2 de setembro de 1938.
5. TB, 19 e 20 de agosto de 1938.
6. TB, 21 de agosto de 1938.
7. TB, 25, 26 e 27 de agosto de 1938.
8. TB, 9 de outubro, antes, porém, 4 de outubro de 1938.
9. TB, 10 e 11 de outubro de 1938.
10. TB, 13 de outubro, também 12 de outubro de 1938.
11. TB, 14 de outubro de 1938.
12. TB, 3 (apud), 4 e 11 de fevereiro, 14 de março e 10 de abril de 1937.
13. TB, 15 de outubro de 1938.
14. TB, 18 de outubro de 1938.
15. TB, 20 de outubro de 1938.
16. TB, 21 de outubro de 1938.
17. TB, 22 de outubro de 1938.
18. TB, 22 de outubro de 1938.
19. Ver TB, 23 de julho de 1939; Speer, *Erinnerungen*, p. 161 e segs.
20. TB, 22 de outubro de 1938.
21. TB, 24 de outubro de 1938.
22. TB, 24 de outubro de 1938.
23. *VB* (B), 25 de outubro de 1938, "Adolf Hitler wieder auf dem Obersalzberg. Der Führer bei einem Besuch auf dem Kehlstein am Sonntag, 23. Oktober, mit seinen Gästen, Reichsminister Dr. Goebbels und Frau und ihren Kindern Hega, Hilde und Helmut".
24. Baarová, *Bitterkeit*, p. 142 e segs.
25. TB, 25 de outubro de 1938; Baarová, *Bitterkeit*, p. 145: Goebbels ainda teria telefonado para ela da casa de Göring.
26. TB, 26 de outubro de 1938.
27. TB, 26 de outubro de 1938.
28. TB, 27, 29, 30 e 31 de outubro, bem como 4, 5 e 7 de novembro de 1938.
29. TB, 29 de outubro de 1938.
30. TB, 30 de outubro de 1938.
31. TB, 27 e 29 de outubro de 1938.
32. Sobre o pogrom de novembro de 1938: Dieter Obst, *"Reichskristallnacht". Ursachen und Verlauf des antisemitischen Pogroms vom November 1938*, Frankfurt a. M. etc., 1991; Hans-Jürgen Döscher, "*Reichskristallnacht". Die Novemberpogrome 1938*, Berlim, 1988; sobre os precedentes esboçados mais extensamente: Longerich, *Politik der Vernichtung*, p. 190 e segs.
33. Acerca dos acontecimentos em Kurhessen, ver Obst, *"Reichskristallnacht "*, p. 67 e segs.; Wolf-Arno Kropat, *Kristallnacht in Hessen. Der Judenpogrom vom November 1938. Eine Dokumentation*, Wiesbaden, 1988, p. 21 e segs. Quanto ao papel de Goebbels no pogrom, Reuth, *Goebbels*, p. 394 e segs.; Thacker, *Goebbels*, p. 206 e segs.
34. TB, 9 de novembro de 1938.
35. TB, 10 de novembro de 1938.
36. *Der Angriff*, 10 de novembro de 1938, "Razzia auf Judenwaffen, Aktion der Berliner Polizei".
37. Relatório do Superior Tribunal do Partido, 3.063-PS, *IMT* 32, p. 21 e segs., p. 21. Faz tempo que a historiografia vem frisando a inequívoca responsabilidade de Hitler pelo desencadeamento do pogrom, que se depreende claramente dos diários: Longerich, *Politik der Vernichtung*, p. 198 e segs.; Kershaw, *Hitler*, vol. II, p. 195 e segs.; Friedländer, *Das Dritte Reich I*, p. 293 e segs.
38. TB, 10 de novembro de 1938.
39. 3.063-PS, p. 29.
40. Sobre a participação do Stosstrupp [destacamento de assalto] nas destruições, ver também: Angela Hermann, "Hitler und sein Stosstrupp in der 'Reichskristallnacht'", in: *VfZ* 56 (2008), p. 603-619.
41. TB, 11 de novembro de 1938.
42. *VB* (N), 11 de novembro de 1938.
43. *Der Angriff*, 12 de novembro de 1938, "Empfang im Führerbau"; TB, 11 de novembro de 1938.
44. *Domarus I*, p. 973 e segs., p. 974.
45. TB, 11 de novembro de 1938.
46. TB, 12 de novembro de 1938.
47. *VB* (N), 12 de novembro de 1938, "Der Fall Grünspan".
48. 1.816-PS, *IMT* 28, p. 499 e segs.
49. Ib., p. 518.
50. Ib., p. 508 e segs.; Joseph Walk (ed.), *Das Sonderrecht für die Juden im NS-Staat. Eine Sammlung der gesetzlichen Massnahmen und Richtlinien — Inhalt und Bedeutung*, 2. ed., Heidelberg, 1996, parte III 12, decreto de 12 de novembro de 1938.
51. 1.816 PS-PS, p. 508-511.

52. *VB* (N), 14 de novembro, "Alle jüdischen Geschäfte in kürzester Frist deutsch! Dr. Goebbels über die endgültige Lösung der Judenfrage" (manchete); TB, 14 de novembro de 1938.
53. *VB* (N), 16 de novembro de 1938, "Reinliche Scheidung zwischen Deutschen und Juden. Unterredung des Reichsministers Dr. Goebbels mit dem Sonderkorrespondenten des Reuterbüros"; TB, 13 e 15 de novembro de 1938.
54. TB, 17 a 25 de novembro de 1938. *PA* 1938, n. 3.275 (comentário de 15 de novembro). *VB* (N), 24 de novembro de 1938, "Keine Kompromisse in der Judenfrage! Reichsminister Dr. Goebbels über den Abwehrkampf gegen die internationale Judenhetze".
55. TB, 26 de novembro de 1938.
56. Pormenores in: Longerich, *Davon*, p. 136 e segs.; Herbert Obenaus, "The Germans: 'An Antisemitic People.' The Press Campaign after 9 November 1938", in: David Bankier (ed.), *Probing the Depths of German Antisemitism: German Society and the Persecution of the Jews, 1933-1941*, Nova York etc., 2000, p. 147-180. A esse respeito, ver também *PA* 1938, n. 3.287 (17 de novembro).
57. *PA* 1938, n. 3.310 (19 de novembro). Na reunião de imprensa de 22 de novembro, Goebbels deixou claro que não estava nada "satisfeito", que a mídia precisava ter a fineza de se esforçar mais (*PA* 1938, n. 3.336). Ver, ainda, *PA* 1935, n. 3.378 (24 de novembro), n. 3.418 (28 de novembro), n. 3.334 e 3.337 (22 de novembro), n. 3.388 (25 de novembro), n. 3.398 (26 de novembro), n. 3.450 e 3.455 (30 de novembro), n. 3.483 (2 de dezembro), n. 3.612 (14 de dezembro); *PA* 1939, n. 68 (7 de janeiro). Fritz Sänger, *Politik der Täuschungen. Missbrauch der Presse im Dritten Reich. Weisungen, Informationen, Notizen, 1933-1939*, Viena, 1975, p. 64.
58. *Nur für Redner. Sonderlieferung 3/1938 des Aufklärungs- und Redner-Informationsmaterials der Reichspropagandaleitung der NSDAP und des Reichspropagandaamtes der DAF*, s.d., citado em Barth, *Goebbels und die Juden*, p. 267.
59. Discurso de 30 de janeiro, impresso in: *Domarus II*, p. l.047 e segs. Sobre a passagem em questão, p. 1055 a 1058; quanto à preparação propagandística do discurso: Longerich, *Davon*, p. 142.
60. TB, 27 de outubro de 1938, visita ao teatro; no fim de outubro, Magda o acompanhou numa viagem a Erfurt, onde ele discursou para "os escritores" (30 de outubro de 1938); ver também 6 de novembro de 1938 sobre irem juntos ao teatro.
61. TB, 17 de novembro de 1938.
62. TB, 13 de novembro a 30 de novembro (numerosos apontamentos), bem como 7, 12 e 30 de dezembro de 1938.
63. TB, 17 de janeiro de 1939.
64. TB, 6 e 8 de fevereiro de 1939.
65. Quanto aos preparativos e à condução da campanha eleitoral: TB, 6 e 8 de outubro de 1938, 5, 9, 12, 19 e 24 de novembro de 1935. Acerca da eleição em geral: Ralf Gebel, *"Heim ins Reich!" Konrad Henlein und der Reichsgau Sudetenland (1938-1945)*, 2. ed., Munique, 2000, p. 136 e segs.
66. TB, 20 de novembro de 1938, assim como 2 de dezembro de 1938, sobre os dois dias precedentes.
67. TB, 5 e 6 de dezembro de 1938.
68. TB, 8 e 9 de dezembro de 1938.
69. TB, 10 de dezembro de 1938.
70. TB, 13 e 16 de dezembro de 1938.
71. TB, 30 de dezembro de 1938. Entre 18 e 29 de dezembro de 1938, ele teve de interromper as anotações no diário, uma das raras grandes lacunas nos seus apontamentos.
72. TB, 1º de janeiro de 1939.
73. TB, 30 de dezembro de 1938.
74. TB, 1º de janeiro de 1939.
75. TB, 3 de janeiro de 1939.
76. TB, 4 de janeiro de 1939, bem como 30 de dezembro de 1938.
77. TB, 4 de janeiro de 1939.
78. TB, 8 a 18 de janeiro de 1939.
79. TB, 8 de janeiro de 1939.
80. TB, 15 e 17 de janeiro de 1939.
81. TB, 17 e 20 de janeiro de 1939.
82. TB, 18 de janeiro de 1939.
83. TB, 18 de janeiro de 1939.
84. TB, 19 e 20 de janeiro de 1939.
85. Não se preservaram o contrato nem a carta de Hitler; TB, 20 a 25 de janeiro de 1939; Reuth, *Goebbels*, p. 404.
86. TB, 29 de janeiro e 27 de fevereiro de 1939.
87. TB, 17 de fevereiro de 1939: "Longo falatório com Magda. Ela me conta dos seus bailes, festas e sei lá o que mais. Mas isso não me interessa."
88. Ver p. 241.
89. A respeito da reforma: BAB, R 55/421, assim como TB, 12 de outubro, 17 e 18 de novembro de 1938, também 3, 4 e 10 de fevereiro, 16 de março, 25 de abril, 2 de maio e 2 de junho de 1939.
90. TB, 12 de janeiro, 20 (apartamento pronto), 22 de março, 15, 20, 21 e 28 de abril de 1938 (mudança).

91. BAB, R 55/421, descrição da nova construção, 26 de agosto de 1939.
92. R 55/421, notar referência à reforma do prédio da residência funcional do ministro, 28 de fevereiro de 1939.
93. BAB, R 55/423, lista dos objetos comprados pelo sr. Brandl em Paris e recebidos pelo Ministério da Propaganda.
94. R 55/421, prestação de contas de Ott para Goebbels, 2 de março de 1939.
95. TB, 29 de julho, 16 a 19 de agosto de 1939.
96. TB, 10 de fevereiro de 1939.
97. TB, 22, 24 e 29 de janeiro de 1939; ver também Berkholz, *Waldhof*, p. 28 e segs.
98. Apontamentos de 4, 7 (menção a valhacouto) e 12 de fevereiro, assim como 2 e 18 de março (apud), 28 de abril de 1939. Sobre o andamento da obra: TB, 2, 5 e 7 de maio de 1939.
99. BAB, R 55/422: comentário do governo de Potsdam, 21 de abril de 1939; carta do secretário de Estado do Departamento Nacional de Florestamento ao secretário de Estado Hanke, 31 de maio de 1939.
100. TB, 13 e 26 de novembro de 1939.
101. BAB, R 55/422, orçamento do arquiteto Bartel, 1º de novembro de 1940. Berkholz, *Waldhof*, p. 29 e 43.
102. BAK, ZSg. 158/40, Erich Bandekow, sobre casos de corrupção fiscal de ministros, líderes nacionais [*Reichsleit*] etc., 1948, p. 5.
103. Berkholz, *Waldhof*, p. 32 e segs. TB, 17 de janeiro de 1940: "Terreno um pouco diminuído." LA Berlin A Rep. 057, n. 2.181, contrato de cessão vitalícia por parte do município de Berlim a Goebbels de um terreno de 210 hectares à beira do Bogensee, com edificação, casa de madeira, casa de hóspedes, duas garagens, alojamento de caseiro, inclusive mobília, 1º de abril de 1940.
104. TB, 19 e 20 de agosto, 7 de novembro de 1939.
105. BAB, R 55/759, endosso do Ministério da Propaganda, 30 de março de 1943; TB, 3 e 5 de novembro, bem como 5 de dezembro de 1940.
106. BAB, R 55/675, transcrição da reunião de 17 de março de 1943 com o diretor da Manteuffel, o prefeito Winkler e representantes da RFM, do Ministério da Propaganda e da Ufa; Berkholz, *Waldhof*, p. 44 e segs.
107. BAB, R 55/430, nota de arquivo sobre entrevista com o diretor H., 1º de julho de 1943 sobre o mordomo Ludwig.
108. TB, 9 de março, também 22, 29 e 30 de março de 1938. Janin Reif, Horst Schumacher e Lothar Uebel, *Schwanenwerder. Ein Inselparadies in Berlin*, Berlim, 2000, p. 116 e segs. e p. 209 e segs.; Roland Curth, "Insel Schwanenwerder", in: Helmut Engel, Stefi Jersch-Wenzel e Wilhelm Treue (eds.), *Zehlendorf*, Berlim, 1992, p. 412-428, esp. p. 420 e segs.
109. TB, 25 de abril, 14 e 17 de junho de 1939; sobre o aluguel da segunda casa: 24 e 30 de março de 1941; acerca da casa de serviço: 7 de junho de 1941; F Rep. 270 A, n. 9.860, plano de fixação da linha de edificação na Inselstrasse, em Schwanenwerder, 26 de junho de 1937; Reif, Schumacher e Uebel, *Schwanenwerder*, p. 209 e segs. Ainda se acrescentou uma casa de serviço comprada pelo Ministério da Propaganda.
110. TB, 26 de fevereiro, 26 de abril e 4 de maio 1939, assim como 19 de dezembro de 1940.
111. TB, 2, 4, 7, 8, 9 e 17 de dezembro de 1937. Tampouco no caso do comediante bávaro Weiss Ferdl, que o arguiu a esse respeito, o ministro da Propaganda autorizou uma exceção "à proibição de piadas políticas", como lhe explicou pessoalmente: TB, 9 e 11 de janeiro de 1938, 24 de fevereiro de 1939.
112. Em abril de 1937, ele já havia sancionado uma advertência por piadas políticas: 13, 16 e 20 de abril de 1937. Mostra-se crítico também em relação ao teatro em 10 de março de 1938.
113. TB, 30 de janeiro de 1939.
114. VB (B), 4 de fevereiro de 1939; 1º e 3 de fevereiro. Quanto à conversa com Willi Schaeffers, o diretor do Kabarett, em 2 de fevereiro, este a relatou nas suas memórias: *Tingel Tangel. Ein Leben für die Kleinkunst*, Hamburgo, 1959, p. 186 e segs. Ver também Werner Finck, *Alter Narr*, p. 112 e segs.
115. *Berliner Tageblatt*, 25 de dezembro de 1938. Finck tinha trabalhado, entre outras coisas, com o jogo de palavras "ob wir über uns auch Humor haben" [Afinal, nós ainda temos humor?].
116. A esse respeito, também TB, 5 de fevereiro de 1939.
117. Artigo "Kabarett der Komiker", in: Klaus Budzinski/Reinhard Hippen, *Metzler Kabarett Lexikon*, Stuttgart/Weimar, 1996.
118. TB, 19 de março de 1939.
119. TB, 23 de janeiro de 1939.
120. VB (B), 11 de fevereiro de 1939; *PA* 1939, n. 440 (10 de fevereiro), deixou nas mãos dos jornais a publicação do artigo; também TB, 10 de fevereiro; quanto à preparação do artigo, entrada de 24 de janeiro de 1939.
121. VB (B) de 19 de fevereiro de 1939; na reunião de imprensa, chamou-se novamente a atenção para esse artigo: PA 1939, n. 507 (17 de fevereiro).
122. TB, 5 de fevereiro de 1939, sobre um artigo que inicialmente passou alguns dias sem ser publicado em virtude de um veto de Funk por "considerações de política comercial". O artigo foi recomendado a toda a imprensa (*PA* 1939, n. 742).
123. Wiechert elaborou sua experiência de prisão no texto escrito em 1939 "Der Totenwald". Um relato in: *Sämtliche Werke*, vol. 9, Viena/Munique/Basileia, 1957, p. 195-329, citação p. 327. TB, 30 de agosto de 1938, ali também a expressão "levar à sua presença". Ver entrada de 4 de agosto de 1938.
124. TB, 19 de novembro de 1939.
125. TB, 20 de fevereiro de 1940.

126. TB, 1º de fevereiro de 1939, também 3 de fevereiro, sobre a atividade intensa de Hitler com problemas de política externa.
127. TB, 26 de fevereiro de 1939; ver também 21 e 22 de fevereiro de 1939. O artigo foi recomendado ao restante da imprensa pelo Ministério da Propaganda (*PA* 1939, n. 597, 24 de fevereiro).
128. *Das Reich*, 20 de setembro de 1942, "Der steile Aufstieg", bem como 5 de setembro de 1943, "Das grosse Drama".
129. *VB*, 11 de março de 1939, "Kaffeetanten", assim como 13 de maio de 1939, "Bajonette als Wegweiser"; *Das Reich*, 12 de dezembro de 1943, "Seifenblase".
130. TB, 10 de março de 1939. A lacuna no diário se estendeu de 7 a 9 de março.
131. TB, 10 de março de 1939.
132. Kershaw, *Hitler*, vol. II, p. 230 e segs.; Jörg K. Hoensch, *Die Slowakei und Hitlers Ostpolitik. Hlinkas Slowakische Volkspartei zwischen Autonomie und Separation 1938/1939*, Colônia/Graz, 1965, p. 210 e segs.
133. TB, 11 de março de 1939.
134. Em 10 de março, a imprensa foi instruída a acompanhar as agitações: *PA* 1939, n. 737 e 757 (10 de março). No dia 11, foi exortada a apoiar abertamente o governo Tiso: *PA* 1939, n. 762 (11 de março).
135. TB, 11 de março de 1939.
136. TB, 12 e 13 de março de 1939.
137. *PA* 1939, n. 770 (12 de março), n. 772, reunião de imprensa especial e n. 776 (13 de março): "Na primeira página dos jornais, não deve aparecer nada além da questão tcheca." Também n. 787 e n. 788 (14 de março).
138. TB, 14 de março de 1939.
139. TB, 14 de março de 1939.
140. *ADAP* D IV, n. 202, nota de Hewel sobre a conferência Hitler-Tiso, 13 de março de 1939; n. 209, minuta de um telegrama de Tiso a Hitler pedindo ajuda aos alemães, s.d. Ver também Hoensch, *Slowakei*, p. 290 e segs.
141. TB, 15 de março de 1939.
142. TB, 17 de março de 1939; *ADAP* D VI, n. 40.
143. TB, 16 de março de 1939; *ADAP* D IV, n. 228, conversa entre Hitler e Ribbentrop, assim como Hacha Chvalkovsky em 15 de março de 1939. Protocolo Hewel, 15 de março de 1939; n. 229, declaração dos alemães ao governo tchecoslovaco, 15 de março de 1939.
144. TB, 15 de março de 1939.
145. *RGBl.* 1939 I, p. 485 e segs., decreto do Führer e chanceler do Reich sobre o protetorado da Boêmia e Morávia de 16 de março de 1939.
146. *PA* 1939, n. 856 (18 de março): "Amanhã haverá comícios espontâneos em todo o Reich. Nenhum anúncio prévio, mas boas reportagens sobre os atos públicos."
147. TB, 20 de março de 1939; *VB* (B), 20 de março de 1939, "Der triumphale Empfang Adolf Hitlers in Berlin — eine stolze Dankes-Kundgebung des ganzen deutschen Volkes".
148. TB, 20 de março de 1939.
149. TB, 19 de março de 1939.
150. Kershaw, *Hitler*, vol. II, p. 238 e segs.; instrução de 21 de outubro de 1938: *ADAP* D IV, n. 81.
151. TB, 21 e 23 de março de 1939. *ADAP* D V, n. 399, ata da reunião do ministro das Relações Exteriores da Alemanha com seu colega lituano, Urbšys, em 20 de março de 1939.
152. TB, 23 de março de 1939.
153. *ADAP* D VI, n. 61, anotação de Ribbentrop, 21 de março de 1939; n. 101, encontro de Lipski com Ribbentrop, 26 de março; n. 101, anotação de Ribbentrop, 26 de março de 1939; anexo: nota do governo polonês; n. 118, relatório do embaixador em Varsóvia, 29 de março de 1939, sobre a conferência de Beck com o embaixador na véspera; Kershaw, *Hitler*, vol. II, p. 240 e segs.
154. TB, 20 e 23 de março de 1939. Preanunciação in: *PA* 1939, n. 870 (20 de março). Sobre os artigos antibritânicos no *VB*, ver também Michels, *Ideologie*, p. 395 e segs.
155. *PA* 1939, n. 885 (21 de março). Quanto às contribuições tematicamente predefinidas de Fritzsche, ver também, entre outras, *FZ*, 22 de março de 1939, "Englands Hand in Indien", e *Der Angriff*, a série "Todeskampf der Buren", iniciada em 23 de março de 1939.
156. *VB* (B), 25 de março de 1939, "Moral der Reichen"; ver também *PA* 1939, n. 924 (24 de março): instrução a toda a imprensa no artigo. TB, 24 de março de 1939.
157. TB, 26 de março de 1939; instrução correspondente in: *PA* 1939, n. 967 (29 de março).
158. Pormenores em Longerich, *Propagandisten*, p. 128 e segs.
159. TB, 24 de fevereiro, 1º e 2 de março de 1939.
160. TB, 16 de junho de 1939.
161. TB, 16 e 18 de maio, também 1º de maio, 12 de junho, 20 e 21 de junho de 1939.
162. Daniel Uziel, *The Propaganda Warriors. The Wehrmacht and the Consolidation of the German Home Front*, Berlim, 2008, p. 69 e segs.
163. TB, 10 de janeiro, 2 e 8 de março, 31 de maio, 27 de setembro, 3 e 17 de outubro de 1935; sobre a elaboração do plano de mobilização, especialmente 12 de junho de 1936, acerca dos preparativos em caso de guerra, também 15 de abril, 28 de maio, 6 de outubro e 25 de novembro de 1936.

164. Ortwin Buchbender, *Das tönende Erz. Deutsche Propaganda gegen die Rote Armee im Zweiten Weltkrieg*, Stuttgart, 1978, p. 16; Uziel, *Propaganda Warriors*, p. 73 e segs.; Hasso von Wedel, *Die Propagandatruppen der Deutschen Wehrmacht*, Neckargemünd, 1962, p. 18 e segs.
165. TB, 16 de setembro de 1937; Uziel, *Propaganda Warriors*, p. 79 e segs.; ver também Buchbender, *Erz*, p. 16, que menciona as discrepâncias iniciais acerca da cadeia de comando; ver também Wedel, *Propagandatruppen*, p. 19 e segs.; a esse respeito, também TB, 1º de setembro de 1937.
166. TB, 22 de setembro de 1937, também 23 e 24 de setembro de 1937.
167. TB, 3 de novembro de 1937; ver também 7 de outubro e 6 de novembro de 1937.
168. TB, 4 de dezembro de 1937.
169. Já se havia chegado a um acordo em julho: TB, 30 de julho de 1938, apontamento sobre conversa com Wentscher, o novo diretor do Departamento Nacional de Defesa do Ministério da Propaganda; Uziel, *Propaganda Warriors*, p. 84 e segs.; Buchbender, *Erz*, p. 17 e segs.; Wedel, *Propagandatruppen*, p. 28 e segs.; Martin Moll, "Die Abteilung Wehrmachtspropaganda im Oberkommando der Wehrmacht: Militärische Bürokratie oder Medienkonzern?", in: *Beiträge zur Geschichte des Nationalsozialismus* 17, p. 111-150, aqui p. 115 e segs.
170. TB, 13 e 21 de agosto de 1939. Buchbender, *Erz*, p. 19; Uziel, *Propaganda Warriors*, p. 92 e segs.; Wedel, *Propagandatruppen*, p. 20 e segs. Quando da ocupação dos Sudetos, criaram-se cinco companhias de propaganda.
171. Buchbender, *Erz*, p. 22; Uziel, *Propaganda Warriors*, p. 97 e segs.
172. TB, 21 de junho de 1939, também 21 de fevereiro de 1939.
173. Ele já havia planejado uma viagem ao Egito no fim de 1937 (26 de novembro, 2, 16, 21, 22, 23, 24, bem como 27, 28 e 29 de dezembro de 1938), mas desistiu da ideia principalmente por motivos de segurança pessoal.
174. TB, 26 a 28 de março de 1939. Em princípio, ele já havia pedido a Hitler autorização para viajar: 23 de março de 1939.
175. TB, 28 de março de 1939. Sobre os preparativos da viagem, correspondência in: PAA, Ref. Partei 44/2, R 99.006.
176. TB, 29 e 30 de março de 1939.
177. TB, 1º de abril de 1939.
178. TB, 31 de março e 1º de abril de 1939.
179. TB, 2 de abril de 1939. Acerca da estada em Rodes, ver pormenores em entradas isoladas de 3 a 7, assim como de 9 a 12 de abril.
180. TB, 3 de abril de 1939.
181. Walther Hubatsch (ed.), *Hitlers Weisungen für die Kriegsführung 1939-1945. Dokumente des Oberkommandos der Wehrmacht*, Koblenz, 1983, p. 19 e segs.
182. TB, 7 de abril de 1939.
183. TB, 7 de abril de 1939.
184. TB, 10 de abril de 1939.
185. TB, 15 e 19 de abril de 1939.
186. TB, 20 de abril de 1939.
187. Sobre as comemorações: TB, 20 e 21 de abril de 1939; Peter Bucher, "Hitlers 50. Geburtstag. Zur Quellenvielfalt im Bundesarchiv", in: Heinz Boberach e Hans Bohms (eds.), *Aus der Arbeit des Bundesarchivs. Beiträge zum Archivwesen, zur Quellenkunde und Zeitgeschichte*, Boppard a. Rh., 1977, p. 423-446; Kurt Pätzold, "Hitlers fünfzigster Geburtstag am 20. April 1939", in: Dietrich Eichholtz e Kurt Pätzold (eds.), *Der Weg in den Krieg. Studien zur Geschichte der Vorkriegsjahre (1935/36 bis 1939)*, Colônia, 1989, p. 309-346; Kershaw, *Hitler*, vol. II, p. 247 e segs.; BAB, NS 10/127; plano de trabalho para a realização do ato pelo cinquentenário do Führer, 12 de abril de 1939, assim como o programa por minutos para o ato para o cinquentenário do Führer, 16 de abril de 1939; *VB* (B), número especial de 20 de abril (com um artigo de Goebbels: "Die neue Zeit" [A nova era]), bem como a edição de 21 de abril de 1939.
188. *VB* (B), 19 de abril de 1939.
189. Lei sobre Dias Festivos Únicos, de 17 de abril de 1939 (*RGBl.* 1939 I, p. 763); ordem para a Lei sobre Dias Festivos (ib., p. 764).
190. TB, 24 de abril de 1939.
191. *VB* (B), 22 de abril de 1939, "Lord Halifax macht Witze" (editorial), bem como 27 de abril, "Ein paar Worte über politischen Takt" (editorial); a este respeito, também instrução à imprensa em *PA* 1939, n. 1.234 (26 de abril). O comentário é uma resposta a um ataque da imprensa britânica por causa de uma recepção não ocorrida de Ribbentrop ao embaixador britânico Henderson. A esse respeito, também Nevile Henderson, *Fehlschlag einer Mission. Berlin 1937 bis 1939*, Zurique, 1939, p. 255.
192. TB, 29 de abril de 1939; *Domarus*, p. 1.148 e segs. Sobre o discurso, ver também Kershaw, *Hitler*, vol. II, p. 254 e segs. Acerca da revogação dos tratados com a Polônia e a Grã-Bretanha: *ADAP* D VI, n. 276, assim como n. 277, notas do governo alemão de 27 de abril de 1939. Goebbels havia providenciado para que o *12 Uhr Blatt* publicasse um "artigo agressivo contra Roosevelt": TB, 18 de abril de 1939; *12 Uhr Blatt*, 17 de abril de 1938, "Was sagen Sie nun Herr Roosevelt?".
193. *PA* 1939, n. 1.338 (5 de maio), reunião especial de imprensa, n. 1.343 (6 de maio); TB, 7 de maio de 1939: "A imprensa alemã já vai para o front. Um tanto açodada no meu parecer. Mando desacelerar um pouco por

ora"; n. 1.363 (8 de maio de 1939): "Por motivos táticos, a imprensa alemã deve ter um pouco de moderação com os numerosos despachos da Polônia, uma vez que ainda não se ordenou a grande campanha da Polônia."
194. *ADAP* D V, n. 334, nota de 5 de maio de 1939; quanto a isso, TB, 6 de maio de 1939.
195. *VB* (B), 5 de maio de 1939, "Quo Vadis, Polonia?", bem como 13 de maio de 1939, "Bajonette als Wegweiser"; TB, 5, 6, 11 e 12 de maio de 1939; *PA* 1939, n. 1.458 (12 de maio).
196. PA 1939, n. 1.343 (6 de maio), n. 1.363 (8 de maio), n. 1.819 (13 de junho), n. 1.951 (21 de junho), n. 1.960 (21 de junho), n. 1.993 (23 de junho), assim como n. 2.015 (24 de junho).
197. *VB* (B), "Militärbündnis Deutschland-Italien" (manchete); TB, 9 de maio de 1939, também 10 de maio de 1939. *ADAP* D V, n. 426 (22 de maio de 1939): Pacto de Amizade e Aliança entre Alemanha e Itália, 22 de maio de 1939.
198. *VB* (B), 22 de maio de 1939, "Berlin begrüsst Graf Ciano mit stürmischem Beifall" (manchete); *VB* (B), 23 de maio de 1939, "Bund Berlin-Rom besiegelt" (manchete); TB, 22, 23 e 24 de maio de 1939.
199. TB, 24 de abril de 1939.
200. *ADAP* D VI, relatório do embaixador em Roma ao Ministério das Relações Exteriores, 13 de maio de 1939, com o texto exato de uma instrução interceptada do Foreign Office à missão em Roma, 11 de maio de 1939; n. 377, anotações do secretário de Estado sobre conversa com o embaixador britânico; n. 385, 15 de maio de 1939.
201. TB, 5 de julho de 1939.
202. *VB* (B), 20 de maio de 1939, "Die Einkreiser"; TB, 18 de maio de 1939.
203. *VB* (B), 27 de maio de 1939, "Nochmals: Die Einkreiser"; *VB* (B), 3 de junho de 1939, "Klassenkampf der Völker?", e *VB* (B), 30 de junho de 1939, "Das schreckliche Wort von der Einkreisung".
204. *VB* (B), 19 de junho de 1939, "Erkläre mir, Graf Oerindur...".
205. Discurso no *Gautag* de Essen em 25 de junho de 1939, ver reportagem no *Angriff* de 26 de junho de 1939.
206. *PA* 1939, n. 1.890 (16 de junho); *VB* (B), 19 de junho de 1939, "Danzig-Pflegestätte unserer Kultur. Grosse Kundgebung mit Reichsminister Dr. Goebbels im Danziger Staatstheater", ver também TB, 19 de junho de 1939.
207. TB, 21 de junho de 1939. E mesmo que chegasse a haver conflito armado, Hitler acreditava que este chegaria ao fim em 15 dias.
208. *VB* (B), 22 de julho de 1939, "Die Sonnwendfeier des Gaues Berlin" (manchete); TB, 23 de junho de 1939, sobre o tratamento propagandístico. No dia seguinte, ele insistiu na mesma linha perante 15 mil funcionários do serviço de bondes berlinense, *VB* (B), 24 de junho de 1939, "Dr. Goebbels sprach vor Berliner Arbeitern"; TB, 24 de junho de 1939.
209. *VB* (B), 24 de junho de 1939, "Die abgehackten Kinderhände". No comentário, Goebbels fez uma comparação entre a propaganda inglesa da guerra mundial com a "atual fraude da luta propagandística britânica contra a Alemanha"; a esse respeito, também TB, 22 de junho de 1939.
210. *VB* (B), 14 de julho de 1939, "So sieht Englands Propaganda aus"; TB, 5, 8, 9 e 12 de julho; *PA* 1939, n. 2.237 (8 de julho), n. 2.296 (13 de julho), n. 2.310 (14 de julho). Cf. *VB* (B), 19 de julho de 1939, "Neue Enthüllungen über King-Hall. Schon 1938 forderte er ein Kriegskabinett mit Churchill und Eden" (manchete).
211. TB, 24 de julho de 1938.
212. TB, 29 de junho de 1939, sobre a partida de Magda.
213. TB, 23 de julho de 1939. Esse não foi o único encontro do casal durante a temporada de Magda nas termas: ele já tinha visitado a família em meados de julho: 9 a 12 de julho de 1939. No dia 17 de julho, encontrara-se com ela em Munique: 18 de julho de 1939. Speer escreve nas suas *Erinnerungen* (p. 165) que Magda lhe teria contado que Goebbels apareceu inesperadamente em Gastein e a pressionou por causa do *affair* com Hanke.
214. TB, 26 e 27 de julho de 1939.
215. TB, 27 de julho de 1939.
216. TB, 28 de julho de 1939. Ver também Speer, *Erinnerungen*, p. 165: depois Hitler teria despachado o casal para Berlim.
217. TB, 1º de agosto de 1939.
218. TB, 4 de agosto de 1939.
219. TB, 2 a 8 de agosto de 1939.
220. TB, 9 a 14 de agosto de 1939. Na Alemanha, a imprensa noticiou continuamente a visita; ver, por exemplo, o *VB* daqueles dias.
221. TB, 16 de agosto de 1939, também 12 de agosto de 1939.
222. *PA* 1939, n. 2.836 (reunião especial de imprensa, 20 de agosto). Os jornais continuaram tendo de colocar a Polônia no centro das páginas; n. 2.843 (21 de agosto): "A abertura jornalística continua sendo o terror polonês." Quanto a isso, ver as resportagens do *VB* e do *DAZ*, que a partir de 16 de agosto se concentraram totalmente na propaganda antipolonesa.
223. TB, 20 de agosto de 1939. Sobre a campanha propagandística, também 22 de agosto de 1939.
224. TB, 17 de agosto de 1939.

225. TB, 22 de agosto de 1939. A única referência a uma possível aproximação de Moscou encontra-se no TB de 9 de julho: durante uma vista ao Obersalzberg, Hitler havia comunicado que "já não acredita que Londres e Moscou cheguem a um acordo. Neste caso, o caminho fica livre para nós". Agora, depois da conclusão das negociações, ele achou em 22 de agosto que "se havia trabalhado durante muito tempo". Percebe-se que não estava informado sobre as negociações não só pela ausência completa do tema nos diários, como também pela sua grande surpresa quando Hitler o informou do golpe diplomático em 23 de agosto (TB, 24 de agosto de 1939).
226. TB, 23 de agosto de 1939.
227. TB, 24 de agosto de 1939, *ADAP* D VII, n. 200, anotação, 24 de agosto de 1939, sobre a conversa Hitler-Henderson; *ADAP* D VII, n. 201, resposta de Hitler, 23 de agosto de 1939.
228. TB, 24 de agosto de 1939.
229. *ADAP* D VII, n. 228, tratado de não agressão, 23 de agosto de 1939; n. 229, cláusula secreta complementar do mesmo dia.
230. TB, 25 de agosto de 1939.
231. TB, 26 de agosto de 1939.
232. *ADAP* D VII, n. 265, declaração de Hitler a Henderson, 25 de agosto de 1939 (apud); Henderson, *Fehlschlag*, p. 298 e segs.
233. *ADAP* D VII, p. 237, observação do organizador sobre a conversa de 25 de agosto, acerca da qual não há transcrição alemã. No entanto, ver Robert Coulondre, *Von Moskau nach Berlin*, Bonn, 1950, p. 422 e segs.
234. *ADAP* D VII, n. 271, 25 de agosto de 1939, carta de Mussolini a Hitler; Schmidt, *Statist*, p. 461 e segs.; Franz Halder, *Kriegstagebuch. Tagliche Aufzeichnungen des Chefs des Generalstabes des Heeres, 1939-1942*, ed. Hans Adolf Jacobsen, 3 vols., Stuttgart, 1962-1964, 25 de agosto de 1939; Walther Hofer, *Die Entfesselung des Zweiten Weltkrieges. Darstellung und Dokumente*, Berlim, 2007.
235. TB, 26 de agosto de 1939.
236. *ADAP* D VII, n. 324, 26 de agosto de 1939.
237. TB, 27 de agosto de 1939, também 28 de agosto de 1939 sobre a carta.
238. TB 29 de agosto de 1939; *ADAP* D VII, n. 324, 26 de agosto de 1939 a esse respeito; nota p. 277 sobre confidencialidade; n. 354, resposta de Hitler, 27 de agosto de 1939.
239. Resposta britânica de 28 de agosto, *ADAP* D VII, n. 384, registro Schmidt, 29 de agosto, da conversa Hitler-Henderson às 22h30; a nota se encontra no anexo; Henderson, *Fehlschlag*, p. 302 e segs.
240. TB, 29 de agosto de 1939; sobre a tentativa de mediação de Dahlerus: Kershaw, *Hitler*, vol. II, p. 304 e segs.; Birger Dahlerus, *Der letzte Versuch. London-Berlin, Sommer 1939*, Munique, 1948, p. 75 e segs.
241. *ADAP* D VII, n. 421, nota de 29 de agosto de 1939; TB, 29 de agosto de 1939.
242. TB, 30 de agosto de 1939.
243. *PA* 1939, n. 2.986 (28 de agosto), n. 3.006 (29 de agosto), n. 3.019 (29 de agosto), n. 3.047 (30 de agosto).
244. *ADAP* D VII, n. 461, registro Schmidt, 31 de agosto, sobre a conferência de Ribbentrop com Henderson em 30 de agosto à meia-noite.
245. *ADAP* D VII, n. 476, registro de 1º de setembro de 1939 sobre a conferência de Lipski com Ribbentrop em 31 de agosto de 1939; ib., n. 482, 31 de agosto de 1939, registro Weizsäcker (com anexo); TB, 1º de setembro de 1939.
246. TB, 1º de setembro de 1939; *ADAP* D VII, p. 390 (anotação sobre rádio).
247. *ADAP* D VII, n. 493, 31 de agosto, instrução de Hitler para a condução da guerra, início do ataque: 1º de setembro, 4h45.

19. "A guerra é a mãe de todas as coisas"

1. TB, 1º de setembro de 1939.
2. *Domarus II*, p. 1312 e segs., p. 1315.
3. TB, 2 de setembro de 1939.
4. *ADAP* D VII, n. 513, relatório Schmidt sobre o encontro Henderson-Ribbentrop nos dias 1º e 2 de setembro de 1939, n. 515, relatório Schmidt, 2 de setembro de 1939, sobre o encontro Ribbentrop-Coulondre de 1º de setembro de 1939; acerca dessas conferências, TB, 2 de setembro de 1939.
5. *ADAP* D VII, n. 560, ultimato britânico de 3 de setembro de 1939, n. 561, resposta alemã do mesmo dia, *ADAP* D VII, n. 563, anotações sobre o encontro Ribbentrop-Coulondre de 3 de setembro; TB, 4 de setembro de 1939.
6. TB, 4 de setembro de 1939; o *VB* (B) de 4 de setembro publicou as proclamações.
7. BAK, ZSg. 109/3, V.I., especialmente 6 de setembro, n. 3, 7 de setembro, n. 4, 8 de setembro, 2. E., n. 2, 9 de setembro, n. 4, 10 de setembro, n. 3, 11 de setembro, n. 1, 12 de setembro, n. 3, e 14 de setembro de 1939, n. 1; *VB* (B), 8 de setembro de 1939, "Grauenhafte polnische Verbrechen an Volksdeutschen" (manchete), 9 de setembro de 1939, "Das Blut der Gemordeten in Bromberg fordert London vor das Weltgericht" (manchete), bem como a página fotográfica correspondente, 10 de setembro de 1939, "Ganz Wirsitz sollte in die Luft gesprengt werden!" (manchete), 13 de setembro de 1939, "Polens schmutzige Waffen: Heckenschützenkrieg

und Greuelpropaganda", 14 de setembro de 1939, "Schärfste Massnahmen gegen das polnische Heckenschützentum — Von jetzt ab mit allen Mitteln!" (manchete), 15 de setembro de 1939, "Posen ein zweites Bromberg" (manchete).

8. Christian Jansen e Arno Weckbecker, *Der "Volksdeutsche Selbstschutz" in Polen 1939/40*, Munique, 1992, p. 27 e segs.; Wnodzimierz Jastrzebski, *Der Bromberger Blutsonntag. Legende und Wirklichkeit*, Poznań, 1990; Jochen Böhler, *Der Überfall. Deutschlands Krieg gegen Polen*, Frankfurt a. M., 2009, p. 112 e segs.
9. Martin Broszat, *Nationalsozialistische Polenpolitik 1939-1945*, Stuttgart, 1961, p. 48; Böhler, *Überfall*, p. 116.
10. Jansen e Weckbecker, *Selbstschutz*, p. 111 e segs., Joachim Böhler, *Auftakt zum Vernichtungskrieg. Die Wehrmacht in Polen*, Frankfurt a. M., 2007. Sobre as forças-tarefa, Alexander B. Rossino, *Hitler strikes Poland. Blitzkrieg, ideology and atrocity*, Lawrence, Kansas, 2003, p. 88 e segs., assim como ib., "Nazi Anti-Jewish Policy during the Polish Campaign. The Case of the Einsatzgruppe von Woyrisch", in: *GSR* 24 (2001), p. 35-54. Helmut Krausnick, "Die Einsatzgruppen vom Anschluss Österreichs bis zum Feldzug gegen die Sowjetunion. Entwicklung und Verhältnis zur Wehrmacht", in: Helmut Krausnick e Hans-Heinrich Wilhelm, *Die Truppe des Weltanschauungskriegs. Die Einsatzgruppen der Sicherheitspolizei und des SD 1938-1942*, Stuttgart, 1981, p. 13-276, p. 33 e segs.; Klaus-Michael Mallmann e Martin Cüppers examinam o papel da Ordnungspolizei [a polícia uniformizada] e da SS na antologia *Genesis des Genozids. Polen 1939-1941*, editada por Mallmann e Bogdan Musial, Darmstadt, 2004.
11. BAB, R 58/825, 8 de setembro de 1939.
12. TB, 4 de setembro de 1939. TB, 5 de setembro de 1939: "Atacar violentamente o governo da Inglaterra, mas poupar o povo. Deixar a França ainda totalmente intacta", anotação semelhante nos TB de 6, 7, 10, 13 e 15 de setembro de 1939; BAK, ZSg. 109/4, 4 de setembro, n. 1, 5 de setembro, n. 7, e 15 de setembro de 1939, n. 2.
13. Longerich, *Propagandisten*, p. 134 e segs.; TB, 18 de agosto de 1939.
14. *ADAP* D VII, n. 574.
15. *ADAP* D VIII, n. 31, ordem do Führer de 8 de setembro de 1939; Otto Dietrich, *12 Jahre*, p. 129 e segs.; TB, 7 e 9 de setembro de 1939.
16. TB, 9 de setembro de 1939, também 14 de setembro de 1939.
17. TB, 5 de novembro de 1939. Crítica a Dietrich também em 13 de janeiro, 16 de março e 18 de abril de 1940. As atas da reunião ministerial estão parcialmente editadas in: Willi A. Boelcke (ed.), *Kriegspropaganda 1939-1941. Geheime Ministerkonferenzen im Reichspropagandaministerium*, Stuttgart, 1966 (citado como BK), bem como in: idem (ed.), *Wollt Ihr den totalen Krieg? Die geheimen Goebbels-Konferenzen 1939-1943*, Stuttgart, 1967 (citado como BK); um registro na íntegra do período 1939-1943 encontra-se no Arquivo Especial de Moscou, pasta 1.363-3 (futuro MK).
18. Longerich, *Propagandisten*, p. 137.
19. BK, p. 140 e segs.; acerca de suas outras controvérsias com o Ministério das Relações Exteriores, ver, ainda, TB, 28 de outubro, 18, 19, 21, 23 e 24 de novembro, assim como 21 de dezembro de 1939.
20. TB, 6 de outubro de 1939.
21. TB, 12 e 13 de dezembro de 1939.
22. Crítica também no TB, 16 de setembro, bem como 5, 6 (apud), 15 e 27 de outubro, 17 e 26 de novembro, 13, 15 e 22 de dezembro de 1939, assim como 9 a 11 de janeiro de 1940.
23. TB, 29 e 30 de dezembro de 1939; Uziel, *Propaganda Warriors*, p. 184 e segs.
24. Uziel, *Propaganda Warriors*, p. 188.
25. TB, 6, 12 e 18 de setembro de 1939.
26. TB, 6 de outubro de 1939.
27. TB, 9 e 15 de setembro de 1939.
28. TB, 10, 11 e 13, mas também 3 de setembro de 1939; acerca da iniciativa italiana: Marion Thielenhaus, *Zwischen Anpassung und Widerstand: Deutsche Diplomaten 1938-1941. Die politischen Aktivitäten der Beamtengruppe um Ernst von Weizsäcker im Auswärtigen Amt*, Paderborn, 1985, p. 196 e segs., bem como MacGregor Knox, *Mussolini Unleashed, 1939-1941. Politics and Strategy in Fascist Italy's Last War*, Cambridge, 1982, p. 49 e segs.
29. TB, 3 e 4 de outubro de 1939.
30. *ADAP* D VIII, n. 176, registro de Schmidt sobre o encontro Hitler-Ciano em 2 de outubro de 1939; n. 222, registro de Weizsäcker, 9 de outubro de 1939.
31. TB, 4 e 22 de setembro de 1939; também 21, 24, 25 e 26 de setembro.
32. *Domarus II*, p. 1317.
33. *RGBl.* 1939 II, p. 1.683.
34. Escritos diversos in: BAB, R 43 II/669, parcialmente publicados ou apresentados na íntegra in: Conrad F. Latour, "Goebbels' 'Ausserordentliche Rundfunkmassnahmen' 1939-1942", in: *VfZ* 11 (1963), p. 418-435; aqui também carta de Hess de 3 de setembro (p. 420 e segs.); *VB* (B), 2 de setembro de 1939, "Das Abhören ausländischer Sender ist verboten!"; TB, 2, 3 e 5 de setembro de 1939. Sobre a história da origem do decreto, o recente Michael P. Hensle, *Rundfunkverbrechen. Das Hören von "Feindsendern" im Nationalsozialismus*, Berlim, 2003, p. 26 e segs., que salienta principalmente o papel de Hess.
35. Acerca das condenações: Lothar Gruchmann, *Justiz im Dritten Reich. Anpassung und Unterwerfung in der Ära Gürtner*, Munique, 1988, p. 905. As penas de morte só eram executadas isoladamente. TB, 14 de dezembro

de 1939: "As emissoras estrangeiras são muito ouvidas aqui. Mando proferir e publicar alguns julgamentos draconianos. Talvez isso ajude."
36. Gruchmann, *Justiz*, p. 901 e segs.; sobre as execuções da Gestapo: Martin Broszat, "Zur Perversion der Strafjustiz im Dritten Reich", com documentação anexa, in: *VfZ* 6 (1958), p. 390-443. Quanto à divulgação dos julgamentos: BAK, ZSg. 109/4, VI, 4 de outubro de 1939, p. 8. Posteriormente os departamentos nacionais de propaganda decidiam quais casos podiam ser noticiados.
37. Atas in: 2.852-PS, *IMT* 31, p. 224 e segs.
38. TB, 13, 19, 20, 21 e 23 de setembro, assim como 8 e 10 de outubro de 1939. Quanto à inquietação na população, ver as claras indicações dos *Meldungen aus dem Reich 1938-1945. Die geheimen Lageberichte des Sicherheitsdienstes der SS*, ed. e intr. Heinz Boberach, 17 vols., Herrsching, 1984: relatório sobre a situação interna, 11 de outubro de 1939, p. 339 e segs., esp. p. 345 e segs.; 13 de outubro de 1939, p. 347 e segs., esp. p. 355 e segs.; 20 de outubro de 1939, p. 372 e segs., esp. p. 377.
39. TB, 16 de novembro de 1939; reunião de 15 de novembro, *IMT* 31, p. 236 e segs.; Müller, *Organisation und Mobilisierung*, p. 364 e segs.
40. TB, 8 de novembro de 1939; BK, 20 de novembro de 1939, p. 3.
41. *Domarus II*, p. 1354 e segs. TB, 20 de setembro de 1939: "Um discurso magnífico." Também 21 de setembro de 1939 sobre o impacto do discurso. Em consideração a essa ocasião, Goebbels teve de cancelar uma planejada fala no rádio (18 de setembro de 1939).
42. TB, 28 de setembro de 1939.
43. TB, 28 e 30 de setembro de 1939.
44. TB, 30 de setembro de 1939. Foram muito parecidos os apontamentos feitos por Rosenberg, no mesmo dia, a respeito dos planos de Hitler para a Polônia (Rosenberg, *Tagebuch*, p. 81); quando escreveu no seu diário: "O Führer me dá explicações sobre a situação", sem dúvida Goebbels exagerou um pouco o caráter íntimo desse encontro.
45. Pormenores in: Longerich, *Politik der Vernichtung*, p. 251 e segs.
46. TB, 1º de outubro de 1939.
47. *ADAP* D VIII, n. 157.
48. TB, 1º de outubro de 1939.
49. TB, 4 de outubro de 1939.
50. *Domarus II*, p. 1377 e segs., citação p. 1390; Kershaw, *Hitler*, vol. II, p. 364 e segs.
51. TB, 6 de outubro de 1939, também 7 de outubro.
52. TB, 12 de outubro de 1939.
53. TB, 14 de outubro de 1939.
54. Kershaw, *Hitler*, vol. II, p. 365.
55. TB, 13 de outubro de 1939 (ver também 14 e 18 de outubro sobre sua concordância com Hitler no tocante ao posicionamento antibritânico).
56. TB, 11 de outubro de 1939; ver também as correspondentes instruções à imprensa: BAK, ZSg. 102/19, 24 de outubro de 1939; ZSg. 109/4 VI, 24 de outubro de 1939, também 25 de outubro de 1939.
57. TB, 8 de novembro de 1939.
58. TB, 5 e 7 de setembro de 1939; ZSg. 102/19, 4-7 de setembro de 1939; Reuth, *Goebbels*, p. 431 e segs.
59. TB, 14, 15 e 19 de outubro de 1939; ZSg. 102/19, 14 de outubro de 1939.
60. *VB* (B), 21 de outubro de 1939, "Churchill am Pranger"; 23 de outubro de 1939, "Schneidende Abrechnung mit einem Erzlügner. 'Jetzt hat der Angeklagte Winston Churchill das Wort'"; 24 de outubro de 1939, "Wann antwortet Winston Churchill? Erste faule Ausflüchte des Angeklagten nach der Rundfunkrede von Dr. Goebbels" (manchete); TB, 20, 23, 24, 25, 26 e 27 de outubro; ZSg. 102/109, 22 de outubro de 1939 (discurso no rádio recomendado à imprensa). Sobre o caso *Athenia*: ib., VI, 19 de outubro de 1939, 1. E., n. 1, 20 de outubro de 1939, n. 6; 23 de outubro de 1939, n. 3. 912-D, impresso in: *IMT* 36, p. 3 e segs. (protocolo britânico do discurso no rádio). O caso *Athenia* continuaria presente na propaganda alemã até depois da virada do ano.
61. TB, 10 de outubro de 1939.
62. ZSg. 102/19, 20 de outubro de 1939; ver também 24 de outubro: "Em geral, uma reportagem sobre a Polônia é indesejável."
63. Lucjan Dobroszycki, *Die legale polnische Presse im Generalgouvernement 1939-1945*, Munique, 1977, p. 66 e segs.; Hans Frank, *Das Diensttagebuch des deutschen Generalgouverneurs in Polen*, ed. Werner Präg e Wolfgang Jacobmeyer, Stuttgart, 1975, 31 de outubro de 1939, p. 52.
64. TB, 2 de novembro de 1939; ver, ainda, Reuth, *Goebbels*, p. 434 e segs.
65. TB, 3 de novembro de 1939.
66. TB, 9 de novembro de 1939.
67. TB, 10 a 15 de novembro de 1939.
68. TB, 13 e 14 de novembro de 1939; BK, 11 de novembro, p. 1; 13 de novembro, p. 1, enfatiza a autoria intelectual da Inglaterra; *DAZ*, 10 de novembro de 1939 (A), "Hintergründe und Vorbereitungen"; *Der Angriff*, 11 de novembro de 1939, "Mit Pfund und Höllenmaschine".
69. TB, 16 e 17 de novembro de 1939.

70. *VB* (B), 22 de novembro de 1939, "Der Attentäter gefasst" (manchete); 23 de novembro de 1939, "Otto Strasser das Werkzeug des englischen Geheimdienstes: Wiederholte Anschläge auf den Führer" (manchete); 24 de novembro de 1939, "Captain Stevens sagt aus: Intelligence Service organisierte 1937-1938 Schiffs-Sabotageakte" (manchete); 25 de novembro de 1939, "So wurde Strassers Werkzeug Elser zur Strecke gebracht". O mesmo teor no *DAZ* a partir de 22 de novembro, bem como no *Angriff* em 22 de novembro de 1939.

20. "Só existe um pecado: a covardia!"

1. TB, 22 de janeiro de 1940.
2. TB, 6 de fevereiro de 1940.
3. TB, 28 de janeiro de 1940. Ver também 4, 5, 7 e 8 de março de 1940.
4. TB, 20 de março de 1940. *ADAP* D IX, n. 1, anotação do enviado Schmidt sobre a entrevista; Kershaw, *Hitler*, vol. II, p. 396 e segs.
5. TB, 19 e 20 de março de 1940; BK, 18 de março de 1940, 1: não convinha dar ouvidos a boatos relacionados ao encontro; igualmente 19 de março de 1940, 2.
6. TB, 29 de dezembro de 1939; BK, 28 de dezembro de 1939, 3.
7. TB, 13 de janeiro de 1940.
8. TB, 25 de janeiro de 1940.
9. TB, 15 de março de 1940. No fim de dezembro, Hitler já tinha se manifestado de modo parecido sobre a eliminação de uma classe dirigente "europeia ocidental" pelos bolchevistas (TB, 29 de dezembro de 1939).
10. TB, 16 de março de 1940.
11. TB, 21 de março de 1940. Ver também BK, 9 de janeiro de 1940, 5, assim como 16 de janeiro de 1940, segundo o qual Goebbels ainda se havia mostrado mais generoso com a literatura anticomunista. Mas ZSg. 101/15, 1º de fevereiro de 1940, instrução n. 224: "No entanto, agora não convém dar a impressão ao público alemão, através de uma apresentação da vida na Rússia, de que queremos que surja uma mixórdia ideológica e de que simplesmente assumimos e imitamos a ideologia bolchevista."
12. TB, 12 de abril de 1940.
13. Longerich, *Propagandisten*, p. 139. No diário desse período, encontram-se reiteradas queixas contra o Ministério das Relações Exteriores: 23 de janeiro de 1940: o MRE estaria tentando roubar editores mediante a oferta de melhores salários; também 1º de fevereiro de 1940; 12 de março de 1940: o MRE teria intenção de "roubar" seus bons funcionários, além disso: 12, 16 e 19 de janeiro, 6, 7, 8, 13, 16 e 17 de fevereiro, 3, 22 e 30 de março, bem como 3, 5 e 6 de abril de 1940.
14. TB, 9 de janeiro de 1940; também 5, 12, 23, 25 e 28 de janeiro de 1940.
15. BK, 18 de março de 1940, 10: "O ministro voltou a frisar que não deve aparecer nada referente aos objetivos militares alemães na imprensa alemã." Do mesmo modo, 6 de maio, 1º e 10 de junho de 1940, 6; BAK, ZSg. 102/29, mensagem do dia de 5 de novembro de 1940: observações sobre a "futura configuração da Europa e do mundo" seriam "indesejáveis"; a esse respeito, ver também Longerich, *Propagandisten*, p. 69 e segs.
16. TB, 14, 15 e 18 de novembro de 1939.
17. TB, 17 de novembro e 12 de dezembro de 1939, também 7 de novembro.
18. TB, 13 de dezembro de 1939; BK, 13 de dezembro de 1939, 1, instrução correspondente a Fritzsche; ver também TB, 21 e 24 de dezembro de 1939.
19. TB, 21 e 22 de dezembro de 1939; BAK, ZSg. 102/19, 20 de dezembro de 1939, reforço da propaganda sobre a plutocracia; do mesmo modo: ZSg. 109/6, VI, 5 de dezembro de 1939, 2. E., n. 1, 7 de dezembro de 1939, 1. E., n. 2, 20 de dezembro de 1939, n. 1; BK, 23 de dezembro de 1939, 3.
20. TB, 21 e 23 de dezembro de 1939; BK, 2 de fevereiro de 1940, 3; BAK, ZSg. 109/8, VI, 2 de fevereiro de 1940, n. 6: "Todos os jornais capazes de comentário devem publicar, o mais tardar até terça-feira, um artigo de esclarecimento sobre o conceito de 'plutocracia'." Também ZSg. 109/9, VI, 27 de março de 1940, n. 2.; *VB* (B), 3 de fevereiro de 1940: "Was ist Plutokratie? Eine deutliche Antwort geschichtlicher Tatsachen".
21. BAK, ZSg. 109/7, VI, 13 de janeiro de 1940; Longerich, *Davon*, p. 154.
22. TB, 26 de janeiro de 1940; Hans Umbreit, "Der Kampf um die Vormachtstellung in Westeuropa", in: Klaus A. Maier et al., *Die Errichtung der Hegemonie auf dem europäischen Kontinent*, Stuttgart, 1979, p. 235-327, p. 251. O contratempo se dera em 10 de janeiro. Quando, consequentemente, as forças armadas belgas e holandesas entraram em alerta, Hitler achou desnecessário explicar a Goebbels o motivo do adiamento (TB, 16 de janeiro de 1940). Além da quebra do sigilo, as condições climáticas também tiveram um papel na decisão de postergar o ataque. Ver também Reuth, *Goebbels*, p. 439 e segs.
23. O alto-comando do exército havia elaborado o plano definitivo de desdobramento do "Sichelschnitt" até 24 de fevereiro (Umbreit, "Kampf", p. 254 e segs.). Inicialmente, o ataque estava marcado para meados de abril (ib., p. 283).
24. Klaus A. Maier e Bernd Stegmann, "Die Sicherung der europäischen Nordflanke", in: Maier et al., *Errichtung*, p. 187-231, p. 203 e segs.
25. TB, 7, 8 e 9 de maio de 1940 (apud).

26. Maier e Stegmann, "Sicherung", p. 197: Hitler autorizou o OKW a estudar uma possível invasão da Noruega em dezembro de 1939; em fevereiro de 1940, nomeou o general Falkenhorst chefe de um *staff* especial criado nesse meio-tempo e, em 1º de março de 1940, assinou a instrução "Weserübung" [exercício no Weser]. Sobre os precedentes, ver Robert Bohn, *Reichskommissariat Norwegen. "Nationalsozialistische Neuordnung" und Kriegswirtschaft*, p. 15 e segs.; Carl-Axel Gemzell, *Raeder, Hitler und Skandinavien. Der Kampf für einen maritimen Operationsplan*, Lund, 1965; Hans-Dietrich Loock, *Quisling, Rosenberg und Terboven. Zur Vorgeschichte und Geschichte der nationalsozialistischen Revolution in Norwegen*, Stuttgart, 1970, p. 518 e segs.
27. TB, 9 e 10 de abril de 1940.
28. Sobre os pormenores militares da operação: Walther Hubatsch, *"Weserübung". Die deutsche Besetzung von Dänemark und Norwegen 1940*, 2. ed., Göttingen, 1960, assim como Hans-Martin Ottmer, *"Weserübung". Der deutsche Angriff auf Dänemark und Norwegen im April 1940*, Munique, 1994.
29. TB, 10 de abril de 1940; *VB* (B), 10 de abril de 1940, memorando do governo do Reich.
30. BK, 10 de abril de 1940, 1; TB, 10 de abril de 1940.
31. TB, 11 de abril de 1940.
32. TB, 12 e 13 de abril de 1940; BK, 11 de abril de 1940, 1.
33. TB, 14 de abril de 1940. Analogamente BK, 13 de abril de 1940, 2 e 3.
34. Acerca das primeiras dificuldades: TB, 11 e 12 de abril de 1940, novamente otimista em 13 e 14 de abril de 1940.
35. TB, 14 e 15 de abril de 1940; Hubatsch, *Weserübung*, p. 110 e segs.
36. BK, 16 de abril de 1940, 1, 17 de abril de 1940, 19 de abril de 1940, 1; TB, 16 e 17 de abril de 1940.
37. TB, 17 de abril de 1940.
38. TB, 19 de abril de 1940. *VB* (B), 15 de abril de 1940, noticia o combate ao largo de Narvik, mas não menciona as perdas alemãs; *VB* (B), 19 de abril, "Heldenhafter Kampf vor Narvik" (manchete).
39. TB, 21 de abril de 1940.
40. Loock, *Quisling*, p. 366 e segs.
41. TB, 26 de abril de 1940. Ver, ainda, 25 de abril de 1940: "Volto a tomar a defesa de Quisling no Conselho Ministerial. Nós não podemos nos opor a ele enquanto o Führer o apoiar. Não quero isso em nenhum departamento do ministério." BK, 26 de abril de 1940, 1: "Em primeiro lugar, é preciso eclipsar a questão Quisling [...]
42. TB, 28 de abril de 1940.
43. "Mas nós queremos lhe dar mais uma chance" (TB, 9 de maio de 1940); deviam descartá-lo (25 de maio de 1940). No começo de julho, Goebbels recebeu Quisling: "Um entusiasta germânico-popular, mais professor que militante político. Duvido que seja capaz de liderar um país. Mas, do ponto de vista da disposição e da opinião, ele é bom" (6 de julho de 1940). "Ele deve permanecer na Noruega e dirigir o partido. É bom que seja assim. Se ele se impuser, ótimo, se não se impuser, será por sua culpa" (22 de julho de 1940). "Agora Quisling há de ter a influência que lhe cabe" (24 de setembro de 1940).
44. Maier e Stegemann, "Sicherung", p. 219. TB, 26, 27, 28 e 30 de abril, 1º e 5 de maio; BK, 29 de abril de 1940, 1: a propaganda devia ressaltar "o esforço e a valentia" das tropas alemãs; do mesmo modo, 30 de abril de 1940, 2, bem como 30 de maio de 1940, 1.
45. Maier e Stegemann, "Sicherung", p. 219.
46. TB, 5 de maio de 1940: "Isso irrita muito o Führer."
47. BK, 7 de maio de 1940, 1.
48. TB, 7 de maio de 1940.
49. TB, 10 de maio de 1940.
50. TB, 11 de maio de 1940.
51. *ADAP* D IX, n. 214 (Bélgica e Holanda), assim como n. 215 (Luxemburgo). Sobre o papel de Goebbels na guerra ocidental: Reuth, *Goebbels*, p. 445 e segs.
52. TB, 11 de maio de 1940; Umbreit, "Kampf", p. 285.
53. TB, 11, 12 e 13 de maio de 1940; Gerd R. Ueberschär, *Freiburg im Luftkrieg, 1939-1945. Mit einer Photodokumentation zur Zerstörung der Altstadt am 27. November 1944*, Friburgo/Würzburg, 1990, p. 88 e segs.
54. BK, 10 de maio de 1940, 2.
55. BK, 11 de maio de 1940, 3.
56. TB, 11 de maio de 1940.
57. TB, 3 de maio, anotação muito semelhante em 18 de junho de 1940.
58. Ver por exemplo TB, 15 de setembro de 1940, bem como 19 de novembro de 1941.
59. Sobre o desdobramento da guerra no Ocidente: Umbreit, "Kampf", p. 284 e segs.
60. TB, 22 de maio de 1940.
61. TB, 14 e 15 de maio de 1940; BK, 12 de maio de 1940, 3.
62. TB, a partir de 18 de maio, apontamentos quase diários sobre o trabalho das emissoras. As atas do Conselho Ministerial contêm, a partir de 17 de maio, todos os dias, instruções detalhadas para o trabalho das emissoras secretas. Acerca das emissoras secretas: Willi A. Boelcke, *Die Macht des Radios. Weltpolitik und Auslandsrundfunk 1924-1976*, Frankfurt a. M./Berlim/Viena, 1970, p. 171 e segs.
63. TB, 21 de maio, também 22 de maio de 1940.

64. TB, 30 de maio de 1940, assim como 1º e 2 de junho de 1940; BK, 30 de maio de 1940, 1, bem como 7; BAK, ZSg. 109/11, VI, 29 de maio de 1940, 8, assim como 30 de maio de 1940, 1, e 31 de maio de 1940, 6. Sobre a implementação: *VB* (N), 29 de maio de 1930, "Feige Mörder als 'Ankläger'", 30 de maio de 1940, "Deutscher Fliegeroberst schändlich von Franzosen misshandelt"; 31 de maio de 1940, "Gefangene grausam gequält und ermordet"; 1º de junho de 1930, "Französische Tobsucht"; 2 de junho de 1930, "Der Zusammenbruch des französischen Nationalismus".
65. TB, 5 de junho de 1940.
66. TB, 21 de agosto de 1935: "Torgler escreveu um livro contra o comunismo. O Führer se interessa muito por ele"; 25 de janeiro de 1937: "O Führer dá salário mensal de 800 marcos a Torgler. Ele deve se ocupar de trabalho científico, mas não aparecer em público." No entanto, na primavera de 1941, Hitler declarou a Goebbels, ainda que de maneira peculiar, que suspeitava que Torgler fosse o organizador do incêndio do Reichstag, algo em que Goebbels não quis acreditar (TB, 9 de abril de 1941).
67. TB, 3, 6, 7, 8 e 9 de junho de 1940; BK, 2 e 8 de junho de 1940, 2 (sobre o emprego dos comunistas); acham-se sucessivas entradas sobre as emissoras secretas nas atas do Conselho Ministerial de junho (BK). Norbert Podewin e Lutz Heuer, *Ernst Torgler. Ein Leben im Schatten des Reichstagsbrandes, 25. April/1893 Berlin — 19. Januar 1963*, Hanôver/Berlim 2006, p. 159 e segs., não fornecem nenhum dado adicional sobre essa atividade.
68. Umbreit, "Kampf", p. 302 e segs.
69. TB, 15 de junho de 1940.
70. TB, 18 de junho de 1940.
71. BK, 18 de junho de 1940, 1.
72. BK, 16 de junho de 1940, 1.
73. TB, 20 de junho de 1940; BK, 19 de junho de 1940, 1, assim como 20 de junho de 1940, 1 e 3.
74. TB, 22 de junho de 1940.
75. TB, 22 e 23 de junho de 1940; BK, 21 de junho de 1940, 1, bem como 22 de junho, 1.
76. Umbreit, "Kampf", p. 316 e segs.
77. TB, 23 de junho de 1940; BK, 22 de junho de 1940, 1.
78. TB, 30 de junho de 1940; a conversa foi em Scheveningen.
79. TB, 1º de julho de 1940.
80. TB, 2 e 3 de julho de 1940.
81. Reuth, *Goebbels*, p. 454. A esse respeito, especialmente Kershaw, *Hitler*, vol. II, p. 407; Hans Ulrich Thamer, *Verführung und Gewalt. Deutschland 1933-1945*, Berlim, 1986, p. 647 e segs.; Marlis G. Steinert, *Hitlers Krieg und die Deutschen. Stimmung und Haltung der deutschen Bevölkerung im Zweiten Weltkrieg*, Düsseldorf/Viena, 1970, p. 136 e segs. Mas ver Below, *Als Hitlers Adjutant*, p. 237: "Depois da primeira campanha vitoriosa, detectei em Berlim, justamente nas rodas ditas cultas, uma percepção muito pessimista. A campanha no Oeste deixou uma mescla de medo, incompreensão e admiração relutante."
82. Discussão do programa com Hitler: TB, 3 e 4 de julho de 1940; sobre os preparativos, ver, em geral, também as entradas de 5 e 6 de julho. BAB, R 55/20.007, plano de trabalho referente ao retorno do Führer do campo e sessão do Reichstag, 3 de julho de 1940.
83. BAB, R 55/20.007, plano de trabalho.
84. *VB* (B), 6 de julho de 1940.
85. BAB, R 55/20.007, plano de trabalho.
86. *UWW*, agosto de 1940, Alfred Günther (Berlim), "Die Reichshauptstadt empfängt den Führer", p. 90 e segs.
87. *VB* (B), 7 de junho de 1940 (também para os parágrafos anteriores), ver, ainda, o plano de trabalho: "Dividido por vãos, com veículos distribuindo flores entre as 14h45 e as 15h."
88. TB, 7 de julho de 1940.

21. "A vitória está com as nossas bandeiras!"

1. *VB* (B), 20 de julho de 1940, "Die monumentale Rede Adolf Hitlers". Sobre a preparação e o efeito do discurso no Reichstag: TB, 9, 10 e ainda 20 a 24 de julho de 1940.
2. TB, 25 de julho de 1940.
3. TB, 25 de julho de 1940.
4. TB, 26 de julho, bem como 1º de agosto de 1940.
5. TB, 5 de agosto de 1940. Diretiva do Führer n. 17, 1º de agosto de 1940, para a condução da guerra por ar e por mar contra a Inglaterra, in: Hubatsch, *Hitlers Weisungen*, n. 17. Sobre Goebbels e a guerra aérea contra a Grã-Bretanha: Reuth, *Goebbels*, p. 457 e segs.
6. TB, 7 de agosto de 1940.
7. TB, 7 a 10 de agosto de 1940. Depreende-se da entrada de 8 de agosto que o ataque estava planejado para os dias subsequentes.
8. TB, 12 a 15, 17 e 19 de agosto de 1940; Basil Collier, *The Defence of the United Kingdom*, Londres, 1957, p. 183 e segs., bem como p. 456 e segs.

9. TB, 16 a 25 de agosto de 1940; sobre o prosseguimento dos ataques: 26, 29 e 30 de agosto, 1º, 3, 4 e 5 de setembro; Collier, *Defence*, p. 203 e segs. e p. 458 e segs.
10. TB, 27 de agosto de 1940; Kurt Mehner (ed.), *Die geheimen Tagesberichte der Deutschen Wehrmachtführung im Zweiten Weltkrieg 1939-1945. Die gegenseitige Lageunterrichtung der Wehrmacht-, Heeres- und Luftwaffenführung über alle Haupt- und Nebenkriegsschauplätze: "Lage West"(OKW-Kriegsschauplätze Nord, West, Italien, Balkan), "Lage Ost" (OKH) und "Luftlage Reich"*, 12 vols., Osnabrück, 1984-1995, 26 de agosto de 1940 para Berlim: "Nenhum bombardeio na zona urbana." Acerca do ataque — não autorizado — a Londres, Klaus A. Maier, "Die Luftschlacht um England", in: *Errichtung*, p. 375-408, aqui p. 386.
11. TB, 29 de agosto de 1940. Outros ataques ou alarmes aéreos: 31 de agosto, assim como 1º de setembro; *Tagesberichte*, 29 de agosto a 1º de setembro.
12. TB, 6 de setembro de 1940. Sobre os antecedentes: *Tagesberichte*, 4 de setembro de 1940, menciona especialmente o ataque a uma fábrica de gasogênio nas proximidades de Stettin, um total de 105 incursões inimigas e 17 mortos. Ver também 8 de setembro de 1940: "O Führer ordena: Parole Loge. Quer dizer ataque violentíssimo." Sobre os primeiros ataques a Londres, também TB, 7, 9 e 10 de setembro de 1940. Quanto à situação da ordem: diretiva do Führer para ataques de desgaste contra a população e a defesa antiaérea das grandes cidades inglesas, inclusive a de Londres, de 5 de setembro (apud Maier, "Luftschlacht", p. 386).
13. TB, 4 e 5 de setembro de 1940.
14. TB, 11 de setembro (para todas as citações). Sobre os efeitos catastróficos dos bombardeios, ver também as entradas dos dias subsequentes.
15. TB, 5 a 7 de setembro de 1940.
16. TB, 10 de setembro de 1940. Também: 12, 13, 18, 19 e 25 de setembro. BAK, ZSg. 102/27, 10 de setembro de 1940: "Agora os ataques a Berlim devem ser mais fortes que até agora." 18 de setembro de 1940: "Os continuados ataques ingleses ao território do Reich sempre podem ser retomados na imprensa alemã." TB, 20 de setembro: "A imprensa recebe instrução de proceder muito mais agressivamente que até agora. Precisamos dramatizar tudo cada vez mais."
17. *VB* (B), 11 de setembro de 1940, cabeçalho sobre uma fotografia; também 14 de setembro, "Englands Schuldkonto wächst weiter".
18. TB, 24 de junho de 1940.
19. Maier, "Luftschlacht", p. 389. Hitler informara aos comandantes em chefe, em 14 de setembro, que as premissas da operação "Leão-Marinho" ainda não estavam definidas. Em 17 de setembro, ele tinha anunciado o adiamento "até segunda ordem" da "Leão-Marinho": Karl Klee, *Das Unternehmen "Seelowe". Die geplante deutsche Landung in England 1940*, Göttingen, 1958, p. 205; Percy Ernst Schramm (ed.), *Kriegstagebuch des Oberkommandos der Wehrmacht (Wehrmachtführungsstab)*, 4 vols., Frankfurt a. M., 1961-1965, vol. 1, 19 de setembro de 1940, diretiva de Hitler para a suspensão das concentrações de navios nos "portos de partida".
20. Circular de Bormann de 27 de setembro de 1940, impresso in: Gerhard Dabel, *KLV. Die erweiterte Kinder-Land-Verschickung. KLV-Lager 1940-1945. Dokumentation über den "Grössten Soziologischen Versuch aller Zeiten"*, Friburgo, 1981, p. 7; sobre o KLV também: Gerhard Kock, *"Der Führer sorgt für unsere Kinder". Die Kinderlandverschickung im Zweiten Weltkrieg*, Paderborn etc., 1997, p. 76 e segs.
21. TB, 28 de setembro, 1º, 2 e 4 de outubro de 1940.
22. TB, 29 de novembro de 1935, bem como 26 de maio, 4, 10, 19 e 22 de junho, 2, 4, 8 de julho e ainda 22 de outubro de 1936. Pouco depois, Goebbels desistiu da sua ideia inicial de manter Lippert no cargo de presidente municipal e deixá-lo de lado na "figura representativa" de prefeito (a esse respeito, especialmente 22 de junho).
23. TB, 22 de maio, 27 de junho de 1936.
24. Christian Engele e Wolfgang Ribbe, "Berlin in der NS-Zeit (1933-1945)", in: Wolfgang Ribbe (ed.), *Geschichte Berlins*. Segundo volume: *Von der Märzrevolution bis zur Gegenwart*, Berlim, 1987, p. 927-1024, p. 974 e segs.; Lei da Constituição e Administração de Berlim Capital do Reich de 1º de dezembro de 1936 (*RGBl*. 1936 I, p. 957); a esse respeito, também TB, 13 e 15 de dezembro de 1935, bem como 27 de novembro e 2 de dezembro de 1936; *Regierung Hitler III*, n. 194, reunião ministerial de 1º de dezembro de 1936.
25. TB, 6 de agosto de 1938. Pouco depois, um festival organizado por Lippert no estádio pareceu-lhe um "verdadeiro lixo" e ele considerou "totalmente insatisfatório" um relatório de obras em Berlim por ele apresentado (19 e 28 de agosto de 1938).
26. TB, 7 de outubro, assim como 3 de dezembro de 1938; 16 e 22 de junho de 1939.
27. TB, 8 de maio de 1940. Também BK, 6 de maio de 1940, 5 e 7 de maio de 1940, 6, sobre as contramedidas tomadas.
28. TB, 8 e 14 de março, 30 de abril, 8 de maio, bem como 21 de junho de 1940.
29. TB, 19, 20 e 27 de julho de 1940.
30. TB, 31 de agosto de 1940; 6 de setembro de 1940: depois Speer propôs que Goebbels fosse o presidente municipal. Em novembro de 1941, este voltou a discutir com Hitler o problema ainda sem solução (TB, 22 de novembro de 1941). Durante um breve período, em outubro de 1942, chamou-lhe atenção o prefeito de Wiesbaden, Mix (TB, 4 e 6 de outubro de 1942).
31. Kershaw, *Hitler*, vol. II, p. 415; *Halder KTB*, vol. 2, 31 de julho de 1942, p. 46 e segs.; Walter Warlimont, *Im Hauptquartier der deutschen Wehrmacht 1939-1945. Grundlagen — Formen — Gestalten*, vol. 1, Augsburg,

1990, p. 126 e segs.; Andreas Hillgruber, *Hitlers Strategie. Politik und Kriegführung 1940-1941*, Marburg, 1965, p. 223 e segs.
32. TB, 9 de agosto de 1940.
33. TB, 15 de agosto de 1940.
34. TB, 24 de agosto de 1940; BK, 22 de agosto de 1940, 9, também 23 de agosto de 1940, 10; ZSg. 102/26, 22 de agosto de 1940: "É necessário que os jornais sejam discretos em todos os casos concernentes à Rússia soviética. Um intercâmbio cultural entre a Alemanha e a Rússia nos jornais diários é totalmente errado." "Nenhuma relação" entre "os dois sistemas".
35. A esse respeito, notadamente Wolfgang Michalka: *Ribbentrop und die deutsche Weltpolitik. Aussenpolitische Konzeptionen und Entscheidungsprozesse im Dritten Reich*, Munique, 1980.
36. *ADAP* D Xl, n. 252, relatório do adido militar em Roma, 28 de outubro de 1940. Segundo ele, o marechal Badoglio teria informado, em 23 de agosto, que a Itália nada faria contra a Grécia, a menos que fosse obrigada por ações dos gregos e dos britânicos.
37. TB, 5 de setembro de 1940.
38. TB, 27 de setembro de 1940: "Ainda conversei com o Führer sobre a visita de Ciano. Haverá a assinatura de um pacto." Com a devida pressa, os meios de propaganda se sintonizaram com o grande acontecimento: BK, 27 de setembro de 1940, 1; ZSg. 109/15, VI, 27 de setembro de 1940, 1; *ADAP* D XI, n. 118, Pacto Tripartite de 27 de setembro de 1940.
39. TB, 6 de outubro de 1940. *ADAP* D XI, n. 249. Conferência Hitler-Mussolini no passo de Brennero em 4 de outubro de 1940, protocolo Schmidt do mesmo dia.
40. *ADAP* D XI, n. 63, entrevista Ribbentrop-Súñer em 16 de setembro de 1940, entrada de 17 de setembro de 1940; n. 66, encontro Hitler-Súñer em 17 de setembro, entrada do mesmo dia; n. 67, conferência Súñer-Ribbentrop, 17 de setembro, anotação do mesmo dia; n. 97, protocolo Schmidt, 26 de setembro, sobre entrevista Ribbentrop-Súñer no mesmo dia; n. 117, encontro Hitler-Súñer em 27 de setembro, apontamento de 28 de setembro de 1940. Detwiler, *Hitler*, p. 37 e segs.
41. TB, 19 de setembro de 1940; Donald S. Detwiler, *Hitler, Franco und Gibraltar. Die Frage des spanischen Eintritts in den Zweiten Weltkrieg*, Wiesbaden, 1962, p. 30 e segs.
42. *ADAP* D XI, n. 220, encontro Hitler-Franco, 23 de outubro de 1940, em Hendaye, anotação sem data; n. 221, enviado Schmidt, anotação de 23 de outubro de 1940 sobre a conversa de Súñer e Ribbentrop em Hendaye no mesmo dia. Detwiler, *Hitler*, p. 56 e segs.
43. TB, 31 de outubro de 1940.
44. TB, 4 de dezembro de 1940; ver também 15 de novembro de 1940, por ocasião de outra visita de Súñer à Alemanha.
45. Detwiler, *Hitler*, p. 85; KTB, 8 de dezembro de 1940, comunicado do chefe da inteligência.
46. TB, 19 de dezembro de 1940.
47. *ADAP* D Xl, n. 212, protocolo Schmidt, 22 de outubro de 1941, sobre a entrevista de Hitler com Laval no mesmo dia; n. 227, protocolo Schmidt, 24 de outubro de 1941, sobre a entrevista de Hitler com Pétain no mesmo dia.
48. TB, 24 de outubro de 1940.
49. TB, 25 de outubro de 1940. Ao regressar, Hitler o informou de sua impressão de Pétain (TB, 31 de outubro de 1940).
50. TB, 29 de outubro de 1940.
51. Eberhard Jäckel, *Frankreich in Hitlers Europa. Die deutsche Frankreichpolitik im Zweiten Weltkrieg*, Stuttgart, 1966, p. 105 e segs.
52. *ADAP* D XI, n. 246, protocolo Schmidt sobre o encontro Hitler-Mussolini em Florença, 28 de outubro de 1940.
53. TB, 29 de outubro de 1940.
54. Sobre os precedentes, ver TB, 10 e 17 de julho (primeira informação sobre o planejado envio de tropas à Romênia), 9 de outubro (sobre deslocamento de tropas), 14 de outubro de 1940 (missão militar). Ver também Malte König, *Kooperation als Machtkampf. Das faschistische Achsenbündnis Berlin-Rom im Krieg 1940/41*, Colônia, 2007, p. 32.
55. TB, 20 e 23 de dezembro de 1940, assim como 15 de janeiro de 1941. Quando ele data reiteradamente a iminente intervenção em janeiro de 1941 — na verdade, estava planejada para março —, é possível que se refira à correspondente mobilização das unidades alemãs na Romênia. Quanto aos preparativos da guerra nos Bálcãs, ver particularmente *OKW KTB* I, p. 204, prestação de contas do alto-comando e do estado-maior do exército a Hitler, 5 de dezembro de 1940; I, p. 224: instrução de concentração de tropas para o 12º Exército, Operação Marita, bem como instrução n. 18, 12 de novembro de 1940, ademais n. 20, 13 de dezembro de 1940 (Hubatsch, *Hitlers Weisungen*); Detlef Vogel, "Das Eingreifen Deutschlands auf dem Balkan", in: Gerhard Schreiber, Bernd Stegemann e Detlef Vogel, *Der Mittelmeerraum und Südosteuropa. Von der "non--belligeranza" Italiens bis zum Kriegseintritt der Vereinigten Staaten*, Stuttgart, 1984, p. 417-511, aqui p. 422 e segs.
56. TB, 11 e 12 de novembro de 1940.
57. TB, 14 de novembro de 1940.

58. Kershaw, *Hitler*, vol. II, p. 447 e segs.; *ADAP* D XI, n. 325-329, sobre discussões em 12 e 13 de novembro.
59. TB, 4 de dezembro de 1940.
60. *OKW KTB* I, p. 208 e segs., 5 de dezembro de 1940.
61. TB, 20 de julho de 1940.
62. TB, 25 de julho de 1940.
63. TB, 26 de julho de 1940. Também 17 de agosto de 1940: "Mais tarde nós queremos despachar os judeus para Madagascar. Eles que construam seu Estado lá." Ver também Reuth, *Goebbels*, p. 455.
64. BK, 6 de setembro de 1940, 6.
65. Longerich, *Politik der Vernichtung*, p. 278 e segs.
66. Nota de Bormann sobre a discussão na presença de Hitler em 2 de outubro: doc. 172-USSR, in: *IMT* 39, p. 425 e segs.
67. Halder, *KTB*, vol. 2, 4 de novembro de 1940.
68. Longerich, *Politik der Vernichtung*, p. 285 e segs.
69. TB, 18 de março de 1941.
70. Impresso in: Hans-Günther Adler, *Der verwaltete Mensch. Studien zur Deportation der Juden aus Deutschland*, Tübingen, 1974, p. 152.
71. TB, 22 de março de 1941.
72. TB, 21 de março de 1941.
73. TB, 10, 12, 13, 16 e 28 de janeiro, assim como 1º de fevereiro de 1940; a esse respeito, BK, p. 78.
74. TB, 16 de janeiro, 21 de fevereiro, 28 de março de 1940 (apud): Diller, *Rundfunkpolitik*, p. 352 e segs.
75. Diller, *Rundfunkpolitik*, p. 351.
76. Dussel, *Hörfunk*, p. 199 e segs.; TB, 23 e 28 de abril de 1940, também 9 e 18 de maio de 1940.
77. Dussel, *Hörfunk*, p. 199.
78. TB, 5 de dezembro de 1940; BK, 20 de dezembro de 1940, 4.
79. TB, 30 de setembro, 21 de outubro de 1939, 24 e 25 de janeiro de 1940, 22 de março, 23 de abril de 1940; Moeller, *Filmminister*, p. 93 e segs.
80. TB, 29 de outubro de 1939, 21 de novembro de 1939. BAB, R 55/495, item "Einnahmen".
81. TB, 7 e 14 de novembro de 1939; Moeller, *Filmminister*, p. 95; BAB, R 55/1.352, item "Einnahmen", registra apenas 67 filmes em 1940-41.
82. Decreto de 23 de novembro de 1939 (Albrecht, *Filmpolitik*, p. 526) que previa a entrega do argumento de cada filme: TB, 14 e 18 de novembro de 1939; BK, 3 de novembro de 1939, 12.
83. Rosenberg, *Tagebuch*, 11 de dezembro de 1939 (também 30 de dezembro de 1939); cf. Reuth, *Goebbels*, p. 436.
84. TB, 12 de dezembro de 1939.
85. TB, 19, 24 e 31 de janeiro; 28 de fevereiro e 13 de março de 1941; Moeller, *Filmminister*, p. 227 e segs.
86. TB, 23 e 25 de abril de 1940; BK, 22 de abril de 1940, 10, assim como 27 de junho de 1940, 3.
87. Anotação, presumivelmente 23 de abril de 1940, apud Albrecht, *Filmpolitik*, p. 143.
88. Moeller, *Filmminister*, p. 238 e segs.; bem como Barth, *Goebbels und die Juden*, Padeborn, 2003, p. 160 e segs.; Dorothea Hollstein, *Jud Süss und die Deutschen. Antisemitische Vorurteile im nationalsozialistischen Spielfilm*, Frankfurt a. M., 1983; Stefan Mannes, *Antisemitismus im nationalsozialistischen Spielfilm. "Jud Süss" und "Der ewige Jude"*, Colônia, 1999.
89. *Die Rothschilds*: TB, 13 de março, 26 de abril, 7 e 23 de julho, 10 de setembro de 1940.
90. Literatura sobre *Jud Süss*: Susan Tegel, *Jew Süss/Jud Süss*, Trowbridge, 1996; Friedrich Knilli, *Jud Süss. Filmprotokoll, Programmheft und Einzelanalysen*, Berlim, 1983. TB, 5 e 18 de janeiro, 2 e 15 de fevereiro, 26 de abril, 18 de agosto ("O filme de Harlan *Jud Süss*. Um grande sucesso, genial. Um filme antisemita como só podemos desejar"), 6, 7, 10, assim como 25 de setembro de 1940 (sobre a estreia).
91. Stig Hornshøj-Møller, *"Der ewige Jude". Quellenkritische Analyse eines antisemitischen Propagandafilms*, Göttingen, 1995; Mannes, *Antisemitismus*, p. 51 e segs.; Karl-Heinz Reuband, "'Jud Süss' und 'Der Ewige Jude' als Prototypen antisemitischer Filmpropaganda im Dritten Reich. Entstehungsbedingungen, Zuschauerstrukturen und Wirkungspotential", in: Michal Anděl et al. (eds.), *Propaganda, (Selbst-)Zensur, Sensation. Grenzen von Presse und Wissenschaftsfreiheit in Deutschland und Tschechien seit 1871*, Essen, 2005, p. 89-148; BK, 3 de setembro de 1940, 8 (instrução para os preparativos da estreia); TB, 17 de outubro de 1939, também 5 e 6 de outubro de 1939.
92. TB, 24, 28 e 29 de outubro, 2, 11 e 28 de novembro de 1939, 9 e 12 de janeiro, "Hitler verlangt Umarbeitung", 2 de abril, 8 de maio, 9 de junho e 11 de outubro de 1940.
93. Informação confidencial, 28 de novembro de 1940 e 12 de dezembro de 1940 (BAK, ZSg. 109/16 e 17).
94. Relatório RSHA, Amt III (SD), 20 de janeiro de 1941, impresso in: *Meldungen aus dem Reich. Die geheimen Lageberichte des Sicherheitsdienstes der SS*, ed. e intr. Heinz Boberach, 18 vols., Herrsching, 1984-85, vol. 6, p. 1914 e segs., p. 1917 e segs. Sobre a bilheteria fraca do filme também Eberhard Jäckel e Otto Dov Kulka (eds.), *Die Juden in den geheimen NS-Stimmungsberichten, 1933-1945*, Düsseldorf, 2004, n. 3.215, SD-Aussenstelle Höxter, 7 de fevereiro de 1941, bem como n. 3.243, NSDAP, endereço do distrito, 28 de abril de 1941. Outras fontes sobre "Der Ewige Jude": Yizhak Ahrens/Stig Hornshøj-Møller e Christoph B. Melchers, *"Der ewige*

Jude". Wie Goebbels hetzte. Untersuchungen zum nationalsozialistischen Propagandafilm, Aachen, 1990; Peter Bucher, "Die Bedeutung des Films als historische Quelle: 'Der ewige Jude' (1940)", in: Heinz Durchhardt e Manfred Schlenke (eds.), *Festschrift für Eberhard Kessel zum 75. Geburtstag*, Munique, 1982, p. 300-329.

95. Jäckel e Kulka, *Juden*, n. 3.287 e 3306, Oficina Externa de Serviço de Segurança, Bielefeld, relatório de 11 de agosto e 30 de setembro de 1941.
96. Moeller, *Filmminister*, p. 237.
97. TB, 7 de dezembro de 1940, sobre a estreia, também 16 de novembro com uma avaliação muito positiva.
98. TB, 16 e 26 de março de 1941 ("Três desfechos para *Ohm Krüger*. O que escrevi é o melhor e será aceito"), pré-estreia (em sua casa): 2 de abril, bem como 5 de abril de 1941 (no cinema).
99. TB, 15 de maio de 1941: "A tendência é aplicada com excesso de densidade, as passagens contra o regime de então não entusiasmam."
100. TB, 22 de março e 28 de agosto (juízo crítico).
101. TB, 30 de março de 1941 ("mercadoria medíocre").
102. TB, 31 de dezembro de 1940 (estreia), assim como 16 de dezembro (avaliação muito positiva).
103. TB, 7 de fevereiro de 1941.
104. TB, 14 de fevereiro e 21 de junho de 1941.
105. Karl Heinz Roth, "Filmpropaganda für die Vernichtung der Geisteskranken und Behinderten im 'Dritten Reich'", in: *Reform und Gewissen*. "Euthanasie" *im Dienst des Fortschritts*, Berlin, 1985, p. 125-193; Moeller, *Filmminister*, p. 245 e segs.
106. Moeller, *Filmminister*, p. 253 e segs.
107. TB, 21 de maio de 1940 (sobre o primeiro artigo). Quanto à preparação da revista, ver TB, 26 de novembro, 6 e 14 de dezembro de 1939, 13 de janeiro, 5 de março, 4 de abril e 5 de maio de 1940. Reuth, *Goebbels*, p. 447 e segs.; Erika Martens, *Zum Beispiel "Das Reich". Zur Phänomenologie der Presse im totalitären Regime*, Colônia, 1972; Kessemeier, *Der Leitartikler Goebbels*, p. 137 e segs.
108. Laut Kessemeier, *Leitartikler*, p. 200, regularmente a partir de 7 de novembro; no entanto, no TB datado de 18 de setembro de 1941, Goebbels já menciona a leitura de um artigo.
109. BK, 21 de maio de 1940, 5. A *Das Reich* devia ser favorecida no fornecimento de material especial para que "desde o começo se impusesse absolutamente no exterior". Ver também BK, 28 de maio de 1940, 3, e 1º de junho de 1940, 10.
110. TB, 2 e 7 de junho de 1940.
111. TB, 6 de dezembro de 1940.
112. Aristotle A. Kallis, *National Socialist Propaganda in the Second World War*, Basingstoke, 2005. A esse respeito, ver os *Meldungen aus dem Reich* de outubro de 1940, p. 1.643 e segs.
113. BAB, NS 18/199, circular do diretor nacional de Propaganda, Goebbels, 10 de outubro de 1940.
114. TB, 1º e 4 de novembro de 1940; BK, p. 147.
115. Longerich, *Propagandisten*, p. 193 e segs.
116. Longerich, *Propagandisten*, p. 138 e segs.; TB, 2, 5, 6, 7, 10 e 22 de dezembro de 1940, 22 e 30 de janeiro, assim como 18 de março de 1941.
117. Serviu a esse propósito a troca de pessoal na direção do departamento estrangeiro: em dezembro de 1940, Helmut Hunke substituiu Ernst Brauweiler: TB, 22 de novembro, bem como 5, 6, 10 e 14 de dezembro de 1940. Em 4 de junho de 1941: "O departamento A de Hunke precisa ser ampliado substancialmente. Do contrário, ele não tem como se impor ao MRE."
118. TB, 16 de janeiro, 17 de fevereiro, 31 de março, 19 de junho de 1941.
119. TB, 8 de fevereiro de 1941, também 9 de fevereiro de 1941.
120. TB, 10 de fevereiro de 1941.
121. TB, 11 de fevereiro de 1941; não se preservou a ata da reunião.
122. BAK, ZSg. 109/18, 11 de fevereiro de 1941, TP 1.
123. TB, 13 de fevereiro, também 12 e 14 de fevereiro de 1941. Sobre a desavença com Dietrich, também 2 de abril de 1941.
124. BK, p. 58; TB, 14, 16, 22 e 29 de junho de 1940.
125. BAB, R 55/437, boletim informativo do Ministério da Propaganda de 18 de julho de 1941.
126. TB, 3, 11, 12, 17, 22, 23 e 24 de outubro de 1940.
127. TB, 24 de maio de 1941; sobre sua intenção de nomear Gutterer, também 17 de outubro de 1940.
128. TB, 2 de setembro; sobre a viagem, também 1º de setembro de 1940.
129. TB, 9 de setembro de 1940.
130. TB, 2 e 16 de outubro de 1940.
131. TB, 30 de outubro, 1º de novembro de 1940.
132. TB, 12 de novembro de 1940.
133. TB, 13 e 15 de fevereiro de 1941.
134. TB, 18 de fevereiro de 1941.
135. Vogel, "Eingreifen", p. 442 e segs., sobre o golpe militar.
136. TB, 28 e 29 de março de 1941, sobre o golpe; BK, 27 de março de 1941, 1.
137. Sobre a decisão, Vogel, "Eingreifen", p. 445; sobre a moderação da propaganda: BK, 28 de março de 1941, 1, 31 de março de 1941, 1, bem como 1º de abril de 1941, 1.

138. BK, 3 de abril de 1941, 1.
139. TB, 7 de abril de 1941; BK, 6 de junho de 1941.
140. TB, 18 de abril de 1941.
141. TB, 19 a 27 de abril de 1941.
142. TB, 28 de abril de 1941.
143. *Meldungen aus dem Reich*, 10 de abril de 1941, p. 2192 e segs., 17 de abril de 1941, p. 2203, 22 de abril de 1941, p. 2217, 25 de abril de 1941, p. 2227 e segs.
144. TB, 13 de maio de 1941; o comunicado oficial do partido está impresso, por exemplo, no *VB* (B) de 13 de maio de 1941. Sobre o voo de Hess: Rainer F. Schmidt, *Rudolf Hess. "Botengang eines Toren?" Der Flug nach Grossbritannien vom 10. Mai 1941*, 2. ed., Munique, 2000; Kurt Pätzold e Manfred Weissbecker, *Rudolf Hess. Der Mann an Hitlers Seite*, Leipzig, 1999, p. 261 e segs.; Reuth, *Goebbels*, p. 472 e segs.
145. TB, 16 de outubro de 1940.
146. TB, 14 de maio de 1941.
147. BK, 13 de maio de 1941, 1.
148. BAK, ZSg. 102, 13 de maio de 1941 (meio-dia), TP 1.
149. TB, 14 de maio de 1941.
150. TB, 15 de maio de 1941; BK, 14 de maio de 1941, 1. Ver também BK, 15 de maio de 1941.
151. TB, 16 de maio de 1941; ver também 17 e 18 de maio de 1941; BK, 19 de maio de 1941, 1.
152. TB, 19 de maio de 1941.
153. TB, 20 e 22 de maio de 1941; *Meldungen aus dem Reich*, n. 186, 15 de maio de 1941, p. 2302; n. 187, 19 de maio, p. 2313; n. 188, 22 de maio, p. 2329 e segs.
154. TB, 22, 25 e 26 de março de 1941.
155. TB, 20 e 29 de maio de 1941.
156. TB, 7 de maio de 1941.
157. TB, 9 de maio de 1941.
158. TB, 24 de maio de 1941, também TB, 9 de maio de 1941, sobre a nomeação de Rosenberg.
159. TB, 25 de maio de 1941.
160. TB, 23 de maio de 1941, também 1º de junho de 1941.
161. TB, 29 de maio, *VB* (B), 29 de maio de 1941, "Roosevelts Kaminrede".
162. TB, 23 de maio (menção à "carraspana"), 27 de maio (intriga do MRE); também: 24, 26 e 31 de maio de 1941. Ribbentrop teria se comportado "como um porco" (14 de junho); acusações contra o MRE, nesse contexto, também 28 de maio, 1º, 13 e 27 de junho, 15, 17 e 29 de julho de 1941; Longerich, *Propagandisten*, p. 140 e segs.
163. TB, 1º e 13 de agosto de 1941. Quanto ao processo, também 26 de setembro, 7, 15, 18 e 19 de outubro de 1941, ainda 15 de novembro de 1941. Quando, na primavera de 1942, Goebbels finalmente logrou convencer Hitler a pôr Bömer em liberdade, teve de aceitar que este fosse testado no front; Bömer morreu pouco depois em consequência de um ferimento. TB, 20 e 21 de março de 1942, também 26 de março (sobre recepção a Bömer no ministério). Goebbels ainda conseguiu reabilitá-lo postumamente: TB, 24 de junho, 24 de agosto de 1942.
164. TB, 31 de maio de 1941.
165. TB, 5 de junho de 1941.
166. MK, 13 de junho de 1941 (sobre os "boatos diametralmente opostos sobre futuros enfrentamentos militares"): 16 de junho de 1941: "No entanto, o tema Rússia não pode ser usado nem internamente nem no exterior." Sobre as medidas de diversionismo em geral, Reuth, *Goebbels*, p. 476 e segs.
167. TB, 11 de junho de 1941, também 12, 13, 14, 15 e 16 de junho de 1941; BAK, ZSg. 102/32, 13 de junho de 1941, n. 5, instrução de Fritzsche para não citar o artigo.
168. TB, 20 e 22 de maio de 1941, bem como 11, 12 e 14 de junho, sobre o "relaxamento" dos programas de rádio; a esse respeito, também o editorial de Goebbels na edição de *Das Reich* de 15 de junho de 1941, "Der Rundfunk im Kriege"; MK, 16 de junho de 1941.
169. TB, 16 de junho de 1941.

22. "Época grandiosa, maravilhosa, em que nasce um novo império"

1. TB, 18 de junho de 1941, também 17 de junho de 1941.
2. TB, 19 de junho de 1941.
3. TB, 21 de junho de 1941.
4. TB, 22 de junho de 1941; texto in: *Domarus II*, p. 1726 e segs.; ver também Reuth, *Goebbels*, p. 481 e segs.
5. TB, 23, 24 e 25 de junho de 1941.
6. TB, 24, 25 e 27 de junho de 1941.
7. TB, 5 de julho, 3 e 29 de agosto de 1941; 5 de junho de 1941: alusão à construção do bunker.
8. MK, 23 de junho de 1941; a esse respeito, também TB, 24 de junho de 1941.
9. *VB* (B), 26 de junho de 1941, também in: *Zeit ohne Beispiel*, p. 508-513; TB, 25 de junho, também 26 de junho de 1941.

10. *Die Wehrmachtberichte 1939-1945*, 3 vols., Munique, 1985, vol. 1, 23-28 de junho; TB, 27 de junho de 1941.
11. TB, 23 de junho de 1941.
12. TB, 29 de junho de 1941.
13. *Das Reich*, 6 de julho de 1941, "Nachrichtenpolitik", também in: *Zeit ohne Beispiel*, p. 514-519; acerca disso, TB, 29 de junho de 1941.
14. *Wehrmachtberichte*, vol. 1, 29 de junho de 1941.
15. TB, 30 de junho de 1941; MK, 30 de junho de 1941. Ver também TB, 1, 3 e 5 de julho de 1941; *Meldungen aus dem Reich*, n. 198, 30 de junho de 1941, p. 2.458.
16. TB, 30 de junho de 1941.
17. TB, 12 de julho de 1941.
18. BW, 5 de julho de 1941.
19. BAK, ZSg. 102/33, 5 de julho de 1941, pauta do dia. A esse respeito, também complementação da informação confidencial de 5 de julho de 1941 (ib.), assim como a mensagem do dia, ZSg. 102/35, 7 de julho de 1941.
20. Quanto a isso, ver o *VB* (B) de 6 de julho de 1941, totalmente voltado para essa ação de propaganda. Ver também *Der Angriff*, 6 de julho de 1941, "Viehische Bluttaten der GPU-Kommissare".
21. *VB* (B), 7 de julho de 1941, "Der Schleier fällt". Também em *Das Reich*, 6 de julho de 1941, e no *Zeit*, p. 520-525.
22. A conversa com Hitler, no dia 8 de julho (TB, 9 de julho), foi decisiva para sua reorientação; mas ver também TB, 3 de julho de 1941: "Agora não resta a menor dúvida quanto à intenção de Moscou de atacar a Alemanha e a Europa Central. O Führer agiu no último minuto." Acerca da "tese da guerra preventiva", Wigbert Benz, *Der Russlandfeldzug des Dritten Reiches: Ursachen, Ziele, Wirkungen. Zur Bewältigung eines Völlkermordes unter Berücksichtigung des Geschichtsunterrichts*, Frankfurt a. M., 1986; Bianka Pietrow-Ennker (ed.), *Präventivkrieg? Der deutsche Angriff auf die Sowjetunion*, Frankfurt a. M., 2000.
23. MK. O homem de ligação da chancelaria do partido no Ministério da Propaganda, Tiessler, informou seu escritório de que, na reunião, a instrução dada foi de "imprimir um caráter totalmente antissemita" à "ação antibolchevista em curso". BAB, NS 18alt/768, telegrama de Tiessler à chancelaria do partido, 9 de julho de 1941.
24. Ver BAK, ZSg. 102/33, 9 de julho de 1941, declaração de comentário.
25. Pormenores in: Longerich, *Davon*, p. 160 e segs.
26. *Deutsche Wochenschau*, n. 566, 10 de julho de 1941. Hans-Gunter Voigt, *Jüdisches Leben und Holocaust im Filmdokument 1930 bis 1945*, MS, Koblenz, 2000.
27. Ilustrativo dessa campanha é o comentário no *VB* de 13 de julho de 1941, que sintetiza uma vez mais todos os "argumentos" favoráveis a esse ponto de vista: "Churchill — Roosevelt — Stalin. O triunvirato panjudaico."
28. *Das Reich*, 20 de julho de 1941, também: *Zeit*, p. 526-531; TB, 13 de julho de 1941.
29. BAK, ZSg. 109/22, TP de 23, 27 e 30 de junho de 1941; TB, 30 de junho de 1941 (o conceito de cruzada "está no lugar errado". A esse respeito, ver Hans Günter Hockerts, "Kreuzzugsrhetorik, Vorsehungsglaube, Kriegstheologie. Spuren religiöser Deutung in Hitlers 'Weltanschauungskrieg'", in: Klaus Schreiner (ed.), *Heilige Kriege. Religiöse Begründungen militärischer Gewaltanwendung: Judentum, Christentum und Islam im Vergleich*, Munique, 2008, p. 229-250.
30. TB, 13 de julho de 1941.
31. TB, 14 de julho de 1941.
32. *Wehrmachtberichte*, 18 de julho de 1941; TB, 19 de julho de 1941.
33. TB, 10 e 14 de julho de 1941; também 16, 17, 19 e 23 de julho de 1941.
34. TB, 10, 14, 17, 19 e 23 de julho de 1941; *Meldungen aus dem Reich*, n. 200, 7 de julho de 1941, p. 2487; n. 201, 10 de julho de 1941, p. 2502 e segs., assim como p. 2511 e segs.
35. TB, 14, 15, 16 e 19 de julho de 1941; *Meldungen aus dem Reich*, n. 201, 17 de julho de 1941, p. 2529 e segs.
36. TB, 3, 6, 7 e 24 de julho de 1941.
37. TB, 23 de julho de 1941.
38. TB, 24 de julho de 1941. A primeira alusão a esse novo curso encontra-se já com data de 15 de julho de 1941. Aliás, aqui a exigência de uma política de notícias mais dura contrasta com o estado de espírito muito otimista que — segundo um relatório de Dietrich — então reinava no quartel-general.
39. TB, 24 de julho de 1941. Sobre a necessidade de "endurecer" a propaganda, também 26 e 28 de julho de 1941.
40. TB, 27 de julho de 1941.
41. TB, 29 de julho de 1941.
42. TB, 7 de agosto de 1941; os *Meldungen aus dem Reich*, n. 208 (s.d.), p. 2608, falavam num "declínio do ânimo cheio de expectativas".
43. TB, 9 e 10 de agosto de 1941 (em retrospectiva). Acerca da reversão do estado de espírito, *Meldungen aus dem Reich* de 28 de julho de 1941, p. 2578, 31 de julho de 1941, p. 2591.
44. Quanto a isso, ver os arquivos: BAB, R 43 II/1.271, 1.271a, 1.271b e 1.272. Sobre o tratamento dessa questão delicada em Berlim: TB, 6 de agosto de 1941.

45. *Meldungen aus dem Reich*, 17 de julho de 1941, p. 2529 e segs., e 28 de julho de 1941, p. 2590; TB, 20 de julho de 1941, do qual se depreende que ele não respondeu à carta de reclamação do presidente da Conferência dos Bispos, o cardeal Bertram, contra o tolhimento do trabalho eclesiástico.
46. TB, 6 e 7 de agosto de 1941; *Wehrmachtberichte*, vol. 1, 6 de agosto de 1941.
47. TB, 8 de agosto de 1941. Ver também TB, 9, 10 e 11 de agosto de 1941; *Meldungen aus dem Reich*, 11 de agosto de 1941, p. 2631.
48. Exemplos de instruções de Goebbels na propaganda de prisioneiros de guerra: MK, 23 de julho de 1941, solicitação de mais fotografias de prisioneiros de guerra ("sujeitos assustadores").
49. TB, 27 de agosto de 1941.
50. Manuscrito de Tiessler, que estava presente nessa visita, 28 de agosto de 1941; *Akten der Parteikanzlei*, 2ª parte, rev. Helmuth Heiber e Peter Longerich, Munique, 1983 e 1991, microfichas, vol. 4, 76.209 e segs. (de BAB, NS 18 alt/845).
51. Ainda no dia 14 de agosto de 1941, ele havia constatado "mais tensão na opinião pública", mas logo o moral se desenvolveu positivamente (15 e 17 de agosto de 1941).
52. TB, 10, 12 e 29 de agosto de 1941. Sobre a preparação das primeiras propostas propagandísticas do departamento para a "regeneração do moral interno", ver TB, 9 e 11 de setembro de 1941. Quanto a Braeckow e Berndt: BK, p. 59 e 75 e segs.
53. TB, 2 de agosto de 1941. Em 27 de agosto, ele discutiu com um destacado líder da SA berlinense a possibilidade de "empregar a SA e o partido na criação de boatos positivos". TB, 28 de agosto de 1941.
54. TB, 1º de outubro, também 11 de novembro: "Chama desagradavelmente atenção, na paisagem urbana das nossas metrópoles, o aumento contínuo das filas nas tabacarias." O fenômeno das multidões enfileiradas em torno ao fumo — "Viveiro de reclamões" — já o tinham preocupado em maio: TB, 20 de maio de 1941.
55. Desde abril de 1941, Goebbels cultivava a ideia de uma identificação dos judeus alemães; no dia 21 desse mês, havia incumbido seu secretário de Estado, Gutterer, de preparar a identificação dos judeus berlinenses: *Kriegspropaganda* (Boelcke), bem como *Akten der Parteikanzlei*, microfichas, vol. 4, 76.074, manuscrito de Tiessler, 21 de julho de 1941. No começo de julho de 1941, Goebbels insistiu que Bormann obtivesse junto a Hitler a autorização para a identificação dos judeus (ib., 74.650 e segs., de BAB, NS 18 alt/808, comentário de Tiessler para a chancelaria do partido, 3 de julho de 1941).
56. Longerich, *Davon*, p. 165 e 393.
57. Bernhard Lösener, "Als Rassenreferent im Reichsministerium des Innern", ed. Walter Strauss, in: *VfZ* 9 (1961), p. 262-313.
58. TB, entradas de 4 a 19 de julho de 1941.
59. TB, 11 de julho de 1941.
60. Já TB, 28 de dezembro de 1939 (com Hitler): "A melhor maneira de lidar com as igrejas é fazer-se passar por cristão positivo. De modo que, por ora, convém ser reservado nessas questões e sufocar friamente as igrejas quando elas forem insolentes e se intrometerem nos assuntos do Estado." Ver também TB, 17 de janeiro de 1940.
61. TB, 29 de abril de 1941.
62. TB, 1º de maio de 1940: "Com o Führer. Bouhler informa sobre o processo de liquidação dos loucos, que é tão necessário e agora será implementado. Ainda secreto. Haverá grandes dificuldades." TB, 31 de janeiro de 1941: "Discuto com Bouhler a questão da liquidação silenciosa dos doentes mentais; 40 mil se foram, 60 mil ainda precisam ir-se. É um trabalho duro, mas também necessário. E precisa ser feito já. Bouhler é o homem certo para isso." Sobre a "eutanásia": Ernst Klee, *"Euthanasie" im NS-Staat. Die "Vernichtung lebensunwerten Lebens"*, Frankfurt a. M., 1983; Henry Friedlander, *Der Weg zum NS-Genozid. Von der Euthanasie zur Endlösung*, Berlim, 2002; Michael Burleigh, *Tod und Erlösung. Euthanasie in Deutschland 1900-1945*, Zurique/Munique, 2002; Winfried Süss, *Der "Volkskorper" im Krieg. Gesundheitspolitik, Gesundheitsverhältnisse und Krankenmord im nationalsozialistischen Deutschland 1939-1945*, Munique, 2003.
63. TB, 9 de julho de 1941. Também 11 e 19 de julho de 1941; 23 de julho de 1941: "Não entrar em questões confessionais", longo comentário a esse respeito datado de 7 de julho de 1941. Sobre a pastoral, Kurt Nowak, *"Euthanasie" und Sterilisierung im "Dritten Reich". Die Konfrontation der evangelischen und katholischen Kirche mit dem Gesetz zur Verhütung erbkranken Nachwuchses und der "Euthanasie"-Aktion*, Göttingen, 1978, p. 112.
64. Nowak, *"Euthanasie"*, p. 161 e segs.; Heinrich Portmann, *Der Bischof von Münster*, Münster, 1947, p. 143 e segs. Os textos dos sermões de 12 e 20 de julho, bem como de 3 de agosto de 1941, estão documentados in: *Bischof Clement August Graf von Galen. Akten, Briefe und Predigten*, vol. 2: *1939-1946*, ed. Peter Löffler, Mainz, 1988, n. 333, 336 e 341. Sobre a divulgação da "eutanásia" no Reich e os protestos por ela provocados: Steinert, *Hitlers Krieg und die Deutschen*, p. 152 e segs.; Hans-Walter Schmuhl, *Rassenhygiene, Nationalsozialismus, Euthanasie. Von der Verhütung zur Vernichtung "lebensunwerten Lebens", 1890-1945*, Göttingen, 1987, p. 312 e segs.; Longerich, *Davon*, p. 162 e segs.
65. TB, 14 de agosto de 1941.
66. TB, 15 de agosto de 1941.
67. TB, 18 de agosto de 1941. Sobre a carta de Bertram: Nowak, *"Euthanasie"*, p. 160.

68. TB, 11 de agosto de 1941: "Cria-se um tribunal para os judeus nas grandes cidades. Eles vêm sendo linchados em massa nas ruas pelas organizações de autodefesa dos povos bálticos. Está acontecendo a profecia do Führer: se os judeus conseguirem provocar mais uma guerra, acabarão perdendo a sua existência." Ver também TB, 5 de setembro de 1941, sobre o fuzilamento de israelitas pelos bessarábios da Romênia; ao mais tardar em outubro, ele foi informado dos "grandes fuzilamentos de judeus na Ucrânia": TB, 19 de outubro de 1941.
69. TB, 23 de agosto de 1941.
70. "Em todo caso, podemos nos alegrar se a ação a isso ligada chegar ao fim. Era necessária."
71. Foi o que disse a esse respeito o governador Kolbow num memorando de 31 de julho de 1941: a "ação na Westfália progride rapidamente e será concluída em mais ou menos duas a três semanas". Fac-símile in: Karl Teppe, *Massenmord auf dem Dienstweg. Hitlers "Euthanasie" Erlass und seine Durchführung in den Westfälischen Provinzialanstalten*, Münster, 1989, p. 21. Pormenores em Longerich, *Davon*, p. 170.
72. TB, 24 de agosto de 1941.
73. TB, 29 de agosto de 1941, também 4 de setembro de 1941, sobre suas tentativas de aparar as arestas no caso através de medidas propagandísticas reforçadas. Walter Ziegler, "Der Kampf um die Schulkreuze im Dritten Reich", in: *Das Kreuz im Widerspruch. Der Kruzifix-Beschluss des Bundesverfassungsgerichts in der Kontroverse*, ed. Hans Maier, Friburgo/Basileia/Viena, 1996, p. 40-51; sobre os protestos e passeatas: Walter Ziegler (ed.), *Die kirchliche Lage in Bayern nach den Regierungspräsidentenberichten 1933-1943*, vol. IV: *Regierungsbezirk Niederbayern und Oberpfalz*, Mainz, 1973, n. 122, p. 283 e segs.; relatório mensal do governo do Alto Palatinado, 8 de junho de 1941, n. 123, 8 de julho de 1941, n. 124, 8 de agosto de 1941, n. 125, 7 de setembro de 1941, n. 126, 8 de outubro de 1941.
74. TB, 27 e 29 de setembro de 1941, 1º e 2 de outubro (apud), 18 de outubro (a pena de morte seria apropriada); 22 de novembro de 1941, sobre uma conversa com Hitler, que tinha intenção de arremeter contra o "traidor da pátria" Von Galen, mas não por ora; em 30 de novembro de 1941, acerca de Von Galen: "É preciso deixar o tumor amadurecer antes de extirpá-lo"; em 30 de novembro de 1941, Hitler garante que acompanha "a atividade do bispo Graf Galen desde seu posto de observação". Quanto a outros temas de política eclesiástica, ver, por exemplo, TB, 21 de novembro de 1941, acerca de passagens favoráveis à Igreja na cartilha de seu filho; 28 de novembro de 1941, sobre a apreensão de um panfleto não cristão da SS; no dia 29 de novembro de 1941, ele anotou que, durante a guerra, Hitler queria "evitar um conflito aberto com as igrejas se possível. Prefere esperar a hora certa. Então, sim, está decidido a entrar com mão pesada". Ainda em 1943, tentou convencer o ditador a processar Von Galen (TB, 11 e 18 de julho de 1943).
75. TB, 26 de outubro de 1941.
76. Pormenores in: Longerich, *Davon*, p. 167.
77. TB, 20 de agosto de 1941, também 22 de agosto de 1941.
78. TB, 22 de agosto de 1941.
79. MK, 21 de agosto de 1941.
80. Theodore N. Kaufman, *Germany must perish*, Newark, s.d. (começo de 1941). Ver a esse respeito Wolfgang Benz: "Judenvernichtung aus Notwehr? Die Legende um Theodore N. Kaufman", in: *VfZ* 29 (1981), p. 615-630.
81. BAK, ZSg. 102/33, 23 de julho de 1941.
82. TB, 19 de agosto de 1941. Sobre a preparação dos folhetos, 13, 29 e 30 de agosto de 1941.
83. Acerca dessa campanha, Longerich, *Davon*, p. 168 e segs.
84. Wolfgang Diewerge, *Das Kriegsziel der Weltplutokratie. Dokumentarische Veröffentlichung zu dem Buch des Präsidenten der amerikanischen Friedensgesellschaft Theodore Nathan Kaufman "Deutschland muss sterben" ("Germany must perish")*, Berlin, 1941, p. 6. Quanto à propaganda nazista contra a "Carta do Atlântico", ver TB, 16 de agosto; *VB* (B), 17 de agosto de 1941; também MK, 16 a 20 de agosto. BAK, ZSg. 102/33, 15 de agosto de 1941 (M), TP 1: "Churchill — Roosevelt — Redebluff", "Propagandaschwindel"; ZSg. 109/24, VI, 18 de agosto de 1941, Roosevelt seria, na verdade, o "preposto do judaísmo internacional".
85. BAK, ZSg. 102/34, 12 de setembro, meio-dia; TB, 13 de setembro de 1941.
86. TB, 13 de setembro de 1941.
87. *VB* (B), 13 de setembro de 1941.
88. Provas individuais em Longerich, *Davon*, p. 169.
89. BAB, R 8.150/18.
90. *Meldungen aus dem Reich*, 21 de agosto, p. 2671, 25 de agosto, p. 2684 e segs., 1º de setembro, p. 2.712 e segs., e 8 de setembro de 1941, p. 2737 e segs.; TB, 18 e 25 de agosto de 1941 (relatório do SD), 28 de agosto de 1941 (relatório do SD), 5 de setembro de 1941 (relatório do SD).
91. *Das Reich*, 31 de agosto de 1941; TB, 26, 28 e 30 de agosto de 1941.
92. TB, 5 de setembro de 1941.
93. Ernst Klink, "Heer und Kriegsmarine", in: Horst Boog et al., *Der Angriff auf die Sowjetunion*, Frankfurt a. M., 1991, p. 541-736, aqui p. 594 e segs.
94. TB, 10 de setembro de 1941, também 12, 18 e 20 de setembro de 1941. Os *Meldungen aus dem Reich*, n. 218, 8 de setembro de 1941, exprimiram a convicção de muita gente de que a guerra não terminaria naquele ano.
95. TB, 8, 14, 15, 16 e 17 de julho de 1941.

96. TB, 18 de julho de 1941; ver também as entradas em parte triunfantes entre 19 e 24 de julho de 1941; NS 18/194, exposição de Tiessler a Bormann sobre as opiniões de Goebbels acerca da propaganda do V da vitória, 20 de julho de 1941.
97. BAB, NS 18/195.
98. TB, 22 de agosto de 1941.
99. MK, 28 de agosto de 1941; a esse respeito, também TB, 29 de setembro de 1941.
100. TB, 23, 24, 28 e 29 de agosto, assim como 6, 7, 9, 19, 20, 21 e 24 de setembro de 1941.
101. MK, 28 de agosto de 1941 (sobre a Sérvia). Walter Manoschek, *"Serbien ist judenfrei". Militärische Besatzungspolitik und Judenvernichtung in Serbien 1941/42*, Munique, 1993, p. 43 e segs.; Ahlrich Meyer, "'[...] dass französische Verhältnisse anders sind als polnische'. Die Bekämpfung des Widerstands durch die deutsche Militärverwaltung in Frankreich 1941", in: Guus Meershoeck et al., *Repression und Kriegsverbrechen. Die Bekämpfung von Widerstands- und Partisanenbewegungen gegen die deutsche Besatzung in West- und Südosteuropa*, Berlim, 1997, p. 43-91; Wolfram Weber, *Die Innere Sicherheit im besetzten Belgien und Nordfrankreich, 1940-1944. Ein Beitrag zur Geschichte der Besatzungsverwaltungen*, Düsseldorf, 1978, p. 59 e segs.; *Die Okkupationspolitik des deutschen Faschismus in Dänemark und Norwegen (1940-1945). Dokumentenauswahl*, ed. e intr. Fritz Petrick, Berlim/Heidelberg, 1992, p. 33.
102. TB, 24 de setembro de 1941, bem como anotações entre 29 de setembro e 4 de outubro de 1941.
103. Detlev Brandes, *Die Tschechen unter deutschem Protektorat*, vol. 1: *Besatzungspolitik, Kollaboration und Widerstand im Protektorat Böhmen und Mähren bis Heydrichs Tod*, 2 vols., Munique, 1969, vol. 1, p. 207 e segs.
104. TB, 17 de outubro de 1941; já 3 de outubro, também 11, 22 de outubro, 5 e 18 de novembro de 1941.
105. TB, 21, 23 e 24 de outubro de 1941.
106. TB, 26, 29 e 30 de outubro de 1941; também 1º de novembro de 1941.
107. Longerich, *Propagandisten*, p. 141 e segs.
108. TB, 12 de agosto de 1941. Sobre as negociações, também 13 e 24 de agosto, bem como 20, 23 e 28 de setembro e ainda 3, 4, 12, 18, 23 e 24 de outubro de 1941.
109. Texto in: PAA, Kult. Gen. Geh. 11, vol. 4; a esse respeito, Longerich, *Propagandisten*, p. 143 e segs.; Reuth, *Goebbels*, p. 485. TB, 25 de outubro de 1941, sobre a realização do acordo, assim como 18, 22 e 27 de novembro e ainda 4 de dezembro acerca da elaboração de outros aspectos da relação com o Ministério das Relações Exteriores ou sobre a sua relação pessoal com Ribbentrop.
110. TB, 1º de outubro de 1941.
111. Latour, "Rundfunkmassnahmen", em: VFZII (1963) p. 418-435, p. 424; também TB, 21 de outubro de 1941.
112. Latour, "Rundfunkmassnahmen", p. 427 e segs. Significativamente, Goebbels apresentou esse esboço, depois de uma conversa com Hitler, como uma diretiva do Führer já autorizada: TB, 22 de novembro de 1941, também 27 de novembro de 1941.
113. Latour, "Rundfunkmassnahmen", p. 428; sobre o complexo como um todo, Longerich, *Propagandisten*, p. 178 e segs.
114. TB, 20 a 29 de janeiro de 1942. A esse respeito, ver Longerich, *Propagandisten*, p. 177 e segs. Quanto ao serviço Seehaus, ver também especialmente Willi A. Boelcke, "Das 'Seehaus' in Berlin-Wannsee. Zur Geschichte des deutschen 'Monitoring-Service' während des Zweiten Weltkrieges", in: *Jahrbuch für die Geschichte Mittel- und Ostdeutschlands* 23 (1974), p. 231-264, bem como Latour, "Rundfunkmassnahmen".
115. Como consta na sua notificação na reunião de imprensa de 24 de janeiro de 1942. No encontro com Hitler em 29 de janeiro, ele voltou a submeter essa medida à aprovação da autoridade máxima e exibiu uma "carta branca" para seus outros procedimentos (TB, 30 de janeiro de 1942); também invocou a carta branca perante seus funcionários (MK, 30 de janeiro de 1942).
116. Pormenores em Longerich, *Propagandisten*, p. 181 e segs.
117. Ordem do ministro da Propaganda referente ao serviço Seehaus, "por ordem do Führer e de acordo com o senhor ministro das Relações Exteriores", R 55/634. A ordem precedeu intensas negociações (material ib.); pormenores em Longerich, *Propagandisten*, p. 182.
118. *Wehrmachtberichte*, vol. 1, 20 de setembro de 1941.
119. TB, 20, 21 e 23 (alusão ao meio-termo) de setembro de 1941.
120. BAB, NS 18/242, instrução de Goebbels de 12 de setembro de 1941.
121. TB, 27 de setembro de 1941; sobre o moral muito positivo também 25, 26, 27 e 28 de setembro de 1941.
122. Brandes, *Tschechen*, vol. 1, p. 207.
123. TB, 23 de setembro de 1941.
124. Longerich, *Davon*, p. 171 e segs.
125. Transcrição da Direção Nacional de Propaganda, 25 de setembro de 1941, BAB, NS 18/188.
126. BAK, ZSg. 102/34.
127. Longerich, *Davon*, p. 173 e segs.
128. MK, 6 de outubro de 1941; TB, 7 de outubro de 1941.
129. BAB, R 58/276, 24 de outubro de 1941, decreto circular da RSHA (impresso in: Walk [ed.], *Sonderrecht*, Heidelberg, 1996, parágrafo IV, n. 257), também figura como documento de Nuremberg L 152. "Em qualquer caso, a parte judia ficará até segunda ordem internada em prisão preventiva num campo de concentração."
130. Klink, "Heer und Kriegsmarine", p. 677 e segs.

131. *Domarus II*, p. 1.758 e segs.; TB, 4 de outubro de 1941.
132. TB, 5 e 9 de outubro de 1941.
133. ZSg. 109/26, VI, 9 de outubro de 1941; TB, 10 de outubro de 1941.
134. TB, 11 de outubro de 1941, também 12 de outubro de 1941.
135. TB, 15 de outubro de 1941.
136. TB, 17 e 19 de outubro de 1941. Mais estado de espírito positivo: 26 de outubro de 1941.
137. Reunião de imprensa, nota do homem de ligação da chancelaria do partido, Tiessler, 23 de outubro de 1941, BAB, NS 18 alt/622.
138. MK, 27 de outubro de 1941.
139. BAK, ZSg. 109/26, 28 e 29 de outubro de 1941 (Roosevelt). Sobre a realização dessa campanha na imprensa alemã, ver especificamente as evidências in: Longerich, *Davon*, p. 185.
140. BAK, ZSg. 109/26, VI, 26 de outubro de 1941.
141. Pormenores in: Longerich, *Davon*, p. 187 e segs.
142. TB, 31 de outubro de 1941.

23. "Educação do povo para a firmeza política"

1. TB, 1º de novembro de 1941.
2. TB, 2 de novembro de 1941.
3. TB, 3 de novembro de 1941.
4. TB, 4 de novembro de 1941. Cf. *Meldungen aus dem Reich*, 30 de outubro de 1941, p. 2.927 e segs.
5. TB, 6 de novembro de 1941.
6. TB, 11 de janeiro de 1942; ver também 24 de novembro e 7 de dezembro de 1941, bem como 3 de janeiro de 1942.
7. TB, 7 de novembro de 1941. Ver também 7 de janeiro de 1942, a respeito de dois relatórios sobre a situação na frente oriental: esses "quadros do moral surgem ao sabor da impressão de uma situação momentânea ou da hora atual e, se fossem fixados por escrito, com certeza nem mesmo quem os cria hoje os levaria a sério daqui a um ano [...]".
8. TB, 11 de abril de 1942.
9. Kessemeier, *Leitartikler*, p. 200 e segs., sobre a divulgação ampliada do artigo. O próprio Goebbels estimulava as reimpressões junto aos órgãos do partido: TB, 26 de outubro, 5 de novembro de 1941. Acham-se exemplares de reimpressões dos seus artigos, por exemplo, no Institut für Zeitgeschichte.
10. TB, 26 de outubro de 1941; também 15 de novembro de 1941.
11. TB, 4 de novembro de 1941.
12. *VB* (B), 9 de novembro de 1941, "Wann oder Wie", in: Goebbels, *Das eherne Herz. Reden und Aufsätze aus den Jahren 1941/42*, Munique, 1943, p. 78-84; TB, 30 de outubro de 1941, sobre a composição do artigo.
13. TB, 10 de novembro de 1941. Também 22 de novembro de 1941: "O Führer aprova minha opinião de que temos de ajustar inteiramente a nossa propaganda ao rigor da condução da guerra. Meu artigo 'Quando ou como?' dá as diretrizes." BAK, ZSg. 102/35, 10 de novembro de 1941 (Fritzsche): "No tratamento do discurso do Führer, deve-se observar a linha que o dr. Goebbels mostrou no seu último artigo, a linha da determinação e da disposição para o combate a qualquer preço."
14. BAK, ZSg. 102/35, 6 de novembro de 1941, 13; MK, 10 de novembro de 1941. Goebbels falou numa "mudança de rumo" na propaganda que seu artigo teria introduzido.
15. TB, 22 de novembro de 1941.
16. TB, 5, 8 e 9 de novembro de 1941.
17. TB, 11 de novembro de 1941.
18. TB, 13 de novembro. Os apontamentos dos dias subsequentes foram parecidos: 15, 16, 17, 20 e 21 de novembro de 1941.
19. TB, 4 de novembro de 1941; "Die Juden sind schuld", 16 de novembro de 1941, também in: Joseph Goebbels, *Das eherne Herz. Rede vor der Deutschen Akademie, 1.12.1941*, Munique, 1941.
20. Goebbels, *Herz*. A passagem sobre o "extermínio" dos judeus se encontra na p. 35.
21. Pormenores in: Longerich, *Davon*, p. 192. Os *Meldungen aus dem Reich* relataram que o artigo teria tido "forte repercussão"; especialmente os dez pontos no fim foram entendidos como "claros e empolgantes": *Meldungen aus dem Reich*, 20 de novembro de 1941, p. 3005 e segs.
22. TB, 11 e 13 de novembro de 1941.
23. TB, 2 de dezembro de 1941.
24. TB, 7 de dezembro de 1941, também MK, 7 de dezembro de 1941.
25. TB, 8 de dezembro de 1941, também 7 de dezembro de 1941.
26. MK, 7 de dezembro de 1941. Sobre o desenvolvimento da situação do moral, ver TB, 4, 7, 8 e 12 de dezembro de 1941. Cf. *Meldungen aus dem Reich*, 1º de dezembro de 1941, p. 3042 e segs., 4 de dezembro de 1942, p. 3059 e segs., 8 de dezembro de 1941, p. 3069 e segs.
27. TB, 9 de dezembro de 1941.
28. TB, 9 de dezembro de 1941.

29. TB, 10 de dezembro de 1941.
30. TB, 22 de novembro de 1941.
31. *Domarus II*, p. 1794 e segs.; Kershaw, *Hitler*, vol. II, p. 599 e segs.
32. TB, 12 de dezembro de 1941; *Meldungen aus dem Reich*, 15 de dezembro de 1941, p. 3089.
33. TB, 13 de dezembro de 1941.
34. MK, 12 de dezembro de 1941.
35. "Ruf zur Gemeinschaftshilfe. Aufruf zur Sammlung von Wintersachen für unsere Front", 21 de outubro de 1942, in: *Herz*, p. 131-137; TB, 21 de dezembro, também 20 de dezembro de 1941. Sobre a coleta de agasalhos, ver ainda MK, 20-22 de dezembro de 1941.
36. TB, 22 de dezembro de 1941, também 25 e 27 de dezembro de 1941.
37. TB, 24 e 25 de dezembro de 1941. Sobre a festa de Natal: TB, 2 de dezembro de 1942, também 4 de dezembro, inclusive 23 de novembro; também MK, 4 de dezembro de 1941.
38. TB, 27 e 28 de dezembro (apud), também 29 de dezembro sobre a situação ruim na frente oriental.
39. TB, 28 de dezembro de 1941.
40. *Das Reich*, 28 de dezembro de 1941, também in: *Herz*, p. 145-151.
41. MK, 1º-15 de janeiro de 1942.
42. TB, 2 de janeiro de 1942. Isso também se reflete nos *Meldungen aus dem Reich*, que, exatamente como Goebbels, pretendiam em última instância subordinar as indagações críticas da população ao efeito da ação: 5 de janeiro de 1942, p. 3120, 8 de janeiro de 1942, p. 3133, 12 de janeiro de 1942, p. 3151 e segs., 15 de janeiro de 1942, p. 3.163.
43. TB, 12 e 15 de janeiro, bem como 11 de janeiro de 1942 (apud).
44. TB, 29 de dezembro de 1941, sobre a ação paralela de coleta de esquis.
45. MK, 2 de janeiro de 1942.
46. TB, 3 e 6 de janeiro de 1942.
47. MK, 5 de janeiro de 1942: "O ministro manda suspender por ora a propaganda da ação de coleta de esquis, sem que este recuo, que é tremendamente constrangedor, fique muito visível."
48. BAB, NS 18/463, memorando do consultor econômico do *Gau* Tirol, 16 de fevereiro de 1942.
49. A esse respeito, correspondência no BAB, NS 18/462 e 463.
50. TB, 8 de janeiro de 1942.
51. TB, 20 de janeiro de 1942.
52. "Wandlung der Seelen", 25 de janeiro de 1942, também in: *Herz*, p. 187-194; TB, 17 de janeiro de 1942, ademais TB, 25 de janeiro: "Uma política de informações mais firme também seria o meu ideal." MK, 12 de janeiro de 1942: "O ministro acha necessário empregar uma linguagem mais firme com o povo no futuro."
53. TB, 31 de janeiro de 1942.
54. TB, 29-31 de janeiro de 1942.
55. TB, 29 de janeiro de 1942.
56. TB, 25 de setembro de 1941.
57. TB, 15 de outubro de 1941, também 16 de outubro de 1941.
58. Quanto a isso, ver os sucessivos relatórios de Hinkel no BAB, R 55/1.254, a partir de 20 de outubro de 1941.
59. Agora a programação estaria "totalmente adaptada à leveza, ao conforto espiritual e ao entretenimento fácil", coisa que atrai "extraordinariamente" o público. TB, 7 de novembro de 1942, também 4 e 14 de novembro de 1942.
60. TB, 14 de janeiro, 1º, 2 e 3 de fevereiro; também 4 de fevereiro de 1942, o rádio precisava pôr os pés mais no chão; 8 e 9 de fevereiro de 1942: decide desautorizar amplamente Glasmeier. Alguns meses depois, Goebbels o recebeu e ordenou que se abstivesse da elaboração da programação do rádio (TB, 27 de junho, também 31 de julho de 1942 sobre outra conversa).
61. TB, inúmeras entradas entre 13 e 22 de fevereiro de 1942.
62. No dia 19 de fevereiro, ele fez um discurso de duas horas para os responsáveis pela programação (BAB, R 55/695, TB, 20 de fevereiro de 1942). Nas semanas subsequentes, instruiu a que, "no âmbito da música séria, não se apresente nenhuma obra que já não esteja consolidada", ou que o programa "Das deutsche Volkskonzert" [Concerto popular alemão] ficasse mais relaxado com a inclusão de solistas conhecidos, de *ouvertures* populares etc.; nas manhãs de domingo, convinha voltar a transmitir "antiga música sacra clássica (órgão de Bach, Händel etc.)": BAB, R 55/695, 25 de março de 1942, 2 de abril de 1942, 6 de maio de 1942, assim como 696 (a partir de junho de 1942).
63. MK, 9 de março; ver também 2 de março de 1942.
64. TB, 13 de fevereiro de 1942.
65. "Der treue Helfer", também in: *Herz*, p. 229 e segs.; o *VB* (B) de 1º de março publicou um anúncio da reforma na nota sobre um discurso para os "cineastas" (editorial); a respeito da preparação de seu artigo, TB, 20 de fevereiro; acerca do efeito positivo da anunciada reforma, 3, 6, 11 e 12 de março.
66. TB, 3 de março de 1942; sobre o efeito positivo da anunciada reforma também 6, 11 e 12 de março de 1942.
67. Já nas primeiras semanas da guerra contra a União Soviética, Goebbels tinha se ocupado de uma série de "novos grandes argumentos cinematográficos nacionais que devem ir logo para o estúdio" (TB, 29 de julho de

1941, ver também 13 de julho de 1941) e reautorizado os filmes de propaganda antissoviética tirados de cartaz (TB, 15 de julho de 1941).
68. TB, 7 de setembro de 1941, por ocasião da aprovação do filme *Leichte Muse* [Entretenimento leve]; assim também 11 de setembro de 1941, quando ele assistiu ao filme *Das andere Ich* [O outro eu]. A esse respeito, ver Moeller, *Filmminister*, p. 260 e segs.
69. TB, 7 de agosto de 1941, também 17 de novembro de 1941.
70. TB, 28 de setembro de 1941. Hess já tinha feito sua crítica: 18 de fevereiro de 1941.
71. TB, 30 de dezembro de 1941.
72. TB, 27 de fevereiro de 1942, também 13 de fevereiro de 1942.
73. TB, 8 de agosto de 1941.
74. TB, 9 de janeiro de 1942.
75. Decreto de 28 de fevereiro de 1928, impresso in: Albrecht, *Filmpolitik*, p. 529 e segs. Sobre a preparação: TB, 3, 8, 12 e 27 de fevereiro de 1942.
76. Albrecht, *Filmpolitik*, p. 484 e segs., citação p. 495. A esse respeito, TB, 1º de março de 1942.
77. TB, 16 de setembro de 1942.
78. TB, 13 de janeiro (*Zwei in einer grossen Stadt* [Dois numa grande cidade]), 31 de março (*Nacht in Venedig* [Noite em Veneza]), 2 de maio de 1942 (*Die Kleine Residenz* [A pequena residência]), 11 de julho de 1942 (*Weisse Wäsche* [Roupa branca]), 13 de setembro de 1942 (*Ein Zug fährt ab* [Um trem parte]), 9 de outubro de 1942 (*Wir machen Musik* [Nós fazemos música]), 30 de novembro de 1942 (*Wen die Götter lieben* [Quando os deuses amam]).
79. TB, 3 de março de 1942.
80. MK, 1º de março de 1942. Uma semana depois, ele discutiu com igual meticulosidade o problema de como controlar efetivamente os passageiros judeus portadores de documento de identidade especial (MK, 9 de março de 1942).
81. TB, 7 de março de 1942. Literatura sobre a reunião de Wannsee: Christian Gerlach, "Die Wannsee-Konferenz, das Schicksal der deutschen Juden und Hitlers politische Grundsatzentscheidung, alle Juden Europas zu ermorden", in: idem, *Krieg, Ernährung, Völkermord. Deutsche Vernichtungspolitik im Zweiten Weltkrieg*, Zurique/Munique, 2001, p. 79-152; Peter Longerich, *Die Wannsee-Konferenz vom 20. Januar 1942. Planung und Beginn des Genozids an den europäischen Juden*, Berlim, 1998; Mark Roseman, *Die Wannsee-Konferenz. Wie die Bürokratie den Holocaust organisierte*, Munique/Berlim, 2002.
82. Longerich, *Politik der Vernichtung*, p. 450 e segs. e p. 504 e segs.
83. TB, 27 de março de 1942. Uma semana antes, discutindo a "questão judaica" com Hitler, ele ouvira que os judeus tinham de "sair da Europa, se necessário, com o emprego dos meios mais brutais" (TB, 20 de março de 1942).
84. TB, 27 de abril de 1942.
85. Wolfgang Scheffler, "Der Brandanschlag im Berliner Lustgarten im Mai 1942 und seine Folgen", in: *Berlin in Geschichte und Gegenwart, Jahrbuch des Landesarchivs Berlin 1984*, p. 91-118, p. 111. Em todo caso, não está claro se essas medidas se devem às *suas* instruções, como escreveu Goebbels (TB, 25 de maio), ou se Hitler não havia transmitido a ordem diretamente a Himmler ou Heydrich (ib., p. 106).
86. TB, 24 de maio de 1942; sobre o ataque, já em 19 de maio; sobre a exposição, em 13 de maio de 1942. Scheffler, "Brandanschlag". Além do grupo de Baum, participou do atentado o grupo de Joachim Franke e Werner Steinbrink: Regina Scheer, *Im Schatten der Sterne. Eine jüdische Widerstandsgruppe*, Berlim, 2004.
87. TB, 13 de janeiro de 1942.
88. TB, 18 de agosto, 28 de outubro, 8 de novembro, bem como 4 e 25 de dezembro de 1942.
89. Isso devia acontecer por meio de uma carta da chancelaria do partido e, no concernente a autoridades nacionais, por uma carta do ministro Lammers: 13 de janeiro de 1942 e MK, 12 de janeiro de 1942.
90. MK, 22 de janeiro de 1942.
91. TB, 19 de janeiro de 1942.
92. TB, 11 e 16 de fevereiro de 1942.
93. TB, 11 de março de 1942.
94. TB, 23 de janeiro de 1942, com plano detalhado. Ainda sobre os preparativos da ação: 24 de janeiro, também 28 de janeiro de 1942. Material para a preparação da ação em BAB, R 43 II 371b, segundo o qual se realizaram as devidas sessões interministeriais no Ministério da Propaganda nos dias 9, 22 e 26 de janeiro de 1942.
95. Decreto de Complementação da Ordem Econômica de Guerra de 25 de março de 1942, in: *RGBl*. 1942 I, p. 147 e segs.; TB, 19 de março de 1942. Em comparação, o primeiro projeto do Ministério da Economia de uma "regulação de guerra" contra o tráfico e a permuta correspondeu a suas expectativas (8 de fevereiro de 1942).
96. *"Führer-Erlasse" 1939-1945*, ed. Martin Moll, Stuttgart, 1997, n. 151, decreto de 21 de março. Sobre os preparativos e as primeiras reações, TB, 27 e 28 de março de 1942. O decreto já tinha sido autorizado por Hitler em 15 de fevereiro de 1942 (R 43 II/371b, Hadamovsky a Lammers, 16 de fevereiro de 1942).
97. MK, 27 de março de 1942.
98. TB, 31 de março de 1942; BAB, ZSg. 102/37, 30 de março de 1942.
99. MK, 14 de fevereiro de 1942; a esse respeito, também 26 de março de 1942: "Se pisarmos muito fundo aqui, podemos colher mais prejuízos que benefícios."

100. Impresso também in: *Herz*, p. 257-264. Sobre a preparação: TB, 22, 23, 24 (apud) e 27 de março de 1942; acerca da repercussão positiva do seu artigo (que "praticamente teve o efeito de uma redenção"): TB, 1º e 2 de abril de 1942.
101. TB, 30 e 31 de março de 1942.
102. TB, 20 de março de 1942; ver também 19 de março de 1942 sobre suas observações durante uma viagem de trem.
103. TB, 23 de março de 1942. *VB* (B), 23 de março de 1942, "Quem viajar por prazer será punido". Essa nota foi muito divulgada pela imprensa: BAK, ZSg. 102/37, 22 de março de 1942: "A DNB publicará uma nota sobre o 'uso da estrada de ferro'. Não deixa nada a desejar em termos de clareza. [...] Só nas páginas internas, mas que seja bem visível."
104. TB, 24, 25 e 27 de março de 1942.
105. TB, 16 e 24 de abril de 1942. Sua fúria teve por alvo o chefe da Reichsbahn, Dorpmüller; acerca de seu conflito com Dorpmüller, também TB, 27 de abril de 1942.
106. TB, 28 de março de 1942, a respeito da nomeação já iminente em 13 de março, feita pelo decreto do Führer referente a um comissário-geral do Reich para o emprego da mão de obra de 21 de março de 1942 (*RGBl*. 1942 I, p. 179).
107. TB, 1º de abril de 1942.
108. TB, 27 de abril de 1942.
109. TB, 9 de abril de 1942.
110. TB, 11 de abril de 1942.
111. TB, 30 de março de 1942; sobre o bombardeio de Lübeck: Olaf Gröhler, *Bombenkrieg gegen Deutschland*, Berlim, 1990, p. 36 e segs.
112. TB, 30 de março de 1942; também 31 de março a 4 de abril de 1942.
113. TB, 29 de agosto de 1942; também 3, 10 e 24 de julho, 22 e 28 de agosto, 11 de setembro, 14 de outubro de 1942; Frank Bajohr, *Parvenüs und Profiteure. Korruption in der NS-Zeit*, Frankfurt a. M., 2001, p. 166 e segs.
114. TB, 21, 22, 23, 24 e 26 de março, bem como 2 de abril de 1942. Em 6 de abril, a ração de carne caiu de 1.600 para 1.200 gramas: Hubert Schmitz, *Die Bewirtschaftung der Nahrungsmittel und Verbrauchsgüter 1939-1950, dargestellt am Beispiel der Stadt Essen*, Essen, 1956, tabela, p. 466.
115. TB, 13, 16, 18, 19, 23, 25 e 26 de abril de 1942.
116. TB, 25 de abril de 1942.
117. TB, 13 de abril de 1942.
118. *VB* (B), 20 de abril de 1942, "In Dankbarkeit und Treue".
119. *Domarus II*, p. 1865 e segs.
120. TB, 20 de março de 1942. Sobre os antecedentes: Kershaw, *Hitler*, vol. II, p. 669 e segs.
121. *RGBl*. 1942 I, p. 247.
122. TB, 27 e 28 de abril de 1942. Isso aparece nitidamente nos *Meldungen aus dem Reich* de 27 e 30 de abril (p. 3673 e segs. e p. 3685 e segs.).
123. BAK, ZSg. 102/37, 26 de abril de 1942 (A), 1.
124. TB, 29 e 30 de abril de 1942. Ver também 6, 8 e 13 de maio de 1942, sobre a repercussão do discurso de Hitler, principalmente entre os juristas. Acerca do efeito do discurso, ver também Kershaw, *Hitler-Mythos*, p. 224 e segs.
125. TB, 29 de abril de 1942. Sobre a irritação persistente da população por causa do discurso: *Meldungen aus dem Reich*, 4 de maio de 1942, p. 3696, 7 de maio de 1942, p. 3708.
126. Gröhler, *Bombenkrieg*, p. 48 e segs.; TB, 25 e 26 de abril de 1942.
127. TB, 30 de abril de 1942, também 1º e 4 de maio de 1942; ver 28 e 29 de abril de 1942 sobre Rostock.
128. TB, 26 a 29 de abril de 1942. A respeito desses ataques, Collier, *Defence*, p. 303 e segs. e p. 514 e segs. (tabela).
129. TB, 1º de maio de 1942, também 2 de maio de 1942.
130. *BW*, 30 de abril de 1942, também TB, 3 de maio de 1942.
131. BAB, R 43 II/667.
132. Entre outros, Göring, Speer, Frick e Lammers fizeram restrições: carta de Frick a Lammers, 16 de maio de 1942; Frick a Goebbels, 16 de maio de 1942 (R 43 II/667), a esse respeito, também TB, 9 de maio de 1942.
133. BAK, NL 1.118/138, 17 de abril de 1943; BAB, NS 18/422, circular do secretário de Estado, 18 de fevereiro de 1943.
134. TB, 6 de outubro de 1940.
135. BK, 16 de abril de 1940, 5.
136. MK, 27 de fevereiro de 1942; TB, 28 de fevereiro de 1942.
137. Assim, por exemplo, os seus professores Voss, Beines e outros (TB, 18 e 19 de novembro de 1942).
138. TB, 6 de novembro de 1942, 11 de janeiro, 24 de fevereiro, 13 de agosto de 1943.
139. TB, 10 de junho de 1943.
140. Sobre o encontro com a mãe, por exemplo, TB, 23 de fevereiro de 1940, 12 de janeiro de 1942, 19 de abril de 1943.

141. TB, 19 de abril, 15 de junho de 1940, 11 de abril, 15 de junho de 1943.
142. TB, 19 de abril de 1941.
143. TB, 13 de janeiro de 1941, 26 de outubro, 5 de novembro e 10 de dezembro de 1942, 2 e 3 de janeiro, assim como 22 de fevereiro de 1943, 19 e 23 de abril de 1944.
144. TB, 10 de janeiro de 1940, 13 de abril de 1943, 27 e 28 de setembro de 1944.
145. TB, 10 e 11 de fevereiro de 1942.
146. TB, 20 e 30 de abril, 6 a 8, 17 a 23 de maio.
147. TB, 29 de novembro de 1942.
148. TB, 1, 2, 3 e 8 de abril de 1943.
149. TB, 16 de dezembro de 1939, 6 e 7 de outubro de 1940, 14 de novembro de 1941, 12 e 16 de outubro de 1942, 27 de setembro de 1943, 25 de novembro de 1944.
150. TB, 23 de outubro de 1940.
151. BAK, ZSg. 158/40, Erich Bandekow: "Über steuerliche Korruptionsfälle von Reichsministern, Reichsleitern usw", 1948.
152. TB, 28 de outubro de 1943.
153. Ver especialmente TB, 20 de janeiro, 20 de março, 26 de abril, 24 de maio, 9 e 24 de junho, 20 de agosto, 29 de setembro, 1º de outubro de 1942, 20 e 21 de março, 7 e 11 de maio, 25 de junho, 9, 21 e 23 de agosto, 23 de setembro de 1943, 6 e 22 de junho, 1º de dezembro de 1944.

24. "Vemos diante de nossos olhos um povo feliz de espírito"

1. Bernd Wegner, "Der Krieg gegen die Sowjetunion 1942/43", in: Horst Boog et al., *Der globale Krieg. Die Ausweitung zum Weltkrieg und der Wechsel der Initiative 1941 bis 1943*, Stuttgart, 1990, p. 761-1102, p. 841 e segs.; *VB* (B), 20 de maio de 1943.
2. TB, 25 de maio de 1942.
3. *Wehrmachtberichte*, vol. 2, 23 de maio de 1942.
4. TB, 26 de maio de 1942.
5. A esse respeito, TB, 20, 21 e 30 de maio, bem como 6 de junho de 1942.
6. *Das Reich*, 31 de maio de 1941. Quanto a isso, TB, 21 de maio de 1942: "Aliás, exponho num editorial intitulado 'Para quê?', pela primeira vez em grandes pinceladas, os objetivos da guerra para o povo alemão."
7. TB, 28 de maio de 1942.
8. TB, 2 de junho de 1942; sobre o estado de saúde de Heydrich: 29 e 31 de maio, assim como 1º de junho de 1942. Acerca do atentado contra Heydrich, ver Brandes, *Tschechen*, p. 251 e segs.; Guenter Deschner, *Reinhard Heydrich. Statthalter der totalen Macht*, Esslingen, 1977, p. 273 e segs.; Hellmut G. Haasis, *Tod in Prag. Das Attentat auf Reinhard Heydrich*, Reinbek bei Hamburg, 2002; Edouard Calic, *Reinhard Heydrich. Schlüsselfigur des Dritten Reiches*, Düsseldorf, 1982, p. 476 e segs.
9. TB, 2 de junho de 1942, também 4 de junho de 1942.
10. TB, 30 de maio de 1942.
11. TB, 30 de maio de 1942.
12. TB, 5 de junho de 1942.
13. *VB* (N), 10 de junho de 1942, "Der Führer am Sarge Heydrichs".
14. TB, 10 de junho de 1942.
15. Brandes, *Tschechen*, vol. I, p. 262 e segs.
16. TB, 12 de junho de 1942. BAK, ZSg. 102/38, 11 de junho de 1942 (M) TP 2: "A imprensa do Reich não deve se ocupar das sanções adotadas no protetorado contra os adeptos dos assassinos de Heydrich." Infelizmente elas já tinham sido divulgadas pelo rádio.
17. TB, 12 de junho de 1942, também 14 de junho de 1942.
18. BAK, ZSg. 102/38, 11 de junho (M) TP 2. Sobre outras medidas de retaliação alemãs: TB, 20, 21, 22, 23, 25 e 26 de junho.
19. Alfred B. Gottwaldt e Diana Schulle, *Die "Judendeportationen" aus dem Deutschen Reich 1941-1945. Eine kommentierte Chronologie*, Wiesbaden, 2005, p. 213.
20. Peter Longerich, *Heinrich Himmler. Biographie*, Munique, 2008, p. 587 e segs.
21. Longerich, *Davon*, p. 201 e segs.; *Das Reich*, 14 de junho de 1942, "Der Luft- und Nervenkrieg".
22. TB, 1º de junho de 1942.
23. BAK, ZSg. 102/38 (A), 12.
24. TB, 1º a 4 de junho de 1943; *Wehrmachtberichte*, 31 de maio a 1942; quanto à cobertura da imprensa, ver *VB* (B), 1º de junho de 1942, "44 Flugzeuge kostete der Terrorangriff auf Köln" (p. 1); 2 de junho de 1942, "Reuter zum Angriff auf Canterbury: 'Ein Vergeltungsschlag von besonderer Wildheit'" (manchete), bem como 3 de junho de 1942, "Teuer bezahlter Terrorangriff" (manchete).
25. TB, 2 de junho de 1942; *BW*, 1º de junho de 1942. Sobre a cobertura da imprensa, ver a nota anterior.
26. Gröhler, *Bombenkrieg*, p. 60 e segs.
27. *Das Reich*, 14 de junho de 1942; a esse respeito, também TB, 3 de junho de 1942.
28. Quanto a isso, ver a síntese em Gröhler, *Bombenkrieg*, p. 76 e segs.

29. TB, 9 e 13 de junho de 1942; 11, 17, 20, 21, 27 e 29 de junho de 1942. A esse respeito, também *Meldungen aus dem Reich*, 4 de junho de 1942, p. 3787 e segs., 11 de junho de 1942, p. 3802 e segs., 15 de junho de 1942, p. 3823 e segs., 18 de junho de 1942, p. 3836 e segs., 22 de junho de 1942, p. 3852, 25 de junho de 1942, p. 3872 e segs. Os dois últimos relatórios já refletem alívio do estado de espírito devido a notícias positivas da África.
30. TB, 30 de maio, 6, 18, 26 e 27 de junho, 2, 10, 11, 18, 23 e 31 de julho de 1942.
31. TB, 29 de maio de 1942 (acerca da conversa com Backe), 28 de maio, 4, 5 e 6 de junho (a respeito da situação do fornecimento de batata em Berlim), 22 de junho (discussão com Backe), 24 de junho (sobre conversa com Hitler), assim como 25, 27 e 28 de junho, 4, 8 e 26 de julho, bem como 1º de agosto de 1942.
32. Stumpf, "Krieg", p. 648 e segs.
33. Wegner, "Krieg", p. 868 e segs.
34. Wegner, "Krieg", p. 861 e segs., p. 927 e segs. (operações no Cáucaso), p. 962 e segs. (avanço sobre Stalingrado).
35. TB, 7 de julho de 1942; as atas da reunião de imprensa mostram que Goebbels, que em 17 e 19 de setembro ainda exigia reserva na descrição da situação no Leste, recuou um pouco no fim do mês; BAK, ZSg. 102/39, 8 de julho (M), TP 1, (A), TP 1; 13 de julho (M), TP 1; 20 de julho (M), TP 1; quanto a isso, ver o *VB* (B) e o *DAZ*, que, respectivamente, em 1º e 3 de julho e 1º de julho trouxeram como matéria principal os comunicados de vitória no teatro de operações africano e passaram o resto do mês predominantemente com manchetes sobre a guerra no Leste.
36. TB, 7 de julho de 1942, também 8 e 9 de julho de 1942.
37. MK, 9 de julho de 1942; a esse respeito, também TB, 10 de julho de 1942.
38. *Das Reich*, 19 de julho de 1942; TB, 10 de julho de 1942.
39. TB, 28 de julho de 1942.
40. TB, 15 de julho de 1942.
41. Exemplos: TB, 2, 3 e 4 de agosto, bem como 27 de outubro de 1942 (Düsseldorf); 3, 4 e 7 de junho, 15, 20, 21, 23, 27, 28 e 31 de julho, 2, 3 e 8 de agosto, 8 e 18 de setembro de 1942 (Duisburg); 3 e 7 de junho, 25 e 30 de julho, 8 de agosto, assim como 18 de setembro de 1942 (Essen); 5, 27, 28 e 29 de junho e ainda 1º e 4 de julho, bem como 20 de outubro de 1942 (Bremen), 15 de outubro de 1942 (Hamburgo).
42. TB, 7 de agosto de 1942.
43. TB, 8 de agosto de 1942.
44. *Das Reich*, 16 de agosto de 1942; *Westdeutscher Beobachter*, 8 de agosto de 1942 (M), "Es gibt nur eines: Sieg um jeden Preis!" (manchete).
45. A primeira alusão à planejada reforma se acha no diário de Goebbels de fevereiro de 1940. Na ocasião, o *Gauleiter* Florian (com o qual ele se encontrara pouco antes, durante uma estada em Rheydt, TB, 26 de janeiro de 1940) visitou-o e discutiu com ele e os arquitetos Fahrenkamp e Gebauer a sua intenção de transformar o castelo de Rheydt numa casa de hóspedes que futuramente ficaria à sua disposição quando estivesse na terra natal. Ao que tudo indica, a iniciativa da criação desse domicílio partiu de Florian (TB, 17 de fevereiro de 1940). O castelo contaria com sofisticadas obras de arte e uma biblioteca, além de outras coisas: R 55/766. Manfred Wittmann, "Das 'Gästehaus' — eine Episode in der Geschichte von Schloss Rheydt 1917-1945", in: *Rheydter Jahrbuch für Geschichte, Kunst und Heimatkunde* 21 (1994), p. 27-68.
46. TB, 9 de agosto de 1942.
47. TB, 11 de agosto de 1942.
48. TB, 12 de agosto de 1942.
49. TB, 20 de agosto de 1942.
50. TB, 23, 25 e 28 de junho de 1942.
51. PAA, HA Schmidt 12, da Amt Ausl. Abwehr [departamento de ultramar/defesa] ao Ministério da Propaganda, 6 de maio de 1942 (transcrição); Longerich, *Propagandisten*, p. 293 e segs.
52. TB, 3 e 28 de maio, 2 de junho, 9 e 11 de julho de 1942. Ver também *BW*, 16 de julho de 1942, onde ele defendeu a censura prévia; a esse respeito, também PAA, HA Schmidt 12, relatório Krümmer sobre a conferência de imprensa de 16 de julho de 1942.
53. TB, 16 de julho de 1942; também 18 e 24 de julho de 1942. No dia 22 de julho, o chefe do departamento de imprensa estrangeira, Brauweiler, havia transmitido ao departamento de ultramar do Ministério das Relações Exteriores um catálogo de normas de trabalho para os correspondentes, que equivalia à introdução da censura prévia (documento não preservado, mas comentário de Schmidt a esse respeito, HA Schmidt 12, 30 de julho de 1942). O Departamento de Imprensa do Ministério das Relações Exteriores reagiu com um extenso memorando: HA Schmidt 12, memorando sobre a questão da introdução da censura prévia de correspondentes estrangeiros, 31 de junho de 1942. Na verdade, o Ministério das Relações Exteriores receava que, com a imposição da censura prévia, o Ministério da Propaganda obtivesse um peso decisivo no controle dos correspondentes estrangeiros (ib., nota de Schmidt para Ribbentrop, 14 de setembro de 1942; quanto a isso, também TB, 5 de agosto de 1942).
54. PAA, HA Schmidt 12, notificação à imprensa estrangeira sobre o reforço da segurança no tráfego telefônico e telegráfico, 7 de setembro de 1942.
55. MK, 2 de julho de 1942.

56. TB, 17 de julho de 1942; também 23 de julho, assim como 14 e 20 de agosto de 1942; ver, ainda, Longerich, *Propagandisten*, p. 114.
57. TB, 20 e 22 de agosto de 1942.
58. TB, 23 e 24 de agosto de 1942, sobre os preparativos ver 25 de agosto de 1942. Ademais: 27 de agosto (com Amann sobre o conflito), 28 de agosto (com Schaub), bem como 29 de agosto de 1942 (não pôde receber Dietrich por motivo de agenda).
59. TB, 29 de agosto, 3, 9, 10, 16 e especialmente 17 de setembro de 1942 (sobre conversa final com Dietrich); R 55/969, acordo para que se ponha em prática a disposição do Führer para assegurar a colaboração entre o ministro do Reich para a propaganda e o chefe de imprensa do Reich, 23 de agosto de 1942, 15 de outubro de 1942.
60. Bonacker, *Goebbels' Mann beim Radio*, p. 144.
61. Acerca dessa disputa permanente: TB, 22 e 28 de abril de 1941, assim como BAB, R 55/1.254, carta de Fritzsche a Dietrich, 21 de agosto de 1944, da qual se depreende que Dietrich continuava reivindicando a autoridade sobre o "serviço sem fio".
62. MK, 27 de setembro de 1942; também *BW*, 27 de setembro de 1942.
63. TB, 28 de setembro de 1942. Aliás, as longas passagens no seu diário correspondem substancialmente à ata da MK da véspera.
64. Bonacker, *Goebbels' Mann beim Radio*, p. 153.
65. BAB, R 55/20.617, boletim de notícias n. 27/42: TB, 5 e 6 de outubro, assim como 4 de novembro de 1942; Bonacker, *Goebbels' Mann beim Radio*, p. 150 e segs.
66. TB, 24 de fevereiro de 1942.
67. TB, 25 de abril de 1942.
68. TB, 10 de maio de 1942.
69. TB, 22 de maio de 1942; o ponto de referência foi a reunião de Rosenberg com Hitler e Bormann no dia 8 de maio de 1942 (1.520-PS, *IMT* XXVII, p. 286 e segs.), à qual se refere, presumivelmente, o apontamento de Goebbels de 10 de maio de 1942.
70. TB, 11 de maio de 1942.
71. TB, 11 de maio de 1942.
72. Alexander Dallin, *Deutsche Herrschaft in Russland 1941-1945. Eine Studie über Besatzungspolitik*, Düsseldorf, 1958, p. 492 e segs., bem como Felix Römer, *Der Kommissarbefehl. Wehrmacht und NS- Verbrechen an der Ostfront 1941/42*, Paderborn etc., 2008, p. 535 e segs.
73. TB, 17 de julho (apud) e 26 de julho de 1942.
74. TB, 13 de agosto, 3, 15, 20, 21 e 22 de setembro de 1942.
75. TB, 23 de outubro de 1942.
76. TB, 25 e 27 de setembro de 1942.
77. TB, 18 de outubro, 1º de dezembro de 1942. No dia 6 de dezembro, Goebbels chegou à conclusão de que precisava voltar a submeter o assunto a Hitler, o que aconteceu em março de 1943.
78. TB, 14 de janeiro de 1943; já em dezembro de 1942, fora-lhe apresentado um memorando do estado-maior em que figuravam tais considerações (TB, 10 de dezembro de 1942).
79. TB, 23 de janeiro de 1943; Goebbels preparou um texto nesses termos: TB, 31 de janeiro, assim como 1º, 5, 6 e 8 de fevereiro de 1943.
80. TB, 11 de fevereiro de 1943; ver também TB, 9 e 16 de fevereiro de 1943. Rosenberg, obviamente, repudiou essa crítica e solicitou a Goebbels que instruísse seus funcionários a se "absterem de qualquer outra atividade no âmbito da política do Leste" (Rosenberg a Goebbels, NS 6/1.435,9 [?], fevereiro de 1943). Queixas do cancelamento da proclamação do Leste também em 26 e 27 de fevereiro, bem como 5 de maio de 1943; sobre outras tentativas frustradas junto a Hitler quanto a essa questão: 9 e 21 de março de 1943.
81. TB, 27 de setembro, 6 de outubro de 1940.
82. TB, 3 de março de 1942, também 26, 29 e 30 de março, inclusive 20 de dezembro de 1941.
83. "Im Herzen seines Volkes. Rede zum 150. Todestag Wolfgang Amadeus Mozarts", impresso in: *Herz*, p. 105-110.
84. TB, 6 de dezembro de 1942, também 5 de dezembro.
85. TB, 5 de dezembro de 1941.
86. TB, 28 de dezembro de 1941.
87. TB, 27 de janeiro de 1942.
88. TB, 14 a 16 de março de 1942.
89. TB, 14 de março de 1942.
90. TB, 27 de março e 23 de maio de 1942.
91. TB, 23 e 30 de maio, bem como 1º e 23 de junho de 1942.
92. TB, 1º de junho de 1942.
93. TB, 30 de maio e 10 de junho de 1942.
94. TB, 22 de novembro de 1941.
95. TB, 24 de maio de 1942.
96. TB, 22 de novembro de 1941. Sobre os preparativos: TB, 13 de março, 14 de agosto, 9 de outubro de 1941; ver também 20 de agosto de 1942 e 29 de setembro de 1942.

97. TB, 1º e 2 de dezembro de 1941, 24 e 30 de maio, assim como 23 de junho de 1942.
98. TB, 22 de novembro de 1941.
99. TB, 20 de agosto de 1942; também 17 de novembro e 9 de dezembro de 1942.

25. "Vocês querem a guerra total?"

1. TB, 15 de agosto de 1942, também 16 e 19 de agosto de 1942: "Devastador é o grotesco superotimismo com a situação no front que cresce dia a dia no povo alemão." Ver também 22 e 25 de agosto de 1942.
2. Wegner, "Krieg", p. 976 e segs.
3. TB, 15 de setembro de 1942. Ver também 28 de agosto, 5, 6, 7 e 14 de setembro de 1942 sobre o início da batalha.
4. MK, 15 de setembro de 1942.
5. Instruções à imprensa, ZSg. 109/37, 15 de setembro de 1942, TP 1; *BW*, p. 369, dá como exemplo de edição extra o *NS-Kurier* de Stuttgart.
6. TB, 16 de setembro de 1942; também MK, 16 e 17 de setembro de 1942.
7. BAB, ZSg. 102/40, 16 de setembro de 1942 (M), TP 1.
8. MK, 19 a 21, assim como 23, 24 e 26 de setembro de 1942.
9. MK, 26 de setembro de 1942.
10. TB, 1º de outubro de 1942.
11. TB, 27 de setembro de 1942, também 1º de outubro de 1942 (reprimendas contra os funcionários de Dietrich). A esse respeito, ver também TB, 1º de outubro de 1942, sobre as observações contra o coronel Martin.
12. TB, 4 de outubro de 1942.
13. TB, 29 de setembro de 1942; *Meldungen aus dem Reich*, 5 de outubro de 1942, p. 4.279; Kershaw, *Hitler--Mythos*, p. 230.
14. TB, 2 de outubro de 1942; também 4 de outubro de 1942, sobre entrevista com Hitler, na qual ele voltou a repetir essa meta.
15. TB, 2 de outubro de 1942.
16. *Das Reich*, 18 de outubro de 1942, "Der Segen der Erde"; TB, 8 de outubro de 1942.
17. TB, 27 e 29 de setembro de 1942 (sobre conversa com oficiais da Luftwaffe), bem como 30 de setembro de 1942 (sobre conversas com Hewel e Schaub).
18. TB, 12 de outubro de 1942.
19. TB, 8, 11, 15, 16 e 23 de outubro de 1942. Quanto a isso, ver *Meldungen aus dem Reich*, 8 de outubro de 1942, p. 4291 e segs., 12 de outubro de 1942, p. 4309 e segs., 15 de outubro de 1942, p. 4329 e segs.; sobre o retorno para a situação grave no front do Leste: ib., 19 de outubro de 1942, p. 4342 e segs.
20. TB, 26 de outubro de 1942.
21. *Das Reich*, 1º de novembro; quanto a isso, também TB, 23 de outubro de 1942.
22. TB, 15 e 21 de outubro de 1942.
23. TB, 30 de outubro de 1942.
24. TB, 6 de outubro de 1942, também 8 e 20 de outubro de 1942.
25. Wegner, "Krieg", p. 994 e segs. A piora da situação reflete-se nitidamente no diário entre 21 e 24 de outubro.
26. Reinhard Stumpf, "Die alliierte Landung in Nordwestafrika und der Rückzug der Deutschitalienischen Panzerarmee nach Tunesien", in: Boog et al., *Der globale Krieg*, p. 710-757, p. 702 e segs.; TB, 25 de outubro de 1942, também 26 e 27 de outubro de 1942.
27. Stumpf, "Landung", p. 704; TB, 2 a 4 de novembro de 1942.
28. *Das Reich*, 30 de janeiro de 1942, "Der 30. Januar"; exemplos do ano de 1941: TB, 1º e 11 de janeiro, 9 e 16 de julho de 1941; ademais: TB, 13 de janeiro de 1942 (num discurso para funcionários berlinenses do partido), 30 de maio de 1942 (perante Hitler).
29. *Das Reich*, 8 de novembro de 1942, "Vor die Probe gestellt"; a esse respeito, também TB, 26 de outubro de 1942.
30. Por exemplo, no artigo "Der Totale Krieg" (*Das Reich*, 17 de janeiro de 1943), no discurso por ocasião do décimo aniversário da "tomada do poder" em 30 de janeiro de 1943 (impresso in: Goebbels, *Der steile Aufstieg. Reden und Aufsätze aus den Jahren 1942/43*, Munique, 1943, p. 138-150), assim como no artigo "Damals und heute" (*Das Reich*, 7 de março de 1943).
31. TB, 23 de janeiro, 10 de setembro, 27 de outubro de 1943 (com Hitler).
32. TB, 8 de novembro de 1942; Stumpf, "Landung", p. 710 e segs.
33. TB, 9 de novembro de 1942. "O Führer não sabe ao certo o que fazer."
34. Essa oferta, apresentada por Abetz ao governo francês em nome de Hitler, é reproduzida in: *ADAP* E IV, n. 151, Weizsäcker a Ribbentrop, 8 de novembro de 1942.
35. TB, 9 de novembro de 1942; texto do discurso in: *Domarus II*, p. 1933 e segs.
36. TB, 10 e 11 de novembro de 1942.
37. Stumpf, "Landung", p. 743 e segs.; TB, 11, 12 e 13 de novembro de 1942.
38. Stumpf, "Landung", p. 721.

39. TB, 15 de novembro de 1942.
40. Stumpf, "Landung", p. 725 e segs.; TB, 14 a 19 de novembro de 1942.
41. TB, 16 de novembro de 1942.
42. *Westdeutscher Beobachter*, 18 de novembro de 1942 (A), "Der Feind zerbricht an unserer Härte!".
43. TB, 18 e 19 de novembro de 1942.
44. TB, 26 de novembro de 1942, também 27 de novembro. Dezoito *Gauleiter* já tinham sido nomeados comissários de defesa do Reich nos distritos militares em 1º de setembro de 1939; no dia 16 de novembro de 1942, com a transformação dos *Gaue* do partido em circunscrições de defesa do Reich, essa norma se estendeu a todos os *Gauleiter*. Até então, o responsável pelo Distrito Militar III (Berlim) era o *Gauleiter* de Brandemburgo, Stürtz.
45. TB, 28 de novembro de 1942.
46. TB, 24 de outubro, 30 de novembro de 1942.
47. TB, 24 de novembro de 1942.
48. Ver Longerich, *Davon*, p. 240 e segs. e p. 255 e segs.
49. MK, 8 de dezembro de 1942; a imprensa foi devidamente informada: BAK, ZSg. 102/41; MK, 9 de dezembro de 1942 (referente aos comícios de estudantes suecos contra a perseguição alemã aos judeus). Quanto a isso e sobre as reuniões de imprensa de 12, 14 e 16 de dezembro, ver também os trechos de atas reproduzidos na edição *Wollt Ihr den totalen Krieg?*.
50. MK, 12 de dezembro de 1942; entrada correspondente no diário datada de 13 de dezembro de 1942, bem como do dia seguinte.
51. MK, 14 de dezembro de 1942. Algo parecido também em 16 de dezembro; a esse respeito, também TB, 17 e 18 de setembro de 1942.
52. BAK, ZSg. 102/41, 17 de dezembro de 1942 (mensagem do dia); ib., 18 de dezembro de 1942 (mensagem do dia).
53. Pormenores in: Longerich, *Davon*, p. 260.
54. MK, 18 de dezembro de 1942.
55. MK, 19 e 29 de dezembro de 1942; ZSg. 109/40, 17 e 19 de dezembro de 1942; Longerich, *Davon*, p. 260 e segs.
56. TB, 23 de novembro de 1942.
57. Wegner, "Krieg", p. 1026 e segs.
58. Por exemplo, TB, 27 de novembro, 4 e 18 de dezembro de 1942.
59. TB, 22 e 23 de dezembro de 1942.
60. TB, 18 e 23 de dezembro de 1942.
61. *Das Reich*, 27 de dezembro de 1942, "Die Vollendeten"; TB, 16 de dezembro de 1942.
62. TB, 29 de dezembro de 1942.
63. Ele conversou com Ley a esse respeito em 28 de novembro e em 17 de dezembro: TB, 29 de novembro e 18 de dezembro de 1942.
64. TB, 5 de janeiro de 1943.
65. TB, 3 de janeiro de 1943; BAB, R 43 II/655; quanto a isso, ver Ludolf Herbst, *Der Totale Krieg und die Ordnung der Wirtschaft. Die Kriegswirtschaft im Spannungsfeld von Politik, Ideologie und Propaganda 1939-1945*, Stuttgart, 1982, p. 199 e segs.
66. TB, 5 de janeiro de 1943, com Unruh e também com Lammers.
67. *BW*, 4, 5 e 6 de janeiro de 1943.
68. TB, 5, 7 e 8 de janeiro de 1943.
69. BAB, R 43 II/655 (convite); a esse respeito e sobre as medidas seguintes, ver: Dieter Rebentisch, *Führerstaat und Verwaltung im Zweiten Weltkrieg. Verfassungsentwicklung und Verfassungspolitik, 1939-1945*, Stuttgart, 1989, p. 474 e segs.; Herbst, *Der Totale Krieg*, p. 199 e segs.; Bernhard R. Kroener, "'Menschenbewirtschaftung', Bevölkerungsverteilung und personelle Rüstung in der zweiten Kriegshälfte (1942-1944)", in: Bernhard R. Kroener, Rolf-Dieter Müller e Hans Umbreit, *Organisation und Mobilmachung des deutschen Machtbereichs*, vol. 2: *Kriegsverwaltung, Wirtschaft und personelle Ressourcen 1942-1944/45*, Stuttgart, 1999, p. 847 e segs.; Reuth, *Goebbels*, p. 511 e segs.
70. TB, 10 e 13 de janeiro de 1943, sobre conversa com Bormann e Speer; nesses dias, os diários estão repletos de outras afirmações de Goebbels quanto à necessidade da "guerra total".
71. Sobre a preparação do artigo, TB, 3 de janeiro de 1943. Ver, ainda, "Die Heimat im Kriege", 3 de janeiro de 1943, in: *Zeit ohne Beispiel*, p. 113-120, onde ele manifesta principalmente elogios ao front doméstico.
72. *Das Reich*, 24 de janeiro de 1943; TB, 13 de janeiro de 1943.
73. Moll, *"Führer-Erlasse"*, doc. 222. O registro compulsório era previsto para homens entre 17 e 65 anos de idade, para mulheres entre 17 e 50 anos; TB, 15 de janeiro de 1943.
74. TB, 5 de janeiro (depois da conversa com Lammers), bem como 15 de janeiro de 1943.
75. TB, 8 de janeiro de 1943; ver também 17 de janeiro de 1943.
76. TB, 21 de janeiro de 1943.
77. Sobre a situação do estado de ânimo, cf. TB, 3, 4, 8, 9 e 13 de janeiro de 1943. Essa situação psicológica ainda relativamente estável também se encontra in: *Meldungen aus dem Reich*, 4 de janeiro de 1943, p. 4617 e segs.; desorientação crescente aparece em: 7 de janeiro de 1943, p. 4628 e segs., 11 de janeiro de 1943, p. 4650 e

segs., 14 de janeiro de 1943, p. 4670 e segs. Sobre a piora do estado de espírito, TB, 15 e 16 de janeiro de 1943.
78. TB, 17 de janeiro de 1943. Sobre a piora do estado de ânimo, também 20 e 24 de janeiro de 1943.
79. TB, 24 de janeiro, também 25 e 31 de janeiro de 1943.
80. TB, 23 de janeiro de 1943.
81. BAK, ZSg. 109/40, VI, 23 de janeiro de 1943.
82. TB, 24 de janeiro de 1943.
83. TB, 26 de janeiro de 1943.
84. TB, 2 e 5 de fevereiro de 1943.
85. TB, 27 de janeiro de 1943.
86. *RGBl.* 1943 I, p. 67 e segs.
87. TB, 29 de janeiro de 1943. Essa reunião decidiu a versão definitiva da lei de liberação da força de trabalho para o esforço estratégico (*RGBl.* 1943 I, p. 75 e segs.), que seria implementada por meio de três decretos circulares de 30 de janeiro (R 43 II/662). O relatório final da comissão tríplice, no verão de 1944, estimou em 150 mil o número dos trabalhadores liberados pela ação de fechamento de empresas (R 43 II/664a); Herbst, *Der totale Krieg*, p. 212 e segs.
88. TB, 28 de janeiro de 1943.
89. 7 de fevereiro de 1943, impresso também in: *Aufstieg*, p. 159-166. Já se encontram opiniões parecidas no artigo "Der Blick nach vorne", publicado em 31 de janeiro (igualmente impresso in: *Aufstieg*, p. 151-158).
90. TB, 19, 21 e 23 de janeiro de 1943.
91. TB, 30 de janeiro de 1943, sobre os preparativos.
92. *VB* (N), 31 de janeiro, "Die Proklamation des Führers am 30. Januar 1943: Deutschlands Antwort: Kampf und Sieg!" (manchete). O texto do discurso de Goebbels foi divulgado no dia seguinte: "Reichsminister Dr. Goebbels im Berliner Sportpalast: 'Wilde Entschlossenheit erhebt unsere Herzen.'"
93. TB, 31 de janeiro de 1943.
94. TB, 4 de fevereiro de 1943, também 5 de fevereiro.
95. TB, 5 de fevereiro de 1943. Em comparação, a avaliação do impacto do discurso nos *Meldungen aus dem Reich* de 1º de fevereiro de 1943 é bem menos eufórica (p. 4732 e segs.).
96. *VB* (N), 23 a 29 de janeiro de 1943; TB, 25 de janeiro de 1943: "A situação em Stalingrado se encaminha cada vez mais para uma grande tragédia nacional." Também 26 e 27 de janeiro de 1943.
97. TB, 31 de janeiro e 1º de fevereiro de 1943.
98. TB, 3 de fevereiro de 1943.
99. TB, 3 de fevereiro de 1943.
100. TB, 4 de fevereiro de 1943; BAK, ZSg. 109, 4 de fevereiro de 1943, TP 1. Isso é confirmado pelos *Meldungen aus dem Reich,* 4 de fevereiro (p. 4750 e segs.).
101. *Das Reich*, 14 de fevereiro de 1943, "Unser Wille und Weg"; TB, 4 de fevereiro de 1943.
102. TB, 6 de fevereiro de 1943, também 7 de fevereiro de 1943.
103. 1.739-PS, impresso in: *IMT* 27, p. 584 e segs.
104. TB, 8 de fevereiro de 1943.
105. TB, 13 de fevereiro de 1943.
106. BAB, R 43 II/655, memorandos de Lammers, 6 de março, 10 de maio de 1943.
107. TB, 12 de fevereiro de 1943. Os *Meldungen aus dem Reich* não chegam a confirmar essa pressão: o relatório de 11 de fevereiro de 1943 mostra que a reivindicação de mais esforço de guerra se misturava com a crítica à política do regime (p. 4783); tampouco os relatórios de 15 de fevereiro de 1943, p. 4799 e segs., e 18 de fevereiro de 1943, p. 4821 e segs., dão conta de um brado a favor da "guerra total".
108. TB, 15 de fevereiro de 1943.
109. TB, 18 de fevereiro de 1943. *Meldungen aus dem Reich*, 11 de fevereiro de 1943, p. 4783, 15 de fevereiro de 1943, p. 4799 e segs., 18 de fevereiro de 1943, p. 4821 e segs.
110. TB, 15 de fevereiro de 1943, também 16 e 18 de fevereiro de 1943. Literatura sobre o comício no Palácio de Esporte: Iring Fetscher, *Joseph Goebbels im Berliner Sportpalast 1943: "Wollt ihr den totalen Krieg?"*, Hamburgo, 1998; Jens Kegel: *"Wollt Ihr den totalen Krieg?" Eine semiotische und linguistische Gesamtanalyse der Rede Goebbels' im Berliner Sportpalast am 18. Februar 1943*, Tübingen, 2006; Jörg Bohse, *Inszentierte Kriegsbegeisterung und ohnmächtiger Friedenswille. Meinungslenkung und Propaganda im Nationalsozialismus*, Stuttgart, 1988, p. 97-136; Willi A. Boelcke, "Goebbels und die Kundgebung im Berliner Sportpalast vom 18. Februar 1943", in: *Jahrbuch for die Geschichte Mittel- und Ostdeutschlands* 19 (1970), p. 234-255; Günter Moltmann, "Goebbels' Rede zum totalen Krieg am 18. Februar 1943", in: *VfZ* 12 (1964), p. 13-43.
111. BAK, ZSg. 109/41, VI, 18 de fevereiro de 1943, 11. Esclarecimentos sobre TP.
112. BAK, ZSg. 102/42, 18 de fevereiro (M), 10. No dia anterior ao discurso, ele escreveu um editorial para *Das Reich*, intitulado "Die Krise Europas", no qual retomou de modo não menos drástico o "perigo bolchevista" e atacou os "*spiritus rector* de toda a confusão espiritual e intelectual, o fermento da decomposição dos Estados e povos, o judaísmo internacional": 28 de fevereiro de 1943, in: *Aufstieg*, p. 205-212; TB, 18 de fevereiro de 1943.
113. Texto do discurso in: *VB* (N), 20 de fevereiro de 1943, impresso também in: Heiber (ed.), *Goebbels Reden*, n. 17.

114. Especialmente Bohse, *Kriegsbegeisterung*, p. 130 e segs., chama atenção para isso.
115. Ainda no mês anterior, ele havia frisado em seu editorial que, naquela guerra, não se tratava "de trono e altar", que a época das guerras religiosas era coisa definitivamente do passado (*Das Reich*, 26 de agosto de 1942, "Vom Sinn des Krieges", bem como 18 de outubro de 1942, "Der Segen der Erde"); a esse respeito, Hockerts, "Kreuzzugsrhetorik", p. 234 e segs.
116. TB, 19 de fevereiro de 1943.
117. TB, 14 e 23 de fevereiro a 21 de março de 1943.
118. TB, 20 de fevereiro de 1943, sobre a reação no país e no exterior.
119. TB, 21 de fevereiro de 1943.
120. TB, 24 de fevereiro de 1943. Ver também apontamento em 9 de março de 1943, segundo o qual Hitler teria classificado o discurso de "uma obra-prima psicológica e propagandística".
121. TB, 21 de fevereiro de 1943. Mas os *Meldungen aus dem Reich* de 18 de fevereiro ainda não levam em conta o seu discurso, como constatou Goebbels no dia seguinte (TB, 22 de fevereiro de 1943).
122. TB, 12 de dezembro de 1942: "Além disso, tenho a impressão de que os relatórios do SD se excedem nas críticas. Ultimamente, já não se pode ter uma avaliação positiva do relatório do SD como antes. Vou cobrar dos senhores responsáveis a apresentação de informações objetivas e realistas."
123. TB, 22 de fevereiro de 1943.
124. TB, 25 de fevereiro, também 26 e 27 de fevereiro.
125. *Meldungen aus dem Reich*, 22 de fevereiro de 1943, p. 4831.
126. BAB, R 55/603, 27 de fevereiro de 1943, já citado por Steinert, *Hitlers Krieg und die Deutschen*, p. 43.
127. TB, 23 de fevereiro de 1943.
128. *VB* (B), 25 de fevereiro de 1943, "Unser Glaube und Fanatismus stärker denn je! Proklamation des Führers zur Gründungsfeier der Partei in München" (manchete).
129. TB, 27 de fevereiro de 1943.
130. TB, 11 e 28 de fevereiro, bem como 17 de março; BAB, R 43 II/654a, ata da reunião de 10 de fevereiro de 1943 e de 16 de março de 1943. Sobre as deliberações do grêmio, Rebentisch, *Führerstaat*, p. 481 e segs.
131. BAB, R 43 II/654a, ata da reunião de 16 de março, TB, 17 de março de 1943. A lei esbarrou em objeções nos ministérios e acabou não sendo promulgada (correspondência a esse respeito em: R 43 II/658).
132. TB, 17 de março de 1943; BAB, R 43 II/654a, ata da reunião de 17 de março de 1943; lei de medidas de guerra de 12 de maio de 1943, *RGBl.* 1943 I, p. 290 e segs.
133. TB, 17 de março de 1943, em comparação com a ata da reunião de 16 de março de 1943.
134. TB, 5, 9, 22 de março (apud), BAB, R 43 II/658a, rascunho de Goebbels A II 218, 18 de fevereiro de 1943; aqui também anotação de Lammers sobre a decisão de Hitler de 4 de março, bem como carta de Lammers ao ministro competente com referência à corrida de cavalos de 24 de março: sobre isso, Rebentisch, *Führerstaat*, p. 490 e segs.; R 43 II/654a, ata da reunião de 17 de março, na qual uma proposta de Goebbels a esse respeito foi rejeitada.
135. TB, 11 de fevereiro de 1943.
136. TB, 27 de fevereiro de 1943.
137. TB, 27 de fevereiro, 1º e 2 de março de 1943.
138. TB, 9 de março de 1943.
139. TB, 19 de março de 1942. Em 12 de março, Goebbels tinha informado Speer, Funk e Ley da sua conversa com Göring (TB, 13 de março de 1942).
140. TB, 17 de março, também 12, 13, 20, 21 e 27 de março de 1943.
141. TB, 6 de março de 1943.
142. *Das Reich*, 28 de março de 1943, "Vom Unrecht im Kriege", também in: *Aufstieg*, p. 228-236.
143. *Das Reich*, 4 de abril de 1943, "Ein offenes Wort zum totalen Krieg", também in: *Aufstieg*, p. 237 a 242; TB, 23 de março, antes em 6 de março de 1943.
144. TB, 18 de fevereiro de 1943.
145. TB, 11 de março de 1943.
146. Essa é a convincente argumentação em Wolf Gruner, *Widerstand in der Rosenstrasse. Die Fabrik-Aktion und die Verfolgung der "Mischehen" 1943*, Frankfurt a. M., 2005, p. 85 e segs.
147. TB, 9 de março de 1943.
148. TB, 21 de março de 1943.
149. TB, 18 de abril de 1943.
150. Ata da reunião de imprensa, BAK, NL 1.118/138, 1º de abril de 1943. Por outro lado, ele não aceitou a sugestão de falar abertamente no número de moradias na propaganda.
151. TB, 18 de julho, 9 de outubro de 1943; 16 de março de 1944.
152. TB, 7 de janeiro de 1943; Ralf Blank, "Kriegsalltag und Luftkrieg an der 'Heimatfront'", in: Jörg Echternkamp (ed.), *Die deutsche Kriegsgesellschaft 1939 bis 1945*, vol. 1: *Politisierung — Vernichtung — Überleben*, Munique, 2004, p. 357-461, aqui p. 391.
153. TB, 16 de janeiro de 1943; *Tagesberichte*, 16 de janeiro de 1943.
154. TB, 18 de janeiro de 1943, também 19 de janeiro de 1943.
155. Gröhler, *Bombenkrieg*, p. 121; *Tagesberichte*, 1º de março de 1943.
156. TB, 3 de março de 1943; sobre o reparo das consequências, ainda, 4, 5, 6 e 7 de março de 1943.

157. TB, 7 de março de 1944, também 10 de março de 1944.
158. *VB* (B), 7 de março de 1943, "Die Haltung der Berliner über jedes Lob erhaben".
159. TB, 22 de março de 1943.
160. Segundo os documentos apresentados a Goebbels dois meses depois, as forças armadas registravam um total de 459.750 mortos entre 22 de junho de 1941 e o fim de abril de 1942 (TB, 14 de maio de 1942).
161. TB, 26 de março de 1943; ver também 27 de março de 1943.
162. TB, 28 de março de 1943, também 29 de março de 1943; Gröhler, *Bombenkrieg*, p. 121; *Tagesberichte*, 27 de março de 1943.
163. TB, 30 de março de 1943; *Tagesberichte*, 29 de março de 1943.
164. Gröhler, *Bombenkrieg*, p. 103.
165. TB, 13 de março de 1943. Quanto a isso, também TB, 7, 14, 18 e 20 de março, assim como 4, 5, 6 e 7 de abril de 1943.
166. Ata in: BAK, NL 1.118/138, 10 de abril de 1943.
167. BAK, ZSg. 102/43, 11 de abril de 1943, mensagem do dia 1º; TB, 11 de abril de 1943.
168. TB, 3 de junho de 1943: "Os custos de produção caíram de 1,5 milhão para um pouco mais de um milhão. Vê-se, pois, que é perfeitamente possível atingir o objetivo de guerra que estabeleci para o cinema, basta ter vontade e empregar as forças necessárias."
169. Moeller, *Filmminister*, p. 280.
170. TB, 26 de fevereiro de 1943.
171. TB, 24 de dezembro de 1943 (*Musik in Salzburg*), assim também 19 de maio de 1944 (*Heimliche Bräute*).
172. TB, 18 de novembro (*Regimentsmusik*), 22 de novembro e 10 de dezembro (*Am Abend nach der Oper*) de 1944.
173. TB, 1º de dezembro de 1944; ver também Moeller, *Filmminister*, p. 280 e segs.
174. TB, 9 de fevereiro de 1943.
175. TB, 10 de janeiro, bem como 27 de dezembro de 1943 (apud).
176. TB, 29 de março de 1943; Moeller, *Filmminister*, p. 283.
177. Moeller, *Filmminister*, p. 281 e segs.
178. TB, 5 de março de 1944; Moeller, *Filmminister*, p. 288.
179. TB, 9 de maio de 1944.
180. TB, 10 de junho de 1944; Moeller, *Filmminister*, p. 290.
181. TB, 25 de maio de 1943, também 7 de maio de 1943 (primeira entrada referente ao projeto Kolberg), Moeller, *Filmminister*, p. 298 e segs. e p. 309 e segs.
182. TB, 6 de fevereiro, 21 de abril, 6, 12 e 14 de junho, 14 e 15 de julho de 1944.
183. TB, 1º, 3 e 12 de dezembro de 1944.
184. TB, 23 de dezembro de 1944.
185. TB, 12 de fevereiro de 1944.
186. TB, 19 de março de 1945.
187. TB, 12 de maio e 1º de junho de 1942.
188. Sobre a assunção do cargo e seus planos: TB, 4 e 17 de abril, 6 e 17 de maio de 1943; no mais, sua avaliação do trabalho de Liebeneiner é inconstante: 28 de janeiro de 1944, 1º e 3 de fevereiro, 10, 15 e 16 de abril, bem como 23 de dezembro de 1944; Moeller, *Filmminister*, p. 145 e segs.
189. TB, 3 de agosto, 15 de setembro de 1942, assim como 27 e 28 de fevereiro, 4 e 17 de abril, 12 e 23 de maio, 2, 12 e 24 de junho de 1943; crítica retrospectiva também em 24 de dezembro de 1943; Moeller, *Filmminister*, p. 127 e segs.
190. TB, 23 de julho de 1943; também 29 de julho, 25 de agosto de 1943 (discurso para os chefes de produção das empresas cinematográficas).
191. TB, 6 de abril de 1944.
192. TB, 17 de março, 18 de abril de 1944; crítica: 16 de junho, 31 de agosto de 1944.
193. Moeller, *Filmminister*, p. 130 e segs.; TB, 27 de setembro de 1944.
194. TB, 22 de maio de 1943. Sobre a música popular no rádio na segunda metade da guerra, ver também: Hans-Jörg Koch, *Das Wunschkonzert im NS-Rundfunk*, Colônia/Weimar/Viena, 2003, p. 129 e segs.
195. Bonacker, *Goebbels' Mann beim Radio*, p. 198 e segs.
196. TB, 5 de abril de 1944.
197. Bonacker, *Goebbels' Mann beim Radio*, p. 197.
198. BAB, R 55/556, atas de 30 de agosto. Outras interferências de Goebbels na programação musical estão documentadas nas atas, por exemplo, de 13 de setembro e 11 de outubro de 1944.
199. R 55/556, ata de 24 de outubro de 1944; também 31 de janeiro de 1945.

26. "Certo ceticismo, para não dizer desesperança, se apoderou das amplas massas"

1. A melhora da situação militar refletiu-se no TB a partir de 22 de fevereiro de 1943.
2. Assim a tendência geral: TB, 7, 13, 16, 20, 23, 26 e 30 de março; 3, 9, 18 e 23 de abril, assim como 1º de maio de 1943.

3. *Das Reich*, 11 de abril de 1943, "Stimmung und Haltung".
4. TB, 2, 4 e 11 de abril de 1943. Para ele deve ter sido particularmente irritante a observação dos *Meldungen aus dem Reich* de 1º de abril de 1943, segundo a qual muitos cidadãos se informavam mais por "boatos, slogans, relatos de viajantes, cartas de militares e coisas do gênero" do que "pelos comunicados oficiais".
5. TB, 17 de abril de 1943.
6. Boberach, introdução à edição dos *Meldungen aus dem Reich*, p. 36. TB, 12 de maio de 1943: "Agora Himmler quer que o SD prepare um relatório especial exclusivo para mim, que, no essencial, contém o que até agora vinha sendo entregue a um grupo grande de destinatários."
7. TB, 20 de julho de 1943.
8. TB, 2, 3, 6 e 29 de abril de 1943.
9. Lothar Gruchmann, "Korruption im Dritten Reich. Zur Lebensmittelversorgung der NS-Führerschaft", in: *VfZ* 42 (1994), p. 571-593.
10. BAB, R 22/5.005, relatório de Helldorf de 15 de março de 1943.
11. TB, 22 de março de 1943, também 17 de março de 1943.
12. TB, 23 de março de 1943.
13. TB, 7 de maio de 1943.
14. TB, 19 de maio de 1943.
15. TB, 23 de julho de 1943.
16. BAB, NS 6/344, decreto do Führer sobre a atitude exemplar dos parentes das personalidades ocupantes de cargos proeminentes de 28 de maio de 1943; TB, 21 de maio de 1943.
17. TB, 1º, 2, 3 e 8 de abril de 1943.
18. TB, 13 de abril de 1943; sobre as queixas persistentes, também 14 a 19 de abril de 1943.
19. TB, 13 de abril de 1943, relatório de Funk, 20 de abril de 1943, relatório de Ley.
20. TB, 6 e 7 de maio (apud) de 1943.
21. TB, 7 de maio de 1943, com base numa conversa na véspera.
22. TB, 6 de maio de 1943, também 24 de abril de 1943.
23. TB, 10 de maio de 1943. Ver, ainda, 22 de março de 1943: "O Führer também é da opinião que, por exemplo, não se pode proibir as mulheres de pintar o cabelo."
24. TB, 20 de maio de 1943, também 11 de maio de 1943.
25. TB, 12 de maio de 1943.
26. TB, 27 e 31 de março, bem como 3 de abril de 1943; sobre isso também BAK, ZSg. 109/42, mensagem do dia de 1º e 2 de abril de 1943.
27. Sobre o massacre de Katyn, ver Gerd Kaiser, *Katyn. Das Staatsverbrechen — das Staatsgeheimnis*, Berlim, 2002.
28. Acerca da descoberta dos cadáveres, também TB, 9 de abril de 1943.
29. TB, 25 de abril de 1943. Sobre os combates, também 2 de maio de 1943. Hermann Fegelein, comandante de uma divisão da SS, que o visitou no começo de maio, revigorou-o nas suas opiniões radicais: "Fegelein acha que a questão judaica em Varsóvia se resolve de maneira altamente simples e rigorosa" (TB, 2 de maio de 1943).
30. TB, 15, 16, 25 e 29 de abril de 1943.
31. TB, 18 de abril de 1943; acerca do suposto aumento do antissemitismo na Grã-Bretanha, também 11, 19 e 22 de abril de 1943.
32. As atas das reuniões de imprensa de abril (BAK NL 1.118/138) contêm diversas advertências de Goebbels para que não se deixasse o tema Katyn desvanecer: 17 a 28 de abril de 1943.
33. Pormenores in: Longerich, *Davon*, p. 268 e segs.
34. TB, 27, 28 e 29 de abril de 1943.
35. BAB, NS 18/225, documento Tiessler, 30 de abril de 1943.
36. BAK, ZSg. 109/42, 30 de abril de 1943. Ver também ib., 28 de abril de 1943, bem como 29 de abril de 1943.
37. TB, 8 de maio de 1943.
38. TB, 25 de abril, 4, 7, 10 e 22 de maio de 1943.
39. Gerhard Schreiber, "Das Ende des nordafrikanischen Feldzugs und der Krieg in Italien", in: Karl-Heinz Frieser et al. (eds.), *Die Ostfront 1943/44. Der Krieg im Osten und an den Nebenfronten*, Munique, 2007, p. 1101-1162, aqui p. 1108.
40. *VB* (N), 10 de maio de 1942; *Der Angriff*, 13 de maio de 1942.
41. TB, 9 de maio de 1943.
42. *Das Reich*, "Mit souveräner Ruhe", 23 de maio de 1943. Sobre a versão oficial da derrota na África, ver: BAK, ZSg. 109/42, 13 de maio de 1943, II. Comentários sobre a mensagem do dia.
43. TB, 14 de maio de 1943.
44. *DAZ*, 12 de maio de 1943 (M), *VB* (N), 13 de maio de 1943; a esse respeito, também TB, 7 e 10 de maio de 1943.
45. TB, 21 de fevereiro e 9 de maio de 1943.
46. TB, 10 de maio de 1943.
47. TB, 18 de maio de 1943; sobre a cobertura da imprensa: BAK, ZSg. 109/42, 10 de maio de 1943, TP 2; *VB* (B), 11 de maio de 1943, alteração das rações de produtos alimentícios; *DAZ*, 11 de maio de 1943 (M), adaptação das rações de produtos alimentícios.

48. TB, 28 de maio de 1943, também 29 de maio de 1941. *Meldungen aus dem Reich*, 24 de maio de 1943 (p. 5277 e segs.), assim como 30 de maio (p. 5285 e segs.) com uma crítica minuciosa da propaganda na imprensa.
49. TB, 6 de junho de 1943.
50. TB, 25 de maio de 1943.
51. TB, 22 de maio de 1943. Também 30 de maio de 1943: "Uma verdadeira catástrofe para Göring. Ele fica no castelo dos seus ancestrais e deixa as coisas correrem seja lá como for."
52. *Das Reich*, 30 de maio de 1943, "Vom Wesen der Krise", também in: *Aufstieg*, p. 279-286; quanto a isso também TB, 18 de maio de 1943.
53. TB, 14 de maio de 1943.
54. TB, 15 de maio de 1943.
55. TB, 29 de maio de 1943. "Jaques" no original.
56. Ver a esse respeito BAK, ZSg. 102/42.
57. Pormenores in: Longerich, *Davon*, p. 277 e segs.
58. TB, 26 de maio de 1943, também: 24, 25 e 26 de maio de 1943. Quanto a isso, ver também seu artigo "Die motorischen Kräfte" in: *Das Reich*, 6 de junho de 1943, impresso também in: *Aufstieg*, p. 307-314; segundo ele, a dissolução do Komintern era uma "manobra diversionista judaico-bolchevista".
59. Sobre o suposto aumento do antissemitismo na Grã-Bretanha: TB, 20 e 22 de maio, também 6 de julho de 1943; nos Estados Unidos: 4 de junho de 1944.
60. TB, 20 de maio de 1943.
61. A imprensa divulgou em 18 e 19 de maio de 1943 (ver, por exemplo, *DAZ* e *VB*) que o bombardeio das barragens se deveu à proposta de um cientista judeu. Sobre o bombardeio: Gröhler, *Bombenkrieg*, p. 151 e segs.; TB, 18 a 20 de maio de 1943; sobre a suposta autoria judia, 19 de maio de 1943.
62. *VB* (B), 13 de maio de 1943, "Judas Lieblingsplan: Die Hungerpeitsche für Europa" (comentário).
63. Pormenores sobre os chamados complexos de temas em Longerich, *Davon*, p. 277.
64. A esse respeito, especialmente *Meldungen aus dem Reich* de 19 de abril (p. 5144 e segs.), 30 de maio de 1943 (p. 5290 e segs.), bem como inúmeros outros relatórios sobre a situação psicológica mencionados in: Longerich, *Davon*, p. 281 e segs.
65. TB, 19 de maio de 1943; sobre a visita, também Thorkild Hansen, *Knut Hamsun. Seine Zeit — sein Prozess*, Munique/Viena, 1978, p. 99 e segs.
66. TB, 23 de junho de 1943. A carta original foi encontrada entre os papéis de Hamsun (Hansen, *Hamsun*, p. 104).
67. TB, 27 de junho de 1943, também 28 de junho, 4 de julho de 1943. Sobre a visita, Hansen, *Hamsun*, p. 110 e segs. (com base numa anotação do intérprete de Hitler).
68. Kershaw, *Hitler*, vol. II, p. 738.
69. TB, 28 de maio de 1943; também 30 de maio de 1943.
70. TB, 4 de junho de 1943. Desde o outono do ano anterior, Goebbels vinha fazendo diversas tentativas de dar à propaganda alemã uma "perspectiva de futuro europeu". Em outubro e novembro de 1942, publicou na *Reich* dois artigos sobre o tema "a nova Europa", que, no entanto, se concentraram essencialmente em salientar a exigência absoluta de liderança da futura potência vencedora Alemanha ("Das neue Europa", 4 de outubro de 1942, "Die Vision eines neuen Europa", 11 de novembro de 1942). No dia 22 de janeiro, Goebbels levou a questão a Hitler, que o incumbiu de elaborar um esboço (TB, 23 de janeiro de 1943). Em março, o ditador o autorizou a "sugerir e também delinear o tema" no seu discurso seguinte no Palácio de Esporte (TB, 9 de março de 1943).
71. "Überwundene Winterkrise", impresso in: *Aufstieg*, p. 287-306; *VB* (B), 7 de junho de 1943, "Bezwingender Eindruck der Kundgebung im Sportpalast — In unerschütterlicher Zuversicht".
72. TB, 6 de junho de 1943.
73. TB, 7 de junho de 1943; também 8, 10, 11 e 12 de junho de 1943.
74. TB, 7 de junho de 1943, também 8 de junho de 1943.
75. Relatórios do SD sobre questões internas, 10 de junho de 1943 (*Meldungen*, p. 5345).
76. TB, 11 e 18 de junho de 1943.
77. BAB, NS 18/225. Lê-se ainda na minuta da circular preparada por Tiessler, o homem de ligação de Goebbels com Bormann: "Por ordem do Führer, lancei uma ação de propaganda contra o judaísmo que se estenderá por meses." Contudo, na circular posteriormente divulgada, Goebbels já não invoca Hitler (ib., documento Tiessler a Goebbels, 19 de maio de 1943).
78. BAB, NS 6/344, R 33/43g, 11 de julho de 1943.
79. *Tagesberichte*, 29 de maio de 1943; Gröhler, *Bombenkrieg*, p. 121; TB, 2 de junho de 1943, também 4, 6 e 7 de junho de 1943.
80. Gröhler, *Bombenkrieg*, p. 121; TB, 14 de junho de 1943 (Bochum).
81. TB, 12, 14 e 15 de junho de 1943.
82. TB, 22 de junho de 1943; alguns dias antes, ele já estava convencido de que "não será possível contornar uma espécie de evacuação compulsória em determinadas cidades" (TB, 20 de junho de 1942).
83. TB, 2 de julho de 1943, também 8 de agosto de 1943.
84. TB, 10 e 11 de julho de 1943.

85. TB, 3 de julho de 1943.
86. *Das Reich*, "Das Denkmal der nationalen Solidarität", 4 de julho de 1943; a esse respeito, TB, 23 de junho de 1943.
87. TB, 9 de julho de 1943. *Der Angriff*, 10 de julho de 1943, "Dr. Goebbels in Köln".
88. TB, 29 de junho de 1943. O levantamento da correspondência do seu gabinete foi igualmente satisfatória: TB, 10 de julho de 1943.
89. TB, 25 de junho de 1944; BAB, R 43 II/654a, reunião da comissão de 24 de junho de 1943.
90. TB, já em 23 de janeiro e 10 de maio de 1943.
91. TB, 12 de maio de 1943.
92. Quanto a isso, extensa correspondência in: BAB, R 55/799, assim como 1.435.
93. Ele já tinha feito uma promessa parecida em 9 de maio (TB, 10 de maio de 1943). Em meados de junho, Bormann dera a entender que Hitler o apoiava nessa disputa: BAB, R 55/1.435, nota telefônica de 15 de junho de 1943.
94. TB, 1º de julho de 1943; BAB, R 55/1.435, carta de Lammers a Goebbels sobre falta de consenso com Rosenberg nas reuniões de 28 e 29 de junho de 1942. Sobre todo o complexo, Reuth, *Goebbels*, p. 535 e segs., bem como Piper, *Rosenberg*, p. 604 e segs.
95. TB, 19 de março de 1943.
96. TB, 18 de março de 1943, também 11 de junho de 1943. Baldur von Schirach, *Ich glaubte an Hitler*, Hamburgo/Zurique, 1967, p. 288 (equivocadamente, ele data o fechamento de janeiro).
97. TB, 21 e 22 de março, 24 de abril de 1943.
98. TB, 9 de maio de 1943.
99. Baldur von Schirach, *Hitler*, p. 292 e segs. Comparativamente, a afirmação de Henriette von Schirach segundo a qual a desavença se deveu a suas observações críticas — feitas na presença de Hitler — sobre a perseguição aos judeus parece bem menos verossímil tendo em conta que, ainda em setembro de 1942, seu marido, Baldur, se gabou, no manuscrito de um discurso, de ter "evacuado 10 mil judeus de Viena para os guetos do leste" (TB, 15 de setembro de 1942). Henriette von Schirach, *Der Preis der Herrlichkeit. Erinnerungen*, Munique, 1978, p. 215 e segs.; ambos datam o fato de abril de 1943.
100. TB, 10, 21 e 27 de agosto, assim como 23 de setembro de 1943. Crítica a Schirach e a outros, 13 de janeiro, 18 de abril de 1944.
101. TB, 21 de junho de 1944.
102. TB, 22 de junho de 1944.
103. TB, 26 de junho de 1943.
104. TB, 6 a 10 de julho de 1943; Karl-Heinz Frieser, "Die Schlacht am Kursker Bogen", in: idem (ed.), *Ostfront*, p. 83-208.
105. Sobre a estada em Heidelberg: TB, 10 de julho de 1943.
106. Tal como em outubro de 1942 no seu discurso no encontro de escritores em Weimar (TB, 12 de outubro de 1942). No dia 13 de junho de 1943, ele havia publicado na *Reich* um editorial intitulado "Von der Freiheit des Geistes" [Da liberdade do espírito], no qual enfatizou a diferença entre o valioso trabalho dos "trabalhadores do espírito" e aquele feito por "intelectuais"; uma vez mais, estes foram violentamente atacados. Também in: *Aufstieg*, p. 315-322; TB, 1º de junho de 1943.
107. Impresso in: Heiber (ed.), *Goebbels Reden*, n. 20.
108. Josef Schröder, *Italiens Kriegsaustritt 1943. Die deutschen Gegenmassnahmen im italienischen Raum: Fall "Alarich" und "Achse"*, Göttingen, 1969, p. 158 e segs.; a esse respeito, também TB, 12 a 15 de julho de 1943.
109. Também pessimista: TB, 16 e 17 de julho de 1943.
110. Frieser, "Schlacht", p. 174 e segs.
111. Frieser, "Schlacht", p. 139 e segs.
112. TB, 19 de julho de 1943.
113. TB, 21 e 22 de julho de 1943.
114. TB, 18 de julho de 1943; BAK, ZSg. 109/43, 17 de julho de 1943, TP 2: "Nas observações sobre a situação na Sicília convém valorizar especialmente a ênfase na decidida luta e vontade de resistência das tropas alemãs lá em ação."
115. TB, 1º de julho de 1943.
116. TB, 20 e 21 de julho de 1943; *ADAP* E VI, n. 159, nota de Schmidt, 20 de julho de 1943; sobre o encontro: Kershaw, *Hitler*, vol. II, p. 771.
117. TB, 21 de julho de 1943.
118. TB, 25 de julho de 1943. É possível que as informações proviessem do embaixador Mackensen, que tinha tido uma conversa com Farinacci em 22 de julho (*ADAP* E VI, n. 166, relatório de 22 de julho de 1943).
119. Sobre a sessão do Grande Conselho: Hans Woller, *Die Abrechnung mit dem Faschismus in Italien 1943 bis 1948*, Munique, 1996, p. 9 e segs.; Richard J. Bosworth, *Mussolini*, Londres, 2002, p. 400 e segs.
120. TB, 30 de novembro de 1942: "Como chegou ao nosso conhecimento — ainda sem confirmação pelo menos por ora —, na Itália há grupos com a intenção de entrar em contato com o inimigo, caso já não o tenham feito. A esses grupos pertencem Graziani e Badoglio, mas sobretudo Volpi. Considero Badoglio e Volpi, especialmente este, bem capazes disso."
121. TB, 26 de julho de 1943.

122. TB, 27 de julho de 1943 (para todas as discussões de 26 de julho).
123. Helmut Heiber (ed.), *Lagebesprechungen im Führerhauptquartier. Protokollfragmente aus Hitlers militärischen Konferenzen 1942-1945*, Hamburgo, 1963, p. 331 sobre as discussões no dia 26 de julho de 1943.
124. TB, 27 (apud) e 28 de julho de 1943.
125. Gröhler, *Bombenkrieg*, p. 106 e segs.; Hans Brunswig, *Feuersturm über Hamburg*, Stuttgart, 1978; Martin Middlebrook, *Hamburg Juli 43. Alliierte Luftstreitkräfte gegen eine deutsche Stadt*, Berlim, 1983.
126. TB, 26 de julho de 1943.
127. TB, 1º de agosto de 1943.
128. TB, 1º de agosto de 1943.
129. Por exemplo: *VB* (B), editoriais de 1º, 3 e 4 de agosto de 1943.
130. TB, 1º de agosto de 1942.
131. *VB* (B), "Ein Wort zum Luftkrieg", 4 de agosto de 1943, também in: *Aufstieg*, p. 400-403.
132. TB, 2 de agosto de 1942.
133. TB, 14 de agosto de 1942.
134. TB, 3, 4 e 5 de agosto de 1943.
135. Segundo Werner Girbig, ... *im Anflug auf die Reichshauptstadt. Die Dokumentation der Bombenangriffe auf Berlin — stellvertretend für alle deutschen Städte*, Stuttgart, 1971, p. 69 e segs.
136. TB, 5 de agosto de 1943.
137. TB, 16 e 18 de agosto de 1943.
138. TB, 18 de agosto de 1943.
139. TB, 10 e 21 de agosto de 1943.
140. TB, 21 de agosto de 1943. Dieter Hölsken, *Die V-Waffen. Entstehung, Propaganda, Kriegseinsatz*, Stuttgart, 1984, p. 98.
141. TB, 28 de agosto de 1943. SD-Berichte zu Inlandsfragen, 26 de agosto de 1943 (*Meldungen*, p. 5675).
142. TB, 16 de agosto de 1943.
143. TB, 18 de agosto de 1943.
144. BAB, NS 18/1.125, minuta de Tiessler para a chancelaria do partido, 19 de agosto de 1943.
145. TB, 12 de setembro, 12 de dezembro de 1943.
146. TB, 16 de agosto de 1943.
147. BAB, NS 18/1.071, 28 de maio de 1943. Ver também BAB, R 55/603, carta do secretário de Estado aos departamentos nacionais de propaganda, 27 de fevereiro de 1943.
148. BAB, R 55/603, 13 de setembro de 1943.
149. Gröhler, *Bombenkrieg*, p. 178.
150. TB, 24 de agosto de 1943.
151. TB, 25 de agosto de 1943.
152. TB, 26 de agosto de 1943, também 19 de agosto de 1943.
153. TB, 28 de agosto de 1943.
154. TB, 1º de setembro de 1943.
155. TB, 2 de setembro de 1943, também 7 e 8 de setembro de 1943.
156. TB, 1º de setembro de 1943.
157. TB, 3 de setembro de 1943.
158. TB, 1º de setembro de 1943.
159. TB, 4 de setembro de 1943.
160. TB, 6 de setembro de 1943.
161. Isso se reflete, por exemplo, na entrada no diário de Goebbels de 22 de julho de 1943. Aqui o tom predominante é que agora a Wehrmacht está na defensiva.
162. TB, 6 de agosto de 1943, também 3 de agosto de 1943 sobre a evacuação iminente.
163. Frieser, "Schlacht", p. 190 e segs.
164. Frieser, "Der Rückzug der Heeresgruppe Mitte nach Weissrussland", in: ibid (ed.), *Ostfront*, p. 297-338.
165. TB, 10 de agosto de 1943.
166. Hitler já tinha frisado, em junho de 1942, que os cargos de ministro da Propaganda, diretor de propaganda e *Gauleiter* berlinense "sempre" ficariam nas mãos da mesma pessoa (TB, 23 de junho de 1942).
167. TB, 13 a 18 de agosto de 1943; Schröder, *Kriegsaustritt*, p. 263 e segs., sobre a operação "Lehrgang"; quanto à situação na Sicília: Schreiber, "Ende", p. 1109 e segs.
168. TB, 22 de agosto de 1943; apontamentos gerais de 11 a 24 de agosto de 1943. Frieser, "Rückzug", p. 297 e segs.; Frieser, "Schlacht", p. 198.

27. "Ainda não sei o que o Führer haverá de fazer"

1. Schreiber, "Ende", p. 1127 e 1118; TB, 4 a 7 de setembro de 1943.
2. TB, 8 de setembro de 1943.
3. TB, 10 de setembro de 1943, também 11 de setembro de 1943; Schröder, *Kriegsaustritt*, p. 281 e segs., assim como Schreiber, "Ende", p. 1119 e segs.

4. TB, 10 de setembro de 1943, bem como entradas seguidas nos dias subsequentes; Schreiber, "Ende", p. 1126 e segs.
5. *Domarus II*, p. 2035 e segs.; TB, 11 de setembro de 1943. A reação de Goebbels ao discurso: TB, 13 de setembro de 1943.
6. TB, 13 de setembro de 1943; tal como a avaliação da situação antes da libertação de Mussolini, quando ele argumentou que a volta deste à vida política da Itália não correspondia aos interesses alemães (TB, 11 de setembro de 1943).
7. TB, 15 de setembro de 1943.
8. TB, 15 de setembro de 1943.
9. TB, 17 e 18 de setembro de 1943; Schreiber, "Ende", p. 1130.
10. TP ZSg. 109/44, 14 de setembro de 1943, mensagem do dia 2, o progresso da luta é "favorável", 15 de setembro de 1943, TP 2, convém ser "discreto", 16 de setembro de 1943, ora, "favorável", 17 de setembro, TP 2, "discrição".
11. TB, 18 de setembro de 1943, também 19 de setembro de 1943.
12. TB, 19 de setembro de 1943.
13. TB, 19 e 21 de setembro de 1943.
14. TB, 22 de setembro de 1943.
15. TB, 23 de setembro de 1943.
16. TB, 23 de setembro de 1943. Edda era filha ilegítima de Rachele Guidi e Benito Mussolini (que se casaram em 1915) e nasceu no dia 1º de setembro de 1910: Bosworth, *Mussolini*, p. 74.
17. Frieser, "Die Rückzugsoperationen der Heeresgruppe Süd in der Ukraine", in: idem (ed.), *Ostfront*, p. 339-490, aqui p. 357 e segs. e p. 362 e segs.
18. Frieser, "Rückzug", p. 301 e segs.
19. BAB, NS 18/264, plano da RPL para a ação propagandística de 15 de setembro a 15 de novembro de 1943 (esboço). Memorando do chefe de pessoal da RPL sobre o consentimento de Bormann, 17 de agosto de 1943. Reunião de imprensa/instruções A 55 e 56 de 28 e/ou 29 de setembro de 1943 (NS 6/342). Quanto a isso, também Armin Nolzen, "Die NSDAP, der Krieg und die deutsche Gesellschaft", in: Jörg Echternkamp (ed.), *Die deutsche Kriegsgesellschaft 1939-1945*, vol. 1, Munique, 2004, p. 95-193, especialmente p. 162.
20. TB, 1º de outubro de 1943, também 9, 22 e 30 de outubro, bem como 12 de novembro de 1943.
21. TB, 7 de outubro de 1943.
22. Ver também TB, 29 de setembro de 1943 sobre conversa com Speer referente ao armamento. Sobre a mudança de pessoal no Ministério da Economia: Herbst, *Der totale Krieg*, p. 267 e segs.
23. A esse respeito, TB, 2 e 19 de outubro de 1943.
24. O texto do discurso de Himmler em Posen está impresso in: Bradley Smith (ed.), *Heinrich Himmler. Geheimreden 1933 bis 1945 und andere Ansprachen*, Frankfurt a. M. etc., 1974, p. 162 e segs.
25. *Domarus II*, p. 2045; *VB* (B), 9 de outubro de 1943, "Der Führer: Von unserem Willen hängt der deutsche Sieg ab" (manchete); TB, 7 e 9 de outubro de 1943 (falta a entrada de 8 de outubro).
26. TB, 30 de outubro de 1943.
27. TB, 9 de novembro de 1943.
28. TB, 30 de novembro de 1943.
29. Frieser, "Rückzugsoperationen", p. 382 e segs.; idem, "Das Ausweichen der Heeresgruppe Nord von Leningrad ins Baltikum", in: idem (ed.), *Ostfront*, p. 278-296; Klaus Schönherr, "Der Rückzug der Heeresgruppe A über die Krim bis Rumänien", in: Frieser (ed.), *Ostfront*, p. 451-490.
30. TB, 26 e 27 de novembro, assim como 17 de dezembro de 1942.
31. Gröhler, *Bombenkrieg*, p. 188; TB, 20 de novembro de 1943.
32. Gröhler, *Bombenkrieg*, p. 188.
33. TB, 15 de novembro de 1943.
34. TB, 23 de novembro de 1943, texto da edição levemente complementado.
35. TB, 24 de novembro de 1943.
36. TB, 24 de novembro de 1943.
37. TB, 24 de novembro de 1943.
38. TB, 27 de novembro de 1943.
39. TB, 27 de novembro de 1943.
40. TB, 28 de novembro de 1943, também 30 de novembro de 1943.
41. TB, 3 de dezembro de 1943 (sobre a adoção desse contingente auxiliar); ver também 28 de novembro de 1943.
42. TB, 29 de novembro de 1943.
43. *VB* (B), 29 de novembro de 1943.
44. Ver também TB, 26 de novembro de 1943.
45. TB, 21 de dezembro de 1943; BAB, R 43 II/1.648, impresso também in: Moll, *"Führer-Erlasse"*, n. 288. Sobre a preparação, TB, 19 de dezembro de 1943.
46. TB, 20 de dezembro de 1943, também 21, 25 e 28 de dezembro de 1940; no fim de novembro, Hoffmann já lhe havia apresentado as primeiras propostas para o seu novo trabalho: TB, 1º de dezembro de 1943; BAB, R 43 II/669d, memorando sobre a conversa de 4 de janeiro de 1944; Blank, "Kriegsalltag", p. 392 e segs.; Ralf

Blank, "Albert Hoffmann als Reichsverteidigungskommissar im Gau Westfalen-Süd 1943-1945. Eine biographische Skizze", in: Wolf Gruner (ed.), *Bürokratien*, Berlim, 2001, p. 189-210.
47. Gröhler, *Bombenkrieg*, p. 188; TB, 17, 18, 25 e 31 de dezembro de 1943.
48. TB, 23 de dezembro de 1943.
49. TB, 25 de dezembro de 1943.
50. TB, 3 de janeiro de 1944; *Tagesberichte*, 1º de janeiro de 1944.
51. Gröhler, *Bombenkrieg*, p. 188; TB, 21 e 22 de janeiro de 1944.
52. TB, 29 e 30 de janeiro de 1944; Gröhler, *Bombenkrieg*, p. 188.
53. TB, 31 de janeiro de 1944.
54. TB, 1º a 9 de janeiro de 1944.
55. TB, 5 de fevereiro de 1944.
56. *Das Reich*, 13 de fevereiro de 1944; TB, 1º de fevereiro de 1944.
57. TB, 18 de fevereiro de 1944 (versão duvidosa).
58. TB, 4, 10 e 19 de fevereiro de 1944.
59. TB, 19 de dezembro de 1943, 19 de fevereiro e 27 de abril de 1944.
60. TB, 24 de fevereiro de 1944.
61. TB, 18 de abril de 1944.
62. Kershaw, *Hitler*, vol. II, p. 797.
63. TB, 28 de outubro de 1943, ver também 9 de novembro de 1943.
64. TB, 29 de fevereiro de 1944.
65. TB, 25 de janeiro de 1944, também 15 de março e 18 de abril de 1944.
66. 15 de março de 1944.
67. TB, 25 de fevereiro de 1944: "Tal como Bormann, Himmler sempre faz a tentativa, para mim muito gratificante, de estreitar o contato comigo."
68. Sobre longas conversas: TB, 27 de novembro de 1943, 18 de janeiro de 1944; no período em que esteve hospitalizado, Speer incumbiu Naumann de manter esses contatos: TB, 6 de fevereiro e 9 de março de 1944.
69. Desconfiado de Ley: TB, 6, 15 e 29 de janeiro, bem como 25 de fevereiro de 1944.
70. Decreto do Führer de 15 de agosto de 1943 referente à delimitação das competências entre o Ministério da Instrução Pública e Propaganda e o Ministério dos Territórios Ocupados no Leste, BAB, R 55/1.436, impresso in: Moll, *"Führer-Erlasse"*, n. 262; TB, 28 de agosto de 1943.
71. BAB, R55/1.435, gabinete do ministro ao secretário de Estado: não recebemos diretrizes até agora, 21 de setembro de 1943.
72. TB, 20 de outubro de 1943; ver, ainda, 2 de outubro, 22 de setembro de 1943.
73. Carta de Lammers a Goebbels, 27 de outubro de 1943 (BAB, R 55/1.435).
74. Sobre as negociações: BAB, R 55/1.436, ata da reunião no Ministério do Leste, 16 de setembro de 1943, carta do diretor R a Goebbels, 16 de setembro de 1943, com projetos do acordo das duas pastas, assim como outra correspondência a esse respeito; TB, 12 de dezembro de 1944.
75. BAB, R 6/11, Acordo de Colaboração em Assuntos de Imprensa e Propaganda entre o Ministério do Leste e o Ministério da Propaganda de 20 de dezembro de 1944.
76. BAB, R 55/440, decreto sobre a instalação de agências de propaganda nos territórios ocupados no Leste de 17 de dezembro de 1943, in: Boletim Informativo, 23 de dezembro de 1943. A entrada no diário de 15 de janeiro de 1944, na qual Goebbels relata mais uma conferência de chefes sobre a matéria, alude a novas dificuldades.
77. TB, 11 e 23 de setembro de 1943.
78. TB, 24 de fevereiro, 4 e 15 de março de 1944 (apud). Dobroszycki, *Die legale polnische Presse*, 1977 p. 66; Hoffmann, *NS-Propaganda in den Niederlanden. Organisation und Lenkung der Publizstik unter deutscher Besatzung 1940-1945*, Munique/Pullach, 1972.
79. Willi A. Boelcke (ed.), *Deutschlands Rüstung im Zweiten Weltkrieg. Hitlers Konferenzen mit Albert Speer, 1942-1945*, Frankfurt a. M., 1969, 13-15 de maio de 1943, n. 21, bem como 30 de maio de 1943, n. 31.
80. TB, 10 de maio de 1943. Sobre as ambições de Goebbels e as promessas de Hitler, ver também TB, 3 de janeiro, 14 de fevereiro, 12 de maio, 11 de junho, 11 de julho, 29 de agosto, 11, 23 e 30 de setembro de 1943; cf. Uziel, *Propaganda Warriors*, p. 200 e segs.
81. TB, 27 de outubro de 1943.
82. Durante 1943, persistiram os atritos com o Ministério das Relações Exteriores, especialmente por causa da disputa de atribuições na propaganda estrangeira: TB, 16, 23, 27 e 28 de março de 1943. Prosseguiriam no início de 1944: TB, 12 e 18 de fevereiro, 4 e 10 de março de 1944.
83. Pormenores em Longerich, *Propagandisten*, p. 227 e segs.; TB, 13 e 14 de novembro de 1943.
84. BAK, NL 1.118/106, carta de Goebbels de 24 de novembro de 1943.
85. TB, 9 e 10 de dezembro de 1943, com base em informações de Lammers.
86. TB, 1º de julho e 17 de outubro de 1943, também 17 de março de 1944.
87. TB, 18 (apud) e 19 de abril de 1944. Sobre as alterações planejadas, já 26 de janeiro de 1944.
88. TB, 14 e 24 de agosto de 1944, também 23 de setembro, 11 de dezembro.
89. TB, 8, 20 e 23 de janeiro de 1944.
90. TB, 4 e 6 de janeiro de 1944 (apud).

91. TB, 7 de junho, também 9 e 10 de junho de 1944.
92. TB, 20 de dezembro de 1943.
93. TB, 14 de maio de 1944.
94. TB, 23 de dezembro de 1944.
95. TB, 21 de dezembro de 1943.
96. TB, 22 de dezembro de 1943, 7, 9 e 18 de janeiro de 1944.
97. TB, 17 de fevereiro de 1944, também 25 de janeiro e 17 de fevereiro de 1944, 19 de novembro, 18 e 20 de dezembro de 1943. Goebbels já manifestara desconfiança no apontamento de 26 de março de 1942: agora queria "trazer Schacht para perto de mim e isolar Görlitzer cada vez mais". A nomeação definitiva do vice-*Gauleiter* só ocorreu em janeiro de 1945: TB, 4 de janeiro de 1945.
98. TB, 3 de abril de 1944.
99. TB, 15, 21 e 25 de abril de 1944.
100. TB, 4 de maio de 1944, também 5 de maio de 1944.
101. TB, 17 de junho de 1944.
102. TB, 23 de janeiro de 1944.
103. TB, numerosos apontamentos entre 8 de fevereiro e 4 de março de 1944. Bernd Wegner, "Das Kriegsende in Skandinavien", in: Frieser (ed.), *Ostfront*, p. 961-1.008, p. 978 sobre as sondagens.
104. TB, 4, 5 e 7 de março de 1944. *VB* (B), 7 de junho de 1944, "Blutoffensive gegen Finnland" (editorial datado de 6 de junho); *Berliner Börsen-Zeitung*, 7 de março de 1943, "Nervenkrieg in Norden"; BAK, ZSg. 109/48, 6 de março de 1944, TP 1, ordena reserva no resto da imprensa; 7 de março, TP 1, os comentários podem ser assumidos pelo resto da imprensa. Quanto a isso, ver Wegner, "Kriegsende", p. 981.
105. A esse respeito, ver TB, 22 de janeiro, 22 de março e 7 de maio de 1943.
106. TB, 15 de março de 1944; Wegner, "Kriegsende", p. 983.
107. Wegner, "Kriegsende", p. 978; TB, inúmeras entradas, sobretudo entre 19 de março e 25 de abril de 1944.
108. Frieser, "Rückzugsoperationen", p. 434 e segs.
109. Frieser, "Rückzugsoperationen", p. 424 e segs.
110. Schönherr, "Rückzug", p. 485.
111. TB, 13 de março de 1944, também 15 de março de 1944, sobre a preparação da ação.
112. TB, 19 de março de 1944.
113. TB, 20 a 24 de março de 1944. Acerca de Veesenmayer, ver: Igor-Philip Matic, *Edmund Veesenmayer. Agent und Diplomat der nationalsozialistischen Expansionspolitik*, Munique, 2002.
114. TB, 26 e 29 de março, 1º, 21, 22 e 26 de abril de 1944. Sobre a perseguição e deportação dos judeus húngaros em 1944: Randolph L. Braham, *The Politics of Genocide. The Holocaust in Hungary*, 2 vols., Nova York, 1994; Christian Gerlach e Götz Aly, *Das letzte Kapitel. Realpolitik, Ideologie und der Mord an den ungarischen Juden 1944/1945*, Stuttgart/Zurique, 2002.
115. TB, 25 de maio de 1944.
116. TB, 27 de abril de 1944, também 2 e 5 de maio de 1944.
117. TB, 2 de agosto de 1944: "Naturalmente, Horthy também é um sujeito pouco confiável. Agora [...] anda oferecendo ao inimigo a troca das crianças judias residentes na Hungria. É óbvio que não se pode fazer nenhuma política generosa com gente hipócrita assim." TB, 3 de setembro de 1944: "O primeiro-ministro húngaro, Lakatos, atacou no rádio os derrotistas do país. Essa parte do discurso podia ser aceitável para nós. Entretanto, ele também declarou que a questão judaica devia ser resolvida de maneira mais liberal, coisa que em geral não gostamos de ouvir, pois, quando um dos nossos aliados começa a falar em liberalidade, normalmente é porque já está trilhando o caminho errado."
118. TE, 6 a 11 de março de 1944. Depreende-se da tabela de Laurenz Demps, "Die Luftangriffe auf Berlin. Ein dokumentarischer Bericht", in: *Jahrbuch des Märkischen Museums* 4 (1978), p. 27-69, aqui p. 35 e segs., que, na verdade, os ataques diurnos destruíram poucas áreas habitadas.
119. TB, 11 de março de 1944.
120. *Tagesberichte*, 24 e 25 de março de 1944; TB, 25, 26 e 27 de março de 1944.
121. TB, 22 e 23 de janeiro de 1944.
122. Horst Boog, "Strategischer Luftkrieg in Europa 1943-1944/45", in: Horst Boog, Detlef Vogel e Gerhard Krebs, *Das Deutsche Reich in der Defensive. Strategischer Luftkrieg in Europa, Krieg im Westen und in Ostasien 1943-1944/45*, Munique, 2001, p. 3-414, p. 367 e segs.
123. TB, 23 e 26 de fevereiro, bem como 5 de março de 1944. Sobre os efeitos dos ataques, também: 24 e 25 de fevereiro de 1944, 3, 16, 19 e 22 de março, bem como 20 de abril de 1944.
124. TB, 1º de março de 1944.
125. TB, 7 de março de 1944.
126. Boog, "Luftkrieg", p. 379.
127. Em janeiro, Goebbels ainda supunha que "a retaliação da Luftwaffe com aviões teleguiados" começaria em meados de fevereiro; na segunda quinzena de março, grande parte dos foguetes A4 estariam prontos para ser lançados (TB, 14 de janeiro de 1944). Em março, ele soube que as bombas voadoras poderiam ser empregadas a partir da metade de abril, e que os A4 entrariam em ação em meados ou no fim de abril (TB, 9 de março de 1944; ver também 19 de março de 1944).
128. TB, 18 de abril de 1944, também 27 de abril de 1944.

129. Hölsken, *V-Waffen*, esp. p. 43 e segs., p. 64, 68 e segs. e p. 133 e segs.
130. TB, 3 de maio de 1944.
131. *Tagesberichte*, 20 e 22 de abril de 1944; TB, 21 e 22 de abril de 1944.
132. TB, 26 de abril de 1944; Hans-Günter Richardi, *Bomber über München. Der Luftkrieg von 1939-1945, dargestellt am Beispiel der "Hauptstadt der Bewegung"*, Munique, 1992, p. 238 e segs.; Irmtraud Permooser, *Der Luftkrieg über München. Bomben auf die Hauptstadt der Bewegung*, Oberhaching, 1997, p. 198 e segs.
133. Boog, "Luftkrieg", p. 126 e segs.; TB, 2, 6, 22 e 24 de junho de 1944.
134. *VB* (B), 27 de maio de 1944; TB, 24 e 25 de maio de 1944.
135. TB, 30 de maio de 1944.
136. TB, 2 de junho de 1944; sobre o suposto impacto do artigo no exterior, também 3, 4 e 10 de junho de 1944.
137. Heiber (ed.), *Goebbels Reden*, n. 26, p. 337.
138. Segundo as conclusões de Barbara Grimm, *Lynchmorde an alliierten Fliegern im Zweiten Weltkrieg*, manuscrito, Universidade de Munique, 2006.
139. TB, 22 de abril de 1944.
140. TB, 15 de abril de 1944.
141. TB, 18 de abril de 1944.
142. TB, 27 de abril de 1944.
143. Informações do serviço de segurança sobre questões internas do país, de 25 de maio de 1944, in: *Meldungen aus dem Reich*, p. 6551 e segs., apud p. 6562.
144. TB, 12, 19 (apud) e 24 de maio de 1944.

28. "... praticamente uma ditadura de guerra interna"

1. TB, 6 de junho de 1944.
2. TB, 6 e 3 de junho de 1944.
3. TB, 7 de junho de 1944.
4. TB, 11 de dezembro de 1943.
5. Heiber (ed.), *Goebbels Reden*, n. 26, especialmente p. 335. Sobre outras insinuações, ver Hölsken, *V-Waffen*, p. 100 e segs.
6. Steinert, *Hitlers Krieg und die Deutschen*, p. 433 e segs.
7. TB, 15 e 17 de janeiro, 19 de fevereiro, 9 de abril, assim como 3 de junho de 1944.
8. TB, 9 e 16 de junho de 1944.
9. Na verdade, o bombardeio devia ter começado alguns dias antes, mas "não deu certo" (TB, 17 de junho de 1944, também 14 de junho de 1944; sobre as causas do fracasso, Boog, "Luftkrieg", p. 391).
10. TB, 17 de junho de 1944. Sobre a ofensiva com as armas-V: Boog, "Luftkrieg", p. 380 e segs.; Hölsken, *V-Waffen*, p. 126 e segs.
11. Oven, *Goebbels II*, p. 18 e segs. Também TB, 17 de junho de 1944.
12. BAK, ZSg. 109/50, 16 de junho de 1944, TP 1; também contém longas observações informativas sobre a questão de como seguir usando a ideia de retaliação na propaganda; quanto a isso, ver Hölsken, *V-Waffen*, p. 103 e segs.
13. TB, 18 de junho de 1944.
14. BAK, ZSg. 109/50, 17 de junho de 1944, TP 1: trata-se primeiramente "do início da retaliação e da surpresa [...] que estamos preparando"; 20 de junho de 1944, TP 1, o efeito estava no "emprego ininterrupto dessas armas".
15. TB, 20 de junho de 1944; ver também 18 de junho de 1944.
16. TB, 22 de junho de 1944.
17. BAK, ZSg. 109/50, 24 de junho, TP 1, Einführung Bezeichnung VI; Hölsken, *V-Waffen*, p. 106.
18. TB, 20 de junho de 1944; também 23 de junho de 1944.
19. TB, 18 de junho de 1944.
20. TB, 30 de junho de 1944, bem como 1º e 7 de julho de 1944. A esse respeito, também Hölsken, *V-Waffen*, p. 197.
21. TB, apontamentos seguidos a partir de 18 de junho de 1944.
22. TB, 22 de junho de 1944. Sobre a estatística da precisão: Boog, "Luftkrieg", p. 397.
23. TB, 23 de junho de 1944.
24. Karl-Heinz Frieser, "Der Zusammenbruch der Heeresgruppe Mitte im Sommer 1944", in: idem (ed.), *Ostfront*, p. 526-603, especialmente p. 537 e segs.
25. TB, 22 e 25 de junho de 1944.
26. Sobre a "situação no Leste", ver as diversas entradas desde 25 de junho de 1944.
27. Frieser, "Zusammenbruch", p. 539 e segs., p. 545 e segs., bem como p. 548 e segs.
28. Frieser, "Zusammenbruch", p. 552 e segs. Goebbels constatou a perda dos três exércitos em 9 de julho de 1944.
29. Frieser, "Zusammenbruch", p. 563 e segs.

30. TB, 11 de julho de 1944. Até uma interrupção grande no diário (de 17 a 22 de julho), encontram-se entradas seguidas acerca da "situação no Leste".
31. TB, 15 de julho de 1944.
32. TB, 22 de junho de 1944.
33. TB, 12 de julho de 1944.
34. TB, 2 de julho de 1944.
35. TB, 7 e 9 de julho de 1944.
36. *Das Reich*, 23 de julho de 1944; a esse respeito, também TB, 11 de julho de 1944.
37. Heiber (ed.), *Goebbels Reden*, n. 27, p. 356 e segs. Cf. também o artigo de Goebbels in: *Das Reich*, 30 de julho de 1944; quanto à propaganda das armas V em julho, também Hölsken, *V-Waffen*, p. 107 e segs.
38. *VB* (B), 9 de julho de 1944, "Mit allen Mitteln gegen den Feind" (manchete). No discurso, Goebbels havia frisado que se tratava do "ser ou não ser da nação", TB, 8 de julho de 1944, também 7 e 14 de julho de 1944. Quanto à guerra total, especialmente os seus comentários sobre as cartas de 8 e 15 de julho de 1944.
39. TB, 11 de julho de 1944. Alguns dias antes, Speer se havia manifestado de modo parecido por ocasião da sua entrevista sobre armamento com Hitler: Boelcke (ed.), *Deutschlands Rüstung*, p. 390, 6 de julho de 1944.
40. TB, 12 de julho de 1944.
41. TB, 13 de julho de 1944.
42. Impresso in: Wolfgang Bleyer, "Pläne der faschistichen Führung zum totalen Krieg im Sommer 1944", in: *ZfG* 17 (1969), p. 1313-1.329, aqui p. 1317 e segs., assim como p. 1320 e segs.
43. TB, 12 e 13 de julho de 1944.
44. TB, 13 de julho de 1944.
45. Peter Longerich, "Joseph Goebbels und der Totale Krieg. Eine unbekannte Denkschrift des Propagandaministers vom 18. Juli 1944", in: *VfZ* 35 (1987), p. 289-314.
46. TB, 14 de julho de 1944.
47. Richardi, *Bomber über München*, p. 268 e segs.; Permooser, *Luftkrieg über München*, p. 249 e segs.; TB, 13, 14 e 16 de julho de 1944.
48. Segundo o relato de Goebbels no seu discurso radiofônico de 26 de julho de 1944, in: Heiber (ed.), *Goebbels Reden*, n. 27, p. 342 e segs. Sobre o atentado de 20 de julho: Peter Hoffmann, *Widerstand — Staatsstreich — Attentat. Der Kampf der Opposition gegen Hitler*, 4. ed., Munique, 1985; Joachim Fest, *Staatsstreich. Der lange Weg zum 20. Juli*, Berlim, 1994. Sobre o papel de Goebbels em 20 de julho: Hoffmann, *Widerstand*, p. 529, 539, assim como p. 593 e segs.; Reuth, *Goebbels*, p. 548 e segs.
49. Hans Wilhelm Hagen, "Bericht über meine Tätigkeit als Verbindungsoffizier des Wachbataillons 'Grossdeutschland' zum Reichsministerium für Volksaufklärung und Propaganda am 20. Juli 1944", in: Hans-Adolf Jacobsen (ed.), *"Spiegelbild einer Verschwörung". Die Opposition gegen Hitler und der Staatsstreich vom 20. Juli 1944 in der SD-Berichterstattung. Geheime Dokumente aus dem ehemaligen Reichssicherheitshauptamt*, 2 vols., Stuttgart, 1984, p. 12 e segs.; Remer, "Der Ablauf der Ereignisse am 20. Juli 1944, wie ich sie als Kommandeur des Wachbataillons Grossdeutschland erlebte", in: ib., p. 637 e segs.
50. Especialmente no discurso radiofônico de 26 de julho de 1944.
51. Sobre essa avaliação: Hoffmann, *Widerstand*, p. 298.
52. TB, 22 de julho de 1944.
53. Moll, *"Führer-Erlasse"*, n. 340 e 341 (disposição V 10/44, BAB, NS 6/347).
54. TB, 23 de julho de 1944; protocolo da reunião com o chefe de 22 de julho de 1944 in: BAB, R 4.3 II/664a.
55. *RGBl*. 1944 I, p. 161 e segs.; BAB, R 43 II/664a, anotação de Lammers sobre a apresentação, 25 de julho de 1944, aqui também o certificado de nomeação de Goebbels, 25 de julho de 1944; sobre o decreto do Führer, Rebentisch, *Führerstaat*, p. 516 e segs.
56. BAB, R 43 II/664a, carta de Lammers a Goebbels, 26 de junho de 1944. Não foram afetados pelo decreto: o inspetor-geral de Construção, o Conselho Geral de Construção de Munique, o Conselho Nacional de Construção de Linz, o inspetor-geral de Tráfego Automotivo, a Chancelaria do Reich, a Chancelaria Presidencial e a chancelaria do partido.
57. TB, 24 de julho de 1944.
58. Frieser, "Zusammenbruch", p. 572 e segs.
59. Schönherr, "Rückzug", p. 712 e segs. Sobre a situação militar crítica na frente oriental, especialmente TB, 23 de julho a 2 de agosto de 1944.
60. TB, 3 de agosto de 1944; Vogel, "Kriegführung", p. 556 e segs.
61. Rebentisch, *Führerstaat*, p. 517 e segs.; BAB, R 43 II/665, carta do secretário-geral da GB a Killy, 1º e 4 de agosto de 1944.
62. Heiber (ed.), *Goebbels Reden*, n. 27 (p. 351, 353, 354).
63. TB, 27 e 28 de julho de 1944.
64. BAK, ZSg. 109/50, 26 de julho de 1944, TP 1; *VB* (B), 26 de julho, "Der Führer befiehlt: Entscheidende Verstärkung des Kriegseinsatzes" (manchete); 27 de julho, "Waffen — Hände — Herzen. Reichsminister Dr. Goebbels zieht die Folgerungen aus dem 20. Juli" (manchete); TB, 27 de julho de 1944.
65. BAB, R 43 II/665, 28 de julho de 1944; *VB* (B), 28 de julho, "Dr. Goebbels ordnet an: Keine Scheinarbeit mehr" (manchete).

66. TB, 2 de agosto de 1944.
67. TB, 4 de agosto de 1944 (para toda a convenção); discurso impresso in: Heiber (ed.), *Goebbels Reden*, n. 28.
68. BAB, R 43 II/666.
69. BAB, R 43 II/665 (sem data), publicado em 24 de agosto; ver *Ursachen und Folgen*, vol. 21, n. 3.528e; a preparação do texto provém de TB, 31 de julho de 1944.
70. BAB, R 43 II/666a, nota da Chancelaria do Reich, 7 de agosto de 1944. Telegrama de Bormann a Goebbels, 8 de agosto de 1944.
71. *Ursachen und Folgen*, vol. 21, n. 3.528b.
72. TB, 28 de julho de 1944; terceiro decreto sobre a apresentação de homens e mulheres para a defesa do Reich de 28 de julho de 1944 (*RGBl.* 1944 I, p. 168).
73. BAB, R 43 II/666b, informação de Goebbels ao Führer de 30 de julho, 2, 8, 11 e 17 de agosto de 1944, bem como comunicados de imprensa (minutas), 5, 12, 19 e 26 de setembro, assim como 3 de outubro de 1944.
74. TB, 24 de agosto de 1944; BAB, R 43 II/666b, informação ao Führer de 11 de agosto de 1944.
75. TB, 3 de novembro de 1944.
76. BAB, R 43 II/665, carta de Bormann a Goebbels, 14 de agosto de 1944; R 43 II/666b, informação ao Führer A I 465, 17 de agosto de 1944.
77. TB, 24 de agosto de 1944.
78. TB, 5 de outubro de 1944.
79. TB, 24 de agosto de 1944.
80. TB, 17 de setembro de 1944, também 20 de setembro de 1944.
81. BAB, R 43 II/1.363, nota de 20 de setembro de 1943; a esse respeito, outra correspondência na pasta.
82. TB, 10 de agosto de 1944; sobre o Ministério da Economia: Herbst, *Der totale Krieg*, p. 344.
83. TB, 24 de outubro de 1944. Pelo que soube Goebbels no fim de outubro, Himmler por ora não tinha vontade de participar de tais planos (TB, 1º de novembro de 1944).
84. BA 55/614, circular de 23 de julho de 1944; ver também instruções para a execução, ib.
85. Quanto a isso, ver Kershaw, *Hitler-Mythos*, p. 263 e segs., que questiona acertadamente a credibilidade desses relatórios.
86. TB, 3 de agosto de 1944.
87. TB, 3 de agosto de 1944.
88. *VB* (B), 9 de agosto de 1944, "Acht Verbrecher vom 20. Juli traf die verdiente Strafe — Das Volk hat sie gerichtet" (manchete): TB, 10 de agosto de 1944; no TB, faltam apontamentos sobre o dia do julgamento.
89. Arnim Ramm, *Der 20. Juli 1944 vor dem Volksgerichtshof*, Berlim, 2007 (p. 449 e segs., com uma sinopse dos processos).
90. TB, 25 de julho, bem como 3 de agosto de 1944.
91. TB, 16 de agosto de 1944.
92. TB, 23 de agosto de 1944.
93. TB, 16 de agosto de 1944.
94. Vogel, "Kriegführung", p. 581 e segs.; TB, 16 de agosto de 1944.
95. Vogel, "Kriegführung", p. 560 e segs.
96. TB, 22 de agosto de 1944.
97. TB, 25 de agosto de 1944.
98. TB, 26 e 27 de agosto de 1944; Schönherr, "Rückzug", p. 773 e segs.
99. TB, 4 e 21 de setembro de 1944; sobre o desdobramento (previsível) na Finlândia, ver também 3 de agosto; Wegner, "Kriegsende", p. 991 e segs.
100. TB, 10 de setembro de 1944.
101. TB, 23 de setembro de 1944; ver também 2 e 4 de novembro de 1944.
102. TB, 17 de novembro de 1944.
103. TB, 10 de agosto de 1944.
104. TB, 5 de setembro de 1944, também 1º e 2 de setembro de 1944. Bundesarchiv Freiburg Militärarchiv (daqui por diante BAM), RH 5/126, Allgemeines Heeresamt (AHA), Stab II, estado da ação Goebbels de 29 de setembro de 1944, 1º de outubro de 1944, bem como estabelecimento da cota da Luftwaffe.
105. TB, 27, 29 e 31 de agosto, 1º e 2 de setembro de 1944.
106. TB, 3 de setembro de 1944.
107. TB, 5 de setembro de 1944.
108. TB, 10 de setembro; ver também 13, 16, 24, 26 e 27 de setembro de 1944 sobre as dificuldades para completar a cota de setembro.
109. TB, 27 de setembro de 1944; 24 de setembro: 244 mil.
110. BAM, RH 5/126, Allgemeines Heeresamt (AHA), Stab II, notas de 27 de novembro de 1944 e de 23 de janeiro de 1945.
111. TB, 5 de outubro de 1944, também 8 de outubro de 1944.
112. TB, 30 de dezembro de 1944.
113. Isso procede de: BAM, RH 15/126, AHA, Stab II, situação da ação Goebbels de 30 de dezembro de 1944, 1º de janeiro de 1945, bem como nota de 23 de janeiro de 1945 sobre a contribuição para a Luftwaffe. Em

comparação, Goebbels falou em 685.332 homens que teriam sido "destinados" à Wehrmacht, mas constatou um déficit de 156.500 (TB, 30 de dezembro de 1944).
114. TB, 17 de setembro de 1944. Crítica às delegacias de trabalho já em 31 de julho e 8 de setembro de 1944.
115. TB, 7 de outubro de 1944; em 28 de setembro, ele havia anotado o número 150 mil.
116. Gröhler, *Bombenkrieg*, p. 342 e segs.
117. Gröhler, *Bombenkrieg*, p. 358.
118. TB, 11 de setembro de 1944; Löhr, "Mönchengladbach", p. 205.
119. Klaus Schmidt, *Die Brandnacht. Dokumente von der Zerstörung Darmstadts am 11. September 1944*, 6. ed., Darmstadt, 1964; *Tagesberichte*, 11 de setembro; TB, 23 de setembro.
120. Gröhler, *Bombenkrieg*, p. 371; TB, 6 de novembro de 1944 (Solingen), TB, 24 de outubro de 1944 (Essen).
121. TB, 7 de outubro e 6 de dezembro de 1944; *Tagesberichte*, 6 de outubro e 5 de dezembro de 1944, assim como *Tagesberichte*, 11, 14, 23 e 30 de outubro, bem como 15 e 24 de novembro de 1944 sobre bombardeios menores, geralmente "ataques mosquito" noturnos dos britânicos.
122. TB, 21 a 28 de setembro de 1944; Vogel, "Kriegführung", p. 606 e segs.; Martin Middlebrook, *Arnheim 1944. The Airborne Battle, 17-26. September*, Harmondsworth, 1994.
123. Vogel, "Kriegführung", p. 615; TB, 15 e 17 de setembro de 1944.
124. TB, 24 de junho de 1944.
125. TB, 16 de setembro de 1944.
126. TB, 17 de setembro de 1944.
127. TB, 1º, 2, 8, 14, 15, 17, 20 e 23 de setembro de 1944.
128. TB, 12 de setembro de 1944, também 14 de setembro de 1944.
129. TB, 19 de setembro de 1944.
130. TB, 30 de setembro de 1944.
131. *Der Angriff*, 26 e 30 de setembro de 1944. Ver também *DAZ*, 26 de setembro de 1944, "Die Vernichtungsdrohung aus dem Westen" (manchete); *VB* (N), 26 de setembro de 1944, "Morgenthau übertrifft Clemenceau" (manchete); algo semelhante também em 27, 28 e 30 de setembro de 1944.
132. TB, 3 de agosto de 1944.
133. TB, 6 de setembro de 1944.
134. TB, 6 de junho de 1944. Sobre as tentativas japonesas, inclusive, TB, 11 e 17 de junho de 1944. Quanto a isso, ver Bernd Martin, *Deutschland und Japan im Zweiten Weltkrieg, Vom Angriff auf Pearl Harbor bis zur deutschen Kapitulation*, Göttingen, 1969, p. 196.
135. TB, 10 de setembro de 1944; ver também 14 de setembro de 1944.
136. TB, 13 de setembro de 1944.
137. TB, 16 (Stuckart), 17 (Speer), 18 (Naumann) de setembro de 1944.
138. TB, 18 de setembro de 1944.
139. TB, 12 a 18 de setembro, 19 de setembro de 1944 para a citação.
140. TB, 20 de setembro de 1944.
141. TB, 21 e 23 de setembro de 1944.
142. Depoimento de Speer, *IMT* 16, p. 533; Kershaw, *Hitler*, vol. II, p. 948 e segs.
143. TB, 21 de setembro de 1943 (texto do memorando).
144. TB, 23 e 25 de setembro de 1944.
145. TB, 23 de setembro de 1944.
146. No começo de novembro, Goebbels escreveu que, na imprensa estrangeira, surgiram novos boatos de que a Alemanha estava tentando chegar a uma paz em separado com um ou outro lado. Contudo, ele achava que, no momento, era impossível um acordo com Londres, pois os ingleses estavam "obcecados pela sua guerra" (TB, 3 e 5 de novembro de 1944). Ao visitá-lo em casa, o embaixador Oshima voltou a defender uma tentativa de paz em separado com a União Soviética (10 de novembro de 1944). Mas o diário não registra se ou como Goebbels reagiu a essa proposta.

29. "Mas onde estão as atitudes?"

1. Hölsken, *V-Waffen*, p. 142 e segs. e p. 110.
2. TB, 6 e 24 de setembro de 1944.
3. TB, 25 de setembro de 1944.
4. TB, 11 de novembro de 1944.
5. TB, 5 a 12 de outubro de 1944. No diário, não há apontamentos sobre os dias decisivos da batalha nos arredores de Aachen. Vogel, "Kriegführung", p. 615.
6. Karl-Heinz Frieser, "Die Rückzugskämpfe der Heeresgruppe Nord bis Kurland", in: idem (ed.), *Ostfront*, p. 623-679, aqui p. 642 e segs. Isso não aparece nos diários de Goebbels, pois faltam entradas entre 13 e 22 de outubro de 1944.
7. TB, 26 de outubro de 1944; *VB* (N), 28 de outubro de 1944, "Furchtbare Verbrechen in Nemmersdorf": 29 de outubro de 1944, "Das Grauen von Nemmersdorf"; 2 de novembro de 1944, "Augenzeugen

berichten aus Nemmersdorf. Wie Moskaus Henker toben" (manchete). Ademais: *Der Angriff*, 28 de outubro de 1944; *Der Freiheitskampf*, 30 de outubro de 1944.
8. Relatório semanal de atividades do diretor do Departamento de Propaganda, BAB, R 55/601, 30 de outubro, 7 de novembro de 1944.
9. TB, 3 de novembro de 1944, ver também 22 de novembro de 1944. No dia 24 de novembro, ele escreveu que queria informar "o público alemão pelo menos até certo ponto" da atrocidade soviética, mas isso não figurou na propaganda.
10. Isso provém de BAB, R 43 II/666b, comunicado de imprensa, 2 de novembro de 1944. O informe foi muito atacado pela Chancelaria do Reich por contradizer parcialmente as realidades (ib., nota de 4 de novembro de 1944). Ver também TB, 5 de outubro de 1944, em que Goebbels se queixa de que o emprego de mulheres na indústria de armamento não deslanchava por causa da "lassidão" de Speer e dos industriais.
11. BAB, R 43 II/666b, comunicado de imprensa, 10 de outubro de 1944.
12. BAB, R 43 II/666b, comunicado de imprensa, 2 de novembro de 1944, publicado, por exemplo, in: *VB* (N), 5 de novembro de 1944.
13. TB, 10 de novembro de 1944.
14. TB, 11 de janeiro de 1945.
15. TB, 7 de novembro de 1944.
16. TB, 28 de novembro de 1944.
17. TB, 29 de outubro, 17 de novembro de 1944.
18. TB, 7 de dezembro de 1944; ver também 25 de novembro de 1944.
19. TB, 3 de novembro de 1944.
20. TB, 16 de novembro de 1944.
21. TB, 7 de dezembro de 1944, também 16 de novembro de 1944.
22. TB, 30 de setembro, 30 de dezembro de 1944; sobre a relação ainda ruim com o Ministério das Relações Exteriores, também TB, 31 de outubro, assim como 2, 7 e 11 de novembro de 1944.
23. Sobre a inspeção do Ministério das Relações Exteriores: TB, 4 e 5 de janeiro de 1945; 6 de janeiro de 1945, sobre a incumbência do secretário de Estado afastado Mussehl de inspecionar o Ministério das Relações Exteriores, TB, 16 de janeiro de 1945; 20 de março de 1945 acerca da avaliação apresentada por Mussehl. Sobre o Ministério do Leste: TB, 16 e 18 de março de 1945.
24. TB, 27 e 29 de setembro de 1944.
25. TB, 4 de março de 1945; Uziel, *Propaganda Warriors*, p. 205.
26. TB, 12 e 20 de setembro de 1944: durante uma conversa, Speer teria sido "muito insolente"; ademais: 23, 24 e 26 de setembro, 3, 5 e 10 de outubro de 1944.
27. TB, 10 de outubro de 1944, também 5 de outubro de 1944.
28. TB, 11 e 16 de novembro de 1944.
29. TB, 1º de dezembro de 1944.
30. TB, 4 de janeiro de 1945.
31. TB, 5, 12 e 19 de janeiro de 1956; Andreas Kunz, *Wehrmacht und Niederlage. Die bewaffnete Macht in der Endphase der nationalsozialistischen Herrschaft, 1944-1945*, Munique, 2005, p. 256 e segs.; Rüdiger Overmans, *Deutsche militärische Verluste im Zweiten Weltkrieg*, Munique, 1999, p. 225.
32. Impresso in: Mammach, *Volkssturm*, p. 168 e segs. O decreto foi datado de 25 de setembro de 1944. TB, 12 de setembro de 1944.
33. TB, 21 de setembro, também 26 de setembro de 1944. Sobre a formação da milícia popular em Berlim: 24 e 29 de outubro, bem como 7 de novembro de 1944.
34. TB, 13 de novembro de 1944; *VB* (N), 14 de novembro de 1944, "Geist von 1813 — Waffen von 1944. Dr. Goebbels sprach zu den Tausenden Berliner Volkssturmmänner [sic!]".
35. Kershaw, *Hitler*, vol. II, p. 962; TB, 24 de novembro de 1944.
36. TB, 24 de novembro de 1944.
37. TB, 30 de setembro, assim como 6 (apud), 8, 9 e 30 de outubro (depois da recuperação) de 1945; Kershaw, *Hitler*, vol. II, p. 945.
38. Antes: queixa da falta de declarações públicas de Hitler: TB, 11, 12, 14, 16, 17, 18 e 30 de setembro, bem como 4, 9, 10 e 13 de novembro, 3 de dezembro de 1944.
39. TB, 2 de dezembro de 1944.
40. TB, 23 de setembro de 1943.
41. TB, 19 e 21 de maio de 1944.
42. TB, 22 de maio de 1944.
43. TB, 6 a 8 de julho de 1944. Alguns meses depois, no fim de dezembro, Hanke visitou os Goebbels em casa em Berlim (TB, 31 de dezembro de 1944).
44. TB, 4 de dezembro de 1944.
45. Apontamentos particularmente alarmantes no TB em 9, 11, 17, 20, 21, 22 e 29 de novembro de 1944. Sobre o desenvolvimento militar: Vogel, "Kriegführung", p. 614 e segs.
46. TB, 17 e 18 de dezembro de 1944.
47. TB, 19 de dezembro de 1944. A esse respeito, ver a notícia do *VB* (B), que enfatizou a ofensiva em 18 de dezembro, mas, nos dias subsequentes, foi comedido em relação aos pormenores.

48. TB, 19 de dezembro de 1944.
49. TB, 23 de dezembro de 1944.
50. TB, 29 de dezembro de 1944.
51. Vogel, "Kriegführung", p. 625 e segs.
52. TB, 21 de janeiro de 1945.
53. TB, 1º de fevereiro de 1945. Acerca da ofensiva soviética: Richard Lakowski, "Der Zusammenbruch der deutschen Verteidigung zwischen Ostsee und Karpaten", in: Rolf-Dieter Müller (ed.), *Der Zusammenbruch des Deutschen Reiches 1945*, Munique, 2008, p. 491-679, aqui p. 516 e segs.
54. *Tagesberichte*, 2 e 7 de janeiro; TB, 4, 9 e 10 de janeiro de 1945.
55. Gröhler, *Bombenkrieg*, p. 423; *Tagesberichte*, 3 de fevereiro de 1945; sobre o número de vítimas, Demps, "Luftangriffe", p. 21 e segs., TB, 5 e 12 de fevereiro de 1945.
56. Gröhler, *Bombenkrieg*, p. 400 e segs.
57. TB, 9 de novembro, assim como 7 e 10 de dezembro de 1944.
58. Se bem que em comum acordo com Bormann, Himmler e as instâncias militares relevantes: decreto do Führer para a inspeção da Wehrmacht, da SS e da polícia no teatro de guerra interno para a liberação de soldados para a linha de frente de 10 de dezembro de 1944 (Moll, *"Führer-Erlasse"*, n. 377); TB, 11 de dezembro de 1944, sobre a nomeação; TB, 12 e 15 de dezembro de 1944: início do trabalho; sobre outras atividades: 20, 22 e 29 de dezembro de 1944.
59. TB, 30 de dezembro de 1944; ver também 3, 11, 18 e 19 de janeiro de 1945.
60. Overmans, *Deutsche militärische Verluste*, p. 239.
61. TB, 21 de janeiro de 1945.
62. TB, 26 de janeiro de 1945.
63. TB, 7 de fevereiro de 1945; esse número é confirmado pelos documentos preservados do OKW: segundo Kunz, *Wehrmacht und Niederlage*, p. 166: BAM, RH 2/923, nota para o plenipotenciário do Reich como substrato para informação do Führer de 6 de fevereiro de 1945.
64. TB, 11 de fevereiro de 1945, também 8 de fevereiro de 1945 sobre a suposta aprovação de Bormann e Himmler a essa outorga de poder.
65. Kunz, *Wehrmacht und Niederlage*, p. 155.
66. TB, 6 de fevereiro de 1945.
67. Assim já no TB, 4 de janeiro de 1945.
68. TB, 23 de janeiro de 1945.
69. TB, 26 de janeiro de 1945.
70. TB, 28 de janeiro de 1945.
71. TB, 30 de janeiro, 1º de fevereiro de 1945; Fest, *Speer*, p. 321 e segs.; Gregor Janssen, *Das Ministerium Speer. Deutschlands Rüstung im Krieg*, 2. ed., Berlim, 1969, p. 301 e segs.
72. TB, 29 de janeiro de 1945.
73. TB, 30 e 31 de janeiro, 1º, 2 e 5 de fevereiro de 1945.
74. TB, 30 de janeiro de 1945.
75. TB, 11 de fevereiro de 1945.
76. TB, 5 de fevereiro de 1945.
77. TB, 6 de fevereiro de 1945. Ainda sobre os preparativos da defesa de Berlim: TB, 7, 8, 11, 12 e 13 de fevereiro de 1945.
78. TB, 1º de março de 1945.
79. TB, 15 de março de 1945.
80. *Das Reich*, 18 de março de 1945, "Berlin, Ein Riesenigel".
81. TB, 1º de fevereiro de 1945: ele soube por Ley que Hitler lhe havia dito algo parecido, e Hewel contou-lhe que Ribbentrop tentara inutilmente ser designado por Hitler para fazer uma sondagem.
82. TB, 12 de fevereiro de 1945.
83. TB, 13 de fevereiro de 1945.
84. TB, 4, 26 e 29 de janeiro de 1945.
85. TB, 25 e 29 de janeiro, 28 de fevereiro, 12, 21, 22 e 28 de março de 1945.
86. TB, 5, 12 e 24 de março de 1945.
87. TB, 29 de janeiro de 1945.
88. TB, 1º de março de 1945.
89. TB, 7 de janeiro de 1945.
90. *Das Reich*, 21 de janeiro de 1945, "Die Urheber des Unglücks der Welt".
91. TB, 25 de janeiro de 1945; ver também 26 de janeiro de 1945.
92. TB, 6 de fevereiro de 1945.
93. TB, 8 e 10 de fevereiro de 1945; Dietrich, *12 Jahre*, p. 115.
94. Heiber (ed.), *Goebbels Reden*, n. 30; citações p. 430, 444, 437, 431 e segs., bem como p. 446.
95. TB, 2 de março de 1945.
96. TB, 5 e 12 de março de 1945.
97. Deutsche Wochenschau, n. 754; *VB* (N), 13 de março de 1945; TB, 9 de março de 1945.

98. Quanto a isso, ver o noticiário in: *VB* (N) sobre fevereiro e março; apesar da presença forte, as atrocidades não eram o tema dominante: 9 de fevereiro de 1945, "Bilder des Grauens hinter den Sowjetlinien" (p. 1); 10 de fevereiro de 1945, "Humanitäre Phrasen und grausige Wirklichkeit" (manchete), assim como "Der bolschewistische Blutsumpf"; 20 de fevereiro de 1945, "Moskau deportiert deutsche Arbeiter" (manchete); 8 de março de 1945, "Generaloberst Guderian über die Schandtaten der Bolschewisten: Morden, plündern schänden, sengen" (manchete); 10 de março de 1945, "Tragödien hinter dem Sowjetvorhang (p. 1)"; 11 de março de 1945, "Stalins Gesetz: Mord und Deportation"; 13 de março de 1945, "Ab nach Sibirien!"; 20 de março de 1945, "Schwester auf Panzer gebunden".
99. TB, 27 e 28 de março de 1945.
100. TB, 31 de março de 1945.
101. TB, 20 e 24 de março de 1945.
102. TB, 1º de fevereiro de 1945; sobre as críticas de Hitler a Göring, especialmente 4, 15, 16 e 23 de janeiro de 1945.
103. TB, 1º de fevereiro de 1945, o mesmo também em 12 de fevereiro de 1945.
104. TB, 28 de fevereiro de 1945.
105. TB, 31 de janeiro, 5 de março de 1945.
106. TB, 14 de março de 1945.
107. TB, 14 de março de 1945. Sobre a crítica de Hitler a Göring, também 21, 22 e 23 de março de 1945.
108. TB, 22 de março de 1945.
109. TB, 5 de março de 1945.
110. TB, 12 e 14 de março de 1945.
111. TB, 15 de março de 1945, também 16 de março de 1945.
112. TB, 3, 13 e 24 de março de 1945.
113. TB, 14 de março de 1945, também 15, 23 e 28 de março de 1945.
114. TB, 28 de março de 1945.
115. TB, 4 e 28 de março de 1945. Sobre o mau estado de saúde de Hitler, já 12 de fevereiro de 1945.
116. TB, 6 de fevereiro, 22 de março de 1945.
117. TB, 5 de março de 1943.
118. TB, 12 de março, assim como 23 de janeiro de 1945 sobre a possível promoção de Himmler.
119. TB, 8 de março de 1945.
120. TB, 17, 18 e 22 de março de 1945.
121. TB, 12 de março de 1945.
122. TB, 8 de abril de 1945.
123. Krisztián Ungváry, "Kriegsschauplatz Ungarn", in: Frieser (ed.), *Ostfront*, p. 849-958, aqui p. 926 e segs.; TB, 6 de março até 21 de março de 1945.
124. TB, 9 de março de 1945; Klaus-Dietmar Henke, *Die amerikanische Besetzung Deutschlands*, Munique, 1996, p. 347 e segs.
125. TB, 23 e 25 de março de 1945; Henke, *Besetzung*, p. 385 e segs.
126. TB, 25 de março de 1945.
127. TB, 26 de março de 1945.
128. TB, 22 de março de 1945.
129. Gröhler, *Bombenkrieg*, p. 423; Demps, "Luftangriffe", p. 21 e segs.; TB, 19, 20 e 25 de março de 1945.
130. TB, 14 de março de 1945.
131. Gröhler, *Bombenkrieg*, p. 422; TB, 20, 21 (citação) e 25 de março de 1945.
132. TB, 15 de março de 1945.
133. TB, 15 de março de 1945; *Ursachen und Folgen*, n. 3.607 e segs., com data de 15 de março de 1945; ver também Fest, *Speer*, p. 336 e segs.
134. Moll (ed.), *"Führer-Erlasse"*, n. 394.
135. TB, 28 de março de 1945.
136. TB, 31 de março de 1945; *Ursachen und Folgen*, n. 3.604c, decreto de execução de Hitler de 30 de março de 1945.
137. TB, 28 de março de 1945; 4 de abril de 1945 (sobre Bormann): "Tampouco no partido dispomos de uma liderança clara, situada no seio do povo."
138. TB, 12, 15 e 16 de março de 1945.
139. TB, 31 de março, 1º e 4 de abril de 1945.
140. TB, 29 de março de 1945, também 12 de março. Sobre a Werwolf: Perry Biddiscombe, *Werwolf! The History of the National Socialist Guerrilla Movement, 1944-1946*, Toronto, 1998, bem como Cord Arendes, "Schrecken aus dem Untergrund. Endphaseverbrechen des 'Werwolf'", in: idem (ed.), *Terror nach innen. Verbrechen am Ende des Zweiten Weltkrieges*, Göttingen, 2006, p. 149-171.
141. TB, 11 de março de 1945.
142. TB, 29 e 30 de março de 1945, ademais, 1º de abril de 1945.
143. TB, 1º e 2 de abril de 1945.
144. TB, 31 de março, 2, 3 e 4 de abril de 1945.
145. TB, 29 de março de 1945.

146. TB, 1º de fevereiro de 1945.
147. TB, 5 e 6 de fevereiro de 1945.
148. Heiber (ed.), *Goebbels Reden*, n. 30, p. 435.
149. TB, 5 de março de 1945.
150. *Das Reich*, 15 de abril de 1945.
151. TB, 30 de novembro de 1944: Goebbels se informou sobre o novo processo de microficha. Sobre a filmagem dos diários, ver Elke Fröhlich, "Einleitung zur Gesamtedition", in: *Tagebücher Goebbels*, parte III, registro 1923-1945. Vol. I: índice A-G, p. 7-178; acerca da complicada história da entrega das diversas partes, ib., p. 36 e segs.
152. TB, 19 e 30 de março de 1941.
153. A esse respeito, também TB, 8 de abril de 1945 (resistência).
154. Assim relata o ex-secretário de Estado do Ministério das Relações Exteriores Steengracht, em depoimento no pós-guerra: *IMT* X, p. 128
155. Lakowski, "Der Zusammenbruch", p. 633 e segs.
156. Heiber (ed.), *Goebbels Reden*, n. 447, citação p. 448, 454 e 455.
157. Kershaw, *Hitler*, vol. II, p. 1027 e segs.
158. Karl Koller, *Der letzte Monat, 14. April bis 27. Mai 1945. Tagebuchaufzeichnung des ehemaligen Chefs des Generalstabs der deutschen Luftwaffe*, Munique, 1985, p. 43 e segs.
159. Oven, *Goebbels II*, p. 308. Em contraste, o relato de Hans Fritzsche parece implausível por ser motivado por ânimo apologético: Hildegard Springer, *Es sprach Hans Fritzsche. Nach Gesprächen, Briefen und Dokumenten*, Stuttgart, 1949, p. 28 e segs.: "Por que o senhor trabalhou comigo?! Agora vão cortar seu pescocinho" (p. 30).
160. *OKW KTB* IV, p. 1453.
161. Oven, *Goebbels II*, 22 de abril de 1945, p. 310 e segs.; LA Berlin, Rep. 058, n. 6.012, depoimento de Günther Schwägermann, Hanôver, 16 de fevereiro de 1948.
162. Kershaw, *Hitler*, vol. II, p. 1034 e segs.; Anton Joachimsthaler, *Hitlers Ende. Legende und Dokumente*, 2. ed., Munique, 2004, p. 148 e segs.; sobre a batalha de Berlim, ver: Lakowski, "Zusammenbruch", p. 656 e segs.
163. *Domarus II*, p. 2228.
164. Depoimento de Speer in: *IMT* XVI, p. 582 e segs.; Speer, *Erinnerungen*, p. 485 e segs.
165. *Der Spiegel*, 10 de janeiro de 1966 (excerto das reuniões de situação de Hitler de 23, 25 e 27 de abril de 1945), aqui p. 34 (25 de abril).
166. Ib., p. 37 (25 de abril).
167. Ib., p. 39 (25 de abril). Algo semelhante também na segunda reunião de situação em 25 de abril (ib.).
168. *OKW KTB* IV; p. 1461 e segs.
169. Joachimsthaler, *Hitlers Ende*, p. 185; certificado de registro civil impresso in: *Domarus II*, p. 2234.
170. *Domarus II*, p. 2241.
171. Segundo Magda em carta a Harald.
172. Joachimsthaler, *Hitlers Ende*, p. 201 e segs., sobre o suicídio de Hitler (última conversa com Magda segundo o depoimento de Günsche, aqui p. 221 e segs.).
173. Joachimsthaler, *Hitlers Ende*, p. 233 (depoimento de Axmann).
174. Erich Kempka, *Die letzten Tage mit Adolf Hitler*, Preussisch Oldendorf, 1975, p. 97 e segs.

Apêndice: observação sobre as fontes e a bibliografia

1. Elke Fröhlich (ed.), *Die Tagebücher von Joseph Goebbels*, 32 vols. em três partes, Munique, 1993-2008. O último volume foi publicado em 2006. Essa obra foi precedida por uma primeira edição, igualmente organizada por Elke Fröhlich, abrangendo o período de 1924 a 1941: *Die Tagebücher von Joseph Goebbels. Sämtliche Fragmente*, 4 vols., Munique, 1987. Ademais, Ralf Georg Reuth publicou, em 1992, uma coletânea em cinco volumes que já continha parte dos textos do diário até então desconhecidos encontrados em Moscou em 1992: *Joseph Goebbels. Tagebücher 1924-1945*, Munique/Zurique, 1992.
2. Osoby Archiv Moskva/Arquivo Especial de Moscou, 1.363-3.
3. Willi A. Boelcke (ed.), *Kriegspropaganda 1939-1941. Geheime Ministerkonferenzen im Reichspropagandaministerium*, Stuttgart, 1966.
4. BAK, ZSg. 101, 102 e 109.
5. Rudolf Semmler (o correto é Semler), *Goebbels, the man next to Hitler*, Londres, 1947; Boris von Borresholm (ed.), *Dr. Goebbels. Nach Aufzeichnungen aus seiner Umgebung*, Berlim, 1949; Werner Stephan, *Joseph Goebbels. Dämon einer Diktatur*, Stuttgart, 1949; Wilfried von Oven, *Mit Goebbels bis zum Ende*, 2 vols., Buenos Aires, 1949/50; Friedrich Cristian Prinz zu Schaumburg-Lippe, *Dr. G. Ein Porträt des Propagandaministers*, Wiesbaden, 1963.
6. Curt Riess, *Goebbels. Eine Biographie*, Baden-Baden, 1950.
7. Heinrich Fraenkel e Roger Manvell, *Goebbels. Eine Biographie*, Colônia, 1960.
8. Helmut Heiber, *Joseph Goebbels*, Berlim, 1962.
9. Viktor Reimann, *Dr. Joseph Goebbels*, Viena, 1971, 2. ed., Viena/Munique, 1978.
10. Ralf Georg Reuth, *Goebbels*, Munique/Zurique, 1990.

11. Claus-Ekkehard Bärsch, *Der junge Goebbels. Erlösung und Vernichtung*, Munique, 1996.
12. Peter Gathmann e Martina Paul, *Narziss Goebbels. Eine psychohistorische Biographie*, Viena/Colônia/Weimar, 2009.
13. Toby Thacker, *Joseph Goebbels. Life and Death*, Houndmills, 2009.
14. Dietz Bering, *Kampf um Namen. Bernhard Weiss gegen Joseph Goebbels*, Stuttgart, 1991.
15. Ulrich Höver, *Joseph Goebbels. Ein nationaler Sozialist*, Bonn, 1992.
16. Christian T. Barth, *Goebbels und die Juden*, Paderborn etc., 2003.
17. Helmut Michels, *Ideologie und Propaganda. Die Rolle von Joseph Goebbels in der nationalsozialistischen Aussenpolitik bis 1939*, Frankfurt a. M., 1992.

Bibliografia

Periódicos
12 Uhr Blatt
Der Angriff
Berliner Adressbuch
Berliner Arbeiterzeitung
Berliner Börsen-Zeitung (BBZ)
Berliner Lokal-Anzeiger (BLA)
Berliner Morgenpost
Berliner Tageblatt (BT)
Berliner Zeitung am Mittag
Deutsche Allgemeine Zeitung (DAZ)
Einwohnerbuch Rheydt
Film-Kurier
Frankfurter Zeitung (FZ)
Die Grüne Post
Hamburger Nachrichten
Der Kinematograph
Kölner Tageblatt
Lichtbild-Bühne
Münchner Neueste Nachrichten (MNN)
Münchner Post
Der Nationale Sozialist
Neue Zürcher Zeitung
New York Times
Nationalsozialistische Briefe (NS-Briefe)
Das Reich
Reichsgesetzblatt (RGBl.)
Reichswart
Rheydter Jahrbuch
Rheydter Zeitung
Die Rote Fahne
Spandauer Zeitung
Der Spiegel
Stadtverordneten-Versammlung der Stadt Berlin 1930
Statistisches Jahrbuch der Stadt Berlin
Tägliche Rundschau
The Times
Unitas, Organ des Verbandes der wissenschaftlichen katholischen Studentenvereine
Unser Wille und Weg (UWW)
Völkische Freiheit (VF)
Völkischer Beobachter com diversas edições:
Edição berlinense (B)
Edição muniquense (M)
Edição de Nuremberg (N)
Edição nacional (R)
Vossische Zeitung (VZ)

Westdeutscher Beobachter
Westdeutsche Landeszeitung (WLZ)

Lista dos arquivos utilizados

Bundesarchiv, Abt. Berlin (BAB)
NS 1 Reichsschatzmeister der NSDAP
NS 6 Partei-Kanzlei der NSDAP
NS 8 Kanzlei Rosenberg
NS 10 Persönliche Adjutantur des Führers und Reichskanzlers
NS 18 Reichspropagandaleitung
NS 22 Reichsorganisationsleiter der NSDAP
NS 26 Hauptarchiv der NSDAP
OPG Oberstes Parteigericht der NSDAP
R 2 Reichsfinanzministerium
R 6 Reichsministerium für die besetzten Ostgebiete
R 43 II Neue Reichskanzlei
R 55 Reichministerium für Volksaufklärung und Propaganda
R 56 V Reichschrifttumskammer
R 58 Reichssicherheitshauptamt
R 78 Reichsrundfunkgesellschaft
R 109 I Universum Film AG
R 1.501 Reichsministerium des Innern
R 8.150 Reichsvereinigung der Juden in Deutschland
Bundesarchiv, Abt. Koblenz (BAK)
NL 1.118 Nachlaf Goebbels
NL 1.548 Nachlaf Rüdiger Graf von der Goltz
ZSg. 101 Sammlung Brammer zur Pressepolitik des NS-Staats
ZSg. 102 Sammlung Sänger zur Pressepolitik des NS-Staats
ZSg. 109 Sammlung Oberweitmann zur Pressepolitik des NS-Staats
ZSg. 158/40 Erich Bandekow Korruptionsfälle
Bundesarchiv/Militärarchiv, Freiburg (BAM)
RH 2 OKH/Generalstab des Heeres
RH 5 OKH/Chef des Kriegskartenwesens und Vermessungswesens
RH 15 OKH/ Allgemeines Heeresamt (ARA)
Institut für Zeitgeschichte, München (IfZ)
ZS Zeugenschriften
Landesarchiv Berlin
LA Berlin A Pr. Br. A Rep. 057
Der Stadtpräsident der Reichshauptstadt Berlin
LA Berlin A Rep. 358-01 Generalstaatsanwaltschaft bei dem Landgericht Berlin
LA Berlin B Rep. 058 Staatsanwaltschaft bei dem Landgericht Berlin
Osoby-Archiv Moskva/Arquivo Especial de Moscou (OA Moskau)
Bestand 500 Sicherheitspolizei
Bestand 1.363-3 Reichsministerium für Volksaufklärung und Propaganda (Goebbels' Ministerkonferenzen, hier
    abgekürzt MK)
Politisches Archiv des Auswärtigen Amtes Berlin (PAA)
Arquivos de diversos departamentos
Stadtarchiv Mönchengladbach (StA MG)
Documentos diversos referentes à família Goebbels
Legado Goebbels

Publicações da época

15 Entwürfe für Schriftplakate oder Flugblätter zur Ankündigung von vorträgen für die NSDAP (Schrift), Elberfeld o. D.
Berber, Friedrich (ed.), *Locarno. Eine Dokumentensammlung*, Berlin, 1936.
Diewerge, Wolfgang, *Das Kriegsziel der Weltplutokratie. Dokumentarische Yeröffentlichung zu dem Buch des Präsidenten der amerikanischen Friedensgesellschaft Theodore Nathan Kaufman 'Deutschland muss sterben' (Germany must perish)*, Berlin, 1941.
Dodd, William Edward, *Diary*, Nova York, 1941.
Engelbrechten, Julius K., *Eine braune Armee entsteht. Die Geschichte der Berlin-Brandenburger SA*, Munique/Berlin, 1937.

Führer durch die Ausstellung Entartete Kunst, Munique, 1935.
Gundolf, Friedrich, *Caesar in der deutschen Literatur*, Berlim, 1904.
____, *Caesar. Geschichte seines Ruhms*, Berlim, 1924.
Hadamovsky, Eugen, "Grosskampftage der Rundfunkpropaganda. Vom 30. Januar bis zum 'Tag der erwachenden Nation'", in: idem, *Dein Rundfunk. Das Rundfunkbuch für alle Volksgenossen*, Munique, 1934, p. 82-90.
Hartungen, Christof von, *Psychologie der Reklame*, Stuttgart, 1921.
Henderson, Nevile, *Fehlschlag einer Mission. Berlin 1937 bis 1939*, Zurique, 1939.
Hillebrand, Wilhelm, *Herunter mit der Maske. Erlebnisse hinter den Kulissen der N.S.D.A.P.* (panfleto), Berlim, 1928.
Hitler, Adolf, *Mein Kampf. Zwei Bände in einem Band*, p. 286-290, Munique, 1938.
Kaufman, Theodore N., *Germany must perish*, Newark (início de 1941).
König, Theodor, *Reklame-Psychologie. Ihr gegenwärtiger Stand — ihre praktische Bedeutung*, Munique, 1924.
Lösener, Bernhard, "Als Rassenreferent im Reichsministerium des Innern", ed. Walter Strauss, in: *VfZ* 9 (1961), p. 262-313.
Lysinski, Edmund, *Psychologie des Betriebs. Beiträge zur Betriebsorganisation*, Berlim, 1923.
Parteitag der Freiheit vom 10.-16. September 1935. Offizieller Bericht über den Verlauf des Reichsparteitages mit sämtlichen Kongressreden, Munique, 1935.
Das Recht der Reichskulturkammer. Sammlung der für den Kulturstand geltenden Gesetze und Verordnungen, der amtlichen Anordnungen und Bekanntmachungen der Reichskulturkammer und ihrer Einzelkammern. Ed. Karl-Dietrich Schrieber, Alfred Metten e Herbert Collatz de acordo com o conselho executivo da Câmara de Cultura Nacional, 2 vols., Berlim, 1943.
Reichstags-Handbuch 1933, ed. Bureau des Reichstages, Berlim, 1934.
Reichstagung in Nürnberg 1934, ed. Julius Streicher, Berlim, 1934.
Reupke, Hans, *Der Nationalsozialismus und die Wirtschaft*, Berlim, 1931.
Schwendemann, Karl, *Handbuch der Sicherheitsfrage und der Abrüstungskonferenz, mit einer Sammlung der wichtigsten Dokumente*, 2 vols., Leipzig, 1932-33.
Shirer, William L., *The Journal of a Foreign Correspondent 1934-1941*, Nova York, 1942.
Stark, Georg, *Moderne politische Propaganda*, Munique, 1930 (caderno 1 da série da DNP, ed. Goebbels).
Strasser, Otto, *Ministersessel oder Revolution. Eine wahrheitsgemässe Darstellung meiner Trennung von der NSDAP*, Berlim, 1933.
Weinbrenner, Joachim, *Handbuch des Deutschen Rundfunks 1938*, Heidelberg, 1938.
____, *Handbuch des Deutschen Rundfunks 1939*, Heidelberg, 1939.

Coleções de material de fonte e documentações

Akten der Partei-Kanzlei, 2 partes, ed. Helmuth Heiber e Peter Longerich, Munique, 1983 e 1991, microfichas, vol. 4.
Akten der Reichskanzlei, Das Kabinett Von Papen (1932), ed. Karl-Heinz Minuth, Munique, 1989.
Akten der Reichskanzlei, Das Kabinett Von Schleicher 1932/33, ed. Anton Golecki, Munique, 1986.
Akten der Reichskanzlei, Regierung Hitler 1933-1945, vol. I (2 partes), ed. Karl-Heinz Minuth, Munique, 1983.
Akten der Reichskanzlei, Regierung Hitler 1933-1945, vol. II, ed. Friedrich Hartmannsgruber, Munique, 1999.
Akten der Reichskanzlei, Regierung Hitler 1933-1945, vol. III, ed. Friedrich Hartmannsgruber, Munique, 2002.
Akten der Reichskanzlei, Regierung Hitler 1933-1945, vol. V, ed. Friedrich Hartmannsgruber, Munique, 2008.
Akten der Reichskanzlei, Das Kabinett Von Papen, ed. Karl-Heinz Minuth, Munique, 1989.
Akten der Reichskanzlei, Die Kabinette Brüning I und II, 3 vols., ed. Tilman Koops, Boppard am Rhein, 1982-1990.
Akten der Reichskanzlei, Die Kabinette Marx I und II, vol. I, ed. Günter Abramowski, Munique, 1973.
Akten zur deutschen Aussenpolitik 1938-1945. Aus dem Archiv des Auswärtigen Amtes, série C: 1933-1937, 6 vols., Göttingen, 1973-1981; série D: 1937-1941, 13 vols., Göttingen, 1950-1961; série E: 1941-1945, 8 vols., Göttingen, 1969-1979.
Alfred Rosenberg. Das politische Tagebuch 1934/34 und 1939/40, ed. Hans-Günther Seraphim, Munique, 1964.
Bischof Clement August Graf von Galen. Akten, Briefe und Predigten, vol. 1: 1933-1946, vol. 2: 1939-1946, ed. Peter Löffler, Mainz, 1988.
Boelcke, Willi A. (ed.), *Deutschlands Rüstung im Zweiten Weltkrieg. Hitlers Konferenzen mit Albert Speer, 1942-1945*, Frankfurt a. M., 1969.
____, *Wollt Ihr den totalen Krieg? Die geheimen Goebbels-Konferenzen 1939-1943*, Stuttgart, 1967.
____, *Kriegspropaganda 1939-1941. Geheime Ministerkonferenzen im Reichspropagandaministerium*, Stuttgart, 1966.
British and Foreign State Papers, vol. 139, 14 de abril de 1935.
Dabel, Gerhard, *KLV. Die erweiterte Kinder-Land-Verschickung. KLV-Lager 1940-1945. Dokumentation über den "Grössten Soziologischen Versuch aller Zeiten"*, Friburgo, 1981.
Deutschland-Berichte der Sozialdemokratischen Partei Deutschlands (SOPADE) 1934-1940, ed. Klaus Behnken, Jahrgangsbände als Nachdruck, Salzhausen/Frankfurt a. M. 1980.

Dokumentationsarchiv des österreichischen Widerstandes (ed.), *"Anschluss" 1938. Eine Dokumentation*, ed. Heinz Arnberger et al., Viena, 1988.
Dussel, Konrad, e Edgar Lersch (eds.), *Quellen zur Programmgeschichte des deutschen Hörfunks und Fernsehens*, Göttingen/Zurique, 1999.
Frank, Hans, *Das Diensttagebuch des deutschen Generalgouverneurs in Polen*, ed. Werner Präg e Wolfgang Jacobmeyer, Stuttgart, 1975.
"Führer-Erlasse" 1939-1945, Edition sämtlicher überlieferter, nicht im Reichsgesetzblatt abgedruckter, von Hitler während des Zweiten Weltkriegs schriftlich erteilter Direktiven aus den Bereichen Staat, Partei, Wirtschaft, Besatzungspolitik und Militärverwaltung, ed. e intr. Martin Moll, Stuttgart, 1997.
Halder, Franz, *Kriegstagebuch. Tägliche Aufzeichnungen des Chefs des Generalstabes des Heeres, 1939-1942*, ed. Hans Adolf Jacobsen, 3 vols., Stuttgart, 1962-1964.
Hill, Leonidas E. (ed.), *Die Weizsäcker-Papiere 1933-1950*, Frankfurt a. M./Berlim/Viena, 1974.
Hitler, Adolf, *Reden und Proklamationen 1932-1945. Kommentiert von einem deutschen Zeitgenossen*, ed. Max Domarus, 2 vols., Neustadt a.d. Aisch, 1963.
____, *Reden, Schriften, Anordnungen. Februar 1925 bis Januar 1933*, ed. Institut für Zeitgeschichte, Munique, 1991-2000.
Hoch, Anton e Hermann Weiss, "Die Erinnerungen des Generalobersten Wilhelm Adam", in: Wolfgang Benz (ed.), *Miscellanea. Festschrift für Helmut Krausnick zum 75. Geburtstag*, Stuttgart, 1975, p. 32-62.
Hubatsch, Walther (ed.), *Hitlers Weisungen for die Kriegsführung 1939-1945. Dokumente des Oberkommandos der Wehrmacht*, Koblenz, 1983.
International Military Tribunal: Der Prozess gegen die Hauptkriegsverbrecher vor dem Internationalen Militärgerichtshof, 14. Oktober 1945 bis 1. Oktober 1946, 42 vols., Nuremberg, 1947-1949.
Jacobsen, Hans-Adolf (ed.), *"Spiegelbild einer Verschworung". Die Opposition gegen Hitler und der Staatsstreich vom 20. Juli 1944 in der SD-Berichterstattung. Geheime Dokumente aus dem ehemaligen Reichssicherheitshauptamt*, 2 vols., Stuttgart, 1984.
____, *Misstrauische Nachbarn. Deutsche Ostpolitik 1919/70. Dokumentation und Analyse*, Düsseldorf, 1970.
Jäckel, Eberhard e Otto Dob Kulka (eds.), *Die Juden in den geheimen NS-Stimmungsberichten, 1933-1945*, Düsseldorf, 2004.
Jedrzejewicz, Wadaf (ed.), *Papers and Memoirs of Jozef Lipski, Ambassador of Poland, Diplomat in Berlin 1933-1939*, Nova York/Londres, 1968.
Jochmann, Werner (ed.), *Nationalsozialismus und Revolution. Ursprung und Geschichte der NSDAP in Hamburg, 1922-1933. Dokumente*, Mannheim, 1963.
Keiper, Gerhard e Martin Kröger (eds.), *Biographisches Handbuch des deutschen Auswärtigen Dienstes, 1871-1945*, Paderborn etc., 2005.
Kriegstagebuch des Oberkommandos der Wehrmacht 1940-1945, ed. Helmuth Greiner e Percy E. Schramm, vol. 1: *1. August 1940-31. Dezember 1941*, Frankfurt a. M., 1965; vol. 4: *1. Januar 1944-22. Mai 1945*, Frankfurt a. M., 1961.
Kropat, Wolf-Arno, *Kristallnacht in Hessen. Der Judenpogrom vom November 1938. Eine Dokumentation*, Wiesbaden, 1988.
Longerich, Peter, "Joseph Goebbels und der Totale Krieg. Eine unbekannte Denkschrift des Propagandaministers vom 18. Juli 1944", in: *VfZ* 35 (1987), p. 289-314.
Meldungen aus dem Reich 1938-1945. Die geheimen Lageberichte des Sicherheitsdienstes der SS, ed. e intr. Heinz Boberach, vols. 1-17, Herrsching, 1984.
Die Okkupationspolitik des deutschen Faschismus in Dänemark und Norwegen (1940-1945). Dokumentenauswahl, ed. e intr. Fritz Petrick, Berlim/Heidelberg, 1992.
Politik und Wirtschaft in der Krise, 1930-1932. Quellen zur Ära Brüning, ed. Ilse Maurer e Udo Wengst, 2 partes, Düsseldorf, 1980.
Smith, Bradley F. (ed.), *Heinrich Himmler. Geheimreden 1933 bis 1945 und andere Ansprachen*, Frankfurt a. M. etc., 1974.
Die geheimen Tagesberichte der Deutschen Wehrmachtführung im Zweiten Weltkrieg 1939-1945. Die gegenseitige Lageunterrichtung der Wehrmacht-, Heeres- und Luftwaffenführung über alle Haupt- und Nebenkriegsschauplatze: "Lage West" (OKW-Kriegsschauplätze Nord, West, Italien, Balkan), "Lage Ost" (OKH) und "Luftlage Reich", ed. Kurt Mehner, 12 vols., Osnabrück, 1984-1995.
Tyrell, Albrecht, *Führer befiehl [...] Selbstzeugnisse aus der "Kampfzeit" der NSDAP. Dokumentation und Analyse*, Düsseldorf, 1969.
Ursachen und Folgen. Vom deutschen Zusammenbruch 1918 und 1945 bis zur staatlichen Neuordnung Deutschlands in der Gegenwart. Eine Urkunden- und Dokumentensammlung zur Zeitgeschichte, ed. Herbert Michaelis e Ernst Schraepler, 27 vols., Berlin, 1958-1979.
Verhandlungen des Reichstags. Stenographische Berichte, vol. 423 (4º período legislativo — PL); vol. 446 (5º LP); vol. 457 (8º LP), Berlim, 1929-1933, reimpressão Bad Feilnbach, s.d.
Walk, Joseph (ed.), *Das Sonderrecht für die Juden im NS-Staat. Eine Sammlung der gesetzlichen Massnahmen und Richtlinien — Inhalt und Bedeutung*, 2. ed., Heidelberg, 1996.
Die Wehrmachtsberichte 1939-1945, 3 vols., Munique, 1985.

"Wirtschaftliche Grundanschauungen und Ziele der N.S.D.A.P. Ein unveröffentlichtes Dokument aus dem Jahre 1931", in: *Jahrbuch des Instituts für Deutsche Geschichte* VII (1978), p. 355-385.
Wulf, Joseph (ed.), *Presse und Funk im Dritten Reich. Eine Dokumentation*, Frankfurt a. M., 1989.
____, *Die bildenden Künste im Dritten Reich*, Gütersloh, 1963.
____, *Theater und Film im Dritten Reich. Eine Dokumentation*, Frankfurt a. M., 1989.
____, *Musik im Dritten Reich. Eine Dokumentation*, Frankfurt a. M., 1989.

Escritos de Joseph Goebbels

Goebbels, Joseph, *Tagebücher 1945. Die letzten Aufzeichnungen*, Hamburgo, 1980.
____, *Der steile Aufstieg. Reden und Aufsätze aus den Jahren 1942/43*, Munique, 1943.
____, *Das eherne Herz. Reden und Aufsätze aus den Jahren 1941/42*, Munique, 1943.
____, *Der Angriff. Aufsätze aus der Kampfzeit*, Munique, 1935.
____, *Michael. Ein deutsches Schicksal in Tagebuchblättern*, 7. ed., Munique, 1935.
____, *Vom Kaiserhof zur Reichskanzlei. Eine historische Darstellung in Tagebuchblättern* (de 1º de janeiro de 1932 a 1º de maio de 1933), Berlim, 1934.
____, *Signale der neuen Zeit. 25 ausgewählte Reden*, Munique, 1934.
____, *Revolution der Deutschen. 14 Jahre Nationalsozialismus. Goebbelsreden*, Oldemburgo, 1933.
____, *Kampf um Berlin. Der Anfang*, Munique, 1931.
____, *Knorke. Ein neues Buch Isidor for Zeitgenossen*, 2. ed., Munique, 1931.
____, *"Der Nazi-Sozi". Fragen und Antworten für den Nationalsozialisten*, diversas edições, Munique, a partir de 1930.
____, *Wege ins Dritte Reich. Briefe und Aufsätze für Zeitgenossen*, Munique, 1927.
____, *Lenin oder Hitler? Eine Rede. Gehalten am 19. Februar 1926 im Opernhaus in Königsberg i. Pr.*, Zwickau, 1926.
____, *Zweite Revolution. Briefe an Zeitgenossen*, Zwickau, 1926.
____, *Das kleine abc des Nationalsozialisten*, Greifswald, 1925.
____, *Wilhelm von Schutz als Dramatiker. Ein Beitrag zur Geschichte des Dramas der romantischen Schule*, tese de doutorado, Heidelberg, 1922.
____, *Reden 1932-1945*, ed. Helmut Heiber, Düsseldorf, 1971-1972.
____ e Hans Schweitzer, *Das Buch Isidor. Ein Zeitbild voll Lachen und Hass*, Munique, 1929.
Joseph Goebbels. Das Tagebuch 1925/26, ed. Helmut Heiber, Stuttgart, 1960.
Die Tagebücher von Joseph Goebbels, ed. Elke Fröhlich, 32 vols., Munique, 1993-2008.
Die Tagebücher von Joseph Goebbels. Sämtliche Fragmente, ed. Elke Fröhlich, 4 vols., Munique etc., 1987.

Literatura posterior a 1945

Abel, Karl-Dietrich, *Presselenkung im NS-Staat. Eine Studie zur Geschichte der Publizistik in der nationalsozialistischen Zeit*, Berlim, 1968.
Abendroth, Hans-Henning, *Hitler in der spanischen Arena*, Paderborn, 1973.
Adam, Uwe Dietrich, *Judenpolitik im Dritten Reich*, Düsseldorf, 1972.
Adler, Hans-Günther, *Der verwaltete Mensch. Studien zur Deportation der Juden aus Deutschland*, Tübingen, 1974.
Ahrens, Yizhak, Stig Hornshøj-Møller e Christoph B. Melchers, *"Der ewige Jude". Wie Goebbels hetzte. Untersuchungen zum nationalsozialistischen Propagandafilm*, Aachen, 1990.
Albrecht, Dieter (ed.), *Politik und Konfession. Festschrift für Konrad Repgen zum 60. Geburtstag*, Berlim, 1983.
Albrecht, Gerd, *Nationalsozialistische Filmpolitik. Eine soziologische Untersuchung über die Spielfilme des Dritten Reichs*, Stuttgart, 1969.
Andreas-Friedrich, Ruth, *Schauplatz Berlin. Ein deutsches Tagebuch*, Munique, 1962.
Anschluss 1938. Protokoll des Symposiums in Wien am 14. und 15. März 1978, Viena, 1981.
Arendes, Cord, "Schrecken aus dem Untergrund. Endphaseverbrechen des 'Werwolf'", in: idem (ed.), *Terror nach innen. Verbrechen am Ende des Zweiten Weltkrieges*, Göttingen, 2006.
Aster, Misha, *"Das Reichsorchester". Die Berliner Philharmoniker und der Nationalsozialismus*, Munique, 2007.
Baarová, Lída, *Die süsse Bitterkeit meines Lebens*, Koblenz, 2001.
Bach, Steven, *Leni. The Life and Work of Leni Riefenstahl*, Nova York, 2007.
Bachrach, Susan D., *The Nazi Olympics: Berlin 1936*. Boston, 2000.
Backes, Uwe, Karl-Heinz Janssen, Eckhard Jesse, Henning Köhler, Hans Mommsen e Fritz Tobias, *Reichstagsbrand — Aufklärung einer historischen Legende*, Munique, 1986.
Baird, Jay W., *The Mythical World of Nazi War Propaganda 1939-1945*, Minneapolis, 1974.
Bajohr, Frank, *Parvenüs und Profiteure. Korruption in der NS-Zeit*, Frankfurt a. M., 2001.
____, "Hamburgs 'Führer'. Zur Person und Tätigkeit des Hamburger NSDAP-Gauleiters Karl Kaufmann", in: *Hamburg in der NS-Zeit*, Hamburgo, 1995, p. 59-91.
Baranowski, Shelley, *Strength Through Joy: Consumerism and Mass Tourism in the Third Reich*, Cambridge, 2004.

Barkai, Avraham, *Vom Boykott zur "Entjudung". Der wirtschaftliche Existenzkampf der Juden im Dritten Reich, 1933-1943*, Frankfurt a. M., 1983.
____, "Wirtschaftliche Grundanschauungen und Ziele der N.S.D.A.P. Ein unveröffentliches Dokument aus dem Jahre 1931", in: *Jahrbuch des Instituts für Deutsche Geschichte* VII (1978), p. 355-385.
Bärsch, Claus-Ekkehard, *Der junge Goebbels. Erlösung und Vernichtung*, Munique, 1995.
Barth, Christian T., *Goebbels und die Juden*, Paderborn/Munique, 2003.
Bauer, Kurt, *Elementar-Ereignis. Die österreichischen Nationalsozialisten und der Juliputsch 1934*, Viena, 2003.
Becker, Wolfgang, *Film und Herrschaft. Organisationsprinzipien und Organisationsstrukturen der nationalsozialistischen Filmpropaganda*, Berlim, 1973.
Behn, Manfred, "Gleichschritt in die 'neue Zeit'. Filmpolitik zwischen SPIO und NS", in: Hans-Michael Bock e Michael Töteberg (eds.), *Das Ufa-Buch. Kunst und Krisen, Stars und Regisseure, Wirtschaft und Politik*, Frankfurt a. M., 1992, p. 340-342.
Behrenbeck, Sabine, *Der Kult um die toten Helden. Nationalsozialistische Mythen, Riten und Symbole, 1923-1945*, Vierow bei Greifswald, 1996.
____, "Der Führer. Einführung eines politischen Markenartikels", in: Gerald Diesener e Rainer Gries (eds.), *Propaganda in Deutschland. Zur Geschichte der politischen Massenbeeinflussung im 20. Jahrhundert*, Darmstadt, 1996, p. 51-78.
Below, Nicolaus von, *Als Hitlers Adjutant 1937-1945*, Mainz, 1980. Bentley, James, *Martin Niemöller. Eine Biographie*, Munique, 1985.
Benz, Wigbert, *Der Russlandfeldzug des Dritten Reiches: Ursachen, Ziele, Wirkungen. Zur Bewältigung eines Völkermordes unter Berücksichtigung des Geschichtsunterrichts*, Frankfurt a. M., 1986.
Benz, Wolfgang, "Judenvernichtung aus Notwehr? Die Legende um Theodore N. Kaufman", in: *VfZ* 29 (1981), p. 615-630.
Berghahn, Volker R., *Der Stahlhelm. Bund der Frontsoldaten 1918-1935*, Düsseldorf, 1966.
Bering, Dietz, *Kampf um Namen. Bernhard Weiss gegen Joseph Goebbels*, Stuttgart, 1991.
Berkholz, Stefan, *Goebbels' Waldhof am Bogensee. Vom Liebesnest zur DDR-Propagandastätte*, Berlim, 2004.
Bezymenskij, Lev A., *Der Tod des Adolf Hitler. Der sowjetische Beitrag über das Ende des Dritten Reiches und seines Diktators*, 2. ed., Munique/Berlim, 1982.
____, *Der Tod des Adolf Hitler. Unbekannte Dokumente aus Moskauer Archiven*, Hamburgo, 1968.
Biddiscombe, Perry, *Werwolf! The History of the National Socialist Guerrilla Movement, 1944-1946*, Toronto, 1998.
Blank, Ralf, "Kriegsalltag und Luftkrieg an der 'Helmatfront'", in: Jörg Echternkamp (ed.), *Die deutsche Kriegsgesellschaft 1939-1945*, vol. 1: *Politisierung, Vernichtung, Überleben*, Munique, 2004, p. 357-461.
____, "Albert Hoffmann als Reichsverteidigungskommissar im Gau Westfalen-Süd 1943-1945. Eine biographische Skizze", in: Wolf Gruner (ed.), *"Burokratien". Beiträge zur Geschichte des Nationalsozialismus*. Berlim, 2001, p. 189-210.
Bleyer, Wolfgang, "Plane der faschistischen Führung zum totalen Krieg im Sommer 1944", in: *ZfG* 17 (1969), p. 1313-1329.
Boelcke, Willi A., "'Das-Seehaus' in Berlin-Wannsee. Zur Geschichte des deutschen 'Monitoring-Service' während des Zweiten Weltkrieges", in: *Jahrbuch für die Geschichte Mittel- und Ostdeutschlands* 23 (1974), p. 231-264.
____, *Die Macht des Radios. Weltpolitik und Auslandsrundfunk 1924-1976*, Frankfurt a. M./Berlim/Viena, 1970.
____, "Goebbels und die Kundgebung im Berliner Sportpalast vom 18. Februar 1943", in: *Jahrbuch für die Geschichte Mittel- und Ostdeutschlands* 19 (1970), p. 234-255.
Bohn, Robert, *Reichskommissariat Norwegen. 'Nationalsozialistische Neuordnung' und Kriegswirtschaft*, Munique, 2000.
Böhler, Jochen, *Auftakt zum Vernichtungskrieg. Die Wehrmacht in Polen*. Frankfurt a. M., 2007.
____, *Der Überfall. Deutschlands Krieg gegen Polen*, Frankfurt a. M., 2009.
Böhnke, Wilfried, *Die NSDAP im Ruhrgebiet*, Bonn/Bad Godesberg, 1974.
Bohse, Jörg, *Inszenierte Kriegsbegeisterung und ohnmächtiger Friedenswille. Meinungslenkung und Propaganda im Nationalsozialismus*, Stuttgart, 1988, p. 97-136.
Bollmus, Reinhard, *Das Amt Rosenberg und seine Gegner. Zum Machtkampf im nationalsozialistischen Herrschaftssystem*, Stuttgart, 1970.
Bonacker, Max, *Goebbels' Mann beim Radio. Der NS-Propagandist Hans Fritzsche (1900-1953)*, Munique, 2007.
Boog, Horst, "Strategischer Luftkrieg in Europa 1943-1944/45", in: Horst Boog, Detlef Vogel e Gerhard Krebs, *Das Deutsche Reich in der Defensive. Strategischer Luftkrieg in Europa, Krieg im Westen und in Ostasien 1943-1944/45*, Munique, 2001, p. 3-414.
Borresholm, Boris von (ed.), *Dr. Goebbels. Nach Aufzeichnungen aus seiner Umgebung*, Berlim, 1949.
Bosworth, Richard J. B., *Mussolini*, Londres, 2002.
Botz, Gerhard, *Die Eingliederung Österreichs in das Deutsche Reich. Planung und Verwirklichung des politisch-administrativen Anschlusses (1938-1940)*, 3. ed. rev., Viena, 1988.
____, *Nationalsozialismus in Wien. Machtübernahme und Herrschaftssicherung 1938/39*, 3. ed., Buchloe, 1988.
Boveri, Margret, *Wir lügen alle. Eine Hauptstadtzeitung unter Hitler*, Olten, 1965.
Bracher, Karl Dietrich, *Die Auflösung der Weimarer Republik. Ein Studie zum Problem des Machtverfalls in der Demokratie*, Königstein i. Ts., 1978.

____, "Stufen der Machtergreifung", in: idem, Gerhard Schulz e Wolfgang Sauer, *Die nationalsozialistische Machtergreifung. Studien zur Errichtung des totalitären Herrschaftssystems in Deutschland*, Frankfurt a. M./Berlim/Viena, 1960, p. 31-368.
Braham, Randolph L., *The Politics of Genocide. The Holocaust in Hungary*, 2 vols., Nova York, 1994.
Brandes, Detlev, *Die Tschechen unter deutschem Protektorat*, 2 vols., Munique/Viena, 1969.
Braun, Christian A., Michael Mayer e Sebastian Weitkamp (eds.), *Deformation der Gesellschaft? Neue Forschungen zum Nationalsozialismus*, Berlim, 2008.
Brenner, Hildegard, "Die Kunst im politischen Machtkampf der Jahre 1933/34", in: *VfZ* 10 (1962), p. 17-42.
Broszat, Martin, *Nationalsozialistische Polenpolitik 1939-1945*, Stuttgart, 1961.
____, "Die Anfänge der Berliner NSDAP 1926/27", in: *VfZ* 8 (1960), p. 85-118.
____, "Zur Perversion der Strafjustiz im Dritten Reich", mit Dokumentenanhang, in: *VfZ* 6 (1958), p. 390-443.
Brüning, Heinrich, *Memoiren 1918-1934*, Munique, 1972.
Brunswig, Hans, *Feuersturm über Hamburg*, Stuttgart, 1978.
Buchbender, Ortwin, *Das tönende Erz. Deutsche Propaganda gegen die Rote Armee im Zweiten Weltkrieg*, Stuttgart, 1978.
Bucher, Peter, "Die Bedeutung des Films als historische Quelle: 'Der ewige Jude' (1940)", in: Heinz Durchhardt e Manfred Schlenke (eds.), *Festschrift für Eberhard Kessel zum 75. Geburtstag*, Munique, 1982, p. 300-329.
____, "Hitlers 50. Geburtstag. Zur Quellenvielfalt im Bundesarchiv", in: Heinz Boberach e Hans Bohms (eds.), *Aus der Arbeit des Bundesarchivs. Beiträge zum Archivwesen, zur Quellenkunde und Zeitgeschichte*, Boppard a. Rh., 1977, p. 423-446.
____, *Der Reichswehrprozess. Der Hochverrat der Ulmer Reichswehroffiziere 1929/30*, Boppard a. Rh., 1967.
Bücherverbrennung Deutschland 1933: Voraussetzungen und Folgen. Exposição da Academia de Arte de 8 de maio a 3 de julho de 1983, Berlim/Viena, 1983.
Buchholz, Wolfhard, *Die nationalsozialistische Gemeinschaft "Kraft durch Freude". Freizeitgestaltung und Arbeiterschaft im Dritten Reich*, tese de doutorado, Munique, 1976.
Budzinski, Klaus, e Reinhard Hippen, *Metzler Kabarett Lexikon*, Stuttgart/Weimar, 1996.
Burleigh, Michael, *Tod und Erlösung. Euthanasie in Deutschland 1900-1945*, Zurique/Munique, 2002.
Büsch, Otto, e Wolfgang Haus, *Berlin als Hauptstadt der Weimarer Republik, 1919-1933*, Berlim/Nova York, 1987.
Bussemer, Thymian, *Propaganda. Konzepte und Theorien*, Wiesbaden, 2005.
Bussmann, Walter, "Zur Entstehung und Überlieferung der Hossbach-Niederschrift", in: *VfZ* 16 (1968), p. 373-384.
Calic, Edouard, *Reinhard Heydrich. Schlüsselfigur des Dritten Reiches*, Düsseldorf, 1982.
Carmon, Arye, "The Impact of the Nazi Racial Decrees on the University of Heidelberg. A Case Study", in: *Yad Vashem Studies XI (1976)*, p. 131-163.
Ciolek-Kümper, Jutta, *Wahlkampf in Lippe. Die Wahlkampfpropaganda der NSDAP zur Landtagswahl am 15. Januar 1933*, Munique, 1976.
Collier, Basil, *The Defence of the United Kingdom*, Londres, 1957.
Conradi, Peter, *Hitlers Klavierspieler. Ernst Hanfstaengl. Vertrauter Hitlers, Verbündeter Roosevelts*, Frankfurt a. M., 2004.
Curth, Roland, "Insel Schwanenwerder", in: Helmut Engel, Stefi Jersch-Wenzel e Wilhelm Treue (eds.), *Zehlendorf*, Berlim, 1992, p. 412-428.
Czapla, Ralf Georg, "Erlösung im Zeichen des Hakenkreuzes. Bibel-Usurpation in der Lyrik Joseph Goebbels' und Baldur von Schirachs", in: idem e Ulrike Rembold (eds.), *Gotteswort und Menschenrede. Die Bibel im Dialog mit Wissenschaften, Künsten und Medien. Vorträge der interdisziplinären Ringvorlesung des Tübinger Graduiertenkollegs "Die Bibel — ihre Entstehung und ihre Wirkung" 2003-2004*. Frankfurt a. M., etc., 2006, p. 283-326.
____, "Die Entfesselung des Prometheus. Erlösungssehnsucht und Geschichtseschatologie in Gedichtentwürfen des jungen Joseph Goebbels", in: *Internationales Archiv für Sozialgeschichte der Literatur* 29 (2004), p. 55-83.
Dahlerus, Birger, *Der letzte Versuch. London — Berlin, Sommer 1939*, Munique, 1948.
Dahm, Volker, "Anfänge und Ideologie der Reichskulturkammer. Die 'Berufsgemeinschaft' als Instrument kulturpolitischer Steuerung und sozialer Reglementierung", in: *VfZ* 34 (1986), p. 53-84.
Dallin, Alexander, *Deutsche Herrschaft in Russland 1941-1945. Eine Studie über Besatzungspolitik*, Düsseldorf, 1958.
Deisenroth, Dieter (ed.), *Der Reichstagsbrand und der Prozess vor dem Reichsgericht*. com a contribuição de Dieter Deisenroth, Hermann Graml, Ingo Müller, Hersch Fischler, Alexander Bahar, Reinhard Stachwitz, Berlim, 2006.
Demps, Laurenz, "Die Luftangriffe auf Berlin. Ein dokumentarischer Bericht", in: *Jahrbuch des Märkischen Museums* 4 (1978), p. 27-69.
Dengg, Sören, *Deutschlands Austritt aus dem Völkerbund und Schachts "Neuer Plan". Zum Verhältnis von Aussen- und Aussenwirtschaftspolitik in der Übergangsphase von der Weimarer Republik zum Dritten Reich (1929-1934)*, Frankfurt a. M., 1986.
Deschner, Guenter, *Reinhard Heydrich. Statthalter der totalen Macht*, Esslingen, 1977.
Detwiler, Donald S., *Hitler, Franco und Gibraltar. Die Frage des spanischen Eintritts in den Zweiten Weltkrieg*, Wiesbaden, 1962.
Deuerlein, Ernst (ed.), *Der Aufstieg der NSDAP in Augenzeugenberichten*, Düsseldorf, 1968.
Dietrich, Otto, *Zwölf Jahre mit Hitler*, Köln, 1955.

Diller, Ansgar, *Rundfunkpolitik im Dritten Reich*, Munique, 1980.
Dillmann, Michael, *Heinz Hilpert. Leben und Werk*, Berlim, 1980.
Dobroszycki, Lucjan, *Die legale polnische Presse im Generalgouvernement 1939-1945*, Munique, 1977.
Dörp, Peter, "Goebbels' Kampf gegen Remarque. Eine Untersuchung über die Hintergründe des Hasses und der Agitation Goebbels' gegen den Roman Im Westen nichts Neues von Erich Maria Remarque", in: *Erich Maria Remarque Jahrbuch* I (1991), p. 48-64.
Döscher, Hans-Jürgen, *"Reichskristallnacht". Die Novemberpogrome 1938*, Berlim, 1988.
Drewniak, Boguslav, *Das Theater im NS-Staat*, Düsseldorf, 1983.
Dümling, Albrecht e Peter Girth (eds.), *Entartete Musik. Zur Düsseldorfer Ausstellung von 1938. Eine kommentierte Rekonstruktion*, Düsseldorf, 1988.
Dussel, Konrad, *Hörfunk in Deutschland. Politik, Programm, Publikum (1923-1960)*, Potsdam, 2002.
Ehls, Marie-Luise, *Protest und Propaganda. Demonstrationen in Berlin zur Zeit der Weimarer Republik*, Berlim, 1954.
Eicher, Thomas, Barbara Panse e Henning Rischbieter (eds.), *Theater im "Dritten Reich". Theaterpolitik, Spielplanstruktur, NS-Dramatik*, Seelze-Velbert, 2000.
Eicher, Thomas, *Theater im "Dritten Reich". Eine Spielplananalyse des deutschsprachigen Schauspieltheaters 1929-1944*, in: idem et al. (eds.), *Theater im "Dritten Reich". Theaterpolitik, Spielplanstruktur, NS-Dramatik*, Seelze--Velbert, 2000.
Engele, Christian e Wolfgang Ribbe, "Berlin in der NS-Zeit (1933-1945)", in: *Geschichte Berlins*, vol. 2: *Von der Märzrevolution bis zur Gegenwart*, Berlim, 1987, p. 927-1024.
Engelhardt, Katrin, "Die Ausstellung 'Entartete Kunst' in Berlin 1938. Rekonstruktion und Analyse", in: *Angriff auf die Avantgarde. Kunst und Kunstpolitik im Nationalsozialismus*, ed. Uwe Fleckner, Berlim, 2007, p. 89-187.
Essner, Cornelia, *Die 'Nurnberger Gesetze' oder die Verwaltung des Rassenwahns, 1933-1945*, Paderborn/Munique, 2002.
Faber, David, *Munich. The 1938 Appeasement Crisis*, Londres etc., 2008.
Faustmann, Uwe Julius, *Die Reichskulturkammer. Aufbau, Funktion und Grundlagen einer Körperschaft des öffentlichen Rechts im nationalsozialistischen Regime*, Aachen, 1995.
Fest, Joachim, *Staatsstreich. Der lange Weg zum 20. Juli*, Berlim, 1994.
Fetscher, Iring, *Joseph Goebbels im Berliner Sportpalast 1943: "Wollt ihr den totalen Krieg?"*, Hamburgo, 1998.
Fiederlein, Friedrich Martin, *Der deutsche Osten und die Regierungen Brüning, Papen, Schleicher*, Würzburg, 1966.
Finck, Werner, *Alter Narr — was nun? Die Geschichte meiner Zeit*, Munique/Berlim, 1982.
Fraenkel, Heinrich e Roger Manvell, *Goebbels. Eine Biographie*, Colônia/Berlim, 1960.
Frauenfeld, Alfred, *Und trage keine Reu'. Vom Wiener Gauleiter zum Generalkommissar der Krim. Erinnerungen und Aufzeichnungen*, Leoni am Starnberger See, 1978.
Friedlander, Henry, *Der Weg zum NS-Genozid. Von der Euthanasie zur Endlösung*, Berlim, 2002.
Friedländer, Saul, *Das Dritte Reich und die Juden. Die Jahre der Verfolgung, 1933-1939*, Munique, 1998.
Friedrich, Thomas, *Die missbrauchte Hauptstadt. Hitler und Berlin*, Berlim, 2007.
Frieser, Karl-Heinz (ed.), *Die Ostfront 1943/44. Der Krieg im Osten und an den Nebenfronten*, Munique, 2007.
____, "Die Schlacht am Kursker Bogen", in: idem (ed.), *Ostfront*, p. 83-208.
____, "Das Ausweichen der Heeresgruppe Nord von Leningrad ins Baltikum", in: idem (ed.), *Ostfront*, p. 278-296.
____, "Der Rückzug der Heeresgruppe Mitte nach Weissrussland", in: idem (ed.), *Ostfront*, p. 297-338.
____, "Die Rückzugsoperationen der Heeresgruppe Süd in der Ukraine", in: idem (ed.), *Ostfront*, p. 339-490.
____, "Der Zusammenbruch der Heeresgruppe Mitte im Sommer 1944", in: idem (ed.), *Ostfront*, p. 526-603.
____, "Die Rückzugskämpfe der Heeresgruppe Nord bis Kurland", in: idem (ed.), *Ostfront*, p. 623-679.
Fröhlich, Gustav, *Waren das Zeiten. Mein Film-Heldenleben*, Munique, 1983.
Fuchs, Friedrich, *Die Beziehungen zwischen der Freien Stadt Danzig und dem Deutschen Reich in der Zeit von 1920 bis 1939. Unter besonderer Berücksichtigung der Judenfrage in beiden Staaten*, Friburgo, 1999.
Gathmann, Peter e Martina Paul, *Narziss Goebbels. Eine psychohistorische Biographie*, Viena/Colônia/Weimar, 2009.
Gebel, Ralf, *"Heim ins Reich!" Konrad Henlein und der Reichsgau Sudetenland (1938-1945)*, 2. ed., Munique, 2000.
Gelderblom, Bernhard, "Die Reichserntedankfeste auf dem Bückeberg 1933-1937. Ein Volk dankt seinem Verführer", in: Gerd Biegel e Wulf Otte (eds.), *Ein Volk dankt seinem (Ver)führer: Die Reichserntedankfeste auf dem Bückeberg 1933-1937. Vorträge zur Ausstellung*, Braunschweig, 2002, p. 19-62.
Gemzell, Carl-Axel, *Raeder, Hitler und Skandinavien. Der Kampf für einen maritimen Operationsplan*, Lund, 1965.
Gerlach, Christian e Götz Aly, *Das letzte Kapitel. Realpolitik, Ideologie und der Mord an den ungarischen Juden 1944/1945*, Stuttgart/Zurique, 2002.
Gerlach, Christian, "Die Wannsee-Konferenz, das Schicksal der deutschen Juden und Hitlers politische Grundsatzentscheidung, alle Juden Europas zu ermorden", in: idem, *Krieg, Ernährung, Völkermord. Deutsche Vernichtungspolitik im Zweiten Weltkrieg*, Zurique/Munique, 2001, p. 79-152.
Gillessen, Günther, *Auf verlorenem Posten. Die Frankfurter Zeitung im Dritten Reich*, Berlim, 1983.
Girbig, Werner, *...im Anflug auf die Reichshauptstadt. Die Dokumentation der Bombenangriffe auf Berlin — stellvertretend for alle deutschen Städte*, Stuttgart, 1971.

Giro, Helmut-Dieter, *Frankreich und die Remilitarisierung des Rheinlandes*, dissertação de mestrado, Düsseldorf, 2005.
Gottwaldt, Alfred B. e Diana Schulle, *Die "Judendeportationen" aus dem Deutschen Reich 1941-1945. Eine kommentierte Chronologie*, Wiesbaden, 2005.
Graham, Cooper C., *Leni Riefenstahl and Olympia*, Metuchen (N.J.)/Londres, 1986.
Grimm, Barbara, *Lynchmorde an alliierten Fliegern im Zweiten Weltkrieg*, MS Universität München, 2006.
Gröhler, Olaf, *Bombenkrieg gegen Deutschland*, Berlim, 1990.
Groscurth, Helmuth, *Tagebücher eines Abwehroffiziers 1938-1940. Mit weiteren Dokumenten zur Militäropposition gegen Hitler*, ed. Helmut Krausnick, Stuttgart, 1970.
Gruchmann, Lothar, "Korruption im Dritten Reich. Zur Lebensmittelversorgung der NS-Führerschaft", in: *VfZ* 42 (1994), p. 571-593.
____, *Justiz im Dritten Reich. Anpassung und Unterwerfung in der Ära Gürtner*, Munique, 1988.
Gruner, Wolf, *Widerstand in der Rosenstrasse. Die Fabrik-Aktion und die Verfolgung der "Mischehen" 1943*, Frankfurt a. M., 2005.
____, "Lesen brauchen sie nicht zu können. Die 'Denkschrift über die Behandlung der Juden in der Reichshauptstadt auf allen Gebieten des öffentlichen Lebens' vom Mai 1938", in: *Jahrbuch für Antisemitismusforschung* 4 (1995), p. 305-341.
Haasis, Hellmut G., *Tod in Prag. Das Attentat auf Reinhard Heydrich*, Reinbek bei Hamburg, 2002.
Hachmeister, Lutz e Michael Kloft (eds.), *Das Goebbels-Experiment*, Munique, 2005.
Hacket, David Andrew, *The Nazi Party in the Reichstag Election of 1930*, Ph.D., University of Wisconsin, 1971.
Hagemann, Jürgen, *Die Presselenkung im Dritten Reich*, Bonn, 1970.
Hale, Oron J., *Presse in der Zwangsjacke 1933-1945*, Düsseldorf, 1965.
Hanfstaengl, Ernst, *Zwischen Weissem und Braunem Haus. Memoiren eines politischen Aussenseiters*, Munique, 1970.
Hansen, Thorkild, *Knut Hamsun. Seine Zeit — sein Prozess*, Munique/Viena, 1978.
Hecht, Cornelia, *Deutsche Juden und Antisemitismus in der Weimarer Republik*, Bonn, 2003.
Hehl, Ulrich von, "Die Kontroverse um den Reichstagsbrand", in: *VfZ* 36 (1988), p. 259-280.
Heiber, Helmut, *Die Katakombe wird geschlossen*, Munique/Berlim/Viena, 1966.
____, *Joseph Goebbels*, Berlim, 1965.
Heiber, Helmut (ed.), *Lagebesprechungen im Führerhauptquartier. Protokollfragmente aus Hitlers militärischen Konferenzen 1942-1945*, Hamburgo, 1963.
Heinen, Armin, *Die Legion "Erzengel Michael" in Rumänien. Soziale Bewegung und politische Organisation. Ein Beitrag zum Problem des internationalen Faschismus*, Munique, 1986.
Heller, Renate, "Kunst-Ausschuss, Emil Jannings als Schauspieler und Produzent", in: Jan Distelmeier, *Tonfilmfrieden/Tonfilmkrieg. Die Geschichte der Tobis vom Technik-Syndikat zum Staatskonzern*, Munique, 2003, p. 150-158.
Henke, Klaus-Dietmar, *Die amerikanische Besetzung Deutschlands*, Munique, 1996.
Hensle, Michael P., *Rundfunkverbrechen. Das Hören von "Feindsendern" im Nationalsozialismus*, Berlim, 2003.
Herbst, Ludolf, *Der Totale Krieg und die Ordnung der Wirtschaft. Die Kriegswirtschaft im Spannungsfeld von Politik, Ideologie und Propaganda 1939-1945*, Stuttgart, 1982.
Hermann, Angela, "Hitler und sein Stosstrupp in der 'Reichskristallnacht'", in: *VfZ* 56 (2008), p. 603-619.
Hetzer, Gerhard, "Die Industriestadt Augsburg. Eine Sozialgeschichte der Arbeiteropposition", in: Martin Broszat e Hartmut Mehringer (eds.), *Bayern in der NS-Zeit*, Munique, 1977, p. 1-234.
Hildebrand, Klaus, *Das vergangene Reich. Deutsche Aussenpolitik von Bismarck bis Hitler, 1871-1914*, Stuttgart, 1996.
Hillgruber, Andreas, *Hitlers Strategie. Politik und Kriegführung 1940-1941*, Marburg, 1965.
Hilton, Christopher, *Hitler's Olympics: The 1936 Berlin Olympic Games*, Stroud, 2006.
Hockerts, Hans Günter, "Kreuzzugsrhetorik, Vorsehungsglaube, Kriegstheologie. Spuren religiöser Deutung in Hitlers 'Weltanschauungskrieg'", in: Klaus Schreiner (ed.), *Heilige Kriege. Religiöse Begründungen militärischer Gewaltanwendung: Judentum, Christentum und Islam im Vergleich*, Munique, 2008, p. 229-250.
____, "Die Goebbels-Tagebücher 1932-1941. Eine neue Hauptquelle zur Erforschung der nationalsozialistischen Kirchenpolitik", in: Dieter Albrecht (ed.), *Politik und Konfession. Festschrift für Konrad Repgen zum 60. Geburtstag*, Berlim, 1983, p. 359-392.
____, *Die Sittlichkeitsprozesse gegen katholische Ordensangehörige und Priester 1936/1937. Eine Studie zur nationalsozialistischen Herrschaftstechnik und zum Kirchenkampf*, Mainz, 1971.
Hoensch, Jörg K., *Die Slowakei und Hitlers Ostpolitik. Hlinkas Slowakische Volkspartei zwischen Autonomie und Separation 1938/1939*, Colônia/Graz, 1965.
Hofer, Walther, *Die Entfesselung des Zweiten Weltkrieges. Darstellung und Dokumente*, Berlim, 2007.
____, Edouard Calic, Christoph Graf e Friedrich Zipfel, *Der Reichstagsbrand — Eine wissenschaftliche Dokumentation*, Freiburg im Bresgau, 1992.
Hoffmann, Gabriele, *NS-Propaganda in den Niederlanden. Organisation und Lenkung der Publizistik unter deutscher Besatzung 1940-1945*, Munique-Pullach, 1972.
Hoffmann, Heinrich, *Hitler, wie ich ihn sah. Aufzeichnungen seines Leibfotografen*, Munique, 1974.
Hoffmann, Hilmar, *Mythos Olympia — Autonomie und Unterwerfung von Sport und Kultur: Hitlers Olympiade, olympische Kultur und Riefenstahls Olympia-Film*, Berlim etc., 1993.

Hoffmann, Peter, *Widerstand — Staatsstreich — Attentat. Der Kampf der Opposition gegen Hitler*, 4. ed., Munique, 1985.
Höhne, Heinz, *Mordsache Röhm. Hitlers Durchbruch zur Alleinherrschaft 1933-1934*, Reinbek bei Hamburg, 1984.
Hollstein, Dorothea, *Jud Süss und die Deutschen. Antisemitische Vorurteile im nationalsozialistischen Spielfilm*, Frankfurt a. M., 1983.
Hölsken, Dieter, *Die V-Waifen. Entstehung, Propaganda, Kriegseinsatz*, Stuttgart, 1984, p. 98.
Horn, Wolfgang, *Der Marsch zur Machtergreifung. Die NSDAP bis 1933*, Königstein i. Ts./Düsseldorf, 1980.
Hornshøj-Møller, Stig, *"Der ewige Jude". Quellenkritische Analyse eines antisemitischen Propagandafilms*, Göttingen, 1995.
Hörster-Philipps, Ulrike, *Konservative Politik in der Endphase der Weimarer Republik. Die Regierung Franz von Papen*, Colônia, 1982.
Höver, Ulrich, *Joseph Goebbels. Ein nationaler Sozialist*, Bonn, 1992.
Hubatsch, Walther, *"Weserübung". Die deutsche Besetzung von Dänemark und Norwegen 1940*, 2. ed., Göttingen, 1960.
Hunt, Richard M., *Joseph Goebbels. A Study of the Formation of his National Socialist Consciousness*, Harvard, 1960.
Hüttenberger, Peter, *Die Gauleiter*, Stuttgart, 1969.
Jablonsky, David, *The Nazi Party in Dissolution. Hitler and the Verbotzeit, 1923-1925*, Londres/Totowa, 1989.
Jäckel, Eberhard, *Frankreich in Hitlers Europa. Die deutsche Frankreichpolitik im Zweiten Weltkrieg*, Stuttgart, 1966.
Jäger, Wolfgang, *Es begann am 30. Januar*, Munique, 1958.
Jagschitz, Gerhard, *Der Putsch. Die Nationalsozialisten 1934 in Österreich*, Graz, 1976.
Jansen, Christian e Arno Weckbecker, *Der "Volksdeutsche Selbstschutz" in Polen 1939/40*, Munique, 1992.
Janssen, Gregor, *Das Ministerium Speer. Deutschlands Rüstung im Krieg*, 2. ed., Berlim, 1969.
Janssen, Karl-Heinz e Fritz Tobias, *Der Sturz der Generäle. Hitler und die Blomberg-Fritsch-Krise*, Munique, 1994.
Jastrzebski, Włodzimierz, *Der Bromberger Blutsonntag. Legende und Wirklichkeit*, Poznan, 1990.
Joachimsthaler, Anton, *Hitlers Ende. Legende und Dokumente*, 2. ed., Munique, 2004.
Jochmann, Werner (ed.), *Nationalsozialismus und Revolution. Ursprung und Geschichte der NSDAP in Hamburg, 1922-1933. Dokumente*, Mannheim, 1963.
Jones, Larry Eugene, "The Harzburg Rally of October 1931", in: *German Studies Review* 29 (2006), p. 483-494.
Das Juliabkommen von 1936. Vorgeschichte, Hintergründe und Folgen. Protokoll des Symposiums in Wien am 10. und 11. Juni 1976, Munique, 1977.
Jung, Otmar, *Direkte Demokratie in der Weimarer Republik*, Frankfurt a. M., 1989.
____, *Plebiszit und Diktatur. Die Volksabstimmungen der Nationalsozialisten*, Tübingen, 1995.
Jungbluth, Rüdiger, *Die Quandts. Ihr leiser Aufstieg zur mächtigsten Wirtschaftsdynastie Deutschlands*, Frankfurt a. M., 2002.
Kaiser, Gerd, *Katyn. Das Staatsverbrechen — das Staatsgeheimnis*, Berlin, 2002.
Kallis, Aristotle A., *National Socialist Propaganda in the Second World War*, Basingstoke, 2005.
Kater, Michael H., *Die missbrauchte Muse. Musiker im Dritten Reich*, Munique, 1998.
Kegel, Jens, *"Wollt Ihr den totalen Krieg?" Eine semiotische und linguistische Gesamtanalyse der Rede Goebbels' im Berliner Sportpalast am 18. Februar 1943*, Tübingen, 2006.
Kellerhoff, Sven Felix, *Der Reichstagsbrand. Die Karriere eines Kriminalfalls*, Berlim, 2008.
Kempka, Erich, *Die letzten Tage mit Adolf Hitler*, Preussisch Oldendorf, 1975.
Kernberg, Otto F., *Borderline-Storungen und pathologischer Narzissmus*, 14. ed., Frankfurt a. M., 2007.
____, *Narzisstische Persönlichkeitsstörungen*, Stuttgart/Nova York, 1998.
Kershaw, Ian, *Der Hitler-Mythos. Führerkult und Volksmeinung*, Stuttgart, 2002.
____, *Hitler. 1936-1945*, Stuttgart, 2000.
____, *Hitler. 1889-1936*, Stuttgart, 1994.
Kessemeier, Karin, *Der Leitartikler Goebbels in den NS-Organen "Der Angriff" und "Das Reich"*, Münster, 1967.
Kindermann, Gottfried-Karl, *Hitlers Niederlage in Österreich. Bewaffneter NS-Putsch, Kanzler-Mord und Österreichs Abwehrsieg 1934*, Hamburgo, 1984.
Kinkel, Lutz, *Die Scheinwerferin. Leni Riefenstahl und das "Dritte Reich"*, Hamburgo/Viena, 2002.
Kissenkoetter, Udo, *Gregor Strasser und die NSDAP*, Stuttgart, 1978.
Kivelitz, Christoph, *Die Propagandaausstellungen in europäischen Diktaturen. Konfrontation und Vergleich. Nationalsozialismus in Deutschland, Faschismus in Italien und die UdSSR der Stalinzeit*, Bochum, 1999.
Klabunde, Anja, *Magda Goebbels — Annäherung an ein Leben*, Munique, 1999.
Klee, Ernst, *"Euthanasie" im NS-Staat. Die "Vernichtung lebensunwerten Lebens"*, Frankfurt a. M., 1983.
Klee, Karl, *Das Unternehmen "Seelöwe". Die geplante deutsche Landung in England 1940*, Göttingen, 1958.
Klein, Ulrich, "'Mekka des deutschen Sozialismus' oder 'Kloake der Bewegung'? Der Aufstieg der NSDAP in Wuppertal 1920 bis 1934", in: Klaus Goebel (ed.), *Über allem die Partei*, Oberhausen, 1987.
Klemperer, Victor, *Ich will Zeugnis ablegen bis zum letzten. Tagebücher 1933-1945*, 2 vols., ed. Walter Nowojski, 7. ed., Berlim, 1997.
____, *LTI. Notizbuch eines Philologen*, Leipzig, 1996.
Klink, Ernst, "Heer und Kriegsmarine", in: Horst Boog et al., *Der Angriff auf die Sowjetunion*, Frankfurt a. M., 1991, p. 541-736.
Knilli, Friedrich, *Jud Süss. Filmprotokoll, Programmheft und Einzelanalysen*, Berlim, 1983.

Knox, MacGregor, *Mussolini Unleashed, 1939-1941. Politics and Strategy in Fascist Italy's Last War*, Cambridge, 1982.
Koch, Hans-Jörg, *Das Wunschkonzert im NS-Rundfunk*, Colônia/Weimar/Viena, 2003.
Kock, Gerhard, *"Der Führer sorgt für unsere Kinder". Die Kinderlandverschickung im Zweiten Weltkrieg*, Paderborn, 1997.
Koerner, Ralf Richard, *So haben sie es damals gemacht. Die Propagandavorbereitungen zum österreichanschluss durch das Hitlerregime 1933-1938*, Viena, 1958.
Kohut, Heinz, *Narzissmus. Eine Theorie der psychoanalytischen Behandlung narzisstischer Persönlichkeitsstörungen*, Frankfurt a. M., 1973, reed. 2007.
Kolb, Eberhard, *Die Weimarer Republik*, 2. ed., Munique, 1988.
Koller, Karl, *Der letzte Monat, 14. April bis 27. Mai 1945. Tagebuchaufzeichnung des ehemaligen Chefs des Generalstabs der deutschen Luftwaffe*, Munique, 1985.
König, Malte, *Kooperation als Machtkampf. Das faschistische Achsenbündnis Berlin-Rom im Krieg 1940/41*, Colônia, 2007.
Kopper, Christoph, *Hjalmar Schacht. Aufstieg und Fall von Hitlers mächtigstem Bankier*, Munique, 2006.
Krausnick, Helmut, "Die Einsatzgruppen vom Anschluss Österreichs bis zum Feldzug gegen die Sowjetunion. Entwicklung und Verhältnis zur Wehrmacht", in: idem e Hans-Heinrich Wilhelm, *Die Truppe des Weltanschauungskriegs. Die Einsatzgruppen der Sicherheitspolizei und des SD 1938-1942*, Stuttgart, 1981, p. 13-276.
Krebs, Albrecht, *Tendenzen und Gestalten der NSDAP*, Stuttgart, 1959.
Krebs, Gerhard, "Von Hitlers Machtübernahme zum Pazifischen Krieg (1933-1941)", in: Gerhard Krebs e Bernd Marin (eds.), *Formierung und Fall der Achse Berlin-Tokyo*, Munique, 1994, p. 11-26.
Kroener, Bernhard R., "'Menschenbewirtschaftung', Bevölkerungsverteilung und personelle Rüstung in der zweiten Kriegshälfte (1942-1944)", in: idem et al. (eds.), *Organisation und Mobilmachung des deutschen Machtbereichs*, vol. 2: *Kriegsverwaltung, Wirtschaft und personelle Ressourcen 1942-1944/45*, Stuttgart, 1999, p. 777-1003.
Kroener, Bernhard R., Rolf-Dieter Müller e Hans Umbreit (eds.), *Organisation und Mobilmachung des deutschen Machtbereichs*, vol. 2: *Kriegsverwaltung, Wirtschaft und personelle Ressourcen 1942-1944/45*, Stuttgart, 1999.
Kruppa, Bernd, *Rechtsradikalismus in Berlin 1918-1928*, Berlim/NovaYork, 1988.
Kühnl, Reinhard, *Die nationalsozialistische Linke*, 1925-1930, Meisenheim a. Glan, 1966.
____, "Zur Programmatik der nationalsozialistischen Linken: Das Strasser-Programm von 1925/26", in: *VfZ* 14 (1966), p. 317-333.
Kunz, Andreas, *Wehrmacht und Niederlage. Die bewaffnete Macht in der Endphase der nationalsozialistischen Herrschaft, 1944 bis 1945*, Munique, 2005.
Lakowski, Richard, "Der Zusammenbruch der deutschen Verteidigung zwischen Ostsee und Karpaten", in: Rolf-Dieter Müller (ed.), *Der Zusammenbruch des Deutschen Reiches 1945*, Munique, 2008, p. 491-679.
Large, David Clay, *Nazi Games. The Olympics of 1936*, Londres/Nova York, 2007.
Latour, Conrad E., "Goebbels' 'Ausserordentliche Rundfunkmassnahmen' 1939-1942", in: *VfZ* 11 (1963), p. 418-435.
Lau, Dirk, *Wahlkämpfe der Weimarer Republik. Propaganda und Programme der politischen Parteien bei den Wahlen zum Deutschen Reichstag von 1924 bis 1930*, dissertação de mestrado, Mainz, 1995.
Leitz, Christian, *Economic Relations between Nazi Germany and Franco's Spain, 1936-1945*, Oxford, 1996.
Lemmons, Russel, *Goebbels and Der Angriff*, Lexington, 1994.
Lerg, Winfried B., *Rundfunkpolitik in der Weimarer Republik*, Munique, 1980.
____, "Richtlinien für die Gesamthaltung der deutschen Presse", in: *Gazette. International Journal for Mass Communication Studies* 8 (1962), p. 228-245.
Lochner, Louis P. (ed.), *Goebbels Tagebücher*, Zurique, 1948.
Löhr, Wolfgang, "Mönchengladbach im 19./20. Jahrhundert", in: idem (ed.), *Loca Desiderata. Mönchengladbacher Stadtgeschichte*, vol. 3/1, Mönchengladbach, 2003, p. 9-240.
Loiperdinger, Martin (ed.), *Märtyrerlegenden im NS Film*, Opladen, 1991.
____, *Der Parteitagsfilm 'Triumph des Willens' von Leni Riefenstahl. Rituale der Mobilmachung*, Opladen, 1987.
Longerich, Peter, *Heinrich Himmler. Biographie*, Munique, 2008.
____, *"Davon haben wir nichts gewusst!" Die Deutschen und die Judenverfolgung 1933-1945*, Munique, 2006.
____, *Geschichte der SA*, Munique, 2003.
____, *Politik der Vernichtung. Eine Gesamtdarstellung der nationalsozialistischen Judenverfolgung*, Zurique/Munique, 1998.
____, *Die Wannsee-Konferenz vom 20. Januar 1942. Planung und Beginn des Genozids an den europäischen Juden*, Berlim, 1998.
____, *Deutschland 1918-1933. Die Weimarer Republik. Handbuch zur Geschichte*, Hanôver, 1995.
____, *Propagandisten im Krieg. Die Presseabteilung des Auswärtigen Amtes unter Ribbentrop*, Munique, 1987.
Loock, Hans-Dietrich, *Quisling, Rosenberg und Terboven. Zur Vorgeschichte und Geschichte der nationalsozialistischen Revolution in Norwegen*, Stuttgart, 1970.
Lukes, Igor, "The Czechoslovak Partial Mobilization in May 1938: a Mystery (almost) Solved", in: *JCH* 31 (1996), p. 699-720.

Lüttichau, Mario-Andreas von, "Deutsche Kunst". Catálogo, in: *Die "Kunststadt" München 1937. Nationalsozialismus und "Entartete Kunst"*, ed. Peter-Klaus Schuster, Munique, 1987.
Maier, Klaus A., "Die Luftschlacht um England", in: Klaus A. Maier et al., *Die Errichtung der Hegemonie auf dem europäischen Kontinent*, Stuttgart, 1979, p. 375-408.
____ e Bernd Stegemann, "Die Sicherung der europäischen Nordflanke", in: Klaus A. Maier et al., *Die Errichtung der Hegemonie auf dem europäischen Kontinent*, Stuttgart, 1979, p. 187-231.
Maiwald, Klaus Jürgen, *Filmzensur im NS-Staat*, Dortmund, 1983.
Mallmann, Klaus-Michael e Bogdan Musial (eds.), *Genesis des Genozids. Polen 1939-1941*, Darmstadt, 2004.
Mallmann, Klaus-Michael e Martin Cüppers, "Die Rolle der Ordnungspolizei und der Waffen-SS", in: idem (ed.) *Genesis des Genozids. Polen 1939-1941*, Darmstadt, 2004.
Mannes, Stefan, *Antisemitismus im nationalsozialistischen Spielfilm. "Jud Süss" und "Der ewige Jude"*, Colônia, 1999.
Manoschek, Walter, *"Serbien ist judenfrei". Militärische Besatzungspolitik und Judenvernichtung in Serbien 1941/42*, Munique, 1993.
Martens, Erika, *Zum Beispiel "Das Reich". Zur Phänomenologie der Presse im totalitären Regime*, Colônia, 1972.
Martin, Bernd, *Deutschland und Japan im Zweiten Weltkrieg, Vom Angriff auf Pearl Harbor bis zur deutschen Kapitulation*, Göttingen, 1969.
Marwell, David George, *Unwanted Exile. A Biography of Ernst "Putzi" Hanfstaengl*, dissertação de mestrado, State University of New York of Binghanton, 1968.
Matic, Igor-Philip, *Edmund Veesenmayer. Agent und Diplomat der nationalsozialistischen Expansionspolitik*, Munique, 2002.
Mattioli, Aram, *Experimentierfeld der Gewalt. Der Abessinienkrieg und seine internationale Bedeutung 1935-1941*, Zurique, 2005.
McGilligan, Patrick, *Fritz Lang, The Nature of the Beast*, Nova York, 1997.
Meier, Kurt, *Der evangelische Kirchenkampf*, vol. 2: *Gescheiterte Neuordnungsversuche im Zeichen staatlicher "Rechtshilfe"*, Göttingen, 1976.
Meissner, Hans-Otto, *Magda Goebbels. Ein Lebensbild*, Munique, 1978.
Meissner, Karl-Heinz, "Grosse Deutsche Kunstausstellung", in: *Stationen der Moderne. Die bedeutenden Kunstausstellungen des 20. Jahrhunderts in Deutschland*, Ausstellungskatalog, Berlim, 1988, p. 276-284.
____, "'Deutsches Volk, gib uns vier Jahre Zeit...' Nationalsozialistische Kunstpolitik 1933-37. Grosse Deutsche Kunstausstellung — Ausstellung 'Entartete Kunst' München 1937", in: *"Die Axt hat geblüht...". Europäische Konflikte der 30er Jahre in Erinnerung an die frühe Avantgarde, 11. Oktober — 6. Dezember 1987*, ed. Jürgen Harten, Hans-Werner Schmidt e Marie Luise Syring, Düsseldorf, 1987, p. 368-377.
Meissner, Otto, *Staatssekretär unter Ebert, Hindenburg, Hitler. Der Schicksalsweg des deutschen Volkes von 1918-1945, wie ich ihn erlebte*, Hamburgo, 1950.
Mendelssohn, Peter de, *Zeitungsstadt Berlin. Menschen und Mächte in der Geschichte der deutschen Presse Berlin*, 2. ed. rev. e ampl., Frankfurt a. M., 1982.
Merkes, Manfred, *Die deutsche Politik im spanischen Bürgerkrieg 1936-1939*, 2. ed. rev. e ampl., Bonn, 1969.
Meyer, Ahlrich, "'[...] dass französische Verhältnisse anders sind als polnische'. Die Bekämpfung des Widerstands durch die deutsche Militärverwaltung in Frankreich 1941", in: Guus Meershoeck et al., *Repression und Kriegsverbrechen. Die Bekämpfung von Widerstands- und Partisanenbewegungen gegen die deutsche Besatzung in West- und Südosteuropa*, Berlim, 1997, p. 43-91.
Michalka, Wolfgang, *Ribbentrop und die deutsche Weltpolitik. Aussenpolitische Konzeptionen und Entscheidungsprozesse im Dritten Reich*, Munique, 1980.
Michel, Kai, *Vom Poeten zum Demagogen. Die schriftstellerischen Versuche Joseph Goebbels'*, Colônia/Weimar/Viena, 1999.
Michels, Helmut, *Ideologie und Propaganda. Die Rolle von Joseph Goebbels in der nationalsozialistischen Aussenpolitik bis 1939*, Frankfurt a. M., 1992.
Middlebrook, Martin, *Arnheim 1944. The Airborne Battle, 17.-26. September*, Harmondsworth, 1994.
____, *Hamburg Juli 43. Alliierte Luftstreitkräfte gegen eine deutsche Stadt*, Berlim, 1983.
Moeller, Felix, *Filmminister. Goebbels und der Film im Dritten Reich*, Berlim, 1998.
Moll, Martin, "Steuerungsinstrument im 'Ämterchaos'? Die Tagungen der Reichs- und Gauleiter der NSDAP", in: *VfZ* 49 (2001), p. 215-273.
____, "Die Abteilung Wehrmachtpropaganda im Oberkommando der Wehrmacht: Militärische Bürokratie oder Medienkonzern?", in: *Beiträge zur Geschichte des Nationalsozialismus* 17 (2001), p. 111-150.
Moltmann, Günter, "Goebbels' Rede zum totalen Krieg am 18. Februar 1943", in: *VfZ* 12 (1964), p. 13-43.
Morsey, Rudolf, *Die Protokolle der Reichstagsfraktion der deutschen Zentrumspartei 1926-1933*, Mainz, 1969.
____, *Der Untergang des politischen Katholizismus. Die Zentrumspartei zwischen christlichem Selbstverständnis und "Nationaler Erhebung" 1932/33*, Stuttgart, 1967.
Mühleisen, Horst, "Das Testament Hindenburgs vom 11. Mai 1934", in: *VfZ* 44 (1996), p. 356-371.
Mühlen, Patrick von zur, *"Schlagt Hitler an der Saar!" Abstimmungskampf, Emigration und Widerstand im Saargebiet 1933-1935*, Bonn, 1979.
Mühlenfeld, Daniel, "Joseph Goebbels und die Grundlagen der NS-Rundfunkpolitik", in *ZfG* 54 (2006), p. 442-467.

_____, "Zur Bedeutung der NS-Propaganda für die Eroberung staatlicher Macht und die Sicherungpolitischer Loyalität", in: Christian A. Braun, Michael Mayer e Sebastian Weitkamp (eds.), *Deformation der Gesellschaft? Neue Forschungen zum Nationalsozialismus*, Berlim, 2008, p. 93-117.

Müller, Manfred, *Im Schatten des "Grandgoschiers". Generaldirektor Hans Goebbels, Bruder des Reichspropagandaministers*, Aschau, 1994.

Müller, Rolf-Dieter et al. (eds.), *Organisation und Mobilisierung des deutschen Machtbereichs*, Stuttgart, 1999.

Münk, Dieter, *Die Organisation des Raumes im Nationalsozialismus. Eine soziologische Untersuchung ideologisch fundierter Leitbilder in Architektur, Städtebau und Raumplanung des Dritten Reiches*, Bonn, 1993.

Nadolny, Rudolf, *Mein Beitrag*, Wiesbaden, 1955.

Neuber, Gerhard, *Faschismus in Berlin. Entwicklung und Wirken der NSDAP und ihrer Organisationen in der Reichshauptstadt 1921-1934*, dissertação de mestrado, Berlim, 1976.

Nolzen, Armin, "Die NSDAP, der Krieg und die deutsche Gesellschaft", in: Jörg Echternkamp (ed.), *Die deutsche Kriegsgesellschaft 1939-1945*, vol. 1: *Politisierung, Vernichtung und Überleben*, Munique, 2004, p. 95-193.

Nowak, Kurt, *"Euthanasie" und Sterilisierung im "Dritten Reich". Die Konfrontation der evangelischen und katholischen Kirche mit dem Gesetz zur Verhütung erbkranken Nachwuchses und der "Euthanasie"-Aktion*, Göttingen, 1978.

O'Donnel, James P. e Uwe Bahnsen, *Die Katakombe. Das Ende in der Reichskanzlei*, Stuttgart, 1975.

Obenaus, Herbert, "The Germans: 'An Antisemitic People', The Press Campaign after 9 November 1938", in: David Bankier (ed.), *Probing the Depths of German Antisemitism: German Society and the Persecution of the Jews, 1933-1941*, Nova York etc., 2000, p. 147-180.

Oberwallney, Stefan, *SA in Berlin. Die Realität des Straflenkampfes 1926-1933*, tese de doutorado, Freie Universität Berlin, 1993.

Obst, Dieter, *"Reichskristallnacht": Ursachen und Verlauf des antisemitischen Pogroms vom November 1938*, Frankfurt a. M. etc., 1991.

Oertel, Thomas, *Horst Wessel. Untersuchung einer Legende*, Colônia, 1988.

Ottmer, Hans-Martin, *"Weserübung". Der deutsche Angriff auf Dänemark und Norwegen im April 1940*, Munique, 1994.

Oven, Wilfried von, *Mit Goebbels bis zum Ende*, 2 vols., Buenos Aires, 1949-50.

Overmans, Rüdiger, *Deutsche militärische Verluste im Zweiten Weltkrieg*, Munique, 1999.

Pätzold, Kurt e Manfred Weissbecker, *Rudolf Hess. Der Mann an Hitlers Seite*, Leipzig, 1999.

Pätzold, Kurt, "Hitlers fünfzigster Geburtstag am 20. April 1939", in: Dietrich Eichholtz e Kurt Pätzold (eds.), *Der Weg in den Krieg. Studien zur Geschichte der Vorkriegsjahre (1935/36 a 1939)*, Colônia, 1989, p. 309-346.

Panse, Barbara, "Zeitgenössische Dramatik", in: Thomas Eicher et al., *Theater im "Dritten Reich". Theaterpolitik, Spielplanstruktur, NS-Dramatik*, Seelze-Velbert, 2000, p. 489-720.

Paul, Gerhard, *Aufstand der Bilder. Die NS-Propaganda vor 1933*, Bonn, 1990.

_____, *"Deutsche Mutter — heim zu Dir!" Warum es misslang, Hitler an der Saar zu schlagen. Der Saarkampf 1933-1935*, Colônia, 1984.

Pauley, Bruce F., *Der Weg in den Nationalsozialismus. Ursprünge und Entwicklung in Österreich*, Viena, 1988.

Permooser, Irmtraut, *Der Luftkrieg über München. Bomben auf die Hauptstadt der Bewegung*, Oberhaching, 1997.

Petersen, Jens, *Hitler — Mussolini. Die Entstehung der Achse Berlin-Rom 1933-1936*, Tübingen, 1973.

Petzold, Joachim, *Franz von Papen. Ein deutsches Verhängnis*, Munique/Berlim, 1995.

Pietrow-Ennker, Bianka (ed.), *Präventivkrieg? Der deutsche Angriff auf die Sowjetunion*, Frankfurt a. M., 2000.

Piper, Ernst, *Alfred Rosenberg. Hitlers Chefideologe*, Munique, 2005.

Plehwe, Friedrich-Karl von, *Reichskanzler Kurt von Schleicher. Weimars letzte Chance gegen Hitler*, Berlim, 1990.

Podewin, Norbert e Lutz Heuer, *Ernst Torgler. Ein Leben im Schatten des Reichstagsbrandes 25. April 1893 Berlin —19. Januar 1963*, Hanôver/Berlim, 2006.

Poetsch-Heffter, Fritz, "Vom Staatsleben unter der Weimarer Verfassung", in: *Jahrbuch des öffentlichen Rechts der Gegenwart*, vol. 21 (1933/34), p. 102 e segs.

Portmann, Heinrich, *Der Bischof von Münster*, Münster, 1947.

Presse in Fesseln. Eine Schilderung des NS-Pressetrusts, Berlim, 1947.

Prieberg, Fred K., *Kraftprobe. Wilhelm Furtwängler im Dritten Reich*, Wiesbaden, 1986.

_____, *Musik im NS-Staat*, Frankfurt a. M., 1982.

Pünder, Hermann, *Politik in der Reichskanzlei. Aufzeichnungen aus den Jahren 1929-1932*, ed. Thilo Vogelsang, Stuttgart, 1961.

Pyta, Wolfram, *Hindenburg. Herrschaft zwischen Hohenzollern und Hitler*, Munique, 2007.

Raem, Heinz-Albert, *Pius XI. und der Nationalsozialismus — die Enzyklika "Mit brennender Sorge" vom 14. März 1937*, Paderborn/Munique/Viena/Zurique, 1979.

Ramm, Arnim, *Der 20. Juli 1944 vor dem Volksgerichtshof*, Berlim, 2007.

Rave, Paul Ortwin, *Kunstkandidatur im Dritten Reich*, Hamburgo, 1949.

Rebentisch, Dieter, *Führerstaat und Verwaltung im Zweiten Weltkrieg. Verfassungsentwicklung und Verfassungspolitik, 1939-1945*, Stuttgart, 1989.

Reif, Janin, Horst Schumacher e Lothar Uebel, *Schwanenwerder. Ein Inselparadies in Berlin*, Berlim, 2000.

Reimann, Viktor, *Dr. Joseph Goebbels*, Viena, 1971, 2. ed., Viena/Munique, 1978.

Reimer, Klaus, *Rheinlandfrage und Rheinlandbewegung (1918-1933). Ein Beitrag zur Geschichte der regionalistischen Bestrebungen in Deutschland*, Frankfurt a. M. etc., 1979.
Reinhardt, Dirk, *Von der Reklame zum Marketing. Geschichte der Wirtschaftswerbung in Deutschland*, Berlim, 1993.
Reschke, Oliver, *Der Kampf der Nationalsozialisten um den roten Friedrichshain 1925-1933*, Berlim, 2004.
Reuband, Karl-Heinz, "'Jud Süss' und 'Der Ewige Jude' als Prototypen antisemitischer Filmpropaganda im Dritten Reich. Entstehungsbedingungen, Zuschauerstrukturen und Wirkungspotential", in: Michal Andel et al. (eds.), *Propaganda, (Selbst-)Zensur, Sensation. Grenzen von Presse-und Wissenschaftsfreiheit in Deutschland und Tschechien seit 1871*, Essen, 2005, p. 89-148.
Reuth, Ralf Georg, *Joseph Goebbels, Tagebücher 1924-1945*, Munique/Zurique, 1992.
____, *Goebbels*, Munique/Zurique, 1990.
Richardi, Hans-Günter, *Bomber über München. Der Luftkrieg von 1939 bis 1945, dargestellt am Beispiel der "Hauptstadt der Bewegung"*, Munique, 1992.
Riefenstahl, Leni, *Memoiren*, Munique/Hamburgo, 1987.
Riess, Curt, *Goebbels. Eine Biographie*, Baden-Baden, 1950.
Rischbieter, Henning, "NS-Theaterpolitik", in: Thomas Eicher et al., *Theater im "Dritten Reich". Theaterpolitik, Spielplanstruktur, NS-Dramatik*, Seelze-Velbert, 2000.
Römer, Felix, *Der Kommissarbefehl. Wehrmacht und NS-Verbrechen an der Ostfront 1941/42*, Paderborn etc., 2008.
Rönnefarth, Helmuth K. G., *Die Sudetenkrise in der internationalen Politik. Entstehung, Verlauf, Auswirkung*, Wiesbaden, 1961.
Roseman, Mark, *Die Wannsee-Konferenz. Wie die Bürokratie den Holocaust organisierte*, Munique/Berlim, 2002.
Rosenkranz, Herbert, *Verfolgung und Selbstbehauptung. Die Juden in Österreich, 1938-1945*, Viena, 1978.
Rossino, Alexander B., *Hitler strikes Poland. Blitzkrieg, Ideology and Atrocity*, Lawrence, Kansas, 2003.
____, "Nazi Anti-Jewish Policy during the Polish Campaign. The Case of the Einsatzgruppe von Woyrisch", in: *GSR* 24 (2001), p. 35-54.
Roth, Karl Heinz, "Filmpropaganda für die Vernichtung der Geisteskranken und Behinderten im 'Dritten Reich'", in: *Reform und Gewissen. "Euthanasie" im Dienst des Fortschritts*, Berlim, 1985, p. 125-193.
Rother, Rainer, *Leni Riefenstahl. Die Verführung des Talents*, Berlim, 2000.
Rühle, Günther, *Theater in Deutschland 1887-1945. Seine Ereignisse, seine Menschen*, Frankfurt a. M., 2007.
Sabrow, Martin, "Der 'Tag von Potsdam' — Zur Karriere eines politischen Symbols", in: *Der Tag von Potsdam. Bildungsforum und Schülerprojekt*, ed. Parlamento de Brandemburgo, Potsdam, 2003, p. 91-104.
Sänger, Fritz, *Politik der Täuschungen. Missbrauch der Presse im Dritten Reich. Weisungen, Informationen, Notizen, 1933-1939*, Viena, 1975.
Sauer, Wolfgang, "Die Mobilmachung der Gewalt", in: idem, Gerhard Schulz e Karl-Dietrich Bracher, *Die nationalsozialistische Machtergreifung. Studien zur Errichtung des totalitären Herrschaftssystems in Deutschland*, Frankfurt a. M./Berlim/Viena, 1960, p. 685-972.
Schaeffers, Willi, *Tingel Tangel. Ein Leben für die Kleinkunst*, Hamburgo, 1959.
Schaumburg-Lippe, Friedrich Cristian Prinz zu, *Dr. G. Ein Porträt des Propagandaministers*, Wiesbaden, 1963.
Schausberger, Norbert, *Nationalsozialismus in Wien. Machtübernahme, Herrschaftssicherung. Radikalisierung 1938/39*, Viena, 2008.
____, *Der Griff nach Österreich. Der Anschluss*, Viena/Munique, 1978.
Scheel, Klaus, *Der Tag von Potsdam*, Berlim, 1996.
Scheer, Regina, *Im Schatten der Sterne. Eine jüdische Widerstandsgruppe*, Berlim, 2004.
Scheffler, Wolfgang: "Der Brandanschlag im Berliner Lustgarten im Mai 1942 und seine Folgen", in: *Berlin in Geschichte und Gegenwart, Jahrbuch des Landesarchivs Berlin 1984*, p. 91-118.
Scheil, Stefan, *Churchill, Hitler und der Antisemitismus. Die deutsche Diktatur, ihre politischen Gegner und die europäische Krise der Jahre 1938/39*, Berlim, 2008.
Schieder, Wolfgang, "Faschismus im politischen Transfer. Giuseppe Renzetti als faschistischer Propagandist und Geheimagent in Berlin 1922-1941", in: Sven Reinhardt e Armin Nolzen (eds.), *Faschismus in Italien und Deutschland. Studien zu Transfer und Vergleich*, Göttingen, 2005, p. 28-58.
____, "Spanischer Bürgerkrieg und Vierjahresplan. Zur Struktur nationalsozialistischer Aussenpolitik", in: Wolfgang Michalka (ed.), *Nationalsozialistische Aussenpolitik*, Darmstadt, 1978, p. 325-359.
Schildt, Axel, *Militärdiktatur mit Massenbasis? Die Querfrontkonzeption der Reichswehrführung um General von Schleicher am Ende der Weimarer Republik*, Frankfurt a. M. etc., 1981.
Schildt, Gerhard, *Die Arbeitsgemeinschaft Nord-West. Untersuchungen zur Geschichte der NSDAP 1925/26*, dissertação de mestrado, Friburgo, 1964.
Schirach, Baldur von, *Ich glaubte an Hitler*, Hamburgo/Zurique, 1967.
Schirach, Henriette von, *Der Preis der Herrlichkeit. Erinnerungen*, Munique, 1978.
Schirmann, Léon, *Altonaer Blutsonntag 17. Juli 1932. Dichtungen und Wahrheit*, Hamburgo, 1994.
Schlafranek, Hans, *Sommerfest und Preisschiessen. Die unbekannte Geschichte des NS-Putsches im Jahre 1934*, Viena, 2006.
Schlemmer, Martin, *"Los von Berlin": Die Rheinstaatbestrebungen nach dem Ersten Weltkrieg*, Colônia, 2007.
Schlenker, Ines, *Hitlers Salon. The Grosse Deutsche Kunstausstellung at the Haus der Deutschen Kunst in Munich 1937-1944*, Oxford etc., 2007.
Schmidt, Dietmar, *Martin Niemöller. Eine Biographie*, nova ed. ampl., Stuttgart, 1983.

Schmidt, Klaus, *Die Brandnacht. Dokumente von der Zerstörung Darmstadts am 11. September 1944*, 6. ed., Darmstadt, 1964.
Schmidt, Paul, *Statist auf diplomatischer Bühne. Erlebnisse des Chefdolmetschers im Auswärtigen Amt mit den Staatsmännern Europas*, Bonn, 1953.
Schmidt, Rainer F., *Rudolf Hess "Botengang eines Toren"? Der Flug nach Grossbritannien vom 10. Mai 1941*, 2. ed., Munique, 2000.
Schmitz, Hubert, *Die Bewirtschaftung der Nahrungsmittel und Verbrauchsgüter 1939-1950, dargestellt am Beispiel der Stadt Essen*, Essen, 1956.
Schmuhl, Hans-Walter, *Rassenhygiene, Nationalsozialismus, Euthanasie. Von der Verhütung zur Vernichtung "lebensunwerten Lebens", 1890-1945*, Göttingen, 1987.
Schönherr, Klaus, "Der Rückzug der Heeresgruppe A über die Krim bis Rumänien", in: Karl-Heinz Frieser (ed.), *Die Ostfront 1943/44. Der Krieg im Osten und an den Nebenfronten*, Munique, 2007, p. 451-490.
Schramm, Percy Ernst (ed.), *Kriegstagebuch des Oberkommandos der Wehrmacht (Wehrmachtführungsstab)*, 4 vols., Frankfurt a. M., 1961-1965.
Schreiber, Gerhard, "Das Ende des nordafrikanischen Feldzugs und der Krieg in Italien", in: Karl-Heinz Frieser (ed.), *Die Ostfront 1943/44. Der Krieg im Osten und an den Nebenfronten*, Munique, 2007, p. 1101-1162.
Schreiner, Klaus, "Wann kommt der Retter Deutschlands? Formen und Funktionen von politischem Messianismus in der Weimarer Republik", in: *Saeculum* 49 (1998), p. 107-160.
Schröder, Josef, *Italiens Kriegsaustritt 1943. Die deutschen Gegenmassnahmen im italienischen Raum: Fall "Alarich" und "Achse"*, Göttingen, 1969.
Schug, Alexander, "Hitler als Designobjekt und Marke. Die Rezeption des Werbegedankens durch die NSDAP bis 1933/34", in: Hartmut Berghoff (ed.), *Marketinggeschichte. Die Genese einer modernen Sozialtechnik*, Frankfurt a. M./Nova York, 2007, p. 325-345.
Schulz, Gerhard, *Von Brüning zu Hitler. Der Wandel des politischen Systems in Deutschland 1930-1933*, Berlin/Nova York, 1992.
Schulze, Hagen, *Weimar. Deutschland 1917-1933*, Berlim, 1982.
Schüren, Ulrich, *Der Volksentscheid zur Fürstenenteignung 1926. Die Vermögensauseinandersetzung mit den depossedierten Landesherren als Problem der deutschen Innenpolitik unter besonderer Berücksichtigung der Verhältnisse in Preussen*, Düsseldorf, 1978.
Schwarzenbeck, Engelbert, *Nationalsozialistische Pressepolitik und die Sudetenkrise 1938*, Munique, 1979.
Semmler, Rudolf, *Goebbels, the Man Next to Hitler*, Londres, 1947.
Siemens, Daniel, *Horst Wessel. Tod und Verklärung eines Nationalsozialisten*, Munique, 2009.
Silex, Karl, *Mit Kommentar. Lebensbericht eines Journalisten*, Frankfurt a. M., 1968.
Smelser, Ronald, *Das Sudetenproblem und das Dritte Reich (1933-1938). Von der Volkstumspolitik zur nationalsozialistischen Aussenpolitik*, Munique etc., 1980.
Smith, Bradley F., "Die Überlieferung der Hossbach-Niederschrift im Lichte neuer Quellen", in: *VfZ* 38 (1990), p. Viena 329-336.
Sodeikat, Ernst, "Der Nationalsozialismus und die Danziger Opposition", in: *VfZ* 14 (1966), p. 139-174.
Sontheimer, Kurt, *Antidemokratisches Denken in der Weimarer Republik. Die politischen Ideen des deutschen Nationalismus zwischen 1918 und 1933*, Munique, 1968.
Speer, Albert, *Erinnerungen*, Berlim, 1999.
Springer, Hildegard, *Es sprach Hans Fritzsche. Nach Gesprächen, Briefen und Dokumenten*, Stuttgart, 1949.
Steinert, Marlis G., *Hitlers Krieg und die Deutschen. Stimmung und Haltung der deutschen Bevölkerung im Zweiten Weltkrieg*, Düsseldorf/Viena, 1970.
Steinweis, Alan, *Art, Ideology, & Economics in Nazi Germany. The Reich Chamber of Music, Theater, and the Visual Arts*, Chapel Hill/Londres, 1993.
Stephan, Werner, *Joseph Goebbels. Dämon einer Diktatur*, Stuttgart, 1949.
Sternburg, Wilhelm von, *"Es ist eine unheimliche Stimmung in Deutschland". Karl von Ossietzky und seine Zeit*, Berlim, 1996.
Stourzh, Gerhard e Brigitta Zaar (eds.), *Österreich, Deutschland und die Mächte. Internationale und österreichische Aspekte des "Anschlusses" vom März 1936*, Viena, 1990.
Strauss, Richard und Zweig, Stefan: Briefwechsel, ed. Willi Schuh, Frankfurt a. M., 1957.
Strenge, Irene, *Kurt von Schleicher. Politik im Reichswehrministerium am Ende der Weimarer Republik*, Berlin, 2006.
Stumpf, Reinhard, "Die alliierte Landung in Nordwestafrika und der Rückzug der Deutsch-italienischen Panzerarmee nach Tunesien", in: Horst Boog et al., *Der globale Krieg. Die Ausweitung zum Weltkrieg und der Wechsel der Initiative 1941 bis 1943*, Stuttgart, 1990, p. 710-757.
Süss, Winfried, *Der "Volkskörper" im Krieg. Gesundheitspolitik, Gesundheitsverhältnisse und Krankenmord im nationalsozialistischen Deutschland 1939-1945*, Munique, 2003.
Sywottek, Jutta, *Mobilmachung für den totalen Krieg. Die propagandistische Vorbereitung der deutschen Bevölkerung auf den Zweiten Weltkrieg*, Opladen, 1976.
Tegel, Susan, *Jew Süss/Jud Süss*, Trowbridge, 1996.
Teppe, Karl, *Massenmord auf dem Dienstweg. Hitlers "Euthanasie"-Erlass und seine Durchführung in den Westfälischen Provinzialanstalten*, Münster, 1989.
Thacker, Toby, *Joseph Goebbels. Life and Death*, Houndmills, 2009.

Thamer, Hans Ulrich, *Verführung und Gewalt. Deutschland 1933-1945*, Berlim, 1986.
Thielenhaus, Marion, *Zwischen Anpassung und Widerstand: Deutsche Diplomaten 1938-1941. Die politischen Aktivitäten der Beamtengruppe um Ernst von Weizsäcker im Auswärtigen Amt*, Paderborn, 1985.
Tobias, Fritz, *Der Reichstagsbrand — Legende und Wirklichkeit*, Rastatt, 1962.
Trimborn, Jürgen, *Riefenstahl. Eine deutsche Karriere*, Berlim, 2002.
Turner, Henry Ashby, "The Myth of Chancellor von Schleicher's Querfront Strategy", in: *CEH* 41 (2008), p. Viena 673-681.
____, *Die Grossunternehmer und der Aufstieg Hitlers*, Berlim, 1985.
Tyrell, Albrecht, "Führergedanke und Gauleiterwechsel. Die Teilung des Gaues Rheinland der NSDAP 1931", in: *VfZ* 23 (1975), p. 341-374.
Ueberschär, Gerd R., *Freiburg im Luftkrieg, 1939-1945. Mit einer Photodokumentation zur Zerstörung der Altstadt am 27. November 1944*, Friburgo/Würzburg, 1990.
Umbreit, Hans, "Der Kampf um die Vormachtstellung in Westeuropa", in: Klaus A. Maier et al., *Die Errichtung der Hegemonie auf dem europäischen Kontinent*, Stuttgart, 1979, p. 235 a 327.
Ungváry, Krisztián, "Kriegsschauplatz Ungarn", in: Karl-Heinz Frieser (ed.), *Die Ostfront 1943/44. Der Krieg im Osten und an den Nebenfronten*, Munique, 2007, p. 849-958.
Uziel, Daniel, *The Propaganda Warriors. The Wehrmacht and the Consolidation of the German Home Front*, Berna, 2008.
Vogel, Detlef, "Das Eingreifen Deutschlands auf dem Balkan", in: Gerhard Schreiber, Bernd Stegemann e Detlef Vogel, *Der Mittelmeerraum und Südosteuropa. Von der "non-belligeranza" Italiens bis zum Kriegseintritt der Vereinigten Staaten*, Stuttgart, 1984, p. 417-511.
Vogelsang, Thilo, *Reichswehr, Staat und NSDAP*, Stuttgart, 1962.
Voigt, Gerhard, "Goebbels als Markentechniker", in: Wolfgang Fritz Haug (ed.), *Warenästhetik. Beiträge zur Diskussion, Weiterentwicklung und Vermittlung ihrer Kritik*, Frankfurt a. M., 1975, p. 231-260.
Voigt, Hans-Gunter, *Jüdisches Leben und Holocaust im Filmdokument 1930 bis 1945*, tese de doutorado, Koblenz, 2000.
Völker, Karl-Heinz, *Die deutsche Luftwaffe 1933-1939. Aufbau, Führung und Rüstung der Luftwaffe sowie die Entwicklung der deutschen Luftkriegstheorie*, Stuttgart, 1967.
Volsansky, Gabriele, *Pakt auf Zeit. Das Deutsch-Österreichische Juli-Abkommen 1936*, Viena/Colônia/Weimar, 2001.
Vorländer, Herwart, *Die NSV. Darstellung und Dokumentation einer nationalsozialistischen Organisation*, Boppard am Rhein, 1988.
Vysny, Paul, *The Runciman Mission to Czechoslovakia, 1938. Prelude to Munich*, Houndmills/Nova York, 2003.
Wagener, Otto, *Hitler aus nächster Nähe. Aufzeichnungen eines Vertrauten 1929-1932*, ed. Henry Ashby Turner, 2. ed., Kiel, 1978.
Waldecker, Christoph, "Rheydt 1815-1974", in: *Loca Desiderata*, vol. 311, Colônia, 2003, p. 241-372.
Walter, Dirk, *Antisemitische Kriminalität und Gewalt. Judenfeindschaft in der Weimarer Republik*, Bonn, 1999.
Wambach, Lovis Maxim, *"Es ist gleichgültig woran wir glauben, nur dass wir glauben." Bemerkungen zu Joseph Goebbels' Drama "Judas Iscariot" und zu seinen "Michael-Romanen"*, Bremen, s.d.
Warlimont, Walter, *Im Hauptquartier der deutschen Wehrmacht 1939-1945. Grundlagen — Formen — Gestalten*, vol. 1, Augsburg, 1990.
Weber, Wolfram, *Die Innere Sicherheit im besetzten Belgien und Nordfrankreich, 1940-1944. Ein Beitrag zur Geschichte der Besatzungsverwaltungen*, Düsseldorf, 1978, p. 59 e segs.
Wedel, Hasso von, *Die Propagandatruppen der Deutschen Wehrmacht*, Neckargemünd, 1962.
Wegner, Bernd, "Das Kriegsende in Skandinavien", in: Karl-Heinz Frieser et al. (eds.), *Die Ostfront 1943/44. Der Krieg im Osten und an den Nebenfronten*, Munique, 2007, p. 961 a 1008.
Wegner, Bernd, "Der Krieg gegen die Sowjetunion 1942/43" in: Horst Boog et al. (eds.), *Der globale Krieg. Die Ausweitung zum Weltkrieg und der Wechsel der Initiative 1941 bis 1943*, Stuttgart, 1990, p. 761-1102.
Weinberg, Gerhard, "Die deutsche Aussenpolitik und Österreich 1937/38", in: Gerald Stourzh e Brigitta Zaar (eds.), *Österreich, Deutschland und die Mächte. Internationale und österreichische Aspekte des "Anschlusses" vom März 1938*, Viena, 1990, p. 61-74.
Weiss, Hermann e Paul Hoser (eds.), *Die Deutschnationalen und die Zerstörung der Weimarer Republik. Aus dem Tagebuch von Reinhold Quaatz 1928-1933* (Schriftenreihe der Vierteljahrshefte für Zeitgeschichte 59), Munique, 1989.
Welch, David, *Propaganda and the German Cinema 1933-1945*, Londres, 2001.
Westphal, Uwe, *Berliner Konfektion und Mode, 1836-1939. Die Zerstörung einer Tradition*, Berlim, 1986.
____, *Werbung im Dritten Reich*, Berlim, 1989.
Wiechert, Ernst, "Der Totenwald". Ein Bericht, in: *Sämtliche Werke*, vol. 9, Viena/Munique/Basileia, 1957.
Wiggershaus, Norbert Theodor, *Der deutsch-englische Flottenvertrag vom 18. Juni 1935. England und die geheime deutsche Aufrüstung 1933-1935*, dissertação de mestrado, Bonn, 1972.
Winker, Klaus, *Fernsehen unterm Hakenkreuz. Organisation, Programm, Personal*, Colônia/Weimar/Viena, 1994.
Winkler, Heinrich August, *Weimar 1918-1933. Die Geschichte der ersten deutschen Demokratie*, Munique, 1993.

_____, *Der Weg in die Katastrophe. Arbeiter und Arbeiterbewegung in der Weimarer Republik 1930 bis 1933*, Berlim/Bonn, 1987.
Wittmann, Manfred, "Das 'Gästehaus' — eine Episode in der Geschichte von Schloss Rheydt 1917-1945", in: *Rheydter Jahrbuch für Geschichte, Kunst und Heimatkunde* 21 (1994), p. 27-68.
Woller, Hans, *Die Abrechnung mit dem Faschismus in Italien 1943 bis 1948*, Munique, 1996.
Wörtz, Ulrich, *Programmatik und Führerprinzip: Das Problem des Strasser-Kreises in der NSDAP. Eine historisch-politische Studie zum Verhältnis von sachlichem Programm und persönlicher Führung in einer totalitären Bewegung*, dissertação de mestrado, Erlangen, 1966.
Ziegler, Walter (ed.), *Die kirchliche Lage in Bayern nach den Regierungspräsidentenberichten 1933-1943*, vol. IV: *Regierungsbezirk Niederbayern und Oberpfalz*, Mainz, 1973.
Ziegler, Walter, "Der Kampf um die Schulkreuze im Dritten Reich", in: *Das Kreuz im Widerspruch. Der Kruzifix-Beschluss des Bundesverfassungsgerichts in der Kontroverse*, ed. Hans Maier, Friburgo/Basileia/Viena, 1996, p. Viena 40-51.
Zuschlag, Christoph, *"Entartete Kunst". Ausstellungsstrategien im Nazi-Deutschland*, Worms, 1995.
Zweite, Armin, "Franz Hoffmann und die Städtische Galerie", in: *Die "Kunststadt" München 1937. Nationalsozialismus und "Entartete Kunst"*, ed. Peter-Klaus Schuster, Munique, 1987, p. 261-288.

Índice onomástico

Abraham a Sancta Clara, 37
Albers, Hans, 221, 276
Alfieri, Dino, 304, 306, 311, 346, 396, 406-7
Allen, Clifford, 283
Alvensleben, Ludolf-Hermann von, 611
Alvensleben, Werner von, 179, 183
Amann, Max, 20, 131, 135, 144, 160, 168, 270, 301-2, 323-25, 328, 340, 379, 380, 438, 634
Antonescu, Ion Victor, 465, 597
Arco-Valley, Anton Graf von, 35
Armínio der Cherusker, 58
Attolico, Bernardo, 304, 398, 456
Augusto Guilherme, príncipe da Prússia (príncipe Auwi), 181, 206, 230

Baarová, Lída, 303, 308, 328, 341, 369, 370-73, 395
Backe, Herbert, 514, 568
Badoglio, Pietro, 548-50, 556, 558, 559
Bahr, Hermann, 36
Barlach, Ernst, 50, 254
Bärsch, Claus-Ekkehard, 62
Bartels, Gerhard, 28, 34
Bauer, Gustav, 138
Baum, Herbert, 478
Bebel, August, 58
Bechstein, Edwin, 87, 89
Beck, Józef, 237, 288, 389, 392, 399
Beckmann, Max, 332
Beethoven, Ludwig van, 273
Behr, Josefine von, 99
Beines, Herbert, 495, 505
Below, Nicolaus von, 367
Beneš, Edvard, 363, 367
Berg, Alban, 334
Bernadotte, Graf Folke, 628
Berndt, Alfred-Ingemar, 435-36, 440, 453, 530, 537, 567, 572
Bertram, Adolf, 454
Bethge, Friedrich, 336
Bettge, Ilse, 119
Billinger, Rudolf, 336
Bismarck, Otto von, 58, 386, 437
Blank, Herbert, 105, 195
Blomberg, Werner von, 225, 238-39, 246, 257, 262, 299, 324, 348, 351-53

Bodrero, Emilio, 224
Bohle, Ernst Wilhelm, 606
Bömer, Karl, 440, 444-45
Boncour, Paul, 237
Bóris III, tsar da Bulgária, 306
Bormann, Martin, 15, 315, 428, 443, 455, 479, 484, 502, 507-10, 512, 515, 521, 549, 561, 563, 569, 581, 589-91, 593, 594, 601-2, 606, 623, 628, 641, 646
Bose, Herbert, 259-60
Bracht, Franz, 184
Braeckow, Ernst, 453
Brandt, Karl, 510
Brauchitsch, Walther von, 353, 466
Braun, Eva, 544, 628-29, 646
Braun, Otto, 138, 184
Braun, Wernher von, 604
Bruckmann, Elsa, 89
Bruckmann, Hugo, 89
Bruckner, Anton, 499
Brüning, Heinrich, 133, 137, 143-44, 159-60, 164, 165-67, 170-73, 178, 179-80, 181, 184, 188-89, 198
Bülow, Bernhard Wilhelm von, 238
Bürckel, Josef, 284
Burte, Hermann, 336
Busse, Theodor, 627

Canaris, Wilhelm, 303
Carlos I, imperador da Áustria, 36
Carlos Magno, imperador romano-germânico, 321
Carlyle, Thomas, 616
Cerff, Karl, 528
Cervantes, Miguel de, 37
Chagall, Marc, 332
Chamberlain, Houston Stewart, 43, 105
Chamberlain, Neville, 356, 364-65, 366-67, 389, 392, 397, 404, 411
Chelius, Erika, 119-20
Choltitz, Dietrich, 494
Chuikov, Vassili, 13
Churchill, Winston, 411-12, 421, 431, 457, 558, 560, 585, 602, 604, 615, 621,
Chvalkóvski, Frantisek, 388
Ciano, Edda, condessa de Cortelazzo, 304, 560

792 ÍNDICE ONOMÁSTICO

Ciano, Galeazzo, conde de Cortelazzo, 304, 311, 394, 407, 441, 560
Class, Heinrich, 122
Cohn, Emil Ludwig, 220
Coulondre, Robert, 398
Cromwell, Oliver, 276
Cvetković, Dragiša, 441-42
Czapla, Ralf Georg, 33

Dahlerus, Birger, 398
Daladier, Édouard, 238-39, 367, 398
Daluege, Kurt, 85, 88
Dannhoff, Erika, 342
Darré, Walther, 186, 233, 531
Demandowsky, Ewald von, 327-29
Demann, Hermann, 222
Dertinger, Georg, 250-51
Dietrich, Otto, 324-25, 351, 356, 390, 405, 409, 420, 421, 439-40, 450, 463, 466-68, 488, 494, 496-97, 500-1, 510, 548, 559-60, 570, 571, 582, 588, 617, 621, 623-24, 634
Dietrich, Sepp, 494, 621
Diewerge, Wolfgang, 474
Dimitrov, Georgi, 241
Dix, Otto, 332
Dodd, William Edward, 306
Dohrmann, Franz, 262
Dollfuss, Engelbert, 237, 261
Dönitz, Karl, 13, 628
Dostoiévski, Fiódor, 32, 37, 39, 43, 45, 49, 50, 130, 494
Dressler-Andress, Horst, 223, 322
Drewes, Heinz, 334, 351
Duesterberg, Theodor, 166, 172

Ebert, Friedrich, 35
Eden, Anthony, 284-85, 313
Ehrhardt, Hermann, 150
Eichmann, Adolf, 435
Eisenstein, Sergei, 213
Eisner, Kurt, 35
Elbrechter, Helmuth, 66, 72, 81, 83
Elser, Georg, 413
Eltz-Rübenach, Paul von, 314
Engelhardt, Xenia von, 119-20
Epp, Franz Ritter von, 137, 143, 170, 195
Ernst, Karl, 256
Ernst, Max, 325
Esser, Hermann, 79, 168, 351, 420, 440
Euringer, Richard, 252

Fallada, Hans, 537
Farinacci, Roberto, 548, 549
Faulhaber, Michael von, 316
Faust, Hans, 592
Feder, Gottfried, 61, 77-79
Fegelein, Hermann, 628
Feininger, Lyonel, 332
Filderman, Wilhelm, 465
Finck, Werner, 383
Fischart, Johann Baptist, 37
Fischer, Hermann, 87
Fischer, Walter, 129, 130
Fleming, Paul, 37
Flisges, Richard, 24, 34, 43, 51, 67, 70, 106, 112, 130

Florian, Friedrich Karl, 416, 495
Foch, Ferdinand, 423
Ford, Henry, 55
Forst, Willi, 328
Forster, Albert, 150, 286, 434, 456
Francisco I, rei da França, 98
Franco, Francisco, 305, 431-32
François-Poncet, André, 257
Frank, Hans, 215, 412, 434-35
Frank, Karl Hermann, 347, 363-64
Franke, Heinz, 152, 182, 196
Frankfurter, David, 297
Frederico Guilherme I, rei da Prússia, 211
Frederico II (o Grande), rei da Prússia, 211, 482, 616-17
Frederico III, imperador alemão e rei da Prússia, 58
Freisler, Roland, 595
Frick, Wilhelm, 96, 137, 143, 144, 154, 159-60, 186, 188, 193, 197, 293, 315, 324, 484, 521, 523, 531, 543-44, 556
Friedländer, Richard, 155, 170
Fritsch, Theodor, 61
Fritsch, Werner von, 299, 352-53
Fritsch, Willy, 221
Fritzsche, Hans, 440, 485, 497, 528
Froelich, Carl, 328
Fröhlich, Elke, 16
Fröhlich, Gustav, 303, 304
Funk, Walther, 203-4, 209, 223, 325, 342, 350, 351, 371, 372, 408, 508, 509, 512, 514, 520-21, 532, 536, 561, 570
Furtwängler, Wilhelm, 215-16, 272-73, 333

Galen, Clemens August von, 454
Garbo, Greta, 213
Geitmann, Theo, 38
Gensicke, Elisabeth, 66, 69, 72
George, Heinrich, 276, 328, 338, 505
George, Stefan, 37, 39
Gerstenberg, Heinrich Wilhelm von, 37
Giesler, Paul, 577
Glasmeier, Heinrich, 322, 435-36, 474-75, 571
Globocnik, Odilo, 477
Goebbels, Elisabeth (irmã de J.G.), 24, 28, 36
Goebbels, Friedrich (Fritz, pai de J.G.), 24-26, 28, 30, 32-33, 34, 36-38, 44, 46, 51, 60, 71, 129, 130
Goebbels, Hans (irmão de J.G.), 24, 37, 38, 243, 340, 343
Goebbels, Hedwig (Hedda, filha de J.G.), 359, 609
Goebbels, Heidrun (Heide, filha de J.G.), 441
Goebbels, Helga (filha de J.G.), 189, 264, 289, 302, 342-43, 441, 518, 551, 609
Goebbels, Helmut (filho de J.G.), 294, 609
Goebbels, Hertha (cunhada de J.G.), 340, 343
Goebbels, Hilde (filha de J.G.), 246, 342, 518, 551, 609
Goebbels, Holdine (Holde, filha de J.G.), 343-44
Goebbels, Konrad (irmão de J.G.), 24, 129, 340, 347
Goebbels, Magda (esposa de J.G.), 14, 155-57, 158, 160-63, 167-70, 171-72, 175, 178, 189, 196, 203, 205, 216-17, 224, 226, 228-30, 243, 246-47, 260, 278-81, 287, 289, 290, 294, 297-99, 301-2, 303, 308-9, 331, 332, 341-44, 359, 369-73, 379-80, 381-82, 387, 395, 414, 441, 486, 518, 592, 597, 609, 625, 629, 645-46

Goebbels, Maria (irmã de J.G.), 24, 170, 340-41, 343, 456, 486
Goebbels, Maria Katharina (mãe de J.G.), 25-27, 46, 51, 60, 89, 171-72, 299, 341, 344, 370, 486, 551, 631
Goerdeler, Carl Friedrich, 188
Goethe, Johann Wolfgang von, 37, 61
Goetz, Curt, 48
Goga, Octavian, 349
Gógol, Nikolai, 50
Göring, Carin, 154
Göring, Hermann, 15, 128, 137, 141, 143, 146-51, 154-55, 159, 165, 177, 182, 183, 186, 189, 190, 192-93, 195, 197, 204-5, 206-7, 215, 219, 222, 223, 225, 226, 229, 230, 239-40, 241, 252-53, 258-59, 273, 279, 283, 284, 287-88, 293, 299, 300, 305, 337, 352-53, 356, 366, 371-73, 377, 381, 406, 408, 441, 479, 480, 484, 495, 511, 520-21, 532-33, 536, 539, 543-46, 549, 581, 590, 606, 613-14, 618, 620, 623, 626, 627, 646
Görlitzer, Artur, 209, 263, 291, 428, 572
Graefe, Albrecht von, 61, 64, 65, 68, 71
Graff, Sigmund, 336
Grandi, Dino, 548
Granzow, Walter, 170
Greiner, Erich, 223, 351
Groener, Wilhelm, 176, 179
Grohé, Josef, 257, 495, 567, 568
Gross, Walter, 230
Grosz, George, 332
Gründgens, Gustaf, 328, 337
Grünewald, Matthias, 272, 495, 505
Grynszpan, Herschel, 373-74
Guderian, Heinz, 601
Gundolf, Friedrich, 39, 42
Günsche, Otto, 629
Gürtner, Franz, 303
Gustloff, Wilhelm, 297
Gutsmiedl, Franz, 87
Gutterer, Leopold, 222, 351, 434, 440, 477, 528, 571

Habicht, Theodor, 260-61
Hadamovsky, Eugen, 223, 322, 436, 572
Haegert, Anneliese, 119
Haegert, Wilhelm, 196, 222, 351
Hagen, Hans Wilhelm, 588
Halbe, Max, 50
Hammerstein-Equord, Günther von, 147
Hamsun, Knut, 50, 539, 544
Hanfstaengl, Ernst, 195, 206, 325-26
Hanke, Karl, 223, 350, 360, 370-71, 395, 440, 609
Harden, Maximilian, 100
Harlan, Veit, 328, 527
Hartman, Paul, 328
Hasenclever, Walter, 36
Hasenöhrl, Franz, 222, 351
Hassell, Ulrich von, 224, 285
Hauenstein, Oskar, 85, 88
Hauptmann, Gerhart, 50
Heede, Tamara von, 99, 117
Heimsoth, Karl-Günther, 174
Heine, Heinrich, 31, 42
Heines, Edmund, 258
Heinz, Friedrich Wilhelm, 117

Held, Heinrich, 69
Helldorf, Wolf-Heinrich Graf von, 164-65, 170, 177-79, 187, 246, 260, 291, 353, 361-62, 371, 372, 374, 382, 531, 595-96
Henderson, Nevile, 397-98
Henlein, Konrad, 347-48, 359
Hentschel, Dora, 99
Hess, Rudolf, 82, 89, 105, 121, 169, 195, 230, 236, 241, 254, 257, 271, 283, 284, 292-93, 300, 315, 374, 407, 442-43
Hesse, Hermann, 50
Hewel, Walther, 563, 619
Heydrich, Reinhard, 316, 376, 404, 435, 459, 461, 490-92
Hierl, Konstantin, 137, 150, 154, 513
Hilpert, Hans, 338
Himmler, Heinrich, 15, 81, 125, 132, 134, 155, 195, 215, 303, 315, 353, 373, 510, 513, 521, 549, 556, 561-62, 563, 569, 589-90, 601, 602, 606, 608, 619-20, 623, 624, 626, 628, 641, 646
Hindemith, Paul, 272-73, 333-34
Hindenburg, Oskar von, 178
Hindenburg, Paul von, 70, 128, 133, 137, 139, 159n, 165, 171-76, 178, 179-80, 181, 186-87, 189-90, 192, 197-98, 210, 211, 218, 230, 257, 259, 261-62, 264, 269
Hinkel, Hans, 351, 434, 440, 474, 476, 528
Hippler, Fritz, 275, 327, 476, 527
Hitler, Adolf, 13-19, 35, 42-43, 52-53, 57, 66-72, 73-84, 86-87, 89-90, 92, 93, 96, 98, 99, 105, 109, 111, 112-14, 121, 122-28, 131-33, 134, 135, 137, 139-42, 143-44, 145-55, 156, 159-63, 165-70, 171-76, 177-78, 180, 181-83, 186-89, 190-91, 192-97, 198-99, 203-12, 214-18, 219, 221-22, 225-34, 236, 238-40, 241, 242-43, 245-48, 252-54, 255-60, 261-63, 264-66, 271-73, 277-78, 280-81, 283-85, 287-95, 297-312, 313-21, 323-33, 337-38, 339, 340-45, 346-50, 352-65, 366-68, 369-73, 374, 375, 376, 378-80, 381, 383, 385, 387-400, 403-7, 409-13, 414-25, 426-37, 439, 441-46, 447, 448-50, 454-59, 460, 461-63, 465, 468-69, 470-73, 476, 478-84, 486, 487-88, 490-92, 496, 497-99, 500, 501-16, 519, 520-21, 523-24, 527-28, 532-33, 535-36, 537, 539, 541, 543-45, 547-50, 555, 556, 558-60, 562-63, 566-75, 577-78, 580-81, 582-84, 586, 587-90, 592, 594, 595-96, 598, 601-3, 606-9, 610, 611-17, 618-23, 625, 626-29, 632-36, 637, 639-40, 642-46, 653
Hoffmann, Albert, 567
Hoffmann, Heinrich, 330, 594
Hofmann, Franz, 333, 351
Hofmannsthal, Hugo von, 271
Hölderlin, Friedrich, 37
Hörbiger, Attila, 357
Horthy, Miklós, 363, 391, 535, 573, 574
Hossbach, Friedrich, 348
Hugenberg, Alfred, 122, 127, 133-34, 166, 171, 192, 197, 226, 326
Humberto II, rei da Itália, 304
Hustert, Hans, 71

Ibsen, Henrik, 36, 37
Imrédy, Béla, 573
Innitzer, Theodor, 357

ÍNDICE ONOMÁSTICO

Jacques, Norbert, 537
Jahn, Otto Heinz, 527
Jahncke, Kurt, 222, 235
Janke, Else, 23, 41-44, 45-48, 51, 53-54, 59-60, 66, 69, 72-74, 84, 99
Janke, Trude, 54
Jannings, Emil, 328
Jarres, Karl, 70
Jetter, Heinz, 554-55
Jodl, Alfred, 463, 548, 559, 568
Joël, Curt, 164
Johst, Hans, 336
Jukov, Gueorgui, 13
Júlio César, 39
Jung, Edgar Julius, 260
Jünger, Ernst, 105

Kaiser, Georg, 36, 50
Kalckreuth, Eberhard Graf von, 166
Kalidasa, 37
Kaltenbrunner, Ernst, 616
Kammler, Hans, 604
Kandinsky, Wassily, 332
Kapp, Wolfgang, 37
Kästner, Erich, 220
Kaufman, Theodore N., 457
Kaufmann, Karl, 65-66, 70-72, 73-74, 76, 79-83, 111, 611
Käutner, Helmut, 526
Keitel, Wilhelm, 353, 387, 390, 406, 423, 508, 509, 519, 520, 521, 589, 623
Kern, Erwin, 87
Kerr, Alfred, 228
Kerrl, Hanns, 180, 220, 292, 314-16, 318, 454
Kimmich, Axel, 340-41
King-Hall, Stephen, 395
Kircher, Rudolf, 249-50
Kirchner, Ernst Ludwig, 332
Klausener, Erich, 259
Klee, Paul, 332
Kleist, Heinrich von, 37
Klemperer, Otto, 42, 215
Klemperer, Victor, 94, 267
Klöpfer, Eugen, 338
Klotz, Helmuth, 179
Koch, Erich, 97-98, 434, 444
Kolbenheyer, Erwin Guido, 336
Kölsch, Agnes, 30, 32
Kölsch, Karl Heinz ("Pille"), 29-31, 118, 340
Kölsch, Liesel, 30-31
Kotzias, Kostas, 391
Krage, Lene, 29-30
Krause, Willi, 275
Krauss, Werner, 229
Krebs, Hans, 13
Kriegler, Hans, 322, 351
Kriegsheim, Arno, 172
Krofta, Kamil, 359
Krüger, Hardy, 527
Krukenberg, Gustav, 223
Kube, Wilhelm, 61, 64, 65
Kunz, Helmut, 14
Kuppe, Alma, 73
Kütemeyer, Hans-Georg, 114, 128, 130
Kutscher, Artur, 36

Lagerlöf, Selma, 50
Lammers, Hans Heinrich, 210, 253, 460, 508-9, 511-12, 521, 532, 589, 591, 594
Lang, Fritz, 213
Laubinger, Otto, 222, 253
Lautensack, Heinrich, 36
Laval, Pierre, 432, 505
Lehman, Jutta, 118
Leichtenstern, Ernst von, 327, 351
Lemmer, Ernst, 172
Lenin, Vladimir, 55, 75, 77, 79, 494
Lessing, Gotthold Ephraim, 37
Levetzow, Magnus von, 204, 291
Ley, Robert, 79, 215, 229, 234, 243, 254-55, 321, 344, 382, 508, 513, 518-21, 525, 532, 536, 556, 568, 570, 602, 626
Liebeneiner, Wolfgang, 438, 527
Lippert, Julius, 100, 127, 291, 428-29
Liszt, Franz, 447
Löbe, Paul, 172, 179
Logau, Friedrich von, 37
Lohse, Hinrich, 444
Löpelmann, Martin, 138
Lubbe, Marinus van der, 206, 241
Lüdecke, Kurt, 303
Ludendorff, Erich, 48, 57, 61, 64, 65, 68, 70
Lutze, Viktor, 73, 258
Luxemburgo, Rosa, 35n, 58

Maeterlinck, Maurice, 37
Maikowski, Hans, 204
Mann, Heinrich, 43, 220
Mann, Thomas, 50
Martin, Leo, 406
Marx, Karl, 58, 90
Meissner, Otto, 139, 178-80, 197
Metaxas, Ioannis, 309, 391
Meyer, Alfred, 455
Meyrink, Gustav, 36
Miguel I, rei da Romênia, 597
Miklas, Wilhelm, 355-56
Milch, Erhard, 518, 532, 541-42
Moeller van den Bruck, Arthur, 105
Moeller, Felix, 525
Möller, Eberhard Wolfgang, 336
Möller, Gunnar, 527
Molotov, Viatcheslav, 432-33
Montez, Lola, 328
Montgomery, Lorde Bernhard, 504
Morell, Theo, 609
Morgenthau, Henry, 600
Mosley, Oswald, 281
Mosse, Rudolf, 54
Motta, Giuseppe, 237
Mozart, Wolfgang Amadeus, 499
Muchow, Reinhold, 95, 115-16, 140
Muhs, Hermann, 316
Müller, Erich, 351, 395
Müller, Hermann, 132-33
Müller-Scheid, Wilhelm, 329
Mumme, Anka, 243
Mumme, Georg, 38, 116, 119, 230
Münchmeyer, Ludwig, 111, 138
Mündler, Eugen, 324-25

Mussolini, Benito, 105, 223-25, 261, 285, 288, 294, 304-5, 310-11, 346-47, 359, 367, 392, 398, 414-15, 420, 431, 432, 548-49, 556, 559-60
Mussolini, Rachele, 560
Mutschmann, Martin, 611

Napoleão Bonaparte, 423, 442, 527
Naumann, Werner, 351, 563, 571, 592, 601, 602
Neuhaus, Karl, 65
Neurath, Konstantin Freiherr von, 179, 225, 237, 239, 348, 353
Nieland, Hans, 611
Niemöller, Martin, 318-19, 385
Nierentz, Hans Jürgen, 275
Nietzsche, Friedrich, 547
Nolde, Emil, 50, 254, 332
Noske, Gustav, 58
Nöthling, August, 531-32

Odenhausen, Katharina ver Goebbels, Maria Katharina
Opitz, Martin, 37
Oppenhoff, Franz, 624
Orthmann, Eugen Erich, 338
Oshima, Hiroshi, 601-2
Ossietzky, Carl von, 220, 320, 539
Ott, Eugen, 193
Ott, Karl, 351

Papen, Franz von, 179-84, 187-90, 192-93, 196-97, 198, 199, 203, 205, 206, 223, 256-58, 260, 261-62, 305, 354, 644
Paudler, Maria, 221
Paulo, príncipe da Iugoslávia, 442
Paulsen, Harald, 338
Paulus, Friedrich, 514
Pavolini, Alessandro, 420, 447
Pedro II, rei da Iugoslávia, 442
Pétain, Philippe, 422, 432
Peters, Carl, 437
Pfeffer von Salomon, Franz, 77, 79-83, 111, 113, 115, 139-40, 141, 246, 260-61
Philipp, príncipe de Hessen, 168
Pilsudski, Józef Klemens, 287
Pio XI (papa), 316, 456, 563
Polzin, Johanna, 118
Potocki, Jerzy Graf, 616
Prang, Fritz, 33, 54, 60-61, 62, 340, 486

Quandt, Ello, 279, 342
Quandt, Günther, 155-56, 158, 169-70, 246, 278
Quandt, Harald, 14, 156, 167, 178, 246, 278, 597
Quandt, Magda ver Goebbels, Magda
Quisling, Vidkun, 419

Raabe, Peter, 334
Raabe, Wilhelm, 29, 30
Raeder, Erich, 299
Rath, Ernst vom, 373-74
Rathenau, Walther, 87
Raubal, Geli, 163, 167, 169, 280
Rehm, Rudolf, 87
Reichenau, Walter von, 261
Reinecker, Herbert, 526

Reinhardt, Fritz, 135
Reitsch, Hannah, 14
Remarque, Erich Maria, 145, 220
Remer, Otto Ernst, 588
Reschny, Hermann, 260
Reupke, Hans, 149
Reventlow, Ernst von, 61, 65, 68, 71, 111, 138
Ribbentrop, Joachim von, 287-89, 299, 314, 353, 359, 360, 387, 389, 390, 396, 399, 400, 403, 405, 409, 410, 430, 439, 440, 444, 460, 531, 549, 563, 571, 580, 587, 601, 603, 606-7, 613-14, 619-20
Ricardo III, rei da Inglaterra, 97
Riefenstahl, Leni, 195, 221, 229, 243, 264-65, 306-7
Rienhardt, Rolf, 325
Ripke, Axel, 63, 66, 69-72, 138
Ritschel, Oskar, 155
Rode, Wilhelm, 338
Röhm, Ernst, 64, 105, 144, 147-48, 150, 159, 174, 176, 178, 179, 187-89, 192, 195, 226-27, 241, 255-60, 352
Rommel, Erwin, 493, 500, 503, 505, 536, 595
Roosevelt, Theodore, 393, 444, 457, 471, 602, 621, 626
Rosenberg, Alfred, 75, 105, 126, 137, 143, 150, 219, 229, 241, 254-55, 263, 270-73, 295, 303, 321, 333, 419, 436, 444, 498, 544, 570, 580, 587, 606, 626, 635
Rousseau, Jean-Jacques, 90
Rühmann, Heinz, 276, 475
Runciman, Lorde Walter, 363
Rust, Bernhard, 82, 203, 253-54, 256, 267, 273, 331, 531, 556

Sachs, Hans, 37
Sahm, Heinrich, 428
Sarfatti, Margherita, 105
Sauckel, Fritz, 480-81, 508-9, 512, 514, 532, 593
Sauerbruch, Ferdinand, 380
Saur, Karl-Otto, 622
Schach, Gerhard, 572
Schacht, Hjalmar, 166, 239, 350
Schaub, Julius, 281, 603
Schauwecker, Franz, 105
Scheffer, Paul, 324
Schieber, Walter, 577
Schiller, Friedrich, 56, 61-62, 67, 336-37
Schirach, Baldur von, 278, 310, 434, 498-99, 544-45
Schirach, Henriette von, 278, 545
Schlange, Ernst, 83, 85
Schleicher, Kurt von, 159n, 165, 176-80, 181-84, 186-89, 193-98, 257, 259, 634
Schlösser, Eugen, 335
Schlösser, Rainer, 253, 335, 351
Schmidt-Ehm, Kurt, 274
Schmidt-Leonhardt, Hans, 351
Schmiedicke, Erich, 83, 85, 87
Schmitt, Kurt, 239
Schmundt, Rudolf, 406, 510
Schönberg, Arnold, 334
Schönherr, Dietmar, 527
Schröder, Ottilie von, 205
Schulz, Paul, 151
Schumacher, Kurt, 172
Schumann, Robert, 474

Schuschnigg, Kurt, 305, 354-55
Schütz, Wilhelm von, 39
Schwaebe, Martin, 324
Schwägermann, Günther, 14
Schwarz, Franz-Xaver, 246, 292
Schwarzer, Erich, 324
Schweitzer, Hans Herbert (Mjölnir), 89, 100, 116, 119, 274, 330, 486
Seeger, Ernst, 222
Seldte, Franz, 122, 166, 556
Serrano Súñer, Ramón, 431
Seyss-Inquart, Arthur, 354-56, 412
Shakespeare, William, 335-37
Shaw, Bernard, 337
Silex, Karl, 269, 324-25
Simon, John, 237, 284-85
Solms, Bernhard Bruno Grafzu, 338
Sonnemann, Emmy, 287
Sostschenko, Mikhail, 415
Spee von Langenfeld, Friedrich, 37
Speer, Albert, 15, 226, 245, 265, 274, 280, 344, 393, 479, 490, 508, 512, 514, 518, 520-21, 532, 536, 540, 541, 561, 570, 571, 585-87, 589, 590, 596, 598, 600, 601, 607, 614, 622-23, 641, 646
Spengler, Oswald, 38-41, 63
Stalherm, Anka, 31-39, 42, 47, 51, 59-60, 66, 69, 73, 106, 116-20, 155-57, 169, 216, 230, 243-44
Stalherm, Willy, 31
Stalin, Josef, 13, 397, 410, 414-15, 429, 444-45, 449, 451-52, 558, 560, 575, 613, 615, 619-21, 628
Stark, Georg, 93, 124
Stauffenberg, Claus Schenk Graf von, 587-89
Steeg, Ludwig, 429, 554, 572
Steengracht, Gustav Adolf, 563
Steiger, Hans, 87, 89, 99
Stennes, Walter, 111-13, 115, 139-44, 146, 147-48, 149-53, 176, 255, 590
Strasser, Gregor, 61, 64, 69, 73-79, 80-83, 85, 87, 88, 90, 96-99, 100, 110-11, 123-24, 131-32, 133, 134-35, 137-38, 144, 150, 154-55, 159, 160, 177, 182-83, 186, 188-89, 190, 192, 193-97, 257, 259, 590, 634
Strasser, Otto, 85, 87, 88, 90, 96-99, 100, 105, 110-11, 114, 124, 131-32, 134-36, 413, 643
Strauss, Richard, 36, 271, 273, 373-74
Stravinski, Igor, 334
Streicher, Julius, 61, 79, 215, 230, 349
Stresemann, Gustav, 71, 100
Streve, Charlotte, 120
Strindberg, August, 36, 50
Stuckart, Wilhelm, 518, 556, 594, 601
Stumpfegger, Ludwig, 14
Sündermann, Helmut, 497, 624
Suvich, Fulvio de, 224, 237, 304
Sztójay, Döme, 574, 581

Talleyrand-Perigord, Charles-Maurice de, 98
Taubert, Eberhard, 444
Tchitcherin, Geórgi, 55
Teleki, Pál, 391
Terboven, Josef, 111, 419, 539
Thierack, Otto Georg, 518, 531
Thoma, Ludwig, 319
Tiessler, Walter, 552

Toller, Ernst, 57
Tolstói, Lev, 36-37, 50
Tonak, Albert, 116, 246
Torgler, Ernst, 241, 422
Trautmann, Walter, 324
Trenker, Luis, 213, 221, 276, 308
Treviranus, Gottfried, 164
Trótski, Leon, 55, 220
Tucholsky, Kurt, 220

Ucicky, Gustav, 252
Uhland, Ludwig, 292
Ulbricht, Walter, 146
Ullrich, Luise, 289
Urbšys, Juozas, 389

Vahlen, Theodor, 74
Van Gogh, Vincent, 49-50, 254
Vansittart, Robert, 306
Veesenmayer, Edmund, 574
Vienurovski, Ivan, 106-8
Vítor Emanuel III, rei da Itália, 224, 304, 560
Vlassov, Andrei Andreievitch, 562
Voss, Christian, 28-29, 299, 505

Wackenroder, Wilhelm Heinrich, 37
Wagener, Otto, 148-49, 162
Wagner, Adolf, 230, 328, 358, 456
Wagner, Eduard, 466
Wagner, Richard, 43, 61, 67, 205, 228, 335, 375
Waldberg, Max von, 39-40
Walter, Bruno, 36, 215, 271
Wedekind, Frank, 37
Wegener, Paul, 592
Weidemann, Hans, 254-55, 333
Weidenmann, Alfred, 526
Weill, Kurt, 334
Weismann, Robert, 164
Weiss, Bernhard, 101-4, 114, 141, 152, 179, 184, 349
Weissauer, Ludwig, 151
Weizsäcker, Ernst Freiherr von, 367, 405
Welk, Ehm, 250
Wels, Otto, 212
Wenck, Walther, 627
Wentscher, Bruno, 406
Werlin, Jakob, 206
Wessel, Horst, 115, 121, 129-30, 180, 221, 310
Wessel, Werner, 129
Wessely, Paula, 357
Wiechert, Ernst, 385
Wiegershaus, Friedrich, 62, 65-66, 68
Wieman, Mathias, 328
Wilke, Franz, 140
Wilson, Horace, 366-67
Winkler, Max, 528
Wolff, Karl, 510
Wolff, Theodor, 220
Wulle, Reinhold, 65, 68

Zeitzler, Kurt, 510-11, 544
Ziegler, Adolf, 274, 330, 333-34
Zörgiebel, Karl Friedrich, 97
Zweig, Arnold, 117, 271
Zweig, Stefan, 271, 273

Índice toponomástico

Aachen, 46, 175, 454, 600, 605, 610, 624
África, 288, 304-5, 430, 453, 473, 489, 490, 493, 503, 504-6, 535, 538, 597
Albânia, 392, 432
Angermünde, 120
Antuérpia, 423, 604, 610
Anzio, 573
Argélia, 504
Arnheim, 600
Arras, 423
Aschersleben, 119
Atenas, 308-9, 391, 442
Auschwitz, 492, 575
Áustria, 49n, 260-61, 271, 277, 288, 304, 305, 311-12, 314, 347-49, 354-57, 358, 359, 499, 544-45, 621
Avranches, 592

Babruisk, 584
Bad Godesberg, 257-58, 366
Bad Harzburg, 119, 165-67, 198
Bad Oeynhausen, 197
Bad Wiessee, 258-59
Baku, 500
Baltrum, 23, 43
Bamberg, 78
Bath, 484
Bayreuth, 141, 228, 260-61, 305, 306, 318, 343, 363, 395
Bélgica, 421-22, 423, 459, 596, 604
Belgorod, 546, 555
Belgrado, 261, 391
Belzec, 477
Bengasi, 472
Berchtesgaden, 82, 175, 178, 186, 188, 214, 217, 218, 229, 230, 331, 341, 342, 354, 364-65, 396-97, 443, 520, 532, 609, 627
Berlim, 13-14, 17-18, 20, 37, 54, 57, 65, 82-84, 85-94, 96-99, 101, 102-5, 109-10, 111-18, 120, 121-33, 135, 140-46, 150-51, 152-55, 156, 158-61, 165-66, 168-73, 175, 177, 178, 183, 185, 186-88, 190, 191, 192, 193, 196-97, 204-6, 207, 209-10, 211, 216-17, 220, 223, 224-25, 228, 229, 230, 231, 235, 237, 240-43, 245-46, 248, 252, 253, 256, 257-59, 260, 261-63, 264, 265, 271, 272, 275, 276, 279, 281, 284-85, 287, 289, 290-92, 295, 298, 299, 301, 303, 304, 306, 309-12, 315, 328, 330-31, 333, 337, 340-44, 346, 354, 356, 357-58, 359, 360-64, 366-68, 370-75, 377, 380, 381-83, 388-90, 391, 393-97, 399, 405, 409, 413, 419, 420, 423-25, 427-29, 431, 432, 433-35, 439, 441, 443, 445, 453, 454, 456-57, 461, 463, 466, 470, 476, 478-79, 483-84, 485-86, 488, 490, 491, 496, 498-99, 505-6, 515-16, 519, 522-25, 540, 541, 545, 547, 550-53, 555, 564, 566-68, 570, 572, 574, 576, 588-89, 592, 596, 599, 601, 608, 611, 614, 619, 620, 622, 625-29, 632, 633, 642, 645-46
Bernau, 103
Beuthen, 187
Bielefeld, 243
Bochum, 161, 541, 599
Bolívia, 144
Bolonha, 223
Bonn, 24, 29-31, 233, 257-58
Borkum, 111, 118
Borne Sulinowo, 406
Bratislava, 387-88
Braunschweig, 76, 165, 167, 173
Breslávia, 126, 141, 205, 241, 299, 351, 454, 585, 609
Brünn, 360
Bruxelas, 317, 420, 423
Budapeste, 391, 499, 573-74
Bydgoszcz, 404

Cairo, 392, 500
Canterbury, 492
Caputh, 188
Carcóvia, 530, 555, 556
Chelmno, 477, 491
Chemnitz, 77
Colônia, 23-24, 30, 42, 44, 49, 174, 205, 216, 241, 257, 264, 269, 292, 300, 454, 492-93, 495, 496, 542, 546, 567, 577, 641
Compiègne, 423
Copenhague, 418
Córsega, 558
Cottbus, 95
Cracóvia, 441, 570

798 ÍNDICE TOPONOMÁSTICO

Creta, 445
Crimeia, 489
Croácia, 558, 620

Dachau, 258
Danzig, 150, 285-86, 389, 394, 398-99, 409
Darmstadt, 599, 622
Davos, 297
Delfos, 308
Dessau, 99, 374
Dinamarca, 417-18
Doorn, 147
Dortmund, 205
Dresden, 123-24, 140, 246, 256, 273, 279, 343, 592, 611
Duisburg, 49, 505, 599
Düsseldorf, 24, 49, 54, 174, 299, 300, 340, 416, 495, 541, 542

Egito, 391-92, 504, 506
El Alamein, 493, 503, 559
Elberfeld, 57, 62, 65, 66, 68-69, 71-74, 77, 78, 81, 83-84, 86, 97, 505
Escócia, 443
Eslováquia, 387, 430, 575
Espanha, 305, 312, 325, 328, 430, 432, 621
Essen, 79, 81, 99, 111, 184, 205, 257, 262, 300, 419, 525, 599
Estados Unidos da América, 304, 306, 400, 411, 417, 445-46, 450, 457, 465, 470-71, 569, 605, 613, 615-16
Estocolmo, 601, 620
Etiópia (Abissínia), 288, 292, 294, 298, 304, 310-11
Exeter, 484

Falaise, 596
Feltre, 548
Finlândia, 574, 597
Florença, 432
França, 98, 225, 237-38, 282, 283, 285, 288, 298, 299, 304-5, 311, 312, 348, 355, 358-59, 367, 393, 398, 400, 403, 404, 409-11, 414, 416, 421, 422, 430-34, 452, 459, 504-5, 558, 571, 576, 581, 596, 599, 604, 642
Frankfurt, 35, 49, 175, 205, 241, 299
Frauenmark, 170
Freudenstadt, 424
Friburgo, 31, 34, 36, 38, 216, 420, 599
Fürstenberg, 186

Garmisch, 112, 297-98
Gastein, 395
Geistenbeck, 24
Genebra, 237-39, 643
Gibraltar, 430-31
Gleiwitz, 403
Godesberg, 257-58, 366
Goslar, 119
Grã-Bretanha, 225, 288-89, 290, 304, 311, 312, 313, 367, 389, 392-93, 394-95, 397-98, 400, 403, 411, 416, 417, 422, 426-27, 429-39, 432, 445, 450, 465, 542, 558, 563, 577, 578n, 581, 603, 604, 615, 640
Graz, 355
Grécia, 308, 391, 431-32, 442, 558
Grumsin, 120

Hagen, 73
Haia, 420, 423, 570
Hamburgo, 140, 161, 177, 205, 228, 241, 257, 262, 526, 550-52, 611
Hameln, 233
Hamm, 69
Hanôver, 74, 76-77, 79, 138, 205, 222, 233, 626
Heidelberg, 38-40, 106, 216, 260, 546
Heilbronn, 599
Heiligendamm, 228-29, 260, 289-90, 291-92, 331
Helgoland, 363
Hendaye, 431
Hildesheim, 622
Hohenlychen, 619
Holanda, 37, 420, 422, 423, 459, 604
Hungria, 49, 311, 312, 365, 387, 430, 574-75, 596, 620, 621

Ialta, 615
Índia, 506
Inglaterra, 58, 78, 80, 97, 283, 285, 289, 292, 298, 304, 312, 347, 355, 372, 394, 397-400, 409-11, 413, 414, 416, 419, 420, 424, 426, 431, 445-46, 448, 450, 470, 500, 533, 562-63, 569, 577-78, 580, 583, 601, 613, 619
Innsbruck, 118, 217
Irã, 500, 506
Iraque, 500
Itália, 78-80, 223-25, 285, 288, 292, 294, 304, 306, 311-12, 313, 347-48, 355, 359, 361, 367, 387, 394, 397, 398, 419, 430, 431, 548-50, 556, 558-60, 573, 575, 597
Iugoslávia, 261, 312, 349, 430, 431, 441-42

Japão, 292, 311-12, 394, 400, 430, 431, 445, 450, 470, 601, 602
Jena, 175

Kamianets-Podilskyi, 574
Karlsbad, 359
Karlsruhe, 38, 240-41
Kassel, 253, 374-75, 543, 624
Katyn, 533-34, 537-38, 541, 559, 640
Kaunas, 359
Kiel, 363
Kiev, 451, 461
Kladno, 491
Klebheim, 574, 581
Koblenz, 216, 264, 282, 299, 317, 651, 652
Kolberg, 527
Königsberg, 77, 150, 207, 208, 625
Krasny, 500
Kursk, 546-47, 555, 561

Landsberg, 66-67
Langemarck, 423
Lanke, 303, 381-82, 487, 507, 551, 567, 587, 609, 611
Leipzig, 139, 143, 153, 241, 299
Lichterfeld, 96, 104
Lídice, 491
Lindau, 217
Linz, 357, 499
Lituânia, 359, 389, 466

Locarno , 288, 299-301
Łódź, 412
Londres, 226, 284, 289, 300, 314, 326, 360, 365, 368, 388, 389, 392, 394, 396, 398-99, 403, 406, 409, 413, 417, 427, 432, 445, 450, 540, 551, 563, 576-77, 582, 583, 604, 608, 647
Lovaina, 423
Lubań, 617
Lübeck, 481-82, 484, 526, 628
Lublin, 477-78
Luxemburgo, 420, 596
Lviv, 415, 449, 591

Madagascar, 358, 434, 477
Madri, 305
Magdeburgo, 174, 458
Majdanek, 491
Mannheim, 260
Marburg, 257, 260
Marrocos, 504
Mauerwald, 466
Meersburg, 217
Milão, 311
Minsk, 449, 584
Mönchengladbach, 46, 62, 215, 599
Montoire, 432
Moscou, 13, 77, 396, 397, 405, 410, 433, 443-45, 450, 463, 469, 563, 601, 602, 614
Munique, 16, 32, 35-38, 41, 48, 52-53, 57, 72-84, 85-86, 89, 95, 98, 104, 106-7, 112-14, 118, 121, 123, 124, 126, 127, 131, 132,134, 137-38, 140, 144, 147, 148, 150-54, 156, 160, 163, 164, 167, 168, 170-71, 174-75, 182, 183, 185, 189, 190, 197, 204, 217, 222, 227, 230, 233, 241, 247, 258-59, 264, 266, 281, 292, 295, 297-99, 301, 325, 328, 330-33, 346, 349, 358, 366-68, 369, 373-75, 382, 387-88, 413, 414, 456, 468, 504-5, 519, 524, 568-69, 570, 577, 587, 611, 632
Münster, 34, 454

Nantes, 459
Nápoles, 359, 558
Narvik, 417, 419-20
Nemmersdorf, 605
Neudeck, 261-62
Neuss, 62, 495
Noruega, 417-20, 459, 539, 596-97
Norwich, 484
Nova York, 293
Nuremberg, 103, 120, 131, 228, 230, 243, 264, 273, 289, 292-93, 299, 303, 308, 363-64, 413, 578, 581, 611

Obersalzberg, 175, 196, 217, 229-30, 234, 264, 308, 315-16, 331, 342-43, 364, 365, 371, 380, 396, 441, 543-44, 580, 583, 584
Odessa, 574
Oranienburg, 222
Oriol, 546, 555
Oslo, 418-20
Ostrau, 363

Palestina, 500
Paris, 283, 360, 365, 368, 373, 381, 388, 396, 403, 407, 409, 411, 422, 423, 459, 571, 596, 604

Plauen, 76
Polônia, 237, 282-83, 287-88, 292, 312, 349, 365, 389, 392-94, 396-400, 403-4, 406, 409-10, 412, 418, 434-35, 477, 507, 562, 616, 620, 638, 644
Posen, 477n, 514, 553, 561, 592
Potempa, 188
Potsdam, 87, 89, 99, 175, 183, 188, 210-11, 212, 232, 299, 381, 543
Praga, 347, 349, 359-60, 363-65, 366, 387-89, 459, 461, 490-91, 637
Prien, 187

Quebec, 602-3

Rastenburg, 511
Ravensbrück, 491
Recklinghausen, 34, 38
Reichenhall, 217
Remagen, 622
Rheindahlen, 29-30
Rheydt, 23-25, 30, 32-35, 38-41, 42-44, 45-46, 48, 55-57, 59, 60, 62, 65-66, 88, 89, 99, 129, 183, 205, 217, 241, 243, 299, 340, 486, 495, 505, 554, 624, 632
Riesa, 452
Rodes, 392
Roma, 223-25, 261, 285, 311, 357, 548-49, 558, 573, 580
Romênia, 430, 432, 442, 575, 597
Rostock, 484
Rostov, 506
Rússia, 37, 41, 45, 50, 74-78, 80, 81, 107, 199, 292, 410, 415, 430, 433, 444-46, 448, 469, 471, 488, 494, 628, 642

Sachsenhausen, 478
Salerno, 558-59
Salzburgo, 357
São Petersburgo (Leningrado), 450, 614
Sardenha, 558
Schwanenwerder, 301-3, 331, 340-41, 343-44, 369, 372, 379, 380, 381, 382, 441, 487, 551, 567, 645
Schwerin, 297
Sebastopol, 494
Sérvia, 459
Severin (Mecklemburgo), 119-20, 157, 164, 170, 178, 181-82, 428
Sicília, 547-48, 556, 558, 573
Smolensk, 451-52, 466, 555, 556, 561
Solingen, 599
Spas-Demensk, 556
St. Johann, 217
St. Peter-Ording, 158
Stalingrado, 493, 500-1, 503, 506, 507, 509-11, 513-14, 528, 535, 537, 548, 559, 639
Starnberg, 80
Stettin, 370
Stresa, 285, 288
Stuttgart, 81, 97, 205, 241, 362
Suécia, 146, 417, 614, 621
Suíça, 221, 237, 297, 413, 616, 621

Tchecoslováquia, 277, 305, 314, 347-49, 354, 358, 360, 363-68, 385, 387, 392, 637

Tebas, 308
Teltow, 113
Ternopil, 574
Tobruk, 505
Tóquio, 445
Transnístria, 465
Traunstein, 217
Trebbin, 96
Tréveris, 282
Trondheim, 420
Tübingen, 188
Túnis, 505, 535-37, 540

Ucrânia, 386, 444, 449, 561, 591
Ulm, 143
União Soviética, 13, 20, 75, 79, 90, 288, 311-12, 396, 400, 410, 415, 426, 429-31, 433, 438, 442, 444-46, 447-50, 453, 458, 459, 462, 465, 470, 487, 494, 534, 535, 538, 548, 563, 583, 584, 597, 601-3, 612, 613, 619-21, 629, 638, 643, 644

Varsóvia, 261, 282, 288, 359, 394, 399, 410, 412, 437, 533, 535, 591

Veneza, 261, 308, 395-96, 398
Vichy, 432, 504
Viena, 56, 261, 305, 354, 356, 357, 430, 441, 461, 498-99, 544-45, 625
Vilna, 466, 584
Vitebsk, 584

Washington, 336, 450
Weimar, 15n, 60-62, 72, 78n, 82, 95n, 101-2, 115, 116-19, 121, 144, 150, 156, 159, 167-68, 173-75, 193-94, 197, 207, 213, 235, 327, 634, 642
Wernigerode, 119
Wickrath, 62
Wuppertal, 80, 541
Würzburg, 32-33, 622

York, 484
Ypres, 423

Zeithain, 452

Créditos das citações

1. "Da mocidade, da mocidade, sempre soa em mim uma canção": epígrafe das "Erinnerungsblätter"
2. "Sem maus-tratos não há educação": epígrafe, TB, 17 de outubro de 1923 a 25 de junho de 1924
3. "O maior sacrifício é trabalhar o espírito": epígrafe TB, 27 de junho de 1924 a 9 de junho de 1925
4. "A fé move montanhas": epígrafe TB, 8 de novembro de 1926 a 21 de julho de 1928
5. "A luta é a mãe de todas as coisas": epígrafe TB, abril de 1928 à primavera de 1929, (compilado) epígrafe TB, 23 de julho de 1928 a 7 de agosto de 1928
6. "Uma vida repleta de trabalho e luta. É essa na verdade a eterna bênção": epígrafe TB, 8 de agosto de 1929 a 31 de dezembro de 1930
7. "Tenho a coragem de viver perigosamente!": epígrafe TB, 1º de janeiro de 1931 a 19 de fevereiro de 1932
8. "Agora é tomar o poder... De um jeito ou de outro!": TB, 1º de agosto de 1932
9. "Acredito cegamente na vitória": epígrafe TB, 20 de fevereiro de 1932 a 23 de outubro de 1933
10. "Não vamos mais embora!": discurso para os profissionais do cinema alemão, 28 de março de 1933
11. "Só conserva a vitória quem a merece": epígrafe TB, 23 de outubro de 1933 a 28 de junho de 1935
12. "Em tudo quanto faz, o Führer vai até o fim": discurso radiofônico, 1º de julho de 1934
13. "Segurar com firmeza... as rédeas da disciplina interna de um povo": discurso para os profissionais do cinema alemão, 9 de fevereiro de 1934
14. "Não se cansar jamais!": epígrafe, TB, início de 1935
15. "Quanto mais implacável, melhor!": epígrafe TB, 17 de dezembro de 1935 a 14 de setembro de 1936
16. Os "fatores mais importantes da nossa moderna vida cultural": discurso na convenção anual da Câmara Nacional de Cultura, 27 de novembro de 1936
17. "Não olhar para os lados, continuar marchando!": epígrafe TB, 11 de fevereiro de 1938 a 26 de outubro de 1938
18. "Só o sofrimento nos amadurece!": epígrafe TB, 26 de outubro de 1938 a 8 de outubro de 1939
19. "A guerra é a mãe de todas as coisas": epígrafe TB, 9 de outubro de 1939 a 15 de maio de 1940
20. "Só existe um pecado: a covardia!": epígrafe TB, 16 de maio de 1940 a 20 de novembro de 1940
21. "A vitória está com as nossas bandeiras!": epígrafe TB, 24 de maio de 1941 a 8 de julho de 1941
22. "Época grandiosa, maravilhosa, em que nasce um novo império": TB, 22 de junho de 1941
23. "Educação do povo para a firmeza política": TB, 31 de janeiro de 1942
24. "Temos, pois, diante dos olhos da mente, um povo feliz": *Das Reich*, 31 de maio de 1942
25. "Vocês querem a guerra total?": discurso no Palácio de Esporte, Berlim, 18 de fevereiro de 1943
26. "Certo ceticismo, para não dizer desesperança, se apoderou das amplas massas": TB, 1º de setembro de 1943
27. "Ainda não sei o que o Führer haverá de fazer": TB, 27 de outubro de 1943
28. "... praticamente uma ditadura de guerra interna": TB, 23 de julho de 1944
29. "Mas onde estão as atitudes?": TB, 28 de março de 1945

Nota sobre o autor

Peter Longerich nasceu em 1955, em Krefeld, Alemanha. É professor de história contemporânea na Universidade de Londres e reconhecido internacionalmente como um especialista no estudo do holocausto. Seus livros, *Politik der Vernichtung* [Política de extermínio] e *Davon haben wir nichts gewusst!* [Não sabíamos de nada!], nos quais analisa a cumplicidade dos cidadãos alemães com o Terceiro Reich, se tornaram obras de referência. Dele, a Objetiva publicou *Himmler: uma biografia*.

1ª EDIÇÃO [2014] 2 reimpressões

ESTA OBRA FOI COMPOSTA PELA ABREU'S SYSTEM EM ADOBE GARAMOND
E IMPRESSA PELA GEOGRÁFICA EM OFSETE SOBRE PAPEL PÓLEN SOFT
DA SUZANO S.A. PARA A EDITORA SCHWARCZ EM SETEMBRO DE 2021

A marca FSC® é a garantia de que a madeira utilizada na fabricação do papel deste livro provém de florestas que foram gerenciadas de maneira ambientalmente correta, socialmente justa e economicamente viável, além de outras fontes de origem controlada.